A. Heigl-Evers · F. Heigl · J. Ott · U. Rüger

Lehrbuch der Psychotherapie

Annelise Heigl-Evers   Franz Heigl   Jürgen Ott   Ulrich Rüger

Lehrbuch der

Psychotherapie

Unter Mitarbeit von

Irmgard Bonstedt-Wilke · Manfred Cierpka · Dietmar Czogalik
Helmut Enke · Christian von Ferber · Michael Geyer · Günter
Heisterkamp · Reinhard Kreische · Mechtild Langenberg · Eric
Leibing · Jochen Peichl · Gerhard Schüßler · Hermann Staats
Hans Martin Wächter

Mit einem Geleitwort von

Werner Stucke

3., überarbeitete Ausgabe

GUSTAV
FISCHER

Lübeck · Stuttgart · Jena · Ulm

Zuschriften an:

Gustav Fischer Verlag, Lektorat Medizin, Königstraße 10, 23552 Lübeck

Die Deutsche Bibliothek – CIP-Einheitsaufnahme

Lehrbuch der Psychotherapie: / hrsg. von Annelise Heigl-Evers ...
Unter Mitarb. von Irmgard Bonstedt-Wilke ... Mit einem Geleitw. von
Werner Stucke. – 3., überarb. Aufl. – Lübeck ; Stuttgart ; Jena ; Ulm :
G. Fischer, 1997
   ISBN 3-437-41240-X

1. Aufl. 1993
2. Aufl. 1994
3. Aufl. 1997

© Gustav Fischer Verlag · Lübeck · Stuttgart · Jena · Ulm
Wollgrasweg 49 · 70599 Stuttgart

Herstellung: Bettina Sodemann
Satz, Druck und Bindung: Wilhelm Röck GmbH, Weinsberg
Umschlaggestaltung: SRP GmbH, Ulm
Gedruckt auf Praximatt, 100 g/m^2

Printed in Germany

Vorwort

Nach dem Erscheinen dieses Lehrbuchs im Jahre 1993 wird jetzt eine 3. Auflage vorgelegt. Die Bearbeitung für die Neuauflage wurde von uns auf der Linie des bestehenden Konzepts durchgeführt. Dieses Konzept ist gekennzeichnet durch eine Psychotherapie, die an der Psychoanalyse orientiert ist; sie beschäftigt sich mit den Weiterentwicklungen und Modifikationen, wie sie sich in einem breiten Versorgungsbereich entwickelt haben. Bei der jetzt erfolgten Überarbeitung wurden im ersten Hauptabschnitt des Buchs (Abriß der Psychoanalyse und der analytischen Psychotherapie) im Zusammenhang mit der Diskussion von Theorie und Methodik folgende Themen eingefügt: Die Bindungstheorie in ihrem aktuellen Stand, die Diagnostik in ihren neueren methodischen Ansätzen, verstanden als operationalisiertes psychodynamisches Verfahren (OPD). Im Therapiebereich wurde die Darstellung der an der Psychoanalyse orientierten Gruppenmethoden des Göttinger Modells erweitert und aktualisiert. Eingeführt wurde in diesen Abschnitt auch eine Darstellung der ethischen Probleme im Anwendungsbereich der analytischen Psychotherapie, basierend auf den Arbeiten von BEAUCHAMP und CHILDRESS.

Im zweiten Hauptabschnitt des Buches, der jenen außerhalb der Psychoanalyse entstandenen Verfahren gewidmet ist, die inzwischen unentbehrliche Anteile der stationären, der teilstationären wie auch mancherorts der ambulanten Gesamtbehandlungspläne geworden sind, wurden eingehende Überarbeitungen und teilweise Neugliederungen vorgenommen. Für einige der hier anstehenden Themen konnten neue Mitautoren gewonnen werden, so MANFRED CIERPKA für die Familientherapie, MECHTHILD LANGENBERG für die Musiktherapie, GÜNTER HEISTERKAMP für die leibliche Dimension im psychoanalytischen Dialog.

In einem weiteren Abschnitt werden die interdisziplinären Aspekte der Psychotherapie in gleicher Weise berücksichtigt wie die Bedeutung der Psychotherapie als Bestandteil komplexer ärztlicher Aufgabenstellungen, so in der psychosomatischen Grundversorgung. Im weiteren wurde die Gegenüberstellung der spezifischen Wirkfaktoren der einzelnen Psychotherapieverfahren noch einmal gründlich überarbeitet. Der abschließende Beitrag zur „Medizin im Jahr 2000" wurde aktualisiert und nimmt Stellung zu den wichtigen gesundheitspolitischen Themen der Zeit.

Die Herausgeber und Autoren trauern über den Verlust von zwei Kollegen, die an diesem Buch mitgearbeitet oder die es gefördert haben. Am 6. 5. 1995 starb WERNER STUCKE, der sich in seinem breiten Wirken in der Psychotherapie immer für eine versorgungsgerechte Entwicklung und Organisation psychoanalytischer Therapie bzw. psychoanalytisch orientierter Psychotherapie eingesetzt hat. Am 13. 1. 1997 starb DIETMAR CZOGALIK, der sich in Zusammenarbeit mit HELMUT ENKE in der Erforschung der Gruppentherapie und insbesondere der therapeutischen Wirkfaktoren große Verdienste erworben hat.

Allen an diesem Buch beteiligten Autoren danken wir für die gute und ergiebige Zusammenarbeit. Unser Dank gilt auch dem Gustav Fischer Verlag, der dieses Buch seit seiner Initiierung durch Herrn v. LUCIUS und HEINZ WEDER (gest. 2. 5. 1993) bei der Erstellung der dritten Auflage vornehmlich durch Frau BETTINA SODEMANN und Frau Dr. MARTINA STEINRÖDER gefördert hat.

Annelise Heigl-Evers
Franz S. Heigl
Jürgen Ott
Ulrich Rüger

Geleitwort

Prof. Dr. med. Werner Stucke †

In seinem Buch „Die seelische Krankenbehandlung" (1. Auflage im Frühjahr 1918 – mir liegt die 6. Auflage aus dem Jahre 1956 vor) schreibt J. H. SCHULTZ, einer der deutschen Altmeister der Psychotherapie:

> „Jeder Arzt muß über die allgemeinen Grundlagen unseres Gebietes soweit orientiert werden, daß er für die wichtigen und häufigen Aufgaben seiner Tätigkeit das nötige Rüstzeug besitzt. Das bedeutet eine allgemeine medizinisch-psychologische Schulung, Übermittlung von Grundkenntnissen der speziellen Psychotherapie, Erlernung der ‚kleinen' Psychotherapie und eine ausreichende Einführung in die Lehre von den Neurosen" (1956, S. 12).

Die theoretischen Kenntnisse können entsprechend dieser traditionellen Forderung mit dem vorliegenden *Lehrbuch der Psychotherapie* erlernt werden. Angesprochen sind alle Ärzte, die sich in Klinik und Praxis mit Psychotherapie befassen. Zur Zielgruppe der Leser gehören weiter Psychologen, die psychotherapeutisch tätig sind, und Medizinstudenten, die über Psychotherapie mehr erfahren wollen, als ihnen das Studium vermittelt. Wünschenswert wären dazu Leser, die mit diesem Lehrbuch die Gelegenheit haben, sich allgemein über den heutigen Stand der ärztlichen Psychotherapie zu informieren. Dies könnten sowohl Wissenschaftler anderer Fakultäten sein, vor allem aber auch Ärzte, die bisher mit der Psychotherapie nur wenig Berührung hatten. Zwar sehen zunehmend immer mehr Ärzte im Zusammenhang mit den Fortschritten der naturwissenschaftlichen und somatischen Medizin die Notwendigkeit der seelischen Krankenbehandlung, aber es ist doch erstaunlich, wie lange es gedauert hat, bis in der ärztlichen Berufsordnung die Psychotherapie die ihr gebührende Anerkennung gefunden hat. Trotz der langen und intensiven Wei-

terbildung hatte man ihr über lange Zeit nur Zusatzbezeichnungen zuerkannt. Das geforderte eigenständige Fachgebiet wurde ihr erst durch einen Beschluß des Deutschen Ärztetages vom 14./15. Mai 1992 gewährt.

Im Kompetenzstreit der Fachgruppen und auch dann, wenn es um die Verteilung der Honorare geht, wird nicht selten auch heute noch von einer unwissenschaftlichen und ineffektiven Vorgehensweise in der Psychotherapie gesprochen. Tatsächlich unterwirft sich jedoch die Psychotherapie der Qualitätssicherung und Effizienzkontrolle. Jedenfalls handeln die seriösen Psychotherapeuten so.

Ich werde oft von Ärzten, Psychologen und Studenten nach einem soliden Lehrbuch der Psychotherapie gefragt, das wissenschaftlich fundiert, gut lesbar und fortschrittlich ist. Die Fragenden erwarten dann die Empfehlung einer Lektüre, die nicht allein von *einer* psychotherapeutischen Schule oder von *einer* Methodik ausgeht. Psychotherapeutische Literatur gibt es zwar in größerer Zahl, aber es mangelt an umfassenderen Darstellungen, die gleichzeitig übersichtlich sind.

In Fachkreisen wird nicht selten vom „Göttinger Modell" gesprochen. Nunmehr wird es erstmals zusammenfassend dargestellt. Mit ihm sind die Namen der Initiatoren HEIGL-EVERS und HEIGL sowie die von KÖNIG, LINDNER, STREECK und OTT verbunden. Zu den Autoren des Buches gehören neben den Herausgebern deren Freunde ENKE, VON FERBER, GEYER und RÜGER sowie andere erfahrene Psychotherapeuten. Ihnen allen ist eines gemeinsam: Sie gehen davon aus, daß der Psychoanalyse im Methodenrepertoire der Psychotherapie ein prominenter Platz zukommt. Entsprechend kann man sich über die Psychoanalyse in differenzierten und verständlichen Ausführungen informieren. Auch hier sei noch einmal J. H. SCHULTZ zitiert, der in dem eingangs genannten Buch schreibt:

> „Die gesamte Entstehung der modernen speziellen medizinischen Psychologie und Neurosenlehre ist dadurch möglich geworden, daß ihr Begründer, SIGMUND FREUD, zum ersten Mal in der Geschichte der Medizin den ‚Neurosekranken‘ gegenüber eine reine unbefangene psychiatrische, aufnehmende und begleitende Stellung einnahm" (1956, S. 23).

Ich habe dieses Zitat gewählt, weil sein Verfasser nicht als Exponent der Psychoanalyse gilt und doch die psychoanalytischen Thesen von SIGMUND FREUD als entscheidende Basis betrachtet hat.

Die Verfasser dieses Buches sind nicht als orthodoxe Psychotherapeuten anzusprechen, vielmehr sehen sie psychotherapeutisches und psychoanalytisches Vorgehen unter einem „Weitwinkelobjektiv". Insofern kann das vorliegende Buch auch als umfassend bezeichnet werden. So versteht es sich von selbst, daß sich der Bogen von der Basis der analytischen Psychotherapie als theoretischem Kern zu anderen Behandlungsarten spannt.

Wer die HEIGLS kennt, weiß, welch hohen Stellenwert für sie die Gruppentherapie hat, eine Entwicklung der letzten Jahrzehnte mit neuen wissenschaftlichen Erkenntnissen. Für die Praxis ist es von besonderer Bedeutung, daß der Leser aus kompetentem Mund erfährt, was die tiefenpsychologisch fundierte und die psychoanalytisch-interaktionelle Psychotherapie als gruppentherapeutische Verfahren wert sind. Die Indikationen hierzu und die detaillierte Anwendung klar zu beschreiben, war ein besonderes Anliegen der Verfasser.

Besonders wichtig erscheint mir, daß über die Psychoanalyse und deren unmittelbare Weiterentwicklung hinaus der Leser den Überblick über aktuelle psychotherapeutische Richtungen gewinnen kann und daß auch die Methoden beschrieben werden, die in der Allgemeinpraxis und in Verbindung mit psychosomatischen Phänomenen in anderen Fachgebieten Anwendung finden. In diesem Zusammenhang ist die psychosomatische Grundversorgung zu nennen, die zumeist von Allgemeinärzten, Internisten und Kinderärzten durchgeführt wird. Sie verlangt, daß sich diese Ärztinnen und Ärzte in psychotherapeutischer Theorie fortgebildet haben, aber auch stützende psychotherapeutische Gespräche führen können und suggestive und entspannende Methoden erlernt haben. Entsprechend werden in diesem Buch nicht nur die tiefenpsychologischen Aspekte der Psychotherapie behandelt.

Wenn ich in diesem Geleitwort auf den Inhalt des Buches in mir wichtig erscheinenden Punkten genauer eingehe, dann deshalb, um dem Leser zu zeigen, daß es den Verfassern darum geht, die Psychotherapie breit zu definieren, wozu auch die interdisziplinären Aspekte und die Disziplin übergreifenden Probleme gehören. Diese breite Definition entspricht der modernen Psychotherapieforschung. Man wird erkennen, daß die Psychotherapie weniger mit spektakulären Erfolgen rechnen kann, vielmehr Bescheidenheit und intensive therapeutische Arbeit erfordert. Die oft beklagte Vielfalt psychotherapeutischer Verfahren reduziert sich, wenn man sich auf die Methoden der Krankenbehandlung beschränkt und dabei Indikation und Effizienz gewissenhaft überprüft.

Einführung der Herausgeber

Dieses Buch will in die Psychotherapie einführen, in eine vornehmlich an der Psychoanalyse orientierte Psychotherapie, wie sie in Deutschland seit dem 2. Weltkrieg, anknüpfend an die Zeit davor, die Zeit vor dem NS-Interregnum, entwickelt wurde und seitdem in der Krankenversorgung eingesetzt wird. Die dabei verwandten Methoden sind inzwischen als Pflichtleistungen der gesetzlichen Krankenversicherungen anerkannt worden und damit grundsätzlich jedem Bürger, der ihrer bedarf, verfügbar. In der ärztlichen Weiterbildung ist die Psychotherapie nicht nur durch zwei Zusatzbezeichnungen, für Psychotherapie und für Psychoanalyse, ausgewiesen, sondern nach einem Beschluß des diesjährigen Deutschen Ärztetages auch durch drei Gebietsarztbezeichnungen, den Arzt für Psychotherapeutische Medizin, den Arzt für Psychiatrie und Psychotherapie und den Arzt für Kinder- und Jugendlichen-Psychiatrie und Psychotherapie.

Die der Darstellung psychoanalytisch-psychotherapeutischer Methoden in diesem Buch zugrundeliegenden klinischen Erfahrungen wurden seit langem in stationären wie auch in ambulanten Praxisfeldern gesammelt. Die Therapeuten waren dabei mit einem breiten Spektrum seelisch bedingter und seelisch mitbedingter Erkrankungen konfrontiert, mit Störungen, denen, wie sich bald herausstellte, mit dem Standardverfahren der Psychoanalyse, der psychoanalytischen Einzeltherapie allein, nicht zu begegnen war. Aus dem Umgang mit der Psychoanalyse, auf deren Einsatz die klinischen Bemühungen primär ausgerichtet waren, ergaben sich therapeutische Interaktionsabläufe, die allmählich zu intensiven Lernerfahrungen für die Therapeuten wurden. Es waren die Patienten, die sie lehrten, auf welchen methodischen Wegen und mit welchen technischen Mitteln sie therapeutisch zu erreichen waren. Diese Lernprozesse führten zur Anwendung der Psychoanalyse in modifizierten Formen, wobei das Standardverfahren einem bestimmten Indikationsbereich vorbehalten blieb. Dies begann in einer Zeit, als die Psychoanalyse gerade wieder an Boden gewonnen hatte. Zur Festigung und Förderung dieses Prozesses einer Neuetablierung der Psychoanalyse in Deutschland wurden Institute für die Weiterbildung von Ärzten und Psychologen in Psychoanalyse und Psychotherapie gegründet, denen der heute in diesem Gebiet erreichte Standard wesentlich zu verdanken ist. Ihr Dachverband ist die DGPT (Deutsche Gesellschaft für Psychoanalyse, Psychotherapie, Psychosomatik und Tiefenpsychologie).

Soweit im Zuge der skizzierten Entwicklung Psychotherapie unter stationären und später auch teilstationären Rahmenbedingungen durchgeführt wurde, legte sich bald auch eine Kombination psychotherapeutischer Verfahren nahe, so von psychoanalytischer Psychotherapie, konzentrativer Bewegungstherapie, Sport- und Tanztherapie, autogenem Training und Hypnose, Beschäftigungs-, Gestaltungs- und Musiktherapie, katathymem Bilderleben, verhaltenstherapeutischen und gesprächstherapeutischen Verfahren. Kennzeichnend für eine an der Psychoanalyse orientierte stationäre Therapie war von früh an auch die Behandlung seelisch bedingt kranker Patienten in Gruppen, in der Regel in Kombination mit einer Einzeltherapie. Auch die Einbeziehung von Familienangehörigen spielte in der stationären wie in der ambulanten Therapie eine Rolle, ebenso wie eine später entwickelte analytisch orientierte Familientherapie.

Die Erfahrungen mit vielfältigen Störungsbildern und mit verschiedenen Praxisfeldern regten auch dazu an, sich zu einer außerhalb der Psychoanalyse angesiedelten ärztlichen Psychotherapie interessiert und kooperativ einzustellen. Das betraf vor allem die Allgemeine Ärztliche Gesellschaft für Psychotherapie und die mit den Namen Lindau, Langeoog, Lübeck und Aachen verbundenen Weiter- und Fortbildungsveranstaltungen. Die Auseinandersetzung mit psychotherapeutischen Versorgungsproblemen, die sich in allen medizinischen Gebieten abzeichneten, wurden zunehmend interessant. Das Konzept einer psychosomatischen Grundversorgung (STUCKE) bedeutete die Einführung psychotherapeutischer Aspekte in den Gesamtbereich ärztlichen Handelns. Dabei gewann die von dem Psychoanalytiker BALINT entwickelte Methode indirekter Versorgung (Balint-Gruppe) eine besondere Bedeutung.

In der therapeutischen Arbeit selbst, im stationären Rahmen wie in der ambulanten Versorgung stellte die Vielfalt der Störungen immer wieder vor neue Aufgaben differenzierender Indikation. So wurde es zunehmend erforderlich, zwischen Patienten zu unterscheiden, die sich mit Aussicht auf Erfolg der psychoanalytischen Angebote im engeren Sinne bedienen konnten, und solchen, die durch diese Angebote nicht zu erreichen waren. Bei den Störungen der ersten Gruppe handelt es sich um verinnerlichte Erfahrungen mit pathogenen Konflikten, die sich in einem triangulären Beziehungsfeld, in der Regel dem ödipalen Dreieck, entwickelt haben und unbewußt geworden sind; bei der anderen Gruppe geht es um innere Unverträglichkeiten, entstanden in dyadischen Beziehungen (in der Regel in den frühen Mutter-Kind-Interaktionen), die nicht in innere Konfliktspannungen umgesetzt werden konnten; sie werden deshalb externalisiert und einer interaktionellen Verarbeitung zugeführt, deren Entstehung und Bedeutung für die Patienten nicht zu reflektieren sind.

Die diagnostische und therapeutische Quintessenz der klinischen Erfahrungen läßt sich in einer Gliederung, einer Zweiteilung psychogener Erkrankungen ausdrücken; sie differenziert anhand der Kriterien

- ödipale Konflikte vs. präödipale Unverträglichkeiten,
- triadische vs. (pseudo-)dyadische Objektbeziehungen,
- ein (fiktives) Normal-Ich vs. ein durch Anpassung überfordertes und geschwächtes Ich,
- ein relativ autonomes Überich vs. präautonome Überich-Schemata,
- partielle Triebregression nach Erreichung der ödipalen Stufe vs. Triebfixierung vorwiegend auf der oralen Stufe,

- libidinös-aggressive Orientierung am Objekt vs. narzißtische Orientierung.

Aus dieser differentialdiagnostischen Abgrenzung resultiert eine entsprechende Differentialindikation; daraus ergibt sich die Anwendung von drei verschiedenen methodischen Modifikationen der Psychoanalyse für Einzel- und Gruppentherapie: die analytische Einzel- und Gruppentherapie, die tiefenpsychologisch fundierte (analytisch orientierte) Einzel- und Gruppentherapie, die psychoanalytisch-interaktionelle Einzel- und Gruppentherapie.

Der *erste Hauptabschnitt* des vorgelegten Buches wurde wie folgt konzipiert und gegliedert: Die theoretische Basis ist das Konzept des pathogenen Konflikts, das, in einem ersten Teil, in seinen historischen Grundlagen und seiner Weiterentwicklung vorgestellt wird. Nach Einführung der dazugehörigen Begriffe wird eine Abgrenzung der beiden klinisch relevanten Psychopathologien vorgenommen. Anschließend wird die eingesetzte Diagnostik beschrieben; das geschieht unter Berücksichtigung der für die entsprechende Differentialindikation erforderlichen Kriterien. Danach werden die drei genannten Anwendungen der Psychoanalyse dargestellt, getrennt nach ihrem Einsatz im *dualen Arrangement* oder in der *Pluralität* einer Kleingruppe. In zahlreichen kasuistischen Darstellungen werden theoretische Orientierung und klinische Vorgehensweise veranschaulicht und zur Diskussion gestellt.

In einem *zweiten Hauptabschnitt* des Buches werden jene Verfahren dargestellt, die vornehmlich im Rahmen der Gesamtbehandlungspläne stationärer und teilstationärer Therapie, aber auch im ambulanten Bereich für eine ausreichend erfolgversprechende Psychotherapie unverzichtbar sind. Neben diesen vorwiegend im Rahmen von kombinierten Anwendungen der Psychotherapie entwickelten und bewährten Methoden wird mit der Verhaltenstherapie eine weitere psychotherapeutische Schulrichtung mit einer stringenten Theoriebildung vorgestellt; beschrieben wird ferner die klientenzentrierte Gesprächstherapie sowie die Familientherapie mit ihren verschiedenen theoretischen Ansätzen. Die in diesem Abschnitt dargestellten Methoden sollen vor allem auch über die heute gültigen Weiterbildungsinhalte zur Erlangung der Qualifikationen für ärztliche Psychotherapie (wie Zusatzbezeichnung Psychotherapie) ebenso wie über die künftigen Inhalte einer psychotherapeutischen Psychologie (ausgeübt von Psychologen) informieren.

In einem *weiteren Hauptabschnitt* des Buches wird dargestellt, auf welche Weise und in welcher Form psychotherapeutische Angebote in die Diagnostik und Therapie anderer medizinischer Versorgungsbereiche einbezogen werden.

Als Niederschlag theoretischer Reflexion wird ein *Abschnitt* über die in der *Psychotherapie* untersuchten *Wirkfaktoren* eingefügt; es folgt ein *soziologischer Ausblick* auf die *künftige Entwicklung der Medizin* und speziell der psychotherapeutischen Versorgung.

Aus dieser Sicht ist zu erwarten, daß die dabei bestimmenden gesellschaftlichen Deutungsmuster dem Patienten/Klienten/Bürger ein zunehmendes Maß an Selbstverantwortung für seine Gesundheit übertragen werden. Sie können nach der hier vertretenen Auffassung immer weniger mit Hilfe der Medizin realisiert werden, fordern vielmehr die Sinngebungsmacht der Laien für ihr eigenes Leben heraus. Als Lebensberatung nicht nur bei der Bewältigung psychischer Krisen, sondern auch bei der Realisierung des Lebensentwurfs und in der Hilfe zur Selbsthilfe liegt demnach die große Chance der psychosozialen Medizin.

Die in diesem Buch dargestellte Psychotherapie soll als Ausdruck der Bemühung um eine weitreichende Versorgung verstanden werden, wie sie von FREUD bereits 1918 – zu einer Zeit des politischen und gesellschaftlichen Umbruchs – in einem perspektivischen Entwurf beschrieben wurde:

„Und nun möchte ich zum Schlusse eine Situation ins Auge fassen, die der Zukunft angehört, die vielen von Ihnen phantastisch erscheinen wird, die aber doch verdient, sollte ich meinen, daß man sich auf sie in Gedanken vorbereitet. Sie wissen, daß unsere therapeutische Wirksamkeit keine sehr intensive ist. Wir sind nur eine Hand voll Leute, und jeder von uns kann auch bei angestrengter Arbeit sich in einem Jahr nur einer kleinen Anzahl von Kranken widmen. Gegen das Übermaß von neurotischem Elend, das es in der Welt gibt und vielleicht nicht zu geben braucht, kommt das, was wir davon wegschaffen können, quantitativ kaum in Betracht. ...

Nun lassen Sie uns annehmen, durch irgendeine Organisation gelänge es uns, unsere Zahl soweit zu vermehren, daß wir zur Behandlung von größeren Menschenmassen ausreichen. Andererseits läßt sich vorhersehen: Irgendeinmal wird das Gewissen der Gesellschaft erwachen und sie mahnen, daß der Arme ein ebensolches Anrecht auf seelische Hilfeleistung hat wie bereits jetzt auf lebensrettende chirurgische. Und daß die Neurosen die Volksgesundheit nicht minder bedrohen als die Tuberkulose und ebenso wenig wie diese der ohnmächtigen Fürsorge des Einzelnen aus dem Volke überlassen werden können. Dann werden also Anstalten oder Ordinationsinstitute errichtet werden, an denen psychoanalytisch ausgebildete Ärzte angestellt sind, um die Männer, die sich sonst dem Trunk ergeben würden, die Frauen, die unter der Last der Entsagungen zusammenzubrechen drohen, die Kinder, denen nur die Wahl zwischen Verwilderung und Neurose bevorsteht, durch Analyse widerstands- und leistungsfähig zu erhalten. ...

Dann wird sich für uns die Aufgabe ergeben, unsere Technik den neuen Bedingungen anzupassen. ... Wir werden auch sehr wahrscheinlich genötigt sein, in der Massenanwendung unserer Therapie das reine Gold der Analyse reichlich mit dem Kupfer der direkten Suggestion zu legieren, und auch die hypnotische Beeinflussung könnte dort wie bei der Behandlung der Kriegsneurotiker wieder eine Stelle finden. Aber wie immer sich auch diese Psychotherapie für's Volk gestalten, aus welchen Elementen sie sich zusammensetzen mag, ihre wirksamsten und wichtigsten Bestandteile werden gewiß die bleiben, die von der strengen, der tendenzlosen Psychoanalyse entlehnt worden sind" (GW XII, 1918, S. 183–194).

Inhalt

Abriß der Psychoanalyse und der analytischen Psychotherapie

Annelise Heigl-Evers, Franz S. Heigl, Jürgen Ott

Diagnostik in der psychoanalytischen Therapie

Die psychoanalytischen Therapiemethoden

Psychotherapeutische Richtungen

*I. Bonstedt-Wilke, M. Cierpka, G. Heisterkamp, R. Kreische, M. Langenberg,
E. Leibing, J. Peichl, U. Rüger, G. Schüßler, H. M. Wächter*

Ulrich Rüger

Verhaltenstherapie

Eric Leibing, Ulrich Rüger

Die klienten-zentrierte Gesprächspsychotherapie

Eric Leibing, Ulrich Rüger

Hypnose und Autogenes Training

Gerhard Schüßler

Familientherapie

Manfred Cierpka

Paartherapie

Reinhard Kreische

Psychodrama

Jochen Peichl, Ulrich Rüger

Die Kathathym-imaginative Psychotherapie

Hans Martin Wächter, Ulrich Rüger

Kunst- und Gestaltungstherapie

Irmgard Bonstedt-Wilke, Ulrich Rüger

Musiktherapie

Mechtild Langenberg

Die leibliche Dimension im psychoanalytischen Dialog

Günter Heisterkamp

Gruppenpsychotherapeutische Methoden

Ulrich Rüger, Hermann Staats

Interdisziplinäre Aspekte der Psychotherapie

Michael Geyer

Allgemeine und spezielle Wirkfaktoren in der Psychotherapie

Dietmar Czogalik, Helmut Enke

Medizin im Jahre 2000

Christian von Ferber

Glossar

Abriß der Psychoanalyse und der analytischen Psychotherapie

Annelise Heigl-Evers, Franz S. Heigl und Jürgen Ott

Konzepte der psychoanalytischen Krankheitslehre

1 Zur Konflikttheorie der Psychoanalyse

Zur Einführung und zum besseren Verständnis der psychogenen Störungen und Krankheiten, ihrer Diagnostik und Therapie, wollen wir die wichtigsten Konzepte der Psychoanalyse darstellen. Wegen seiner zentralen und bis heute unumstrittenen Bedeutung soll uns vor allem der seelische Konflikt beschäftigen, wie er von der Psychoanalyse im Verlauf ihrer Geschichte gesehen und konzeptualisiert wurde.

1.1 Das frühe Modell des psychischen Konflikts

Der Begriff des Konflikts hat in der Entwicklung der psychoanalytischen Lehre von Anfang an eine zentrale Rolle gespielt. Zur Einstimmung in die Thematik wollen wir einige Passagen aus einer frühen Arbeit Freuds zitieren, wo er sich unter anderem um eine psychologische Erklärung der Symptombildung bei der Hysterie bemüht:

> „Bei den von mir analysierten Patienten hatte nämlich psychische Gesundheit bis zu dem Moment bestanden, in dem ein Fall von Unverträglichkeit in ihrem Vorstellungsleben vorfiel, d. h. bis ein Erlebnis, eine Vorstellung, eine Empfindung an ihr Ich herantrat, welches einen so peinlichen Affekt erweckte, daß die Person beschloß, daran zu vergessen, weil sie sich nicht die Kraft zutraute, den Widerspruch dieser unerträglichen Vorstellung mit ihrem Ich durch Denkarbeit zu lösen.
>
> Solche unverträglichen Vorstellungen erwachsen bei weiblichen Personen zumeist auf dem Boden des sexualen Erlebens und Empfindens, und die Erkrankten erinnern sich auch mit aller wünschenswerten Bestimmtheit ihrer Bemühungen zur Abwehr, ihrer Absicht das Ding ‚fortzuschieben‘, nicht daran zu denken, es zu unterdrücken. Hierher gehörige Beispiele aus meiner Erfahrung, deren Anzahl ich mühelos vermehren könnte, sind etwa: Der Fall eines jungen Mädchens, welches es sich verübelt, während der Pflege ihres kranken Vaters an den jungen Mann zu denken, der ihr einen leisen erotischen Eindruck gemacht hat; der Fall einer Erzieherin, die sich in ihren Herrn verliebt hatte, und die beschloß, sich diese Neigung aus dem Sinne zu schlagen, weil sie mit ihrem Stolze unverträglich schien u. dgl. m.
>
> Ich kann nun nicht behaupten, daß die Willensanstrengung, etwas Derartiges aus seinen Gedanken zu drängen, ein pathologischer Akt ist, auch weiß ich nicht zu sagen, ob und auf welche Weise das beabsichtigte Vergessen jenen Personen gelingt, welche unter denselben psychischen Einwirkungen gesund bleiben. Ich weiß nur, daß ein solches ‚Vergessen‘ den von mir analysierten Patienten nicht gelungen ist, sondern zu verschiedenen pathologischen Reaktionen geführt hat, die entweder eine Hysterie oder eine Zwangsvorstellung oder eine halluzinatorische Psychose erzeugten. In der Fähigkeit, durch jene Willensanstrengung einen dieser Zustände hervorzurufen, die sämtlich mit Bewußtseinsspaltung verbunden sind, ist der Ausdruck einer pathologischen Disposition zu sehen, die aber nicht notwendig mit persönlicher oder hereditärer ‚Degeneration‘ identisch zu sein braucht.
>
> Über den Weg, der von der Willensanstrengung des Patienten bis zur Entstehung des neurotischen Symptoms führt, habe ich mir eine Meinung gebildet, die sich in den gebräuchlichen psychologischen Abstraktionen etwa so ausdrücken läßt: Die Aufgabe, welche sich das abwehrende Ich stellt, die unverträgliche Vorstellung als ‚non arrivée‘ zu behandeln, ist für dasselbe direkt unlösbar; sowohl die

Gedächtnisspur als auch der der Vorstellung anhaftende Affekt sind einmal da und nicht mehr auszutilgen. Es kommt aber einer ungefähren Lösung dieser Aufgabe gleich, wenn es gelingt, aus dieser starken Vorstellung eine schwache zu machen, ihr den Affekt, die Erregungssumme, mit der sie behaftet ist, zu entreißen. Die schwache Vorstellung wird dann so gut wie keine Ansprüche an die Assoziationsarbeit zu stellen haben; die von ihr abgetrennte Erregungssumme muß aber einer anderen Verwendung zugeführt werden" (GW I, 1894, S. 61–63).

Hier liegt, so scheint uns, das Grundmuster des pathogenen seelischen Konfliktes, wie er die psychoanalytische Praxis bis heute bestimmt, bereits vor: Die unerträgliche Vorstellung, das Ich, einmal als Träger des Unlustaffektes und zum anderen als Vollstrecker der Abwehr, der peinliche Affekt, einmal als Schuld, einmal als verletzter Stolz, die Abwehrleistungen, bestehend aus Denken, Vergessen, Unterdrücken, Verschieben, die Untilgbarkeit des einmal Erlebten im Gedächtnis, die Gedächtnisspur und der an der Vorstellung haftende Affekt, die pathologische Disposition und schließlich die pathologische Reaktion in Form hysterischer, zwangsneurotischer und anderer Symptome. In diesem frühen Modell stehen Ich und bestimmte Vorstellungen im Sinne der Unverträglichkeit einander gegenüber.

Freud hat schon bei seinen frühen Bemühungen, bestimmte klinische Phänomene, so die der Hysterie, hinsichtlich ihrer Entstehung und ihres Funktionierens zu verstehen, zwei Reizarten unterschieden, denen der Organismus ausgesetzt ist und die er, dem Konstanzprinzip[1] entsprechend, verarbeiten muß: Reize aus äußeren Quellen, denen sich das Subjekt entziehen kann und solche aus inneren Quellen, denen es nicht entfliehen kann. Zu diesen inneren Quellen gehört auch das Triebgeschehen, das somit zum Unentrinnbaren im menschlichen Erleben gehört.

Das gleichfalls von Freud formulierte Konstanzprinzip bedeutet, daß der psychische Apparat die Tendenz hat, die in ihm enthaltene Erregungsquantität auf einem möglichst niederen Niveau oder wenigstens so konstant wie möglich zu halten.

1.2 Zur Entwicklung der Trieblehre

Freud hat seine *Lehre vom Trieb*, die zunächst eine Lehre von der Libido war, in Auseinandersetzung mit den Erscheinungsformen infantiler Sexualität und mit den Perversionen formuliert und dabei ein Phasenmodell für die Entwicklung der kindlichen Sexualität eingeführt (GW V, 1905, S. 27 f.). Diese stufenweise ablaufende Entwicklung hat die lustvolle Aneignung des eigenen und des fremden Körpers zum Inhalt. Dabei erfolgt die Entwicklung der libidinösen Partialtriebe aus der Sicht Freuds in Anlehnung an die Befriedigung basaler organismischer Bedürfnisse, also konsumatorischer Abläufe wie die der Nahrungsaufnahme und der Darmentleerung. So kommt es bei der Aufnahme des Nahrungsstromes gleichzeitig zu einer Stimulierung der Lippen- und Mundschleimhaut in Berührung mit einem Objekt, hier der Nahrung, als einem oralen Luststoff.

Konsumatorische Bedürftigkeit und erregbare Körperlichkeit gehen im Erleben des Subjekts eine Union ein, aus der eine erogene Zone resultieren kann. Hierzu ist aus heutiger Sicht zu vermerken, daß bei der Bildung erogener Zonen und bei der Entwicklung einer diffus erregbaren Zone zu einer erogenen Zone die jeweilige Subjekt-Objekt-Beziehung, speziell die frühe Mutter-Kind-Interaktion, eine entscheidende Rolle spielt.

Dieses Erleben von unlustvoller Bedürftigkeit und lustvoller Befriedigung in der Interaktion mit einem Objekt konstituiert sich für den Säugling als Erfahrung im Sinne einer Erinnerungsspur. Die Auseinandersetzung mit dem oralen Objekt verläuft innerhalb eines pseudo-dyadischen Bezugs, also der Beziehung zu *einem* Objekt deswegen, weil das orale Objekt, ursprünglich die Mut-

---

[1] Die Konstanz wird einerseits erreicht durch die Abfuhr der bereits vorhandenen Energie, andererseits durch Vermeidung alles dessen, was die Erregungsquantität anwachsen lassen könnte, und durch die Abwehr gegen die Zunahme (Laplanche und Pontalis, 1972, S. 260/61); das Konstanzprinzip gilt als eng mit dem Lustprinzip verbunden, insofern Unlust als die subjektive Wahrnehmung einer Spannungserhöhung und Lust als Indikator für eine Spannungsverminderung verstanden werden darf (Laplanche und Pontalis, 1972, S. 261).

terbrust, vom eigenen Selbst noch nicht klar abgrenzbar erscheint.

In entsprechender Weise entwickelt sich der anale Partialtrieb in Anlehnung an die Körperbedürfnisse der analen und urethralen Ausgangspforte und unter Stimulierung der hier einbezogenen erregbaren Zonen in der analen Haut- und Schleimhautregion und im Bereich des analen Schließmuskels. Geht es bei den erogenen Zonen oralen Lusterlebens um den Lustgewinn, der von einem Stoff gewährt wird, so wächst die anale Lust am Widerstand des Objekts (Darminhalt) und an dessen Bemächtigung durch Ausstoßen und Zurückhalten, durch aktive Manipulation. Auch hier ist also von Bedeutung, welche Rolle das Beziehungsobjekt bei der Entstehung von erogenen oder anderweitig besetzten Zonen spielt; wie sich in der Beziehung, in der Interaktion der Umgang mit wechselseitiger Bemächtigung, die Reaktion auf Verweigerung, Protest und Widerstand von seiten des Bezugsobjektes gestaltet. Gleichzeitig tritt in die Auseinandersetzung um das Objekt (Darminhalt) ein drittes Objekt ein, mit dem um das anale Objekt gekämpft wird, besonders im Zusammenhang mit der Sauberkeitserziehung, das aber auch zum Adressaten eines analen Geschenks werden kann. Hier zeichnet sich bereits jene Triangularität ab, die bei präödipalen wie bei ödipalen Konflikten eine so große Rolle spielt.

In der phallischen Phase wird die phallische oder klitoridale Region zum Zentrum der Lustentfachung durch den eigenen Körper. Hier erlebt das Kind am eigenen Körper, ohne daß etwas von außen hinzukommt, die Möglichkeit lustvoller Erregung, die mit dem Gefühl der Unabhängigkeit, der Selbstentfaltung, des strahlenden Hervortretens verbunden ist, der „großen Freude". Natürlich ist auch hier das Verhalten der Bezugspersonen des Kindes von erheblicher Bedeutung. Von diesem Verhalten hängt u. a. ab, ob sich das Kind in seiner phallischen Lust und Expansion im ersten Ansatz auch als Lusterzeuger für den anderen erleben kann.

Diese Entwicklung mündet in die ödipale Phase. Damit ist ein neues Konfliktfeld erreicht: Das Kind ist nunmehr mit dem Dritten, dem dritten Objekt, voll konfrontiert und damit mit einem Rivalen um das begehrte zweite Objekt. In diesem Zusammenhang kommt es auf der Basis des Erlebens: „kleiner sein als …" oder „weniger haben als …" zur Kastrationsangst oder zum Penisneid und den daraus erwachsenden interpersonellen Konflikten, die affektiv durch Neid und Eifersucht, aber auch durch Scham und Schuld bestimmt sind. Damit gewinnt das von FREUD schon früh genannte Konfliktelement des verpönten sexuellen Erlebens eine vertiefte Bedeutung.

Die Frage, wieweit es sich beim Trieb um eine somatische Kraft oder um eine seelische Energie handelt, wurde von FREUD durch Einführung des Begriffs der Repräsentanz gelöst, der eine Art Delegation vom Somatischen ans Seelische bedeutet. Trieb-Repräsentanz heißt für FREUD zu dieser Zeit Vorstellungs-Repräsentanz. Ein anderes Element ist der Affektbetrag; er hat sich von der Vorstellung abgelöst und findet „einen seiner Quantität gemäßen Ausdruck in Vorgängen, welche als Affekte der Empfindung bemerkbar werden" (GW X, 1915, S. 255).

Zum Trieb gehört also ein repräsentatives Element (Trieb-Repräsentanz = Vorstellungs-Repräsentanz) und ein quantitativer oder affektiver Faktor, ohne daß FREUD den Begriff einer affektiven Repräsentanz eingeführt hätte (s. d. S. 59 in d. Bd.). Während die Vorstellungs-Repräsentanzen des Triebes im Dienste der Lust/Unlust-Regulierung verdrängt werden können, ist das Schicksal des Affektbetrages ein anderes: Er wird aus dem damaligen Blickwinkel in einen qualitativ anderen Affekt, vor allem in Angst, umgewandelt, oder er wird unterdrückt (GW X, 1915, S. 255–256 sowie S. 276–277).

Diese Unterdrückung ist jedoch keine Verdrängung ins Unbewußte, so wie sie mit der Vorstellung geschieht. Es kann daher nicht im strengen Sinne von unbewußten Affekten gesprochen werden. Im System Ubw (der topographischen Theorie) findet sich nur eine Ansatzmöglichkeit des Affektes; der Trieb wird also nur im System Vbw/Bw (oder in dem des Ichs) durch den Affekt repräsentiert (GW X, 1915, S. 277).

Die bei FREUD nach dessen eigener Formulierung unscharf gebliebene Definition der Affekte in ihrer Beziehung zum Trieb mag damit zusammenhängen, daß FREUD die dem Trieb anhaftende Erregungssumme gleichsetzt mit einem Affektbetrag des Triebs. Hier ist aus den Ergebnissen oder Befunden der Affektforschung (siehe Kapitel

„Affekt") anzumerken, daß es keine spezifischen Triebaffekte gibt, sondern daß vom Trieb unabhängige originäre Affekte sich dann in die Beziehung zum Triebobjekt regulierend einschalten, wenn der Trieb ein Erregungsniveau erreicht hat, das, ausgerichtet auf das jeweils angestrebte Objekt, imperativ zur Abfuhr drängt (KRAUSE, 1983).

Die FREUDsche Trieblehre hat bis zu ihrer endgültigen Ausformung im Dualismus Eros-Thanatos (Lebenstriebe-Todestriebe) mehrfache Wandlungen erfahren, die deutlich machen, wie schwierig es war, die Fülle klinischer Beobachtungen und Eigenbeobachtungen theoretisch befriedigend auszuformulieren. Einige Positionen dieser Entwicklung sollen skizziert werden.

Der Sexualtrieb stellt sich in seiner Entwicklung anfangs partialhaft und polymorph dar und sucht sein Ziel in der Aufhebung der Spannungen an den somatischen Quellen (erogene Zonen). Der anfangs ungehinderte innere Drang erfährt insofern ein höchstpersönliches Schicksal, als sich die Geschichte des Subjekts mit den Befriedigungsarten des Triebs verbindet.

Ein anderer Trieb-Typus wurde von FREUD unter der Bezeichnung der Ich- bzw. der Selbsterhaltungs-Triebe beschrieben. Ihre Energie wird vom Ich im Abwehrkonflikt mit den Sexualtrieben verwendet.

Während das Ich sich nach dem ersten Konfliktmuster (1895) in Opposition zu ihm unerträglichen Vorstellungen sah und gleichzeitig als abwehrendes Element fungierte, stehen nunmehr Selbsterhaltungstriebe und Sexualtriebe in oppositioneller Spannung zueinander; das weiterhin abwehrvollziehende Ich entnimmt seine dafür benötigte Energie bzw. Motivation nunmehr den Selbsterhaltungstrieben. Es wird später noch darüber zu berichten sein, daß den Selbsterhaltungs- oder Ich-Trieben eine narzißtische Qualität zukommt, so daß von narzißtischen Trieben zu sprechen wäre, die dann als Kontrahenten der objektgerichteten Sexualtriebe zu gelten hätten (s. S. 74 in d. Bd.).

In diesen ersten Formulierungen der Triebtheorie geht es klinisch um den Gegensatz im Abwehrkonflikt zwischen Ich- und Sexualtrieben (GW VIII, 1911, S. 234 f.) und genetisch um den Gegensatz zwischen Selbsterhaltungstrieben und Sexualtrieben.

Es war im Jahre 1910, als FREUD die Gesamtheit der nicht-sexuellen Bedürfnisse unter dem Namen der Selbsterhaltungstriebe zusammenfaßte, die als Ich-Triebe am psychischen Konflikt beteiligt sind. Die beiden Pole dieses Konflikts wurden von FREUD 1910 (GW VIII, 1910, S. 97/98) durch zwei Elementarbegriffe klassifiziert, in die alle in der menschlichen Seele wirkenden organischen Triebe einbezogen sind; es handelt sich um Hunger und Liebe, von denen SCHILLER sagt:

„Einstweilen, bis den Bau der Welt
Philosophie zusammenhält,
Erhält sie das Getriebe
Durch Hunger und durch Liebe."
Aus „Die Weltweisen"

Im Verlauf weiteren Forschens stieß FREUD auf die Ambivalenz von Liebe und Haß und bemühte sich darum, sie in seine Trieblehre zu integrieren. Das erwies sich jedoch als schwierig: „... die Beziehungen Liebe und Haß (sind) nicht für die Relationen der Triebe zu ihren Objekten verwendbar, sondern für die Relationen des Gesamt-Ichs zu den Objekten reserviert". (GW X, 1915, S. 229). Man kann nach dem Lesen dieser Arbeit die Annahme einer aggressiven Tendenz vermuten, die keine Komponente des Sexualtriebes darstellt, sondern zum Selbsterhaltungstrieb gehört.

Jenseits des Wirkungsbereichs eines Triebes, der auf libidinöse Befriedigung, also auf Lustgewinn, zumindest auf Reduzierung unlustvoller Spannungen ausgerichtet ist, lagen die klinischen Phänomene des Wiederholungszwanges, lagen jene Erfahrungen, gewonnen speziell im diagnostisch-therapeutischen Umgang mit Zwangsneurose und Melancholie, die mit den Begriffen Ambivalenz, Aggressivität, Sadismus, Masochismus und Haß erfaßt wurden. Auf der Suche nach einem Triebtypus, der diese Phänomene verstehbar werden ließ und der gleichzeitig in polarer Spannung zu dem zuvor eingeführten Sexualtrieb gesehen werden konnte, fand FREUD den Todestrieb (GW XIII, 1920, S. 40 f.). Ihm stellte er alle jene Triebmodalitäten gegenüber, die auf Befriedigung und Lust ausgerichtet waren, kurz auf Erhaltung des Individuums und damit des Lebens (Eros) (GW XIII, 1923, S. 268 f.).

Im polaren Gegensatz zu den auf Lebensvollzug und Lebenserhaltung ausgerichteten Trieben strebt der Todestrieb nach vollständiger Aufhebung der Spannungen, die das Am-Leben-Sein kennzeichnen, nach Rückkehr aus dem vielzelligen Organismus mit seiner ständig zu regulierenden Instabilität in die Stabilität des Anorganischen, aus dem das Organische kam, die Stabilität der endgültigen Aufhebung von Spannung. Die Todestriebe, die als primärer Masochismus sich zunächst nach innen, autodestruktiv gegen das Subjekt richten, können sich sekundär nach außen, gegen die Objekte wenden. Sie wurden von Freud als Destruktionstrieb bezeichnet (GW XIII, 1923, S. 269).

Diese Ergebnisse der Bemühungen Freuds, die von ihm in der klinischen Forschung – besonders der Melancholie – beobachteten psychologischen Phänomene auf biologische Grundgegebenheiten zurückgeführt werden, haben sich im Lichte moderner biologischer Forschung als nicht haltbar erwiesen. Leben und Tod sind mikrobiologisch betrachtet keine Gegensätze; sie liegen auf einem Kontinuum, das eine eindeutige Abgrenzung beider Zustände nicht gestattet (Brenner, 1986, S. 27 f.). Davon bleiben die psychologischen Phänomene, die auf einen Aggressionstrieb schließen lassen, und bleibt die Begründung der Annahme eines solchen Triebes unberührt.

Freuds Annahme eines primär gegen das Subjekt gerichteten, in biologischen Prozessen sich realisierenden Todestriebs blieb weiterhin umstritten. Ein auf das Objekt gerichteter Aggressionstrieb, von Freud als Wendung vom Subjekt auf das Objekt, von innen nach außen umgeleiteter Todestrieb verstanden, führte in der klinischen Praxis zu einer Akzentverschiebung: der objektbezogene Anteil des Todestriebes gewann als Aggressionstrieb zunehmend Beachtung und Bedeutung. Die biologischen Determinanten aggressiven Verhaltens fanden im Zuge dieser Entwicklung weniger Aufmerksamkeit. Aggressivität wurde vornehmlich unter dem Aspekt von Umwelteinflüssen, speziell Sozialisationsbedingungen, gesehen. Seit einiger Zeit wird jedoch ein biologisch verwurzelter primärer Aggressions- und Destruktionstrieb erörtert; dabei wird auch vom Tötungstrieb gesprochen (s. d. Heigl-Evers und Ott, 1997c; Petri, 1996, S. 132f.; Rudolf, 1993, S. 92f.). Das mag einmal mit der Diskussion historischer Gewalttätigkeit und Menschenvernichtung insbesondere im NS-Deutschland, im

Holocaust, zusammenhängen, sicher auch mit aktuellen gewalttätigen Handlungen und Geschehnissen, die mittels der Medien zur tagtäglichen Informationszufuhr der Menschen gehören. Auch in der direkten Alltagserfahrung tritt Gewalttätigkeit zunehmend in Erscheinung.

Gefördert wird die Diskussion eines Tötungstriebes aber auch durch die Ergebnisse neuerer soziobiologischer Forschung, in der u. a. erkennbar wird, daß eine zuvor ethologisch nicht bekannte Bereitschaft zur Vernichtung von Artgenossen bei den Hominiden, speziell den Schimpansen, beobachtbar wurde (Goodall, 1986; Kortland, 1972; Ploog, 1995). Unter soziobiologischem Aspekt werden solche Verhaltensweisen im Zusammenhang mit dem imperativen Drängen nach Weitergabe des eigenen Genoms und damit nach Fortpflanzung und Erhaltung der Art gesehen. Entsprechende Verhaltenstendenzen und -impulse, als Ausdruck eines Tötungstriebs verstanden, werden speziell von den Vertretern des Neo-Darwinismus, auch bei den Angehörigen der Species humana vermutet (Vogel, 1989).

Es mag deutlich geworden sein, daß bei Freuds Bemühungen um die Konzeptualisierung des psychischen Konfliktes einer der Opponenten in den dazugehörigen Spannungsfeldern immer der Trieb gewesen und geblieben ist, wobei dieser von ihm unter wechselnden Aspekten betrachtet und auch mit wechselnden Benennungen versehen wurde. Weiteres zum Stellenwert von Trieben und Triebabkömmlingen in den Konzeptualisierungen des psychischen Konfliktes soll nach der Darstellung der Strukturtheorie und weiterer theoretischer Konzepte ausgeführt werden.

1.3 Vom topographischen zum Strukturmodell

Im Zusammenhang mit dem Modell des psychischen Konfliktes war der Begriff der *Abwehr* immer unverzichtbar gewesen. Die Abwehr gehört zu Freuds frühesten Konzeptionen. Sie wurde von Anfang an in enger Beziehung zum Ich gesehen als jener Region der Persönlichkeit, die es verlangt, vor jeder Störung geschützt zu werden.

„An das Ich des Kranken war eine Vorstellung herangetreten, die sich als unverträglich erwies, die eine Kraft der Abstoßung von seiten des Ich wachrief, deren Zweck die Abwehr dieser unverträglichen Vorstellung war. Diese Abwehr gelang tatsächlich, die betreffende Vorstellung war aus dem Bewußtsein und aus der Erinnerung gedrängt, ihre psychische Spur war anscheinend nicht aufzufinden" (GW I, 1895, S. 269).

Es geht also darum, das Ich vor unverträglichen Vorstellungen, d. h. vor unlusterzeugenden Reizen aus dem Inneren zu schützen, denen nicht zu entfliehen und gegen die keine Reizschutz-Schranke errichtet ist. Dementsprechend richtet sich die hier entwickelte Abstoßung nach innen, in einen nicht ohne weiteres zugänglichen Bereich, den des Unbewußten.

Es gehörte zu den erregenden klinischen Erfahrungen Freuds, daß eben dieser Vorgang der Abstoßung, der Abwehr von seiten des Ich, in Richtung des Unbewußten gleichfalls unbewußt verlief.

Freud hatte für die Darstellung der beiden Systeme, die nach der *ersten topischen Theorie* den psychischen Apparat bildeten, eine räumliche Metapher gewählt. Er setzte das System des Unbewußten einem großen Vorraum gleich, in dem sich die seelischen Regungen wie Einzelwesen tummeln. An diesen Vorraum schließt sich ein zweiter, engerer, eine Art Salon an, in welchem auch das Bewußtsein verweilt. An der Schwelle zwischen beiden Räumlichkeiten sah Freud einen Wächter seines Amtes walten, der die einzelnen Seelenregungen mustert, zensuriert und sie nicht in den Salon einläßt, wenn sie sein Mißfallen erregen (GW XI, 1916/17, S. 305 f.). Inzwischen hatte es sich herausgestellt, daß die Einzelwesen, die in diesen Räumen verkehrten, sich nicht an die vorgeschriebenen Zuweisungen hielten; so tummelte sich das Ich, dem der Salon des Vorbewußten/Bewußten zum Aufenthalt bestimmt war, auch im großen Vorraum des Unbewußten. Es war also die Erkenntnis gewonnen, daß die Abwehr, das Verdrängende, als eine Funktion des Ichs der Person ebenfalls zum Teil unbewußt fungierte. Die Pole des Abwehrkonfliktes stimmten nicht mehr mit den früher definierten Systemen überein, nämlich das Unbewußte mit dem Verdrängten und das Ich mit dem System Vorbewußt/Bewußt. Das topographische Modell des psychischen Apparates hatte sich also in seinem Erklärungswert für die klinischen Phänomene als nicht mehr ausreichend erwiesen und mußte deshalb ersetzt werden. Freud kommentiert die Situation:

„Wir haben im Ich selbst etwas gefunden, was auch unbewußt ist ... Die Folge dieser Erfahrung für die analytische Praxis ist, daß wir in unendlich viele Undeutlichkeiten und Schwierigkeiten geraten, wenn wir an unserer gewohnten Ausdrucksweise festhalten und zum Beispiel die Neurose auf einen Konflikt zwischen dem Bewußten und dem Unbewußten zurückführen wollen. Wir müssen für diesen Gegensatz aus unserer Einsicht in die strukturellen Verhältnisse des Seelenlebens einen anderen einsetzen: den zwischen dem zusammenhängenden Ich und dem von ihm abgespaltenen Verdrängten" (GW XIII, 1923, S. 244).

Eine theoretische Neufassung des psychischen Apparates war auch deswegen erforderlich, weil die klinischen Erfahrungen ergeben hatten, daß auch Schuldgefühle und Strafbedürfnisse unbewußt sein konnten und daß sie, mit anderen Worten, ebenso wie Triebregungen der Verdrängung anheimfielen. Ferner hatte sich gezeigt, daß es von Freud als Identifizierungen bezeichnete unbewußte Vorgänge gibt, die wesentlich zur Konstituierung des Ichs beitragen, die aber darüber hinaus im Sinne von Idealbildungen zur Annahme einer weiteren Differenzierung, einer „Stufe im Ich", veranlaßten (GW XIII, 1921, S. 145 f.).

Ein neues Modell mußte den genannten Erfahrungen Rechnung tragen, und so kam es zur Einführung von drei Instanzen. Und zwar der Instanz des *Es*, das in gewisser Weise dem Unbewußten des topischen Modells entspricht und das den psychischen Ausdruck der Triebe zum Inhalt hat, die einerseits der Phylogenese entstammen und somit angeboren, andererseits Produkte der Verdrängung und somit erworben sind. Es war das *Ich* als jener Anteil der Persönlichkeit, der ihre Interessen vertritt und der den Ansprüchen des Es auf Bewußtwerden seiner Inhalte Abwehr entgegensetzt. Dabei ist das Ich anteilig bewußt bzw. vorbewußt und somit bewußtseinsfähig und anteilig unbewußt. Es war die Instanz des *Überich*, dem die Funktionen der Selbstbeurteilung und der Idealbildung obliegen. Auch die zum Überich gehörenden Vorstellungen können die Qualität bewußt/vorbewußt oder die Qualität unbewußt haben.

Dieser Entwicklung folgend wollen wir nun die *drei Instanzen des Strukturmodells* darstellen und anschließend erörtern, welche Konsequenzen sich aus diesen Konzepten für das psychoanalytische Konfliktmodell und dessen klinische Handhabung ergeben haben.

1.4 Zur Instanz des Es

Das Es ist eine der drei seelischen Instanzen, die – zusammen mit der „Realität" – ein Modell für die Etablierung jener Konflikte bilden, die menschliches Erleben und Verhalten weitgehend bestimmen und die speziell die Störungsphänomene hervorbringen, die Gegenstand psychoanalytischer Therapie sind. In diesem Sinne ist die Strukturtheorie um den psychischen Konflikt zentriert.

Das Es als eine der konfliktbildenden Instanzen oder Systeme entspricht insofern jenem Unbewußten, das als einer der Orte, der topoi, im ersten Modell des psychischen Apparates gilt, als es sich mit dessen Inhalten, den Inhalten des Verdrängten deckt. Die Inhalte des Es sind psychischer Ausdruck der Triebe, die der Phylogenese entstammen, also angeboren sind. Triebabkömmlinge können in der Ontogenese bewußt und sodann verdrängt werden, womit sie die Qualität „unbewußt" erhalten (GW XIII, 1923, S. 240; GW XVII, 1938, S. 85). Das Es deckt sich nicht mit den Inhalten des Unbewußten überhaupt. „...; es bleibt richtig, daß alles Verdrängte ubw ist, aber nicht alles Ubw ist auch verdrängt", heißt es bei Freud (GW XIII, 1923, S. 244). Es war die inzwischen erfolgte klinische Entdeckung Freuds, wonach auch Anteile des Ichs, insbesondere die Abwehr, unbewußt sind, die ihn zur Neuformulierung seiner Theorie des psychischen Apparats veranlaßte.

Das Es hat auch insofern eine andere Bedeutung, als das Unbewußte der topographischen Theorie, als das Ich inzwischen eine definitorische Veränderung erfahren hatte. Der neurotische Konflikt wird nun nicht mehr als ein Widerstreit von Sexualtrieben und Selbsterhaltungstrieben (Ich-Trieben) verstanden, von denen die letzteren als Motivationen der Abwehr wirksam sind; denn die Selbsterhaltungs- oder Ich-Triebe wurden von

Freud inzwischen konzeptuell in den Dualismus Lebenstriebe-Todestriebe aufgenommen. Die Triebart Sexualtriebe oder Eros „umfaßt nicht nur den eigentlichen ungehemmten Sexualtrieb und die von ihm abgeleiteten zielgehemmten und sublimierten Triebregungen, sondern auch den Selbsterhaltungstrieb, den wir dem Ich zuschreiben müssen" (GW XIII, 1923, S. 268). Das Es ist jetzt nicht nur das „große Reservoir der Libido", sondern es schließt zwei Triebarten ein. Nach Einführung des Todestriebes und des Destruktionstriebes als dessen Abwandlung (GW XIII, 1923, S. 268–276) sind beide Triebenergien im Es zu unterscheiden, die libidinöse und die aggressive. Unter dem Aspekt einer Organisation der Struktur des Es läßt sich vorstellen, daß die beiden Triebarten sowohl unverbunden nebeneinander, als auch miteinander vermischt oder aber in dialektischer Spannung stehend existieren können.

> „Das heißt, daß eine bestimmte Wunschvorstellung oder Handlung noch so zerstörerisch, grausam und aggressiv sein kann, die Analyse wird zeigen, daß sie als Ziel bis zu einem bestimmten Grad immer auch eine erotische Befriedigung verfolgt. Aus demselben Grund kann auch eine Wunschvorstellung oder Handlung aus einer noch so liebevollen Zuneigung entspringen – wenn sie sich analysieren läßt, wird die Analyse erweisen, daß dabei gleichzeitig auch ein Element der aggressiven Energie zur Abfuhr gelangt" (Arlow und Brenner, 1976, S. 36).

Betrachtet man den Schritt von der topographischen zur Strukturtheorie, dann fällt ferner auf, daß die Grenze zwischen Ich und Es weniger scharf ist als die von der Zensur markierte zwischen dem Unbewußten und dem Vorbewußt/Bewußten.

> „Das Ich ist vom Es nicht scharf getrennt, es fließt nach unten hin mit ihm zusammen. Aber auch das Verdrängte fließt mit dem Es zusammen, ist nur ein Teil von ihm. Das Verdrängte ist nur vom Ich durch die Verdrängungswiderstände scharf geschieden; durch das Es kann es mit ihm kommunizieren" (GW XIII, 1923, S. 251 f.).

So können Triebabkömmlinge modifiziert im Ich erscheinen. Sie werden in dem Bereich des Erlebens und Verhaltens, der im gegebenen theoretischen Zusammenhang als Ich bezeichnet wird, insoweit auch dadurch motivations- bzw. handlungswirksam, als sie von der (Unlust-)Abwehr her zulässig sind. So werden Abkömmlinge von Trieben, die als solche zum Handeln drängen (Trieb definiert als das „Drängende"), zum Ich als dem Handelnden quasi vordringen, zu jener Instanz, die über die Zugänge zur Motilität verfügt.

Eine weitere wichtige Verbindung zwischen Es und Ich, die mit einer bedeutsamen Einflußnahme des Es auf die Ich-Entwicklung verbunden ist, besteht in der Errichtung von Objekten im Ich, die primär vom Es im Zusammenhang mit Triebwünschen libidinös oder erotisch besetzt wurden. Ein solcher Vorgang wird eingeleitet, wenn ein libidinös besetztes Objekt aufgegeben werden muß. Er kann sich aber auch parallel entwickeln, während die Besetzung aufrechterhalten bleibt. FREUD bezeichnete diesen Vorgang als Identifizierung oder auch, in seiner frühen, an die orale Phase gebundenen Form, als Introjektion. Eine solche Identifizierung bedeutet Übernahme der Eigenschaften des betreffenden Objekts durch das Ich, wodurch Ähnlichkeiten zwischen beiden entstehen, mit deren Hilfe sich das Ich dem Es als Liebesobjekt empfiehlt: „Sieh', du kannst auch mich lieben, ich bin dem Objekt so ähnlich" (GW XIII, 1923, S. 258). Sie gehen über die Bildung primärer Objektwahlen des Es in die Entwicklung des Ichs ein und bilden dessen Charakter. Die Umwandlung von Objektbesetzungen in Identifizierungen spielt eine besonders große Rolle auf jener Stufe im Ich, die FREUD als Überich oder Ichideal bezeichnet hat. Es geht hier um die Auseinandersetzung mit jenen beiden Liebesobjekten, die im Zusammenhang mit leidenschaftlichem sexuellen Begehren des Kindes eine entsprechend hohe Besetzung und große Bedeutung erlangt haben; es geht um libidinös-aggressive Besetzungen von Vater und Mutter, wie sie im Zusammenhang heftigen Verlangens nach dem einen und leidenschaftlicher Bekämpfung des anderen erlebt werden. Der unerläßliche Verzicht auf diese Objektbesetzungen kann nur so geleistet werden, daß die aufgegebenen Objekte im Ich errichtet und hier zur Bildung des Überichs oder Ichideals führen. FREUD bezeichnete das Ichideal als den Erben des Ödipuskomplexes und damit „der mächtigsten Regungen und wichtigsten Libidoschicksale des Es" (GW XIII, 1923, S. 264).

Zusammenfassend kann man sagen, daß sich

das Konzept des Es, im Kontext der Strukturtheorie, für die psychoanalytische Therapie als äußerst fruchtbar erwiesen hat. Die Annahme eines psychischen Raumes, einer Innenwelt, die das gesamte phylogenetische, das stammesgeschichtliche Erbe wie das individuell Ererbte umfaßt, also eine Fülle von „Urphantasien", die zur angeborenen Ausstattung des Subjekts gehören, die ferner die ontogenetischen Verarbeitungen des biologisch, des konstitutionell Vorgegebenen in seinen unbewußten (verdrängten) Anteilen umfaßt, bildet einen umfangreichen Fundus vitaler Ressourcen. Diese Ressourcen zugänglich und verfügbar zu machen, ist eine der zentralen Zielsetzungen analytischer Psychotherapie; ein Weg dahin führt über den Traum, der zu jenen Bildungen gehört, die, vom Ich ausgehend, ins Unbewußte eintauchen. Es gehören dazu die unbewußten Identifizierungen mit den Objekten, die vom Es besetzt oder besetzt gewesen sind, deren Bewußtwerdung für eine ertragreiche Therapie unverzichtbar ist. Zum Es gehören vor allem die Triebe und deren Abkömmlinge, die in die Bildung pathogener Konflikte und in deren kompromißhafte pathologische Lösung eingehen. Auch deren Aufarbeitung ist therapeutisch unverzichtbar. Für die Entwicklung der Person, auch diesseits und jenseits der Therapie, ist die Erreichbarkeit des Es auf der Linie einer Regression im Dienste des Ichs, die eine Quelle für Rekreation und eine Wurzel für Kreativität bildet, von Bedeutung.

> ... „Sagen Sie
> Ihm, daß er für die Träume seiner Jugend
> Soll Achtung tragen, wenn er Mann sein wird."

heißt es in SCHILLERS „Don Carlos" im Gespräch des Marquis Posa mit der Königin Elisabeth. Der Dichter meinte damit jene Träume, in denen eine bessere Zukunft sowohl für das Individuum wie für das Zusammenleben im Staate utopisch entworfen wird. Somit enthält das Es, das die Träume nährt, neben dem Schon-Gelebten, dem von Beginn der Stammesgeschichte an Gelebten auch das Noch-Nicht-Gelebte, die utopischen Entwürfe einer von der Hoffnung her besseren Zukunft.

1.5 Zur Instanz des Ich

Anders als das Es taucht das Ich im Denken FREUDS schon sehr früh auf; bereits in den Anfängen der psychoanalytischen Theoriebildung spielte es neben der Abwehr, der Sexualität und dem Konflikt eine Rolle. FREUD spricht von einem Ich, das einerseits als Träger des Widerstandes „abwehrlustig" (GW I, 1895, S. 280), andererseits vom „pathogenen Kern infiltriert" sei (GW I, 1895, S. 295).

In dem ersten, dem topographischen Modell des psychischen Apparates, wie es in der „Traumdeutung" dargestellt wurde, hat das Ich verschiedene Bedeutungen, ohne daß ihm der Charakter einer abgegrenzten, einer umschriebenen Instanz zugestanden wurde. Das Ich steht einerseits der Zensur nahe, andererseits ist es Träger des Schlafwunsches; im Schlafwunsch aber sieht FREUD das Motiv zur Traumbildung, das somit libidinös besetzt ist (GW II/III, 1900, S. 240 und S. 692–694).

Schon sehr früh, im „Entwurf einer Psychologie" (1895), hat FREUD dem Ich mit der *Realitätsprüfung* eine Funktion zugeordnet, die dem in der Frühphase kindlicher Entwicklung uneingeschränkt geltenden Lustprinzip ein Regulativ, das der Realität, entgegenstellt. Damals wurden von ihm die vom Realitätsprinzip beherrschten sogenannten Sekundärvorgänge in Abgrenzung gegen die dem Lustprinzip unterworfenen Primärvorgänge eingeführt. Er beschrieb zu jener Zeit eine hemmende Wirkung des Ichs in bezug auf die frühen bedürfnisbefriedigenden Objekte. Diese hemmende Wirkung schlägt sich darin nieder, daß sie eine zu starke Besetzung, ein zu intensives libidinöses Erleben der ersten bedürfnisbefriedigenden Objekte einschränkt; so wird verhindert, daß diese Objekte auch in ihrer Abwesenheit als Wahrnehmung erlebt und damit zu Halluzinationen werden. Die Ablösung des Lustprinzips durch das Realitätsprinzip wurde nun als eine wichtige, ja zentrale Funktion und die Realitätsprüfung als Kern des Ichs verstanden. Im Zusammenhang mit dieser hemmenden Wirkung entwickelt das Ich die Fähigkeit zum Triebaufschub und in der Folge zu Umweg- und Ersatzhandlungen.

Später (1923) gewinnt das Ich bei den Bemühungen FREUDS um eine theoretische Neufassung des psychischen Apparates eine andere Kontur und Plastizität. FREUD sah es auf der einen Seite als eine Ausformung des Es, entstanden aus der Auseinandersetzung mit den Reizen der äußeren Realität, also über die Tätigkeit des Wahrnehmungs-Bewußtseins. Im Unterschied zum Es, das keinen direkten Zugang zur äußeren Realität hat, ist dem Ich dadurch, daß es primär über die Funktion der Wahrnehmung und die Motilität, des Handelns, verfügt, eine *Vermittlerfunktion* zugeordnet. Das Vermitteln zwischen den Reizen der äußeren und den Reizen der inneren Realität (Es) fordert eine größere Differenzierung, bedeutet die Ausbildung einer Vielzahl von Funktionen, die für diese Vermittleraufgabe notwendig sind. So geht es zunächst einmal darum, daß das Ich fähig wird, innere und äußere Reize voneinander zu unterscheiden, also zu diskriminieren zwischen der äußeren Realität und der Realität der Innenwelt, repräsentiert durch die Gesamtheit von Erinnerungsspuren und Gedächtnisinhalten (von Triebbedürfnissen, Affekten, Beziehungswünschen und -modalitäten), durch einen bis heute nicht einzuschätzenden Bestand an phylogenetisch verankerten Vorgegebenheiten (Urphantasien, Inhalte eines kollektiven Unbewußten, bildhafte Fragmente aus der Stammesgeschichte). Das Ich differenziert sich also in Erfüllung der Aufgabe, zwischen Innen und Außen, zwischen Phantasie und Wirklichkeit, zwischen Ich und Du, zwischen damals und heute verläßlich zu unterscheiden.

Um diese Diskriminierungen vornehmen zu können, muß das Ich die Funktion des Urteilens ausbilden; es geht um die Urteilsbildung hinsichtlich der wahrgenommenen Realitäten, wozu vor allem die Verbindung von Wahrnehmungen mit Wortvorstellungen gehört (Entwicklung der Sprachfunktion) und die dadurch geförderte Entwicklung der Erinnerungs- und Gedächtnisfunktionen. Gleichzeitig wird dadurch ein probatorisches Handeln im Sinne von Denkvollzügen ermöglicht.

In seinem 1938 verfaßten Rückblick formuliert FREUD seine Auffassungen vom Ich wie folgt:

> „Unter dem Einfluß der uns umgebenden realen Außenwelt hat ein Teil des Es eine besondere Entwicklung erfahren ... Diesem Bezirk unseres Seelenlebens lassen wir den Namen des Ichs. ... Infolge der vorgebildeten Beziehung zwischen Sinneswahrnehmung und Muskelaktion hat das Ich die Verfügung über die willkürlichen Bewegungen. Es hat die Aufgabe der Selbstbehauptung, erfüllt sie,

indem es nach außen die Reize kennen lernt, Erfahrungen über sie aufspeichert (im Gedächtnis), überstarke Reize vermeidet (durch Flucht), mäßigen Reizen begegnet (durch Anpassung) und endlich lernt, die Außenwelt in zweckmäßiger Weise zu seinem Vorteil zu verändern (Aktivität); nach innen gegen das Es, indem es die Herrschaft über die Triebansprüche gewinnt, entscheidet, ob sie zur Befriedigung zugelassen werden sollen, diese Befriedigung auf die in der Außenwelt günstigen Zeiten und Umstände verschiebt oder ihre Erregungen überhaupt unterdrückt. In seiner Tätigkeit wird es durch die Beachtungen der in ihm vorhandenen oder in dasselbe eingetragenen Reizspannungen geleitet. ... Das Ich strebt nach Lust, will der Unlust ausweichen. Eine erwartete, vorausgesehene Unluststeigerung wird mit dem **Angstsignal** beantwortet, ihr Anlaß, ob er von außen oder innen droht, heißt eine Gefahr" (GW XVII, 1938, S. 68).

Und bald danach heißt es in dieser Schrift:

„Die Macht des Es drückt die eigentliche Lebensabsicht des Einzelwesens aus. Sie besteht darin, seine mitgebrachten Bedürfnisse zu befriedigen. Eine Absicht, sich am Leben zu erhalten und sich durch die Angst vor Gefahren zu schützen, kann dem Es nicht zugeschrieben werden. Dies ist die Aufgabe des Ichs, das auch die günstigste und gefahrloseste Art der Befriedigung mit Rücksicht auf die Außenwelt herauszufinden hat. Das Überich mag neue Bedürfnisse geltend machen, seine Hauptleistung bleibt aber die Einschränkung der Befriedigungen" (GW XVII, 1938, S. 70).

Zu den gleichfalls wichtigen Funktionen des Ichs, die von FREUD schon früh klinisch erfaßt und benannt wurden (das „abwehrlustige" Ich aus dem Jahr 1895), gehört die *Abwehr* von solchen Bedürfnissen und Wünschen, die als Triebabkömmlinge zu verstehen sind, sowie den dazugehörigen Beziehungswünschen, die seinerzeit unerträgliche Unlust mobilisierten. Die Vermittlungs- und Anpassungsaufgabe, die dem Ich zugewiesen ist, besteht darin, zwischen Innenreizen, wenn sie unerträgliche Unlust erzeugen, zwischen den Anforderungen der Realität, zwischen den normativen Ansprüchen des Überichs und schließlich den Interessen des Ichs so zu vermitteln, daß das Erleben von Unlust weitgehend ausgeschaltet und damit dem Lustprinzip Genüge getan wird. Die zunächst von FREUD und seinen unmittelbaren Nachfahren als relativ unveränderbare, als statische Mechanismen beschriebene Abwehr stellt

sich in heutiger psychoanalytisch-klinischer Sicht anders dar, wenngleich die von ANNA FREUD beschriebenen Abwehrmechanismen sich nach wie vor als klinisch handhabbar und nützlich erweisen. Ein „gesundes" Ich, ein fiktives Normal-Ich (GW XVI, 1937, S. 80) gestaltet seine Abwehr relativ flexibel, verfügt über ein großes Repertoire von Abwehrmaßnahmen; es ist in der Lage, die Abwehr unter den jeweiligen Bedingungen des Andrängens von Unlustaffekten so zu gestalten und auch seine Funktionen so zu modellieren, daß einerseits Unlust ausreichend ausgeschaltet wird, andererseits aber immer auch eine genügende, wenngleich in ihrer Form kaschierte, entstellte Befriedigung der andrängenden Bedürfnisse und Wünsche ermöglicht wird. M. a. W.: Das Ich läßt, indem es Abwehrmaßnahmen trifft, Kompromißbildungen entstehen. Diese der Abwehr und dabei einer diskreten Triebbefriedigung dienenden Kompromißbildungen sind hinsichtlich der Qualität ihrer Organisation unterschiedlich und d. h. hinsichtlich einer abgewogenen Vermittlung zwischen den widerstreitenden inneren Tendenzen, Forderungen, Interessen und Belangen mehr oder weniger funktional ausgestaltet (s. d. a. SANDLER mit FREUD, 1989).

Gegen die als Abwehr bezeichneten Maßnahmen des Ichs sind jene abzugrenzen, die – im Dienste von Selbstbehauptung und Selbsterhaltung – psychophysisches und psychosoziales Wohlbefinden schützen und sichern sollen. LOCH (1989, S. 57) spricht von primären protektiven Prozessen, deren Ziel es sei, die „Funktion des Organismus zu schützen" (STERN, 1964, S. 297) und die Integration mit der lebensnotwendigen psychosozialen Umwelt sicherzustellen. Es geht dabei um die Befriedigung narzißtischer Bedürftigkeit sowohl im Sinne von Sicherheit und narzißtischem Wohlbefinden wie im Sinne eines ausgeglichenen Selbstwertgefühls.

Diese *protektorischen Maßnahmen* treten normalerweise in der frühkindlichen Entwicklung auf. In psychopathologischen Zusammenhängen sind sie dann zu beobachten, wenn seelische Unverträglichkeiten entstanden sind, in deren Auswirkung die biopsychologische Sicherung nicht mehr gewährleistet ist. Es kann sich dabei um ein unverträgliches Nebeneinander von verschiedenen Repräsentanzen der Objekte oder des Selbst oder von Objektrepräsentanzen auf der einen und von Selbstrepräsentanzen auf der anderen Seite im System Ich handeln. Die entsprechenden Objektbeziehungen sind pseudodyadisch; ein drittes Objekt ist im Erleben nicht verfügbar; damit ist auch die Fähigkeit, innere Unverträglichkeiten in Konflikte umzugestalten, die kompromißhaft gelöst werden könnten, nicht gegeben. So müssen andere Maßnahmen eingesetzt werden, um die Unlust innerer Unverträglichkeiten zu beseitigen, Maßnahmen des Ichs, wie sie als Spaltung, als primitive Idealisierung oder primitive Entwertung, als projektive Identifizierung beschrieben wurden. KERNBERG (1981, 1988 a) bezeichnet sie als primitive Abwehrmechanismen. MAHLER (1968) hat vorgeschlagen, nicht von Abwehr-, sondern von Erhaltungsmechanismen zu sprechen; sie betont die Andersartigkeit lebenssichernder Erhaltungsmechanismen gegenüber der Abwehr von Triebgefahr. ROHDE-DACHSER (1991) spricht von archaischen Abwehrreaktionen.

Zur Konturierung, die das Ich im Zusammenhang mit der Einführung der Strukturtheorie erfährt, gehört auch seine Beziehung zur Angst, wie FREUD sie in seiner *zweiten Angsttheorie* 1926 (GW XIV, S. 113–205) formuliert hat. 1933 schreibt er: „... das Ich ist die alleinige Angststätte, nur das Ich kann Angst produzieren und verspüren ..." und „Nicht die Verdrängung schafft die Angst, sondern die Angst ist früher da, die Angst macht die Verdrängung!" (GW XV, 1933, S. 91 f.). Der Auslösung des Unlustsignals der Angst liegt immer eine alte Gefahrensituation zugrunde (z. B. die der Kastration); das Ich trachtet danach, gemäß dem Lust-Unlust-Prinzip eine Wiederholung dieser Gefahr zu vermeiden und löst über das Angstsignal die Abwehr aus. Das Angstsignal hat also eine wichtige Funktion bei der Abwehrtätigkeit des Ichs.

Zur *Genese des Ichs* schreibt FREUD:

> „... das Ich ist der durch den direkten Einfluß der Außenwelt unter Vermittlung von W-Bw veränderte Teil des Es, gewissermaßen eine Fortsetzung der Oberflächendifferenzierung. Es bemüht sich auch, den Einfluß der Außenwelt auf das Es und seine Absichten zur Geltung zu bringen ... Die Wahrnehmung spielt für das Ich die Rolle, welche im Es dem Trieb zufällt" (GW XIII, 1923, S. 252/253).

Da FREUD einen engen Zusammenhang des Es mit dem Somatischen annimmt, bedeutet die These von der Differenzierung des Ichs aus einer ursprünglichen Es-Matrix neben der Abhängigkeit von Umwelteinflüssen auch eine Abhängigkeit von körperlichen Vorgängen. Später wird diese Auffassung zur Genese des Ichs weiter differenziert. Er formuliert die Hypothese eines „undifferenzierten Ich-Es" als des Anfangszustands individuellen Lebens.

> „..., daß Es und Ich ursprünglich eins sind, ... dem noch nicht existierenden Ich (ist) bereits festgelegt, welche Entwicklungsrichtungen, Tendenzen und Reaktionen es späterhin zum Vorschein bringen wird" (GW XVI, 1937, S. 86).

FREUD sieht keinen Grund, „die Existenz und Bedeutung ursprünglicher, mitgeborener Ichverschiedenheiten zu bestreiten" und schreibt,

> „daß das einzelne Ich von vornherein mit individuellen Dispositionen und Tendenzen ausgestattet ist, deren Art und Bedingtheit wir nun freilich nicht angeben können" (GW XVI, 1937, S. 86).

Diese Auffassung des von vornherein „mit individuellen Dispositionen ausgestatteten Ich" oder des „Ich mit hereditär bedingten Eigenheiten" wird in der Folgezeit (1939; 1950, S. 124 f.) von HARTMANN (These der „primären Ich-Autonomie" oder der „konfliktfreien Ich-Sphäre") weiter ausgebaut (s. d. DREWS und BRECHT, 1982, S. 109).

Neben dem apparativen Aspekt des Ichs (HARTMANN, 1950, S. 143, sprach später vom Ich als dem Organisator innerer und äußerer Anpassung) beschreibt FREUD auch den identifikatorischen Anteil. Das Ich wird nach seiner Auffassung in seiner individualspezifischen Entwicklung bestimmt durch Identifizierungen, die infolge aufgegebener Objektbesetzungen des Es entstehen. FREUD sagt an anderer Stelle (GW XIII, 1923, S. 257), daß solche Identifizierungen die Voraussetzungen dafür sind, daß das Es seine Objektbesetzungen aufgibt. Im Zusammenhang mit der so erfolgenden Desexualisierung wird die ursprünglich den Objekten geltende Libido nunmehr auf das Ich verschoben, das Ich bietet sich – über die Identifizierungen – dem Es als Ersatz für das aufgegebene Objekt an. HARTMANN (1972, S. 132) hat 1950 vorgeschlagen, diesen aus Identifizierungen entstehenden Ich-Aspekt, den Adressaten der „narzißtischen" Libido als *Selbst* zu bezeichnen. Die Identifizierungen verleihen dem Ich seinen Charakter, sie prägen denselben (weitere

Ausführungen in dem Abschnitt „Der Narzißmus und das Selbst").

Zusammenfassend kann festgestellt werden, daß das Ich, das schon in der frühen Begriffswelt der Psychoanalyse neben Abwehr, Sexualität und Konflikt ausgewiesen ist, in den theoretischen Formulierungen zum seelisch bedingten Krankheitsgeschehen ebenso wie in der psychoanalytischen Entwicklungslehre und der Persönlichkeitstheorie zunehmend eine Rolle spielte.

Das Ich wurde von FREUD schon früh sowohl als Träger der Abwehr wie auch als gleichsam infiltriert von sexuellen Wünschen verstanden. Es wurden ihm spezielle Triebe (Ich-Triebe bzw. Selbsterhaltungstriebe; GW VIII, 1910, S. 97/98) zugeordnet, und es wurde als Objekt libidinöser Besetzung, als Liebesobjekt des Es und somit als Agent triebhafter Bedürfnisse wie narzißtischer Bedürftigkeit begriffen.

In der Neufassung der Theorie des seelischen Apparats, der Strukturtheorie und der damit verbundenen Neufassung des psychoanalytischen Konfliktmodells wurde ihm eine entscheidende Position dadurch zugewiesen, daß es nicht nur als Opponent in konfliktären Spannungsfeldern verstanden wurde, sondern auch als Vermittler im Konflikt. In dieser Vermittlerfunktion ist es drei gestrengen Herren (dem Es, dem Überich, der Realität; GW XV, 1933, S. 84) unterworfen und kann bei der Erfüllung dieser Funktion sowohl progressiv erstarken wie regressiv verarmen.

Es ist nicht nur Aufgabe des Ichs, intersystemische Konflikte vermittelnd zu regulieren, sondern es gehört auch zu seinen Aufgaben, intrasystemische Unverträglichkeiten so zu verarbeiten, daß unerträgliche Unlust vermieden wird. Das Signal für drohende Unlust wird im intersystemischen Konflikt durch das Signal der Angst vermittelt; das Ich gilt als Angststätte; zur Ausschaltung der Angstunlust setzt es seine Abwehrfunktion ein.

Der intrasystemische Konflikt, genauer: die intrasystemische Unverträglichkeit, ist dadurch gekennzeichnet, daß im System des Ichs nicht zu vereinbarende (unbewußte) Vorstellungen nebeneinander bestehen und, wegen ihrer Unverträglichkeit, voneinander getrennt gehalten werden müssen. Das geschieht z. B. dann, wenn die im System Ich bestehenden Repräsentanzen (seien es die des Selbst, seien es die der Objekte) so beschaffen sind, daß nur böse, schlimme und nur gute Repräsentanzen unmittelbar nebeneinander bestehen und – z. B. durch Spaltung – voneinander getrennt gehalten werden müssen.

FREUD sah beim Ich einen zweifachen Entwicklungsansatz: Während sich der erste aus der Vermittlungsfunktion zwischen Außen- und Innenwelt über die Wahrnehmungs- und Motilitätsfunktionen ergibt, resultiert der zweite Ansatz daraus, daß libidinöse Besetzungen früher Objekte nur dadurch aufgegeben werden können, daß es zur Identifizierung mit diesen Objekten im Ich kommt, das dadurch seinen Charakter erhält und das sich wegen der mit dem Identifizierungsprozeß verbundenen Desexualisierung nunmehr selbst dem Es als Liebesobjekt anbieten kann.

HARTMANN hat dieses aus Identifizierungen entstandene Ich als Selbst bezeichnet und sieht die zu diesem Selbst entwickelten Repräsentanzen ebenso wie die Repräsentanzen der Objekte innerhalb des Systems Ich lokalisiert. Während der apparative Aspekt des Ichs (Organisator innerer und äußerer Anpassung) zu einer psychoanalytischen Ichpsychologie, einer Psychologie der Ich-Funktionen (insbesondere der Funktion der Abwehr) geführt hat, entwickelte sich aus dem auf Identifizierung beruhenden Aspekt eine Psychologie des Selbst. Ich- und Selbst-Psychologie erschlossen zusammen mit der Psychologie der Objektbeziehungen und der der Affekte für die Psychoanalyse neue diagnostische und therapeutische Zugänge zu den als strukturelle Störungen bezeichneten Psychopathologien.

Die Entwicklung menschlicher Subjektivität ist ohne das Erleben des „Ich selbst" nicht vorstellbar; in der Nähe des „Ich selbst" ist auch der Begriff der *Identität* angesiedelt, der die Wiedererkennbarkeit des Individuums einmal für sich selbst wie auch für andere einschließt (s. d. BOHLEBER, 1992; ERIKSON, 1959; FETSCHER, 1981, 1983; JACOBSON, 1964).

1.6 Zur Instanz des Überichs

Mit der Strukturtheorie wurde von FREUD als eine weitere, eine dritte innere Instanz der Person, das Überich eingeführt. Der von ihm gewählte Terminus sollte zum Ausdruck bringen, daß es sich hier um etwas vom Ich Abgetrenntes, um eine „Stufe im Ich" handelte (GW XIII, 1921, S. 145 f.).

> „Wir sehen bei ihm, wie sich ein Teil des Ichs dem andern gegenüberstellt, es kritisch wertet, es gleichsam zum Objekt nimmt" (GW X, 1916, S. 433).

Bevor der Terminus Überich in der Psychoanalyse erschien und definiert wurde, waren Teilaspekte dieser Instanz bereits klinisch gesehen und theoretisch reflektiert worden; dazu gehört der gegenüber Triebwünschen versagende, verbietende Aspekt, der in der Traumzensur enthalten ist.

Teilaspekte des Überichs zeichnen sich auch in der zur Erklärung der Melancholie aufgestellten Annahme ab, daß ein verlorenes Objekt im Ich wieder aufgerichtet, also eine Objektbesetzung durch eine Identifizierung abgelöst wird – ein Mechanismus, der später zur Beschreibung der Überich-Genese herangezogen wurde (GW X, 1916, S. 435).

Die seelische Instanz, die FREUD in der Strukturtheorie als Überich bezeichnet, wird erstmalig 1914 (GW X, 1914, S. 137 f.) unter den Begriffen „Ideal-Ich" und „Gewissen" vorgestellt. Das Ideal-Ich stellt das Ideal-Bild der eigenen Person dar, dem nun die Selbstliebe gilt, „welche in der Kindheit das wirkliche Ich genoß". Diese Idealbildung gilt FREUD als Bedingung der Verdrängung. Er schreibt:

> „Es wäre nicht zu verwundern, wenn wir eine besondere psychische Instanz auffinden sollten, welche die Aufgabe erfüllt, über die Sicherung der narzißtischen Befriedigung aus dem Ichideal zu wachen, und in dieser Absicht das aktuelle Ich unausgesetzt beobachtet und am Ideal mißt. Wenn eine solche Instanz existiert, so kann es uns unmöglich zustoßen, sie zu entdecken; wir können sie nur als solche agnoszieren und dürfen uns sagen, daß das, was wir unser **Gewissen** heißen, diese Charakteristik erfüllt" (GW X, 1914, S. 162).

Zur Entstehung dieser Strukturen heißt es:

> „Die Anregung zur Bildung des Ichideals, als dessen Wächter das Gewissen bestellt ist, war nämlich von dem durch die Stimme vermittelten kritischen Einfluß der Eltern ausgegangen, an welche sich im Laufe der Zeiten die Erzieher, Lehrer und als unübersehbarer, unbestimmbarer Schwarm alle anderen Personen des Milieus angeschlossen hatten" (GW X, 1914, S. 163).

1923 präsentiert FREUD in „Das Ich und das Es" seine neue Ansicht vom seelischen Apparat. Er

sieht im Gewissen, in der Selbstbeobachtung bzw. Selbstbeurteilung und in der Ideal-Bildung Funktionen einer jetzt als Überich bezeichneten Instanz. Von nun an werden Ich-Ideal und Überich synonym gebraucht. Beide Begriffe stehen sowohl für das inhaltliche Moment (Gebote und Verbote) wie auch für die Aspekte des Gewissens und der kritischen Selbstbeobachtung. In FREUDS eigenen Worten stellt sich die neu eingeführte Instanz hinsichtlich ihrer Inhalte und Aufgaben wie folgt dar:

> „Das Ichideal hat … die ausgiebigste Verknüpfung mit dem phylogenetischen Erwerb, der archaischen Erbschaft, des Einzelnen. Was im einzelnen Seelenleben dem Tiefsten angehört hat, wird durch die Idealbildung zum Höchsten der Menschenseele im Sinne unserer Wertungen. … Es ist leicht zu zeigen, daß das Ichideal allen Ansprüchen genügt, die an das höhere Wesen im Menschen gestellt werden. … Das Urteil der eigenen Unzulänglichkeit im Vergleich des Ichs mit seinem Ideal ergibt das demütige religiöse Empfinden … Im weiteren Verlauf der Entwicklung haben Lehrer und Autoritäten die Vaterrolle fortgeführt; deren Gebote und Verbote sind im Ideal-Ich mächtig geblieben und üben jetzt als **Gewissen** die moralische Zensur aus. Die Spannung zwischen den Ansprüchen des Gewissens und den Leistungen des Ichs wird als **Schuldgefühl** empfunden. Die sozialen Gefühle ruhen auf Identifizierungen mit anderen auf Grund des gleichen Ichideals" (GW XIII, 1923, S. 265).

Während FREUD die Entwicklung des Ichideals im ersten Ansatz im Zusammenhang der Entstehung des Narzißmus (Wiedergewinnung des verlorenen, vollkommenen infantilen Ichs in Gestalt des Ichideals) als eine prädipale Bildung verstanden hatte, sah er in einem zweiten Ansatz eine Weiterentwicklung unter dem enormen Konfliktdruck, der für das Kind in der ödipalen Phase entsteht.

Was geschieht nun in den Stürmen ödipaler Leidenschaften, wie kommt es zur Bildung des Überichs?

Aus der Sicht FREUDS (GW XIII, 1923, S. 256 f.) geht es dabei um Identifizierungen, durch die Objektbesetzungen des Es abgelöst werden. Nach diesem Muster verlaufende Objektersetzungen haben einen großen Anteil an der Gestaltung des Ichs; sie bilden dessen Charakter, m. a. W., die Errichtung des Objekts im Ich bedeutet eine Ich-Änderung. Solche Identifizierungen oder Introjektionen entsprechen einer Regression zum Mechanismus der oralen Phase (Einverleibung), die das Aufgeben des Objekts ermöglichen. FREUD vermutet, daß die Identifizierung die Bedingung dafür ist, daß das Es sich des Ichs bemeistert; sie bedeutet auch, daß sich das Ich auf diese Weise, über ein Gleichwerden mit dem Objekt, dem Es zum Geliebtwerden anbietet. Die dabei stattfindende Desexualisierung bedeutet eine Umsetzung von Objekt- in narzißtische Libido.

Identifizierungen dieser Art sind besonders im frühesten Alter von nachhaltiger Wirkung. Sie führen in bestimmten Zusammenhängen zur Bildung des Ichideals oder Überichs. FREUD geht davon aus, daß Kinder sich bereits sehr früh mit den Eltern identifizieren, noch vor der Objektbesetzung. Durch die in der ersten Sexualperiode erfolgenden Objektwahlen werden diese primären Identifizierungen verstärkt.

Das Überich ist von FREUD als das Ergebnis zweier wichtiger biologischer Faktoren verstanden worden: die langanhaltende kindliche Abhängigkeit und der Ödipuskomplex mit dem zweizeitigen Ansatz der Entwicklung des Sexuallebens in der ödipalen Phase und in der genitalen Reifung der Pubertät. Das Ichideal oder Überich gilt als Repräsentant der Beziehung zu den Eltern. Nachdem diese in der Kindheit bewundert und gefürchtet wurden, hat das Individuum sie hernach in sich aufgerichtet. Das Ichideal ist in der Sicht FREUDS insofern der Erbe des Ödipus-Komplexes, als es „Ausdruck der mächtigsten Regungen und wichtigsten Libidoschicksale des Es" (GW XIII, 1923, S.264) ist. Das Ich hat sich durch das Ichideal des Ödipuskomplexes bemächtigt und sich gleichzeitig durch die Identifizierung mit den vom Es gewählten Objekten diesem unterworfen.

Während das Ich wesentlich Repräsentant der Außenwelt, der Realität ist, tritt ihm das Überich als Anwalt der Innenwelt gegenüber. Konflikte zwischen Ich und Ideal werden in letzter Linie den Gegensatz von Real und Psychisch, von Außenwelt und Innenwelt widerspiegeln.

Im weiteren Verlauf der Entwicklung haben als Autoritäten erlebte Personen die im Ichideal etablierte Elternrolle fortgeführt; deren Gebote und Verbote sind darin mächtig geblieben. Sie üben jetzt als Gewissen die moralische Zensur aus.

„So kann man als allgemeinstes Ergebnis der vom Ödipuskomplex beherrschten Sexualphase einen Niederschlag im Ich annehmen, welcher in der Herstellung dieser beiden, irgendwie miteinander vereinbarten Identifizierungen besteht. Diese Ichveränderung behält ihre Sonderstellung, sie tritt dem anderen Inhalt des Ichs als Ichideal oder Über-Ich entgegen. Das Über-Ich ist aber nicht einfach ein Residuum der ersten Objektwahlen des Es, sondern es hat auch die Bedeutung einer energischen Reaktionsbildung gegen dieselben. Seine Beziehung zum Ich erschöpft sich nicht in der Mahnung: So (wie der Vater) sollst Du sein, sie umfaßt auch das Verbot: So (wie der Vater) darfst Du nicht sein, das heißt nicht alles tun, was er tut; manches bleibt ihm vorbehalten" (GW XIII, 1923, S. 262).

Aus dieser neu etablierten Spannung zwischen ödipalem Gebot (so wie der Vater sollst Du sein) und ödipalem Verbot (so wie der Vater darfst Du nicht sein) entwickelt sich das Erleben von Schuld im Zusammenhang mit Strafe (Kastration). FREUD definiert in diesem Kontext als Schuldgefühl die Spannung zwischen den Ansprüchen des Gewissens und den Leistungen des Ichs.

In der Folgezeit haben sich zahlreiche Autoren mit der Problematik des Ichideals und Überichs auseinandergesetzt. Besondere Aufmerksamkeit galt der zeitlichen Zuordnung und den Bedingungen seiner Entstehung (A. FREUD, 1926; JACOBSON, 1937, 1964; M. KLEIN, 1933). Das Interesse richtete sich ferner auf das Problem von Überich-Vorläufern der präödipalen Phase („Überich-artige Identifizierungen" A. REICH, 1954; „Urformen des Überich" SPITZ, 1950, 1957 a, 1957 b, 1960; "Sphinkter-Moral" FERENCZI, 1925; „Präautonome Überich-Schemata" HARTMANN und LOEWENSTEIN, 1962; SANDLER, 1964/65); auf prägenitale Ursprünge des Ich-Ideals (JACOBSON, 1964), auf Probleme der postödipalen Überich-Entwicklung (JACOBSON, 1964) und schließlich auf die Beziehungen zwischen Ichideal und Überich (CHASSEGUET-SMIRGEL, 1987; HARTMANN und LOEWENSTEIN, 1962; LAMPL-DE GROOT, 1947, 1963; SANDLER, 1964/65).

In Diagnostik und Therapie präödipaler bzw. struktureller Psychopathologien werden immer wieder bestimmte Vorformen der Überich-Bildung beobachtet, die inzwischen zu den Merkmalen dieser Krankheitsbilder gehören. Ihr Persistieren zeigt an, daß die Ausbildung eines depersonifizierten, autonomen Überichs nicht ausreichend gelungen ist.

Zu diesen frühen Überich-Vorläufern gehören, wie speziell das Studium struktureller Störungen zeigt, aus frühen abgespaltenen Introjekten entstandene unnachsichtige, *destruktiv-grausame Strafverfolger.* Die dazugehörigen unbewußten Strafverfolgungsängste spielen vermutlich auch bei den klinischen Phänomenen der bereits von FREUD (GW XIII, 1923, S. 278) beschriebenen negativen therapeutischen Reaktion eine Rolle. Es gehört zum Schicksal solcher frühen Introjekte, daß sie mit den guten Aspekten des frühen Objekts nicht integriert und daß sie gegen das Selbst nicht abgegrenzt werden; sie persistieren vielmehr im Selbst und entfalten hier ihre destruktive Wirkung. Diese Wirkung schlägt sich in sadistisch-destruktiven Bestrafungsphantasien nieder, in Bestrafungstendenzen, die sich primär gegen das Selbst richten, die aber auch, über entsprechende Identifizierungen mit dem bösen Introjekt, nach außen, gegen Objekte gerichtet werden. Diese Wendung gegen das Objekt ist in der Regel mit nachtragenden Affekten (Bitterkeit, Grimm, Groll, Hader) und motivational mit Vergeltung, Revanche und Rache verbunden. Charakteristisch für die anhaltende Wirkung solcher Strafverfolgungs- und Rachephantasien, seien sie nun gegen das Selbst oder gegen das Objekt gerichtet, ist ein Element der Unversöhnlichkeit.

Ein weiterer Vorläufer der Überich-Bildung, wie er nicht selten bei psychosomatisch Kranken angetroffen wird, ist charakterisiert durch eine *präautonome Normenimitation.* Hier erfolgt eine normative Orientierung an nur guten und das heißt idealisierten Objekten (an inneren Objekten und an deren Projektionen und Externalisierungen), deren Normen kritiklos übernommen, d. h. imitiert werden; dabei bleiben die Funktionen der rationalen Selbst- und Fremdbeurteilung defizitär. Solange diese nur guten oder idealisierten Objekte das Erleben bestimmen, wird die an sie fixierte normative Orientierung nicht in Frage gestellt.

Schließlich hat ANNA FREUD (1936) in dem von ihr als *Identifizierung mit dem Angreifer* bezeichneten Abwehrmechanismus einen weiteren Vorläufer ödipaler Überich-Bildung beschrieben. Dabei wird gefürchtete eigene Schuld und Bestrafung durch Projektion auf Außenobjekte verla-

gert; gleichzeitig erfolgt eine Identifizierung mit der strafenden Instanz. FERENCZI (1932) hat eine Version dieses Mechanismus beschrieben, bei der die Schuld beim Selbst verbleibt und gleichfalls eine *Identifizierung mit der strafenden Instanz* stattfindet; Selbsthaß und Selbstentwertung ebenso wie mit masochistischer Schmerzlust verbundene Selbstbestrafung (Selbstbeschädigung) sind die Folge. Die erstgenannte Version dieses Mechanismus ist nicht nur in psychopathologischen Zusammenhängen, sondern im menschlichen Verhalten überhaupt recht häufig anzutreffen; in der psychosozialen Verarbeitung kommt es dann häufig zu Phänomenen, die als Sündenbock-Suche und -Findung bezeichnet werden. Stagniert die Überich-Bildung auf dieser Vorstufe, dann bleibt die Funktion der Selbstbeurteilung defizitär, übertriebene Selbstgefälligkeit und Selbstgerechtigkeit sind die Folge (s. d. a. SANDLER mit FREUD, 1989).

1938 faßte FREUD („Abriß der Psychoanalyse") die Funktion des ödipalen Überichs noch einmal folgendermaßen zusammen:

> „Die Qual der Gewissensvorwürfe entspricht genau der Angst des Kindes vor dem Liebesverlust, die ihm die moralische Instanz ersetzt hatte. Auf der anderen Seite, wenn das Ich einer Versuchung erfolgreich widerstanden hat, etwas zu tun, was dem Überich anstößig wäre, fühlt es sich in seinem Selbstgefühl gehoben und in seinem Stolz bestärkt, als ob es eine wertvolle Erwerbung gemacht hätte. In solcher Art setzt das Überich fort, die Rolle einer Außenwelt für das Ich zu spielen, obwohl es ein Stück Innenwelt geworden ist. Es vertritt für alle späteren Lebenszeiten den Einfluß der Kinderzeit des Individuums, Kindespflege, Erziehung und Abhängigkeit von den Eltern, der Kinderzeit, die beim Menschen durch das Zusammenleben in Familien so sehr verlängert worden ist. Und damit kommen nicht nur die persönlichen Eigenschaften dieser Eltern zur Geltung, sondern auch alles, was bestimmend auf sie selbst gewirkt hat, die Neigungen und Anforderungen des sozialen Zustandes, in dem sie leben, die Anlagen und Qualifikationen der Rasse, aus der sie stammen" (GW XVII, 1938, S. 137 f.).

Die Einführung der Instanz des Überichs in den Zusammenhängen eines triadischen Modells oder Systems hat einen großen Erklärungswert für die dem menschlichen Individuum eigentümliche Konflikthaftigkeit. Sie erklärt die Entstehung innerer (seelischer) Konfliktspannungen, in denen das Ich mit verläßlich verinnerlichter Außenwelt konfrontiert wird. Dabei ist diese Außenwelt (Welt der Objekte) zuvor bereits über das Ich und dessen libidinöse Besetzungen in die Innenwelt transferiert worden.

Ferner geht es neben dem ontogenetischen Erwerb von Innenwelt (Überich) auch um phylogenetische Vorgegebenheiten aus dem Erleben vorangegangener Generationen. Mit der Entwicklung einer solchen Instanz und der damit entstandenen Fähigkeit zur Konflikt- und Kompromißbildung sind auch jene Formen des Kompromisses möglich geworden, die klinisch als Neurose bezeichnet werden. Durch die Konfrontation des Ichs mit einem ödipalen Überich und dem Es sind starke Anreize zu einer Funktionsdifferenzierung entstanden, speziell der Funktion der kompromißbildenden Vermittlung in diesem Spannungsdreieck.

Mit dem Überich treten auch selbstreflexive Affekte wie Schuld, Scham, Stolz und Depression in Erscheinung. Die Möglichkeit, Schuldgefühle in der von Freud beschriebenen Form (Spannung zwischen Überich-Anspruch und Ich-Leistung) zu erleben, führt zu einer der wichtigsten Motivationen menschlichen Verhaltens. Das kindliche Schulderleben, das in den ödipalen Irrungen und Wirrungen erzeugt wird, ist die Folge der in dieser Phase entstandenen verinnerlichten Bedrohungen. Die Bewältigung der damit verbundenen Angst ist, wenn nicht durch Verzicht, dann nur durch Verdrängung zu erreichen. Verdrängung bedeutet aber Verbannung in die eigene unbewußte Innenwelt; sie muß immer wieder sichergestellt werden; sie ist dynamisch, nicht statisch zu verstehen. Sie bedeutet unter dem Aspekt der Abwehr: So darf ich nicht sein! In Gang gesetzt wird die Verdrängung durch Schuldangst als abwehrauslösendes Signal. Hartmann, Kris und Loewenstein schreiben dazu:

> „Am deutlichsten zeigt sich die Existenz dieser neugebildeten Organisation darin, daß sich aus ihr eine neue Angstsituation für das kindliche Erleben ergibt. Die Angst vor dem Verlust des Liebesobjekts oder vor Liebesverlust in der präphallischen, und die Kastrationsangst in der phallischen Phase werden durch eine neue Angst ergänzt, aber natürlich nicht ersetzt: diese neue Überich-Angst gibt dem Kind die Möglichkeit, von der Umwelt moralisch unabhängig zu werden. Der Mensch hat eine innere Stimme erworben" (Hartmann, Kris und Loewenstein, 1946).

Es ist vielleicht in der psychoanalytischen Literatur zu wenig beachtet worden, daß eine Erfüllung der Überich-Normen nicht nur Straffreiheit bedeutet, sondern auch den Aspekt der Billigung enthält, des Gutheißens und damit der Anerkennung, die das Gefühl des Bestätigtseins, des Stolzes, des Im-Einverständnis-mit-sich-selbst-seins auslöst. Letztlich geht es darum, daß durch die Erfüllung der Überich-Gebote und -Verbote der Zustand des Geliebtwerdens (durch die Eltern) wiederhergestellt wird und – letztlich – jenes Hoch- und Wohlgefühl, das in der Frühzeit aus dem Erleben des Einsseins mit der Mutter resultierte. Die hier im gelungenen Fall resultierende Erlebnisqualität, von Sandler (1964/65) als Eupathie bezeichnet, ist weniger eine libidinöse als eine narzißtische, ist jenes Wohlbefinden, das aus einem gelingenden Reizschutz einerseits und einer Bestätigung des eigenen Soseins andererseits resultiert. Es geht dabei vornehmlich um den Ideal-Aspekt der als „Stufe im Ich" bezeichneten Instanz, um die Abstimmung des eigenen Verhaltens auf jene Vorstellungskomplexe, die von früh an als Ideal-Ich und als Ich-Ideal narzißtisches Wohlgefühl dann in Aussicht stellten, wenn ihnen Genüge getan wurde.

Die nicht ausreichende oder weitgehend fehlende Entwicklung einer autonomen Überich-Struktur kennzeichnet jene Psychopathologien, die seit einiger Zeit zunehmend die Psychotherapeuten beschäftigen. Verbleiben in narzißtischer Grandiosität, Schuldexternalisierung bei gleichzeitiger Übernahme der Rolle des Strafverfolgers, Orientierung an den Normen idealisierter Objekte (bei Verzicht auf moralische Autonomie), Ausfall bzw. Hypertrophie von Schuld- und Schamgefühlen, Steuerungsschwächen in bezug auf Triebbedürfnisse und narzißtische Bedürftigkeit sind die Folgen.

Jacobson schreibt:

> „Alles in allem stellt das Überich eine Sicherheitsmaßnahme ersten Ranges dar, die das Selbst vor gefährlichen inneren Triebreizen, vor gefährlichen äußeren Reizen und vor narzißtischer Verwundung schützt" (1964, S. 144).

1.7 Die Neumodellierung des psychischen Konflikts

Die Einführung der Strukturtheorie, die des In-
stanzen-Modells mit Es, Ich und Überich, eröffne-
te neue Sichtweisen gegenüber dem psychischen
Konflikt und den Modalitäten seiner Verarbeitung, wobei jedoch die bereits in den 80er Jahren
des vorangegangenen Jahrhunderts von Freud
klinisch aufgespürten Konfliktelemente weiterhin
von Bedeutung waren. Freud folgerte 1924 aus
dem Strukturmodell für die Neurosenentstehung:

> „Die Übertragungsneurosen entstehen nach dem
> Ergebnis aller unserer Analysen dadurch, daß das
> Ich eine im Es mächtige Triebregung nicht aufneh-
> men und nicht zur motorischen Erledigung beför-
> dern will, oder ihr das Objekt bestreitet, auf das sie
> zielt. Das Ich erwehrt sich ihrer dann durch den
> Mechanismus der Verdrängung; das Verdrängte
> sträubt sich gegen dieses Schicksal, schafft sich auf
> Wegen, über die das Ich keine Macht hat, eine Er-
> satzvertretung, die sich dem Ich auf dem Wege des
> Kompromisses aufdrängt, das Symptom; das Ich
> findet seine Einheitlichkeit durch diesen Eindring-
> ling bedroht und beschädigt, setzt den Kampf gegen
> das Symptom fort, wie es sich gegen die ursprüngli-
> che Triebregung gewehrt hatte, und dies alles ergibt
> das Bild der Neurose. Es ist kein Einwand, daß das
> Ich, wenn es die Verdrängung vornimmt, im Grun-
> de den Geboten seines Über-Ichs folgt, die wieder-
> um solchen Einflüssen der realen Außenwelt ent-
> stammen, welche im Überich ihre Vertretung gefun-
> den haben. Es bleibt doch dabei, daß das Ich sich
> auf die Seite dieser Mächte geschlagen hat, daß in
> ihm deren Anforderungen stärker sind als die
> Triebansprüche des Es, und daß das Ich die Macht
> ist, welche die Verdrängung gegen jenen Anteil des
> Es ins Werk setzt und durch die Gegenbesetzung
> des Widerstandes befestigt. Im Dienste des Über-
> Ichs und der Realität ist das Ich in Konflikt mit dem
> Es geraten und dies ist der Sachverhalt bei allen
> Übertragungsneurosen" (GW XIII, 1924, S. 388).

Freud betont die prominente Rolle, die dem System oder der Struktur des Ichs in dem neuen Modell des seelischen Konflikts zugewiesen wurde;
unter diesen Aspekten möge es erlaubt sein, aus
der Darstellung des Ichs einiges wieder aufzugreifen: Das Ich ist mit den Ansprüchen des Es konfrontiert, den mächtigen aus der Innenwelt stam-
menden Bedürfnissen, die (über das Ich) zur Befriedigung drängen. Es ist auf der anderen Seite

mit den Anforderungen des Über-Ichs konfrontiert, die jenen dem Es entstammenden Kräften
mit Verboten und Vorbehalten Behinderungen
verschiedener Art entgegensetzen. In diesem triangulären Spannungsfeld muß das Ich außerdem,
entsprechend seiner Funktion der Bewältigung innerer und äußerer Realität, seine eigenen Interessen vertreten. Das Ich ist nach der Auffassung
Freuds in diesem konfliktären Spannungsfeld
stets nicht nur Opponent, sondern auch Vermittler, so zwischen innerer und äußerer Realität. Je
nach den vorliegenden Kräfteverhältnissen zwischen Es, Überich und Ich gestaltet sich die Konfliktverarbeitung, die gleichfalls eine dem Ich ob-
liegende Aufgabe darstellt.

Auslösend für einen neurotischen Konflikt ist
das Auftreten von Angst, die durch einen andrängenden Triebabkömmling mobilisiert wird; das
Ich ist einerseits die Stätte der Angst und andererseits mit deren Verarbeitung im Konflikt betraut.
Es nutzt diese Angst als Signal für eine von innen
drohende (Trieb-)Gefahr und setzt daraufhin jene
Maßnahmen in Gang, die als Abwehr bezeichnet
werden. Die Abwehr dient dem Ziel, die mobilisierte Unlust (der Angst) dadurch dem bewußten
Erleben fernzuhalten, daß es die Unlust auslösende Gefahr (die Remobilisierung eines Kindheits-
traumas) einschränkt oder ausschaltet. Freud
schreibt dazu:

> „... immerhin hat man das Recht, an der Idee fest-
> zuhalten, daß das Ich die eigentliche Angststätte
> ist ..."

und etwas später:

> „... die Angst wird bei der Verdrängung nicht neu
> erzeugt, sondern als Affektzustand nach einem vor-
> handenen Erinnerungsbild reproduziert ... Die Af-
> fektzustände sind dem Seelenleben als Niederschlä-
> ge uralter traumatischer Erlebnisse einverleibt und
> werden in ähnlichen Situationen wie Erinnerungs-
> symbole wachgerufen" (GW XIV, 1926, S. 120).

Diese frühen Traumatisierungen bestehen vornehmlich in Objektverlust, Liebesverlust und Kastrationsdrohung. Als eine weitere traumatische
Erfahrung tritt in der ödipalen Phase die der
Schuld hinzu.

Die Abwehr, von Freud gleichfalls schon früh
erkannt und dem Ich zugeordnet, wird nun als eine seiner wesentlichen Funktionen bei der Konfliktverarbeitung verstanden. Dabei geht es dar-

um, nicht nur zwecks Unlustausschaltung Abwehr zu vollziehen, sondern auch darum, dem verpönten Triebabkömmling, in unkenntlicher Form, eine gewisse Dennoch-Befriedigung zu verschaffen. Somit dient die Abwehr der Herstellung eines Kompromisses. Das Ich ist somit Träger von und ausführendes Organ für Umweg- und Ersatzhandlungen bei der Befriedigung von Triebabkömmlingen wie auch für deren Sublimierung. Reichen die Abwehrmaßnahmen des Ichs nicht aus, um Unlust verläßlich auszuschalten, dann kommt es zur Kompromißbildung in Form des Symptoms, die von FREUD früh als „Wiederkehr des Verdrängten" bezeichnet wurde und deren partiellen Entspannungs-Effekt (Triebabfuhr-Effekt) er als „primären *Krankheitsgewinn*" verstand. In der weiteren Verarbeitung geht das Ich mit den Symptomen auf folgende Weise um:

> „... nach dem ersten Akt der Verdrängung folgt ein langwieriges oder nie zu beendendes Nachspiel, der Kampf gegen die Triebregung findet seine Fortsetzung in dem Kampf gegen das Symptom ... So wird es verständlich, daß das Ich auch versucht, die Fremdheit und Isolierung des Symptoms aufzuheben, indem es alle Möglichkeiten ausnutzt, es irgendwie an sich zu binden ... So wird das Symptom allmählich mit der Vertretung wichtiger Interessen betraut, es erhält einen Wert für die Selbstbehauptung, verwächst immer inniger mit dem Ich, wird ihm immer unentbehrlicher. ... Aus all den erwähnten Beziehungen resultiert, was uns als der (sekundäre) **Krankheitsgewinn** der Neurose bekannt ist. Er kommt dem Bestreben des Ichs, sich das Symptom einzuverleiben, zu Hilfe und verstärkt die Fixierung des letzteren. Wenn wir dann den Versuch machen, dem Ich in seinem Kampf gegen das Symptom analytischen Beistand zu leisten, finden wir diese versöhnlichen Bindungen zwischen Ich und Symptom auf der Seite der **Widerstände** (Hervorh. v. Verf.) wirksam" (GW XIV, 1926, S. 125 ff.).

Wenn es auf der einen Seite klinisch beobachtete Phänomene eines unbewußten Widerstandes gewesen waren, die FREUD zur Formulierung der Strukturtheorie veranlaßt hatten, so machte eben diese Theorie eine differenzierte und für die Therapie ergiebige Erfassung solcher Widerstandserscheinungen möglich. FREUD selbst unterschied nunmehr *fünf Widerstandsformen*, die vom Es, vom Ich und vom Überich ausgehen.

Den ersten dieser Widerstände, den Ich-Wider-

stand, unterteilt FREUD in drei Unterformen, die alle in der Behandlung auftreten können: 1. der Widerstand gegen die Aufhebung der Verdrängung, 2. der Widerstand gegen den Verlust des sekundären Krankheitsgewinns und 3. der Übertragungs-Widerstand, der sich ebenfalls gegen die Aufhebung der Verdrängung wehrt,

> „aber in der Analyse andere und weit deutlichere Erscheinungen macht, da es ihm gelungen ist, eine Beziehung zur analytischen Situation oder zur Person des Analytikers herzustellen und somit eine Verdrängung, die bloß erinnert werden sollte, wieder wie frisch zu beleben" (GW XIV, 1926, S. 192 f.).

Es wird weiterhin ein Widerstand des Unbewußten, des Es beschrieben:

> „Es kann kaum anders sein, als daß nach Aufhebung des Ichwiderstandes noch die Macht des Wiederholungszwanges, die Anziehung der unbewußten Vorbilder auf den verdrängten Triebvorgang, zu überwinden ist, und es ist nichts dagegen zu sagen, wenn man dies Moment als den **Widerstand des Unbewußten bezeichnen will**" (GW XIV, 1926, S. 192).

Ein weiterer Widerstand, der in der analytischen Therapie häufig zu beobachten ist, geht vom Überich aus:

> „Der fünfte Widerstand, der des Über-Ichs, der zuletzt erkannte, dunkelste, aber nicht immer schwächste, scheint dem Schuldbewußtsein oder Strafbedürfnis zu entstammen; er widersetzt sich jedem Erfolg und demnach auch der Genesung durch die Analyse" (GW XIV, 1926, S. 193).

Durch diese Differenzierung der Widerstandsphänomene, wie sie in Auswirkung der Strukturtheorie möglich wurde, ergaben sich für das therapeutische Vorgehen ganz neue Perspektiven. In dem Maße, in dem im analytischen Prozeß die Macht des Widerstandes in seinen verschiedenen Variationen spürbar wurde, erschien die therapeutische Technik des Durcharbeitens ganz besonders wichtig. Die im Zusammenhang mit dem Durcharbeiten auftretenden Widerstände wurden zu einem wesentlichen, einem permanenten Inhalt des psychoanalytischen Prozesses.

Das Ich als Träger von Abwehr und Widerstand wurde nunmehr zu einem wichtigen und fesselnden Gegenstand klinisch-psychoanalytischer Bemühungen und, damit korrespondierend, auch zum Gegenstand weiterer theoretischer Differenzierungen (siehe dazu HARTMANN, 1972). Die Psychoanalyse war hinfort nicht mehr nur eine Tiefenpsychologie, eine Psychologie des Unbewußten,

> „die Aufgabe der Analyse ist die möglichst weitgehende Kenntnis aller drei Instanzen, aus denen wir uns die psychische Persönlichkeit zusammengesetzt denken, die Kenntnis ihrer Beziehungen untereinander und zur Außenwelt" (A. FREUD, 1936, S. 198).

Demgegenüber verlieren die vom Es ausgehenden Widerstände in keiner Weise an Bedeutung; sind sie es doch, welche die therapeutisch so wichtigen Erscheinungen des Wiederholungszwanges hervorrufen. Die dem Überich zugeordneten Widerstände, die den Schuldgefühlen und dem Strafbedürfnis des Patienten entstammen und deren Zugehörigkeit zum Unbewußten, deren unbewußte Qualität FREUD zur Neuformulierung seiner Theorie des psychischen Apparates veranlaßt hatte, sind mit therapeutischen Problemen verknüpft, so mit denen der *negativen therapeutischen Reaktion*, die bis heute noch nicht befriedigend gelöst werden konnten (s. d. MERTENS, 1991, S. 175 f.). FREUD selbst verstand dieses Phänomen als Ausdruck eines unbewußten Schuldgefühls, dem durch ein gleichfalls unbewußtes Strafbedürfnis Rechnung getragen wird, ein Bedürfnis, das sich im Festhalten am Leiden manifestiert. Er bezeichnete diesen Widerstand

> „... als das stärkste Hindernis der Wiederherstellung, stärker als die uns bereits bekannten der narzißtischen Unzugänglichkeit, der negativen Einstellung gegen den Arzt und des Haftens am Krankheitsgewinne" (GW XIII, 1923, S. 279).

Von den Ich-Widerständen ist zweifellos der als Übertragungswiderstand bezeichnete von besonders großer theoretischer und klinischer Bedeutung. Die Auseinandersetzung mit dem Übertragungswiderstand als einer der Widerstandsformen des Ichs ermöglichte in der Weiterentwicklung eine zunehmend differenziertere Sicht der Neurosenmanifestation in der therapeutischen Beziehung. Die Übertragung (und Gegenübertragung) stellt sich als Reinszenierung eines unbewußten frühkindlichen Konfliktgeschehens dar, bei dem es sich einerseits um einen Triebabfuhr-Konflikt handelt und andererseits um einen im

Zuge prädipaler und ödipaler Identifizierungsprozesse entstandenen Objektbeziehungskonflikt.

Nicht minder wichtig für das neue Konfliktverständnis, das FREUD durch die Einführung der Strukturtheorie ermöglicht hatte, ist die Instanz des Überichs, jener „Stufe im Ich", auf der sich im Zuge von Identifizierungen mit zuvor stark besetzten Objekten jenes innere System von Geboten, Verboten und Idealbildungen formt, das dem Subjekt zur inneren Orientierung speziell gegenüber andrängenden Triebabkömmlingen dient. Damit gewinnt die Außenwelt (die „Welt der frühen Objekte" nach JACOBSON) eine wichtige Bedeutung für die Konfliktgestaltung und Konfliktverarbeitung. Es sind besonders die ödipalen Objekte, die in den sich hier darstellenden triangulären Konfliktkonstellationen zu einem mächtigen Einflußfaktor werden.

Das Überich entwickelt gegenüber den Triebbefriedigungsansprüchen des Es Verbote und Strafandrohungen, die mit dem Gefühl von Schuld verbunden sind. Wegen der somit entstehenden Gefahr (des Liebesverlusts) kommt es zur Auslösung des Angstsignals im Ich und zur Verdrängung von Triebabkömmlingen, von Strafandrohung und Schuld.

> „Allgemeiner ausgedrückt, ist es der Zorn, die Strafe des Überichs, der Liebesverlust von dessen Seite, den das Ich als Gefahr wertet und mit dem Angstsignal beantwortet" (GW XIV, 1926, S. 170).

Für das Verständnis des Konflikts, wie er mit der Einführung der Strukturtheorie neu konzeptualisiert wurde, ist von gar nicht zu überschätzender Bedeutung, daß sowohl das Ich wie vor allem das Überich (unter ontogenetischem Aspekt) insofern in das Es eintauchen, als beide durch Identifizierungen (zwecks Ablösung vorangegangener Objektbesetzungen) entstanden sind. Diese Identifizierungen gehen als Beziehungserfahrungen (Erinnerungsspuren) in die neu konzeptualisierten Instanzen oder Strukturen ein und wirken somit auf Orientierung und Handlungssteuerung des Subjekts.

Diese ins Ich und vor allem auch ins Überich eingegangenen Beziehungserfahrungen (Erfahrungen aus den Beziehungen zu früher wichtigen Objekten einschließlich der damit verbundenen Affekte) gehen in der Psychoanalyse in die Beziehung des Patienten zum Analytiker ein und bilden hier im Zuge einer Reproduktion jene Phänomene, die von Freud als *Übertragung* bezeichnet wurden.

> „Der Patient **wiederholt** in der Form der Verliebtheit in den Analytiker seelische Erlebnisse, die er bereits früher einmal durchgemacht hat, – er hat seelische Einstellungen, die in ihm bereit lagen und mit der Entstehung seiner Neurose innig verknüpft waren, auf den Analytiker **übertragen.** ... Was er uns zeigt, ist also der Kern seiner intimen Lebensgeschichte, er **reproduziert ihn greifbar, wie gegenwärtig, anstatt ihn zu erinnern**" (GW XIV, 1926, S. 258).

Innere Konflikte reproduzieren sich somit in der Beziehung zwischen Patient und Psychoanalytiker und führen zur Reinszenierung eines frühen interpersonellen Geschehens, das auf diese Weise der therapeutischen Einflußnahme zugänglich wird.

Im *Es* als einem der neuen Konfliktopponenten im Freudschen Strukturmodell von 1923 sind nunmehr die Triebe enthalten, sowohl in ihren phylogenetischen wie auch in ihren ontogenetisch verdrängten Anteilen. Freud hatte im Zusammenhang mit der Strukturtheorie ein neues Triebmodell, den Dualismus Lebens- versus Todestriebe eingeführt. Diese neue Version der Triebtheorie hat viele Fragen aufgeworfen, die bis heute noch nicht befriedigend beantwortet werden konnten. Freud nimmt in dieser Neukonzeption der Triebtheorie die früheren Ich- bzw. Selbsterhaltungstriebe in die Sexual- oder Lebenstriebe (Eros) auf; als Aggressionstrieb ist aus seiner Sicht der sekundär nach außen gerichtete primäre Masochismus zu verstehen, die Wendung primär gegen die eigene Person gerichteter, aggressiver Triebregungen gegen das Objekt.

Die Strukturtheorie hat weitere Entwicklungen möglich gemacht, die heute die theoretische und klinische Diskussion bestimmen und bei weitem nicht abgeschlossen sind (s. d. a. Eagle, 1988; Modell, 1975). Die Freudsche Sicht, wonach es ganz wesentlich Identifizierungen mit früh besetzten Objekten sind, die sowohl das Ich wie vor allem das Überich strukturieren, führte auf der einen Seite zu einer intensiveren Beschäftigung mit dem Selbst, das sich in seinen Repräsentanzen aus solchen Identifizierungen entwickelt, wie auch mit den Objekten und ihren Repräsentanzen, die von denen des Selbst zunächst nicht zu trennen sind und erst allmählich ihre eigenen Konturen

gewinnen. M. a. W.: Die Einführung der Strukturtheorie machte die Entwicklung einer Psychologie des Ichs, des Selbst wie auch der Objektbeziehungen und auch der Affekte möglich und notwendig, um die vielfältigen klinischen und therapeutischen Probleme theoretisch einer befriedigenden Lösung zuzuführen.

2 Der Narzißmus und das Selbst

2.1 Der Narzißmus in der Auffassung Freuds

Bevor Freud 1914 den Narzißmus ausdrücklich in die Theoriebildung der Psychoanalyse einführte (GW X, 1914, S. 137–170), hatte er bereits 1905 (GW V, S. 118 f.) zwischen Ich- oder narzißtischer Libido und Objekt-Libido unterschieden und hatte sich 1910 (GW VIII, S. 128 f.) bei der Untersuchung einer Kindheitserinnerung des Leonardo da Vinci mit der Thematik des Narzißmus befaßt.

> „Der Knabe verdrängt die Liebe zur Mutter, indem er sich selbst an deren Stelle setzt, sich mit der Mutter identifiziert und seine eigene Person zum Vorbild nimmt, in dessen Ähnlichkeit er seine neuen Liebesobjekte auswählt" (GW VIII, 1910, S. 170).

Diese Definition des Narzißmus wurde von Freud auch in einem Zusatz (von 1910) zu den „Drei Abhandlungen zur Sexualtheorie" verwandt; es heißt dort, daß Homosexuelle „meist an die Mutter" fixiert seien, daß sie diese Fixierung – oberflächlich betrachtet – überwinden würden, indem sie sich mit dem Weib

> „identifizieren und sich selbst zum Sexualobjekt nehmen, das heißt vom Narzißmus ausgehend jugendliche und der eigenen Person ähnliche Männer aufsuchen, die sie so lieben wollen, wie die Mutter sie geliebt hat" (GW V, 1905, S. 44).

Im Zusammenhang seiner Überlegungen zu Leonardo da Vinci führte Freud weiter aus:

> „... eigentlich ist er in den Autoerotismus zurückgeglitten, da die Knaben, die der Heranwachsende jetzt liebt, doch nur Ersatzpersonen und Erneuerungen seiner eigenen kindlichen Person sind, die er so liebt, wie die Mutter ihn als Kind geliebt hat.

Wir sagen, er findet seine Liebesobjekte auf dem Wege des *Narzißmus, da die griechische Sage einen Jüngling* **Narzissus** nennt, dem nichts so wohl gefiel, wie das eigene Spiegelbild und der in die schöne Blume dieses Namens verwandelt wurde" (GW VIII, 1910, S. 170).

Während der Homosexuelle bei dieser – narzißtischen – Objektwahl bleibt, bedeutet sie in der normalen Entwicklung ein Durchgangsstadium, das zu gegebener Zeit verlassen wird.

Bei seiner Bemühung um eine genauere Erfassung narzißtischer Phänomene grenzt FREUD (1914) die narzißtische Objektwahl von der des Anlehnungstyps ab. Die Wahl nach dem Anlehnungstyp orientiert sich am Vorbild der Mutter; sie ist ausgerichtet auf ein Objekt, das jenem gleicht, das durch nährende, schützende und Sicherheit vermittelnde Zuwendung zum ersten Liebesobjekt des Kindes wurde. Die narzißtische Wahl dagegen strebt im Objekt an,

„a) was man selbst ist (sich selbst),
b) was man selbst war,
c) was man selbst sein möchte,
d) die Person, die ein Teil des eigenen Selbst war" (GW X, 1914, S. 156).

Wie ZEPF und NITZSCHKE (ZEPF, 1985, S. 7) betonen, zeichnen sich bereits in den frühen Klärungsbemühungen FREUDS um den Begriff des Narzißmus jene Charakteristika ab, die PULVER (1972) ihm zuordnet: So erscheint im Zusammenhang mit Autoerotismus und einer Perversion der *Triebaspekt* des Narzißmus, so wird der *genetische Gesichtspunkt* durch Hinweis auf ein bestimmtes Entwicklungsstadium betont, es wird ferner auf einen spezifischen Modus der *Objektwahl* hingewiesen und wird schließlich auch – wenngleich indirekt, nicht ausdrücklich – das Thema des *Selbstwertgefühls* berücksichtigt.

Der Vorgang der Vertauschung von Subjekt und Objekt – der Homosexuelle setzt sich selbst an die Stelle der Mutter und liebt das sein Selbst spiegelnde Objekt so, wie die Mutter früher ihn geliebt hat – wird von FREUD erneut an der Paranoia des Falles Schreber (GW VIII, 1911, S. 297) erläutert.

Nach der Auffassung FREUDS nimmt das werdende Individuum zunächst im Sinne von Autoerotismus den eigenen Körper zum Gegenstand seiner Liebeszuwendung, „ehe es von diesem zur

Objektwahl einer fremden Person übergeht". Eine zwischen beiden vermittelnde Phase – die des Narzißmus – ist, wie FREUD vermutet,

„normalerweise unerläßlich; es scheint, daß viele Personen ungewöhnlich lange in ihr aufgehalten werden, und daß von diesem Zustand viel für spätere Entwicklungsstufen erübrigt" (GW VIII, 1911, S. 297).

Festzuhalten ist, daß das Konzept des Narzißmus in der FREUDSchen Betrachtung von Anfang an nicht nur triebdynamisch verstanden wird, sondern auch objektpsychologisch. Libido-theoretisch ist der Narzißmus als eine Besetzung des Ichs zu verstehen, die auf zweierlei Weise zustandekommt. Primär als eine „ursprüngliche Libidobesetzung des Ichs, von der später an die Objekte abgegeben wird" (GW X, 1914, S. 141), wobei dieser primäre Narzißmus dem Stadium des Autoerotismus folgt; sekundär entsteht der Narzißmus „durch Einbeziehung der Objektbesetzungen" (GW X, 1914, S. 140), wobei Ich-Libido und Objekt-Libido in ein quantitatives Verhältnis gesetzt werden: „Je mehr die eine verbraucht, desto mehr verarmt die andere" (GW X, 1914, S. 141; ZEPF, 1985, S. 9).

Die Auffassung FREUDS von der Libido als Quantität – sie ist auf Ich (Ich-Libido) und Objekte (Objekt-Libido) so verteilt, daß die Zunahme der einen die Abnahme der anderen bedeutet, – konnte nicht aufrechterhalten werden. So schreiben z. B. JOFFE und SANDLER (1967a, S. 11 f.):

„Daß es einerseits Personen mit einer hohen Besetzung der Selbstrepräsentanz gibt, die sich sehr wohl intensiv für andere interessieren können. Andererseits wiederum gibt es sehr unsichere Personen mit starken Minderwertigkeitsgefühlen, deren Wohlbefinden stark von der Haltung der Objekte abhängig ist und denen man also eine geringe Besetzung der Selbstrepräsentanz unterstellen muß. Trotzdem können sich diese Personen sehr stark mit sich selbst beschäftigen, z. B. in Tagträumen oder in Befürchtungen über ihren Gesundheitszustand."

Das FREUDsche Konzept eines primären Narzißmus, der in einer Phase des Autoerotismus und der Objektlosigkeit entsteht, ist immer wieder kritisch diskutiert worden (s. d. GAST, 1992, 1997; ZEPF, 1985, S. 12). In diesem Zusammenhang sind auch die in sich widersprüchlichen Äußerungen FREUDS zum Autoerotismus und zur Entwicklung der Libido in ihren Partialtrieben zu bedenken. Von ZEPF und NITZSCHKE wird hier einleuchtend wie folgt argumentiert: Wenn sich die libidinösen Partialtriebe und ihre erogenen Zonen (letztere gelten als Quelle der Triebe) in Anlehnung an ein Selbsterhaltungsbedürfnis, primär des Nahrungsbedürfnisses entwickeln, dann muß bedacht werden, daß dieses Nahrungsbedürfnis immer ein Objekt hat und zwar speziell das der Mutterbrust (ZEPF, 1985, S. 13).

FREUD hat das Konzept des primären Narzißmus, wonach das Ich als das ursprüngliche Reservoir der Libido gilt, im Zusammenhang mit der Strukturtheorie teilweise selbst revidiert. „Uranfänglich in der primitiven oralen Phase des Individuums", so heißt es, sind „Objektbesetzung und Identifizierung wohl nicht von einander zu unterscheiden", und die Identifizierung ist „die Bedingung, unter der das Es seine Objekte aufgibt" und über die sich das Ich in seiner Besonderheit jeweils konstituiert.

> „Jedenfalls ist der Vorgang zumal in den frühen Entwicklungsphasen ein sehr häufiger und kann die Auffassung ermöglichen, daß der Charakter des Ichs ein Niederschlag der aufgegebenen Objektbesetzungen ist, die Geschichte dieser Objektwahlen enthält" (GW XIII, 1923, S. 257).

Zwischen Autoerotismus und primärem Narzißmus müßte somit eine Phase der Objektbeziehung eingeschoben werden. Dann würde allerdings der als primär vorgestellte Narzißmus den Charakter eines sekundären erhalten, denn so heißt es jetzt,

> „Zu Uranfang ist alle Libido im Es angehäuft, während das Ich noch in der Bildung begriffen oder schwächlich ist. Das Es sendet einen Teil dieser Libido auf erotische Objektbesetzungen aus, worauf das erstarkte Ich sich dieser Objektlibido zu bemächtigen und sich dem Es als Liebesobjekt aufzudrängen sucht. Der Narzißmus des Ichs ist so ein sekundärer, den Objekten entzogener" (GW XIII, 1923, S. 275).

FREUD hatte den primären Narzißmus anhand des Schlafzustandes mit dem primär-intrauterinen Zustand „Reaktivierung des Aufenthalts im Mutterleibe mit der Erfüllung der Bedingungen von Ruhelage, Wärme und Reizabhaltung" (GW X, 1916, S. 412) gleichgesetzt. Der Schlafzustand wird von FREUD als eine Regression der Libidoentwicklung zurück zum primitiven Narzißmus verstanden. Eine Regression also bis zur Wiederherstellung eines vollen Narzißmus, „in dem Libido und Ich-Interessen noch vereint und ununterscheidbar in dem sich selbst genügenden Ich wohnen". FREUD schreibt dazu 1921:

> „So haben wir mit dem Geborenwerden den Schritt vom absolut selbstgenügsamen Narzißmus zur Wahrnehmung einer veränderlichen Außenwelt und zum Beginn der Objektfindung gemacht, und damit ist verknüpft, daß wir den neuen Zustand nicht dauernd ertragen, daß wir ihn periodisch rückgängig machen und im Schlaf zum früheren Zustand der Reizlosigkeit und Objektvermeidung zurückkehren" (GW XIII, 1921, S. 146).

Dennoch bleibt die zeitliche Zuordnung des Narzißmus zu den Entwicklungsphasen des Kindes im FREUDschen Werk widersprüchlich; er wird zu unterschiedlichen Zeiten unterschiedlichen Phasen zugeordnet, einmal dem intrauterinen Leben, ein anderes Mal jener Phase, die der des Autoerotismus folgt und die der animistischen Denkweise der Primitiven entspricht, in der die Allmacht der Gedanken vorherrscht. Daneben finden sich bei FREUD Formulierungen, wonach der primäre Narzißmus in einem Zeitraum lokalisiert ist, der sofort nach der Geburt einsetzt.

> „Das Ich findet sich ursprünglich, zu allem Anfang des Seelenlebens, triebbesetzt und zum Teil fähig, seine Triebe an sich selbst zu befriedigen. Wir heißen diesen Zustand den des Narzißmus, die Befriedigungsmöglichkeit die autoerotische" (GW X, 1915, S. 227).

ZEPF und NITZSCHKE geben zu bedenken, ob sich in diesen Widersprüchen nicht eine Auffassung abzeichnet, wonach der primäre Narzißmus entwicklungsfähig ist und sich je nach Phase und Beziehung zum Objekt verschieden darstellt, ohne dabei gleich in einem sekundären Narzißmus zu enden (ZEPF, 1985, S. 14). Sie fühlen sich in dieser Vermutung gestützt durch die Ansicht FREUDS, daß der Mensch in seiner Entwicklung

> „ein **Ideal** in sich aufgerichtet, an welchem er sein aktuelles Ich mißt ... Diesem Ideal-Ich gilt nun die Selbstliebe, welche in der Kindheit das wirkliche Ich genoß. Der Narzißmus erscheint auf dieses neue ideale Ich verschoben, welches sich wie das infantile im Besitz aller wertvollen Vollkommenheiten befindet ... Was er als sein Ideal vor sich hin proji-

ziert, ist der Ersatz für den verlorenen Narzißmus seiner Kindheit, in der er sein eigenes Ideal war" (GW X, 1914, S. 161).

Die Auffassung FREUDS, wonach ein Idealich zum Ersatz für den verlorenen Narzißmus des kindlichen Ichs wird, war auch in seinem Verständnis der Perversionen enthalten (der Homosexuelle findet sein Liebesobjekt auf dem Wege des Narzißmus, es ist Ersatzobjekt und Erneuerung seiner eigentlichen kindlichen Person) und begründet seine Aufforderung, den Phänomenen des Narzißmus mit Erwartungen zu begegnen, „mit denen wir an das Studium aller Perversionen herantreten" (GW X, 1914, S. 138). Die Perversionen sind, wie FREUD anhand der Homosexualität exemplifizierte, ein normales Durchgangsstadium der Libido-Entwicklung in der Beziehung zum Objekt und zum eigenen Selbst. Hier wird das Ideal-Ich zum Adressaten der libidinösen Zuwendung, verkörpert in einem entsprechenden Objekt, das somit an die Stelle des frühkindlichen vollkommenen Ichs tritt.

ZEPF und NITZSCHKE (1985) gehen im Einverständnis mit dem „späten" FREUD sowie mit den Auffassungen von BALINT, FENICHEL, FERENCZI, GRUNBERGER und von JOFFE und SANDLER davon aus, daß sich in der narzißtischen Bedürftigkeit eines Individuums das Bestreben kundtut, den von SANDLER (1960) als „primary confusion" (primäre Ungeschiedenheit) bezeichneten unlustfreien Zustand unter veränderten Bedingungen wiederherzustellen.

> „Die narzißtische Bedürftigkeit, verstanden als Wunsch nach dem Zustand der ‚passiven Objektliebe' (BALINT), der ‚Mutterleibssituation' (FERENCZI, GRUNBERGER), der ‚idealisierten Objektbeziehung' und des ‚Größenselbst' (KOHUT), durchläuft in Abhängigkeit von der Lebenspraxis verschiedene Ausgestaltungen, in der sich auch die konkreten Triebbedürfnisse entwickeln (z. B. BALINT, KERNBERG) und wobei die affektive Qualität der ‚Lust' in Beziehung zur Triebbefriedigung, und die des ‚Wohlbefindens', … in Beziehung zur narzißtischen Befriedigung steht" (ZEPF, 1985, S. 43 f.).

2.2 Die Beziehung zwischen Narzißmus und Triebentwicklung

In der Diskussion des Narzißmus und damit implizit des Selbst hat die Beziehung zwischen Narzißmus und Triebentwicklung immer lebhaftes Interesse gefunden. Diese Diskussion führte bei den daran beteiligten Autoren zu unterschiedlichen Ergebnissen: FERENCZI ebenso wie BALINT und GRUNBERGER räumten in dieser Beziehung dem Narzißmus gegenüber einem entsprechend reduzierten Triebleben eine überwiegende Bedeutung ein. KOHUT (1973) sah in der von ihm konzeptualisierten Psychologie des Selbst beide Entwicklungen, die zum Narzißmus und die zum Triebleben führende, als voneinander getrennt an. KERNBERG (1975, 1978, 1981, 1985, 1988 b) dagegen betrachtete im Gegensatz zu den zuvor genannten drei Autoren den Narzißmus als abhängig von der Triebentwicklung.

ZEPF unternahm diesen Positionen gegenüber den Versuch, basierend auf den Konzeptualisierungen FREUDS, eine dialektische Spannung zwischen den Entwicklungen des Narzißmus und des Trieblebens zu begründen und einer solchen Dialektik in der Beziehung zwischen der Entwicklung des Erkenntnisobjekts des subjektiven Erlebens (Selbst) einerseits und des Realobjekts der Bildung subjektiver Strukturen (Ich) andererseits nachzuspüren. Diese Untersuchung, diese Begriffsanalyse wurde unter Verwendung des Begriffs der Interaktionsformen (LORENZER, 1974) unternommen. Das Zusammenspiel von Trieb und Narzißmus bedeutet aus dieser Sicht (in Anwendung der psychoanalytischen Begriffe, die als grundlegend für die Entwicklung menschlicher Subjektivität zu betrachten sind), daß der menschliche Subjektivierungsprozeß als Resultat einer mehr oder weniger pathologischen *Konflikt*verarbeitung und *nicht* als eine dagegen abgrenzbare Entwicklungsgeschichte des Ichs zu verstehen ist.

> „In Verfolgung der ‚Umgewichtung der Subjektfunktion der Mutter zugunsten des Kindes' (LORENZER, 1974, S. 250) innerhalb des dieses Zusammenspiel produzierenden Subjekts, der Mutter-Kind-Dyade, zeigte sich, daß Narzißmus ‚negativ' zu lesen ist. Narzißtische Bedürftigkeit resultiert

aus unlustbereitenden Störungen und zielt auf die Beseitigung der Bedingungen, die im subjektiven Erleben dazu führten. Da sich diese Bedingungen aber zugleich als notwendig für Triebbefriedigung und das Erreichen eines narzißtischen Zustands unter veränderten Umständen erweisen, muß an ihnen zugleich auch festgehalten werden. Freilich, der über Triebbefriedigung erreichbare Zustand ist nicht jener, der vordem bestand. Narzißtische Sehnsüchte wurzeln eben in dieser Differenz, im Unterschied, der zwischen der störungsfreien intrauterinen Ausgangslage und denjenigen Zuständen besteht, die aus Gründen der Unlustvermeidung auf jeweils bestimmtem Entwicklungsstand intendiert werden, die aber Unlust nie ganz ausschließen können. Als subjektiv regressiv orientierte Tendenzen sind sie objektiv Treibriemen der Entwicklung, der durch die Dialektik von Triebbefriedigung und Versagung in der realen Praxis der Mutter-Kind-Dyade angetrieben wird" (ZEPF, 1985, S. 123 f.).

M. a. W.: Narzißtische Bedürftigkeit treibt als eine Art sehnsüchtigen Verlangens aus einer Befindlichkeit, die durch mehr oder weniger unerträgliche, d. h. immer auch unerwartete Störreize bestimmt ist, in regressiver Richtung in einen ungestörten, nicht durch Unerwartetes beeinträchtigten Zustand zurück, wie er – möglicherweise – in der intrauterinen Phase gegeben ist. Die Herstellung solcher zurückliegenden Bedingungen steht jedoch im Widerspruch zu den nach Befriedigung drängenden (dem Lustprinzip verpflichteten) objektorientierten Triebregungen. Narzißtische Bedürftigkeit strebt Unlust-Beseitigung an, die — soweit sie aus den inneren Störreizen der Triebe resultiert — nicht durch Regression zur primären (intrauterinen) Spannungslosigkeit zu bewirken ist. Sie wirkt damit motivierend auf die Befriedigungssuche für Triebwünsche ein, wie sie aus der Spannung zwischen Befriedigung und Versagung in der Mutter-Kind-Dyade resultieren. Auf diese Weise entsteht aus dem Zusammenspiel von Narzißmus und Trieb eine progressive Orientierung, die gleichwohl auf die regressive Beseitigung narzißtischer Unlust abzielt.

2.3 Die Einführung der Selbst- und Objektrepräsentanz

Wenn zunächst das Ich der Adressat des Narzißmus, das Objekt libidinöser Besetzung gewesen war, so kam es zu einer weitreichenden Veränderung der theoretischen Sicht, als HARTMANN (1950) den Vorschlag machte, künftig von einem Selbst zu sprechen.

Nach seinem Vorschlag wurde das libidinös besetzte Ich, das Ich, das aufgrund von Identifizierungen mit vom Es aufgegebenen Objekten zum inneren Liebesobjekt geworden ist, als *Selbst* bezeichnet, in Abgrenzung gegen das als psychischer Apparat definierte *Ich*. HARTMANN hatte ferner vorgeschlagen, den Begriff der Selbst-Repräsentanzen, analog dem der Objekt-Repräsentanzen, zur Bezeichnung der unbewußten, vorbewußten und bewußten intrapsychischen Repräsentanzen des körperlichen und seelischen Selbst im System Ich zu verwenden. JACOBSON (1954, 1964) griff diesen Vorschlag auf und fand ihn für ihre Untersuchungen psychotischer Störungen unentbehrlich. Sie betrachtet die Konzepte des Selbst und der Selbst-Repräsentanzen im Unterschied zum Konzept des Ichs auf folgende Weise: Die Errichtung des Systems Ich setzt mit der „Welt der Objekte" und der zunehmenden Unterscheidung zwischen dieser und dem eigenen physischen und psychischen Selbst ein.

> „Aus den stetig sich vermehrenden Erinnerungsspuren lustvoller und unlustvoller, triebhafter, emotionaler, ideationaler und funktioneller Erlebnisse und aus den Wahrnehmungen, mit denen sie assoziativ verknüpft werden, erwachsen Imagines der Liebesobjekte wie auch des körperlichen und seelischen Selbst. Anfänglich vage und veränderlich, erweitern sie sich allmählich und entwickeln sich zu konsistenten und mehr oder weniger realistischen intrapsychischen Repräsentanzen der ‚Welt der Objekte' und des Selbst" (1964, dt. 1973, S. 30).

Im Stadium der beginnenden Ich-Entwicklung hatten sich, einerseits bereits voneinander geschieden, libidinöse und aggressive Triebqualitäten entwickelt, und es hatten andererseits Fusionen aller Grade zwischen diesen Trieben stattgefunden. Ebenso hatte die Unterscheidung der Objekte voneinander und vom Selbst eingesetzt und ihre Repräsentanzen in dem neuen System, dem

Ich, waren nach und nach mit einer dauerhaften libidinösen und aggressiven Besetzung ausgestattet worden (JACOBSON, a.a.O., S. 28 f.).

JACOBSON wollte ebenso wie HARTMANN unterscheiden zwischen dem Ich, das ein strukturelles seelisches System darstellt, und dem Selbst (sie bezeichnete die durch gleichzeitige Anwesenheit libidinöser und aggressiver Kräfte gekennzeichnete undifferenzierte „psychosomatische" Matrix als das früheste psychophysiologische Selbst (a.a.O., S. 17)).

> „Die Kerne der frühkindlichen Selbst-Imagines sind ... die Erinnerungsspuren lustvoller und unlustvoller Empfindungen, die unter dem Einfluß autoerotischer und beginnender zweckgerichteter Aktivitäten, sowie einer spielerischen allgemeinen Erforschung des eigenen Körpers mit Körper-Imagines in Beziehung gesetzt werden. Anfänglich ist unser Bild vom eigenen Selbst, genau wie das primitive Bild vom Objekt, keine festgefügte Einheit. Hervorgegangen aus Empfindungen, die von Wahrnehmungen des bedürfnisbefriedigenden Teilobjekts kaum zu unterscheiden sind, ist es zunächst mit den Objektimagines vermischt und verschmolzen und setzt sich aus einer ständig wechselnden Reihe von Selbstimagines zusammen, die hauptsächlich die unaufhörlichen Fluktuationen im primitiven Zustand des Seelenlebens widerspiegeln" (a.a.O., S. 31).

JACOBSON weist darauf hin, daß aus offensichtlichen Gründen die Fähigkeit zur Objektivität unserem eigenen Selbst gegenüber bestenfalls sehr begrenzt ist und die Selbsterkenntnis daher nur einen bescheidenen Beitrag zu unserer Vorstellung vom eigenen Selbst liefern kann. „Daher werden die Selbst-Repräsentanzen niemals objektive Vorstellungen im strengen Sinne darstellen." Sie blieben sogar noch stärker als die Objekt-Repräsentanzen unter dem Einfluß subjektiven emotionalen Erlebens (a.a.O., S. 31).

Bei ihren Untersuchungen des Selbst und der Selbst-Repräsentanzen, in Auseinandersetzung mit den Konzepten des Narzißmus und des Masochismus von FREUD, stellte JACOBSON (a.a.O., S. 28 f.) heraus, daß sekundärer Narzißmus und sekundärer Masochismus keinesfalls identisch sind mit der libidinösen und aggressiven Ausstattung des Systems Ich. Nach ihrer Begriffsanalyse wird nicht, wie FREUD annahm, das Ich durch die Besetzung mit narzißtischer Libido aufgebaut, vielmehr werden die im Verlauf der Ich-Bildung

konstellierten *seelischen Repräsentanzen des Selbst* mit Libido und Aggression besetzt und verwandeln sich in Liebes- und Haß-Objekte. Das ist eine andere Sichtweise als die von FREUD, wenn er schrieb, daß sich das erstarkte Ich jener Objekt-Libido zu bemächtigen sucht, die das Es auf erotische Objekt-Beziehungen ausgesandt hatte, und sich dem Es als Liebesobjekt aufzudrängen trachtet, womit der Narzißmus des Ichs ein sekundärer ist und die dem Selbst zufließende Libido den Objekten entzogen wäre (GW XIII, 1923, S. 275).

Im Zusammenhang mit dem Konzept des Selbst ist auch das der *Identität* für die theoretische und klinische Psychoanalyse von Interesse. Für JACOBSON hat Identität etwas zu tun mit der Selbstrealisierung des Menschen, mit seinen Möglichkeiten und Rollen in der Gesellschaft (a.a.O., S. 40); das lenkt die Aufmerksamkeit auf die Beziehungen zwischen Identität einerseits und den Ich- und Überich-Identifizierungen und ihren endgültigen Schicksalen während der Nach-Adoleszenz andererseits.

JACOBSON (a.a.O., S. 40) bezieht sich auf LICHTENSTEIN (1961), der die animalische und die menschliche Identität gegeneinander abgrenzte; während nach seiner Auffassung Tiere eine präformierte, durch ihre ererbten Instinktautomatismen garantierte Identität haben, ist die Identität des Menschen als eines biologischen *und* historischen Wesens anders geartet. Der Mensch hat eine historische Existenz mit einer selbst-definierten, selbst-geschaffenen Identität, um deren Erhaltung er stets kämpfen muß. Freilich ist für JACOBSON aus klinischer Sicht die Identitäts-Gefährdung nicht so verbreitet, wie LICHTENSTEIN annimmt. Bei Neurosekranken, bei Patienten mit Konflikt- oder Übertragungs-Neurosen, spielt sie eine eher geringe Rolle; sie ist jedoch bei Kranken mit narzißtischen, mit Borderline- und mit psychotischen Störungen in der Regel anzutreffen.

JACOBSON schreibt,

> „daß die Identitätsbildung in jeder Phase die komplizierte Triebentwicklung und langsame Ichreifung des Menschen widerspiegeln muß, seine schwierige Überichbildung und die verwickelten Schicksale jener Objektbeziehungen und Identifizierungen mit seiner Familie und seinem sozialen Milieu, auf die sich sein individuelles persönliches, kulturelles, soziales Leben als Erwachsener in und mit seiner Umgebung gründet" (a.a.O., S. 43).

2.4 Zusammenfassung

Auch der Narzißmus war eine der frühen Entdek-
kungen FREUDS. Er unterschied bereits 1905 zwischen zwei verschiedenen Adressaten libidinöser
Besetzung, dem Objekt und dem Ich; er sprach
von Objektlibido und von Ichlibido. Seine Überlegungen und Thesen zur Entstehung und Entwicklung des Narzißmus, insbesondere die Unterscheidung zwischen einem primären und einem
sekundären Narzißmus, blieben über längere Zeit
widersprüchlich. Allmählich wurde es möglich,
narzißtische Bedürftigkeit gegen Triebbedürfnisse
klarer abzugrenzen; narzißtische Bedürftigkeit,
gekennzeichnet durch das Bedürfnis nach Sicherheit, nach Wohlbefinden und nach einem stabilen
Selbstwertgefühl, wurde abgegrenzt gegen die am
Lust-/Unlust-Prinzip orientierte Befriedigungssuche der Triebe. Die auf die Herstellung und Sicherung von Wohlbefinden ausgerichtete narzißtische Bedürftigkeit verfolgt eine regressive Richtung, letztlich orientiert am intrauterinen Zustand weitgehender Freiheit von Störreizen, die
mit dem Fehlen von Objekten verbunden ist.

Die zwischen Triebentwicklung und Entwicklung des Narzißmus bestehenden Beziehungen
wurden von verschiedenen Autoren unterschiedlich gesehen. Neben der Weiterführung und Differenzierung der triebpsychologischen Betrachtungsweise im Sinne des FREUDschen Narzißmus-
konzepts kam es auf der anderen Seite durch eine
„zunehmende Lockerung dieser dialektischen
Verwobenheit bis hin zum Ausschluß des Sexuellen überhaupt" (GAST, 1997, S. 59) unter dem
Einfluß der postfreudianischen Ich- und Objektbeziehungspsychologie zu einer deutlichen Wandlung des Narzißmusbegriffs, die schließlich in
KOHUTS *Psychologie des Selbst* kulminierte
(GAST, 1997). Besonders interessant erscheint die
Auffassung, die ZEPF in Anlehnung an Positionen
von LORENZER vertritt: Er sieht die beiden libidinösen Kategorien in dialektischer Spannung be-
findlich; die stark regressiv auf die Beseitigung
von Mißbehagen ausgerichtete und am intrauterinen Zustand der Freiheit von Störreizen orientierte narzißtische Bedürftigkeit strebt nach Beseitigung von Bedingungen, die für die Befriedigung
von Triebwünschen unerläßlich sind und auch für
die Herstellung von narzißtischem Wohlbefinden

unter den veränderten Umständen. In dem so entstehenden Feld dialektischer Spannung entwickelt
sich menschliche Subjektivität mit der ihr eigenen
Konflikthaftigkeit.

Für die weitere Entwicklung der Narzißmus-
Konzeption war von nicht geringer Bedeutung,
daß HARTMANN 1950 vorschlug, jenen Anteil des
Ichs, der sich (nach FREUD) aufgrund von Identifizierungen mit aufgegebenen Objekten des Es als
Gegenstand libidinöser Besetzung anbietet, als
Selbst zu bezeichnen; gleichzeitig führte er den
Begriff der Selbst-Repräsentanzen ein, die er –
ebenso wie die Repräsentanzen der Objekte – im
System Ich etablieren sah. JACOBSON entwickelte,
an HARTMANN anschließend, einige Zeit später
ihre Theorie von den Repräsentanzen des Selbst
und der Objekte und der zwischen ihnen bestehenden Beziehungen, wobei sie die Selbst- und
Objekt-Repräsentanzen, anders als KOHUT, nicht
von vornherein voneinander abgetrennt, sondern
zunächst fusioniert ansah, eine Auffassung, die
später KERNBERG übernahm.

Für das psychoanalytisch-klinische Verständnis
psychogener Erkrankungen ist die Lehre von der
auf das Selbst gerichteten Libido (Narzißmus)
und die von der Entwicklung des Selbst und seiner Repräsentanzen unverzichtbar geworden; das
gilt auch für die zwischen den beiden Triebkate-
gorien der narzißtischen Bedürftigkeit einerseits
und der Triebe andererseits bestehenden dialektischen Spannungen, wie sie von ZEPF postuliert
werden. Es könnte sein, daß solche Konflikte –
zwischen einerseits objektgerichteter Lustsuche
(mit entsprechender Unlustbeseitigung) und andererseits dem Bedürfnis nach Störungsfreiheit,
die in der Regel Objektvermeidung oder Objekt-
eliminierung bedeutet – ubiquitär sind. Man darf
annehmen, daß sich solche Konflikte auch bei
Neurosen jedweder Art finden lassen; es könnte
sein, daß die konfliktären Spannungen, die zwischen narzißtischer Bedürftigkeit und objektgerichteten Triebbedürfnissen ständig entstehen,
klinisch bislang zu wenig Beachtung gefunden haben. Diese Art von Konfliktpathologie spielt, wegen ihrer wahrscheinlich großen Verbreitung, klinisch eventuell eine größere Rolle als die bekannten Psychopathologien narzißtischer Persönlichkeitsstörungen.

3 Zur Theorie der Objektbeziehungen

Das Konzept der Objektbeziehungen hat in den letzten Jahrzehnten in der psychoanalytischen Theoriebildung zunehmend an Bedeutung gewonnen. In diesen Prozeß ist eine Fülle von klinischen Beobachtungen und empirischen Untersuchungsergebnissen eingegangen, die zu einer beträchtlichen Erweiterung des Wissens im Bereich der psychoanalytischen Entwicklungspsychologie geführt haben; sie betrifft die frühe Mutter-Kind-Interaktion und die frühkindliche Triangulierung, die Entwicklungsphasen des Individuums, die Entstehung der Objektbeziehungen, der Repräsentanzenwelt und der Selbst- und Objektkonstanz, ferner die psychosexuelle Entwicklung bis hin zur Geschlechtsidentität und schließlich die affektive, kognitive und moralische Entwicklung sowie die der Rollenübernahme und der Identität (MERTENS, 1991).

Die psychoanalytische Objektbeziehungstheorie beschäftigt sich nach Auffassung KERNBERGS (1981, 1988 b) mit der Verinnerlichung von zwischenmenschlichen Beziehungen und deren Einfluß auf die normale und pathologische Ich- und Überich-Entwicklung sowie mit den Wechselbeziehungen zwischen inneren und zwischenmenschlichen Objektbeziehungen. In einem engeren Sinne ist sie mit der inneren Konstituierung von Vorstellungen dyadischer Beziehung (Selbst- und Objektrepräsentanzen) befaßt, wie sie die ursprüngliche Mutter-Kind-Interaktion und ihre spätere Entwicklung zu dyadischen, triadischen und multiplen inneren und äußeren zwischenmenschlichen Beziehungen widerspiegeln.

3.1 Ansätze zur Objektpsychologie bei FREUD

Im traditionellen Bezugssystem der Psychoanalyse haben Objekte und Objekt-Beziehungen mit Triebregungen zu tun. Es geht bei den Objekten zunächst um die – realen oder phantasierten – Adressaten von Triebregungen, es geht um Objekte von Trieben und davon begleitete Triebwünsche; in diesem Zusammenhang spricht man von *Objektbeziehungen*. In der klassischen psychoanalytischen Theorie (Triebtheorie) werden diese Objektbeziehungen in den Begriffen einer *Besetzung* der Objekte oder ihrer psychischen Repräsentanzen mit libidinöser und aggressiver Energie erklärt – mit Triebenergie in ihrem ursprünglichen Zustand oder in einer neutralisierten, purifizierten oder sublimierten Form (SANDLER, 1982, S. 59). Dabei wird ‚Objekt‘ einerseits als Korrelativ des Triebes oder Partialtriebs verstanden.

> „Das Objekt des Triebes ist dasjenige, an welchem oder durch welches der Trieb sein Ziel erreichen kann. Es ist das variabelste am Triebe, nicht ursprünglich mit ihm verknüpft, sondern ihm nur infolge seiner Eignung zur Ermöglichung der Befriedigung zugeordnet" (GW X, 1915, S. 215).

Andererseits wird ‚Objekt‘ als Korrelativ der Liebe oder des Hasses betrachtet. In diesem Fall besteht die Beziehung zwischen der ganzen Person oder der Ich-Instanz und einem Objekt, das gleichfalls als Ganzes angestrebt wird (s. dazu LAPLANCHE und PONTALIS, 1972, S. 335).

> „... Liebe und Haß (sind) nicht für die Relationen der Triebe zu ihren Objekten verwendbar, sondern für die Relation des Gesamt-Ichs zu den Objekten reserviert" (GW X, 1915, S. 229).

Unter einem weiteren Aspekt unterscheidet FREUD etwas (Objekt), das sich außerhalb des kindlichen Körpers befindet, und etwas (Objekt), das ein Teil des kindlichen Körpers ist (s. NAGERA, 1989, S. 455). So schreibt FREUD (1905):

> „Als die anfänglichste Sexualbefriedigung noch mit der Nahrungsaufnahme verbunden war, hatte der Sexualtrieb ein Sexualobjekt außerhalb des eigenen Körpers in der Mutterbrust ... Nicht ohne guten Grund ist das Saugen des Kindes an der Brust der Mutter vorbildlich für jede Liebesbeziehung geworden. Die Objektfindung ist eigentlich eine Wiederfindung" (GW V, 1905, S. 123).

Später (1915) heißt es bei FREUD:

> „Die Psychoanalyse lehrt, daß es zwei Wege der Objektfindung gibt, erstens die ..., die in Anlehnung an die frühinfantilen Vorbilder vor sich geht, und zweitens die narzißtische, die das eigene Ich sucht und im anderen wiederfindet" (GW V, S. 123 f.)

Zur Thematik der Objektwahl heißt es 1905 weiter:

> „Aber von dieser ersten und wichtigsten aller sexuellen Beziehungen bleibt auch nach der Abtrennung der Sexualtätigkeit von der Nahrungsaufnahme ein wichtiges Stück übrig, welches die Objektwahl vorbereiten, das verlorene Glück also wiederherstellen hilft. Die ganze Latenzzeit über lernt das Kind andere Personen, die seiner Hilflosigkeit abhelfen und seine Bedürfnisse befriedigen, **lieben,** durchaus nach dem Muster und in Fortsetzung seines Säuglingsverhältnisses zur Amme. Man wird sich vielleicht sträuben wollen, die zärtlichen Gefühle und die Wertschätzungen des Kindes für seine Pflegepersonen mit der geschlechtlichen Liebe zu identifizieren, allein ich meine, eine genauere psychologische Untersuchung wird diese Identität über jeden Zweifel hinaus feststellen können. Der Verkehr des Kindes mit seiner Pflegeperson ist für dasselbe eine unaufhörlich fließende Quelle sexueller Erregung und Befriedigung von erogenen Zonen aus, zumal da letztere – in der Regel doch die Mutter – das Kind selbst mit Gefühlen bedenkt, die aus ihrem Sexualleben stammen, es streichelt, küßt und wiegt und ganz deutlich zum Ersatz für ein vollgültiges Sexualobjekt nimmt" (GW V, S. 124).

Hier beschreibt Freud bereits jene Wechselseitigkeit in der Beziehung zwischen Mutter und Kind, die in den heutigen Objektbeziehungstheorien eine zentrale Rolle spielt.

Mit der Verinnerlichung von Objektbeziehungen hat sich Freud speziell in den Zusammenhängen der Strukturtheorie und der Ich-Psychologie befaßt; er versteht sie als Prozesse der Identifizierung mit beiden Elternteilen während der ödipalen Phase und beschreibt sie als vorbildlich für andere Identifizierungen – wie sie sich zuvor in der präödipalen Phase vollzogen haben und hernach in der Adoleszenz vollziehen (Thomä und Kächele, 1985, S. 10).

Freud hat damals (1923) an seine Theorie der Melancholie (1916) angeknüpft, indem er schreibt:

> „... daß ein verlorenes Objekt im Ich wieder aufgerichtet, also eine Objektbesetzung durch eine Identifizierung abgelöst wird, ..., daß solche Ersetzung einen großen Anteil an der Gestaltung des Ichs hat und wesentlich dazu beiträgt, das herzustellen, was man seinen **Charakter** heißt" (GW XIII, 1923, S. 256/57).

Zur Beziehung zwischen Objektbesetzung und Identifizierung heißt es dann weiter:

> „Uranfänglich in der primitiven oralen Phase des Individuums sind Objektbesetzung und Identifizierung wohl nicht voneinander zu unterscheiden.
> ... Soll oder muß ein solches Sexualobjekt aufgegeben werden, so tritt dafür nicht selten die Ichveränderung auf, die man als Aufrichtung des Objekts im Ich wie bei der Melancholie beschreiben muß; die näheren Verhältnisse dieser Ersetzung sind uns noch nicht bekannt. Vielleicht erleichtert oder ermöglicht das Ich durch diese Introjektion, die eine Art von Regression zum Mechanismus der oralen Phase ist, das Aufgeben des Objekts. Vielleicht ist diese Identifizierung überhaupt die Bedingung, unter der das Es seine Objekte aufgibt. Jedenfalls ist der Vorgang zumal in frühen Entwicklungsphasen ein sehr häufiger und kann die Auffassung ermöglichen, daß der Charakter des Ichs ein Niederschlag der aufgegebenen Objektbesetzungen ist, die Geschichte dieser Objektwahlen enthält. ... Auch eine Gleichzeitigkeit von Objektbesetzungen und Identifizierung, also eine Charakterveränderung, ehe das Objekt aufgegeben worden ist, kommt in Betracht. In diesem Fall könnte die Charakterveränderung die Objektbeziehung überleben und sie im gewissen Sinne konservieren" (GW XIII, 1923, S. 257 f.).

Die von Freud hier und an vielen anderen Stellen seines Werkes beschriebenen Vorgänge der Identifizierung und ihrer Vorbilder (primäre Identifizierung, Inkorporation, Introjektion) haben mit Objektbeziehungen zu tun (der Begriff Identifizierung wurde später vielfältig variiert: Ferenczi hatte 1909 den Begriff Introjektion als symmetrisch zu dem der Projektion eingeführt; Abraham und Klein fügten diesen beiden Mechanismen den der Reintrojektion hinzu; Jacobson ergänzte später den Begriff der Verinnerlichung durch den der selektiven Identifizierung und den der Imitation). Die genannten Begriffe implizieren trotz unterschiedlicher Akzentsetzungen (s. d. S. 48 f. in d. Bd.) immer eine Objektbeziehung. Sie bedeuten stets eine Bewegung von außen nach innen, eine Bewegung in das Subjekt hinein; mit dem Begriff „Identifizierung" wurden zunehmend jene Vorgänge gefaßt, durch die sich das Subjekt konstituiert (siehe Strukturtheorie, Narzißmus und Selbst, Ödipuskomplex).

3.2 Die frühen Objektbeziehungen bei MELANIE KLEIN

Im historischen Rückblick war es dann MELANIE KLEIN, die innerhalb der Psychoanalyse die Aufmerksamkeit auf die *frühen* Objektbeziehungen lenkte. Seit den späten 20er Jahren befaßte sie sich mit sehr früh internalisierten Objektbeziehungen und untersuchte deren determinierende Wirkung auf die Bildung psychischer Strukturen sowie auf die verschiedenen Formen innerer Konflikte. Sie verband die psychoanalytische Triebtheorie, insbesondere den (angeborenen) Aggressionstrieb, mit der von ihr formulierten Theorie der frühen Objektbeziehungen und der frühen Konstellationen von Abwehrvorgängen (Spaltung und projektive Identifizierung) (KLEIN, 1930, 1933, 1940, 1946, 1972).

Nach ihrer Auffassung, die an der letzten Triebtheorie FREUDS (1923) orientiert ist, finden die Lebens- und Todestriebe psychischen Ausdruck in unbewußten Phantasien, die das Selbst und das Objekt unter dem Einfluß heftiger primitiver Emotionen spiegeln.

Die aggressiven Impulse werden nach außen, auf die Mutter projiziert, die damit zur Trägerin dieser Impulse wird und sie werden vom projizierenden Kind als Angst vor verschlingenden Objekten erlebt, die zu der Phantasie einer bösen, destruktiven und verschlingenden Brust führen; die diesen Prozeß begleitenden Affekte und Impulse sind Neid und Gier. Die libidinösen Impulse realisieren sich in lustvollen Kontakten mit befriedigenden Objekten, vor allem mit der „guten Brust". Phantasien über die gute befriedigende Brust werden als gutes inneres Objekt introjiziert. Der wichtigste Begleitaffekt ist Dankbarkeit; Dankbarkeit hängt eng mit dem Gefühl des Vertrauens zusammen, das auf dem gesicherten Genuß der „guten Brust" beruht. Die gute und die böse Brust sind die ersten Teilobjekte, die an den frühesten unbewußten Phantasien beteiligt sind und Libido oder Aggression repräsentieren; die „inneren Objekte" wären somit eine Widerspiegelung der Verlaufsgeschichte der angeborenen Triebe Libido und Aggression.

Charakteristisch für den frühen Lebensabschnitt ist die Aufspaltung der Mutter in eine „ganz gute" und eine „ganz böse" Imago. KLEIN (1940, 1946) spricht von einer *„paranoid-schizoiden Position"*, die durch diese gespaltenen, noch nicht integrierbaren Bilder gekennzeichnet ist. Diese Konstellation wird später, in der weiteren Entwicklung, von der *„depressiven Position"* abgelöst, in der das Kind erkennt, daß sein Haß derselben Mutter gilt, von der auch das Gute kommt; die Teilobjekte können erst jetzt zu Total- oder Ganzobjekten integriert werden. Das Kind reagiert auf diese neue Wahrnehmung der Mutter mit Schuldgefühlen und Wiedergutmachungstendenzen. Beide Positionen, die paranoid-schizoide und die depressive, bleiben nach dieser Lehre als elementare Konstellationen bestehen und können zu gegebener Zeit aktualisiert werden. Daraus folgt aus therapeutischer Sicht, daß sie, als Teil des Durcharbeitens von Konflikten, auf allen Entwicklungsstufen gedeutet werden müssen.

Die Bedeutung der Beiträge MELANIE KLEINS und ihrer Nachfolger (BION, ROSENFELD, SEGAL) besteht vor allem darin, daß sie die erste nachfreudianische Objektbeziehungstheorie enthalten. Sie hat durch ihre Beiträge die frühen Objektbeziehungen in der normalen und pathologischen Entwicklung in den Vordergrund klinischer Betrachtung gerückt, sie hat auf die Bedeutung der Aggression in der frühen Entwicklung aufmerksam gemacht, sie hat die frühe Überich-Entwicklung ausgearbeitet und die Beziehung zwischen genitalen und prägenitalen Konflikten beschrieben; ferner wurde von ihr das Verständnis der Funktion primitiver Abwehrmechanismen (Spaltung und projektive Identifizierung) für die Entstehung und Behandlung psychopathologisch schwerer Krankheitsbilder geweckt. (Siehe dazu auch KERNBERG [1969, 1981, 1985 und 1988 b].)

3.3 Die Beiträge von FAIRBAIRN, BALINT und WINNICOTT

Unter dem Einfluß MELANIE KLEINS haben vor allem FAIRBAIRN und WINNICOTT wesentliche Beiträge zur Theorie und Klinik der Objektbeziehungen geliefert (s. dazu SUTHERLAND, 1980). FAIRBAIRN (1944, 1946) hat sich vornehmlich mit der FREUDschen Triebtheorie kritisch auseinandergesetzt und postuliert, daß das Kind von Geburt an „objektsuchend" ist. Er kritisierte die klassische Libidotheorie und das Konzept der erogenen Zonen; FREUD habe unter der Annahme oraler, analer und anderer Triebregungen nicht wirkliche Bedürfnisse, sondern Formen oder Techniken des Umgangs mit Bedürfnissen beschrieben; er sieht in den erogenen Zonen nur Diener der wirklichen Bedürfnisse. Das wahre und damit primäre libidinöse Bedürfnis sei die Herstellung befriedigender Objektbeziehungen.

Die Annahme dieses menschlichen Grundbedürfnisses, nämlich „liebevolle Beziehungen mit anderen herzustellen", wird auch von weiteren Autoren in kritischer Abgrenzung zur FREUDschen Triebtheorie und zur Auffassung des primären Narzißmus formuliert und theoretisch begründet.

Der zentrale Begriff in den von BALINT vertretenen Konzeptualisierungen ist die *primäre Objektliebe* (1935). Für ihn ist die Entwicklung der Objektbeziehungen identisch mit der Entwicklung der Liebe; sie ist getrennt von der Entwicklung der sexuellen Ziele und der Partialtriebe zu sehen. BALINT postuliert außerdem, in Abgrenzung gegen die klassische analytische Auffassung eines objektlosen, narzißtischen Stadiums, daß Objektbeziehungen von Anfang an die psychische Entwicklung begleiten, sie entscheidend bestimmen und strukturieren. Die Beziehung zwischen Mutter und Kind wird als eine auf Wechselseitigkeit beruhende und „libidinös gleichwertige" aufgefaßt (BALINT, 1937, S. 104). Man könnte allenfalls die Dualunion Mutter-Kind primär narzißtisch nennen (BALINT, 1937, S. 110). Mit diesen Auffassungen überwindet BALINT jede monadologische Betrachtungsweise der psychischen Genese und Verhaltensanalyse (LOCH, 1966, S. 334) und stellt die Untersuchung der interpersonalen Dynamik ins Zentrum aller psychoanalytischen Bemühungen.

Chronologisch und phänomenologisch unterscheidet BALINT drei primitive Objektbeziehungsformen:

> „a) die primitivste dieser Formen, die ich primäre oder Urform der Liebe oder **primäre Objektbeziehung** genannt habe, ist eine Art harmonischer Vermengung und gegenseitiger Durchdringung zwischen dem sich entwickelnden Individuum und seinen primären Substanzen oder seinem primären

Objekt; ferner b) die **Oknophilie** und c) der **Philobatismus**, einander gewissermaßen entgegengesetzte Verfassungen, die schon die Entdeckung eines einigermaßen stabilen Teilobjektes oder ganzen Objektes voraussetzen. Denn das vorwiegend oknophil erlebende Individuum fühlt sich nur in engster Nähe zu Objekten sicher, und die zeitlichen oder örtlichen Abstände zwischen den Objekten werden als furchtbar und gefährlich erlebt. ... Im Gegensatz dazu erlebt der vorwiegend philobatisch eingestellte Mensch die Objekte als unzuverlässig und riskant, neigt dazu, ohne Objekte auskommen zu wollen, sucht ‚freundliche Weiten' auf, welche ihm die verräterischen Objekte in Raum und Zeit vom Leibe halten" (BALINT, 1968, dt. 1970, S. 200).

Für die Stimmigkeit seiner Auffassung führt BALINT ins Feld,

> „daß alle drei Arten von Objektbeziehungen – die ursprüngliche harmonische Verschränkung, die oknophile Anklammerung an Objekte und die philobatäre Vorliebe für objektlose Weiten – in jeder analytischen Behandlung zu finden sind, in welcher die Regression über einen bestimmten Punkt hinaus zugelassen wird" (BALINT, a.a.O., S. 88).

THOMÄ (1984) hat darauf aufmerksam gemacht, daß die Beschreibungen dieser frühen Objektbeziehungen große Ähnlichkeiten mit MAHLERS autistischer und symbiotischer Phase aufweisen.

Eine besondere Bedeutung für pathologische Entwicklungen hat die von BALINT konzeptualisierte *„Grundstörung"* (basic fault). Es handelt sich dabei nicht um einen Konflikt, sondern um einen „Defekt in der psychischen Struktur, eine Art Mangel, der behoben werden muß" (BALINT, a.a.O., S. 32). Es handelt sich um eine Fixierung an eine ungünstige Lösung des Entwicklungsstadiums der primären Liebe durch „einen Mangel des Zusammenpassens zwischen Kind und denjenigen Beziehungspersonen, die seine Umwelt darstellen" (BALINT, a.a.O., S. 337). In Übereinstimmung mit WINNICOTTS Auffassung vom „Versagen der frühen Umweltversorgung" (1958, 1965 b) ist es die unzureichende Versorgung und nicht ein psychischer Konflikt, der die Grundstörung bewirkt.

BALINT leitet aus diesen Auffassungen entsprechende Konsequenzen für die therapeutische Technik ab: Vordringen bis zu den basalen Objektbeziehungen, Schaffung einer optimalen psychischen Spannung für den *„Neubeginn"*, Beachtung der averbalen Kommunikation und ferner der libidinösen Natur der therapeutischen Situation, die Abgrenzung von zwei Formen der *therapeutischen Regression*, der gutartigen, die in einen echten Neubeginn mündet, und der malignen Form. In besonderer Weise setzt er auf die „*Heilkraft der Objektbeziehung*" und fordert für den Analytiker die Übernahme der Rolle des primären Objekts, um den Patienten mit einer ‚Grundstörung' zu verstehen, für ihn da zu sein und somit den ‚Neubeginn' zu ermöglichen.

Auch WINNICOTT (1956, 1958, 1960, 1965, 1971, 1986) beschäftigte sich mit der frühesten Phase der Mutter-Kind-Beziehung. So interessierten ihn die Phänomene einer „good-enough"-Mütterlichkeit und deren Bedeutung für die kindliche Entwicklung. Außerdem war es das unabdingbare Bedürfnis des Kindes (des Patienten) nach Empathie und die Fähigkeit der Mutter (des Analytikers), sie zu gewähren, womit er sich auseinandersetzte. Er hat die Konzepte der „Objekt- und Umweltmutter" (1965), des „mütterlichen Besorgtseins" und „der haltenden Umgebung" (1954, 1965) eingeführt, die später auch bei der Behandlung der sog. frühen oder strukturellen Störungen Beachtung fanden (WINNICOTT, 1965 b). In Zusammenhang mit der Atmosphäre der therapeutischen Situation hat er unter dem Thema „Vom Spiel zur Kreativität" (1971) interessante Anregungen auch für die situative Gestaltung der Behandlung im Erwachsenenalter vermittelt. Klinische Bedeutung hat sowohl das von ihm konzeptualisierte „Übergangsobjekt" gewonnen, wie auch das des „falschen Selbst", als einer Störung, die er aus der frühen symbiotischen Situation ableitet (s. d. WINNICOTT, 1953, 1960, 1969).

3.4 Der Beitrag von HARTMANN

Es war HARTMANN, der die Begegnung des Neugeborenen mit der „durchschnittlich erwartbaren Umwelt" beschrieb und der den Begriff der psychischen Repräsentanz (Selbst- und Objektrepräsentanz) einführte; damit begann die Ära der ichpsychologischen Objektbeziehungstheorie (HARTMANN, 1939, 1950, 1972).

Von den grundlegenden theoretischen Formulierungen HARTMANNS und seiner Mitautoren KRIS und LOEWENSTEIN (1946, 1949, 1953) sollen jene erwähnt werden, die für die psychoanalytische Objektbeziehungstheorie eine besondere Bedeutung gewonnen haben:

1. Die Einführung des Begriffs einer „durchschnittlich erwartbaren Umgebung", wodurch die Bedeutung des Beitrags der Mutter zur kindlichen Entwicklung akzentuiert wurde; sie führte zur genaueren Untersuchung der Mutter-Kind-Dyade und erweiterte das Verständnis der Objektbeziehungen. HARTMANN hatte erkannt, daß die ersten sozialen Beziehungen des Kindes für die Aufrechterhaltung des biologischen Gleichgewichts von entscheidender Wichtigkeit sind; deswegen, so argumentierte er, müßten die ersten Objektbeziehungen des Säuglings die Psychoanalyse primär interessieren. Bei der Beschäftigung mit der wechselseitigen Abhängigkeit von Säugling und Mutter, von Organismus und Umwelt, wendet sich HARTMANN einem bestimmten Aspekt der Wechselbeziehung zu, für den er den Begriff des *Zusammenpassens* entwickelt. Bei der Auseinandersetzung mit diesem Begriff untersucht er, wie das biopsychologische Gleichgewicht mit Hilfe verschiedener Regulierungsprozesse immer wieder hergestellt wird. Er kommt zu dem Ergebnis, daß es eine Rangordnung der Ich-Funktionen gibt, die den Anpassungsprozessen dienen, und daß die Anpassung wiederum dem Zusammenpassen dienen muß. Diese Betrachtungsweise der biopsychologischen Regulierungen veranlaßt ihn zu der These, daß es Anpassungsvorgänge im engeren und weiteren Sinne geben müsse. Daraus entwickelt er die Annahme, daß der Säugling mit eigenen, der Anpassung dienenden Apparaten in ein System wechselseitiger Beziehungen innerhalb einer „durchschnittlich erwartbaren Umgebung" hineingeboren wird. Die Differenzierung des Kindes findet innerhalb dieser Art von Umwelt statt, während die Funktionen, die den Apparaten der primären Autonomie entstammen, außerhalb des Konfliktbereiches dieser Umwelt zur Entfaltung kommen (s. d. S. 14 f. u. S. 51 ff. in d. Bd.).

2. Die Neudefinition des Narzißmus als libidinöse Besetzung der Selbstrepräsentanzen und nicht der des Ichs, wie FREUD zunächst vorge-

schlagen hatte, oder des Selbst, wie es in der Phase nach Einführung der Strukturtheorie üblich wurde. HARTMANN schreibt:

„Es mag nützlich sein, den Ausdruck Selbst-Repräsentanz im Gegensatz zu Objekt-Repräsentanz anzuwenden, ... das Selbst (die eigene Person) im Gegensatz zum Objekt ... das Ich (als psychologisches System) im Gegensatz zu den anderen Teilstrukturen der Persönlichkeit" (HARTMANN, 1972, S. 132).

3. Die Beschreibung der Entwicklungsstadien der Objektbeziehungen (vom primären Narzißmus über die Bedürfnisbefriedigung zur Objektkonstanz). Die Objektbeziehungen beginnen nach den Vorstellungen HARTMANNS anschließend an den objektlosen Zustand des primären Narzißmus, durchlaufen das Stadium, in dem das Objekt nur insoweit wahrgenommen wird, als es der Befriedigung der Bedürfnisse des Säuglings dient, und erreichen schließlich die Ebene der Objektkonstanz; Objektkonstanz wird als dauerhafte Besetzung der psychischen Repräsentanz des Objekts definiert, die demnach von der Befriedigung der jeweiligen Bedürfnisse unabhängig ist. Die Identität des Individuums wird durch die dauerhafte Besetzung nicht nur des Objekts, sondern auch des Selbst aufrechterhalten.
4. Die Betonung der wichtigen Rolle der Frustration und der Nutzung des Aggressionstriebes für die Entwicklung.
5. Die Einführung des Begriffs der undifferenzierten Matrix, aus der sich Es und Ich differenzieren.
6. Die Neufassung der Identifizierung als eines Vorgangs, der sich entsprechend dem Entwicklungsniveau, auf dem er stattfindet, wandelt. Danach ist Nachahmung eine Vorläuferin echter Identifizierung; diese ist ein Verinnerlichungsprozeß, der ein höheres Maß an Unabhängigkeit vom Objekt gewährleistet.

Diese Positionen, die von HARTMANN und seinen Mitautoren vertreten wurden, bildeten eine tragfähige Basis für die weitere Entwicklung der Ich-Psychologie und vor allem auch der psychoanalytischen Objektbeziehungstheorie, wie JACOBSON, MAHLER und KERNBERG sie vorangetrieben haben.

3.5 Das Konzept von JACOBSON

Wir wollen die von JACOBSON (1954, 1964) formulierte psychoanalytische Objektbeziehungstheorie deswegen etwas ausführlicher darstellen, weil diese Autorin in eindrucksvoller Weise die Differenzierung der Affekte, die Entwicklung der Objektbeziehungen und die Verlaufsgeschichte der frühen Triebentwicklung mit dem psychoanalytischen Strukturmodell verbunden hat. Aus klinischer Sicht haben inzwischen vorgelegte zahlreiche Untersuchungen über depressive Reaktionen bei Normalen, bei neurotischen, bei Borderline- und bei psychotischen Patienten die theoretischen Auffassungen JACOBSONS speziell zum Themenkreis der Depression hinreichend bestätigt.

Nach den Vorstellungen JACOBSONS (1964, dt. 1973, S. 25 f.) beginnt das psychische Leben mit der Entstehung des „frühesten psychophysiologischen Selbst"; die libidinösen und aggressiven Triebe befinden sich noch im Stadium von undifferenzierten Antriebskräften, Ich und Es sind noch nicht getrennt. Die erste psychische Struktur ist die einer verschmolzenen Selbst/Objektbildung, die sich unter dem Einfluß der Beziehung zwischen Mutter und Kind allmählich entfaltet.

In den entwicklungsstimulierenden Interaktionen zwischen Mutter und Kind spielt nach Auffassung JACOBSONS die frühkindliche Oralität eine besondere Rolle:

„... das kombinierte oral-visuelle Erleben der Brust – oder auch der Urhöhle (SPITZ, 1955) – setzt nicht nur die Mutter mit der Brust gleich, sondern macht die Brust zum ersten Bild der befriedigenden Mutter. Infolgedessen haben die von irgendeiner Art von libidinöser Stimulierung und Befriedigung der Vergangenheit hinterlassenen Erinnerungsspuren die Tendenz, sich um diese primitive erste visuelle Mutter(Brust-, Urhöhlen-) Imago herum zu gruppieren. Dasselbe gilt für den Aufbau der Selbstimagines: die Imagines des oral befriedigten oder frustrierten Selbst haben die Neigung, die Engramme von physischen und emotionalen Reizen aller Art ... in sich aufzunehmen, die in irgendeinem Bereich des gesamten Selbst erlebt wurden.

Wie wir wissen, dienen der Mund und die Hände in dem Bemühen des Kindes, die Welt der Objekte und sein eigenes körperliches Selbst zu entdecken, als die wichtigsten Instrumente (HOFFER, 1949). Aber für sein allgemeines Ich-Wachstum und die Entwicklung zweckgerichteter Aktivitäten mögen lustvoll-stimulierende motorische, propriozeptive, kinästhetische, akustische und visuelle Erlebnisse sowie Berührungs- und Temperaturempfindungen sogar noch von größerer Bedeutung sein" (a.a.O., S. 46 f.).

Lustvolle Affekte treten als erste Ausdruckweisen des sich differenzierenden libidinösen Triebes auf; deren Besetzung in der noch verschmolzenen Selbst-Objekt-Repräsentanz stellt die erste psychische Libidobesetzung dar.

> „Diese frühesten Wunschphantasien von Verschmelzung und Einssein mit der Mutter (Brust) sind sicherlich das Fundament, auf dem alle Objektbeziehungen wie auch alle zukünftigen Arten von Identifizierung aufgebaut werden ... So wird also das Verlangen des hungrigen Säuglings nach Nahrung, nach libidinösen Befriedigungen und nach körperlichem Verschmelzen mit der Mutter sowohl zum Vorläufer künftiger Objektbeziehungen wie zum Ursprung des ersten, primitiven Typus von Identifizierung, einer Identifizierung, die durch Verschmelzung von Selbst- und Objektimagines zustande kommt ... Dieser Typus von Identifizierung herrscht ... die ganze präödipale und frühe ödipale Phase hindurch vor – und bis zu einem gewissen Grad sogar noch später" (a.a.O., S. 50 f.).

An dieser Stelle ist an ähnliche Auffassungen BALINTS im Zusammenhang mit der von ihm beschriebenen Grundstörung, an SANDLERS „primary confusion" und an das undifferenzierte Primärstadium sowie das Stadium der primären undifferenzierten Selbst-Objekt-Vorstellung, von denen KERNBERG spricht, zu erinnern.

Wichtig erscheint uns ein Hinweis auf die Bedeutung der *Wechselwirkung* in der Interaktion zwischen Mutter und Kind, die in der aktuellen Diskussion der Objektbeziehungspsychologie eine bedeutende Rolle spielt.

> „Die früheste Beziehung zwischen Mutter und Kind ist wahrhaft symbiotischer Natur, denn nicht nur braucht das hilflose Kind die Mutter zu seiner Versorgung, sondern die Mutter braucht auch das Kind – emotional – zu ihrer eigenen. BENEDEK (1959) hat ... gezeigt, wie sich die Eltern auf jeder Entwicklungsstufe mit den Bedürfnissen ihrer Kinder identifizieren, indem sie ihr eigenes Erleben der jeweiligen Phase wieder in sich aufleben lassen" (a.a.O., S. 67).

In der weiteren Entwicklung des Kindes, wie JACOBSON sie sieht, folgt sodann ein Stadium der beginnenden strukturellen Differenzierung. Multiple, rasch sich verändernde und noch nicht klar auseinandergehaltene Teilimagines von Liebesobjekten und Körperteilen werden gebildet und libidinös wie aggressiv besetzt; sie werden mit Erinnerungsspuren vergangener Lust-Unlusterlebnisse verknüpft. Daneben treten die entsprechenden Affekte auf; Affekte von Signalcharakter treten neben der noch dominanten affektiven Organsprache zunehmend in Funktion.

Aus dem Bemühen, die Liebesobjekte zu imitieren, entwickeln sich Formen aktiver Identifizierung, die wahrscheinlich auf primitiver affektiver Identifizierung beruhen. Magisch illusionäre Phantasien zeigen an, wie sehr das Kind die Mutter unter Vernachlässigung der Realität als Teil seiner selbst zu erhalten sucht.

Selbst- und Objektimagines beginnen sich dann zu bilden, wenn libidinös stimulierende und Deprivationserlebnisse zu Ansammlungen von Gedächtnisspuren geführt haben. Dennoch kommt es in diesem Stadium weiterhin zu ständigen Besetzungsverschiebungen der Imagines.

> „Libido und Aggression werden fortwährend vom Liebesobjekt ab und auf das Selbst gewendet und vice versa, oder von einem Objekt auf das andere, während die Selbst- und Objektimagines wie auch die Imagines verschiedener Objekte vorübergehend miteinander verschmolzen werden, sich trennen und wieder vereinigen. Zugleich besteht eine Tendenz, eine solche zusammengesetzte Einheit von Imagines ausschließlich mit Libido zu besetzen, während die gesamte Aggression auf eine andere gerichtet wird, bis die Ambivalenz ertragen werden kann. Diese Besetzungsvorgänge spiegeln sich in introjektiven und projektiven Vorgängen wider, die auf den unbewußten Phantasien des Kindes von Inkorporation und Ausstoßung des Liebesobjekts basieren" (a.a.O., S. 54).

Man sieht ein unberechenbares Schwanken zwischen passiv-hilfloser Abhängigkeit von der omnipotenten Mutter und aktiv-aggressivem Streben nach Selbstexpansion und machtvoller Kontrolle über die Liebesobjekte. Diese magische Phantasiewelt wird nur langsam aufgegeben.

Es handelt sich also um ein Stadium, das durch vielfache und differenzierte, aber noch nicht integrierte „gute" und „böse" Selbst- und Objektimagines gekennzeichnet ist. Die bösen Selbst- und Objektimagines bilden sich zu den sadistischen, verfolgenden Vorläufern des Über-Ichs aus (s. S. 18 in d. Bd.). Introjektions- und Projektionsvorgänge werden eingesetzt, um die gute oder ideale Beziehung zu schützen und um sich das Böse fernzuhalten; sie setzen sich über die realen Unterschiede zwischen Selbst und Objekt hinweg.

Jacobson versteht Introjektion und Projektion in Abgrenzung von M. Klein als psychische Prozesse, die darin resultieren, daß Selbstimagines Züge von Objektimagines annehmen und vice versa. Diese Mechanismen haben ihren Ursprung in frühinfantilen Inkorporations- und Ausstoßungsphantasien und müssen von diesen unterschieden werden. Später können sie im Dienste der Abwehr eingesetzt werden, bei Psychosekranken werden sie zu Restitutionsversuchen verwendet (Jacobson, a.a.O., S. 57). Im präödipal-narzißtischen Stadium haben sie zusammen mit Lust-Unlusterlebnissen und perzeptiven Erfahrungen einen entscheidenden Anteil an der Konstituierung der Selbst- und Objektrepräsentanzen. Zunehmend werden diese Mechanismen durch die verbesserte Realitätsprüfung (Wahrnehmung und Selbstwahrnehmung) und durch eine selektive Identifizierung abgelöst.

Mit der fortschreitenden Entwicklung und Differenzierung körperlicher und psychischer Funktionen (motorische Aktivität, beginnende Triebkontrolle, Verbesserung der Wahrnehmung und Selbstwahrnehmung, Organisation von Erinnerungsspuren, Realitätsprüfung, Symbolbildung) werden Veränderungen in der Art der Beziehung des Kindes zur ‚Welt der Objekte‘ möglich. Seine narzißtischen Strebungen nehmen eine neue Richtung, ihre Ziele verändern sich. Neben den Triebbedürfnissen beobachtet man davon unabhängige Anstrengungen zu realen Leistungen. Unter dem Einfluß der Triebkonflikte werden sie mit aggressiver Energie „aufgeladen"; Konkurrenz, Rivalität und Neid tauchen auf. Die Wünsche des Kindes, Teil seiner Liebesobjekte zu bleiben oder sie zu einem Teil seines Selbst zu machen, weichen dem Wunsch, ihnen real ähnlich zu werden.

Dieses Ziel wird mittels selektiver Identifizierungen, die auf dem Mechanismus der „partiellen Introjektion" beruhen, erreicht. Eine wichtige Rolle spielt hierbei die „Identifizierung mit der Mutter als dem Aggressor" (A. Freud, 1949).

„Offensichtlich stellt diese neue und höherentwickelte Identifizierungsweise einen Kompromiß dar zwischen dem kindlichen Bedürfnis, die symbiotische Situation beizubehalten, von den bedürfnisbefriedigenden, beschützenden und Unterstützung gewährenden Liebesobjekten abhängig zu bleiben, sich an sie anzulehnen einerseits und andererseits den entgegengesetzten Tendenzen, die symbiotischen Bindungen auf dem Weg aggressiver narzißtischer Expansion und unabhängiger Betätigung der Ichfunktionen zu lockern. Unter dem Einfluß der ödipalen Rivalität pflegt dieser Konflikt gegen Ende der ödipalen Phase seinen ersten Höhepunkt zu erreichen, um dann durch die Überichbildung eine Lösung zu erfahren. Aber im Verlauf der Adoleszenz wird er gewöhnlich auf intensive Weise wiederbelebt, erfährt seine letzte Zuspitzung und findet mit dem Abbruch der ödipalen Beziehungen des Adoleszenten und mit der Herstellung von Ich- und Überich-Autonomie seine endgültige Lösung" (Jacobson, a.a.O., S. 61).

In diesem Stadium gewinnen die präödipalen und später ödipalen Dreieckskonstellationen eine zunehmende Bedeutung. Es kommt zur schrittweisen Integration guter und böser Selbstrepräsentanzen ebenso wie zu der guter und böser Repräsentanzen der Objekte. Damit entsteht Objektkonstanz. Daneben entwickeln sich ideale Selbstrepräsentanzen als Widerspiegelung von erstrebten Veränderungen an sich selbst, ergänzt durch ideale Objektrepräsentanzen. Zum Schutz der guten Beziehung zur Mutter werden kompensierende Idealisierungen errichtet. Das Scheitern dieser Vorgänge führt zu depressiven Psychopathologien (Jacobson, 1971).

Zu beachten ist die Bedeutung, die der Versagung gegenüber Trieb- und Gefühlsregungen bei der Stimulierung dieser Entwicklung zukommt. Die aus der Frustration entstehenden Ambivalenzkonflikte veranlassen das Kind zu konstruktiver Abgrenzung, zu Differenzierung und Autonomie.

„Deshalb unterstützen Frustration, Forderungen und Einschränkungen innerhalb normaler Grenzen im Prinzip den Prozeß der Entdeckung und Unterscheidung von Selbst und Objekt. Sie verstärken die narzißtische Ausstattung des Ichs und fördern die Herausbildung der sekundären Ich- und Überichautonomie" (Jacobson, a.a.O., S. 67).

Erziehungshaltungen, aus denen heraus die Mutter das Kind überfürsorglich behandelt, es beherrscht, passiv und abhängig hält oder mit ihm wie mit einer bloßen Erweiterung des eigenen Selbst umgeht und seine individuellen Bedürfnisse dabei ignoriert, können zu einer Fixierung der Objektbeziehung auf primitiver narzißtischer Ebene führen; entsprechende Psychopathologien würden die Folge sein.

Von entwicklungsfördernder Wirkung sind Manifestationen von Neid, Besitzstreben und Habsucht, die zu ambivalenten Beziehungen zu Rivalen führen (präödipale Neid- und Rivalitätskonflikte).

Die Entdeckung der *Identität*, angestoßen durch Abgrenzung, Auseinandersetzung, Rivalität und Konkurrenz ist eine Voraussetzung des Fortschreitens auf der Ebene wirklichkeitsgerechter Objektbeziehungen sowie partieller, selektiver Identifizierungen. Die Entwicklung integrierter Selbst- und Objektrepräsentanzen ist die Voraussetzung für eine dauerhafte emotionale Beziehung zur Mutter; erst wenn diese entstanden ist, können Rivalen akzeptiert werden.

Die zunehmende Vorherrschaft von libidinösen Besetzungen ist eine Bedingung für das Erlangen eines normalen Selbstwertgefühls, für die Bildung einer *vereinheitlichten Vorstellung vom Selbst.*

> „Die Entstehung von Objekt- und Selbstkonstanz (ist) als eine sehr wichtige Vorbedingung für einen gesunden Identifizierungsprozeß und eine normale Überichbildung anzusehen" (a.a.O., S. 77).
>
> „Nur wenn Identifizierungen dauerhaft, selektiv und beständig werden, können sie nach und nach integriert und zu Ich-Anteilen werden, können sie die Struktur des Ichs dauerhaft modifizieren und die Organisation und Stabilisierung seines Abwehrsystems unterstützen. Dies fördert die Ichentwicklung, die Entstehung sekundärer Ich-Autonomie und zugleich den Prozeß der Identitätsbildung bis zu dem Punkt, wo das Kind wahrnimmt, daß es ein kohärentes Selbst hat, welches Kontinuität besitzt und welches trotz und inmitten von Wandlungen dasselbe bleibt" (a.a.O., S. 79).

Diese Entwicklung, einsetzend mit der Objektkonstanz, erstreckt sich über das 4. und 5. Lebensjahr und wird mit der Überwindung des Ödipus-Komplexes und dem Beginn der Latenzzeit abgeschlossen. Während dieser Phase werden ideale Selbst- und Objektrepräsentanzen in das Ich-Ideal integriert, und das Ich-Ideal wird als Teil des Über-Ichs inkorporiert (s. d. S. 16 f.).

d. Bd.). Erst jetzt erfolgt die klare Unterscheidung zwischen Ich und Über-Ich, die somit die Errichtung der triadischen Struktur abschließt.

In der ödipalen Phase übernehmen heterosexuelle Triebimpulse und Ziele die Führung. Im Zusammenhang mit den ödipalen Wunschphantasien kommt es zu immer festeren und schließlich überwiegenden Identifizierungen mit dem ödipalen Rivalen, dagegen verlieren die Identifizierungen mit dem gegengeschlechtlichen Liebesobjekt in dem Maß an Bedeutung, wie dieses endgültig zum bevorzugten Gegenstand der Liebe wird. Auf diese Weise wirken die ödipalen sexuellen und Rivalitätsstrebungen und die Entstehung der Geschlechtsidentität während dieser Periode nicht nur stimulierend auf die Entwicklung der kindlichen Objektbeziehungen und der Identifizierungen im allgemeinen, vielmehr beeinflussen sie auch entscheidend deren Richtung.

Im weiteren kommt es dann zu einer zunehmenden Differenzierung und hierarchischen Stufung der zwischenmenschlichen Beziehungen des Kindes; ebenso kommt es zur Differenzierung seiner Ich-Interessen wie auch seiner Identifizierungen mit Objekten beiderlei Geschlechts und verschiedenen Alters. Es handelt sich um Prozesse, die erst im Lauf der Adoleszenz zum Abschluß kommen.

3.6 Das Konzept der Loslösung und Individuation von MAHLER

Von großem Einfluß auf die theoretischen Positionen von JACOBSON wie später auch von KERNBERG waren die von MAHLER, PINE und BERGMAN vorgelegten Auswertungen der im Rahmen eines Kindergartens systematisch durchgeführten Beobachtungen von Mutter-Kind-Interaktionen. Die psychische Entwicklung des Kindes wird von MAHLER und ihren Mitarbeitern (MAHLER, 1968, 1975; MAHLER, PINE und BERGMAN, 1975) unter dem Aspekt der *Symbiose* sowie der *Loslösung und Individuation* dargestellt. Als hauptsächliche Triebkräfte dieser Entwicklung gelten die wichtigsten Verschiebungen der libidinösen und aggressiven Besetzungen des Körperselbst sowie die

Veränderung von Charakter und Niveau des Annäherungs- und Entfernungsverhaltens zwischen Kind und Mutter in dem von der biologischen Geburt bis zur unbegrenzten Phase *libidinöser Objektkonstanz* verlaufenden Entwicklungsprozeß (MAHLER, 1975, S. 613). Die notwendigen Voraussetzungen des intrapsychischen Loslösungs- und Individuationsprozesses sind die soziobiologische Nutzung der Mutter als der „äußeren Hälfte des Selbst" (SPITZ, 1965) und später die emotionale Verfügbarkeit des Liebesobjekts, d. h. des postsymbiotischen Partners.

In den ersten Lebenswochen befindet sich das Kind im Zustand des *normalen Autismus*. Es scheint sich „in einem Zustand primitiver halluzinatorischer Desorientiertheit zu befinden, in dem die Bedürfnisbefriedigung seinem eigenen allmächtigen autistischen Umkreis angehört" (MAHLER, PINE und BERGMAN, 1975, dt. 1978, S. 60 f.).

Im zweiten Monat folgt die *symbiotische Phase*. Der Säugling befindet sich in einem „Zustand der Undifferenziertheit, der Fusion mit der Mutter …, in dem das Ich noch nicht vom Nicht-Ich unterschieden ist." (a. a. O., S. 63). In dieser Zeit beginnt die Entstehung von „Erinnerungsinseln", es besteht jedoch noch keine Differenzierung zwischen Innen und Außen, zwischen dem Selbst und dem anderen. Das wesentliche Merkmal der Symbiose ist die „halluzinatorisch-illusorische somatopsychisch omnipotente Fusion mit der Mutter und insbesondere die illusorische Vorstellung einer gemeinsamen Grenze der beiden in Wirklichkeit physisch getrennten Individuen" (MAHLER, PINE und BERGMAN, a. a. O., S. 63 f.). Dieses „geschlossene System von Mutter und Kind" (SPITZ, 1973, S. 16), die spezifische Qualität ihrer Beziehung, die Möglichkeit des „Spielraums" zwischen beiden, kann als das Subjekt der Entwicklung angesehen werden. Es besteht ein weitgehend koenästhetisch gesteuertes Erleben des eigenen und des mütterlichen Körpers, die nicht als voneinander getrennt erfahren werden können. Für das Entstehen eines basalen Sicherheitsgefühls und grundlegender emotional-kommunikativer Fähigkeiten ist die gefühlsmäßige Bereitschaft der Mutter von großer Bedeutung.

Etwa im Alter von vier bis fünf Monaten folgt dann die erste Subphase des Loslösungs- und Individuationsprozesses: die *Differenzierungsphase*. Man beobachtet ein Vergnügen an Sinneswahrnehmungen, Neugier und das Muster des Nachprüfens (checking back) an der Mutter, einer Art vergleichender Abtastung der Mutter und anderer. Im Vollzug der Loslösung des Kindes aus der symbiotischen Beziehung zur Mutter wird die Beziehung zu ihr auf ein Niveau höherer Integration gehoben. Die Kontinuität wird u. a. gesichert durch die simultane Beziehung beider symbiotischer Partner zum dritten Objekt ‚Vater', der eine Trennungsbeziehung zur Mutter gefahrlos vorlebt (s. d. ROTMANN, 1978). Die Sicherheit des symbiotischen Beziehungsmodus wird benutzt, um Differenzierungserfahrungen zu machen. Der Übergang vom Arm der Mutter auf den des Vaters läßt eine neue Position erreichen, die zur vorangegangenen ex-zentrisch ist (BUCHHOLZ, 1990; s. d. a. ERMANN, 1985, 1989).

Etwa im 9. Monat beginnt die zweite Subphase, *die Übungsphase*.

Das auffallendste Verhaltensmerkmal ist das Üben der Fortbewegung. Mit der fortschreitenden motorischen Entwicklung wird das Kind in die Lage versetzt, die Grenzen der Nähe und Distanz zur Mutter selbst zu bestimmen; es kann lernen, Nähe und Distanz aktiv zu handhaben. Das explorative Verhalten wird auch auf unbelebte Objekte gerichtet; das Übergangs-Objekt (i. S. WINNICOTTs, 1965) wird aktiv konstituiert. Bei der Erforschung der Welt wahrt das Kind seine optimale Distanz zur Mutter als der „*Heimatbasis*" und kehrt zum „*emotionalen Auftanken*" zu ihr zurück. Die Erforschung der Welt der Objekte und das „Liebesverhältnis mit der Welt" hängen mit der Verfügbarkeit der Mutter zusammen. - ABELIN (1975, 1986) hat auf die besondere *Rolle des Vaters* in dieser Entwicklungsphase aufmerksam gemacht. Vater und Geschwister sind die ersten „Landepunkte" in der sich vergrößernden Welt. Der männliche Erwachsene scheint für das Kind das am meisten faszinierende Objekt darzustellen. Während dieser Subphase bleibt der Vater ein „unkontaminiertes" Liebesobjekt, d. h., er wird, im Gegensatz zu der introjektiv und projektiv verzerrten Mutter-Imago, als Resultat von Erlebnisniederschlägen, die vorwiegend der symbiotischen Phase entstammen, stärker als Person eigenen Rechts erlebt.

Die Liebe, die das übende Kleinkind sich selbst und der Objektwelt entgegenbringt – sein Narzißmus und seine potentielle Objektliebe – hat jetzt ihren Höhepunkt erreicht. Die widerspiegelnde Bewunderung aller Übungen und Fortschritte ermöglicht und festigt die Internalisierung des Selbstbildes.

> „Das Kind konzentriert sich darauf, seine Geschicklichkeit und seine autonomen (von der Mutter oder vom Vater unabhängigen) Fähigkeiten zu üben und zu meistern. Es freut sich über seine Fähigkeiten, ist ständig entzückt über die Entdeckungen, die es in seiner sich erweiternden Welt macht und ist gewissermaßen verliebt in die Welt und in seine eigene Größe und Allmacht" (MAHLER, PINE und BERGMAN, 1975, dt. 1978, S. 94).

Das Kind kann die aus der Distanz wahrgenommenen Objekte mit den Erfahrungen vergleichen, die es mit ihnen aus der Nähe gewinnt. Die neue Position etabliert ein anderes Selbst.

Es folgt die Phase der *Wiederannäherung*. Das Kind zeigt nun zwei charakteristische Verhaltensmuster: das unaufhörliche „Beschatten" der Mutter und das Weglaufen von ihr. Der kommunikative Dialog löst sich vom Austausch mittels Zeichen und Signalen, wie er die erste Hälfte des zweiten Lebensjahres bestimmte, und stellt sich auf vermehrte Vokalisation mit zunehmender Wortzahl um. Die erweiterten kognitiven Fähigkeiten ermöglichen eine verbesserte verbale Kommunikation und den Beginn der „Vorstellungsintelligenz" (PIAGET, 1936). Man beobachtet, wie die Errichtung eines *kohärenten Selbst* sowie der *Geschlechtsidentität* einsetzt. In der Phase der Wiederannäherung pendelt das Kind zwischen regressiven Wünschen nach Verschmelzung mit der Mutter und der triumphierenden Verteidigung des „Liebesverhältnisses mit der Welt", der neu erworbenen Selbständigkeit. Es entsteht eine Triade mit ganzen Personen und damit der Konflikt der Ein- oder Ausschließung des Dritten. Die Figur des Vaters, des Anderen, ermöglicht dem Kind die Lösung des Ambitendenzkonfliktes, indem er dem Kind einen Positionswechsel innerhalb der Triade ermöglicht. Mit der Festigung der exzentrischen Positionalität durch Identifizierung mit der väterlichen Perspektive, durch die Entdeckung einer unabhängigen Welt, werden die Objekte „konstant".

Damit beginnt etwa zu Anfang des dritten Lebensjahres die vierte Subphase: „die *Konsolidierung der Individualität* und die *Anfänge der emo-* *tionalen Objektkonstanz*". Die wichtigsten Entwicklungsaufgaben während dieser Phase sind der Erwerb einer lebenslangen, klar umrissenen Individualität und eines gewissen Maßes an Objektkonstanz. Die Errichtung der affektiven (emotionalen) Objektkonstanz (HARTMANN, 1952), gehört zu ihren bedeutendsten Errungenschaften; sie impliziert die vorhergegangene kognitive Zuordnung der symbolischen inneren Repräsentanzen des permanenten Objekts (im Sinne PIAGETS) (MAHLER, PINE und BERGMAN, a.a.O., S. 143), ferner die Konsolidierung der Geschlechtsidentität und die Vereinigung „guter" und „schlechter" Repräsentanzen zu einer integrierten Repräsentanz. Auf diese Weise entwickelt sich – unterstützt von der verbalen Kommunikation, von Phantasie- und Rollenspielen und von der zunehmenden Fähigkeit zur Realitätsprüfung – ein deutlicheres Erleben der eigenen, von den frühen Bezugspersonen abgegrenzten Identität.

> „Die zweite Errungenschaft besteht darin, daß die beiden Ebenen des Identitätsgefühls erreicht werden: 1) das Bewußtsein, eine losgelöste, individuelle Einheit zu sein, und 2) das beginnende Gewahrwerden einer geschlechtsbestimmenden Selbst-Identität" (MAHLER, PINE und BERGMAN, a.a.O., S. 278).

3.7 Der Beitrag KERNBERGS

Die Auffassungen von MAHLER und JACOBSON wurden vor allem durch die klinischen Untersuchungen und theoretischen Ausarbeitungen von KERNBERG (1978, 1981, 1985, 1988 a, 1988 b) aufgegriffen. Er teilt mit diesen Autorinnen die Annahme,

> „daß die frühesten Verinnerlichungsvorgänge dyadische Eigenschaften besitzen, d.h. eine Polarität von Selbst und Objekt, auch wenn die Selbst- und Objektrepräsentanzen noch nicht differenziert sind. Außerdem implizieren auch alle zukünftigen Entwicklungsschritte dyadische Verinnerlichungen, d.h. die Verinnerlichung nicht nur eines Objekts als Objektrepräsentanz, sondern auch einer Interaktion des Selbst mit dem Objekt, und deshalb betrachte ich die Einheiten der Selbst- und Objektrepräsentanzen (und die sie verknüpfenden Affektdispositionen) als elementare Bausteine, auf denen die weiteren Entwicklungen verinnerlichter Objekt-

und Selbstrepräsentanzen und später die übergreifende dreiteilige Struktur (Ich, Über-Ich, Es) beruhen" (Kernberg, 1988 b, S. 19 f.).

Als die fundamentale früheste primitivste Ebene in der Organisation der Internalisierungsprozesse versteht Kernberg die *Introjektion*; sie bedeutet eine mit Hilfe eines strukturierten Bündels von Gedächtnisspuren zustande gekommene Reproduktion und Fixierung einer Interaktion mit der Umgebung. Sie beinhaltet eine Abbildung des Objekts und eine Abbildung des Selbst in Interaktion mit diesem Objekt und eine unter dem Einfluß einer Triebrepräsentanz stehende affektive Tönung. Diese affektive Tönung ist die aktive Valenz, die die Organisation von Introjektionen zu „guten und bösen inneren Objekten" determiniert. Dieser Prozeß führt zur Differenzierung von Selbst und Objekt und zur Festlegung der Ich-Grenzen.

Die *Identifizierung* ist eine Form der Introjektion auf höchster Ebene, gekennzeichnet dadurch, daß das Kind aufgrund seiner kognitiven Kompetenzen die Rollenaspekte zwischenmenschlicher Interaktion erkennen kann; die Objekt- und Selbstrepräsentanzen werden um diesen Rollenaspekt bereichert und die affektive Tönung wird entsprechend differenzierter.

Die *Ich-Identität* bildet die höchste Ebene in der Organisation der Internalisierungsprozesse. Hier kommt es zu einer Konsolidierung der Ich-Struktur, die sich mit einem Gefühl der Kontinuität des Selbst verbindet; außerdem entsteht ein konsistentes Konzept der „Welt der Objekte". Die Ich-Identität enthält nach diesem Verständnis den folgenden spezifischen Ich-Anteil: Dazu gehört das Bewußtsein der Triebderivate, die durch ihre Organisation die Matrix der dem Ich verfügbaren Affektdispositionen bestimmen und modifizieren; zu diesem Anteil gehört auch die Kontrolle der Triebderivate. Im Zuge dieser Organisationsprozesse werden die internalisierten Objektbeziehungen depersonifiziert und in Ich- und Überich-Strukturen höherer Ordnung integriert. Es gibt auch Objektbilder, die in eine solche Strukturierung weniger einbezogen werden; sie bleiben dann unverändert, in primitiver Form und, gegenüber ihren realen Vorbildern verzerrt, im verdrängten Unbewußten erhalten.

Der Prozeß der Individualisierung ist gekennzeichnet durch die Umwandlung von primitiven Identifizierungen in selektive, sublimierte; das ge-

schieht unter dem Einfluß einer gut integrierten Ich-Identität. Das Fortbestehen „unverdauter", früher Introjektionen ist das Ergebnis einer pathologischen Fixierung schwer gestörter früher Objektbeziehungen, einer Fixierung, die eng mit der Pathologie der Spaltung verbunden ist.

Das von Kernberg vertretene Modell der frühen Ich-Entwicklung basiert auf Hartmanns und Jacobsons Annahme einer undifferenzierten Phase der Entwicklung, in der das Ich mit dem Es noch eine gemeinsame Matrix bildet. Dabei werden die Objektbeziehungen als essentieller Ich-Organisator verstanden. Kernberg formuliert sodann, im Anschluß an die Auffassungen von Mahler, ein Konzept, das fünf fundamentale Stadien der normalen und pathologischen Entwicklung internalisierter Objektbeziehungen und ihrer klinischen Implikationen enthält. Es sind dies:

1. Normaler Autismus oder undifferenziertes Primärstadium
2. Normale „Symbiose" oder Stadium der primären, undifferenzierten Selbst-Objekt-Vorstellungen
3. Stadium der Differenzierung von Selbst- und Objekt-Vorstellungen
4. Stadium der Integration von Selbst- und Objekt-Vorstellungen und die Entwicklung reifer intrapsychischer Strukturen
5. Stadium der Konsolidierung der Überich- und der Ich-Integration.

Kernberg hat damit eine Objektbeziehungstheorie entworfen, die die psychoanalytische Triebtheorie mit dem Ich-psychologischen Ansatz verbindet. Auf dieser Basis hat er ein Konzept der Ätiopathogenese und Psychopathologie verschiedener klinischer Krankheitsbilder ausgearbeitet und differenzierte Vorstellungen zur Diagnostik, Differentialdiagnostik und Therapie entwickelt.

Im Verlauf der Weiterentwicklung der psychoanalytischen Theorie war zunehmend deutlich geworden, daß sich eine Objektbeziehung nicht als eine „energetische Besetzung eines Objekts" definieren läßt (Joffe und Sandler, 1967 b). Die klinische Beobachtung (besonders der Reinszenierungen der Objektbeziehung in der analytischen Situation) und die psychoanalytischen Untersuchungen der frühen Mutter-Kind-Interaktion machten zunehmend deutlich, daß bereits zwischen dem Neugeborenen und der Mutter komplizierte Austausch- und Abstimmungsprozesse stattfinden; diese Kommunikationen entwickeln sich zu einem komplexen inneren Dialog; vielfältige Bedürfnisse und Wünsche der an der Interaktion und Kommunikation beteiligten Objekte spielen darin eine Rolle, wobei auch der jeweilige situative Kontext von Einfluß ist (s. d. a. SANDLER, 1961; SANDLER und ROSENBLATT, 1984).

SANDLER (1982) u. a. hat auf das Problem der Rollenbeziehung hingewiesen, dem seiner Meinung nach eine zentrale Bedeutung für das Konzept der Objektbeziehungen zukommt; die Rollenbeziehung hat vor allem auch Konsequenzen für die analytische Diagnostik und Therapie.

> Das Kind fängt „... schon sehr bald nach der Geburt an, differentielle Reaktionen zu zeigen, Reaktionen, die vom Verhaltensstil und den Rollenanforderungen der Mutter abhängig sind. Bei seiner weiteren Entwicklung schafft das kleine Kind zunehmend komplexere innere Repräsentanzen von den Interaktionen und Beziehungen, den Dialogen zwischen sich selbst und seinem Objekt. Diese Dialoge mit dem Objekt werden später zu einem integrierten Teil seines Phantasielebens und seiner Wünsche nach Befriedigung, nach Vermeidung von Unlustgefühlen und vor allem nach Sicherheit. Die frühen ‚Verhandlungen‘ setzen sich als wichtiger Teil des Seelenlebens bis ins Erwachsenenalter fort. Die frühen Rollenbeziehungen des Kindes zu seinem Betreuer lassen in ihm das Bedürfnis entstehen, seine Objekte zu einer ‚Verzahnung‘ mit sich zu veranlassen, damit es sich sicher fühlen kann. Die Interaktion mit Objekten (in Wirklichkeit, aber auch in der Wunschphantasie) bietet eine Bestätigung durch das daraus hergeleitete Sicherheitsgefühl“ (SANDLER, 1982, S. 73).

Der Pegel dieser „Versorgung“ mit guten Gefühlen, die durch Bestätigung und Rückversicherung gewonnen werden, muß ständig gehalten werden; sinkt er unter einen bestimmten Wert ab, dann werden Wünsche wachgerufen, die mit der Rückgewinnung des benötigten Niveaus basalen Wohlbefindens in Zusammenhang stehen. Solche Wünsche sind ganz eng mit den Objekten verknüpft. Der Austausch, die Abstimmung, vermitteln ein Gefühl von Sicherheit und Wohlbefinden. Bei deren Unterbrechung tritt Beunruhigung ein. Auf die Bedeutung eines solchen Dialogs zwischen Kleinkind und Mutter hatte bereits SPITZ (1957 a, 1957 b, 1965, 1972, 1976) hingewiesen.

In diesem Zusammenhang werden Ergebnisse der neueren Forschung auf dem Gebiet der Mutter-Kind-Interaktion deswegen interessant, weil sie zunehmend Fragen auch an die Theoriebildung und klinische Praxis der Psychoanalyse stellen. Einige dieser Ergebnisse und Fragen wollen wir abschließend kurz zusammenfassen und zum weiterführenden Studium auf die einschlägige Literatur verweisen.

3.8 Die Ergebnisse der neueren Säuglings- und Kleinkindforschung

Die direkte Kinderbeobachtung hat in der Psychoanalyse eine lange Tradition (BOWLBY, ANNA FREUD, MELANIE KLEIN, MAHLER, SPITZ, WINNICOTT). Die von diesen Forschern und ihren Mitarbeitern durchgeführten Untersuchungen und deren Kommentierung gingen in die an der psychoanalytischen Theorie orientierten Konzeptualisierungen normaler und pathologischer Entwicklung ein.

Demgegenüber sind die Befunde der neueren *Säuglings- und Kleinkindforschung* Ergebnisse sorgfältig geplanter Experimente und Verlaufsstudien. Die Forscher konzentrieren ihre Untersuchungen vor allem auf den Zustand der „alert inactivity“, d. h. auf die Phänomene einer wachen Aufmerksamkeit des Säuglings. Sie beobachten das manifeste Verhalten und beschreiben vor allem senso-motorisch-affektive Handlungsmuster und die Entstehung der seelischen Strukturen aus frühen Interaktionsprozessen in der Mutter-Kind-Dyade (*Interaktionsmodell*, *Transaktionsmodell*).

Die moderne elektronische Videotechnik ermöglichte eine sehr differenzierte Registrierung und Auswertung des Verhaltens in der Mutter-Kind-Dyade. Vor allem EMDE (1991), LICHTENBERG (1991), SANDER (1988) und D.N. STERN (1979, 1985) haben versucht, diese Ergebnisse für die psychoanalytische Entwicklungstheorie und auch für die Therapie fruchtbar zu machen. So bedürfen theoretische Konzepte wie der primäre Narzißmus (FREUD, 1916), die objektlose Stufe (SPITZ, 1965) oder die undifferenzierte Phase der

Ich-Entwicklung (HARTMANN, 1972) ebenso wie MAHLERS Entwurf der autistischen und symbiotischen Phase (MAHLER, PINE und BERGMAN, 1975) und MELANIE KLEINS Konzept der paranoid-schizoiden und depressiven Position (1972) einer gründlichen Überprüfung, wie SCHÜSSLER und BERTL-SCHÜSSLER (1992) gezeigt haben. Andererseits werden einige andere psychoanalytische Konzepte, z. B. BALINTS Konzept von der primären Objektliebe (1965), WINNICOTTS Auffassungen von der Bedeutung der Mutter-Kind-Kommunikation und die Rolle der Umwelt- und der Objektmutter (1963, 1965) durch diese Forschungen bestätigt.

Im folgenden sollen einige *Ergebnisse der empirischen Säuglings- und Kleinkindforschung* kurz referiert werden (Übersichten s. bei BOHLEBER, 1989, 1992; BRAZELTON und CRAMER, 1991; DORNES, 1993; EMDE, 1981, 1991; KÖHLER, 1990; LEBOVICI, 1990; LICHTENBERG, 1987, 1990, 1991; SCHÜSSLER und BERTL-SCHÜSSLER, 1989, 1992; STERN, 1979, 1985; STORK, 1976, 1986 a und b). Danach erweist sich der Säugling von Anfang an als mit präadaptiertem Verhalten ausgestattet und als ein aktives, wahrnehmungsfähiges und stimulationssuchendes, affektives und teilweise sich selbst regulierendes Wesen, das mit angeborenen Mustern sozialer Reaktionsbereitschaft ausgestattet ist. Er verfügt bereits über differenzierte Wahrnehmungsfunktionen zum Erkennen der Umwelt, ist fähig zu lernen und Gedächtnisspuren zu bilden. Das Neugeborene verfügt auch über verschiedene präverbale Kommunikationsweisen, die zielgerichtete, aktive und affektive Interaktion mit der ersten Bezugsperson ermöglichen. Mutter und Kind sind in hohem Maße auf Aktivität, Gemeinsamkeit und wechselseitige ‚Passung‘ eingestellt. Sie bilden ein sich entwickelndes interaktionelles System. Jeder Partner hat eine eigene Kompetenz, das Verhalten des anderen zu initiieren, zu beeinflussen und auch zu beenden. Die Bindung, die Mutter und Kind zueinander entwickeln, beruht auf dieser Reziprozität. Sie läßt neues Verhalten entstehen, das wiederum das reziproke Zusammenspiel verändert und zu einer komplexeren Organisation führt. Als *Grundmotive* für Verhalten und Entwicklung werden von EMDE (1991, S. 757 f.) genannt: Aktivität, Selbststeuerung, soziale Einpassung, affektives Überwachen; als weitere komplexere Moti

vationsstrukturen nennt er die biologisch vorbereiteten Affekte (affektiver Kern des Selbst, vor allem die entwicklungsfördernde Rolle der positiven Gefühle), die frühen Moralmotive (einschließlich der damit verbundenen „frühen Moralgefühle" wie Stolz, Scham und „verletzte Gefühle") sowie frühe Beziehungsmotive (geteilte Bedeutung und Entwicklung des Wir-Gefühls). Zum Problem der *Repräsentationsfähigkeit* liegen unterschiedliche Auffassungen vor. Zahlreiche Autoren haben das schon mit der Geburt auftauchende breite Spektrum repräsentationaler Fähigkeiten dokumentiert, gleichzeitig aber die eher abstrakten, symbolgestützten inneren Repräsentanzen im Blick behalten, die sich gegen Ende des zweiten Lebensjahres entwickeln (s. d. DORNES, 1993, ZELNICK und BUCHHOLZ, 1991, S. 831 f.).

Nach dieser knappen Zusammenfassung wesentlicher Ergebnisse der Säuglings- und Kleinkindforschung und ihrer theoretischen Umsetzung in ein *interaktionales* bzw. *transaktionales Modell* wollen wir an den Konzepten von LICHTENBERG und STERN verdeutlichen, wie die beiden Autoren diese Resultate in unterschiedlicher Weise in ihre entwicklungspsychologischen Theorien integrieren; dabei liegt der Schwerpunkt auf der Entwicklung der Objektbeziehungen und der inneren Repräsentanzen von Selbst und Objekt.

Während STERN den traditionellen psychoanalytischen Entwicklungsmodellen sein davon unabhängiges Konzept der Entstehung des Selbst gegenüberstellt, versucht LICHTENBERG, das interaktionale Modell mit dem intrapsychischen Modell der Psychoanalyse zu verbinden.

3.9 Das entwicklungspsychologische Konzept von LICHTENBERG

In der Tradition von HARTMANN, ERIKSON, SPITZ und WINNICOTT versucht LICHTENBERG (1991) die Ergebnisse der Säuglingsforschung in ein psychoanalytisches Entwicklungsmodell zu integrieren und stellt dabei einige der bisherigen Annahmen der von MAHLER und JACOBSON beschriebenen Konzepte in Frage. Dabei gilt sein Hauptinteresse der Entwicklung von Selbst- und Objektbeziehungen sowie von Selbst- und Objektrepräsentanzen.

Er geht davon aus, daß der Säugling ein Wesen ist, das sensorisch wahrnimmt, das handelt und fühlt, und zwar auf der Grundlage von *vorprogrammierten und gelernten Mustern perzeptuell-affektiver Handlungsantworten*. Damit habe die HARTMANNsche Behauptung „Es gibt Angepaßtheit, bevor es intendierte Vorgänge des Sichanpassens gibt" (1939, S. 44) eine verbreitete empirische Basis bekommen. Diese genetische Ausstattung erlaubt es dem Neugeborenen von Anfang an, in Interaktion mit der Umwelt zu treten und das Erleben zu organisieren.

> „Was von Geburt an vorprogrammiert ist, sind wohl perzeptuell-affektive Handlungsantworten (perceptual-affect-action responses) auf unterschiedliche Stimuli. Diese lassen die Säuglinge an komplexen Verhaltensweisen teilhaben, wobei Unterscheidungen aufgrund von angeborenen und schnell erlernten Präferenzen getroffen werden. Ob es sinnvoll ist, diese Erlebnisweisen des Neugeborenen mit einem Selbstbegriff zu umschreiben, bleibt für mich eine offene Frage. STERN (1983) vertritt die Ansicht, daß die Unterscheidungsfertigkeiten des Säuglings – einschließlich der Fähigkeit zu abstrahieren – den Gebrauch eines Selbstbegriffs rechtfertigen. Ich glaube eher, daß das Entscheidende dabei das Selbstempfinden ist – und das entwickelt sich später – und daß Selbst und Objekt als psychoanalytische Begriffe untrennbar mit dem ganzen Problembereich der Repräsentation und des Symbolisierungsprozesses verwoben sind" (LICHTENBERG, 1991, S. 26).

Die vorliegenden Forschungsergebnisse weisen darauf hin, daß sich erst nach dem Ende des 1. Lebensjahres mit dem Heranreifen vieler anderer Fähigkeiten auch die Fähigkeit entwickelt, ein *Bild des Selbst* zu erschaffen und mit Grenzen, die das Selbst als körperliche Einheit umschreiben, in Ort und Zeit zu plazieren. Ebenfalls von dieser Zeit an hat das Kleinkind die Fähigkeit, ein *Bild des Anderen* zu erschaffen.

Als Ergebnis einer allmählichen Entwicklung während des 2. Lebensjahres wird es dann fähig, *psychische Repräsentanzen* zu bilden, die den Kontext des momentangebundenen Erlebens bilden (LICHTENBERG, 1991, S. 57).

Die folgenden Fragen bedürfen deswegen einer Neubeantwortung, da die bisher zugrundegelegten Annahmen durch die neueren Untersuchungsbefunde nicht mehr gerechtfertigt erscheinen (LICHTENBERG, 1991, S. 60): Wie differenzieren sich Selbst- und Objektrepräsentanzen im 1. Lebensjahr? Wie bewegt sich der Säugling von einem narzißtischen oder autistischen Zustand (ohne Bewußtheit des Objekts) über die Symbiose (mit ihren verschmolzenen Repräsentanzen) zu einer Loslösung vom Objekt und zu einer Individuation des Selbst? Wie wird das Kind mit angeborener Aggression, Neid und Grausamkeit fertig und wie erlangt es Mitgefühl? Ähnlich kritisch sei mit der Frage nach der Fähigkeit zur Bildung von Abwehrmechanismen umzugehen, die nach LICHTENBERGs Auffassung an die Fähigkeit zur symbolischen Repräsentanz gebunden und somit erst im 3. und 4. Lebensjahr zu erwarten ist (s. d. LICHTENBERG, 1991, S. 73 f.).

Im zweiten Lebensjahr gewinnt das Kleinkind aufgrund bestimmter kognitiver Reifungs- und Entwicklungsschritte allmählich einen Sinn für sein Selbst. Es entwickelt nach und nach die Fähigkeit, ein Objekt in seiner Eigenständigkeit und Unabhängigkeit von dessen Funktionen wahrzunehmen.

Es kommt zum Übergang von der kognitiv-affektiven Funktionsweise, die an Zeichen gebunden ist, zur *Symbolisierungsfähigkeit*.

Das Selbst wird zu einem Objekt der Betrachtung, bis etwa in der Mitte des 2. Lebensjahres ein *„Selbst-als-Ganzes"* (self as a whole) sich konstituiert. Bestimmte Reifungs- und Entwicklungsschritte unterstützen diese Entwicklung: eine wachsende Tendenz, sich selbst zu behaupten und in Opposition zur Mutter zu treten, ein stärkeres Bewußtsein für Empfindungen des eigenen Körpers und damit verbunden der Ausbau des Körperbildes sowie ein stetiges Anwachsen symbolischer Denkprozesse.

Dieses „Selbst-als-Ganzes" besitzt die Funktion einer *geistigen „Leitfigur"* (director), worunter LICHTENBERG ein leitendes, subjektiv erlebendes und handelndes Selbst versteht.

> „Um das auszudrücken, was ich mit ‚geistigem Selbst' meine, kann man auch sagen, daß das Selbst, das tätig im Sinne von **handelnd** ist, in ein Selbst übergeht, dessen Sein und Tun subjektiv sind. Wenn wir uns die Situation mit der Bezugsperson anschauen, setzt ein **Übergang von Interaktion zu Intersubjektivität** ein" (LICHTENBERG, 1991, S. 106).

Verantwortlich für das Auftauchen dieses ganzheitlichen Selbst ist ein wachsendes Verständnis für Handlungsfolgen und deren Vorhersage sowie ein Anwachsen der Fähigkeit, Handlungen entgegen den Vorstellungen der Bezugsperson zu planen; begleitet werden die gelungenen Interaktionen von Gefühlen der Funktionslust und der Kompetenzfreude.

Die Sprache spielt in der zweiten Hälfte des 2. Lebensjahres eine immer bedeutendere Rolle beim Umbau der Weltanschauung.

„Die mit der **Sprachentwicklung** einhergehende neue symbolische Repräsentationsfähigkeit dient während der 2. Hälfte des 2. Lebensjahres in großem Ausmaß dazu, die polymorphen Erlebnisweisen dieser Zeit zu strukturieren. Es war die wirklich einzigartige Entdeckung der Psychoanalyse, daß die turbulenten, konfliktreichen, die ‚dämonischen‘ Aspekte der Kindheit (und des Lebens im allgemeinen) in Träumen, Versprechern, freien Assoziationen und im spontanen Spiel dauerhaft symbolisch repräsentiert werden. Traumatische Ereignisse können spätestens ab 18 Monaten in diesen Formen der symbolischen Repräsentation geordnet werden" (LICHTENBERG, 1991, S. 130).

Zusammenfassend charakterisiert LICHTENBERG diese Entwicklung vom Standpunkt des Selbst auf folgende Weise:

„Im ‚**ganzen Selbst**‘ spiegelt sich, wenn es erst einmal erlebt wird, die Person in umfassender Ganzheit, so weit das zum jeweiligen Zeitpunkt möglich ist. Zum Zeitpunkt seiner Entstehung umfaßt es das ‚Ich‘ (‚I‘), das als handelnde Leitfigur die bestehenden zeichen- und signalbestimmten kognitiven, affektiven und handlungsbezogenen Muster ausführt, und es umfaßt das ‚Selbst‘, dem gegenüber andere (oder das ‚Ich‘ (‚I‘)) handeln. Wenn sich die symbolische Repräsentation und das Denken entwickeln, kommt ein ‚**geistiges Selbst**‘ hinzu ... die Funktion des ganzheitlichen Selbst besteht in erster Linie darin, alle bestehenden Funktionen in eine Organisation zu integrieren, die so flexibel wie möglich bleiben soll. Jeder nachfolgende Entwicklungsvorgang bringt neue bedrängende Antriebe und neue funktionsbezogene Herausforderungen und Fähigkeiten mit sich, die potentiell den Flexibilitätsbereich des ganzheitlichen Selbst erweitern können" (LICHTENBERG, 1991, S. 132 f.).

Entsprechend LICHTENBERGS Auffassungen ist nach dem Erreichen dieser Entwicklungsstufe, auf der eine *intrapsychische Repräsentanzenwelt* nachgewiesen werden kann, das Modell der in-

trapsychischen Regulierung oder des Konfliktes für die Erforschung des heranwachsenden Kindes nützlicher als das interaktionale Modell der Säuglingsforscher. Anstatt aber das interaktionale Modell einfach durch ein intrapsychisches abzulösen, empfiehlt er, „eher den Blick auf den interaktionalen Kontext offenzuhalten. Das ist ein Erklärungsbegriff, der den gesamten Lebenszyklus hindurch beträchtliche Validität habe."

„Das Modell, das die Säuglingsforscher vorschlagen, das Modell der Erfahrungen mit anderen, in denen Synchronismus vorherrscht, der Erfahrungen mit anderen, in denen sequentielle Zusammenhänge vorherrschen, und der Erfahrungen, in denen man wie allein ist, aber einen unterstützenden (oder übelwollenden) Hintergrund empfindet, dieses Modell kann auf den ganzen Lebenszyklus angewendet werden. Erst nach der Entwicklung des Symbolprozesses kann jede dieser Erfahrungen internal repräsentiert werden, gemeinsam mit Aspekten von Kognition und Affekt" (LICHTENBERG, 1991, S. 31 f.).

Für die psychoanalytische *Diagnostik und Therapie* zieht er aufgrund des vorgestellten Entwicklungskonzeptes die folgenden Schlußfolgerungen:

„Wenn wir die psychoanalytische Methode anwenden, können wir daher nicht erwarten, die Ereignisse aus den ersten 18 Monaten zu rekonstruieren. Wir können nur herausfinden, wie diese Ereignisse – zum ersten Mal in der 2. Hälfte des 2. Lebensjahres und später durch größere Transformationen – organisiert worden sind. Erfahrungen aus dem 1. Lebensjahr können ihre Schatten werfen, aber das Erkennen einzelner Muster aus perzeptuell-affektiven Handlungsmodi, die nicht symbolisch repräsentiert worden sind, liegt ‚jenseits der Deutung‘ (GEDO, 1979) durch verbale Kommunikation. Solche Rekonstruktionen muß man aus der Beobachtung von nonverbal kommuniziertem Verhalten erschließen. ... Empathische Aufnahmebereitschaft allein – und nicht empathische Aufnahmebereitschaft mit empathischem Verstehen – ist das grundlegende Hilfsmittel, mit dem man die frühesten Erfahrungen des Patienten erfassen kann" (LICHTENBERG, 1991, S. 164).

LICHTENBERG vermutet, daß das in der Säuglingsforschung gewonnene neue Wissen eine tiefgreifende Wirkung auf die psychoanalytische Praxis haben wird. Der hauptsächliche Nutzen bestehe nicht darin, daß der Analytiker gutes Bemuttern imitiert. Wertvoll seien vielmehr die Metaphern zur begrifflichen Erfassung des analytischen Austauschs, das dieses neue Verständnis mit sich bringe. Zusätzlich zu den Aspekten der Vordergrund- und Hintergrundkommunikation und der Empathie sei es vor allem der Begriff der Regulierung. Es gebe komplexe Beziehungen zwischen Regulierungsbemühungen und -defiziten und intrapsychischen Konflikten. Eine Untersuchung dieser komplexen Beziehung könnte das Verständnis für den Patienten und seine Störung bereichern; sie könnte dazu beitragen, die vielen regulatorischen Vorstellungen zum Vorschein zu bringen, die in der herkömmlichen analytischen Theorie implizit enthalten seien; und sie könnte schließlich auch helfen, den Streit um die Beiträge der Selbstpsychologie zu klären. In diesen Beiträgen werden Vorstellungen über die Regulierung des Zustandes des Selbst entwickelt, ohne eine angemessene Erklärung für die intrapsychischen Konflikte zu geben, die unweigerlich mit Regulierungsstörungen einhergehen (Lichtenberg, 1991, S. 191 f.).

3.10 Die Konzeptualisierung des Selbst durch D. N. Stern

Stern geht davon aus, daß von Geburt an, also bereits vor dem Erwerb der Symbolisierungsfähigkeit, ein *präverbales Empfinden oder Gefühl (sense) für das Selbst* vorhanden ist. Unter Selbstempfinden versteht er organisierte subjektive Erfahrungen, ohne daß bereits ein reflexives Bewußtsein des Selbst bestünde. Dieses Selbstempfinden oder Selbstgefühl ist so gesehen das primäre organisierende und strukturierende Prinzip der Entwicklung. Dieses Modell schließt die Annahme eines unabhängigen Konzepts der Entwicklung des Selbst ein.

Für Stern stellt die Entwicklung des Selbst von Geburt an ein Kontinuum dar; diese Entwicklung ist untrennbar mit den erlebten Beziehungen verbunden. In dieser Entwicklung unterscheidet er *vier Stufen*: die des auftauchenden Selbst, die des Kern-Selbst, die des subjektiven Selbst und die des verbalen Selbst.

Stern lehnt das Konzept eines primären Zustands der Undifferenziertheit und Unorganisiertheit ab. Bereits die ersten beiden Lebensmonate würden in ihrem Ablauf durch die angeborenen Fähigkeiten bestimmt, Beziehungen zu gestalten und sowohl kognitive als auch affektive Erfahrungen zu machen.

Zwischen dem 2. und 6. Lebensmonat verfüge der Säugling bereits über ein basales integriertes Empfinden seiner selbst und anderer (*„sense of a core self"*). Es beinhaltet ein Empfinden für Kohärenz und für eine von der Mutter getrennte Körperlichkeit; es bedeutet die Kontrolle über eigene Handlungen, ein Empfinden für eigene Affekte, für Kontinuität und für die Interaktionspartner; das Gedächtnis beginnt sich zu formieren.

Stern skizziert eine Reihe von Fähigkeiten, die es dem Säugling ermöglichen, zu entdecken, was er *„Selbst-Invarianten"* nennt – ein Empfinden für die Urheberschaft, Kohärenz, Affektivität und Geschichte des Selbst. Er weist auf die Fähigkeit hin, ein präverbales Gedächtnis seiner selbst aufrechtzuerhalten, eine Selbst-Geschichte, die die Zeit überdauert. Die zunehmende Integration dieser Selbst-Invarianten erfolgt durch die Fähigkeit zur abstrakten Repräsentation und durch die Speicherung dieser immer wiederkehrenden Erfahrungen mittels eines „episodic memory" in Form von *generalisierten Interaktionsrepräsentanzen* (RIG= representation of interactions that have been generalized):

> „Die gelebte Episode – einfach so, wie sie im Gedächtnis ist – ist die Einheit, welche die verschiedenen Attribute der Erfahrung miteinander verzahnt. Die Beziehungen sind diejenigen, die im wirklichen Geschehen vorherrschten. Wenn man es so betrachtet, sind die veränderlichen Selbst-Erfahrungen und die regulierende Rolle, die das Gegenüber spielt, nicht einfach auf erlernte Weise miteinander verknüpft. Sie werden vielmehr von einer größeren gemeinsamen Einheit der subjektiven Erfahrung umschlossen, von der Episode nämlich, die sie beide gemeinsam mit anderen Attributen aufnimmt und ihre natürlichen Beziehungen zueinander konserviert. ... **Gelebte Episoden** werden unmittelbar zu spezifischen Gedächtnisepisoden, und durch Wiederholungen werden sie zu generalisierten Episoden. ... Es ist wichtig, im Gedächtnis zu behalten, daß RIGs flexible Strukturen sind, die den Durchschnitt mehrerer wirklicher Ereignisse darstellen und einen Prototyp ausformen, der für alle Ereignisse insgesamt steht. Eine RIG ist etwas, das niemals zuvor genau so geschehen ist, aber sie wird von nichts beeinflußt, was nicht wirklich einmal geschehen ist" (Stern, 1985, S. 110).

Zwischen dem 7. und 9. Lebensmonat erfährt das Kind *Intersubjektivität* auf präverbaler Ebene. STERN unterscheidet drei vorsprachliche intersubjektive Formen der Erfahrung: gemeinsamer Aufmerksamkeitsfokus, gemeinsame Intentionen und gemeinsame Affektzustände durch gegenseitige Affektabstimmung (affect-attunement).

Zwischen dem 15. und 18. Lebensmonat entsteht mit der Symbolisierungsfähigkeit und dem Spracherwerb eine neue Organisationsstufe (*verbales Selbst*) mit neuen Möglichkeiten interpersonaler Beziehung: Das Selbst wird zum Objekt der Betrachtung und Reflexion, Handlungen werden innerhalb eines zeitlich-historischen und dynamischen Kontextes symbolisch repräsentiert, der Spracherwerb führt zu neuen Beziehungen zwischen Kind und Eltern. Mit dem Spracherwerb kommt es dann freilich zu einer *Krise des Selbstverständnisses*. Die früheren globalen, nonverbalen und amodalen Erfahrungen können nur zum Teil in Worte gebunden und gefaßt werden.

Diese Entfremdung der beiden Formen interpersoneller und Selbst-Erfahrungen, der gelebten und der verbal repräsentierten, hat auch erhebliche Konsequenzen für die Bedeutung, Erfassung und Behandlung früher präverbaler traumatischer Erfahrungen (s. d. BAUMGART, 1991, S. 802 f.; ROHDE-DACHSER, 1991, S. 224). Diese präverbalen „representations of interactions generalized" bleiben, wenn sie später nicht in symbolische Repräsentationen umgewandelt werden, unbewußt wirksam. Andere symbolisch repräsentierte Selbst-Bilder werden verdrängt, da sie mit den zentralen Selbst-Repräsentanten nicht vereinbar sind.

Eine *Identität* kann so einerseits aus unbewußten Selbst-Repräsentanten gespeist sein, die in generalisierten „episodic memories" gespeichert sind, sie kann sich aber auch im Sinne einer Gegen-Identität unter Verdrängung und andersgearteter Abwehr dieser Selbst-Repräsentanten bilden. Identität ist insofern immer auch auf das Unbewußte als das Nicht-Identische bezogen (s. d. BOHLEBER, 1992, S. 362).

3.11 Die Bindungstheorie und ihre Bedeutung für die Psychotherapie

Die ursprünglich von J. BOWLBY entwickelte Bindungstheorie gewinnt zunehmend an Relevanz in der Psychotherapieforschung (s. d. SCHMIDT und STRAUSS, 1996; SPANGLER UND ZIMMERMANN, 1995; STRAUSS UND SCHMIDT, 1997).

BOWLBY blieb in seinen Formulierungen zur Bindungstheorie einerseits psychoanalytischem Denken verpflichtet, orientierte sich aber andererseits an ethologischen Konzepten, besonders am Konzept des Bindungssystems, das neben anderen bedürfnisregulierenden Systemen (z. B. der Sexualität und der Aggression) existiert. Dieses System wird in Verbindung mit einem homöostatischen Prozeß gesehen, durch den Verhalten reguliert wird und der speziell der Suche und Aufrechterhaltung von Nähe dient. Dieses Verhalten ist auf spezifische Bindungsfiguren hin organisiert. Das System wird in Gefahrensituationen aktiviert und speziell dann, wenn das Kind realisiert, daß die Erreichbarkeit der Bindungsfigur nicht mehr garantiert ist. Die charakteristischen Merkmale bzw. Funktionen dieses Systems sind: *Suchen und Bewahren von Nähe, Herstellen einer sicheren Beziehungsbasis* (AINSWORTH, 1982; AINSWORTH et al., 1978, 1982) für physisches und psychisches Wohlbefinden und auch als Ausgangspunkt für nicht-bindungsrelevantes Verhalten, ferner *Zufluchtsort*, der in Situationen drohender Gefahr Schutz, Sicherheit und Trost bietet (SCHMIDT und STRAUSS, 1996, S. 140 f.).

Im Laufe seiner Entwicklung verinnerlicht das Kind seine frühen Bindungserfahrungen (einschließlich des Einfühlungsvermögens und der antwortenden Reaktionen der Mutter und anderer wichtiger Bindungsfiguren) als ein „inneres Arbeitsmodell" dieser Beziehungserfahrungen mit den wichtigen frühen Objekten. Ein solches Modell bietet einen Bezugsrahmen dafür, wieweit jemand in Beziehungen Nähe und Sicherheit von einem Bindungspartner erwarten kann, und wieweit er sich selbst der Zuwendung, Liebe und Aufmerksamkeit wert fühlt, also Nähe zulassen kann. In Abhängigkeit von der jeweiligen Umgebung, in der sich die Bindungsqualität ausformt, entwickeln sich verschiedene *Bindungsmuster* oder -stile als Resultat der internalisierten Bindungserfahrungen: *sicher, unsicher-vermeidend, unsicher-ambivalent und desorganisiert.*

In der Folgezeit haben sich zahlreiche Forscher mit diesen von AINSWORTH et al. (1978, 1982, 1991) postulierten Bindungsstilen unter verschiedenen Fragestellungen beschäftigt. Trotz vieler offener Fragen ist als Fazit dieser entwicklungspsychologischen Untersuchungen festzustellen, daß Bindung weitreichende Implikationen für das Erleben und Verhalten von Menschen hat und daß mit hoher Wahrscheinlichkeit von einer anhaltenden Stabilität von Bindungsstilen ausgegangen werden kann (SCHMIDT und STRAUSS, 1996, S. 144).

Es gibt mittlerweile viele allgemeine Überlegungen zu den möglichen Implikationen für die Konzeptualisierung von Psychotherapie und für das Verständnis von Psychopathologie. KÖHLER (1992, 1995), die sich ausführlich mit der klinischen Anwendung der Konzepte und Ergebnisse der Bindungstheorie und -forschung im psychoanalytischen Behandlungskontext beschäftigt hat, schreibt in diesem Zusammenhang:

> „Je mehr ein Analytiker durch die Säuglings- und Bindungsforschung etwas über normale und pathologische Vorgänge der ersten Lebensjahre erfährt, desto besser kann er Patienten verstehen, sich empathisch in ihr Gewordensein versetzen, wenn sie in frühen Jahren traumatisiert wurden oder ihnen wichtige Lebensfunktionen vorenthalten blieben, so daß sie nun an den Folgen eines Entwicklungsdefizits leiden" (KÖHLER, 1995, S. 79).

3.12 Zusammenfassung

Zusammenfassend sei festgehalten: Wir haben dargestellt, wie, ausgehend von den ersten Konzeptualisierungen FREUDS, der Begriff der Objektbeziehung in klinischer Beobachtung und Erfahrung und zunehmend bei der Direktbeobachtung von Säuglingen und Kleinkindern an Bedeutung zugenommen und einen entsprechenden Niederschlag in Theoriebildung und therapeutischer Praxis gefunden hat. Dieser Entwicklungsweg ist u. a. durch den Namen von FREUD selbst, von MELANIE KLEIN, von BALINT, WINNICOTT und HARTMANN, von SPITZ, JACOBSON und MAHLER, von SANDLER und KERNBERG markiert. In diesen Zusammenhängen wurden die frühen Theoriebildungen der Psychoanalyse, vor allem die Triebtheorie, unter den Aspekten der neugewonnenen Ergebnisse zur Objektbeziehung abwägend relativiert, jedoch nicht aufgegeben (s. d. EAGLE, 1988, S. 21 f.; KERNBERG, 1997).

Im Lichte der Resultate der jüngeren Säuglings- und Kleinkindbeobachtung, die vornehmlich auch durch Einbeziehung elektronischer Erhebungstechniken erzielt wurden, ergaben sich erneut Konfrontationen mit der traditionellen psychoanalytischen Theorie. Wir haben an den Kommentierungen solcher Forschungsergebnisse durch LICHTENBERG einerseits und durch STERN andererseits versucht zu zeigen, wie die Bemühung entweder dahingeht, die neuen Ergebnisse in die älteren Theorien zu integrieren (LICHTENBERG), oder dahin, neue Ansätze des Verstehens der angeborenen und der frühkindlich wirksamen Determinanten normaler und gestörter menschlicher Entwicklung und deren Auswirkungen zu formulieren (STERN). Zu den Folgeerscheinungen einer so oder so verstandenen Entwicklung gehören auch Modifikationen der psychoanalytischen Therapiemethode und ihrer Techniken. Hier sind gleichfalls schon früh Vorschläge zu den von den traditionellen Therapiekonzepten abgegrenzten Vorgehensweisen gemacht worden, so vor allem von der Ungarischen Schule der Psychoanalyse (FERENCZI, KLEIN, FAIRBAIRN, BALINT, WINNICOTT u. a.).

Uns erscheint in Abgrenzung gegen eine einseitige Akzentuierung des interaktionalen Modells der normalen und pathologischen Entwicklung (STERN) die These eines lebenslangen Nebeneinanderbestehens von interaktionalem und innerseelischem (Konflikt-)Modell interessant (LICHTENBERG) und für die eigene diagnostische und therapeutische Orientierung von Bedeutung.

4 Die Affekte in der psychoanalytischen Theorie und Praxis

4.1 Die Affekte in der Lehre FREUDS

Der Begriff des Affekts und die entsprechenden klinischen Phänomene haben FREUD von früh an beschäftigt. Zunächst faßte er den Affekt als etwas rein Quantitatives auf. So schreibt er 1894,

> „daß an den psychischen Funktionen etwas zu unterscheiden ist (Affektbetrag, Erregungssumme), das alle Eigenschaften einer Quantität hat – wenngleich wir kein Mittel besitzen, dieselbe zu messen – etwas, das der Vergrößerung, Verminderung, der Verschiebung und der Abfuhr fähig ist und sich über die Gedächtnisspuren der Vorstellungen verbreitet, etwa wie eine elektrische Ladung über die Oberflächen der Körper" (GW I, S. 74).

FREUD grenzt bei diesen frühen Klärungsbemühungen den Affekt gegen die Vorstellung (Erinnerungsspur) ab. Er beschreibt zu dieser Zeit als die drei Schicksale des Affekts: Konversion, Verschiebung und Umwandlung in Angst. So versteht er unter *Konversion*, daß der einer unverträglichen Vorstellung anhaftende Affektbetrag, die mit ihr verbundene Erregungssumme ins Körperliche umgesetzt wird (GW I, 1894, S. 63). Bei der *Verschiebung* handelt es sich darum, daß der als solcher unveränderte, unverringerte Affekt von der unverträglichen Vorstellung abgelöst, daß er disloziert wird auf eine beliebige Vorstellung, wodurch die unverträgliche Vorstellung niedergehalten, vom Erinnern ausgeschlossen wird (GW I, 1894, S. 68/69). Die *Umwandlung in Angst* hat FREUD im Zusammenhang mit der Angstneurose beschrieben, bei der eine angehäufte sexuelle Erregung wegen mangelnder Verarbeitungsmöglichkeiten nicht in psychische Libido umgewandelt, sondern direkt auf die somatische Ebene in Form von Angst abgeleitet wird (GW I, 1895, S. 342).

In FREUDS großer Auseinandersetzung mit dem Traum (1900) treten die Affekte gegenüber den Vorstellungen deutlich zurück. Das mag, wie GREEN (1979) vermutet, damit zusammenhängen, daß sich FREUD in seinem Bestreben, die Existenz eines Unbewußten nachzuweisen, am Mechanismus der Verdrängung orientierte. Die Verdrängung betrifft jedoch lediglich die Vorstellungen, während die Abwehr des Affekts in Unterdrückung oder in Hemmung besteht. Über sprachgebundene Vorstellungen schien sich eher ein objektivierbarer Zugang zum Unbewußten erschließen zu lassen als über die intuitiv erfaßten Affekte. FREUD spricht 1900 von „affektfähigen Gedankenzügen", er spricht ferner davon, daß im Traum auftretende gegensätzliche Gedankenzüge zur Affekthemmung führen können; diese Hemmung ist eine Folge der Traumzensur, die Traumzensur hat mit Abwehr zu tun, die später dem Ich zugeordnet wird.

In der Phase der Metapsychologie (1915–1919) beschäftigt sich FREUD mit dem „Verdrängungsschicksal" des Affektbetrags. Er schreibt:

> „In den bisherigen Erörterungen behandelten wir die Verdrängung einer Triebrepräsentanz und verstanden unter einer solchen eine Vorstellung oder Vorstellungsgruppe, welche vom Trieb her mit einem bestimmten Betrag von psychischer Energie (Libido, Interesse) besetzt ist. Die klinische Beobachtung nötigt uns nun zu zerlegen, was wir bisher einheitlich aufgefaßt hatten, denn sie zeigt uns, daß etwas anderes, was den Trieb repräsentiert, neben der Vorstellung in Betracht kommt, und daß dieses andere ein Verdrängungsschicksal erfährt, welches von dem der Vorstellung ganz verschieden sein kann. Für dieses andere Element der psychischen Repräsentanz hat sich der Name **Affektbetrag** eingebürgert; es entspricht dem Triebe, insofern er sich von der Vorstellung abgelöst hat und einen seiner Quantität gemäßen Ausdruck in Vorgängen findet, welche als Affekte der Empfindung bemerkbar werden" (GW X, 1915, S. 254 f.).

FREUD unterläßt es hier, zwischen Trieb- und Vorstellungsrepräsentanz zu unterscheiden; er unterläßt es, die Trieb-Repräsentanz zu verstehen als zusammengesetzt aus Vorstellungs-Repräsentanz und Affekt bzw. Affekt-Repräsentanz. GREEN vermutet, daß diese Unterlassung aus einem für FREUD bestehenden Widerspruch zwischen Affekt und Repräsentanz herrührt: Tatsächlich ist eine Vorstellung – als Abbildung einer Wahrnehmung – repräsentierbar; sie hat gleichsam etwas Statisches, Permanentes, während der Affekt ein Geschehen ist, etwas Ablaufendes. Es geht um die von FREUD getroffene Unterscheidung zwischen der Vorstellung als einer Erinnerungsspur und dem Affekt als einem Abfuhrvorgang. Dennoch sind auch Vorstellungen, ist auch die Sprache, wie seelische Operationen überhaupt, mit der Mobilisierung von Energie, wenn auch von vergleichsweise geringer, verbunden und somit als Abfuhrvorgänge zu verstehen. Dadurch lockert sich die strenge Abgrenzung gegen den Affekt, die Unterscheidung von Vorstellung und Affekt wird weniger scharf (s. GREEN, 1979, S. 691).

FREUD beschreibt in seiner damaligen Auseinandersetzung mit den Repräsentanzen des Triebes drei Schicksale des quantitativen Faktors (des Affektbetrags) der Trieb-Repräsentanz:

> „Der Trieb wird entweder ganz unterdrückt, so daß man nichts von ihm auffindet, oder er kommt als irgendwie qualitativ gefärbter Affekt zum Vorschein, oder er wird in Angst verwandelt. Die beiden letzteren Möglichkeiten stellen uns die Aufgabe, die **Umsetzung** der psychischen Energien der **Triebe** in **Affekte** und ganz besonders in **Angst** als neues Triebschicksal ins Auge zu fassen" (GW X, 1915, S. 255/256).

Es ist also die Angst, die in der Auseinandersetzung FREUDs mit dem Affekt zunehmend an Bedeutung gewinnt. So heißt es weiter:

> „Wir erinnern uns, daß Motiv und Absicht der Verdrängung nichts anderes als die Vermeidung von Unlust war. Daraus folgt, daß das Schicksal des Affektbetrags der Repräsentanz bei weitem wichtiger ist als das der Vorstellung, und daß dies über die Beurteilung des Verdrängungsvorganges entscheidet. Gelingt es einer Verdrängung nicht, die Entstehung von Unlustempfindungen oder Angst zu verhüten, so dürfen wir sagen, sie sei mißglückt, wenngleich sie ihr Ziel an dem Vorstellungsanteil erreicht haben mag. Natürlich wird die mißglückte Verdrängung mehr Anspruch auf unser Interesse erheben als die etwa geglückte, die sich zumeist unserem Studium entziehen wird" (GW X, 1915, S. 256).

Bei den Bemühungen FREUDs, den psychischen Apparat in Ablösung von der topographischen Theorie neu zu konzeptualisieren, die 1923 zur Formulierung der Strukturtheorie führten, wurden unbewußte Affekte, speziell die unbewußten Schuldgefühle, erneut zum Problem. In diesem Zusammenhang setzte sich FREUD mit den inneren Wahrnehmungen, in deren Bereich die Affekte gehören, im Vergleich mit den äußeren Wahrnehmungen auseinander. Er schreibt dazu:

> „Die innere Wahrnehmung ergibt Empfindungen von Vorgängen aus den verschiedensten, gewiß auch tiefsten Schichten des seelischen Apparates. Sie sind schlecht bekannt, als ihr bestes Muster können noch die der Lust-Unlustreihe gelten. Sie sind ursprünglicher, elementarer als die von außen stammenden, können noch in Zuständen getrübten Bewußtseins zustande kommen. Über ihre größere ökonomische Bedeutung und deren metapsychologische Begründung habe ich mich an anderer Stelle geäußert. Diese Empfindungen sind multilokulär wie die äußeren Wahrnehmungen, können gleichzeitig von verschiedenen Stellen kommen und dabei verschiedene, auch entgegengesetzte Qualitäten haben ... Nennen wir das, was als Lust und Unlust bewußt wird, ein quantitatives-qualitativ Anderes im seelischen Ablauf, so ist die Frage, ob ein solches Anderes an Ort und Stelle bewußt werden kann oder bis zum System W (Wahrnehmung) fortgeleitet werden muß" (GW XIII, 1923, S. 249).

Es wird erkennbar, daß die Unterschiede zwischen innerer und äußerer Wahrnehmung nun als weniger markant gesehen werden als zuvor; es wird vor allem auch die eindrückliche Intensität der Inhalte innerer Wahrnehmungen, besonders der im Körper wurzelnden Empfindungen, betont. Von nun an verringern sich im Denken FREUDs auch die Unterschiede zwischen Triebregungen und Affekten. Es sind nicht mehr vornehmlich die Vorstellungen, die den Trieb charakterisieren. Schwierig bleibt freilich die Frage des unbewußten Affekts. Hierzu heißt es:

> „... ist die Fortleitung gesperrt, so kommen sie nicht als Empfindungen zustande, obwohl das ihnen entsprechende Andere im Erregungsablauf dasselbe ist. Abgekürzter, nicht ganz korrekter Weise sprechen wir dann von **unbewußten Empfindungen**, halten die Analogie mit unbewußten Vorstellungen fest, die nicht ganz gerechtfertigt ist. Der Unterschied ist nämlich, daß für die **unbewußte Vorstellung** erst Verbindungsglieder geschaffen werden müssen, um sie zum **Bewußtsein** zu bringen, während dies für die Empfindungen, die sich direkt fortleiten, entfällt. Mit anderen Worten: Die Unterscheidung von Bw (Bewußtem) und Vbw (Vorbewußtem) hat für die Empfindungen keinen Sinn, das Vbw fällt hier aus, Empfindungen sind entweder bewußt oder unbewußt. Auch wenn sie an Wortvorstellungen gebunden werden, danken sie nicht diesen ihr Bewußtwerden, sondern sie werden es direkt" (GW XIII, 1923, S. 250).

Demnach kann man, wie GREEN schließt, von mehreren Daseinsmodi im Unbewußten sprechen und speziell von einer unbewußten Modalität des Affekts. Hinsichtlich der Unterschiede zwischen Vorstellungen und Affekt formuliert GREEN,

> „daß die Affekte unmöglich in einer direkten Verbindung mit sprachlichen Erinnerungsspuren stehen können ..., daß der Sprache bei der Artikulation des Affekts Grenzen gesetzt sind. Die Verbalisierung ‚induziert‘ den Affekt, meist über indirekte Bahnen. Der Affekt ist eine eigenständige subjektive Modalität. Deshalb schließt ihn seine expressive Dimension vom semantischen Material nicht aus. Voraussetzung hierfür ist eine kommunikative Vermittlung von Affekt zu Affekt oder ein Konsensus über die sprachlichen Botschaften, die sich auf Affektbotschaften beziehen, wobei die sprachlichen Informationen bloßen Anspielungscharakter haben“ (GREEN, 1979, S. 696).

Die Einführung der Strukturtheorie ermöglichte es FREUD, auch die Theorie der Angst neu zu fassen. Dabei ging es darum, die verschiedenen klinischen Erscheinungsformen der Angst ebenso wie deren Genese besser zu verstehen und voneinander zu unterscheiden, so die begrenzten Formen der Angst bei den Übertragungsneurosen, die weniger umgrenzten, heftigen, sich wiederholenden Angstphänomene bei der traumatischen Angst, die Formen von Angst mit somatischer Beteiligung, wie sie bei Aktualneurosen und Angstneurosen beobachtet wurden, und schließlich die *scheinbar* verschwundene Angst im Falle von Neutralisierung. Hinsichtlich der Genese wurde, den klinischen Erfahrungen entsprechend, eine durch drohenden Objektverlust, eine durch Liebesverlust, eine durch Kastrationsdrohung ausgelöste Angst sowie die Angst vor dem Über-Ich unterschieden.

Ein wesentlicher Schritt in der Theoriebildung war zu dieser Zeit die Unterscheidung zwischen Signalangst und traumatischer Angst und die Rolle, die dem Ich bei der Angstauslösung zugeordnet wurde. Wird der Signalangst eine Bedeutungsfunktion zugeordnet, so erhält die traumatische Angst, die die Schranken der Reizschwelle wie der Verdrängung durchbricht, eine energetische Funktion.

> „Mit der Signalfunktion des Affekts räumt die Theorie dem Affektleben gewissermaßen die Möglichkeit ein, in einer dem Denken analogen Weise zu

funktionieren. Die Möglichkeit der Abfuhr kleiner Energie-Beträge bei der Signalangst entspricht dem Verfahren, mit dem der psychische Apparat die äußere Welt mittels kleiner Energie-Beträge testet (GW XV, 1933, S. 96). Die Kluft zwischen Affekt und Denken verringert sich, der Affekt ist nicht länger einzig ein Faktor, der das Denken stört“ (GREEN, 1979, S. 698/99).

In dem Maße, in dem FREUD sein Gedankenwerk in Wechselwirkung mit seinen klinischen Beobachtungen und Erfahrungen ausgestaltete, entwickelte er mit der letzten Triebtheorie und dem zweiten topischen Modell, der Strukturtheorie, zunehmend die Tendenz, das ursprüngliche Gleichgewicht zwischen Vorstellung und Affekt zugunsten des letzteren und auf Kosten der ersteren aufzugeben. In diesem Zusammenhang wurde die Bedeutung der Angst stärker hervorgehoben und wurde zwischen ihren verschiedenen Aspekten differenziert, vor allem aber wurde der Trieb mehr und mehr unabhängig von der Vorstellung seines Inhalts betrachtet (GREEN, 1979, S. 726/727).

Was ist hier in der psychoanalytischen Theoriebildung geschehen? FREUD hatte in seiner zweiten Angsttheorie (1926) die Entstehung der Angst im Ich lokalisiert („Das Ich ist die Stätte der Angst“); er verstand Angst nunmehr als Signal, das Verdrängung oder andersgeartete Abwehr dann auslöst, wenn Vorstellungen oder Vorstellungsgruppen remobilisiert werden, die einer in der Kindheit erlebten Katastrophe entsprechen, einer Katastrophe, die, durch infantile (Trieb-)Wünsche bewirkt, seinerzeit unerträgliche Unlust, eben Angst, auslöste. Die durch das Angstsignal in Gang gesetzte Abwehr soll das Wiedererleben solcher Katastrophen wegen der damit verbundenen *unerträglichen* Angst verhindern. Dieser Ablauf vollzieht sich unbewußt und hat somit für das Individuum eine schützende Funktion von großer Bedeutung.

Die Angst fungiert hier als unbewußter Vermittler oder Kommunikator zwischen Vorstellungen (Erinnerungsspuren), die seinerzeit Angst – von der Qualität unerträglicher Unlust – mobilisierten, und den im Dienste der Abwehr stehenden Vorstellungen oder Vorstellungsgruppen. Mit ihrem ersten Auftauchen, bewirkt durch die Re-Mobilisierung früher Katastrophen, wird die Angst zum auslösenden Signal für Maßnahmen der Abwehr. Sie ist damit in einen Ablauf eingeschaltet, der einer inneren Logik folgt; sie ist quasi ein wichtiges Glied in einer ‚Gedankenkette‘.

Wenn wir von der Angst als einem Glied in einer „Gedankenkette" sprechen, dann müßte es genauer heißen, daß sie ein Glied in einer Vorstellungskette ist, daß die Signalangst mit einer bestimmten Gefahr, der Vorstellung von etwas Schlimmem, das droht, was künftig geschehen könnte, verbunden ist. Die Vorstellung ‚Gefahr‘ wäre somit affektfähig; FREUD sprach 1900 von „affektfähigen Gedankenzügen".

Der Angst im Trauma oder der traumatischen Angst (GW XIV, 1926, S. 199) fehlt der eben beschriebene Signalcharakter; es handelt sich vielmehr um eine Angst, die, gleichfalls mobilisiert durch innere Gefahren, in ihrer Unlustintensität so zunimmt, daß sie sich unter Durchbrechung von Reizschutz und Verdrängung einen Weg in das bewußte Erleben bahnt. Wegen des ihr fehlenden Signalcharakters kann sie nicht – unbewußt – eine drohende innere Gefahr durch Auslösung entsprechender Maßnahmen (Abwehr) ausschalten. Die traumatische Angst beherrscht vielmehr das bewußte Erleben der Person, ohne jedoch der Orientierung und Handlungssteuerung dienlich zu sein. Sie vermittelt lediglich das Erleben, daß Schlimmes, Katastrophales, Hochbedrohliches im Gange ist, ohne daß Vorstellungen oder Vorstellungsketten verfügbar wären, die dieses Schlimme identifizierbar und verstehbar werden ließen. Auch hier geht es wie bei der Neurose um Re-Traumatisierungen; es geht um die Re-Mobilisierung einer inneren Gefahrensituation, die gleichfalls der Abwehr, wenngleich einer niedrig organisierten, primitiven unterlag, die nunmehr insuffizient geworden ist. Die Gefahr kann hier z. B. in der Remobilisierung von hochbedrohlichen bösen Objekt- bzw. Teilobjekt-Repräsentanzen bestehen. Sie kann aus der Konfrontation mit primitiven, nicht integrierten, nicht gesteuerten Triebimpulsen entstehen. Eine solche ins bewußte Erleben einbrechende Angst hat nur einen sehr begrenzten Schutzcharakter, weil sie der Person lediglich – ohne nähere Bestimmung – anzeigt, daß die innere Situation bedrohlich ist (s. d. HEIGL-EVERS und HEIGL, 1982 a; HEIGL-EVERS und ROSIN, 1988).

4.2 Die Affekte bei JACOBSON, SANDLER, BRENNER und KERNBERG

Zu den Autoren, die sich intensiver mit der Theorie und Klinik der Affekte befaßt haben, gehört JACOBSON. Affekte und Gefühle sind aus ihrer Sicht sowohl Ausdruck des Selbst wie auch Antworten auf äußere Reize und dienen vorwiegend der selbstgerichteten Abfuhr nach innen und der objektgerichteten Abfuhr nach außen (1964, dt. 1973, S. 96). In der infantilen Entwicklung äußere sich das Gefühls- und Phantasieleben überwiegend in der sogenannten affektiven Organsprache; diese überlebe bis zu einem gewissen Grad auch im Gefühlsleben normaler Erwachsener, besonders in Zuständen von Angst und Erregung und anderen Manifestationen der „Resomatisierung" von Affekten (SCHUR, 1955). Unter affektiver Organsprache versteht JACOBSON „psychophysiologische Äußerungen des kindlichen Gefühls- und Phantasielebens in den ersten infantilen Entwicklungsstadien", die nicht nur stumme, sondern auch sichtbare innere physiologische Prozesse (vasomotorische und sekretorische Phänomene sowie Manifestationen im Bereich der oralen und exkretorischen Funktionen) umfaßt. JACOBSON beschreibt, daß die Entwicklung der affektiv-motorischen Aktivität bereits im 3. Stadium der energetischen und strukturellen Differenzierung mit der libidinösen und aggressiven Besetzung der Selbst- und Objektrepräsentanz beginnt, wobei freilich die affektive Organsprache zunächst noch vorherrscht. Bereits in diesem Stadium träten Affekte mit Signalcharakter auf (a.a.O., S. 63/64). Im späteren Stadium der beginnenden Überich-Bildung werde dann die Überich-Angst (Schuld-Angst) zum vorherrschenden Affektsignal.

JOFFE und SANDLER (1967 b) sowie SANDLER (1972) sehen in den menschlichen Affekten eine Sicherheitsvorkehrung hohen Grades. Das Sicherheitsgefühl wird vom Kind durch das Erleben von Gefühlszuständen erlernt; das geschieht natürlich im Zusammenhang mit der Entfaltung der kindlichen Vorstellungswelt. Die beiden Autoren sprechen von narzißtischen Grundlagen der Affekte insofern, als sie alle auch der Sicherheit des Individuums und damit der narzißtischen Bedürftigkeit dienen.

Die Affektfunktion befindet sich laut diesen Autoren in einem permanenten Alarmzustand: Nahezu ständig werden die Bilder des Selbst und des Objekts ausgewertet, um aufgrund dieser Testung die idealen Bedingungen für das Ich anzustreben.

Das gilt ganz besonders für die Frühphase der Entwicklung des menschlichen Kindes, in der wegen der noch nicht verfügbaren Sprachfunktion und Symbolisierungsfähigkeit, wegen der noch nicht entwickelten Kognition eine solche Hilfe zur Orientierung und Handlungssteuerung von besonders großer Bedeutung ist. Denn das Kind verfügt noch nicht über ein ausreichendes Maß an Wahrnehmungs-, Kognitions- und Handlungssteuerungsfunktionen, um seine narzißtische Bedürftigkeit selbst zu regulieren. Es ist in dieser Hinsicht weitgehend auf die Mutter angewiesen.

In den siebziger Jahren (1974, 1975) hat BRENNER eine psychoanalytische *Theorie des Affekts* vorgestellt, eine Theorie, beruhend auf klinischen Daten, die mit Hilfe der psychoanalytischen Methode gewonnen waren.

Er verstand in diesem Zusammenhang den Affekt als eine Empfindung von Lust oder Unlust, die libidinös oder aggressiv besetzt, d. h. mit einem Triebabkömmling verbunden ist, sowie mit Vorstellungen oder Vorstellungskomplexen, die ihm eine individualspezifische Erscheinungsform geben. Affekte entwickeln sich nach dieser Theorie aus einer unspezifischen Lust/Unlust-Matrix und werden durch Erlebnisse (der Frühzeit) geformt, die sich in Vorstellungen und Vorstellungsketten organisiert haben. Wie FREUD (GW XI, 1916/17, S. 410) sah er den Kern einiger Affekte durch Erlebnisse bestimmt, die sich bereits in der Phylogenese ereigneten, und die somit zum angeborenen Bestand des menschlichen Individuums gehören.

Die These einer allmählichen Entwicklung und Differenzierung der Affekte aus einer undifferenzierten Lust/Unlust-Matrix darf aufgrund der Ergebnisse der neueren differentiellen Affektforschung als überholt gelten (s. d. KRAUSE, 1991).

BRENNER sieht Affekte nicht nur mit der Befriedigung oder Frustration von Triebabkömmlingen verbunden; er sieht sie vielmehr auch im Zusammenhang mit der Reifung und Entwicklung des Ichs und Überichs, wie bereits JACOBSON (1953) formuliert hatte (BRENNER. 1986. S. 66). Er klas-

sifiziert die Affekte anhand der Kategorien von Lust und Unlust und ordnet sie nach denen von Glück (Freude), Angst und depressivem Affekt.

Wenngleich die Beziehung zwischen Affekt und Trieb heute anders gesehen werden muß, als BRENNER es tat, sind die von ihm vorgestellten Variationen des Glücksempfindens, der Angst und des depressiven Affekts klinisch weiterhin relevant. Diese Variationen werden im Zuge individueller Erfahrung erzeugt, die sich in Vorstellungen oder Vorstellungsgruppen organisieren; auf diese Weise wird jedes Affekterleben zu einem individuell-einmaligen Phänomen.

BRENNER schreibt zu den genannten Kategorien folgendes:

Zu der von Glück (oder *Freude*):

„Wenn die Lustempfindung intensiv ist, kann der Affekt als Ekstase oder Wonne bezeichnet werden. Wird in der Vorstellung ein Sieg über einen oder mehrere Rivalen errungen, kann diese Spielart des Glücks als Triumph definiert werden. Abhängig von der Intensität der Lust und der Art der damit verbundenen Vorstellungen kann man die Varianten des Triumphs als Omnipotenz, als Selbstzufriedenheit, als leichte Überlegenheit oder Selbstgefälligkeit einordnen" (BRENNER, 1986, S. 58).

Zum Affekt der *Angst* schreibt er:

„Angst ist eine Gefühlsregung (Affekt), die durch Antizipation von Gefahr im Ich hervorgerufen wird … Etwas Unlustvolles wird geschehen … Wenn die Gefahr als akut oder unmittelbar bevorstehend wahrgenommen wird, mag man von Furcht, ist die Unlust intensiv, von Panik sprechen. Ist die Unlust nur schwach und wird die Gefahr als gering wahrgenommen, als ungewiß oder noch fern, kann man wohl von Sorge oder Unbehagen sprechen" (BRENNER 1986, S. 58 f.).

Zum *depressiven Affekt*, verbunden mit Vorstellungen von Unheil, das bereits geschehen ist, heißt es:

„Je nach Intensität der Unlust kann man von Trübsal, Traurigkeit oder Mißvergnügen sprechen. Wenn Vorstellungen von Sehnsucht nach einem verlorenen Objekt im Vordergrund stehen, kann man von Einsamkeit sprechen. Wenn wir, wie DARWIN (1872) es ausdrückt, ‚keine Hoffnung auf Trost haben‘, sprechen wir von Verzweiflung. Und von Scham oder Demütigung, wenn die Betonung darauf liegt, gescholten oder lächerlich gemacht zu werden" (BRENNER 1986. S. 60).

In neuerer Zeit hat sich KERNBERG mit der Frage auseinandergesetzt, welche Beziehungen zwischen Affekt und internalisierten Objektbeziehungen bestehen. Aus seiner Sicht ist die früheste intrapsychische Erfahrung – Affekt und Wahrnehmung – im Kontext der frühesten Einheiten internalisierter Objektbeziehungen integriert (1985, S. 110). Dem entsprechend könne man nicht vom „reinen Affekt" oder vom „reinen Primärprozeßdenken" als von unabhängigen Aspekten des Primärprozeß-Funktionierens sprechen. KERNBERG (1985, S. 110 f.) stützt sich in diesem Zusammenhang auf Arbeiten von Ross (1975) und SPITZ (1972). SPITZ vertritt dazu folgende Positionen:

> „1. Ich glaube, daß keine Gedächtnisspur im psychischen System gespeichert werden kann, ohne daß an irgendeinem Punkt der Affekt daran beteiligt ist;
> 2. daß Wahrnehmung im Sinne der Möglichkeit, daß das Wahrgenommene bewußt wird, nicht ohne die Intervention der Affekte stattfinden kann.
> 3. damit das Neugeborene überhaupt die Grenzen zum Bewußtsein überschreiten kann, muß der Affekt die Wahrnehmung beschleunigen. Die Wahrnehmung kann erst zu existieren beginnen, nachdem der Affekt ihr Dauer, biologische Zeit gegeben hat. Erst dann kann sich eine Kohäsion als Band zwischen Wahrnehmung und Wahrnehmung und zwischen Wahrnehmung und Affekt entwickeln" (SPITZ, 1972, S. 731 und S. 733–734).

4.3 Die Beiträge der neueren Affektforschung

Inzwischen konnte die seinerzeit von FREUD noch sehr vage formulierte These von den *angeborenen* Affekten belegt werden. Es konnte nachgewiesen werden,

> „daß mit einer geringfügigen Ausnahme alle bei Erwachsenen beobachtbaren (expressiven, Einf. - v. Verf.) Innervationsmuster bei Neu- und Frühgeborenen schon zu verzeichnen" sind (KRAUSE, 1983, S. 1022).

Der Signalanteil der Affekte ist also bereits nach der Geburt beobachtbar. Gemeint ist hier die *interpersonelle* Signalwirkung der Affekte auf die Pflegepersonen des Säuglings. „Das Kind hat Wünsche, vor allem Triebwünsche, Signalsysteme über seine Gefühle, und die Pflegeperson hat die Motorik und die Programme, sie einzusetzen" (a. a. O., S. 1024). Bei ausreichend gut funktionierender Mutter- oder Vater-Kind-Beziehung entwickeln sich hier „dialogähnliche Strukturen" (a. a. O., S. 1026), die von erheblichem Einfluß auf die weitere Entwicklung des Kindes sind.

Bei der in dieser Phase bestehenden biologisch begründeten Hilflosigkeit des Säuglings ist die frühe Verfügbarkeit des interpersonellen Signalanteils der Affekte demnach ausgesprochen sinnvoll. Freilich bedarf das Affekterleben des Säuglings vielfältiger Anregungen und Lernprozesse. Zwar scheint die Befähigung zum *Encodieren*, d. h. der Produktion der Signale, und zum *Decodieren*, d. h. dem Verstehen der Signale des anderen, angeboren, die Zuordnung des eigenen Erlebens und des fremden Zeichens zu den Sprachsymbolen ist es keineswegs. Ebensowenig sind die Regeln für das Zeigen und Erleben in verschiedenen sozialen Kontexten angeboren. Der Erwerb dieses „Wissens" wird durch die Art der frühen Objektbeziehungen sowie durch übergreifende kulturelle Einflüsse bestimmt. Das angeborene Potential des Neugeborenen wird in der Wechselbeziehung zur Mutter „entfacht", wie es bereits von SPITZ (1965) im Rahmen der von ihm vorgelegten psychoanalytischen Entwicklungspsychologie formuliert wurde.

Für eine begrenzte Anzahl von Affekten konnte anhand motorisch-expressiver Konfigurationen nachgewiesen werden, daß sie in allen Kulturen auftreten, also kulturinvariant und teilweise auch bei den den Menschen verwandten Arten zu beobachten sind. Relativ gesichert ist dies für die mimischen Konfigurationen von Freude, Trauer, Wut, Ekel, Überraschung und Furcht. Die Kulturinvarianz wurde anhand visuellen Reizmaterials ermittelt, sie gilt somit für den motorisch-expressiven Anteil des Affektsystems.

> „So betrachtet sind in den Primäremotionen (Primäraffekten, Einf. v. Verf.) diejenigen Emotionen erfaßt, die durch visuelle eindeutige Signale ausgelöst werden können und somit der Beziehungsregulierung dienen" (KRAUSE, 1990, S. 637).

Das Affektsystem gehört also, wie das der Triebe, zum phylogenetischen Bestand der Species humana, zu ihrer angeborenen, stammesgeschichtlich

verankerten Ausstattung. Die im Verlauf der Hominisation beobachtbare Lockerung der festen
Instinktabläufe wird von einem Hypertrophieren
des Affektsystems begleitet. Das Affektsystem ist
aus dem Instinktsystem entstanden, wobei freilich
etwas Neues hinzukam: Dadurch, daß der soziale
Signalanteil (des Affekts) – die *Handlungsankün-
digung* – von dem motivationalen Anteil – der
Handlungsausführung – entkoppelt werden
kann, entsteht ein Aufschub, der für innere und
äußere kommunikative Prozesse nutzbar ist.
Wird ein Affekt zum Ausdruck gebracht, so bedeutet das zwar eine erhöhte Wahrscheinlichkeit
bestimmter Verhaltensweisen, ohne daß diese jedoch (als das angekündigte Endverhalten) ausgeführt werden müßten. Dagegen sind die End-
handlungen der homöostatischen und organismischen Reinforcement-Prozesse festgelegt. Ohne
die biologische Entkoppelung von Ankündigung
und Ausführungshandlung wäre der soziale und
motivationale Freiraum für intelligentes soziales
Problemlösungsverhalten nicht entstanden (nach
KRAUSE, 1990, S. 638 ff.).

In der ontogenetischen, auf Triebbefriedigung
bezogenen Ich-Entwicklung ist das Regulativ des
Aufschubs gleichfalls zu beobachten, er wird
durch zunehmende Orientierung des auf Triebbefriedigung ausgerichteten Ichs am Realitätsprinzip und eine entsprechende Abwendung vom
Lust-Prinzip ermöglicht. Im Zusammenhang damit wird auch die Entwicklung der Denkfunktio-
nen des Ichs und damit die Individuation in entsprechendem Umfang gefördert.

> „Dann müssen wir aber sagen, es sei eigentlich un-
> richtig, von einer Herrschaft des Lustprinzips über
> den Ablauf der seelischen Prozesse zu reden. Wenn
> eine solche bestände, müßte die übergroße Mehr-
> heit unserer Seelenvorgänge von Lust begleitet sein
> oder zur Lust führen, während doch die allgemein-
> ste Erfahrung dieser Folgerung energisch wider-
> spricht. Es kann also nur so sein, daß eine starke
> Tendenz zum Lustprinzip in der Seele besteht, der
> sich aber gewisse andere Kräfte oder Verhältnisse
> widersetzen, so daß der Endausgang nicht immer
> der Lusttendenz entsprechen kann. ...
> Der erste Fall einer Hemmung des Lustprinzips
> ist uns als ein gesetzmäßiger vertraut. Wir wissen,
> daß das Lustprinzip einer primären Arbeitsweise
> des seelischen Apparates eignet, und daß es für die
> Selbstbehauptung des Organismus unter den
> Schwierigkeiten der Außenwelt so recht von An-

fang an unbrauchbar, ja in hohem Grade gefährlich
ist. Unter dem Einflusse der Selbsterhaltungstriebe
des Ichs wird es vom **Realitätsprinzip** abgelöst, welches, ohne die Absicht endlicher Lustgewinnung
aufzugeben, doch den **Aufschub** der Befriedigung,
den Verzicht auf mancherlei Möglichkeiten einer
solchen und die zeitweilige Duldung der Unlust auf
dem langen Umwege zur Lust fordert und durchsetzt. Das Lustprinzip bleibt dann noch lange Zeit
die Arbeitsweise der schwerer ‚erziehbaren‘ Sexualtriebe, und es kommt immer wieder vor, daß es, sei
es von diesen letzteren aus, sei es im Ich selbst, das
Realitätsprinzip zum Schaden des ganzen Organismus überwältigt" (GW XIII, 1920, S. 5 f.).

Primäremotionen oder Primäraffekte mit ihrem
handlungsaufschiebenden Effekt können als
Handlungsankündigungen in bestimmter Weise,
nämlich propositional strukturiert, betrachtet
werden:

> „In der Struktur dieser Handlungen gibt es ein Sub-
> jekt, ein Objekt und eine gewünschte Interaktion
> zwischen beiden. Je nach dem, **wo** sich das Objekt
> in Relation zur Position des Subjekts befindet, **wie**
> das Subjekt Handlungsmacht attribuiert und wie
> die hedonische Tönung der Situation kognisziert
> wird, entstehen die Primäremotionen" (KRAUSE,
> 1990, S. 639).

Das Objekt kann in Relation zum Subjekt seinen
Ort im Körper des Subjekts haben, z. B. im Mund
oder im Magen-Darm-Bereich, oder es befindet
sich an der Peripherie des Subjektes. Es kann auch
seinen Ort im optisch-apperzeptiven Feld des
Subjektes haben, also visuell-gegenwärtig sein,
oder es kann sinnlich überhaupt nicht vertreten,
aber mental repräsentiert sein. Je nach diesen
Ortsrelationen werden die Objekte als gustatori-
sche, taktile, visuelle oder mentale Entitäten erlebt und erinnert (KRAUSE, 1990, S. 641).

Dies ist klinisch relevant, weil die Perzeption eines Objekts im Rahmen einer optisch wahrnehmbaren leibseelischen Einheit und Ganzheit – also
„in einer Haut steckend" – ein später Erwerb ist.
Die frühen (gustatorischen und taktilen) Objekte
des Kindes sind teilhaft und apersonal; sie spielen, soweit sie das spätere Erleben determinieren,
bei der Entstehung der Phänomene von präödipalen oder strukturellen oder basalen Störungen eine große Rolle.

Eine weitere Klassifikation der Objekte beruht
auf den Erfahrungen, die bereits mit ihnen ge-

macht worden sind und nun der Kogniszierung dienen. Dieses Erfahrungswissen kann aus der Phylogenese stammen und aus darauf aufbauenden individuellen Erfahrungen.

> „Es sind archaische Klassifikationen, die das Objekt als wohltuend benevolent, im weitesten Sinne ‚gut' oder als schädigend, schmerzend, im weitesten Sinne ‚schlecht' erscheinen lassen." ... „Schlecht im gustatorischen Bereich ist Übelkeit, schlecht im taktilen Bereich ist Schmerz, schlecht im optisch apperzeptiven Feld ist Angst/Wut" (KRAUSE, 1990, S. 641).

Eine dritte Klassifikation, mit deren Hilfe das Subjekt seine Objekte ordnet, ist die Attribuierung der relationalen Handlungsmacht: Fühlt sich das Subjekt dem Objekt überlegen oder ist es umgekehrt?

Bestimmt man die – beziehungsregulierenden – Affekte anhand der zuvor genannten Propositionsstruktur: Subjekt, Objekt und die zwischen beiden gewünschte Interaktion, dann muß sich die dem Affekt entsprechende Proposition immer auf den Ort beziehen, an dem sich die Interaktion abspielt.

So repräsentiert *Ekel* den Wunsch: Du (Objekt) geh hinaus aus mir (dem Subjekt)! *Wut* repräsentiert den Wunsch, daß das Objekt verschwinden möge, wobei das Subjekt bleibt: Du hau ab, ich bleibe!, *Angst* hingegen repräsentiert den Wunsch, das Subjekt vom Ort des Objekts zu entfernen. *Trauer* repräsentiert den Wunsch, eine einmal gehabte Interaktion mit dem Objekt in einem der vier Bereiche (gustatorisch, taktil, optisch-auditiv, mental) wieder in Gang zu setzen. Die Abwesenheit eines „bösen" Objekts ist im Moment seiner mentalen Vergegenwärtigung von Erleichterung und Freude begleitet (KRAUSE, 1990, S. 641 f.). Für die *Freude* ergibt sich, daß die laufende Interaktion zwischen Subjekt und Objekt weitergehen soll: Du (Objekt) bleibe, wie Du bist!

Es mag deutlich geworden sein, daß die beziehungsregulierenden Affekte vornehmlich der Bestimmung der jeweils wünschenswerten Nähe und Distanz zum Objekt dienen. Störungen der Nähe/Distanz-Regulierung spielen in der Klinik sogenannter präödipaler oder struktureller Störungen oder dyadischer Beziehungsstörungen eine große Rolle.

KRAUSE (1990, S. 630) versteht den als Affekt bezeichneten psychischen Prozeß aufgrund empirischer Untersuchungen als System mit drei Funktionskreisen:

• dem der Steuerung des bewußten und unbewußten Denkens und Handelns des Individuums,

• dem der Regulierung der Interaktionen und darüber hinaus des sozialen Zusammenlebens,

• dem der Selbstwahrnehmung und Selbsteinschätzung.

Die genannten Funktionskreise ermöglichen es, drei Gruppen von Affekten zu unterscheiden: die informationsverarbeitenden, die beziehungsregulierenden und die selbstreflexiven Affekte. Nachdem wir die beziehungsregulierenden Affekte etwas ausführlicher dargestellt haben, sollen die anderen Gruppen kurz skizziert werden.

Zu den *informationsverarbeitenden* Affekten gehören Neugier, Interesse, Überraschung, die alle zu den Primäremotionen gerechnet werden; diese Affekte dienen dazu, die von der Welt ausgehenden Reize zu verarbeiten, wie auch dazu, Beziehungen zur Welt (Welt der Objekte) aufzunehmen und zu unterhalten. In der Frühsozialisation sind die von den Objekten ausgehenden Reize über die Mobilisierung eines informationsverarbeitenden Affekts dann assimilierbar, wenn das Umfeld, dem sie entstammen, sich als vornehmlich gutartig und gutwillig erweist. Ist diese Assimilierbarkeit in einem ausreichenden Maße gegeben, so werden dadurch die für die Reizverarbeitung erforderlichen kognitiven Funktionen gestärkt. Die unter Mobilisierung von Überraschung, Neugier, Interesse erfolgende Reizverarbeitung gelingt insoweit, als ausreichende Abstimmungs- und Einigungs-Prozesse in der Mutter-Kind-Interaktion zustande gekommen sind (KRAUSE, 1990, S. 670).

Neugier wurde unter neurosenpsychologischem Aspekt bereits von SCHULTZ-HENCKE gewürdigt. Er spricht von einer für den Menschen spezifischen „vergleichsweise enormen Differenziertheit seiner neugierigen Zuwendung zur Welt" (1951, S. 24). „Es handelt sich um eine allgemeinste Zuwendung zu allem Wahrgenommenen überhaupt, aber eben doch um eine Zu-Wendung" (1951, S. 25). SCHULTZ-HENCKE bezeichnet diese

Zuwendung in Anlehnung an BRENTANO und HUSSERL als *Intentionalität*.

> „... das Wort Neugier ist lediglich ein naiverer, dramatischerer, repräsentativerer Ausdruck. Gespanntheit spielt hier eine Rolle wie in dem, was man ‚gespannte‘ Aufmerksamkeit nennt. Hier haben wir es mit dem frühesten Antriebserleben zu tun, mit der ersten Form des Antriebserlebens, die auch neurosenpsychologisch höchst bedeutsam ist, mit einer Form des Bedürfnisses, des Bedürfniserlebens, die menschenwesentlich ist und – gestört werden kann. Die Welt wird auf diese Weise erstmalig ‚erobert‘" (1951, S. 25).

Zu den *selbstreflexiven Affekten* werden Schuld, Scham und Depression gerechnet. KRAUSE (1990, S. 679) geht davon aus, „daß die **selbstreflexiven Emotionen** auf internalisierten Derivaten der Primäremotionen aufbauen.

Scham ist der internalisierte Ekel einer Bezugsgruppe oder eines Objekts, zu dem man sich selbst als zugehörig rechnet. Wesentliche Teile des Selbst werden als nicht zum phantasierten Anderen passend erlebt, und das Selbst des anderen ist der Referenzpunkt. *Depression* ist die internalisierte Wut eines Objektes, das man nicht verlassen kann, das man vertreiben möchte. *Schuld*angst ist die internalisierte Angst vor einem Objekt, das man fürchtet und nicht verlassen kann. Die selbstreflexiven Affekte setzen relativ unabhängig funktionierende Strukturen voraus".

Der *Schamaffekt*, der heute zunehmend in den Blickpunkt psychoanalytischen Interesses rückt (s.d. HILGERS, 1995, 1996; SEIDLER, 1995a, b) wird von WURMSER (1981) in den Zusammenhang einer „... Enthüllung von Schwäche, Defekt und Schmutzigkeit" (dt. 1990, S. 85) gestellt. Scham spiele sich auf zwei Ebenen ab: Sie könne sich sowohl auf die Aktivität des Sichbloßstellens als auch auf den Inhalt des Bloßgestellten beziehen. Dieser Affekt wird von ihm als Wächter von Privatheit und Intimität betrachtet. In seinen Arbeiten versucht er, seelisches Erleben als Ausdruck von Konfliktgeschehen zu begreifen; da gibt es auf der einen Seite den Wunsch, sich zu zeigen und auch in seiner Schwäche akzeptiert zu werden. Dieser Wunsch, sich zu zeigen und akzeptiert zu werden, liegt auch der Intention zugrunde, die dann zur Scham führt. Zur Scham führt sie deshalb, weil das Subjekt statt liebevoller Anerkennung Zurückweisung erfährt, auf Kritik und Ablehnung stößt. So kennzeichnet er Scham eindeutig als negativen Affekt; Scham ist dem Verachtet-werden verwandt, der Demütigung und dem Ausgelacht-werden.

SEIDLER (1990, 1993a, 1995b, S. 138f.) versteht die Scham als einen Schnittstellen-Affekt, die das Gewahrwerden der Beobachtung durch einen Anderen voraussetzt, also an trianguläre Beziehungen gebunden ist. Die Schamfähigkeit ist an das Erleben eines Dritten gebunden, an das Erleben einer Grenze zwischen Innen und Außen, dem Selbst und dem Anderen sowie dem Selbst und dem Ich. Für SEIDLER kennzeichnet der Beginn der Schamfähigkeit die Eröffnung des seelischen Binnenraumes, also den Zugangsweg zu eigenen Wünschen, Phantasien und Strebungen, die zunächst einmal als Probehandeln vor jeder Realisierung liegen können.

Neuerdings wird als eine weitere Gruppe die der *nachtragenden Affekte* genannt (HEIGL und HEIGL-EVERS, 1991). Zu ihnen sind Bitterkeit, Grimm, Groll und Hader zu rechnen. Der motivationale oder Handlungsanteil dieser Affekte ist in der Regel auf Revanche, Vergeltung, Rache gerichtet. Es handelt sich dabei häufig nicht um einen bloß vorübergehenden Gefühlszustand, vielmehr, wegen einer Neigung dieser Affekte zum Diffundieren, um eine nachhaltige auf Vergeltung und Rache ausgerichtete feindselige Gestimmtheit (z.B. in Form von Dauerressentiment oder von Misanthropie). Sie bestimmen oft über Jahre und Jahrzehnte das Erleben des Patienten, ohne daß er deswegen betroffen oder beunruhigt wäre; sie können darüber hinaus auch in anhaltender Weise seine mimischen Innervationen beeinflussen, seine Ausdrucksmuster prägen, sie graben sich in sein Gesicht ein, werden ihm gleichsam zur zweiten Natur, zu einem Bestandteil seines Charakters. Diese Affekte sind für ihren Träger in der Regel ichsynton, sie erwecken bei ihm keine Schuldgefühle; er stutzt weder über Qualität noch Intensität noch Persistenz dieser Affekte.

Diesen Emotionen liegt in der Regel das Erleben zugrunde: Mir ist bitteres Unrecht geschehen. Dieses Unrecht wird erstmalig bereits in der frühen Kindheit erlebt, nicht selten im Zusammenhang mit traumatischen Erfahrungen oder auch mit frühen als böse erlebten Objekten, die introjiziert und abgespalten und so einer weiteren Verarbeitung entzogen wurden. Nachtragende Affekte sind daher archaischer Art, sie stimmen das Subjekt auf Vergeltung und Rache ein; Versöhnung ist dann keine Kategorie seines Erlebens. Sie tendieren stark zur Abfuhr und motivieren entsprechend zu Aktionen von Vergeltung und Rache, Aktionen, die in der Regel mit intensiver Befriedigung, vor allem im Sinne von Genugtuung (Unrecht wurde getilgt) verbunden sind.

Die Kindheits-Katastrophe, die zum Nachtragen führt, besteht häufig in traumatisierenden Demütigungen, die sich in den präödipalen Phasen ereignen, in narzißtischen Verletzungen, in Verwundungen, die eine symbiotische Phantasie, verbunden mit Vertrauensseligkeit, jäh zerreißen. Die so verlorengegangene Grandiosität des Selbst wird in der analen Phase im Sinne von Allmacht wiederhergestellt (Ich bin der total Gerechte, niemand ist befugt, mich zu verurteilen). In der ödipalen Phase wird auf dieser Basis der väterlichen Autorität die Anerkennung verweigert; tragfähige Identifizierungen mit den elterlichen Objekten kommen nicht oder nicht ausreichend zustande und die Entwicklung der Überich-Struktur bleibt defizitär. Solche traumatischen Demütigungen führen im affektiven Erleben des Kindes zu einem anhaltenden Nachtragen gegenüber den Urhebern der Demütigung; dieses Nachtragen bedeutet, daß Rache-Motivationen ständig genährt werden und ein Leben lang anhalten können (HEIGL-EVERS, 1968 b; HEIGL und KRAUSE, 1993).

4.4 Die Rolle der Affekte in Diagnostik und Therapie

Betrachtet man im Rückblick, welchen Affekten im Zuge psychoanalytischer Theorieentwicklung vornehmlich die Aufmerksamkeit galt, so ergibt sich: FREUD hatte zunächst den Affekt untersucht, der bei der innerseelischen Konfliktverarbeitung eine signalgebende Funktion ausübt, nämlich den Affekt der abwehrauslösenden Angst, dem später von BRENNER (1974, 1975, 1986) der gleichfalls abwehrauslösende depressive Unlustaffekt hinzugefügt wurde. Daneben spielten im Zusammenhang des von ihm entwickelten Konfliktmodells die Affekte von Schuld und Scham in den Überlegungen FREUDS schon

früh eine Rolle, besonders der Affekt der (unbewußten) Schuld. FREUD befaßte sich gleichfalls früh mit Affekten, die in der Beziehung zu den Objekten auftauchten und hier, unabhängig von den Trieben, eine Rolle spielten, den Affekten von Liebe und Haß.

In der nachfreudianischen Phase rückten im Zusammenhang mit den Konzepten des Selbst und des Narzißmus sowie des Idealichs, des Ichideals und des Überichs die Affekte von Schuld und Scham erneut in den Bereich der Aufmerksamkeit.

Im Zuge der nachfreudianischen Objektbeziehungslehre wurde die *interpersonelle* Signalfunktion von Affekten zunehmend interessant (ENKE, 1989; KRAUSE, 1983, 1990; MOSER, 1978, 1983, 1985; SPITZ, 1965). Die auch empirisch besonders gut untersuchten beziehungsregulierenden oder Primäraffekte fanden mehr Beachtung – so im Kontext moderner Säuglingsbeobachtung (EMDE, 1991; LICHTENBERG, 1991; STERN, 1985). Auch die nunmehr als selbstreflexiv bezeichneten Affekte von Schuld und Scham wurden sowohl Gegenstand sozialpsychologischer wie psychoanalytisch-klinischer Forschung; sie wurden entsprechend den unterschiedlichen Untersuchungsansätzen auch unterschiedlich beurteilt und interpretiert (s. d. HILGERS, 1996; KRAUSE, 1990; SEIDLER, 1993, 1995b; WURMSER, 1981). Ihre Bedeutung für die Beziehung des Individuums zu sich selbst scheint bei weitem nicht ausgelotet. Das gilt auch für die nachtragenden Affekte, die erst in den letzten Jahren stärkere Beachtung gefunden haben (HEIGL und HEIGL-EVERS, 1991), besonders bei traumatogenen oder entwicklungsbedingten strukturellen Störungen.

Für die *Beschreibung und diagnostische Erfassung* der affektiven Störungen bei den verschiedenen psychogenen Krankheitsformen hat sich als Orientierungsschema die von KRAUSE vorgeschlagene Unterteilung der inneren Struktur des Affektsystems in folgende Subsysteme als diagnostisch und therapeutisch nützlich erwiesen:

1. eine *expressive* Komponente in der Körperperipherie mit Gesichtsausdrücken und Vokalisierung; es handelt sich dabei um jene nichtsprachlichen Signale, deren Informationsgehalt den der sprachlichen Mitteilungen entscheidend ergänzt und differenziert;

2. eine *psycho-physiologische* Komponente der Aktivierung bzw. Deaktivierung des autonomen endokrinen Systems; diese Komponente ist besonders zu beachten bei Ausfall der Expression, wie es z.B. bei psychosomatischen Störungen nicht selten vorkommt;

3. eine *motivationale* Komponente mit Verhaltensbahnungen in der Körpermuskulatur und in der Körperhaltung, die mit dem expressiven Signal wirkungsgleich ist; sie ist besonders zu beachten bei hysterischen Symptomen der Willkürmuskulatur mit Ausdrucksgehalt, bei denen die mimische Expression in der Regel ausfällt oder nur schwach ausgeprägt ist;

4. eine *bewußte Wahrnehmung* der körperlichen Komponente;

5. eine *Benennung und Bewertung* der Wahrnehmung der auslösenden Situation sowie eine Zuordnung zum Selbst- bzw. zum Objektbereich; die 4. und 5. Komponente ist deswegen wichtig, weil sie, sollte sie ausgefallen sein, dem Patienten im therapeutischen Prozeß wieder verfügbar gemacht werden muß (KRAUSE, 1990, S. 635–636).

In einer neueren Arbeit hat die Forschungsgruppe um KRAUSE unter Bezugnahme auf mehrere empirische Arbeiten (HUFNAGEL, KRAUSE und STEIMER-KRAUSE, 1991; KRAUSE, STEIMER-KRAUSE und ULLRICH, 1992; STEIMER-KRAUSE, KRAUSE, SÄNGER-ALT und WAGNER, 1988; STEIMER-KRAUSE, KRAUSE und WAGNER, 1990) vorgeschlagen, die psychoanalytische Diagnostik unter Rückgriff auf das Zusammenwirken der obengenannten Subsysteme wie folgt zu konzeptualisieren:

4.4.1 Entscheidungsstammbaum für die Affektdiagnostik

Generell sind für die Indikation folgende Fragen zu klären:

1. Ist das generalisierte Syndrom fehlenden affektiven Ausdrucks vorhanden oder nicht? Dabei ist vor allem auf das Obergesicht zu achten; treten die frontalis Innervationen, die Mimik um die Augen sowie das Stirnrunzeln bei Konzentration und Ärger überhaupt nicht auf bzw. vor allem dann nicht, wenn vom Inhalt des Ver-

handelten so etwas wie affektive Bewegung zu erwarten wäre?

2. Wenn das generalisierte Syndrom der affektiven Ausdrucksleere vorhanden ist, ob und inwieweit bleibt ein umschriebener negativer Leitaffekt übrig, wohlgemerkt nicht in der Gegenübertragung und auch nicht im Erleben, über das der Patient berichtet, sondern in seinem Signalisieren? Es kann sich dabei um Ekel, Verachtung, Wut, Angst handeln.

3. Ist ein kohärentes Thema eines zentralen Beziehungskonflikts aus der Erzählung erschließbar?

4. Ist der verbliebene Leitaffekt im Ausdruck mit diesem zentralen Beziehungskonflikt zur Deckung zu bringen oder nicht?

Wenn kein generalisiertes Ausdruckshemmungssyndrom vorliegt, aber eine Variationseinengung auf zwei antagonistische Leitaffekte, die zusätzlich mit dem zentralen Beziehungskonflikt übereinstimmen, kann man mit großer Sicherheit von einer Übertragungsneurose ausgehen.

Ein generalisiertes Ausdruckshemmungssyndrom mit einem mimischen Leitaffekt ohne einen korrespondierenden eindeutigen, zentralen Beziehungskonflikt läßt dagegen eine frühe Störung sehr wahrscheinlich werden. Deren inhaltliche Ausgestaltung ist unter anderem durch die Art des negativen Leitaffekts gekennzeichnet. Ekel scheint mehr von Bedeutung im Umfeld von narzißtischen Störungen des Körperselbst, wohingegen Verachtung im Umfeld der Störungen des Handlungs- und Willensselbst von Bedeutung ist. Das macht freilich auch den Unterschied zwischen den Perversionen und Psychosomatosen einerseits und den Psychosen andererseits aus. (KRAUSE, STEIMER-KRAUSE und ULLRICH, 1992; aus dem Englischen übersetzt von KRAUSE).

4.5 Zusammenfassung

Zusammenfassend sei vermerkt: In der *psychoanalytischen Therapie* haben Affekte immer schon eine Rolle gespielt. Seitdem FREUD das abwehrauslösende Angstsignal entdeckt und seitdem BRENNER (1974) den gleichfalls abwehrauslösenden depressiven Unlustaffekt hinzugefügt hat, geht es in der Therapie von Kranken mit Konfliktneurosen darum, ihnen diese Unlustaffekte vor allem im Kontext der Übertragung zunehmend erträglich und damit bewußt erlebbar werden zu lassen: auf diese Weise kann ihnen ein

Zugang zu ihren zwecks Unlustvermeidung (Angst oder depressivem Affekt) abgewehrten Konflikten eröffnet werden. Für die Aufdeckung des Konfliktkontextes erscheint eine sorgfältige Identifizierung und Klarifizierung aller beteiligten Affekte gleichfalls unverzichtbar. Das gilt auch für die beziehungsregulierenden Affekte, deren Erfassung speziell für das Verständnis der übertragungs- und gegenübertragungsbestimmten Interaktionen von Interesse ist. Das Aufspüren auch von feinen Signalen, etwa der informationsverarbeitenden Affekte (Überraschung, Erstaunen, Stutzen) ebenso wie der selbstreflexiven Affekte (Betroffenheit als Hinweis auf Scham, Zerknirschung als Hinweis auf Schuld) ist für das Aufdecken der pathogenen Konflikte bei diesen Patienten von großer Bedeutung. Auch die affektiven Resonanzphänomene auf Seiten des Therapeuten (etwa von spürbarem Mitfühlen in Abgrenzung gegen eine im puristischen Sinne nur sprachlich vermittelte Therapie) sind hier zu beachten; wenn dem Patienten der Eindruck vermittelt wird, daß sein Therapeut schlechthin nicht affizierbar ist, kann eine heilende Veränderung kaum erwartet werden (s. d. ARLOW, 1977; HEIGL-EVERS und HENNEBERG-MÖNCH, 1990 a; MOSER, 1978, S. 236 f.; THOMÄ und KÄCHELE, 1985, S. 110 f.).

Ebenso unverzichtbar ist der Umgang mit Affekten in Diagnostik und Therapie bei der Gruppe der strukturell gestörten Patienten, der dyadischen Beziehungsstörungen, denn bei diesen Kranken bildet eine beeinträchtigte, diffuse und damit der Orientierung und Handlungssteuerung nicht dienliche Affektivität häufig eines der Symptome. Ebenso ist hier die Abwehrfunktion von Affekten zu beachten; so kann Angst aggressive Affekte und können aggressive Affekte Angst abwehren. Daher ist das Einbeziehen der spontanen affektiven Reaktionen des Therapeuten bereits bei der diagnostischen Urteilsbildung unerläßlich. Die bei diesen Kranken vorliegende Objektbeziehungspathologie, in der Regel gekennzeichnet durch einen spezifischen Leitaffekt (KERNBERG, 1988 a), wäre sonst schwer zu erfassen.

In der Therapie dieser Kranken spielt die Identifizierung von Affekten und die Klärung ihres Entstehungszusammenhangs (Kontextklarifizierung) eine entsprechend große Rolle. Beides ist in der Regel nur möglich, wenn der Therapeut seine

eigenen authentischen affektiven Reaktionen dem therapeutischen Prozeß verfügbar macht (antwortende Interventionen); es ist die affektive Antwort des Therapeuten, die dem Patienten die Identifizierung seines Affekts ermöglicht, und es ist die Klarifizierung der zwischen Patient und Therapeut bestehenden Objekt- bzw. Teilobjekt-Beziehung und der dazugehörigen Affekte, die den therapeutischen Prozeß wesentlich fördert. Dabei ist das Erleben des Patienten, seinerseits den Therapeuten affizieren, ihn gefühlsmäßig bewegen zu können, eine weitere und zwar entscheidende Wirkung des Umgangs mit Affekten in der Therapie: Dem Kranken wird damit das Bewußtsein vermittelt, daß er den Therapeuten erreichen und bewegen kann (s. d. BLANCK und BLANCK, 1981, 1989; HEIGL-EVERS und HENNEBERG-MÖNCH, 1990 a; KRAUSE, 1990).

5 Abschließendes zum psychischen Konflikt

In der nachfreudianischen Phase wurde am Konfliktmodell der Psychoanalyse, das von FREUD durch Einführung der Strukturtheorie und der damit verbundenen Neufassung des Ich-Begriffs modifiziert worden war, im wesentlichen festgehalten. Gleichzeitig wurden im Zuge der durch eine zunehmende Subtilität klinischer Beobachtung und ihrer Auswertung geförderten Weiterentwicklung der Theorie neue Erklärungsansätze für klinische Phänomene vorgeschlagen und modifizierte therapeutische Zugangswege erschlossen.

So hat HARTMANN in kritischer Auseinandersetzung mit dem Triebdualismus Lebenstriebe/Todestriebe die Aggressivität als zweite neurosenpsychologisch relevante, vom Lust-/Unlustprinzip regulierte Triebkategorie eingeführt. Nunmehr galten die libidinösen und aggressiven Triebbedürfnisse, die zueinander in einem Spannungsverhältnis stehen, als wesentliche Kontrahenten innerer Konflikte. Aus der von HARTMANN et al. vorgenommenen Ausdifferenzierung der Ich-Psychologie sind auch jene Anregungen hervorgegangen, die zu einer auf Direktbeobachtungen von Kindern beruhenden psychoanalytischen Entwicklungspsychologie führten.

Zu der Diskussion dieser Untersuchungen und ihrer Ergebnisse wurden weitere menschliche Grundbedürfnisse, zusätzlich zu den von FREUD postulierten Triebbedürfnissen, erörtert. Es handelte sich um die Bedürfnisse nach Abhängigkeit, Anlehnung und Bindung einerseits und nach Eigenständigkeit, Unabhängigkeit, Autonomie, Loslösung und Trennung andererseits – Gegensatzpaare, in denen auch der von FREUD im Zusammenhang mit seinem zuletzt formulierten Triebdualismus genannte Gegensatz von Eros und Thanatos, von Bindung und Loslösung aufschimmert. Seitdem gilt die Antinomie Abhängigkeit/Autonomie gleichfalls als eine Kategorie innerer Konflikte.

Durch die von HARTMANN vorgeschlagene Abgrenzung des Selbst als eines durch Objektidentifizierungen bestimmten Anteils des Ichs von dessen apparativem oder funktionalem Anteil wurden für den wissenschaftlichen Erkenntnisgewinn neue Perspektiven erschlossen. Im Zusammenhang mit der damit eingeführten Psychologie des Selbst wurden auch die klinischen Phänomene und Begriffe des Narzißmus, wie FREUD sie verstanden hatte, neu durchdacht; dabei wurde auch der von FREUD in den Jahren zwischen 1910 und 1919 vertretene Triebdualismus Sexualtriebe/Ich-Triebe oder Selbsterhaltungstriebe wieder aufgegriffen; die Selbsterhaltungstriebe waren von FREUD bei der 1923 erfolgten Neuformulierung der Triebtheorie in die Lebenstriebe (Eros) aufgenommen worden. Als eine weitere Komponente in Konflikten wurde nun die narzißtische Bedürftigkeit postuliert, die einerseits auf die Sicherung von Selbstwert und dessen Regulierung, andererseits auf Sicherheit und organismisches Wohlbefinden, d. h. auch auf funktionierenden Reizschutz ausgerichtet ist. Diese Bedürftigkeit kann nach klinischer Erfahrung sowohl mit Triebbedürfnissen in Konflikt geraten wie auch mit denen nach Abhängigkeit einerseits und nach Autonomie andererseits.

Die Konzeptualisierung der Repräsentanzenwelt, der im System Ich etablierten Abbildungen vom Selbst und von den Objekten und von den zwischen beiden entstehenden Beziehungen, ließ weitere Möglichkeiten der Konfliktentstehung erkennbar werden. Das triadisch konstellierte Instanzenmodell „Es, Ich, Überich" wurde nun ergänzt durch ein trianguläres Beziehungsmodell, durch ein Beziehungsfeld, das grundsätzlich durch drei Objekte bestimmt ist. Für dieses Beziehungsfeld durfte das von FREUD eingeführte ödipale Muster als exemplarisch gelten; daneben waren auch die prädipalen Triangulierungen von Bedeutung. Neurotische Konfliktbildungen sind nunmehr auch in einem solchen Beziehungssystem zu betrachten und zu verstehen, in einem Feld triadischer Spannungen, für die abgegrenzte Selbst- und Objekt-Entitäten und personale Objektbeziehungen eine Voraussetzung sind.

Seither darf die trianguläre Arena als der wesentliche Austragungsort neurotischer Konflikte gelten. Wir möchten in diesem Zusammenhang darauf hinweisen, daß der Konflikt als solcher ein triadisches System darstellt, bestehend aus zwei Opponenten und der zwischen ihnen sich entwickelnden Spannung sowie der daraus entstehenden Kompromißbildung. An triadische Konstellationen, an die Existenz eines dritten Objekts und dadurch ermöglichter personaler Objektbeziehungen ist auch die psychoanalytisch verstandene Einsicht gebunden. Einsicht kann nur erfolgen, wenn zwischen dem Ich und dem Selbst eine Grenze als etwas Drittes erkennbar geworden ist, die eine Betrachtung des Selbst durch das Ich erst möglich werden läßt; damit wären auch die Voraussetzungen für Selbstbeurteilung und Selbsteinschätzung, Funktionen, die dem Über-Ich zugeordnet sind, gegeben. Auch das psychoanalytische Prinzip der therapeutischen Deutung ist an die Existenz eines dritten Objekts und die entsprechenden personalen Beziehungen gebunden; Deutung kann erst dann entwickelt werden, wenn zwischen dem Deutenden und dem Gedeuteten, dem Anderen, gleichfalls eine Grenze etabliert ist. Sie ist das Ergebnis reflektierender Beurteilung des Einen durch den Anderen und läßt etwas Drittes und damit etwas Neues entstehen.

Die erweiterte psychoanalytische Konfliktauffassung ist auch verbunden mit einer differenzierteren Sicht des therapeutischen Prozesses, der als ein durch Übertragung und Gegenübertragung gesteuertes Interaktionsgeschehen verstanden wird. In solchen Abläufen werden wechselseitig innere Objekte mobilisiert; diese Mobilisierung ermöglicht – idealtypisch betrachtet – ein Alternieren zwischen Selbstbeurteilung und Objektbeurteilung bei beiden Partnern. Zunehmend interessant wurde auch der Aspekt einer wechselseitigen Rollenzuweisung im therapeutischen Prozeß, der theoretisch wie klinisch noch nicht ausgeschöpft zu sein scheint (SANDLER, 1976, 1982).

Die heutige psychoanalytische Auffassung von Konfliktneurosen wurde auch durch die Weiterentwicklung der Affektlehre beeinflußt. Die Affektforschung innerhalb der Psychoanalyse hat seit FREUD mit der klinischen Entdeckung eines weiteren unbewußten, abwehrauslösenden Unlustsignals, nämlich dem des depressiven Affekts durch BRENNER (1974, 1975, 1986), die Betrachtung des psychischen Konflikts und seiner Komponenten erweitert. Hinzu kommen Anregungen, die von seiten der sozialpsychologischen (differentiellen) Affektforschung der Psychoanalyse nahegelegt wurden. Die hier untersuchten beziehungsregulierenden, informationsverarbeitenden und selbstreflexiven Affekte spielen in der Entwicklung des Individuums überhaupt, aber auch bei der Konfliktentstehung und -verarbeitung ebenso wie im therapeutischen Prozeß eine wichtige Rolle; sie signalisieren das ganze Spektrum von Beziehungswünschen, wie sie – auch im Zusammenhang mit Triebbedürfnissen – entstehen oder andrängen. Sie liefern wichtige Signale bei den Bemühungen des Individuums, neue Anteile der ‚Welt der Objekte‘ zu assimilieren. Als selbstreflexive Affekte signalisieren sie dem Individuum schuldhafte Impulse oder Handlungen und andere Abweichungen von den Forderungen des Über-Ichs und Ich-Ideals.

In Diagnostik und Therapie von Störungen mit schwerer Psychopathologie hat sich die von HARTMANN vollzogene Abgrenzung des *intrasystemischen* Konflikts vom *intersystemischen* als fruchtbar erwiesen. Es handelt sich beim intrasystemischen Konflikt um Unverträglichkeiten, die im System ‚Ich‘ z. B. zwischen den Repräsentanzen der Objekte oder auch zwischen Repräsentanzen der Objekte und des Selbst entstehen. Auch diese Unverträglichkeiten sind primär interpersonell bzw. interaktionell entstanden und sodann über Erinnerungsspuren und über Bildungen von Repräsentanzen im Inneren des Individuums etabliert worden. Ihre Komponenten stehen zueinander nicht in konfliktärer Opposition, in einer Spannung, die nach einem kompromißhaften Ausgleich (Kompromißbildung) drängt. Ein

eigentlicher Konflikt kann solange nicht entstehen, als in der Innenwelt das dritte Objekt noch nicht etabliert und damit auch eine klare Abgrenzung gegen das zweite Objekt noch nicht möglich geworden ist, als personale oder Ganzobjektbeziehungen noch nicht hergestellt werden konnten. Im Inneren des Individuums dominieren vielmehr Beziehungen zu Teilobjekten, an die wichtige Regulierungen gebunden sind; sie werden – zur Sicherstellung solcher Regulierungen – externalisiert, werden durch Außenobjekte substituiert. Das Erleben der so entstehenden primitiven Übertragung hat für den Betreffenden Realitätsgehalt, bedeutet für ihn Wirklichkeit. Die Notwendigkeit solcher Substituierungen resultiert daraus, daß kein ausreichender Transfer wichtiger Regulierungsfunktionen von den Repräsentanzen des Objekts bzw. der Objekte auf die des Selbst stattgefunden hat (BLANCK und BLANCK, 1989, S. 43 f.).

Im Falle solcher Psychopathologien müssen also miteinander unverträgliche Vorstellungen oder Vorstellungskomplexe (etwa ein ‚nur gutes‘ oder ein ‚nur böses‘ Objekt) durch Protektionsmechanismen auseinandergehalten werden; innere Konfliktspannungen und daraus resultierende Kompromißbildungen können nicht entstehen. Funktionen und Regulierungen, die nicht den Repräsentanzen des Selbst zugewiesen wurden, sondern an Teilobjekte gebunden blieben, werden durch Delegierung an Außenobjekte, an soziale Substitute solcher Teilobjekte im Dienste der Erhaltung biopsychologischer Konstanz gleichsam sichergestellt. Solche Substituierungen und Delegierungen, die Inhalt der in der Therapie entstehenden primitiven Übertragungen sind, entbehren des Als-ob-Charakters neurotischer Übertragung; sie werden als real und d. h. als begründet und berechtigt, werden als ichsynton erlebt und daher von ihrem Träger nicht kritisch in Frage gestellt. Konflikte entstehen in den Interaktionen aus jenen Frustrationen, jenen Enttäuschungen, zu denen es deswegen kommt, weil das Teilobjekt-Substitut die ihm übertragenen Regulierungen natürlich nicht oder nicht ausreichend befriedigend ausübt.

Unverträglichkeiten solcher Art bestimmen das klinische Bild der präödipal oder strukturell oder basal genannten Störungen. Solche diesseits ödipaler Konfliktbildungen konstellierten Störungen sind gekennzeichnet durch die Dominanz von Teilobjektbeziehungen, durch ein infolge mangelhaft ausgestalteter Funktionen geschwächtes Ich, durch präautonome Überich-Schemata, ferner durch die genannte präautonome Handlungsregulierung und Realitätsprüfung (Verlagerung der Verarbeitung innerer Unverträglichkeiten in ein externes Interaktionsfeld).

Diese Störungsbilder können dann entstehen, wenn es in den präödipalen Phasen zu Entwicklungsbehinderungen gekommen ist. Solche Behinderungen können Folge eines beeinträchtigten Mutter-Kind-Dialogs sein, nicht ausreichender Abstimmungs- und Einigungsprozesse zwischen den Dialogpartnern; sie können auch aus präödipalen Makrotraumen resultieren. Ferner kann es zu (pseudo-)dyadischen Fixierungen kommen; das geschieht, wenn im Erleben der Mutter und in der Folge dann auch des Kindes das *dritte* Objekt, in der Regel der Vater, so oder so nicht existent ist. Bilder struktureller Störung können auch entstehen, wenn die ödipale Ebene triangulärer Konstellation zwar erreicht wurde, dann aber durch Traumatisierung (Gewalt und/oder sexuellen Mißbrauch) wieder verlorenging, weil die ödipalen Phantasien von Inzest und Paternizid in bedrohliche Konkretisierungsnähe gerückt waren. Die somit gefährlich gewordene trianguläre Beziehungsebene mußte deswegen regressiv in Richtung dyadischer Beziehungsmodi verlassen werden; eine entsprechende Trieb-, Ich- und Über-Ich-Regression war die Folge.

Vielleicht erscheint schlüssig, daß die in ihrer Wirksamkeit an trianguläre Beziehungen gebundenen therapeutischen Techniken, speziell die der Deutung, bei diesen Störungsmustern nicht indiziert sind. In der Therapie solcher Störungen geht es zunächst einmal darum, die apersonale (pseudo-dyadische) Beziehung durch holding und containing zu akzeptieren. Zu den Techniken, die bei diesen Störungen eine therapeutische Wirkung erwarten lassen, gehört ferner die Übernahme von Hilfsich-Funktionen; damit wird den Erwartungen entsprochen, die der Patient an ein Teilobjekt-Substitut richtet. An der Art und Weise, wie der Therapeut diese Funktion ausübt, muß jedoch erkennbar werden, daß er *nicht*, wie es der Erwartung des Kranken entspräche, als dessen Selbstobjekt fungiert, denn nach einer entsprechenden Bearbeitung der an ihn gerichteten Erwartungen

macht er sich dem Patienten als ein *Anderer* dadurch wahrnehmbar und erkennbar, daß er gemäß seinem eigenen Erleben authentisch ‚antwortet' und so u. a. deutlich werden läßt, daß er die ihm zugewiesenen Regulierungsfunktionen auf Dauer nicht übernehmen will und außerdem auch gar nicht kann. Wenn es um die Authentizität des Therapeuten geht, spielt deren expressive Ausformung eine Rolle, die hinsichtlich Dosierung und Formulierung auf den Patienten, auf dessen Toleranzgrenzen, abgestimmt sein sollte. Damit kann ein Prozeß eingeleitet werden, in dem Dialogbrüche, Wahrnehmungsverzerrungen und Unilateralität der Beziehung aufgrund der Wirkung der ‚antwortenden Therapie' zunehmend entbehrlich werden (s. d. S. 213 ff. in d. Bd.).

6 Konfliktbedingte Psychopathologie

Die Psychopathologien der psychisch bedingten und psychisch mitbedingten Störungen, die in der klinischen Psychoanalyse eine Rolle spielen, wurden im Zusammenhang einer Theoriebildung formuliert, die im ständigen Austausch mit klinischer Wahrnehmung und Erfahrung erfolgt ist. Im Zuge dieser Theoriebildung hatte FREUD schon früh – bei seinen Studien zur Hysterie – den unbewußten psychischen Konflikt konzeptualisiert und ihm eine zentrale Bedeutung in der Pathogenese hysterischer Symptome und Syndrome zugeordnet (GW I, 1894, S. 61 ff.). Seine klinischen Beobachtungen veranlaßten ihn zu der Annahme, daß im Inneren des Individuums Unverträglichkeiten von Vorstellungen, Impulsen, Affekten, daß hier einander widerstrebende Tendenzen entstehen, so daß sich immer wieder Spannungen bilden, die deswegen nicht aufgelöst werden können, weil sie aus verschiedenen Gründen mit unerträglicher Unlust, und zwar mit Angst, verbunden sind. Zur Behebung dieser Unlust ist dem menschlichen Individuum die Fähigkeit verfügbar, ihren Urheber – einen als solchen nicht zu beseitigenden Konflikt – aus dem bewußten Erleben auszuschalten. Der Konflikt wird verdrängt – oder auf andere Weise abgewehrt – und sein Träger kann sich von ihm befreit fühlen; gleichwohl steht dem Verdrängenden als der einen Komponente des Konflikts weiterhin das Drängende (ein Triebabkömmling) als die andere Komponente unbewußt gegenüber. Das Verdrängende und der Vorgang der Verdrängung sind dem Bewußtsein ebenso entzogen wie das Drängende. Mobilisierung des Drängenden, etwa durch Versagung, kann zur „Wiederkehr des Verdrängten", unkenntlich in Gestalt eines Symptoms, führen, wie FREUD es bereits 1896 (GW I, S. 387) formuliert hat. Ein solches Symptom wird als Kompromißbildung des Widerstreits der beiden Kräfte, die seiner Entstehung zugrunde liegen, verstanden.

6.1 Die Pathogenität der ödipalen Konflikte

Eine besondere Bedeutung gewann bei der weiteren klinischen Beobachtung und der darauf basierenden Theoriebildung die Pathogenität der *ödipalen* Konflikte. FREUD sah (GW XIII, 1923, S. 223) im Ödipus-Komplex den „Grundpfeiler" der Psychoanalyse, eine Annahme, die später eingeschränkt werden mußte. Es war 1931, als FREUD die große Bedeutung der präödipalen Mutterbindung beim Mädchen unterstrich und im Zusammenhang damit auf die Tatsache hinwies, daß, wenn sich die wesentlichen Entwicklungskonflikte des Mädchens bereits im Zusammenhang mit dieser frühen Bindung an die Mutter ergäben, der Ödipus-Komplex nicht mehr generell als Kern der weiblichen Neurose angesehen werden könnte (GW XIV, 1931, S. 523 f.).

Auf dem ödipalen Niveau können Konflikte verschiedener Art entstehen, für die kompromißhafte Lösungen gefunden werden, die mit einem Mehr oder Weniger an seelischer Gesundheit verbunden sind. Dabei ist seelische Gesundheit – wie man weiß – schwer zu definieren. In unserem Kontext scheint ein wesentlich ungestörtes seelisches Funktionieren vor allem durch die Stärke des Ichs gewährleistet zu sein, durch eine weitgehend verfügbare Realitätsprüfung; Realitätsprüfung verstanden als eine Befähigung, die nahezu deckungsgleich ist mit dem, was Ich genannt wird, m. a. W.: die eine der wichtigsten Funktionen der Ich-Struktur darstellt. Hier geht es um die Fähigkeit zur Konfrontation mit der inneren und äußeren Realität, d. h. um eine möglichst wenig eingeschränkte Aufnahme und Speicherung von Innen- wie von Außenreizen, um einen flexiblen integrativen Umgang mit den so gewonnenen Informationen, dem sowohl solche Funktionen wie Einfallsreichtum und Phantasie als auch kognitive Funktionen (Urteilsbildung, Kontrolle, Steuerung u. a.), vor allem aber die synthetisch-integrative Funktion des Ich dienlich sind.

Mit dem ödipalen Triangel ist die Ebene der Ganzobjekt-Beziehungen erreicht, d. h. daß das Ich sein Selbst und seine Objekte personal, ganzheitlich erleben und wahrnehmen kann. Damit ist auch ein entsprechendes Niveau der Konfliktbildung erreicht worden. Konnten Ganzobjekt-Beziehungen gebildet werden, dann ist es einem entsprechend starken Ich möglich, Konfliktspannungen auf der inneren unbewußten Bühne zum Austrag zu bringen. Lösungen der auf dieser Ebene etablierten Konflikte können in relativ differenzierter Weise vollzogen werden, können aber auch – bei entsprechender Unlustmobilisierung durch reaktivierte Kindheits-Kalamitäten – zur Regression und zur Symptombildung führen. Dem Ich bleibt dabei die Möglichkeit, trotz Symptombildung die innere und äußere Realität – allenfalls partiell eingeschränkt – im Sinne erfolgreicher Anpassung zu bewältigen.

Zu den aus der Sicht FREUDs ubiquitären Konflikten des Ödipus-Komplexes gehören dessen sogenannte positive und negative Version. Während der positive Ödipuskomplex, entsprechend der Mythologie vom Ödipus Rex, einen sexuellen Wunsch gegenüber dem gegengeschlechtlichen Elternteil mit feindseliger Rivalität gegenüber dem gleichgeschlechtlichen verbindet, verhält es sich bei der negativen Version umgekehrt: Hier bedeutet Liebe für den gleichgeschlechtlichen Elternteil zugleich eifersüchtigen Haß auf den gegengeschlechtlichen. Im konkreten Fall sind beide Versionen, die positive und die negative, miteinander vermischt (GW XIII, 1923, S. 260 f.).

Im Zusammenhang ödipaler Konflikte formulierte FREUD (GW XIV, 1931, S. 535) mit der Kastrationsdrohung und -angst und dem Penisneid Konzepte von zentraler Bedeutung. Die Kastrationsdrohung bewirkt beim männlichen Kind durch den Verzicht auf den sexuellen Besitz des mütterlichen Objektes den „Untergang des Ödipus-Komplexes" (GW XIII, 1924, S. 395–402) und öffnet damit den Weg in die Exogamie (GW XIII, 1921, S. 158). In einer gewissen Entsprechung dazu kann dem nach FREUDS Worten „gewachsenen Felsen" des Penisneids beim weiblichen Kind u. E. die Funktion zugeordnet werden, die Trennung von der Mutter zu fördern. Der Penisneid, das Erleben, von der Mutter durch körperliche Minderausstattung eine Benachteiligung erfahren zu haben, also ungerecht behandelt worden zu sein, veranlaßt das weibliche Kind, sich von der Mutter zornig zu distanzieren und Trennung von ihr mehr oder weniger entschlossen anzustreben. Eine solche Trennung von einem Objekt, zu dem von Anfang an eine überaus innige Nähe besteht, dem man selbst stark gleicht, das seinerseits häufig die Neigung hat, in der Tochter das eigene Ebenbild, die Partnerin elementarer Urvertrautheit (Du bist wie ich) festzuhalten, einer solchen andauernden Mutter-Tochter-Bindung, die der Exogamie und damit günstigen Bedingungen für die Erhaltung der Art widerstrebt, wird durch den Penisneid gleichsam ein Riegel vorgeschoben: Das Mädchen sieht sich – anders als der Junge – zum Objektwechsel gedrängt, von der Mutter zum zunächst unvertrauten Vater; das primäre Liebesobjekt wird somit aufgegeben (s. dazu GW XVI, 1937, S. 96 ff.).

Zum Thema der ödipalen Enttäuschung des Mädchens an der Mutter ist noch folgendes zu ergänzen: Diese Enttäuschung darf nicht allein als Schuldvorwurf an ein versagendes, vernachlässigendes, zu wenig spendendes, zu schwaches Objekt verstanden werden. Vielmehr ist die ödipale Enttäuschung das Erlebnis jener prinzipiellen Versagung, die darin besteht, daß eine phallische Vereinigung mit dem mütterlichen Objekt dem Mädchen niemals gelingen wird und es damit auch keine Aussicht hat, jene Nähe wiederzuerleben, die Kind und Mutter körperlich-seelisch innig verbunden hatte. Es ist speziell diese Enttäuschungserfahrung, die das ödipale Mädchen dazu führt, sein mütterliches Liebesobjekt aufzugeben und sich einem ganz neuen, nämlich dem ungewissen dritten Objekt, dem Vater zu nähern (vgl. HEIGL-EVERS und WEIDENHAMMER, 1988, S. 129).

Kommt es in diesen Zusammenhängen bei den Kindern beiderlei Geschlechts zum Akzeptieren der ‚kastrierten Position', dem Annehmen des ‚Weniger haben als …' beim kleinen Mädchen, des ‚Kleiner sein als …' beim Jungen, dann wird der Verzicht auf den sexuellen Besitz der ödipalen Objekte möglich, und über Identifizierung mit den aufgegebenen Objekten auch die Entwicklung eines differenzierten Über-Ichs und einer stabilen Identität sowie die verstärkte Hinwendung zu den Peers und zum sozialen Umfeld. Kann der Ödipus-Komplex durch Verzicht nicht aufgehoben und dadurch der Weg in eine weitgehend eigenständige Entwicklung nicht geöffnet werden, dann wird er mit den Konflikten, die sein Inhalt sind, verdrängt oder oder auf andere Weise ins Unbewußte verwiesen; er kann beim Erwachsenen unter Bildung von Symptomen wieder mobilisiert werden, bleibt also potentiell pathogen.

Die anhaltende Pathogeneität eines verdrängten oder auf andere Weise abgewehrten Konflikts beruht darauf, daß in der strukturellen Entwicklung des Individuums *Fixierungen* entstanden sind, die zum einen die Triebentwicklung, zum anderen aber auch die Entwicklung des Ichs betreffen. Der Begriff Fixierung besagt, daß eine bestimmte Stufe der Libidoentwicklung mit den dazugehörigen Befriedigungen und Objektbeziehungsmustern eine besondere Akzentuierung erfahren hat, sei es durch konstitutionelle Faktoren, sei es durch besonders eindrückliche Befriedigungsangebote oder durch ein Zusammenwirken beider. Solche Fixierungen sind Auffangstationen für später erfolgende regressive Bewegungen; dazu kommt es, wenn aktuelle sexuelle Bedürfnisse einer einschneidenden Versagung oder einer starken Versuchung unterliegen. Nach der von FREUD 1917 formulierten ätiologischen Gleichung besteht zwischen der Stärke einer Fixierung und der Ausprägung einer Situation der Versagung (oder der Versuchung bei innerer Versagung) ein komplementäres Verhältnis: Je stärker die Fixierung, desto geringgradiger ist die Versagung, die die Regression auszulösen vermag (GW XI, 1916/17, S. 376).

In solchen Zusammenhängen können infantile Neurosen oder auch pubertäre neurotische Konflikte wiederbelebt werden und zu unterschiedlichen Verarbeitungen mit entsprechend unterschiedlichen klinischen Manifestationen führen. Hier sind Charakterneurosen und Symptomneurosen voneinander zu unterscheiden.

Unter *Charakterneurosen* wollen wir jene Konfliktmanifestationen verstehen, die unter Einsatz von Charakterabwehr (so z. B. Reaktionsbildungen, Rationalisierungen, Intellektualisierungen) und durch die Ausbildung von Charakterzügen (so von rigiden Grundeinstellungen und ritualisierten Verhaltensmustern) gekennzeichnet sind. Solche Verarbeitungen sind mit Beeinträchtigungen des Lebensgefühls verbunden; so leiden diese Kranken an Unzufriedenheit, fehlender Lebensfreude, Einschränkung der Leistungsfähigkeit und der Möglichkeit, Beziehungen zu anderen ausreichend befriedigend zu gestalten. Sind solche Störungen stärker ausgeprägt, so entsteht ein diffuses Leidensgefühl; dabei kann ein leidliches, wenngleich für den Betreffenden nicht befriedigendes Funktionieren in den üblichen Lebensbereichen fortbestehen. Solche Störungen sind von einer gewissen Grenze an als krankheitswertig zu betrachten (s. d. HOFFMANN, 1979, 1986; HOFFMANN und HOCHAPFEL, 1991).

Die *Symptomneurosen* dagegen sind durch Störungsphänomene gekennzeichnet, die nach Art und Ausmaß klinischen Krankheitswert besitzen und für den Betroffenen mit dem Gefühl des Leidens verbunden sind. Die Konfliktverarbeitung ist so geartet, daß die Struktur der Persönlichkeit dagegen abgegrenzt erscheint und daß der Betroffene die Störung als Fremdkörper, als etwas, das nicht zu ihm gehört, erlebt: Die Kranken sehen keine Beziehung zwischen Symptom und den Strukturen ihrer Persönlichkeit; letztere sind ihrem Ich synton. Ihr Heilungswunsch hat lediglich zum Inhalt, von einem lästigen Symptom befreit zu werden.

6.2 Regression, Fixierung und pathologische Kompromißbildungen

Die zur Neurosenentstehung führenden Konflikte entwickeln sich in einem triangulären Beziehungssystem; inhaltlich sind diese Konflikte durch Triebbefriedigungswünsche oder auch durch narzißtische Bedürftigkeiten gekennzeichnet, durch einander widerstreitende Wünsche nach Abhängigkeit und Autonomie. Die mit den hier entstandenen neurotischen Lösungsversuchen verbundenen Interaktionsformen sind ihrer Art nach regressiv. Die Objektbeziehungsmuster, die für den Ausgangskonflikt eine Rolle spielen, sind triangulär; sie sind in ihrem Ablauf durch *drei* Objekte bestimmt. Die hier bestehenden Beziehungskonflikte sind mit Veränderungen im Affektsystem verbunden, so z. B. mit Ausdrucksgehemmtheit eines oder mehrerer Affekte oder auch mit Hyperintensivierung bzw. Hypertrophie eines Affekts. Um diese Konflikte diagnostisch zu erfassen, bedarf es einer gleichfalls triangulären Orientierung. Es geht dabei um:

> „die Ermittlung der besonderen Perspektive dieser Person im Dreieck (an welcher Stelle befindet sie sich?);
> die Ermittlung der triebhaften und narzißtischen Bedürfnisse, mit denen sich die Partner im Dreieck aufeinander richten (was will diese Person von wem?);
> die Ermittlungen der Interaktionsmodi im Dreieck (wer geht mit wem wie um?), zu erschließen aus den Übertragungs- und Handlungsbereitschaften der Personen" (HEIGL-EVERS und WEIDENHAMMER, 1988, S. 127 ff.).

Primär entstehen solche Konflikte dann, wenn Triebbedürfnisse, narzißtische Bedürftigkeit, Beziehungswünsche im Spannungsfeld von Abhängigkeit und Autonomie beim ödipalen Kind zu Erfahrungen führen, die deswegen den Charakter von Kalamitäten oder Katastrophen haben, weil sie mit unerträglicher Unlust (Angst oder depressivem Affekt) verbunden sind. Es handelt sich dabei nicht nur um Kastration und ödipale Schuld, sondern auch um Wiederholungen von Katastrophen der präödipalen Phase wie Objektverlust und Liebesverlust. Kommt es im späteren Leben unter der Einwirkung von Versagungen, die das durch die Kompromißbildungen des Betreffenden hergestellte Gleichgewicht, vor allem die darin wirksame Abwehr, funktionsunfähig machen, dann müssen andere Kompromißbildungen geschaffen werden, die – weil sie durch eine verstärkte Regression wie auch durch die Bildung von Symptomen gekennzeichnet sind – als pathologisch bezeichnet werden (BRENNER, 1986). Um die Manifestation unerträglicher Unlust zu verhindern, entstehen Kompromißbildungen von Symptomcharakter, die einen neu mobilisierten alten Konflikt dem bewußten Erleben fernhalten.

Im Zuge solcher regressiven Prozesse kommt es demnach zur Bildung von neurotischen Charakterzügen oder von Symptomen. Sie werden, nach dem Vorschlag von BRENNER, als pathologische Kompromißbildungen bezeichnet, einerlei, ob es sich um psychische, um somatische oder um Symptome in Form von Charakterzügen und Verhaltensweisen handelt. BRENNER schreibt zur Entstehung des neurotischen Symptoms:

> „Um es zu wiederholen, jedes neurotische Symptom und jeder neurotische Charakterzug stellt eine Kompromißbildung dar. Beide sind Folge psychischer Konflikte, deren Ursprung in der Kindheit liegt und zu deren Komponenten Triebabkömmlinge, Angst und depressive Affekte gehören, die ihrerseits mit den Katastrophen der Kindheit, mit Abwehr und Über-Ich-Manifestationen zusammenhängen. Beide sind durch ein Übermaß an Hemmung, Unlust, Mangel an Befriedigung, Selbstdestruktion und/oder sozialer Disharmonie gekennzeichnet" (BRENNER, 1986, S. 179).

Aus heutiger Sicht ist hinzuzufügen, daß nicht nur Angst und depressiver Affekt als Abwehr auslösende Signale fungieren, sondern auch Scham, Schuld und aggressive Affekte.

Das Ich spielt bei der Entstehung dieser Kompromißbildungen eine entscheidende Vermittlerrolle. Durch seine Abwehrtätigkeit gegenüber einem Triebabkömmling, dessen Auftauchen aufgrund von Kindheitskalamitäten mit unerträglicher Unlust (Angst/depressiver Unlustaffekt) verbunden wäre, erzeugt es eine konfliktäre Spannung; gleichzeitig vermittelt es in einem Konflikt, der zwischen Triebabkömmling und Über-Ich entstanden ist. Es versucht durch eine Kompromißbildung den beteiligten Kontrahenten gerecht zu werden: dem Triebabkömmling, indem es neben der Abwehr eine mit den Über-Ich-Forderungen und der Notwendigkeit der Unlustvermeidung verträgliche Befriedigung ermöglicht, dem Über-Ich, indem es dessen Forderungen zu genügen versucht, und schließlich den eigenen Interessen, zu denen immer auch eine angemessene Berücksichtigung der äußeren Realität gehört. Falls eine solche Kompromißbildung zu einer ausreichenden Berücksichtigung der beteiligten Kontrahenten führt, tritt sie klinisch nicht in Erscheinung; gelingt eine solche Berücksichtigung nicht, ist etwa die Befriedigung des Triebabkömmlings wegen zu starker Restriktion zu gering, gelingt

die Unlustvermeidung nicht ausreichend, entwickelt sich eine zu starke Funktionseinschränkung (des Ichs), so kommt es zu Selbstschädigung und Selbstzerstörung oder zu sozialer Disharmonie. Dann ist eine pathologische Kompromißbildung entstanden, als die das neurotische Symptom definiert wird. Daraus folgt, daß im Symptom die beteiligten Komponenten, die in Spannung zueinander stehen, erkennbar sind – so vor allem der unlustbehaftete Triebabkömmling und die dagegen gerichtete Abwehr, aber auch die immer beteiligte Über-Ich-Manifestation (s. dazu ARLOW, 1963; BATTEGAY, 1988; BRENNER, 1986; FENICHEL, 1974; HOFFMANN, 1979; HOFFMANN und HOCHAPFEL, 1991; KUIPER, 1973; LOCH, 1989; MENTZOS, 1982; MERTENS, 1981, 1990, 1991; NUNBERG, 1959; SCHWIDDER, 1972; THOMÄ und KÄCHELE, 1985, 1988; WAELDER, 1960).

Die mit der Symptombildung verbundenen regressiven Abläufe in Richtung vorgegebener Fixierungen sollen im folgenden skizziert werden.

6.3 Zur Psychodynamik der depressiven Neurosen

Bei den *depressiven Neurosen* besteht die primäre und sich später wiederholende Katastrophe oder Kalamität in dem bereits stattgefundenen Verlust von Bergendem und Wärmendem, von Stützendem und Regulierendem, von Nährendem und Erfüllendem, von Akzeptierendem und Bestätigendem, von Möglichkeiten der Anlehnung bei begrenzter Eigenständigkeit. Es geht also um Befriedigungsverlust: Befriedigung von Triebbedürfnissen, von narzißtischer Bedürftigkeit, von Beziehungswünschen im Spannungsfeld zwischen Abhängigkeit (Bindung) und Autonomie.

Die Entwicklungs- und Lebensgeschichte solcher Patienten zeigt, daß die genannten Befriedigungen an die Repräsentanzen eines entsprechend wirksamen Objekts gebunden blieben. Geht dieses Objekt, geht die Wirksamkeit der entsprechenden inneren Bilder dadurch verloren, daß es im Zusammenhang mit äußeren Verlusten zu Einschränkungen oder gar zur Aufhebung der genannten Befriedigungen, mit anderen Worten, daß es zu einer spezifischen Versagung kommt, dann wird ein unbewußter, Abwehr auslösender depressiver Affekt mobilisiert, da nunmehr etwas Schlimmes geschehen ist, wie BRENNER es beschrieben hat (1986). Die zum Erleben derartiger Versagung führenden Verluste können personaler Art sein (Verlust wichtiger Bezugspersonen durch Tod, Krankheit oder Rückzug); es kann sich auch um den Verlust sozialer Sicherheit handeln (institutionelle Krisen, Arbeitslosigkeit, Labilisierung finanzieller Sicherheit). Ein solcher Verlust kann auch durch sozialen Erfolg entstehen wie z. B. durch sozialen Aufstieg, der mit dem Verzicht auf bis dahin bestehende Anlehnungsmöglichkeiten verbunden ist.

Mit dem Verlust eines guten schützenden Objektes, das durch seine bergenden Qualitäten auch die Aggressivität des Subjekts (ersten Objekts) gehemmt hat, werden aggressive Impulse freigesetzt, die sich in Anklagen und/oder Selbstanklagen äußern können, wobei das dritte Objekt häufig als „Anklagebehörde" oder als „Zeuge der Anklage" angesprochen wird. Mitunter wird im dritten Objekt auch ein Ersatz für das verlorengegangene gesucht (z. B. auch in der therapeutischen Übertragung). Findet ein solcher nicht statt, dann kommt es zu wütenden Anklagen, die beim Adressaten Schuldgefühle mobilisieren sollen. Diese Aggressivität kann sich nicht nur gegen das dritte Objekt im Triangel wenden, wobei die drohende angstauslösende Gefahr in eben dieser Aggressivität besteht. Sie richtet sich immer auch gegen das verlorengegangene Objekt bzw. dessen im Ich errichtetes Introjekt; denn dieses war unbewußt im triangulären Zusammenhang als unterdrückender, auch kastrierender Rivale gefürchtet worden und wird nun, nachdem es sich als solcher manifestiert hat, zum Adressaten entsprechender aggressiv-destruktiver Regungen. Dabei würden neben dem depressiven Affekt wegen des Schlimmen, das bereits geschehen ist, und der Angst vor der drohenden Triebgefahr auch schwere Schuldgefühle mobilisiert werden.

Unter der Einwirkung eines solchen Objektverlusts kommt es zu einer *Regression der Objektbeziehungen* auf frühe pseudo-dyadische Stufen passiver Abhängigkeit, in der Regel von einem frühen mütterlichen Objekt. Im Zusammenhang damit erfolgen auch Regressionen der Triebentwicklung auf eine frühe oder spätere orale Stufe mit einer entsprechenden Ausprägung der dazugehörigen Befriedigungsmodi im Erleben und

Verhalten des Patienten. Wenn im Zuge einer solchen Verarbeitung das verlorene Objekt durch Identifizierung im Ich wiedererrichtet wird, wie es von FREUD für die Melancholie beschrieben wurde (s. dazu auch GW XIII, 1921, S. 119), dann vollzieht sich als eine charakteristische Abwehrmaßnahme die Wendung der Aggression gegen dieses im Ich errichtete Objekt und das heißt, gegen sich selbst.

Auch die *Über-Ich-Entwicklung* unterliegt einer Regression im Sinne der Ausprägung strenger, oft sadistischer Normen, denen gegenüber das Ich eine Einstellung masochistischer Unterwerfung und opferbereiter Auslieferung bezieht.

Die durch den genannten Verlust ausgelöste Regression und die rückläufige innere Orientierung an formal und zeitlich zurückliegenden Beziehungsmodi führen zur inneren Wiederbelebung einer durch passive Abhängigkeit geprägten Beziehung zu einem mütterlich-sorgenden Objekt. Das bedeutet in der äußeren Realität, daß auf entsprechend erlebte Personen – Familienangehörige, den Arzt, den Therapeuten – alle aus einer solchen passiven Abhängigkeit erwachsenden Erwartungen und Ansprüche gerichtet werden. Das hat zur Folge, daß in den durch *Übertragung* bestimmten Beziehungen ein – interaktioneller – Druck auf das entsprechende Objekt ausgeübt, daß es gedrängt wird, passive Abhängigkeit zu ermöglichen; diese Druckausübung kann sich in Schwäche, Apathie, Initiativelosigkeit, suizidalen Hinweisen, Anklagen, aber auch in Nahrungsverweigerung und Schlaflosigkeit manifestieren. Der zur Erhaltung passiver Abhängigkeit auf das Objekt ausgeübte Druck kann sich auch in starken Anklammerungstendenzen zeigen, im Versuch, das (Übertragungs-)Objekt nicht loszulassen, es sich quasi einzuverleiben, es zu vereinnahmen und ihm in diesem Zusammenhang zu vermitteln, daß es ein „böses Objekt" (Bösewicht, Unhold oder anderes) ist, wenn es sich einer solchen aus Bedürftigkeit resultierenden Anklammerung entzieht.

Die *Regression der Triebwünsche* und der dazugehörigen Befriedigungsmodi ist auf eine frühe orale Fixierungsstufe hin orientiert. Versorgung, Zufuhr jedweder Art muß stets von außen kommen, muß durch ein entsprechendes personales oder stoffliches Medium gewährleistet sein; zu den stofflichen Medien gehören Nahrung, Getränke, Drogen, Medikamente, aber auch Geld und anderer materieller Besitz sowie Musik und sonstige Sinnenreize. Dabei ist nicht selten eine anale Tendenz zur Anhäufung von solchen sicherheitverbürgenden materiellen Substanzen zu beobachten.

Der zuvor skizzierten durch Versagung mobilisierten oral-sadistischen Aggressivität wird regressiv ausgewichen durch eine entsprechende *rückläufige Orientierung des Ichs*: Das verlorengegangene Objekt, gegen das sich die genannte Aggression wendet, wird im Ich wieder aufgerichtet; das aber bedeutet, daß die ursprünglich objektbezogene Aggressivität sich nunmehr gegen das Selbst richtet. Man spricht von der Abwehrmaßnahme der „Wendung gegen die eigene Person". Diese Wendung dient der Verarbeitung von Schuld, die aus destruktiven Aggressionen gegen das frustrierende Objekt resultiert; dabei wird die Feindseligkeit gegenüber dem sich so verhaltenden Objekt in Selbsthaß verwandelt. Das manifeste Verhalten wird dann häufig durch ausgeprägte Tendenzen zu masochistischer Unterwerfung bestimmt, in denen gleichwohl sadistisch-destruktive Impulse erkennbar werden (s. dazu BENEDETTI, 1984; JACOBSON, 1964; KUIPER, 1973; MENTZOS, 1982).

6.4 Klinische Vignette

Eine solche depressive Störung kann sich in der klinischen Realität wie folgt darstellen: Der 47jährige Mann berichtet, daß er seit vier Jahren unter vielfältigen körperlichen Beschwerden leidet: Verspannungen in der linken Körperseite bis in den linken Arm, Atemnot, Herzdruck, Kopfschmerzen, Gelenkbeschwerden, Kraftlosigkeit, allgemeine Erschöpfung. Die Beschwerden seien mal hier, mal da; sehr unangenehm. Er schlafe zunehmend schlecht, habe wenig Appetit, leide unter Verdauungsstörungen, heftigen Schweißausbrüchen und Schwindel. Er fühle sich erschöpft, niedergeschlagen, ohne Lebensmut und -kraft; die Batterie sei leer. Nichts mache ihm mehr Freude, er müsse sich zu allem aufraffen, alles ginge ihm auf die Nerven. Am liebsten würde er im Bett liegenbleiben, denn der Tag liege vor ihm wie ein Berg, das mache ihn mutlos. Er suche Hilfe und Rat, vielleicht durch „Aufbauspritzen" oder irgendetwas gegen die Erschöpfung, was ihm wieder Kraft gebe. Er denke, daß er eine schlimme Krankheit habe oder aber an einem Herzinfarkt sterben könne.

Der kleinwüchsige Mann wirkt, während er berichtet, erschöpft, schwächlich, vorgealtert. In Auftreten und Haltung erscheint er hilf- und orientierungslos, eine gequält anmutende Mimik gibt recht unmittelbar und auch appellativ wirkend seinen Zustand wieder.

In späteren Gesprächen wirkt er eher klagend, klagsam anklagend; an jede Antwort klammert er sich wie an einen Strohhalm. Er erweckt beim Untersucher einerseits Mitgefühl, aber auch etwas Ärger und Verachtung (reiß Dich zusammen, „Schlappschwanz"). Der Wunsch nach „Aufbauspritzen" erscheint sinnvoll, es verbinden sich damit Phantasien von „ihn ins Bett legen, aufpäppeln, versorgen, schützen; aber auch ihn aktivieren, etwas für sich zu tun, ihn zu fordern". Zum Schluß der Gespräche wirkt er so, als ob es ihn am Stuhl festhalte, er nicht gehen wolle oder könne; in seinem Blick liegt ein leichter Vorwurf, als wolle er sagen: „Warum schickst Du mich schon weg?"

Zur auslösenden Situation befragt, berichtet er, daß für ihn fast gleichzeitig zwei schwierige Lebenssituationen entstanden seien. Der von ihm sehr geschätzte, geachtete und bewunderte Schwiegervater sei plötzlich aus voller Gesundheit an einem Herzinfarkt verstorben. Ihm war dabei so, als ob er den Boden unter den Füßen verlöre; er fühle sich plötzlich allein und der ganzen Verantwortung ausgesetzt. Und dieser Verlust habe sich gerade in einer Zeit ereignet, als er sich auch in einer schwierigen beruflichen Situation befände. Man hatte ihm endlich die schon lange ersehnte Stelle angeboten, die für ihn Aufstieg, Anerkennung, aber auch größere Verantwortung und Übernahme von Leitungsfunktionen bedeutete. Nach langem Überlegen habe er dieses Angebot deswegen ausgeschlagen, weil er sich für die

Übernahme einer derartigen Leitungsfunktion nicht stark genug fühle; vor dieser Entscheidung habe er wochenlang kaum geschlafen und sich körperlich sehr schwach gefühlt. Als positives Ereignis erwähnt er die Geburt einer gesunden Tochter; einerseits habe er sich sehr darüber gefreut, aber andererseits auch Ängste vor neuer Verantwortung und neuer Sorge verspürt. Er habe dann auch registriert, daß sich die Frau vorwiegend um das Kind kümmere.

Zur Lebensgeschichte berichtet der Patient, daß er aus einem überbehütenden, wohlangesehenen, sehr ordentlichen Elternhaus gekommen sei, ohne Sorge, ohne Konflikte, mit viel Harmonie. Später beklagt er dann die häufige Abwesenheit des Vaters; aber dafür habe er viel Zuwendung von der Mutter und mehreren Tanten bekommen (fügt er wie entschuldigend hinzu), die sich sehr um ihn gekümmert hätten. Es war eine große Familie, wo man sich sehr umeinander gesorgt habe, voller Schutz, Aufopferung und Harmonie. Später fügt er hinzu, vielleicht zuviel Schonung? In der Schule sei er ein braver, fleißiger und sehr guter Schüler gewesen, voller Mitleid für die Schwachen, denen er immer geholfen habe. Sehr gute Beziehungen zu den Lehrern, vor allem den Lehrerinnen. Er wollte dort immer ein gutes Bild abgeben, habe sich auch zur Erledigung kleinerer Aufgaben und Gefälligkeiten in der Freizeit gerne angeboten. Streit und Auseinandersetzungen sei er immer aus dem Weg gegangen; statt zu streiten habe er lieber geholfen oder Streit geschlichtet. So habe er sich mit den größeren, kräftigeren Schülern arrangiert, habe wohl ziemlich Angst vor deren Körperstärke gehabt. Insgesamt sei er ein Spätentwickler gewesen und er habe lange Zeit Scheu vor Mädchen gehabt.

Die ersten zärtlichen und sexuellen Beziehungen habe er erst Mitte seiner zwanziger Jahre aufgenommen. Mit der ersten Freundin sei er sehr lange zusammengewesen, nach der Trennung sei er lange Zeit übermäßig traurig gewesen, habe sich zurückgezogen, habe nicht gegessen. Mitte dreißig habe er dann seine jetzige Frau kennengelernt und geheiratet. An ihr schätze er vorzugsweise ihre Zuverlässigkeit und Hilfsbereitschaft, sie sei ein ähnlicher Typ wie er selbst, eher ruhig und zurückhaltend. Er habe dann mit der Familie seiner Frau eine Art Großfamilie gebildet, sie seien in ein gemeinsames Haus gezogen, er habe dort für die gesamte Organisation, vor allem für die finanziellen Regelungen gesorgt. Das habe ihm sehr viel Sicherheit gegeben, er habe sich wohlgefühlt. Ohne seine Frau und seine Tochter, die er zärtlich liebe, könne er sich ein Leben gar nicht mehr vorstellen. Diese beiden Personen würden für ihn Sinn und Inhalt des Lebens darstellen. Es falle ihm schwer, mal einen Tag oder eine Woche allein oder abwesend zu sein; es würden dann in ihm Ängste und Sorgen auftauchen, ob den beiden nicht irgendetwas passieren könne, ein Unfall oder eine Krankheit. Er kehre dann immer wieder sehr schnell nach Hause zurück.

–✎–

6.5 Zur Psychodynamik der phobischen Neurosen

Bei den *phobischen Neurosen* konstelliert sich das konflikthafte Erleben um die Kindheitskatastrophe des Liebesverlusts; es ist für diese Kranken wichtig, der Liebe eines bestimmten Objekts sicher zu sein, um sich, durch unbewußte Motivationen bestimmt und gesteuert, vor eigener unbewußter bedrohlicher Willkür geschützt zu fühlen. Mit der Liebe dieses Objekts ginge auch die Orientierungs- und Steuerungshilfe verloren; die Gefahr unerträglicher Angstunlust wäre die Folge; denn etwas Schlimmes, nämlich eigener Willkürdurchbruch, stünde bevor.

Eine solche Abhängigkeit führt zu einer ungemein starken Bindung an das primär geliebte liebende Objekt; das bedeutet im ödipalen Spannungsfeld, daß zum andern Elternteil, dem Rivalen, eher auf Distanz gegangen wird, Abgrenzung vollzogen, auch abwertend reagiert wird. Auf diese Weise wird die andrängende aggressive Willkür gegenüber diesem Objekt in Schach gehalten. Das gilt auch für sexuelles Begehren, das gegenüber dem dritten Objekt auftauchen und die Bindung an das steuernde Liebesobjekt gefährden könnte; den mit eigener sexueller (aktivem Verführen) wie aggressiver (kalter Ablehnung) Willkür drohenden Gefahren und der dadurch erzeugten Angst wird auf diese Weise begegnet. Die Angst, die im Zusammenhang mit – durch Willkür – riskiertem Liebesverlust mobilisiert wird, führt zu einer verstärkten Abhängigkeit vom „steuernden Objekt".

Die *Abhängigkeit von der Steuerung durch ein Objekt* wird zunehmend verstärkt, sei dieses nun personaler Art (Mutter, Vater, Partner, Kinder) oder sei es apersonal (Haus, Auto, Fahrrad). Der übermäßigen Bindung an das Objekt, dessen Liebe nicht verlorengehen darf, wird ambivalent entgegengewirkt etwa durch spöttische Überlegenheit, durch belustigte Distanznahme, durch unterschiedliche Ausdrucksformen milder Verachtung. Auf diese Weise wird dem auch quälenden Gebundensein an dieses Objekt ein gewisses Maß an Autonomie und an Entfaltung von Aggressivität entgegengehalten.

Die *Triebregression* führt von der gefährlichen ödipalen Beziehungsebene häufig auf die phallische Stufe. Hier wird anstelle beziehungsgefährdender Verführung von und Rivalität mit ödipalen Objekten phallischer Glamour entfaltet, um so – vergleichsweise ungefährlicher – zu rivalisieren, das Objekt, von dem man sich abhängig fühlt, ebenso wie den Rivalen um dieses Objekt zu überstrahlen durch Attribute wie auffällig glänzendes Outfit mit entsprechendem Schmuck, wie raffiniert inszenierte Auftritte, wie interessante Autos etc. Ein weiteres regressives Ausweichen vor einer ödipalen Rivalität, die mit der Gefahr des Liebesverlustes verbunden wäre, ist die regrediente Rückorientierung hin zur anal-sadistischen Triebbefriedigungsebene. Hier tritt an die Stelle der ursprünglichen ödipalen Rivalität die Konkurrenz per Leistung, Tüchtigkeit und Produktivität; mit dieser Bemühung soll das Liebesobjekt beeindruckt und der Rivale überrundet werden. Auf diese Weise wird gegenüber dem starken Gebundensein an das Objekt ein gewisses Maß an Aggressivität und Autonomie entwickelt. Die Regression auf die anal-sadistische Ebene ist auch dadurch gekennzeichnet, daß das Objekt, zu dem die phobische Abhängigkeitsbeziehung besteht, in verhüllter Form manipuliert, gegängelt, gelegentlich auch lächerlich gemacht, im übertra-

genen Sinne malträtiert wird – immer bei Betonung, genauer Überbetonung des libidinösen Zuwendungsaspektes.

Mit den zumeist auch vorhandenen kontraphobischen Einstellungen des Ichs wird von diesen Kranken dem Autonomieverlust und der Einschränkung von Aggressivität unbewußt entgegengewirkt.

Zu den häufiger wahrzunehmenden Phänomenen der *Abwehr* gehört ferner die interaktionell ablaufende altruistische Abtretung an das Neidobjekt; sie festigt die immer auch bestehende Identifizierung mit dem steuernden Objekt und dient der Abwehr heftiger, als beziehungsgefährdend erlebter Neidimpulse. Der bei diesen Neurosen stets wirksame Mechanismus der Verschiebung läßt die in der phobischen Symptomatik in Erscheinung tretenden Triebansprüche unkenntlich werden. So – im Falle der Agoraphobie – die Triebansprüche des Sichdarstellens, Zurschaustellens, der Konfrontation, der Provokation, der Verführung. Der phobische Patient bleibt mit seinen Triebansprüchen der Außenwelt verhaftet, er verschiebt diese Ansprüche jedoch – in kaschierender Weise – auf andere Objekte oder andere Situationen. Die Symptomatik läßt erkennen, daß sowohl der Triebanspruch wie auch die Affekte durch Verschiebung oder auch durch Verkehrung ins Gegenteil nur gering entstellt werden; der Zusammenhang zwischen Symptom und den abgewehrten Inhalten bleibt relativ durchsichtig. Kommt es zu einer Konfrontation, einem Zusammenstoß mit den Ersatzobjekten, dann entsteht durch Mobilisierung der abgewehrten Triebansprüche und der entsprechenden Affekte erneut Angst. Die phobische Angst ist als eine Art Warnsignal vor den inneren Gefahren, das heißt vor dem Bewußtwerden des neurotischen Konflikts zwischen Es und Über-Ich anzusehen. Das Ich entzieht sich der Triebgefahr gleichsam durch Flucht; an die Stelle der inneren tritt die äußere Gefahr. Auf diese Weise – durch Flucht, Vermeiden, Aufsuchen geeigneter Ersatzobjekte – wird das biopsychologische System vor einer Reizüberflutung geschützt. Angstfreiheit wird durch Vermeidung erreicht; sie wird erkauft um den Preis der Unlust, die mit der Einschränkung von Bewegungsraum und Aktionsradius verbunden ist. Durch die Suche nach immer neuen Ersatzobjekten kann es schließlich zu einem erheblichen

Ausbau und einer Art Generalisierung der Symptomatik kommen.

Bei phobischen Patienten spielt ein Konflikt zwischen im Es enthaltenen Triebimpulsen von großer Stärke und einem Über-Ich von großer Strenge eine entscheidende Rolle. Angst vor den nicht oder nicht ausreichend steuerbar erscheinenden Triebimpulsen führt zur Unterwerfung unter die strengen Über-Ich-Normen. Im Gegenzug ruft eben diese durch zu große Strenge erzwungene Unterwerfung Gegenimpulse provokatorischer Art hervor. Daneben muß der „Welt der Objekte" durch Anpassung genügt werden, vor allem in dem Sinne, daß die mit phobischen Symptomen verbundene Scham durch Wahrung einer Art von phallischem „schönen Schein" erträglich gemacht wird (s. dazu auch KÖNIG, 1981; MENTZOS, 1984; RICHTER und BECKMANN, 1973; STUDT, 1984).

6.6 Klinische Vignette

Dominieren phobische Elemente das klinische Bild, so kann das wie folgt aussehen: Der 43jährige Patient klagt über Ängste und schwere Kontaktstörungen. Er könne sich nur im engen Umkreis seiner Wohnung bewegen; in Kaufhäusern, auf Brücken, in Verkehrsmitteln und größeren Höhen gerate er in panikartige Angstzustände, weswegen er solche Situationen meide. Wenn er in seiner Wohnung allein sei, komme es vor allem in den Abendstunden sehr häufig zu Herzanfällen mit Atemnot und Todesangst. „Ich habe Angst, das Herz bleibt stehen. Ich bekomme keine Luft. Manchmal hab' ich das Gefühl, verrückt zu werden und den Verstand zu verlieren." Häufig stellen sich bei ihm innere Zwänge ein, etwas Schlimmes zu tun, jemanden mit einem Messer umzubringen oder ihm Verletzungen zuzufügen. In größeren Höhen habe er gelegentlich den Impuls, hinunterzuspringen.

Zur auslösenden Situation berichtet der Patient, daß er im 18. Lebensjahr bei seiner ersten Freundin eine Ejaculatio praecox gehabt habe. Kurze Zeit danach seien erstmalig Brückenangst und Herzjagen aufgetreten. Später seien diese Ängste in Panikzustände übergegangen, sobald er angefangen habe, Treppen nach oben zu steigen oder öffentliche Verkehrsmittel zu benutzen. Er habe sich das damals nicht erklären können. Es sei ihm aber aufgefallen, daß es immer dann, wenn er später an dieser Autobahnbrücke vorbeigekommen oder an Straßen neben einem steilen Ufer entlanggegangen sei, zu ähnlichen Angstzuständen gekommen sei. Seitdem habe er ein Vermeidungsverhalten entwickelt.

Als er sich später im Rahmen seiner Berufsausübung für längere Zeit von der Familie, d.h. von der Mutter entfernt aufhalten mußte, seien ähnliche Erlebensweisen und Symptome aufgetreten. So sei ihm auf einer Eisenbahnbrücke der Abgrund ziemlich tief vorgekommen. Er empfand dann immer wieder den fast unbezähmbaren Zwang, über das Geländer in die Tiefe zu springen. Er sei dann zurückgegangen und habe die Brücke nicht überquert. Ein paar Tage später im Zug wiederum solche Angstzustände. Es entwickelte sich dann ein zunehmendes Vermeidungsverhalten, das mit massiven Herzkrämpfen und Enge in der Brust verbunden gewesen sei. In der Folgezeit sei es dann zu einer Generalisierung dieser Zustände gekommen.

Als er eine Frau kennenlernte, mit der er bei befriedigenden sexuellen Kontakten mehrere Jahre zusammenlebte, kam es zunächst zu einer Besserung der Beschwerden. Die Intensivierung der Partnerschaft führte dann aber zum Rivalisieren und zu ständigen Auseinandersetzungen zwischen der Lebensgefährtin und seiner Mutter. Sowohl bei der Mutter wie beim Sohn traten massive Herzbeschwerden auf. Die Freundin brachte ihn dann morgens zur Mutter und holte ihn abends wieder ab. Als sich die Freundin schließlich von ihm trennte, reagierte er mit Selbstmordversuchen. Diese Trennung war für ihn so etwas wie ein „Lebensende". Es kam zu heftigen Reaktionen mit Herzbeschwerden, Wiederauftreten der alten Ängste und Befürchtungen, vor allem auch der Zwangsvorstellungen und Zwangsimpulse. Er ließ sich in dieser Zeit ziemlich gehen, an den Wochenenden trank er übermäßig Alkohol; danach fühlte er sich elend und machte sich erhebliche Selbstvorwürfe.

Aus seiner Lebensgeschichte berichtet der Patient, daß er immer das Gefühl gehabt habe, unerwünscht zu sein; der Vater habe sich eine Tochter gewünscht. Auch später sei das Gefühl, der störende und unerwünschte Dritte zu sein, immer wieder bestätigt worden.

Der Vater wird in der Sicht des Patienten von der Mutter beherrscht, die ein sehr negatives Bild von ihm entwarf. Er sei stumpf, stumm und schwerfällig und unter Alkohol zeitweise aggressiv. Die Mutter sei die Ehe in sehr jungen Jahren wegen der Schwangerschaft eingegangen, offensichtlich habe sie dem Vater die Schwängerung nie verziehen. Sie hätte einen intensiven Haß auf den Vater entwickelt. Von Anfang an habe sie sich dem schwächlichen Sohn zugewandt; beide hätten eine Art Koalition gegen den Vater gebildet. Sie habe dem Sohn gegenüber eine regelrechte Opferhaltung entwickelt und ihn bis zum heutigen Tag in enger Bindung und Abhängigkeit gehalten. Sie sei sehr klagsam und stark mit dem eigenen Körper beschäftigt; sie stelle sich häufig krank und mache damit in dramatisierender Weise auf sich aufmerksam. Er sei für die Mutter einerseits der hilflose, schwache, kleine Junge, andererseits aber der Ersatzehemann gewesen, und das bis zum heutigen Tag. Trennungen hätten beide schlecht verkraftet. Mutter und Sohn sind bis zum heutigen Tag, zumindest per Telefon, täglich über lange Zeit miteinander im Gespräch. Sie hätten sich wohl zunehmend wechselseitig dazu benutzt, sich die eigene Einsamkeit erträglicher zu machen.

Die schulische und berufliche Entwicklung des Patienten ist durch Fleiß und angepaßtes Verhalten gekennzeichnet; er sei immer sehr brav gewesen. Auf diese Weise habe er es weiter gebracht als der Vater. Seit vielen Jahren ist er als Angestellter in der Gehaltsabteilung einer angesehenen Firma beschäftigt; dort schätzt man ihn wegen seiner Zuverlässigkeit und Genauigkeit.

–⊿–

6.7 Zur Psychodynamik der Zwangsneurosen

Bei den *Zwangsneurosen* ist die Ausgangsebene ödipaler Triangulierung bestimmt durch ein Objekt – häufig den Vater –, das auf der einen Seite von rigider Strenge und auf der anderen Seite unbeherrscht, willkürlich, auch gewalttätig ist und Züge von Verwahrlosung zeigt, sowie durch ein anderes Objekt – zumeist die Mutter –, das sich demgegenüber unterwürfig, auch leidensbereit, und, dazu gegenläufig, ablehnend und abwertend verhält. Das Kind identifiziert sich in ambivalenter Weise mit beiden elterlichen Objekten. So möchte es auf der einen Seite das begehrte Objekt des eindrucksvoll mächtigen und gewalttätigen Vaters sein und identifiziert sich insofern mit der Mutter; es muß dann jedoch genitale Beschädigung fürchten und erlebt diese Furcht möglicherweise auch im Zusammenhang mit drohender Vergeltung von seiten der Mutterrivalin. Die *ambivalente Identifizierung* mit einem unterwürfig-leidenden, masochistischen Elternteil bedeutet, daß vordergründig masochistische Schmerzlust intendiert wird, während unbewußt die moralischsadistische Vernichtung des gewalttätigen Anderen angestrebt wird. Die drohende genitale Beschädigung, sei es in Form einer Kastration beim männlichen Kind, sei es in Form von genitaler Verwundung und Verletzung beim weiblichen, mobilisiert eine entsprechende unerträgliche Angst; in den Rivalitätsspannungen indessen entsteht *Schuldangst* (Bestrafungsangst).

Diese durch die genannte Kalamität genitaler Beschädigung ausgelösten unerträglichen Unlustaffekte führen zum regressiven Ausweichen vor der gefährlichen ödipalen Triade auf die anal-sadistische Ebene. Dabei werden die Objektbeziehungen in der Weise regressiv verändert, als jetzt nicht mehr gewalttätig um den sexuellen Besitz eines Objekts gekämpft wird, vielmehr darum konkurriert wird, wer der Stärkere ist, wer die größere Willenskraft besitzt, wer sich selbst, seine Interessen, seine Werte gegen den anderen durchzusetzen vermag. Auch dieser Kampf wird ambivalent geführt: Auf der einen Seite wird – jetzt unter analem Aspekt – die Gewalttätigkeit des (inneren) Objekts gefürchtet und durch so oder so ausgestaltete Gegenbesetzungen bekämpft; auf der anderen Seite findet eine Identifizierung mit dem gewalttätigen Objekt, mit dessen analer Willkür statt. Auch in diesen konfliktären Auseinandersetzungen werden Ängste mobilisiert, Ängste sowohl davor, sich selbst sadistisch des Anderen zu bemächtigen, wie auch davor, sich masochistisch vom Anderen bemächtigen zu lassen. Der hier entstehenden unerträglichen Angst-Unlust kann in vielen Fällen nur so begegnet werden, daß es zur verstärkten Abwehr oder darüber hinaus zur Symptombildung kommt.

In den jeweiligen Symptomen, seien es Vorstellungen, Phantasien oder Handlungen, verschaffen sich die genannten Ambivalenzen innerhalb der pathologischen Kompromißbildung verdeckt Ausdruck. So wird z. B. durch Putzzwänge auf der einen Seite eine exzessive Sauberkeit angestrebt, auf der anderen Seite wird durch eben dieses Tun Zerstörung bewirkt.

Die Bedürfnisse nach Autonomie einerseits und nach Abhängigkeit vom Objekt andererseits liegen in einem dauernden Widerstreit.

Narzißtische Bedürftigkeit führt durch regressive Wiederbelebung kindlicher Allmachtsphantasien zu Größenphantasien, die sich in Form von Tagträumen ausbreiten können; solche Tagträume schützen vor einer Konfrontation mit der Realität, welche die Größenphantasien in Frage stellen und sie zerstören würden. Auf der triangulären ödipalen Beziehungsebene werden diese Größenphantasien deswegen reaktiviert, weil sie den Kampf mit dem jeweiligen ödipalen Rivalen aussichtsreicher erscheinen lassen. Das gilt auch für den Kampf mit dem jeweiligen Widersacher auf der regressiv mobilisierten analen Trieb- und Beziehungsebene.

Die *Triebregression* hat sowohl sadistische als auch masochistische anale Lustsuche zum Inhalt. Lust entsteht hier in Auseinandersetzung mit dem Widerständigen; sie wird einmal gesucht in der aggressiv getönten Ausstoßung wie auch in der aggressiven Zurückhaltung (Retention) des Objekts, durch Bezwingen und Festhalten. Anale Lust, als solche höchst erregend, wird auf der anderen Seite als schmutzig, als niederziehend, als verwerflich – durch Gegenbesetzungen – bekämpft.

Die skizzierten Regressionsabläufe – in der Gestaltung der Objektbeziehungen wie im Umgang mit den Trieben – wirken sich am *Ich* so aus, daß

hier einmal Gegenbesetzungen im Sinne von Reaktionsbildungen entstehen, so z. B. im Sinne der von FREUD beschriebenen zwangsneurotischen Trias: Ordnung, Geiz, Eigensinn. Zur Verhinderung gewalttätiger Impulshandlungen wird vom Ich eine Trennung von Vorstellungen und Affekten herbeigeführt, ebenso wie ein Zerreissen von Vorstellungsketten, die in einen solchen Impuls einmünden könnten. Man spricht vom Mechanismus der Isolierung. In den Spannungsfeldern von Macht und Ohnmacht, von Bezwingung und Unterwerfung, werden Phantasien eigener Allmacht vom Ich ausgestaltet und festgehalten. Die im Zusammenhang damit entstehende Vorstellung von der Allmacht der Gedanken hat auch einen Angstaspekt: Gedanken, Worte sind bereits Taten; eine Hemmung der Denkvorgänge kann die Folge sein.

Das *Über-Ich* steht in starken Konfliktspannungen zum Ich, in einem dauernden Kampf. Es versucht, dem Ich seine rigiden restriktiven Normen unter Strafandrohung aufzuzwingen; das Ich, sich einerseits unterwerfend, versucht auf der anderen Seite, sich diesem normativen Druck zu entziehen. Es fügt sich einerseits dem Schuldspruch des „automatischen-pseudomoralischen" Über-Ichs, das freilich bestechlich ist insofern, als das Ich mit einer solchen Unterwerfung die Berechtigung zur Wiederholung des verpönten Tuns erwirbt (s. dazu BENEDETTI, 1978, 1984; FENICHEL, 1974; HOFFMANN, 1980; QUINT, 1971).

6.8 Klinische Vignette

Zwanghafte Elemente können das Befinden und Verhalten eines Patienten in folgender Weise prägen: Die 35jährige Patientin bezeichnet sich selbst als Putzteufel. Ihr Putzzwang habe sich in den letzten 13 Jahren zunehmend gesteigert, so daß sie heute täglich ihre Wohnung aufs gründlichste saubermachen müsse. Sie werde überhaupt nicht mehr fertig, sei immer müde, ja abgehetzt und schaffe es nicht mehr, bei Verabredungen pünktlich zu sein. Durch ihren Putzzwang zerstöre sie die antiken Möbel, die ihr Ehemann geerbt habe. Im Laufe der Zeit habe sie die Möbel und andere Holzgegenstände so geputzt, daß deren Oberfläche total beschädigt sei und keine Politur mehr aufweise. Gegen diesen Putzzwang könne sie sich überhaupt nicht wehren, sie bekomme Angst, wenn sie versuche, diesen zwanghaften Impulsen nicht sofort nachzukommen.

Besonders heftig werde die Symptomatik immer nach einem Streit mit dem Ehemann. In letzter Zeit sei die Atmosphäre zu Hause unerträglich geworden. Der Ehemann beschimpfe sie massiv, drohe ihr mit Trennung, trete ihre Putzeimer um und schüttle sie vor Wut.

Die Patientin berichtet auch, daß sie sehr leicht schwitze und unter Angstzuständen und innerer Unruhe leide: Sie grüble den ganzen Tag darüber, wie ihr Programm für den nächsten Tag aussehen müsse und könne sich an nichts mehr freuen. Hinzu kämen Kopfschmerzen und Nackenverspannung, die medikamentös nicht zu beeinflussen seien. Seit ungefähr 5 Jahren leide sie an Unterleibsschmerzen und Blasenentzündungen.

Der Putzzwang trat auf, nachdem sie ihren Ehemann kennengelernt hatte. Nach seinen damaligen Besuchen, bei denen auch sexuelle Kontakte stattgefunden hatten, fing sie an, ihr Appartement zu putzen. Die Zwangshandlungen intensivierten sich nach der Heirat. In dieser Zeit übernahm sie auch die Säuberung der Wohnung ihrer Mutter. Nachdem der Ehemann ein eigenes Geschäft eröffnet hatte, fühlte sich die Patientin stark vernachlässigt und der Putzzwang nahm noch zu; seitdem sei er ständig schlimmer geworden. Sie verbringe jede freie Minute bis täglich 22 Uhr mit Putzen.

Die Patientin berichtet zu ihrer Herkunftsfamilie, daß der Vater Alkoholiker gewesen sei. Die Mutter war deshalb gezwungen zu arbeiten, für den Unterhalt der Familie zu sorgen. Sie selbst war infolgedessen Schlüsselkind; sie habe die Mutter sehr vermißt, habe dennoch Mitleid mit ihr gehabt. Die Mutter wird als passive, ruhige, zurückhaltende Frau geschildert, die sich nie durchsetzen konnte. Sie sei bis heute sehr altruistisch, erlebte sich dabei als Märtyrerin.

Die Patientin fühlt sich von der Mutter oft überfordert, weil diese sie mit ihren Sorgen und Schwierigkeiten belaste. Sie sah sich von der Mutter zeitlich überbeansprucht und später auch finanziell ausgenutzt. Wenn der Vater betrunken nachhause kam, mußte sie häufig aus der Wohnung fliehen, um sich zu schützen. Sie habe dadurch nie so unbeschwert leben können, wie es Gleichaltrigen möglich war. Der Vater war fast jeden zweiten Tag betrunken und randalierte dann. Er habe die Mutter mit obszönen Worten beschimpft und ihr auch Schläge angedroht, deswegen, weil er immer wieder außereheliche Beziehungen bei ihr vermutete. Die Patientin empfand den betrunkenen Vater als ekelerregend und widerlich, nüchtern habe sie ihn eigentlich ganz gern gehabt.

In der Adoleszenz verliebte sich die Patientin, die zu jener Zeit in einem Gärtnereibetrieb tätig war, in den zuständigen Vorarbeiter und es kam zur Defloration, ein Geschehen, das für sie in stärkerem Maße mit dem Erleben von Verwundung und Schmerz verbunden war. Sie überließ sich also einem älteren Mann, der es gewohnt war zuzupacken, in seiner Stärke aber auch Schutz und Geborgenheit vermittelte. Auf der einen Seite konnte sie sich so aus der Kolonne der Arbeiterinnen herausgehoben fühlen, auf der anderen Seite mußte sie sich als die Kleinste und Jüngste einordnen und sich „niedrige" Arbeiten zuweisen lassen.

–◻–

6.9 Zur Psychodynamik der hysterischen Neurosen

Die ursprünglichen frühkindlichen Katastrophen, die bei den *hysterischen Charakter- und Symptomneurosen* erneut oder wiederholt mobilisiert werden, resultieren aus inzestuösen Besitzwünschen mit der dazugehörigen Feindseligkeit gegenüber dem Rivalen. Die Situation ist dadurch gekennzeichnet, daß von den ödipalen Objekten nicht abgelassen werden kann, sei es auch um den Preis des Verzichts auf sexuelle Erfüllung. Es kommt so zur Kalamität einer Schuld, die deswegen besonders schwer ist, weil sie mit der *Verlet-*

zung des Inzesttabus, mit der Übertretung des Endogamie-Verbots zusammenhängt. Es kommt hier nicht zur Regression auf eine Ebene zurückliegender Entwicklung, es sei denn auf die phallische; es wird vielmehr weitgehend auf die Sexualität verzichtet, um das ursprüngliche Objekt sexuellen Begehrens nicht aufgeben zu müssen. Neben der Inzestschuld spielt die Kalamität der *Kastrationsangst* und – beim Mädchen – die Angst vor *genitaler Beschädigung* und die Entbehrung des Penis eine Rolle.

Das hier inszenierte trianguläre Beziehungsspiel ist in ganz besonderer Weise durch Identifizierungen bestimmt. Es handelt sich dabei nicht um jene Art von Identifizierung, die FREUD im Zusammenhang mit der Verarbeitung des Ödipus-Komplexes beschrieben hat, daß es nämlich zur partiellen Identifizierung mit den elterlichen Objekten kommt, d.h. mit der Einschränkung, daß – wenn man auf der einen Seite so handeln soll, wie Vater oder Mutter, man auf der anderen Seite bestimmte Dinge, die Vater oder Mutter tun (Sexualität), in diesen Beziehungen *nicht* tun soll. Es sind aber gerade diese inzestuösen Wünsche, auf die ein Kind in solchen Konstellationen häufig nicht verzichten kann, die es vielmehr, um mit unerträglichen Affekten behafteten Kalamitäten zu entgehen, durch Verdrängung dem Bewußtsein fernzuhalten versucht. Die dann erfolgenden Identifizierungen beziehen sich auf das Verhalten der ödipalen Objekte überhaupt, speziell ihrer Rollen, und führen in der weiteren Folge zu einer Art Nachahmung (durch Berufswahl, Partnerwahl oder auch per Symptomwahl). Das bedeutet eine starke *Fixierung an die Objekte* und an das mit ihnen ursprünglich arrangierte Beziehungsspiel von leidenschaftlichem Begehren gegenüber dem einen bei feindseliger Ablehnung des anderen mit wechselnden Rollenzuweisungen und den dazugehörigen Verstrickungen.

Die genannten Kalamitäten können im späteren Leben z.B. dann remobilisiert werden, wenn es bei einer Partnerwahl, die sich am Modell des ursprünglichen Objekts orientierte und die mit den dazugehörigen Erwartungsphantasien verbunden ist, zu einer Enttäuschung kommt. Zur *Remobilisierung* kann es auch kommen, wenn es auf Grund des mißverständlichen sexualisierenden Verhaltens solcher Kranken von seiten derjenigen, die sich so angesprochen fühlen, zu sexuellen Handlungen kommt. Auslösend kann auch ein Erfolgserleben im Sinne der ursprünglichen inzestuösen Rivalitätskämpfe sein, d.h. die zunächst gelingende Eroberung eines entsprechenden aktuellen Objekts durch Ausschaltung des Rivalen oder der Rivalin, die intensives Schulderleben zur Folge hat, wie es von IBSEN im Schauspiel „Rosmersholm" dargestellt und von FREUD kommentiert wurde (GW X, 1915, S. 381 f.); denn der Schutz, den das Verharren im Kindsein, in infantiler Bindung, gegenüber inzestuösen und paterniziden Wünschen gewährt, ging verloren.

Die Fixierung an das trianguläre ödipale Beziehungsspiel, das Verharren in den Bindungen an beide ödipale Objekte, läßt auch einen erfolgreichen Schritt im Lebensaufbau außerhalb der sexuellen Sphäre (z.B. Abschluß einer schulischen oder professionellen Ausbildung) zu einem Faktor werden, der die ursprüngliche Katastrophe wiedererstehen lassen kann.

Die hier zu verfolgenden *Triebschicksale* stellen sich einmal in einer Regression auf die phallische bzw. phallisch-narzißtische Stufe dar. Der genitalen Erregung wird ihre gefährliche inzestuöse Note dadurch genommen, daß sie in erster Linie der narzißtisch-phallischen Glanzentfaltung dient, der exibitionistischen Darbietung eigener Attraktivität, der Erotisierung der Beziehungen unter Ausschaltung sexueller Vollzüge und ihrer Befriedigungsziele. Jedoch können auch bei solchen Orientierungen Penisneid und Kastrationsangst erneut auftreten, Penisneid verstanden als vollzogene Kastration, als Schlimmes, das in der Vergangenheit bereits geschehen ist. Penisneid, der häufig ausgeprägt in Erscheinung tritt, kann auf verschiedene Weise verarbeitet werden, so durch kastrierende Rache, durch die Phantasie, doch einen Penis zu besitzen oder ihn eines Tages zu erhalten. Die Kastrationsangst kann so verarbeitet werden, daß auf der einen Seite Phantasien von phallischer Potenz entwickelt werden, verbunden mit einem starken auf die Mutter gerichteten Begehren, daß auf der anderen Seite eine wirkliche sexuelle Erfüllung um jeden Preis vermieden werden muß, woraus z.B. ein Don-Juanismus entstehen kann.

Die regressive Umgestaltung des *Ichs* ist dadurch bestimmt, daß ein Verbleiben, ein Verharren im Kindsein bis in die Körpersphäre hineinwirkt, das der Vermeidung und der Abwehr der gefährlichen erwachsenen Rivalität dient bei gleichzeitigem Fortbestehen infantiler inzestuöser Phantasien. Es kann auch zu einer androgynen Einstellung bei gleichzeitiger Bewahrung infantiler und juveniler Züge kommen, wie sie z. B. die „ewige Braut" und der „ewige Jüngling" zeigen, die gleichermaßen Vater und Mutter heteroerotisch und homoerotisch unter Verzicht auf sexuelle Erfüllung anlocken. Neben dieser Charakterabwehr spielen Abwehrmaßnahmen wie Verdrängung, wie Abwehr von aggressiven Impulsen durch Sexualisierung, wie Nicht-Ernstnehmen, Bagatellisieren, Verharmlosen der Realität eine Rolle.

Die Regression des Ichs ist dadurch gekennzeichnet, daß die Realitätsprüfung defizitär ist, insbesondere auch die Antizipation der Folgen des eigenen Tuns; auch die Wißbegierde, das Es-wissen-Wollen ist defizitär, zugunsten eines Verharrens in kindlich-unschuldiger Ahnungslosigkeit. Zum Umgang des Ichs mit den Symptomen gehört die Tendenz, sie zu leugnen; sie entspricht der Verdrängung der infantilen Sexualität, die der Symptombildung zugrundeliegt. Symptome werden in ihrer Bedeutung bagatellisiert, werden als nicht zur Person gehörig betrachtet; CHARCOT sprach von „la belle indifférence" der hysterischen Patientinnen. Andererseits ist das Ich bestrebt, die Symptome für seine eigenen Zwecke zu nutzen, d. h. sie im Sinne eines sekundären Krankheitsgewinns einzusetzen. Ein im Zusammenhang hysterischer Symptombildung wichtiger Mechanismus ist die *Konversion*. Darunter wurde von FREUD ursprünglich die Überführung des Affektbetrags einer konfliktbehafteten unverträglichen Vorstellung in Innervationsabläufe im Körperbereich, vornehmlich dem der Willkürmuskulatur, aber auch der sensorischen Organe, verstanden. In einer gewissen Abgrenzung gegen diese Auffassung wird heute unter solchen Symptombildungen verstanden, daß die einer Abwehrnotwendigkeit unterliegenden Konfliktspannungen in ihren Anteilen, vornehmlich den Anteilen Triebabkömmling/Abwehr in einem Körpervorgang, auch hier wieder vornehmlich der Willkürmuskulatur, expressiv, wenngleich ausreichend unkenntlich gemacht, dargestellt werden. So kann es z. B. zu muskulären Fehlsteuerungen kommen, in denen sich sowohl der Bewegungsvollzug im Sinne sexuellen Sichanbietens findet,

wie ein dagegengerichteter des Sich-Entziehens, des Sich-Aufbäumens.

Das *Über-Ich* solcher Kranken ist mehr durch Beziehungs- als durch Gesetzesnormen bestimmt, mehr durch situativ begründete quasi improvisierte Verhaltensregeln als durch unumstößliche Gebote. Regressiv können hier auch Über-Ich-Vorläufer im Sinne von unnachsichtiger Strafverfolgung mobilisiert werden; dies geschieht, wenn es zu einschneidenden narzißtischen Kränkungen gekommen ist, die nicht auszutragen sind, deshalb nachgetragen werden und zu Rachetendenzen führen (s. dazu FENICHEL, 1974; KUIPER, 1973; LOCH, 1989; MENTZOS, 1980).

 ## 6.10 Klinische Vignette

Hysterische Elemente können ein Bild wie das folgende entstehen lassen: Der 23jährige Patient berichtet, er sei mehrere Male zusammengeklappt, wie aus heiterem Himmel. Er könne sich das nicht erklären; er habe keine Probleme und fühle sich sonst wohl. In der Familie gäbe es zwar einige Probleme, aber er sähe keinen Zusammenhang mit diesen „Anfällen". Der sehr jugendlich wirkende Mann erzählt das mit leiser und weicher Stimme. Er ist von graziler Gestalt, seine Haut ist blaß, fast durchsichtig-weiß; er wirkt etwas mädchenhaft, insgesamt sympathisch. Seine sehr modische Kleidung hat etwas Aufrührerisches. Er spricht sehr gewählt und erweckt den Eindruck eines begabten und künstlerisch interessierten Menschen. Im Raum entsteht eine merkwürdige Atmosphäre: einerseits Elemente von knabenhafter oder auch mädchenhafter Ausstrahlung – ein Eindruck von körperlicher Blässe und Fragilität –, andererseits aber auch Elemente von Aufrührerischsein und von künstlerisch-ethischer Differenziertheit.

Er berichtet dann sehr bald von seinen beruflichen Plänen, die über Handwerkliches hinaus in den Bereich der Kunst reichen; seine Ideale sind dabei hochgesteckt und deuten auf ein Bedürfnis nach Ansehen, Geltung und Glanz. Es entstehen Assoziationen und Bilder von internationalen Wettbewerben, von Theater und Bühnenshow. Ein merkwürdiger Kontrast zu der beschriebenen körperlichen Ausstattung, dem Eindruck von Passivität und Gehemmtheit und den berichteten Ohnmachten und Zuständen von Umfallen. Die ausführlichen klinischen Voruntersuchungen hatten keine Hinweise auf gefäß-, herz- oder hirnorganisch begründete Anfallsleiden oder Störungen ergeben.

Die Frage nach den Situationen, in denen die beschriebenen anfallsartigen Zustände aufgetreten waren, ergab zunächst keine bemerkenswerten Hinweise; im Verlauf der weiteren Gespräche wurde dann zunehmend deutlich, daß es sich zumeist um Situationen vor wichtigen Prüfungen oder ähnlichen Konfrontationen gehandelt hatte; vor der Reife-Prüfung, vor einer Bewerbung, vor Antragstellungen auf einer Behörde. Dabei kenne er eigentlich keine Prüfungsängste, sei in sozialen Situationen eher sicherer als andere. Er sähe keine inneren Zusammenhänge. Er bagatellisiert diese Zustände, hält sie nicht für behandlungswürdig; die Mutter habe sich große Sorgen gemacht, deshalb sei er hierher gekommen. Auch die Freundin habe ihm intensiv zugeredet. Er lenkt dann das Gespräch auf die berufliche Situation: Er sei sehr erfolgreich und beliebt, vor allem bei den Frauen im Atelier (er erlernt das Schneiderhandwerk, um danach in die Modebranche aufzusteigen oder umzusteigen).

Aus der Lebensgeschichte einige wesentliche Angaben: Er sei immer der Liebling in der Familie gewesen, vor allem bei den mütterlichen Großeltern und der Mutter. Auch später in der Schule habe er sich besser mit den Lehrerinnen verstanden. An den leiblichen Vater habe er keine Erinnerungen; er wisse nur, daß die Mutter sich bald nach seiner Geburt scheiden ließ. In der Familie hieß es immer, wenn die Rede vom Vater war: begabt, aber leichtsinnig, untüchtig, verantwortungslos – ein Versager. Statt vom Vater spricht er hinfort vom tollen Großvater, der streng, aber auch sehr lieb gewesen sei; ein erfolgreicher Unternehmer. Schon während seiner Schulzeit hatte die Mutter erneut geheiratet; einen sehr erfolgreichen, aber harten, konsequenten Mann, der immer wenig

Zeit hatte. Er sei für ihn immer weit weg gewesen, gefürchtet, aber vielleicht auch bewundert? Bei Geschäftsreisen des Stiefvaters sei er für die Mutter eine Art Vertrauter geworden; sie habe ihm ihre Sorgen und Probleme anvertraut. Sie fühlte sich von ihm offensichtlich gut verstanden. Er schwärmt dann von der Mutter, sie sei noch sehr jugendlich, sehe sehr gut aus; vielleicht etwas extravagant, fügt er mit einer Mischung aus Kritik und Bewunderung hinzu. Sie würde auch seine Berufswünsche verstehen und fördern; der Stiefvater sei eher dagegen; das seien doch eigentlich Frauenberufe.

Über die sexuelle Entwicklung macht er nur sehr spärliche Angaben: Es sei alles in Ordnung; nach der Pubertät habe er sehr viele Freundinnen gehabt; seit drei Jahren gebe es eine feste Freundin. Sie verstünden sich wunderbar; vor allem würden sie beide die Zärtlichkeiten, das Streicheln und Schmusen lieben. Die Freundin könne aber auch ziemlich dominierend sein, das schätze er sehr an ihr, ihre soziale Durchsetzungsfähigkeit. Mutter und Freundin kämen gleichfalls sehr gut miteinander aus. Auch die Freundin habe ihm sehr zugeredet, die Ohnmachtszustände abzuklären.

–◻–

6.11 Zusammenfassung

Zusammenfassend läßt sich sagen: Das Konfliktmodell der Psychoanalyse in seiner auf ödipaler Pathogeneität beruhenden klassischen Form wurde erweitert durch das Konzept der Triangularität von Objektbeziehungen generell. Es sind die in einem triangulären Feld sich entfaltenden Beziehungen, in denen sowohl Triebbedürfnisse wie narzißtische Bedürftigkeit und auch Bedürfnisse nach Abhängigkeit und Bindung einerseits und nach Autonomie andererseits zur Befriedigung drängen und die unter den Aspekten der psychoanalytischen Therapie der Reflektion zugänglich werden können. Der neurotische Konflikt ist somit grundsätzlich an Konstellationen triangulärer Beziehung gebunden. Die Konfliktverarbeitung –

Konflikt verstanden als die Etablierung *innerer* unbewußter Spannungen – vollzieht sich über die Bildung innerer Kompromisse. Zu den Komponenten solcher Kompromißbildung gehören Triebabkömmlinge (sowohl Abkömmlinge auf Objekte gerichteter wie auf das Selbst gerichteter Triebe) wie auch Abkömmlinge unbewußter Beziehungswünsche im Zusammenhang von Bindung und Autonomie, Unlustaffekte (von Angst und depressivem Affekt, von Schuld, Scham und aggressivem Affekt), Abwehr und Überich-Manifestationen. Eine solche Kompromißbildung ist in heutiger Sicht nicht nur zwischen den Instanzen des Strukturmodells einschließlich der Realität zu sehen, sondern auch in den Spannungen des triangulären Beziehungsfeldes (des Feldes von Selbst- und Objektrepräsentanzen), in dem sie entstanden sind.

Neurotische Symptome wie neurotische Charakterzüge sind als pathologische Kompromißbildungen zu verstehen. Solche pathologischen Kompromißbildungen sind dadurch gekennzeichnet, daß der Befriedigungsanteil der Triebabkömmlinge wie der unbewußten Beziehungswünsche aufgrund übermäßig restriktiver Regulierung zu gering ist, daß die Ausschaltung unerträglicher Unlustaffekte nicht ausreichend gelingt, daß Selbstschädigung und Selbstzerstörung sowie soziale Disharmonien in Erscheinung treten ebenso wie Hemmungen von Funktionen des Ichs. Im Symptom bilden sich die genannten Komponenten ab; sie gehen auch in die Interaktionen der Reinszenierungen neurotischer Konflikte ein, und werden so in Diagnostik und Therapie erfaßbar. Solche Reinszenierungen neurotischer Konflikte und ihrer pathologischen Kompromißbildungen im Beziehungsfeld Patient – Therapeut lassen über Fremd- und Selbstwahrnehmung einen Informationsfundus entstehen, der die Entwicklung diagnostischer Schlußbildungen und therapeutischer Interventionen ermöglicht. Solche unbewußten Reinszenierungen kommen über die Förderung regressiver Abläufe im psychoanalytischen Gespräch und die damit verbundene Entwicklung von Übertragung und Gegenübertragung zustande. Übertragung und Gegenübertragung stellen sich im Fall von Konfliktneurosen nicht direkt, nicht unmittelbar her; sie werden erst im Zuge regressiver Prozesse manifest. In der psychoanalytischen Therapie wird über die Förderung von Regression sowie der Manifestation von Übertragung und Widerstand die Entstehung einer Übertragungsneurose begünstigt; sie ermöglicht, daß die den neurotischen Symptomen zugrundeliegenden Konflikte sich wiederholen, daß die mitwirkenden genetischen Ansätze in ihren Verarbeitungen erinnerbar werden und daß die Konflikte über die Bearbeitung der Widerstände zu neuen und gesünderen Kompromißbildungen führen. Diese Therapie beruht u. a. auf der Annahme, daß durch Bewußtmachung, Bewußtwerdung der Komponenten, die in einer pathologischen Kompromißbildung, d. h. in einem Symptom oder Charakterzug enthalten sind, die jeweils zugrundeliegenden konfliktären Spannungen aktualisiert erlebt und damit der Steuerung des Ichs zugänglich werden können.

Zu den durch Konflikte des triangulären, speziell des ödipalen Musters, gekennzeichneten Psychopathologien gehört, wie eingangs gesagt, ein bestimmtes Maß an Ich-Stärke, im Sinne des von FREUD formulierten, fiktiven Normal-Ichs. Zu den Leistungen des Ichs, die hier vorauszusetzen sind, gehört vor allem die Fähigkeit, Konflikte, die durch unerträgliche Unlust auslösende Erlebenselemente mobilisiert werden, im *Inneren* des Individuums, des Subjekts zu etablieren und zu verarbeiten; es geht um die Fähigkeit des Ichs, zwischen den jeweiligen Kontrahenten (Es, Ich, Über-Ich, Realität) so zu vermitteln, daß polare, dialektische Spannungen im Inneren, *intrapsychisch* entfaltet und ausgehalten werden können, sei es auch unter Bildung von Symptomen.

Das entscheidende Kriterium für eine Abgrenzung ödipal-konfliktbedingter gegen entwicklungspathologische bzw. traumatogene Psychopathologien ist die Fähigkeit des Individuums, innere Unverträglichkeiten ohne die Einbeziehung von Realobjekten zu verarbeiten. Neurotische Konflikte haben ihren Austragungsort auf der *inneren* Bühne. Konfliktmanifestationen wie z. B. Symptombildungen, die in der äußeren, der sozialen Realität sichtbar werden, sind hinsichtlich ihrer Bedeutung unkenntlich gemacht und lassen ihre Herkunft nicht ohne weiteres erkennen.

7 Vorwiegend entwicklungs-bedingte und traumatogene Psychopathologie

7.1 Die inneren und inter-aktionellen Abbildungen struktureller Störungen

Während bei den konfliktbedingten Psychopathologien die entsprechenden inneren Spannungen ihren Austragungsort auf der *inneren* Bühne, in der – unbewußten – Phantasiewelt der Person haben, werden innere Unverträglichkeiten im Fall der klinisch und theoretisch dagegen abzugrenzenden Entwicklungspathologien (A. Freud, 1978, S. 2730) unter Einbeziehung realer Objekte auf der interpersonellen, der *interaktionellen* Bühne verarbeitet.

Die Differenzierung der psychischen Struktur und ihrer Elemente Es, Ich und Über-Ich einerseits und die der Beziehungen des Subjekts zu den verinnerlichten Objekten andererseits vollziehen sich in einer Relation wechselseitiger Abhängigkeit. Dieser Satz gilt sowohl für die gelungene wie für die mißlungene seelische Entwicklung des Individuums; er gilt für die Genese der Störungen ebenso wie für die theoretische Begründung ihrer Therapie.

Für die Entwicklung des Individuums ist die Umwelt, vertreten durch die bedeutsamen Anderen in ihren gewährenden und versagenden Aspekten und deren Mischungsverhältnissen von steuerndem und formendem Einfluß. Für Patienten mit entwicklungsbedingt strukturellen Ich-Störungen, auch als präödipale oder als frühe Störungen, als basale oder als dyadische Beziehungsstörungen bezeichnet, läßt sich in dieser Hinsicht feststellen: Die von den kindlichen Bedürfnissen und Affekten ebenso wie von den Reaktionen des mütterlichen Objekts gelenkten Subjekt-Objekt-Interaktionen (Dialog-Strukturen) und die daraus entstandenen Erlebnis-Niederschläge oder Erfahrungen, die als die Kerne des Körper-, des psychischen und des Sozial-Ichs zu verstehen sind, konnten die Strukturbildung nicht ausreichend fördern. Das betrifft besonders die folgenden Befähigungen oder *Funktionen des Ichs*: (1) Eine

zwischen Innen- und Außenreizen verläßlich unterscheidende Wahrnehmung, (2) die Differenzierung der Interaktionsmodi in Richtung von Bilateralität und Reziprozität, (3) die Verfügung über signalgebende Affekte, (4) die flexible Nähe-Distanz-Regulierung, (5) die Frustrationstoleranz. Die Ausbildung dieser Ich-Funktionen setzt voraus, daß ein hinreichend zuverlässiges ‚gutes‘ Objekt, gesichert durch Objekt-Konstanz, verinnerlicht werden konnte, das diese Differenzierungen durch eine auf die Möglichkeiten des heranwachsenden Kindes abgestimmte, emotional-authentische Weise stimuliert und steuert.

Repräsentanzen der Objekte konnten ebensowenig voneinander wie von den Repräsentanzen des Selbst ausreichend abgegrenzt werden; Selbstpermanenz (Identität) und Objektpermanenzen konnten nicht entstehen. Für die Entwicklung der *Objektbeziehungen* ist bei solchen Kranken charakteristisch, daß die Differenzierung der instrumentellen Interaktionsformen mangelhaft geblieben ist, daß die instrumentellen, d. h. der Selbsterhaltung dienenden Aktivitäten nicht ausreichend ins Selbst, in dessen Repräsentanzen, integriert wurden; diese instrumentellen Aktivitäten blieben vielmehr den (Teil-)Objektrepräsentanzen und ihren realen Substituten zugeordnet, die gleichzeitig primitiv idealisiert wurden; daraus resultierte – innere und äußere – Abhängigkeit.

Diffuse körperliche Spannungen – Triebbedürfnis-Spannungen, Spannungen aus narzißtischer Bedürftigkeit sowie affektive Spannungen im Zusammenhang mit Nähe und Distanz zum Objekt – können erlebnismäßig nicht hinreichend durch Verbindung mit Symbolen, insbesondere mit Sprach-Symbolen, differenziert und durch angemessene Abwehr- und Bewältigungs-Operationen reguliert werden; das bedeutet wiederum, daß die inneren wie die äußeren Interaktionen in ihrer Differenzierung beinträchtigt werden, daß Erleben sich nicht in einer ausreichend konstanten und Kontinuität gewährleistenden Weise als Erfahrung niederschlagen kann. Es dominieren Abwehrmechanismen, die im Sinne „primärer protektiver Prozesse" aus der Übergangsphase zwischen der ursprünglichen Dualunion mit der Mutter und der infantilen Trennungs- und Individuationsphase stammen. Diese *archaischen, primitiven Abwehrformen* schließen die Mitwirkung der Umwelt (im Sinne von Teilobjekt-Beziehungen) im Dienste und zum Zweck des Geschütztwerdens vor existentieller Angst ein: Spaltung, primitive Identifizierung, primitive Idealisierung und Entwertung sowie primitive Leugnung und projektive Identifizierung. Diese archaischen Abwehrmaßnahmen vollziehen sich am Partialobjekt, d. h. sie sind Modi des Umgangs mit Objekten, die aus einem Stadium geringer konativer, affektiver und kognitiver Abgegrenztheit stammen; sie sind von unmittelbarer und nahezu vollständiger Triebabfuhr begleitet. Das Grundmuster dieser Abwehrformen ist die *Spaltung*. So dürfen unverträgliche, ängstigende Erlebnisanteile nicht dem Selbst, das dadurch bedroht wäre (durch Entwertung, Fragmentierung), zugeordnet werden; sie können daher auch nicht der Errichtung *innerer* Konfliktspannungen dienen und nicht in kompromißhafter Weise verarbeitet werden; sie werden vielmehr als zur Außenwelt, zur ‚Welt der Objekte‘ gehörig erlebt; daraus resultieren bestimmte interaktionelle Muster im Umgang mit den Außenobjekten.

Die Unvereinbarkeiten und Unverträglichkeiten, die im Bereich dieser Störungen entstehen, sind demnach nicht mit jenen Konflikten zu vergleichen, die sich in der triangulären Arena bilden; während triangulär entstandene Konflikte mit Ganz- bzw. personalen Objekten und einem entsprechend differenzierten Selbst (Identität) bei Vorliegen eines relativ starken Ichs zu internalisierten dialektischen (intersystemischen) Spannungen, zu einer Konfrontation oder Polarisierung mit kompromißhafter Verarbeitung auf der *inneren* Bühne führen, folgen die in (pseudo-)dyadischen Frühbeziehungen unter traumatisierenden Bedingungen entstandenen Unverträglichkeiten und Unvereinbarkeiten (intrasystemischer Lokalisation) einem anderem Muster:

Ihre Verarbeitung wird *interaktionell* abgewickelt: Einzelne Elemente werden in die Außenwelt, auf Außenobjekte verlagert. So werden bei nebeneinander bestehenden, miteinander nicht verträglichen Beziehungsformen (der Beziehung zu einem ‚nur guten‘ und der Beziehung zu einem ‚nur bösen‘ Objekt) einzelne Elemente Außenobjekten zugeordnet. So wird etwa ein ‚nur böses/schlimmes‘ Teilobjekt in einer sozialen Bezugsperson identifiziert und bekämpft, um das im eigenen Inneren verbleibende ‚nur gute‘ Objekt zu erhalten und zu schützen; unter der Strafandrohung archaischer, d. h. quälend-sadistischer oder entwertend-destruktiver Über-Ich-Vorläufer stehende Schuld wird externalisiert bzw. projiziert und das betreffende Objekt wird gleichzeitig zum Adressaten sadistischer oder destruktiver Anklage-Attacken. Oder ein Außenobjekt wird idealisiert, wird mit einem inneren ‚nur guten‘ Teilobjekt zur Deckung gebracht und wird damit zum Empfänger, zum Adressaten unbegrenzter unkontrollierter illusionärer Erwartungen. Als Folge einer in solcher Weise mehr oder weniger verzerrten Wahrnehmung der sozialen Bezugsperson entstehen regelhaft interpersonelle Spannungen z. B. in Folge von Enttäuschungen auf Seiten des sich so Verhaltenden und des Sich-mißbraucht-Fühlens auf Seiten der Bezugsperson; sie führen häufig zu schweren Beziehungsstörungen, die das klinische Bild so strukturierter Patienten prägen und formen.

So finden sich bei Patienten mit Borderline-Strukturen verinnerlichte und in der Interaktion mit dem Therapeuten aktualisierte Objektbeziehungen, die klinisch als *Teilobjekt-Beziehungen* zu beurteilen sind. Als Teil- oder Partial-Objekt wird in diesem Zusammenhang ein entweder ‚nur gutes‘ oder ein ‚nur böses/schlimmes‘, ein entweder nur libidinös oder ein nur aggressiv besetztes Objekt verstanden.

Auf diese Weise werden gute und böse/schlimme Anteile der Repräsentanzen der Objekte, aber auch der des Selbst, auseinandergehalten; das ‚nur gute‘ Teil-Objekt bzw. Teil-Selbst wird auf diese Weise vor Aggressionen geschützt. Ein solches Auseinanderhalten bedeutet in der seelischen Entwicklung des Kindes aus der Sicht MELANIE KLEINS (1972) zunächst einen normalen Schritt. Es kann sich jedoch auch zu einem anhaltenden Abwehrvorgang entwickeln; das geschieht dann, wenn das kindliche Ich auf dem von ihm erreichten Entwicklungsniveau durch bestimmte Ereignisse oder durch wiederholte Erfahrungen bestimmter Art im Mutter-Kind-Dialog überbeansprucht wird und somit eine Traumatisierung erfolgt. Solche Erfahrungen lassen die ‚nur bösen‘ Teilobjekte übermächtig erscheinen und führen dazu, daß dadurch mobilisierte undifferenzierte (aggressive und aversive) Affekte die Erinnerungsspuren an die ‚nur guten‘ Teilobjekte zu vernichten drohen. Gelingt es in der weiteren Entwicklung nicht, diese durch Spaltung vollzogene

Abwehr aufzugeben und Beziehungen zu Objekten herzustellen, in denen gute und böse Anteile integriert und die sowohl libidinös wie aggressiv besetzt sind, und gelingt es nicht, ein entsprechend integriertes Selbst zu bilden, dann wird eine solche Ich-Fixierung (Fixierung auf der Stufe der Spaltung) gravierende Folgen haben:

Objektbeziehungs-Teileinheiten (MASTERSON, 1980), die aus aufgespaltenen entweder ‚nur guten‘ oder ‚nur bösen/schlechten‘ Objektbildern ebenso wie aus entsprechenden Selbstbildern und den dazugehörigen Affekten bestehen, organisieren dann Erleben und Verhalten. Die Weiterentwicklung der Ich-Funktionen zu differenzierteren Formen wird beeinträchtigt, insbesondere die der Realitätsprüfung und der Urteilsbildung sowie der Fähigkeit zu personalen (Austausch-)Beziehungen. Entsprechend beeinträchtigt ist auch die psychosexuelle Entwicklung; mit der Fixierung auf ein frühes Ich-Funktionsniveau, zentriert um Spaltungsmechanismen, ist regelhaft eine *Fixierung auf orale Triebbefriedigung* verbunden.

KERNBERG (1978) hat gezeigt, wie ein persistierender Spaltungsmechanismus die weitere Ich-Entwicklung schwer beeinträchtigt; das gilt u. a. für die Fähigkeit zur Neutralisierung von Triebenergie, die wiederum zum Aufbau höherer und differenzierterer Ich-Funktionen benötigt wird. Die Fähigkeit zur Neutralisierung von Triebenergie, die zur Weiterentwicklung der Funktionen des Ichs beiträgt, und die Entwicklung konstanter Objektbeziehungen beeinflussen sich gegenseitig; das hat bereits HARTMANN (1972, S. 157 ff.) eingehend beschrieben.

Warum die Differenzierung des Ichs auf der einen Seite und die Entwicklung der Fähigkeit zu personalen Objektbeziehungen auf der anderen Seite voneinander abhängig sind, wird verstehbarer, wenn man sich die Objektrepräsentanzen der Patienten mit Borderline-Strukturen genauer vergegenwärtigt. Hier geht es um innere Bilder von bemächtigenden, überwältigenden, willkürlichen, unkontrollierten, also gefährlichen Gestalten; man kann sich auf sie nicht verlassen, so daß man sie besser flieht. Die guten und befriedigenden Teilaspekte der Objekte müssen vor diesen unberechenbar gefährlichen geschützt werden. Solche Bilder sind als Verinnerlichungen, als Niederschläge von Erfahrungen zu verstehen, die ein noch schwaches infantiles Ich mit einer unange-

messen reagierenden Umwelt machte; sie sind somit zu Bestandteilen der psychischen Realität des Patienten geworden. Werden solche Repräsentanzen in der Behandlungssituation auf den Therapeuten projiziert, dann erweisen sie sich insofern als verzerrt und irrational, als sie dessen Realperson und damit der aktuellen äußeren Realität nicht entsprechen.

Zu diesen Störungen gehört auch eine *mangelnde Ausdifferenzierung der Affekte*, speziell ihrer signalgebenden Funktion. So sind z. B. die selbstreflexiven Affekte, die in Verbindung mit dem Über-Ich wirksam werden, wie Schuld- und Schamgefühle, bei solchen Patienten wegen der bei ihnen *defizitären Überich-Struktur* kaum zu finden; es kommt dann allenfalls zum Erleben von Betroffenheit, zum Unbehagen eines vagen Schuld- oder Schamgefühls, das keine Signale vermittelt, die der Orientierung und Handlungssteuerung dienen könnten. Ebenso sind die beziehungsregulierenden, die informationsverarbeitenden und die nachtragenden Affekte in ihrer Signalgebung mehr oder weniger beeinträchtigt. So tritt Angst vage, diffundiert oder anfallsweise als Panik auf. Oder es kommt zu einer diffusen Depressivität, die ihrem Träger keine Hinweise auf ihren Entstehenszusammenhang gibt; oder es treten, in Verbindung mit Triebimpulsen, vage libidinös getönte Erregungszustände auf, die den Betreffenden auf ein Objekt zutreiben, oder ungerichtet, sowohl zu heterosexueller wie auch homosexueller Promiskuität führen können. So werden z. B. von Patienten mit Impulsneurosen oder mit dissozialen Verhaltensweisen oft unklare vage Erregungszustände mitgeteilt, die sie imperativ und unreflektiert zu bestimmten Handlungen drängen. Ähnliches gilt für viele Kranke mit prägenitalen Sexualneurosen.

Die im Zusammenhang mit basalen Störungen klinisch in Erscheinung tretenden Symptome sind in ihrer Entstehung nicht mit Hilfe des Konflikt- und Kompromißbildungs-Modells zu erfassen. Die hier auftretenden und zu verarbeitenden Unverträglichkeiten können nicht in eine Beziehung konfliktärer Spannung gebracht werden; ihre Komponenten werden vielmehr zwecks Vermeidung unerträglicher Unlust voneinander getrennt gehalten. Die dabei mobilisierte Unlust ist nicht die mit pathologischen Kompromißbildungen innerer Konflikte verbundene neurotische Angst, vielmehr jene Unlust, die entsteht, wenn *basale Regulierungen* (Reizschutz, existentielle Sicherheit, Gewährleistung ungestörten organismischen Wohlbefindens, Selbst- und Identitätsstabilisierung, Selbstwertregulierung, Triebbefriedigung) nicht oder nicht ausreichend funktionieren. Diese Unlust hat die Qualität von *Vernichtungsangst*, die demnach als eine weitere Katastrophe der frühen Kindheit zu verstehen ist.

Der Vollzug dieser Regulierungen, primär einer Teilobjektrepräsentanz zugeordnet, wird bei solchen Störungen an dessen Substitut in der sozialen Realität delegiert; im Zusammenhang damit kommt es zu den genannten unlusterzeugenden Regulierungsausfällen. Die Vollzüge der Regulierungen sicherzustellen, ist Aufgabe des Ichs. Das geschieht dadurch, daß die bestehende Phantasie von einer Teilobjektrepräsentanz, die solche Aufgaben übernommen hat, gestützt wird; es geschieht durch das Wirksamwerden von Protektionsmechanismen, also von primitiven Abwehrmechanismen wie Idealisierung, Verleugnung und Spaltung; ferner dadurch, daß ein solches Teilobjekt durch ein Außenobjekt substituiert wird, wobei das Ich durch eine entsprechende Adaptation der Wahrnehmung dafür Sorge trägt, daß (inneres) Teilobjekt und äußeres Substitut für den Betreffenden (im Sinne einer Täuschung) deckungsgleich bleiben. Da ein solches *Teilobjekt-Substitut* die ihm zugewiesenen Regulierungsaufgaben immer nur begrenzt oder gar nicht übernimmt, kommt es zu entsprechenden Ausfällen. Diese Ausfälle mit der dadurch mobilisierten Vernichtungsangst werden von dem Betreffenden häufig nicht mit dem realen (verweigernden) Verhalten des Teilobjektsubstituts (in der Therapie regelhaft des Therapeuten) in Zusammenhang gebracht; vielmehr ist die vom Ich ermöglichte Realitätsverkennung so wirksam, daß ein versagendes oder sich verweigerndes reales Substitut dennoch als funktionierend erlebt wird, eben deswegen, weil ihm die Qualitäten der betreffenden Teilobjektrepräsentanz zugeschrieben werden. Umgekehrt kann es geschehen, daß es zum Erleben von Verlust, Entzug und Bedrohung im Sinne von Existenzvernichtung kommt, obwohl das reale Teilobjektsubstitut sich um die Übernahme solcher Regulierungen irgendwie bemüht; das geschieht dann, wenn der Regulierungsausfall sich dem Betroffenen auf einmal so stark aufdrängt, daß die

Substituierung eines guten Teilobjekts zurückgezogen wird und seinem vormaligen Substitut jetzt die Eigenschaften eines bösen, verweigernden Teilobjekts zugeschrieben werden.

Man sollte sich gegenwärtig halten, welche – synthetisch-integrative – *Leistungen das Ich* im Zusammenhang mit der hier erforderlichen Unlustabwehr zu vollbringen hat. Das wird z. B. erkennbar an den – soeben beschriebenen – Maßnahmen, die vom Ich getroffen werden, um eine mit basalen Regulierungen betraute Teilobjektrepräsentanz und die dazugehörige Beziehung stabil zu halten. Das bedeutet, daß ein äußeres Objekt als mit dem inneren Teilobjekt identisch erlebt wird und daß diese Kongruenz (von Innerem und Äußerem) durch Wahrnehmungsverkennungen und d. h. durch Einschränkung einer Funktion des Ichs aufrecht erhalten wird; das Ich schwächt sich gleichsam selbst um der Bemühung willen, das biopsychologische Gleichgewicht der Person zu gewährleisten. Das Ich modelliert sich im Dienste seiner Anpassungsaufgaben gleichsam selbst. In schweren Fällen kann der Eindruck entstehen, daß das Ich sich sogar aufopfert, daß es um der Weiterexistenz der Person willen Fragmentierung und Desorganisation zuläßt.

Es erscheint fraglich, ob ein solches Ich als schwach bezeichnet werden darf; von Schwäche wäre allenfalls zu sprechen, wenn man die Kriterien des sogenannten „fiktiven Normal-Ichs" zugrunde legte (s. dazu STREECK, 1983). Wenn man jedoch davon ausgeht, daß bei basal gestörten Kranken die jeweils dominierenden Teilobjektbeziehungen auf jeden Fall erhalten werden müssen, insbesondere die Beziehung zu jenen Teilobjekten, an die existentiell wichtige Regulierungen gebunden sind, dann liegt es nahe, das Ich als den Organisator, den Vermittler, die Anpassungsinstanz zu verstehen, die sich in den Dienst der Erhaltung oder Wiederherstellung einer lebenswichtigen Struktur stellt.

Das Ich ist im Falle basaler Störungen nicht um die Herstellung eines Kompromisses bemüht – da innere Konfliktspannungen nicht gegeben sind –, vielmehr darum, Regulierungsausfälle, die im Zusammenhang mit einer labilisierten, in Frage gestellten Teilobjektbeziehung entstanden sind, zu kompensieren.

Dabei bedient sich das Ich auch der jeweils entstandenen Über-Ich-Struktur, die sich im Fall basaler Störungen als Überich-Vorläufer oder als präautonome Überich-Schemata darstellen.

Eine Reparaturmaßnahme des Ichs kann z. B. darin bestehen, daß Überich-Vorläufer herangezogen werden, um über Schuldexternalisierung (das Substitut des verlassenden oder verlorengegangenen Teilobjekts ist böse) eine erlittene Selbstverletzung erträglicher zu machen. Dem kann auch die Initiierung einer Gruppenbildung auf der Basis von Schicksalsanteiligkeit dienen.

Das Ich kann ferner ein anderes Objekt der Außenwelt heranziehen, um ein verlorengegangenes Teilobjekt zu ersetzen, so z. B. eine materielle Substanz in Form von Nahrung (so im Falle von Bulimie) oder in Form eines Suchtmittels. Damit wird ein apersonales Teilobjekt-Substitut eingeführt, ein materielles Substrat, ein Stoff. Die Abhängigkeit von einem solchen Stoff gilt unter klinischem Aspekt als Symptom.

Die Bemühung des Ichs um Kompensation, um Ausgleich, um Reparatur der verletzten Repräsentanzen (verletzt aufgrund des Ausfalls basaler Regulierungen) kann auch so aussehen, daß eine Regression der Beziehung auf sehr frühe Ebenen erfolgt, die durch präsymbolische Repräsentanzen, Repräsentanzen in Gestalt von Körperteilen, von Organen, von Organsystemen gekennzeichnet sind. Es geht dabei um einen Rückgriff auf ontogenetisch sehr frühe Interaktionsformen, in denen das (präsymbolische) Körpererleben dominierte. Die Organe erhalten somit die Qualität von Teilobjektrepräsentanzen; sie sind es, die dann zum kompensierenden Substrat werden. Das geschieht u. a. auf der Basis von Erinnerungsspuren (somatisches Gedächtnis) der genannten sehr frühen (pränatalen) Interaktionsformen. Dieser Versuch des Ichs, unerträgliche Unlust zu vermeiden, hat – ebenso wie der abhängige Gebrauch eines Suchtstoffes – Symptomcharakter (psychosomatische Erkrankung). Es kommt an dem als Repräsentanz ausgebildeten Organ zu Störungs- und Krankheitserscheinungen.

7.2 Annahmen zur Entstehung struktureller Störungssyndrome

Fußend auf klinischen Erfahrungen möchten wir auf drei pathogenetische Ansätze, auf drei Muster der Störungsentstehung hinweisen:

1.

Bei dem ersten hier zu nennenden Ansatz handelt es sich um *Entwicklungspathologie im engeren Sinne* (ANNA FREUD, 1978). In der frühen und frühesten Beziehung zwischen Mutter und Kind ist es nicht oder nicht ausreichend zu wechselseitiger Abstimmung und Einstimmung gekommen; es kam nicht zu Prozessen, die es erlaubt hätten, das angeborene Autonomiepotential des Kindes genügend zur Entfaltung zu bringen; das dafür jeweils notwendige Maß an Stimulierung (Vermeidung von Über- und Unterstimulierung) konnte nicht vermittelt werden. Es kam nicht zur Ausbildung von Kommunikationsstrukturen, die dem Kind im Spannungsfeld zwischen Autonomiestreben und Bedürfnis nach Anlehnung und Abhängigkeit (von Bindung), im Wechselspiel zwischen Trennung, Loslösung und Wiederannäherung sowohl die Entwicklung basalen Vertrauens in die Objekte (Urvertrauens im Sinne ERIKSONS, 1950 a) ermöglicht hätte wie auch die Entwicklung von Vertrauen in das eigene Potential, von Vertrauen zum Selbst. Es handelt sich bei dieser Genese im Kern um Störungen im interaktionellen Anteil der frühen Objektbeziehung. KRAUSE spricht in diesem Zusammenhang von „Entgleisungen der Kommunikationsstruktur der frühen Eltern-Kind-Dyade" (1990, S. 643).

2.

In langfristigen Psychotherapien von Patienten mit Borderline-Strukturen ergeben sich immer wieder Hinweise auf *traumatische Erfahrungen in der Frühgenese*; (DULZ und SCHNEIDER, 1995, S. 7 f.; GAST, 1997, S. 249 f.; HIRSCH, 1997; ROHDE-DACHSER, 1994, S. 84 f.; SACHSSE, 1995); dabei kann es sich um plötzliches Verlassenwerden oder um grob feindselige oder sexuelle Handlungen eines oder beider Elternteile oder anderer Personen handeln oder z. B. auch um unfallbedingt-exogene Gewalteinwirkung oder um organismische Erschütterungen durch eine schwere Erkrankung oder auch um Ausfall der Mutter durch deren Tod. Diese Erfahrungen wurden in einer Entwicklungsphase gemacht, in der das Kind noch nicht fähig war, massive Einwirkungen solcher Art realitätsangemessen zu verarbeiten, sie vielmehr als *Reizüberflutungen* erlebte. Die bei solchen Kranken häufig so verzerrt anmutenden Objekt-Repräsentanzen sind auf diesem Hintergrund als Verarbeitungen realer traumatischer Erfahrungen zu verstehen. Sie wurden durch die Dispensierung der Realitätsprüfung während des traumatisierenden Geschehens und ein somit geschwächtes Ich geprägt, das, wie FERENCZI (1932) annimmt, vorstellungslos verläuft; das Trauma selbst verläuft vorstellungslos, die dadurch ausgelösten panikartigen Angstüberflutungen (Panik = Angst im Trauma einer Reizüberflutung = Angst ohne Signalfunktion) führen zur Regression, zu der bei solchen Kranken häufig bestehenden Ich-Fixierung auf der Stufe der Spaltung (FENICHEL, 1937; HEIGL-EVERS und HENNEBERG-MÖNCH, 1985, 1986; KHAN, 1963).

Die Auswirkungen der dominanten (Teil-)Objektbeziehungen auf die Struktur des Ichs frühgestörter Patienten lassen sich freilich auch auf andere Weise verstehen: Die dominante (Teil-) Objektbeziehung eines so gestörten Patienten kann als das zentrale Regulativ für die Repräsentanzen der Innenwelt und für die Beziehung des Subjekts zur ‚Welt der Objekte‘ schlechthin gelten. Um diese Regulation zu sichern, vollzieht das der inneren wie der äußeren Realität verpflichtete Ich Anpassungsvorgänge, in deren Vollzug es seine eigenen Funktionen entweder reduziert oder kompensatorisch verstärkt; so wird die Realitätsprüfung in einem solchen Vollzug in der Regel eingeschränkt. Aus dieser Sicht beeinflußt die dominante Teil-Objekt-Beziehung das Ich, das dann, in einer modellierten Form, stabilisierend auf diese Beziehung zurückwirkt.

Außerdem gilt es, die zuvor erwähnte These ernstzunehmen, wonach während eines Traumas im Sinne einer Reizüberflutung die Realitätsprüfung ausgeschaltet wird, die nach FERENCZI mit dem Ich weitgehend identisch ist (FERENCZI, 1932). Das Trauma verläuft daher vorstellungslos; es kann vom betroffenen Subjekt nicht in seinen Entstehenszusammenhängen und seiner kausalen Begründung erfaßt und begriffen werden. Ein solcher Entstehenszusammenhang mit kausaler Begründung wird dann vom Ich des Betreffenden durch – unbewußte – Phantasietätigkeit hergestellt, geschieht also unter der Einwirkung von Inhalten des Es. Auf diese Weise sind es nicht die in der traumatisierenden Situation präsenten realen Objekte, die zu jenen Realitätsverzerrungen führen, sondern es sind in Früh- und Frühestphasen entstandene Phantasien (Repräsentanzen), die zur – nachträglichen – Erklärung des traumatisierenden Geschehens herangezogen werden (s. auch EAGLE, 1988; HIGITT und FONAGY, 1992; ZEPF, WEIDENHAMMER und BAUR-MORLOCK, 1986).

3.

Zum Verständnis des folgenden Störungsansatzes sei vorangestellt, daß eine überwiegend libidinöse Beziehung zu elterlichen Objekten für das Kind auch erforderlich ist, um die inneren Stürme der ödipalen Entwicklungsphase erfolgreich zu überstehen. Wenn ein Kind den gleichgeschlechtlichen Elternteil in der ödipalen Phase als bedrohlich erlebt, so deshalb, weil es dessen Vergeltung für seine eigenen Triebwünsche fürchtet. Würde das Mädchen der Mutter den Vater, würde der Junge dem Vater die Mutter wegnehmen, so müßte das Kind mit Vergeltung rechnen. Die Beschäftigung in Phantasien und Spielen mit ödipalen Wünschen und den erschreckenden Folgen, die sich ergäben, wenn auf deren Erfüllung nicht verzichtet würde – wie die schuldlos-schuldhaften Verstrickungen im Ödipus-Mythos sie eindrücklich verbildlichen und symbolisieren –, und schließlich der Verzicht selbst können vom Kind nur dann geleistet werden, wenn die Elternimagines nicht wegen früher traumatischer Erfahrungen stärker durch ihre präödipalen Vorläufer bestimmt sind oder wenn die Eltern sich in der ödipalen Phase dem Kind gegenüber durch inzestuöse oder aggressive Übergriffe traumatisierend verhalten haben.

Die ödipale Konfiguration wird für diese Patienten zu einer schwer überwindbaren Entwicklungsbarriere – und zwar deswegen, weil Inzest einerseits und Tötung des elterlichen Rivalen andererseits in eine beunruhigende Nähe zur Realisierung gerückt sind; sie könnten, so mag das Kind erleben, tatsächlich konkretisiert, in die Tat umgesetzt werden; sie werden dann nicht oder nicht ausreichend in den Innenraum, in den Bereich unbewußter Phantasien verwiesen, was geschehen könnte, wären sie der Realisierung fern. Diese bedrohliche Handlungsnähe kommt auf folgende Weise zustande:

Entweder ist, so hieß es bereits, durch inzestuöse Handlungen, meistens von seiten des Vaters oder einer vaterähnlichen Person, die Inzestschranke passager aufgehoben und die Aggression gegenüber dem Rivalen oder der Rivalin entsprechend mobilisiert worden, oder aggressive Übergriffe auf das Kind schließen in dessen Erleben destruktives Handeln innerhalb einer nahen Beziehung hinfort nicht mehr aus. Oder einer der Eltern hat den anderen Elternteil gegenüber dem Kind über längere Zeit mehr oder weniger sublim abgewertet und hat ihm gleichzeitig vermittelt, daß es eigentlich der bessere Partner sei. Auch auf diese Weise kann der *ödipale Doppelimpuls*: Inzest/Parentizid erheblich verstärkt und für das Kind in Handlungsnähe gerückt werden.

Die dadurch ausgelösten massiven Ängste und Schuldgefühle veranlassen das Kind zu regressivem Zurückweichen auf jene frühen Objektbeziehungsmuster, die einen gewissen Schutz vor dem ödipalen Impuls dadurch gewährleisten, daß sie den Dritten weitgehend marginalisieren. Das hat folgende Auswirkungen: die Entwicklung der Realitätsprüfung, wie sie in der ödipalen Phase bei ungestörtem Verlauf zustande kommt, wird eingeschränkt. Die sonst stattfindende Relativierung von Omnipotenz- und Grandiositätsvorstellungen vom eigenen Selbst und von den Objekten entfällt.

Infolge des regressiven Zurückweichens vor dem ödipalen Konflikt kommt es nicht zu einer differenzierten Überich-Strukturierung, wie sie sonst aufgrund von Identifizierungen mit den Elternobjekten und deren Über-Ich in der ödipalen Phase geschieht. Dadurch, daß die Verinnerlichung von Werten und Normen, die bei ungestörter Weiterentwicklung zunehmend depersonifiziert werden (HEIGL und HEIGL-EVERS, 1984),

nicht ausreichend zustandekommt, überwiegen *präödipale archaische Überich-Vorläufer* wie Vergeltung, Rache, Strafverfolgung.

Ferner leidet auch die Identitätsbildung Not – in der ödipalen Phase selbst und später in der Pubertät. Die Identität bleibt unkonturiert, unterliegt häufig einer Diffusion, ihre stabilisierende und organisierende Kraft ist reduziert.

Die mit den frühen Objektbeziehungsmustern, Teilobjekt-Beziehungsmustern verbundenen Delegierungen wichtiger Regulierungsfunktionen an das Teilobjekt bzw. an dessen reales Substitut führen zu einer *Instrumentalisierung des Substituts*, wobei seine Personalität blaß bleibt; entsprechende Abhängigkeiten vom inneren wie vom äußeren (Teil-)Objekt bleiben bestehen. Gleichzeitig wird auch in diesen Zusammenhängen die *Realitätsprüfungsfunktion* eingeschränkt; denn es geht darum, die Fiktion aufrechtzuerhalten, daß die sozialen Substitute mit den inneren Teilobjekten deckungsgleich sind und deren Regulierungsfunktionen ausüben.

Der ödipale Konflikt ist bei solchen Störungen, ähnlich dem Geschehen im antiken Mythos, zu handlungsnah; er wird regressiv verlassen in Richtung auf einen Modus der Verarbeitung innerer Unverträglichkeiten, der eine größtmögliche Distanz zur verhängnisvollen ödipalen Triade verbürgt. Damit sind Störungen der Über-Ich-Bildung, der Identitätsfindung, der Realitätsprüfung verbunden; sie behindern eine progressive Differenzierung der inneren Strukturen, wie sie bei gesunder und auch bei neurotischer Bewältigung des ödipalen Konflikts, einer Konfliktbewältigung auf der *inneren* Bühne möglich ist.

Nach der Darstellung der theoretischen Sichtweisen und der dazugehörigen Konzepte und Begriffe, die sich uns zur Orientierung in Diagnostik und Therapie als brauchbar erwiesen haben, wollen wir im folgenden zur *Veranschaulichung dieser Überlegungen* von Patienten mit entwicklungspathologisch bedingten Krankheiten oder Störungen bei unterschiedlichen Symptombildern und unterschiedlichen pathogenetischen Ansätzen berichten; das soll natürlich nicht die Darstellung einer speziellen Psychopathologie ersetzen, sondern Anregungen vermitteln zu einem intensiveren Studium der Fragen spezieller Psychopathologie in den einschlägigen Texten der dazu vorliegenden Literatur.

7.3 Kasuistisches Beispiel für eine Borderline-störung

Die folgende Vignette haben wir ausgewählt, weil sie deutlich macht, daß ein schweres strukturelles Syndrom sich in Verarbeitung eines *einschneidenden Makrotraumas in den Zusammenhängen der ödipalen Phase* entwickeln kann:

Die 23jährige, ganz in schwarz gekleidete Patientin berichtet, daß ihre Beschwerden schon um die Zeit ihres 15. Geburtstages angefangen hätten. Die Eltern seien damals ohne sie abends weggegangen; sie habe sich wie tot gefühlt und sich aus Wut und auch als Strafe Verletzungen zugefügt, durch die sie sich habe spüren wollen. So habe sie sich z. B. mit einem Teppichmesser tiefe Schnittwunden an den Unterarmen und durch Feuerzeug und Zigaretten Verbrennungen beigebracht, die sie dann aber vor den Eltern verheimlicht habe.

Auch in der letzten Zeit habe sie sich wieder wie tot gefühlt, weil sie nichts fühlen könne. Das Fühlen sei das Wichtigste, insbesondere im Kontakt mit den Menschen. Ohne Fühlen sei sie unfähig zu leben. So habe sie einsam und allein stundenlang in der Wohnung unbeweglich verharrt und Musik gehört. Sie habe dabei gedacht, das sei eine Art von Tod und sie habe tot sein wollen. Es sei etwas Zerstörerisches in ihr, das ihr sage, es sei doch ganz gut, einfach nur so dazusitzen und langsam auszutrocknen. Gegen diese Zerstörerische helfe ihr manchmal schnelles Laufen, ein Bad oder soviel zu essen, bis ihr übel werde. Nur noch selten trinke sie Alkohol und füge sich Verletzungen zu. Stattdessen bestrafe sie sich in der letzten Zeit mit seelischen Schmerzen, z. B. demütige sie sich dadurch, daß sie sich Schuhe kaufe und später trage, die ihr gar nicht gefielen. Auch Nahrungs- und Flüssigkeitskarenz diene ihr zur Selbstbestrafung. Wenn jemand sie berühre, rein zufällig beim Anstoßen im Vorbeigehen, müsse sie sich ausgiebig und lange duschen oder waschen. Sie fühle sich immer noch wie halbtot, reglos und traurig; sie komme aus dem System nicht heraus.

In ihren schwarzen Hüllen, das Gesicht hinter den nach vorne fallenden Haaren verborgen, sitzt sie in der äußersten Ecke des Zimmers; der Kopf ist gesenkt, so daß kein Blickkontakt möglich ist. Sie berichtet mit leiser Stimme monoton, mit vielen Pausen. Im Raum ist es, so erlebt es die Therapeutin, kalt geworden; sie spürt eine gewisse körperliche Beklommenheit und auch Hilflosigkeit.

Sie berichtet dann über die verschiedenen Vorbehandlungen mit unterschiedlichen Diagnosen und über eigene Versuche, diese Zustände zu beeinflussen; sie berichtet über den totalen Abbruch der Beziehung zur Familie und die verzweifelten Versuche der Kontaktaufnahme. Während sie dies berichtet, ist sie lebhafter geworden, die Miene ist freundlicher, gelegentlich blickt sie vorsichtig auf, neugierig-prüfend. Für die Therapeutin ist es wärmer geworden, sie spürt mehr Mitgefühl, eine leichte Sympathie, als ob das „Eis etwas geschmolzen sei".

Zur Lebensgeschichte berichtet die Patientin von den guten ersten 3 Lebensjahren. Die Eltern hätten sich geliebt, sie sei ein Wunschkind gewesen. Dann zog die Familie aus beruflichen Gründen ins Ausland. Als der 4 Jahre jüngere Bruder zur Welt gekommen war, habe sie sich zuerst, solange er noch von der Mutter versorgt wurde, sehr gefreut. Als das Kindermädchen sie nicht mehr an den Bruder herangelassen habe, sei sie eifersüchtig gewesen und habe den Bruder jahrelang „gepiesakt"; so habe sie ihn oftmals verprügelt und gequält und einmal sogar in einen Teich gestoßen, damit er untergehe. Sie sei jedoch daraufhin in Panik geraten und habe den kleinen Bruder, der noch nicht habe schwimmen können, aus dem Wasser gezogen. Beim Erzählen dieser Begebenheit lächelt sie – es sei eine schreckliche Geschichte, aber sie liebe schreckliche Geschichten.

Nach der Rückkehr der Familie nach Deutschland habe sie dann die Schule besucht. In der Schule sei sie still gewesen, habe sich nicht getraut, sich zu melden, aus diesem Grund kam es nur zu mittleren Leistungen; sie hätte sicher viel besser sein können. In den letzten Schuljahren, sie wohnte damals in einem Internat, habe sie sich dann angestrengt, an der Schule Spaß gehabt und auch sehr gute Zensuren erreicht. Kurz vor Abschluß der 10. Klasse sei sie dann leider krank geworden, sie habe sich einsam und isoliert gefühlt, habe keine Freunde gehabt und keine Zuwendung von seiten der Eltern verspürt. Durch diese Krankheit sei der schulische und berufliche Entwicklungsweg jäh zerschnitten worden.

Nach diesen ersten diagnostischen Gesprächen werden die folgenden Hypothesen gebildet. Entscheidend scheint der frühe Objektverlust für die Patientin gewesen zu sein, den sie in das dritte Lebensjahr verlegt, die Abwendung der Mutter. Seitdem hat sie sich offensichtlich isoliert und allein, von der Familie abgestoßen und ausgesetzt gefühlt. Sie hat in der Rivalität zum Bruder weder die Mutter auf ihre Seite bringen, noch die Liebe und Zuwendung des Vaters erringen können. Dem Bruder gegenüber war sie unterlegen. Sie scheint sich ohnmächtig und hilflos den Bezugspersonen, den von außen einwirkenden Kräften ausgeliefert gefühlt zu haben. Durch die Entwurzelung, den Umzug in ein fernes Land und die Rückkehr nach wenigen Jahren ist es offensichtlich zu großen Umstellungsschwierigkeiten gekommen, so daß sie keine dauerhaften Beziehungen zu Gleichaltrigen in der Schule und im sonstigen Umfeld habe bilden können. Isoliert und allein hat sie für sich gelebt, vergeblich versucht, durch zunächst schlechte Leistungen, später vermutlich auch durch die Symptomatik, die Aufmerksamkeit der Eltern auf sich zu ziehen, die sich in den späteren Jahren miteinander zerstritten hatten; schließlich wurde sie ins Internat abgeschoben. In der Pubertät wurde es für sie zunehmend schwieriger, mit ihrer teils diffusen Aggression umzugehen; vermutlich wegen nicht ausreichend abgegrenzter Repräsentanzen des Selbst und der Objekte richtete sie ihre Aggressionen vornehmlich gegen sich selbst, um sich von dem in ihr angestauten aggressiven Potential entlasten zu können. Das ge-

schah vor allem in Form der beschriebenen Selbstverletzungen. Nachdem sie dann in eine stationäre Behandlung eingewiesen worden war, wandten sich die Eltern erneut von ihr ab; sie wanderten aus und nahmen den Bruder mit; sie bleibt in der Situation der Isolierung zurück.

Im Laufe der weiteren therapeutischen Gespräche taucht dann zunehmend eine Erinnerung aus den ersten Lebensjahren auf. Es ist das Bild eines kleinen 4jährigen Mädchens, das die Wohnung verläßt und sich an den Stadtrand begibt, wo die Einheimischen notdürftig in Hütten wohnen. Sie wird dort von einer freundlichen Frau aus der Siedlung in eine dieser Hütten gelockt und es kommt dann offensichtlich zu einer sexuellen Mißbrauchshandlung. Verstört eilt sie nach Hause zurück und teilt unter großer Angst der Mutter dieses Ereignis mit. Die Polizei wird informiert und die Frau wird dadurch bestraft, daß sie das Dorf verlassen muß. Das Schlimmste an dieser Erfahrung sei, daß seit dieser Zeit ein Riß in der Beziehung zur Mutter bestehe; sie fühlt sich seitdem von ihr abgetrennt. Alle Bemühungen, die sie unternommen hat, um diese emotionale Beziehung wieder herzustellen, sind bis heute mehr oder weniger gescheitert. Immer wieder kommt sie in der Therapie auf dieses Ereignis ihrer Kindheit zurück; manchmal äußert sie: „Es tickt wie eine Bombe tief in mir, unheimlich, bisher nicht entschärft."

Was ist hier geschehen?

Ein kleines Mädchen, ein Wunschkind, zunächst von den Eltern freundlich empfangen und bestätigt, erlebt in der ödipalen Phase die Geburt eines Bruders, durch den sie sich wahrscheinlich entthront fühlte. Die Reaktion auf ihn ist heftig, aggressiv, gleichwohl aber auch libidinös getönt (sie zieht den ins Wasser Gestoßenen sofort wieder heraus). In ihrer Bemühung, die Eltern für sich wieder zu gewinnen, geriet sie in eine negativ-ödipale inzestuöse Situation hinein, die, wie auch immer sie sich abgespielt haben mag, zu einer Vertiefung des wahrscheinlich schon mit der Geburt des Bruders eingetretenen Risses in der Beziehung zu den Eltern, besonders zur Mutter führte. Sie fühlt sich unverstanden, auf sich verwiesen, zurückgestoßen, alleingelassen. Der Weg ins Alleinsein, in eine monadenhafte Existenzform, in Isolierung, ist ihr Ausweg, Rückweg aus der entstandenen Kalamität. Diese Kalamität besteht möglicherweise vor allem in der Konfrontation mit eigener Aggressivität, die – zu jener Zeit – relativ handlungsnah war, sich als konkretisierbar nahelegte (der kleine Bruder wird in den Teich gestoßen). Möglicherweise hängt die Intensität der aggressiven Reaktion auch mit der vom Kind zunächst erlebten Favorisierung zusammen (das stark gewünschte Kind beider Eltern zu sein). In der dann folgenden Erfahrung eines homosexuellen Traumas, wahrscheinlich verursacht oder ausgeübt durch eine von ihr als mütterlich erlebte Frau, erfuhr sie dann erneut, zurückgewiesen zu werden, nicht-verstanden, abgelehnt zu werden, wodurch sich der Riß in der Beziehung zur Mutter vertiefte. Aus dem zuvor einzig geliebten Kind wurde jetzt das in einzigartiger Weise unverstandene Kind, das sein Heil im Alleinsein suchte.

In der ödipalen Phase gescheitert an einer klärenden Auseinandersetzung mit ödipalen Wünschen, mit Sexualität und weiblicher Identität, geriet sie in der Pubertät in eine schwere Krise, dann, als sich die zuvor nicht bewältigten Lebensthemen erneut stellten. Hilflosigkeit im Umgang mit eigener unverstandener Aggressivität und Wendung gegen sich selbst mit auffälliger Symptommanifestation bewirkten nicht, daß die Eltern erreichbar wurden. Sie wurde erneut abgelehnt, zurückgewiesen, in drastischer Weise dadurch hinter den Bruder zurückgesetzt, daß die Eltern mit ihm ins Ausland gingen. In der ödipalen Triade gescheitert, bei dem Versuch, regressiv die frühe dyadische Nähe zur Mutter wiederherzustellen, gleichfalls erfolglos, mündet ihr Weg zunächst in eine monadische Befindlichkeit, die sie in bewegender Weise beschreibt. Dieses „Herausgegangensein" aus den Beziehungen zu den wichtigen Objekten führt dann zu einem Krankheitsbild, einem Störungssyndrom, das in der frühen Dyade entstandenen strukturellen Störungen entspricht. Gleichwohl

gibt es eine Rückkehr zu den anderen, die sich schon in der diagnostischen Situation abzeichnet, in der es dazu kommt, daß sich die Diagnostikerin sympathisch bewegt fühlt. Dieses diagnostische Gespräch mündet in eine therapeutische dyadische Beziehung. (Weiteres zur Psychopathologie der Borderline-Störungen s. bei BENEDETTI, 1987; BENJAMIN, 1993; BLANCK und BLANCK, 1981; DULZ und SCHNEIDER, 1995; GAST, 1997; HEIGL-EVERS, HEIGL und BECK, 1985; HEIGL-EVERS und HENNEBERG-MÖNCH, 1985; HIGITT und FONAGY, 1992; JANSSEN, 1990; KERNBERG, 1978, 1985, 1988a; KERNBERG et al., 1993; MASTERSON, 1980; RAUCHFLEISCH, 1981, ROHDE-DACHSER, 1983, 1987, 1994; RUDOLF, 1977; VOLKAN, 1978; VOLKAN und AST, 1992).

 ## 7.4 Kasuistisches Beispiel für eine narzißtische Persönlichkeitsstörung

Die folgende Vignette einer *narzißtisch gestörten Persönlichkeit* soll zeigen, wie sich diese Kranken die bei ihnen dominante Unverträglichkeit von hochidealisiertem Selbst einerseits und entwertetem Selbst andererseits, wie sie – intrasystemisch – im Ich existiert, unbewußt erträglich zu machen versuchen.

Der 35jährige Mann hat sich telefonisch angemeldet, er bittet dringend um Hilfe. Er könne sein Studium nicht fortsetzen, leide unter Denkhemmungen, Angst und suizidalen Gedanken und Impulsen.

Seit der Trennung von einer langjährigen Freundin sei er zunehmend depressiv geworden, mutlos, er habe das Empfinden, seine Kräfte schwänden dahin, er könne nicht mehr denken, müsse viel grübeln, er sei unkonzentriert, fahrig und fühle sich völlig blockiert. Das Leben erscheine ihm öde, alle Anstrengung sinnlos. Er sei von quälenden Selbstzweifeln und im Zusammenhang damit von Suizidimpulsen geplagt. Er sehne sich nach einer Sicherheit bietenden Umgebung, nach sofortiger Entlastung oder Beruhigung. Auch im körperlichen Bereich fühle er sich brüchig, überall habe er Beschwerden. Er sei wie abgeschnitten von der Welt, fühle sich irgendwie diesen inneren Panikgefühlen, den körperlichen Spannungen und den negativen Impulsen ausgeliefert. Nachdem er so ungefähr eine Viertelstunde über seine Beschwerden berichtet hat, stellt sich bei ihm eine gewisse Erschöpfung ein. Während des Berichtes entsteht der Eindruck, daß diese ganzen Inhalte, Klagen und Beschwerden aus ihm herauslaufen, daß es zu einer zunehmenden Entleerung und Druckentlastung kommt; nach diesem Entlasten und Entleeren wirkt er wie eine ausgehöhlte Hülle, die sehr fragil, dünnhäutig, bläßlich vor dem Untersucher sitzt.

Nach den ersten Fragen zur auslösenden Situation und zur lebensgeschichtlichen Entwicklung verändert sich das Bild. Der Patient wirkt zunehmend konturiert, wird in der Stimme kräftiger; es entwickelt sich ein zunehmend klarer und positiver emotionaler Kontakt zwischen Patient und Untersucher. Es entsteht der Eindruck, daß er auf diese Weise wieder angeschlossen ist an die Welt, daß er offensichtlich aus dieser Ankoppelung auch Energien gewinnt, die es ihm ermöglichen, im zweiten Teil der Untersuchung sehr konkret und mit guter Reflexionsfähigkeit seine soziale und psychische Situation vor der Erkrankung darzustellen. Er berichtet, daß er bereits dreimal in einer derartigen Lage gewesen sei, es habe sich immer um Trennungssituationen gehandelt. Es sei eigentlich immer um Beziehungen gegangen, in die er gefühlsmäßig und auch sozial stark involviert war. Es sei ihm immer vorgekommen, als hätte er einen Teil von sich verloren und als sei danach eine große offene Wunde oder Lücke entstanden. Es waren Beziehungen zu Frauen, im Urlaub auch einmal eine freundschaftliche Beziehung zu einem gleichaltrigen Mann. Diese Beziehungen seien hoch intensiv gewesen, er habe sich darin außerordentlich wohlgefühlt; es habe ein Gleichklang der Interessen, der Gefühle und auch der Anschauungen bestanden. Beide seien füreinander dagewesen; er benutzt mehrfach Worte wie unzertrennlich, harmonisch, außerordentlich, toll, wunderbar. In diesen Beziehungen habe er sich wie aufgetankt gefühlt, sei voller Energie gewesen, hätte rund um die Uhr arbeiten können, habe sich auch für die Betreffenden eingesetzt, habe Arbeiten übernommen und sich trotz Überbelastung außerordentlich wohlgefühlt. – Und dann immer dieser Abriß, dieses Versinken oder Abstürzen ins Bodenlose. Bis tief hinein in die körperlichen Abläufe. Er habe diesen Absturz oder diese Talfahrt nicht stoppen können, weder durch Arbeit noch durch Ablenkung.

Während des langatmigen Berichts entsteht im Untersucher nach anfänglichem Interesse zunehmend ein Gefühl von Langeweile mit Gedanken wie „Hör endlich auf, es ist genug", mit einer leichten Beimischung von Ärger. Überraschung dann, daß der „Fluß der Klagen" durch einige konkrete Fragen so schnell zu stoppen ist. Der Patient wirkt plötzlich sehr anhänglich, möchte konkrete Ratschläge haben, erklärt sich sofort mit allen Maßnahmen einverstanden; beim Untersucher entsteht ein leichtes Mißtrauen wegen dieser „Anhänglichkeit", dieser zu schnellen „Vertraulichkeit" gegenüber einer Person, die er kaum kennt.

Zur Lebenssituation berichtet er dann, daß er als zweiter Zwilling geboren wurde; der Bruder verstarb wenige Tage nach der Geburt. Er selbst war über mehrere Wochen wegen seines schlechten körperlichen Zustands in stationärer Behandlung.

Die Mutter habe sehr früh seine ausgeprägte Empfindsamkeit und hohe Intelligenz erkannt. Gegenüber den drei älteren Geschwistern galt er als etwas Besonderes, sowohl in seiner Zartheit und Gebrechlichkeit als auch wegen seiner musischen Talente. Später habe man in der Familie immer gesagt, aus ihm werde sicher einmal etwas Besonderes. Er erinnert sich, als Kind sehr viel geträumt zu haben; auch Tagträume, wenn er für sich allein spielte. Die nächtlichen Träume waren voller Ängste. In den Tagträumen sei die Welt voller Schönheit und Ursprünglichkeit gewesen; meist phantasierte er ferne Inseln, wo alles noch sehr ursprünglich war. Die reale Situation im Elternhaus bezeichnet er als unerträglich, die Mutter sei auf der einen Seite sehr kühl und distanziert gewesen, andererseits habe sie ihn wie ihren Augapfel gehütet und ihn später durch Anmeldung bei verschiedenen Privatlehrern und Spezialkursen zu etwas Besonderem machen wollen; ihn habe das kaum interessiert, es sei ihm eher lästig gewesen, nach kurzer Zeit habe er alles abgebrochen.

Der Vater hingegen sei ein eher schwacher und wenig lebenspraktischer Mensch gewesen. Nur wenn er hinter seinen Büchern saß, in seinem Studierzimmer, habe er sich offensichtlich wohlgefühlt; dort durfte er auch von den Kindern nicht gestört werden.

Er, der Patient, sei weitgehend ein Einzelgänger gewesen; in der Schule galt er als ein begabter Eigenbrödler, der dort auch, so sagt er, bei bestimmten Veranstaltungen mit seinen musischen Begabungen vorgeführt wurde.

In der Pubertät habe er sich sehr für Sport interessiert, habe sich in der Folge körperlich sehr wohlgefühlt, sei auf diese Weise mit den Gleichaltrigen in befriedigende „Spielbeziehungen" gekommen. Er habe es aber häufig übertrieben und sich in dieser Zeit oft Verletzungen zugezogen.

Nach einem sehr guten Abitur habe er ein Philosophiestudium angefangen; er habe nach einiger Zeit aber „abgehoben", viel gelesen und gegrübelt. Bald habe es ihn nicht mehr interessiert und er habe es schließlich beendet. Danach habe er sich in verschiedenen sozialen Diensten versucht, auch wiederum ohne anhaltende Befriedigung. Es sei bei ihm so: zunächst sei er Feuer und Flamme, dann verliere er jedoch sehr schnell das Interesse an den Menschen oder auch an den Aufgaben. Danach habe er erneut ein Studium begonnen und stehe jetzt kurz vor dem Abschluß. Irgendwie mache er sich aber auch Sorgen, wie es hernach weitergehen solle. Nur in den festen engen Beziehungen habe er sich sicher und wohlgefühlt, er war voller Leben und Energie in diesem engen Aufeinander-Angewiesen-Sein.

Die kleine Fallskizze sollte deutlich ma-

chen, wie ein Patient mit narzißtischer Persönlichkeitsstörung die für ihn wesentlichen und ihn – zumindest passager – tragenden *Beziehungen strukturiert und organisiert*. Er erlebt im Anderen dann ein ideales und in idealer Weise auf ihn abgestimmtes Wesen, das es ihm ermöglicht, sich quasi als ein abgerundetes Ganzes zu erleben, als eine in ihrer Identität gesicherte Person. Der jeweilige idealisierte Andere wird in dieser ihm zugewiesenen Funktion instrumentalisiert, benutzt; der personale Aspekt der Beziehung ist entsprechend verkürzt, wenn nicht aufgehoben; der Andere wird – in der Phantasie – als eine Art Extension des eigenen Selbst, als ein Teil des eigenen Selbst benutzt; seine personale Existenz wird ihm damit quasi genommen; das schließt nicht aus, daß der narzißtisch gestörte Patient seinerseits viel zu tun bereit ist, damit die ideale Einheit erhalten bleibt; m. a. W.: Er versucht zu bewirken, daß der Andere in der gewünschten idealen Verfassung verbleibt und ihm somit weiterhin nützlich sein kann.

Diese Beziehungen dienen vor allem der *Befriedigung narzißtischer Bedürftigkeit* (Reizschutz, diffuses Wohlbefinden, Sicherheit, Selbstwertstabilisierung); solange sie bestehen, ist die Befriedigung dieser Bedürftigkeiten gewährleistet und die Betreffenden fühlen sich ausreichend wohl, wenngleich – wegen der bestehenden ausgeprägten Abhängigkeit – ein Grundgefühl von Unsicherheit, von Gefährdetsein bleibt. Diese Unsicherheit ist in der Regel begründet, denn Personen, die sich in der beschriebenen Weise zum Teilobjekt-Substitut machen lassen, ziehen sich aus solchen Beziehungen in der Regel dann zurück, wenn deutlich geworden ist, daß sie den an sie gerichteten idealisierenden Erwartungen nicht entsprechen können oder auch nicht oder nicht mehr entsprechen wollen. Geht eine solche Beziehung zu Ende, wie es der Patient im skizzierten Beispiel wiederholt erlebt hat, beherrschen die nunmehr nicht befriedigten narzißtischen Bedürftigkeiten das Erleben des Betreffenden; das durch eine solche Beziehung bis dahin ins Grandiose verklärte Selbst schlägt um in das Erleben eines *ent-*

werteten Selbst, in das Erleben, nichtig, entleert, ausgehöhlt, ohne tragfähige Identität zu sein. Zu einer solchen Selbstentwertung kommt es speziell dann, wenn der Betreffende das verlorengegangene idealisierte Objekt nicht entwertet, wenn er es vielmehr unangetastet läßt, um es sich potentiell verfügbar zu halten. In anderen Fällen wird der drohenden Selbstentwertung dadurch entgegengewirkt, daß das verlassende Teilobjekt in schonungsloser Weise der Entwertung ausgesetzt wird.

Das Defizit, unter dem diese Patienten leiden, betrifft vor allem das *Realselbst*; es ist nur schwach ausgebildet und bietet keine Basis für die Findung einer verläßlichen Identität; es kann nicht als Vermittler zwischen dem überhöhten Idealselbst und dem entwerteten Selbst dienen; diese stehen vielmehr unverträglich, unvermittelt nebeneinander, müssen auf die beschriebene Weise voneinander ferngehalten werden. Es handelt sich hier nicht um konfliktäre Spannungen, die zu einem kompromißhaften Ausgleich führen könnten, sondern um intrasystemische (im Ich bestehende) Unverträglichkeiten von Repräsentanzen des Selbst.

Die *Pathogenese*, die sich hier abzeichnet, beruht auf Beeinträchtigungen in der Frühsozialisation; die Mutter, die in dem Kind etwas Besonderes heranwachsen sah und sehen wollte, mag ihn in der Entwicklung der Fähigkeiten, die solchen Stolz nähren konnten, gefördert haben. Sie konnte dem Kind jedoch nicht die bejahende akzeptierende emotionale Gesamtzuwendung geben und konnte die dazugehörigen Abstimmungsprozesse in der Beziehung zu ihm nicht fördern. Sie hatte vielmehr die Tendenz, ihn in Abhängigkeit zu halten, seine Verselbständigung oder Autonomie nicht oder nicht genügend zu fördern; und ein ausreichender *Transfer wesentlicher Regulierungen* von den Repräsentanzen der Objekte auf die des Selbst kam infolgedessen nicht zustande.

Dadurch, daß die Mutter ihm vermutlich im Bereich wichtiger Regulierung zu wenig überließ, ihm vielleicht auch bei der Entwicklung körperlicher Kräfte zuwenig zumutete, ihn vielmehr schonte, ihn wie ihren

Augapfel hütete – unter dem Aspekt, daß er zu ihrer Befriedigung etwas Besonderes wurde – blieb er fragil; andererseits mag der frühe Tod des Zwillingsbruders für ihn deswegen zu einer Quelle tiefliegender *Ängste* geworden sein, weil er die Phantasie erzeugt haben mag, daß die kühle, nicht das Leben des Kindes, sondern dessen potentielle Besonderheit für den eigenen Selbstwert akzeptierende Mutter für den Bruder tödlich gewesen sein könnte. Das forderte vom überlebenden Zwilling eine stetige Anstrengung, den Erwartungen der Mutter zu entsprechen, um nicht ein ähnliches Schicksal zu riskieren. Es könnte sein, daß das Überleben dieses Zwillingskindes nachträglich von ihm selbst auch als schuldhaft erlebt und mit der Verpflichtung zur ständigen Legitimation seiner Existenz geführt hat (Weiteres zur Psychopathologie narzißtischer Persönlichkeitsstörungen s. bei ARGELANDER, 1972 a; BLANCK und BLANCK, 1981; JOFFE und SANDLER, 1967 a; KERNBERG, 1975, 1988 a und b, 1997; KÖHLER, 1978; KOHUT, 1973, 1979; LICHTENBERG, 1990; MERTENS, 1981; ROHDE-DACHSER, 1987; VOLKAN, 1978; VOLKAN und AST, 1994; ZEPF, 1985).

7.5 Kasuistisches Beispiel für eine psychosomatische Erkrankung

Die kurze Kasuistik eines an *Colitis ulcerosa* erkrankten Patienten soll die ungewöhnliche Kargheit emotionaler Beziehungen und affektiver Reaktionen zeigen, das hohe Maß an Abhängigkeit von einer vorwiegend materiell-pflegend-zugewandten Person (Schlüsselfigur); es soll ferner skizziert werden, wie sich bei drohendem oder erfolgtem Verlust eines solchen zentral wichtigen Teilobjekts eine Regression auf präsymbolische früheste Interaktionsmuster vollzieht, in deren Zusammenhängen Organe oder Organsysteme zu Teilobjekt-Substituten werden:

Der 34jährige Patient kommt in Begleitung seiner langjährigen Freundin, die er wie selbstverständlich in das Untersuchungszimmer mitbringt. Auf die eröffnende Frage beginnt der schlanke, sehr korrekt gekleidete Mann, der etwas verkrampft auf dem vorderen Drittel des Stuhles sitzt, mit dem Satz: Ich habe eine Colitis ulcerosa. Es folgt dann eine lange, sehr ausführliche Krankheitsgeschichte. Seit 4 Jahren habe er blutige Durchfälle; Durchfälle ohne Blutbeimengung habe er auch schon früher gehabt. Eigenartigerweise komme es zu einem starken Stuhldrang immer dann, wenn er das Haus verlasse. 10 oder 15 oder 20 Mal müsse er jeweils dringend auf die Toilette gehen. Verlasse er das Haus, stelle er sich jedesmal die wichtige Frage: Ist eine Toilette in erreichbarer Nähe? Dadurch sei er in seiner Bewegungsfreiheit sehr eingeschränkt. Er holt nun einen Zettel aus der Tasche und verliest Einzelheiten aus medizinischen Vorbehandlungen, aus diagnostischen Untersuchungen, über verschiedene Therapiemaßnahmen und über die Dosierung der Medikamente in der letzten Zeit.

Dieser sachliche Bericht wird im weiteren Gespräch ergänzt durch eine umfassende, chronologisch geordnete Lebensgeschichte, wobei sich der Patient auf einige Zettel mit Notizen stützt. Das Ganze wirkt wie ein Bericht über Fakten, Ereignisse, Abläufe, ist sehr genau, sehr konkret, z.T. eigentlich sehr erschütternd, aber ohne Erschütterung zu erzeugen; denn es wird ohne affektive Beteiligung, eher automatisch-mechanisch vorgetragen. Jede ihm gestellte Frage wird sofort beantwortet. Er wirkt dabei eher überangepaßt, etwas unterwürfig, aber auch leicht distanziert.

Auf die Frage nach den Therapieerwartungen äußert er, daß er sich aufgrund der medikamentösen Behandlung inzwischen eigentlich ganz wohl fühle, die Durchfälle hätten in ihrer Intensität und Häufigkeit erheblich nachgelassen. Von der Psychotherapie erwarte er sich Hinweise für die weitere Lebensgestaltung, vielleicht könne man auch mit autogenem Training oder Hypnose oder anderen Übungen den Zustand beeinflussen.

Zur Lebensgeschichte: Er komme aus einer Arbeiterfamilie. Der leibliche Vater werde von der Mutter als grober, aggressiver Mann bezeichnet; er habe regelmäßig und übermäßig getrunken. Körperlich sei er sehr kräftig gewesen, hatte wegen Schlägereien wohl auch öfter mit der Polizei zu tun. Eines Tages sei die Mutter mit beiden Kindern auf und davon; später, als er 4 oder 5 Jahre alt war, habe sie sich scheiden lassen. In diesen Jahren sei er häufig bei den Großeltern gewesen; die Großmutter war angeblich depressiv erkrankt und oft im Krankenhaus.

An die Mutter habe er gute Erinnerungen; sie sei putzen gegangen, habe ihn oft mitgenommen; er mußte dann in den fremden Wohnungen still in der Ecke sitzen. Sie habe sich sehr um ihn gekümmert, oft sei er zum Arzt gebracht worden, wobei angeblich nichts Ernsthaftes gefunden wurde; es ging um Erkältungen, Verdauungsstörungen, entzündete Ohren, Hauterscheinungen, Heuschnupfen u. a.

Mit dem 5 Jahre älteren Bruder habe er sich gut verstanden, der sei kräftig und durchsetzungsfähig gewesen, habe aber später auch zum Trinken geneigt. Er selbst sei mehr ein Feigling gewesen, wurde als Muttersöhnchen bezeichnet und damit gehänselt. In der Schule war er ein Außenseiter, leistungsmäßig schwach, wegen seiner Kränklichkeit habe er oft gefehlt. Streitereien sei er immer aus dem Wege gegangen. Sein Hauptmotto lautete stets: Alles läßt sich in Ruhe und Frieden regeln. In der Pubertät habe er sich einmal verliebt, aber nur von der Ferne. Inzwischen hatte die Mutter erneut geheiratet. Dieser Mann habe ihm nicht gefallen; auch er habe getrunken und sich nicht um ihn gekümmert. Er habe der Mutter Vorwürfe deswegen gemacht, weil sie wieder eine Beziehung zu einem solchen „Typen" eingegangen sei. Aber er habe mit der Mutter darüber nicht offen gesprochen, irgendwie habe sie ihm auch leidgetan. Er konnte den Bruder verstehen, der sehr bald zu Hause auszog, weit wegging. Nach 2 Jahren sei es dann erneut zur Scheidung gekommen. Er habe sich damals sehr um die Mutter gekümmert, sei vorzeitig von der Schule abgegangen und sei als Hilfsarbeiter tätig gewesen. Die Mutter sei damals häufig krank gewesen; sie war auch depressiv und unternahm einen Selbstmordversuch. Ihm sei es in dieser Zeit auch ziemlich schlecht gegangen; vielleicht fing es bei ihm damals auch mit dem Darm an. Auch er habe in dieser Zeit gelegentlich an Selbstmord gedacht, er habe sich Tabletten besorgt, doch mehr zur Beruhigung und zum Schlafen; eine Zeitlang habe er zuviel Alkohol getrunken und habe sich gehen lassen. Im Krankenhaus habe er dann eine Schwester kennengelernt, die sich sehr nett um die Mutter kümmerte. Sie hätten sich viel unterhalten, daraus sei dann eine inzwischen viele Jahre währende Freundschaft entstanden. Er fühle sich mit ihr sehr wohl und sei dann auch mit ihr zusammengezogen. Angeregt durch die Freundin habe er dann die Abendschule besucht und heimlich eine Lehre begonnen. Die Familie der Freundin sollte nicht erfahren, daß er nur Hilfsarbeiter war. Vor allem der Vater der Freundin sollte nichts von seiner schlechten sozialen Lage wissen; dieser habe ihm irgendwie imponiert; er sei ein freundlicher, erfolgreicher Mann, der sich um die Familie und um die Tochter sehr kümmerte. Er habe dann in sehr kurzer Zeit das Pensum der Abendschule geschafft, mußte sich dabei aber übermäßig anstrengen. Die Freundin habe sich zu dieser Zeit um alles gekümmert, auch um die finanzielle Situation.

Damals seien auch erneut die Durchfälle aufgetreten; Mutter und Freundin hätten sich große Sorgen gemacht. Die Freundin habe viel Verständnis gezeigt und sich sehr um ihn gekümmert. In ihrer Anwesenheit fühle er sich sehr sicher. Freilich sei die gemeinsame Bewegungsfreiheit durch die Durchfälle zunehmend eingeschränkt worden, weswegen die Freundin ihn schließlich bedrängt habe, psychotherapeutische Hilfe zu suchen.

Die mit Einzelheiten überfüllten Berichte des Patienten erzeugten einerseits im Untersucher eine gewisse Müdigkeit und Erschöpfung, andererseits aber auch zunehmend Spannung und Ärger. Diese Mischung zwischen Unterwürfigkeit und dem trockenen, gefühlsarmen Vortrag erzeugte auch Aversion mit der Tendenz, den Patienten fortzuschicken, auf die Weiterführung der medizinischen Behandlung zu verweisen. Andererseits erzeugte das Bild dieses eng beieinandersitzenden Paares auch Mitgefühl und Hilfsbereitschaft; sie saßen dort so, als wollten sie nicht wieder gehen, ohne ausreichende Hilfe, Zuspruch und Unterstützung erhalten zu haben.

Diese Vignette mag gezeigt haben, wie groß die *emotionale Kargheit* sein kann, in der psychosomatisch Erkrankte aufgewachsen sind, eine Kargheit, die später auch ihre eigenen Beziehungen bestimmt. Die Mutter dieses Patienten – Raumpflegerin – war ihm vornehmlich über Körperbedürfnisse, speziell über krankheitsbedingte zugewandt, während ihre emotionale Gesamtzuwendung, ihre personale Orientiertheit auf das Kind hin wohl sehr begrenzt gewesen ist. Die Väter – Alkoholiker beide – beide schwach und gleichzeitig in brutaler Weise aggressiv und in den Augen des Kindes „stark" – haben sich in dessen Erleben nicht ausreichend konturiert abbilden können, sie traten nur passager in Erscheinung, verschwanden wieder und überließen ihn der einseitig zugewandten Mutter. Zur Mutter entwickelte sich – nachdem die Väter und der Bruder verschwunden waren – eine eher enge Beziehung wechselseitiger Abhängigkeit. Diese Beziehung reproduzierte sich in der Freundschaft zu einer professionellen Pflegerin (Krankenschwester), die er unter dem Aspekt von Pflegezuwendung (zunächst gegenüber seiner Mutter) kennen- und schätzengelernt hatte.

Auffällig ist die Dürftigkeit des affektiven Erlebens des Patienten, der – auch wenn er Erschütterndes zu berichten hat, den Zuhörer nicht zu bewegen vermag.

Auslösend für die Erkrankung des Patienten waren depressive Verstimmungen der Mutter, verbunden mit einem Selbstmordversuch. Der *drohende Verlust* dieses für ihn zentral wichtigen Objekts (Teilobjekts) führte zu einer starken Verunsicherung, vielleicht auch Ratlosigkeit, vielleicht auch schuldgefühlshafter Gestimmtheit, weil er der Mutter nicht zu genügen vermochte. Er reagierte zunächst mit Versuchen, sich durch Medikamente, auch durch Alkohol, durch stoffliche Zufuhr also zu stabilisieren, was jedoch offenbar nicht gelang. Es kam dann zu einer *inneren Rückorientierung* auf frühe Phasen präsymbolischer Interaktion unter Einbeziehung von Organen und Organsystemen, speziell des Intestinums. Jedenfalls legt sich die Hypothese nahe, den Krankheitsablauf so zu verstehen. Es war in diesem Fall das Intestinum, der Darm, der möglicherweise, nunmehr als eine Art Substitut des Teilobjekts, dessen Verlust drohte, fungieren mußte. Das Organ ist mit den Erwartungen belastet, die an solche Teilobjekt-Substitute gerichtet werden, und mit den diffusen Aggressionen, die entstehen, wenn das Teilobjekt-Substitut diese Erwartungen nicht erfüllt (Weiteres zur Psychopathologie der psychosomatischen Störungen und Krankheiten s. bei ALEXANDER, 1948; BRÄUTIGAM und CHRISTIAN, 1986; HAHN, 1983; HOFFMANN und HOCHAPFEL, 1991; KLUSSMANN, 1992; LOCH, 1989; SCHUBART, 1985; TRESS, 1992; UEXKÜLL, 1981; WESIAK, 1984; ZANDER, 1989; ZEPF, 1967, 1986 a und b).

7.6 Kasuistisches Beispiel für die Beziehungspathologie bei Abhängigkeitskranken

In einem letzten kasuistischen Beispiel wollen wir zu zeigen versuchen, wie sich pathologische innere Beziehungsmuster und pathologische Strukturelemente in den durch Übertragung und Gegenübertragung bestimmten Reinszenierungen im Verlauf einer Therapie abbilden. Es ist zu zeigen, wie eine das Erleben und Verhalten dieses Patienten kennzeichnende pathologische Sequenz sich entwickelt hat, die Sequenz: intensive Liebes(Verschmelzungs-)wünsche – ambivalentes Erleben dieser Wünsche – Vermeidung von Nähe durch feindseliges und entwertendes Verhalten – Abgelehnt – und Verlassenwerden, Sichbestraft-Fühlen – neuerliche Wut-Haßäußerungen mit Beziehungsabbruch – masochistisch-triumphales Genießen des Scheiterns (masochistische Schmerzlust); ferner wird zu zeigen sein, wie das Suchtmittel (Alkohol) vom Patienten im Ablauf dieser Sequenz so eingesetzt wird, daß es die erstrebte symbiotische Vereinigung bei Sicherung ausreichender Distanz zum ersehnten Objekt in der Phantasie passager zustande kommen läßt.

Bei Roland liegt ein langjähriger chronischer Alkoholismus vom Gammatyp vor. Er hat mehrere Entziehungskuren nach einem Rückfall abgebrochen und hat vorzeitige Entlassungen verursacht.

Nach dem Abbruch einer Lehre hatte er über 20 verschiedene Tätigkeiten als Hilfsarbeiter ausgeübt. Die Beschäftigungsdauer schwankte zwischen wenigen Tagen und wenigen Monaten. Die Beschäftigungsverhältnisse wurden jeweils wegen heftiger aggressiver Auseinandersetzungen mit Vorgesetzten beendet. Roland war über längere Phasen Tramper, Penner, Obdachloser und war aufgrund von Eigentumsdelikten und Gewaltkriminalität mehrmals inhaftiert gewesen.

Seine Beziehung zum harten, unnachgiebigen Vater, der ebenfalls Alkoholiker war, ist seit der Kindheit von wechselseitigem, intensiven Haß, schlimmen Diffamierungen von beiden Seiten, wechselseitigen Beseitigungswünschen und schweren Prügeleien gekennzeichnet. Die Mutter unterwarf sich dem gefährlichen Ehemann. Den Kindern gegenüber war sie reizbar, schwankend zwischen Verwöhnung und Härte und vermittelte Unzuverlässigkeit und ambivalente Zuneigung. Roland war ihr Lieblingskind, das mit besonderer Fürsorge bedacht wurde; aber auch er bekam ihre eigentlich dem Vater geltende Kränkungsrache in Form unkontrollierter Prügel zu verspüren; er schildert sie als „defensiven Kontertyp": abwarten, dann zutreten. Mit dem terrorisierenden Vater identifizierte er sich durch agierten Terror seinerseits.

Unter der Einwirkung solcher Erfahrungen konnte es dem Patienten nicht gelingen, integrierte und d. h. personale Repräsentanzen von den Objekten und vom eigenen Selbst zu bilden. In der Beziehung zur Mutter kam es nicht zu den die kindliche Entwicklung fördernden Abstimmungen; sie war auf der einen Seite eher überzugewandt, wobei sie ihn als ein ihrer narzißtischen Befriedigung dienendes Selbst-Objekt benutzte, auf der anderen Seite machte sie ihn zum Adressaten ihrer unkontrollierten Aggression, eine Aggression, die vermutlich ursprünglich dem Vater galt und in der sie den Sohn mit diesem gleichsetzte. Der Vater war in diesem Beziehungsfeld von vornherein Rivale um die mütterliche Zuwendung und als solcher ein Feind; auf der anderen Seite war er jemand, der durch seine Gewalttätigkeit die unzuverlässige Mutter in Schach halten konnte und sich somit zu einer entsprechenden Identifizierung anbot, in die wahrscheinlich auch der Alkoholismus einbezogen war. In der Beziehung zum Vater trat zu den traumatisierenden Erfahrungen mit der Mutter (keine ausreichende Abstimmung und Einstimmung) das Makrotrauma gewalttätigen Verhaltens eines übermächtigen Rivalen als ein weiteres pathogenetisches Element hinzu.

Der Patient entwickelte in diesem durch starke Unverträglichkeiten belasteten Beziehungsfeld folgende *Abwehrmaßnahmen*: Es kam zu Spaltungsmechanismen, die auf der einen Seite das sehnsüchtig erstrebte Bild eines nur guten mütterlichen Objekts erhalten sollten und die auf der anderen Seite gegenüber nur bösen Teilobjekten (herrührend sowohl vom Vater wie auch von den feindseligen Aspekten der Mutter) eine Berechtigungsbasis für Aggressivität herstellten; gleichzeitig wurde das ,nur gute' Teilobjekt vor destruktiver Aggressivität geschützt; außerdem verhilft die Spaltung dazu, gegenüber den bösen Aspekten der Objekte die notwendige schützende Distanz herzustellen. In diesem Zusammenhang spielt auch die Abwehrmaßnahme der primitiven Entwertung eine Rolle, die besonders dann eingesetzt wird, wenn eine als ,nur gutes' Teil-

objekt erlebte Bezugsperson, die Wünsche nach passiver Hingabe, totalem Geborgensein, unbegrenzter sexueller Lust weckt, in eine zu gefährliche Nähe lockt.

Der Patient hat als eine weitere Maßnahme zur Regulierung seiner quälenden inneren und interpersonellen Unverträglichkeiten den *Suchtstoff Alkohol* zu nutzen gelernt; im Alkoholrausch wird es ihm möglich, die ersehnte symbiotische Vereinigung mit einem entsprechend idealisierten Objekt bei Wahrung der notwendigen Distanz zu erleben. – Die *Überich-Struktur* ist in dominierender Weise durch die Identifizierung mit dem Angreifer bestimmt; sie vollzieht sich sowohl im Sinne der Schuldexternalisierung und des dazugehörigen sadistisch-strafenden Umgangs mit dem jeweiligen Adressaten einer solchen Projektion, wie auch durch Identifizierung mit dem sadistisch-strafenden Aggressor gegenüber eigener Schuld, der Schuld einer immer wieder erfolgenden Objektentwertung, die dann masochistisch verarbeitet und zu einem entsprechenden Triumph ausgestaltet wird.

Der Patient wird immer wieder von *Affekten* überflutet, vermutlich von einem Gemisch aus Wut, Angst, Groll und Hader – das er in seinen Anteilen nicht identifizieren und deswegen in seinen Entstehungszusammenhängen auch nicht klarifizieren kann. Er bleibt dann nicht-ruhegebenden Rachetendenzen (Racheimpulse als Handlungsanteile nachtragender Affekte) ausgeliefert, wobei er diese Impulse in sadistischer, aber vor allem in der genannten masochistischen Weise agiert, z. B. auch dadurch, daß er in der Therapie scheitert.

Zur Psychopathologie dieses Patienten gehört auch, daß seine Triebbedürfnisse sich unter den gegebenen Sozialisationsbedingungen nicht zu Wünschen ausdifferenzieren konnten, daß er vielmehr einem direkten, primitiven, nicht gesteuerten Habenwollen verhaftet blieb.

In der Klinik reproduzierte Roland folgendes *Beziehungsmuster*: Die Therapiegruppe wurde als terrorisierender Vater erlebt, den er nur durch Gegenterror in Schach halten konnte; die Therapeutin wurde in der

Rolle der Mutter als „defensiver Kontertyp" gesehen, die er gleichzeitig intensiv und ausschließlich begehrte, aus Angst vermied und sich durch feindseliges Agieren vom Leibe hielt. In der Therapiegruppe und in der Klinik verbreitete er Angst und Schrecken. Bei der Therapeutin mobilisierte er gleichfalls Angst, Vorsicht und Unsicherheit.

Aus der Schilderung der Therapeutin wird deutlich, wie sich im Beziehungsfeld der Behandlung die alte Kalamität reinszenierte, gefördert auch durch ein entsprechendes Verhalten der Therapeutin. Sie sprach ihn auf die Wirkungen seines Verhaltens auf andere nicht an, weil seine grausige Vorgeschichte in ihr zunächst die Verpflichtung wachhielt, ihm Verläßlichkeit zu vermitteln. Sie reagierte empathisch und einfühlsam, wollte ihm ein gutes, verläßliches Objekt sein. Das gelang ihr nur teilweise, weil sie der Vorstellung einer symbiotischen Situation, die er sich wünschte, zu lange verhaftet blieb. Sie setzte ihm zwar Grenzen, aber nur über äußere Strukturgebung, z. B. dadurch, daß er den Gruppenraum verlassen mußte, von der Gruppe suspendiert wurde, wenn er lärmend, wütend und bedrohlich agierte, ferner dadurch, daß seine ständigen Sonderwünsche nach Ausgängen und sonstigen Vergünstigungen nicht erfüllt wurden oder daß er auf die Normen der Hausordnung verwiesen wurde.

Hilfe zur Differenzierung seiner inneren Stukturen, etwa dadurch, daß sie zunächst Hilfsich-Funktionen im Bereich seiner strukturellen Defizite übernahm, vermittelte sie ihm zu wenig. Einfühlen, Bestätigung und angemessene Frustration reichten bei ihm therapeutisch nicht aus.

In der Gruppe überforderte sie ihn dadurch, daß sie auf das gegen ihn gerichtete Abwehrmanöver der anderen zu sehr achtete. In dieser Zeit war die in der Gruppe bevorzugte, zur Abwehr eingesetzte *psychosoziale Kompromißbildung* die der Sündenbocksuche. Während die anderen Teilnehmer der Gruppe lernten und begriffen, woran ihr Anteil an der Auseinandersetzung mit Roland bestand, wenn sie ihn zum Sündenbock machten, konnte er seinen Anteil nicht sehen; war es ihm doch nicht neu, daß ihm eine solche Rolle zugewiesen wurde; die Bereitschaft, eine solche Rolle zu übernehmen, war bei ihm inzwischen habituell geworden. Von der Therapeutin fühlt er sich jedoch angenommen, weil sie ihn in seiner Sündenbockrolle schützte. Eben dies war jedoch therapeutisch nicht angezeigt. Sie hatte auch versäumt zu verbalisieren, was sie selbst in einer solchen Rolle erleben würde, Befriedigung sicherlich nicht, vielmehr Angst und Trauer darüber, so wenig verstanden zu werden.

Die Therapeutin sprach zwar Rolands Affekte an, so seine aggressiven, weniger jedoch solche, die für ihn selbst nicht identifizierbar und auch nicht klarifizierbar waren; der therapeutische *Umgang mit den Affekten* wurde weitgehend vernachlässigt; er betraf unter anderem Affekte und Gestimmtheiten wie Wut, Hilflosigkeit, Angst, Neid und Eifersucht. Auch die gegen Ende der Behandlung – im Schutz der bevorstehenden Entlassung – von ihm geäußerten libidinös getönten Wünsche wurden von ihr als erotisch-sexuelles Angebot aufgefaßt und somit mißverstanden.

Gleichwohl verlief die Behandlung, äußerlich gesehen, zunächst ganz gut. Der Patient wurde ruhiger und allmählich gruppenfähig. Sie nahm ihn an, versuchte eine „gute Mutter" zu sein; sie setzte ihm notwendige äußere Grenzen, mit denen sie sein Übertragungsagieren zu unterbinden suchte; sie beachtete seine Abwehr und übernahm partiell die Funktion des Reizschutzes für ihn. Sie bot die Möglichkeiten zur Verbesserung der Fremdwahrnehmung, aber keine Chance zur Wahrnehmung eigenen widersprüchlichen Erlebens. Was sie jedoch gar nicht ansprach, war ihre *Gegenübertragungsangst*, die sie trotz äußerer Zuwendung innerlich von ihm entfernt sein, ja, vor ihm zurückschrecken ließ. Diese ihre Angst verhinderte z. B. auch, daß sie ihm die aggressiven Reaktionen mitteilte, die er bei ihr auslöste. Ihre Angst bewirkte auch, daß sie seine negativen Übertragungen nur teilweise ansprach; diese Angst verhinderte ferner, daß sie ihn mit seinem in Einzel- und Gruppentherapie unterschiedlichen Verhalten konfrontierte.

Roland hatte also recht, wenn er in ihr wie in seiner Mutter einen *„defensiven Kontertyp"* sah; denn ohne es zu wollen, wiederholte sie seine traumatischen Erfahrungen: Sie nahm ihn nur äußerlich an, ihre mütterliche Zuwendung blieb zwiespältig, weil sie nur emotionale Teilwahrheiten von sich mitteilte, weil sie innerlich immer – angstbedingt – auf Distanz blieb. Sie schützte ihn auch nicht genug vor der Vatergruppe. Zwangsläufig blieb er damit seiner pathologischen Struktur, gekennzeichnet durch Borderline- und durch präpsychotische Elemente, verhaftet. Er reagierte schließlich mit seiner habituellen Verhaltenssequenz: Er wird getrieben von Impulsen nach Symbiose, in denen sich seine basalen (narzißtischen) Bedürftigkeiten mit seinen Triebwünschen und seinen Beziehungswünschen vermischen, so daß sie für ihn nicht gegeneinander abzugrenzen und damit auch nicht zu identifizieren oder miteinander zu integrieren sind. Es fehlt ihm ein ausreichend gutes, d. h. integriertes personales inneres Objekt, das ihm zur Differenzierung seiner inneren und äußeren Erfahrungen, zur Orientierung und Handlungssteuerung dienen könnte. Dieser Mangel im Bereich der Repräsentanzen hat bei ihm keine autonome Überich-Struktur entstehen lassen, er hat lediglich die Möglichkeit, sich mit Hilfe primitiver Mechanismen wie Schuldverschiebung, Identifizierung mit dem Strafverfolger oder masochistisch triumphaler Unterwerfung unter diesen zu organisieren. Deletär ist für diesen Patienten auch der Mangel an signalgebenden und damit der Orientierung und Handlungssteuerung dienlichen Affekten; er hat im Alkoholkonsum eine Möglichkeit gefunden, seine symbiotischen Tendenzen durch die diffuse Erregung eines undifferenzierten Begehrens bestimmt, passager in ein Befriedigungserleben einmünden zu lassen. Gleichzeitig werden auch die mit den Symbiosetendenzen verbundenen diffusen Ängste reguliert, ebenso wie die nach außen und nach innen gerichteten Aggressionen. Diese passageren Wirkungen des Alkohols können

natürlich nicht verhindern, daß das Grundmuster erhalten bleibt: Getrieben in Richtung Symbiose – Angst vor Verschlingen und Verschlungen-werden – Rückzug vom begehrten und gefürchteten Symbiose-(Teil-)Objekt – entwertende Feindseligkeit gegenüber dem ambivalent erlebten (Teil-)-Objekt und damit Ausschaltung von gefährlicher Nähe – Sich-Verlassen-, Zurückgewiesen- und Bestraft-Fühlen – verstärkter Haß gegenüber dem Strafverfolger, der gleichzeitig durch masochistische Unterwerfung in seiner Bösartigkeit bloßgestellt und über den moralisch triumphiert und an dem in dieser Form (passive) Rache vollzogen wird.

Diese knappe kasuistische Skizze erübrigt natürlich nicht eine Vertiefung in die Vielfältigkeit der Erscheinungsformen struktureller Pathologie und in die pathogenetischen Ansätze bei Abhängigkeit und Sucht. (Weiteres zur Psychopathologie von Abhängigkeit und Sucht s. bei BUCHHEIM, CIERPKA und SEIFERT, 1991; FEUERLEIN, 1981; HEIGL-EVERS, HELAS und VOLLMER, 1991; HEIGL-EVERS, SCHULTZE-DIERBACH und STANDKE, 1991; HEIGL-EVERS, STANDKE und WIENEN, 1981; HEIGL-EVERS, VOLLMER, HELAS und KNISCHEWSKI, 1988; KRYSTAL und RASKIN, 1983; LÜHRSSEN, 1976; ROST, 1990; TRESS, 1985; WANKE und BÜHRINGER, 1991).

–◻–

7.7 Zusammenfassung

Zusammenfassend läßt sich sagen: Wir haben für die verschiedenen Gruppen struktureller Störungen und die dabei auftretenden Symptome ein allen gemeinsames psychopathologisches Grundmuster beschrieben. Dieses Grundmuster ist ebenso wie das der Konflikt- oder Übertragungsneurosen durch *innere Unverträglichkeiten* gekennzeichnet; deren Komponenten gehen jedoch nicht in innere Konfliktspannungen ein, sie werden vielmehr zur Vermeidung von unerträglicher Unlust auseinandergehalten. Es dominieren Repräsentanzen von Teilobjekten und von den dazugehörigen Beziehungen zu nicht ausreichend abgegrenzten Selbst-Repräsentanzen; den Teilobjekten werden wichtige basale Regulierungen zugeordnet; ein Transfer dieser Regulierungen auf die Repräsentanzen des Selbst hat nicht oder nicht ausreichend stattgefunden. Zur Sicherstellung dieser Regulationen, deren Ausfall bedrohliche Zustände von Desorganisation zur Folge hätte, werden die Teilobjekt-Repräsentanzen durch (reale) Außenobjekte substituiert; ihnen werden Regulierungsaufgaben wie Reizschutz, Stabilisierung des Selbst und des Selbstwertgefühls, Verbürgen von Sicherheit und organismischem Wohlbefinden und von Triebbefriedigung in instrumentalisierender Weise zugeordnet.

Wenn diese Regulierungen tatsächlich oder scheinbar vom Substitut nicht oder nicht genügend ausgeführt werden, wenn das entsprechende (gute) Teilobjekt somit verlorengeht und es zu Reizüberflutungen, zur Destabilisierung des Selbst, zu drastischem Absinken des Selbstwertgefühls, zur Ablösung von Sicherheit und organismischem Wohlbefinden durch Zustände schwerer psychophysischer Spannungen kommt und wenn die Befriedigung von Triebbedürfnissen in Frage gestellt wird, dann werden durch Vermittlung des Ichs Maßnahmen zur *Kompensation und Reparatur* dieser Schädigungen eingeleitet. Dadurch werden die guten Teilobjektrepräsentanzen quasi gerettet oder wieder eingesetzt, so daß die nur bösen Teilobjektrepräsentanzen mithilfe von Überich-Vorläufern (z. B. durch Schuldexternalisierung) davon ferngehalten (abgespalten) werden können (Borderline-Syndrom).

Überwiegen Destabilisierungen des Selbst und Minderungen des Selbstwertgefühls, dann können die so entstandenen narzißtischen Wunden durch Idealisierung eines (Teil-)Objekts und dessen Fusionierung mit dem Selbst (quasi) geschlossen werden; das kann nicht geschehen, wenn ein entsprechendes (Teil-)Objekt in Folge seiner Entwertung dazu nicht mehr tauglich ist (narzißtische Störungen).

Die Verarbeitung solcher Ausfälle kann auch so erfolgen, daß ein verlorengegangenes Teilobjekt mittels Zufuhr eines Stoffes (übermäßige Nahrungsaufnahme, Suchtmittel) substituiert wird (Abhängigkeit und Sucht).

Nach einem solchen Verlust und zur Schließung entstandener narzißtischer Wunden kann eine Ebene noch größerer Regressionstiefe angestrebt

werden; es werden – präsymbolisch – auf Organe und Organsysteme bezogene früheste Interaktionserfahrungen wiederbelebt und das verlorengegangene Teilobjekt durch ein Organ oder Organsystem substituiert (psychosomatische Krankheiten).

Die genannten Verarbeitungen haben die Bedeutung von Symptomen und sind gegen das Symptombildungsmuster der Konfliktneurosen abzugrenzen. Zur Störungsgenese wurden drei Muster dargestellt: Unzulänglichkeiten in den frühen Abstimmungs- und Einstimmungsprozessen der Mutter-Kind-Beziehung, präödipale Traumata und ödipale Traumatisierungen.

Wir haben mit den skizzierten Ansätzen versucht, die psychogenen Faktoren der verschiedenen Symptombildungen bei strukturellen Störungen zu charakterisieren. Die schwierige Frage nach weiteren Determinanten für solche Symptomwahlen bleibt dabei unbeantwortet. Neben den psychogenetischen kommen, so ist anzunehmen, immer auch erbgenetische oder konstitutionelle Faktoren ins Spiel; ebenso sind, anders als bei den Konfliktneurosen, soziale Determinanten bei den weiteren Überlegungen zur Pathogenese mehr zu berücksichtigen.

Anders als bei den Konfliktneurosen kommt es bei diesen Krankheitsbildern sehr schnell zur Reinszenierung der inneren Beziehungspathologie auf der interaktionellen Bühne des diagnostischen und therapeutischen Gesprächs. Die dabei in Erscheinung tretenden Verhaltensphänomene sind dem Patienten zwar bewußt, in ihrer Bedeutung jedoch nicht reflektierbar. Sie sind ich-synton und sind dem subjektiven Erleben nach voll begründet. Diese schnell, direkt erfolgende Herstellung primitiver Übertragungen wirkt sich auf den Diagnostiker und Therapeuten in der Regel so aus, daß er gleichfalls schnell, direkt affektiv reagiert, u. a. im Sinne von aversiven und aggressiven Affekten. Diese Affekte des Therapeuten bilden zusammen mit den beim Patienten gemachten Wahrnehmungen wichtige Informationen und können mit Hilfe von Schlußbildungen zu einem diagnostischen Urteil führen.

In der Therapie solcher Störungen kommt es darauf an, durch eine intensive Bemühung um die Grundeinstellungen von Präsenz, Respekt und Akzeptanz, die durch das Erleben von Schicksalsanteiligkeit gestützt werden können, eine erste mildernde Wirkung auf die defizitären Repräsentanzen und Strukturen zu erreichen. Ist auf diese Weise eine ausreichende Bereitschaft zur therapeutischen Interaktion entstanden, dann ist es angezeigt, vornehmlich unter Einsatz von antwortenden Interventionen eine Klärung der interaktionell abgewickelten Verarbeitungen primär innerer Unverträglichkeiten herbeizuführen; ferner kann auf diese Weise die Wahrnehmung der „Andersartigkeit" des Therapeuten (andersartig im Vergleich mit dem Übertragungsbild) gefördert werden; auf diesem Wege können sich allmählich Ganzobjekte und personale Beziehungen mit positiven Auswirkungen auf die inneren Strukturen entwickeln. In diesem Zusammenhang kann auch die Fähigkeit zur Bildung innerer Konfliktspannungen und ihrer kompromißhaften Lösungen gefördert werden.

Diagnostik in der psychoanalytischen Therapie

1 Die Geschichte der Katharina ... – Einführung in das diagnostische Gespräch

Wir wollen nun darzustellen versuchen, wie der psychoanalytisch orientierte Therapeut im Erstkontakt mit einem Patienten zu einer Diagnose, zu einer klinischen Urteilsbildung gelangt. Die dabei verwandte Methode, das psychoanalytische Erstinterview, wurde in seinen Grundzügen von FREUD selbst entwickelt; sie bestehen einmal in einer Orientierung an der psychischen Oberfläche, von der aus ein Einstieg in die dem Bewußtsein nicht direkt zugänglichen Erlebenszusammenhänge gesucht wird. Zum andern geht es dabei um die Bemühung, sowohl die Übertragung des Patienten wie die eigene Gegenübertragung zu registrieren und verstehend zu erfassen; dabei interessiert besonders jenes Wechselspiel zwischen Übertragung und Gegenübertragung, aus dem sich eine Szene gestaltet, die in Ablauf, Inhalt und der von den Beteiligten übernommenen Rollen eine Re-Inszenierung der ursprünglichen pathogenen Erfahrungen darstellt.

FREUD hat den Ablauf eines von ihm geführten diagnostischen Gesprächs dieser Art in seine Schriften aufgenommen, ein Gespräch, das die diagnostischen Vorgehensweisen wohl deshalb besonders deutlich erkennbar werden läßt, weil es zufällig entstanden ist und spontan geführt wurde; es ist dadurch gekennzeichnet, daß wegen der ungewöhnlichen Situation beide Gesprächspartner, der Arzt FREUD und das junge Mädchen Katharina in einer besonders aufgeschlossenen und für einander empfänglichen Verfassung waren.

Es handelt sich um die Krankengeschichte, die FREUD überschrieb mit „Katharina ..." (GW I, 1895, S. 184–195). Inhaltlich ging es um die Aufklärung eines zeitlich zurückliegenden hysterischen Anfalls, an dessen Folgen das junge Mädchen weiterhin litt. Die Aufklärung ergab sich aus einer Re-Inszenierung der pathogenen Situation, die den beiden Beteiligten, auch dem ärztlichen Interviewer FREUD, in ihrer aktuellen Bedeutung zunächst kaum bewußt war.

Die Darstellung dieser Krankengeschichte weist gewisse dichterische Anklänge auf und unterscheidet sich darin von anderen FREUDschen Kasuistiken. FREUD, intensiv beansprucht durch seine Bemühungen, die pathogenen Zusammenhänge bei der Entstehung der Hysterie zu erforschen, hatte sich auf eine Gebirgswanderung in die Hohen-Tauern begeben; er wollte entfernt von Wien und seiner Sprechstunde mit den schwierigen Wiener Damen und der Mühsal seiner Forschungsarbeit sich in der Gebirgswelt wandernd erholen und entspannen. In einem Schutzhaus auf einem 2000 m hohen Berg kam es zu jener Begegnung, der wir die Geschichte von Katharina verdanken.

Das junge Mädchen Katharina, nicht die Nichte, wie es anfangs hieß, sondern die Tochter der Wirtin, wie sich erst später herausstellte, hatte FREUD bei seiner Mahlzeit in der Gaststube mit mürrischem Gesicht bedient; nachdem sie beim Blättern im Fremdenbuch festgestellt hatte, daß der Gast ein Doktor, ein Arzt war, hatte sie sich mit der Bitte an ihn gewandt, ihr einen Rat wegen eines nervösen Leidens zu geben, das sie schon einige Zeit quälte. Die Begegnung fand außerhalb der Hütte statt, da FREUD sich im Freien niedergelassen hatte, um eine, wie er schrieb, entzückende Fernsicht zu genießen. Die Annäherung des jungen Mädchens mag ihm, trotz ihres mürrischen

Gesichtsausdrucks, nicht ganz unwillkommen gewesen sein, denn er war – trotz seines Vorsatzes, sich dem beruflichen Alltag im Urlaub fernzuhalten – überraschend schnell bereit, auf ihre Bitte um Rat und Hilfe einzugehen. Schon nach den ersten Sätzen des Mädchens vermutete Freud, daß es sich um eine Neurose handle. Er schreibt:

> „Da war ich also wieder in den Neurosen, denn um etwas anderes konnte es sich bei dem großen und kräftigen Mädchen mit der vergrämten Miene kaum handeln. Es interessierte mich, daß Neurosen in der Höhe von über 2000 Metern so wohl gedeihen sollten, ich fragte also weiter.
>
> „An was leiden Sie denn?"
>
> „Ich hab' so Atemnot, nicht immer, aber manchmal packt's mich so, daß ich glaube, ich erstick'."
>
> Das klang nun zunächst nicht nervös, aber es wurde mir gleich wahrscheinlich, daß es nur eine ersetzende Bezeichnung für einen Angstanfall sein sollte. Aus dem Empfindungskomplex der Angst hob sie das eine Moment der Atembeengung ungebührlich hervor.
>
> „Setzen Sie sich her. Beschreiben Sie mir's, wie ist denn so ein Zustand von ‚Atemnot'?"
>
> „Es kommt plötzlich über mich. Dann legt's sich zuerst wie ein Druck auf meine Augen, der Kopf wird so schwer und sausen tut's, nicht auszuhalten und schwindlig bin ich, daß ich glaub', ich fall' um, und dann preßt's mir die Brust zusammen, daß ich kein' Atem krieg."
>
> „Und im Halse spüren Sie nichts?"
>
> „Den Hals schnürt's mir zusammen, als ob ich ersticken sollt!"
>
> „Und tut es sonst noch was im Kopfe?"
>
> „Ja, hämmern tut es zum Zerspringen."
>
> „Ja, und fürchten Sie sich gar nicht dabei?"
>
> „Ich glaub' immer, jetzt muß ich sterben, und ich bin sonst couragiert, ich geh überall allein hin, in den Keller und hinunter über den ganzen Berg, aber wenn so ein Tag ist, an dem ich das hab', dann trau ich mich nirgends hin, ich glaub' immer, es steht jemand hinter mir und packt mich plötzlich!"
>
> Es war wirklich ein Angstanfall und zwar eingeleitet von den Zeichen der hysterischen Aura oder, besser gesagt, ein hysterischer Anfall, dessen Inhalt Angst war."

Der Interviewer formuliert hier eine erste Diagnose. Er entwickelt und begründet sie anhand einer sorgfältigen Schilderung der Symptomatik, zu der er seine Patientin durch engagiertes, neugierig-drängendes Nachfragen anregt, wobei es ihm wichtig ist, den affektiven Gehalt des Symptomgeschehens zu erfassen. Freud lenkt sein Interesse nun auf die auslösende Situation, die er in ihren Einzelheiten und Zusammenhängen zu erfahren sucht.

> „Denken Sie was, immer dasselbe, oder sehen Sie was vor sich, wenn Sie den Anfall haben?"
>
> „Ja, so ein grausliches Gesicht sehe ich immer dabei, das mich so schrecklich anschaut, vor dem fürcht' ich mich dann."
>
> „Erkennen Sie das Gesicht, ich mein', ist das ein Gesicht, was Sie einmal wirklich gesehen haben?"
>
> „Nein."
>
> „Wissen Sie, woher Sie die Anfälle haben?"
>
> „Nein."
>
> „Wann haben Sie die denn zuerst bekommen?"
>
> „Zuerst vor zwei Jahren, wie ich noch mit der Tant' auf dem anderen Berg war, sie hat dort früher das Schutzhaus gehabt, jetzt sind wir seit eineinhalb Jahren hier, aber es kommt immer wieder."
>
> Sollte ich hier einen Versuch der Analyse machen? Die Hypnose zwar wagte ich nicht in diese Höhen zu verpflanzen, aber vielleicht gelingt es im einfachen Gespräche. Ich mußte glücklich raten. Angst bei jungen Mädchen hatte ich so oft als Folge des Grausens erkannt, das ein virginales Gemüt befällt, wenn sich zuerst die Welt der Sexualität vor ihm auftut."

Freud basiert hier beim vermutenden Erschließen der auslösenden Situation auf seiner klinischen Erfahrung mit anderen jungen Patientinnen; er stellt sich in seiner Phantasie auf deren erste sexuelle Erlebnisse und die dadurch in ihrem virginellen Gemüt ausgelösten Affekte ein. Solche Phantasien wurden sicherlich auch situativ angesprochen und belebt durch das Gespräch mit einem sinnlich aufgeschlossenen Mann, aufgeschlossen durch den Urlaub in einer von ihm geliebten Landschaft wie durch das tête à tête mit einem jungen Mädchen, das ihm ohne viel Umstände und Umschweife einen Zugang zu seinem Erleben öffnete.

> „Ich sagte also: „Wenn Sie's nicht wissen, will ich Ihnen sagen, wovon ich denke, daß Sie Ihre Anfälle bekommen haben. Sie haben einmal, damals vor zwei Jahren, etwas gesehen oder gehört, was Sie sehr geniert hat, was Sie lieber nicht möchten gesehen haben."
>
> Sie darauf: „Jesses, ja, ich hab' ja den Onkel bei dem Mädel erwischt, bei der Franziska, meiner Cousine."
>
> „Was ist das für eine Geschichte mit dem Mädel? Wollen Sie mir die nicht erzählen?"

FREUD entschließt sich nunmehr, methodisch-technisch ausgedrückt, eine Versuchsinterpretation zu geben. In den Zusammenhängen der Re-Inszenierung nähert er sich männlich-aktiv der Innenwelt seiner jungen Patientin. Diese geht mit einer gewissen Bereitwilligkeit darauf ein und erzählt ihm die von ihm vermutete Geschichte: Sie hat zwei Jahre zuvor zusammen mit ihrem Cousin den Onkel (tatsächlich ist es der Vater) entdeckt, wie dieser sich mit ihrer Cousine in einem dunklen Zimmer intim vergnügte.

> „Nun?"
>
> „Ich bin gleich weg vom Fenster, hab' mich an die Mauer angelehnt, hab' die Atemnot bekommen, die ich seitdem hab', die Sinne sind mir vergangen, die Augen hat es mir zugedrückt und im Kopf hat es gehämmert und gebraust."
>
> „Fräulein Katharina, wenn Sie sich jetzt erinnern könnten, was damals in Ihnen vorgegangen ist, wie Sie den ersten Anfall bekommen haben, was Sie sich dabei gedacht haben, dann wäre Ihnen geholfen."
>
> „Ja, wenn ich könnt', ich bin aber so erschrocken gewesen, daß ich alles vergessen hab'."
>
> „Und was ist dann weiter geschehen?"
>
> „Mir war die ganze Zeit recht schlecht, ich hab immer nachdenken müssen, ... und am Montag früh, da hab' ich wieder den Schwindel gehabt und hab erbrochen und bin zu Bett geblieben und hab drei Tage fort und fort gebrochen."
>
> „Wenn Sie drei Tage später erbrochen haben, so glaub' ich, Sie haben sich damals, wie Sie in's Zimmer hineingeschaut haben, geekelt."
>
> „Ja, geekelt werd' ich mich schon haben", sagt sie nachdenklich. „Aber wovor denn?"

Es kommt zu einer zunehmenden Aufhellung der Symptomentstehungsgeschichte, wohl auch deswegen, weil der Interviewer, der sich zunächst auf die Triebanteile im Erleben seiner Patientin und Gesprächspartnerin konzentriert hatte, nunmehr seine und ihre Aufmerksamkeit auf den Ekel-Affekt richtet, der im Dienste der Abwehr steht. Die Patientin folgt ihm auch hier bereitwillig, damit der inneren Notwendigkeit eines Kompromisses zwischen Triebwunsch und Abwehr gehorchend.

> „Ja, wenn ich nur wüßte, wovor ich mich damals geekelt hab'.'
>
> Das wußte ich nun auch nicht. Aber ich forderte sie auf, weiter zu erzählen, was ihr einfiele, in der sicheren Erwartung, es werde ihr gerade das einfallen, was ich zur Aufklärung des Falles brauchte."

Bei der Fortführung des Gesprächs wird es Katharina nun möglich, die weitere Vorgeschichte zu erzählen; so erzählt sie, wie durch ihre Entdeckung der Beziehung des Vaters zur Cousine und deren Aufdeckung gegenüber der Mutter die Scheidung der Eltern ausgelöst wurde; sie erzählt weiterhin von einer sexuellen Annäherung des Vaters ihr selbst gegenüber bei gemeinsamer Übernachtung in einem Gasthaus, wo sie plötzlich erwachte und, wie sie sagt, seinen Körper spürte. In einer dritten Szene, die sie nunmehr schildert, findet sie sich mit Franziska und dem zwischen den beiden Mädchen liegenden Vater beim Nächtigen auf einem Heuboden, wo sie erneut eine Annäherung des Vaters an die Franziska beobachtet.

Die triangulären Verwicklungen sind somit vollständig dargestellt: Katharina, selbst vom Vater versuchsweise verführt, Zeugin des Beischlafs zwischen Vater und Cousine als einer schwesterlichen Rivalin, Verräterin des Vaters gegenüber der Mutter, die als Zürnende und Strafende erscheint.

Diese diagnostische Aufklärung ist wahrscheinlich vor allem der Re-Inszenierung (das Zwiegespräch im Freien angesichts eines entzückenden Fernblicks, die strenge Mutter im Hintergrund des Hauses) zu danken und in diesen Zusammenhängen der Bereitschaft des Diagnostikers, sich mit seiner eigenen Erlebenswelt empfänglich auf die Patientin einzustellen und die Lockerung und Überwindung ihrer Widerstände damit zu ermöglichen.

FREUD fährt dann fort:

> „Nachdem sie diese beiden Reihen von Erzählungen beendigt, hält sie inne. Sie ist wie verwandelt, das mürrische, leidende Gesicht hat sich belebt, die Augen sehen frisch drein, sie ist erleichtert und gehoben. Mir aber ist unterdes das Verständnis ihres Falles aufgegangen; was sie mir anscheinend planlos erzählt hat, erklärt vortrefflich ihr Benehmen bei der Szene der Entdeckung. Sie trug damals zwei Reihen von Erlebnissen mit sich, die sie erinnerte, aber nicht verstand, zu keinem Schlusse verwertete; beim Anblick des koitierenden Paares stellte sie sofort die Verbindung des neuen Eindrucks mit diesen beiden Reihen von Reminiszenzen her, begann zu verstehen und gleichzeitig abzuwehren. Dann folgte eine kurze Periode der Ausarbeitung, ,der Inkubation', und darauf stellten sich die Symptome der Konversion, das Erbrechen als Ersatz für den moralischen und physischen Ekel ein. Das Rätsel war damit gelöst, sie hatte sich nicht vor dem Anblick der

beiden geekelt, sondern vor einer Erinnerung, die ihr jener Anblick geweckt hatte, und alles erwogen, konnte dies nur die Erinnerung an den nächtlichen Überfall sein, als sie ‚den Körper des Onkels spürte'.

Somit wäre der Fall geklärt; aber halt, die im Anfalle wiederkehrende Halluzination des Kopfes, der ihr Schrecken einjagt, woher kommt die? Ich frage sie jetzt danach. Als hätte auch sie in diesem Gespräche ihr Verständnis erweitert, antwortet sie prompt:

‚Ja, das weiß ich jetzt, schon, der Kopf ist der Kopf vom Onkel, ich erkenn's jetzt, aber nicht aus der Zeit. Später, wie dann alle diese Streitigkeiten losgegangen sind, da hat der Onkel eine unsinnige Wut auf mich bekommen; er hat immer gesagt, ich bin schuld an allem; hätt' ich nicht geplauscht, so wär's nie zur Scheidung gekommen; er hat mir immer gedroht, er tut mir was an; wenn er mich von weitem gesehen hat, hat sich sein Gesicht vor Wut verzogen und er ist mit der gehobenen Hand auf mich losgegangen. Ich bin immer vor ihm davongelaufen und hab' immer die größte Angst gehabt, er packt mich irgendwo unversehens. Das Gesicht, was ich jetzt immer sehe, ist sein Gesicht, wie er in der Wut war.'

‚Haben Sie der Tante auch die anderen Geschichten erzählt, wie er Ihnen nachgestellt hat?'

‚Ja, nicht gleich, aber später, wie schon von der Scheidung die Rede war. Da hat die Tant' gesagt: ‚Das heben wir uns auf, wenn er Schwierigkeiten vor Gericht macht, dann sagen wir auch das.'"

Dieses frühe Beispiel eines von FREUD selbst geführten diagnostischen Gespräches, das von ARGELANDER (1976, 1978) einleuchtend kommentiert wurde, läßt bereits wichtige Elemente diagnostischen Vorgehens deutlich werden, vor allem das situative Element, das die beiden Partner des Gespräches zu einer – zunächst unbewußten – Inszenierung veranlaßt, in der sich das pathogene Beziehungsspiel wiederholt und nunmehr so gestaltet werden kann, daß es zu einer diagnostischen Klärung führt.

Der Ablauf dieses diagnostischen Gesprächs oder Interviews läßt bereits wichtige und auch heute noch gültige Einstellungen und Techniken erkennen: Das Ausgehen von der psychischen Oberfläche, die zunehmende Orientierung auf den durch Vermutungen allmählich eingekreisten pathogenen Kern hin, die Erarbeitung der auslösenden Situation, die Herausschälung des pathogenen Konfliktes aus deren Zusammenhängen bei Beachtung eines ausreichenden Gleichgewichts zwischen den Konfliktkomponenten (Triebabkömmling und Abwehr), das Identifizieren und Klarifizieren von Affekten im Zusammenhang des pathogenen Komplexes, das Eruieren der Über-Ich-Reaktionen und der damit verbundenen Schuldgefühle, das Verfolgen von Reminiszenzen wie auch von Assoziationen zur aktuellen Situation auf ihre innere Logik hin und in diesem Zusammenhang das Aufspüren unbewußter Motivationen, das Beachten von Lücken und Widerständen, und schließlich die Formulierung theoriegeleiteter Schlußfolgerungen aus dem geförderten Material.

Anläßlich einer anderen Kasuistik, des „Falles Dora", hat FREUD auf die Bedeutung der Lücken und Widersprüche bei der Erzählung der Krankengeschichte aufmerksam gemacht. Er schreibt:

„Ich beginne dann zwar die Behandlung mit der Aufforderung, mir die ganze Lebens- und Krankheitsgeschichte zu erzählen, aber was ich darauf zu hören bekomme, ist zur Orientierung noch immer nicht genügend … Sie können zwar über diese oder über jene Lebenszeit den Arzt ausreichend und zusammenhängend informieren, dann folgt aber eine andere Periode, in der ihre Auskünfte seicht werden, Lücken und Rätsel lassen, und ein andermal steht man wieder vor ganz dunklen, durch keine brauchbare Mitteilung erhellten Zeiten. Die Zusammenhänge, auch die scheinbaren, sind meist zerrissen, die Aufeinanderfolge verschiedener Begebenheiten unsicher; während der Erzählung selbst korrigiert die Kranke wiederholt eine Angabe, ein Datum, um dann nach längerem Schweigen etwa wieder auf die erste Aussage zurückzugreifen. Die Unfähigkeit der Kranken zur geordneten Darstellung ihrer Lebensgeschichte, soweit sie mit der Krankheitsgeschichte zusammenfällt, ist nicht nur charakteristisch für die Neurose, sie entbehrt auch nicht einer großen theoretischen Bedeutsamkeit" (GW V, 1905, S. 173 f.).

In späteren Arbeiten hat FREUD sich eher zurückhaltend und kritisch zur Diagnostik geäußert (GW XV, 1933, S. 167) und zur Einleitung der Behandlung statt dessen eine Probeanalyse empfohlen (GW VIII, 1913, S. 455), um so die Indikation zur Psychoanalyse zu klären.

2 Zur Entwicklung diagnostischer Vorgehensweisen

In der Folgezeit sind, von Ausnahmen abgesehen (DEUTSCH, 1939; DEUTSCH UND MURPHY, 1955; FENICHEL, 1930; STEKEL, 1938), nur wenige Beiträge zur psychoanalytischen Diagnostik erschienen. Erst GILL, NEWMAN und REDLICH (1954) entwickelten das Erstinterview als eine eigenständige, der Therapie vorgeschaltete Methode psychoanalytischer Untersuchung, bei deren Anwendung in der Beziehung zwischen Patient und Analytiker sowohl diagnostische wie therapeutische Elemente zu beachten sind.

1961 kritisierten BALINT und BALINT an den psychiatrischen Anamnesen wie auch an den psychoanalytischen Interviews vor allem die Vernachlässigung des Beziehungsaspekts und entwickeln dann Vorstellungen über das „diagnostische Interview", das, ausgehend von objektbeziehungstheoretischen Überlegungen, die Beziehung im Hier und Jetzt der diagnostischen Situation und das Ineinandergreifen von Übertragung und Gegenübertragung bereits berücksichtigt (BALINT und BALINT, 1961).

2.1 Das psychoanalytische Erstinterview

ARGELANDERS Beiträge zur *Konzeptualisierung des psychoanalytischen Erstinterviews* können als eine erste umfassende und theoretisch fundierte Darstellung dieser Thematik betrachtet werden (ARGELANDER, 1966, 1967, 1970).

ARGELANDER sieht die Zielsetzung des diagnostischen Interviews wie folgt: Zum einen geht es darum, den Sinnzusammenhang der Symptome mit den dahinter verborgenen Konflikten aufzuspüren, zum anderen sind Antworten zu finden auf die Frage, in welche Persönlichkeitsstruktur dieses Krankheitsgeschehen einbezogen ist, über welche therapierelevanten Fähigkeiten der Patient verfügt und welche strukturspezifischen Merkmale vermutlich zu Widerständen bei einer Behandlung führen werden, d. h. neben dem An-

spruch auf diagnostische Klärung geht es um die gemeinsame Erarbeitung eines konkreten Behandlungsvorschlags, der die äußere und innere Realität des Patienten berücksichtigt, und um die Motivierung und Vorbereitung für die Behandlung (ARGELANDER, 1970, S. 98 f.).

Die Antworten auf diese Fragen kommen als Resultat einer Verarbeitung von Informationen aus drei verschiedenen Quellen zustande (ARGELANDER, 1970, S. 12 f.):

Objektive Informationen, d. h. Angaben über Symptome, Verhaltensweisen und Persönlichkeitsbesonderheiten, medizinische, biographische und soziale Fakten. Aus ihnen bildet der Diagnostiker auf der Grundlage seiner theoretischen Vorannahmen, seiner klinischen Erfahrungen und logischen Schlußbildungen Konstellationen mit einer bestimmten psychologischen Aussage. Das Kriterium für deren relativen Wahrheitsgehalt ist die logische Evidenz und die Übereinstimmung mit den theorie- oder erfahrungsgeleiteten Hypothesen oder Vorannahmen.

Subjektive Informationen, d. h. die subjektive Bedeutung, die der Patient seinen Beschwerden, ihrer Entstehung und Entwicklung sowie ihren Auswirkungen auf seine Lebenssituation sowie auf seine Erwartungen an die Behandlung gibt. Diese subjektiven Bedeutungen sind nur in gemeinsamer Arbeit mit dem Patienten in Erfahrung zu bringen, in einer Atmosphäre des Vertrauens, der Sicherheit und des wohlwollenden Interesses. Das Kriterium für die Verläßlichkeit dieser Informationen ist die situative Evidenz.

Szenische Informationen, d. h. die szenische Gestaltung der Gesprächssituation, der Interaktion zwischen den beiden Gesprächspartnern, mit all ihren verbalen, gestisch-mimischen, affektiven und körperlich-vegetativen Elementen und Abläufen. Das Instrument der Wahrnehmung und Beurteilung ist einzig und allein die Persönlichkeit des Interviewers. Mittels der „gleichschwebenden Aufmerksamkeit" auf das unbewußte Beziehungsfeld und -geschehen eingestimmt, nimmt er diese Informationen auf und verarbeitet sie. Das „Ungewöhnliche der analytischen Gesprächssituation" kommt durch das Einbeziehen dieser unmittelbaren Szenen oder Situationen und der in ihnen dargestellten unbewußten Mitteilungen zustande. Das Erkennen und Verstehen dieser unbewußten Bedeutungen, ihre Entschlüsselung, setzt ungewöhnliche Formen der Wahrnehmung und des Denkens voraus.

> „'Psycho-Logik' als eine ungewöhnliche Form der Wahrnehmung und des Denkens kommt also dadurch zustande, daß über einen dialektischen Prozeß mit dem Patienten hinaus Datenzusammenhänge in der Situation selbst lebendig werden und über eine Sprach- und Verhaltenskommunikation eine Szene gestalten, deren Verständnis über ein regressives Teilnehmen erst eine Datenverarbeitung ermöglicht, die der wahren Dimension der Krankheit gerecht wird ... Das Wesen seelischer Krankheiten liegt in unbewußten innerpsychischen Prozessen, die über eine aktuelle Szene mit einem Gesprächspartner erschlossen werden können" (ARGELANDER, 1970, S. 61).

Damit wird die schöpferisch gestaltete Szene zur Schlüsselinformation für die Erfassung fremdseelischen Geschehens. Die vielfältigen objektiven und subjektiven Informationen des Gesprächs ranken sich um diese Szene, das Kernstück des Interviews.

Das angebotene Material über Klagen, Lebensschicksale, Erinnerungen, Beziehungen, Erlebnisse, Phantasien, Konflikte und anderes verdichtet sich im Verlauf des Gesprächs zu einer mehr oder weniger prägnanten, sinngebenden „Gestalt", wenn es gelingt, bei Einhaltung der Regel der „gleichschwebenden Aufmerksamkeit" die Zusammenfügung aller Strukturelemente zu einer Sinngestalt, zu einer unbewußten Konfiguration zu fördern, die die subjektive Lebens- und Leidensgeschichte erhellt.

ARGELANDER hebt die Bedeutung der „Grenzsituation" innerhalb eines Erstinterviews als den kritischen Punkt hervor, an dem die fortschreitende Materialgestaltung, die Dynamik der Szene und die Auswirkungen einer daraus abgeleiteten Deutung in Frageform zu einer neuen bedeutsamen Information zusammenfließen. Diese „Grenzsituation" im Interview stellt eine Schaltstelle dar, an der die Entscheidung fällt, bis zu welcher Informationsquelle man vorstoßen kann und will und welche Absichten man verfolgt.

Der Interviewer benötigt zum Verständnis der unbewußten Persönlichkeit eines Patienten den Zugang zu seinen eigenen vorbewußten Wahrnehmungs- und Denkprozessen, über welche er aber nur verfügen kann, wenn sein Bewußtsein sie mit erfaßt. Das Geheimnis eines umfassenden Verstehens im Erstinterview ist die Beteiligung der Persönlichkeit des Interviewers am Prozeß der Wahrnehmung.

Zur Herstellung dieser „ungewöhnlichen Gesprächssituation" orientiert sich ARGELANDER u. a. an den BALINTschen Empfehlungen (1961) zur Gestaltung des psychiatrischen Interviews (s. S. 172 f.).

1. Die Technik des Vorfeldes. Er schreibt dazu: „Wir respektieren die Kompliziertheit des Vorfeldes, überlassen dem Patienten die Aktivität, drängen ihn zu nichts und gehen auf seine Ansprüche, Wünsche und Forderungen soweit ein, wie es unsere Realität zuläßt." (Das betrifft die Festlegung des Interviewtermins, die Auswahl des Interviewers u. a.)

2. Die planmäßige Vorbereitung der situativen Bedingungen. Das betrifft Fragen des zeitlichen Umfangs, der Gestaltung des Settings (Ambiente, Ungestörtheit), um Vertrauen, Offenheit, Intimität und verständnisvolles Mitgehen, Mitdenken und Nachempfinden bereitzustellen.

3. Die Haltung des Interviewers. Dazu heißt es: „Diese Haltung, die sich in Verhaltensweisen des ruhigen Abwartens, der Zuwendung, der gleichschwebenden Aufmerksamkeit und des Interesses dokumentiert, hat einen entscheidenden Einfluß ... Die Kehrseite dieses ermutigenden Verhaltens ist die Frustration, die sich an der abwartenden Haltung, dem nachdenklichen Schweigen, der kontrollierten Spontaneität und schließlich an der Enttäuschung über die fehlenden direkten Ratschläge entzündet."

Das analytische Erstinterview entspricht unter den heute gebräuchlichen diagnostischen Methoden der analytischen Arbeitsweise zweifellos am meisten. Es erscheint daher auch besonders geeignet, ins Auge gefaßte psychoanalytische Therapien vorzubereiten oder einzuleiten.

2.2 Die biographische Anamnese unter tiefenpsychologischem Aspekt

Im Unterschied zum psychoanalytischen Erstinterview geht es bei der *tiefenpsychologischen Anamnese* um eine gründliche Erhebung von Informationen mit Hilfe leitender und strukturierter Fragen, um die Gewinnung eines möglichst umfangreichen Bildes von der gegenwärtigen und vergangenen Lebenssituation eines Patienten. Die diagnostische Funktion steht deutlich im Vordergrund. Die psychoanalytisch orientierte biographische Anamnese ist vor allem von jenen Psychoanalytikern entwickelt worden, die in der Berliner Psychoanalytischen Poliklinik gelehrt und gearbeitet haben (ALEXANDER, RADO, HORNEY, KEMPER, BALINT, SCHULTZ-HENCKE und DÜHRSSEN). DÜHRSSEN hat in verschiedenen Veröffentlichungen (1972, 1986) an Gedanken von SCHULTZ-HENCKE (1951) angeknüpft und aus neo-psychoanalytischer Sicht diese „biographische Anamnese unter tiefenpsychologischem Aspekt" mit vielen anschaulichen Beispielen beschrieben.

Die *biographische Anamnese unter tiefenpsychologischem Aspekt* dient vor allem dem Ziel, die „Gesamtdiagnose" im Sinne BALINTS (Verstehende Verknüpfung von Krankheitsbild und Lebensweg in einer psychodynamischen Kurzformel) zu finden, um mit ihrer Hilfe den Gegenwartskonflikt des Patienten, seine neurotische Charakterbildung und seine bisherige Lebensgeschichte in einer übersichtlichen Darstellung zusammenzufassen.

Die biographische Anamnese soll im wesentlichen über drei Bereiche informieren:
1. die biographisch wichtigen Daten,
2. die psychodynamisch bedeutungsvollen Gefühlskonstellationen und
3. charakteristische Widerstands-Übertragungsreaktionen, die voraussichtlich für die geplante Therapie von Bedeutung sein werden.

Zur Erfassung dieser Informationen setzt DÜHRSSEN drei Gesprächsstrategien ein: Sachfragen zur Sammlung biographischer Daten, Auswahlfragen zur Klärung undeutlicher Gefühlsprobleme, Reizoder Probedeutungen zur Einschätzung der Abwehrmechanismen und der potentiellen Umstellungsfähigkeit des Patienten.

Das Ziel eines erstorientierenden Gespräches mit dem Patienten sollte sein, sich ein allgemeines Bild darüber zu verschaffen, wie dieser Mensch, der jetzt über Krankheitszeichen klagt, aktuell lebt, mit welchen Personen er verbunden ist, wie sein Tag abläuft und wie die gegebenen Lebensumstände mit den inneren verborgenen oder verdrängten Hoffnungen, Wünschen und Impulsen im Widerstreit liegen. Das so erworbene Wissen um die gegenwärtigen Gefühlsprobleme und Lebensumstände des Patienten sollte der Therapeut mit lebendigen, anschaulichen Vorstellungen darüber verknüpfen können, unter welchen Verhältnissen dieser Patient großgeworden ist und wie früh erfahrene Liebesbedingungen, Objektbeziehungen, Werthaltungen, Normen und Reaktionsschemata Spuren hinterlassen und zur gegenwärtigen Lebensgestaltung beigetragen haben. Wenn die Krankheit akut entstanden ist, dann müßte im Verlauf der Anamneseerhebung deutlich werden, welche äußeren Faktoren im Leben des Patienten eine spezifische pathogene Bedeutung erlangt haben und wie in seiner bisherigen Lebensgeschichte die Dispositionen dafür entstanden sind.

Liegen alle diese Daten vor, dann sollte es möglich sein, in einer zusammenfassenden Übersicht wichtige Elemente der Persönlichkeitsstruktur des Patienten klar herauszuarbeiten und einigermaßen zuverlässig abzuschätzen, welche Form der Behandlung angezeigt ist und welche Besserungsaussichten damit verbunden sind. Neben der Erfassung des sich beim Patienten in der auslösenden Situation erkennbar konstellierenden Konflikts stellt die der Familiendynamik und der Drei-Generationen-Folge eine Besonderheit dieser tiefenpsychologisch orientierten Anamneseerhebung dar.

Dieses Verfahren ist zur wesentlichen Grundlage der Erstellung eines Antrages auf Kostenübernahme für ein psychotherapeutisches Vorgehen gemäß der Psychotherapie-Richtlinie der kassenärztlichen Bundesvereinigung geworden. Auf der Linie eines solchen Vorgehens sind von Autoren, die sich um eine Fokal- oder Kurztherapie bemüht haben, diagnostische Methoden entwickelt worden, objektive, subjektive und szenische In formationen nach dem Konzept des sogenannten Konflikt- und Personendreiecks kognitiv zu organisieren, um daraus Schlußfolgerungen für die Therapieziele, die Indikation und die therapeutische Vorgehensweise zu ziehen (LUBORSKY, 1984; MALAN, 1965; DE SHAZER, 1985; STRUPP und BINDER, 1991).

> „Die biographische Anamnese hat allerdings nicht nur diagnostische Funktion; die genaue Kenntnis der Lebensgeschichte eines Menschen und der mögliche Rückgriff auf biographische Details in einer späteren Behandlung dient sehr der Festigung einer basalen therapeutischen Beziehung und kann als unspezifisches Wirk-Agens in sehr unterschiedlichem therapeutischen Setting von Bedeutung sein" (DÜHRSSEN, 1972).

2.3 Das strukturelle Interview

Die zunehmende Zahl von schwer gestörten Patienten hat zur Einführung von diagnostischen Vorgehensweisen angeregt, die der besonderen Psychopathologie dieser Krankheit Rechnung tragen. Inzwischen waren durch die Weiterentwicklung der psychoanalytischen Technik und Theorie Überlegungen zur genaueren Erfassung der psychischen Struktur (Es, Ich, Über-Ich) und der hier entstehenden intra- sowie der intersystemischen Konflikte angestellt worden, ferner zur Erfassung der Entwicklung und des Entwicklungsniveaus der Gesamtstruktur und ihrer Funktionen; dabei ging es vor allem um die in den Übertragungen erkennbaren Muster und Niveaus der Objektbeziehungen sowie der Fähigkeiten des Kranken zur auto- und alloplastischen Anpassung (s. d. a. STREECK, 1983, 1984; WEIDENHAMMER, 1987).

Diese Bemühungen wurden wesentlich von ANNA FREUD und ihren Mitarbeitern angeregt und verwirklicht; von ihnen wurde ein Erwachsenenprofil mit detaillierten Kritierien zur Persönlichkeitsbeurteilung vorgelegt (FREUD, NAGERA und FREUD, 1965).

BLANCK und BLANCK (1981, S. 119 f.) haben ihre psychoanalytisch-klinischen Vorstellungen im Konzept einer „deskriptiven Entwicklungsdiagnose" dargestellt, worauf sich die Beurteilung der Ich-Struktur stützt, in die das Symptom eingebettet ist.

Im folgenden soll das von KERNBERG (1985, 1988 a) entwickelte „Strukturelle Interview" vorgestellt werden.

Wie KERNBERG (1988 a) gezeigt hat, war die Entwicklung des psychiatrischen Interviews in den USA dadurch charakterisiert, daß sich der Akzent bei diesem Vorgehen unter dem Einfluß der psychoanalytischen Theorie und Praxis von den Standardfragen der traditionellen psychiatrischen Exploration allmählich auf die Interaktion zwischen Interviewer und Patient und auf psychodynamisch orientierte Interviewstrategien verschoben hat (DEUTSCH und MURPHY, 1955; FROMM-REICHMANN, 1950; GILL, NEWMAN und REDLICH, 1954; SULLIVAN, 1954; s. d. REDLICH und FREEDMAN, 1970). Das von KERNBERG ausgearbeitete strukturelle Interview stellt die zweite Generation dieser früheren „dynamischen Interviews" dar. Es wird versucht, die Geschichte der Erkrankung des Patienten und sein allgemeines psychisches Funktionieren in direkte Beziehung zu seiner Interaktion mit dem Diagnostiker zu bringen. Das Vorgehen stellt zwischen psychopathologischer Beschreibung und Beziehungsanalyse ein ausgewogenes Verhältnis her und wird den diagnostischen, prognostischen und therapeutischen Aufgaben eines Erstgespräches gerecht (BUCHHEIM, CIERPKA und SCHEIBE, 1988; ERMANN, 1980, 1991; s. a. THOMÄ und KÄCHELE, 1985). Das Interview konzentriert sich auf die Symptome, Konflikte oder Schwierigkeiten, die der Patient zeigt, und auf die besonderen Formen, in denen er sie in der aktuellen Interaktion reflektiert. Die Interventionen des Interviewers haben die Konfrontation mit und die Interpretation von Abwehrvorgängen zum Inhalt; sie richten sich auf Identitätskonflikte, auf Realitätsprüfung oder Verzerrungen in internalisierten Objektbeziehungen und auf affektive und kognitive Konflikte.

KERNBERG beschreibt folgende Interventionsformen:

Klärung bezieht sich auf die gemeinsame Erforschung aller jener Elemente der Mitteilungen des Patienten, die vage, unklar, verwirrend, widersprüchlich oder unvollkommen sind. Das Ziel klärender Intervention ist es, bewußtes und unbewußtes Material an die Oberfläche zu bringen, ohne den Patienten zu provozieren.

Durch *Konfrontation* soll der Patient auf diejenigen Aspekte der Interaktion hingewiesen werden, die konflikthaftes Funktionieren und Abwehrvorgänge, widersprüchliche Selbst- und Objektvorstellungen sowie vermindertes Realitätsbewußtsein anzuzeigen scheinen.

Mittels *Interpretation* wird versucht, bewußtes und vorbewußtes Material mit hypothetisch angenommenen unbewußten Funktionen oder Motivationen im „Hier und Jetzt" in Beziehung zu setzen. Dabei werden die aktuellen Informationen mit den zugrundeliegenden Ängsten, Motiven und Konflikten verknüpft.

Die erkennbaren *Übertragungsreaktionen* liefern den Kontext für solche Interpretationen, die die Störungen im „Hier und Jetzt" mit Erfahrungen des Patienten im „Dort und Damals" verbinden. Dieses Vorgehen ist einerseits darauf ausgerichtet, im Sinne einer Differentialdiagnose die Organisationsebenen psychischen Funktionierens (Persönlichkeitsorganisation des Neurosekranken, des Borderline-Patienten, des Psychosekranken) zu ermitteln; unter vorwiegender Fokussierung auf die Aspekte: Grad der Identitätsintegration, Qualität der Abwehrmechanismen und Fähigkeit zur Realitätsprüfung; andererseits soll es über wichtige prognostische und therapeutische Implikationen (Motivation, Fähigkeit zur Introspektion und Bildung eines Arbeitsbündnisses, Potential zum Ausagieren und zur psychotischen Dekompensation) informieren.

Das von KERNBERG empfohlene zirkuläre Vorgehen folgt nach der Einleitungsfrage zunächst einem Zyklus von „Fest-Symptomen der Schlüsselpathologie", der auf dem Perimeter eines Kreises angegeben ist (s. KERNBERG, 1988 a, S. 50). Dann werden die in der Interaktion aufgetretenen Symptome und Verhaltensweisen mittels der beschriebenen Interventionsformen (Klärung, Konfrontation, Interpretation) untersucht.

2.4 Operationalisierte psychodynamische Diagnostik

Aus der Bemühung heraus, eine systematische und intersubjektiv vergleichbare (nachprüfbare), an der Psychoanalyse orientierte Diagnostik zu ermöglichen und gleichzeitig eine Abgrenzung gegen die auf die nosologischen Register der ICD-10 und des DSM-IV begründete symptomorientierte Diagnostik vorzunehmen, wurde im September 1992 ein überregionaler Arbeitskreis für OPD, d.h. operationalisierte psychodynamische Diagnostik gegründet, der sich die Entwicklung von klinisch-empirisch handhabbaren und abgestützten Manualen vorgenommen hat. Die ersten Formulierungen der hier kooperierenden Gruppen sind inzwischen zusammengestellt und publiziert worden (1996). Für diese erste Formulierung einer umfassenden psychoanalytischen Mehrebenen-Diagnostik haben die beteiligten Arbeitsgruppen die folgenden fünf Achsen festgelegt:

Achse I: Krankheitserleben und Behandlungsvoraussetzungen

Für die Indikationsstellung zur Therapie sind die Art des Krankheitserlebens und die Behandlungsvoraussetzungen von Bedeutung. Auf der Grundlage des diagnostischen Interviews werden die folgenden Variablen eingeschätzt: Schweregrad des somatischen bzw. psychischen Befundes, Leidensdruck, Beeinträchtigung des Selbsterlebens, Ausmaß der körperlichen Behinderung, sekundärer Krankheitsgewinn, Einsichtsfähigkeit für psychodynamische und somatopsychische Zusammenhänge, Einschätzung der geeigneten Behandlungsform, Motivation, Compliance, Symptomdarbietung, psychosozialen Integration, persönlicher Ressourcen, sozialer Unterstützung, Angemessenheit der subjektiven Beeinträchtigung.

Achse II: Beziehung

Auf dieser Ebene ist die diagnostische Wahrnehmung vor allem ausgerichtet auf das habituelle Beziehungsverhalten des Patienten, also auf die interpersonalen Einstellungen und Muster, die bei einem Patienten nach außen hin als dominant und mehr oder weniger durchgängig wirksam erscheinen (zu erfassen aus der Beobachtung des manifesten Verhaltens und aus den erzählten Beziehungsepisoden) sowie aus den Reaktionen des Diagnostikers (Gegenübertragung) auf das Beziehungsangebot des Patienten. Als dysfunktionelles habituelles Beziehungsverhalten wird die spezifische Konstellation bezeichnet, die sich aus dem habituellen Beziehungsverhalten des Patienten und den typischen Reaktionsweisen seiner Sozialpartner ergibt. Zur Einordnung stehen 30 Grundkategorien zur Auswahl:

Perspektive A = Erlebensperspektive des Patienten.

Der Patient erlebt sich immer wieder so, daß er …

Der Patient erlebt andere immer wieder so, daß sie …

Perspektive B = Erlebensperspektive des Interviewers.

Der Untersucher erlebt, daß der Patient ihn immer wieder …

Der Untersucher erlebt sich gegenüber dem Patienten immer wieder so, daß er …

Achse III: Konflikt

Die psychodynamisch relevanten Konflikte werden aus der klinischen Beschreibung wahrnehmbarer Verhaltens- und Erlebensweisen im anamnestischen Gespräch erschlossen; sie manifestieren sich sowohl auf der Subjekt- als auch auf der Objektebene. In jeder Konfliktebene findet sich ein passiver und aktiver (kontraphobischer) Modus als Ausdruck der Konfliktverarbeitung. Der Untersucher soll die beiden wichtigsten und bedeutsamsten Konflikte aus dem folgenden Repertoire herausfinden:

- Abhängigkeit versus Autonomie
- Kontrolle versus Unterwerfung
- Versorgung versus Autarkie
- Selbst- versus Objektwert (Selbstwertkonflikte)
- Über-Ich- und Schuldkonflikte
- Ödipale und sexuelle Konflikte
- Identitätskonflikte

Achse IV: Struktur

Die Einschätzung der Struktur stellt neben der Erfassung der intrapsychischen Konflikte und der zentralen Beziehungsthematik des Patienten die wichtigste Aufgabe psychodynamischer Diagnostik dar. In dem vorliegenden Manual wird unter Struktur die „Struktur des Selbst in der Beziehung zum anderen" (RUDOLF, 1993) definiert und anhand von sechs strukturellen Kategorien beschrieben:

Selbstwahrnehmung: Die Fähigkeit zur Selbstreflexion, die ein Bild des eigenen Selbst und ein Gefühl der Identität sowie die Differenzierung eigener Affekte gestattet.

Selbststeuerung: Die Fähigkeit, mit eigenen Bedürfnissen, Affekten und Selbstwertgefühlen steuernd und integrierend umzugehen und auf dieser Grundlage Selbstverfügbarkeit, Selbstvertrauen und Selbstwertgefühl zu entwickeln.

Abwehr: Die Fähigkeit, das seelische Gleichgewicht in inneren und äußeren Konflikten durch bestimmte Abwehrmechanismen aufrechtzuerhalten oder wiederherzustellen.

Objektwahrnehmung: Die sichere Unterscheidung zwischen Selbst und Objekten verbunden mit der Fähigkeit, dem äußeren Objekt eigene Rechte und Absichten zuzugestehen und sich in das Objekt einzufühlen.

Kommunikation: Die Fähigkeit, sich auf andere emotional auszurichten, sich ihnen mitzuteilen und affektive Mitteilungen anderer zu entschlüsseln.

Bindung: Die Fähigkeit, innere Repräsentanzen des Gegenübers zu errichten und sie affektiv zu besetzen; Fähigkeit, zwischen Bindung und Lösung zu variieren und Interaktionsregeln zum Schutz der Bindung zu entwickeln.

Aus den einzelnen Beurteilungen gewinnt der Untersucher zum einen ein strukturelles Profil, zum anderen ein strukturelles Gesamtniveau. Um Ausmaß und Qualität struktureller Störungen unterscheiden zu können, werden vier Integrationsniveaus der Struktur (gut, mäßig, gering integriert, desintegriert) definiert und anhand von Ankerbeispielen beschrieben.

Achse V: Syndromale Diagnostik nach dem Kapitel V (F) der ICD-10

Hiermit soll die Diagnosenverschlüsselung nach ICD-10 an die Erfordernisse der Diagnostik in der Psychotherapie und Psychosomatik adaptiert werden. Als Hauptdiagnose sollte dabei die Diagnose gelten, die unter klinischen und psychodynamischen Gesichtspunkten die höchste Relevanz besitzt. Weitere Diagnosen sollten nur dann verschlüsselt werden, wenn sie zum Verständnis des Gesamtbildes entscheidend beitragen oder verlaufsmodifizierende Aspekte abbilden (OPD 1996, S. 80).

In einem ausführlichen semistrukturellen Interview, das Bestandteile des psychoanalytischen Erstinterviews (s. S. 104 f.) und der tiefenpsychologischen biographischen Anamnese (s. S. 106 f.) enthält, versuchen die Beteiligten, die wesentlichen Beschwerden und Erwartungen des Patienten zu erkunden, anhand von aktuellen und vergangenen Beziehungsepisoden die bewußten und unbewußten Beziehungsmuster zu verstehen, die störungsrelevanten unbewußten Konfliktkonstellationen zu erschließen, durch Fokussierung auf die Selbstwahrnehmung und -steuerung, die Abwehr, die Objektwahrnehmung und Objektbeziehung (Fähigkeit zur Kommunikation und Bindung) das Ausmaß der Strukturstörung bzw. das Integrationsniveau der psychischen Struktur (verstanden als die Struktur des Selbst in Beziehung zu anderen) herauszufinden und schließlich eine Syndromdiagnose zu stellen.

2.5 Die Anamneseerhebung in der psychosomatischen Medizin

Es wurde bereits erwähnt, welche Bedeutung die Arbeiten BALINTs für die Ausarbeitung diagnostischer Interviews in den verschiedenen Anwendungsbereichen gehabt haben. Die von ihnen genannten Bedingungen für ein geglücktes Interview (BALINT und BALINT, 1961, S. 234 ff.), insbesondere die Rahmenbedingungen und die „elastische" Interviewtechnik, sollen der *Anamneseerhebung in der psychosomatischen Medizin* vorangestellt werden:

1. Einstimmung und Vorbereitung auf das Gespräch mit dem Ziel, den Patienten zu entspannen und ihn für die Mitarbeit zu gewinnen.
2. Schaffung einer für den jeweiligen Patienten geeigneten Atmosphäre, die es ihm ermög-

licht, sich soweit zu öffnen und mitzuteilen, daß der Arzt ihn versteht.
3. Reflexion über die in Äußerungen, Verhaltensweisen oder Einstellungen zum Ausdruck kommende Interaktionssteuerung.
4. Einfluß des äußeren Rahmens auf den Interview-Plan und die Techniken.
5. Information an den Patienten über die Dauer des Gesprächs.
6. Beeinflussung des Interviewverlaufs durch die Wechselwirkung zwischen Übertragung und Gegenübertragung und die deswegen erforderliche elastische Interviewtechnik.
7. Reflexion über die Bedeutung der verschiedenen Interventionsformen (fragen, ermutigen, entmutigen, beruhigen, Ratschlag geben, klarstellen, konfrontieren, zusammenfassen und deuten), über ihre Dosierung und den Zeitpunkt ihrer Anwendung sowie über den Verlauf und die Zielsetzung des Gesprächs.
8. Art, Umfang und Inhalt der Aufzeichnungen über den Zustand des Patienten.
9. Integration der Befunde der körperlichen und psychiatrischen Untersuchung.
10. Beendigung des Interviews.

Die Ausgestaltung dieser Empfehlungen für die psychosomatische Grundversorgung und die Gesprächsführung in unterschiedlichen klinischen Anforderungssituationen wird in dem Kapitel von GEYER (s. S. 463 ff. in d. Bd.) beschrieben.

In diesem Abschnitt soll am Beispiel der von ADLER und HEMMELER (1989) vorgeschlagenen *Anamneseerhebung in der psychosomatischen Medizin* gezeigt werden, welche Modifikationen notwendig sind, wenn der Arzt im Krankenhaus oder in der Ambulanz im Erstkontakt mit einem nicht im voraus für eine psychosomatische Fragestellung gewählten Patienten das „klinisch-objektive" und das „subjektiv-teilnehmende" Vorgehen (ADLER, 1981) kombiniert, um einen ganzheitlichen Zugang zu dem Patienten im Sinne einer patientenzentrierten Medizin zu ermöglichen und gleichzeitig den Zielen medizinischer Diagnostik zu entsprechen.

Dieses Modell ist ein Beispiel für die vielfältigen Bemühungen von analytisch ausgebildeten Klinikern (ADLER, 1981; ADLER und HEMMELER, 1989; BALINT, 1957; BALINT und BALINT, 1961; MEERWEIN, 1986; MORGAN und ENGEL, 1977;

WESIAK, 1984), die beiden Hauptaufgaben der klinischen Urteilsbildung – Beziehungsdiagnostik und ätiologisch-nosologische Diagnostik – für die Anwendung im Bereich der somatischen Medizin zu integrieren.

ADLER und HEMMELER (1989, S. 21) schlagen folgenden *Grundplan* zur Erhebung einer solchen Anamnese vor:

1. Vorstellen, Begrüßen
2. Schaffen einer günstigen Gesprächssituation
3. Landkarte der Beschwerden
4. Jetziges Leiden
    a) zeitliches Auftreten
    b) Qualität
    c) Intensität
    d) Lokalisation und Ausstrahlung
    e) Begleitzeichen
    f) intensivierende/lindernde Faktoren
    g) Umstände
5. Persönliche Anamnese
6. Familien-Anamnese
7. Psychische Entwicklung
8. Soziales
9. Systemanamnese
10. Fragen/Pläne

Erster Schritt (Vorstellung, Begrüßung): Der Arzt begrüßt den Patienten, stellt sich vor und erklärt ihm seine Rolle im ärztlichen Gespräch und dessen Zielvorstellung.

Zweiter Schritt (Gestalten einer günstigen Situation): Er erkundigt sich danach, wie der Patient sich jetzt fühlt. Er bemüht sich, es dem Patienten so bequem wie möglich zu machen.

Diese Schritte dienen der Einführung in die Gesprächssituation. Diese soll gewährleisten, daß der Patient über den Ort, die Dauer, die Zielsetzung und über den Gesprächspartner ausreichend orientiert ist. Zur Einführung gehört auch die bequeme Lagerung oder Sitzhaltung des Patienten, wie es der jeweiligen Untersuchungssituation und der aktuellen Befindlichkeit und Belastbarkeit (Schmerzen, Funktionseinschränkungen, Settingbedingungen) angemessen ist. Diese Gesichtspunkte werden oft nicht erwähnt und nicht bedacht, obwohl sie für die Schaffung und Erhaltung einer angemessenen Atmosphäre, vor allem im Krankenhaus, eine nicht unerhebliche Bedeutung haben. Auf diese Weise fühlt sich der Patient als Person ernstgenommen und akzeptiert, im Sin-

ne einer wichtigen Voraussetzung für die Entwicklung einer vertrauensvollen Beziehung.

Dritter Schritt (Landkarte der Beschwerden): Nach diesen vorbereitenden Maßnahmen wird dem Patienten mit der *„Eröffnungsfrage"* die Möglichkeit gegeben, auf seine Weise (verbal, nonverbal, szenisch) den Grund seines Kontaktes mit dem Arzt, nämlich seine Beschwerden, seine Sorgen, seine Anliegen zu berichten und darzustellen.

Bewährt haben sich dabei offene Fragen wie: „Was führt Sie her?", „Wie fühlen Sie sich?".

Danach ist dem Patienten dann Raum gegeben, das zu erzählen, was ihm wesentlich erscheint. Der Patient kann dann selbst entscheiden und auswählen, ob er zunächst von Körpersymptomen, einer schwierigen Ehebeziehung, einer sozialen Krise, einem Verlust berichten will. Durch die Frage „Wie fühlen Sie sich?" wird ihm vermittelt, daß sich der Arzt nicht nur für körperliche Symptome interessiert. Art und Weise der Darstellung ergeben einen ersten Eindruck vom Stil des Patienten, von seiner Persönlichkeit, seinen ausgesprochenen, angedeuteten und auch ausgelassenen Erwartungen, Bedürfnissen und Wünschen.

Mit weiteren Fragen wie z. B. „Erzählen Sie mir bitte mehr darüber", oder „Haben Sie sonst noch etwas verspürt?" wird der Patient angeregt, eine Art Landkarte oder auch Skizze seiner Beschwerden zu entwerfen. Dieser dritte Schritt hat zum Ziel, die bio-psycho-soziale Lage des Patienten in ihren Umrissen zu erkennen, um dann in weiteren Schritten den verschiedenen Angeboten im einzelnen nachzugehen. Es zeichnen sich bereits Möglichkeiten und auch Schwierigkeiten ab, das Gespräch in der gewünschten Weise weiter zu gestalten. Bei ausreichender Aufmerksamkeit für die eigene Binnenwahrnehmung (Assoziationen, Phantasien, Handlungsimpulse, affektive und körperlich-vegetative Reaktionen) schälen sich für den Erfahrenen erste Hypothesen für die „übertragenen" vorbewußten und unbewußten Komponenten der sich in Szene setzenden Beziehung zwischen Patient und Arzt heraus. Im Gegensatz zu dem für das analytische Erstinterview beschriebenen Vorgehen übernimmt der Diagnostiker an dieser Stelle eine deutlich aktivere und stärker strukturierende Rolle, indem er die mehr oder weniger deutlich empfangenen Informationen gleichfalls registriert und speichert, das Gespräch dann jedoch anders und zwar in folgender Weise weiterführt.

Vierter Schritt (Jetziges Leiden): Jedes im bisherigen Gesprächsverlauf erwähnte Symptom wird nun unter dem Aspekt der folgenden sieben Punkte näher betrachtet:

Zeitliches Auftreten, Qualität, Intensität, Lokalisation und evtl. Ausstrahlung, Begleitzeichen, Umstände, die das Symptom verschlimmern oder mildern, Umstände, unter denen es auftritt.

Durch diese stärker fokussierenden Fragen versucht der Diagnostiker die zunächst entworfene Skizze zu präzisieren, mit „geschlossenen Fragen" Hinweise für die diagnostische Eingrenzung bzw. differentialdiagnostische Abgrenzung zu erhalten.

Zugleich registriert er möglichst genau die spontanen Äußerungen des Patienten über die begleitenden Lebensumstände, über frühere Krankheiten, über den Gesundheitszustand seiner Familie und über seine zwischenmenschlichen Beziehungen. Je nachdem, welches vorläufige Bild im Untersucher entstanden ist, wird er die angebotenen Informationen oder auch Widersprüche und Lücken aufgreifen, um weitere Schritte zu planen und zu realisieren, um die Informationen in das bisherige Bild vom Kranken, seiner Krankheit und seinem Krank-Sein zu integrieren.

Fünfter bis achter Schritt (Persönliche Anamnese, Familienanamnese, Psychische Entwicklung, Soziales): In Anknüpfung an die bisherige Information und in deren Weiterführung versucht der Diagnostiker, das bisherige Bild von der körperlichen, psychischen und sozialen Entwicklung des Patienten so zu vervollständigen, daß die Zusammenhänge zwischen den verschiedenen Ebenen in bezug auf die geklagten Beschwerden und Symptome deutlicher werden.

Neunter Schritt (Systemanamnese): Dieser Schritt bedeutet den Versuch, die bisherigen Informationen in ihrer Bedeutung für das Verständnis der Lebens- und Krankheitsgeschichte zusammenzufassen, noch offene Fragen entweder direkt anzusprechen und zu klären oder dafür ein weiteres Gespräch zu vereinbaren.

Zehnter Schritt (Fragen/Pläne): Abschließend wird dem Patienten Gelegenheit gegeben, Fragen zu stellen, die der Verständnisprüfung, der Klärung, der Orientierung über die wichtigen Fragen der Diagnose (woran leide ich?), der Ursachen

und Entstehungsbedingungen, der weiteren diagnostischen oder therapeutischen Maßnahmen und der Prognose dienen. An dieser Stelle ergibt sich noch einmal die Möglichkeit, unterschiedliche Auffassungen vom Krankwerden, vom Kranksein und Gesundwerden miteinander zu besprechen und daraus weitere Maßnahmen abzuleiten, vor allem aber die beim Patienten dafür gegebene Motivation zu klären.

Der hier skizzierte Grundplan zur Erhebung einer Anamnese in der psychosomatischen Medizin ist als Anleitung, Anregung und Orientierungshilfe gedacht. Er stellt einen Kompromiß dar zwischen den theoretischen Grundannahmen der psychoanalytischen Entwicklungs-, Persönlichkeits- und Krankheitslehre sowie den Erfahrungen der psychoanalytischen Beziehungsdiagnostik und -gestaltung und der bisher vorwiegend oder ausschließlich durch somatische Gesundheits- oder Krankheitsaspekte und entsprechende Handlungsstrategien in Diagnostik und Therapie bestimmten ärztlichen Praxis. Auf diese Weise wird ein ganzheitlicher Zugang zum Patienten eröffnet, und dabei werden in angemessener Weise die somatischen, psychischen und sozialen Aspekte berücksichtigt. Neben ausreichenden Kenntnissen erfordert die konkrete Gestaltung und vor allem der Umgang mit schwierigen Gesprächssituationen (der „unergiebige Patient", der „schwierige" Patient, s. ADLER, 1981; HAESLER, 1979; HEIM und WILLI, 1986, S. 482 f.) ein ausreichendes Training unter erfahrener Anleitung und Kontrolle. Das Erzählen von „Arzt-Patient-Beziehungen" in Balint-Gruppen ermöglicht es, „typische" Kommunikationsschwierigkeiten und -fehler, Gegenübertragungen oder Kollusionsmuster (BALINT, 1965; HEIM und WILLI, 1986; NEDELMANN und FERSTL, 1989; ROSIN, 1989; STUCKE, 1982) gewahr zu werden und zu reflektieren.

In jedem Fall muß die psychosomatische Anamnese allerdings auch klären,

> „ob und wie weit zwischen den Besonderheiten der Lebensentwicklung und einem aktuellen seelischen Konflikt auf der einen Seite und der vorliegenden Symptomatologie auf der anderen Seite überhaupt ein ursächlicher Zusammenhang besteht",

um die Gefahr von Fehldiagnosen zu vermeiden (RÜGER, 1987).

3 Kasuistische Veranschaulichung klinischer Urteilsbildung

Wir haben einige diagnostische Methoden beschrieben, die in der heutigen Praxis psychoanalytischer und psychoanalytisch-orientierter Therapie eine Rolle spielen: das psychoanalytische Erstinterview, die biographische Anamnese unter tiefenpsychologischem Aspekt, das strukturelle Interview und die Anamnesen-Erhebung in der psychosomatischen Medizin.

Im folgenden sollen die von uns verwandten *Methoden und Techniken klinischer Urteilsbildung, orientiert an den Grundmustern konfliktbedingter und entwicklungsbedingter oder auch traumatogener Psychopathologie* dargestellt werden, die vor allem an die Techniken des analytischen Erstinterviews anknüpfen. Klinisch orientieren wir uns an den beiden psychopathologischen Grundmustern, wie wir sie in dem vorangegangenen Kapitel (s. S. 77 ff. in d. Bd.) beschrieben haben.

Es soll nun gezeigt werden, wie eine solche diagnostische Orientierung erfolgt: Zum einen werden dabei drei semantische Lesarten eingesetzt, die das manifeste Verhalten, das latente Verhalten und die zugrundeliegenden unbewußten Phantasien des Patienten entschlüsseln sollen; zum anderen wird die dominante Objektbeziehung zu erfassen versucht; das geschieht durch Entschlüsselung der in der diagnostischen Situation vom Patienten initiierten Inszenierungen oder Reinszenierungen.

Nach dieser wichtigen Vorentscheidung – handelt es sich um eine überwiegend durch personale Beziehungen bestimmte konfliktpathologische Störung oder aber um eine vorwiegend durch Teilobjekt- oder apersonale Beziehungen bestimmte entwicklungspathologische oder traumatogene Störung? – wird eine weitere diagnostische Differenzierung dadurch angestrebt, daß im Falle einer Konfliktpathologie die dazugehörigen triangulären Beziehungsmuster erfaßt werden; im Falle einer basalen oder frühen oder strukturellen Pathologie wird geklärt, auf welche Weise hier die trianguläre Beziehung auf eine Dyade oder Pseudodyade reduziert wird.

Anschließend soll mit einer Reihe von Schlußbildungsformen ein Instrumentarium für die psychoanalytisch-diagnostische Klärung beschrieben werden, das sich uns als nützlich erwiesen hat. Danach soll kasuistisch verdeutlicht werden, wie Prozesse klinischer Urteilsbildung verlaufen können.

Unter den Aspekten der Psychoanalyse handelt es sich bei den zu erkundenden Erlebensbereichen immer und ganz wesentlich um Inhalte, die dem Patienten unbewußt, die seinem bewußten Erleben durch Ich-Maßnahmen des Unkenntlichmachens, etwa durch Zerreißen von Zusammenhängen, entzogen worden sind. Es gehört daher zu den Hauptaufgaben des psychoanalytisch orientierten Diagnostikers, daß er sich die auf solche Weise unkenntlich gemachten Erlebensinhalte im ersten Ansatz zugänglich macht, daß er zerrissene Zusammenhänge wieder verknüpft, daß er voneinander Ferngehaltenes wieder zusammenführt, daß er einen verlorengegangenen, nunmehr verborgenen Sinn entschlüsselt; es handelt sich dabei um Vermutungen, die der Diagnostiker dem Patienten in der Regel zunächst nicht mitteilt. Das Material für solche Entschlüsselungsversuche sind die sprachlichen Mitteilungen des Patienten und – von nicht geringerer Bedeutung – auch alle sonstigen symbolischen wie präsymbolischen Ausdrucksformen.

3.1 Die semantischen Lesarten des sprachlichen Handelns

Es hat sich für uns bewährt, solche Entschlüsselungs-, solche auf Sinnfindung ausgerichteten Bemühungen in drei Richtungen voranzutreiben.

Der Entschlüsselungsversuch kann sich einmal auf die manifesten Inhalte der Äußerungen eines Patienten beziehen, gleichsam auf die psychische Oberfläche, auf das, was er bewußt erlebt, wenngleich er es hinsichtlich seiner Zusammenhänge und Bedeutungen nicht immer bewußt reflektieren kann. Hier geht es darum, in den manifesten Inhalten der Äußerungen des Patienten die für ihn verbindlichen Werte, Normen, Ideologien, Grundorientierungen und Überzeugungen aufzuspüren.

Auf einer weiteren Linie semantischen Lesens und Entschlüsselns kommt es darauf an, die für den Patienten typischen neurotischen Kompromißbildungen (Charakterhaltungen, habituelle Interaktionsmuster, psychosoziale Abwehrkonstellationen, Symptombildungen) oder, im Fall struktureller Störung, die für ihn charakteristischen interaktionell abgewickelten Verarbeitungen innerer Unverträglichkeiten (Anpassungs-, Kompensations-, Bewältigungsstrategien, Teilobjektsubstituierungen, psychosomatische, psychische und soziale Symptombildungen) zu erfassen und zu identifizieren. Beide dienen dem Patienten dazu, in seinen Beziehungen zu den Anderen – in der diagnostischen Situation zum Therapeuten, ferner zu den aktuell bedeutsamen Bezugspersonen wie zu denen der auslösenden und der frühgenetischen Situation – entweder eine für ihn erträgliche Relation zwischen abgewehrten Wünschen auf der einen Seite und der dagegen gerichteten Abwehr auf der anderen Seite immer wieder herzustellen oder bei Vorliegen einer strukturellen Störung innere Unverträglichkeiten und Regulationsschwächen auszugleichen und zu kompensieren.

Schließlich läßt sich die Kommunikation des Patienten in der Perspektive seiner infantilen psychischen Realität lesen. Unter diesem Blickwinkel geht es um die unbewußten Objektbeziehungen, die unbewußten narzißtischen Vorstellungen des Patienten, um die Determination seines Erlebens durch die speziellen Triebschicksale und die spezielle narzißtische Organisation seiner kindlichen Entwicklung. Diese regressiven Übertragungsphantasien sind Reaktivierungen frühkindlicher Erlebens- und Verhaltensweisen. (BOOTHE-WEIDENHAMMER, 1989, S. 84; HEIGL-EVERS und HEIGL, 1973, S. 142). Im Fall entwicklungspathologisch bedingter Störungen stellen sich solche Phantasien häufig direkt in der manifesten Aktion dar.

An einer Patientenäußerung aus einer Gruppensitzung sollen die drei Zugangswege der semantischen Entschlüsselung veranschaulicht werden (HEIGL-EVERS und HEIGL, 1973, S. 146, 151).

Sie lautet wie folgt:

„Herr A (zu Herrn B, erregt): Hattest Du schon ziemlich einen getrunken, und dann hast Du ihr erzählt, vor allen Dingen am Tisch, vor allen Leuten, laut, sie (Frau E) wäre leicht zu haben und von ihr kann man noch was lernen, und hast das so vor allen Leuten vorgetragen. Wenn das kein Vertrauens-Mißbruch ist, also ... Mißbrauch ist, dann weiß ich nicht ...“

Auf der Ebene der manifesten Aktion läßt sich diese Äußerung wie folgt verstehen:

Die manifeste Aktion ist in diesem Fall beinhaltet durch den normativen Appell: Laßt uns alles bekämpfen und bei Strafe vermeiden, was zum Vertrauensschwund in der Gruppe beiträgt. Laßt uns besonders vermeiden, in der Gruppe erhaltene Informationen nach draußen zu tragen; in der Gruppe erhaltene Informationen über einen Gruppenteilnehmer außerhalb der Gruppe, in dessen Gegenwart, für eigene Zwecke und somit mißbräuchlich zu verwenden; uns von der Gruppe abzusondern; insbesondere paarweise mit sexuellen Tendenzen abzusondern.

Auf der Ebene der latenten Aktion kann diese Äußerung wie folgt verstanden werden:

Laßt uns das Böse, von dem die Gruppe im Sinne der Übertretung der o. g. Normen bedroht ist, personifizieren und quasi herdförmig abgrenzen und lokalisieren; laßt uns diesen Herd bekämpfen und das Böse auf diese Weise eliminieren, m. a. W.: Laßt uns den Schuldigen, den Sündenbock suchen! – Es geht also um Schuldexternalisierung.

Auf der Ebene der unbewußten Phantasien geht es in dieser Äußerung darum, von einer älteren, erfahrenen Frau (Mutter) sexuell unterwiesen, belehrt und befriedigt, von der Mutter verführt zu werden. Diese Phantasie steht unter der Einwirkung von Angst vor den eigenen Beseitigungswünschen gegen störende Rivalen und Angst vor Strafe.

Diese drei verschiedenen Lesarten beziehen ihre Begründung aus der Einbettung in den jeweiligen Kontext, einmal den Kontext der aktuellen Situation, ferner den Kontext, in dem es um die Aufrechterhaltung und Sicherung der für das Individuum wichtigen Beziehungen geht und schließlich den Kontext, der nur noch im Unbewußten verbliebenen Beziehungsformen der frühen Kindheit (s. BOOTHE-WEIDENHAMMER, 1989, S. 90).

3.2 Zur Diagnostik der Objektbeziehungen

Als ein wichtiger Klärungsschritt auf dem Weg klinischer Urteilsbildung in der psychoanalytischen Diagnostik darf die Abgrenzung von Konfliktneurosen gegen entwicklungspathologisch bedingte oder traumatogene psychische Störungen gelten. Als ein besonders wichtiges differenzierendes Kriterium dient dabei das Maß an Personalität oder Apersonalität der dominanten Objektbeziehungen.

Objektbeziehungsdiagnostik kann anhand der durch Übertragung und Gegenübertragung bestimmten Inszenierungen in der Arzt-Patient-Situation im Verlauf des diagnostischen Gesprächs erfolgen. Die spontane affektive Reaktion des Diagnostikers auf das initiale Beziehungsangebot, das der Patient ihm macht, ist ein wichtiger Indikator dafür, ob der Patient eine personale Beziehung (personale Übertragung) anstrebt oder ob er die Tendenz hat, den Therapeuten zum Substituten eines für ihn wichtigen inneren Teilobjekts zu machen (primitive Übertragung) und d. h. die Alterität, das Anderssein des Partners nicht zu beachten. Während das *Übertragungsangebot einer personalen Beziehung* in der Regel nicht beunruhigend ist, dem Therapeuten die Möglichkeit zu freundlich-distanziertem Interesse beläßt, löst die Tendenz zur Instrumentalisierung, zur „Auslöschung der Person des Anderen", die in jedem Teilobjektbeziehungsmuster enthalten ist, beim Diagnostiker entweder sofort oder verzögert mehr oder weniger intensive aversiv-aggressive Reaktionen aus, und sei es auch nur in Form vager Antipathie. Eine Verzögerung solcher Reaktionen kann dann zustande kommen, wenn der Patient den Diagnostiker zu einem idealisierten Teilobjekt verklärt und entsprechende Erwartungen an ihn richtet; dann kann es passieren, daß der Therapeut zunächst mit positiven Affekten im Zusammenhang mit Mitleid, Zuneigung, Helfen-, Retten-Wollen, Bemuttern reagiert und mit aggressiv-aversiven Affekten erst dann, wenn die Idealisierung in eine schwere Enttäuschung auf Seiten des Patienten umgeschlagen ist. Erst wenn der Therapeut solche Affekte zugelassen und in ihrem Entstehungszusammenhang verstanden, wenn er auf diese Weise seine Personalität ge-

schützt hat, wird es ihm möglich, sich, abgegrenzt und freundlich-interessiert, zum Patienten einzustellen, eine Abgegrenztheit zu erleben, die seiner professionellen Rolle als Therapeut und Helfer gemäß ist, in deren Schutz er, um gleichschwebende Aufmerksamkeit bemüht, den Binnenraum seiner subjektiven Erfahrungen, Erinnerungen, Phantasien, Gefühle, Empfindungen, Impulse, Motivationen dem diagnostischen Klärungsprozeß verfügbar machen kann.

Die Befähigung zu personalen Objektbeziehungen ist an die Zulassung von Triangularität, an die Einbeziehung des „Dritten Objekts", an die Akzeptanz von Alterität, von Anderssein gebunden; deswegen sind bei der Differentialdiagnose – personale versus apersonale Objektbeziehungen – immer auch die Merkmale der Triangularität zu beachten.

Demnach ist zu klären, ob der Patient *Ähnlichkeit* des Objekts mit seinem Selbst erlebt, die Vertrautheit schafft und zur Sympathiewahl motiviert, also eine personale Austauschbeziehung entstehen läßt, oder ob der Patient das Objekt mit seinem eigenen Selbst oder Teilen seines Selbst gleichsetzt, es als *deckungsgleich* erlebt und somit eine (apersonale) Teilobjektbeziehung konstelliert. Es muß differentialdiagnostisch geprüft werden, ob der Patient zum Objekt eingestellt ist im Sinne von: Du bist *wie* ich – oder ob er zum Objekt eingestellt ist im Sinne von: Du bist ich, wobei auch dies nicht ganz richtig formuliert ist, denn im Erleben eines Du wäre ein abgegrenztes Objekt anerkannt. Die Nichtwahrnehmung der Personalität des anderen ist tatsächlich gleichbedeutend mit dessen Aufhebung, Eliminierung, Einschmelzung, Vaporisierung; das Gegenüber als eine Entität, als eine Person eigenen Rechts ist nicht-existent. Das geschieht auch, wenn der Patient den Diagnostiker mit einem bösen/schlimmen Teilobjekt (Introjekt) zur Deckung bringt, das er nicht als Teil seines Selbst erkennt und das er nunmehr im andern ablehnt, haßt, verachtet und bekämpft.

Die differentialdiagnostische Abklärung von Personalität der Beziehung versus Apersonalität, von Triangulierung versus Pseudodyade und Monade, ist auch für die Therapieindikation wichtig: ‚Einsicht' und ‚Deutung' stellen ebenso wie der ‚Konflikt' als wesentliche Elemente einer psychoanalytisch-deutenden Vorgehensweise triadische

Konstellationen dar; ihre Verwendung ist dann begründet, wenn der Patient fähig ist, das dritte Objekt zu erleben; nicht indiziert dagegen ist eine solche Vorgehensweise bei Patienten mit einer Tendenz zu pseudodyadischer bzw. monadischer Orientierung (HEIGL-EVERS, 1993).

Verfügt ein Patient über dominante *personale Objektbeziehungsmuster*, dann ist der Frage nach der pathogen bedeutsamen frühen triangulären Konstellation nachzugehen, wie sie sich im Beziehungsfeld der diagnostischen Situation abbildet.

Es geht dabei um:

- die Ermittlung der besonderen Perspektive dieser Person (des Patienten) im Dreieck (an welcher Stelle befindet sie sich?);
- die Ermittlung der triebhaften und narzißtischen Bedürfnisse, mit denen sich die Partner im Dreieck aufeinander richten (was will diese Person (der Patient) von wem?);
- die Ermittlung der Interaktionsmodi im Dreieck (wer geht mit wem wie um?) (HEIGL-EVERS und WEIDENHAMMER 1988, S. 127 ff., s. d. S. 80 in d. Bd.).

Die für die Beantwortung dieser Fragen erforderlichen Informationen sind sowohl im Interaktionsfeld der Diagnostik zu gewinnen wie auch aus den Interaktionen der auslösenden Situation und der aktuellen sozialen Beziehungen des Patienten wie auch, im Rückblick, aus den Interaktionen mit den wichtigen frühen Bezugspersonen. Diese Betrachtungsweise entspricht dem Dreieck der Einsichtsvermittlung, wie es für die Therapie von MENNINGER und HOLZMANN (1973) angegeben wurde (s. d. S. 190 f. in d. Bd.).

Als drittes Objekt innerhalb einer im diagnostischen Prozeß entstehenden Übertragungs-Gegenübertragungs-Beziehung kann sich etwa eine mit Eifersucht reagierende Mutter darstellen, die zu verhindern sucht, daß die Patientin, die Tochter, sich um eine Psychotherapie bemüht, einen Therapeuten (den Vater) aufsucht. Das kann dem Therapeuten dadurch deutlich werden, daß er Unmut und Unwillen gegenüber dieser Mutter spürt, weil sie seiner Ansicht nach der Gesundung und dem Wohlergehen des Kindes im Wege steht. Es zeichnet sich so ein trianguläres Grundmuster ab, in dem sich die Patientin zwischen den beiden eifersüchtig miteinander rivalisierenden anderen Objekten bewegt. Dieses Muster könnte sich eventuell auch in den aktuellen Beziehungen, vielleicht auch in der auslösenden Situation wiederfinden lassen.

Das dritte Objekt kann sich freilich auch verdeckt, verborgen darstellen; so kann ein Patient, sich selbst anklagend, darüber berichten, daß er den Ansprüchen des von ihm selbst gewählten Studiums nicht gewachsen ist und den Anforderungen eines bevorstehenden Examens mit Sicherheit nicht genügen wird. Der Therapeut könnte von seiner Gegenübertragung her in einem solchen Fall etwa so reagieren, daß er dieses Lamentieren ärgerlich findet und den Patienten am liebsten auffordern würde, sich gefälligst auf den Hosenboden zu setzen und sich etwas mehr anzustrengen. Es würde sich dann ein Triangel abzeichnen, in dem sich der Patient einem von den beiden anderen Objekten ausgehenden starken Druck ausgesetzt fühlt, einem fordernden und einem bestrafenden.

Geht man der zweiten Frage nach, so sollte man bemüht sein, die *konfliktbildenden Bedürfnisse und Wünsche* zu erkunden, um die es bei der Neurosenentstehung geht (Triebwünsche, narzißtische Bedürftigkeit, Beziehungswünsche, affektive Bedürfnisse). Es wäre – wiederum sowohl im Hier-und-Jetzt, wie im aktuell sozialen, wie auch im frühgenetischen Beziehungsfeld, wie auch in den Konstellationen der auslösenden Situation – aufzuspüren, um welche Wunsch- und Bedürfnisdeterminanten es hier geht. In diesem Zusammenhang kann man sich an den folgenden in der Literatur beschriebenen Fragen orientieren (BOOTHE-WEIDENHAMMER, 1989; HOFFMANN und HOCHAPFEL, 1991; WAELDER, 1960):

- Welche triebhafte Bedürftigkeit (oraler, analer, phallischer, genitaler Art) macht sich bemerkbar?
- Welche Impulse libidinöser und aggressiver Qualität werden in der Interaktion beim Patienten deutlich? Welche libidinöse oder aggressive Befriedigung gewinnt der Patient aus seinem Handeln, aus seinen Interaktionen?
- Welche Bestätigungen bezieht er aus seiner Art, sich darzustellen und sich mit dem Gegenüber in Beziehung zu setzen?
- Welche Sicherungs- und Kontrollaktivitäten, welche Aktivitäten in Richtung auf Bestätigt- und Akzeptiertwerden entfaltet der Patient?

Ergänzend wäre hier noch der Frage nachzugehen, wieweit ein Bedürfnis nach Bestrafung, ein Bedürfnis, ein Leidender zu sein, besteht oder ein Bedürfnis nach Vergeltung, Rache und Wiedergutmachung. Außerdem wären Bedürfnisse nach betonter Nähe oder auch nach betonter Distanz zu verfolgen, nach haltender und tragender Abhängigkeit oder nach dezidierter Autonomie oder Autarkie.

Auch zur Beantwortung der dritten der zuvor genannten Fragen sind sowohl die diagnostische Situation selbst wie die auslösende Situation, das aktuelle soziale Beziehungsfeld und auch die frühgenetische Konstellation heranzuziehen. Es kommt darauf an, die habituell gewordenen Interaktionsangebote des Patienten und die von seinen Objekten entwickelten Erwiderungen zu erfassen. – Dabei ist es auch von diagnostischer Wichtigkeit, die Affekte und affektiven Gestimmtheiten zu ermitteln, die solchen Interaktionen im Erleben des Patienten eine bestimmte Tönung geben. Unter affektpsychologischem Aspekt sind hier sowohl die objektgerichteten wie die selbstgerichteten Affekte von Bedeutung (siehe dazu Abschnitt über Theorie der Affekte, S. 58 ff. in d. Bd.).

Auch wenn das Erleben des Patienten durch *apersonale Objektbeziehungen* dominiert wird, sollte nach triangulären Ansätzen und ihren Schicksalen geforscht werden.

Bei der Auseinandersetzung mit der ersten Frage, der nach den besonderen Perspektiven des Patienten im Dreieck, kann sich ergeben, daß das dritte Objekt keine personale Existenz hat; daß vielmehr eine (pseudo-)dyadische Konstellation besteht, die im Grunde monadisch ist.

Wird bei der weiteren diagnostischen Klärung die zweite Frage (was will diese Person (der Patient) von wem im Dreieck?) nunmehr modifiziert oder verändert in: Was will der Patient von dem ihm (pseudo-)dyadisch zugeordneten Objekt, dann kann sich folgendes ergeben: So will er eventuell, daß das deswegen idealisierte Objekt der Verklärung seines Selbst dient, oder er will, daß es durch Übernahme des Reizschutzes organismisches Wohlbefinden sichert oder daß es für Triebbefriedigungswünsche oraler Art unbegrenzt zur Verfügung zu stehen hat (verschlingende Vereinnahmung); oder er will, daß es sich seinen aggressiv-sadistischen Triebbedürfnissen aus-

liefert oder umgekehrt für die Befriedigung von masochistischen Strafbedürfnissen verfügbar ist. Im Zusammenhang mit Abhängigkeits-/Autonomie-Bedürfnissen wird das (pseudo-)dyadische Objekt entweder im Sinne exzessiver Abhängigkeit als Gegenstand symbiotischer Verschmelzung beansprucht oder es wird in Folge von gleichfalls exzessiven Autonomie- bzw. Autarkie-Bedürfnissen kalt abgestoßen. Nicht selten wird das (pseudo-)dyadische Objekt auch zum Adressaten von heftigen nachtragenden Affekten mit den dazugehörigen Handlungsimpulsen von Rache und Vergeltung oder auch von exzessiven Wiedergutmachungsansprüchen.

Die dritte Frage, die nach den Interaktionsmodi, – hier in einer pseudodyadischen Konstellation – kann folgendes ergeben: Es gibt (apersonale) Beziehungsformen, die durch einseitige oder wechselseitige Verklärung gekennzeichnet sind oder auch durch einseitige oder wechselseitige Verachtung und Abwertung, ferner Beziehungen nach dem Muster von Leiden und Leidenlassen (Täter-Opferbeziehung), um Modi des Ausbeutens und des Ausgebeutetwerdens oder auch um solche von Vereinnahmung und Verschmelzung, denen das so angesprochene, so intendierte Objekt eventuell entspricht; es geht um Beziehungsmuster einer uneingeschränkten Anhänglichkeit, denen das Objekt sich anpaßt, es geht um Beziehungsformen süchtigen Verhaftetseins, denen das Objekt mit entsprechender Bereitschaft entgegenkommt.

Diese Interaktionsmodi stellen sich in der Regel im diagnostischen Prozeß situativ durch schnell und stegreiftheaterartig erfolgende Inszenierungen dar; für die klinische Urteilsbildung ist es wichtig zu verfolgen, ob Entsprechungen dazu in den aktuellen Sozialbeziehungen, in den Beziehungen der auslösenden Situation und möglicherweise auch in denen der frühen und späteren Lebensgeschichte aufzuspüren und zu erkennen sind.

3.3 Techniken der diagnostischen Schlußbildung

Um die diagnostisch notwendige Klärungsarbeit an zerrissenen Sinnzusammenhängen, an falschen Verknüpfungen, an Blockierungen bestimmter Erlebnisinhalte, an groben Realitätsverkennungen, an Leugnungen schwerer Defizite zu leisten, bedarf es neben der beschriebenen Wahrnehmungseinstellung eines Instrumentariums von Schlußbildungen.

Die semantischen Entschlüsselungen psychoanalytischer Diagnostik erfolgen über Schlußbildungen verschiedener Art. Bei Schlußbildungen handelt es sich um indirektes Erkennen; es ist gegen das sinnlich-wahrnehmende Erkennen, das zu Beobachtungsdaten führt, abzugrenzen (Bochenski, 1965; Colby, 1960). In der psychoanalytischen Diagnostik spielen u. a. folgende Schlußbildungen eine Rolle (s. dazu Heigl, 1969):

1.

Der *Schluß ex silentio* oder *ex omissione*: Auch offensichtliche Lücken und Auslassungen in den Mitteilungen des Patienten haben Aussagewert. Freud schrieb 1938 dazu:

> „Wir machen unsere Beobachtungen mittels desselben Wahrnehmungsapparates (sc. desselben wie andere Wissenschaften), gerade mit Hilfe der Lücken im Psychischen, indem wir das Ausgelassene durch naheliegende Schlußfolgerungen ergänzen und es in bewußtes Material übersetzen. Wir stellen so gleichsam eine bewußte Ergänzungsreihe zum unbewußten Psychischen her. Auf der Verbindlichkeit dieser Schlüsse ruht die relative Sicherheit unserer psychischen Wissenschaft" (GW XVII, 1938, S. 81).

Ein Patient träumt: Ich sehe eine Hand. Er assoziiert sodann zu ‚Hand‘ und dabei fällt ihm auch beim längeren Assoziieren nicht ein, daß man mit der Hand andere Menschen streicheln kann; es kommt ihm kein Einfall des Inhalts, daß er einen anderen Menschen schon einmal gestreichelt hat. Der fehlende Einfall läßt auf einen konfliktbedingten Ausfall von Zärtlichkeitsregungen schließen.

2.

Der *Schluß post hoc ergo propter hoc*: Hier wird aus einem temporalen Nacheinander, aus einer temporalen Verknüpfung auf eine kausal-motivische Verknüpfung geschlossen. Logisch ist es nicht zulässig, aus dem bloßen zeitlichen Zusammenfall auf einen ursächlichen Zusammenhang zu schließen; dabei bleibt die Möglichkeit, daß einem post ein propter entspricht, jedoch bestehen. Nach den Erfahrungen der Psychoanalyse gilt, daß bei einem zeitlichen Zusammenfall bestimmter Assoziationen des Patienten fast immer auch ein ursächlicher Zusammenhang gefunden werden kann, daß einem zeitlichen Nacheinander eine ursächliche, eine Grund-Folge-Verknüpfung entspricht.

Wenn ein Patient zu Beginn einer Analysenstunde äußert: „Ich habe heute keinen Traum ... Ich habe mich übrigens das letzte Mal etwas über Sie geärgert", so können wir annehmen, daß die beiden nacheinander mitgeteilten Sachverhalte kausalmotivisch etwas miteinander zu tun haben. Man darf vermuten, daß der Patient seinen Traum deshalb nicht behalten konnte, weil er (unbewußt) fürchtete, daß durch den Traum und dessen Bearbeitung Aggressionen gegen den Analytiker zutagetreten könnten, die er wegen ihres Inhalts oder wegen ihrer Intensität nicht zulassen konnte.

3.

Aus der *Abweichung des Wahrgenommenen von seiner üblichen Form wird auf das Nichtwahrgenommene geschlossen*. Die systematische Unterscheidung von ‚bewußt‘ (wahrgenommen) und (dynamisch) ‚unbewußt‘ (nicht-wahrgenommen) bedeutet, daß die Gesetze, die das Wahrgenommene beherrschen, sich von denen unterscheiden, die das Nicht-Wahrgenommene beherrschen; das aber führt zu der eben genannten Schlußbildung (Rapaport, 1959, S. 50). Solche Schlußbildungen legen sich z. B. bei Fehlleistungen nahe:

So sagte ein schon etwas älterer Herr, der unerwartet lange auf das Abtreten seines Vorgängers im Amt hatte warten müssen, zum Schluß eines Trinkspruches: „So lassen Sie uns nun auf das Wohl meines verehrten Vorgängers, Herrn Professor XY, aufstoßen!"

4.

Es wird aus dem Wahrgenommenen – vom Subjekt oder/und dem Beobachter – mit Hilfe der Auswirkungen des Nicht-Wahrgenommenen und/oder Nicht-Wahrnehmbaren auf das Wahrgenommene nunmehr das Nicht-Wahrgenommene oder Nicht-Wahrnehmbare erschlossen (RAPAPORT, 1959, S. 50). Mit anderen Worten: Wir schließen aus der Inadäquatheit der Auswirkung des Wahrgenommenen auf ein dieser Auswirkung adäquates Nicht-Wahrgenommenes, Latentes.

Ein Patient, Assistenzarzt in einer Klinik, berichtet, daß ein Lob seines Oberarztes, das seiner Tätigkeit auf der Station galt, bei ihm ein ziemlich großes Unbehagen ausgelöst habe. Er fühlte sich durch dieses Lob irgendwie vereinnahmt und versuchte deshalb, es abzuschwächen. Einige Zeit später fiel ihm in der Analyse ein, daß der Oberarzt ihn schon früher, bei der Übergabe der Stationsleitung, gelobt und dabei die Hoffnung geäußert hatte, daß auf dieser Station nun endlich wieder wissenschaftlich gearbeitet werde, wie es ein paar Jahre zuvor unter der Leitung eines anderen Kollegen der Fall gewesen sei. Er habe sich dadurch verpflichtet, ja gezwungen gefühlt, in der erwarteten Weise zu produzieren, obwohl er bis heute noch nicht wisse, ob er das überhaupt wolle. Aus der Genese war bekannt, daß der Patient sich als Kind häufig als Aushängeschild des ehrgeizigen Vaters gefühlt hatte. Es wird aus dem Lob des Vorgesetzten (dem Wahrgenommenen) über das dadurch beim Gelobten ausgelöste Unbehagen (die Auswirkungen des Nichtwahrgenommenen) auf eine unbewußte Protesteinstellung ursprünglich gegenüber den ehrgeizigen Erwartungen des Vaters in der Kindheit (das Nichtwahrgenommene) geschlossen.

5.

Der Schluß von einem *beobachteten (wahrnehmbaren) extremen Verhalten* auf ein anderes, im Moment *nicht beobachtetes (nicht wahrnehmbares) entgegengesetzt-extremes* Verhalten oder anders gewendet, ein Denken in Gegensatzpaaren. Das Denken in Gegensatzpaaren ist folgendermaßen zu begründen: Ein extrem ausgeprägtes Ver-

halten, z. B. Überbescheidenheit, läßt vermuten, daß damit dazu gegensätzlichen Verhaltenstendenzen von gleichfalls extremer Intensität – Habgier und Überansprüchlichkeit in diesem Fall – entgegengewirkt werden soll, läßt also den Schluß zu, daß solche entgegengesetzten Tendenzen unbewußt vorhanden sind.

Im folgenden wollen wir einige dieser Schlußbildungen in klinischen Vignetten veranschaulichen.

 ## 3.4 Kasuistische Beispiele

1. Beispiel

Es handelt sich um ein diagnostisches Erstgespräch mit einer 30-jährigen Frau, die vor ca. einem Jahr eine Ausbildung als Sozialarbeiterin erfolgreich abgeschlossen hat, bislang jedoch keinen Versuch gemacht hatte, im erlernten Beruf tätig zu werden. Die etwas mollige, kleinwüchsige, nachlässig gekleidete Frau wirkt auf den ersten Blick unruhig und übermotorisch. Ohne jede Einleitung beginnt sie sofort mit dem Bericht ihrer Beschwerden. Sie klagt über Versagensängste, die bei fast jeder Tätigkeit aufträten, besonders dann, wenn sie erwäge, in ihren Beruf einzusteigen; diese Ängste seien häufig mit plötzlich eintretenden depressiven Verstimmungen verbunden, die sich gelegentlich bis zu Suizidtendenzen steigerten. Beiläufig berichtet sie über Schlafstörungen und eine schwer erträgliche innere Angespanntheit, ja Zerrissenheit, durch die sie besonders beunruhigt sei. Sie kommt nun darauf zu sprechen, daß sie, nachdem ein ganzes Jahr seit Abschluß ihrer Ausbildung verstrichen sei, sich gedrängt fühle, nun endlich im erlernten Beruf tätig zu werden. Sie gibt zu, daß sie in dieser Hinsicht bislang noch keinen wirklich ernsthaften Versuch unternommen habe.

„Ich möcht' eigentlich noch nicht recht, ich fühl' mich noch nicht danach – andererseits verbau' ich mir aber eventuell eine berufliche Chance, na mal sehen! Vielleicht red' ich noch mal mit meinem Bekannten darüber, oder ich frag' den Doktor (den behandelnden Hausarzt), was er dazu meint."

Nach dem Bericht ihrer Beschwerden wirkt die Patientin plötzlich verändert: Ihre Stimme wird brüchig, sie sackt in sich zusammen, ihre Gesichtszüge erschlaffen, der Blick wird ungerichtet, ihr Erzählstil verliert an Kohärenz.

Welche Art von Schlußbildung legt sich hier nahe? Zu beobachten war, daß eine *Veränderung im Verhalten der Patientin*, eine seelisch-körperliche Erschlaffung, der *Beschreibung ihrer Beschwerden und Störungen* folgte. Es ist zu klären, ob diesem *post*, dem zeitlichen Zusammenfall der Beschreibung der Krankheitserscheinungen und der anschließenden Erschlaffung, dem Zusammensacken, der beginnenden Verwirrtheit, ein kausaler Zusammenhang, ein *propter* entspricht; es wäre also zu fragen: Könnten die geklagten Beschwerden kausal mit der aktuell entstandenen Halt- und Hilflosigkeit zusammenhängen? Mit anderen Worten: Könnten die geklagten Symptome zu den Folgen, den Auswirkungen einer psychophysischen Erschlaffung gehören, eines Zustands, in dem die Patientin von ihren Kräften verlassen wird und aktuelle Funktionseinschränkungen erfährt? – Der Diagnostiker sagt jetzt: „Ich hab' den Eindruck, sie fühlen sich im Augenblick nicht gut, fühlen sich vielleicht etwas elend." Die Patientin richtet ihren Blick auf den Therapeuten; der Blick wirkt fragend, so als ob sie vom anderen noch etwas erwartete, noch etwas wollte; der Arzt überlegt, ob nicht das manifeste Verhalten, allgemeine Erschlaffung, Hilfsigkeit, Erlahmen der Kräfte, verbunden mit einer an den anderen gerichteten Erwartung – *ein Extrem* darstellt, dem ein *entgegengesetztes Extrem* des Verhaltens im Inneren der Patientin, ihr selbst unbewußt, entspricht. Dieses entgegengesetzte Verhalten könnte in einem sofortigen Einsatz von Stärke, von phallischer Potenz bestehen. So erwägt der Diagnostiker, ob die Patientin, der eine solche Kraftentfaltung im eigenen Inneren unbewußt vorschwebt, ohne für sie konkretisierbar zu sein, diese Potenz bei anderen, bei einem Mann erwartet, bei ihrem Be-

kannten, bei ihrem Doktor und nun auch beim Psychotherapeuten. Bei der weiteren diagnostischen Klärung stellte sich heraus, daß die Patientin einen Vater hat, der immer und zwar sofort bereit ist, ihr seine Initiative, seine Kraft zur Verfügung zu stellen, wenn sie sich auf die ihrige nicht verlassen kann, einen Vater, der es geradezu schätzt, auf diese Weise für seine Tochter einzuspringen.

2. Beispiel

Sollte der erste, der einleitende Schritt diagnostischer oder differentialdiagnostischer Klärung zu dem Ergebnis geführt haben, daß der Patient in seinem aktuellen Erleben und Verhalten vornehmlich durch eine Teilobjektbeziehung bestimmt wird, dann ergeben sich andere Einstellungen und andere Fragen für die detaillierte diagnostische Klärung. Nach dem heutigen Erfahrungsstand ist zu empfehlen, sich bei dieser Differentialdiagnose (Ganzobjekt- versus Teilobjekt-Beziehung) am Affekt zu orientieren, den der Patient primär beim Diagnostiker auslöst. Dieser Affekt ist daraufhin zu prüfen, ob er plausibel in eine Ganzobjekt- oder in eine Teilobjekt-Beziehung einzuordnen ist, wobei ein stärkerer Affekt häufig schon per se auf eine Teilobjektbeziehung hinweist. Diese Einstellungen und Vorgehensweisen sollen an einem kleinen Beispiel veranschaulicht werden (s. d. HEIGL-EVERS und STANDKE, 1991, S. 48 f.):

Der Diagnostiker berichtet in der Supervision:

> „Er setzt sich immer so wuchtig in den Sessel und bei der Begrüßung kommt er mir fast bis zum Bauchnabel nah. Ich hole immer tief Luft, wenn er in mein Zimmer kommt; er nimmt so viel Raum ein; er drückt mich dabei an die Wand, und manchmal denke ich, er könnte ausflippen oder handgreiflich werden, ohne dazu Veranlassung zu haben."

Eine erste weiterführende Frage lautet: Wie sieht die Anordnung aus, in der sich die beiden Personen, Patient und Diagnostiker, befinden? Im beschriebenen Fall wird deutlich, daß sich der Therapeut als eines der beiden Objekte, durch Angst und Hilflosigkeit motiviert, dem anderen zu entziehen versucht, daß er entweichen möchte, während der andere, der Patient, näherrückt, ganz nahe, bedrohlich nah. Beim Diagnostiker entsteht so eine stärkere Angst vor zunehmend gefährlicher Nähe (das Objekt sitzt ihm auf der Haut, im Pelz).

Die nächste diagnostische Frage lautet: Was sucht der Patient im Diagnostiker, welcher innere Regulierungsnotstand treibt ihn dazu, sich in bestimmter Weise eines anderen zu bemächtigen?

Aus dem Verhalten des Patienten ist zu schließen, daß er, getrieben von einem unabdingbaren Bedürfnis nach Sicherheit und Schutz, aktiv-drängend danach verlangt, die Befriedigung dieser Bedürftigkeiten von einem anderen garantiert zu bekommen. Der Diagnostiker soll dem Patienten so verfügbar sein, daß für ihn Sicherheit, Schutz und Wohlbefinden permanent verbürgt sind, er soll damit eine Funktion übernehmen, die eigentlich der Selbstrepräsentanz des Patienten zugeordnet sein sollte.

Die Substituierungen, um die es bei so gestörten Patienten geht, können mit der Zuordnung unterschiedlicher Regulierungen verbunden sein: Es kann um die durch ein Teilobjekt zu garantierende Befriedigung von Triebwünschen gehen, es kann sich auch darum handeln, dem Patienten Totalbestätigung, ja Glorifizierung zu vermitteln; einem Teilobjekt kann ferner die Funktion zugeteilt werden, das Erleben einer stetig wärmenden Bindung und Nähe zu vermitteln oder auch das Erleben einer Distanz, die vor der Bedrohung eigener Autonomie und vor den dadurch ausgelösten heftigen Affekten und Triebregungen schützt. Es kann auch um die Regulierung von Schuld, Anklage und drohender Strafe durch ein Teilobjekt gehen; es wird dann z. B. zum Träger von externalisierter Schuld. Dem Teilobjekt kann auch die Funktion zugeordnet sein, als unnachsichtiger Strafverfolger und Rächer den Leidensbedürfnissen des Patienten Rechnung zu tragen.

Des weiteren gilt die Aufmerksamkeit des Diagnostikers den *Funktionen des Ichs*. Es geht um die Frage: Wie verändert das Ich seine Funktionen, wie modelliert es gleichsam seine Struktur, um die Substitution eines (inneren) Teilobjekts durch ein Außenobjekt zu fördern. Zur Teilobjekt-Substitution sei vermerkt: Solange das Außensubstitut die ihm zugeteilte Regulierungsfunktion ausübt oder auszuüben scheint, wird es vom Patienten idealisiert, ja verklärt; erfüllt es diese Funktion jedoch nicht oder nicht mehr, dann gerät es in ein anderes Licht, in das des Schlimmen, Bösen, das entwertet wird.

Das Ich hat als Organisator innerer und äußerer Anpassung dann die Aufgabe sicherzustellen, daß sowohl ein als nur gut geltendes Substitut wie auch ein als nur böse geltendes in seiner Qualität nicht in Frage gestellt wird. Dazu sind Abwehrmaßnahmen des Ichs wie primitive Idealisierung oder primitive Entwertung erforderlich, damit die Außenwahrnehmung (die des Substituts) entsprechend modifiziert wird; das aber hat eine Einschränkung der Realitätsprüfung zur Folge. Ferner können Maßnahmen wie Spaltung und projektive Identifizierung erforderlich werden, um die Kongruenz von innerem Teilobjekt und seinem äußeren Substitut aufrecht zu erhalten. Auch die Auslösung bestimmter Affekte wie Wut, Haß und Ekel ebenso wie die Mobilisierung chronischer aggressiver (nachtragender) Affekte wie Bitterkeit, Grimm, Groll, Hader, jedoch auch von chronischen Affekten überschwenglicher Begeisterung, können zu diesen Protektionsmechanismen des Ich gehören.

Im zuvor genannten Beispiel ist, wie aus dem Verhalten des Patienten erschlossen werden kann, die Ich-Funktion der Frustrationstoleranz deutlich eingeschränkt, ferner die der realitätsgerechten Wahrnehmung der Person des Anderen (von dessen Alterität), die Funktion der Antizipation der Wirkung des eigenen Verhaltens auf den anderen, und auch die der Regulierung von Nähe und Distanz.

Für die diagnostische Beurteilung der Ich-

Struktur ist auch die des *affektiven Erlebens* von besonderer Wichtigkeit; so ist zu fragen, wieweit die vom Patienten erlebten Affekte etwa hypertroph sind oder ob Affekte ausfallen, ferner wieweit Affekte in ihren *Komponenten* entweder besonders ausgeprägt oder aber nicht erlebt werden, so in ihren expressiven, in ihren endokrin-physiologischen, in ihren motivationalen, in ihren perzeptuellen und schließlich in ihren empathischen (selbst- und fremdempathischen) Anteilen (s. d. S. 78 in d. Bd.). So darf man dem Verhalten des Patienten im zuvor skizzierten Beispiel entnehmen, daß bei ihm ein mit Besitz- und Bemächtigungswünschen verbundener aggressiver Affekt sowohl in seinem motorisch-expressiven, wie in seinem motivationalen, wie wahrscheinlich auch in seinem endokrin-physiologischen Anteil stark ausgeprägt ist, während die perzeptuelle und die selbstempathische Komponente ausfallen.

Auch bei den strukturell gestörten Patienten kommt es im Prozeß klinischer Urteilsbildung darauf an, den in den Verhaltensweisen des Betreffenden verborgenen Sinn aufzuspüren, Zusammenhänge herzustellen, die das beobachtete Verhalten plausibel erscheinen lassen; es ist zu überprüfen, wie solche sinngebenden Zusammenhänge auch in den biographischen Abläufen, speziell der frühgenetischen und der pubertären Phase, wie auch in der Krankheitsentwicklung (auslösende Situation) erkennbar sind.

Bei der *Dechiffrierung verborgener Sinnzusammenhänge* dient die spontane affektive Reaktion des Diagnostikers, die sich schnell herstellende Gegenübertragung als wichtiger Schlüssel. Freilich wird dieser Schlüssel erst dann handhabbar, nachdem der Therapeut zu seinen oft heftigen spontanen affektiven Reaktionen eine gewisse Distanz und damit die Möglichkeit der Reflexion gewonnen hat.

Eine solche Distanzierung oder Abgrenzung ist auch deswegen erforderlich, weil sie durch Etablierung einer Grenze zwischen dem Patienten und der Person des Diagnostikers das Prinzip des Dritten in die diagnostische Beziehung einführt. Die Situation wird für den Diagnostiker triangulär; die Gefahr blickverstellender, blickverdunkelnder Verhaftungen und Verschmelzungen im Sinne monadisch/pseudo-dyadischer Beziehungen wird gebannt. Der Diagnostiker wird fähig zur Einsicht in Zusammenhänge von Unverträglichkeiten und Defiziten ebenso wie zu deren Interpretation oder Deutung. Solche diagnostischen Interpretationen oder Deutungen werden dem Patienten in der Regel nicht mitgeteilt.

In einem diagnostischen Prozeß dieser Art kann, nach Rückzug in eine innere Klausur, das situativ Erlebte über Einsicht und Verstehen (gedachte Deutung) in eine Antwort umgeformt werden, die dem Patienten eventuell zu vermitteln wäre. Gelingt eine solche Vermittlung, dann wird der Patient mit etwas für ihn Neuem, Unerwartetem, Andersartigem konfrontiert, worauf er, im positiven Fall, mit Stutzen oder Staunen oder auch mit Betroffenheit reagiert.

3. Beispiel

Wir wollen nun das Entstehen einer klinischen Urteilsbildung anhand einer Kasuistik veranschaulichen, bei der es um die Beurteilung der Beziehungsdynamik, der Persönlichkeitsstruktur, der den Symptomen zugrundeliegenden Konfliktdynamik, der subjektiven Wertigkeit des Symptoms, der Geschichte der Kompromißbildungen und schließlich der Therapieprognose geht (s. d. HEIGL-EVERS, HEIGL und IBENTHAL, 1987).

Wir beschreiben eine Sequenz aus einer klinischen Urteilsbildung, so wie sie in den psychosomatisch-psychotherapeutischen Kliniken in Göttingen-Tiefenbrunn und in Düsseldorf praktiziert wurde. Nachdem im Rahmen einer *Vorschaltambulanz* eine *Erstdiagnostik* durchgeführt wurde, die speziell der Klärung der Differentialindikation für eine stationäre oder tagesklinische Therapie diente, wird nach Aufnahme des Patienten in Klinik oder Tagesklinik eine *tiefenpsychologisch-fundierte Anamnese* erhoben; es werden, möglichst umfassend, Daten zur

Symptomatik und ihrer Vorgeschichte, vor allem zur symptomauslösenden Situation gesammelt, ferner zu den aktuellen familiären Bewandtnissen und sonstigen sozialen Verhältnissen des Patienten, zu seiner Lebensgeschichte, vornehmlich zu deren Frühphase und der Pubertät und Adoleszenz, sowie auch zum therapeutischen Auftrag. Dabei wird auch die im diagnostischen Erstkontakt der Vorschaltambulanz formulierte psychodynamische Hypothese überprüft und es wird eine Strukturdiagnose formuliert. In einem dritten Schritt, der sogenannten *Zweitsicht*, wird der Patient – in Anwesenheit des Erstuntersuchers – von einem erfahrenen und mit Supervisionsaufgaben betrauten Therapeuten untersucht. Dabei wird unter sorgfältiger Beachtung von Übertragung und Gegenübertragung und den daraus folgenden Inszenierungen und Reinszenierungen die Strukturdiagnose nochmals durchdacht und eventuell formuliert; die Indikation wird überprüft, die Prognose eingeschätzt und der Therapieplan erstellt.

In den Gesprächen der Vorschaltambulanz hatte die Patientin, eine 42jährige Hausfrau, von ihrer Platzangst berichtet, die bald nach ihrer 16 Jahre zurückliegenden Heirat aufgetreten war. Die Patientin nahm damals wegen der Agoraphobie für einige Zeit ein von der behandelnden Ärztin verschriebenes Ephedrinderivat und versuchte, ihre Ängste, die zeitweise mit Schwindelgefühlen, Übelkeit und Erbrechen einhergingen, gleichfalls auf Anraten der Ärztin, mit einem Glas Sekt zu betäuben. Diese Trinkgewohnheit führte schließlich zu einer manifesten Alkoholabhängigkeit mit einem täglichen Konsum von einer Flasche Schnaps. Eine deswegen mehrere Jahre vor dem jetzigen diagnostischen Kontakt durchgeführte Entzugsbehandlung bewirkte eine seither anhaltende Abstinenz.

Die Angstsymptomatik dagegen hatte sich nach dem Bericht der Patientin in der zurückliegenden Zeit so verstärkt, daß sie nicht nur auf Straßen und Plätzen, sondern überhaupt nicht mehr allein sein konnte. Im Protokoll des Erstuntersuchers heißt es:

„Frau O. ist eine verbraucht und müde wirkende Frau, deren Alter ich schwer einzuschätzen vermag. Auf ihre Kleidung scheint sie wenig Wert zu legen. Sie ist während des Gesprächs krampfhaft bemüht, Distanz zu ihrer Problematik zu zeigen, z. B. indem sie häufig an Stellen lacht, wo dies deplaziert wirkt."

Er beurteilte Art und Umfang der Symptomatik: psychische, körperliche und Verhaltensstörungen sowie deren Chronifizierung für die Therapieprognose als negativ, während er die bejahende Einstellung der Patientin zur Psychogenese ihrer Störungen als prognostisch günstig einschätzte.

Die Patientin hatte damals bereits eine einjährige ambulante Psychotherapie absolviert. Ihr Kommentar dazu: „Die Behandlung hat nichts gebracht."

Nach dieser Formulierung darf man bei der Patientin auf eine Einstellung schließen, wonach die Behandlung *ihr etwas bringen sollte*; man darf vermuten, daß sie dem Therapeuten gegenüber eine Haltung passiven Abwartens innehat und sich weiterhin in unverminderter Abhängigkeit von jenem Objekt fühlt, das sich für sie in „der Behandlung" repräsentiert.

Die nach diesem ersten diagnostischen Gespräch formulierte *psychodynamische Hypothese* lautete: Die Patientin steht unter der Einwirkung eines Trennungs- und Individuationskonfliktes; sie fühlt sich in kindlicher Abhängigkeit einem frühen mütterlichen Objekt stark verhaftet, während auf der anderen Seite ungesteuerte Aggressivität in Richtung von Unabhängigkeit (Autonomie) spürbar wird.

Bei der Erhebung der tiefenpsychologisch fundierten Anamnese ergab sich: In Ergänzung zur Symptomatik nannte die Patientin neben den schon erwähnten frei flottierenden sowie phobischen Ängsten (Agora-, Claustro- und Straßenbahnphobie) und neben der Alkoholabhängigkeit immer wieder auftretende Weinkrämpfe, depressive Verstimmungen während der Menstruation, Kopfschmerzen, schwere Einschlafstörungen und Magenschmerzen bei Zustand nach Ulcus duodeni und ventriculi.

Aus ihrer Lebensgeschichte berichtet die

Patientin von einem inzwischen hochbetagten Vater, der als Amtmann bei der Bundespost den Typ des pedantischen, sehr disziplinierten, strengen und überaus pünktlichen Beamten darstellt; er sei ohne jede Zärtlichkeit gewesen. Sie fürchte, daß „er es nicht mehr lange macht", weil er schon so verkalkt sei.

Die Mutter, bei der Geburt 39 Jahre alt, wird von ihr als ein auf den ersten Blick sehr herzlicher, offener, natürlicher und kontaktfreudiger Mensch geschildert. Dabei sei sie aber ziemlich autoritätsgläubig, obrigkeitshörig und denke selbst wenig nach. Sie habe in der Erziehung oft mit der Polizei gedroht. Sie sei so bemutternd, daß sie einen völlig zudecke; sie war immer verwöhnend, ist auch heute noch sehr besorgt. Immer wenn die Patientin Schwierigkeiten hat, wünscht sie sich die Mutter herbei.

Hier zeichnet sich eine Beziehung zu einem mütterlichen Objekt ab, in der man das Kleinkind nach nicht gelungener Separation vor sich zu sehen meint; ein Kind, das die Mutter gleichzeitig als unangenehm zudeckend und als angenehm besorgt erlebt, das hin- und hergerissen ist zwischen Tendenzen, bei der umsorgenden Mutter zu verbleiben, und Tendenzen, sich von der einengenden Mutter zu entfernen.

Die Patientin gab folgende Selbstschilderung:

„Im Moment bin ich ein kleines und hilfloses Kind, welches überall Schutz sucht, anhänglich ist und betreut werden möchte. Das ist ein ganz schreckliches, hilfloses Gefühl. Ich habe viel Angst, mal mehr, mal weniger. Ich schwanke, ob das hier richtig ist, ob ich ein' Schlußstrich ziehen soll unter mein Leben. Ich habe Selbstmordgedanken. Ich überlege, ob die Ehe schuld ist, weil mein Mann mich erdrückt, ob ich nach M. zurückgehen soll" (das hieße zurück zu ihren Eltern).

Der Diagnostiker vermutet aufgrund dieser Äußerung der Patientin: Die Patientin sieht sich im Spannungsfeld zwischen Abhängigkeit und Autonomie in der Position des kleinen, hilflosen, auf Schutzgewährung und Betreuung angewiesenen Kindes vom mütterlichen Objekt festgehalten. Ein Gefühl

schrecklicher Hilflosigkeit, das die Abhängigkeit schwer erträglich macht und die Patientin in Richtung Ablösung drängt, mündet sehr schnell in Angst; denn zu eigenständigem Umgang mit Handlungsfreiheit ist sie nicht fähig. In der Beziehung zu den elterlichen Objekten, zu einer überfürsorglich einengenden, durch Fürsorglichkeit geradezu erstickenden Mutter und zu einem pedantischen, strengen, disziplinierten Vater konnte diese Eigenständigkeit nicht erworben werden. Das sich anbietende Objekt „Klinik" erweckt starke Zweifel; es könnte enttäuschen und durch die Enttäuschung Wut auslösen. Eher legt sich Suizid nahe, als sich darauf einzulassen. Der Suizidgedanke mag außerdem mit eigener schuldhaft erlebter Destruktivität zu tun haben; hier scheint ihr eine Entlastung dadurch möglich, daß ein anderer an der ganzen Misere schuld ist, der „niederdrückende" Ehemann. Da es ein befriedigend bergendes Objekt nicht wirklich gibt, weil Versorgt- und Betreutsein gleichbedeutend ist mit Eingeengtwerden, weil das Geschenk der Freiheit nie angeboten wurde, weil Aggressivität und Destruktivität letztlich nur gegen sich selbst gerichtet werden kann, bleibt für die Patientin nur die Rückkehr in die kindliche Ausgangssituation, in das gewohnte Spannungsfeld der Familie, das wenigstens einen relativen Schutz gewährt.

In einem dritten und letzten Schritt des diagnostischen Vorgehens erfolgt die zuvor genannte *Zweitsicht* – ein Dreiergespräch zwischen der Patientin, dem Erstuntersucher und dem zuständigen Supervisor.

Während eines kurzen Vorgesprächs zwischen dem Erstdiagnostiker und dem Supervisor klopft die Patientin, die etwa 10 Minuten in der Halle hatte warten müssen, ziemlich energisch an die Tür und öffnet sie unmittelbar danach, ohne ein „Herein" abzuwarten. Sie sei etwas wütend, sagt sie lächelnd und fragt, deutlich anklagend: „Haben Sie mich vergessen?!" Die Patientin ist also bereits nach einer Wartezeit von 10 Minuten ungeduldig, sie wird wütend, weil sie fürchtet, vergessen worden zu sein. In der aktuellen Beziehung zum Therapeuten taucht, so darf vermutet werden, Angst auf, Trennungsangst, Angst, von einem aktuell wichtigen Objekt vergessen, verlassen zu werden. Aus dieser Angst heraus wird durch Wut getönte Anklage an die Adresse des zweitsichtenden Arztes gerichtet, Anklage des Inhalts, daß er sich nicht genügend um sie kümmere. Der zweitsichtende Therapeut hatte auf das heftige Eindringen der Patientin, auf ihr willkürliches Überschreiten einer von ihm gesetzten Grenze mit Affekten reagiert, die – zu seinem eigenen Erstaunen – ziemlich heftig waren. Er erlebte starke Aggression, hätte die Patientin am liebsten wieder hinausgeworfen, spürte auch Aversion, sie schien ihm alles andere als sympathisch. Er spürte auch so etwas wie Grimm: das wirst Du mir bezahlen, dafür wirst Du mir büßen. Der Therapeut, durch seine der Situation nicht angemessene Reaktion zum Stutzen gebracht, konnte sich dann eines Objekts, einer Bezugsperson aus der eigenen Frühgeschichte erinnern, auf die er immer wieder ähnlich reagiert hatte in Antwort auf andrängendes, eindringendes, bemächtigendes, vereinnahmendes Verhalten. Zwischen der Patientin und dem Zweitsichter ist also eine Atmosphäre intensiver Spannungen entstanden, gekennzeichnet durch ungesteuerte Impulse, Tendenzen, sich des anderen zu bemächtigen, ihn zu okkupieren auf seiten der Patientin und heftige Gegenwehr mit Eliminierungs- und Abwertungstendenzen auf seiten des Diagnostikers; das dritte Objekt indessen, der Erstsichter im diagnostischen Triangel, blieb dabei randständig, etwas farblos.

Der Therapeut hatte sich die entstandene kleine Inszenierung unter Rückbesinnung auf eigene frühe Erfahrungen mit einem willkürlich-aggressiven Objekt inzwischen deutlich machen können, er hatte verstanden, daß auch die Patientin unter dem inneren Druck aggressiver Willkürimpulse stand und unter einen solchen Druck dann gerät, wenn ein von ihr angestrebtes Objekt, von dem sie sich evtl. Steuerungshilfen erhofft, sich ihr entziehen will, sich verweigert, sich möglicherweise gegen sie wendet. Er beschließt dann – auch unter dem Aspekt der

Therapie-Prognose – zu erkunden, wie weit die Patientin sich bereit findet, den bei ihr in solchen Situationen mobilisierten Affekten und deren Entstehungsbedingungen nachzuspüren. Ja, sie könne nicht warten, äußert die Patientin im weiteren Gespräch; es sei ihr unmöglich, da komme sie so in Spannung. Daraufhin der Therapeut: „Ja, Sie kommen in Spannungen, doch wohl auch in Ärger und Wut?" Die Patientin kann auf dieses Thema sofort eingehen und es werden im weiteren Verlauf Situationen besprochen, in denen sich Ähnliches abgespielt hatte. Als der zweitsichtende Arzt ihr nahezubringen versucht, daß da auch noch anderes sei, daß neben ihrer Enttäuschung und Wut noch ein anderes Gefühl da sei, denkt sie kurz nach, zunächst jedoch ohne Ergebnis. Als der Therapeut sie darauf hinweist, daß sie in solchen Situationen vielleicht nicht nur enttäuscht, sondern auch gekränkt sei, überlegt sie kurz, um dann zuzustimmen: „Ja, gekränkt wohl auch." Hier wird in die Diagnostik ein therapeutisches Element eingeführt; der Zweitsichter verwendet die therapeutische *Technik der Affekt-Identifizierung und Kontext-Klarifizierung*; dabei zeichnet sich im ersten Ansatz ein Arbeitsbündnis mit der Patientin ab. Sie akzeptiert das Vorgehen des Therapeuten, indem sie in sich hineinfühlt, um zu prüfen, welche Affekte sie in den erörterten Situationen bei sich wahrnehmen konnte.

Wenn, wie in diesem Fall, der geplanten bereits eine andere Behandlung vorangegangen ist, wird diese im Rahmen der Zweitsicht thematisiert, wobei vor allem das Urteil der Patientin über die vormalige Therapie interessiert:

> „Ich konnte mich aussprechen. Einerseits war ich erleichtert, andererseits ging es mir schlechter ... Vielleicht habe ich nicht über alle Ängste gesprochen ... Ich habe oft irgendwie das Gefühl, durch meine Symptomatik bestraft zu werden; ich bin ja auch vielleicht zu faul gewesen, ich habe zu wenig gegen meine Ängste getan."

An dieser Stelle spürte der Diagnostiker bei sich ein leichtes Unbehagen und machte sich klar, daß er dieses Gefühl auch schon verspürt hatte, als die Patientin so bereitwillig auf seine Versuche der Affektidentifizierung und -klarifizierung eingegangen war. Das Unbehagen könnte damit zusammenhängen, daß die Bereitschaft zur Mitarbeit die anfänglichen aggressiven Attacken so schnell abgelöst hatte; es mußte wohl etwas damit zu tun haben, daß nach dem Bericht über die zurückliegende unergiebige ambulante Therapie so prompt eine selbstkritische, ja selbst-anklägerische Haltung gegenüber den in der Behandlung entwickelten Widerständen zutage trat.

Bei nochmaligem Überprüfen seiner affektiven Regungen konnte der Therapeut spüren, daß es ihn erleichtert hatte, als die Patientin, nach einer Anfangsphase heftiger aggressiv-aversiver Spannungen, in der Beziehung zwischen ihnen beiden so schnell einlenkte und freundlich-bemüht war, so daß er seine zunächst heftigen aggressiven Affekte ihr gegenüber aufgeben konnte. Er vermutete, daß die Patientin dazu neigt, sich mit dem Angreifer – im Sinne der Unterwerfung – zu identifizieren. Er überlegt sich ferner, daß die Patientin die vorangegangene ambulante Therapie wohl vorwiegend dazu benutzt hatte, sich von Spannungen zu befreien – ohne sie verstanden zu haben. Es fällt ihm auch auf, daß die Ausdrucksweise der Patientin eher vage als präzis ist. Er nimmt sich vor, darauf zu achten, ob die Patientin nicht eine stärkere Neigung hat, sich das Recht auf Widerstand in der Therapie abzusprechen, sich vielmehr submissiv, freilich im Sinne von Pseudogehorsam, von Pseudogefügigkeit, zu verhalten. Er macht deshalb die Bemerkung, es sei ja wohl auch schwierig, in der Therapie so ohne weiteres über *alles* zu sprechen; wer würde das schon gerne tun!?

Im weiteren berichtet die Patientin spontan von ihrem Ehemann, daß er morgens immer gut in die Gänge komme, pfeife und lache, während sie dagegen morgens ganz schlecht dran sei: „Ich könnte ihm dann den Hals umdrehen“, so sagt sie mit viel Affekt, „wenn er so pfeift und lacht“. Hier zeichnet sich ab, daß die eheliche Beziehung für die Patientin doch recht belastend ist und die

Symptomatik möglicherweise mit unterhält, vielleicht sogar deren passagere Exacerbationen auslöst: Die heftigen Wutimpulse, die die Patientin über die morgendliche Schlafzimmersituation signalisiert und die, so vermutet der Diagnostiker, aus einem ohnmächtig-hilflosen Neid auf den Ehemann resultieren, daraus, daß es *ihm* gut geht, während *sie* gleichsam unverschuldet leiden muß.

Zur Therapieprognose überlegt er in diesem Zusammenhang, daß ein Patient, der sein eigenes Leiden im Grunde als zutiefst ungerecht, als unverschuldet erlebt, zu einer kooperativen Therapie wie der Psychoanalyse eher wenig bereit sein, daß er die Belastungen, die gewisse Mühsal einer solchen Behandlung als Zumutung erleben wird: so die Bemühungen um Offenheit der Mitteilung und darum, unbequeme Wahrheiten zu ertragen, der Verzicht auf Sofortbefriedigung und Soforterfolg, der Kampf um die Gewinnung von Einsicht auch gegen eigene Widerstände.

Hinweise auf eine geringe Frustrationstoleranz gab die Patientin auch, als sie über ihren früheren Alkoholabusus berichtete:

„Die Ärztin hatte mir empfohlen, wegen dem Kreislauf täglich morgens ein Glas Sekt zu trinken … und daraus wurde allmählich eine Flasche Schnaps. Darüber war ich schon etwas erstaunt, wie mir das passieren konnte.“

Der Zweitsichter versteht, daß, bei geringer Frustrationstoleranz, die Patientin die Neigung hat, Mißempfindungen, Verstimmungen und belastenden Affekten mit oral-materieller Zufuhr in Form eines Suchtstoffes zu begegnen; dadurch, so darf man sich vorstellen, verringert sich die Intensität ihrer Wahrnehmung, sowohl die innere wie die äußere, und die Reizschwelle wird passager erhöht. Auch diese Befunde weisen auf die Gefahr einer Einschränkung der Ich-Kontrolle gegenüber anwachsenden unlustvollen Empfindungen und Affekten hin. Es zeichnet sich wiederum eine bestimmte Form von Submissivität, von Pseudogefügigkeit ab, die diesmal Till-Eulenspiegelhaft anmutet: Sie befolgt die therapeutische Empfehlung ihrer

Ärztin, täglich ein Glas Sekt zu trinken; und daraus wird – zu ihrem eigenen Erstaunen – schließlich eine Flasche Schnaps pro die!

Der Zweitsichter interessiert sich im weiteren Gespräch für die Begleitumstände des ersten Auftretens der Angstsymptomatik im Leben der Patientin, die – wie bereits in der Anamnese vermerkt – mit deren *frühester Kindheitserinnerung* (6jährig) verknüpft sind:

> „Es war Schulanfang, die Mutter hat mich verlassen, trotz meines Schreiens und Weinens. Die Lehrerin mußte mich festhalten. Das ging sechs Monate so. Aus Protest hab' ich erbrochen. Das hab' ich meiner Mutter bis heute nicht verziehen!" Auf weitere Nachfrage ergänzt sie: „Ich fühlte mich völlig verlassen. Ich konnte das von meiner Mutter überhaupt nicht verstehen. Überhaupt nicht! Und daß sie mich trotz meines Schreiens und Weinens verließ! Das kann ich ihr einfach nicht verzeihen … Ich habe ein halbes Jahr lang Zeter und Mordio geschrien!"

Die Patientin geriet auch gegenüber dem Therapeuten in eine ziemlich große Empörung, als er nach dieser Erzählung sagte: „Andere Kinder haben das doch auch ausgehalten". Nachdem der Therapeut diese Äußerung getan hatte, verspürte er selbst einen gewissen Schrecken über das, was ihm hier passiert war. Er hatte sich in dieser Äußerung mit der Mutter der Patientin agierend identifiziert und damit die Neutralität der therapeutischen Position verlassen. Es war der Patientin gegenüber zu einer aggressiven Entgleisung gekommen. Er konnte sich klarmachen, daß die Gegenübertragung, die er hier passager agiert hatte, immer noch mit der Aversion zusammenhing, die die Patientin durch ihr initiales Verhalten (willkürliches Eindringen in sein Dienstzimmer) bei ihm ausgelöst hatte. Die bei der Patientin hervorgerufene Empörung hing wohl auch damit zusammen, daß sie sich in einer speziellen Not vom Therapeuten ebenso wenig verstanden und angenommen fühlte, wie seinerzeit von der Mutter; diese Not entsteht für sie dann, wenn sie in einer Situation wie etwa der Einschulung mit der Notwendigkeit konfrontiert wird, sich in angemessener Weise zu behaupten. Dies ist ihr bei der starken Abhängigkeit vom mütterlichen Objekt, resultierend aus eigener Steuerungsschwäche (das steuernde Objekt wurde nicht ausreichend ins Ich integriert), nicht möglich. Die Mutter hatte ihr den Umgang mit aggressiven Regungen auch dadurch erschwert, daß sie sich gegenüber ausgesprochenen und unausgesprochenen Vorwürfen ständig entschuldigte, also die Schuldvorwürfe des Kindes gar nicht an sich herankommen ließ, sie nicht ernstnahm. Die Patientin gerät einem solchen Verhalten gegenüber zunächst in Hilflosigkeit, die sodann zu Empörung und Wut führt: Wie kann man mich ı.ır so behandeln, daß ich nicht ein noch aus weiß! – Nachdem der Therapeut diese Überlegungen angestellt hatte, sagte er: „Ich kann schon verstehen, daß meine Bemerkung Sie geärgert hat, sie war tatsächlich etwas unpassend." Nach dieser Äußerung wirkte die Patientin deutlich entspannter. – Empörung als Affektsignal will hier dem Adressaten vermitteln: Mir wird großes Unrecht zugefügt.

Bei den *diagnostischen und prognostischen Schlußfolgerungen* während dieser Zweitsicht wurde folgendes überlegt: Bei der Aufarbeitung des Trennungs-/Individuationskonfliktes, wie er sich voraussichtlich in der Übertragung niederschlagen wird, mit Schuldprojektion auf den Therapeuten alias Mutter und der dazugehörigen latenten destruktiven Aggressivität (Willkür), wird die Signal- und die Kommunikations-Funktion des Empörungsaffekts zu klären sein. D. h. die Patientin wird zunächst erleben müssen, was Empörung ihr anzeigt, nämlich – faktisch oder fiktiv – ungerecht behandelt worden zu sein. Sie wird ferner die jeweiligen Entstehungszusammenhänge des Empörungsaffektes erfassen müssen; andernfalls könnten die bei ihr immer wieder aufbrechenden Affekte massiver Empörung zu einem schwer angehbaren Widerstand in der Therapie werden. Weiterhin wird in der Behandlung dieser Patientin deren unbewußte Neigung zur Schuldprojektion zu beachten sein, die sich in der Tendenz kundtun könnte, so wie früher der Mutter und später dem

Ehemann, jetzt dem Therapeuten die Schuld für alle Unbill zuzuweisen. Dabei wird darauf zu achten sein, ob und wie weit der Therapeut aufgrund eigener Übertragung der Patientin gegenüber tatsächlich schuldig wird.

Als der Diagnostiker im Verlauf des Zweitsichtgesprächs die Patientin darauf hinweist, daß sie nach einer stationären Behandlung mit einer ambulanten Anschlußtherapie von ungefähr drei- bis vierjähriger Dauer rechnen müsse, äußert sie keinerlei Erstaunen. Sie scheint über diese Aussicht eher erfreut zu sein; es sieht so aus, als könne die Therapie ihr gar nicht lange genug dauern. Sie sagt: „Bis zehn Jahre würde mir auch nichts aus- machen!"

Der Diagnostiker horcht an dieser Stelle auf, spürt einen etwas heftigeren Affekt, der sich mit dem Gedanken verbindet: „Das könnte Dir so passen! 10 Jahre – mit *mir* nicht!" Es tauchen also erneut in der Beziehung zu dieser Patientin bei ihm aversive und aggressive Affekte auf, verbunden mit dem Impuls, sich die Patientin fernzuhalten, sie von sich fortzustoßen, wie er selbst registriert, wobei er wiederum deutlich fühlt, daß diese Reaktion etwas mit eigenen Früherfahrungen zu tun hat. Es legt sich ihm die Schlußfolgerung nahe, daß diese Patientin eine starke Tendenz hat, Abhängigkeitsbeziehungen herzustellen und in ihnen zu verbleiben, wie es dem bisherigen Verlauf der Erkrankung, der Chronifizierung entspricht. Er äußert in diesem Zusammenhang, nachdenklich: „Sie denken an ein Leben mit der Therapie, mit einem Therapeuten oder einer Therapeutin?" Als im Anschluß daran das Thema des Behandlungsziels und des therapeutischen Auftrags behandelt wird, sagt die Patientin: „Daß ich besser mit meinen Ängsten umgehen kann ... ich will sie aber gar nicht ganz verlieren!"

Die Patientin wirkte bei dieser Äußerung gleichsam gefaßt; sie stellte mit Bestimmtheit fest, was sie im Hinblick auf ihre Symptome will und nicht will, womit sie also der therapeutischen Bemühung und Veränderung ganz klar eine Grenze setzt. Die sonst eher unsicher wirkende Patientin machte

jetzt auf einmal den Eindruck einer gefaßten Person. Der Diagnostiker registrierte bei sich in Antwort darauf einen Affekt positiven Erstaunens, ja, eine Art Hochachtung vor der bis dahin etwas zerfließend, eher vage konturiert wirkenden Frau. Ihm imponierte auch, daß sie ihm mit dieser Äußerung einen eigenen Standpunkt entgegenhielt, da sie wahrscheinlich davon ausging, daß ein Therapeut Leidenssymptome möglichst gründlich beseitigt sehen möchte. Der weitere Verlauf des Gesprächs legt dem Diagnostiker nahe, daß die Patientin ihre Ängste auch als Ausdruck einer besonderen Sensibilität erlebt, als etwas Wertvolles, das für ihre Person eine Art Auszeichnung bedeutet. Sie beschreibt diese Sensibilität mit eigenen Worten dann so: „Spüren, wenn es dem anderen schlecht geht, spüren, wie der andere mir gegenüber eingestellt ist; ich habe eine reiche Phantasie!" Die Patientin fürchtet, so überlegt der Diagnostiker, mit ihrer Angstsymptomatik auch ihre Befähigung zu einer besonderen Art von Sensibilität zu verlieren; denn diese ist für ihr Gefühl mit der Angst verwoben. Sie fürchtet, daß die Aufhebung ihrer Symptome gleichbedeutend sein könnte mit der Einbuße eines für sie wichtigen Einfühlungsvermögens. Vielleicht, so mutmaßt der Diagnostiker, hat die Patientin in der Kommunikation mit anderen auch die Möglichkeit, die Ich-Maßnahme der projektiven Identifizierung einzusetzen, die gleichfalls sowohl Abwehr- wie Kommunikationszwecken dient.

Der Therapeut interpretiert das von der Patientin gezeigte Verhalten für sich diagnostisch und prognostisch ferner wie folgt: Je länger die Therapie dauert, je größer die Anstrengungen sind, die gemacht werden müssen, um mein Leiden aufzuheben, desto mehr merken alle Leute, spürt vor allem meine Mutter selbst, wie groß ihre Schuld ist; die soll mir nicht so einfach davonkommen! – „Und daß sie mich trotz meines Schreiens und Weinens verließ! Das kann ich ihr einfach nicht verzeihen ..." – Diese der Mutter zugewiesene Schuldhaftung wird im Zusammenhang mit der Delegation der Funktion des steuernden Objekts auf den

Therapeuten, steuernd hinsichtlich latenter Willkürimpulse (KÖNIG, 1981), eventuell einen der Hauptwiderstände in der Therapie bilden. Der Diagnostiker überlegt ferner, daß bei dieser Patientin auch mit einer *negativen therapeutischen Reaktion* gerechnet werden muß, die erfahrungsgemäß einen schwer zu überwindenden Widerstand in der Behandlung darstellt; er äußert sich darin, daß immer dann, wenn nach einem Fortschritt in der Analyse mit einer Besserung der Symptomatik zu rechnen wäre, eine Verschlimmerung eintritt, so als würde der Betreffende das Leiden der Heilung vorziehen. FREUD führte diese scheinbar paradoxe Reaktion auf die Existenz unbewußter Schuldgefühle zurück, die – ebenso unbewußt – eine Bestrafung fordern, z. B. durch Fortbestehen von Leiden. Für diese Patientin würde Besserung der Krankheit wohl auch bedeuten, die Mutter aus der Schuldhaft zu entlassen, sie zu entsühnen. Entlassung des mütterlichen Objekts aus der Schuldhaft bedeutete aber Zurücknahme von Schuldprojektionen; das hätte zur Folge, dem Erleben eigener Schuld von seiten eines destruktiv-sadistischen Über-Ichs ausgesetzt, und das hieße, unerträglichen Scham- und Schuldgefühlen ausgeliefert zu sein.

Wie nun ist das Resultat des in seinen Einzelschritten beschriebenen Prozesses der klinischen Urteilsbildung (innerhalb einer Zweitsicht) zu formulieren?

Die dominierende Art der Objektbeziehung, wie sie sich durch die übertragungs- und gegenübertragungsbestimmte Inszenierung zwischen Patientin und Diagnostiker abzeichnete, ist auf seiten der Patientin durch ein ausgeprägtes Abhängigkeitsbedürfnis gekennzeichnet, eine Abhängigkeit, die sie zum anderen hindrängt, wobei sie bedrängend und dem anderen schwer erträglich werden kann. Die Patientin sucht Abhängigkeit von einem und Anlehnung, Bindung an ein Objekt, weil sie begehrt, von diesem geschützt zu werden, insbesondere auch vor eigener unbewußter aggressiver und sexueller Willkür, die sie als bedrohlich und ängstigend erlebt. Sie sieht im anderen ein „steuerndes Objekt" (KÖNIG, 1981).

Eine solche Abhängigkeit vom Objekt macht die Patientin besonders verwundbar für Trennung und Verlassenwerden. Sie gestattet dem Objekt nicht, sie allein zu lassen, erlebt eine Trennung vielmehr als dessen moralische Schuld, auf die sie mit starker Empörung reagiert.

Die von der Patientin vornehmlich angestrebte Objektbeziehung schließt demnach für sie einen weitgehenden Verzicht auf Freiheit und Autonomie ein; Bedürfnisse, die ihr nicht oder wenig bewußt sind, die sie jedoch immer wieder stark bedrängen; da Autonomie für sie weitgehend Willkür bedeutet, kommt es in solchen Zusammenhängen auch zur Angstmobilisierung.

Das Erleben der Patientin ist somit durch Abhängigkeits-/Autonomie-Konflikte bestimmt, durch einander widerstreitende Impulse von Bindung und Separation. Die Bedürfnisse nach Abhängigkeit und Bindung, nach Außensteuerung sind dominant und weitgehend bewußt, die Bedürfnisse nach eigenständigem Handeln werden weitgehend abgewehrt und sind unbewußt. Diese Objektbeziehung bedeutet die Fortführung einer nicht gelösten infantilen Bindung an die Mutter, die sich von früh an dem Kind in bedrängender und einengender Fürsorge zugewandt hatte; das geschah vermutlich auch deswegen, weil das „Dritte Objekt" in der familiären Triade, der Vater, ein sturer, perfektionistischer, moralisch-rigider und unzärtlicher Mann war.

Die Patientin erlebt Verlassenwerden somit als Trauma, wie es sich u. a. besonders plastisch in ihrer Erinnerung an die Einschulung darstellt, als sie sich von ihrer Mutter total verlassen und der Qual der Angst vor fremder, vor allem aber wohl eigener unbewußter Willkür ausgeliefert sah, als sie sich gleichaltrigen Kindern in keiner Weise gewachsen, sondern „als noch zu klein" fühlte. Die Patientin hat die starke Tendenz, das verlassende Objekt in eine immerwährende Schuldhaft für dessen Treulosigkeit (das ihr zugefügte Trennungstrauma) und deren Folgen zu nehmen, ihm gegenüber nachtragende Affekte, ja Unversöhnlichkeit zu entwickeln. Die dazugehörigen Rache-Impulse werden masochistisch verarbeitet, d.h. auf das Objekt wird ein sadistisch-getönter moralischer Druck ausgeübt, indem sie es mit ihrem eigenen Leiden, an dem sie aus diesen Gründen unbedingt festhalten muß, moralisch-masochistisch konfrontiert.

Die Patientin ist gegenüber dem Objekt, an das sie sich abhängig gebunden fühlt, einerseits submissiv und um Gehorsam und Gefügigkeit intensiv bemüht, auf der anderen Seite sind Ansätze von Protest und Aufruhr spürbar, die sich z.T. in dem genannten Drängen nach masochistisch-moralischem Triumph äußern, aber auch in einer Art Überpointierung gehorsamen Verhaltens, das dann Till-Eulenspiegelhafte und so karikierende Züge annehmen kann (s. das Verhalten der Patientin gegenüber der sektverordnenden Ärztin).

Das Ich der Patientin tendiert in Auswirkung der beschriebenen Objektbeziehung zur Herabsetzung der Frustrationstoleranz, zur Einschränkung der Innen- und Außen-Wahrnehmung in den konfliktären Bereichen, ferner zur Einschränkung der Funktion der Selbst- und Fremdbeurteilung in den konfliktären Zonen. Diese vom Ich geleisteten Anpassungen lassen seine Struktur als geschwächt erscheinen. Die Normen des Überichs sind z.T. rigide, hart, unterdrückend, einengend und nicht ausreichend ins Ich integriert.

Die beschriebene Diagnose mit ihren phobischen und masochistischen (auch masochistisch-rächenden) Elementen legt folgende Therapieziele nahe: die Förderung von Einsicht in die beschriebenen Zusammenhänge von Abhängigkeits-/Autonomie-Konflikten und ihre Verarbeitung, speziell die Auferlegung von Schuldhaft und die Ausgestaltung eigener Unversöhnlichkeit in die Ausübung moralischen Drucks, die mit masochistischer Leidensbereitschaft begründet wird. Diese Ziele werden – so ist prognostisch zu vermuten – deswegen schwer erreichbar sein, weil die Elemente von Unversöhnlichkeit und Streben nach masochistischem Triumph zur Chronifizierung neigen; ferner bedeutet für die Patientin auch die Symptomatik einen gewissen (narzißtischen)

Lustgewinn (Angstsymptome sind für sie gleichbedeutend mit Sensibilität, mit Einfühlung und auch, dies eher latent, mit gewissen Kontrollmöglichkeiten gegenüber dem anderen). Außerdem sind im Zusammenhang mit abgewehrten sadistisch-destruktiven Willkürimpulsen stärkere unbewußte Schuldgefühle und Strafbedürfnisse zu vermuten, die zu negativer therapeutischer Reaktion führen könnten. Das eigene Leiden darf auch deswegen nicht aufgegeben werden, weil diesen Strafbedürfnissen Genüge getan und gleichzeitig eine Konfrontation mit eigener Schuld vermieden werden muß.

Die genannten Ziele scheinen grundsätzlich über die Herstellung einer Übertragungs-Neurose erreichbar, durch analytisches Arbeiten in und an der Übertragung (KÖRNER, 1989). Dabei wird die Aufmerksamkeit vornehmlich auf die genannten Widerstände zu richten sein, wie sie sich in der Übertragung abbilden. Die Therapie sollte im Gegenübersitzen stattfinden, um auch die mimischen Affekt-Expressionen ausreichend erfassen und beurteilen und die Techniken der Affekt-Identifizierung und Affekt-Klarifizierung einsetzen zu können. Daß die Patientin einen gewissen Zugang zum therapeutischen Umgang mit ihren Affekten hat, zeigt die folgende Sequenz des Zweitsicht-Gesprächs: Sie sagt in einem bestimmten Zusammenhang: „Die Mutter ist mit dem Vater gestraft genug, ich hab' sogar etwas Mitleid mit ihr. Der Vater ist ja schon viel älter als sie." Dabei schwingt eine deutliche Genugtuung in ihrer Stimme. Der Zweitsichter sagt daraufhin fragend-lächelnd: „Elephants never forget?" und spricht sie damit auf ihre Tendenz zum rachsüchtigen Nachtragend-Sein an; die Patientin kann dem Lächeln, wie der Zweitsichter meint, deutlich verstehend begegnen. Genugtuung signalisiert hier Befriedigung nach vollzogener Rache: Es gibt gottseidank eine ausgleichende Gerechtigkeit; wer mir Schlimmes antut, dem wird auch Schlimmes passieren. – In der Therapie könnten der Patientin solche Zusammenhänge mit Hilfe der Affektklarifizierung nähergebracht werden.

– ❑ –

3.5 Zusammenfassung

Zusammenfassend wurde folgendes dargestellt: Wir haben nach einer Skizzierung des diagnostischen Vorgehens von FREUD aus der Frühzeit der Psychoanalyse die fünf der in heutiger klinischer Praxis eingesetzten diagnostischen Methoden dargelegt: das analytische Erstinterview, die tiefenpsychologisch fundierte biographische Anamnese, das strukturelle Interview, die operationalisierte psychodynamische Diagnostik (OPD) und das diagnostische Vorgehen in der psychosomatischen Versorgung. Danach haben wir sowohl kasuistisch wie systematisch unser eigenes Vorgehen dargestellt. Ausgehend von der Klärung des dominanten Objektbeziehungstypus (personal versus apersonal) orientieren wir uns im weiteren Verlauf der klinischen Urteilsbildung im Fall dominierender Ganzobjektbeziehungen (Neurosen) an den von HOFFMANN und HOCHAPFEL (1991) zusammengestellten Fragen, im Fall dominanter Teilobjektbeziehungen (strukturelle Störungen) an einem eigenen Fragenkatalog. Auf diesen beiden Schienen diagnostischer Klärung, auf der konfliktpathologisch und auf der entwicklungspathologisch ausgerichteten, werden theoriegeleitete Schlußbildungen entwickelt, die schließlich zur Formulierung einer Diagnose führen.

Die psychoanalytischen Therapiemethoden

1 Vorbemerkungen

Bei der Darstellung der Diagnostik, wie wir sie verstehen und ausüben, hat sich eine differential-diagnostische Gabelung ergeben, die sich an zwei psychopathologischen Mustern, dem konfliktpathologischen Muster einerseits und dem entwicklungspathologischen oder traumatogenen andererseits, orientiert. Aus dieser Dichotomie ergibt sich auch eine entsprechende Differentialindikation; sie stellt die Frage, welche therapeutischen Angebote, welche Methoden und Techniken geeignet sind, bei den jeweils vorliegenden Störungsmustern die dabei anzustrebenden therapeutischen Ziele erreichbar zu machen.

Unterscheidet man zwischen einer *selektiven* und einer *adaptiven Indikation* (ZIELKE, 1979), dann haben wir die Neigung, uns vorzugsweise im Sinne der adaptiven Indikation zu entscheiden, m. a. W. dem Kranken, der therapeutische Hilfe sucht, Behandlungsangebote zu machen, die an seine Störung in ihrer individuellen Ausformung, an seine Einzigartigkeit als kranker Mensch so gut wie möglich adaptiert sind.

Als Resultat unserer Auseinandersetzung mit den Fragen einer adaptiven Indikation berichten wir im folgenden über drei therapeutische Vorgehensweisen; es handelt sich dabei um verschiedene Wege, die durch unterschiedliche therapeutische Techniken erschließbar und auf jeweils bestimmte Ziele ausgerichtet sind (s. d. HEIGL, 1972). Es geht um die Methoden der klassischen Psychoanalyse (der analytischen Einzeltherapie), um die der tiefenpsychologisch fundierten (analytisch orientierten) Einzeltherapie und um die psychoanalytisch-interaktionelle Einzeltherapie. Jede dieser Methoden kann auch, nach Anpassung an die Pluralität, in Kleingruppen eingesetzt werden, als psychoanalytische Gruppentherapie, als tiefenpsychologisch fundierte (analytisch orientierte) Gruppentherapie und als psychoanalytisch-interaktionelle Gruppentherapie.

Neben der Differentialindikation, die die Anwendung einer dieser Methoden begründet, sind auch die Rahmenbedingungen, unter denen die Therapie stattfinden soll, und das in dem jeweiligen Rahmen einzusetzende therapeutische Gesamtangebot zu klären (HEIGL, 1981). Es handelt sich um die Fragen, ob der Patient, um den es geht, ambulant behandelt werden kann oder ob er einer ganztägigen Therapie bedarf; ob er im letzteren Fall eine vollstationäre oder eine teilstationäre (Tagesklinik) Behandlung braucht. Nach einer solchen Klärung ist in jedem Fall zu entscheiden, welche Therapiekombination in der jeweiligen Behandlungsphase anzuwenden ist. So kann sich ergeben, daß ein Patient zu seiner optimalen Förderung einer kombinierten Einzel-Gruppen-Therapie bedarf, eine Kombination, die geeignet ist, ihm neben einem dyadischen ein weiträumiges trianguläres Beziehungsfeld zu eröffnen. Es kann sich auch ergeben, daß der Patient (häufig dann, wenn er psychosomatisch erkrankt ist) zusätzlich eine körperbezogene Behandlung benötigt. Auch Gestaltungs- und Musiktherapie können im Rahmen einer Kombination angezeigt sein (s. d. RÜGER et al. in d. Bd.). Es ist bis heute im Bereich der ambulanten kassenärztlichen Versorgung nicht leicht, solche Kombinationen zu konkretisie- ren.

Bei der Differentialindikation einer voll- oder teilstationären Psychotherapie, die sich u. a. am Kriterium der Nähe-Distanz-Toleranz entscheidet, ist dann jeweils zu prüfen, welche Therapiekombination phasenspezifisch angeboten werden sollte oder wie ein Gesamtbehandlungsplan gestaltet werden könnte, bei dessen Konkretisierung die darin kombinierten Methoden durch das jeweilige therapeutische Team integriert werden müssen. In den Gesamtbehandlungsplänen der ganztägigen Psychotherapie werden den zuvor genannten Kombinationen – besonders im Fall notwendiger Resozialisierung – auch Angebote sozialen Lernens (soziale Lerngruppen, Rollenspiel, gestufte Arbeitsversuche) hinzugefügt und es wird vor allem das Erfahrungs- und Lernfeld des Zusammenlebens auf der Station in Klinik oder Tagesklinik in den Therapieplan einbezogen (BEK-KER und SENF, 1988; HEIGL und NEUN, 1981; HEIGL-EVERS, HENNEBERG-MÖNCH, ODAG und STANDKE, 1986; JANSSEN, 1987; SCHEPANK und TRESS, 1988).

Bei der Ganztags-Psychotherapie, die vornehmlich für die Erkrankungen schwereren Grades indiziert ist, aber auch bei der ambulanten Anwendung eines der an der Psychoanalyse orientierten Verfahrens spielt der Kontakt mit den Angehörigen und sonstigen Bezugspersonen in der Therapie eine Rolle.

Die Indikation für eine solche Einbeziehung ist besonders dann gegeben, wenn sich in den betreffenden Beziehungen ein anhaltender Widerstand gegen Veränderungsschritte des Patienten in Richtung auf mehr Gesundheit verfestigt hat.

Die Bemühungen um die Adaptation der Psychoanalyse durch Modifikationen ihrer Techniken, aus denen das Göttinger Modell entstanden ist, sollten im Zusammenhang mit den Ergebnissen größerer klinischer Studien gesehen werden, die vor allem in den USA durchgeführt worden sind (s. d. auch FÜRSTENAU, 1992; LUBORSKY, 1984; WALLERSTEIN, 1986, 1990; WEISS und SAMPSON, 1986).

Eine Entwicklung der analytischen Psychotherapie, wie sie sich in Klinik und Praxis in Göttingen, in Tiefenbrunn, in Düsseldorf und in unterschiedlichen Formen auch andernorts vollzogen hat, entspricht den 1918, in einer Zeit tiefgreifenden Wandels, von FREUD vorhergesagten Versorgungserfordernissen (s. S. XIf. in d. Bd.).

2 Die psychoanalytische Einzeltherapie (Psychoanalyse)

2.1 Das Grundmuster der Psychoanalyse

Wenn die Betrachtungsweise psychischer Strukturen und psychischer Pathologie, wie sie in den vorangegangenen Abschnitten dargestellt wurde, zutreffend ist, so steht eine Therapie, die hier im Sinne heilender Veränderung wirken soll, vor folgenden Aufgaben:

Es handelt sich darum, therapeutisch auf pathologische Kompromißbildungen im Sinne von Symptom- wie Charakterneurosen so einzuwirken, daß modifizierte Kompromisse entwickelt werden können, die mit einem vergleichsweise höheren Maß an psycho-physischer Gesundheit verbunden sind. Die anzustrebenden neuen oder gesünderen Kompromisse sollten im Bereich der Abwehr mehr Flexibilität zulassen, eine größere Vielfalt von Abwehrmaßnahmen ermöglichen; sie sollten die reduzierten Befriedigungsmöglichkeiten für Triebwünsche, narzißtische Bedürftigkeit, für Beziehungswünsche im Spannungsfeld von Autonomie und Abhängigkeit erweitern, sie sollten eine größere Differenzierung des Überichs in Richtung von mehr Autonomie zulassen, sie sollten die Voraussetzungen zur Entwicklung einer psychosozialen Kompetenz schaffen, die es ermöglicht, befriedigende zwischenmenschliche Beziehungen zu gestalten und die inneren Ressourcen auf der Linie einer progressiven und kreativen Lebensgestaltung zu nutzen.

Diese für die Psychoanalyse formulierten *Zielsetzungen* sind idealtypischer Art. In der Wirklichkeit der Krankenversorgung erfahren sie notwendigerweise eine gewisse Reduzierung, wie sie in der Psychotherapie-Richtlinie der Kassenärztlichen Bundesvereinigung in der Psychotherapie-Richtlinie dargelegt wurde. Diese Reduzierung betrifft die Zielsetzungen, und im Zusammenhang damit die Gesamtdauer der Therapie; sie stellt auch die Frage nach deren Häufigkeit, nach der Sitzungsfrequenz. Unter Beibehaltung der therapeutischen Methode und ihrer Techniken erfährt die Psychoanalyse unter der Einwirkung der von der Richtlinie vertretenen Notwendigkeiten eine Modifizierung; sie wird zur psychoanalytischen Psychotherapie (s. d. MERTENS, 1990, Bd. 1, S. 200 f.).

Es geht darum, Inhalte, die in einem bestimmten Kontext frühkindlicher Erfahrung, dem Kontext von Kalamitäten oder Katastrophen, einmal bewußt waren, dann jedoch nicht mehr bewußt sein durften und zwar um der Konstanterhaltung der Person, vor allem der Funktionsfähigkeit ihrer psychischen und psychophysischen Regulationsmechanismen willen nicht, dennoch schrittweise wiedererlebbar und damit reflektierbar wie dem Ich integrierbar werden zu lassen. Die Begründung für eine solche Bemühung: Nicht mehr Bewußtes soll wieder bewußt und gewußt werden, ergibt sich aus der Annahme, daß die konfliktären Inhalte des nicht mehr Gewußten pathogene Wirkungen entfaltet haben, die durch ein den Zugang zum Bewußtsein erschließendes Vorgehen aufgehoben werden sollen. Gegen eine solche Öffnung werden im Inneren des Individuums Abwehrbarrieren errichtet, die im Behandlungsprozeß zu Widerständen gegen die therapeutische Intention führen. Es wird einleuchten, daß in den Zusammenhängen einer so konzipierten Methode die Phänomene des Widerstands eine zentrale Bedeutung gewonnen haben. An den Widerständen gegen die Bewußtmachung müssen die therapeutischen Bemühungen vornehmlich ansetzen, wenn ein therapeutischer Erfolg erreichbar werden soll. Da diese Widerstände Niederschläge wesentlicher seelischer Strukturen des betreffenden Individuums sind, bedeutet ihre Bearbeitung gleichzeitig auch eine klärende Auseinandersetzung mit eben diesen Strukturen.

Aufzudecken sind also im Zuge eines psychoanalytischen Prozesses unbewußt gewordene Konflikte und deren einander widerstreitende Anteile, wobei der *eine* Kontrahent in dem Maße zum Bewußtsein drängt, in dem der *andere* ihn davon fernzuhalten sucht. Auch der gegen das Bewußtwerden kämpfende Kontrahent ist in der Regel unbewußt. Therapeutisch gilt es also, den Konflikt in seiner Gesamtheit, im ganzen Umfang seines Spannungsfeldes, dem Bewußtsein zugänglich zu machen.

Dem Bewußtsein ferngehalten werden Triebwünsche bestimmter Art, die zu Triebabfuhr-Konflikten geführt hatten, ebenso wie die dazugehörigen Beziehungswünsche, ferner narzißtische Bedürfnisse nach Selbst- und Selbstwert-Stabilisierung sowie nach Sicherheit und organismischem Wohlbefinden; es geht dabei ferner um Beziehungs- oder Interaktionswünsche, die auf die Befriedigung von unbewußten konfliktären Bedürfnissen nach Abhängigkeit oder Autonomie gerichtet sind. Gegen dieses Bewußtwerden richtet sich jene Gegenkraft, die von FREUD schon früh (GW I, 1895, S. 269) als Abwehr bezeichnet wurde. Diese Abwehr, die FREUD später dem Ich als Funktion zuordnete, kann in den unterschiedlichsten Gestalten in Erscheinung treten; sie manifestiert sich nicht nur in den Formen, die von FREUD selbst und später vor allem von ANNA FREUD als Abwehrmechanismen bezeichnet und beschrieben wurden, vielmehr können Ich-Funktionen aller Art wie auch Ichfunktionsdefizite der Abwehr dienen; auch Triebe und Affekte können in den Dienst der Abwehr gestellt werden (s. dazu HEIGL-EVERS, 1965). Gegenüber dem therapeutischen Bewußtmachen tritt Abwehr als Widerstand in Erscheinung.

Die Inhalte des Unbewußten, die zum Bewußtsein drängen, durch Abwehr zurückgewiesen werden und somit zu konflikthaften Spannungen und bei Neurosekranken aus diesen Spannungen heraus zu Symptomen oder anderen Krankheitsmanifestationen (Charakterneurosen) geführt haben, sind regressiver Natur. Sie entsprechen Erlebensweisen und Erlebensverarbeitungen, die zeitlich und/oder formal zurückliegenden Verhaltensmodi zuzuordnen sind. Sie sind daher für die Bewußtmachung auch nur regredient erreichbar. In der psychoanalytischen Therapie gilt es daher, Regression in Gang zu setzen. Das geschieht durch Förderung von Übertragungsprozessen: Regressive Triebwünsche, narzißtische Wünsche, Beziehungswünsche werden über Objekte, die solche Wünsche erfüllen sollen, in den therapeutischen Prozeß eingeführt, dadurch, daß frühere Objekte, die Befriedigung vermittelt (oder auch versagt) hatten, auf den Therapeuten ‚übertragen' werden. Auf diese Weise kommt es zu einer Reinszenierung der ursprünglichen (infantilen) Wünsche und der damit verbundenen Konflikte im Interaktionsfeld der Therapie.

Der Therapeut soll als Übertragungsobjekt und damit als Vermittler ersehnter Befriedigung (aber auch als ein Versagender) festgehalten werden; eine Aufklärung, Aufdeckung des konflikthaften Kontextes ist daher nicht erwünscht; hier setzt jenes Widerstreben gegen die auf Einsicht ausgerichtete Therapie ein, das als Widerstand bezeichnet wird.

Der Förderung von Regression und Übertragung dient die Regel der freien Assoziation als die *Grundregel der Psychoanalyse*. Damit diese Grundregel möglichst uneingeschränkt befolgt werden kann, sollte der Psychoanalytiker um die Einhaltung bestimmter *Einstellungen* gegenüber dem Patienten bemüht sein, um die der *Abstinenz* und die der *Neutralität*. Abstinenz heißt, daß im therapeutischen Prozeß auftauchende Bedürfnisbefriedigungswünsche vom Therapeuten nicht erfüllt und damit in die Richtung verbaler Expression gedrängt werden; Neutralität heißt, daß nach den Worten Anna Freuds (1936) der Therapeut bemüht ist, zum Es, zum Ich und zum Über-Ich des Patienten einen etwa gleichweiten Abstand einzuhalten, zwischen den Instanzen des Strukturmodells also Neutralität zu bewahren, m. a. W. jede Parteinahme gegenüber der Innenwelt des Patienten zu vermeiden.

Das zentrale Prinzip des therapeutischen Intervenierens ist das der *Deutung*. Es geht darum, zunächst in den weitläufigen Zusammenhängen assoziativer Mitteilungen Sinnbildungen zu erkennen und sie dem Patienten erkennbar werden zu lassen; auf diesem Wege soll schließlich eine Urteilsbildung über das in seinen konfliktären Inhalten erkennbar gewordene Erleben und Verhalten des Patienten möglich werden. Deutungen werden durch Interventionen wie Konfrontieren bzw. Demonstrieren und Klarifizieren vorbereitet. Die durch Deutungen erzielten Einsichten bedürfen der Festigung und der Umsetzung durch das sogenannte Durcharbeiten als dem mühseligsten Teil der psychoanalytischen Arbeit.

2.2 Wege und Mittel der Behandlung

Nachdem wir die wesentlichen Elemente der Psychoanalyse kurz dargestellt haben, wollen wir im folgenden mit den Konzepten von Regression, von Übertragung und Gegenübertragung sowie

von Widerstand die Wege darstellen, die zu den zuvor formulierten therapeutischen Zielen führen können. Anschließend wollen wir die Mittel beschreiben, die auf diesen Wegen eingesetzt werden müssen, damit die Ziele erreichbar werden. Es geht dabei um das Setting, um die Behandlungsvereinbarung und das Arbeitsbündnis, um die Grundregel der Psychoanalyse mit ihrer Entsprechung gleichschwebender Aufmerksamkeit auf seiten des Therapeuten, um die Einstellungen von Abstinenz und Neutralität, es geht schließlich um Reinszenierung, Einsichtsgewinnung durch Deutung und um Durcharbeiten.

2.3 Zur Regression

Seelische Strukturen mit den darin enthaltenen Konflikten und Konfliktdeterminanten bilden sich lebenslang, mit Phasen besonders intensiver Entwicklung in der Frühzeit (1.–5. Lj.) und in der Pubertät. Die Ansätze zu Konflikten, die nicht bewußt bleiben durften, sind daher in der Frühgenese des Individuums aufzufinden; sie sind – vom Zeitpunkt der Therapie eines Erwachsenen aus gesehen – daher nur rückläufig, regredient erreichbar. Damit gewinnt der Begriff ‚Regression‘ für die Therapie eine besondere Bedeutung.

Nach der heute gültigen Auffassung, insbesondere im Kontext der Strukturtheorie der Psychoanalyse, wird unter Regression eine allgemeine Tendenz des seelischen Geschehens verstanden (s. d. Körner und Rosin, 1992).

„Regression ist das Wiederauftreten seelischer Funktionsweisen, die für die psychische Tätigkeit des Individuums während früherer Phasen seiner Entwicklung charakteristisch waren. Primitive Formen der seelischen Tätigkeit können neben ihren reiferen Formen fortbestehen. Viele Formen der Regression treten nur vorübergehend auf und sind reversibel. Ob und in welchem Ausmaß Regression, die stets mit einer Herabsetzung der bewußten Kontrolle einhergeht (Waelder, 1960, dt. 1963, S. 61), pathologisch ist, bestimmt sich durch ihre Irreversibilität. In der Regel ist Regression kein einheitliches Geschehen; sie kann alle Substrukturen des seelischen Apparates erfassen und wirkt sich gewöhnlich unterschiedlich auf einzelne Bereiche der Es-Vorgänge oder der Ich- und Über-Ich-Funktionen aus" (Heigl-Evers und Rosin, 1984, S. 94).

FREUD hatte den Begriff Regression bei seinen Studien über Traum und Traumdeutung und im Zusammenhang mit dem damals konzipierten topischen Modell des psychischen Apparats eingeführt. Der Begriff sollte zur Klärung bestimmter Abläufe bei der Traumentstehung dienen.

> „Wir heißen es Regression, wenn sich im Traum die Vorstellung in das sinnliche Bild rückverwandelt, aus dem sie irgendeinmal hervorgegangen ist. ... der Name ‚Regression‘ dient uns insoferne, als er die uns bekannte Tatsache an das Schema des mit einer Richtung versehenen seelischen Apparats knüpft. ... Wenn wir den Traumvorgang als eine Regression innerhalb des von uns angenommenen seelischen Apparats ansehen, so erklärt sich uns ohne weiteres die empirisch festgestellte Tatsache, daß alle Denkrelationen der Traumgedanken bei der Traumarbeit verlorengehen oder nur mühseligen Ausdruck finden ... Das Gefüge der Traumgedanken wird bei der Regression in sein Rohmaterial aufgelöst" (GW II/III, 1900, S. 548 f.).

Demnach versteht FREUD unter Regression in diesem Zusammenhang entdifferenzierende Abläufe verschiedener Art: Eine Vorstellung wird auf das sinnliche Bild zurückgeführt, aus dem sie entstanden ist; gleichzeitig vollzieht sich eine rückläufige Bewegung zwischen den topoi (Bewußtes, Vorbewußtes, Unbewußtes) des psychischen Apparats; parallel dazu werden Traumgedanken durch Traumarbeit unter Verlust von Denkrelationen in eine Art Rohmaterial gleichsam aufgelöst.

1914 hat FREUD den Begriff Regression auf dieser Linie nochmals präzisiert. Es handelt sich dabei um ein Zurückgehen auf zeitlich ältere, auch formal primitive und auch der Wahrnehmung fernergerückte Zustände.

> „Über die Regression wollen wir noch bemerken, daß sie in der Theorie der neurotischen Symptombildung eine nicht minder wichtige Rolle wie in der des Traumes spielt. Wir unterscheiden dann eine dreifache Art der Regression: a) eine **topische** im Sinne des hier entwickelten Schemas der ψ-Systeme (des psychischen Apparates) b) eine **zeitliche**, insofern es sich um ein Rückgreifen auf ältere psychische Bildungen handelt, und c) eine **formale**, wenn primitive Ausdrucks- und Darstellungsweisen die gewohnten ersetzen. Alle drei Arten von Regression sind aber im Grunde eines und treffen in den meisten Fällen zusammen, denn das zeitlich ältere ist zugleich das formal primitive und in der psychischen Topik dem Wahrnehmungsende nähere" (GW II/III, 1914, S. 554).

FREUD fügte 1919 dem ontogenetischen Aspekt der Regression den der Phylogenese hinzu; er wollte Regression verstanden wissen als ein Zurückgehen nicht nur in die Frühphasen der Individualgeschichte, sondern bis hinein in die stammesgeschichtlichen Phasen des menschlichen Werdens. Er schrieb:

> „Hinter dieser individuellen Kindheit wird uns dann ein Einblick in die phylogenetische Kindheit, in die Entwicklung des Menschengeschlechts, versprochen, von der die des einzelnen tatsächlich eine abgekürzte, durch die zufälligen Lebensumstände beeinflußte Wiederholung ist. ... Es scheint, daß Traum und Neurose uns mehr von den seelischen Altertümern bewahrt haben, als wir vermuten konnten, so daß die Psychoanalyse einen hohen Rang unter den Wissenschaften beanspruchen darf, die sich bemühen, die ältesten und dunkelsten Phasen des Menschheitsbeginnes zu rekonstruieren" (GW II/III, 1919, S. 554).

Mit der Einführung der Libidotheorie (1905) wird der Begriff um den Aspekt der Triebgebundenheit erweitert: Es geht nun auch um *triebgebundene Regression*. Die Konstrukte (Ur)-Verdrängung, Regression und Fixierung bekommen einen zentralen Stellenwert in der Psychopathologie konfliktbedingter Störungen. In der weiteren Theorieentwicklung wird die enge Beziehung vor allem zwischen der Regression und der Fixierung hervorgehoben. So heißt es bei LAPLANCHE und PONTALIS:

> „In dem Maße, in dem die Fixierung als eine ‚Niederschrift‘ zu verstehen ist, kann die Regression als ein Wieder-ins-Spiel-bringen dessen, was ‚niedergeschrieben‘ war, interpretiert werden" (1972, S. 439).

FREUD unterscheidet schließlich, orientiert an verschiedenen genetischen Reihen, verschiedene Abläufe und Formen zeitlicher Regression: die Objekt-Regression, die Libido-Regression, die Ich-Regression. MODELL (1958) und ARLOW und BRENNER (1976, S. 60) haben darauf hingewiesen, daß FREUD z. B. bei der Erklärung des Beobachtungswahns neben regressiven Veränderungen von Ich-Funktionen auch eine Regression von Über-Ich-Funktionen erwähnt.

Unter dem Gesichtspunkt der *psychoanalytischen Behandlungstechnik* berichtete FREUD 1914, wie die Entdeckung jenes psychischen Prozesses, den er später Regression nannte, die Entwicklung der analytischen Technik entscheidend verändert habe.

> „Wir lenkten die Aufmerksamkeit des Kranken direkt auf die traumatische Szene, in welcher das Symptom entstanden war, suchten in dieser den psychischen Konflikt zu erraten und den unterdrückten Affekt frei zu machen. Dabei entdeckten wir den für die psychischen Prozesse bei den Neurosen charakteristischen Vorgang, den ich später **Regression** genannt habe. Die Assoziation des Kranken ging von der Szene, die man aufklären wollte, auf frühere Erlebnisse zurück und nötigte die Analyse, welche die Gegenwart korrigieren sollte, sich mit der Vergangenheit zu beschäftigen. Diese Regression führte immer weiter nach rückwärts, zuerst schien es, regelmässig bis in die Zeit der Pubertät, dann lockten Mißerfolge wie Lücken des Verständnisses die analytische Arbeit in die dahinterliegenden Jahre der Kindheit, die bisher für jede Art von Erforschung unzugänglich gewesen waren. Diese regrediente Richtung wurde zu einem wichtigen Charakter der Analyse" (GW X, 1914, S. 47).

Die Gestaltung des analytischen *Behandlungssettings* (Couch, Einstellung des Analytikers, Grundregel), wodurch Regression ermöglicht und gefördert wird, soll im einzelnen noch erörtert werden. Regression wird durch diese Situation nicht nur sehr erleichtert, sondern geradezu herbeigeführt.

Das Erfassen unbewußter psychischer Prozesse setzt nicht nur beim Patienten, sondern auch beim Therapeuten eine passagere *regressive Befindlichkeit* voraus, die FREUD als gleichschwebende Aufmerksamkeit bezeichnet hat (GW VIII, 1912, S. 377 f. und GW XIII, 1923, S. 215). Nur so wird eine Verständigung von Unbewußt zu Unbewußt möglich und vermag der Therapeut das Unbewußte des Patienten mit seinem eigenen Unbewußten gleichsam aufzufangen, wie FREUD es für die psychoanalytische Therapie formuliert hat. Es handelt sich dabei um eine Wahrnehmungseinstellung, mit der sowohl Verhalten und Erleben des Patienten als auch die dadurch ausgelösten Vorgänge im Inneren des Therapeuten (seine Assoziationen, Phantasien, Gefühle und Körperempfindungen) registriert werden können und als Materialbasis für diagnostische und therapeutische Schlußfolgerungen zur Verfügung stehen (HEIGL-EVERS und ROSIN, 1984, S. 95). Die Fähigkeit zur Regression wird zu einem wichtigen Charakteristikum des psychoanalytischen Erkenntnisprozesses. KRIS (1935, 1950) sprach von

einer *„Regression im Dienste des Ich"*, HARTMANN (1939) von einer *„regressiven Adaptation"* des Psychoanalytikers und OLINICK (1969) von einer *„Regression im Dienste des Anderen"* (s. d. MERTENS, 1990, Bd. 2, S. 78 f.).

MERTENS hat bei der Darstellung des Empathiekonzeptes von BUIE (1981) darauf hingewiesen, daß die Regression des Analytikers vor allem bei den selbsterfahrungsbezogenen, imaginativimitativen und affektresonanten Wahrnehmungsmodi eine besonders wichtige Rolle spielt. Die regressive Offenheit für weite Bereiche kindlichen Erlebens, das Zulassenkönnen nicht nur von lustvollen und grandiosen Gefühlen, sondern auch von bedrückenden, beschämenden und ängstigenden Phantasien ist eine wesentliche Voraussetzung für die Rekonstruktion unbewußter Bedeutungszusammenhänge beim Patienten (MERTENS, 1990, Bd. 2, S. 79 f.).

Die in der analytischen Entwicklungspsychologie gewonnenen Erkenntnisse und die therapeutischen Erfahrungen mit strukturell gestörten Patienten haben die Regression auf die Ebene früher körperlicher Austauschprozesse zunehmend klinisch wichtig werden lassen. SPITZ (1965, dt. 1988, S. 146 f.) hat diesen Wahrnehmungsmodus als den des koenästhetischen Empfindens beschrieben, JACOBS (1973) sprach von „body empathy".

Das Problem der Steuerung regressiver Prozesse sowohl in der Einzel- wie in der Gruppentherapie werden wir bei den verschiedenen Methoden ausführlicher beschreiben (s. S. 192 f. und 228 ff. in d. Bd.).

FREUD hatte 1912 die Aufmerksamkeit auf einen weiteren Aspekt der Regression gelenkt, auf ihre spezifische Rolle bei Schwierigkeiten in der analytischen Arbeit sowie auf ihr Verhältnis zu Verdrängung und Widerstand. In bezug auf den erstgenannten Aspekt schrieb er: „...; alle die Kräfte, welche die Regression der Libido verursacht haben, werden sich als ,**Widerstände**' gegen die (analytische) Arbeit erheben ..." und weiter heißt es:

> „(die Libido) war in die Regression geraten, weil die Anziehung der Realität nachgelassen hatte. Um sie freizumachen, muß nun diese Anziehung des Unbewußten überwunden, also die seither im Individuum konstituierte Verdrängung der unbewußten Triebe und ihrer Produktionen aufgehoben werden.

Dies ergibt den bei weitem großartigeren Anteil des Widerstandes, der ja so häufig die Krankheit fortbestehen läßt, auch wenn die Abwendung von der Realität die zeitweilige Begründung wieder verloren hat. Mit den Widerständen aus beiden Quellen hat die Analyse zu kämpfen" (GW VIII, 1912, S. 368).

Es war vor allem BALINT, der, angeregt durch die Arbeiten von FERENCZI und SPITZ, auf den zwischenmenschlichen Aspekt der Regressionsvorgänge in der therapeutischen Situation hingewiesen hat. Unter dem Einfluß der Arbeiten von FERENCZI hat er dem ichpsychologischen Verständnis der Regression die beziehungspsychologische Sicht hinzugefügt. Er schreibt dazu:

„Um die volle Bedeutung der Regression zu verstehen und in analytischen Situationen mit ihr umgehen zu können, muß man sich vor Augen halten, daß die Form, in der sie auftritt, nur zum Teil vom Patienten, seiner Persönlichkeit und seiner Krankheit abhängig ist, zum Teil hängt sie auch vom Objekt ab. Sie muß folglich als eines unter mehreren Symptomen der Interaktion zwischen Patient und Analytiker angesehen werden. Diese Interaktion hat mindestens drei Aspekte: Die Art und Weise, a) wie die Regression vom Objekt anerkannt wird; b) wie sie vom Objekt angenommen wird und c) wie das Objekt darauf reagiert." (BALINT, 1968, dt. 1970, S. 180 f.).

Die neueren Entwicklungen sind durch Herstellung einer Verbindung zwischen dem ichpsychologischen Verständnis der Regression und dem objektpsychologischen Ansatz gekennzeichnet (s. d. THOMÄ und KÄCHELE, 1985, S. 286). Aus dieser Sicht ergeben sich wichtige Entscheidungen bei der Klärung der Indikation und bei der Handhabung des therapeutischen Prozesses; d. h. die Aufmerksamkeit gilt den Möglichkeiten und Grenzen des Patienten, die Regression ist sowohl für die Erkundung unbewußter Sinnzusammenhänge zu nutzen als auch unter progressivem Aspekt in den Dienst der Integration und Anpassung zu stellen und damit der Gefahr ihrer Stagnation (maligne Regression, s. BALINT, 1968) nach Möglichkeit vorzubeugen.

2.4 Zur Übertragung und Gegenübertragung

Um die Therapie in regrediente Richtung zu steuern, bedarf es eines Vehikels, das ‚Übertragung' genannt wird: Die früheren Adressaten regressiver (infantiler) Wünsche, im Inneren des Subjekts als Erinnerungen und Phantasien gegenwärtig, wenn auch nur teilweise bewußt und nur teilweise bewußtseinsfähig, werden auf den Therapeuten ‚übertragen'. Gegen die Aufdeckung dieser Übertragung werden deswegen Widerstände entwickelt, weil der Patient den Therapeuten (unbewußt) als wunscherfüllendes Objekt festhalten möchte.

Für das Verständnis und für die Handhabung der Psychoanalyse als einer therapeutischen Methode ist der Begriff der Übertragung unverzichtbar.

Die entsprechenden klinischen Phänomene wurden schon früh beobachtet, bereits bei der Behandlung der Patientin Anna O. durch BREUER, der seine hier gesammelten Erfahrungen zusammen mit FREUD auswertete. Damals wurde auch das sexuelle Motiv des Patientenverhaltens, das dann später Übertragung genannt wurde, entdeckt; es wurde für FREUD fortan zum Gegenstand lebhaften klinischen wie theoretischen Interesses.

Über seine frühen klinischen Beobachtungen schrieb FREUD folgendes:

„Bei anderen (Patienten), die sich entschlossen haben, sich dem Arzte zu überliefern und ihm ein Vertrauen einzuräumen, wie es sonst nur freiwillig gewährt, aber nie gefordert wird, bei diesen anderen, sage ich, ist es kaum zu vermeiden, daß nicht die persönliche Beziehung zum Arzte sich wenigstens eine Zeitlang ungebührlich in den Vordergrund drängt; ja, es scheint, als ob eine solche Einwirkung des Arztes die Bedingung sei, unter welcher die Lösung des Problems allein gestattet ist. Ich meine nicht, daß es an diesem Sachverhalt etwas Wesentliches ändert, ob man sich der Hypnose bedienen konnte oder dieselbe umgehen und ersetzen mußte" (GW I, 1895, S. 265).

FREUD sah also in dem Vertrauen, das der Patient unter den besonderen Bedingungen der Psychotherapie dem Arzt einräumt und das nach Art und Ausmaß sonst nur in nahen persönlichen Beziehungen gewährt wird, den Grund dafür, daß die Beziehung zum Arzt im Erleben des Patienten nunmehr einen ganz besonderen Stellenwert gewinnt.

FREUD beobachtete damals auch, daß es in diesem Zusammenhang während der Behandlung zu Unterbrechungen des Assoziierens kam, die sich als beträchtliches *Hindernis* auswirkten:

> „Wenn die Kranke sich davor erschreckt, daß sie aus dem Inhalte der Analyse auftauchende peinliche Vorstellungen auf die Person des Arztes überträgt. Dies ist häufig, ja in manchen Analysen ein regelmäßiges Vorkommnis. Die Übertragung auf den Arzt geschieht durch **falsche Verknüpfung**" (GW I, 1895, S. 308 f.).

FREUD erkannte in dem ganzen Vorgang insofern etwas Regelhaftes, als diese Hindernisse nach altem Muster neu produzierte Symptome darstellen, die ebenso zu behandeln seien wie die alten. Es war im Jahre 1905, als FREUD dann zum ersten Mal die entscheidende Rolle der Übertragung für den Behandlungsverlauf und die Therapie hervorhob.

> „Die Übertragung, die das größte **Hindernis** für die Psychoanalyse zu werden bestimmt ist, wird zum mächtigsten **Hilfsmittel** derselben, wenn es gelingt, sie jedesmal zu erraten und dem Kranken zu übersetzen. (GW V, 1905, S. 281).

So vermerkt er in einem kritischen Kommentar zu der von ihm behandelten Patientin „Dora", die Patientin habe die Behandlung deswegen abgebrochen, weil er es versäumt habe, die Übertragung zu analysieren. Zu dieser Zeit unterscheidet er zwei unterschiedliche Formen der Übertragung: „Einfache Neudrucke" im Sinne von unveränderten Neuauflagen, von Wiederholungen vergangener Beziehungserfahrungen und „Neubearbeitungen", die sich an „irgendeine geschickt verwendete reale Besonderheit an der Person oder in den Verhältnissen des Arztes anlehnen" (GW V, 1905, S. 279 f.).

Übertragung wird im Zusammenhang der FREUDSCHEN Bemühungen um die Bildung seiner Theorie, der Theorie der Psychoanalyse, einige Zeit später (1910) dann wie folgt verstanden:

> „Die **Übertragung** stellt sich in allen menschlichen Beziehungen ebenso wie im Verhältnis des Kranken zum Arzt spontan her, sie ist überall der eigentliche Träger der therapeutischen Beeinflussung ... Die

Psychoanalyse schafft sie also nicht, sie deckt sie bloß dem Bewußtsein auf, und bemächtigt sich ihrer, um die psychischen Vorgänge nach dem erwünschten Ziele zu lenken" (GW VIII, 1910, S. 55).

1912 formuliert er in der ersten umfassenden Darstellung des Übertragungskonzepts den Satz, niemand könne „in absentia oder in effigie erschlagen werden"; damit will er auf die besondere Bedeutung der die Wiederholung der alten Beziehungserfahrungen begleitenden Affekte im Hier und Jetzt der therapeutischen Beziehung aufmerksam machen. Außerdem unterscheidet er nunmehr zwischen „positiven" und „negativen" Übertragungen, zwischen einer Übertragung zärtlicher Gefühle und einer Übertragung feindseliger Gefühle. Und schließlich stellt er heraus, daß die Übertragung an Vorbilder geknüpft wird, an Imagines (Vater, Mutter, Bruder u. a.), und „... den Arzt in eine der psychischen ‚Reihen' einfügen, die der Leidende bisher gebildet hat" (GW VIII, 1912, S. 365).

Die so erfolgte Erweiterung des Übertragungsbegriffes führte sodann zur Einführung des Begriffes der „*Übertragungsneurose*".

> „... gelingt es uns regelmäßig, allen Symptomen der Krankheit eine neue Übertragungsbedeutung zu geben, seine gemeine Neurose durch eine Übertragungsneurose zu ersetzen, von der er durch die therapeutische Arbeit geheilt werden kann" (GW X, 1914, S. 134 f.).

1920 wird dieser Begriff von FREUD modifiziert; es heißt nun:

> „Er (der Kranke) ist ... genötigt, das Verdrängte als gegenwärtiges Erlebnis zu **wiederholen**, anstatt es, wie der Arzt es lieber sähe, als ein Stück der Vergangenheit zu **erinnern**. Diese mit unerwünschter Treue auftretende Reproduktion hat immer ein Stück des infantilen Sexuallebens, also des Ödipuskomplexes und seiner Ausläufer zum Inhalt und spielt sich regelmässig auf dem Gebiete der Übertragung, das heißt der Beziehung zum Arzt ab. Hat man es in der Behandlung soweit gebracht, so kann man sagen, die frühere Neurose sei nun durch eine frische Übertragungsneurose ersetzt" (GW XIII, 1920, S. 16 f.).

Diese Manifestation der Vergangenheit in der gegenwärtigen Gestalt einer Übertragung versteht FREUD als Folge eines *Wiederholungszwanges*.

In einem später (1938) erfolgten Rückblick faßt er sein Verständnis der Übertragung noch einmal zusammen; er schreibt, daß der Patient merkwürdigerweise nicht dabei bleibe, den Analytiker im Lichte der Realität als den Helfer und Berater zu betrachten, den man überdies für seine Mühe belohne, sondern daß er in ihm eine Wiederkehr – Reinkarnation – einer wichtigen Person aus der Vergangenheit seiner Kindheit erblicke und darum Gefühle und Reaktionen auf ihn übertrage, die einstmals sicherlich diesem Vorbild gegolten hätten. Diese Tatsache der Übertragung erweist sich bald als ein Moment von ungeahnter Bedeutung, einerseits als ein Hilfsmittel von unersetzlichem Wert, andererseits als eine Quelle ernster Gefahren. Die Übertragung ist *ambivalent*, sie umfaßt positive, zärtliche, wie negative, feindselige Einstellungen gegen den Analytiker, der in der Regel an die Stelle eines Elternteils, des Vaters oder der Mutter gesetzt wird (GW XVII, 1938, S. 100).

„Offenbar besteht die Gefahr dieser Übertragungszustände darin, daß der Patient ihre Natur verkennt und sie für neue reale Erlebnisse hält anstatt für Spiegelungen der Vergangenheit. Verspürt er (oder sie) das starke erotische Bedürfnis, das sich hinter der positiven Übertragung verbirgt, so glaubt er, sich leidenschaftlich verliebt zu haben; schlägt die Übertragung um, so hält er sich für beleidigt und vernachlässigt, haßt den Analytiker als seinen Feind und ist bereit, die Analyse aufzugeben. In beiden extremen Fällen hat er den Vertrag vergessen, den er zu Eingang der Behandlung angenommen hatte, ist er für die Fortsetzung der gemeinsamen Arbeit unbrauchbar geworden. Der Analytiker hat die Aufgabe, den Patienten jedesmal aus der gefahrdrohenden Illusion zu reißen, ihm immer wieder zu zeigen, daß es eine Spiegelung der Vergangenheit ist, was er für ein neues reales Leben hält. Und damit er nicht in einen Zustand gerate, der ihn unzugänglich für alle Beweismittel macht, sorgt man dafür, daß weder die Verliebtheit noch die Feindseligkeit eine extreme Höhe erreichen. Man tut dies, indem man ihn frühzeitig auf diese Möglichkeiten vorbereitet und deren erste Anzeichen nicht unbeachtet läßt. Solche Sorgfalt in der Handhabung der Übertragung pflegt sich reichlich zu lohnen. Gelingt es, wie zumeist, den Patienten über die wirkliche Natur der Übertragungsphänomene zu belehren, so hat man seinem Widerstand eine mächtige Waffe aus der Hand geschlagen, Gefahren in Gewinne verwandelt, denn was der Patient in den Formen der

Übertragung erlebt hat, das vergißt er nicht wieder, das hat für ihn stärkere Überzeugungskraft als alles auf andere Art Erworbene" (GW XVII, 1938, S. 102 f.).

SANDLER hat vor einigen Jahren (1983) darauf hingewiesen, daß die Definition von Übertragung als Wiederholung der Vergangenheit in der Gegenwart zwar die gebräuchlichste sei (vgl. SANDLER, DARE und HOLDER, 1979), daß sich der Begriff jedoch mindestens seit 50 Jahren in einer Erweiterung und Wandlung befinde. Er zitiert SHARPE, die 1930 schrieb:

„‚Übertragung‘ beginnt mit der allerersten analytischen Sitzung … Einfach weil jeder sich Gedanken über einen anderen Menschen macht, wenn er in engen Kontakt mit ihm tritt … In der Analyse gibt es potentiell den größten Spielraum für Phantasien über den Analytiker … Von der ersten Stunde an hat der Patient wohl Gedanken und Ansichten über seinen Analytiker wie im alltäglichen Umgang, aber die bloße Tatsache einer Phantasie-Situation, die Losgelöstheit und Isoliertheit der Stunde, die Unbekanntheit des Analytikers, aktiviert die Phantasie; dies führt zusammen mit der Reizwirkung des Traumlebens und den Erinnerungen an die Vergangenheit zu einer ganz besonderen Beziehung zum Analytiker. Diese Beziehung ist die Übertragung" (1930, S. 54 f.).

Im Zusammenhang mit ANNA FREUDS Bemühungen um ein vertieftes Verständnis des Ichs und seiner Abwehrmechanismen wurde als ein neuer Aspekt der Übertragung die der Abwehr entdeckt (s. d. a. SANDLER mit FREUD, 1989).

Eine weitere interessante Entwicklung begann damit, daß ANNA FREUD bei ihrem Studium der Abwehrmechanismen des Ichs zwei Mechanismen spezieller Art beobachtete und beschrieb – „die Identifizierung mit dem Angreifer" und die „Altruistische Abtretung" – (A. FREUD, 1936, S. 297 u. 310).

„Das Besondere an diesen Mechanismen ist ihre Tendenz, **zu Zwecken der Abwehr von einer anderen Person Gebrauch zu machen** (Hervorhebung v. Vf.). Es handelt sich um Abwehrmechanismen, die man objektbezogen nennen könnte, Abwehrmechanismen, die Rollenumkehr oder eine Kombination von Identifizierungen und Projektionen implizierten. Es handelt sich um Abwehrmechanismen mit aktiver Vertauschung von Selbst- und Objektanteilen, wobei die unerwünschten Aspekte des Selbst beim äußeren Objekt in Erscheinung treten (oder treten sollen). Oft werden gleichzeitig befürchtete oder bewunderte Objektanteile ins Selbst aufgenommen" (SANDLER, 1983, S. 587 f.).

Diese Erweiterung des Übertragungskonzepts brachte es mit sich, daß Übertragung nunmehr eine Anzahl objektbezogener Aktivitäten mit einschloß, die nicht notwendigerweise eine Wiederholung von Beziehungen zu wichtigen Personen in der Vergangenheit zu sein brauchen (SANDLER, 1983, S. 590).

1979 hatten SANDLER, DARE und HOLDER darauf hingewiesen, daß zur Übertragung

> „auch die unbewußten (oft subtilen) Versuche gehören, Situationen mit anderen herbeizuführen oder zu manipulieren, die eine verhüllte Wiederholung früherer Erlebnisse und Beziehungen sind" (1979, S. 43).

Solche Interaktionen sieht SANDLER (1976, 1982) durch eine *intrapsychische Rollenbeziehung* determiniert. Er nimmt an, daß es eine gleichschwebende Bereitschaft gibt, eine interaktionell zugewiesene Rolle (unbewußt) zu übernehmen; er sieht in einer solchen Bereitschaft eine Art Parallele zur gleichschwebenden Aufmerksamkeit des Psychoanalytikers. Auch andere Autoren (KLÜWER, 1983; KÖNIG, 1982; KÖRNER, 1989, 1990) haben diesen interaktionellen Anteil der Übertragung thematisiert. Ganz besonders wichtig sind Interaktionen dieser Art in der Diagnostik und Therapie von Patienten mit basalen oder strukturellen Störungen (s. S. 208 f. in d. Bd.).

Nicht minder wichtig als die Übertragung des Patienten ist die *Gegenübertragung des Therapeuten*. Im Zuge seiner Bemühungen um die Ausgestaltung der psychoanalytischen Techniken war FREUD auf dieses Phänomen gestoßen und berichtete darüber erstmalig 1911:

> „Wir sind auf die ‚Gegenübertragung' aufmerksam geworden, die sich beim Arzt durch den Einfluß des Patienten auf das unbewußte Fühlen des Arztes einstellt, und sind nicht weit davon, die Forderung zu erheben, daß der Arzt diese Gegenübertragung in sich erkennen und bewältigen müsse. Wir haben, seitdem eine größere Anzahl von Personen die Psychoanalyse üben und ihre Erfahrungen untereinander austauschen, bemerkt, daß jeder Psychoanalytiker nur so weit kommt, als seine eigenen Komplexe und inneren Widerstände es gestatten, und verlangen daher, daß er seine Tätigkeit mit einer Selbst-

analyse beginne, und diese, während er seine Erfahrungen an Kranken macht, fortlaufend vertiefe. Wer in einer solchen Selbstanalyse nichts zustande bringt, mag sich die Fähigkeit, Kranke analytisch zu behandeln, ohne weiteres absprechen" (GW VIII, 1911, S. 108)

Es läßt sich vermuten, daß die von FREUD als Konsequenz der Entdeckung der Gegenübertragung den Psychoanalytikern gegebene Empfehlung zur Selbstanalyse nicht erfüllbar war, daß sie sehr schnell auf die Grenzen des eigenen unbewußten Widerstandes stieß. Es erschien nicht möglich, ohne die Hilfe eines anderen Widerstände, also Ausgestaltungen der Abwehr unerträglicher Unlustaffekte, aufzulockern, zu reduzieren oder gar aufzuheben. Folgerichtig empfahl FREUD seinen Kollegen und Schülern dann die Lehranalyse, eine Analyse also mit Hilfe eines anderen, und bezeichnete sie als eine unerläßliche Voraussetzung für die Anwendung der Psychoanalyse bei Patienten. 1937 schließlich vertrat FREUD die Meinung, den Gefahren, die sich aus dem ständigen Umgang mit verdrängtem Material für den Analytiker ergeben, so zu begegnen, daß jeder Analytiker „periodisch, etwa nach Verlauf von fünf Jahren, sich wieder zum Objekt der Analyse (macht), ohne sich dieses Schrittes zu schämen" (GW XVI, 1937, S. 96).

Inzwischen ist die Lehranalyse unstrittig zum zentralen Bestand jeder psychoanalytischen Weiterbildung geworden. Als schwierig hat sich dagegen die Befolgung der von FREUD zuletzt gegebenen Empfehlung einer *fraktionierten* Lehranalyse, die das gesamte Berufsleben begleiten sollte, erwiesen.

Die andere Konsequenz, die FREUD aus seiner Entdeckung der Gegenübertragung zog, war die Ausgestaltung des Umgangs mit diesem so wichtigen wie schwierigen Element des psychoanalytischen Prozesses. 1912 schrieb FREUD unter dem Thema „Ratschläge für den Arzt" dazu:

> „... er (der Analytiker) soll dem gebenden Unbewußten des Kranken sein eigenes Unbewußtes als empfangendes Organ zuwenden, sich auf den Analysierten einstellen wie der Receiver des Telephons zum Teller eingestellt ist. Wie der Receiver die von Schallwellen angeregten elektrischen Schwankungen der Leitung wieder in Schallwellen verwandelt, so ist das Unbewußte des Arztes befähigt, aus den ihm mitgeteilten Abkömmlingen des Unbewußten

dieses Unbewußte, welches die Einfälle des Kranken determiniert hat, wiederherzustellen" (GW VIII, 1912, S. 381 f.)

Und 1913 schreibt er: „daß jeder Mensch in seinem eigenen Unbewußten ein Instrument besitzt, mit dem er die Äußerungen des Unbewußten beim anderen zu deuten vermag." (GW VIII, 1913, S. 445). Diese geheimnisvolle Kommunikation von Unbewußt zu Unbewußt hat die Psychoanalytiker seither beschäftigt und bildet auch heute noch einen wichtigen Gegenstand der Diskussion.

Dennoch wurde die Gegenübertragung von den Zeitgenossen FREUDS und von den Nach-Freudianern auch wieder nur zögernd aufgegriffen (s. d. MERTENS, 1991, S. 13 f.; NERENZ, 1985; THOMÄ und KÄCHELE, 1985, S. 83 f.). Es war vor allem FERENCZI, der von 1918 bis 1932 die Gegenübertragung wiederholt behandelte und von dem FREUD vermutlich ursprünglich auf diese Phänomene aufmerksam gemacht wurde (s. d. NAGERA, 1989, S. 514).

FERENCZI verlangte beim Umgang mit der Gegenübertragung vom Arzt eine doppelte Arbeit: Nicht nur müsse er die Mitteilungen und das Gebaren des Patienten auf unbewußtes Material hin untersuchen, sondern er solle auch seine eigene affektive Einstellung dem Patienten gegenüber unausgesetzt kontrollieren. Die eigentliche Bewältigung der Gegenübertragung ist daran gebunden, daß ein vorbewußter Wächter eingesetzt wird, der sofort Zeichen gibt, wenn die Gefühle dem Patienten gegenüber im positiven oder im negativen Sinne das richtige Maß zu überschreiten drohen. Nur wenn sich der Analytiker auf diesen Wächter verlassen kann, ist er in der Lage, sich im besten Sinne des Wortes gehenzulassen. Der Therapeut oszilliert (pendelt) dann zwischen dem freien Spiel seiner Phantasie und seiner Gefühle einerseits und der kritisch prüfenden Denkarbeit am Material des Patienten andererseits. Er werde immer dann das Sich-Gehenlassen durch die kritische Einstellung ersetzen, wenn ihm gewisse automatische Zeichen aus dem Vorbewußten eine Grenzüberschreitung seiner Gegenübertragungs-Affekte angeben (s. HEIGL, 1959, 1960 a und b, 1966).

PAULA HEIMANN (1950, 1959/60) bezeichnete als Gegenübertragung *alle* Gefühlsreaktionen, die der Analytiker seinem Patienten gegenüber erlebt. Sie differenzierte dabei die eigentlichen Übertragungsgefühle, denen gegenüber der Patient als Elternersatz fungiert, von den realistischen Gefühlen des Analytikers dem Patienten gegenüber, die den Patienten eine Person in his own right sein lassen. Die emotionale Antwort des Analytikers auf seinen Patienten stellt ihres Erachtens eines der wichtigsten Instrumente dafür dar, das Unbewußte des Patienten zu erforschen. Ohne den Rat der eigenen Gefühle blieben die Interpretationen des Analytikers arm. Die durch Beobachtung erfaßten eigenen Gegenübertragungsgefühle – sowohl die Übertragungsgefühle wie auch die realistischen Gefühle – dienten als nützliches Kriterium für die Beantwortung der Frage: Welches Material soll ich im Moment interpretieren?

RACKER (1957, 1968) unterschied die Gegenübertragung nach der Art der Identifizierung des Analytikers mit dem Patienten in eine konkordante und eine komplementäre. Nach dem Grad der Intensität trennte er die Gegenübertragungs-Gedanken und die Gegenübertragungs-Position; und je nach auslösender Situation sprach er von direkter oder indirekter Gegenübertragung.

Dabei versteht er unter konkordanter Gegenübertragung die Identifikation des Therapeuten mit dem Es und dem Ich des Patienten, während bei der komplementären Gegenübertragung eine Identifizierung des Analytikers mit dem Über-Ich und den inneren Objekten des Patienten besteht. Dabei stehen die konkordante Gegenübertragung (auch als Empathie zu verstehen) und die komplementäre Gegenübertragung als Übertragung im engeren Sinne in einem kompensatorischen Verhältnis zueinander (s. d. HEIGL, 1960 b, S. 110 f.; MERTENS, 1991, S. 13 f.).

Die Phänomene des mit der Übertragung wie auch mit der Gegenübertragung verbundenen *Widerstands* verdienen in der Therapie ein ganz besonderes Interesse. Übertragung und Gegenübertragung lassen im therapeutischen Prozeß ein Beziehungsarrangement entstehen, das den therapeutischen Ablauf strukturiert. Es geht um die Einnahme ganz bestimmter, in der individuellen Geschichte und in den individuellen Strukturen verwurzelter Rollen und zwar bei beiden Partnern der therapeutischen Beziehung. Beide Partner haben ein – unbewußtes – Interesse daran, sowohl an dem eigenen Rollenkonzept festzuhalten wie auch den Partner zu veranlassen, daß er die ihm zugewiesene Rolle beibehält. Jeder der beiden wird sich gegen eine Rollenveränderung – unbewußt – sträuben, d. h. Widerstand entwickeln. Die Psychoanalyse stellt verschiedene Techniken bereit, die es einerseits dem Kranken, andererseits dem Therapeuten ermöglichen und erleichtern sollen, seine übertragungs- bzw. gegenübertragungsgebundenen Widerstände zu erkennen und aufzulockern. Dem Kranken wird die Befolgung der Regel der freien Assoziation (Grundregel der Psychoanalyse) empfohlen. In Befolgung dieser Regel soll es möglich werden, daß in die Widerstands-Barrieren, daß in die hier entstehenden Dämme immer wieder Assoziationen und dazugehörige Affekte einsickern, die Unterminierung und Auflockerung ermöglichen. Dem Therapeuten wird empfohlen, sich an den Prinzipien von Abstinenz und Neutralität zu orientieren und auf diese Weise seine individuellen Interessen an der Erhaltung der Rollenfestlegungen seines Patienten und der damit verbundenen Befriedigungen für sich selbst zu reduzieren. Eine solche Reduktion soll durch Befriedigungsverzicht (Abstinenz) und durch Neutralität (Zurücknahme persönlicher Interessen an den Positionen des Ichs, des Es und des Überichs des Patienten) ermöglicht werden. Gelingen dem Therapeuten diese Verzichte, so wird ihm eine differenziertere Beurteilung des Kranken wie auch seiner selbst möglich. R. FLIESS (1942) hat dies als eine Gratifikation des Überichs für geleisteten Triebbefriedigungsverzicht beschrieben.

2.5 Zum Widerstand

Der Widerstand ist gleichfalls ein besonders wichtiges Konzept der Theorie psychoanalytischer Behandlung. Das ist nicht zu verwundern; geht es doch in dieser Therapie darum, konflikthafte Erlebensinhalte des Kranken, die dieser aus subjektiv guten Gründen, nämlich zur Vermeidung von Unlust, vergessen – oder auf andere Weise aus dem bewußten Erleben ausgeschaltet hat –, nun zwecks Heilung dem Vergessen wieder entrissen werden sollen; es ist zu erwarten, daß der Kranke dagegen Widerstand entwickelt. FREUD war im

Zuge seiner klinischen Erforschung hysterischer Phänomene schon sehr früh auf solche Verhaltensweisen des Kranken gestoßen und hatte sie im Jahre 1895 als Widerstand bezeichnet (GW I, 1895, S. 280).

> „... eine psychische Kraft ... hatte ursprünglich die pathogene Vorstellung aus der Assoziation gedrängt und widersetzte sich ihrer Wiederkehr in der Erinnerung. Das Nichtwissen der Hysterischen war also eigentlich ein – mehr oder minder bewußtes – Nichtwissenwollen, und die Aufgabe des Therapeuten bestand darin, diesen **Assoziationswiderstand** *... zu überwinden*" (GW I, 1895, S. 269 f.).

Die *Motive des Widerstandes* resultierten in damaliger Sicht aus den Gefahren der Wiederbelebung schmerzlicher Vorstellungen und Affekte („sämtlich peinlicher Natur"). Mit der Umgestaltung des Konfliktmodells kamen die unannehmbaren Triebregungen als Aus- löser von Widerstand hinzu. Therapeutisch versuchte FREUD, dieses Hindernis zunächst durch Beharrlichkeit und Überredung zu überwinden, bevor er im Widerstand neben dem Hindernis ein Mittel erkannte, Zugang zum verdrängten, d. h. zum unbewußten Konflikt zu finden. Damit wurde „das Moment des Widerstandes eines der Fundamente" der psychoanalytischen Theorie (SANDLER, DARE und HOLDER, 1979, S. 67; GW V, 1904, S. 6).

Im weiteren fanden die mit der Übertragung verbundenen Widerstände (*Übertragungswiderstände*) besondere klinische Bedeutung; sie wurden bereits 1912 von FREUD als die stärksten Hindernisse auf dem Wege der psychoanalytischen Behandlung angesehen.

> „... der Analysierte (wird) aus seinen realen Beziehungen zum Arzte herausgeschleudert, sobald er unter die Herrschaft eines ausgiebigen Übertragungswiderstandes gerät, er (nimmt) sich dann die Freiheit heraus, die psychoanalytische Grundregel zu vernachlässigen, daß man ohne Kritik alles mitteilen solle, was einem in den Sinn kommt, er (vergißt) die Vorsätze, mit denen er in die Behandlung getreten war ... logische Zusammenhänge und Schlüsse (werden ihm) nun gleichgültig" (GW VIII, 1912, S. 373).

In der Folgezeit setzt sich FREUD immer wieder mit Ursachen, Erscheinungsformen und Funktion von Widerständen auseinander, und schreibt 1926 zusammenfassend dazu:

„…, daß der Widerstand … vom Ich geleistet wird, das an seinen Gegenbesetzungen festhält … Wir machen die Erfahrung, daß das Ich noch immer Schwierigkeiten findet, die Verdrängungen rückgängig zu machen, auch nachdem es den Vorsatz gefaßt hat, seine Widerstände aufzugeben, und haben die Phase anstrengender Bemühung, die nach solch löblichem Vorsatz folgt als die des ‚Durcharbeitens‘ bezeichnet … Es kann kaum anders sein, als daß nach Aufheben des Ichwiderstandes noch die Macht des Wiederholungszwanges, die Anziehung der unbewußten Vorbilder auf den verdrängten Triebvorgang, zu überwinden ist, und es ist nichts dagegen zu sagen, wenn man dies Moment als den **Widerstand des Unbewußten** bezeichnen will … Bei weiterer Vertiefung merken wir vielmehr, daß wir fünf Arten des Widerstands zu bekämpfen haben, die von drei Seiten herstammen, nämlich vom Ich, vom Es und Über-Ich, wobei sich das Ich als die Quelle von drei in ihrer Dynamik unterschiedenen Formen erweist. Der erste dieser drei Ichwiderstände ist der vorhin behandelte **Verdrängungswiderstand**, … Von ihm sondert sich der **Übertragungswiderstand**, der von der gleichen Natur ist, aber in der Analyse andere und weit deutlichere Erscheinungen macht, da es ihm gelungen ist, eine Beziehung zur analytischen Situation oder zur Person des Analytikers herzustellen und somit eine Verdrängung, die bloß erinnert werden sollte, wieder wie frisch zu beleben. Auch ein Ichwiderstand, aber ganz anderer Natur, ist jener, der vom **Krankheitsgewinn** ausgeht und sich auf die Einbeziehung des Symptoms ins Ich gründet. Er entspricht dem Sträuben gegen den Verzicht auf eine Befriedigung oder Erleichterung. Die vierte Art des Widerstandes – den des **Es** – haben wir eben für die Notwendigkeit des Durcharbeitens verantwortlich gemacht. Der fünfte Widerstand, der des **Über-Ichs**, der zuletzt erkannte, dunkelste aber nicht immer schwächste, scheint dem Schuldbewußtsein oder Strafbedürfnis zu entstammen; er widersetzt sich jedem Erfolg und demnach auch der Genesung durch die Analyse" (GW XIV, 1926, S. 191 f.).

FREUD hatte ferner erkannt, daß das Phänomen des Widerstandes, wie es in der Behandlung auftritt, mit der Abwehr verknüpft ist:

„Die entscheidende Tatsache ist nämlich, daß die Abwehrmechanismen gegen einstige Gefahren in der Kur als **Widerstände** gegen die Heilung wiederkehren. Es läuft darauf hinaus, daß die Heilung selbst vom Ich wie eine neue Gefahr behandelt wird" (GW XVI, 1937, S. 84).

Die therapeutische Arbeit am Widerstand, vor allem an den Übertragungswiderständen, wie sie das Hier und Jetzt der Behandlung bestimmen, gewinnt zunehmend an Be- deutung. *Abwehranalyse auf dem Wege der Widerstandsanalyse* wird zu einem wichtigen Bestandteil psychoanalytischer Technik (A. FREUD, 1965; GLOVER, 1955; HARTMANN, 1951).

SANDLER, DARE und HOLDER stellen 1979 fest, daß der Begriff des Widerstandes in der Psychoanalyse bis dahin im wesentlichen unverändert geblieben sei; jedoch seien die Formen, die dieser Widerstand annehmen könne, inzwischen detaillierter beschrieben worden; die Sensibilität auch für feine Anzeichen von Widerständen werde immer mehr zu einem bedeutsamen Teil psychoanalytischer Kunst. Die Autoren fügen der FREUDschen Zusammenstellung von Widerstandsformen noch die folgenden hinzu (SANDLER, DARE und HOLDER, 1979, S. 74 f.):

- Widerstände aufgrund der Bedrohung, die das analytische Verfahren für die vom Patienten jeweils angestrebten Adaptationen darstellt.
- Widerstände, die dadurch mobilisiert werden, daß Veränderungen im Patienten zu Schwierigkeiten in seinen Beziehungen zu wichtigen Personen seiner Umwelt führen.
- Widerstände, die dadurch entstehen, daß Heilung und damit der Verlust des Analytikers, der als schützende und sorgende Elternfigur erlebt wird, zu einer Gefahr würde.
- Widerstände wegen der Gefährdung des Selbstwertgefühls durch die analytische Arbeit: Patienten, vor allem solche mit großer Schamanfälligkeit, erleben die in der Therapie wachgerufenen infantilen Wünsche und Phantasien oft als sehr beschämend.
- Widerstände dagegen, bis dahin eingesetzte adaptive Lösungsmuster aufzugeben. Der Prozeß des Umlernens ist daher zeitaufwendig; er bildet einen integralen Bestandteil des Durcharbeitens.
- Widerstände, die durch uneinfühlsames Vorgehen und unangemessene behandlungstechnische Intervention des Analytikers ausgelöst werden und – wenn sie vom Therapeuten nicht bemerkt werden – evtl. zum Behandlungsabbruch führen können.

Es herrscht Übereinstimmung darüber, daß die therapeutische Bemühung sich wesentlich darauf richten soll, dem Patienten seine Widerstände so nahe zu bringen, daß er sie nicht nur bewußt erleben, sondern auch als Hindernisse verstehen kann, die es auf dem Wege heilender Veränderung zu überwinden gilt. Um diese Aufgabe erfüllen zu können, muß der Analytiker, auch mit Hilfe seiner Gegenübertragung, die Motive und Funktionen eines Widerstandes psychodynamisch erfaßt haben; dem Patienten ist unter Beachtung seiner Toleranzen und Möglichkeiten deutlich zu machen, daß er Widerstand entwickelt, warum das geschieht und wogegen der Widerstand sich richtet, auf welche Weise er widerständig handelt (s. d. GREENSON, 1975, S. 116 f.).

2.6 Das Behandlungs-Setting

Die ungewöhnliche Aufgabe, die sich die Psychoanalyse dadurch stellt, daß sie dem Kranken Zugänge zu seinen unbewußten Erlebensbereichen erschließen will, fordert auch eine *ungewöhnliche Grundanordnung* (Setting); sie besteht zunächst in einem räumlichen Arrangement mit einem auf der Couch liegenden Patienten und einem aus dessen Blickfeld gerückten, hinter oder neben der Couch sitzenden Therapeuten. An diesem von FREUD eingeführten Arrangement, das auch durch die Hypnose als der Vorläuferin der analytischen Therapie beeinflußt sein mag, wird bei der einzelanalytischen Behandlung bis heute festgehalten. Die Durchführung der Therapie im Liegen in möglichst entspannter Lage bei Reduzierung der Außenreize (u. a. durch eine wirksame akustische Abschirmung des Raumes) ist geeignet, die Aufmerksamkeit des Patienten auf seine Innenbefindlichkeit, auf seinen inneren Erlebensraum zu lenken. Das Hinausrücken des Therapeuten aus seinem Blickfeld soll es ihm erleichtern, zu dessen Person die in ihm bereitliegenden Übertragungsphantasien zu entwickeln, ohne daß ihn dessen Realerscheinung behinderte. Auch das in der Therapie angebotene räumliche Ambiente sollte die Entfaltung der Innenwelt des Patienten möglichst wenig festlegen; der Behandlungsraum sollte so eingerichtet sein, daß er der Person des Therapeuten in unauffälliger Weise angemessen ist, daß

von ihm entspannende Wirkungen ausgehen, die die Introspektion begünstigen.

Das Spezifische der räumlichen Anordnung besteht zweifellos darin, daß es die optische zugunsten der akustischen Wahrnehmung zurücktreten läßt, daß die Vermittlung des Erlebens durch Sprache vorrangig wird; dabei spielt neben deren Inhalten die Vokalisation in ihren vielfältigen Tönungen und Nuancierungen eine Rolle. Die Aufmerksamkeit der beiden Beteiligten wird durch die Anordnung vornehmlich auf die Innenwelt des Einen, des Kranken gerichtet; zu den Merkmalen des Settings gehört auch die asymmetrische Distanzkonfiguration (HOFSTÄTTER). In Abgrenzung gegen das Psychodrama, das die Wahrheit der Seele durch Handeln ergründen will (MORENO), geht es hier um ihre Ergründung durch das sprachliche Medium. Ein solches Arrangement bedeutet Chance und Einengung zugleich; die Ausschaltung der präverbalen Kommunikation, die besonders für die Vermittlung des affektiven Erlebens wichtig ist, der Verzicht auf die Auswertung von Mimik und Gestik, wurde immer wieder kritisch diskutiert (s. d. auch KUTTER, PAROMA-ORTEGA und ZAGERMANN, 1988; LICHTENBERG, 1991; THOMÄ, 1981).

2.7 Behandlungsvereinbarung und Arbeitsbündnis

In dieser Therapie soll Introspektion gefördert werden, um Einsicht in bis dahin unbewußte Erlebenszusammenhänge entstehen zu lassen. Neben dem Setting ist es die *Behandlungsvereinbarung* und die *Einleitung eines Arbeitsbündnisses*, die der Erreichung dieses Zieles dienen.

Die starke Betonung der Phantasien im psychoanalytischen Prozeß, die unbeschränkte Öffnung des therapeutischen Raumes für deren Entfaltung, erfordert es, die Realität der Rahmenbedingungen klar herauszustellen. So ist mit dem Patienten zu Beginn der Therapie eine Vereinbarung zu treffen, die sich auf die voraussichtliche Gesamtdauer (die Sitzungsfrequenz und die Sitzungsdauer) bezieht, auf die Art der Finanzierung, auf finanzielle Spezialregelungen (Ausfallshonorar bei versäumten Sitzungen), auf Urlaubsregelungen, auf den Umgang mit lebenswichtigen

Entscheidungen; Entscheidungen während der Therapie (sie sollten, so lautet die Empfehlung, erst konkretisiert werden, nachdem sie in der Psychoanalyse durchgearbeitet worden sind).

Das *Arbeitsbündnis* gehört zu den wichtigeren Konzepten der Psychoanalyse; FREUD selbst hat, wenngleich er diesen Terminus nicht benutzte, sich klar dazu geäußert, wenn er schrieb:

> „Das erste Ziel der Behandlung bleibt, ihn (den Patienten) an die Kur und an die Person des Arztes zu attachieren. Man braucht nichts anderes dazu zu tun, als ihm Zeit zu lassen. Wenn man ihm ernstes Interesse bezeugt, die anfangs auftauchenden Widerstände sorgfältig beseitigt, und gewisse Mißgriffe vermeidet, stellt der Patient ein solches Attachement von selbst her und reiht den Arzt an eine der Imagines jener Personen an, von denen er Liebes zu empfangen gewohnt war. Man kann sich diesen ersten Erfolg allerdings verscherzen, wenn man von Anfang an einen anderen Standpunkt einnimmt als den der Einfühlung..." (GW VIII, 1913, S. 473 f.).

Das Arbeitsbündnis hat, wenngleich nicht unumstritten geblieben, in der analytischen Praxis eine weitgehende Akzeptanz gefunden; vor allem STERBA und später GREENSON und SANDLER haben sich mit dem Begriff genauer befaßt. STERBA (1934) sprach davon, daß das Bündnis im Grunde zwischen dem vernünftigen Ich des Patienten und dem analysierenden Ich des Analytikers bestehe. Das wirksame Medium sei die Teilidentifikation des Patienten mit dem analysierenden Vorgehen des Therapeuten bei seinem Versuch, das Verhalten des Patienten zu verstehen (STERBA, 1929). Das aber bedeutet, daß der Patient über ein (fiktives) Normal-Ich verfügen muß, das im Gesamtrepertoire seiner Funktionen möglichst wenig eingeschränkt ist und damit zur therapeutischen Ich-Spaltung (STERBA, 1934) befähigt.

GREENSON (1975, S. 202 f.) hat sich ausführlich mit dem Arbeitsbündnis und der Abgrenzung gegen die Übertragungsneurose beschäftigt. Er bezeichnet als Arbeitsbündnis den

> „relativ unneurotischen, rationalen Rapport zwischen dem Patienten und seinem Analytiker. Dieser vernünftige und zweckgerichtete Teil der Gefühle des Patienten gegenüber dem Analytiker bringt das Arbeitsbündnis zustande". (a. a. O., S. 204).

Er hat sich gleichfalls ausführlich mit den Beiträgen des Patienten und denen des Analytikers so-

wie mit dem Beitrag, den die analytische Situation zur Herstellung des Arbeitsbündnisses leistet, beschäftigt. GREENSON schreibt in diesem Zusammenhang: „Damit ein Arbeitsbündnis entsteht, muß der Patient die Fähigkeit haben, eine besondere Form der Objektbeziehung zu bilden" (a. a. O., S. 217). Die Objektbeziehung, die GREENSON hier im Auge hat, ist nach unserem Verständnis eine als personal oder als Ganzobjektbeziehung zu bezeichnende. Eine solche Beziehung ist von der Einführung des dritten Objekts in das Erleben des Patienten abhängig, von der Fähigkeit, sich in triangulären Konstellationen zu bewegen. Ein drittes Objekt ist im ersten Ansatz dann gegeben, wenn zwischen dem ersten und dem zweiten eine Grenze wahrnehmbar geworden ist; es ist eben diese Grenze, die eine therapeutische Ich-Spaltung ermöglicht; nämlich die Beurteilung des erlebenden Ichs durch das reflektierende Ich. Damit ergeben sich Ausschlußkriterien für die Indikation dieser Therapie bei jenen Patienten, deren Erleben durch apersonale, durch Teilobjektbeziehungen dominiert wird (s. S. 205 ff. in d. Bd.).

In ähnlicher Weise haben sich SANDLER, DARE und HOLDER (1979, S. 30 f.) darüber geäußert, wie die Fähigkeit eines Patienten, ein Behandlungsbündnis zu bilden, zu beurteilen sei; sie sprechen von einem diagnostischen Kriterium und einem prognostischen Kriterium. Für diese Autoren gründet das Behandlungsbündnis

> „auf dem bewußten oder unbewußten Wunsch des Patienten nach Kooperation und seiner Bereitschaft, die Hilfe des Therapeuten bei der Bewältigung innerer Schwierigkeiten anzunehmen" (a. a. O., S. 27).

Nach Auffassung von WEISS, SAMPSON, HOROWITZ u. a. (1986) ist bei Patienten, die zur Therapie kommen, überwiegend mit einer unbewußten wie bewußten Motivation zu rechnen, ihre unbewältigt gebliebenen Konflikte zu bearbeiten. Der Therapeut hat gegenüber dieser Bereitschaft die Aufgabe, für eine Atmosphäre von Wohlwollen und Akzeptanz zu sorgen, die auch dem Kindlichen, Unerlaubten und Perversen Raum gibt und es so dem Patienten erlaubt, sich ausreichend sicher zu fühlen (s. d. FÜRSTENAU, 1992; LUBORSKY, 1984).

2.8 Die Grundregel

Bereits in den Vorgesprächen sollte der Patient mit der *Grundregel* vertraut gemacht werden. GREENSON (1975) plädiert dafür, bei Behandlungsbeginn eine einfache und klare Erläuterung dafür zu geben, wie die Methode der freien Assoziation zu verstehen und zu befolgen ist und worauf sie abzielt. In der Literatur finden sich unterschiedliche Auffassungen über Wortlaut, Inhalt und Zeitpunkt der Erläuterung dieser Regel mit Begründungen für die verschiedenen vorgeschlagenen Modifikationen (s. d. MERTENS, 1990, Bd. 2, S. 26 f.). Wir sind der Meinung, daß diese Informationen klar, verständlich und anschaulich sein sollten; sie sollten durch Vermittlung von Orientierung und Sicherheit das Arbeitsbündnis fördern und sollten auch auf mögliche, wenn nicht wahrscheinliche Widerstände hinweisen (s. d. LICHTENBERG und GALLER, 1987).

Um den Patienten mit dieser ungewöhnlichen Regel vertraut zu machen, um ihm zu veranschaulichen, wie man sie befolgen kann, mag sich empfehlen, ein klinisches Beispiel für das Assoziieren zu geben, etwa anhand eines kurzen Traumes und den dazugelieferten Assoziationen. So kann dem Patienten z. B. der folgende Traum aus einer zurückliegenden Analyse berichtet werden:

„Auf der Erde liegt ein rechtwinklig gebogener Eisenstab." Der Patient, der vom Analytiker darüber unterrichtet worden war, daß es bei der Bearbeitung eines Traumes darauf ankommt, zu dessen Einzelheiten Assoziationen zu liefern, assoziierte zu dem genannten Traum folgendes: Er habe am Vorabend im Fernsehen erlebt, wie der damalige Weltboxmeister Sugar Ray Robinson seinen Gegner mit einem rechten Haken auf die Bretter streckte. Als Jungens hätten sie auf dem Schulhof immer die Stärke ihres Bizeps bei angewinkeltem Unterarm verglichen. – Sein strenger Vater habe ihn in der Weise bestraft, daß er sich rechtwinklig über einen Stuhl beugen mußte und dann vom Vater mit einem Rohrstock gezüchtigt wurde. – Am Vortag sei er Zeuge eines Verkehrsunfalls gewesen; der schuldige Verkehrsteilnehmer habe dem herbeigerufenen Polizisten die Faust unter die Nase gehalten, was er (Patient) mit Erschrecken und Angst beantwortet habe. – Vor einigen Tagen habe sein Chef ihn getadelt, er habe sich das wie immer schweigend angehört und Zustimmung bekundet, habe aber gegen Ende dieses Gesprächs gemerkt, wie er eine Faust in der Tasche machte. –

Bei der Einführung der Grundregel ist auch darauf hinzuweisen, daß es nicht nur um eine selektionsfreie Mitteilung von Assoziationen, von sprachlichen Einfällen geht, sondern auch um die von Gefühlen und Affekten, von Körperempfindungen, von Veränderungen des Körpererlebens insgesamt, auch von etwa während der Therapie auftretenden Störungen und Symptomen.

Wie nun werden die Wege zum therapeutischen Ziel durch Einsatz der beschriebenen therapeutischen Mittel erschlossen? Die Entfaltung von Übertragungsbeziehungen wird auf bestimmte Weise, so durch die im Setting enthaltenen Bedingungen gefördert. Für dieses Vorgehen ist auf seiten des Patienten die Fähigkeit zum *Arbeitsbündnis* mit dem Therapeuten erforderlich, die wiederum die Verfügung über ein (fiktives) Normal-Ich (GW XVI, 1937, S. 89) voraussetzt. Gehalten von einem so strukturierten Ich und von der zum Therapeuten entwickelten Arbeitsbeziehung überläßt sich der Patient einer vorübergehenden partiellen Regression; sie wird durch seine Bemühung um *freies Assoziieren*, das mit der Bemühung des Analytikers um *gleichschwebende Aufmerksamkeit* korrespondiert, wie auch durch die therapeutischen Einstellungen von *Abstinenz und Neutralität* eingeleitet und gefördert. Die Förderung von Regression bedeutet immer auch die von Übertragung, da Übertragung in den frühen Erfahrungen des Kindes wurzelt. Die regressiven psychischen Phänomene werden mit Hilfe von Deutungen des Therapeuten, denen Konfrontationen und Klarifikationen (GREENSON, 1975, S. 51) vorausgehen, vermutend erfaßt und schrittweise durchgearbeitet; dazu bedarf der Patient der Fähigkeit zur *therapeutischen Ich-Spaltung*: Er muß zwischen einer Bereitschaft zur Regression und einer Bemühung um kognitives Erfassen und Beurteilen des regressiv Erlebten wechseln können. Regression wird in dieser Therapie also einerseits gefördert und andererseits mittels des Arbeitsbündnisses, in dem sich das erwachsene Ich des Patienten mit dem analysierenden Ich des Therapeuten verbindet, begrenzt und wieder aufgehoben.

Die vom Therapeuten geforderte Einhaltung von *Abstinenz* bedeutet, daß er die Befriedigung von Bedürfnissen und Wünschen, die der Patient im analytischen Prozeß von ihm erwartet, unterläßt, um so die Verbalisierung solcher Erlebenselemente zu fördern. Die *Neutralität* des Psychoanalytikers fordert von ihm die Bemühung, zu den Strukturen Ich, Es und Über-Ich des Patienten eine etwa gleichweite Distanz einzuhalten (ANNA FREUD, 1936); sie soll einen von Realängsten ausreichend entlasteten Entfaltungsraum für die Assoziationen des Patienten schaffen. Mit anderen Worten: Der Patient sollte nicht fürchten müssen, daß durch eine Parteinahme des Analytikers, sei es für das Über-Ich, sei es für das Es, sei es für das Ich, das assoziative Zulassen bestimmter Inhalte zu einer Gefahr werden könnte.

Die Befolgung der *Regel der freien Assoziation* als der Grundregel der Psychoanalyse, d. h. die nicht-gelenkte, selektionsfreie, authentische, freimütige Mitteilung aller nur im Erleben des Patienten auftauchenden Elemente, schafft die Materialbasis für das Aufspüren verborgener Bedeutungszusammenhänge und für die hypothetische Formulierung einer Sinnhaftigkeit, die dann – auf der Ebene des Arbeitsbündnisses – vom Patienten zu überprüfen wäre. Dem ‚freien Assoziieren‘ des Patienten entspricht die von FREUD postulierte Einstellung der ‚*gleichschwebenden Aufmerksamkeit*‘ des Therapeuten. FREUD schrieb 1912 (GW VIII, S. 381):

„Wie der Analysierte alles mitteilen soll, was er in seiner Selbstbeobachtung erhascht, mit Hintanhaltung aller logischen und affektiven Einwendungen, die ihn bewegen wollen, eine Auswahl zu treffen, so soll sich der Arzt in den Stand setzen, alles ihm Mitgeteilte für die Zwecke der Deutung, der Erkennung des verborgenen Unbewußten zu verwerten, ohne die vom Kranken aufgegebene Auswahl durch eine eigene Zensur zu ersetzen. . . .“

2.9 Zur Technik der Deutung

Gelingt es, beim Patienten einen regressiven Prozeß einzuleiten, dann wird auch die Übertragung gefördert, und es treten beim Patienten mit den dazugehörigen Widerständen die für die Analyse wesentlichen Erlebenselemente in Erscheinung. Über die Bearbeitung der Widerstände stellt sich die Übertragung mit den in ihr enthaltenen Beziehungskonflikten deutlich dar und kann mit Hilfe der analytischen Techniken dem Verstehen des Patienten nähergebracht werden. GILL (1982) vertritt die Auffassung, daß sämtliche Widerstände, die in der Behandlung auftreten, unter zwei Widerstandsformen zu subsumieren sind; es handelt sich dabei einmal um den „Widerstand gegen das Bewußtwerden der Übertragung“ und zum anderen um den „Widerstand gegen die Auflösung der Übertragung“. Damit wird für GILL der Übertragungs-Widerstand in beiden Formen zum zentralen Fokus der Widerstandsanalyse und damit der Analyse überhaupt (s. d. MERTENS, 1991, S. 87).

In den regressiven Prozessen psychoanalytischer Therapie werden also konflikthafte frühere Beziehungen als Phänomene der Übertragung reinszeniert. Gelangen solche Reinszenierungen mit Hilfe der freien Assoziation des Patienten zu voller Entfaltung, dann werden sie der psychoanalytischen Arbeit als einer ihrer Hauptgegenstände erreichbar. Mit der Reinszenierung wird vom Analysanden ein Interaktionsprozeß eingeleitet, der seinerzeit seine frühen Erfahrungen (in Kindheit und Pubertät) gestaltet hat. Damals führten Konflikte bestimmter Art zu Verwicklungen in der Beziehung zu bestimmten wichtigen Objekten, die zur Mobilisierung von Unlustaffekten (Angst und/oder depressiven Affekt) führten und dem bewußten Erleben durch Abwehr entzogen wurden. Der Analysand läßt ein auf seiner inneren Bühne – gleichsam hinter verschlossenen Türen – immer wieder ablaufendes Geschehen auf der interaktionellen Bühne des psychoanalytischen Prozesses – in der Beziehung zwischen sich und dem Therapeuten – aktuell werden; dabei ist ihm der Bedeutungs- und Sinnzusammenhang dieses Geschehens zunächst nicht bewußt.

Bedeutungs- und Sinnzusammenhang müssen ihm durch den Therapeuten mit Hilfe von Deutungen über die Zwischenschritte von Konfrontation und Klarifikation erlebbar und verstehbar gemacht werden; diese Einsicht kommt allerdings nur um den Preis von Unlust zustande. Die hier entstehende Unlust (Angst/depressiver Affekt) kann der Analysand nur ertragen, wenn seine Beziehung zum Analytiker, abgesehen von deren speziellen konflikthaften Inhalten, von deren Übertragungsaspekten, immer auch eine ausreichend positive Tönung enthält, d. h. wenn er im Analytiker frühe Objekte wiedererlebt, von denen er, nach den Worten FREUDS (1914), „Liebes zu empfangen gewohnt war“. Mit anderen Worten: Es muß eine Beziehung ausreichenden Vertrauens zwischen ihm und dem Psychoanalytiker entstanden sein, ohne die eine Hoffnung auf heilende Veränderung nicht zustande käme. Ohne eine solche Hoffnung vermag der Analysand die immer auch mühselige Beteiligung am psychoanalytischen Prozeß nicht zu leisten.

Das Prinzip „Deutung" bestimmt das analytische Vorgehen bei der Behandlung konfliktpathologisch bedingter Störungen. FREUD hat sich dazu erstmalig im Kontext der Traumdeutung geäußert (GW II/III, 1900, S. 100 f.). Später hat er Deutung dann in einem weitläufigeren Kontext, dem des psychoanalytischen Behandlungsprozesses, neu definiert und klare Anweisungen dazu gegeben, wie man sie handhaben sollte.

> „Ich plädiere also dafür, daß die Traumdeutung in der analytischen Behandlung nicht als Kunst um ihrer selbst willen betrieben werden soll, sondern daß ihre Handhabung jenen technischen Regeln unterworfen werde, welche die Ausführung der Kur überhaupt beherrschen" (GW VIII, 1912, S. 354).

Sehr viel später hat FREUD in einem fiktiven Dialog seine Auffassung der Deutung erneut formuliert, so wie er sie aufgrund der inzwischen gesammelten klinischen Erfahrungen nunmehr verstanden wissen wollte; bei dieser Gelegenheit beschrieb er vor allem auch die Gegenstände von Deutungen, die – weit über die Traumdeutung hinaus – jedwede Verhaltensweise des Patienten einschließen.

> „Sie werden sich entschließen müssen, das Material, das Ihnen der Analysierte ... liefert, in einer ganz besonderen Weise aufzufassen ... Sie müssen dieses Material, seien es Erinnerungen, Einfälle oder Träume, erst **deuten**. Das geschieht natürlich mit Hinblick auf die Erwartungen, die sich in Ihnen dank Ihrer Sachkenntnis, während Sie zuhörten, gebildet haben ... Wenn Sie die richtigen Deutungen gefunden haben, stellt sich eine neue Aufgabe her. Sie müssen den richtigen Moment abwarten, um dem Patienten Ihre Deutung mit Aussicht auf Erfolg mitzuteilen ... Das ist Sache eines Takts, der durch Erfahrung sehr verfeinert werden kann. Sie begehen einen schweren Fehler, wenn Sie etwa im Bestreben, die Analyse zu verkürzen, dem Patienten Ihre Deutungen an den Kopf werfen, sobald Sie sie gefunden haben. Sie erzielen damit bei ihm Äußerungen von Widerstand, Ablehnung, Entrüstung, erreichen es aber nicht, daß sein Ich sich des Verdrängten bemächtigt. Die Vorschrift ist, zu warten, bis er sich

diesem so weit angenähert hat, daß er unter der Anleitung Ihres Deutungsvorschlags nur noch wenige Schritte zu machen braucht" (GW XIV, 1926, S. 249 f.).

Es handelt sich beim Deuten um ein hermeneutisches Verfahren; es geht darum, verlorengegangene, zerrissene, verzerrte Sinnzusammenhänge aufzuspüren, zu verknüpfen und sie dem Erleben und der Reflexion des Analysanden nahezurücken.

Damit eine hermeneutische Entschlüsselung erfolgen kann, muß zunächst ein dafür geeigneter ‚Text' verfügbar gemacht werden, muß ein gemeinsamer Informationsbestand geschaffen werden; es muß ein Raum gemeinsamen Erlebens entstehen, in dem die Innenwelt des Patienten, speziell deren unbewußte Anteile, aufschimmern, sich in ihren Konturen abzeichnen. Der Beitrag, den der Patient dazu liefert, entsteht aus seiner Bemühung, die Regel der freien Assoziation einzuhalten, deren Befolgung alle dem bewußten Erleben nur zugänglichen, nur erreichbaren Inhalte prinzipiell erfaßbar werden läßt; der Beitrag des Therapeuten besteht darin, daß er aus einer Einstellung gleichschwebender Aufmerksamkeit heraus alle in seinem eigenen Inneren auf den Patienten antwortenden Empfindungen, Gefühle, Phantasien, Erinnerungen, Gedanken in den vom Patienten gelieferten ‚Text' einfließen läßt und ihre ergänzende, verdeutlichende, erhellende Wirkung registriert.

Es obliegt primär dem Analytiker, die zerrissenen Zusammenhänge zu erspüren und zu verstehen, die in der ihm vermittelten Innenwelt des Patienten verborgen sind und bei denen es sich inhaltlich um unbewußt gewordenes konflikthaftes Erleben handelt. Dazu ist es notwendig, in sich ein *Arbeitsmodell* (GREENSON, 1960) des Patienten zu bilden, d.h im Laufe der analytischen Arbeit eine Art Nachbildung des Patienten im eigenen Inneren zu errichten, in das die körperliche Beschaffenheit des Patienten, wie seine gesamten Äußerungen (Phantasien, Affekte, Abwehrformen und sonstige Verhaltensweisen), Lebenserfahrungen etc. eingehen. Im empathischen Zuhören läßt der Therapeut die Äußerungen des Patienten in dieses Modell einfließen und läßt das Modell eine Antwort darauf entwickeln, woraus für ihn eine Art Evidenzerleben resultieren kann. Durch dieses Erleben wird das „Arbeits-Ich" (FLIESS, 1942) des Analytikers angeregt, eine

Deutung des im Arbeitsmodell ablaufenden Geschehens zu formulieren und sie an diesem Modell quasi zu erproben, ehe sie dem Patienten selbst mitgeteilt wird (HEIGL-EVERS und HEIGL, 1975 b, S. 838). Sobald dem Therapeuten ein solcher konfliktärer Zusammenhang erkennbar geworden ist, sobald er insbesondere erleben und verstehen kann, wie sich dieser Konflikt nunmehr in der Beziehung zu ihm selbst (Übertragung) abzeichnet, wird er bemüht sein, zunächst die Aufmerksamkeit des Patienten auf den in seinen Konturen erkennbaren Konflikt zu lenken. GREENSON (1975, S. 51) hat diese Bemühung um die Aufmerksamkeitsausrichtung des Patienten als *Konfrontieren*, als *Demonstrieren* bezeichnet. In weiteren Schritten wird der Analytiker sodann versuchen, die Zusammenhänge konflikthaften Erlebens im einzelnen aufzuzeigen, zu erläutern, Klärung anzustreben. GREENSON bezeichnete dies in seiner großen Abhandlung der psychoanalytischen Technik als *Klarifizieren*. Es geht dabei stets darum, das verborgene konflikthafte Erleben in seinem Bezug zum Therapeuten, in der Übertragung und vor allem auch in seinen widerständigen Elementen zu erfassen und anzusprechen. Es handelt sich dabei um einen Prozeß, der reich ist an ‚Wechselfällen‘, die insbesondere von den Widerständen herrühren, die nach der Lehre der Psychoanalyse zur Essenz des unbewußten Erlebens im therapeutischen Prozeß gehören.

Wenn dieser Prozeß von seiten des Analytikers mit ausreichender Geduld gefördert wird, kann der Konflikt allmählich *deutungsreif* werden, d.h. es kann damit gerechnet werden, daß der Patient motiviert und in der Lage ist, den ihm nunmehr in relativer Vollständigkeit aufgezeigten, zuvor zerrissenen Zusammenhang seines Erlebens per Einsicht zu erfassen. *Einsicht* bedeutet dabei nicht nur ein kognitives Verstehen, sondern auch ein emotionales Berührt-, Bewegt-, Erfaßt-, auch Erschüttert-Sein.

Ein solcher in Einsicht mündender Prozeß kann nur von beiden Partnern in Gang gehalten werden: Der Prozeß gewinnt und behält seine Dynamik dadurch, daß der Beitrag des Einen vom jeweils Anderen aufgegriffen und mit einem eigenen Beitrag erwidert wird, daß die Bälle zwischen am Analytiker und dem Analysanden hin- und herfliegen. Auch der kognitive, der auf Schlußbildungen (s. S. 141 ff. in d. Bd.) beruhende Teil der

Deutungsarbeit muß von beiden geleistet werden. Eine solche Bemühung kommt dann zustande, wenn sich ein Arbeitsbündnis (GREENSON, 1975, S. 202 f.) zwischen den Partnern entwickelt hat; dieses setzt bei beiden Beteiligten die Fähigkeit zur therapeutischen Ich-Spaltung voraus; sie ermöglicht es, die regressiven Phasen des Prozesses dadurch in den Dienst der Therapie zu stellen, daß über das so Erfahrene nachgedacht wird.

Ein im analytischen Prozeß geknüpftes Netz von Deutungen und genetischen Konstruktionen[1] erlaubt es, einen Zusammenhang wiederherzustellen, der durch die spezifische neurotische Abwehrtätigkeit des Ich partiell verlorengegangen war. So gehört zur klassischen Behandlung auch die Stärkung der synthetisierenden Funktion des Ichs[2].

Mit der Gewinnung einer Einsicht im genannten Sinne beginnt erst die entscheidende psychoanalytische Bemühung. Es geht jetzt darum, den Patienten zum *Durcharbeiten* der gewonnenen Einsicht zu veranlassen, d.h. die vielfältigen Widerstände erkennbar und ansprechbar werden zu lassen, die sich nicht nur der Einsicht selbst, sondern auch den von ihr geforderten Konsequenzen entgegenstellen.

Der Terminus ‚Durcharbeiten‘ wurde von FREUD 1914 (GW X, S. 126 f.) in den psychoanalytischen Sprachgebrauch aufgenommen; FREUD betonte in diesem Zusammenhang die besonderen Mühen, die bei den wiederholten Versuchen des Therapeuten, die vom Patienten entwickelten Widerstände zu verändern, erforderlich sind. In heutiger Sicht geht es um die „analytische Bearbeitung aller Widerstände und sonstiger Faktoren, die verhindern, daß in der Therapie gewonnene Einsichten strukturverändernd wirksam

---

[1] „Oft genug gelingt es nicht, den Patienten zur Erinnerung des Verdrängten zu bringen. Anstatt dessen erreicht man bei ihm durch korrekte Ausführungen der Analyse eine sichere Überzeugung von der Wahrheit der Konstruktion, die therapeutisch dasselbe leistet wie eine wiedergewonnene Erinnerung“ (GW XVI, 1937, S. 53).
[2] „HARTMANN (1939) nahm an, daß die synthetische Funktion des Ichs allen anderen Ich-Funktionen übergeordnet ist. Dieses Urteil scheint durch FREUDS Definition einer größeren Aufgabe des Ich sunterstützt zu werden, nämlich der, die oft konflikthaften Forderungen von Es, Über-Ich und Außenwelt miteinander zu versöhnen, da die Versöhnung konflikthafter Tendenzen ein zentraler Aspekt der synthetischen Funktion ist“ (BELLAK, HURVICH und GEDIMAN, 1973, S. 243).

werden" (BRENNER, 1987; CREMERIUS, 1978, 1979; GREENSON, 1982; HEIGL-EVERS und ROSIN, 1989; MERTENS, 1991, S. 91 f.; SANDLER, DARE und HOLDER, 1979, S. 111 f.; THOMÄ und KÄCHELE, 1985, S. 316 f.).

Diese Widerstände haben unterschiedliche Wurzeln (s. S. 171 ff. in d. Bd.), sie rühren einmal daher, daß der Patient daran interessiert ist, sich die Vertrautheit, die Familiarität seines Erlebens und Verhaltens zu bewahren, wie sie durch seine neurotischen Strukturen verbürgt wird (s. SANDLER, DARE und HOLDER, 1979, S. 74 f.; KÖNIG, 1991, S. 61). Widerstände können auch dadurch entstehen, daß die durch die gewonnene Einsicht nahegelegten progressiven Schritte in der Regel Trennung (im Zusammenhang innerer Objektbeziehungen) bedeuten und Einwilligen im Alleinsein unter Inakufnahme von Angst. Widerstände rühren auch daher, daß die Folgen einer inneren Veränderung und der daraus resultierenden Verhaltenskonsequenzen zunächst nicht oder schwer antizipierbar sind. Es wird mit eher negativen Auswirkungen gerechnet, mit Auswirkungen, die seinerzeit das Kind veranlaßten, die konfliktäre Auseinandersetzung mit den bedeutsamen Anderen durch Verdrängung und anderweitige Abwehr zu beenden, abzubrechen. Schließlich ist auch an die Widerstände zu denken, die mit der von der Einsicht geforderten Veränderung der Identität zusammenhängen, die sich dagegen richten, sich selbst quasi neu zu definieren. Auch das erfordert also eine Neuorientierung, die zunächst ängstigt. Die Veränderungen, um die es hier geht, sind nicht leicht zu vollziehen. In der Beziehung zur eigenen Person sind die Vorstellungen von sich selbst, sind die eigenen wegleitenden Ideale und Normen kritisch zu überprüfen und Veränderungen vorzunehmen, die zunächst als einschneidend erlebt werden. In der Beziehung zur Realität, zur ,Welt der Objekte' handelt es sich darum, in Konsequenz der vollzogenen Änderungen innerer Objektbeziehungen neue Beziehungsformen einzuführen und das heißt auch, den gewohnten Erwartungen, die die Bezugspersonen an den Patienten richten, nicht mehr zu entsprechen. Die mit solchen Veränderungen verbundene Freisetzung von abgewehrten Wünschen und damit die Freigabe von unterdrückten Vitalkräften gehört zu den Elementen, die als Befriedigung spendend, Lust schaffend, entspannend, befreiend erlebt

werden, freilich um den zuvor beschriebenen Preis, den zu zahlen sich der Analysand verständlicherweise zunächst und oft über eine längere Zeit hin sträubt.

Das Durcharbeiten in der psychoanalytischen Therapie läßt sich auch als Versöhnungsarbeit bezeichnen. Versöhnen heißt hier einmal einen Ausgleich gestörter Gleichgewichte zwischen den Ansprüchen libidinöser Triebelemente einerseits und aggressiver andererseits herzustellen. Es geht darum, zwischen Triebansprüchen des Es – dieser oder jener Kategorie – und den normativen Forderungen des Über-Ichs zu vermitteln, d. h. hier eine stabile und gleichzeitig elastische Kompromißbildung zu entwickeln. Es handelt sich ferner darum, ein gestörtes Gleichgewicht zwischen dem Streben nach Abhängigkeit gegenüber den Objekten und dem Streben nach Autonomie des Selbst dann ,auszuhandeln', wenn eine der beiden Strebungen gegenüber der anderen anhaltend überwiegt. Versöhnungsarbeit ist insbesondere auch zu leisten zwischen einander widerstrebenden Repräsentanzen des Selbst auf der einen Seite und der Objekte auf der anderen Seite ebenso wie zwischen widersprüchlichen Objekt-Repräsentanzen. Von großer klinischer Bedeutung ist auch die Versöhnungsarbeit, die geleistet werden muß, wenn ein idealisiertes Selbst und ein entwertetes Selbst zunächst voneinander ferngehalten werden mußten und nun durch einen entsprechenden Kompromiß im Realselbst zusammengeführt werden, wie es besonders bei strukturell gestörten Patienten geschieht.

Diese vielfältige Versöhnungsarbeit im psychoanalytischen Prozeß, als die das Durcharbeiten verstanden werden kann, ist vom Ich zu leisten; das Ich ist hier insbesondere in seiner synthetisch-integrativen Funktion, verbunden mit der Funktion der Realitätsprüfung, stark gefordert. Eine anhaltende Beanspruchung des Ichs durch eine solche Versöhnungsarbeit in den genannten Funktionen führt naturgemäß zu dessen Stärkung als einem wichtigen Effekt des psychoanalytischen Prozesses.

Bei der Bemühung, jene Widerstände zu bearbeiten, die einer Versöhnung entgegenstehen, stößt die Psychoanalyse im konkreten Fall häufig auf ihre Grenzen. Diese Grenzen sind im Zusammenhang mit dem Durcharbeiten dadurch gekennzeichnet, daß eine Deutung zunächst akzeptiert wurde, daß Einsicht entwickelt werden konnte, daß deren Umsetzung jedoch an den genannten Widerständen scheiterte. FREUD sah hier die Anziehung unbewußter Vorbilder auf den Verdrängungsvorgang am Werke; d. h. wohl, daß es dem Kranken nicht möglich erscheint, auf zwar unbewußte, aber dennoch lustvolle Abläufe zu verzichten, die mit bestimmten Objektbeziehungsmustern und damit verbundenen Triebbefriedigungen zu tun haben. In diesem Zusammenhang ist auch an abgespaltene, abgekapselte, quasi ,gefrorene' frühe Introjekte zu denken, die deswegen trotz zunächst erzielter Einsicht nicht nachhaltig überprüft und in Frage gestellt werden dürfen, weil mit ihnen Befriedigungen z. B. einer insgeheimen Rache verbunden sind oder auch andere Triebbefriedigungen bestimmter Art sowie Beziehungsbefriedigungen eines bestimmten Musters. Diese Befriedigungen gehen dann in einer zwar entstellten, aber für das Subjekt dennoch erlebbaren Form auch in die jeweils bestehenden Symptombildungen ein und motivieren dazu, an dem gesamten psychopathologischen Komplex festzuhalten und hier auf Experimente zu verzichten. Die klinische Erfahrung lehrt, daß in solchen Fällen zu einem nachhaltigen Durcharbeiten vor allem ein starker Leidensdruck motivieren kann oder auch die in bestimmten Übertragungen entstandene Hoffnung, daß Experiment und Innovation neue Perspektiven eröffnen können und deshalb lohnenswert sind.

Es wäre u. E. utopisch, als Resultat therapeutischen Durcharbeitens eine anhaltende Stabilität beim Patienten zu erwarten; denn die alten Konfliktspannungen und deren Lösungsmuster bleiben als Inhalte individueller Erfahrung (als Engrammierungen) bestehen. Das Prinzip der Versöhnung setzt voraus, daß Streit und Zwietracht, Unrecht und Gewalt als zur Species humana dazugehörig akzeptiert werden. D. h. es bedarf einer permanenten Anstrengung, um immer wieder ausreichend befriedigende Kompromisse mit Versöhnungscharakter herzustellen. Was in einem solchen Prozeß erreicht werden kann, ist sicher keine grundlegende Veränderung der Person, dies schon deswegen nicht, weil hier erbliche Determinanten mitwirken (s. d. HEIGL-EVERS und SCHEPANK, 1980; SCHEPANK, 1987, 1992). Erreichbar sind neue Verarbeitungen der alten Konflikte in Richtung neuer Kompromißbildungen, die so ge-

artet sind, daß sie den unterdrückten Wünschen mehr Entfaltungsraum lassen und den Abwehrdruck verringern. Andererseits lehrt die klinische Erfahrung, daß es im Ablauf eines solchen Prozesses zu deutlichen Symptomreduzierungen, Symptomminimalisierungen und auch zum Verschwinden von Symptomen kommt, ebenso wie zu entsprechenden Veränderungen bei Charakterneurosen.

2.10 Kasuistisches Beispiel

Es handelt sich um eine 28jährige junge Frau, die in ihrer äußeren Erscheinung diskret gepflegt und attraktiv, im übrigen mimisch und gestisch recht ausdrucksvoll ist und lebendig wirkt, sich dabei aber insgesamt und auch speziell hinsichtlich ihrer Erscheinung stark abwertet, eine Abwertung, die affektiv von Selbsthaß begleitet ist und sich auf ihre Gesamtpersönlichkeit bezieht.

Die Patientin ist Einzelkind, was sie bereits in der Kindheit eher bedauert hat. Ihre Mutter hatte als junges Mädchen ein ungewöhnlich schweres Schicksal (Verschleppung nach Sibirien, härteste Arbeit, Hunger, Vergewaltigungen, schwere Erkrankungen und Unfälle). Diese aus einer Landarbeiterfamilie stammende Frau heiratete nach ihrer Entlassung aus russischer Gefangenschaft und Ansiedlung in der BRD den Sohn einer im Westen ansässigen Bauernfamilie und wurde hier wegen ihrer Herkunft wenig geschätzt. Die Mutter ist vermutlich eine Frau, in deren Erleben Weiblichkeit in eher negativen Konnotationen steht, insbesondere im Zusammenhang mit dem anderen Geschlecht und mit Sexualität.

Dennoch entwickelte sich die Patientin zunächst zu einem munteren und vergnügten kleinen Mädchen, das in einer gleichaltrigen Cousine das ersehnte Schwesterchen fand und liebte. Diese Cousine starb unerwartet, als die Patientin 6 Jahre alt war; dabei wurde über den Tod dieser kleinen Gefährtin ein Mantel unheimlichen Schweigens gebreitet, es war verboten, darüber zu sprechen oder die Eltern des verstorbenen Mädchens danach zu fragen. Im übrigen hatte die Cousine den gleichen Vornamen wie die Patientin.

In diesem Zusammenhang erlebte sie (ca. 6jährig) das Element des Aggressiven und Destruktiven in Gestalt von Sterben, Verschwinden, Totschweigen als etwas Unheimliches, dem gegenüber Stillhalten geboten war. Dann kam es zu einer deutlichen „Wesensveränderung" des Kindes. Sie wurde nunmehr ein ruhiges, braves, folgsames und durch und durch liebes Mädchen, wurde als solches von ihrer Umgebung bestätigt und geschätzt, war fortan bemüht, alles Aggressive in sich zu unterdrücken; der Verlust der kleinen Cousine erfolgte im übrigen bald nach ihrer Einschulung.

Im Zusammenhang mit der ödipalen Triade, mit der Familienkonstellation generell, fällt auf, daß die Patientin auf der einen Seite an die Eltern stark gebunden blieb, auf der anderen Seite als Heranwachsende die elterliche Dyade zu sprengen versuchte, indem sie wegen der Unverträglichkeiten zwischen den Eltern zeitweise für deren Scheidung plädierte. Sie wurde dann damit konfrontiert, daß die Eltern sich wieder enger zusammenschlossen und sich gleichzeitig gemeinsam gegen sie wandten mit der Tendenz, sie aus dem Hause, aus der Familie auszustoßen. Sie geriet dadurch in eine starke Verunsicherung, konnte ihre Ausbildungspläne (Medizinstudium) nicht mehr vertreten, geschweige denn realisieren. – Sie scheiterte, als sie sich an die von ihr geschätzten Eltern der verstorbenen kleinen Cousine und zwar an den Onkel wenden wollte, der sie, anstatt sie zu trösten und zu beraten, erotisch „befummelte"; den bei der Mutter gegen den Onkel gesuchten Beistand fand sie dann zu ihrer Überraschung nicht, die Mutter reagierte vielmehr mit einer Einstellung: „So sind die Männer, daran wirst Du Dich gewöhnen müssen, Du wirst da schon noch einiges erleben."

Ihre Beziehung zu Männern gestaltete sich weiter schwierig. Sie wurde von einem Mitschüler, den sie an sich mochte, dessen sexuelle Gelüste sie jedoch als „wüstlinghaft" erlebte, mit der Diagnose „Schizophrenie" be-

dacht. Hinfort verband sich für sie alles Triebhafte, sowohl Sexuelles wie Aggressives, vermutlich mit den Konnotationen von „Irresein" und vor allem wohl mit den Konnotationen von Schuld. Wenn sie sich ihren sexuellen und aggressiven Impulsen überließe, würde sie schwere Schuld auf sich laden, würde in einen Käfig eingesperrt, würde als „Irre" zwangsisoliert. In diesem Zusammenhang taucht in der psychoanalytischen Behandlung in der 195. Sitzung ein kafkaesk wirkender Traum auf:

„Und zwar war ich in diesem Traum so – ja, wie soll ich sagen – als wenn ich so unter Medikamenten oder Drogen gestanden hätte. Ich hatte einen Traum so das Gefühl, ich reagiere mechanisch auf irgend was, aber denke da gar nicht so drüber nach. Also ich hatte so das Gefühl, ich bin nicht so richtig bei Bewußtsein und die Welt ist unheimlich weit weg, aber ich reagiere da irgendwie drauf und zwar war ich in einem Haus, ah so ja, würde ich sagen Jahrhundertwende vielleicht, ziemlich hohe Räume – also hier zum Beispiel – das waren, ich hab' also erste Erinnerung aus dem Traum, waren also lauter Türen. Ich hab' also versucht 'zig Türen aufzumachen und bin dann immer wieder, äh, ich hab' dann nur so grinsende Gesichter gesehen, also Männergesicher, muß ich jetzt dazu sagen. Und äh, die haben zwar nichts gesagt, und ich habe dann die Türe wieder schnell zugemacht. Und dann hab eich also festgestellt: Ich finde keinen Fluchtweg. Und dieses Grinsen war für mich das Zeichen, ja, wir lassen Dich nicht gehen. Und Du wirst auch nicht rausfinden. Und dann und dann die Erinnerungen, wurden dann immer bewußter. Ich hab' dann also, fing ich an zu überlegen. Ja denk ich, also da 'raus kannst du nur, wenn du nach unten gehst. Und dann bin ich also soundsoviele Treppen nach unten gegangen. Und an der Situation hat sich aber nichts geändert."

In den nachträglichen Überlegungen zu diesem Traum hat die Patientin Unheimlichkeitsgefühle, fühlt „so richtig so diese Gänsehaut und das Widerliche". Im Zusammenhang mit der deutschen Vereinigung fällt ihr ein, daß sie als Beamtin politisch festgelegt ist, z. B. nicht einfach auf der Straße demonstrieren kann. Sie überlegt sich, was sie tun könnte, wenn es wieder ein autoritäres Regime wie bei den Nazis geben würde. Sie entwickelt dann den Gedanken, daß Aufbegehren gegen Autoritäten „eigentlich nur ein Ausdruck von Schwäche" ist. Geheimdienstleute fallen ihr ein, KGB. „Ich meine, ich weiß genau, die könnten mich auch foltern, die würden an dem (unverständlich) nichts ändern, die würden auch keinen Schrei aus mir rausfoltern können. Mit Sicherheit nicht." Hier taucht m.E. auf, daß die eigentlichen, die wirklichen schuldhaften Impulse um keinen Preis der Welt mitgeteilt werden dürfen, daß diese hermetisch verschlossen bleiben. Sich lieber foltern und evtl. töten lassen, als solche Impulse offen zeigen oder gar konkretisieren, sie in Handlung umsetzen.

Um welche Schuld könnte es sich handeln? Einmal legte sich nahe, daß es um die Verführung des Vaters geht. Es sei an die Situation mit dem Onkel während ihres Heranwachsens erinnert, ein Geschehen, das sie der Mutter beichten wollte, von dieser jedoch zurückgewiesen wurde. Schuldhaft ist also aktives sexuelles Begehren, aktives Sich-eines-Mannes-Bemächtigen. Möglicherweise ist die Patientin auch bereit, auf diesen Erlebensbereich zu verzichten, wenn sie dafür die Mutter quasi total besitzen, total über sie verfügen könnten (die Patientin hat zeitweilig an einer Magersucht gelitten). Doch auch dieses orale Begehren, das auf die Mutter gerichtet ist und deren Vereinnahmung intendiert, wird wahrscheinlich mit stärksten Schuldgefühlen besetzt.

Nach dem Traum bedeutet in einem großen hohen Hause sein, in der Mutter sein, für die Patientin ein Eingeschlossensein zusammen mit vielen Männern mit ungesteuertem, männlichem Verhalten. Sie kann sich gegen diese männlichen Impulse nur abgrenzen, indem sie die Mutter zu „Irren" macht, die von der Irrenanstalt oder dem Gefängnis „Mutter" umschlossen und so teilweise ungefährlich gemacht werden. Sie selbst bleibt ebenfalls in diesem System eingeschlossen, weniger als Irre, denn als Böse, schuldig Gewordene, zu Folternde. In ihr ist also ein mütterliches Objekt, das die Eigenschaften eines Gefängnisses, einer Anstalt hat, das

durch Einschließung, Inhaftierung, Verhör, Folter, durch Strafverfolgung gekennzeichnet ist. Falls die Patientin sich darinfügt, darf sie „in der Mutter" sein, wird nicht ausgestoßen und dem Alleinsein überantwortet. Das andere Objekt, der Vater, ist im Zusammenhang mit sexuellen Gelüsten und aggressiven Regungen wiederlich, gefährlich, verächtlich, ablehnenswert. Man darf sich auf keinen Fall auf ihn einlassen. Dieses Objekt ist allerdings dadurch faszinierend, daß es Impulse zeigt und agiert, die die Patientin auch in sich hat, aber keinesfalls zulassen darf. Verhielte sie sich so wie die Männer, dann würde sie von der Mutter abgelehnt, gehaßt, verachtet, – wenn sie sich gegen solche Impulse abgrenzt, sich selbst in das mütterliche System so einschließt, daß nichts dergleichen manifest werden kann, dann wird sie von den Männern, deren sexuellem Begehren sie sich so entzieht, verhöhnt und für „schizophren" erklärt. Es wäre zu erwarten, daß dabei in ihr ein Gemisch von Schuld und Scham entstünde.

Der Traum läßt eine triadische Konstellation deutlich werden – in einem großen Haus sein wollen, *in* der Mutter, von ihr gehalten und geschützt, von ihr emotional umschlossen sein wollen –, doch die Mutter ist schon „besetzt", durch allgegenwärtige aggressive Männlichkeit, eine Männlichkeit, die aggressiv ist im Sinne sadistisch-bemächtigenden, gewalttätigen Penetrierens, der man wegen ihrer Omnipräsenz nicht entweichen, der man nicht enkommen kann; m.a.W.: Die aggressiv-männliche väterliche Potenz ist ein gefährlicher, möglicherweise nicht zu überwindender Rivale, wenn es um den Besitz der Mutter geht. Um die Mutter in Besitz nehmen zu können, müßte man selbst so sein wie jene Männer, müßte diese sadistisch-aggressiv bemächtigende Männlichkeit verkörpern. Da die Mutter aufgrund ihrer Lebensgeschichte diese jedoch vordergründig verurteilt, ergibt sich auch auf diesem Wege keine Chance, die Mutter zu gewinnen. Überließe man sich als Liebesobjekt dieser Art von Männlichkeit, dann bleibe nur passiv-masochistisches Erdulden bei totaler innerer (emotionaler) Verweigerung.

Übertragungsaspekte akzentuieren diesen Traum recht deutlich: Das alte Haus – Psychiatrie-Architektur vor der Jahrhundertwende mit ihren hohen Räumen –, ein grinsender Insasse in jedem Raum – ein Therapeut? Ein Patient? Der Analytiker als KGB-Offizier, dem beileibe nicht alles gesagt wird, was er wissen will, der einem keinen Schrei entlocken kann, dem gegenüber also entschlossener Widerstand geleistet wird.

Die Patientin ist atark an die ödipale Triade fixiert; es ist ihr – das zeigt die Geschichte ihrer Pubertät und Adoleszenz – offenbar erwünscht, wenn die Eltern auseinanderstreben; denn dann kann sie die beiden wieder zusammenführen und hat damit die Situation in der Hand. Finden die Eltern jedoch aus eigener Initiative wieder zusammen, wie es hier geschehen ist, dann ist für die Tochter kein Platz mehr. Möglicherweise spielt auch der Penisneid hier eine größere Rolle; die Patientin findet sich in ihrer Gesamterscheinung, dem Augenschein zum Trotz, nicht attraktiv. Aber natürlich fehlt ihr das attraktive Glied, das sie benötigt, um die Mutter als Sexualpartnerin zu gewinnen.

Vermutlich ist das Akzeptieren eigener Aggressivität der Patientin deswegen problematisch, weil sich ihr dann über eine Identifikation mit dem Vater eine aggressiv-sadistische Prägung nahelegen würde; Impulse, sich der Mutter sadistisch zu bemächtigen, würden vermutlich zu stärkeren Schuldgefühlen führen.

Eine deutende Interpretation im Zusammenhang mit dem beschriebenen Traum hätte sich einmal nach entsprechender Vorbereitung auf den Übertragungsasöekt richten können: Der Psychoanalytiker als KGB-Offizier, der, wenn man ihm nicht zu Willen ist, sich ihm nicht gefügig unterwirft, einen entweder als „irre" einsperrt oder als Unbotmäßige foltert, der also Verweigerung jedweder Art nicht zuläßt. Auf jeden Fall ein destruktiver Machthaber, mit dem nicht gut Kirschen essen ist, der aber eben deswegen auch eine gewisse unheimliche Faszination besitzt – möglicherweise ließe sich auch deu-

tend ansprechend, daß die Art von Aggressivität, um die es im Traum und in der Übertragung geht, etwas unheimlich Bemächtigendes, Okkupierendes, das Erleben Besetzendes, Sich-Ausbreitendes an sich hat. Die Mutter ist von nichts anderem erfüllt (das ganze Haus ist von dieser Art von Männlichkeit durchdrungen), und die Träumerin selbst knn sich auch nur mit äußerster Kraftanstrengung dagegen zu verschließen suchen, ohne sich ihr jedoch wirklich entziehen zu können.

Die Patientin wünscht sich im Sinne des Traumes, ohne klares Bewußtsein zu sein, um sie dadurch endlich in einem großen Haus, bei den Eltern, geborgen zu fühlen. Sie erlebt, daß Männer sich nur freuen, wenn Frauen sich nicht zurechtfinden. Sie überlegt dann, als sie schon in der Bredouille, in der Klemme sitzt, wie sie fliehen könnte, aber eben erst dann, als sie schon in der Klemme sitzt. Das könnte ein stärkeres Defizit der Realitätsprüfungsfunktion und besonders deren Teilfunktion der Antizipation bedeuten. Latent stempelt sie sich selbst als irgendwie irre ab, hat auch paranoide Gedanken, also Verfolgungsängste. Die Konstante bei ihr ist das bloße *Reagieren*, das Geundgefühl – als Frau – prinzipiell nicht initiativ handeln zu können, sondern nur reagieren zu dürfen. Sie hat die Neigung, sich männlich-destruktivem Penetrieren mit äußerster Sturheit zu verweigern, das aber heißt, auf eigenständiges Handeln im sexuellen und im aggressiven Bereich dann zu verzichten, wenn es darum geht, das ödipale Kind der Eltern zu bleiben.

Der Therapeut hat sich in diesem Zusammenhang entschlossen, die abgewehrte Aggressivität deutend anzusprechen, genauer die Abwehr, die darin liegt, als aggressive Person geringschätzig behandelt zu werden, sich verachtet, entwertet, aus der Gesellschaft normaler gesunder Leute ausgeschlossen zu fühlen. Hier geht es um eine entwertende Einstellung, die die Mutter vermutlich gegenüber ihren männlichen Peinigern in der Gefangenschaft eingenommen hat und auch in der aktuellen Situation gegenüber Männern beibehält. Da die Patientin diese Art der Aggressivität bei Männern überhaupt, so auch beim Onkel (und beim Vater?) erlebt, droht eine solche Entwertung auch den Männern in ihren aktuellen Beziehungen; Entwertung würde auch der Patientin selbst drohen, überließe sie sich solchen Impulsen. Die auch ersehnte Hingabe an männliche Potenz wäre für sie nur erreichbar auf dem Wege masochistischer Auslieferung, der die gleichfalls Verweigerung, ein entschiedenes Sich-Verschließen entgegenhält.

Der Therapeut intervenierte in diesen Zusammenhängen auf folgende Weise:

Therapeut: „Aber andererseits habe ich fast das Gefühl, daß diese Aggressionen oder diese Wut, die Sie möglicherweise entfalten könnten, aber auch bedeuten würde, daß Sie sozusagen von anderen als psychisch krank eingestuft werden und in eine entsprechende Irrenanstalt gebracht werden. Nicht, so als ob man, wenn sie heftig werden, wenn Sie ganz böse werden, auf die Idee kommen könnte, jetzt sag ich es mal ganz platt, Sie als irre, als geisteskrank zu erleben."

Patientin: „Ja, das ist sicherlich ein Gedankengang meiner Eltern. Also für die ist es sicherlich so. Ob das heute noch so ist, weiß ich nicht. Also, sie gewöhnen sich langsam daran, daß ich aus der Jacke gehe und daß das trotz des (unverständlich) Pathologischen was sehr Gesundes ist. Aber ob die das letztendlich so innerlich so innerlich so sehen, das weß ich nicht. Sie nehmen es hin als meine Mentalität."

–◻–

3 Die tiefenpsychologisch fundierte Einzeltherapie

3.1 Einleitung

Als *tiefenpsychologisch fundiert* bezeichnen wir eine Psychotherapie, die einerseits auf zentralen Grundannahmen der psychoanalytischen Krankheitslehre und Persönlichkeitstheorie beruht und

sich andererseits in den therapeutischen Zielen und in den darauf ausgerichteten Techniken sowie in Setting von der klassischen Psychoanalyse unterscheidet (s.d. HEIGEL-EVERS und HEIGL, 1982b, 1983a, 1984).

In der *klassischen Psychoanalyse* (Standardverfahren) geht das therapeutische Bemühen dahin, auf der gleichsam vertikalen Achse der Lebensgeschichte in kleinschrittigem Zurückgehen unbewußt gewordene frühkindliche Konflikte und deren Anteile in Form der Repräsentanzen von Trieben, vom Selbst, von den Objekten und Objektbeziehungen sowie von Affekten und Abwehrmechanismen nachvollziehbar werden zu lassen; dies wird mit Hilfe der Handhabung von Übertragung und Gegenübertragung und durch die Bearbeitung von Widerständen ermöglicht. Der Patient wird sich auf diese Weise, mittels der Interventionen des Therapeuten, vornehmlich Deutungen und Konstruktionen, seine persönliche Geschichte in ihren verborgenen Sinnzusammenhängen allmählich, über eine Therapie längerer Dauer, zu eigen machen können. Gedeutet werden die dem Kranken zunächst nicht wahrnehmbaren Sinnzusammenhänge des von ihm assoziativ über Sprache und Vokalisation, und daneben über Gestik und Mimik Mitgeteilten, wobei die Annäherung an solche Bedeutungen über vorbereitende Schritte erfolgt, wie sie von GREENSON (1975) als Demonstrieren oder Konfrontieren und als Klarifizieren bezeichnet wurden. Die Deutungen werden ergänzt durch Konstruktionen, die, korrekt ausgeführt, nach FREUD therapeutisch dasselbe leisten wie eine wiedergewonnene Erinnerung (GW XVI, 1937, S. 53).

Im Vergleich mit dieser Therapie ist das tiefenpsychologisch fundierte Vorgehen mit deutlichen Begrenzungen verbunden, wie sie – verbindlich für die Kassenärztliche Abrechnung – in den Psychotherapie-Richtlinien vom 27. 1. 1976 formuliert wurden.

„Die tiefenpsychologisch fundierte Psychotherapie umfaßt Therapieformen, die aktuell wirksame neurotische Konflikte behandeln, dabei aber durch Begrenzung des Behandlungsziels, durch ein konfliktzentriertes Vorgehen (zentriert eben auf den aktuell wirksamen Konflikt, d. Verf.) und durch Einschränkung regressiver Tendenzen eine Konzentration des therapeutischen Prozesses anstreben" (FABER und HAARSTRICK, 1989, S. 39 f.)

Diese Formulierung sieht ausdrücklich die Möglichkeit vor, verschiedene Formen von Psychotherapie einzubeziehen. Die eingrenzenden Modalitäten dieser Methodenbestimmung der Richtlinie sind ‚aktuell wirksame neurotische Konflikte‘, ‚Einschränkung regressiver Tendenzen‘ und ‚Konzentration des therapeutischen Prozesses‘.

Gegenstand der therapeutischen Bemühung beim tiefenpsychologisch fundierten Vorgehen sind also *aktuell wirksame neurotische Konflikte*; zu ihrer Erläuterung mag die Schnittpunkt-Metapher der Neurosenentstehung dienen (s. HEIGL-EVERS und HEIGL, 1982 b, 1983 a, 1984): Demnach kann man sich, fußend auf den Überlegungen FREUDS zur Ätiologie der Neurosen (GW XI, 1916/17, S. 372–391), vorstellen, daß sich Neurosen und andere seelisch bedingte und mitbedingte Krankheiten an einem Schnittpunkt manifestieren, an dem die vertikale Achse der Lebensgeschichte, woran sich die klassische Analyse gleichsam von oben nach unten zurück zu den Anfängen tastet, von der horizontalen Achse der Aktualgeschichte des Kranken gekreuzt wird. Diese Aktualgeschichte ist durch interpersonelle Konstellationen charakterisiert, die in bestimmte soziale Umfelder und sozioökonomische, soziokulturelle Gegebenheiten einbezogen sind, und ferner durch bestimmte Ereignisse, manchmal schicksalhafter Art, die für den Kranken in individualspezifischer Weise das bedeuten, was FREUD (GW XI, 1916/17, S. 310) ‚Versagung‘ genannt und als eine Wurzel der Neurose verstanden hat. Es geht dabei um jene *äußeren* Entbehrungen, um Versagungen von realen, ichgerechten Befriedigungen, die nach FREUD deswegen zu einer ersten Bedingung für die Entstehung einer Neurose werden, weil die Libido sich dann möglicherweise auf Wege und Ziele werfen will, „die vom Ich längst überwunden und geächtet sind, die es also auch für alle Zukunft verboten hat" (GW X, 1915, S. 370). Solche Versagungen können sowohl Triebbedürfnisse wie narzißtische Bedürftigkeiten wie Beziehungswünsche im Zusammenhang mit Autonomie und Abhängigkeit betreffen.

Auf dieser horizontalen Achse, in den Bezügen der Aktualgeschichte der Patienten also, sind jene inneren Konflikte und die sie auslösenden psychosozialen Konstellationen aufzuspüren, die einer tiefenpsychologisch fundierten Psychotherapie zugänglich sein können. Dabei ist die Art der auslösenden psychosozialen Faktoren prognostisch bedeutsam: Bei ihrer Beurteilung und Einschätzung muß unterschieden werden, ob die Auslösung vorwiegend von inneren Faktoren bestimmt wird, z. B. vom Wiederholungszwang (GW XIII, 1920, S. 17 f.) oder vornehmlich von äußeren Faktoren interpersoneller und sozialer Art, die nicht vom Patienten selbst konstelliert worden sind. LOCH (1979, S. 189) nennt als Beispiel exogener pathogener Faktoren neue Vorgesetzte und Nachgeordnete, die sich der Patient nicht ausgesucht hat und die bei ihm pathogene Effekte erzeugen, wobei diese Wirkungen natürlich auch von der Reaktion des Patienten auf die betreffende Person, also von seinen Strukturen, abhängig sind; LOCH nennt ferner den Tod bedeutsamer Anderer, die für den Patienten eine stabilisierende Funktion ausgeübt und ihn vor Dekompensation geschützt hatten. Er sieht in solchen exogenen Momenten wesentliche Kriterien für eine Indikation zur Durchführung einer tiefenpsychologisch fundierten Psychotherapie, und sagt in diesem Zusammenhang:

„... daß ein aus einer durch eindeutige exogene Momente wesentlich mitbedingten Krise hervorgegangenes Syndrom, welches höchst schwerwiegende Züge aufweisen kann, womöglich mittels einer kurzen Therapie aufgelöst werden kann und nicht die Durcharbeitung der infantilen Hintergründe erfordert" (LOCH, 1979, S. 186).

Wenn also Psychoanalyse im Sinne des Standardverfahrens heißt, sich am Stamm der Lebensgeschichte rückläufig, regredient bis zu den Wurzeln zurückzutasten, dann ist die Aufmerksamkeit des tiefenpsychologisch fundiert vorgehenden Psychotherapeuten auf die Aktualgeschichte des Patienten als der horizontalen Achse der Schnittpunkt-Metapher der Neurosenentstehung, auf das horizontal sich verzweigende Astwerk des Lebensbaumes gerichtet.

Die Behandlung wird auf solche aktuell wirksamen Konflikte ausgerichtet, die, durch eine relativ leicht eruierbare auslösende Situation mobilisiert, zur Symptommanifestation geführt haben, die also dem Bewußtsein des Patienten relativ gut zugänglich sind. Es geht um Konflikte, die durch eine Art von ‚Versagung‘ erzeugt wurden, die weniger vom Patienten selbst konstelliert als vornehmlich durch exogene Momente hervorgebracht wurden. Die auslösende Situation sollte im diagnostischen Interview auch zeitlich direkt oder indirekt bestimmbar sein, sie sollte vom Patienten mit einem bestimmten Ereignis oder bestimmten Geschehen verknüpft werden und in ihrem konfliktären Inhalt im ersten Ansatz von ihm erfahren werden können. Die Behandlung wird auf die aktuelle Bedeutung des Konflikts, auf dessen Konstellierung in interpersonellen Beziehungen und in sozialen Systemen ausgerichtet. Durch eine solche Begrenzung von Behandlung und Behandlungsziel werden die infantilen Hintergründe, die lebensgeschichtlichen Wurzeln, wird also die vertikale Achse der Schnittpunkt-Metapher therapeutisch weitgehend außer acht gelassen. Konzentration auf die Aktualität eines pathogenen Konflikts bedeutet gleichzeitig Einschränkung regressiver Tendenzen.

3.2 Das modifizierte Dreieck der Einsichtsvermittlung in der tiefenpsychologisch fundierten Psychotherapie

Wenn sich, wie MENNINGER und HOLZMANN (1977, S. 176 f.) gezeigt haben, in der klassischen Psychoanalyse die Einsichtsvermittlung in einem Dreieck (triangle of insight) vollzieht, das in seinen Eckpunkten durch die Übertragung auf den Therapeuten, ferner durch die gegenwärtigen und schließlich die früheren Beziehungen des Patienten gekennzeichnet ist, deren Verbindungen es zu beleuchten und zu verstehen gilt, dann ist für die tiefenpsychologisch fundierte Psychotherapie ein anderes, modifiziertes Dreieck der Einsichtsvermittlung zu postulieren: Es gilt nunmehr, dem Kranken Einsicht zu vermitteln mit Hilfe eines Dreiecks, das in seinen Eckpunkten durch die symptomauslösende oder symptomverstärkende interpersonelle Situation, durch das dazugehörige soziale Feld mit seinen pathogenen Interaktionsmustern sowie durch die aktuelle interpersonelle Beziehung Patient-Therapeut gekennzeichnet ist; der Therapeut ist bemüht, die zwischen diesen Dreieckspunkten bestehenden Zusammenhänge der Einsicht, dem verstehenden Erfassen des Pa-

tienten allmählich zugänglich zu machen. Es ist das Ziel der tiefenpsychologisch fundierten Therapie, mit Hilfe des so modifizierten Dreiecks der Einsichtsvermittlung ein begrenztes Erfassen der zugrundeliegenden inneren Konflikte des Patienten und neben einer Symptomminderung – im optimalen Fall einer Symptomaufhebung – eine partielle innere Umstrukturierung zu erreichen. Auf diese Weise wird eine Veränderung der aktuellen interpersonellen Beziehungen des Patienten angestrebt; ferner soll auf der Linie einer verbesserten Konfliktbewältigung die Ausschöpfung der ihm in seinem sozialen Feld verfügbaren und erreichbaren Möglichkeiten im Sinne alloplastischer Chancen intensiviert werden (s.d. FÜRSTENAU, 1992; HEIGL-EVERS und HEIGL, 1983 a; WALLERSTEIN, 1990).

Diese Methode fokussiert auf die psychosozialen Manifestationen innerer basaler (nuklearer) Konflikte und auf die zu deren Lösung entwickelten Kompromißbildungen. Zur theoretischen Orientierung kann hier das *Fokalkonfliktmodell* von FRENCH (1952) dienen: Das aktuelle Verhalten des Patienten wird als Ausdruck von Lösungsformen habitueller, persönlichkeitsspezifischer Konflikte verstanden, die sich unter entsprechenden aktuellen Bedingungen immer wieder darstellen. Affekte, die den basalen, den nuklearen Konflikten entstammen, werden dann in einem aktuellen interpersonellen Rahmen erlebt und gewinnen unter der Einwirkung spezifischer Faktoren der aktuellen Situation spezielle Ausdrucksformen. Die Lösungen, die ursprünglich zur Bewältigung der nuklearen Konflikte entwickelt wurden, werden unter dem Einfluß der aktuellen Situation modifiziert und spezifisch ausgeformt.

Unter diesem Aspekt bietet sich folgendes Arbeitsmodell an: Eine Person wird bestimmt von

- einer begrenzten Zahl von aufeinander bezogenen Nuklearkonflikten,
- von Lösungen, die zur Auseinandersetzung mit diesen Konflikten und zu deren Bewältigung entwickelt wurden,
- den unter der Einwirkung der aktuellen interaktionellen Bedingungen entstehenden und entsprechend modifizierten Ausdrucksformen sowohl des Konflikts wie der dafür entwickelten habituellen Lösungen (FRENCH, 1952; HEIGL-EVERS, 1978, S. 57 f.).

Es geht in diesem Zusammenhang weniger um das Schicksal der basalen oder nuklearen Konflikte, wie sie sich im Erleben des Kindes um eine oder mehrere der für die Kindheit beschriebenen Katastrophen konstellierten und zu ersten Abwehrkonfigurationen und Kompromißbildungen führten. Es geht vielmehr um die unter der Einwirkung von Neuerfahrungen und veränderten interaktionellen Bedingungen entstehenden Modifikationen dieser Kompromisse, die der psychischen Oberfläche naturgemäß viel näher sind als die infantilen Ausgangskonflikte und ihre Lösungen.

SANDLER und SANDLER (1985, 1988) haben in den letzten Jahren versucht, die im Laufe der Entwicklung des Individuums erfolgende Umarbeitung und Modifikation basaler Konflikte dadurch neu zu fassen, daß sie zwischen einem *Vergangenheits-Unbewußten* und einem *gegenwärtigen Unbewußten* unterscheiden. Im Gegensatz zum Vergangenheits- oder früheren Unbewußten, das alle psychischen Repräsentanzen, die aus den Interaktionen mit wichtigen Bezugspersonen der früheren Kindheit hervorgegangen sind, enthält, beinhaltet das gegenwärtige Unbewußte Reaktionen, die sich auf das Hier und Jetzt beziehen und eine ständige Anpassung an die Konflikte und Ängste bedeuten, die von den Inhalten des Vergangenheits-Unbewußten ausgehen.

> „Die Objekte, welche in den aus dem gegenwärtigen Unbewußten aufsteigenden Phantasien vorkommen, stellen Objekte dar, wie sie in der Gegenwart wahrgenommen und phantasiert werden (am auffälligsten den Analytiker in der Übertragung), aber die Inhalte der Wunschphantasien spiegeln die Phantasie in der frühen Kindheit wider, die wir niemals wirklich kennen können, die wir aber dem früheren Unbewußten zuschreiben" (SANDLER und SANDLER, 1988, S. 153).

Das gegenwärtige Unbewußte erzeugt weitere unbewußte Phantasien, die man deswegen als Kompromißbildungen betrachten kann, weil die Wünsche des Vergangenheits-Unbewußten für das aktuelle Gleichgewicht als bedrohlich wahrgenommen werden. Die *„zweite Zensur"*, die das Gegenwarts-Unbewußte vor dem Bewußtwerden schützt, spiegelt vor allem internalisierte soziale Ängste wider; sie ist auf die Vermeidung von Beschämung, Verlegenheit und Demütigung ausgerichtet (s. d. MERTENS, 1990, Bd. 1, S. 202).

Für die Erfassung der aus nuklearen Konflikten entwickelten fokalen Konfliktmanifestation (FRENCH) bzw. der Inhalte des gegenwärtigen Unbewußten, die sich unter psychosozialen Einwirkungen aus den Inhalten des Vergangenheits-Unbewußten ableiten, bietet das genannte Dreieck der Einsichtsvermittlung ein geeignetes Spannungsfeld deswegen, weil hier die Gesamtheit der aktuellen Beziehungen des Kranken (die zum Therapeuten natürlich eingeschlossen) zur diagnostischen Erkundung und therapeutischen Beeinflussung zugänglich gemacht werden kann. Die relevanten psychosozialen Konflikte und die dazugehörigen psychosozialen Kompromißbildungen sind aus diesen Beziehungen zu erschließen (s. d. HEIGL-EVERS und HEIGL, 1982 b, S. 170 f. und Fallbeispiel auf S. 196 ff. in d. Bd.).

Bei dieser Erkundungsarbeit spielen nach neueren Erfahrungen jene *Affekte* eine besonders wichtige Rolle, die als beziehungsregulierend verstanden werden, daneben aber auch informationsverarbeitende und selbstreflexive Affekte (s. S. 67 ff. in d. Bd.). Diese Affekte haben wegen ihrer interpersonellen Signalfunktion in den genannten Zusammenhängen eine große Bedeutung. Sie sind zu unterscheiden von jenen Affekten, die als innere Signale gegenüber auftauchenden Kindheitskatastrophen die Abwehr auslösen, um die mit ihnen verbundene unerträgliche Unlust dem Bewußtsein fernzuhalten. Es handelt sich um die von FREUD beschriebene neurotische Signalangst, der später von BRENNER (1986) als ein entsprechendes Signal der depressive Unlustaffekt hinzugefügt wurde. Es ist also zwischen innerer und interaktioneller (interpersoneller) Signalgebung durch Affekte zu unterscheiden (s. d. HEIGL-EVERS und HENNEBERG-MÖNCH, 1990 a).

3.3 Das therapeutische Vorgehen

Die Behandlung findet in Abgrenzung gegen die Couchanordnung der Psychoanalyse in der Regel im *Gegenübersitzen* statt. Auf diese Weise soll einer tieferen Regression entgegengewirkt und soll die Wahrnehmung auch feiner averbaler Signale des Patienten in Mimik, Gestik und Körperhaltung erleichtert werden, besonders um die Erfassung der oben genannten Affekte zu fördern. *Sitzungsfrequenz* und *Sitzungsdauer* können, den jeweiligen Erfordernissen der Therapie entsprechend, und den Möglichkeiten der Psychotherapie-Richtlinien gemäß, variiert werden.

Im Rahmen der *Behandlungsvereinbarung* wird der Patient mit der Regel der freien Assoziation als der Grundregel der Psychoanalyse bekannt gemacht und wird ihm deren Befolgung nahegelegt. Die Einführung dieser Regel ist, wie bei jeder an der Psychoanalyse orientierten Therapie, deswegen unverzichtbar, weil das Ziel solcher Behandlung, die Erschließung unbewußter Erlebensbereiche, nur auf dem Wege assoziativen Denkens erreichbar ist. In Entsprechung dazu wird sich der Therapeut um die Einstellung gleichschwebender Aufmerksamkeit bemühen, wird er seinen Innenraum als Empfänger für das vom Patienten Mitgeteilte möglichst uneingeschränkt verfügbar machen. Freilich werden diesen Prinzipien beim tiefenpsychologisch fundierten Vorgehen durch die thematische Fokussierung und durch den Verzicht auf Förderung von Regression Grenzen gesetzt; innerhalb dieser Grenzen soll jedoch das assoziative Element auf seiten des Patienten und die darauf eingestellte Empfänglichkeit des Therapeuten erhalten bleiben.

Die Herstellung eines *Arbeitsbündnisses* ist bei Anwendung dieser Therapie deswegen besonders wichtig, weil es darum geht, begrenzte Ziele in begrenzter Zeit zu erreichen; das setzt eine auf Kooperation abgestimmte Bemühung beider Partner voraus. Mit anderen Worten: Es gehört zu den Indikationskriterien für diese Vorgehensweise, daß der Patient zu einem solchen Arbeitsbündnis von Anfang an fähig ist. Das heißt, er muß auf der einen Seite bereit zur Materialförderung auf dem Wege freien Assoziierens sein und sich auf der anderen Seite darauf einstellen können, die so gewonnenen Informationen in das zuvor genannte Dreieck der Einsichtsvermittlung einzuschleusen, d. h. mit dem Therapeuten zu erarbeiten, welche aktuellen Konflikte sich in der Beziehung zum Therapeuten, in den aktuellen Beziehungen des pathogenen Feldes, und – im Rückblick – in der auslösenden Konfliktsituation konstellieren. Die hier unvermeidbar entstehenden Widerstände, die z. B. dadurch zustande kommen können, daß der Patient in der Beziehung zum Therapeu-

ten (Übertragung) in eine tiefere Regression gerät, sind rechtzeitig anzusprechen und zu bearbeiten; für eine solche Bearbeitung ist dann auch wiederum ein Arbeitsbündnis Voraussetzung.

Die Entwicklung von *Übertragung und Gegenübertragung* wird vom Therapeuten sorgfältig wahrgenommen und erfaßt; auf ihre regressive Vertiefung wird nach den Prinzipien dieser Therapie verzichtet. Sie wird therapeutisch gemäß dem Dreieck der Einsichtsvermittlung gehandhabt; denn bei Anwendung der tiefenpsychologisch fundierten Methode obliegt es dem Therapeuten, seine Aufmerksamkeit in drei Richtungen zu lenken: Der eine Fokus ist die jeweilige spezifisch auslösende Situation für die Symptomatik des Patienten, der andere ist das pathogene Feld, in dem sich die auslösenden Konflikte immer wieder neu konstellieren. Der dritte Fokus der therapeutischen Aufmerksamkeit und Intervention ist die aktuelle interpersonelle Beziehung zwischen Patient und Therapeut, in der sich, ebenso wie in den realen Sozialbeziehungen des Patienten, innere Konflikte, vermittelt durch Übertragung und Gegenübertragung, abzeichnen. Es geht darum, dem Patienten die Verbindungen zwischen der symptomauslösenden interpersonellen Situation, dem sozialen Feld, in dem die interpersonelle Auslösung sich konstelliert, und der aktuellen interpersonellen Beziehung zum Therapeuten deutlich und in ihrem Kontext verstehbar werden zu lassen. Konnte Einsicht in die Zusammenhänge von Konflikt und pathologischer Kompromißbildung erreicht werden, dann treten auch vermehrt Widerstände in Erscheinung, die gleichfalls der Klärung und des geduldigen Durcharbeitens bedürfen.

Auch bei Anwendung dieser Modifikation der Psychoanalyse ist der Therapeut um die Einhaltung von *Abstinenz* und *Neutralität* bemüht. Dabei sind der Einhaltung von Neutralität dadurch Grenzen gesetzt, daß der Therapeut im direkten optischen Kontakt einer face-to-face-Situation in Mimik und Gestik ungleich besser wahrnehmbar ist als hinter der Couch. Der tiefenpsychologisch fundiert vorgehende Therapeut ist insgesamt aktiver und strukturiert den therapeutischen Prozeß stärker, als es bei Verwendung des Standardverfahrens geschieht. Er interveniert häufiger; er fokussiert den Prozeß und grenzt dadurch die Materialgewinnung ein. Außerdem nimmt er über Ratschläge und Empfehlungen zeitweilig direkt Einfluß auf den Patienten; auch die gelegentliche Einbeziehung von Familienangehörigen oder sonstigen Bezugspersonen gehört zu dieser Methode (HEIGL-EVERS und NEUZNER, 1983).

Zu den für die tiefenpsychologisch fundierte Psychotherapie *spezifischen Interventionsformen* gehören die ‚*leitenden Fragen*'. Sie sind vergleichbar den themenbestimmenden Fragen, die DÜHRSSEN (1972, 1988) für die von ihr beschriebene Methode der Dynamischen Psychotherapie beschrieben hat. Es handelt sich dabei um eine Art und Weise des Fragens, die dazu dient, auf bestimmtes, vom Patienten eingebrachtes Material zu fokussieren. DÜHRSSEN dagegen (1972, S. 109) will mit der von ihr genannten Technik wichtige Themen aktiv ins Gespräch bringen. Diese leitenden Fragen beziehen sich auf die horizontale Achse der Schnittpunkt-Metapher, also auf die aktuelle interpersonelle Situation des Patienten; sie folgen dem Muster: Wann setzte Ihr Symptom ein? Nur dann, wenn der Patient es quasi anbietet, werden sie auch auf die vertikale Achse bezogen. Die Frage kann dann lauten: „Woran erinnert Sie das?"

Neben den leitenden Fragen ist die *Klarifizierung oder Klarifikation* eine bei Anwendung der tiefenpsychologisch fundierten Therapie wichtige Interventionsform (s. dazu GREENSON, 1975, S. 51); sie dient dazu, das jeweils interessierende psychische Phänomen in seinen bedeutungsvollen Einzelheiten einzukreisen. Die Klarifikation ist zusammen mit der leitenden Frage das Mittel der Wahl, um die aktuelle Konfliktsituation herauszuarbeiten; dazu ist häufig eine erhöhte Frequenz des Intervenierens erforderlich. Durch die Bevorzugung und die häufigere Anwendung des Klarifizierens unterscheidet sich nach unserer Auffassung die tiefenpsychologisch fundierte Methode deutlich von der klassisch-psychoanalytischen. Im Erleben des Patienten sich abzeichnende Konfliktkonstellationen werden nicht durch unbegrenztes Assoziieren regressiv vertieft, vielmehr wird unter Verzicht darauf früher und häufiger vom Therapeuten klargestellt, worum es seiner Ansicht nach augenblicklich geht; in diesem Zusammenhang auftretende Verhaltensauffälligkeiten des Patienten werden vom Therapeuten angesprochen.

Die leitenden Fragen und die Technik des Klari-fizierens haben zum Ziel, die aktuellen Konflikte des Patienten zur Darstellung zu bringen und zu identifizieren; lebensgeschichtliche oder frühgenetische Bezüge werden nur insoweit berücksichtigt, als sie dem Patienten in diesem Zusammenhang spontan einfallen. Die spezifische Bemühung bei Anwendung dieser Therapie geht dahin, den Zusammenhang zwischen der auslösenden Situation und der aktuellen Symptomatik des Patienten aufzuzeigen und erkennbar werden zu lassen.

Auch die *Technik der Deutung* im engeren Sinne findet bei der tiefenpsychologisch fundierten Methode Verwendung, wobei, wie schon gesagt, der Aktionsradius dieser Therapie auf den Bereich jenes aktuellen pathogenen Konflikts eingegrenzt bleibt, der sich in der auslösenden Situation interpersonell niederschlägt. Vom Verhalten des Patienten im Hier und Jetzt der therapeutischen Situation ist häufig auf seinen aktuellen psychosozialen Konflikt zu schließen, dessen unbewußte Inhalte dann gedeutet werden können. Die Manifestation dieses Konflikts in der Beziehung Patient-Therapeut, die sich über die Entwicklung von Übertragung und Gegenübertragung und der dazugehörigen Widerstände vollzieht, verdient deswegen besondere Beachtung, weil hier die Deutung eine Einsicht bewirken kann, die, verbunden mit Affekten, den Patienten anhaltend bewegt. Nach jeder Einsichtsgewinnung bilden sich in der Regel erneut Widerstände, die gleichfalls erfaßt und anschließend dem Durcharbeiten zugänglich gemacht werden.

Eine spezielle Bedeutung kommt nach unserer Auffassung beim tiefenpsychologisch fundierten Vorgehen jenen klarifizierenden Interventionen zu, die sich auf die Entstehenszusammenhänge von Affekten und auf deren Identifizierung beziehen; es handelt sich um die Techniken der *Affektklarifizierung* und *Affektidentifizierung*. Die Fähigkeit, in differenzierter Weise Affekte erleben und interpersonell vermitteln und sie auch beim anderen wahrnehmen zu können, ist ein wichtiges Element der Orientierungs- und Handlungssteuerung des Individuums. Die Fähigkeit zum differenzierten Erleben der (zum großen Teil angeborenen) Affekte ist für die innere und äußere Orientierung des Menschen ebenso wie für seine Kommunikation mit der Umwelt unerläßlich. Affekte haben eine Signalwirkung hinsichtlich der eigenen Innenbefindlichkeit wie der interpersonellen Orientierung. Die Äußerung und Mitteilung von Affekten in interpersonellen Beziehungen hat zudem eine wichtige Kommunikatorfunktion (HEIGL-EVERS und HEIGL, 1983 a, S. 67).

Folgerichtig verdienen die im therapeutischen Dialog auftauchenden Affekte – auch in ihren feinen und feinsten Signalen – eine besondere Aufmerksamkeit, da sie es erleichtern können, basale, aus nuklearen abgeleitete interpersonelle Konflikte aufzuspüren und die Neubildung psychosozialer Kompromisse zu fördern.

Im Rahmen einer tiefenpsychologisch fundierten Psychotherapie wird die *Technik der Affekt-Identifizierung* dann eingesetzt, wenn der betreffende Patient die in ihm aktuell mobilisierten Affekte nur vage, durch mimisch-gestische Mikrosignale vermittelt, also in desintensivierter Form erlebt, wenn er sie neutralisiert oder durch einen anderen Affekt maskiert (s. KRAUSE, 1988, 1990).

Bei der *Technik der Affektklarifizierung* geht es darum, die Entstehenszusammenhänge von solchen Affekten herauszuarbeiten, die dem Patienten nicht oder nur unvollständig bewußt sind. Soweit der Patient solche Zusammenhänge wahrnimmt, ohne ihre Unvollständigkeit zu bemerken, hält er sie oft für schlüssig. Der Therapeut versucht dann, mit Hilfe klarifizierender Interventionen dem Patienten die fehlenden Glieder in den Zusammenhangsketten nahezubringen, wobei in der Regel Widerstände zu bearbeiten sind (HEIGL-EVERS und HEIGL, 1983 a, 1984; HEIGL-EVERS und HENNEBERG-MÖNCH, 1990 a).

Im therapeutischen Dialog ist der Analytiker darum bemüht, die in der Expression seines Gegenübers wahrnehmbaren Affekte zu registrieren und für sich zu benennen und, indem er sie in sich aufnimmt, ihre Wirkung auf sein eigenes Erleben zu erspüren, um ihre kommunikative Bedeutung zu verstehen. In diesem Zusammenhang hat der Therapeut auch bei Einsatz dieser methodischen Modifikation jene Schlußbildungs- und Denkarbeit zu leisten, die auch dem Analytiker beim Einsatz des Standardverfahrens obliegt. Er muß im Sinne einer diagnostischen (nicht oder zunächst nicht) mitgeteilten Interpretation verstehen, in welchen Objektbeziehungen der Affekt des Patienten entstanden ist und welche Konflikte in diesen Beziehungen wirksam sind (Konflikte, die

sich um die Befriedigung von Triebbedürfnissen oder von narzißtischer Bedürftigkeit oder von Beziehungswünschen im Zusammenhang mit Abhängigkeit und Autonomie konstellieren).

Auf der Basis dieser Urteilsbildung formuliert der Therapeut seine Interventionen, die auf Klarifizierung der Entstehungszusammenhänge der in der Interaktion in Erscheinung tretenden Affekte abzielen. Es gilt als therapeutisches Ziel, den Patienten über die von ihm nunmehr registrierten und in ihren Zusammenhängen verstandenen Affekte dazu zu motivieren, seine pathologisch gewordenen psychosozialen Kompromißbildungen so zu verändern, daß sie in ihrer Abwehrfunktion einerseits und in ihrem Befriedigungscharakter andererseits das psycho-physische Gleichgewicht ausreichend balancieren. Dabei sollte dem Therapeuten immer das Muster der Konfliktmobilisierung und Kompromißbildung in der symptomauslösenden Situation vorschweben, da es sich hier darum handelt, Symptome im Vollzug eines zeitlich begrenzten Behandlungsverfahrens zu reduzieren oder im optimalen Falle aufzuheben. Falls es gelingt, gerade auch in bezug auf die auslösende Situation, wirksamere Kompromißbildungen zu entwickeln, darf damit gerechnet werden, daß der Patient ähnlichen Situationen künftig besser gewachsen sein wird. Ein Kriterium solcher besser gelungenen Kompromißbildungen ist: Der Betreffende kann sich einen größeren Entfaltungs- und Handlungsspielraum für den Umgang mit seinen Bedürfnissen und Wünschen und seiner narzißtischen Bedürftigkeit zugänglich machen.

Auch gelegentliche *Empfehlungen und Ratschläge* gehören u. E. zum Repertoire der tiefenpsychologisch fundierten Psychotherapie, Interventionen, die in der Psychoanalyse auch heute noch eher als verpönt gelten (HEIGL-EVERS und HEIGL, 1982 b, 1983 a). Freilich hat FREUD selbst mit der ihm eigenen Unbefangenheit bei der Ausübung der Psychoanalyse 1918 gesagt, daß sich bei den meisten Patienten hier und da eine Gelegenheit ergeben wird,

> „wo der Arzt als Erzieher und Ratgeber aufzutreten genötigt ist. Aber dies soll jedes Mal mit großer Schonung geschehen, und der Kranke soll nicht zur Ähnlichkeit mit uns, sondern zur Befreiung und Vollendung seines eigenen Wesens erzogen werden" (GW XII, 1918, S. 190).

Bei Anwendung der tiefenpsychologisch fundierten Therapie ergeben sich Gelegenheiten zu Empfehlungen und Ratschlägen, wenn es darum geht, bei der Verarbeitung eines symptom-auslösenden aktuellen Konflikts im modifizierten Dreieck der Einsichtsvermittlung (symptom-auslösende Situation – dazugehöriges pathogenes soziales Feld – aktuelle Beziehung Patient-Therapeut) das pathogene Feld im Sinne alloplastischer Anpassung zu verändern.

Einem älteren Beamten wurde nach Ausscheiden seines Vorgesetzten aus dem akti- ven Dienst dessen Nachfolge angeboten. Er reagierte darauf mit einer schweren phobischen Symptomatik, weil er, an sich ein exzellenter Fachmann, der Steuerung durch einen von ihm als stärker Erlebten bedurfte, d.h. also nur als Zweiter in einer Hierarchie erfolgreich fungieren konnte. Ihm wurde zu einem geeigneten Zeitpunkt vom Therapeuten gesagt: „Haben Sie eigentlich schon einmal daran gedacht, auf die Beförderung, die man Ihnen angeboten hat, zu verzichten und sich an einen neuen Chef zu gewöhnen?!"

Solche die alloplastische Anpassung fördernden Interventionen haben bei der tiefenpsychologisch-fundierten Therapie, die als eine zeitlich begrenzte Behandlung bei aktuell aufgetretenen, noch nicht oder nicht wesentlich chronifizierten Neurosen angezeigt ist, eine spezielle Bedeutung.

3.4 Kasuistische Beispiele

In den folgenden kasuistischen Beispielen wollen wir die tiefenpsychologisch-fundierte Vorgehensweise veranschaulichen.

Im ersten Beispiel geht es um die Bedeutung von Affekten im Zusammenhang mit konflikthaftem Erleben und Symptombildung; es geht um deren Identifizierung im therapeutischen Gespräch (s.d. HEIGL-EVERS und HEIGL, 1984, S. 240 f.): Der Patient Herr K., der sich seit einiger Zeit in ambulanter tiefenpsychologisch fundierter Psychotherapie mit 1–2 Wochenstunden befindet, war mit seiner Frau von einem befreundeten Ehepaar zu einem festlichen Abendessen eingeladen worden. Er hatte

sich vorher nur vage klargemacht, was er sich von diesem Abend erhoffte, hatte nur einige Überlegungen darüber angestellt, wie er sich selbst verhalten könnte und daß er sich bemühen wollte, die anderen einfühlend und mitfühlend zu verstehen.

Er hatte sich also nicht darauf eingestellt, gemeinsam mit den anderen etwas Drittes zu pflegen und zu verwirklichen – sei es ein bestimmtes Gesprächsthema, ein gemeinsames Spiel o.ä.

Es ergab sich dann, daß das Abendessen insofern von der üblichen Form abwich, als ein Fondue-Bourgignon vorbereitet war, das bekanntlich in der Weise verzehrt wird, daß alle Teilnehmer der Mahlzeit in einem Öltopf, der auf einem Rechaud in der Mitte des Tisches steht, auf Gabeln aufgespießte kleine Filetstückchen garsieden lassen.

Die beiden Ehepaare saßen an einem runden Tisch, der vollgestellt war mit den Zutaten zu dem Fondue, relativ eng um den gemeinsamen Öltopf herum, und es ergab sich so eine gewisse intime Nähe, jedenfalls erlebte Herr K. es so. Ferner erfuhr er in den Gesprächen mit der Gastgeberin von einer Vielzahl von Fehlleistungen, die ihr passiert seien und die er aus dem eigenen Erleben auch kennt und von der Tendenz her bei sich selbst mißbilligt und verurteilt. Auf der anderen Seite erlebte er den Gastgeber, anders als sonst, vornehmlich in dessen positiven Eigenschaften, Fähigkeiten und Erfolgen, die ihn beeindruckten. Anfangs reagierte er mit einer inneren abschätzigen Kritik auf den anderen, indem er dessen etwas brillierend-hüpfende Art in Gedanken aburteilte und den anderen dadurch schon etwas entwertete, was ihm im Laufe des Abends jedoch zunehmend weniger gelang. Es handelte sich dabei um eine Abwertung sehr sublimer Art, die dem Patienten K. erst nachträglich in der Therapie deutlicher wurde.

Er geriet dann zunehmend in eine dysphorische Verstimmung hinein, die sich in fahlbleicher Gesichtshaut, vertieften Nasolabialfalten und einer motorischen Unruhe ausdrückte, deren Ursachen er sich in der Situation selbst in keiner Weise erklären konnte. Er hatte das Bedürfnis, das rechte Bein oder auch beide Beine bis zur Schenkelbeuge in den Boden hineinzustoßen, wozu einem assoziativ das Märchen vom Rumpelstilzchen einfallen kann.

Herrn K. wurde in der Therapie klar, daß er sein Selbstwertgefühl in solchen und ähnlichen Situationen bislang nur dadurch hatte aufrechterhalten können, daß er die jeweils anderen, wenn er sie hier und da als ihm überlegen erlebte, sublim abwertete. Dieser Mechanismus hatte an dem geschilderten Abend nicht mehr funktioniert, und zwar wohl deswegen nicht, weil er sich aus einem stärker gespürten Bedürfnis nach emotionalem Austausch mehr auf Bejahung des anderen eingestellt hatte. Zu den Symptomen der motorischen Unruhe kamen in der nachfolgenden Nacht noch intensive Kopfschmerzen, die auch nach dem Aufstehen am anderen Morgen anhielten und die er zunächst auf den am Abend genossenen Wein zurückführte; sie hingen jedoch u. a. mit seiner Unfähigkeit zusammen, depressive Affekte zu spüren als Antwort auf eigene Begrenztheit, Unvollständigkeit, Unvollkommenheit, in Abhängigkeit von einem Objekt, dessen Bestätigung nicht zu erreichen ist, es sei denn, man wäre vollkommen. Als Herr K. in der Therapie diese Affekte deutlicher spüren und dabei weinen konnte, bildeten sich die Gefühle des Entwertet-Seins ebenso wie die dysphorischen Stimmungen und die Körpersymptome allmählich zurück.

Herr. K. war an diesem Abend deswegen durch die Vorzüge und Fähigkeiten des Gastgebers besonders beeindruckbar, weil er sich bei der inneren Vorbereitung auf dieses Zusammentreffen von der Bemühung her vornehmlich auf Einfühlung und Mitfühlen, also auf emotionale Nähe eingestellt hatte; wegen dieser Einstellungen konnten seine sonst gut funktionierenden sublimen Entwertungsmechanismen nicht mehr recht wirksam werden. Er ließ sich, in der Phantasie, von den größeren Potenzen des anderen überwältigen und hinsichtlich seiner eigenen Potenz abwerten. Auf diese Weise war es für Herrn K. zu einer Störung des Gleichgewichtes zwischen Selbstbestätigung und Selbstkritik zu Lasten der ersteren gekom-

men und im Zusammenhang damit zu der beschriebenen Krise.

Die frühe Entwicklung des Herrn K. war u. a. dadurch gekennzeichnet, daß er depressive Affekte nicht ausreichend erleben und ausdrücken konnte. Entsprechend ist seine Fähigkeit zur Identifizierung solcher Affekte herabgesetzt.

Im Verlauf der skizzierten therapeutischen Sitzung wurde es ihm möglich, einen ihm bislang eher unbekannten Affekt ziemlich deutlich zu spüren, den nämlich der sich einschleichenden Selbstverachtung und auch des Selbsthasses. Die Möglichkeit, diese Affekte zu benennen, war erst das Resultat längerer therapeutischer Interaktionen.

Der Affekt, den Herr K. bei sich zunächst fühlen konnte, war der der Verzweiflung. Im nachspürenden Klären der Verzweiflung und ihrer Entstehung in der abendlichen Situation konnte er dann in sich das entdekken, was er Selbstentwertung nannte. Danach wurde ihm allmählich mit Hilfe des Erlebens depressiver Affekte ein erstes Einwilligen in die eigenen Grenzen möglich.

An dem zweiten Beispiel wollen wir das tiefenpsychologisch fundierte Vorgehen und die dazugehörigen Techniken verdeutlichen (s. auch HEIGL-EVERS und HEIGL, 1982 b, S. 170 f.):

Die Beschwerden des Patienten, um den es geht, sind ein häufiger Mißmut, der ihn dann gleichsam durchtränkt, ein Getriebensein, besonders morgens, gelegentliche Kopfschmerzen und ein gewisses Gefühl der Sinnlosigkeit seines Lebens.

Zur Person des Patienten: Er ist Anfang fünfzig, ein drahtig-sportlicher Mann, geistig sehr wendig und scharfsinnig, erfolgreicher Manager eines größeren Betriebs, sozialer Aufsteiger; in seiner Branche gilt er als As.

In psychotherapeutischer Behandlung befindet er sich seit ca. vier Monaten mit zwei Wochenstunden von je 50 Minuten; bei Bedarf, d. h. bei einem „Anfall" von Mißmut und Getriebensein kann eine zusätzliche Sitzung verabredet werden. Die Behandlung findet im Gegenübersitzen statt.

Anlaß der folgenden Extra-Sitzung war eine akute Zunahme der Beschwerden. Der Patient klagt in dieser an einem Spätnachmittag stattfindenden Sitzung über einen seit dem Vormittag alles durchtränkenden Mißmut, über stärkstes Getriebensein, über „Unzufriedenheit rundherum", über das Gefühl der Sinnlosigkeit und der Leere seines Daseins – also über eine akute Verschlechterung der Symptomatik.

Der Therapeut: „Wann hat denn eigentlich Ihr Mißmut eingesetzt?"

Er stellt eine *leitende Frage*, eine Frage, die zur aktuellen auslösenden Situation am Sitzungstag oder am vorangegangenen Abend hinführen soll.

Der Patient schildert folgendes: Er leite z. Z. zusammen mit einem Kollegen ein viertägiges Fortbildungsseminar für Manager mit einer zweistündigen Lehrveranstaltung täglich von 8 bis 10 Uhr und einer Diskussion am Nachmittag, die auf die von den Teilnehmern vorbereiteten Fragen zentriert ist. Der Patient und sein Kollege hatten im Wechsel je zwei Vormittagssitzungen zu leiten. Der Kollege, in der Sache nicht ganz so erfahren wie der Patient, hatte diesen am vorangegangenen Spätnachmittag gebeten, die vierte Seminarsitzung mit ihm gemeinsam abzuhalten. Der Patient hatte nur recht unklar gespürt, daß er dazu eigentlich nicht recht motiviert war; bei ruhiger Überlegung in der Therapie-Sitzung wird ihm klar, daß er eigentlich überhaupt nicht gewollt hatte. Der Patient erlebt also innerhalb der Sitzung sein Gefühl des Nichtwollens sehr viel deutlicher. Eigentlich sei am Vortag, am Spätnachmittag und am Abend noch kein rechter Mißmut dagewesen, mehr ein gewisses Unbehagen, wenn er das jetzt bedenke.

Der Therapeut: „Wann setzte nun Ihr Mißmut ein, oder wann wurde Ihr anfängliches leises Unbehagen zum Mißmut?" Wiederum eine Frage, eine Frage, die die auslösende Situation für den Mißmut noch genauer fokussiert, ein Versuch also, die *Umstände der auslösenden Situation* zu klären.

Der Patient berichtet daraufhin: Heute früh im Seminar, das er, dem Wunsch des Kollegen entsprechend, mitgeleitet habe, sei

es richtig stark geworden; aber jetzt falle ihm ein: Auch am gestrigen Spätnachmittag und Abend habe er doch schon Mißmut gespürt; das werde ihm jetzt erst deutlich. Er habe sich zum frühen Aufstehen – etwa um 6.30 Uhr – gleichsam gezwungen gefühlt, und das gehe schon die ganze Woche so; nie könne er gemütlich frühstücken, nie habe er in Ruhe die Morgenzeitung lesen können beim Frühstück oder danach; als er vom gemütlichen Frühstücken und ruhigen Zeitunglesen erzählte, lächelte er in einer bestimmten Weise.

Therapeut: „Ist Ihnen das so ein klein wenig peinlich?"

Der Therapeut hatte sich gefragt, ob der Patient wohl wegen seiner kleinen Behaglichkeitswünsche einen Anflug von Scham verspürt habe, eine Scham, die ein Hinweis auf die Überbetonung von Arbeit und Leistung bei diesem Mann sein könnte. Er hatte sich auch gefragt, ob sich in dieser Schamregung eine entsprechende Übertragung auf den Therapeuten abzeichnete und ob sich daraus evtl. ein Widerstand gegen die Therapie entwickeln könnte.

Patient: „Ja, jetzt, wo Sie mich so fragen, das ist mir noch nie aufgefallen, es ist mir schon ein bißchen peinlich, Lust an sowas zu haben; im beruflichen Alltag geh' ich grad' immer in der Frühe stramm ran, da muß was weggeschafft werden! – Ja, und ich dachte auch noch: jeden Morgen um einhalbsieben aufstehen, dann von 8 bis 10 Uhr Seminar, dann die laufende Arbeit im Büro und dann wieder Vorbereitung für die Diskussion am Nachmittag, also die Bearbeitung der von den Teilnehmern schriftlich eingebrachten Fragen, und anschließend wieder die laufende Arbeit bis in den Abend ...".

Therapeut: „Wie war Ihnen denn dabei zumute, wie haben Sie das erlebt?"

Dem Therapeuten ging es jetzt darum, daß der Patient seine Gefühle und *Affekte* genauer *identifizierte*, d. h. sich und seine Affekte deutlicher erlebte.

Patient: „Ja, ich merk' jetzt erst deutlich, daß da der Mißmut schon einsetzte, gestern am späten Nachmittag; ich hab' das wohl gestern nicht so gespürt, aber jetzt: Ich dachte, da hast Du Dir wieder zuviel aufgebürdet, ich hab' mich wieder mal zu sehr eingespannt."

Therapeut: „Und warum wohl haben Sie trotz Ihres Unbehagens, ja Mißmuts, an der vierten Seminar-Sitzung als Co-Leiter teilgenommen? Ihr Soll hatten Sie doch schon erfüllt; Sie hatten ja schon zwei von vier Seminaren geleitet."

Also eine weitere leitende Frage, die dazu dienen soll, daß der Patient den *Zusammenhang seiner Beschwerden mit dieser Situation*, besonders mit der Beziehung zu seinem Kollegen, noch deutlicher erlebt.

Patient: „Ja, wenn ich das wüßte! Ich wollte ihm gefällig sein. Ich mag ihn, wir verstehen uns recht gut. Aber der hätt's bestimmt auch allein gekonnt! Ich fürchtete, er würde pikiert sein, wenn ich's ihm abschlüge."

Therapeut: „Haben Sie ihn gefragt, ob er pikiert oder verstimmt sein würde, wenn Sie zur vierten Sitzung nicht mitkämen?"

Diese Frage sollte der Überprüfung der interpersonellen Realität dienen.

Patient: „Nein, auf den Gedanken bin ich gar nicht gekommen, konnt' ich gar nicht, ich war mir ja dessen sicher."

Der Therapeut vermutete daraufhin im Sinne einer diagnostischen, also nur für sich gedachten Interpretation, daß der Patient sein eigenes Leistungsgewissen auf den Kollegen projiziere.

Therapeut: „Also Ihr Mißmut setzte, wie Sie jetzt herausgefunden haben, schon gestern ein, als Sie Ihrem Kollegen zusagten. Was war denn heute früh noch, wo der Mißmut ja noch beträchtlich zunahm? Gab's noch andere Umstände, die Sie mißmutig machten?"

Der Therapeut stellte also weiterhin leitende Fragen, Fragen, die den Patienten zu den verschiedenen Faktoren des *Fokus* (auslösende Situation) hinführen sollten.

Der Patient: „Ja, die Situation in dem Seminar-Raum ..., die war irgendwie triste, wenn ich's eben bedenke: Es war kalt, buchstäblich und vom Ambiente her, scheußliche und unbequeme Stühle, keinerlei Schmuck im Raum, man schaute nur auf Stuhlreihen und kahle Wände; nach draußen konnte man überhaupt nicht gucken."

Der Patient macht sich dies alles erst jetzt in der Sitzung klar; weder hatte er den Beginn des Mißmuts am Vortag gespürt, noch den Zusammenhang der ersten Auslösung mit seiner Willfährigkeit gegenüber seinem Kollegen erkannt. Er hatte sich bislang, obwohl er zweimal eine je zweistündige Sitzung in dem unwirtlichen Raum geleitet hatte, überhaupt keine Gedanken über das scheußliche Ambiente gemacht und hatte seine Gefühlsreaktionen auf die Umstände nicht wahrgenommen, also wohl nicht zugelassen.

Es war dem Patienten demnach im bisher geschilderten Verlauf der therapeutischen Extra-Sitzung schon annähernd gelungen, sein Inneres, Gefühle und Affekte, und das äußere Ambiente, genauer wahrzunehmen, deutlicher zu erleben. Der tiefere Zusammenhang zwischen dem Affekt des Mißmuts und seiner inneren zwanghaften Leistungsorientierung war bislang nur angeklungen – als es ihm etwas peinlich war, davon zu erzählen, daß er gerne gemütlich mit allem Drum und Dran frühstücke –, er war ihm aber in keiner Weise deutlich.

Nach einer kurzen Pause wechselte der Patient den Gang der Gedanken, blieb aber beim Thema. Er sann laut nach, halb diskursiv, halb assoziativ, wie es denn wohl käme, daß er immer wieder in solche Situationen gerate, er meinte damit: in Mißmut-auslösende Situationen. Gerade in letzter Zeit sei ihm das oft passiert. Und dann wörtlich: „Es gibt ja auch wirklich soviel zu tun. Ich habe so viele Aufgaben. Es stürmt ja dauernd etwas auf mich ein!" Dies war halb stolz, halb ärgerlich gesagt.

Der Therapeut überlegte daraufhin, ob jetzt vielleicht eine Gelegenheit bestünde, dem Patienten den Zusammenhang zwischen seinem *inneren* Leistungszwang, dessen Aktualisierung in konkreten *äußeren*, vor allem auch interpersonellen Situationen und dem Symptom von Mißmut und Getriebenheit näher zu bringen, und er fragte: „Sie sagten eben: Es stürmt was auf Sie ein, etwas oder jemand. Erinnert Sie das an etwas?"

Der Patient antwortet sofort: „Ja, hier während der Tage auf dem Seminar. Dauernd war was; ich mußte ja die Vorträge für das Seminar erst noch vorbereiten; es war ein ganz neuer Stoff; auch z.T. noch mit für meinen Kollegen, dem war diese Materie noch völlig neu. Und da war noch das und jenes zu bedenken, und vieles war noch unklar, und es pressierte die ganze Zeit … übrigens, genauso war's bei meinem Vater. Ich sehe ihn noch vor mir, wenn er nach Hause kam, wie er die Hildegardstraße entlangstürmte mit angewinkelten Armen. Meine Mutter und ich schauten vom 1. Stock runter, ob er käme … und bei jedem Gespräch rückte er mir ganz nahe auf den Leib, immer kam er einem zu nahe. Und wie oft bedrängte er mich ungeduldig wegen dieser oder jener Aufgabe!"

An dieser Stelle änderte der Patient seine Sitzhaltung: Er schlug die Beine übereinander, verschränkte die Arme über der Brust und rückte, fast unmerklich, seinen Stuhl etwas zurück, d.h. vergrößerte die räumliche Distanz zum Therapeuten. Dieser überlegte, ob der Patient sich jetzt auch von ihm bedrängt fühlte, ob er auch die Therapie als Aufgabe erlebte, die er schnell und umfassend zu bewältigen hätte.

Der Therapeut versucht nun zu *klarifizieren*, d.h. das in Frage stehende psychische Phänomen noch genauer zu fokussieren, indem er bedeutungsvolle Einzelheiten von anderem Material trennt und sie dem Bewußtsein des Patienten zusammenbringt. Er sagt: „Es gehören also anscheinend zusammen der heranstürmende Vater Ihrer Kindheit, die Sie bestürmenden Aufgaben im Beruf und besonders auch jetzt hier im Seminar und Ihr häufiger Mißmut; vielleicht auch Ihr eigenes Getriebensein, über das Sie selbst klagten." Hiermit deutet der Therapeut zum ersten Mal an: das Getriebensein, das Anstürmende ist in Dir; Dein Vater steckt in Dir!

Der Patient: „Hm, der Zusammenhang ist mir neu: die anstürmenden Aufgaben, der anstürmende Vater, der Ansturm hier in dem Seminar und mein Mißmut. Ich hab' ja auch hier in der Stunde erst gemerkt, daß mein Mißmut schon vormittags anfing, als ich eigentlich wider Willen zu dieser vierten Sitzung ging … jetzt ist er übrigens weg."

Der Patient geht auf den letzten Verknüpfungsversuch des Therapeuten: das Anstürmende, der Vater ist nicht nur draußen, sondern in ihm selbst, nicht ein. – Damit ist diese Sitzung zu Ende, der Patient verabredet eine weitere Extrasitzung für den nächsten Tag; er will am Ball bleiben, wie er sich ausdrückt.

Übrigens: Die leitende Frage, auf die horizontale Achse zielend: „Wann hat das Symptom, hier der Mißmut, eingesetzt?" führte beim Patienten zum genaueren Erleben dieses Affekts und dazu, daß er dessen Auslösung in bestimmten interpersonellen Situationen, in denen er sich zur Leistung gepreßt fühlte, besser wahrnahm. Das bedeutete für ihn ein erstes Erahnen des *pathogenen Feldes*: leistungsfordernde Personen oder Institutionen. – Die leitende Frage: „Woran erinnert Sie das – etwas oder jemand stürmt auf Sie ein?" zielte auf Einsicht in die auslösende Situation und indirekt auf die vertikale Achse, die Lebensgeschichte: Der Patient erinnert sich an den anstürmenden Vater.

Der Patient ziemlich zu Beginn der zweiten Extra-Sitzung d.h. der zweiten Sitzung nach dem Mißmutsanfall: „Sie sprachen da von meinem Getriebensein. Ich weiß nicht mehr genau, in welchem Zusammenhang Sie das brachten. Ich hab' nochmals nachgedacht. Ich glaub', ich hab' zum erstenmal in meinem Leben bemerkt, daß ich ja selbst wie mein Vater bin. Genauso getrieben, so anstürmend. Ich dachte immer, die Dinge und Aufgaben stürmen auf mich ein, ich bin ja aber wohl selbst der Anstürmende, bei mir muß auch alles gleich gehen, im Nu erledigt sein."

D.h. in der Theoriesprache: Der Patient erlebt zum erstenmal deutlicher seine Identifizierung mit dem Vater-Objekt, genauer mit einem anal bemächtigenden, ungeduldig drängenden, leistungsorientierten Introjekt.

Der Therapeut: „Das halt' ich für eine wichtige *Einsicht*, daß Sie selbst auch der ungeduldig Anstürmende sind, wie Ihr Vater. Ich glaube, diese Leistungsorientierung, dieses Antreiben und Getriebensein Ihres Vaters, das Sie in sich haben, das ist ein Hauptgrund für die häufigen Mißmutsanfälle. Vielleicht müßten wir noch genauer herauskriegen, in welchen äußeren Situationen dieser innere Leistungszwang sich durchsetzt!"

Hier gibt der Therapeut, indem er ein bislang unbewußtes Phänomen bewußt zu machen versucht und indem er den Zusammenhang zwischen der innerseelischen Gegebenheit des Leistungszwangs, oder mit anderen Worten eines anal-sadistischen Überichs, und dem Symptom Mißmut und Getriebensein, zu klären versucht, eine *Deutung*. Der Therapeut regt an dieser Stelle jedoch keine weitergehende regressive Vertiefung an, sondern er gibt dem Patienten statt dessen eine *Empfehlung*; er empfiehlt ihm, sich die auslösende äußere Situation und das pathogene soziale Feld seiner Mißmutsanfälle noch genauer anzusehen, damit er vielleicht in Zukunft mit leistungsfordernden Personen und Situationen besser umgehen kann.

–◻–

4 Die psychoanalytisch-interaktionelle Einzeltherapie

4.1 Einleitung

Die psychoanalytisch-interaktionelle Methode gehört zu den Modifikationen der Psychoanalyse, die deren ‚reines Gold' mit Kupfer legieren, wobei sie ihre wirksamsten und wichtigsten Bestandteile weiterhin dem strengen, dem tendenzlosen Therapie-Entwurf FREUDS entlehnen (GW XII, 1918, S. 192 f.). Die Modifikationen der psychoanalytischen Methode werden durch den Gegenstand ihrer Anwendung bestimmt; sie sind das Resultat einer Bemühung, die therapeutischen Angebote an die Psychopathologie, auf die sie gerichtet werden, so zu adaptieren, daß jene therapeutische Wirkung zur Entfaltung kommen kann, die von der nicht-legierten, der strengen Psychoanalyse

hier nicht zu erwarten ist, die nach klinischen Erfahrungen in der Regel nicht zustande kommt. Die Verfügbarkeit solcher Modifikationen erlaubt es, neben der selektiven auch eine adaptive Indikation (ZIELKE, 1979) zu stellen (s. d. FÜRSTENAU, 1977; HEIGL-EVERS und HEIGL, 1980 a und b, 1983 b, 1987, 1988 a; HEIGL-EVERS und HENNEBERG-MÖNCH, 1985; HEIGL-EVERS und NITZSCHKE, 1991; HEIGL-EVERS und STREECK, 1983, 1985).

Der Gegenstand dieser in der Psychoanalyse wurzelnden, wenngleich modifizierten Bemühung sind jene Psychopathologien oder Störungsmuster, die in der Literatur als präödipale Störungen, als entwicklungsbedingt strukturelle Ich-Störungen (FÜRSTENAU, 1977), als frühe Störungen (HOFFMANN und HOCHAPFEL, 1991, S. 10) oder – nach unserem eigenen Vorschlag – als basale Störungen oder als dyadische Beziehungsstörungen bezeichnet werden. Die hier verwandten Attribute zielen auf den Zeitpunkt der Entstehung (sie sind ‚präödipal', d. h. vor Eintritt in die ödipale Phase der sexuellen Triebentwicklung oder einfach nur ‚früh' entstanden) oder sie zielen auf ihre Lokalisation, ihren Ort (nämlich die ‚Struktur des Ichs') und/oder sie enthalten einen Hinweis auf den Modus ihrer Entstehung (sie sind im Zuge von ‚Entwicklung' entstanden). Wir ziehen es deswegen vor, von ‚basalen' Störungen oder von dyadischen Beziehungsstörungen zu sprechen, weil dabei eine Festlegung hinsichtlich der Zeit und des Modus ihrer Entstehung vermieden und lediglich festgehalten wird, daß es hier um ‚Basales' geht, das durch Fixierung und Regression zum Bereich von Störung geworden ist.

Diese Psychopathologien lassen sich im Vergleich zu ödipalen Konfliktneurosen nonisch beschreiben, d. h. als *Nicht*-Neurosen, als seelische Störungen, die wesentliche Merkmale der neurotischen Konfliktpathologie *nicht* zeigen, die auch jene Merkmale nicht zeigen, mit denen die gern als klassisch bezeichnete Therapie begründet wird. Man könnte versucht sein, bei dieser Pathologie in Anlehnung an eine Formulierung FREUDS, die sich auf die Perversionen bezog, von einem „Negativ der Neurose"[1] zu sprechen, in Analogie

---

[1] „Wir fanden so, daß bei diesen Personen die Neigungen zu allen Perversionen als unbewußte Mächte nachweisbar sind und sich als Symptombilder verraten, und könnten sagen, die Neurose sei gleichsam ein Negativ der Perversion" (GW V, 1905, S. 132 f.).

zur Fotografie, zur Abbildung eines Gegenstandes auf einem Film, der Helles dunkel und Dunkles hell erscheinen läßt. Die Analogie soll wohl besagen: Was hier (im Fall der Neurose) verdrängt wird und sich allenfalls diskret und nicht erkennbar im Symptom darstellt, tritt im Fall der Perversion unverhüllt, für den Träger wie für die Umwelt direkt wahrnehmbar, zutage.

Patienten mit basalen Störungen, mit einer dyadischen Beziehungspathologie, bilden heute einen wachsenden Teil der Klientel von Psychotherapeuten in Klinik und Praxis, wobei die Ursachen dieser Zunahmen noch nicht ausreichend geklärt sind. Handelt es sich um ein epidemiologisch abzusicherndes echtes Anwachsen oder werden hier vermehrt Hilfserwartungen an die Psychotherapie gerichtet, erscheinen solche Patienten nur häufiger in psychotherapeutischen Praxen und Institutionen und dies in Wechselwirkung mit verbesserten Behandlungsangeboten von seiten der Psychotherapie, insbesondere der an der Psychoanalyse orientierten, die diesen Störungsgruppen lange Zeit wenig Aufmerksamkeit gewidmet hatte?

Die Psychopathologie, um deren Behandlung es hier geht, an anderer Stelle dieses Bandes (S. 97 ff.) ausführlich dargestellt, soll in ihren wesentlichen Merkmalen noch einmal zusammengefaßt werden. Es handelt sich um
- defizitäre i.e. *Teilobjekt-Beziehungen*;
- Störungen im *Affektsystem* der sogenannten (beziehungsregulierenden) Primäraffekte sowie der informationsverarbeitenden wie auch der selbstreflexiven Affekte: Ausfall oder Hypertrophie der Teilkomponenten des jeweils betroffenen Affekts.
- niedrige Toleranzen für Kränkung, Demütigung, Entwertung, Enttäuschung, Verlust ((Teil-)Objektverlust, Liebesverlust);
- primitive Übertragung i.e. Übertragung eines Teilobjekts mit heftigen bis ungesteuerten affektiven Reaktionen, aversiver, aggressiver, rachsüchtiger Qualität gegenüber dem ‚total Bösen‘, leidenschaftliche, oft mit Distanzlosigkeit verbundene Bewunderung, Verklärung, Überbeanspruchung des ‚nur Guten‘. Instrumentalisierung des nur guten Teilobjekts, dem die Übernahme von Bedürfnisbefriedigung, Reizschutz und Stabilisierung von Selbst und Selbstwert zugewiesen wird; Instrumentalisierung des nur bösen Teilobjekts, das projektiv

zum Träger von Schuld wie von erbarmungsloser Strafverfolgung gemacht, dem also die Schuldregulierung zugewiesen wird;
- in der interaktionellen Auswirkung solcher Übertragungen *Konstellierung primitiver psychosozialer Konflikte* mit diffusen Enttäuschungs- und/oder Kränkungsreaktionen.

Zur Genese dieser Störungen sind folgende Ansätze zu bedenken:
- Kumulative mikrotraumatische Erfahrungen im Sinne *mangelhafter Einstimmungs- und Abstimmungsprozesse* in der frühen Mutter/Kind-Dyade, die, präödipal, in einer sensiblen Phase der Ich-Entwicklung die Bildung von abgegrenzten Selbst- und Objektrepräsentanzen behinderten.
- *Makrotraumatische Erfahrungen* wie plötzliches Verlassenwerden, grob sexuelle oder grob aggressive Übergriffe auf das Kind in der präödipalen Phase, die zur Reizüberflutung und zu passagerer Dispensierung der Realitätsprüfung führten und vom Subjekt nachträglich unter Heranziehung früher Selbst- und Objektrepräsentanzen und unter Mitwirkung eines archaisch-sadistischen Über-Ichs, z.B. als Bestrafung eines bösen Selbst, phantasiert wurden.
- *Ödipale Traumen*, d.h. sexuelle und/oder aggressive Überstimulierungen bis hin zum manifesten Inzest und/oder zu gewalttätigen Übergriffen, die zur Folge haben, daß die spezifischen ödipalen Impulse: Inzest und Patricid bzw. Matricid für das Individuum in bedrohliche Handlungsnähe geraten und den präsenten Dritten, die trianguläre Konfiguration zu einer mit größter Angst verbundenen Gefahr werden lassen. *Überstimulierungen ödipaler Phantasien* (z.B. laufende Abwertung eines Elternteils durch den anderen gegenüber dem Kind, das gleichzeitig zum eigentlich erstrebten Partner erklärt wird), mit den oben skizzierten Folgen. Regression aus der bedrohlichen Triade in eine frühe dyadische Beziehung, die den gefährlichen und gefährdeten Dritten zurücktreten läßt, bei gleichzeitiger Triebregression (auf die orale Stufe) und Ich-Regression auf frühe Fixierungen des Ichs bei einem pathologischen Funktionsniveau, das um Spaltungs- und andere primitive Abwehrmechanismen zentriert ist.

4.2 Therapeutische Ziele

Wenn die bei diesen Patienten bestehenden Ich-Funktions-Defizite die Folge einer dominanten inneren Objektbeziehung sind, die auf einer mangelnden Differenzierung von Objekt- und Selbst-Repräsentanzen beruht oder in Wechselwirkung mit diesen entstanden sind, dann ist folgerichtig das zentrale therapeutische Ziel bei der hier diskutierten Therapiemodifikation in einer *Veränderung dieser Objektbeziehung in Richtung auf triadische Ganzobjektbeziehungen* zu sehen. Die Therapie soll durch das Angebot eines ausreichend guten Objekts, das zur Verinnerlichung einlädt, gefördert werden. Voraussetzung für ein ‚ausreichendes Gutsein‘ des Therapeuten ist die Verarbeitung der durch apersonale, durch Teil-Objektbeziehungen bei ihrem Adressaten (dem Therapeuten) in der Regel ausgelösten aversiven und aggressiven Affekte, zu denen als libidinöse Mindestqualität eine Art von – letztlich auf dem Erleben von Schicksalsanteiligkeit beruhendem – Erbarmen hinzukommen muß.

Der therapeutische Prozeß sollte also in der Weise gefördert und beeinflußt werden, daß

- Teilobjekte durch Ganzobjekte mit entsprechenden personalen Beziehungsmodi abgelöst werden können, d. h. (pseudo-)dyadische durch triadische Beziehungen ersetzt werden;
- Konflikte, die im interpersonellen Feld als Manifestationen primitiver Übertragung entstanden sind, in ihren Entstehenszusammenhängen erfaßt und verstanden und in den Innenraum (des Patienten) verlagert werden können;
- Affekte sich zunehmend differenzieren und signalgebende Funktionen gewinnen;
- Toleranzen für Frustration und für Affekte erhöht werden;
- weitere Funktionen des Ichs besser verfügbar werden, speziell die der Realitätsprüfung und ihrer Subfunktionen wie die des Urteilens und seiner Subfunktionen;
- Transfer wichtiger Regulierungsfunktionen von den (Teil-)Objekt-Repräsentanzen auf die Repräsentanzen des Selbst erfolgt;
- Stabilisierung der Selbst- und Objekt-Repräsentanzen und Entwicklung einer konturierten Identität zustande kommt;
- ein funktionsfähiges (ödipales bzw. postödipales) Über-Ich mit depersonifizierten Werten und Normen, die ins Ich integriert werden können, zur Entwicklung gelangt;
- für die Triebentwicklung eine Weichenstellung in Richtung postödipaler Genitalität vollzogen wird.

Anders gewendet: In der Therapie muß eine hinreichend gewährende wie versagende Umwelt verfügbar gemacht werden, in der sich die durch die verschiedenen Bedürfnisse und Wünsche gelenkten Subjekt-Objekt-Beziehungen und die daraus entstehenden Erlebnisniederschläge und Erfahrungen so entwickeln, differenzieren und stabilisieren, daß ein Gesamt-Ich mit einer gut ausgebildeten synthetisch-integrativen Funktion entsteht; ein solches Ich wäre in der Lage, im Wechselspiel, im Widerstreit, im Zusammenwirken der *inneren* Realität, bestimmt durch Biologisch-Triebhaftes und durch Biologisch-Affektives, und der *äußeren* soziokulturellen Realität ständig zu vermitteln und Kompromißbildungen zu fördern. So soll ermöglicht werden, daß ein Selbst entsteht, welches als unabhängige dritte Kraft gegenüber den Triebkräften und Affekten sowie der äußeren Realität *Identität* bedeutet und sichert. Es soll auch ermöglicht werden, daß personale Objektbeziehungen entstehen, d. h. differenzierte und auf Gegenseitigkeit beruhende Beziehungen, die die Bedürfnisse des Objekts ebenso berücksichtigen wie die des Subjekts.

4.3 Zum therapeutischen Vorgehen

Welche Wege öffnet die psychoanalytisch-interaktionelle Therapie für die Erreichung der genannten Ziele? Diese Wege sind – unter folgenden Aspekten – dreifach zu gliedern:
- dem Aspekt des Arbeitsbündnisses
- dem Aspekt von Übertragung und Gegenübertragung
- dem Aspekt der therapeutischen Techniken.

4.4 Zur Herstellung des Arbeitsbündnisses

Vergegenwärtigen wir uns nochmals die Störungsbilder, die Psychopathologie, für deren Behandlung die psychoanalytisch-interaktionelle Methode indiziert erscheint, dann ist nicht zu übersehen, daß diesen Kranken jene Voraussetzungen mangeln, die von Sandler et al. für die Herstellung eines stabilen Behandlungsbündnisses gefordert werden (Sandler, Dare und Holder, 1979, S. 27 f.). In den meisten Fällen handelt es sich um Patienten, die in ihrer Frühgenese nicht das entwickeln konnten, was Erikson (1950 a) „Urvertrauen" genannt hat, mit anderen Worten: Patienten, die keine ausreichend guten Erfahrungen mit ihren primären Objekten machen und damit auch kein ausreichend „gutes" Ganzobjekt verinnerlichen konnten. Es handelt sich also um Patienten, die in ihrer Frühgenese keine ausreichenden Erfahrungen mit verläßlichen, die Bedürfnisse des Kindes angemessen befriedigenden, Schutz und Geborgenheit spendenden, im weitesten Sinne des Wortes „haltenden" Objekten machen konnten (s. Winnicott, 1958; Balint, 1968).

Wenn wir also bei den Patienten, bei denen wir die psychoanalytisch-interaktionelle Methode für angezeigt halten, die Fähigkeit zur Entwicklung eines Arbeitsbündnisses nicht voraussetzen können, so müssen wir uns als Therapeuten darauf einstellen, diese Fähigkeit immer wieder als Hilfs-Ich anzubieten und damit das Arbeitsbündnis aktiv aufrechtzuerhalten, bis der Patient dies, in Identifikation mit dem Therapeuten, selbst bewerkstelligen kann. Mit anderen Worten: Die Entwicklung der Fähigkeit zum Arbeitsbündnis wird dann zu einem *Ziel der Therapie*, wird also nicht von Anfang an vorausgesetzt. Es sei an dieser Stelle angemerkt, daß die schwer basal gestörten Patienten, die einen Psychotherapeuten aufsuchen, natürlich auch die bewußte Vorstellung von Hilfe haben, daß sie sich ohne eine wenn auch noch so vage Vorstellung von einem hilfreichen Objekt gar nicht an einen Therapeuten wenden würden. Diese oft genug minimale Hoffnung auf Hilfe, ebenso minimal wie die eigene Fähigkeit zur Veränderung, ist dann ein erster Ansatzpunkt zur Entwicklung des Arbeitsbündnisses. Die Vorstellungen von einem hilfreichen Objekt sind bei präödipal oder basal gestörten Patienten häufig durch ausgeprägte und wenig differenzierte Idealisierungen gekennzeichnet, die keineswegs eine stabile Basis für eine Beziehungsaufnahme darstellen, da sie – mitunter schon bei kleinsten Enttäuschungen und Versagungen – in völlige Entwertung des Therapeuten umschlagen (Heigl-Evers und Henneberg-Mönch, 1986, 1990 b).

Was muß geschehen, was muß gewährleistet sein, um die Bereitschaft zur Entwicklung eines Arbeitsbündnisses zu fördern?

In der *Einleitungsphase* der Therapie gilt es, eine Konkordanz der Zielvorstellungen von Patient und Therapeut herzustellen oder zumindest anzunähern. Im diagnostischen Gespräch ist zu klären, welche Erwartungen, Hoffnungen, Befürchtungen der Patient gegenüber Therapeut und Therapie hegt. Der Behandler muß seine therapeutischen Angebote darlegen und erläutern, wie sich Erwartung und Angebot zueinander verhalten. Dabei sind auch die impliziten Erwartungen des Patienten zu beachten, die sich z. B. in der initialen Beziehungsinszenierung abzeichnen. Der Therapeut darf die eingangs vereinbarten Ziele nicht aus dem Auge verlieren und muß die abgesprochenen Rahmenbedingungen (Sitzungsfrequenz, Dauer, Honorierung) in verläßlicher Weise beachten; er muß sich ferner an die zu Beginn angekündigten Techniken halten und darf ohne Vorankündigung Abgesprochenes nicht aufheben und Neues einführen.

Der Therapeut muß gewährleisten, daß auch intensiv erlebte Übertragungen und Gegenübertragungen die Basis der Kooperation, die Arbeitsbündnis genannt wird, nicht beeinträchtigen. So muß z. B. auch bei heftigen destruktiven Gegenübertragungsaffekten verbürgt sein, daß der Therapeut dem Patienten eine ausreichende libidinöse Zuwendung widmen kann.

Das Arbeitsbündnis wird ferner in seiner Entstehung gefördert und in seiner weiteren Entfaltung begünstigt durch *Grundeinstellungen des Therapeuten*, durch bestimmte Qualitäten seiner Haltung gegenüber dem Kranken, die wir im folgenden erörtern wollen (s. d. Heigl-Evers und Heigl, 1983 b, 1987, 1988 a und b):

Es handelt sich einmal um eine Einstellung, die wir als *Präsenz* bezeichnet haben. Es geht um eine so umfassende wie intensive Wahrnehmung sowohl der vom Patienten ausgehenden Reize: Mimik, Gestik, Vokalisation, Verbalisation –, wie um eine entsprechend geartete Wahrnehmung der in der Interaktion mit dem Patienten beim Therapeuten registrierten Innenreize: Körperempfindungen, Affekte, Assoziationen, Phantasien, Erinnerungen, Gedanken. Es geht um eine intentionale Zuwendung des Therapeuten zum Patienten, um die Bereitschaft, sich betreffen und anrühren zu lassen, authentisch zu sein im Sinne persönlicher und professioneller Identität. Aufmerksam wahrgenommen zu werden, bedeutet schon als solches für viele Menschen eine narzißtische Gratifikation und eine libidinöse Befriedigung.

Es geht ferner um eine Einstellung des *Respekts* gegenüber dem Kranken; er gilt der Person des Anderen,

- seinem lebensgeschichtlichen Gewordensein mitsamt den darin enthaltenen schicksalhaften Verstrickungen, vor allem den Elementen des Unschuldig-schuldig-geworden-Seins,
- seiner Persönlichkeitsstruktur, seiner Identität, seinen Strategien der Lebensmeisterung und Formen der Weltbewältigung mitsamt den darin enthaltenen Störungen. Die (therapeutische) Beziehung kann sich als Entwurf mit Zukunftsperspektiven nur entfalten, wenn sich ein bestimmter Über-Ich-Aspekt strukturierende Geltung verschafft: Achtung vor der Unantastbarkeit der andern Person, oder anders gewendet: der innere Gewissensanspruch, den Anderen als Individuum in seinem eigenen Recht gelten zu lassen, statt sich seiner im Dienste der eigenen Bedürfnisstillung zu bemächtigen oder sich von ihm bemächtigen zu lassen (Heigl-Evers und Weidenhammer, 1988, S. 166).

Es geht schließlich um die Einstellung von emotionaler *Akzeptanz* gegenüber dem Kranken; unter Akzeptanz soll die Bemühung des Therapeuten verstanden werden, die Entstehung einer auf Bindung ausgerichteten affektiven Gestimmtheit (Interesse, Sorge), einer ausreichend libidinösen Triebmischung (Erbarmen, Sympathie) dem Patienten gegenüber zu fördern. Die Befähigung, einen Kranken – besonders einen Kranken mit schweren basalen Störungen – bejahend, d. h. mit einem gewissen Maß an Zuneigung zu akzeptieren, setzt im allgemeinen das Erleben von Schick-

salsanteiligkeit mit einem leidenden Mitmenschen voraus.

Die für die Behandlung solcher Patienten erforderliche libidinöse Qualität von Mitfühlen und Mitleiden wird im konkreten Fall nur dadurch geweckt werden können, daß der Therapeut sich schon in der diagnostischen Zusammenarbeit mit den tragischen Aspekten des Schicksals seines Patienten identifizieren kann. Hier kann eine Ergänzung der Diagnostik durch eine objektive Anamnese zur Erfassung von – dem Patienten nicht bekannten – Traumata erfolgen, wie sie bei diesen Kranken als ein wichtiger pathogener Faktor nicht selten zu finden sind. Es ist erforderlich, daß der Therapeut sich die schuldlos-schuldhaft entstandenen tragischen Verstrickungen und Verwicklungen klarmacht, die zum gegenwärtigen Kranksein oder Leiden geführt oder es mitverursacht haben. Es muß erforscht werden, welche persönlichen Konstellationen und interpersonellen Verwicklungen in der Frühgeschichte des Kranken zu anfangs schuldlosem Schuldigwerden (z. B. Phantasien von Unversöhnlichkeit und Rache) und zu den in der Folge meist unvermeidbaren Verwicklungen auch schuldhafter Art geführt haben.

Ein empathisches Sich-Einlassen auf solche Verwicklungen ruft bei einem zur Identifizierung fähigen Therapeuten zumeist Mitgefühl wach und läßt, vermischt mit den oft zunächst stärkeren aversiv-aggressiven Emotionen, eine Qualität des antwortenden Fühlens entstehen, die vielleicht mit dem Wort ‚Erbarmen‘ zu bezeichnen wäre und die sich sprachlich etwa in die Worte fassen läßt: Er/Sie ist doch ein armer Teufel! Die Vergegenwärtigung der tragischen Elemente im Schicksal des Patienten – bei der häufig auch das eigene Schicksal mitschwingt – ermöglicht dem Therapeuten Mitfühlen, Mitleiden und Erbarmen. Einen solchen Prozeß hatte Aristoteles wohl im Auge, als er die kathartische Wirkung der griechischen Tragödie beschrieb, jene Mischung aus Furcht und Mitleid, die im Zuschauer Veränderung bewirken sollte (vgl. Lessing, Hamburgische Dramaturgie, 74. Stück: Aristoteles, Poetik, Kap. 13, p. 1453 a 2–12). Das Entscheidende, die Veränderung vollzieht sich in der antiken Tragödie im Dialog und nicht, wie im naturalistischen Drama, in der Aktion. Die Abfolge von Aktion und Reaktion ist etwas Anderes als der

Prozeß des Austauschs im Dialog im Sinne wechselseitiger Durchdringung, aus der etwas Neues entstehen kann, in dem das Alte gleichwohl enthalten ist (HEIGL-EVERS, 1967 b; HEIGL-EVERS und HEIGL, 1987, S. 190).

Wir möchten nicht versäumen darauf hinzuweisen, daß ein Therapeut sich schlechthin nicht in der Lage fühlen kann, die wünschenswerte *Akzeptanz* gegenüber dem Patienten zu entwickeln, daß er dabei auf die zunächst unüberwindbaren Barrieren unbewußter Widerstände stößt. Diese Widerstände beruhen häufig auf eigenen unbewußten basalen Störungsanteilen, die jedoch durch eine gelungene Abwehr und damit angepaßte Kompromißbildung normalerweise nicht in Erscheinung treten. Ein Zugang zu diesen abgewehrten Störungselementen ist dann erfahrungsgemäß nur durch Selbsterfahrung (Analyse) und Supervision zu erreichen.

4.5 Manifestation von Übertragung und Gegenübertragung

Die *Übertragung* ist bei Patienten mit basalen Störungen, mit dyadischer Beziehungspathologie wie folgt charakterisiert:
- sie manifestiert sich schnell und direkt;
- übertragen wird ein Teilobjekt;
- dieses Teilobjekt ist aus den verbalen und den nicht-verbalen Äußerungen des Patienten zu erschließen sowie aus den dadurch ausgelösten Affekten und Assoziationen des Therapeuten.

Damit wird auch das Teilobjekt-Beziehungsmuster mit dem dazugehörigen Affekt erfaßbar; mit dieser (direkten, primitiven) Übertragung konstellieren sich in der therapeutischen Beziehung psychosoziale Unverträglichkeiten. Das geschieht – anders als bei ödipalen Konfliktneurosen – dadurch, daß der Patient ein Teilobjekt mit den ihm zugeordneten Regulierungsfunktionen durch den Therapeuten substituiert; die damit an das Substitut gerichteten Erwartungen (auf selbstverständliche Übernahme von Regulierungsfunktionen) führen häufig zu psychosozialen (interaktionellen) Unverträglichkeiten zwischen Patient und Therapeut, die zum Gegenstand der Behandlung werden.

In Entsprechung zur Übertragung mit ihren primitiven Merkmalen ist auch die vom Therapeuten entwickelte *Gegenübertragung* von anderer Art als die in personalen Beziehungen gegenüber Neurosekranken entstehende. Eine überwiegend apersonale Kommunikation ist als solche für den Therapeuten eine affektive Belastung, weil ihm durch die Art des kommunikativen Umgangs von seiten des Patienten nicht die Würde einer Person zuerkannt wird. Das löst beim Therapeuten häufig aversive, auch aggressive Affekte oder auch nur eine unspezifische Irritation aus.

Das ist die Folge der Tendenz des Patienten, auf den Therapeuten ein Teilobjekt im Sinne einer Substitution zu übertragen, d. h. ihn – instrumentalisierend – zur Befriedigung von Triebwünschen, von Bedürfnissen nach Reizschutz, nach Sicherheit und Wohlbefinden und zur Stabilisierung des Selbstwertgefühls zu benutzen. Eine solche interaktionelle Inszenierung löst bei vielen Therapeuten Ablehnung, also Aversion und/oder Aggression aus.

Sind gewisse masochistische Bereitschaften auf Seiten des Therapeuten zu mobilisieren, wird er sich möglicherweise zunächst dem Bemächtigtwerden, dem Benutzt- und eventuell Ausgebeutet-Werden von seiten des Patienten überlassen; eine solche primär entwickelte Bereitschaft wird dann häufig – über kurz oder lang – gleichfalls von aversiven und/oder aggressiven Gestimmtheiten gegenüber dem Patienten abgelöst. Umgekehrt können Patienten, u. a. Abhängigkeits- und Suchtkranke, die den Eindruck von Haltlosigkeit und Verkommenheit erwecken, im Therapeuten sadistische Bemächtigungsimpulse mobilisieren, die sich in der Neigung zu strenger Reglementierung, zu harter Grenzsetzung, zu Sanktionen äußern kann.

Drängt sich dem Therapeuten in der Erscheinung seines Patienten ein besonders schweres und bejammernswertes Schicksal auf – ihm wurde schweres Unrecht zugefügt – und ein somit begründeter Anspruch auf Wiedergutmachung, dann können in ihm entsprechende Bereitschaften wachgerufen werden, Bereitschaften, sich dem Patienten übermäßig verfügbar zu machen, selbst Wiedergutmachung zu leisten, sich quasi mitschuldig am Schicksal dieses Menschen zu fühlen.

Neben den bewußt registrierten und damit reflektierbaren affektiven Antworten und Reaktionen auf basal gestörte Kranke sind auch passagere körperliche Reaktionen von Symptomcharakter beim Therapeuten nicht selten. So kann es – etwa in Reaktion auf Überbeanspruchung – zum Erleben von Erschöpftsein, Müdesein, Schläfrigsein bis hin zum Einschlafen kommen. Andrängende aggressive Impulse, die mit den professionellen Idealen des Therapeuten nicht vereinbar sind, können z. B. zu passagerem Kopfschmerz führen; es kann sich auch nach einer therapeutischen Sitzung eine schwer bestimmbare orale Gier entwickeln, etwa im Sinne von: Jetzt brauch' ich einen Kaffee oder eine Cola oder ähnliches. Ferner werden gelegentlich motorische Reaktionen erlebt im Sinne einer dem Betreffenden selbst nicht recht erklärlichen allgemeinen Unruhe.

In Reaktion auf stark idealisierende Neigungen von seiten des Patienten können korrespondierende Idealisierungen auf Seiten des Therapeuten entstehen und der sich selbst nicht eingestandene Wunsch, zu diesem Patienten eine möglichst lange Beziehung zu unterhalten. Damit kann die Bereitschaft verbunden sein, sich unreflektiert mit dem Patienten zu identifizieren und dessen Angelegenheiten zu den eigenen zu machen. Umgekehrt kann eine stärker entwertende Übertragung bei dem betroffenen Therapeuten Bestrafungs- oder Rachetendenzen auslösen, die sich häufig in einer mehr oder weniger notdürftigen sozialen Kaschierung kundtun, so z. B. durch vorzeitige Entlassung des Patienten aus einer therapeutischen Institution.

Wenn der Therapeut, über eine entsprechend primitive Übertragung, als Teilobjektsubstitut instrumentalisiert wird und ihm wichtige Funktionen zugeordnet werden, die er quasi als Anteil des Selbst des Patienten auszuführen hat, dann spielt sich in der entsprechenden Interaktion evtl. folgendes ab: Insofern sich das Teilobjektsubstitut Therapeut dem Selbst des Patienten verfügbar macht – de facto oder fiktiv – wird es vom Patienten geschätzt, in der Regel auch mehr oder weniger idealisiert. Die Anteile der Person des Therapeuten, die nicht in den Bereich dieser Substituierung fallen, werden als unbrauchbar nicht beachtet, nicht wahrgenommen, werden mit Gleichgültigkeit behandelt.

Dieser interaktionelle Prozeß: Der Partner wird einerseits hoch idealisiert, andererseits als unbrauchbar nicht beachtet, mit Gleichgültigkeit bedacht – löst bei dem so Behandelten eventuell widersprüchliche Gefühle aus: Er fühlt sich in bestimmten Anteilen seiner Person geschätzt, aufgewertet, geschmeichelt und in anderen gleichgültig abgetan. Der Effekt der Idealisierung kann den der Nichtbeachtung und Nichtberücksichtigung mehr oder weniger lange kompensieren oder überdecken; wird die Idealisierung aufgegeben – entweder, weil das Substitut für den Patienten zu enttäuschend geworden ist, oder weil der Betreffende solche idealisierenden Verzerrungen seiner Person nicht länger erträgt, dann entstehen auf beiden Seiten aggressive und aversive Affekte mit den dazugehörigen Abstoßungstendenzen.

Handelt es sich darum, daß ein entweder „nur gutes" oder ein „nur böses" Teilobjekt durch den Therapeuten substituiert wird, so kann er sich – im Falle der Zuordnung eines nur guten Teilobjekts – akzeptiert und toleriert fühlen, solange er sich im Erleben des Patienten mit dem „nur Guten deckt", mit diesem kongruent ist. Entspricht der Therapeut diesen Vorstellungen nicht mehr, dann kommt es zu einem jähen Wechsel, zu einer brüsken Verkehrung der Vorstellung von seiner Person in ein „nur böses" Objekt. Die Apersonalität der Beziehung wird spätestens bei dem ersten Wechsel dieser Art deutlich und löst jene Affekte aus, die bei einer Person auftreten, wenn sie sich in ihrem realen Sosein nicht wahrgenommen und akzeptiert fühlt.

Ist das Teilobjekt-Substitut Adressat einer auf Symbiose drängenden Vereinnahmung – einer Totalvereinnahmung – dann erlebt es sich auf der einen Seite als ungemein wichtig, quasi als lebenswichtig, als intensiv begehrt – jedoch in einer extrem einengenden, umschlingenden, possessiven, letztlich erstickenden Weise. Ein solcher Interaktionsprozeß löst beim Objekt neben gewissen Gefühlen der Anziehung vor allem Angst aus, verbunden mit dem Gefühl des Ausgeliefertseins und der hilflosen Wut oder mit Affekten einer wütenden Abstoßung.

Der *Umgang mit solchen Gegenübertragungsreaktionen* erfordert unter diagnostisch-therapeutischem Aspekt, diese Gefühle zu registrieren und zu versuchen, daraus Schlüsse hinsichtlich der Übertragung und der vom Patienten angestrebten Art der Beziehung zu ziehen. Die dafür notwendige Distanzierung ist nicht immer leicht zu vollziehen, besonders dann nicht, wenn es beim Therapeuten auch zu Reaktionen von Symptomcharakter gekommen ist. In solchen Fällen bedarf es entweder einer selbstanalytischen Bearbeitung dieser Reaktionen oder auch einer Supervision durch erreichbare Kollegen. Wenn es gelungen ist, aus primitiver Übertragung und einer gleichfalls oft wenig differenzierten Gegenübertragung zu diagnostischen Urteilen und zu Therapieentwürfen zu kommen, dann ist es möglich, aus der somit verstandenen Inszenierung Interventionen zu entwickeln, die den therapeutischen Prozeß fördern. Das geschieht einmal durch die Intervention des „Antwortens", es geschieht ferner durch die Übernahme von Hilfs-Ich-Funktionen, solange der Patient noch nicht in der Lage ist, die betreffende Funktion selbst auszuüben; es geht schließlich um eine Art des therapeutischen Umgangs sowohl mit den Affekten des Patienten wie mit den eigenen, der dem Patienten einen verstehenden Zugang in die von ihm inszenierten Beziehungen vermitteln soll. Dabei ist immer auf die Toleranzgrenzen des Patienten zu achten, auf die für Frustration, für Affekte (Angst, Aggression, Scham, Schuld) und Nähe und Distanz. So ist z. B. mit einer Herabsetzung der Nähe-Toleranz durch aggressiv-destruktive Besetzung der Übertragung eines nur böse-schlimmen Teilobjekts zu rechnen. Es kann auch zu ungesteuerter Annäherung an den Therapeuten kommen (bei mangelnder Erfassung seiner Nähe-Toleranz), wie sie im Fall eines idealisierten und deshalb als nur gut erlebten Teilobjekts und der damit verbundenen symbiotischen Wünsche in Erscheinung treten kann.

4.6 Der therapeutische Prozeß und die Interventionstechniken

Im *Fokus der Aufmerksamkeit* stehen bei Anwendung der psychoanalytisch-interaktionellen Therapie die Interaktionen Patient – Therapeut. Diese sind auf seiten des Patienten durch die Bemühung um Freimütigkeit (Regel der freien Interaktion) bestimmt. Seitens des Therapeuten werden die Interaktionen unter Beachtung der eigenen spontanen Gefühlsantworten und Assoziationen gestaltet; diese Reaktionen sind zu differenzieren nach primärer Übertragung (auf den Patienten), nach Gegenübertragung (auf die Übertragung des Patienten), nach konfliktfreiem Erleben. Die Aufmerksamkeit des Therapeuten wird auf die interaktionellen Schicksale der beiderseitigen Äußerungen gerichtet. Die manifeste Struktur des Dialogs beruht entweder auf einseitiger Abstimmung, die durch den Therapeuten vollzogen wird, oder auf wechselseitiger Abstimmung, in der durch Austausch Verstehen gefördert wird, oder sie ist durch Brüche – und das ist besonders wichtig – charakterisiert, die häufig dem Patienten und gelegentlich auch dem Therapeuten passieren.

Ein überwiegend rational geführter Dialog hat im allgemeinen wenig Bruchstellen; die Kontinuität seiner Gegenstände und der dazu entwickelten Argumente und deren logische Verknüpfungen wirken solchen Brüchen entgegen, die im *Dialog mit basal gestörten Patienten* (in Auswirkung z. B. unzulänglich verlaufener Abstimmungs- und Einigungsprozesse in der frühen Mutter-Kind-Dyade) immer wieder und zwar auf folgende Weise zustandekommen:

Die vom Therapeuten erlebte Realität und die Realität, die sich dem Patienten als verbindlich darstellt, kollidieren. Solche Kollisionen können auf folgende Weise entstehen:

- Eine vom Patienten als Verurteilung, als entwertende Kritik, als Kränkung erlebte an und für sich wohlwollende kritische Äußerung des Therapeuten wird für ihn unerträglich und wird deswegen mit ‚*Spießumdrehen*‘ (Schuldverschiebung nach außen und Identifizierung mit dem Angreifer) beantwortet; auf diese Weise wird die Auseinandersetzung mit der vom Therapeuten eingebrachten Kritik abgebrochen.
- Eine vom Patienten als Enttäuschung erlebte Äußerung des von ihm idealisierten Therapeuten muß durch *brüsken Themenwechsel* beantwortet werden, weil sonst ein Umschlag von der Idealisierung in die Entwertung des Therapeuten zu befürchten wäre.
- Ein Dialogbruch kann auch durch eine plötzlich auftretende *psychosomatische Regulationsstörung* zustande kommen, so etwa durch Schwindelgefühl. Oder auch durch einen plötzlichen Spannungsabfall, der sich in einer

muskulären Erschlaffung (Körperhaltung), in einem Tonlos-Werden der Stimme äußern kann oder auch durch starke motorische Unruhe. In jedem Fall ist im subjektiven Erleben des Patienten die Fortführung des Dialogs, des Austauschprozesses plötzlich zu gefährlich geworden – häufig entweder durch das Erleben zu großer Nähe oder auch zu großer Distanz zu dem dann unerreichbar erscheinenden Objekt.

Solche Dialogbrüche bedürfen der sorgfältigen Erfassung und therapeutischen Beeinflussung, da sich an diesen Bruchstellen die „strategische Konzeption" des Patienten manifestiert, d. h. die Art und Weise, in der er aufgrund seiner strukturellen Vorgegebenheiten eine – pathologische – Strategie notdürftiger Bewältigung innerer und äußerer Realität entwickelt hat.

Die Aufmerksamkeit bei Anwendung der psychoanalytisch-interaktionellen Therapie gilt einem Interaktionsprozeß, der von seiten des Patienten durch Herstellung einer bestimmten Objektbeziehung (Teilobjektbeziehung) zum Therapeuten gekennzeichnet ist, deren Regulierungsfunktion es zu verstehen gilt. Kommt es in der Therapie zu einem der beschriebenen oder anderen Dialogbrüchen, so ist damit ein aktuell verstärkter *Regulierungsnotstand* signalisiert. Bei Auftreten eines solchen Dialogbruchs ist immer auch zu prüfen, ob der Therapeut nicht eine Toleranzgrenze des Patienten überschritten hat. Das Interesse des Therapeuten sollte daher stets den Toleranzgrenzen des Patienten, so für Enttäuschung, Kränkung, Demütigung, sowie für Angst, Scham und Schuld, für Nähe und Distanz gelten.

Die bei dieser Therapie eingesetzten Techniken beruhen auf
- dem Prinzip der authentischen (hinsichtlich ihrer Expression freilich selektiven) Antwort des Therapeuten;
- dem Prinzip der Übernahme einer Hilfs-Ich-Funktion durch den Therapeuten;
- dem Umgang mit dem affektiven Erleben des Patienten (Affektdifferenzierung, Affektidentifizierung, Affektklarifizierung bzw. Kontextklarifizierung).

Die ‚Antwort' soll dem Patienten vermitteln, was sein durch Ichfunktions- ebenso wie durch Überichfunktions-Defizite bestimmtes Verhalten beim anderen bewirkt, was es dem anderen tut; sie soll ferner zeigen, daß und wie sich der Therapeut als Realperson von dem auf ihn übertragenen Teilobjekt unterscheidet; sie soll auch deutlich machen, daß sich der Therapeut vor einem unzumutbaren Umgang mit seiner Person, der dem übertragenen Teilobjekt zugedacht ist, zu schützen weiß (s. d. HEIGL-EVERS, 1993; HEIGL-EVERS und HEIGL, 1980 a und b, 1983 b, 1988 a und b; HEIGL-EVERS und NITSCHKE, 1991; HEIGL-EVERS und STREECK, 1983, 1985).

Das *Hilfs-Ich* ‚Therapeut' setzt Verhaltensweisen (Ich-Funktionen) ein, die dem Patienten in Auswirkung der bei ihm dominierenden Teilobjekt-Beziehung deshalb nicht verfügbar sind, weil sie die Aufrechterhaltung dieser Beziehung stören würden (s. d. FÜRSTENAU, 1977, 1992; HEIGL-EVERS und HEIGL, 1979 f, 1980 a und b, 1983 b, 1987, 1988 a).

Der therapeutische Umgang mit der Art und Weise, wie der Patient *Affekte* und deren Komponenten erlebt, soll ihm dazu verhelfen, Ausfälle und Hypertrophien der Komponenten seines Affektsystems und deren Auswirkungen auf die Beziehungsregulierung, die Informationsverarbeitung und die Selbstreflexion zu erfassen. Die dabei eingesetzten Techniken sind die der Affekt-Differenzierung, der Affekt-Identifizierung und der Affekt-Klarifizierung (Kontext-Klarifizierung) (s. d. HEIGL-EVERS und HEIGL, 1983 b, 1984; HEIGL-EVERS und HENNEBERG-MÖNCH, 1985, 1990 a).

4.7 Das therapeutische Prinzip ‚Antwort'

Die Technik der ‚Antwort' wird zur Förderung des therapeutischen Prozesses generell und wird speziell dann eingesetzt, wenn es in diesem Prozeß zum Dialogbruch gekommen ist.

Brüche im Dialog entstehen in der Regel dann, wenn die Realitätsprüfung auf seiten des Patienten eingeschränkt oder gestört ist, so daß Realität in ihren Zusammenhängen zerrissen, in der Art ihrer Abbildung verzerrt wird. Solche Einschränkungen der Realitätsprüfung kommen dann zustande, wenn die in der therapeutischen Interaktion dominierende Teilobjektbeziehung durch

Abwehr erhalten und stabilisiert werden muß und infolgedessen der Therapeut als Realperson nicht wahrgenommen wird. Das geschieht durch die für basale Störungen charakteristischen primitiven Schutz- und Abwehrmechanismen, sowie durch im Dienste der Abwehr adaptiv (in Anpassung an die innere, d. h. subjektive Realität des Patienten) eingeschränkten und somit defizitär gewordenen weiteren Funktionen des Ichs (z. B. Realitätsprüfung, Fähigkeit zur Antizipation, Impulskontrolle, Selbstbeurteilung).

Der Therapeut hat sich – im Ablauf der therapeutischen Interaktionen und speziell im Fall von Dialogbrüchen – folgendes zu fragen:

1. Mit welchen Affekten und Assoziationen sowie Phantasien antworte ich auf den Patienten?
2. Auf welche Art von (Teil-)Objekt-Beziehungen, die der Patient in bezug auf mich intendiert, läßt sich aus meinen Affekten schließen? Welches (Teil-)Objekt erlebt der Patient in mir und mit welchem Affekt ist dieses Erleben bei ihm verbunden?
3. Wie, d. h. unter Einsatz welcher Abwehrvorgänge (primitive Abwehrmechanismen, defizitäre Ich-Funktionen) modelliert der Patient (unbewußt) sein Ich, damit es diese Art von Objektbeziehung stützt und stabilisiert?
4. Wie kann ich – authentisch, wenngleich in der Expression selektiv – auf diese vom Patienten konstellierte Beziehung reagieren, antworten? Welche meiner auf das Verhalten des Patienten antwortenden Affekte könnten, falls ich sie mitteilte, therapeutisch nützlich sein?
5. Wie sind die Grenzen der Toleranz des Patienten für Enttäuschung, Kränkung, für Nähe und Distanz, zum einen in der aktuellen Situation, zum andern in Antizipation der Wirkung der geplanten ‚Antwort‘ zu beurteilen?

 Im folgenden ein *kasuistisches Beispiel* für eine ‚antwortende‘ Intervention: Eine 25jährige Patientin, die lange Zeit wegen einer schweren Anorexia nervosa gruppenpsychotherapeutisch behandelt worden war, hat einen Einzeltermin bei ihrer Gruppentherapeutin mehr eingeklagt als erbeten. Während dieses Gesprächs legt sie dar, daß es ihr schlechter gehe denn eh und je; sie weist darauf hin, daß ihre Schwester und ihre

Freundin im gleichen Zeitraum, in dem sie Therapie gemacht habe, im Leben viel weiter gekommen seien; sie hätten heute mehr denn je (z. B. Mann und Kind) und seien mehr als sie geworden (so im Beruf). Vor diesem Gespräch mit der Therapeutin habe sie mit Lisa, ihrer Pflegemutter gesprochen, und diese habe zu ihr gesagt: „Sag, ich will Einzeltherapie, ich will Einzeltherapie, ich will Einzeltherapie!" Ihre Gestimmtheit während dieses Gesprächs bezeichnet die Patientin auf Nachfragen als bitter. (Die Therapeutin assoziiert bei sich dazu: Bitter heißt wohl: Mir ist bitteres Unrecht geschehen, oder: Ich bin von Therapeutin und Therapie bitter enttäuscht).

Die Therapeutin stellte sich die zuvor (unter 1.–5.) formulierten Fragen und beantwortete sie wie folgt:

zu 1: Ich fühle mich leicht beunruhigt und bedroht, fühle mich etwas schuldig, erlebe auch Ärger, möchte mich schützen.

zu 2: Aus meiner affektiven Reaktion läßt sich schließen, daß die Patientin folgendes Objekt in mir erlebt: ein Objekt, das die Patientin vernachlässigt und zugunsten anderer zurückgesetzt, benachteiligt hat; ein Objekt, das von der Patientin einverleibt worden ist, inkorporiert, denn es erzeugt Bitterkeit; ein Objekt, das total verfügbar sein soll und nicht mit anderen geteilt werden muß; ein Objekt, das Adressat eines Begehrens ist, für das die Patientin nicht selbst die Verantwortung übernehmen will und diese deswegen an ein Außenobjekt (Pflegemutter) delegiert hat.

zu 3: Folgende Abwehrvorgänge sind zu erschließen:
Das Objekt wurde inkorporiert, introjiziert; es ist so geartet, daß es im Inneren des Subjekts nicht Zufriedenheit, sondern Bitterkeit erzeugt.
Das Über-Ich ist insofern defizitär, als eine Identifizierung mit dem Angreifer stattfindet: Nicht ich (die Patientin, das Subjekt) beschädige das Objekt, indem ich es inkorporiere, sondern das

inkorporierte Objekt beschädigt mich, indem es in mir einen anhaltend bitteren Geschmack erzeugt. (Die Funktion der Selbstbeurteilung ist hier defizitär.)

zu 4: Wie kann ich auf dieses Beziehungsangebot antworten? Therapieziel ist hier letztlich die Entlastung von oraler Schuld, die durch Inkorporation des Objekts, des symbiotisch Verschmolzenen, ausgelöst wird. Dieses Ziel will ich ‚antwortend‘ erreichbar werden lassen. Dabei ist zunächst die Frage zu klären:

zu 5: Welche Toleranzen sind hier zu beachten? Einmal die Kränkungstoleranz (Kränkung beim Vergleich mit Schwester und Freundin, die mehr haben und mehr sind als die Patientin). Toleranz ferner für Schuld und Scham (ich habe das Objekt verschlungen, bin schuldig geworden, muß mich schämen). Die Toleranz für Enttäuschung ist höher anzusetzen, da von der Patientin manifeste Enttäuschung mitgeteilt werden kann.

Folgende Antwort wurde von der Therapeutin der Patientin dann gegeben:

> „Ich spüre, ich fühle Bedauern deswegen, daß ich Ihnen bislang nicht mehr helfen konnte. Ich sehe im Augenblick leider auch keine Möglichkeit, Ihnen zu helfen, weil Sie alle Hilfe nur von mir erwarten.“

–⌁–

4.8 Technik der Übernahme von Hilfs-Ich-Funktionen

Übernahme von Hilfs-Ich-Funktionen heißt, daß der Therapeut dem Patienten seine eigenen emotionalen Reaktionen und Überlegungen auf einen erkennbar gewordenen Ichfunktions-Mangel in therapeutisch wirksamer Weise zu vermitteln sucht; eine solche Mitteilung sollte hinsichtlich ihrer emotionalen Qualität authentisch sein; sie sollte einen Hinweis auf die pathologische (Teil-)-Objektbeziehung wie auf die damit verknüpfte Ichfunktions-Einschränkung enthalten, die in der

jeweiligen Phase des Interaktionsprozesses in Erscheinung getreten ist und die emotionale Antwort des Therapeuten hervorgerufen hat; das bedeutet immer auch einen Hinweis auf das real Unangemessene der vom Patienten angestrebten (Teil-)Objektbeziehung; der Therapeut hat dabei stets die Ich-Funktion der Realitätsprüfung, der Prüfung der inneren wie der äußeren Realität zu übernehmen.

Dem Patienten muß dabei spürbar sein, daß der Therapeut sich mit seinem in der Teilobjekt-Beziehung enthaltenen Bedürfnis, so infantil es sein mag, zumindest passager identifiziert, daß er sich einerseits empathisch-verstehend dazu verhält, sich andererseits jedoch, fußend in seinen authentischen Gefühlen, dagegen abgrenzt. Eine antwortende Intervention des Therapeuten im Sinne der Übernahme einer Hilfs-Ich-Funktion sollte hinsichtlich ihres emotionalen Gehalts immer auch eine Legierung von libidinösen und aggressiven Anteilen (mit überwiegend Libidinösem) sein, eine Mischung von Akzeptanz und kritischer Beurteilung. Gleichzeitig sollte das Angebot einer neuen Objektbeziehung gemacht werden, die zur Ausübung defizitärer Ich-Funktionen anregt und die geeignet ist, im Patienten ein Gefühl der Hoffnung zu wecken, ihm eine Zukunftsperspektive zu öffnen.

 Dazu eine kleine Vignette (s. d. Heigl-Evers und Heigl, 1983 b): Ein junger Patient mit einer schweren basalen Störung bei überwiegend niedrigstrukturierter Abwehr berichtet in der therapeutischen Sitzung:

> „Ich will nachher noch die Studentin anrufen, die ich aus dem Seminar kenne. Ich konnte sie heute in der Cafeteria nicht ansprechen, weil da so viele Leute um sie herum waren. Ich hab’ ein bißchen Angst vor dem Telefonieren.“

Daraufhin die Therapeutin:

> „Ich kann verstehen, daß Sie sie anrufen wollen, ich glaube, Sie mögen sie. Mir ist aber fraglich, wie Gabi, so heißt sie doch wohl, das umgekehrt erleben wird.“

Der Patient, leicht empört und zugleich erstaunt:

> „Wieso?“

Darauf die Therapeutin:

„Wieso …, weil ich nicht weiß, welche Gefühle Gabi Ihnen gegenüber hat und was Sie ihr bedeuten. Sie hat ja wohl viele Bekannte, sie sprachen vorhin gerade davon. Ich möchte mir bei einem solchen Telefonat immer gern vorstellen können, wie der andere das erlebt, wie er zu mir steht."

Daraufhin der Patient:

„Naja, da ist so ein Typ, mit dem ich sie schon öfters gesehen habe."

Die Therapeutin:

„Wissen Sie, da würde ich jetzt hellwach werden und erleben: Holla, aufgepaßt!"

Die Therapeutin übernimmt hier die beim Patienten deutlich defizitäre Funktion der vermutenden Erfassung (Empathie) der Innenbefindlichkeit des anderen Menschen, hier der als Freundin gewünschten Gabi, die er, sie anonymisierend, „die Studentin" nennt. Diese defizitäre Realitätsprüfungsfunktion, Prüfung der inneren Realität des Anderen, ist im Zusammenhang mit einer (Teil-)Objektbeziehung zu sehen, die ein symbiotisches Einssein mit dem Objekt voraussetzt: Es ist selbstverständlich, daß die so fühlt, wie ich fühle, daß sie im selben Maße Nähe zu mir haben will wie ich zu ihr. – Außerdem wird die Abwehr einer primitiven Verleugnung eingesetzt, mit deren Hilfe die Tatsache, daß Gabi offenbar wenig Interesse an dem jungen Mann hat, daß sie sich vielmehr mit anderen Leuten umgibt und abgibt, dessen Bewußtsein ferngehalten wird. Die Abwehr gilt hier der drohenden Gefahr eines Objektverlusts; ein solcher Verlust ist insofern zu fürchten, als bei diesem Patienten dadurch heftige aggressive Reaktionen ausgelöst werden könnten.

Die Übernahme der Hilfs-Ich-Funktion spielt auch im therapeutischen Umgang mit den bei basal gestörten Kranken wirksamen *archaischen Überich-Vorläufern* eine Rolle, sie erfolgt gleichfalls in Verbindung mit den authentischen affektiven Antworten des Therapeuten und unter Hinweis – explizit oder implizit – auf die jeweils dominierende (Teil-)Objektbeziehung.

So wird im Fall der *Identifizierung mit*

dem Angreifer, der Schuldexternalisierung, der Therapeut authentisch antworten, und das heißt, sich gegen nicht zutreffende Schuldvorwürfe abgrenzen, u. a. auch dadurch, daß er einem solchen Vorwurf seine Selbstbeurteilung entgegen hält.

„Sie sehen mich so; ich seh' mich anders, nämlich so und so." Konkreter könnte das lauten: „Ich bin jetzt doch so etwas ärgerlich darüber, wie Sie mich verurteilen. Ich bin ja sicher kein Engel, habe meine Schwächen und Mängel; aber in dem Scheusal, als das Sie mich sehen, erkenn' ich mich nicht wieder."

Gegenüber der *masochistischen Version* der Identifizierung mit dem Angreifer (die Schuld verbleibt beim Selbst), wird der Therapeut als Hilfs-Ich die Beurteilung des Patienten (die realitätsangemessene) übernehmen, oder er wird ihn direkt anregen, sich selbst zu beurteilen.

Konkret könnte er sagen: „Die Art und Weise, wie Sie mit sich selbst ins Gericht gehen, tut mir richtig weh! Ich möchte direkt Ihr Anwalt vor diesem Gericht sein; oder wollen Sie Ihre Verteidigung selbst übernehmen?"

Im Fall eines *archaischen inneren Strafverfolgers* (abgespaltenes frühes Introjekt) wird der Therapeut die dadurch bei ihm ausgelösten emotionalen Antworten authentisch mitteilen, wie Bestürztsein, Erschrecktsein oder auch Erbarmen.

So wird er möglicherweise sagen: „Ich bin etwas erschreckt über Ihre Härte sich selbst gegenüber; das klingt so gnadenlos!"

Im Fall der *Normenimitation* in der Beziehung zu einem idealisierten (Teil-)Objekt in der Übertragung zum Therapeuten wird die ‚Antwort' vielleicht Verwunderung darüber sein, daß die Werte eines anderen vom Patienten so schnell übernommen werden; sie wird verbunden mit der Übernahme einer Hilfs-Ich-Funktion i. S. der Überprüfung, der kritischen Reflexion dieser Werte und Normen. Konkret: „Es ist mir fast etwas peinlich, wie positiv Sie mich sehen. So fabelhaft bin ich nun auch wieder nicht!"

Im Zusammenhang mit der Bearbeitung der archaischen Überich-Vorläufer des Pa tienten ist auch ein Eingehen auf die *selbstreflexiven Affekte* besonders von Schuld und Scham angezeigt. Ebenso wichtig ist der therapeutische Umgang in Hilfs-Ich-Funktion mit *nachtragenden Affekten* und den dazugehörigen Racheimpulsen, die in der Regel einen Bestrafungsaspekt enthalten (Bestrafung des Objekts) und somit zu den Erscheinungsformen einer archaischen Überich-Formation gehören.

Eine Intervention könnte etwa so lauten: „Ich kann das gut verstehen, daß Sie Ihrem Chef ans Leder wollen, nachdem er sie so zurückgesetzt hat; ich kenne so was auch, aber tun wollen und wirklich tun sind zwei Paar Schuhe! Nach meiner Erfahrung führt Rache nur zur Gegenrache."

–◌–

4.9 Der therapeutische Umgang mit Affekten

Bevor wir die Techniken des Umgangs mit Affekten bei der Anwendung der psychoanalytisch-interaktionellen Therapie erörtern, wollen wir uns kurz mit der Diagnostik affektiver Phänomene befassen; denn auch hier stellt eine zutreffende Diagnose die Voraussetzung für effektives therapeutisches Handeln dar.

Da Affekte wichtige Regulierungsfunktionen für das Individuum ausüben, so
- die Steuerung des bewußten und unbewußten Denkens und Handelns,
- die Regulierung von Interaktionen und darüber hinaus des sozialen Zusammenlebens,
- die Selbstwahrnehmung und Selbsteinschätzung,

ist ein ungestörter Ablauf dieser seelischen Prozesse von größter Bedeutung. Störungen manifestieren sich als Ausfall oder als Hypertrophie von Komponenten des Systems. KRAUSE (1990) hat das Affektsystem fünffach untergliedert; danach können folgende Anteile unterschieden werden: ein motorisch-expressiver signalgebender Anteil, ein physiologisch-endokriner, ein motivationaler, der Handlungsanbahnung dienender, ein Wahr-

nehmungs-Anteil sowie ein Anteil, der die Benennung, ferner die Zuordnung zur auslösenden Situation und zum Selbst- bzw. zum Objekt-Bereich einschließt.

Diagnostisch geht es darum, die genannten fünf Komponenten nach dem Grad ihrer Ausprägung und nach dem Maß ihrer Verfügbarkeit einzuschätzen. Es gilt also, durch Beachtung von Mimik und Vokalisation den expressiven oder Signal-Anteil zu erfassen. Es geht ferner darum, die wahrnehmbaren Manifestationen des physiologisch-endokrinen Anteils des Affekt-Systems zu beobachten wie Erröten und Erblassen, wie Erythema fugax, venöse Anschwellungen, Veränderungen der Atemfrequenz, der Pupillengröße, ferner Hyperhidrosis, Akro-Cyanose und Akro-Frigidität etc. Außerdem handelt es sich darum, den motivationalen Anteil einzuschätzen; dabei ist die Handlungsbereitschaft (jeweils im Bereich eines *bestimmten* Affekts) zu erfassen; Erschlaffung oder Verspannung der Körpermuskulatur, die Anbahnung von Impulshandlungen, motorische Unruhe, heftige oder fehlende Gestik. Bei der Beurteilung der perzeptuellen Komponente geht es darum zu erfassen, ob und wie weit der Betreffende den in ihm ablaufenden Affektprozeß wahrnimmt. Es ist zu prüfen, ob die Selbstwahrnehmung mehr oder weniger ausfällt – ob z.B. eine plötzlich einsetzende heftige gestikulatorische Motorik von dem Betreffenden nicht wahrgenommen wird oder ob ein Patient auf das leiseste Anzeichen einer in ihm aufsteigenden Wut mit Angst, Scham oder Schuldgefühl reagiert, ohne es zu merken, oder ob er es nicht wahrnimmt, daß er gewohnheitsmäßig, auch bei der Äußerung freundlicher verbaler Inhalte, verächtlich die Lippen schürzt. Die fünfte Komponente, die der Fähigkeit zur Benennung (Enkodierung/Dekodierung) des Affekts sowie zur Erfassung seines Kontexts (auslösende Situation, Bezogenheit auf das Selbst oder auf ein Objekt) stellt die differenzierteste Komponente des als Affekt bezeichneten Prozesses dar. Hier ist zu klären, wie weit es dem Patienten möglich ist, selbstempathisch sein affektives Erleben mit dem entsprechenden Sprachsymbol zu verbinden, die dazugehörigen situativen Bedingungen zu erfassen ebenso wie die Art der Bezogenheit auf Objekt und/oder Selbst. Schließlich ist zu prüfen, ob einer solchen Fähigkeit zur Selbstempathie eine entsprechende zur

Fremdempathie gleichkommt, wie weit der Betreffende in der Lage ist, die Affekte eines anderen zu dekodieren und ihre Bezogenheit auf Selbst oder Objekt sowie ihre Entstehenszusammenhänge (Auslösung) zu klarifizieren. Es wird einleuchten, daß insbesondere der Therapeut über diese Art der Fremdempathie verfügen sollte.

Die in der psychoanalytisch-interaktionellen Therapie im Umgang mit Affekten verwandten Interventionen haben zum Ziel, den Patienten auf Ausfälle seines Affekterlebens anzusprechen oder auch auf Hypertrophien von bestimmten Affekten oder speziellen Affektanteilen oder auch darauf, daß er einen von ihm erlebten Affekt zur Unterdrückung eines anderen einsetzt; so kann Angst mit einem aggressiven Affekt oder umgekehrt dieser mit Angst abgewehrt werden. Dabei ist immer Bezug zu nehmen auf den interpersonellen oder Beziehungs-Kontext, in dem Ausfall oder Hypertrophie oder Abwehr in Erscheinung treten. Die Wirkung, die im ersten Ansatz beim Patienten angestrebt wird, könnte mit Stutzen, Betroffenheit, leichtem oder auch stärkerem Erstaunen bezeichnet werden. In den folgenden Beispielen wollen wir einige dieser Möglichkeiten anschaulich machen (s. d. HEIGL-EVERS und HENNEBERG-MÖNCH, 1990 a).

Ausfall des Handlungsanteils: Eine ca. 50jährige Patientin, in kinderloser Ehe lebend und beruflich sehr aktiv, berichtet in der Therapie von heftigen aggressiv-aversiven Reaktionen gegenüber ihrem Mann, Affekte, die sie selbst als Wut und heftige Ablehnung bezeichnet. Sie kann die auslösenden Situationen recht gut beschreiben; das Objekt ist besonders häufig der Ehemann, doch treten sie auch in anderen Beziehungen auf. Auffällig ist der Ausfall des Motivationalen, des Handlungsanteils. Die Patientin kann es mit ihrem Ichideal nicht vereinbaren, insbesondere nicht gegenüber ihr nahestehenden Menschen, aggressiv-aversiv zu handeln. Der von ihr bislang vertretene Kompromiß sieht so aus, daß sie auf der Linie heftiger erzieherischer Bemühungen auf den anderen einzuwirken versucht mit dem Ziel, dieser möge Verhaltensweisen aufgeben, die bei ihr Wut und Ablehnung auslösen. Wenn der Partner sich ihren Vorstellungen entsprechend verhielte, gäbe es für sie keinen Grund mehr, aggressiv und aversiv zu sein. Diese Patientin will mit allen Mitteln verhindern, als eine wütende und absto-

ßende Person zu gelten. Der motivationale Anteil dieser Affekte ist bei ihr praktisch ausgefallen. Im übrigen verstärken sich diese Affekte in der Beziehung zum Partner durch dessen Verweigerung der von ihr geforderten Verhaltensänderungen, sie fühlt sich dann quasi gezwungen, sich als einen aggressiv-aversiv reagierenden Menschen darzustellen.

Der Therapeut verhielt sich in diesen Zusammenhängen wie folgt: Als sich in der Übertragung auf ihn ähnliche Reaktionen zeigten wie gegenüber dem Partner, sagte er: „Ihre Wut und Ihre Ablehnung haben für mich etwas Verzweifeltes. Vielleicht leiden Sie darunter, daß sie solche Affekte überhaupt haben und daß ich sie bei Ihnen auslöse?!"

Ausfall des selbstempathischen Anteils: Ein 48jähriger Patient äußert im sozialen Alltag, wie auch gegenüber dem Therapeuten ziemlich unbefangen Affekte heftiger Wut, die er dann auch, ohne Scham und Schuld zu spüren, in Verhalten umsetzt. Er ist in der Lage, diese Affekte zu registrieren und auch zu benennen, ist jedoch nicht fähig, die auslösenden Situationen und ihre Zuordnung zum Objekt – ausreichend selbstempathisch – zu erfassen. Er macht sich im übrigen kaum oder gar keine Gedanken darüber, wie seine aversiven oder aggressiven Äußerungen auf die jeweils Betroffenen wirken, ist vielmehr von der Berechtigung dieser Reaktionen zumindest im Augenblick des Geschehens voll durchdrungen. Auslösend für Wut und Aversion kann jede unerwartete Beanspruchung seiner Aufmerksamkeit sein; er erlebt das als starke Störung, als etwas, das sich gegen seine Person richtet. In diesem Sinne reagiert er auf Postzusteller, auf Lieferanten, auf Telefonanrufe, auch auf Angesprochenwerden durch seine Frau immer im gleichen Sinne: Er ist überzeugt davon, daß die anderen keine ausreichende Rücksicht auf ihn nehmen und fühlt sich von ihnen stark gestört. Er kann *nicht* sehen, daß er unfähig ist, aktiv steuernd mit Störreizen umzugehen; er kann gleichfalls nicht sehen, daß er sich für den Schutz seiner Frustrationstoleranzen nicht verantwortlich fühlt.

Die Urheber der Störungen, konkrete soziale Bezugspersonen, sind im Grunde Substitute für ein Teil-Objekt, von dem der Patient unreflektiert erwartet, das es ihn vor jedweder Störung schützt.

Wie kann der Therapeut im Umgang mit solchen Affekten und speziell mit dem Ausfall des selbstempathischen Anteils umgehen, besonders wenn er selbst durch Übertragung zum Störungsurheber geworden ist?

So könnte er sagen: „Ich bin im Augenblick für Sie etwas ganz Böses, etwas, das Ihnen zusetzt, Sie bedrängt, und vor allem nicht auf die Grenzen des für Sie Erträglichen aufpaßt. Das tut mir einesteils leid, andernteils frag' ich mich, warum muß *ich* das tun, auf diese Grenzen aufpassen?!"

Ausfall von Perzeption und Selbstempathie bei Hypertrophie der Signalgebung: Ein anderer Patient, 38 Jahre alt, im beruflichen Bereich expansiv und ziemlich erfolgreich, signalisiert in der mimischen Expression und auch im Tonfall deutliche Verachtung und zwar durchgängig, in nahezu all seinen Beziehungen. Diese Expression gehört zu den Habituationen seines Verhaltens. Der entsprechende motivationale Anteil ist gleichfalls ausgeprägt: Er hat eine Tendenz zu einem rücksichtslos-bemächtigenden Verhalten, auch dazu, andere zu verletzen und zu kränken, wobei er die Wirkungen dieser Verhaltenselemente auf andere nicht wahrnehmen kann, sich vielmehr für einen durchaus höflichen und freundlichen Menschen hält. Deutlich ist hier der Ausfall der perzeptuellen Komponente: der Patient ist nicht in der Lage, den von ihm signalisierten Affekt der Verachtung selbst zu registrieren und ihn nicht selbstempathisch zu erfassen und zu verstehen.

Solche Habituationen sind, eben weil sie als ichsynton erlebt werden, einer therapeutischen Beeinflussung sehr schwer zugänglich. Der Therapeut könnte etwa wie folgt intervenieren: „Von Ihnen geht für mein Erleben immer wieder etwas Herabsetzendes, Abschätziges aus. Sie drücken es weniger in Worten aus als durch Ihren Gesichtsausdruck und auch durch die Art des Umgangs mit mir. Gerade habe ich wieder einmal deutlich Verach- tung von Ihrer Seite mir gegenüber gespürt. Ich weiß nicht, ob Sie es auch gemerkt haben?"

Hypertrophie des physiologisch-endokrinen Anteils: Ein psychosomatischer Patient, 52 Jahre alt und aufgrund einer hohen Intelligenz beruflich recht erfolgreich, fällt immer dann, wenn er Versagungen ausgesetzt ist, insbesondere von Menschen, deren Nähe er sucht, durch heftige hastige Bewegungen auf, durch fahle Gesichtshaut, durch gesträubte Haare und durch großes Angespannt-

sein. Außerdem spricht er dann hastig und stoßweise, Signalaffekte sind nicht erkennbar. Die genannten Phänomene lassen darauf schließen, daß der Patient in seinem Inneren stärker affektiv bewegt ist. Hier liegt offenbar eine Hypertrophie des physiologischen Anteils eines Affekts vor, bei Ausfall der anderen Komponenten. – Der Therapeut fühlt sich zunächst etwas verunsichert und hilflos. Dem von ihm registrierten Patientenverhalten war vorausgegangen, daß er (Therapeut) seinen bevorstehenden Urlaub erwähnt hatte. Der Therapeut vermutet daher, daß bei dem Patienten in diesem Zusammenhang (Verlassenwerden durch das für ihn wichtige Objekt „Therapeut") Affekte von Bitterkeit und Groll („Mir geschieht bitteres Unrecht") auftauchen und sich vornehmlich in ihrem physiologisch-endokrinen Anteil kundtun. Er interveniert aufgrund dieser inneren Schlußbildung auf folgende Weise: „Ich hab' Ihnen scheint's etwas Böses zugefügt. Und Sie grollen mir deswegen?!"

4.10 Zusammenfassung

Die beschriebenen Techniken – die des *Antwortens*, der *Übernahme einer Hilfs-Ich-Funktion* und des *Umgangs mit Affekten* – sind als Mittel zu verstehen, mit deren Hilfe die Wege zu den eingangs genannten therapeutischen Zielen erschlossen und gangbar gemacht werden sollen. Bei den Wegen handelt es sich um einen Interaktionsprozeß, um ein Wechselspiel von Übertragung und Gegenübertragung, um ein Inszenieren von Beziehungen. Diese Übertragungen, wie auch die dadurch ausgelösten Gegenübertragungen sind ihrer Art nach primitiv, sie drängen zum Handeln und produzieren Situationen, die an eine Art Stegreiftheater erinnern.

Die Übertragung kommt hier deswegen so schnell zustande, weil die Betreffenden unter einem erheblichen Druck stehen, unter dem Druck, unverzichtbare biopsychologische Regulierungen, die nicht ihrer Eigensteuerung unterliegen, die nicht den Repräsentanzen des Selbst zugeordnet sind, durch Einbeziehung von Außenobjekten sicherzustellen. Sind z.B. Regulierungen wie Reizschutz, wie die Mobilisierung guter (innerer) Objekte, wie das Balancieren von Selbstwertgefühl und die Sicherung von Identität nicht dadurch gewährleistet, daß sie der Eigenregie des Betreffenden unterstellt sind, dann *muß* vom Erleben des Patienten her ein Außenobjekt, ein Anderer, diese Regulierungen übernehmen und wird entsprechend instrumentalisiert, d. h. er gilt dem Patienten als ein Teil seines Selbst. Dieser Umgang mit dem Objekt scheint dem Patienten aufgrund seines inneren Notstands (Regulierungsnotstand) voll berechtigt zu sein. Der Andere, in der Behandlung der Therapeut, wird wie selbstverständlich mit solchen Forderungen konfrontiert und dadurch einem erheblichen Druck ausgesetzt. Diesem Druck widerstehen hieße, einen hilflosen Menschen seiner Not überlassen und sich damit als extrem gefühllos, ja unmenschlich erweisen. Der erlebte Druck bekommt so eine starke moralische Tönung; ihm auszuweichen wäre ein Verstoß gegen die professionellen Helfer-Ideale; im Therapeuten können dabei Konflikte entstehen, in denen die Verpflichtung, sich uneingeschränkt zur Verfügung zu stellen, mit aversiven und aggressiven Affekten kollidiert.

Ein solcher Konflikt kann dadurch kompliziert werden, daß eine unreflektierte Bemühung um Erfüllung der Forderungen des Patienten dessen Störung nicht bessern, vielmehr sie chronifizieren würde; der Patient würde sich in seinen pathologischen Verarbeitungen geradezu bestätigt fühlen. Andererseits erlauben die beim Patienten bestehenden niedrigen Toleranzschwellen auch keine völlige Versagung, Verweigerung – wie sie bei ödipalen Konfliktneurosen auf der Linie der dabei geforderten Abstinenz-Einstellung angezeigt wäre.

Es gilt also zwischen der Scylla einer uneingeschränkten Gewährung und der Charybdis einer intolerablen Verweigerung einen mittleren Kurs zu steuern. Ein solcher Kurs muß vom Therapeuten immer wieder in Konfrontation und Auseinandersetzung mit den genannten interaktionellen und inneren Konflikten ermittelt werden.

Der Patient muß sich in seinem Gewordensein, insbesondere auch in seinen pathologischen Strukturen, wahrgenommen, respektiert und akzeptiert fühlen können. Der Therapeut muß sich um diese Einstellungen ständig neu bemühen, weil sie durch heftige spontane aversive und aggressive Affekte (Verachtung und Wut) überflutet werden können; das passiert besonders dann,

wenn solche Affekte von ihrem Träger nicht ausreichend registriert werden und damit auch nicht akzeptiert werden können. In einem solchen Fall wäre es dem Therapeuten auch nicht möglich, diagnostisch zu erfassen, daß der Patient diese Affekte, daß er Verachtung oder Wut beim anderen möglicherweise hervorrufen wird, weil er sie im Zuge seiner Selbst-Objekt-Beziehungsregulierung braucht. Das notwendige Maß an Gewährung, das jeweils durch die Toleranzgrenzen des Patienten für Versagung bestimmt wird, kann es erforderlich machen, daß der Therapeut die an ihn delegierten Regulierungen in Hilfs-Ich-Funktion zunächst übernimmt, so vor allem die Funktion des Reizschutzes. Dabei ist immer wieder zu prüfen, ob und wann die therapeutisch angestrebten Veränderungen der Objektbeziehung (von einer apersonalen zu einer personalen) die Verweigerung solcher Funktionsübernahmen zuläßt. Wenn der Therapeut in diesem Sinne zum Hilfs-Ich wird, so heißt das auf der einen Seite die Annahme einer Funktions-Delegierung; damit wäre einem gewährenden Aspekt gegenüber dem Patienten Raum gegeben. Die Hilfs-Ich-Funktion muß andererseits so ausgeübt werden, daß sie dem Patienten seine Funktionslücken zeigt, sie zunächst ausfüllt, ihn aber gleichzeitig dazu anregt, sie in Eigenregie zu übernehmen. Das gilt auch für die Übernahme von solchen Ichfunktionen durch den Therapeuten, die beim Patienten deswegen mehr oder weniger eingeschränkt sind, weil sie, wären sie voll verfügbar, dessen auf Teilobjekt-Beziehungen beruhende Bewältigungsstrategie stören würden. Hier geht es darum, dem Patienten über die hilfsweise vom Therapeuten übernommenen Funktionen dieser Art auf die Apersonalität seiner Beziehungen hinzuweisen und auf die Möglichkeit personbezogener Kommunikation.

Wenn der Therapeut sich in Hilfs-Ich-Funktion gleichsam in den Dienst des Patienten stellt, so muß er doch immer wieder signalisieren, daß er sich nicht instrumentalisieren läßt, sondern daß er dabei a person in his own right bleibt, daß er *ein Anderer* ist. Dieses Anderssein vermittelt er durch authentisches Antworten und durch das Eingehen auf die Affekte des Patienten im interaktionellen Kontext.

5 Die in der analytischen Psychotherapie verwandten gruppentherapeutischen Methoden

5.1 Einführung

Die Gruppentherapien, die im folgenden dargestellt werden sollen, sind aus der Theorie und Methode der Psychoanalyse abgeleitet worden, wenngleich bei ihrer Konzeptualisierung auch sozialpsychologische und gruppendynamische Begriffe einbezogen wurden. Gegenstand unserer Erörterung werden drei gruppentherapeutische Verfahren sein, die sich als die analytische, die tiefenpsychologisch fundierte (analytisch orientierte) und die psychoanalytisch-interaktionelle Methode des Göttinger Modells seit langem in klinischer Anwendung und Weiterentwicklung befinden.[1]

Die Gruppenverfahren, die wir hier vorstellen möchten und die seit langem klinisch eingeführt und erprobt sind, wurden aus dem doppelten Ansatz von Psychoanalyse und Sozialpsychologie entwickelt. Sie basieren auf einer klaren Unterscheidung der Settings von Einzeltherapie und Gruppentherapie, wie sie von HEIGL-EVERS und HEIGL (1968) unter dem Thema der Differentia spezifika behandelt wurde. Der Gruppenprozeß wurde hier in Zuordnung zu verschiedenen Ebenen gesehen, die von Anfang an auch nach ihrer „Regressionstiefe" bemessen wurden (mit dem Begriff der Regression erfolgt eine Anbindung an die Psychoanalyse). Nachdem zunächst eine Orientierung am topischen Modell des psychischen Apparats versucht wurde, kam es dadurch zu einer Veränderung, daß die genannten Ebenen nicht mehr topisch gesehen, sondern als hermeneutische Zugangswege verstanden wurden.

Wir möchten der Erörterung dieser Therapie-Methoden einige von Hannah ARENDT formulierte Annahmen voranstellen und dabei die von ihr verwandten Begriffe der ‚Pluralität' sowie die des ‚Öffentlichen' und des ‚Privaten' einführen (ARENDT, 1978, S. 14–18); wir hoffen, daß auf diese Weise die Bedeutung der Pluralität (einer Kleingruppe) als Medium therapeutischer Beeinflussung verständlicher wird. Im Zusammenhang damit wird auch ein Ordnungsversuch hinsichtlich der wichtigsten klinisch eingeführten analytisch-gruppentherapeutischen Methoden unternommen. Anschließend sollen die für die drei genannten Methoden des Göttinger Modells gültigen theoretischen Begriffe und Konzepte dargestellt werden, und schließlich wollen wir diese Methoden selbst in ihrer Spezifität beschreiben.

5.2 Zur Pluralität

Wenn wir im folgenden die Merkmale der Pluralität erörtern, so lassen wir uns dabei von den Überlegungen Hannah ARENDTs (1978, S. 14–18 und S. 164 f.) leiten.

Pluralität weist in seiner allgemeinen Bedeutung auf das Faktum hin, daß nicht *ein* Mensch auf diesem Planeten lebt, sondern daß *viele* Menschen ihn bevölkern. Bei den Römern hieß Leben: inter homines esse, unter Menschen sein. Und Sterben hieß für sie: desinere inter homines esse, aufhören, unter Menschen zu weilen.

Der Begriff Pluralität bedeutet: Es gibt nicht *den* Menschen, sondern es gibt nur *die* Menschen. Nach der ersten der beiden Versionen der biblischen Genesis sprach Gott: „Laßt uns *Menschen* machen nach unserem Bilde." Und dann heißt es weiter:

> „Als Mann und Weib schuf er sie." – „Dieser im Plural erschaffene Mensch unterscheidet sich prinzipiell von jenem Adam, den Gott (nach der zweiten Version der Bibel) ‚aus einem Erdenkloß' machte, um ihm dann nachträglich ein Weib zuzugesellen, das, ‚aus der Rippe' des Menschen erschaffen, Bein von seinem Bein und Fleisch von seinem Fleisch war. Hier ist die Pluralität den Menschen nicht ursprünglich zu eigen, sondern ihre Vielheit ist erklärt aus Vervielfältigung" (ARENDT, 1978, S. 15).

Die in den beiden Versionen der Genesis niedergelegte unterschiedliche Auffassung vom Menschen zeichnet sich auch in den differenten Konzeptio-

---

[1] Diese Verfahren sind in die Richtlinien-Psychotherapie der kassenärztlichen Bundesver einigung aufgenommen worden und können somit kassenärztlich abgerechnet werden (s. dazu Faber, Haarstrick, Kalinke 1996, S. 49–50).

nen der therapeutischen Gruppe ab. Bevor wir dem nachgehen, wollen wir die Bedeutung des Wortes Pluralität umreißen. Sie ist durch vier einander verwandte (jedoch nicht identische) Merkmale gekennzeichnet:

1. Erstes Merkmal: Der Einzelne existiert nicht allein, sondern unter vielen. Er muß mit einer Mehrzahl von Menschen rechnen und sich auf sie beziehen. Pluralität bedeutet: Unter mehreren sein (ARENDT, 1978, S. 15).
2. Zweites Merkmal. Pluralität heißt Vielheit und Verschiedenheit. „Menschliche Pluralität ist eine Vielheit, die die paradoxe Eigenschaft hat, daß jedes ihrer Glieder in seiner Art einzigartig ist" (ARENDT, 1978, S. 15). Pluralität bedeutet: Als Glied einer Vielheit einzigartig sein.
3. Drittes Merkmal: Der einzelne Mensch ist nicht souverän. Souveränität, nämlich unbedingte Autonomie und Herrschaft über sich selbst, widerspricht der Bedingtheit der Pluralität. Pluralität bedeutet: Nicht souverän sein (ARENDT, 1978, S. 8 f.).
4. Viertes Merkmal: Pluralität bedeutet auch Unabsehbarkeit der Folgen des eigenen Tuns. Denn die Folgen einer Tat ergeben sich nicht aus der Tat selbst, „sondern aus dem Bezugsgewebe, in welches sie fällt" (ARENDT, 1978, S. 14 f.). Pluralität bedeutet also: Relative Unabsehbarkeit der Folgen des eigenen Tuns.

Je nachdem, ob man die therapeutische Gruppe mehr als Pluralität auffaßt und weniger als eine Vervielfältigung einer einzigen Individualität (erstes Merkmal) und ob man jedes ihrer Glieder mehr als einzigartig und weniger als dem anderen gleichartig betrachtet (zweites Merkmal), wird man verschiedenen Konzeptionen der therapeutischen Gruppe und der gruppentherapeutischen Technik zuneigen.

Die Konzepte, die von psychoanalytischer Seite entwickelt wurden, um eine Anwendung der Psychoanalyse bei einer Mehrzahl von Patienten theoretisch zu begründen, können nach folgenden Gesichtspunkten unterschieden werden (s. d. FINGER-TRESCHER, 1991; HEIGL-EVERS, 1970, 1978; HEIGL-EVERS und HEIGL, 1979 c; SANDNER, 1978, 1985):

Es gibt Konzepte, in denen die therapeutische Gruppe soweit wie möglich einer dyadischen Situation angenähert, „als eine Erweiterung der dyadischen Behandlung" (LIEBERMAN, LAKIN und STOCK-WHITAKER, 1969, S. 282) betrachtet wird. D. h. es wird Psychoanalyse des Einzelnen in Gegenwart anderer betrieben.

Die multipersonale Situation der Gruppe wird nur als Möglichkeit gegenseitiger Stimulierung im Therapieprozeß des jeweils einzelnen Patienten benutzt. Solche Konzepte wurden von LOCKE (1961), von W. SCHINDLER (1951, 1955, 1980), von WOLF (1971) sowie von WOLF und SCHWARTZ (1962) vorgelegt; in letzter Zeit hat SANDNER (1990) erneut auf die Bedeutung dieser Vorgehensweise hingewiesen.

Es gibt ferner Gruppentherapeuten, die gleichfalls eine Annäherung der Gruppe an die dyadische Psychoanalyse anstreben, jedoch auf einem anderen Wege. Sie beschreiben „das soziale System der Therapiegruppe in den Begriffen der grundlegenden Prinzipien psychoanalytischen Denkens – Symbolumbildung –, und sie messen Ereignissen Bedeutung zu im Sinne latenter Kräfte statt manifester Charakteristika" (LIEBERMAN, LAKIN und STOCK-WHITAKER, 1969, S. 283). Durch eine Wahrnehmungseinstellung, die auf die Gruppe als Ganzes ausgerichtet ist, werden Homogenisierungsphasen dieser latenten Kräfte, deren Darstellung durch dafür geeignete Techniken gefördert wird, bevorzugt, wenn nicht ausschließlich wahrgenommen. So wandelt sich aus dieser Sicht die Gruppe in eine Quasi-Person, eine Art Superperson, die, als Adressat therapeutischer Bemühung, in einer Quasi-Dyade fungiert. Eine solche Therapie wird dann folgerichtig als Psychoanalyse der Gruppe, als Gruppenanalyse bezeichnet. Konzepte dieser Art wurden von ARGELANDER (1963/64, 1968, 1972 b, 1974), BION (1961) und OHLMEIER (1975, 1976, 1987) entwickelt (s. d. FINGER-TRESCHER, 1991).

Gegenüber den auf Angleichung der therapeutischen Gruppe an die psychoanalytische Dyade abzielenden Konzepten gibt es solche, die von der Bemühung bestimmt sind, die Prinzipien der Psychoanalyse an die Pluralität einer therapeutischen Gruppe zu adaptieren. Denn Pluralität und ihre Charakteristika (Interaktion, Interdependenz, Rolle, Norm, Funktion) sind primär Gegenstand der Sozialpsychologie und mit psychoanalytischen Begriffen nicht ohne weiteres zu erfassen. Ebenso sind bestimmte Gruppenphänomene, so die latenten Kräfte und Beweggründe, die manifesten Verhaltensweisen in Gruppen zugrundeliegen, mit Hilfe sozialpsychologischer Begriffe nicht zu erfassen und zu verstehen; sie gehören vielmehr zur Domäne der Psychoanalyse. Das bedeutet, daß in das theoretische Modell der therapeutischen Gruppe sozialpsychologische Begriffe integriert, daß psychoanalytische und sozialpsychologische Aspekte aufeinander abgestimmt werden müssen. Konzepte dieser Orientierung wurden von EZRIEL (1950, 1956, 1960/61), von FOULKES (1957, 1964, 1990), von GRINBERG, LANGER und RODRIGUÉ (1960), von HEIGL-EVERS (1970, 1978), von HEIGL-EVERS und HEIGL (1973, 1975 a, 1976, 1979 b, c, d, e, f, 1983 b, 1985, 1990), von KUTTER (1976, 1985), von R. SCHINDLER (1957/58, 1960/61, 1968) und von STOCK-WHITAKER und LIEBERMAN (1965) vorgelegt.

Entgegen den Auffassungen von FREUD und auch von BION (1961) ist der Mensch in der singulären Situation und der in der pluralen Situation einer Gruppe aus folgenden Gründen nicht derselbe: Der Mensch, das Individuum in der Singularität, mit sich allein, ist mit Gruppe im Sinne seiner *inneren* Realität konfrontiert, d. h. mit seinen *Phantasien* von den *Anderen*, während er in der Pluralität einer real existierenden Gruppe mit den *Anderen* konfrontiert ist, so *wie diese wirklich sind*. Die Erfahrung lehrt, daß bei einer zu starken Divergenz bis hin zur Unvereinbarkeit zwischen den *phantasierten* Anderen und den *realen* Anderen, wie sie bei schwer basal gestörten Patienten nicht selten ist, eine Gruppe im engeren Sinne, etwa im Sinne der Definition von R. SCHINDLER (1957/58) nicht zustandekommt, sondern es zunächst bei einer von SCHINDLER als prägruppal bezeichneten Ansammlung bleibt.

Die von uns vertretene These, wonach die Konstellation der analytischen Einzel- und der analytischen Gruppentherapie grundverschieden ist, hat nur Gültigkeit, wenn man die letztgenannte Konzeption der therapeutischen Gruppe zugrundelegt (HEIGL-EVERS u. HEIGL, 1968). Folgt man dagegen einer Auffassung, wonach Gruppentherapie entweder die Psychoanalyse von einzelnen in der Gruppe bedeutet oder aber die Analyse der Gesamtgruppe als gleichsam *einer* Person, dann sind die Unterschiede zwischen Einzel- und Gruppenbehandlung speziell unter dem Aspekt der Indikation ohne Bedeutung; sie werden erst bedeutsam durch Berücksichtigung des Faktums Pluralität.

5.3 Zu den Begriffen ‚öffentlich' und ‚privat'

Pluralität ist eine Bedingung des Öffentlichen. Damit wenden wir uns dem Begriffspaar öffentlich-privat zu. Das Begriffspaar öffentlich-privat impliziert die von ARENDT entwickelte These, daß Tätigkeiten in einem hohen Grade ihr Wesen verändern, je nachdem, ob sie öffentlich oder privat ausgeübt werden. Die Unterscheidung zwischen privat und öffentlich existiert zumindest seit Beginn des antiken Stadtstaates. Sie bezeichnete damals den Bereich des Haushalts und der Familie einerseits und den Raum der Polis andererseits; sie trennte zwischen der biologisch verwurzelten Tendenz zu naturhaftem Zusammenleben und der menschlichen Fähigkeit zu politischer Organisation. Das lateinische Wort privatus hat als Partizipialadjektiv des Verbums privare (= berauben; befreien; sondern) die Bedeutung „beraubt" – beraubt nämlich der Wirklichkeit des öffentlichen Raumes. Da das Private also in seiner ursprünglichen Bedeutung das der Öffentlichkeit Beraubte ist, wollen wir mit der Bedeutung des Öffentlichen beginnen und damit zugleich festlegen, was das Private *nicht* ist.

Das Wort „öffentlich" bezeichnet u. a. folgende drei miteinander zusammenhängende Merkmale:

1. Alles was öffentlich ist, wird gehört und gesehen von jedermann, ist sichtbar und hörbar für andere. Dadurch entsteht ein Erscheinungsraum; Menschen sind nicht bloß vorhanden, sondern erscheinen voreinander.
2. Öffentlich werden, das Erscheinen vor den anderen und das Wahrgenommenwerden durch sie, schafft Wirklichkeit. Was jemand sagt und tut, gewinnt erst Wirklichkeit dadurch, daß andere es hören und sehen. Verglichen mit der Realität, die im Gehört- und Gesehenwerden gründet, ist die Realität des menschlichen Innenlebens ungewiß und vage.
3. Das Erscheinen vor den anderen und das Wahrgenommenwerden durch sie läßt eine gemeinsame Welt entstehen. Was öffentlich ist, ist allen gemeinsam. Durch Mit-teilung entsteht erst eine gemeinsame Welt als Inbegriff aller zwischen den Menschen nur spielenden Angelegenheiten.

Wir wissen nun, welche Merkmale das Private nicht hat, wessen es – im ursprünglichen, privativen Sinne des Wortes – beraubt ist:

1. Privat sein heißt:
   nicht von den anderen gesehen und gehört, von ihnen wahrgenommen werden;
   nicht der Realität und seiner selbst versichert sein;
   nicht durch Mitteilung teilhaben an einer so gebildeten Gemeinsamkeit.

   „Der privative Charakter des Privaten liegt in der Abwesenheit von anderen; was diese anderen betrifft, so tritt der Privatmensch nicht in Erscheinung, und es ist, als gäbe es ihn gar nicht. Was er tut oder läßt, bleibt ohne Bedeutung, hat keine Folgen und was ihn angeht, geht niemanden sonst an" (ARENDT, 1978, S. 58).

2. Freilich hat das Wort privat neben der ursprünglichen privativen noch eine andere, nicht-privative Bedeutung, die heute die vorherrschende ist.
   a) So hat das Private einmal das Merkmal des Gesonderten (privare i.e. sondern); es bezeichnet das Zurückgezogensein vom Öffentlichen, die eingegrenzte und eingezäunte Geborgenheit und Sicherheit der eigenen vier Wände, die Wärme des eigenen Herdes und die Stille des eigenen Zuhauses und das Auf-sich-gerichtet-Sein, das In-sich-vertieft-Sein. Ständig im Öffentlichen sein führt oft zur Verflachung. Privat ist, was abgesondert, geborgen und vertieft ist.
   b) Das Private hat als Ergebnis einer neuzeitlichen Entwicklung auch das Merkmal des Intimen, der Stille des verborgenen Seins, in der sich das innere Leben überhaupt erst entfalten kann. Privat ist, was intim und innerlich ist.

5.4 Die therapeutische Gruppe als plurales Veränderungspotential

Betrachtet man die therapeutische Gruppe als Medium der Veränderung des Einzelnen unter den genannten Aspekten der Pluralität sowie des Öffentlichen und Privaten, dann sind für die

Teilnehmer folgende Veränderungschancen gegeben:

Unter Mehreren sein ermöglicht dem einzelnen Kranken, sein Leiden in Schicksalsanteiligkeit mit anderen wahrzunehmen. Es ermöglicht auch, daß qualvolles Vereinzeltsein durch bergendes Annehmen von seiten der anderen gemildert wird.

„Unter Mehreren sein" ermöglicht zudem, die Präsenz der anderen wahrzunehmen, sich zu ihnen in Beziehung zu setzen und dabei die eigenen Schwächen und Fähigkeiten wie auch die der anderen zu erleben.

Unter dem zweitgenannten Aspekt der Pluralität – *als Glied einer Vielheit einzigartig sein* – kann die Gruppe dem Einzelnen ermöglichen, sich in seiner Einzigartigkeit – auch der seiner Krankheit – wahrgenommen und respektiert zu fühlen und somit die Akzeptanz, die er sich bis dahin wahrscheinlich verweigert hat, im ersten Ansatz erleben zu können.

Unter dem dritten Aspekt der Pluralität: Pluralität bedeutet *Nicht-souverän sein* – bietet die Gruppe dem Einzelnen an, daß er im Falle überzogener Autonomie, wenn nicht Autarkie, die dazu alternativen Möglichkeiten, die von Abhängigkeit und Bindung, sehen und erproben kann; andererseits kann es auch geschehen, daß bei überstarker Tendenz zur Konsensbildung im Zusammenhang mit Anpassungs- und Abhängigkeitstendenzen Mut in Richtung von Selbstbehauptung geweckt wird.

Eine so verstandene Gruppe konfrontiert ihre Teilnehmer auch mit der Realität der Anderen und mit der pluralitätsbedingten Unabsehbarkeit der Folgen eigenen Handelns; sie konfrontiert mit der eigenen Leugnung solcher Realitäten und mit den eigenen Omnipotenzansprüchen ihnen gegenüber, konfrontiert mit dem Faktum komplizierter wechselseitiger Abhängigkeiten. Sie ermöglicht auch verstärkte Selbstbehauptung, Expansion und aktive Einflußnahme dadurch, daß entsprechende Befürchtungen und Ängste durch die Gruppenerfahrung gemindert werden.

Unter dem Aspekt des Öffentlichen entsteht in der Gruppe ein *Erscheinungsraum*, der es dem Einzelnen ermöglicht, indem er sich wahrnehmbar und erkennbar macht, zu den Anderen Beziehungen herzustellen und sich dabei selbst deutlicher profiliert zu sehen. So wird es ihm über vielfältige Beziehungsinszenierungen möglich, sich sowohl individuelle, frühentstandene innere Konflikthaftigkeit allmählich zu vergegenwärtigen oder aber in dramatischer Umsetzung von Innenwelt in einen Interaktionsprozeß mit den Anderen, diese und sich selbst mit wichtigen Determinanten eigenen Verhaltens zu konfrontieren. Die Ungewißheit und Vagheit menschlicher Innenwelt kann sich in einer therapeutischen Gruppe in Prozesse zunehmend konturierter Beziehungs-, Verarbeitungs- und Bewältigungsmuster umsetzen. Es entsteht so eine gemeinsame Geschichte der Gruppe, an deren Ablauf der Einzelne seinen speziellen Anteil hat und die den Teilnehmern einen gemeinsamen Informations- und Erfahrungsbestand verfügbar macht.

Eine therapeutische Gruppe bietet in ihrer Qualität als *halböffentlicher Raum* dem Einzelnen auch die Möglichkeit, sich abzuschließen, sich in seine Privatheit zurückzuziehen, sich durch innere Vorbehalte zu schützen, sich in die innere Abgeschlossenheit seiner Abwehr zu begeben.

Eine so konzeptualisierte Gruppe mit ihren Angeboten, Wirkungen und Grenzen bietet für Patienten mit unterschiedlichen Psychopathologien, unterschiedlichen therapeutischen Erwartungen und Zielsetzungen die Möglichkeit einer differenzierenden Indikation. Die klinischen Erfahrungen mit vielfältigen Krankheitsbildern legten es nahe, ein entsprechend differenziertes Versorgungsangebot zu machen; ein solches wird mit den verschiedenen Methoden des „Göttinger Modells" angeboten. Während die tiefenpsychologisch fundierte Gruppenpsychotherapie im Vergleich zur analytischen hinsichtlich der Indikation, der Wirkfaktoren und der Arbeitsweise eine zeitlich verkürzte, auf bestimmte pathologische Konflikte fokussierte Form darstellt, legte die klinische Erfahrung mit schweren strukturellen Störungen des Ichs und des Über-Ichs, so bei narzißtischen und bei Borderline-Persönlichkeiten, mit Abhängigkeits- und Suchtkranken wie bei anderen Verhaltensgestörten und auch bei psychosomatisch erkrankten Patienten, es nahe, nach einem anderen therapeutischen Zugangsweg zu suchen, wie er dann in der psychoanalytisch-interaktionellen Methode beschrieben wurde (HEIGL-EVERS und HEIGL, 1979 f, 1983 b, 1985; HEIGL-EVERS und HENNEBERG-MÖNCH, 1985, 1986, 1990 b; HEIGL-EVERS und OTT, 1993; HEIGL-EVERS und STREECK 1983, 1985; KÖNIG und LINDNER, 1991; STREECK, 1980).

5.5 Rahmenbedingungen

Die Gruppenpsychotherapie ist in ihrem Kern, im zentralen Geschehen ein Interaktionsprozeß zwischen den Beteiligten, den Patienten und dem Therapeuten. Es geht um ein Geschehen, um einen durch individuelle seelische und durch zwischenmenschliche interpersonelle Dynamik bestimmten Ablauf. Diesem Prozeß wird durch sogenannte Rahmenbedingungen eine Art Einfassung gegeben, vergleichbar vielleicht den Uferfassungen eines fließenden Gewässers. Auch der Rahmen enthält dynamische Elemente, ist jedoch vornehmlich durch Konstanten bestimmt. Zu den Konstanten, zu dem relativ Unveränderlichen, gehört z.B. der vom Therapeuten für die Gruppensitzungen angebotene **Raum**. Dieser Raum sollte hinsichtlich Temperatur, Beleuchtung und Farbgebung angenehm-freundlich sein, d.h. keine stärkeren Reizqualitäten vermitteln. Die Sitzmöbel sollten nicht auf eine Hierarchie hinweisen. Sie sollten hinsichtlich der Körperhaltung sowohl ein ausreichendes Maß an Gefaßtheit wie an Entspanntheit ermöglichen. Die ästhetische Gestaltung des Raumes sollte die Individualität des Therapeuten in dezenter Weise erkennbar werden lassen. Er sollte akustisch ausreichend abgeschirmt sein, d.h. die Gewähr von Diskretion bieten. Zum Setting gehört auch der Faktor der **Zeit**, z.B. der Wochentag, bzw. die Wochentage, an denen Gruppensitzungen stattfinden (Montag vs. Freitag) wie auch die Tageszeit.

Zu den Rahmenbedingungen eines Gruppenprozesses gehören auch die **Institutionen**, in denen der Therapeut arbeitet und die sein Erleben und Verhalten ebenso wie das der Patienten beeinflussen. Die in unserer Gesellschaft und in unserem medizinischen Versorgungssystem möglichen Institutionen sind die der Praxis eines niedergelassenen Therapeuten, sind Beratungsstellen und Polikliniken, sind Tageskliniken und Kliniken. Im weiteren ist auch an das **soziokulturelle Umfeld** zu denken, in dem diese Institutionen angesiedelt sind. So ist zu unterscheiden zwischen einer Großstadtpraxis in einem Bereich, in dem der einzelne Therapeut keine oder wenig persönliche Kontakte unterhält, und dem einer ländlichen oder Kleinstadtpraxis mit einem entsprechend hohen Bekanntheitsgrad der Gruppenteilnehmer und des Therapeuten. Es ist zu unterscheiden zwischen der Ambulanz einer universitären Poliklinik, die auch Aufgaben von Forschung und Lehre zu erfüllen hat, und der einer Fachabteilung in einem allgemeinen Krankenhaus oder in einer kirchlichen oder anderweitigen caritativen Einrichtung. Kliniken unterscheiden sich je nach ihrer geographischen Ansiedlung, entweder im Zusammenhang einer Großstadt oder in idyllisch-abgelegener Landschaft, im „Grünen". In teilstationären und stationären Einrichtungen ist dann auch die alltägliche Kommunikationsdichte der Teilnehmer außerhalb der therapeutischen Sitzungen im Auge zu behalten. Auch für den Therapeuten macht es einen Unterschied, ob seine in einer Klein-Kommune gelegene Praxis den Gruppenpatienten Einblicke in seine persönlichen Lebensverhältnisse erlaubt oder ob er in dieser Hinsicht durch die gewisse Anonymität einer Großstadtpraxis, eines Großstadtumfeldes relativ geschützt ist.

Der **sozioökonomische Rahmen** ist gleichfalls nicht ohne Belang. Die finanzielle Bewertung der Gruppentherapie in der kassenärztlichen Versorgung ist eine andere als die in der privatärztlichen. Sollte es im Zuge der Reform des Gesundheitswesens zu einer Zuzahlung der Patienten kommen, so wäre der Rahmen der Gruppenpsychotherapie natürlich verändert.

Auch die in der Öffentlichkeit vorherrschende **Bewertung von Gruppenprozessen** generell und von Therapiegruppen speziell wird die Therapie beeinflussen. In den Endsechziger Jahren, den Jahren studentischer Bewegung und Jugendunruhe, war eine Art Gruppenboom auch in der Therapie zu beobachten. Dieser wurde in der ambulanten Versorgung, speziell in ihren psychoanalytisch beeinflußten Bereichen in der Zeit danach durch eine verstärkte Ausrichtung auf das Individuum abgelöst, u. a. unter dem Einfluß moderner Narzißmustheorien (s. KOHUT, 1973, 1979). Heute wird hier und da die Bedeutung von Solidarisierungsprozessen in der Gesellschaft und im öffentlichen Leben stärker hervorgehoben und im Zusammenhang damit werden Gruppenbildungen überhaupt und auch die Therapiegruppen wieder mit größerem Interesse bedacht.

Zu den Rahmenbedingungen des Gruppenprozesses im engeren Sinne gehört die **Gruppenformation**: Es ist ein Unterschied, ob sich der Grup-

penprozeß in geschlossener Formation entfaltet, d. h. in einer von Beginn bis zu ihrem Abschluß konstanten Zusammensetzung, oder ob sich der Gruppenprozeß unter der Bedingung einer halboffenen Formation vollzieht, d. h. einer Gruppe, die sich in gewissen Abständen dadurch ändert, daß einzelne Teilnehmer ausscheiden und neue hinzukommen. Es ist ferner ein Unterschied, ob die Gruppe in offener Formation behandelt wird, d. h. bei kurzfristigem Wechsel der Teilnehmer, wie es in Folge begrenzter Verweildauer unter den Bedingungen einer stationären Therapie vorkommt, oder ob sie in geschlossener Formation behandelt wird; die geschlossene Gruppe fördert die Entstehung von Kohäsion, sie sichert ein größeres Maß an Konstanz und trägt so dazu bei, daß sich auch ein höheres Maß an wechselseitigem Vertrauen herstellen kann. Dieses Vertrauen begünstigt wiederum die Minderung der Abwehr von solchen Inhalten, deren Mitteilung im halböffentlichen Raum der Gruppe von den Teilnehmern zunächst gescheut wird. Im Vergleich zur halboffenen Formation bietet die geschlossene Gruppe keine Möglichkeit, sich mit neuhinzukommenden Mitgliedern und deren Integration zu beschäftigen, ebensowenig wie mit den Themen der Trennung und des Abschieds von ausscheidenden, m. a. W. die Formation der halboffenen Gruppe bietet größere Chancen zur Integration von neu hinzukommenden und zur Trennung von vertrautgewordenen Teilnehmern (ENKE 1994).

Die Rahmenbedingungen für den Gruppenprozeß werden auch durch die **Zusammensetzung** der Mitglieder unterschiedlich bestimmt. So ist es ein Unterschied, ob die Gruppe mehr krankheits- oder symptomhomogen zusammengesetzt oder ob sie in dieser Hinsicht heterogen ist. Homogenität bzw. Heterogenität können auch hinsichtlich Geschlecht, Alter, Schichtzugehörigkeit, Bildungsstand, ethnischer und religiöser Zugehörigkeit angestrebt werden. Auch hier wird der Gruppenprozeß anders beeinflußt werden, anders verlaufen, je nachdem, ob hier mehr Gleichheit oder Verschiedenheit herrscht. Besteht Homogenität, wird sich das Element der Schicksalsanteiligkeit stärker ausprägen und wird sich damit vermehrt die Möglichkeit wechselseitiger Identifizierung anbieten, ist dagegen Heterogenität vorherrschend, wird eher das Element der Konfrontation mit dem Andersartigen, mit der Alterität, der Verschiedenheit wirksam werden (HEIGL-EVERS und SEIDLER, 1993). Da Formation und Zusammensetzung in Abhängigkeit vom institutionellen Rahmen oft nur wenig variiert werden können, muß vom Therapeuten um so sorgfältiger bedacht werden, wie sich die durch die jeweilige Institution festgelegten Bedingungen auf den Gruppenprozeß und damit auch auf die Veränderungschancen des Einzelnen auswirken. Sind die Gruppen heterogen zusammengesetzt, so ist darauf zu achten, daß die vorgegebene Distanz zu dem je Andersartigen nicht zu groß ist und daß eine singuläre Repräsentanz von Andersartigkeit gegenüber der Gruppenmajorität vermieden wird, so die Teilnahme **eines** Schizophreniekranken an einer Gruppe von neurotisch Gestörten, die Teilnahme **eines** Mannes an einer Frauengruppe, die Teilnahme **eines** alten an einer Gruppe von jüngeren Menschen, die Teilnahme **eines** Schwarzafrikaners an einer Gruppe von Europäern. Ist ein Patient aufgrund singulärer Andersartigkeit und einer infolgedessen großen Distanz zur Gruppenmajorität im Zuge soziodynamischer Funktionsverteilung in die Omega-Position (SCHINDLER), in die des Außenseiters, Sündenbocks oder Prügelknaben geraten, dann kann folgendes passieren: Der von der Majorität auf ihn ausgeübte Druck kann seine Toleranzgrenzen überschreiten, so daß er sich der Gruppe entzieht, oder es kann geschehen daß die Majorität ihm gegenüber einen solchen Haß entwickelt, ein solches Maß an Feindseligkeit, daß sie ihn nicht tolerieren kann, daß die Distanz zu ihm innerhalb der Gruppe zu groß wird, so daß er ausgestoßen werden muß. Beide Geschehnisse wären antitherapeutisch und sind deshalb durch therapeutische Interventionen zu verhindern.

Bei homogenen Gruppen dagegen, insbesondere bei krankheitshomogenen mit entsprechender Schicksalsanteiligkeit wie sie z.B. in den krankheitsbezogenen Selbsthilfegruppen (MÖLLER 1992) gegeben und gewollt ist, kann sich eine starke Abschottung gegen das Umfeld ergeben. Andererseits kann der Faktor der Schicksalsanteiligkeit (YALOM 1989) einen starken Anreiz bilden, die eigene Krankheit und Störung zu akzeptieren und die damit häufig verbundene narzißtische Kränkung zu ertragen, um mit Unterstützung von Schicksalgefährten Lösungen zu ihrer Milderung

zu finden. Neben der Formation der Gruppe ist also auch ihre Zusammensetzung eine wichtige Rahmenbedingung für den therapeutischen Prozeß.

Wichtig ist es, auf **rahmenbezogene Konflikte** zu achten, diese rechtzeitig zu diagnostizieren und gründlich zu bearbeiten, so z.B. Konflikte, die sich daraus ergeben, daß der Gruppenleiter sowohl als Schützer des Gruppenprozesses und der darin angebotenen Freimütigkeit der Mitteilungen fungiert wie auch als Hüter der Hausordnung der Klinik (s.d. FÜRSTENAU, 1986; HEIGL-EVERS und HEIGL, 1995).

5.6 Zur Vorbereitung auf die Gruppentherapie

Wie jede Therapie bedarf auch eine Gruppenpsychotherapie, bei der es sich in unserem Zusammenhang um an der Psychoanalyse orientierte Verfahren handelt, der Vorbereitung. Auch aus ethischer Sicht ist dabei vor allem auf die Herstellung eines informed consent zu achten, auf eine ausreichende Information des Patienten über das, was ihm mit einer solchen Therapie angeboten wird und was dabei auf ihn zukommt. Es läßt sich auf der Grundlage einer solchen im gründlichen Gespräch vermittelten Information eine gemeinsame Entscheidung für die Durchführung der Therapie erreichen.

Es ist im Vorbereitungsgespräch davon auszugehen, daß der Patient in der Regel als eine einzelne, als eine kranke oder gestörte oder anderweitig beeinträchtigte Person zu **einem** Therapeuten kommt, von dem er Hilfeleistung erwartet. Es gehört zur Vorbereitung einer Gruppentherapie, daß zwischen den beiden primären Partnern (Patient/Therapeut) darüber gesprochen wird, daß der Therapeut für diese Behandlung die Einführung eines **Dritten**, eben einer Gruppe für angezeigt hält, wobei sich diese Gruppe aus gleichfalls Hilfesuchenden zusammensetzt. Es muß dem Patienten nahegebracht und möglichst einleuchtend gemacht werden, daß eine solche Triangulierung, daß eine solche triadische Konstellation des therapeutischen Feldes ihm hilfreich und förderlich sein kann. Es läßt sich darauf hinweisen, daß jeder Mensch in eine Gruppe hineingeboren wird, auch wenn zunächst die Beziehung zu **einem** Anderen, in der Regel der Mutter, eine besonders große Rolle spielt; denn diese Mutter bewegt sich ihrerseits in Gruppenbeziehungen. Man darf darauf hinweisen, daß, jedenfalls nach der Krankheitslehre der Psychoanalyse, seelisch bedingte Erkrankungen, Störungen, Beeinträchtigungen in der Regel ihre frühen Ansätze in den ersten Beziehungserfahrungen und den darauffolgenden haben. Das Leben der Angehörigen der Species humana vollzieht sich sowohl in naturvölkischen wie in sogenannten Kulturkollektiven über den Lebensablauf des einzelnen hin in Gruppen. Gruppen sind daher wichtige Erlebensfelder für die Darstellung von Konflikten und anderen beeinträchtigenden und möglicherweise krankheitserzeugenden Spannungen.

Ferner muß Verständigung darüber erreicht werden, wie es zu heilender Veränderung in einem Gruppenprozeß kommen kann und welche Bedeutung in diesem Zusammenhang die Befolgung der **Regel der freien Interaktion** hat; d.h. die Entfaltung größtmöglicher Freimütigkeit in Äußerung und Mitteilung unter ganz besonderer Beachtung der sich gegen diese freimütige Mitteilung richtenden Widerstände und Abwehrvorgänge. Es sollte dem Patienten deutlich geworden sein, daß es sich bei Widerstand und Abwehr nicht um etwas negativ zu Bewertendes handelt, sondern um wichtige Elemente seiner Persönlichkeit und seiner Erlebensverarbeitung. Wichtig ist auch die Klärung der **Aufgaben des Therapeuten**, der die interaktionellen Prozesse in der Gruppe mitvollzieht unter eingehender Berücksichtigung auch seines eigenen Erlebens und der versucht, Verstehenszusammenhänge in bezug auf diese Abläufe zu entdecken und zu vermitteln. Der Patient sollte sich eingeladen fühlen, an dieser Aktivität des Therapeuten – verstehendes Begreifen des Prozesses – seinerseits teilzunehmen. Auf diese Weise werden **Arbeitsbeziehungen** (s. KÖNIG, 1974) vorbereitet.

Auch die **Rahmenbedingungen** der Gruppe sind sorgfältig zu besprechen, der Faktor Zeit (Gesamtdauer und Dauer der Sitzungen), die Frequenz der Sitzungen, natürlich auch der Modus der Bezahlung, der künftig, falls es zu Zuzahlungen der Patienten kommt, eine noch größere Rolle spielen wird, die Regelung von Ausfallhonoraren.

Falls die Behandlung im Rahmen der gesetzlichen Krankenversicherungen auf der Basis der Richtlinien-Psychotherapie der kassenärztlichen Bundesvereinigung durchgeführt wird, ist es wichtig, auf das in diesem Rahmen eingeführte Antrags- und Begutachtungsverfahren hinzuweisen, wodurch die Wirtschaftlichkeit der vorgeschlagenen Therapie unter dem Aspekt der Solidargemeinschaft der Versicherten geprüft werden soll. In dem Zusammenhang ist auch auf die für das jeweilige Verfahren festgelegten Regelzeiten hinzuweisen.

5.7 Zu den therapeutischen Zielen

Das Ziel der psychoanalytisch-deutenden Therapie liegt darin, dem Patienten zu helfen, sich einen Zugang zu seinen ihm unbewußten psychischen Konflikten zu verschaffen, zu jenen Konflikten, die zu Kompromissen von Krankheitswert (zu psychoneurotischen oder symptomneurotischen Phänomenen oder zu funktionellen Organstörungen) geführt haben, wie sie in der speziellen Neurosenlehre der Psychoanalyse dargestellt werden. Durch eine Erweiterung des Zugangs zum Unbewußten sollen die genannten Konflikte für das Ich des Patienten erlebbar und verstehbar werden und schließlich von ihm besser gehandhabt werden können; mit anderen Worten: das Ich des Patienten soll lernen, über die durch solche Konflikte und die dazugehörigen Kompromisse bislang gebundenen Kräfte quantitativ und qualitativ besser zu verfügen. Schließlich soll auf diese Weise das Ziel jeder Therapie, Heilung von Krankheit oder Symptom-Minimalisierung erreicht werden.

Kompromisse unbewußter Konflikte sind zu verstehen als Resultate eines Widerstreits seelischer Kräfte. Dieser Widerstreit ist zunächst mit der Beziehung zu den bedeutsamen anderen der frühen Kindheit und später mit dem eigenen Selbstbild unvereinbar und daher unerträglich, so daß er ins Unbewußte verwiesen und dort festgehalten wird. Die Kräfte, die den Konflikt dort festhalten, bilden eine seiner Komponenten; es handelt sich um die Komponente der sogenannten Abwehr, welche die andere, die abzuwehrende Bedürfnis- oder Wunschkomponente, dem bewußten Erleben fernhält. Der zur Abwehr gehörige Prozeß, als das ihr eigentümliche Element der Veränderung, wird in der Sprache der Psychoanalyse als Verdrängung (Urverdrängung und Nachdrängen) und – im weiteren Sinne – als Abwehrvorgang oder Abwehrmechanismus bezeichnet. Die gegen die Verdrängung gerichteten Kräfte, bei denen es sich im Kern um stark mit Triebenergie besetzte Triebrepräsentanzen und/oder um Objekt-, Selbst- und Objektbeziehungs-Repräsentanzen handelt, sind auf „Wiederkehr des Verdrängten" ins Bewußtsein und in den Bereich des gesteuerten Handelns ausgerichtet. Im Prozeß der Therapie wirken die auf Wiederkehr drängenden Kräfte Angst-mobilisierend, die auf Verdrängung oder auf sonstige Abwehr abzielenden Kräfte Widerstand-mobilisierend.

Bei Einsatz der **psychoanalytisch-interaktionellen Methode** geht es dagegen darum, die interaktionelle Verarbeitung der durch präödipalen Rückzug gekennzeichneten Vermeidung der ödipalen Konflikte, die die Ebene des manifesten Verhaltens kennzeichnet, für die Patienten allmählich erlebbar und verstehbar werden zu lassen. Es handelt sich um ein in der Regel Ich-syntones Verhalten, von dessen Richtigkeit und Berechtigung der Patient quasi durchdrungen ist. Hier geht es darum, durch das Auslösen von ‚Stutzen' und ‚Betroffenheit' eine erste Distanzierung zu diesen Verhaltensformen zu ermöglichen und sodann eine schrittweise Progression in Richtung von Verdrängung, Verzicht und stabiler Kompromißbildungen anzuregen.

5.8 Mittel und Wege der analytischen Gruppentherapie

Die analytisch-therapeutische Gruppe entwickelt sich in einem *halb-öffentlichen* Raum. Dieser Raum ist so geartet, daß er dem Privaten einen Zugangsweg öffnet. Das der Öffentlichkeit grundsätzlich vorenthaltene Private trägt in der Regel Züge des Regressiven: Es sind gerade die regressiven Erlebnisinhalte, die auf der Linie psychoanalytischer Aufklärung öffentlich werden, d. h. in den Interaktionen der Gruppe in Erschei-

nung treten sollen, damit sie in ihren Sinnzusammenhängen verstanden und begriffen und dem reflektierenden und steuernden Ich verfügbar werden können. Das zeitweilige Zurückgehen ermöglicht ein Fortschreiten in Richtung größerer Differenzierung im Sinne des Reculer pour mieux sauter. Die erforderliche Umstellung der (Gruppen-)-Teilnehmer auf Regression wird durch therapeutische Techniken gefördert und gesteuert. Für den analytischen Gruppenpsychotherapeuten sind dies insbesondere die Minimalstrukturierung der Behandlungssituation, die Einführung der Regel der freien Interaktion, die Beachtung der Einstellungen von Abstinenz und Neutralität sowie die Interventionstechniken des Therapeuten.

Bei der gruppentherapeutischen Behandlung strukturell gestörter Patienten bedarf es einer solchen Förderung regressiver Prozesse deswegen nicht, weil sich hier im halb-öffentlichen Raum der Gruppe regressives Erleben und Verhalten im Sinne primitiver Übertragung schnell und direkt darstellt und interaktionell inszeniert wird. Wir werden im folgenden jeweils auf die Besonderheiten des analytischen Vorgehens einerseits und des psychoanalytisch-interaktionellen Vorgehens andererseits eingehen.

Minimalstrukturierung (HEIGL-EVERS und HEIGL, 1972, S. 155; 1973, S. 133 f.; HEIGL-EVERS und ROSIN, 1984; HEIGL-EVERS und STREECK, 1978, S. 2681 f.) bedeutet, daß für die Zusammenarbeit in der Gruppe von seiten des Therapeuten bis auf eine Ausnahme keine Normen und Regeln eingeführt werden; die in der sozialen Realität üblicherweise gültigen Konventionen werden für die Dauer der Gruppensitzung ausdrücklich dispensiert, also zeitweilig aufgehoben.

Bei der *Regel der freien Interaktion* (HEIGL-EVERS und HEIGL, 1968, 1975 a, S. 239) als einer Art Metanorm (HEIGL-EVERS und STREECK, 1978) handelt es sich um die an die Behandlungssituation in der Gruppe adaptierte Regel der freien Assoziation als der Grundregel der Psychoanalyse. Sie legt den Gruppenteilnehmern nahe, sich in der Gruppe so freimütig und selektionsfrei zu äußern, wie es ihnen irgend möglich erscheint. Dabei soll die Äußerungsform die der sprachlichen Vermittlung mitsamt mimisch-gestischem Ausdrucksverhalten sein.

Die *Abstinenz des Analytikers* bedeutet, daß er

die im therapeutischen Prozeß auftretenden Triebbedürfnisse, narzißtischen Bedürftigkeiten und infantilen (Interaktions-)Wünsche nicht befriedigt und somit dazu anregt, sie in ihren Entstehenszusammenhängen und in ihrer Qualität durch immer präzisere sprachliche Fassung zunehmend verstehbar werden zu lassen (HEIGL-EVERS und HEIGL, 1979 d, S. 779 ff.); *Neutralität des Analytikers* bedeutet, daß dieser sich bemüht, im therapeutischen Prozeß zum Es, zum Ich und zum Über-Ich seiner Patienten eine etwa gleichweite Distanz einzuhalten, d. h. eine einseitige Parteinahme zu vermeiden.

Diese Techniken führen in der Gruppe zu einer Verunsicherung der interpersonellen Orientierung, zu einem *inneren Notstand* (HEIGL-EVERS und SCHULTE-HERBRÜGGEN, 1977). Die gewohnte Art und Weise, sich mit der äußeren Realität vertraut zu machen, ist hier nur begrenzt hilfreich; die Verhaltenserwartungen, die man wechselseitig aneinander richtet, werden oft nicht erfüllt, und auch im eigenen Inneren wird Unvertrautes spürbar. So entsteht die beunruhigende Frage: Wie soll ich mich verhalten? – wodurch regressive Vorgänge ausgelöst werden. In dieser Situation treten dem Therapeuten, aber auch den Mitpatienten gegenüber Erlebnisweisen auf, die den Betreffenden einer Person der frühen Lebensgeschichte ähnlich werden lassen. Die Wiederbelebung früher Bezugspersonen und des mit ihnen verbundenen konflikthaften Beziehungsmusters – in der Psychoanalyse als Übertragung bezeichnet – bedeutet eine regrediente Annäherung an Erlebnisinhalte von jener seelischen Qualität, die FREUD als „unbewußt" bezeichnet hat.

Unbewußte Vorgänge, so die Ausssage der psychoanalytischen Strukturtheorie, gibt es nicht nur im Es, sondern auch im Ich und im Über-Ich. Es handelt sich um bestimmte, durch Verdrängung oder anders geartete Abwehr dem bewußten Erleben ferngehaltene seelische Anteile. Die durch die zuvor genannten Techniken geförderte regressive Umstellung des Patienten verhindert oder erschwert zumindest eine selbstkritische Selektion der Mitteilungen, und so liefert der Patient auch in der Gruppe eine Fülle von Gedanken, Einfällen und Erinnerungen, die unter dem Einfluß unbewußter Bearbeitungsvorgänge stehen.

Regression strebt hin zu zeitlich und/oder formal zurückliegenden Erlebens- und Verhaltens- modi; sie kann die Triebentwicklung, die Organisation narzißtischer Bedürftigkeit, die Objektbeziehungen wie auch die Entwicklung von Ich und Überich betreffen. Wiederbelebt werden jeweils bestimmte Erfahrungen von Befriedigung, bestimmte Objektwahlen und Beziehungsformen, bestimmte Abwehrmaßnahmen des Ichs und bestimmte Vorläufer des Überichs, die sich sodann im Gruppenprozeß abbilden. Diese Abbildungen und Niederschläge von Regression vermitteln sich dem Therapeuten über Interaktionsfiguren und Kommunikationsmuster, über sprachliche Gestaltungen, über die mimische und gestische Expression von Affekten, über psychosoziale Kompromißbildungen, über Phantasien. Zu dem Letztgenannten können auch Träume gehören, die etwa im Kontext des Gruppenprozesses produziert wurden und die aktuelle Regressionsstufe oft eindrucksvoll abbilden. Die regrediente Annäherung an die unbewußten Anteile der seelischen Strukturen führt nicht nur zur Wiederbelebung der infantilen Wünsche, sondern auch der damit verbundenen Gefahren; diese sind mit Angst oder depressivem Affekt, mit Scham- oder mit Schuldgefühlen verbunden, die in der Regel als unbewußte Signale Abwehr auslösen und dadurch zum Verschwinden gebracht werden und im Falle regressiver Mobilisierung wieder auftauchen.

Jeder Gruppenteilnehmer steht vor der Entscheidung, ob er in Befolgung der Regel der freien Interaktion seine Privatheit „als selektive Kontrolle über den Zugang zu seinem Selbst" (ALTMAN, 1975, S. 18) dem Therapeuten, aber auch den anderen Patienten gegenüber partiell aufgeben, zumindest aber reduzieren soll. Das Private wird durch Mitteilung öffentlich und gewinnt erst dadurch Realität (ARENDT, 1978). Das realitätsangepaßte erwachsene Ich des Patienten mit der ihm eigenen Identität hatte dieses Private dem Öffentlichwerden bis dahin vorenthalten und es somit gehindert, real zu werden. Dieses dem Öffentlichwerden Vorenthaltene ist einerseits erinnerbar und damit grundsätzlich mitteilbar; es ist andererseits aber auch das mit Nachdruck Vergessene, das Verdrängte oder in anderer Weise vom bewußten Erleben Abgewehrte. Solche unbewußten Inhalte des Privaten sind nur auf regressivem Wege erreichbar und somit potentiell mitteilbar (HEIGL-EVERS und ROSIN, 1984, S. 96–97).

Die einen solchen regressiven Prozeß fördernden und steuernden Interventionstechniken sind am *Prinzip „Deutung"* der Psychoanalyse orientiert. Sie zielen darauf ab, verborgene Sinnzusammenhänge aufzuspüren und aufzuzeigen, um letztlich den pathogenen unbewußten Konflikt erreichbar und verstehbar werden zu lassen. Es geht hier ebenso wie in der traditionellen Einzelanalyse darum, durch Einsatz einer hermeneutischen Lesart, die verzerrten, entstellten, zerrissenen Zusammenhänge, die dem manifest Mitgeteiltem unterliegen, zu entzerren und wieder zu verknüpfen. Um den manifesten Inhalten ihren verborgenen Sinn abgewinnen zu können, ist es notwendig, sie als ein Resultat sowohl von Übertragung wie von Gegenübertragung zu identifizieren.

Das hier Gesagte gilt für Gruppen, deren Teilnehmer Störungssyndrome und Psychopathologien zeigen, die durch Abwehrmechanismen höherer Ordnung gekennzeichnet sind, m. a. W.: bei denen sich die Konfliktdynamik auf der inneren Bühne (subjektive Realität) abspielt.

Für die Patienten, die für die Verarbeitung innerer Unverträglichkeiten solche Abwehrmechanismen (vom Typ der Verdrängung) nicht verfügbar haben, die keine inneren Konfliktspannungen errichten konnten, die stattdessen ihre inneren Unverträglichkeiten unter Einbeziehung sozialer Bezugspersonen, also in einem Feld der äußeren Realität abwickeln, sind andere therapeutische Einstellungen und Techniken erforderlich. Regression sollte hier deswegen nicht gefördert werden, weil diese Patienten im Zusammenhang ihrer Störungen sich bereits auf einem regressiven Niveau befinden und ihr manifestes Verhalten, ihre Interaktionen mit anderen entsprechend gestalten, um auf diese Weise innere Unverträglichkeiten kompensierend zu verarbeiten. Die Förderung weiterer Regression in der Therapie würde schnell zu malignen Phänomenen führen, zu Formen innerer Desintegration und Desorganisation.

Bei der Behandlung dieser Patienten kann am Prinzip der *Minimalstrukturierung* festgehalten werden, für die *Regel der freien Interaktion* legt sich jedoch eine Einschränkung nahe: Freimütigkeit soll in dem Maße geübt werden, in dem es dem Betreffenden möglich und aus seiner Sicht den anderen zumutbar ist (Beachtung der Toleranzgrenzen der Anderen). Die im Kontext einer solchen Therapie angezeigten Grundeinstellungen sind die der *Präsenz*, des *Respekts* und der *Akzeptanz*. Es geht also darum, im Sinne von Präsenz die auf den Patienten (und gleichzeitig auf die eigene innere Welt) gerichtete Wahrnehmung zu intensivieren; ferner darum, gegenüber der Person des Patienten, gegenüber seiner Geschichte, insbesondere der Geschichte seiner Störungen und vor allem auch den Verarbeitungs- und Bewältigungsformen seiner Psychopathologie, Respekt zu bezeugen. Dazu kommt die Bemühung um möglichst uneingeschränkte Akzeptanz des Anderen in seinem wie auch immer gearteten Gewordensein, eine Einstellung, die häufig nur unter Rückbesinnung auf Schicksalsanteiligkeit mit dem Patienten und daraus entwickeltem Erbarmen zu leisten ist.

Auch hinsichtlich der *Interventionsprinzipien* empfiehlt sich hier eine grundsätzliche Unterscheidung vom therapeutischen Umgang mit der Pathologie innerer Konflikte. Der Therapeut ist, wenn es um das therapeutische Eingehen auf die interaktionellen Niederschläge innerer Unverträglichkeiten geht, in der Authentizität seiner Person gefordert, in der Bereitschaft, therapeutisch angemessene ‚Antworten' zu geben.

Die Einführung der ‚Antwort' in die Therapie heißt, den Patienten mit dem Nicht-Erwarteten, dem Nicht-Vertrauten, dem Andersartigen schrittweise zu konfrontieren; sie bedeutet das Erscheinen des ‚Dritten' in den zunächst dyadisch oder pseudo-dyadisch konstellierten Interaktionen der Gruppe.

5.9 Struktur und Prozeß in der therapeutischen Gruppe

Mit der Konstellation ‚Gruppe' wird dem einzelnen Patienten eine Triangulierung und damit auch eine ödipale Konfiguration angeboten. Wenn der Therapeut dem Patienten erläutert, daß er, um therapeutisch hilfreich sein zu können, des Mediums ‚Gruppe', also eines Dritten bedarf, und wenn der Patient eine solche Konfiguration im Ansatz akzeptiert, dann ist einer Re-Inszenierung triangulärer und speziell ödipaler Konflikte der Boden bereitet. Doch bietet die ‚Gruppe' auch noch andere *Übertragungsauslöser* an (KÖNIG, 1976, 1982).

In den ersten Augenblicken, nachdem sich eine Gruppe von Patienten zu einer Sitzung zusammengefunden hat, und in verstärktem Maße dann, wenn sich die Anderen untereinander nicht oder nur wenig kennen, stellt sich beim Einzelnen mehr oder weniger regelmäßig ein bestimmtes Erleben ein, das in seiner Qualität – wenn auch nicht in seiner Intensität – von der individuellen Persönlichkeitsstruktur und/oder den individuellen psychischen Konflikten weitgehend unabhängig zu sein scheint: Die besondere Reizkonfiguration, der sich der Einzelne in einer solchen Gruppe ausgesetzt fühlt. Die Konfrontation mit einer Mehrzahl präsenter Anderer, läßt dem Einzelnen diese Pluralität nicht nur als ein quantitatives ‚Mehr‘ erscheinen, sondern zugleich als ein ‚Größeres‘, ein größeres Unbekanntes und Unvertrautes; demgegenüber kann der Einzelne nur an dem ihm Vertrauten seines eigenen Selbst festhalten. Das wird auch dadurch bewirkt, daß im Gruppenprozeß mit der empfohlenen Freimütigkeit der Mitteilungen mit Unerwartetem, nicht Vorsehbarem, mit beim Einzelnen bislang abgewehrten Erlebenselementen zu rechnen ist. Diese Konfrontation mit der Mehrzahl und Mehrheit der Anderen, die als ein zunächst unbekanntes Größeres erfahren wird, ruft – vermittelt über Assoziationen und Erinnerungen – komplexere Phantasien wach, mit deren Aktualisierung eine vorübergehende Einschränkung kognitiver Funktionen korrespondiert. Die Mehrheit der Anderen wird vom Einzelnen als stark und mächtig erlebt; der Einzelne fühlt sich kleiner, schwächer, eventuell einflußlos bis ohnmächtig. Es sind Qualitäten des Erlebens, die frühkindlichen Erfahrungen analog sind, und wahrscheinlich haben sie in solchen Erfahrungen auch ihre Quelle. Es sind Wiederholungen des Erlebens eines abhängigen, kleinen und schwachen, eventuell ohnmächtigen Kindes gegenüber großen, mächtig-allmächtigen Objekten seiner Kindheit (BATTEGAY, 1992; BROCHER, 1967; HEIGL-EVERS und STREECK, 1978; KÖNIG und LINDNER, 1991; KUTTER, 1971; LINDNER, 1988). Solche Erfahrungen der Ohnmacht eigenen Kleinseins in Konfrontation mit etwas Mächtigem, Übermächtigem wird häufig mit traumatischen Erlebnissen in der frühen Kindheit aber auch in späteren Lebensabschnitten verbunden. Eine traumatische Situation ist dadurch gekennzeichnet, daß sie mit einer Reizüberflutung für

das betroffene Individuum verbunden ist und einer herabgesetzten, mit Verkennungen, Verzerrungen verbundenen Wahrnehmung der Realität sowie mit dem Erleben des Ausgeliefertseins, der Hilflosigkeit bis hin zur Ohnmacht. Es sind nicht übliche Kindheitskonstellationen, die zu solchen anhaltenden Phantasien von ganz klein und ganz groß führen, sondern eben Einwirkungen traumatischer Art, die aus unserer Sicht ein entscheidendes pathogenes Muster für seelisches Kranksein darstellen.

So hat BION (1961), orientiert an Konzepten von M. KLEIN, beschrieben, wie der Erwachsene, ähnlich wie ein Kleinkind zur mütterlichen Brust, Kontakt zum emotionalen Erleben der Gruppe, der er angehört, aufnehmen muß. Die damit einhergehenden psychischen Belastungen und Schwierigkeiten lassen ihn Zuflucht in regressiven Zuständen suchen, in Befindlichkeiten, die jenen Frühformen der Beziehung zwischen etwas sehr Kleinem und etwas sehr Großem entsprechen. Die Analogie des Erlebens erwachsener Gruppenteilnehmer in der Beziehung zum Objekt ‚Gruppe‘ und dem Erleben des Säuglings in der Beziehung zur Mutterbrust muß heute anders gesehen werden als BION es 1961 beschrieb. Die innere Notwendigkeit, eine Beziehung zum emotionalen Leben der Gruppe herzustellen, ist vielleicht aus den Beobachtungen heutiger Bindungsforschung zu begründen. Auf jeden Fall sind, wie BION es meinte, die beschriebenen basic assumptions als Abwehrreaktionen zu verstehen, als Angstabwehr in Gruppen. Diese Abwehrreaktionen können auch im Zusammenhang mit animalisch-archaischen Vorläufern des Umgangs mit Angst gesehen werden, mit den Reaktionen des Gegenangriffs (fight) der Flucht (flight), des Sich-Tot-Stellens im Sinne von passiv abwartender Dependenz (dependency) und des auf eine messianische Hoffnung ausgerichteten pairings, die mit dem Streben nach Überleben durch Fortzeugung und damit Sicherstellung der Art (Neo-Darwinismus) zusammenhängen könnte (s.d. auch KRETZSCHMER 1958, 1971). Das Erleben von ‚Gruppe‘ im Sinne eines großen mächtig-allmächtigen Anderen anstelle der Wahrnehmung einer Zusammenkunft mehrerer eigenständiger Individuen ist demnach eine Phantasie, die aus diesen regressiven Zuständen und Befindlichkeiten erwächst. Auch die Qualitäten, mit denen die in diesem Sinne phantasierte

‚Gruppe' vom Einzelnen ausgestattet wird, sind entsprechender Natur. Der Einzelne erlebt in solchen regressiven Zuständen einen Verlust an individueller Bestimmtheit, einer vorübergehenden Depersonalisation vergleichbar, die die Wahrnehmung individueller Bestimmtheiten der anderen Anwesenden verhindert und dazu führt, daß die Vielzahl einzelner Individuen im Erleben des Einzelnen wie ein globales Objekt (‚Gruppe') erfahren wird (s. d. BATTEGAY, 1992; HEIGL-EVERS, 1978, S. 37 f.).

Je unvertrauter und fremder die anderen Anwesenden dem Einzelnen noch sind, je weniger der Einzelne die Möglichkeit hatte, seine Phantasie und Illusion einer globalen Einheit dadurch aufzulösen, daß er in konkreter Interaktion erfährt, wer der jeweils einzelne Andere ist, desto eher wird diese Mehrzahl so erlebt, als handele es sich um ‚Gruppe' im Sinne der Phantasie eines einzigen Objekts mit primitiv-archaischen Qualitäten, eines Objekts, das potentiell entweder allumfassende Güte und Geborgenheit verspricht, ideal und vollkommen, oder aber destruktiv-verfolgend, verurteilend und entwertend und damit gefährlich ist. Mit dieser Phantasie korrespondieren primitive Affektdispositionen wie euphorisierende Hoffnung, durch das ‚gute' Objekt total befriedigt zu werden auf der einen Seite, Angst, Panik und Entsetzen als Antwort auf drohende Entwertung und Vernichtung, verbunden mit heftiger, als Notwehrberechtigung erlebter Wut gegenüber dem drohenden ‚bösen' Objekt auf der anderen Seite.

Die klinische Erfahrung lehrt, daß die beschriebenen regressiven Zustände und Phasen in der Gruppenpsychotherapie oft bestimmt sind durch die Verarbeitungen von traumatisierenden Erfahrungen, wie sie in jeder Phase menschlicher Entwicklung und menschlichen Lebens vorkommen können (besonders häufig sicherlich in der Kindheit und in der Pubertät) und von posttraumatischen Verfassungen. Diese Verarbeitungen sind insofern regredient, als sie zu den Traumata ‚zurückführen'. Ein erlebtes Trauma, ein von außen zugefügter Übergriff, sei er sexueller oder aggressiver (aggressiv-destruktiver) Art, bedeutet immer ein rücksichtsloses Verfügen über das betreffende Individuum, eine Nichtbeachtung von dessen insbesondere auch körperlichen Grenzen, ist somit Ausdruck einer totalen Respektlosigkeit und da-

mit verbundenen Abwertung und Entwertung. Falls es in den interaktionellen Abläufen einer Gruppe für den einzelnen Teilnehmer zu Retraumatisierungen kommt, zu retraumatisierenden Inszenierungen, ist damit in der Regel das Erleben von Entwertung verbunden mit den dazugehörigen Schamaffekten, u.U. häufig von unerträglicher Intensität. (‚Da kann man sich nur noch wegschämen', äußerte ein in dieser Weise betroffener Gruppenteilnehmer). Die größte in Gruppenprozessen dem Einzelnen drohende Gefahr wäre demnach die Entwertung, wie sie insbesondere zu traumatischen Erfahrungen gehört. Es stellt sich in diesem Zusammenhang auch die Frage, ob nicht für die Verursachung seelisch bedingter Erkrankungen eine Universalität traumatisierender Erfahrungen angenommen werden muß, wie Freud sie ursprünglich beschrieben und postuliert hatte, sie dann aufgegeben, zumindest stark reduziert aber wohl niemals ganz auf diese Hypothese verzichtet hatte, die neuerdings wieder intensiv klinisch diskutiert wird (s. HEIGL-EVERS und OTT, 1996; HIRSCH, 1996; KRUTZENBICHLER, 1996).

In welchem Ausmaß das Erleben und Verhalten des Einzelnen in der Gruppe im einen Extrem von primitiven Phantasien beherrscht wird oder aber im anderen Extrem zur gelungenen Bewältigung voranschreitet, ist nicht zuletzt abhängig von der individuellen psychischen Ökonomie der einzelnen Gruppenteilnehmer. Solange der Einzelne in der Gruppe unter der Einwirkung diffuser infantiler Phantasien steht, ohne sich im Sinne einer therapeutischen Ich-Spaltung diesen Phantasien selbstreflektierend zuwenden zu können, solange die für eine therapeutische Ich-Spaltung notwendigen Voraussetzungen in seiner psychischen Struktur nicht vorhanden sind, werden auch seine Anpassungsleistungen in der Gruppe nicht differenzierend voranschreiten können. Seine Bemühungen um Anpassung müssen regressiv ausfallen, d. h. unterhalb eines durch den Wunsch nach sozialer Einordnung bestimmten Niveaus bleiben.

Für das Voranschreiten zu dieser Stufe ist eine gelungene Verarbeitung der frühen Phasen von Individuation und Separation Voraussetzung; es muß dem Einzelnen möglich gewesen sein, über die Trennung von Repräsentanzen des Ideal-Selbst und des Real-Selbst eine rationale und realitätsangemessene Selbstbeurteilung zu entwickeln, sich über die Aufhebung früher Objekt-Spaltungen in ‚nur gute' und ‚nur böse' Repräsentanzen von Teilobjekten ein ausreichendes Maß an Autonomie als Basis zur Selbstbehauptung zu verschaffen und damit auch die Fähigkeit zu relativ angstfreier Abhängigkeit von Anderen und Bindung an sie. Es muß dem Einzelnen möglich gewesen sein, Mechanismen der Abwehr von Triebkräften auf höherem Strukturniveau auszubilden und schließlich, um die ödipale Situation bewältigen zu können, die Phasen der präödipalen Triebentwicklung vergleichsweise störungsfrei zu durchleben; orale, anale wie phallische Triebenergien libidinöser und aggressiver Qualität zu neutralisieren und zu integrieren, um sie – geleitet von Ich-Interessen – realitätsangemessen aktualisieren zu können.

Handelt es sich in der Krankheitsgenese nicht um traumatisierende Erfahrungen, sondern um Spannungen unbewußter Konflikte, wie sie für die Entstehung der neurotischen Störungen, die in der Regel eine höhere Struktur aufweisen als die basalen Störungen, von Bedeutung sind, dann werden folgende Phänomene beobachtbar:

Bei Vorherrschen einer *ödipalen Konfliktproblematik* konstelliert der Einzelne in der Gruppe seine ödipalen Konflikte in Dreiecksbeziehungen, die in verschiedener Weise auf den Therapeuten und auf die Gruppenmitglieder aufgeteilt werden können. Häufig wird das ödipale Dreieck zwischen dem Therapeuten und der übrigen Gesamtgruppe konstelliert; Therapeut und Gesamtgruppe werden dann wie zwei Objekte erlebt und mit den Qualitäten ödipaler Figuren ausgestattet – groß, stark, begehrenswert und verführerisch die eine Figur, mächtig, bedrohlich, strafend und potentiell vergeltend die andere.

Wenn eine *phallische Konfliktproblematik* das Erleben und Verhalten der Gruppenteilnehmer bestimmt, dann entwickelt sich das Gruppengeschehen unter dem Einfluß von Wünschen, gegenüber den Anderen strahlend hervorzutreten oder aber, unter dem Einfluß von Befürchtungen, phallischen Glanz nicht entfalten zu können und als unscheinbare (penislose) Figur unbeachtet zu bleiben. Der Therapeut und die Gesamtheit oder ein Teil der Gruppenmitglieder sind entweder bewunderte oder beneidete Träger strahlender phallischer Potenz; sie sind bekämpfte Rivalen oder aber phalluslose und unscheinbare Adressaten von Gleichgültigkeit und milder Verachtung.

Für Patienten, bei denen eine *anale Konfliktproblematik* im Vordergrund steht, geht es in der Gruppe in erster Linie um Autonomie, um Durchsetzung, Abhängigkeit oder Unterwerfung. Der Gruppentherapeut oder die Mehrheit der anderen Gruppenmitglieder werden wie mächtige Objekte erlebt, denen man sich unterwerfen muß, die man ohne Hoffnung auf Erfolg ohnmächtig bekämpft oder die man in wechselseitiger Verbindung und Verbrüderung im Protest zu entmachten versucht. Andere Gruppenteilnehmer werden oft als Konkurrenten erlebt, die entmachtet werden sollen oder denen man sich einschmeichelnd unterwirft.

Auf der Ebene einer *oralen Konfliktproblematik* werden die mächtigen Objekte – auch hier meist entweder der Therapeut oder die Gesamtheit der übrigen Gruppenmitglieder – als gute, versorgende, ernährende und bergende Figuren einerseits, als bedrohlich-verschlingende, gleichgültige und nicht-versorgende Figuren andererseits erlebt. Die Gruppenteilnehmer können sich unter dem Triebanspruch oraler Begierde zusammenschließen, oder die jeweils anderen in der Gruppe werden mit destruktivem oralem Neid als potentielle Bedrohung eigener Versorgungsansprüche erlebt.

5.10 Gruppenleistungen und hermeneutische Lesart des Therapeuten

Unter den skizzierten Voraussetzungen mobilisierter Konflikte führen in der Gruppe zu kompromißhaften Verarbeitungen, die sich als Gruppenleistungen organisieren (s. d. HEIGL-EVERS und HEIGL, 1979a, 1983c).

Gruppentherapie ist ein Prozeß pluraler Interaktion. Das bedeutet, daß der Therapeut sich an interaktionellen Abläufen und Phänomenen in Diagnostik und Therapie orientieren muß, wenn er diesen Prozeß verstehen und, ausgerichtet auf therapeutische Zielsetzungen, fördern will. Die Inhalte, die den Ablauf der Interaktionen bestimmen, entstammen den individuellen Erlebensbereichen von Konfliktspannungen und/oder von

Spannungen, die durch Abspaltungen innerer Unverträglichkeiten hervorgerufen werden. Sie werden in den Gruppeninteraktionen immer wieder zu einem für alle Beteiligten erträglichen Ausgleich gebracht (Reduzierung vor allem von unerträglichen Ängsten, Scham- und Schuldgefühlen, Triebimpulsen). Das jeweilige Verhalten der Teilnehmer im Gruppenprozeß läßt sich unter drei verschiedenen Aspekten interaktionellen Zusammenwirkens betrachten; dadurch wird die hermeneutische Lesart psychoanalytischen Deutens einsetzbar.

Bei der Ausrichtung therapeutischer Aufmerksamkeit auf direkt beobachtbares manifestes Verhalten sind es in der Regel Vereinbarungen unter den Teilnehmern, wodurch häufig – mehr unausdrücklich als ausdrücklich – festgelegt wird, welches Verhalten in dieser Gruppe, in dieser Sitzung als erwünscht gilt und welches nicht. Es geht um Normen und Gegennormen für das Gruppenverhalten als den ersten der genannten Aspekte *(Normative Regulierung)*. Diesen vordergründigen Regulierungen zuzuordnen sind Rollenverteilungen unter den Teilnehmern, die dem einzelnen einen kompromißhaften Ausgleich zwischen andrängenden, unbewußten Erlebensanteilen und deren Abwehr erlauben und das im Zusammenwirken mit anderen. So kommen *psychosoziale Kompromisse* zustande. Dies ist der zweite Aspekt des Verstehens des Gruppenverhaltens, der Aspekt der psychosozialen Kompromißbildung. Wird die therapeutische Aufmerksamkeit darauf gerichtet, dann werden solche psychosozialen Kompromißbildungen hermeneutisch zugänglich, d.h. können gedeutet werden. Unter dem dritten Aspekt des Verstehens lassen sich Hinweise auf *unbewußte Phantasieinhalte* ausmachen, die gleichfalls durch einen Prozeß interaktioneller, weitgehend unbewußter Kommunikation zustandekommen, dem Aspekt gemeinsamen Tagträumens der Gruppenteilnehmer. Eine solche gemeinsame, ich-modifizierte unbewußte Phantasie kann sich z.B. wie folgt darstellen: Die Gruppenteilnehmer sind von Vorstellungen und Gefühlen erfüllt, wonach der Gruppentherapeut oder die -therapeutin eine allvermögende, allspendende, allgütige Mutter-Gottheit ist, die dafür sorgen wird, daß es allen Angehörigen dieser Gruppe gut geht. Einer solchen gemeinsamen Phantasie, wonach der Gruppentherapeut eine

oral-emotionale Totalzuwendung und -versorgung sicherstellt, kann unter dem Aspekt der psychosozialen Konstellation ein Verhalten entsprechen, wonach jeder in der Gruppe in etwas variabler Weise bemüht ist, sich durch Freundlichkeit, Nachgiebigkeit, Verständnisbereitschaft, Bescheidenheit, Zurückhaltung als ein liebenswertes und betreuungswürdiges Wesen anzubieten. Es kann auch geschehen, daß einzelne Gruppenteilnehmer sich mit dem allversorgenden Wesen identifizieren und sich ihrerseits entsprechend um die anderen bemühen. Unter dem Aspekt der bewußten, der von uns so genannten normativen Regulierung würden dann Verhaltensweisen positiv bewertet, die durch Zurückhaltung, Bescheidenheit, hoffnungsvolles Abwarten, Verständnis- und Hilfsbereitschaft und ähnliche Einstellungen bestimmt sind. Dem zuwiderlaufende Verhaltensweisen würden dann eine entsprechende Ablehnung erfahren.

Die Konzeption der verschiedenen Ebenen des Gruppenverhaltens, wie sie eben noch einmal skizziert wurde, stellt den Versuch dar, das gesamte sprachliche sowie mimisch-gestische Handeln in der Gruppe im Sinne einer Gliederung, einer Struktur zu konzeptualisieren, um den Gruppenprozeß sowohl diagnostisch wie therapeutisch faßbar und zugänglich werden zu lassen. Es wird der Versuch gemacht, die zuvor beschriebene oder die genannte Gleichzeitigkeit der Erlebens- und Verhaltenselemente, die unter den Aspekten der psychoanalytischen Krankheitslehre zu beachten sind, zu gliedern. Es geht dabei um Abgewehrtes, um Ängstigendes und Bedrohliches, das dem bewußten Erleben ferngehalten werden muß. In den sprachlichen Äußerungen wird unter den Aspekten der von der Psychoanalyse eingeführten hermeneutischen Klärungstechnik (einmündend in Deutung) die Manifestation von Abwehr und Abgewehrtem aufgespürt. Dabei orientiert sich der Diagnostiker an den gruppenspezifischen Verarbeitungsformen der Normenbildung, der psychosozialen Kompromißbildung und des gemeinsamen Tagträumens der Gruppenteilnehmer. Bei dieser Konzeptualisierung wird davon ausgegangen, daß jedes sich über die Sprache ausformende Handeln alle Erlebenselemente des betreffenden Individuums enthält, daß nach den Worten von Freud wie auch in dichterischer Anhebung von Thomas Mann immer alles beisammen ist, das

Höchstdifferenzierte und das Dumpfest-Archaische. Die hier eingesetzte hermeneutische Vorgehensweise versucht, diese Elemente diskriminierend wahrzunehmen und konzeptuell zu fassen (s. dazu BOOTHE (vormals Weidenhammer) 1989, S. 83; HEIGL-EVERS und HEIGL 1973).

5.11 Übertragungsbeziehungen, Arbeitsbeziehungen, Interventionstechniken

Im Prozeß der therapeutischen Gruppen entwickeln sich zwischen den Gruppenteilnehmern Interaktionen, die als Niederschlag von Übertragung verstanden werden können; zu deren Verständnis verhilft dem Therapeuten ganz wesentlich seine Gegenübertragung. Dabei inszenieren sich – analog zur Einzeltherapie – in den Beziehungen der Gruppenteilnehmer und in den Beziehungen der Einzelnen zum Therapeuten und zur Gesamtgruppe Interaktionsabläufe, die der bewußten sprachlichen Verständigung entzogen sind (s. d. ARGELANDER, 1963/64; HEIGL-EVERS und HEIGL, 1979 b; LORENZER, 1970). Diese im einzelnen bereitliegenden, lebensgeschichtlich entstandenen Beziehungserfahrungen werden unter den Bedingungen einer therapeutischen Kleingruppe zu den zuvor beschriebenen Gruppenleistungen ausgestaltet (s. d. auch HEIGL-EVERS und STREECK, 1978, S. 2683–2688).

In analytischen und analytisch orientierten Gruppentherapien mit Patienten, die überwiegend an konfliktbedingten Psychopathologien leiden, gehen Abwehr und Abgewehrtes kompromißhafte Verbindungen ein; das gilt sowohl für die in der Gruppe ausgehandelten Verhaltensnormen (manifeste Aktion) wie für die dazugehörigen Rollenmuster mit ihren interaktionellen Verknüpfungen (latente Aktion) wie auch für die oft tagtraumartig ausgestalteten Modifikationen unbewußter Phantasien. In diesen Gruppenleistungen werden auch Widerstände wirksam, die sich z. B. gegen die Einsicht in und die Veränderung von Interaktionsmustern richten, die als Manifestationen von Übertragung zu verstehen sind oder die sich gegen die Aufklärung der in der Gruppe etablierten Normen wenden oder auch gegen die

Erweiterung des bewußten Erlebens durch Befolgung der Regel der freien Interaktion als eine Bemühung, die die Voraussetzung für eine veränderte Wahrnehmung der eigenen Person wie der anderen schafft.

Mit Hilfe von Deutungen und ihren Vorformen (konfrontieren, klarifizieren) wird jeder Teilnehmer in einer Reihe von Interventionsschritten auf ihm bis dahin unbekannte und daher zunächst befremdliche Inhalte seines Erlebens aufmerksam gemacht und zu ihrer emotionalen Erfahrung wie zu ihrer Einbeziehung in seine Sprache angeregt (s. d. FOULKES und ANTHONY, 1965; HEIGL-EVERS, 1967 b; HEIGL-EVERS und HEIGL, 1979 b; KÖNIG und LINDNER, 1991).

Die Patienten identifizieren sich in der Regel über kurz oder lang mit dem Verhaltensstil des Therapeuten in der Gruppe und damit auch mit seinem Konzept, Gruppenvorgänge zu verstehen: auf diese Weise verbündet sich ihr Ich in seinen kognitiven Funktionen mit dem analysierenden Ich des Therapeuten, und es entstehen sogenannte Arbeitsbeziehungen (s. d. HEIGL-EVERS und HENNEBERG-MÖNCH, 1990 b; KÖNIG, 1974; KÖNIG und LINDNER, 1991). In den Arbeitsbeziehungen stellen die Gruppenmitglieder ihre Wahrnehmungs- und Urteilsfunktionen in den Dienst der analytischen Aufklärung.

In den Übertragungsbeziehungen, die durch die Befolgung der Regel der freien Interaktion gefördert werden, treten diese Funktionen zurück; es entstehen therapeutisch wichtige, übertragungsbedingte Verzerrungen und Verkennungen des realen Anderen. Im Verlaufe eines Gruppenprozesses, ja sogar während einer einzelnen Sitzung, können – alternierend – jeweils die Arbeitsbeziehungen oder die Übertragungsbeziehungen mehr im Vordergrund stehen. Als Realbeziehungen bezeichnet man dabei solche Verhaltensweisen der Gruppenmitglieder gegenüber den Anderen und dem Therapeuten, die durch realistische Erwartungen und realistische Urteile gegenüber dem jeweils Anderen gekennzeichnet sind. Die Arbeitsbeziehungen sind Bestandteil der Realbeziehungen.

Patienten, bei denen *die psychoanalytisch-interaktionelle oder antwortende Gruppenmethode* indiziert erscheint, sind in der Anfangsphase der Behandlung zumeist nicht fähig, Arbeitsbeziehungen zu entwickeln. Sie sind m. a. W. nicht fähig zu dem, was von STERBA (1934) als therapeutische Ich-Spaltung bezeichnet wurde. Sie sind mit ihren Verhaltensmustern, die unter klinischem Aspekt als Phänomene von Psychopathologie imponieren, voll identifiziert, halten sie für realistisch und sind zunächst nicht in der Lage, deren Störungscharakter zu sehen und anzuerkennen. Infolgedessen sind sie weder fähig noch willens, sich davon kritisch-reflektierend zu distanzieren und, in einem Arbeitsbündnis mit dem Analytiker, zu Einsicht und Veränderung zu gelangen. Die Voraussetzungen für die Herstellung von Arbeitsbeziehungen müssen durch die Therapie erst geschaffen werden; das geschieht so, daß der Therapeut die Patienten über antwortendes Intervenieren und Übernahme von Hilfs-Ich-Funktionen und den Umgang mit Affekten laufend mit ihren apersonalen Objektbeziehungsmustern und den dazugehörigen Defiziten und Kompensationsversuchen konfrontiert. Übertragungsbeziehungen müssen nicht, wie im Fall von Neurosekranken, mehr oder weniger mühsam durch Förderung regressiver Prozesse erst hergestellt werden; Übertragung manifestiert sich in einer primitiven Form sehr schnell und direkt; denn die dominanten (als psychopathologisch zu bewertenden) (Teil-)Objektbeziehungsmuster werden transferiert in soziale Interaktionsmuster, die für das Erleben des Patienten zur Aufrechterhaltung bio-psychologischer Konstanz und damit zur Existenzsicherung unverzichtbar sind. Auf diese Interaktionsmuster und die darin enthaltenen primitiven Übertragungen (Substituierungen) richten sich die Interventionen des Therapeuten. Die darin ausgedrückten Verhaltenserwartungen werden, soweit sie an den Therapeuten gerichtet sind, von ihm entweder im Sinne einer Hilfs-Ich-Funktion zunächst erfüllt oder sie werden dadurch frustriert, daß er ihnen nicht entspricht und sich somit als ein ‚Anderer', anders als der mit Selbstverständlichkeit Erwartete, darstellt; außerdem bemüht sich der Therapeut, die in solchen Zusammenhängen auftretenden Affekte zu identifizieren und in ihren Entstehungszusammenhängen zu klarifizieren.

Nach dieser allgemeinen Einleitung wollen wir die drei *Gruppenmethoden des Göttinger Modells* beschreiben und die dazugehörigen spezifischen Arbeitsweisen jeweils an kasuistischen Beispielen zu verdeutlichen suchen.

6 Die analytische Gruppenpsychotherapie

6.1 Einleitung

Die analytische Gruppenpsychotherapie ist in der Psychotherapie-Richtlinie in folgender Formulierung ausgewiesen:

„In der analytischen Gruppenpsychotherapie stehen tiefergehende regressive Prozesse mit entsprechenden Übertragungen auf den Therapeuten und das Globalobjekt ‚Gruppe' im Vordergrund. Dadurch wird es möglich, an den durch den Primärprozeß bestimmten Abkömmlingen des Unbewußten (z. B. den unbewußten Phantasien) zu arbeiten" (FABER und HAARSTRICK, 1989, S. 43).

Sie ist demnach als kassenärztliche Versorgungsleistung bei Patienten mit Konfliktneurosen schwereren Grades einsetzbar, die einer gründlicheren Aufarbeitung unter Einbeziehung genetischer Aspekte und damit einer länger dauernden Behandlung bedürfen. Damit ist die Indikation zu dieser Gruppenmethode abgegrenzt gegen die tiefenpsychologisch fundierte Vorgehensweise, die mit einem aktuell wirksamen und in bezug auf die Auslösung relativ leicht zugänglichen Konflikt eine Fokussierung und damit einen insgesamt geringeren zeitlichen Behandlungsaufwand erfordert. Sie ist gleichzeitig abzugrenzen gegen den Störungsmodus, der in der heutigen analytischen Psychotherapie neben dem der Konfliktneurosen zunehmend eine Rolle spielt, dem der präödipalen oder strukturellen Störungen bzw. der basalen oder dyadischen Beziehungsstörungen.

Diese Methode sollte bei jenen Patienten eingesetzt werden, bei denen sich eine Behandlung unter den Bedingungen der Pluralität mit ihren von ARENDT (1978) beschriebenen Merkmalen nahelegt. M. a. W., es sollte geprüft werden, wie weit der Patient einer Therapie bedarf, die ihm das Erleben ermöglicht, unter mehreren zu sein, sich als Glied einer Vielheit, als einzigartig zu verstehen, die Begrenztheit seiner Souveränität zu sehen, mit der relativen Unvorhersehbarkeit der Folgen des eigenen Tuns konfrontiert zu sein.

Im übrigen ist daran zu denken, daß sich die therapeutische Gruppe wegen ihrer triangulären Konstellation gerade zur Behandlung von triangulären, speziell ödipalen Konfliktneurosen anbietet.

Diese Methode soll es dem Patienten ermöglichen, seine pathogenen inneren Konflikte gemäß der Schnittpunkt-Metapher der Neurosenentstehung (s. S. 188 in d. Bd.) sowohl auf der horizontalen Achse bis in ihre aktuellen interpersonellen Ausformungen und Verästelungen zu verfolgen wie auch auf der vertikalen Achse zurück bis zu den genetischen Anfängen. Dazu bedarf es erfahrungsgemäß eines längerdauernden Prozesses.

Dem Therapeuten ermöglicht diese Methode in ihrer Ausgestaltung gemäß dem Göttinger Modell, das intragruppale Verhalten der Patienten auf verschiedenen Ebenen der Organisation der Gruppenbildung zu verfolgen und zu beeinflussen, so auf der durch das Aushandeln von Gruppennormen und Auffinden von Situationsdefinitionen gekennzeichneten Ebene der *manifesten Aktion*, so auf der Ebene strukturell determinierter Entwicklungen psychosozialer Kompromisse, die als *latente Aktion* der zuvor Genannten quasi zugrundeliegt, schließlich auch auf der Ebene *ich-modifizierter unbewußter Phantasien* oder, m. a. W., des gemeinsamen Tagträumens oder Phantasierens der Gruppenteilnehmer (s. d. S. 233 ff. in d. Bd.). Dem Therapeuten bietet sich dabei die Möglichkeit, abwartend eine regressive Entwicklung über diese drei Ebenen hin zuzulassen, bis ihm eine Konfiguration erkennbar geworden ist, die sich aus seiner Sicht der therapeutischen Bearbeitung als günstig anbietet. Er kann die regressive Entwicklung jedoch auch dadurch fördern, daß er etwa den Versuch einer normativen Verhaltensregulierung innerhalb der Gruppe unter dem Aspekt des Widerstandes anspricht, um so einen weiteren Regressionsschritt zu ermöglichen. Diese Methode sollte nicht so verstanden werden, daß die Ebene des gemeinsamen Tagträumens sozusagen das ausschließliche Feld der therapeutischen Klärung darstellt. Es wird von der speziellen Arbeitsweise des Therapeuten abhängen, ob er durch ein besonderes Interesse an den Phantasien seiner Patienten, an ihren Tagträumen wie an ihren Schlafträumen, bewirkt, daß sich die Gruppenteilnehmer vorzugsweise auf diese Ebene und ihre Gegenstände einstellen.

6.2 Die Wahrnehmungseinstellung des Therapeuten

Die Interaktionsprozesse, die sich in der Gruppe zwischen dem Einzelnen, dem Therapeuten und den anderen entwickeln, ähneln nach Form und Inhalt üblichen sozialen Interaktionen vergleichsweise mehr, als die dyadische Psychoanalyse einem üblichen Zweiergespräch ähnelt; sie enthüllen ihren entstellten, unbewußten Sinn nicht so leicht, wie es die assoziativen Mitteilungen des Patienten in der Einzelbehandlung tun. Das Verständnis des unbewußten Sinns von Interaktionsprozessen in Gruppen setzt beim Analytiker daher die Fähigkeit voraus, „... unbewußte Strukturen in Beziehungen aufspüren zu können, die äußerlich kaum etwas von ihrer Herkunft aus dem Unbewußten verraten" (ARGELANDER, 1974, S. 311; HEIGL-EVERS und STREECK, 1978, S. 2682).

Um regressive Prozesse auf therapeutische Ziele hin steuern zu können, müssen sie vom Therapeuten zunächst diagnostisch erfaßt werden. Ein solches Erfassen setzt beim Therapeuten phasenweise eine regressive Befindlichkeit voraus, wenn denn nach den Worten FREUDS eine Verständigung von Unbewußt zu Unbewußt stattfinden, wenn der Therapeut das Unbewußte des Patienten mit seinem eigenen Unbewußten auffangen soll (GW XIII, 1923, S. 215). Damit der Therapeut sich durch segmentale Ich-Regression im Dienste der Therapie seinem eigenen Unbewußten annähern und damit das Unbewußte des Patienten rezipieren kann, möge er sich, so FREUD, um eine Einstellung *gleichschwebender Aufmerksamkeit* bemühen.

Dieser Bemühung entspricht auf der Patientenseite die Einhaltung der *Regel der freien Interaktion* in der analytischen Gruppe. Der Patient sollte möglichst selektionsfrei äußern, was ihm während der Therapie in den Sinn kommt; der Therapeut sollte wiederum möglichst selektionsfrei aufnehmen, was vom Patienten mitgeteilt wird. Manche Therapeuten sind in der Lage, im Vollzug gleichschwebender Aufmerksamkeit die segmentale Ich-Regression soweit zu vertiefen, daß die Grenzen zwischen Ich und Du, zwischen Selbst und Objekt vermehrt durchlässig werden. Der Therapeut kann dann die Gefühle und Bilder, die den Patienten bewegen, so wahrnehmen, als wären es seine eigenen. Therapeuten, die aufgrund anders gearteter innerer Strukturen zu einer so weitgehenden Regression nicht fähig sind, werden besonders mithilfe ihrer Gegenübertragung als Antwort auf die Übertragung des Patienten (HEIGL-EVERS und STREECK, 1978, S. 2688) in sich ein Vorstellungsgefüge, eine Art Arbeitsmodell vom Erleben des Patienten bilden, in das sie sich zeitweise hineinversetzen, um es gleichsam von innen zu erfassen (s. d. FLIESS, 1942).

Der Therapeut sollte in diesem regressiven Zustand nicht auf Dauer verbleiben, er muß vielmehr immer wieder in eine Einstellung kognitiver Beurteilung zurückpendeln, also bemüht sein, das durch Außen- und durch regressive Innenwahrnehmung Erfahrene mit Hilfe von Schlußbildungen diagnostisch auf einen Nenner zu bringen.

6.3 Die unbewußten Phantasien in der Gruppentherapie

FREUD hat zwei Gruppen von unbewußten Phantasien unterschieden, Phantasien, die die Qualität Unbewußt haben, und solche, die durch die Qualität Vorbewußt gekennzeichnet sind. Bei beiden handelt es sich um unbewußte Phantasien im deskriptiven Sinne, d. h. sie sind nicht mit einem ausreichenden Maß an Aufmerksamkeit besetzt, um das Bewußtsein zu erreichen. SANDLER und NAGERA (1966) haben vorgeschlagen, nur die erstgenannte Gruppe als unbewußte Phantasien zu bezeichnen. Wir möchten uns bei ihrer Erörterung im Zusammenhang mit Gruppenprozessen diesem Vorschlag anschließen.

Unbewußte Phantasien sind außerdem gegen bewußte Tagträume auf der einen Seite und gegen halluzinatorische Wunscherfüllungen auf der anderen Seite begrifflich abzugrenzen. Während es sich bei Tagträumen um phantasierte *Wuncherfüllungen* handelt, von denen der Betreffende weiß, daß ihnen kein Realitätscharakter zukommt, sind unbewußte Phan- tasien *unerfüllte* Wünsche, verbunden mit der Sehnsucht nach ihrer Erfüllung. Dabei kommt dieser phantasierten Situation der Charakter der psychischen Realität zu, sie wird von ihrem Träger als real-möglich empfunden. Bei der halluzinatorischen Wunsch-

erfüllung handelt es sich um die Befriedigung von real-frustrierten Triebbedürfnissen durch halluzinatorische Wiederbelebung von Erinnerungen an einmal erlebte Befriedigungen dieser Art. Solchen halluzinatorischen Triebbefriedigungen kommt, per definitionem, gleichfalls psychische Realität zu; die Voraussetzung für dieses Erleben psychischer Realität besteht darin, daß das Ich des Betreffenden nicht über eine Wahrnehmungsfunktion verfügt, die zwischen Innen- und Außenwelt klar unterscheidet. Diese Wahrnehmungsfunktion fehlt entwicklungsbedingt beim Säugling und ist beim Erwachsenen dann aufgehoben, wenn er sich in psychotischen Zuständen befindet oder, wenn er unter den Bedingungen des Schlafes phantasiert, d. h. träumt.

Unbewußte Phantasien im dynamischen Sinne entstehen hauptsächlich aus verdrängten, bewußten oder vorbewußten Tagträumen; sie werden unbewußt durch Verdrängung und unterliegen sodann den Gesetzen des Primärprozesses. SANDLER und NAGERA nennen aufgrund der FREUDschen Theorie folgende Quellen unbewußter Phantasien:

1. verdrängte Erinnerungen und Tagträume;
2. Phantasien, die im System Ubw (gemäß dem topischen Modell der Psychoanalyse) einer Bearbeitung nach den Gesetzen der Primär-Prozesse unterworfen werden;
3. tagtraumartige Abkömmlinge unbewußter Phantasien, die in neuer Gestalt zum Bewußtsein aufgestiegen und dann wieder verdrängt worden sind;
4. Abkömmlinge der unbewußten Phantasien, die im System Vbw bearbeitet, aber bereits ins Ubw verdrängt worden sind, bevor sie das Bewußtsein erreicht haben;
5. sog. „Urphantasien" als von den Autoren hinzugefügte Quelle.

Unbewußte Phantasien werden durch Triebwünsche hervorgerufen, wodurch sie ihre libidinöse Besetzung erhalten und zu Triebrepräsentanzen werden. Triebrepräsentan- zen können als Vorstellungsinhalte verschiedener Herkunft sein; sie können aus frühen noch unorganisierten Empfindungen, aus organisierter Denktätigkeit, aus Wahrnehmungen, aus Gedächtnisbildern, aus Phantasien stammen (SANDLER und NAGERA, 1966, S. 217).

Unbewußte Phantasien sind, wie SANDLER und NAGERA darlegen, das Resultat des Phantasierens, wobei das Phantasieren von diesen Autoren als eine Ich-Funktion verstanden wird, die zu organisiertem, wunscherfüllendem imaginiertem Inhalt führt, der bewußt werden oder unbewußt bleiben kann. Es handelt sich bei der Ich-Funktion der Imagination um einen Bereich der versuchsweisen Wahrnehmung und des Probehandelns, deren Produkte wunscherfüllende Qualität besitzen. Nur bei solchen Produkten sollte von Phantasieren gesprochen werden, während die primärprozeßhafte Ausarbeitung von Vorstellungsinhalten in Inhalte von Triebwünschen kein Phantasieren im Sinne der genannten Ich-Funktion darstellt. Die Phantasie als Produkt der Ich-Funktion des Phantasierens kann

„ein Abkömmling, ein Kompromiß sein, den das Ich zwischen Wunsch und den Forderungen des Über-Ichs schließt. Das Wissen um die Realität kann teilweise oder völlig suspendiert werden (es kann geleugnet werden), oder es kann für die Phantasie mitbenutzt werden und sie in hohem Grade beeinflussen. Der Phantasieinhalt kann bald nach seiner Erschaffung verdrängt werden oder anderen Abwehrprozessen unterworfen werden" (SANDLER und NAGERA, 1966, S. 217/18).

SANDLER und NAGERA möchten Es-besetzte und verdrängte Inhalte unbewußter Phantasien von deren Ich-modifizierten Abkömmlingen abgrenzen. Der Es-besetzte Inhalt ist allein dem Primärprozeß unterworfen, der den Inhalt der Triebwünsche bildet; dieser Inhalt besteht, wie die Autoren es ausdrücken,

„aus Bildern, die aus Gedächtnisspuren aufsteigen, wenn diese Spuren durch die Triebe, mit denen sie ursprünglich verbunden waren, wieder besetzt werden."

Diese Inhalte besitzen nur psychische Realität;

„da es sich nur um eine Besetzung mit reiner Triebenergie handelt, trifft die Ich-Funktion der Beurteilung, ob es sich um realen oder imaginierten Inhalt handelt, nicht in Kraft" (SANDLER und NAGERA, 1966, S. 219)

SANDLER und NAGERA weisen ferner daraufhin, daß verdrängte Inhalte, denen eine direkte Abfuhr versagt ist, diese nur durch Bildung von Abkömmlingen erreichen können. Sie nehmen an,

daß, um die Zensur zu umgehen, der Es-besetzte Inhalt in einem gewissen Grad modifiziert und/oder organisiert sein muß, damit Triebbefriedigung eintreten kann. Umgekehrt können Es-besetzte Inhalte, d. h. Wunschinhalte, sich als Phantasie-Inhalte entwickeln, die durch das Ich geformt wurden und dann ganz oder zum Teil ihre ihnen somit gegebenen organisierten Eigenschaften auch nach der Verdrängung beibehielten. So können aus ehemals bewußten wunscherfüllenden Tagtraum-Vorstellungen durch Verdrängung im System Ubw existierende unbewußte Phantasien werden; dadurch verlieren sie ihren wunscherfüllenden Charakter und bestehen weiter als unerfüllte Wünsche, die ihre spezielle Form dem ehemals bewußten Tagtraum verdanken.

„Die wunscherfüllende Tagtraum-Vorstellung verwandelt sich, wenn sie verdrängt wird, in Sehnsucht nach der phantasierten Situation, ein Sehnen, das sich proportional zur Triebspannung erhöht, mit der es besetzt ist. Die unbewußte Phantasie ist im Grunde ein bearbeiteter **unbefriedigter** unbewußter Wunsch" (SANDLER und NAGERA, 1966, S. 204).

Wir wollen im folgenden erörtern, wie *unbewußte Phantasien im Prozeß einer therapeutischen Gruppe* mobilisiert werden, in welcher Modifikation sie in Erscheinung treten und welche Funktion sie erfüllen (s. d. HEIGL-EVERS und HEIGL, 1976):

Patienten, die an einer Gruppentherapie teilnehmen, werden den Therapeuten als Helfer erleben und ihre Hilfserwartungen in dem Maße an ihn richten, in dem sie sich verunsichert, bedrängt und hilflos fühlen. Es wird ihnen ferner daran liegen, das Instrument der therapeutischen Hilfe, eben die Gruppe, vor Zerstörung und Auflösung geschützt zu wissen. Dieses Erleben der Gruppenteilnehmer entfaltet sich sowohl rational auf der Ebene der Arbeitsbeziehungen als auch in irrationaler Erscheinungsform auf der Ebene von Übertragung und Widerstand. Dem rationalen Wunsch, sich sowohl den Therapeuten als Helfer wie die Gruppe, d. h. die Zusammenarbeit mit den anderen als Medium der Hilfe zu erhalten, entspricht ein narzißtisch besetztes, kindlich irrationales Bedürfnis, das ursprünglich zum Inhalt hatte, die Ehe der Eltern und die Familie möge intakt bleiben. Den irrational-rationalen Hilfserwartungen an den Therapeuten liegen irrationale

Bedürfnisse auf Triebbefriedigung zugrunde, die ursprünglich auf ödipale und präödipale (orale, anale, phallische) Objekte gerichtet waren oder Wünsche auf Stillung narzißtischer Bedürftigkeit oder unbefriedigter Wünsche nach mehr Autonomie oder nach mehr Abhängigkeit und Bindung.

Wie wir bereits dargestellt haben, sind in therapeutischen Gruppen, unabhängig von den spezifischen Inhalten des Gruppenprozesses, immer gleichzeitig gruppenauflösende und gruppenerhaltende Tendenzen beim Einzelnen wirksam. Diese Tendenzen resultieren daraus, daß die Anderen einerseits Rivalen um den ausschließlichen Besitz des Therapeuten sind und andererseits, zusammen mit dem Therapeuten, allmächtige Eltern-Imagines, wodurch die kränkende Konfrontation mit eigener Hilflosigkeit und Schwäche hintangehalten wird. So entsteht eine für die therapeutische Gruppe charakteristische *konflikthafte Grundspannung* (HEIGL-EVERS und HEIGL, 1976; HEIGL-EVERS und STREECK, 1978, S. 2686).

Dieser Grundkonflikt formt sich in spezieller Weise aus. Solche Ausformungen sind durch die Mobilisierung von Triebwünschen und damit zusammenhängender destruktiver Rivalität gekennzeichnet, wodurch die (narzißtisch besetzte) Vollständigkeit der Gesamtkonstellation Therapeut-Gruppe gefährdet wird.

Bei solcher Gefährdung bemühen sich die Teilnehmer zunächst darum, auf der Ebene manifesten Verhaltens durch normative Regulierung die andrängenden Triebkräfte zu binden und ferner auf der Ebene der psychosozialen Kompromißbildungen diese Abwehr durch eine dafür geeignete Rollen- und Funktionsverteilung unter den Gruppenteilnehmern zu verstärken. Damit soll, bei gleichzeitig kaschierter Triebbefriedigung, bewirkt werden, daß Therapeut und Gruppe unversehrt erhalten bleiben. Reicht der Abwehreffekt solcher Kompromißbildungen nicht aus, dann richten sich die Teilnehmer in gläubiger Erwartung zunehmend auf den Leiter und auf das Medium Gruppe aus. Der Leiter wird dadurch, daß er Heilung in Aussicht stellt, mitsamt dem heilenden Medium Gruppe als Träger von Verheißung erlebbar, als einer, der in der Lage ist, sowohl Entspannung für andrängende unbefriedigte Triebwünsche zu bewirken als auch narzißtische Bedrohtheit durch „ein Gefühl des Wohlbehagens,

einer unendlichen Harmonie" zu ersetzen (ARGELANDER, 1972 b, S. 23; s. a. FINGER-TRESCHER, 1985).

Im Zuge dieser gläubigen Erwartung werden in den Einzelnen unbewußte Phantasien verstärkt besetzt, die als verdrängte Erinnerungen an ehemalige reale Befriedigungen oder als verdrängte, ehemals bewußte oder vorbewußte Tagträume bereitliegen. Unter der Einwirkung der verstärkten Besetzung werden von den einzelnen Teilnehmern Ich-modifizierte Abkömmlinge dieser Phantasien entwickelt und auf Gruppenebene durch *gemeinsame Phantasiearbeit* zu einem gemeinsamen Tagtraum ausgestaltet. Dieses Phantasieren auf Gruppenebene im Sinne gemeinsamen Tagträumens stellt eine Gruppenleistung dar, die gegen die der normativen Verhaltensregulierung und der psychosozialen Kompromißbildung abzugrenzen ist.

Für den teilnehmenden Beobachter stellt sich das gemeinsame Phantasieren oder Tagträumen als ein Prozeß dar, in dem sich das Erleben der Teilnehmer zu homogenisieren scheint; die auf den Therapeuten und das Medium Gruppe gerichteten Vorstellungen und Gefühle scheinen in einer solchen Phantasie zu konfluieren. Die Vereinheitlichung kommt dadurch zustande, daß ängstigende Rivalitäten und zur Dysphorie führende Disharmonien geleugnet werden; dieser Leugnung entspricht, unter dem Gesichtswinkel der Es-Befriedigung, eine von allen Teilnehmern entwickelte Übertragung auf den Gruppentherapeuten und sein therapeutisches Medium, wonach dieser als ein sowohl libidinös wie narzißtisch besetztes omnipotentes Objekt jedem Einzelnen die gewünschte Triebbefriedigung wie auch die ersehnte All-Harmonie vermittelt.

Solche auf Gruppenebene entwickelten Tagträume haben die Funktion, dem Gruppenteilnehmer sowohl die ersehnte Befriedigung zu verschaffen, als auch ihm ein Einssein mit dem globalen Objekt Therapeut/Gruppe zu ermöglichen und damit libidinöse und primär narzißtische Objektbindungen in regressiver Weise ineinander eingehen zu lassen (s. d. ARGELANDER, 1972 b, S. 19 f.; HEIGL-EVERS und HEIGL, 1976; JOFFE und SANDLER, 1967 a).

6.4 Struktur und Prozeß in der analytischen Gruppe

Die durch die Regel der freien Interaktion und die Minimalstrukturierung der Gruppe geförderte, von Angst begleitete Labilisierung des Erlebens der Teilnehmer zeigt sich in analytischen Gruppen regelhaft zu Beginn der Gruppensitzungen in einem Umschlag des Interaktionsstils zwischen den Gruppenmitgliedern; der Interaktionsstil in der Sitzung kontrastiert deutlich zu jenem, der zwischen denselben Teilnehmern kurz zuvor in der Wartezimmersituation vorherrschte (HEIGL-EVERS und ROSIN, 1984; HEIGL-EVERS und STREECK, 1978, S. 2682).

Dadurch, daß die Orientierung an sozial anerkannten, definierten Verhaltenserwartungen in Frage gestellt wird, verliert der einzelne Gruppenteilnehmer die ihm gewohnte relative Sicherheit; sie beruht darauf, daß seine in sozialen Alltagssituationen wirksamen sowie die in seiner Symptomatik kompromißhaft stabilisierten Adaptationsmechanismen auch unter den ‚offenen' Bedingungen in der Gruppe noch funktionieren. In der therapeutischen Gruppe droht Abwehr brüchig zu werden, verpönte Abkömmlinge des Unbewußten setzen sich im Erleben und Verhalten durch; das sonstige psychodynamische Gleichgewicht der Gruppenteilnehmer wird auf diese Weise gestört, und ihre gewohnten, normativ abgestützten Interaktionsstile werden fragwürdig.

Wird unter der Einwirkung der verändernden Faktoren der Gruppe die Durchlässigkeit für unbewußte Inhalte auf der einen Seite erhöht, so wird auf der anderen Seite dadurch Angst mobilisiert und Abwehr verstärkt; in diesem Spannungsfeld einander widerstreitender Kräfte bilden sich die zuvor bereits erwähnten gruppenspezifischen Strukturen. Sie sind das Ergebnis von Gruppenleistungen, d. h. gemeinsamen Ich-Leistungen der Gruppenteilnehmer, die sich auf Verhaltensebenen unterschiedlicher Regressionstiefe unterschiedlich ausformen (s. HEIGL-EVERS und HEIGL, 1979 d, S. 782). Auf der Ebene des bewußten, wenngleich nicht oder nicht ausreichend reflektierten, Verhaltens werden von den Mitgliedern Regeln eingeführt und durch Sanktionen abgestützt, die als Gruppennormen geeignet sind, in Entsprechung zum Angstpegel die Durchlässigkeit zu den unbewußten Anteilen der psychischen Strukturen zu erhöhen oder zu verringern – eine Wirkung, die von den Mitgliedern in der Regel nicht bewußt registriert wird. Die klinische Erfahrung lehrt, daß solche Gruppennormen inhaltlich häufig an den Verhaltenserwartungen von seiten des Therapeuten orientiert sind, soweit sich diese in den Vorstellungen der Gruppenteilnehmer abbilden, d. h. an gemeinsamen Über-Ich- oder Ich-Ideal-Übertragungen auf den Therapeuten (HEIGL-EVERS und HEIGL, 1973).

Falls der Therapeut die normative Verhaltenssteuerung als Widerstandsphänomen anspricht, können als Resultat weiterer Abwehrbemühungen psychosoziale Kompromißbildungen zustandekommen; die dadurch herbeigeführte Strukturierung der Gruppe[1] ist als Ergebnis von Austauschprozessen zwischen den jeweiligen individuellen Konflikten und dem mobilisierend oder stabilisierend auf sie einwirkenden Interaktionsfeld ‚Gruppe' mit seinen jeweiligen Übertragungsauslösern zu verstehen. Auch hier vollzieht sich Veränderung, die in eine neue Struktur einmündet (HEIGL-EVERS und HEIGL, 1979 d, S. 782).

Wenn auch die psychosoziale Kompromißbildung in Frage gestellt wird und zur Abwehr destruktiver ödipaler Rivalität nicht mehr ausreicht und damit der Grundkonflikt der Gruppe aktualisiert wird, dann kommt es über eine weitere Gruppenleistung erneut zur Veränderung; auch dadurch wird in kompromißhafter Weise die Durchlässigkeit zum Unbewußten erhöht und gleichzeitig die Abwehr in Richtung primitiverer Formen qualitativ verändert; diese Gruppenleistung ist dadurch charakterisiert, daß regressive Phantasien der Teilnehmer zum gemeinsamen Tagträumen führen. Im Verlauf solchen Tagträumens tritt die Individualität des einzelnen Teilnehmers zugunsten einer diffusen Homogenisierung seines Erlebens und des Erlebens der Anderen passager zurück. Im Rahmen einer solchen

---

[1] Ein häufiger Grundkonflikt von Gruppenteilnehmern besteht darin, daß auf der einen Seite mit den jeweils anderen Teilnehmern um den alleinigen Besitz des Therapeuten als eines ödipalen Objekts rivalisiert wird, während auf der anderen Seite von der intakten Gesamtheit der Gruppenteilnehmer eine narzißtische Bestätigung im Sinne einer uneingeschränkten Vollständigkeit und Vollkommenheit als selbstverständlich erwartet wird (HEIGL-EVERS und HEIGL, 1976, S. 13).

regressiven Homogenisierung bildet sich eine gemeinsame Übertragung auf den Therapeuten aus, der sowohl als ein ödipal-libidinös wie auch als ein narzißtisch besetzbares omnipotentes Objekt jedem Einzelnen die gewünschte (ödipale) Triebbefriedigung wie auch die ersehnte narzißtische All-Harmonie vermitteln und damit den zwischen ödipalen Bedürfnissen und narzißtischer Bedürftigkeit bestehenden Grundkonflikt lösen soll (s. d. BATTEGAY, 1992; HEIGL-EVERS und HEIGL, 1976, S. 13, 1979 d, S. 782 f., 1983 d, HEIGL-EVERS und STREECK, 1978, S. 2585 f.).

Je eindeutiger Wahrnehmung und Intervention des Therapeuten auf Abkömmlinge des Unbewußten ausgerichtet sind, desto mehr wird sich auch die Aufmerksamkeit der Gruppenteilnehmer solchen Phänomenen und deren interpersonellen Manifestationen zuwenden; infolgedessen werden diese an Häufigkeit und Deutlichkeit zunehmen. Die Gruppenteilnehmer sind auf der einen Seite Beteiligte an den Prozessen freier Interaktion in der Gruppe; auf der anderen Seite werden sie in partieller Identifikation mit dem analysierenden Ich des Therapeuten eben diese Prozesse und ihre jeweilige individuelle Beteiligung daran reflektieren und zu durchschauen versuchen, d. h. Arbeitsbeziehungen herstellen.

Die Aufdeckung unbewußter, pathogener Konflikte macht ein zweifach orientiertes Vorgehen erforderlich: Den Gruppenteilnehmern ist einmal der Gruppenprozeß vor Augen zu führen, der aus der gemeinsamen Verarbeitung individueller Konflikte resultiert; außerdem muß ihnen die Eigenart der individuellen Konfliktanteile verdeutlicht werden, die in den Prozeß eingehen. Das bedeutet, daß die therapeutischen Interventionen, seien sie ausgerichtet auf den Einzelnen, auf eine Untergruppe, auf die Mehrheit oder die Gesamtgruppe, stets prozeßorientiert sein sollten. So wird es möglich, über einen Einzelnen und seine Teilhabe am Prozeß auch die Gesamtheit zu erreichen, wie

über die Gesamtheit die Einzelnen. Werden therapeutische Interventionen überwiegend oder ausschließlich auf ‚die Gruppe' als Ganzes gerichtet[1], dann werden bei den Teilnehmern regressive, homogenisierende Prozesse der Entindividualisierung übermäßig gefördert; die in Gruppen in besonderer Weise auf den verschiedenen präödipalen Ebenen mobilisierten Geschwisterrivalitäten stellen sich dann nicht dar.

Mit gruppenprozeßorientierten Interventionen sollen sowohl verpönte Inhalte des Unbewußten wie die dagegen gerichtete Abwehr für den Einzelnen erkennbar werden. Als Entität wird die Gruppe (der Teilnehmer) dann angesprochen, wenn sie sich als eine solche darstellt, also insbesondere, wenn Ich-modifizierte unbewußte Phantasien der Einzelnen zu einer gemeinsamen Verarbeitung geführt haben oder wenn kollektiv-einheitlich Konfliktanteile abgewehrt werden (s. d. HEIGL-EVERS und HEIGL, 1983 d).

6.5 Übertragung und Gegenübertragung in der Gruppe

Während sich in der psychoanalytischen Einzeltherapie Übertragungsprozesse als „falsche Verknüpfungen" (GW I, 1895, S. 309) der individuellen Vergangenheit des Patienten mit dem Analytiker vollziehen, aktualisieren sich die unbewußten Konflikte, Triebimpulse, Objektbeziehungen, narzißtischen Phantasien oder Über-Ich-Forderungen der einzelnen Patienten in Prozessen, die sich nicht nur dem Analytiker gegenüber, sondern auch in der Beziehung zu anderen Teilnehmern, Subgruppen oder der Gesamtheit der Gruppe als Übertragung zur Darstellung bringen. Es wurde zuvor bereits auf die verschiedenen Konstellationen hingewiesen, die sich in analytisch orientierten Gruppen unter der Einwirkung entsprechender Übertragungsauslöser herstellen können (s. d. HEIGL-EVERS und STREECK, 1978, S. 2683 f.; LINDNER, 1988).

Ob sich Übertragungsprozesse in Gruppen im gegebenen Fall unilateral, d. h. in der Polarisierung einzelner Patient und Gruppe als einer Quasi-Person, oder einzelner Patient mit den anderen

---

[1] Wenn hier immer wieder von der ‚Gruppe' die Rede ist, so wird darunter eine Konstruktion verstanden, die sich eindeutigen Tatbeständen im Sinne einer begriffsrealistischen Auffassung nicht zuordnen läßt. Wir möchten uns, wie auch früher schon mehrfach geschehen, von organizistischen Auffassungen der Gruppe abgrenzen, der zufolge ‚die Gruppe' eine von den Einzelnen abgelöste Wirklichkeit darstellt (s. auch HEIGL-EVERS und STREECK, 1978, S. 2682).

homogenisiert zur „Gruppe" und Therapeut, oder unter Einbeziehung der anderen Gruppenteilnehmer multilateral entwickeln, ist vornehmlich eine Funktion der Regressionsstufe, auf der sich die Interaktionen der Gruppenteilnehmer jeweils bewegen.

Gemeinsame Übertragungen einer Mehrzahl oder aller Gruppenteilnehmer auf den Therapeuten sind vor allem dann zu beobachten, wenn es zu gemeinsamer Regression auf die Ebene ich-modifizierter Abkömmlinge unbewußter Phantasien aufgrund unlustbehafteter Konflikte kommt, in die alle Gruppenmitglieder involviert sind (HEIGL-EVERS und HEIGL, 1976). Auf dieser Regressionsstufe richten sie ihre Aufmerksamkeit in vermehrtem Maße auf die Person des Therapeuten, der im Sinne einer omnipotenten Eltern-Imago als so mächtig und vollkommen genug erlebt wird, um sie von ihren unlustbehafteten Konflikten zu befreien. Diese Übertragungsphantasien weisen wahrscheinlich deswegen ein hohes Maß an Übereinstimmung unter den Gruppenteilnehmern auf, weil es zur Reaktivierung von frühkindlichen Erfahrungen kommt, die sich bei Angehörigen derselben Kultur ähneln (BROCHER, 1967).

Neben der gemeinsamen Übertragung auf den Therapeuten ist für den einzelnen Patienten auf dieser Ebene auch die Übertragung auf die Gruppe in ihrer Gesamtheit von Bedeutung. Er erlebt die anderen Teilnehmer dann eventuell nicht mehr als interagierende, also voneinander abgegrenzte Einzelne, sondern statt dessen als ein konturloses, diffuses, aber mächtiges präödipales Objekt im Sinne einer idealisierten Eltern-Imago, etwa wie ein mütterliches Objekt in seinen verschiedenen ödipalen und präödipalen Anteilen (s. d. BATTEGAY, 1975, 1979, 1992; HEIGL-EVERS und HEIGL, 1976; KÖNIG, 1976; KÖNIG und LINDNER, 1991, S. 62 f.; KUTTER, 1971; W. SCHINDLER, 1955). Solche Übertragungen werden offenbar dadurch begünstigt, daß der einzelne Patient „die Gruppe" im Vergleich zu sich selbst als groß und mächtig erlebt, oder aber sich selbst als deren konstitutiven Teil.

Gemeinsame Regression auf die Stufe prägenitaler Objektbeziehungen mit Übertragung omnipotenter Eltern-Imagines auf den Thereupeuten und/oder „die Gruppe" zeichnen sich dann verstärkt ab, wenn der therapeutisch relevante Pro-

zeß vorwiegend unter dem Aspekt der Polarität Gruppe-Therapeut gesehen und die therapeutischen Interventionen darauf ausgerichtet werden. Regressive Entindividualisierungsprozesse, in deren Verlauf der Patient die übrigen Gruppenteilnehmer als eine entdifferenzierte Einheit erfährt, sind immer auch ein Abwehrphänomen. BION (1961) hat mit der *Grundeinstellungs-Gruppe* gruppenspezifische Abwehrformen beschrieben, die durch eine Homogenisierung der Phantasien im Sinne gemeinsamer Regression gekennzeichnet sind. Sie gelten insbesondere der Abwehr von Konflikten, die in analytischen Gruppen mit Regelmäßigkeit stimuliert werden, nämlich vor allem Neid- und Eifersuchtskonflikten im Zusammenhang mit Geschwisterrivalität unter Aktualisierung entsprechender, als Bedrohung erlebter anal-destruktiver und/oder anal-sadistischer Triebimpulse. Daraus folgt, daß solche Konflikte in Gruppen nur dann ausreichend bearbeitet werden können, wenn neben den unilateralen auch die multilateralen Patient-Patient-Übertragungen, so im Sinne von Geschwister-Übertragungen, ausreichend beachtet werden.

Die Gleichzeitigkeit mehrfacher Übertragungsbeziehungen, die der einzelne Patient zu Therapeut, Mitpatienten und Gruppe entwickeln kann, ist ein in der analytischen Gruppenpsychotherapie häufiges und für sie spezifisches Geschehen. So kann z. B. ein Patient im Gruppenprozeß einen Rivalitätskonflikt mit einem Bruder um die Gunst der Mutter in der Weise reinszenieren, daß er bestimmte Aspekte des mütterlichen Objektes auf die Therapeutin überträgt und zugleich seine infantile Beziehung zum Bruder über einen Mitpatienten wiederbelebt. In solchen Mehrfachübertragungen stellen sich umschriebene, für die Entwicklung des einzelnen Patienten bedeutsame Konflikte dar; die Beziehungen zu den früheren Bezugspersonen, die an seinem kindlichen Ursprungskonflikt beteiligt waren, werden reinszeniert.

Die eigene affektive Beteiligung des Analytikers am therapeutischen Prozeß kann auch in der Gruppenpsychotherapie der Konfliktaufdeckung sowohl behindernd entgegenstehen wie auch bei dessen diagnostischer Erfassung hilfreich sein (s. d. BION, 1961; FOULKES, 1964; R. SCHINDLER, 1968).

Während die als Gegenübertragung aufzufassenden Reaktionen des Analytikers in einer Einzeltherapie sich auf *einen* Patienten beziehen und durch dessen Übertragung hervorgerufen werden, bezieht sich die Gegenübertragung des Gruppentherapeuten auf den Gruppenprozeß, der als Ausdruck des Kampfes zwischen verpönten unlustbehafteten Impulsen, Wünschen oder Phantasien und dagegengerichteter Abwehr zum Tragen kommt und an dem alle Patienten mit ihren speziellen Übertragungen beteiligt sind. Die jeweils besonders mobilisierten Gegenübertragungsgefühle ermöglichen es dem Therapeuten, durch entsprechende Rückschlüsse die in der Gruppe vorherrschenden Spannungen zu erfassen (GRINBERG, LANGER und RODRIGUÉ, 1960).

Der analytisch ausgebildete Gruppentherapeut wird also über die Wahrnehmung und Analyse seiner Gegenübertragung den jeweiligen Gruppenprozeß mit seinen speziellen Übertragungsbeziehungen zu verstehen suchen; er wird sie therapeutisch dadurch fruchtbar machen, daß er sie schlußbildend für diagnostische Interpretationen verwertet und diese in therapeutische Interventionen umsetzt.

Das Wirksamwerden einer in unbewußten Konflikten des Therapeuten wurzelnden Gegenübertragung oder auch primären Übertragung kann sich wie folgt abzeichnen: in der Inadäquatheit und Disproportioniertheit der Reaktionen des Therapeuten, inadäquat und disproportioniert gemessen an seiner professionellen Aufgabe, die ihn dazu anhält, die übertragungsbedingte Abbildung seiner Person, wie sie das innere Erleben der Patienten bestimmt, von seiner Realperson abgegrenzt zu sehen. Sie kann sich ferner bemerkbar machen in einer aktuellen Blockierung der Fähigkeit des Therapeuten, die Gruppenabläufe diagnostisch zu interpretieren. Derartige, die therapeutische Arbeit behindernden Gegenübertragungen sind entweder im Sinne einer Selbstreflexion nach der Gruppensitzung aufzulösen oder mit einem erfahrenen Supervisor zu besprechen (HEIGL-EVERS und STREECK, 1978).

6.6 Therapeutische Interventionen in der analytischen Gruppentherapie

Die Art der Beteiligung des Analytikers am Interaktions- und Kommunikationsprozeß in der Gruppe leitet sich aus dem Ziel des Verfahrens, der Aufdeckung unbewußter pathogener Konflikte ab. Die funktionalen Merkmale der Therapie – konfrontierend, klarifizierend, deutend und dem Durcharbeiten dienend (GREENSON, 1975) – unterscheiden sich von denen der Einzelbehandlung nicht prinzipiell. Dennoch weisen die therapeutischen Interventionen in der analytischen Gruppe eine Reihe von Modifikationen auf, die erforderlich sind, weil der Analytiker nicht nur mit *einem* anderen spricht, sondern sich einer *Mehrzahl* von Gruppenmitgliedern gegenübersieht, die jeweils unterschiedlich am Gruppenprozeß beteiligt sind.

Wenn KÖNIG (1975; 1991, S. 108) hinsichtlich rekonstruierender Interventionen fordert, sowohl die Gefahr der Entindividualisierung zu vermeiden, wie auch die, das Allgemeine zu vergessen, so gilt das u. E. für therapeutische Interventionen in der Gruppe überhaupt.

Die Aufdeckung unbewußter pathogener Konflikte macht es erforderlich, den Gruppenteilnehmern sowohl den Gruppenprozeß vor Augen zu führen, in den ihre je individuellen Konflikte eingegangen sind, wie ihnen gleichzeitig zu verdeutlichen, wie sie diesen Prozeß mit konstellieren. Das bedeutet, daß sich die therapeutischen Interventionen sowohl auf den einzelnen Gruppenpatienten wie auf die eine Mehrzahl oder die Gesamtheit der Teilnehmer betreffende unbewußte Konfliktthematik beziehen (HEIGL-EVERS, 1967 b; HEIGL-EVERS und HEIGL, 1972).

Indem sich die Interventionen auf den Gruppenprozeß als Bewegung zwischen mobilisierten verpönten unlustbehafteten Impulsen und dagegengerichteter Abwehr beziehen, soll den Teilnehmern beides, unbewußte Impulse wie unbewußte Abwehr bewußt gemacht werden. Dabei werden die Gruppenteilnehmer besonders dann als Gesamtheit angesprochen, wenn sie sich als solche darstellen, also z. B. wenn sie sich auf der Ebene der gemeinsamen Verarbeitung unbewußter

Phantasien bewegen oder gemeinsam den Zugang zu unbewußten Konfliktanteilen abwehren. Freilich lassen sich weder Abgewehrtes noch Abwehrendes quasi auf einem gemeinsamen, für alle Teilnehmer gültigen Nenner formulieren, denn dem einzelnen Patienten wird seine individuelle Beteiligung am Gruppenprozeß, die sich je nach soziodynamischer Funktions- und Rollenverteilung in der Gruppe unterschiedlich darstellt, auch in Abhängigkeit von seiner Position in der Gruppe deutlich gemacht werden müssen (s. d. S. 260 f. in d. Bd.). Die Interpretationsstufen, ob individuelle, teilgruppen- oder gesamtgruppenzentrierte, werden vom Therapeuten deshalb flexibel gehandhabt werden müssen (KÖNIG und LINDNER, 1991, S. 101 f.; STUDT, 1970).

Schließlich wird der Therapeut seine Interventionen auch darauf hin reflektieren müssen, aus welcher ihm aktuell durch Übertragung zugewiesenen Gruppenposition sie erfolgen (HEIGL-EVERS, 1967 a; HEIGL-EVERS und HEIGL, 1972). Je weniger dieses gruppendynamische Element vom Therapeuten berücksichtigt wird, desto weniger wird er in der Lage sein, sich mit seinen Interventionen auf die jeweils im Gruppenprozeß vorherrschende Konfliktthematik hin flexibel zu orientieren (s. d. KÖNIG, 1973).

Im Verlaufe des Durcharbeitens in der Gruppe erkennt und überwindet der einzelne Patient die Widerstände, die er sowohl als Einzelner wie als Beteiligter an Widerständen der Gruppe in verschiedenen Situationen und Zusammenhängen entwickelt. Dies dient der Einbeziehung vormals unbewußter Konflikte in das bewußte Erleben und der Umsetzung so vollzogener Einsichten in den Umgang mit der sozialen Realität (HEIGL-EVERS, HEIGL und KÖNIG, 1979; HEIGL-EVERS und ROSIN, 1989).

Wenn in einer so verstandenen Gruppenpsychotherapie das Hauptinstrument der Interventionen die Deutung mit ihren verschiedenen Teilschritten ist, dann wird der Teilnehmer allmählich auf ihm bis dahin fremde, unbekannte, ihm zunächst nicht faßbare Inhalte seines Erlebens aufmerksam gemacht und zu ihrer emotionalen Erfahrung und sprachlichen Einbeziehung angeregt. Er wird ferner ermuntert, diese Inhalte seinem Ich und damit auch seinem Sozialverhalten zunehmend verfügbar zu machen. Unter den Bedingungen „Gruppe" orientiert der psychoanaly-tisch vorgehende Therapeut seine Deutungen an den gruppenspezifischen Manifestationen der Ich-modifizierten Abkömmlinge des Unbewußten der Teilnehmer, sei es in Form von Tagträumen als Produkt gemeinsamen Phantasierens oder von psychosozialen Kompromißbildungen oder von Regulierungen andrängender unbewußter Konfliktdynamik durch Aushandeln von Gruppennormen.

In dem folgenden Beispiel wollen wir diese Arbeitsweise verdeutlichen (s. a. HEIGL-EVERS und HEIGL, 1976).

 ## 6.7 Kasuistisches Beispiel

Es handelt sich um zwei Sitzungen im Ablauf einer psychoanalytischen Gruppentherapie, die mit einer viertelstündigen Pause aufeinander folgen; die Gruppe wird halboffen geführt.

Die Wortführer der ersten Sitzung sind Frau S. und Herr K. Frau S., 45 Jahre alt, ist verwitwet; zwischen ihr und dem 48jährigen, gleichfalls verwitweten Herrn K., ist es im Verlauf dieser Therapie zu einer engeren Beziehung gekommen. Frau S. lebt zusammen mit ihren drei Kindern in einem recht gemütlichen Haus, das sie sich mit dem von ihrem Vater ererbten Geld gebaut hat. Herr K. ist in einer anderen Stadt wohnhaft und berufstätig. Das Zusammensein der beiden findet meist im Hause von Frau S. statt, wo Herr K. sie an den Wochenenden besucht.

In der sozialen Realität besteht für die beiden zum Zeitpunkt dieser Gruppensitzung folgendes Problem:

Herr K. möchte seine Partnerin dazu bewegen, den Wohnort zu wechseln und mit ihm zusammenzuziehen. Das würde für Frau S. bedeuten, in verschiedener Hinsicht das „Haus des Vaters" zu verlassen. Sie müßte das vom väterlichen Geld erbaute Eigenheim aufgeben; sie müßte sich beruflich von einer Institution trennen, die von einem ihr väterlich zugewandten Mann geleitet wird, und sie müßte schließlich auch die Therapiegruppe als eine Art Vaterhaus verlassen.

Im bisherigen Verlauf der Gruppe ist bei Frau S. vor allem ihre konflikthafte Beziehung zu andern Frauen deutlich geworden. Als Kind war sie als einziges Mädchen unter mehreren Brüdern der erkorene Liebling des Vaters, während die Beziehung zur Mutter gespannt war. Die Tochter konnte es ihr nie recht machen und wurde ständig von ihr in nörgelnder Weise kritisiert. Sie war immer bereit gewesen, sich der Mutter zu unterwerfen. Zum Versuch einer offenen Auflehnung war es nicht gekommen. Auch in der Gruppe fürchtet Frau S. die anderen Frauen ungemein, besonders die attraktiven. Wenn sie einmal verspätet zur Gruppensitzung kommt, dann erlebt sie den unter den prüfenden Blicken jener Frauen von der Tür zu ihrem Platz zurückgelegten Gang als eine Art Spießrutenlaufen. Erst in der letzten Zeit hat Frau S. Regungen gezeigt, sich mit anderen Frauen direkter auseinanderzusetzen. Das äußerte sich z. B. so, daß sie eine als besonders anziehend geltende Gruppenteilnehmerin einerseits als „so schön" verherrlichte, sie aber andererseits durch gezielte giftige Bemerkungen vor allem auch in den Augen des Therapeuten herabzusetzen trachtete. Frau S. suchte dabei jeweils angstvoll seinen Blick mit der unausgesprochenen Frage, ob er ein solches Verhalten auch billige.

Auch Herr K. hat Schwierigkeiten in der Auseinandersetzung mit dem eigenen Geschlecht. Er ist bemüht, Konkurrenz und Rivalität mit den anderen Männern zu vermeiden und sich so dem Vergleich mit ihnen zu entziehen. So zögert er seit langem, eine für sein Fortkommen wichtige berufliche Weiterbildung durch Examen abzuschließen. Auch in der Gruppe ist sein Verhalten durch solche Vermeidungstendenzen gekennzeichnet. Die Interpretationen des Therapeuten sind für ihn goldene Worte. Er ist allenfalls deswegen vom Therapeuten enttäuscht, weil dieser nicht so väterlich ist, wie er sich ihn wünscht. Wenn Frau S. sich dem Therapeuten oder anderen Männern in der Gruppe zuwendet, hält er sich vornehm-distanziert abseits, wobei er nur Mini-Signale von Gekränktheit und Ärger an die Adresse der Partnerin richtet.

Die zwischen Frau S. und Herrn K. bestehenden Konflikte stellen sich u. a. in den Beziehungen zu den drei Kindern der Frau S. dar. Die Kinder sind im Erleben des Herrn K. Sprößlinge eines starken Vaters; der verstorbene Herr S. war beruflich und sozial erfolgreicher als Herr K. Oft macht Herr K. den Vorwurf, Frau S. sei gegenüber den Kindern zu ihren eigenen und zu seinen Lasten übernachsichtig. Er erlebt, daß sie ihm durch betonte Hinwendung zu den Kindern jene mütterliche Fürsorge entzieht, die er sich von ihr wünscht. Sie dagegen wirft ihm vor, er habe für die Kinder zu wenig Verständnis; sie versteckt sich dabei hinter ihren Kindern vor seinen emotionalen Ansprüchen, die sie deswegen besonders fürchten muß, weil sie bei ihr eine große Auslieferungsbereitschaft auslösten, falls sie sich ihnen öffnete.

In dieser Gruppensitzung entwickelte sich zwischen Frau S., Herrn K. und dem Therapeuten die folgende ödipale Konstellation:

Herr K. möchte, daß Frau S. ihren bisherigen Wohnort und damit auch die Gruppe, das Haus des Vaters (Therapeuten) verläßt; er rivalisiert dabei, ihm selbst unbewußt, mit dem Vater/Therapeuten in der Weise, daß er ihm Frau S. unter Vermeidung einer aktiven Auseinandersetzung entziehen möchte. Diese Vermeidung dient der Ausschaltung seiner Kastrationsängste; denn eine direkte Auseinandersetzung mit dem Therapeuten wäre für ihn mit der Gefahr verbunden, vom Älteren kritisiert, und das bedeutete für ihn: depotenziert zu werden.

Frau S. wehrt sich gegen den geforderten Umzug und Ortswechsel u. a. mit dem Hinweis, daß doch eigentlich nicht einzusehen sei, warum immer die Frau dem Manne folgen solle. Diese Eigenständigkeit ist z.T. eine scheinbare; Frau S. verdeckt damit ihre Tendenz, als Tochter/Frau im Hause des Vaters zu bleiben und sich so einer klärenden Auseinandersetzung mit der Mutter oder deren Substituten zu entziehen. Verbleibt sie unter dem Schutz und Schirm des väterlichen Wohlwollens als eine um geistige Anpassung bemühte Tochter, so erspart sie sich weitere Entwicklungsschritte in der Richtung, sich dem Vergleich mit andern Frauen zu stellen. Sie ist gleichzeitig auch der Versuchung enthoben, den Vater/Therapeuten zu verführen oder von ihm verführt zu werden und damit der Gefahr genitaler Beschädigung (durch den übergroßen Vater-Mann) ausgesetzt zu sein. Außerdem kann sie ihrem Penisneid gegenüber dem Partner dadurch entsprechen, daß sie ihn nötigt, als ein subalterner Sohn im Hause des Vaters (Therapeuten) zu verbleiben, und ihn depotenziert. Denn ein Verzicht auf den von Herrn K. gewünschten Wohnortwechsel hätte zur Folge, daß die beiden weiterhin in dem vom väterlichen Geld erbauten Haus zusammenlebten, und außerdem gemeinsam in der Gruppe beim Vater/Therapeuten verblieben.

Auf der einen Seite werden von den beiden andrängende angstbesetzte Rivalitätsimpulse gegenüber dem jeweils gleichgeschlechtlichen Elternteil abgewehrt, auf der anderen Seite, in einer für sie selbst wie auch für die anderen Gruppenteilnehmer unkenntlich gemachten Form, aktualisiert. Herr K. versucht, mit Hilfe des vorgeschlagenen Wohnortwechsels dem Vater/Therapeuten die Tochter zu entziehen, ohne die eigenen Kräfte wirklich mit ihm zu messen und zu versuchen, ihn auszustechen. Frau S. rivalisiert mit den ihre Mutter verkörpernden Frauen in der Gruppe in der Weise, daß sie ihren Platz beim Vater/Therapeuten gegenüber den Wünschen des Herrn K. verteidigt und der „Mutter" somit nicht Platz machen will; bei dieser Art des Rivalisierens verbleibt sie dem Vater/Mann gegenüber jedoch in der Kind-Rolle und verzichtet auf die Möglichkeiten, sich ihm und den anderen Frauen gegenüber als Erwachsene darzustellen.

Die anderen Gruppenteilnehmer verfolgen die Auseinandersetzung zwischen Frau S. und Herrn K. zwar passiv, jedoch interessiert und erwartungsvoll. Im späteren Verlauf der Sitzung nehmen drei Teilnehmerinnen ausdrücklich die Partei der Frau S., während einer der Männer sich ostentativ auf die Seite von Herrn K. schlägt. Es ließ sich vermuten, daß sie sich von der Auseinandersetzung des Paares Frau S. – Herr K. auch eine Lösung für sich selbst erhoffen.

Die Auseinandersetzung zwischen den beiden Partnern in dieser Sitzung führt zu zwei einander entgegengesetzten Tendenzen: mit dem Partner im Hause des Vaters bleiben – das Vaterhaus mit der Partnerin verlassen.

Diese Tendenzen schaffen ein neues Spannungsfeld, einen neuen Konflikt zwischen Frau S. und Herrn K., an dem die anderen Gruppenmitglieder identifikatorisch teilhaben. Mit dem Verfolgen der beschriebenen Tendenzen können sich sowohl Frau S. wie Herr K. angsterregende Rivalitätskämpfe mit dem gleichgeschlechtlichen Dritten ersparen. Gleichzeitig wird dadurch aber die Beziehung zwischen ihnen gefährdet. Damit die von beiden gewünschte Partnerschaft zustandekommen kann, müssen zuvor die anstehenden ödipalen Rivalitätskämpfe ausgetragen werden; eben dies ist den beiden zum gegebenen Zeitpunkt wegen Verletzungsängsten (Kastrationsangst auf seiten des Mannes, genitaler Beschädigungsangst auf seiten der Frau) nicht möglich. So endet die Sitzung in Unschlüssigkeit, in einer durch Angst bedingten Unfähigkeit zur Entscheidung. Das Paargespräch bringt den anderen identifikatorisch partizipierenden Teilnehmern nicht die erhoffte Lösung.

Die Unvereinbarkeit der Tendenzen von Frau S. und Herrn K. und die daraus folgende Unfähigkeit zur Entscheidung und Konfliktlösung bestimmen den Beginn der zweiten Sitzung.

Das Erleben: Wir können selbst nichts tun; wenn wir etwas unternähmen, um die Situation zu verändern, dann riskierten wir Gefährdung und Angst, verstärkt das Gefühl der Abhängigkeit vom Gruppenleiter. Von ihm als dem Urheber, als der Schlüsselfigur des Dilemmas auf der Übertragungsebene, wird zunehmend die Aufhebung der ängstigenden Widersprüche, die Lösung des Konfliktes erwartet.

In dieser Erwartung, von der ödipalen väterlichen Schlüsselfigur möge Lösung und Erlösung kommen, verharren die Teilnehmer in zunehmender Bewegungslosigkeit. Die Kinder, die nicht für sich selbst handeln können, sind darauf angewiesen, geschützt und versorgt zu werden. Das Erleben der Unvereinbarkeiten führt auch zur Angst vor Auflösung und Desorganisation der Gruppe als dem Medium, von dem, auf rationaler Ebene, die therapeutische Wirkung abhängig ist und das, in irrationaler Weise, narzißtische Vollständigkeit und damit Sicherheit gewährleistet. Die zunehmende Abhängigkeit vom Therapeuten und dem Medium Gruppe veranschaulicht sich im *Bild des „zähen Breies"*, das von einer Teilnehmerin eingeführt wird, die ebenso wie Frau S. an ein mütterlich zugewandtes Vater-Objekt ödipal fixiert ist.

Da der Therapeut die auf ihn gerichteten Erwartungen nicht erfüllt, wird den Teilnehmern ihre hilflose Bewegungslosigkeit zunehmend zur Qual und weckt Aggressionen gegen deren Urheber. Diese Aggressionen sind u. a. deswegen schwer zum bewußten Erleben zuzulassen, weil sie jenem gelten, von dem sich die Teilnehmer nahezu total abhängig fühlen, und weil jedwede Aktivität die ohnehin bedrohte Einheit jedes einzelnen mit der Gruppe gefährdet. Die andrängenden Aggressionen sind mit Angst- und Schuldgefühlen verbunden, die der Atmosphäre in der Gruppe die Tönung des Zähen, Quälenden, Viskösen geben, m. a. W.: zu einem *depressiven Klima* führen. Dennoch werden von den Teilnehmern verschiedene Lösungsversuche unternommen, um mit der Situation quälender Bewegungslosigkeit fertig zu werden. Zunächst bemühen sich die Teilnehmer darum, Herrn K. und Frau S., die Partner der Paarbildung in der vorangegangenen Sitzung, zu bewegen, aktiv zu werden und das heißt wohl, die quälende Beziehung zum ödipalen Vater/Therapeuten so oder so zu klären und zu lösen. Die beiden weigern sich jedoch, dieser Aufforderung nachzukommen. Sie berufen sich darauf, daß sie in der Sitzungspause weiter miteinander über ihr Problem gesprochen hätten, ohne zu einer Lösung zu gelangen. Der Versuch, dieses Paar zu einem aktiven Umgang mit dem ödipalen Konflikt zu veranlassen, ist erfolglos. Die beiden bleiben zusammen mit den anderen in der depressiven Befindlichkeit des „zähen Breies".

Zu diesem Zeitpunkt gibt der Gruppentherapeut eine demonstrierende und klarifizierende Intervention, worin er das von den Teilnehmern verwandte Bild des zähen Breies mit der Gestimmtheit von Schwerfälligkeit, Mühsal, Zähigkeit, Gedrücktheit und Resignation in der Gruppe verknüpft.

Nach dieser Intervention kommt „*Luft"* in den Brei; sie läßt Hoffnung entstehen, Bewegung möglich werden (Demonstrieren und Klären sind als vorbereitende Schritte einer Interpretation oder Deutung im engeren Sinne Orientierungshilfen, die den Teilnehmern gegeben werden, damit sie bislang unbewußtes Geschehen identifizieren, mit Namen belegen und im ersten Ansatz damit umgehen können).

Die Teilnehmerin, die zuvor das Bild des „zähen Breies" eingeführt hatte, entwickelt jetzt folgende Phantasie, wodurch sie sich, wie sie sagt, erleichtert fühlt: Der Brei geht auf, wie ein Teig in einer Kuchenform; er lockert sich; die darin gefangenen Mitglieder der Gruppe bekommen mehr Raum. Zwei oder drei andere Mitglieder beteiligen sich an diesem Phantasieren; sie entwickeln, verbunden mit einem Gefühl der Erleichterung, Bilder und Vorstellungen, die alle zum Inhalt haben, daß man nun nicht mehr ganz so wie bisher in einem zähen Brei stecke, daß der Teig jetzt irgendwie aufgegangen sei. Durch dieses Phantasieren wird ein als einengend, lähmend und kaum versorgend erlebtes Objekt in eine luft- und raumgewährende nährende Mutter verwandelt. Der Gruppenleiter und das Medium Gruppe sind nicht mehr „zäher Brei", sondern „*aufgehender Teig"*, der Raum gibt und nährt und eine regressive Lösung der vorangegangenen ödipalen Rivalitätssituation ankündigt. Durch diese regressive Lösung verbindet sich die Erfüllung eines oralen Triebanspruches mit der primär-narzißtischen Befriedigung des befreienden Aufatmens ob der luft- und raumgebenden Zuwendung des Therapeuten.

Die Gruppe schreitet sodann in ihrer Phantasiearbeit fort.

Frau S., die Partnerin des Paargesprächs der vorangegangenen Sitzung, die diesmal ein wenig außerhalb des Kreises sitzt, phantasiert in folgender Weise: Sie habe einen Sessel vor sich stehen, und dahinter schlafe sie in aller Ruhe; die Gruppe solle nur fortfahren in ihrer Arbeit, die andern sollten miteinander sprechen, sie würde ab und an das Stimmengemurmel hören, dazwischen aber, mitten in der Gruppe, ruhig und sicher schlafen; man würde ihr nichts tun, im Gegenteil, ein Gefühl der überwältigenden Geborgenheit würde in sie einkehren.

Herr K., ihr Gesprächspartner in der vorangegangenen Sitzung und ihr Freund in der sozialen Realität, bekundet zunächst Zweifel in bezug auf die Möglichkeit, in dieser Situation wirklich Sicherheit und Geborgenheit erleben zu können; unter dem Aspekt der Realitätsprüfung versucht er diese Phantasie zu relativieren. Die anderen Teilnehmer haben der Frau S. jedoch deutlich fasziniert zugehört. Eine solche Faszination ist eines der Kennzeichen dafür, daß unbewußte Phantasien in einer Gruppe wirksam werden.

Die anderen geben beim Zuhören mimisch wie durch anschließende Mitteilung eigener gruppenexterner Erfahrungen zu verstehen, daß sie solches Erleben sehr wohl kennen. Eine Teilnehmerin berichtet von ihrem Verhältnis zu einem verheirateten älteren Mann, das vor allem wegen ihrer Bedürfnisse nach Sicherheit und Geborgenheit zustandegekommen sei. Eine andere Teilnehmerin, selbst verheiratet, erzählt von ihrer außerehelichen Beziehung zu einem älteren Mann, in der ihr starkes Bedürfnis nach Zärtlichkeit, Geborgenheit und Aufgehobensein befriedigt werde. Auch einer der männlichen Gruppenteilnehmer weiß über das Erleben dieses Bedürfnisses und dessen ansatzweise Befriedigung in der außerehelichen Beziehung zu einer älteren Frau zu berichten.

Frau S. hat dieses Bedürfnis inzwischen als „Grundbedürfnis" gekennzeichnet; und auch alle anderen sprechen während des weiteren Sitzungsablaufes nunmehr von einem Grundbedürfnis. Alle sind sich darin einig, daß man auf dieses Bedürfnis und seine Befriedigung nicht verzichten könne und

wolle. Gleichzeitig aber wird deutlich, daß dieses Grundbedürfnis trotz aller ansatzweisen Befriedigung letztlich doch eine unerfüllte Sehnsucht geblieben ist. Sämtliche Gruppenteilnehmer beteiligen sich nunmehr an der Ausgestaltung der Phantasie einer „überwältigenden Geborgenheit". Die zuvor in der Gruppe herrschende Schwerfälligkeit, Tranigkeit und Zähigkeit ist wie weggeblasen. Die Gruppe ist nunmehr durch das gemeinsame Erleben der Sehnsucht nach totaler Geborgenheit bestimmt, die nach den Berichten mehrerer Teilnehmer in der außerehelichen Beziehung zu einem älteren gegengeschlechtlichen Partner erlebbar geworden ist. Auf der Übertragungsebene stellt sich die Sehnsucht nach totaler Geborgenheit in der „außerehelichen" Beziehung zum älteren Therapeuten dar. Dabei ist zu vermerken, daß in den geschilderten außerehelichen Situationen weder der eigene Partner noch der Partner der Bezugsperson, bei der Geborgenheit gesucht wird, eine Rolle spielt; er wird von den Gruppenmitgliedern völlig ausgeblendet. Lediglich der genannte männliche Teilnehmer, der in der außerehelichen Beziehung zu einer älteren Frau Erfüllung von Geborgenheitssehnsüchten erlebt hatte, berichtet in diesem Zusammenhang von Schuldgefühlen gegenüber seiner eigenen Frau, deretwegen er ihr diese Beziehung auch gebeichtet habe. Außerdem fällt auf, daß in diesen Beziehungen nicht ein Austausch von Geborgenheitsangeboten angestrebt wird, sondern eine unilaterale Befriedigung für die eigene Person. In der Phantasie der Teilnehmer wird die ödipale Ausgangsbeziehung der ersten Sitzung also auf eine Zweier-Beziehung zurückgeführt, in der Geborgenheitssehnsüchte unilateral erfüllt werden sollen; es wird eine *präambivalente Mutter-Kind-Beziehung* phantasiert.

Der ödipale Ausgangskonflikt, der sich an dem Paar Frau S. und Herr K. exemplarisch dargestellt hatte, wird dadurch aufgehoben, daß beide Partner in die Geborgenheit der frühesten Beziehung zurückkehren, d.h. in der Phantasie die Rivalität mit dem oder der Dritten leugnen und unilateral Schutz und Versorgung in einer Zweier-Beziehung zu einem mütterlichen Vater suchen. Das bedeutet für Frau S. den Wunsch, als Kind beim mütterlich zugewandten Vater, in der aktuellen Übertragung beim Therapeuten zu verbleiben; und d. h. für Herr K. ein Zurückgehen in die Obhut des Vater/Therapeuten, der nun nicht mehr Rivale, sondern Spender mütterlicher Geborgenheit ist.

Gleichzeitig verwandelt sich die Gruppe als das Medium der Therapie in dieser Regression in ein gestaltloses elementares Objekt, das die primärnarzißtische Befriedigung der Gefühle des Wohlbehagens und der unendlichen Harmonie vermittelt, ein Gefühl, vielleicht jenem gleichend, das FREUD, wie bereits erwähnt, als ozeanisch beschrieben hat. Es resultiert so ein Erleben, in dem sich orale Triebbefriedigung und primärnarzißtische Erfüllung in einer Gruppenphantasie im Sinne eines gemeinsamen Tagtraums verbinden, die sich in den diagnostischen Assoziationen des Therapeuten zu dem Bild von *Abrahams Schoß* verdichtet, in dem jeder einzelne und alle zusammen sicher ruhen.

Der Versuch des Therapeuten, den Teilnehmern den temporalen und kausal-motivischen Zusammenhang zwischen dem ödipalen Konflikt der ersten Sitzung und dem gemeinsamen Tagtraum des Geborgenseins in Abrahams Schoß der zweiten Sitzung interpretativ nahezubringen, wird vor allem von Frau S. vorerst gereizt-ärgerlich mit der Begründung zurückgewiesen, es handle sich bei diesen Geborgenheitswünschen nicht um ein Ausweichen (der Therapeut hatte diesen Terminus gar nicht benutzt), sondern um ein nicht mehr zu hinterfragendes Grundbedürfnis. Die Bemühungen des Therapeuten, durch demonstrierende und klarifizierende Hinweise die Ausgestaltung der Phantasie zu fördern, werden dagegen aufgegriffen; sie führen zu amplifizierenden und bestätigenden Beiträgen, wie sie zuvor beschrieben wurden.

Im Zusammenhang damit beschäftigen sich die Teilnehmer im späteren Verlauf der Sitzung auch mit der Bedeutung dieses Grundbedürfnisses für die eigene Lebenspraxis. Jene Teilnehmerin, die zuvor von ih-

rem Geborgenheitserleben in der Beziehung zu einem verheirateten älteren Mann gesprochen hat, berichtet nun, daß dieses Verhältnis auch mit mancherlei Unannehmlichkeiten für sie verbunden sei; doch könne sie diese Beziehung einfach nicht aufgeben und wolle es zum jetzigen Zeitpunkt wohl auch gar nicht. Sie knüpft daran Erinnerungen aus ihrer Kindheit, die sich um eine Tante drehen, bei der sie sich gleichfalls geborgen fühlte. Es genügte damals zu ihrer Glückseligkeit, daß die Tante da war; diese brauchte gar nichts Besonderes zu tun, brauchte nicht einmal zu sprechen; in Gegenwart der Tante konnte sie besonders gut einschlafen, es sei ganz wunderbar gewesen. In Gegenwart ihres jetzigen älteren Freundes dagegen hat sie oft Schwierigkeiten einzuschlafen, wie ihr jetzt erstmalig auffällt.

Die andere, verheiratete Teilnehmerin, die ihr Geborgenheitserleben in der Beziehung zu einem älteren Mann geschildert hatte, berichtet nun von ihrer Tendenz, Ehemann und Kinder deswegen aufzugeben. Andererseits stelle sie sich die Frage, ob ein Verzicht auf den ganzen bisherigen Lebensaufbau um dieses Bedürfnisses willen wirklich zu begründen sei. Eine weitere Teilnehmerin äußert grundsätzlich Skepsis gegenüber solchen Sehnsüchten, die sie auch bei sich gut kenne, an deren Erfüllbarkeit sie jedoch nicht glaube. Frau S. dagegen weigert sich, das von ihr postulierte Grundbedürfnis in Frage zu stellen; sie hält in dieser Sitzung daran fest, ohne das leiseste Bedenken zuzulassen, als Ausdruck des bei ihr besonders ausgeprägten passiv-oralen und primärnarzißtischen Übertragungsbezugs zum Therapeuten und dem Medium Gruppe.

–▱–

7 Tiefenpsychologisch fundierte Gruppenpsychotherapie

7.1 Einleitung

Neben der analytischen Gruppenpsychotherapie, die man inzwischen als klassisch bezeichnen könnte, spielt die tiefenpsychologisch fundierte (analytisch orientierte) Gruppenpsychotherapie in der Versorgung psychogener Erkrankungen eine beträchtliche Rolle und ist ebenso wie die analytische Gruppentherapie (und wie die analytische und tiefenpsychologisch fundierte Einzeltherapie) in den Psychotherapie-Richtlinien der Kassenärztlichen Vereinigung als eine der zur „großen Psychotherapie" gehörenden Versorgungs-Angebote ausgewiesen.

Der Neufassung der Psychotherapie-Richtlinien aus dem Jahre 1987 ist hinsichtlich der tiefenpsychologisch fundierten Vorgehensweise und speziell der tiefenpsychologisch fundierten Gruppenpsychotherapie folgendes zu entnehmen.

„Trotz der komplexen Bedingungen des Einzelfalles wird die Krankenbehandlung auf Teilziele beschränkt. Dabei ist das Verfahren auf die Einleitung eines psychoanalytischen Prozesses ausgerichtet unter Wahrung der Abstinenz und zurückhaltender Nutzung von Übertragungs- und Gegenübertragungsprozessen. Regressive Tendenzen sind in der Regel durch die Betonung der gegenwärtigen Situation steuerbar. Die Indikation des Verfahrens wird von dem Nachweis aktueller neurotischer Konflikte und deren Symptombildung bestimmt. Das psychotherapeutische Vorgehen ist auf die Bearbeitung dieser Konflikte beschränkt. In der Umkehrung: Nur wenn ein aktueller neurotischer Konflikt mit einer entsprechenden Symptomatik abgegrenzt werden kann, ist das Verfahren indiziert" (FABER und HAARSTRICK, 1989, S. 39 f.)

„In der tiefenpsychologisch fundierten Gruppenpsychotherapie wird vor allem an den manifesten und latenten Elementen der gemeinsamen Schutz- und Abwehrbemühungen der Gruppenteilnehmer in Form von normativen Konsensbildungen und psychosozialen Abwehrmanövern unter Beteiligung der einzelnen Gruppenteilnehmer gearbeitet. Die Auseinandersetzung mit anderen Gruppenteilnehmern unter dem Aspekt des ‚Modell-Lernens' kann hilfreich sein, die Regression wird auf einem höheren Niveau gehalten. Übertragungen auf den Therapeuten und das Objekt ‚Gruppe' treten infolgedessen weniger intensiv auf, während die Existenz und Wirksamkeit neurotischer Verhaltensmuster dem einzelnen Patienten durch die Rückmeldung anderer Gruppenteilnehmer erlebbarer werden" (FABER und HAARSTRICK, 1989, S. 43)

Es wird darunter also eine therapeutische Vorgehensweise verstanden, die hinsichtlich der Ziele begrenzt und hinsichtlich regressiver, durch Übertragung und Gegenübertragung vermittelter Prozesse eingeschränkt ist. Die Bearbeitung wird auf jene Konflikte ausge- richtet, die aktuell wirksam und die hinsichtlich der geklagten Symptomatik pathogen sind.

Mit anderen Worten: Eine tiefenpsychologisch fundierte Gruppenpsychotherapie ist dann indiziert, wenn in der diagnostischen Phase ein pathogen wirksamer Konflikt identifiziert werden konnte und dessen Entstehung durch die Ermittlung einer auslösenden Situation in den ersten Konturen erkennbar wurde. Eine solche Erkennbarkeit hängt auch von der Dauer der bestehenden und zu behandelnden Symptomatik ab, d. h. die vorliegende Neurose darf nicht chronifiziert sein. Der Therapeut muß sich darauf einstellen, an diesem Konflikt in seinen verschiedenen Manifestationen in der Gruppe zu arbeiten; er muß speziell über die Fähigkeit verfügen, sich einerseits immer wieder in den Gruppenprozeß involvieren zu lassen und andererseits immer wieder eine Position der Urteilsbildung zu beziehen, zwischen den beiden Einstellungen hin- und herzupendeln. Diese Indikationskriterien sind deswegen zu beachten, weil es sich bei der tiefenpsychologisch fundierten Gruppentherapie der Richtlinien um eine Behandlung von begrenzter Dauer (40 Sitzungen von je einer Doppelstunde, im besonderen Fall 60 Sitzungen) handelt.

7.2 Spezifika des diagnostisch-therapeutischen Umgangs mit der Gruppe

Wie gestaltet sich ein therapeutischer Prozeß unter der Bedingung der Pluralität, d. h. einer Mehrzahl von Patienten, wenn er im Sinne einer solchen Psychotherapie beeinflußt und gesteuert

wird? Ebenso wie im Prozeß einer analytisch ge-
leiteten Gruppe sind es die Minimalstrukturierung von seiten des Therapeuten und die den Teilnehmern empfohlene Regel der freien Interaktion
einerseits und die Herstellung von Arbeitsbeziehungen andererseits, die neben der therapeutischen Situation und ihren Merkmalen den Ablauf
bestimmen. Die Regel der freien Interaktion, die
Bemühung um freimütige und d. h. durch den
Verzicht auf Selektion bestimmte Mitteilung jedes
in der Gruppe dem Patienten wahrnehmbaren eigenen Erlebens lenkt – wie zuvor dargestellt – den
Gruppenprozeß in eine regrediente Richtung; mit
zeitlich und formal zurückliegenden Erlebens-
und Verhaltensweisen rücken auch abgewehrte
infantile Konflikte dem Bewußtsein näher und
drängen die Gruppenteilnehmer dazu, die in ihren
Beziehungen innerhalb der Gruppe mobilisierten
konflikthaft widerstreitenden Phantasien von
Objektbeziehungen und Wunscherfüllungen, von
Trieb- und Beziehungswünschen, durch interpersonelle Kompromisse immer wieder zu versöhnen, sie zu einem Ausgleich zu bringen; in diese
Kompromisse gehen die habituellen Konfliktver-
arbeitungsmuster der einzelnen Teilnehmer mit-
gestaltend ein. Die mobilisierten infantilen Konflikte drängen ferner dazu, sich hinsichtlich der
interpersonellen Auswirkungen gestörten Affekterlebens, speziell der Beziehungs- und damit di-
stanzregulierenden Affekte (KRAUSE, 1983, 1990)
miteinander zu arrangieren. Dieses – unbewußt
ablaufende – Geschehen dient auch der Kohärenz
der Gruppe und damit ihrer Erhaltung als therapeutisches Medium.

Die Arbeitsbeziehungen werden bestimmt
durch die Arbeitsweise des Therapeuten, d. h.
durch seine Art zu intervenieren, die den Teilnehmern erst allmählich verstehbar wird und mit der
sie sich in der Regel zunehmend identifizieren. Sie
machen sich allmählich die Wahrnehmungseinstellung des Therapeuten zu eigen, die in tiefenpsychologisch fundierten Gruppen sowohl auf jeden einzelnen Teilnehmer wie auf die alle Teilnehmer verbindende Gruppenleistung, mit deren Hilfe sie innere wie interpersonelle konfliktäre Spannungen immer wieder auszugleichen versuchen,
sowie auf deren semantische Erschließung, gerichtet ist (s. d. HEIGL-EVERS und HEIGL, 1979 e).

7.3 Die psychosoziale Kompromißbildung

Das Bemühen der Teilnehmer um einen kompromißhaften Ausgleich der zwischen ihnen in Auswirkung der Regel der freien Interaktion mobilisierten Konfliktspannungen führt zu Interaktionsmustern, die wir als *psychosoziale Kompromißbildungen* bezeichnet haben (HEIGL-EVERS
und HEIGL, 1973, 1975 a, b, 1979 a, e, 1983 c,
1984, 1985). Sie werden erfaßt durch eine semantische (hermeneutische) Lesart, die auf die sog. latente Aktion des sprachlichen Handelns der
Gruppenteilnehmer ausgerichtet ist.

Diese latente Aktion beinhaltet nach unserer
durch klinische Beobachtungen gestützten Annahme psychosoziale Kompromißbildungen (s. d.
BROCHER, 1967; MENTZOS, 1988; RICHTER,
1963, 1970). Solche Kompromißbildungen kommen vornehmlich durch den Mechanismus der
projektiven Identifizierung zustande, wie er z. B.
von OGDEN (1979, 1982) für die Einzeltherapie
und von GRINBERG (1973), FINGER-TRESCHER
(1991, S. 134) und KÖNIG (1992) für die Gruppentherapie beschrieben wurde. Erstmalig wurde
dieser Mechanismus der projektiven Identifizierung von MELANIE KLEIN (1946) dargestellt (s. d.
HEIGL-EVERS und HEIGL, 1983 c).

OGDEN hat sich 1979 mit dem Begriff der *projektiven Identifizierung* intensiv auseinandergesetzt. Er sieht darin eine Möglichkeit, bis dahin
konzeptuell vernachlässigte Bezüge zwischen innerseelischen Phänomenen und solchen der äußeren Realität herzustellen. Er verwendet den Begriff ‚projektive Identifizierung‘ im folgenden
Sinne:

Es handelt sich um eine Gruppe von Phantasien
und dazugehörigen Objektbeziehungen, die damit zu tun hat, daß sich das Selbst von bestimmten unerwünschten Aspekten befreien möchte,
und damit, daß solche unerwünschten Anteile in
eine andere Person verlagert werden, und daß
schließlich das Ausgeschlossene in einer modifizierten Version im Pro- jektor wiederhergestellt
wird (OGDEN, 1979, S. 357). So verstanden
schließt projektive Identifizierung drei Phasen
oder Aspekte ein, die einer psychologischen Einheit entsprechen:

In der ersten Phase phantasiert der Projektor,

daß er sich von einem Aspekt seines Selbst befreit und ihn in kontrollierender Weise in eine andere Person verlagert.

In der zweiten Phase übt der Projektor über die interpersonelle Interaktion Druck auf den Rezipienten der Projektion in *der* Richtung aus, daß dieser Gefühle erlebt, die mit der Projektion kongruent sind; de facto können die Gefühle des Rezipienten allenfalls kongruent und niemals identisch mit den projizierten Gefühlen sein. In der dritten Phase schließlich verarbeitet der Empfänger die Projektion psychologisch und verhält sich in den Interaktionen demgemäß; auf diese Weise wird dem Projektor eine modifizierte Version des Projizierten für eine Re-Internalisierung verfügbar (OGDEN, 1979, S. 371).

Der entscheidend neue Aspekt, der von OGDEN in den Begriff der projektiven Identifizierung einbezogen wird, ein Aspekt, der über das Subjekt-System hinaus den Kommunikationsprozeß betrifft, ist der im interpersonell-interaktionellen Geschehen auf den Rezipienten der Projektion ausgeübte Druck, ein Druck, der darauf abzielt, daß der Rezipient die mit den projizierten Phantasien verbundenen Gefühle nunmehr selbst erlebt (s. d. HEIGL-EVERS und HEIGL, 1983 c).

Druck und Gegendruck in der projektiven Identifizierung und Gegen-Identifizierung könnten folgendermaßen motiviert sein: Wenn man sich dem Druck überläßt, ist man Eins mit dem Anderen, sei er ein Einzelner oder eine Gruppe; man ist Eins mit ihm, man nimmt Art und Tempo des Anderen an. – Das kann aber nur heißen, daß der Rezipient der Projektion Phantasien von Objekten und dazugehörigen Objektbeziehungen in seiner eigenen lebensgeschichtlichen Entwicklung produziert hat, die denen des Projektors ähnlich sind, und daß er sich im Augenblick der Rezeption in regressiver Verfassung, im Sinne einer vermehrten Durchlässigkeit der Subjekt-Objekt-Grenzen, befindet. Der Projektor wird seinerseits die Neigung haben, sich, im interaktionellen Prozeß, einem sich kongruent verhaltenden Rezipienten gegenüber i. S. von Bestätigung und Verstärkung einzustellen, denn der vom Projektor unbewußt gewünschte Prozeß einer projektiven Identifizierung – die Befreiung von unerwünschten Aspekten des eigenen Selbst und gleichzeitig die Lebendigerhaltung dieser Aspekte im anderen – kommt auf diese Weise optimal zustande. In einem solchen Fall findet im Rezipienten nicht jener Prozeß statt, den OGDEN als Verarbeitung (processing, metabolizing) des Projizierten bezeichnet. Das Projizierte wird vielmehr in seiner unveränderten Form reinternalisiert und d. h. es muß sofort wieder per projektiver Identifizierung vom Erleben des Projizierenden ferngehalten werden. Dabei findet auch auf seiten des Rezipienten ein Abwehrvorgang statt.

Wenn sich Abwehrvorgänge interaktionell miteinander verzahnen, kommt es zu einem Prozeß der Wiederholung; der Erlebnisaspekt, der Gegenstand von Projektion und Identifikation ist, wird auf diese Weise sowohl abgewehrt wie gegenwärtig gehalten. Das ist in der Einzelbehandlung, besonders aber in Gruppenprozessen, häufig zu beobachten, da in den letztgenannten vor allem zwischen den Gruppenteilnehmern projektive Identifizierungen und Gegenidentifizierungen immer wieder zustandekommen.

Wenn wir das Resultat von solchen projektiven Identifizierungen und Gegenidentifizierungen in Gruppenprozessen als *psychosoziale Kompromißbildungen* bezeichnet haben, so verstehen wir darunter relativ zeitstabile interpersonelle Manifestationen pathogener innerseelischer Konfliktdynamik, Figuren des Miteinander-Umgehens der Interaktionspartner i. S. der Abwehr gemeinsam erlebter latenter Konflikte. Sie dienen der Bewältigung von Gefahren, die aufgrund innerseelischer Konflikte des Einzelnen den Beziehungen drohen. Mit der psychosozialen Kompromißbildung soll ein Vorgang konzeptualisiert werden, der von innerseelischer zu interpersoneller Wirklichkeit führt, ein Vorgang, der dadurch bestimmt wird, daß ein intrapsychischer Kompromiß einen interpersonellen psychosozialen Kompromiß erzeugt bzw. zur Folge hat (s. d. HEIGL-EVERS und HEIGL, 1973, 1975 a, 1979 a, 1983 c; KÖNIG, 1992).

Die projektive Identifizierung ist u. E. ein Spezialfall interaktioneller Abläufe; doch darf man sich über diesen Spezialfall hinaus vorstellen, daß, wie SANDLER (1982) es ausdrückt,

> „das Individuum unablässig seine Umwelt ‚abtastet‘, insbesondere die Reaktionen anderer, abtastet in den oft sehr subtilen ‚Transaktionen‘, die sich zwischen Menschen in den gewohnten sozialen Beziehungen vollziehen.“

Dergleichen vollzieht sich auch in therapeutischen Gruppen und wird hier beobachtbar und beeinflußbar. Die Antworten anderer auf eigene „Probe"-Signale oder andere per Verhalten vermittelte Zeichen werden ständig von den jeweils Beteiligten „ausgewertet". Ein solches wechselseitiges „Abtasten" der auf die eigenen Signale gegebenen Antworten der anderen führt dann schließlich zu Rollenübernahmen und Interaktionsmustern, die jedem der Beteiligten ein ausreichendes Maß an Befriedigung unbewußter Wünsche und eine Aktualisierung der dazugehörigen Objektbeziehungsmuster ermöglicht (s. SANDLER, 1982, S. 69).

Die skizzierten kompromißhaften Befriedigungsmuster konflikthafter Wünsche gehören zu den Phänomenen der *Übertragung*, wenn man Übertragung mit SANDLER wie folgt verstehen will: Er schreibt,

> „daß die Einführung und Beschreibung ... besonders der objektbezogenen Abwehrvorgänge (wie der Identifizierung mit dem Angreifer oder der altruistischen Abtretung) eine wichtige neue Dimension in der analytischen Arbeit und im Begriff der Übertragung widerspiegelten. Allmählich gewann, was das timing von Deutungen betrifft, die Analyse des Hier und Jetzt der analytischen Interaktion Vorrang vor der Rekonstruktion der infantilen Vergangenheit. Die ihn selbst und den Analytiker betreffende Abwehr in der analytischen Situation verstand man als Übertragung; auf sie konzentrierte sich zunehmend das Augenmerk des Analytikers" (SANDLER, 1983, S. 589).
>
> „Übertragung schloß nunmehr eine Anzahl objektbezogener Aktivitäten mit ein, die nicht notwendigerweise eine Wiederholung von Beziehungen zu wichtigen Personen der Vergangenheit zu sein brauchen" (SANDLER, 1983, S. 590).

SANDLER vertritt ein Verständnis der Übertragung, wonach Introjekte ständig externalisiert und damit in einem gewissen Sinn aktualisiert werden, damit man mit ihnen wie mit äußeren statt inneren Objekten umgehen kann. Diese nach SANDLER wahrscheinlich weitverbreitete Tendenz zur Externalisierung der Objekte wird in der therapeutischen Gruppe zusätzlich begünstigt – nicht nur in der Beziehung zum Analytiker, sondern vor allem in den Beziehungen der Gruppenteilnehmer untereinander. Diese Förderung der Entwicklung einer multilateralen Übertragung anstatt einer unilateralen auf den Therapeuten

wird von diesem in einer tiefenpsychologisch fundierten Gruppenpsychotherapie dadurch begünstigt, daß er auf seine Person gerichtete Übertragungsaspekte weniger aufgreift als die auf andere Gruppenteilnehmer gerichtete. Er ist darum bemüht, sich im Sinne wohlwollender Neutralität allen gegenüber als ein positives und schutzgebendes Objekt erlebbar zu machen.

Der Mechanismus der projektiven Identifizierung bringt in Gruppen nicht nur jene Muster des sprachlichen Miteinander-Handelns der Gruppenteilnehmer hervor, die wir als psychosoziale Kompromißbildungen bezeichnet haben, sondern auch jenen Gruppen-Konsens, der das Resultat des Aushandelns von Gruppennormen ist. Er bringt ferner auch jene sprachlichen Interaktionsmuster hervor, die wir als ich-modifizierte Abkömmlinge unbewußter Phantasien bezeichnet haben. Er ist ein mitwirkender Faktor bei der Entstehung sprachlichen Handelns als eines Gesamtphänomens, wie sie sich unter der Bedingung ‚Gruppe' vollzieht. Dabei sind die normative Regulierung, die psychosoziale Kompromißbildung und die ich-modifizierten Abkömmlinge unbewußter Phantasien in diesem Handeln enthalten. Sie werden über den Einsatz verschiedener semantischer Lesarten kontext-orientiert diagnostisch erschlossen.

7.4 Wahrnehmungseinstellung und Interventionstechniken

Der Rollenverteilung, die sich bei der Bildung eines psychosozialen Kompromisses auf der Ebene der latenten Aktion ergibt, entspricht auf der Ebene der manifesten Aktion eine für Gruppen charakteristische Verteilung von Positionen und dazu gehörigen Funktionen. R. SCHINDLER (1957/58, 1960/61), der ein Schema für eine solche Positionsverteilung eingeführt hat, sprach von der Rangdynamik der Gruppe. Wir sprechen im Sinne einer gewissen Modifikation des Schemas von einer *soziodynamischen Funktionsverteilung*. Position und Funktion bezeichnen die individualspezifische Art und Weise, wie ein Gruppenteilnehmer sich an einer Gruppenaktivität, die er grundsätzlich akzeptiert hat, beteiligt. Die Form dieser Beteiligung hängt einmal von seiner Struktur ab, die ihn zu diesem oder jenem Verhalten in der Gruppe determiniert, aber auch vom jeweiligen Inhalt der gemeinsamen Gruppenaktivität (HEIGL-EVERS, 1978; HEIGL-EVERS und HEIGL, 1970 a, 1971, 1973).

Die diagnostische Einordnung der Gruppenteilnehmer beim Entstehen einer psychosozialen Kompromißbildung mit Hilfe dieses Funktionsverteilungsschemas ermöglicht dem Therapeuten eine erste Orientierung über den aktuell ablaufenden Prozeß. In einem längeren Prozeßverlauf kann erkennbar werden, daß einzelne Teilnehmer, unabhängig von der jeweiligen Konfliktthematik, zur Übernahme einer bestimmten Position neigen, die für ihn habituell ist. Eine solche Habituation (s. d. PANOFSKI, 1932) kann unter den Aspekten der Therapie einen intensiven, anhaltenden und therapeutisch schwer zu beeinflussenden Widerstand bedeuten. Andererseits gehört es zu den Zielsetzungen einer analytischen, auf Strukturänderung abzielenden Behandlung, daß die Gruppenteilnehmer positionsflexibel werden, daß sie im Prozeß der Therapie ihre Position primär von den Inhalten, um die es jeweils geht, bestimmen lassen und nicht so sehr von den Festlegungen durch ihre inneren Strukturen.

Im folgenden wollen wir in einer Übersicht die von uns verwandten Positionen, die dem Therapeuten diagnostisch hilfreich sein können, kurz charakterisieren.

Es handelt sich dabei um:

1. die Position des Initianten oder Repräsentanten und d. h. auf der Ebene der normativen Verhaltensregulierung (manifesten Aktion) die des Normensetzers.

2. die Position des Sich-Anschließenden. Das Sich-Anschließen kann i. S. von Subpositionen auf verschiedene Art und Weise geschehen; so lassen sich unterscheiden

   a) die Subposition des identifikatorischen Sich-Anschließens. Die Betreffenden identifizieren sich voll mit dem Initiator und Normensetzer. Sie sind von der Bereitschaft her die Erfüller der gesetzten Norm;

   b) die Subposition des komplementären Sich-Anschließens. Die Betreffenden haben die Bereitschaft, der gesetzten Norm in einer ergänzenden Form zu entsprechen;

   c) die Subposition des kritisch-überwachenden Sich-Anschließens. Die Betreffenden haben

die Bereitschaft, die Einhaltung der Norm zu kontrollieren und zu überwachen, d. h. als Normenhüter zu fungieren.

3. Ferner handelt es sich um die Position eines distanzierten Engagements für die in der Gruppe ausgehandelte Norm, für die gemeinsame Aktion, das vor allem die Normenüberprüfung einschließt. Folgende Subpositionen können unterschieden werden:

   a) die des bedingten Pro, der sich zur etablierten Gruppennorm i. S. eines „Ja, aber ..." einstellt;

   b) die des bedingten Contra, der sich gegen die etablierte Gruppennorm i. S. eines „Nein, außer ..." bedingt abgrenzt;

   c) die des Schwankenden, der in seiner Argumentation zwischen Norm und möglicher Gegen-Norm i. S. eines „Teils ... teils" hin- und herschwankt.

4. Es handelt sich schließlich um die Position dessen, der das Verhalten, das durch die etablierte Norm abgewehrt wird, akzeptiert und damit die Gegennorm vertritt, die Position desjenigen, der die Tendenz hat, die etablierte Norm zu verletzen oder zu brechen und die durch sie verpönten und abgewehrten Verhaltensweisen zu verwirklichen. Er vertritt diese Tendenz in einer labilen, mit Angst und/oder Schuldgefühlen verbundenen Form. Es handelt sich um die Funktion des Normenverletzers oder Normenbrechers.

Der gegen die etablierte Norm Protestierende ist derjenige, der die Gruppe vor der Institutionalisierung, der permanenten Festlegung ihrer Strukturen und damit vor der Erstarrung schützt. Aus der Polarität zwischen dem Repräsentanten der Norm und dem Normenverletzer als gleichzeitigen Vertreter einer Gegen-Norm entfaltet sich der Gruppenprozeß. Solche Strukturen und Prozesse können sich in Gruppen nur dann entwickeln, wenn im soziokulturellen Umfeld das der Psychoanalyse inhärente Prinzip De omnibus dubitandum anerkannt ist.

Die diagnostische Aufmerksamkeit und vor allem die therapeutische Aktivität werden jedoch vornehmlich nicht auf die Ebene der manifesten, sondern der latenten Aktion ausgerichtet, d. h. auf jene Muster der – weitgehend unbewußten – interpersonellen Verständigung, die beim Einzelnen im Umgang mit psychischen (inneren) Konflikten habituell geworden sind. Der mit dieser Methode angebotene Einsichtsgewinn liegt im Bereich dieser inneren Strukturen und ihrer interaktionellen Umsetzung. Hier ist dann speziell auch darauf zu achten, welche Rolle diese Strukturanteile in der symptomauslösenden Situation des einzelnen Gruppenmitgliedes gespielt haben.

Die Interventionen des Therapeuten bei der tiefenpsychologisch fundiert behandelten Gruppe werden durch leitende Fragen und durch Deutungen bestimmt, wobei die als Vorformen der Deutung von GREENSON beschriebene Demonstration und Klarifikation eine besondere Rolle spielen.

Speziell geht es dabei um die Klarifizierung, die Kontextklarifizierung von Affekten. Diese Technik besteht darin, die individuellen Gefühle, die das Gruppengespräch begleiten, klarer, eindeutiger zu verbalisieren, als der Patient selbst es tut, und außerdem die inneren und die interpersonellen Entstehungszusammenhänge, den Entstehungskontext dieser Affekte aufzuzeigen, insbesondere Zusammenhänge konflikthafter Art. Das Eingehen auf die Affekte ist nach unserer Erfahrung besonders wichtig, weil sie dem Patienten den Zugang zu ihrer konflikthaften Entstehung und damit zu den Konflikten selbst ermöglichen. Dabei wird in der Regel die interpersonelle Konfliktmanifestation zuerst erlebt und von daher der Zugang zu den inneren Konflikt-Spannungen ermöglicht.

Wie nun begleitet der Therapeut als dessen teilnehmender Beobachter den Gruppenprozeß?

In der Initialphase der Sitzung verfolgt er, welches manifeste Gruppenthema sich herausbildet (s. d. S. 263 f. in d. Bd.). Die dabei entstehenden Figuren sprachlichen Handelns versucht er, vornehmlich ausgerichtet auf die Ebene der latenten Aktion, also orientiert am Kontext psychosozialer Kompromißbildungen, hermeneutisch zu entschlüsseln. Er ist bemüht, zunächst diagnostisch (nur gedacht) zu erfassen, wie sich Wunsch und Abwehr in den sprachlichen Äußerungen der Beteiligten jeweils anteilmäßig abzeichnen und zu einem interaktionellen Kräftespiel führen, in dem Einzelne wie Untergruppen vorwiegend das Abgewehrte oder vorwiegend die Abwehr vertreten und miteinander kompromißhaft zu versöhnen suchen.

Aufgrund solcher diagnostischer Urteilsbildungen versucht er sodann durch leitende Fragen die Aufmerksamkeit der Teilnehmer auf das gemeinsame Thema und dessen interaktionelle Verarbeitung zu lenken. Diese leitenden Fragen sollen ähnliches bewirken wie die von GREENSON genannten Konfrontationen. Ist eine Aufmerksamkeitsausrichtung der Beteiligten auf die Art und Weise, wie in der Gruppe intraindividuelle Konfliktdynamik interaktionell umgesetzt wird, gelungen, dann versucht der Therapeut, die Entstehenszusammenhänge der psychosozialen Kompromißbildung und die individuelle Teilhabe daran anzusprechen; das geschieht unter Berücksichtigung der Affekte. Auf der Linie der Arbeitsbeziehungen regt der Therapeut die Teilnehmer dazu an, untereinander das gleiche zu versuchen.

Wenn die Indikation für den einzelnen Teilnehmer richtig gestellt ist, dann wird es in der tiefenpsychologisch fundiert therapierten Gruppen möglich, auf den im Zusammenhang mit der auslösenden Situation erkennbar gewordenen pathogenen Konflikt zu zentrieren, auf dessen Ausformungen in den aktuellen Beziehungen im pathogenen sozialen Feld wie vor allem in der Gruppe selbst, m. a. W., es wird möglich, zwischen den Schnittpunkten des modifizierten Dreiecks der Einsichtsvermittlung einen Prozeß des Verstehens zu fördern (s. S. 190 f. in d. Bd.). Orientiert an diesen Konflikten in ihren individuellen Gestaltungen wird sich der Therapeut weiterhin bemühen, Wahrnehmung und Aufmerksamkeit darauf auszurichten. Das geschieht wiederum durch ein entsprechend orientiertes Demonstrieren oder Konfrontieren mit Hilfe der Technik der leitenden Fragen; es geschieht durch Ausrichtung von Wahrnehmung und Aufmerksamkeit auf die Entstehungszusammenhänge der jeweiligen Konflikte, vor allem im Kontext des Gruppenprozesses und, wenn möglich, unter Rückbeziehung auf die je auslösende Situation. Hier handelt es sich um die Technik des Klarifizierens, besonders auch des Klarifizierens der beteiligten Affekte. Diese Klarifizierungen können zu einem geeigneten Zeitpunkt durch eine Deutung vervollständigt werden.

Werden diese technischen Empfehlungen befolgt, dann wird auch die nach der Methoden-Definition der Psychotherapie-Richtlinien erforderliche Reduzierung von Übertragung und Regression vorgenommen. Die Aufmerksamkeitsausrichtung auf die interpersonellen Konfliktmanifestationen fördert auch die Übertragungsentwicklung in multilateralen Zusammenhängen und weniger in der unilateralen Ausrichtung auf den Therapeuten. In einem solchen Gruppenprozeß sollte, sofern es sich um halb-offen geführte Gruppen handelt, immer auch die konfliktauslösende Wirkung beachtet und therapeutisch genutzt werden, die mit dem Ausscheiden und dem neu Hinzukommen von Gruppenmitgliedern verbunden ist.

7.5 Kasuistische Beispiele

In den folgenden zwei Beispielen sollen die Vorgehensweisen tiefenpsychologisch fundierter Gruppenpsychotherapie veranschaulicht werden.

In dem ersten Beispiel soll die Entstehung einer diagnostischen Interpretation als Vorstufe einer therapeutischen Intervention verfolgt werden (s. a. HEIGL-EVERS und HEIGL, 1983 d, S. 11 f.; WEIDENHAMMER, 1988).

Eine Gruppensitzung mit sieben Teilnehmern, vier Frauen und drei Männern außer dem Therapeuten, hat soeben begonnen. Der Therapeut stimmt sich auf die Sitzung ein, er bringt sich in eine entspannte Körperhaltung, macht sich bereit zu Präsenz und gleichschwebender Aufmerksamkeit. Er besinnt sich, wie bereits in der Zeit zwischen den Sitzungen geschehen, nochmals auf die letzte Sitzung. Er nimmt die Sitzordnung wahr und prüft, wie weit sie einem habituellen Gruppenmuster folgt oder gegenüber der vorangegangenen Sitzung Veränderung zeigt. Er beobachtet die Art der Interaktionen − wer spricht zu wem oder mit wem, wie häufig, worüber? − achtet also auf Interaktionsfiguren, auf sich bildende Figuren des Miteinander-Umgehens und deren Inhalte. Dabei gilt die Erfahrung: Wenn zu Beginn einer Sitzung mindestens drei Teilnehmer das initiierte Thema aufgreifen, dann wird es die Sitzung über eine längere Strecke bestimmen.

Eine etwa 40jährige Frau, von Beruf Lehrerin, leitet die Sitzung ein. Kurz vor dieser Sitzung sei es heiß hergegangen bei ihr zuhause. Sie sei noch ganz aufgeregt, ja außer sich. Ihr Mann, ebenfalls Lehrer, habe ihr so ganz beiläufig, aber mit einem maliziösem Lächeln erzählt, heute abend, während ihrer Gruppensitzung, bekomme er Besuch von einer Kollegin, mit der es einiges zu besprechen gebe, einer sehr hübschen Kollegin, wie er nicht vergaß hinzuzufügen. Da sei es ihr sofort hochgekommen, sie habe an sich halten müssen, um nicht zu schreien, und am liebsten wäre sie gleich weggelaufen, irgendwohin in die Stadt. Sie habe sich als ein Nichts gefühlt. Der Therapeut, der wußte, daß sie beim inneren Vergleich mit anderen Frauen ständig den kürzeren zieht, vermutet, daß sie unter den Einfluß einer vernichtenden Selbstverachtung geraten ist. − Sie habe sich dann aber gezwungen, dazubleiben, ein gleichgültiges Gesicht zu machen, um nur ja nicht dem Mann den gefürchteten Triumph zu gönnen, und scheinbar beiläufig gefragt, wann die Kollegin denn käme. Kurz danach habe es geklingelt, die Kollegin sei vor der Tür gestanden; tatsächlich sei sie sehr hübsch gewesen; daraufhin sei sie wieder von Panik überfallen worden. „Am liebsten wäre ich weggelaufen."

Die anderen Gruppenmitglieder gehen sämtlich, mit Ausnahme eines männlichen Mitgliedes, eines Patienten mit Asthma bronchiale, auf sie ein. Zunächst werden reine Verständnisfragen gestellt. Man will wissen, was denn so schlimm gewesen sei, warum sie weglaufen wollte, ob sie denn fürchte, daß ihr Mann mit der Kollegin schlafen würde, während sie in der Gruppe sei. Eine Frage-Antwort-Beziehung ist entstanden: Die fünf Anderen fragen, die Initiantin antwortet. Nein, eine solche Angst habe sie nicht gehabt, daß ihr Mann mit der anderen Frau schlafe, das komme bei ihm nicht in Frage, da sei sie sich ganz sicher, so etwa mache er nicht, das könne er gar nicht, aus moralischen Gründen.

Ja, was denn dann gewesen sei, das sie so aufgeregt habe, will man weiter wissen.

Der Therapeut nimmt während dieser Befragung bei der Initiantin selbst Zeichen von diffuser Erregung wahr und bei fünf der sechs anderen Patienten ein bestimmtes, leicht amüsiertes, mokantes Lächeln sowie den Austausch bezeichnender Blicke. Er selbst verspürt Mitleid und Mitgefühl und daneben ein inneres Stöhnen: Schon wieder dieses Gejammere wegen der anderen Frauen! Er sieht, daß die fünf Patienten sich in einer sternförmigen Interaktionsfigur auf die Initiantin ausrichten; die Initiantin steht im Mittelpunkt der Fragen und Äußerungen der anderen. Die Art der Fragen erweckt beim Therapeuten den Eindruck, daß man sich dabei ein bißchen dummstellt.

Wenn Mitglieder einer Gruppe noch nicht recht wissen, worum es einem Initianten geht, und ihnen gleichzeitig schwant, daß etwas Gefährliches im Spiel sein könnte, dann fragen sie häufig zunächst nach – vorsichtig und gelegentlich auch sich dummstellend; sie versuchen, selbst abgeschirmt, den anderen dazu zu bewegen, seine Deckung aufzugeben.

Der Therapeut nimmt die verbalen Mitteilungen und die nonverbalen Äußerungen der Patientin wahr, verknüpft sie mit seinen Vorstellungen von ihr und identifiziert sich vorübergehend mit ihr; so fühlt er nun gleichsam von innen Scham, Selbstablehnung, Selbstverachtung und panische Angst; das korrespondiert mit seiner Gegenübertragung von leiser Verachtung; er spürt mitfühlend die Not und Hilflosigkeit der Patientin sowie die Wiederholungszwänge, denen sie verhaftet ist. Ergänzt wird diese selbst- und fremdempathische Diagnostik des Therapeuten durch seine Schlußbildung, mit deren Hilfe er die Gesamtheit seiner Innen- und Außenwahrnehmungen auf einen Nenner zu bringen, sie in einer Mutmaßung zusammenzufassen versucht.

Demnach wird die Patientin von Selbstverachtung und Scham überfallen, weil ihr Ehemann eine Kollegin, eine andere Frau hübscher findet. Wenn der Ehemann zu ihr sagt: Die hübsche Kollegin kommt, dann heißt das für sie: Du bist *nicht* hübsch. Ein solches ehemännliches Urteil bedeutet für sie einen totalen narzißtischen Bestätigungsentzug; sie fühlt sich als ein Nichts, als etwas Verachtungswürdiges; sie kann sich vor

Scham bei den anderen kaum noch sehen lassen, jedoch ohne selbst schon diese Scham und die Selbstverachtung vollbewußt erfassen zu können.

Der Therapeut nimmt wahr, daß die fünf anderen Patienten nicht untereinander agieren, sondern alle zusammen, sozusagen als ein Ganzes, auf die Initiantin ausgerichtet sind.

Er erinnert sich, daß die anderen häufiger erlebt haben, daß sich die Initiantin schon dann abgewertet fühlt, wenn sie nicht gleich angesprochen wird oder wenn man ihr im Gespräch nicht den Vortritt läßt. Zu Beginn dieser Sitzung hatte sie zunächst nur dem Therapeuten zugewandt von ihrer Misere erzählt; als die andern eher als der Therapeut auf sie eingingen, wandte sie sich fast abrupt nur diesen zu, verhielt sich also bestätigungs- und nicht beziehungsgeleitet. Die andern Patienten verbinden sich durch ihr gleichförmiges Verhalten in der Vorstellung des Therapeuten zu einer Einheit, zu einer mächtigen Quasi-Person, die auf der einen Seite der Initiantin zugewandt, auf der anderen Seite ihr gegenüber aber auch aggressiv gestimmt ist. Nach der Mutmaßung des Therapeuten fühlen sich die andern, in weitgehender Übereinstimmung, der Initiantin mit einer Tönung von verächtlicher Herablassung überlegen. Gleichzeitig sind sie der klein und hilflos wirkenden Frau gegenüber, deren Kränkbarkeit sie kennen, auch vorsichtig-milde gestimmt.

Im Zurückpendeln zu theoriegeleitetem Urteilen versteht der Therapeut die in dieser Phase des Gruppenprozesses entstandene Interaktionsfigur als eine psychosoziale Kompromißbildung, als einen Mechanismus, der dem einzelnen intolerable Unlust ersparen und gleichzeitig die Kohäsion der Gruppe erhalten soll. Sie entstand in diesem Fall aus einem narzißtisch-exhibitionistischen Beurteilungs- und Bestätigungskonflikt, aus einem intrasystemischen Konflikt zwischen Ideal-Selbst und Real-Selbst, wobei es inhaltlich um die Beurteilung und Bestätigung von Weiblichkeit geht. Bei der Initiantin besteht ein großes narzißtisches Bestätigungsbedürfnis, das der Aufrechterhaltung des grandiosen Selbst dient; bereits kleinste Nichtbestätigungen werden von ihr als totaler narzißtischer Entzug, als Verlust ihres Selbst erlebt. Die fünf anderen Teilnehmer tendieren dahin, Bestätigung vorzuenthalten, verächtlich zu reagieren. Diese Tendenz vermischt sich jedoch mit der libidinösen Neigung, das Gewünschte in Grenzen zu gewähren; das bedeutet, daß sie in Abhebung von dem archaischen, undifferenzierten Überichvorläufer, dem die Initiatin vermutlich ausgesetzt ist, ihr gegenüber als ein vergleichsweise strukturiertes Überich reagieren.

Diese psychosoziale Kompromißbildung läßt sich unter anderem Aspekt auch als Vollzug einer projektiven Identifizierung (OGDEN, 1979) begreifen. Die Initiantin deponiert (projiziert) ihre Selbstverachtung gleichsam in den Anderen und legt dem Anderen durch ihr interaktionelles Verhalten nahe, auf sie verächtlich zu reagieren. Gleichzeitig signalisiert sie Schwäche und Schutzbedürftigkeit und richtet damit an die anderen auch einen Appell auf libidinöse Zuwendung, überträgt auf sie ein freundlich zugewandtes Objekt. Die anderen verarbeiten die in ihnen gleichsam deponierte Selbstverachtung der Initiantin, die mit Bereitschaften zur Verachtung in ihrem eigenen Selbstsystem korrespondieren mag, unter dem Appell nach libidinöser Zuwendung, so daß es zu einer Verbindung zwischen verächtlicher Ablehnung einerseits und freundlicher Zuwendung andererseits auch als Ausdruck einer libidinös-aggressiven Triebmischung kommt. Soweit die Initiantin in der Lage ist, das von ihr Projizierte in der von den Anderen verarbeiteten Form zu reintrojizieren, kann sie erleben: Ich werde einerseits zwar etwas geringgeschätzt, weil ich als Frau nicht vollkommen bin, ich werde andererseits in meiner Unvollkommenheit aber auch ein wenig gemocht.

Diese diagnostische Interpretation legte sich der Therapeut gedanklich zurecht. Er hat an dieser Stelle aus der diagnostischen keine therapeutische Interpretation (Intervention) entwickelt. Eine solche Intervention hätte vielleicht lauten können: Es ist sehr wichtig, als Frau konkurrenzlos schön, ja vollkommen zu sein, um sich vor den anderen und vor sich selbst sicher fühlen zu können. Es macht verzweifelt, wenn es nicht so ist, wenn man im Vergleich mit anderen nicht zu genügen meint. Sie, Frau X, sind schon verzweifelt, etwas in Panik, hierhergekommen, weil Sie sich als Frau von Ihrem Mann wie früher von Ihrem Vater nicht bestätigt fühlten. Die anderen haben vielleicht ähnlich reagiert wie diese beiden Männer – ein wenig überlegen, ein wenig herablassend, doch auch milde-lächelnd.

Der Therapeut hat eine solche Konfrontation und Klarifikation hier deswegen unterlassen, weil ihm die Situation diagnostisch noch nicht ausreichend klar war. Er sah die Interaktionsfigur und er verstand das Konfliktthema: Verachtung im Selbstsystem. Er erfaßte zu jenem Zeitpunkt noch nicht ausreichend die Befindlichkeit der fünf anderen Patienten, sah nur, daß sie sich wie eine Quasi-Person verhielten. Er konnte sich nicht recht vorstellen, daß diese fünf Patienten zu diesem Zeitpunkt in der Lage gewesen wären, ihre verächtlichen Gefühle gegenüber der Initiantin ausreichend zu registrieren. Mehrere aus dieser Fünfergruppe hatten sich schon öfter gegenüber abwertenden Reaktionen anderer etwas moralistisch gezeigt; sie schienen eher in der Lage, Verachtung bei anderen wahrzunehmen, als sich selbst solche Affekte zuzugestehen.

Im Anschluß an dieses Beispiel sollen die Merkmale zusammengestellt werden, mit deren Hilfe der Gruppentherapeut das *Entstehen einer psychosozialen Kompromißbildung* erkennen kann:

- Das längere Bestehen einer bestimmten Interaktionsfigur oder eines bestimmten Interaktionsmusters. Es handelt sich dabei um ein formales Merkmal; es betrifft Wiederholungen der Art und Weise, wie sich die Gruppenteilnehmer aufeinander beziehen;
- das Andauern einer bestimmten Thematik, an der alle Gruppenmitglieder oder zumindest ihre überwiegende Mehrheit teilhaben;

- der Konfliktcharakter der Thematik des Gruppengesprächs: Im Thema und in der Art und Weise seiner Behandlung zeichnet sich ein Konflikt mit unbewußten Wurzeln ab;
- das Kontroverse des Konfliktes drückt sich in der interpersonellen Formation aus; die gegenläufigen Tendenzen werden von den verschiedenen Gruppenteilnehmern, von Einzelnen oder von Untergruppen verbal oder nonverbal vertreten.

Beim 2. Beispiel handelt es sich um eine Sitzung aus einer im Sinne des slow-open-Prinzips geführten therapeutischen Gruppe (s. d. HEIGL-EVERS und HEIGL, 1975 a, S. 252 f.).

Die Teilnehmerin Barbara, eine in ihrer Gesamterscheinung etwas kindlich wirkende Frau von zierlicher Figur, die irgendwie niedlich erscheint, berichtet über ihre Zukunftsnöte. Sie wird demnächst ihre Ausbildung als Medizinisch-Technische Assistentin abschließen. Die Wohngemeinschaft, der sie seit längerer Zeit mit ihrem kleinen Sohn angehört, wird sich in diesem Zeitraum auflösen. Alle anderen Mitglieder dieser Wohngemeinschaft haben sich inzwischen politisch engagiert und organisiert. Sie selbst plant, nach Hamburg zu gehen. Sie möchte sich dort eine neue Wohngemeinschaft suchen; sie hat eine Liste mit Wohngemeinschaften in Hamburg, die will sie abklappern.

Barbara lebt seit längerer Zeit räumlich nicht mehr mit ihrem Mann Klaus zusammen; auch er war zunächst Mitglied der genannten Wohngemeinschaft; da er sich jedoch an gemeinsamen Aufgaben nicht beteiligen wollte, wurde ihm nahegelegt, sich von der Gemeinschaft zu trennen. Da Barbara ein Leben in der sog. Kleinfamilie mit ihrem Mann ablehnte, offensichtlich deswegen, weil er auch hier ungern gemeinsame Aufgaben übernahm, blieb sie mit ihrem Sohn Bernd in der Wohngemeinschaft, während Klaus sich ein Junggesellen-Appartment mietete und im wesentlichen nur die Wochenenden bei Frau und Sohn als Gast in der Wohngemeinschaft verbrachte.

Barbara macht in dieser Sitzung deutlich, daß ein Zusammenziehen mit ihrem Mann nicht in Frage komme, daß auch dieser eine solche Lösung wohl ablehne. Barbara bringt es fertig, daß die anderen Gruppenteilnehmer, besonders die Männer, auf ihren Mann Klaus zunehmend zornig werden deswegen, weil er seine Frau schlecht behandele, weil er egoistisch und egozentrisch sei, weil er sich darauf beschränke, alle 4–6 Wochen bei seiner Frau ein Wochenendgast zu sein, und darauf aus sei, lediglich die „Schokoladenseite" von Ehe und Familie zu genießen. Die anderen Gruppenteilnehmer zerbrechen sich zunehmend den Kopf Barbaras wegen, sie sorgen sich um sie und ereifern sich wegen des miesen Verhaltens von Klaus.

Die Gruppenleiterin lenkt dann die Aufmerksamkeit auf dieses Verhalten. Sie habe den Eindruck, daß die andern sich Barbara gegenüber verhalten würden wie Eltern, sie sich sorgenvoll den Kopf über ihr Kind zerbrächen, die böse würden, weil andere ihr Kind schlecht behandelten. Der Gruppenteilnehmer Dieter äußert daraufhin, daß ihm nicht gefallen würde, wie das hier so laufe: Barbara brächte es zuwege, ihn auf Klaus böse zu machen; wenn das geschehen sei, dann hielte sie, das lehre ihn mehrfache Erfahrung mit ihr in dieser Gruppe, zu ihrem Mann Klaus.

Es wird deutlich, daß es Barbara auf diese Weise gelingt, ihren Zorn auf den Ehepartner an die anderen Gruppenmitglieder quasi zu delegieren, um sich dann gegen den so angefachten Zorn der anderen auf die Seite des Partners zu stellen und damit die loyale Ehefrau zu bleiben.

Was hat sich in der Gruppe abgespielt? – Eine Gruppenteilnehmerin stellt sich der Gruppe dar als jemand, der es in der Welt außerhalb der Gruppe schwer hat, dem es durch die andern draußen schwergemacht wird, durch einen bestimmten Anderen, durch einen Mann, den Ehemann. Sie kritisiert diesen Anderen nicht direkt; sie schildert nur dessen Verhalten, schildert, in welche Schwierigkeiten sie durch dieses (egoistische, egozentrische) Verhalten gerät und wie sie sich mit diesen Schwierigkeiten redlich, wenn auch nicht recht erfolgreich, herumschlägt. Sie erweckt so den Eindruck eines unschuldig-hilflosen, eines aggressionslosen Wesens, das wenig eigene Interessen vertritt, dem das Leben schwergemacht wird, ein Eindruck, der durch ihre äußere Erscheinung – klein, grazil, niedlich – noch verstärkt wird. Diese Gruppenteilnehmerin konfrontiert die übrigen also damit, daß es Menschen gibt, Männer, so ihr Ehemann, die ein solches zart-hilfloses Wesen wie sie nicht rücksichtsvoll behandeln, sondern ihr gegenüber rücksichtslos-egoistisch und egozentrisch nur die eigenen Interessen vertreten.

Die anderen Gruppenteilnehmer, insbesondere die Männer, reagieren vordergründig teilnahmsvoll und fürsorglich; sie zeigen sich besorgt um das hilflose Kind; sie verhalten sich gegensätzlich zum Ehemann, so wie er von seiner Frau geschildert wurde oder, unter anderem Aspekt, sie verhalten sich so, wie der Ehemann es *nicht* tut; besorgt, rücksichtsvoll, auf eigene Interessen nicht bedacht. Sie sind, im Sinne einer Reaktion auf den egoistisch-rücksichtslosen Ehemann, betont einfühlend und voller Rücksicht.

Auf der Basis dieses Verhaltens, gegenüber zu vermutenden eigenen rücksichtslos-aggressiven Tendenzen „altruistisch" abgesichert, entwickeln sie Aggressionen in Form von kritischer Mißbilligung gegenüber dem rücksichtslosen Ehemann. Die Gruppenteilnehmer führen gemeinsam ein psychosoziales Abwehrmanöver durch, das sie vor zu fürchtender eigener Aggression und Interessen-Egoismus schützt. Die junge Frau, die sich in der Beziehung zu ihrem Ehemann als nachgiebig-zart versteht, eher bereit, am anderen zu leiden als ihm etwas zuzumuten, deponiert eigene Impulse von Protest und ärgerlicher Kritik gegenüber dem Ehemann in die anderen (männlichen) Gruppenteilnehmer. Diese rezipieren diese Projektion, weil sie auf diese Weise eigene Willkür und Rücksichtslosigkeit (nach dem Muster des Ehemannes) abwehren können, indem sie auf der Basis moralischer Berechtigung dem Ehemann gegenüber kritisch-aggressiv sind. Auf ärgerlich-kritische Angriffe der anderen Gruppenteilnehmer auf den Ehemann rea-

giert die junge Frau in der Weise, daß sie sich mit dem Angegriffenen solidarisiert, sich als die loyale, wenngleich schlecht behandelte Ehefrau darstellt und so den Eindruck der unschuldig Leidenden verstärkt.

Es handelt sich um ein *psychosoziales Abwehrmanöver* folgender Art:

Die Initiantin Barbara reagiert auf egoistisch-rücksichtsloses Verhalten, gruppenextern, durch ihren Ehemann Klaus konkretisiert, mit nachgiebig-gequälter Toleranz und Leidensbereitschaft; sie deponiert die für sie nicht zulässigen Impulse des Protestes und der ärgerlichen Kritik am Verhalten von Klaus und damit der Behauptung eigener Interessen in den anderen (männlichen) Gruppenteilnehmern und veranlaßt diese interaktionell dazu, die Kritik zu übernehmen und zu konkretisieren; dabei werden diese Aggressionen im Dienste der Interessen der als schwach und schutzbedürftig erlebten Barbara eingesetzt, die somit von der Eigenvertretung ihrer Interessen entlastet ist. Der so resultierende psychosoziale Kompromiß verbürgt einerseits die Abwehr einer egoistisch aggressiven Durchsetzung von Eigeninteressen und andererseits eine Realisierung solcher Regungen in kaschierter Form: Eltern dürfen für die Interessen ihrer schwachen und hilflosen Kinder energisch kämpfen; schwache und hilflose Kinder können einen solchen Einsatz erwarten, wobei ihre Hilflosigkeit appellativen Charakter hat. Rücksichtslos-egoistisches Verhalten in der Partnerschaft, also einem nahestehenden Menschen gegenüber, wird also dadurch ausgeschaltet, daß ärgerliche Kritik am Partner an Dritte quasi delegiert wird und daß diese Dritten mit Hilfe der Übernahme dieser ärgerlichen Kritik sich gleichzeitig vor eigenen rücksichtslos-willkürlichen egoistischen Verhaltenstendenzen schützen. Andererseits haben die Gruppenteilnehmer die Möglichkeit, dadurch, daß die rücksichtslos-egoistischen Verhaltensweisen des Ehemannes von Barbara breit zur Darstellung kommen, heimlich daran zu partizipieren; denn das Verhalten von Barbara bedeutet für die Männer auch eine Versuchung, sich ihr gegenüber, nach dem Muster des Ehemannes, gleichfalls rücksichtslos durchzusetzen.

Nach einer therapeutischen Intervention, die darauf hinweist, daß Kritik hier delegiert wird, daß die Gruppenteilnehmer auf die junge Frau reagieren wie Eltern, die böse werden, weil andere ihr schutzlos-unschuldiges Kind schlecht behandeln, wird dieses Abwehrmanöver von einem der Teilnehmer in Frage gestellt: Er äußert Mißfallen darüber, daß Barbara ihn auf den Ehemann böse mache, dann aber nicht bereit sei, mit ihm gegen den Ehemann zu koalieren, vielmehr die Partei des angegriffenen Partners ergreife, (somit diesen und sein egoistisches Verhalten schütze), wie es in der Gruppe schon mehrfach geschehen sei.

Die von der Gruppentherapeutin gegebene *Intervention* ist wie folgt gekennzeichnet:

Der *Fokus* der Intervention ist ein psychosoziales Abwehrmanöver, d. h. eine in dieser Gruppe mehrfach vorgekommene Gruppenstruktur, eine Interaktionsfigur also, die sich als relativ zeitstabil erwiesen hat.

Der *Adressat* der Intervention ist in diesem Fall die Gesamtheit der Gruppenteilnehmer, da auch die Gesamtheit an der psychosozialen Kompromißbildung beteiligt ist.

Die Intervention ist ihrer *Art* nach ein Demonstrieren, d. h. es wird von der Therapeutin auf eine bestimmte, relativ zeitstabile Gruppenstruktur hingewiesen; ferner handelt es sich um ein Klarifizieren, das betreffende Interaktionsmuster wird mit Hilfe eines Vergleichs, einer Analogie herausgestellt und dadurch verdeutlicht; es wird anschaulich gemacht, was sich in den Gruppeninteraktionen abspielt.

Die *Position*, aus der heraus die Therapeutin interveniert, ist die eines distanzierten Engagements (Beta-Position), die ihr von seiten der Gruppe während dieser Sitzung zugewiesen, die von der Gruppe akzeptiert wird. Wenn in der dyadischen Psychoanalyse der Therapeut sich immer wieder die zentrale Frage stellen muß: Welches Objekt verkörpere ich in der Übertragung des Patienten? so lautet die zentrale Frage für den tiefenpsychologisch orientierten Gruppentherapeuten: *Welche Funktion* wird mir in den Interaktionen dieses psychosozialen Abwehrmanövers zugewiesen?

Der *Zeitpunkt* der Intervention wird u. a. dadurch bestimmt, daß diese Figur bereits mehrfach in Erscheinung getreten war und daß sie mit einer unausgesprochenen Gruppennorm in bezug auf partnerschaftliches Verhalten der männlichen Gruppenteilnehmer korrespondiert, der Norm: Der Partner solle gegenüber seiner Partnerin um deren Gleichberechtigung bemüht sein; er solle deren Emanzipation fördern; er solle Verständnis zeigen und Rücksicht üben; diese Norm entspricht dem bewußten Selbstverständnis der um eine progressive Orientierung bemühten jungen Männer; sie hat gegenüber egoistisch-aggressiver Durchsetzung von Eigeninteressen Abwehrfunktionen. Bei der tiefenpsychologisch fundierten Gruppenmethode werden die Gruppennormen unter dem Aspekt ihrer Abwehrfunktion angesprochen.

Auf der Ebene der Übertragung auf die Therapeutin[1] ist vermutlich die Phantasie wirksam gewesen, daß nur ein in der beschriebenen Weise bemühter Mann eine Chance hat, von dieser Mutter-Frau angenommen zu werden und den Vater-Mann zu verdrängen. Doch schien diese vermutete Phantasie so bewußtseinsfern zu sein, daß auch eine Versuchsinterpretation in dieser Richtung („Vielleicht hat es auch mit mir zu tun, daß ein Verhalten wie das von Klaus [dem Ehemann der jungen Frau] ganz besonders nachdrücklich verurteilt werden muß") keine Aussicht gehabt hätte, aufgegriffen und akzeptiert zu werden.

–◻–

---

[1] Immer dann, wenn sich in der tiefenpsychologisch fundiert behandelten Gruppe eine Interaktionsfigur derart bildet, daß sich eine Majorität gegenüber einem Einzelnen konstelliert, dann ist zu fragen, wieweit auf diesen Einzelnen ein Konflikt verschoben wird, der sich im Grunde auf den Therapeuten bezieht, an ihm jedoch zum gegebenen Zeitpunkt deswegen nicht abgehandelt werden kann, weil dadurch zu starke Ängste mobilisiert würden.

8 Die psychoanalytisch-interaktionelle Gruppenpsychotherapie

8.1 Einleitung

Die beiden bereits dargestellten gruppentherapeutischen Methoden stehen in einer gewissen Nachbarschaft zueinander; sie ähneln sich in ihrem Grunddesign, da sie beide dem Prinzip ‚Deutung‘ verpflichtet sind. Beide Verfahren sind indiziert bei Patienten mit neurotischen Störungen, mit Krankheiten, die in *inneren* unbewußten Konflikten wurzeln. Ihnen gegenüber erscheint die *psychoanalytisch-interaktionelle* Methode deutlich abgegrenzt; die Abgrenzung betrifft die Indikation, die Zielsetzung, die Grundeinstellungen des Therapeuten und die Interventionstechniken. Sie wurde 1973 von HEIGL-EVERS und HEIGL erstmals vorgestellt und in ihren theoretischen Grundannahmen sowie in ihren therapeutischen Techniken und der klinischen Praxis stets weiterentwickelt.[1]

8.2 Überlegungen zur Indikation und Therapieprognose

Es liegen inzwischen umfangreiche klinische Erfahrungen mit der Anwendung dieser Methode in der ambulanten, der teilstationären und stationären Behandlung von jugendlichen und erwachsenen Patienten mit Persönlichkeitsstörungen, mit Abhängigkeitserkrankungen, mit posttraumatischen Störungen (HEIGL-EVERS und OTT 1997a), mit selbstverletztendem Verhalten (SACHSSE 1994a, b), mit psychosomatischen Erkrankungen, psychotischen Störungen und dissozialem Verhalten (SACHSSE und ARNDT 1994) vor.[2]

Bei den Überlegungen, ob diese Gruppenmethode für einen bestimmten Patienten indiziert wäre und welche therapeutischen Wirkungen erreichbar erscheinen, haben sich uns die von H. ARENDT (1960) angegebenen Merkmale der Pluralität bewährt (HEIGL und HEIGL-EVERS 1978,

HEIGL-EVERS und HEIGL 1970a, HEIGL-EVERS, HEIGL und OTT 1994).

Wenn die Diagnostik ergeben hat, daß das Erleben und Verhalten eines Patienten vorwiegend durch Teilobjektbeziehungen bestimmt wird, wenn er die anderen nur vage, in ungenauer Kontur und Abgrenzung erlebt, sie nur in blasser Zweidimensionalität erinnern kann, oder wenn er sie in instrumentalisierender Zuordnung zu seiner eigenen Person als Teil seines eigenen Selbst empfindet und für die Regulierung unterschiedlicher Bedürfnisse (Selbstwertregulierung, Triebregulierung, Nähe-Distanz-Regulierung, Reizschutz) zu benutzen sucht oder sie in ihrer Andersartigkeit nicht wahrnehmen, sie nicht als Gegenüber betrachten kann, als jemanden, mit dem konflikthafte Beziehungen möglich sind und Kompromisse ausgehandelt werden können, dann ist folgendes zu überlegen:

Es ist zu fragen, wie sich diese Beziehungsformen in der Gruppensituation *‚unter Mehreren‘* darstellen werden, wie der Patient die daraus resultierenden interpersonellen Kollisionen, Friktionen und Konflikte im halb-öffentlichen Raum der Gruppe erleben und aushalten wird und auf welche Weise er sich mit den Gruppenmitgliedern als den zunächst Fremden, den Andersartigen zunehmend arrangieren kann. In diesem Zusammenhang ist auch von Bedeutung, ob und in welcher Weise dem Patienten die sogenannten beziehungsregulierenden Affekte (KRAUSE 1988, 1990) wenigstens im Ansatz zugänglich und verfügbar sind, das heißt die Fähigkeit, Freude, Wut, Ekel, Angst, Neid, Trauer in ihren verschiedenen Anteilen, speziell in ihrer Signalfunktion, zu erle-

---

[1] HEIGL und REISTER 1994; HEIGL-EVERS und HEIGL 1973, 1979b, f, 1983b, c, 1985, 1987, 1988a, 1994, 1995; HEIGL-EVERS, HEIGL und OTT 1994; HEIGL-EVERS und HENNEBERG-MÖNCH 1985, 1990b; Heigl-Evers, Henneberg-Mönch und ODAG 1986; HEIGL-EVERS und NITZSCHKE 1991, 1994; HEIGL-EVERS und OTT 1990, 1994, 1997a und b; HEIGL-EVERS und SEIDLER 1993; HEIGL-EVERS und STREECK 1983, 1985; KÖNIG und LINDNER 1991; REISTER und HEIGL 1994; SACHSSE 1994b; SEIDLER 1993; STREECK 1980, 1994b, 1997.

[2] BÖHLE und VATTES 1993; HEIGL und HEIGL-EVERS 1991; HEIGL-EVERS und OTT, G. 1997; HEIGL-EVERS und OTT, J. 1997a; HEIGL-EVERS und SEIDLER 1993; HEIGL-EVERS und STANDKE 1988; KÖNIG 1993; LINDNER 1986, 1991; OTT, 1997; SACHSSE 1994a,b, 1996; SACHSSE und ARNDT 1994; STREECK 1997.

ben und auszudrücken, oder ob Unterdrückungen oder Hemmungen von Affekten vorliegen. Es ist zu fragen, ob er in seiner Beziehungsgestaltung vorwiegend durch einen dominierenden Affekt (z. B. Haß) oder durch nachtragende Affekte (Bitterkeit, Grimm, Groll, Hader, Hohn mit Handlungsimpulsen im Sinne von Rache und Vergeltung) anhaltend festgelegt ist (HEIGL und HEIGL-EVERS 1991, S. 135). Es ist also zu überlegen, wie sich das Maß an Verfügbarkeit über signalgebende Affekte in der Gruppe für die Beziehungsgestaltung auswirken wird, insbesondere auch auf die Nähe-Distanz-Regulierung (HEIGL-EVERS und HEIGL 1984). Die Einschätzung der Fähigkeit eines Patienten, unter den Bedingungen der Pluralität Nähe bzw. Distanz zu anderen so zu regulieren, daß die Grenze der Erträglichkeit, der Angsttoleranz nicht zu schnell überschritten wird, ist für die Differentialindikation Einzel- versus Gruppentherapie ganz besonders wichtig.

Sehr sorgfältig ist die Indikation bei solchen Patienten zu prüfen, die weitgehend Einzelgänger sind, kaum Freunde kennen, sich also mit einer sozialen vita minima begnügen. Sie vermitteln schon durch ihre Lebenspraxis den Eindruck von Unfähigkeit oder Unwillen, sich auf irgendeine Form pluraler Beziehungen einzulassen. Ihre monadische oder pseudo-dyadische Fixierung verweist dann eher auf die Indikation zu einer psychoanalytisch-interaktionellen Einzeltherapie.

Auch die Einschätzung der Fähigkeit zur inneren Verarbeitung und zur interpersonellen Regulierung sexueller und aggressiver Triebbedürfnisse unter dem Aspekt des „unter Mehreren-Seins" ist prognostisch von Bedeutung. So kann sich eine Kontraindikation für die Therapie in der und durch die Gruppe dann ergeben, wenn der Patient in stärkerem Maße zu Impulsdurchbrüchen tendiert oder wenn er in seiner Triebbefriedigung so eingeengt ist, daß er unter der Einwirkung von Neid und Angst danach trachtet, die anderen zu immobilisieren. Dabei ist immer auch auf die Zusammensetzung der Gruppe zu achten; es ist zu fragen, welche Verarbeitungen von Triebbedürfnissen bei den anderen Gruppenteilnehmern vorliegen und wie sich diese in den Interaktionen der geplanten Gruppe darstellen und auswirken können.

Auch die Strukturen des Über-Ich sind prognostisch genauer zu prüfen und in ihren zu vermu-

tenden Auswirkungen auf das Verhalten des betreffenden Patienten „unter mehreren" einzuschätzen; es ist zu überlegen, wie sich diese Strukturen auf das Verhalten des Patienten in der Pluralität einer therapeutischen Kleingruppe auswirken werden. Da bei den meisten Patienten mit strukturellen Störungen zu erwarten ist, daß sie nicht über ein ausreichend depersonifiziertes, hinreichend integriertes und autonomes Über-Ich mit signalgebenden selbstreflexiven Affekten (Schuld, Scham, Stolz) verfügen, ist diagnostisch auf primitive Vorformen des Über-Ich zu achten und ihre Wirkung auf den geplanten Gruppenprozeß zu bedenken. Es ist zu fragen, ob der Patient zu seiner Orientierung und Regulierung vorgegebene Gruppenstrukturen mit definierten Normen und Werten benötigt, oder ob er die passagere Verunsicherung durch eher geringe Vorgaben solcher Art, wie sie eine analytisch orientierte Gruppe kennzeichnen, gewinnbringend ertragen und verarbeiten kann.

Es ist zu fragen, ob Tendenzen zur Identifizierung mit dem Angreifer in sadistischer oder masochistischer Form oder die Auswirkungen eines unnachsichtigen, grausamen Strafverfolgers eine Kontraindikation für eine Gruppentherapie darstellen oder ob solche Über-Ich-Formationen in den Interaktionen des Gruppenprozesses über psychosoziale Abwehrmanöver (MENTZOS 1988, HEIGL-EVERS und HEIGL 1979a, 1983c) im Erscheinungsraum der Gruppe sich so abbilden können, daß sie den Patienten wahrnehmbar und verstehbar werden.

Bei der Beantwortung dieser Fragen ist das Setting der geplanten Gruppe, speziell ihre Zusammensetzung, und sind die sonstigen Rahmenbedingungen der Gruppe ebenso zu beachten wie der Erfahrungsstand des Gruppentherapeuten.

Das zweite Merkmal der Pluralität ‚Als Glied einer Vielheit einzigartig sein" kann dazu dienen, die narzißtische Regulation des Patienten unter dem Aspekt der Differentialindikation einzuschätzen. Auf eine flexible Regulierung wäre dann zu schließen, wenn der Betreffende sich einerseits einzigartig fühlen und in diesem Sinne seiner selbst sicher sein und auf der anderen Seite sich einer Vielheit zugehörig fühlen und so einer unter vielen sein kann. Als Folge einer Störung der narzißtischen Regulation könnte sich ein Patient in seiner Einzigartigkeit und aufgrund seiner hervorragenden Besonderheit als gegenüber den anderen emporgehoben und somit als monadisch erleben. Er könnte sich dann eine Gruppe nur als Chorus einer ihm geltenden Bestätigung vorstellen oder für sich eine Einzeltherapie mit der ausschließlichen Ausrichtung der Aufmerksamkeit des Therapeuten auf seine Person für wünschenswert halten. – Eine andere Form der Störung, so die einer auf niedriger Organisationsstufe beruhenden depressiven Struktur könnte bedeuten, daß der Patient erlebt, als Glied einer Vielheit mit dieser gleichsam verschmolzen, mit den anderen zu einer Einheit geworden zu sein. Er würde daraus vielleicht eine Indikation zur Gruppentherapie für seine Person ableiten. Es wäre dann darauf zu achten, daß die Gruppe hinsichtlich der Strukturen und auch der Symptome der Teilnehmer möglichst heterogen zusammengesetzt ist.

Im erstgenannten Fall wäre zu überlegen, wie mit der vom Patienten intendierten sozialen Isolierung und einer damit eventuell verbundenen Haltung verächtlicher Herablassung gegenüber den anderen umgegangen werden könnte. Im zweiten Fall wäre darüber nachzudenken, wie die eventuelle Entwicklung einer entgrenzenden Abhängigkeit und entsprechenden Fusion mit der Gruppe gehandhabt werden könnte. In diesem Zusammenhang ist auch zu prüfen, ob der Patient in seinem Selbsterleben durch Grandiosität bestimmt ist, oder ob er zwischen Ideal-Selbst und Real-Selbst kränkungsfrei zu unterscheiden vermag. Ergeben die diagnostisch-prognostischen Überlegungen, daß mit einem hohen Maß narzißtischer Kränkbarkeit zu rechnen ist, muß in eben diesem Maß auch mit Entwertungserfahrungen für den Patienten gerechnet werden. Ist dagegen eine starke Neigung, mit der Gruppe symbiotisch zu verschmelzen, zu erwarten und eine entsprechend große Angst vor Zugehörigkeitsverlust, dann ist zu erwägen, ob zu diesem Zeitpunkt nicht eine Kontraindikation in bezug auf eine Gruppentherapie besteht.

Mit Hilfe des dritten Merkmals der Pluralität ‚Nicht souverän sein‘ kann geprüft werden, wieweit beim Patienten das Bedürfnis nach Autonomie und die Fähigkeit, Abhängigkeit zu akzeptieren, in einem ausgewogenen Verhältnis stehen. Übersteigerte Autonomie bis hin zur Autarkie, zur Phantasie vollständiger Unabhängigkeit und Bindungslosigkeit ist prognostisch einzuschätzen.

Das gilt auch für das Erleben einer überbetonten Abhängigkeit mit der Phantasie, nur in engster Bindung an einen anderen und entsprechender Abhängigkeit von diesem existieren zu können. Dieses Gegensatzpaar von exzessivem Autonomiestreben und dem Streben nach totaler Abhängigkeit findet sich auch in ein und derselben Person und kann sich auch manifestieren als absoluter Herrschaftsanspruch eines Patienten einerseits und einer totalen Anpassungsbereitschaft andererseits. Unter klinischem Aspekt wäre in solchen Zusammenhängen auch auf ausgeprägtere Formen von Sadismus und Masochismus zu achten.

Unter dem Aspekt des Merkmals ‚Relative Unabsehbarkeit der Folgen des eigenen Tuns‘ ist zu bedenken, daß diese Unvorhersehbarkeit in der Pluralität einer Gruppe naturgemäß größer ist als in einer therapeutischen Dyade. In diesem Zusammenhang kommt es darauf an, die Fähigkeiten zur Realitätsprüfung, zur Antizipation der möglichen Wirkungen des eigenen Verhaltens auf die anderen einzuschätzen und die Bereitschaft, die so entstehenden Unsicherheiten und Risiken zu akzeptieren. Die Bereitschaft zu diesem Risiko ist ebenso einzuschätzen wie das Bedürfnis, für die eigene Sicherheit Sorge zu tragen. Einzuschätzen sind die Toleranzgrenzen für Desillusionierung (z. B. Enttäuschung), für die Begrenzungen von Sicherheit; ebenso wichtig ist die Einschätzung der Fähigkeit, Konfrontation mit dem Unerwarteten zu ertragen.

Schließlich ist unter den für eine Pluralität bedeutsamen Aspekten von ‚Öffentlich versus Privat‘ bei der Prüfung der Indikation für eine Gruppenbehandlung das Scham- und Schulderleben des Patienten zu berücksichtigen und in seiner Bedeutung einzuschätzen (PALMOWSKI 1992; SEIDLER 1993). Ist das Erleben ausgeprägter Stigmatisierungen gegeben oder zu vermuten, gibt es klinische Hinweise auf intensives Schamerleben, eventuell mit entsprechender Abwehr (Unterdrückung oder Gehemmtheit des Schamaffektes) oder ist deutliche Schamlosigkeit zu beobachten, dann sind die daraus resultierenden Toleranzgrenzen einzuschätzen und bei der Indikationsstellung zu berücksichtigen.

Auch das Erleben schwerer pathologischer Schuld (Angst vor Vernichtung durch einen archaischen inneren Strafverfolger) ist in diesem Zusammenhang zu berücksichtigen, ebenso wie ein Schulderleben in Auswirkung eines überstrengen, überharten Über-Ich.

Konnte auf diese Weise die Indikation für eine psychoanalytisch-interaktionelle Gruppentherapie im konkreten Fall geklärt werden, dann stellt sich die Frage nach dem Vorgehen bei der Vorbereitung und Einleitung der geplanten Behandlung.

8.3 Therapeutische Ziele

Wie sind bei solchen Störungen die therapeutischen Ziele zu formulieren? Das therapeutische Vorgehen ist auf die Restitution der Ich-Organisation ausgerichtet, so auf das Voranschreiten von Teilobjekt- zu Ganzobjekt-Beziehungen, auf die stabile Trennung von Selbst und Objekt, auf die Aufhebung von Spaltungen in ‚nur böse‘ und ‚nur gute‘ Teilobjekte wie auf die Entwicklung und Weiterentwicklung von Ich-Funktionen, deren Einschränkung immer mit einer Pathologie des Selbst und der inneren Objekte korrespondiert.

Die Konfiguration der Gruppe ermöglicht hier in besonderer Weise die Einbeziehung oder Wiedereinbeziehung des Dritten, der unter einer massiven Angsteinwirkung in der ödipalen Situation ausgeschaltet werden mußte um die Gefahr zu vermeiden, ihn gewaltsam in Besitz zu nehmen (Inzest) oder ihn zu zerstören (Patrizid oder Matrizid); bei stärkeren präödipalen Traumen konnte durfte er wegen einer pseudo-dyadischen Fixierung gar nicht erst erlebbar werden. Die Gruppe bietet besonders günstige Voraussetzungen für das Voranschreiten von einer dyadischen zu einer triadischen Beziehung, bietet die Chance, Ganzobjektbeziehungen zu entwickeln sowie ein differenzierteres und flexibleres Über-Ich und eine konturiertere stabile Identität.

Es gehört zu den Zielen dieser Therapie, das Erreichen oder *Wieder*erreichen der ödipalen Ebene zu ermöglichen und damit die wegen schwerer Angst- und Schuldgefühle (Strafverfolgungsangst) nicht erfolgte Auseinandersetzung mit ödipalem Begehren und ödipaler Rivalität. Orientiert an der Empfehlung FREUDS, in der Therapie von der ‚psychischen Oberfläche‘ auszugehen, sollte zunächst an den dyadischen Beziehungsmustern gearbeitet werden, die das Verhalten der Patienten nicht nur in der Gruppe, sondern auch in ihrem

sozialen Alltag weitgehend bestimmen. Der Therapeut muß sich bewußt sein, daß es bei dieser dyadischen Beziehungspathologie um eine Form der Bewältigung innerer und äußerer Realität geht, wie sie diesem Patienten aufgrund seiner Entwicklung in traumatisierenden präödipalen und/oder ödipalen Phasen mit dem darauffolgenden regressiven Rückzug in die Dyade möglich geworden ist. Es gilt, durch ‚antwortendes‘ Intervenieren auf die im Zusammenhang solcher Bewältigungsformen entstandenen Realitätsverzerrungen einzuwirken. Kommt es zu Entzerrungen, dann wird gleichzeitig für den Patienten ein interpersoneller Konflikt mobilisiert, der aus der Nichterfüllung seiner an das (pseudo-)dyadische Teilobjekt gerichteten Erwartungen, in der Übertragung auf den Therapeuten als dessen Substitut, resultiert. Die so entstehenden psychosozialen Konflikte (Erwartungsenttäuschung und daraus folgende Aggression, Kränkung und daraus resultierende Rachetendenzen) sind therapeutisch zu klären und zu bearbeiten. Dabei ist es wichtig, zwischen der Erwartungsenttäuschung und der Kränkungsrache zu unterscheiden.

8.4 Spezifika des therapeutischen Vorgehens bei Einsatz der psychoanalytisch-interaktionellen Gruppenmethode

Die Indikationsstellung und das heißt ganz speziell auch die Überprüfung der Motivation solcher Kranker für eine psychoanalytisch-antwortende Gruppenpsychotherapie bedarf besonderer Sorgfalt und oft auch Geduld. Es geht bei dieser Therapie darum, einem der zentralen und härtesten Widerstände der so behandelten Patienten zu begegnen, nämlich dem Widerstand gegen die Einbeziehung des dritten Objekts. Da eine Gruppe ihrer Art nach immer eine triadische Konstellation darstellt, wird der Patient, falls er in diese Therapie einwilligt, von vornherein und immer wieder mit dieser ihm leidigen und ihn hoch beunruhigenden Präsenz des Dritten konfrontiert. Um im *Vorge-*

spräch die Indikation für diese Therapie zu klären, müssen die Reaktionen des Patienten auf ein solches Angebot sorgfältig beachtet werden. Reaktionen etwa auf die Frage: Können Sie sich denn vorstellen, Ihre Therapie zusammen mit anderen Patienten und mit mir durchzuführen?

Bei der Einführung der *Regel der freien Interaktion* mit dem modifizierenden Zusatz, daß dabei freilich die Grenzen des den anderen Zumutbaren zu beachten seien, ist gleichfalls ins Auge zu fassen, ob diese Regelung dem Patienten wenigstens im Ansatz einleuchtet oder ob er darauf mehr oder weniger befremdet reagiert.

Wegen der erheblichen Schwierigkeiten, die solche Patienten in bezug auf die Zulassung des dritten Objekts haben – diese Schwierigkeiten bilden einen wesentlichen Bestandteil ihrer Psychopathologie –, ist es notwendig, zu Beginn aber auch während des Verlaufs der Therapie zusätzliche Hilfsangebote bereitzuhalten. Diese können in regelmäßigen oder nur gelegentlichen Einzelsitzungen bestehen, oder auch darin, daß der Gruppentherapeut nach einer Sitzung, in der einer der Gruppenteilnehmer in eine Destabilisierung geraten war, ihm noch in Anwesenheit der anderen ad hoc ein Einzelgespräch anbietet.

Der Therapeut muß in seiner Beziehung zum einzelnen Gruppenmitglied immer wieder gesichert haben, daß er zu *Präsenz, Respekt* und *Akzeptanz* fähig ist und d. h. zu einer ausreichend libidinösen Zuwendung (libidinös-aggressive Mischung), die ihre kräftigsten Wurzeln im Erleben von Schicksalsanteiligkeit hat. Diese Einstellungen bedeuten auch eine klare Abgrenzung gegenüber den Therapie-Partnern und damit Achtung vor deren Integrität und Autonomie. Wichtig ist auch die Bereitschaft des Therapeuten, eine haltende Funktion (holding function, WINNICOTT, 1971b) zu übernehmen, so durch Beachtung und u. U. auch aktiven Schutz der Toleranzgrenzen des Patienten. Der Therapeut muß den Patienten ferner vermitteln können, daß er nicht leicht zu zerstören ist, daß er sich auch vor heftiger Feindseligkeit zu schützen und damit umzugehen weiß, z. B. indem er ein klares Stoppsignal gibt: „Das geht mir jetzt etwas zu weit!". Daraus folgt, daß die Grundeinstellung der Abstinenz bei Anwendung der psycho analytisch-interaktionellen Methode differenziert anzuwenden ist. Nach sorgfältiger Analyse der Gegenübertragung ist zu erwägen, ob die von der Gruppe, von Teilgruppierungen oder einem Patienten dem Therapeuten bewußt oder unbewußt zugewiesene Regulierungsfunktion (z.B. Reizschutz, Impulsregulierung, Über-Ich-Entlastung) u. U. passager übernommen werden sollte.

Was ist bei Einsatz der psychoanalytisch-interaktionellen Methode hinsichtlich der *diagnostischen Einstellung* zu beachten?

Um die Ich-Pathologie des einzelnen strukturell gestörten Patienten in der Gruppe verstehen zu können, muß zunächst die diagnostische Frage nach der jeweils vorherrschenden pathologischen Objektbeziehung gestellt werden, denn die das Erleben dominierende Teil-Objektbeziehung und die damit korrespondierenden Einschränkungen der Ich-Organisation prägen die Beziehungen, die in der Gruppe eingegangen werden. Die Pathologie der dominanten Teil-Objektbeziehungen spiegelt sich im manifesten interaktionellen Verhalten in der Gruppe wider; sie kann vom Therapeuten erfaßt werden, wenn er seine diagnostische Wahrnehmung auf diese Beziehungsebene, die Ebene der ‚manifesten Aktion' einstellt, speziell darauf, wie die Gruppenteilnehmer Regeln und Normen des interaktionellen Verhaltens miteinander aushandeln, wie sie ihre interpersonellen Beziehungen verstehen und wie sie die Gesamtsituation in der Gruppe zu definieren suchen.

Diese von der Ich-Organisation der einzelnen gesteuerten Bemühungen sind Versuche, die Vielfalt möglichen interaktionellen Verhaltens eindeutiger und vorhersehbarer zu machen und somit die „Offenheit" der Situation, und die damit verbundene Unvorhersehbarkeit zu reduzieren. Indem die Situation in der Gruppe von den Teilnehmern definiert wird und Normen und Regeln des interaktionellen Verhaltens ausgehandelt werden, wird das kommunikative Geschehen unter Berücksichtigung der vorherrschenden pathologischen Objektbeziehungen und eingeschränkten Ich-Funktionen eher vorhersehbar. Diese Anpassungsbemühungen kommen ausdrücklich oder ‚zwischen den Zeilen' in der sprachlichen Verständigung unter den Gruppenteilnehmern zum Ausdruck. Sie werden durch eine kontextgeleitete hermeneutische Lesart erschlossen (HEIGL-EVERS und HEIGL, 1973; HEIGL-EVERS und SCHULTE-HERBRÜGGEN, 1977; HEIGL-EVERS und STREECK, 1983, 1985; STREECK, 1980).

Zwischen der Pathologie der Objektbeziehungen und den damit korrespondierenden Ich-Funktions-Veränderungen des einzelnen Gruppenpatienten und seinen implizit oder explizit zum Ausdruck gebrachten Bemühungen, die Situation in der Gruppe zu „definieren" und bestimmte Normen des interpersonellen Verhaltens festzulegen, läßt sich ein enger Zusammenhang feststellen: Es werden jeweils solche normativen Festlegungen zur Geltung gebracht, die auf die aktuell vorherrschenden Objektbeziehungen sowie die aktuell verfügbaren Funktionen des Ichs oder auf Einschränkungen von Ich-Funktionen abgestimmt sind. Der Einzelne versucht, interpersonelle Konstellationen herzustellen und festzulegen, die entweder Wiederholungen seiner pathologischen verinnerlichten Objektbeziehungen zum Ausdruck bringen, oder aber deren Kompensationen oder anderweitige Verarbeitung.

Darum liegt der *Fokus* der Diagnostik ebenso wie der therapeutischen Interventionen bei der psychoanalytisch-interaktionellen Gruppenpsychotherapie vornehmlich auf den bewußtseinsfähigen, wenngleich hinsichtlich ihrer Bedeutung für den Patienten zunächst nicht reflektierbaren Prozessen der „Definition" der interpersonellen Beziehungen in der Gruppe sowie der Entwicklung und Durchsetzung von Normenvorschlägen, wobei jeweils nach dem Bezug dieser Prozesse zu den Ich-Funktionseinschränkungen und Teilobjekt-Beziehungsmustern zu fragen ist.

In Gruppen mit basal oder strukturell gestörten Patienten, besonders in den Initialphasen, aber auch im weiteren Verlauf immer wieder, ist die Situation durch eine Art Vorstadium der Beziehungsbildung gekennzeichnet, in der sich die Anwesenden in einer Zwischenphase zwischen einer unverbundenen Menge und einer durch soziodynamische Funktionsverteilung strukturierten Konstellation befinden; dieses prägruppale Zwischenstadium (s. dazu R. SCHINDLER, 1957/58; HEIGL-EVERS, 1968a) ist dadurch gekennzeichnet, daß unter den Teilnehmern wechselseitige Abstoßung bestimmend ist: Jeder will seine je eigene Verhaltensregulierung durchsetzen und in diesem Sinne Macht ausüben. Das wird bei dem dann häufig herrschenden Schweigen vor allem mimisch sowie durch Körperhaltung und Sitzanordnung ausgedrückt. Es fehlt zunächst die Möglichkeit, etwas Gemeinsames, eine gemeinsame Bewandtnis zu erleben, die zur Bildung und Strukturierung einer Gruppe führen könnte. Jeder ist jedem fremd. Jeder erlebt den anderen als Gegner oder Feind. Die Patienten verbleiben hier nur deswegen in der Gruppe oder, genauer gesagt, im Gruppenraum, weil sie zumindest ein Minimum an Hoffnung, an Heilungserwartung an den Therapeuten richten, woraus die Konstellation einer sternförmigen Zuordnung hin auf diesen und somit eine erste einfache Gruppenstruktur, verbunden mit einer gewissen Kohärenz, entstehen kann. Diese bleibt erhalten, solange der Eine, von dem alle ihr Heil erwarten, als omnipotent erlebt wird; ist dies nicht mehr möglich, können schnell unerträgliche Neid- und Rivalitätsspannungen entstehen (s. a. HEIGL-EVERS und OTT, 1990).

In solchen Situationen, wie im Gruppenprozeß überhaupt, kommt es zu Schwierigkeiten, Nähe und Distanz jeweils angemessen zu regulieren. Nähe und Distanz werden von sog. Primäraffekten (beziehungsregulierenden Affekten) gesteuert, die in der Hominisation wegen der damit verbundenen Notwendigkeit sozialen Zusammenlebens eine erhebliche Verstärkung erfahren haben (s. KRAUSE, 1990). Auf die Äußerungen dieser Affekte, speziell deren mimisch-gestische Manifestationen, ist daher in solchen Gruppenprozessen besonders zu achten; so läßt sich erfassen, welche Anziehungen und Abstoßungen wirksam werden und zu dynamischen Untergruppierungen führen. Inhaltlich geht es dabei um Gruppennormen, d. h. um Verhaltensgebote und Verhaltensverbote, die festlegen, welches Verhalten in der Gruppe willkommen ist, erfreulich gefunden wird, und welches Verhalten unwillkommen ist und als unerwünscht und daher ablehnenswert gilt.

Diese inhaltlichen Festlegungen werden wesentlich von den inneren Strukturen, von der Psychodynamik und den Resultaten der Affektsozialisation der einzelnen Teilnehmer bestimmt. Sie haben u. a. die Funktion, die individuellen Unlusttoleranzgrenzen zu schützen und es damit den Teilnehmern zu ermöglichen, in der Gruppe, an die sie therapeutische Erwartungen knüpfen, zu verbleiben. Falls solche Toleranzgrenzen deutlich überschritten werden, ist die Kohäsion, der Zusammenhalt, die weitere Existenz der Gruppe und damit die Fortführung der Therapie gefährdet. – Der Gruppentherapeut hat dann etwas übersehen, nämlich die Verletzung von Toleranzgrenzen (s. d. HEIGL-EVERS und HEIGL, 1979 f und g; HEIGL-EVERS, HENNEBERG-MÖNCH, ODAG und STANDKE, 1986, S. 167 f.; PALMOWSKI, 1992).

8.5 Therapeutischer Umgang mit Struktur und Prozeß

Bei vorherrschend präödipalen Objektbeziehungsmustern und bei gleichzeitig rigiden, archaischen wie instabilen verhaltensregulierenden Normen, die ein langsames, allmähliches Aushandeln, das die je unterschiedlichen Individuen einbezieht, erschweren, müssen wir darauf eingestellt sein, daß – und dies klingt zunächst vielleicht paradox – Gruppenstrukturen sich nur schwer verändern lassen, Veränderungen aber gleichzeitig, wenn sie in Gang kommen, sehr schnell und oftmals brisant vonstatten gehen. Auf Veränderung, auf Befriedigung drängende Triebwünsche, Triebimpulse können, wenn sie wenig neutralisiert sind, Gruppenstrukturen überfluten, sie zum vorübergehenden oder auch dauerhaften Zusammenbruch bringen. Dies hat eine enorme Verunsicherung der Gruppenmitglieder zur Folge. Impulshaftes Ausagieren z. B. Weglaufen, Fernbleiben von den Sitzungen, drohende Tätlichkeiten können weitere Folgen sein.

Der interaktionell arbeitende Gruppenpsychotherapeut wird daher vor die Aufgabe gestellt, Veränderungsprozesse anzuregen und gleichzeitig sehr genau auf deren Steuerung zu achten. Wir wollen uns noch einmal vergegenwärtigen, daß es ein wichtiges Ziel der interaktionellen Therapie ist, defizitär gebliebene oder gewordene *seelische* Strukturen nachzuentwickeln. Der Therapeut muß also darauf achten, daß Struktur und Prozeß in der Therapiegruppe sich allmählich so gestalten, daß Entwicklung hin zu reiferen, differenzierteren inneren Strukturen und zu benigneren, also Ganzobjektbeziehungsmustern möglich wird. Um beispielsweise Veränderungsprozesse zu regulieren, wird der Therapeut gut daran tun, *rigide Normen*, die sich in der Therapiegruppe entwickelt haben, nicht zu schnell in Frage zu stellen, jedenfalls solange nicht, wie sie gebraucht werden, um Impulsdurchbrüche abzuwehren. Er wird dabei auf die in den beobachtbaren Interaktionsmustern zum Tragen kommenden Defizite der Ich- und Über-Ich-Struktur achten und in seinen Interventionen Anregungen für die Entwicklung der noch eingeschränkten Funktionen geben. Er wird sich, um Veränderungsprozesse steuern zu können, aktiv in das Aushandeln der verhaltensregulierenden Normen einschalten, wenn die *Toleranz- und Erträglichkeitsgrenzen* in der Therapiegruppe überschritten werden, und damit versuchen, den notwendigen *Reizschutz* aufrechtzuerhalten. Er wird auf destruktive Prozesse achten und bemüht sein, Anregungen zu Triebsteuerung und -neutralisierung zu geben und damit die Entwicklung benignerer Beziehungs- und Interaktionsmuster anzuregen.

Die Gestaltung und Vermittlung von *Interventionen* bei Anwendung der psychoanalytisch-antwortenden Gruppentherapie kann auf den drei bereits genannten Wegen vorgenommen werden: dem des Antwortens, dem der Übernahme von Hilfsich- und Hilfs-Überich-Funktionen, dem des Umgangs mit Affekten, der sowohl auf deren Identifizierung wie auf deren Kontext-Klarifizierung ausgerichtet ist. Dabei sollte als therapeutisches Ziel immer im Auge behalten werden, dem einzelnen Patienten mit Hilfe des Gruppenprozesses dazu zu verhelfen, sich aus seinen teilweise oder überwiegend pseudodyadischen Beziehungsfestlegungen zu lösen, das dritte Objekt in Wahrnehmung und Beurteilung zuzulassen und somit sowohl zu dyadischen wie zu triadischen Beziehungen fähig zu werden. Es ist daran zu denken, daß die Differenzierungsschritte und der Erwerb wichtiger Fähigkeiten an die Voraussetzung einer triadischen Beziehung gebunden sind, so die Ausbildung eines ödipalen und schlußendlich depersonifizierten Über-Ichs, so die Fähigkeit zur Entwicklung von Einsicht und im Zusammenhang damit die Fähigkeit zur Entwicklung signalgebender Schuld- und Schamgefühle und endlich die der Entwicklung und Differenzierung der Funktionen des Ichs in ihrer ganzen Vielfalt.

Damit wirksame Interventionen entwickelt werden können, müssen einige Voraussetzungen dafür ständig im Auge behalten, müssen geschaffen und, wenn entstanden, erhalten werden. Dazu gehört einmal die Bewahrung der Gruppe, die Förderung der in ihr wirksamen *kohäsiven* Kräfte. Unter diesem Aspekt ist es notwendig, daß der

Therapeut die Kontinuität im Interaktionsprozeß im Auge hat, daß er z. B. keine längeren Schweigephasen zuläßt, sondern diese aktiv beendet, daß er anregt, nonverbal signalisierte Kommunikation unter den Gruppenmitgliedern durch Umsetzung in Sprache für alle verstehbar werden zu lassen, daß er insbesondere auch die Grenzen der Toleranz für Enttäuschung, Kränkung, Demütigung sowie für übergroße intime Nähe im Auge behält und diese Grenzen, falls sie verletzt worden sind oder verletzt zu werden drohen, seinerseits aktiv schützt (s. d. HEIGL-EVERS und HEIGL, 1979 f., g., 1991; PALMOWSKI, 1992; SEIDLER, 1993). Ferner gehört dazu, daß er sich selbst im Vollzug des Gruppenprozesses als zwar tangierbar und durchaus beeinflußbar, als bewegbar und beeindruckbar, vielleicht auch als erschütterbar, jedoch auf keinen Fall als zerstörbar erweist. Er sollte ferner bemüht sein, die im Gruppenprozeß erkennbar werdenden Bewegungen und entsprechenden Veränderungen in den Gruppenstrukturen, die sich zwischen pseudodyadischen und triadischen Interaktionsmustern vollziehen, zu erfassen und den Teilnehmern vor Augen zu rücken. Im Zusammenhang damit sollten die dabei auftretenden registrierbaren Unlusterfahrungen bearbeitbar werden.

Wichtig ist nach unserer Erfahrung auch, daß der Therapeut im Prozeß der Bildung von Gruppennormen, wie sie von seiten der Teilnehmer ausgehandelt werden, sich aktiv einschaltet, indem er seinerseits alternative *Normen vorschlägt* und damit dazu anregt, sie zu übernehmen; das geschieht in der Regel dann, wenn der Therapeut als Hoffnungsträger der Gruppe erlebt und als solcher idealisiert wird. Auf diese Weise kann durch Identifizierung mit dem Therapeuten ein Übergang zur Internalisierung solcher Normen entstehen; im weiteren Verlauf müßte dann deren Ablösung vom Objekt der Identifizierung erfolgen.

8.6 Kasuistische Beispiele

Zur Veranschaulichung des bislang Dargelegten möchten wir nun drei kasuistische Vignetten aus der psychoanalytisch-interaktionellen Gruppenpraxis vorstellen:

1. Beispiel:

Im ersten Beispiel soll der eben beschriebene *Prozeß des „Aushandelns" von Normen* gezeigt werden (s. d. HEIGL-EVERS und STREECK, 1983, S. 15 f., 1985, S. 181 f.).

In einer Gruppensitzung beginnt Herr S. mit der Bemerkung, daß er sich im Anschluß an die letzte Sitzung noch einmal überlegt habe, was es eigentlich heiße, zu einem anderen Menschen Vertrauen zu haben. Unter Vertrauen versteht Herr K., sich einem anderen Menschen gegenüber spontan und ohne jegliche Vorbehalte zu öffnen. Drei weitere Gruppenteilnehmer schließen sich ihm mit inhaltlich ähnlichen Bemerkungen an, die darauf hinauslaufen, daß auch sie – wie sie es ausdrücken – solche Beziehungen gerne hätten, in denen sie sich dem anderen ganz und gar anvertrauen könnten. Dieses Thema war in den vergangenen Gruppensitzungen bereits mehrfach angeklungen; zudem war dem Gruppentherapeuten aus diagnostischen Vorgesprächen bekannt, daß mehrere Patienten gleichfalls eine große Neigung hatten, sich anderen blindlings anzuvertrauen, wobei einige von ihnen bereits Schaden genommen hatten.

Drei Teilnehmer schwiegen und hatten sich auch in den vergangenen Sitzungen verbal überwiegend nicht beteiligt; dem Therapeuten war allerdings aufgefallen, daß die mimischen Kommentierungen dieser Teilnehmer eher Mißbilligung, Kritik und abwertende Urteile zum Ausdruck zu bringen schienen. Die Gruppenteilnehmer „verhandelten" demnach über die Art und Weise, wie sie sich voreinander und miteinander „öffnen" wollten, wieviel Vertrauen sie einander entgegenzubringen gedachten und wie vorbehaltlos sie sich wechselseitig zu erkennen geben wollten. Es schien sich allmählich eine Mehrheit zu konstellieren, die die Norm in der Gruppe durchzusetzen versuchte, daß man sich hier in der therapeutischen Sitzung vorbehaltlos – und das würde heißen: ohne vorherige Einschätzung und Beurteilung des anderen – mitteilen sollte. Etwa an dieser Stelle intervenierte der Therapeut, indem er sagte:

„Ich weiß nicht recht, wenn ich mich hier so umschaue und mir vorstelle, ich sollte mich vorbehaltlos anvertrauen, dann wäre mir doch etwas unbehaglich zumute, weil ich im Augenblick noch nicht so recht wüßte, womit ich da bei einigen anderen zu rechnen hätte."

Der Therapeut hatte hier diagnostisch vermutet, daß die von einer Mehrheit in der Gruppe geforderte Vertrauensseligkeit einem normativen Anspruch gleichkam; Vertrauensscligkcit, soll sie ungefährlich sein, fordert Beziehungen zu idealen oder idealisierten Objekten. Eine Tendenz zu primitiver Objektidealisierung ist bei mehreren Gruppenteilnehmern tatsächlich gegeben; die geforderte Gruppennorm würde also sowohl diesem Teilobjekt-Beziehungsmuster und der damit verbundenen Abwehrmaßnahme primitiver Objektidealisierung entsprechen und würde die gleichfalls damit verbundene Einschränkung der Wahrnehmungs- und Urteilsfunktion des Ich gleichsam kompensieren: In dieser Gruppe herrscht uneingeschränktes Vertrauen; denn hier gibt es nur vertrauenswürdige Menschen; zu Argwohn ist kein Anlaß! Die Intervention des Therapeuten zielt darauf ab, durch den Ausdruck eigenen Unbehagens diese Norm zu relativieren und die Aufmerksamkeit der Gruppenteilnehmer auf die Frage zu lenken, wie denn die Beziehungen in der Gruppe seien und wie sie sich wechselseitig beurteilten. Zu diesem Zwecke teilte der Therapeut eine eigene Gefühlsantwort mit – eben sein Unbehagen –, das sich in diesem Falle insbesondere auf die schweigenden Gruppenmitglieder bezog, bei denen er aufgrund averbaler Signale eine Tendenz zu kritisch abwertenden Urteilen vermutete. Das bestätigte sich dann auch, als ein Gruppenteilnehmer, der zuvor für Offenheit plädiert hatte, eine der schweigenden Frauen ansprach, weil er, wie er sagte, gern von ihr wissen wollte, was sie eigentlich denke, wenn sie höre, worüber man sich hier in der Gruppe unterhalte. Er schien dann geradezu erleichtert zu sein, daß er auf seine vertrauensselige Offenheit verzichtet hatte, als er von dieser Gruppenteilnehmerin vernahm, daß sie – wie sie meinte – überhaupt nicht

wisse, was dieses ganze Gerede in der Gruppe eigentlich solle.

Die Situation in der therapeutischen Gruppe ist potentiell „offen", da die einzige vom Therapeuten vorgegebene Regel lautet, daß man in dieser Gruppe alles tun und sagen könne, solange sich das Handeln auf verbale Äußerungen beschränke; alles ist in der Gruppe somit möglich.

Gegenüber dieser „Offenheit" der Gruppe definieren die Gruppenteilnehmer die Situation und ihre wechselseitigen Beziehungen, indem sie sich verbal und averbal darüber verständigen, was in dieser Situation geschehen soll und wie sie sich zueinander in Beziehung zu setzen wünschen.

In diesem Zusammenhang entwickelt eine Mehrheit der Gruppe eine vorläufige Verhaltensregulierung im Sinne der Norm: Hier herrscht absolutes Vertrauen! Sie wird freilich dadurch in Frage gestellt, daß einige Gruppenmitglieder der Aufforderung zur Offenheit gerade *nicht* nachkommen.

Der Offenheitsnorm, so ist zu vermuten, entspricht eine Durchlässigkeit der Ich-Du-Grenzen und ein auf Symbiose ausgerichtetes Teilobjekt-Beziehungsmuster, das wiederum mit einer Einschränkung der Urteilsfunktion des Ichs verbunden ist; denn im Bereich einer solchen Objektbeziehung wäre jeder Argwohn fehl am Platze. Die so deklarierte Norm ist ihrerseits der symbiotischen Teilobjekt-Beziehung und der defizitären Urteilsfunktion des Ichs angepaßt.

An diesen Korrespondenzen setzt die Intervention des Therapeuten an; indem er eine eigene Gefühlsantwort mit einem alternativen Normenvorschlag verbindet, lenkt er die Aufmerksamkeit der Teilnehmer auf Möglichkeiten, die Gruppensituation anders zu verstehen als hier geschehen. Dabei weist er speziell auf die eingeschränkte Urteilsfunktion des Ichs hin, die mit dem dominierenden Objektbeziehungsmuster und der vorgeschlagenen Gruppennorm korrespondiert, wobei, darauf sei nochmals hingewiesen, der zu dieser Norm kritisch eingestellte Gruppenteilnehmer sich auf eben diese Funktion, die des Urteilens, stützt.

2. Beispiel:

An diesem Beispiel soll der therapeutische Umgang mit der Überschreitung von *Toleranzgrenzen*, hier bei Mobilisierung *unerträglicher Scham*, demonstriert werden (s. d. HEIGL-EVERS und HEIGL, 1991).

Es handelt sich um eine Gruppe von basal gestörten Patienten, die im Rahmen einer ärztlichen Fortbildung demonstriert wird. In dieser Gruppe (im Ablauf von drei Sitzungen) verließ eine 32jährige Fremdsprachenkorrespondentin dreimal den Sitzungsraum. Diese Patientin litt an panikartiger Angst vor unerträglicher Blamage (Scham) und das hieße, vor Entwertung in der relativen Öffentlichkeit einer Demonstrationsgruppe. Der Therapeut hatte sich vorgenommen, dieser Patientin das Erleben von Schicksalsanteiligkeit zwischen ihr und sich zu vermitteln, denn auch er fühlte sich in dieser Demonstration vor 80–100 Teilnehmern kritisch unter die Lupe genommen, auch er fürchtete, sich zu blamieren, traute sich aber dennoch zu, eine eventuelle Blamage bewältigen zu können. In diesem Zusammenhang ging ihm ein kleines Zitat aus einem Text von T. S. ELIOT durch den Sinn: „You'll see that you'll survive humiliation and that will be an experience of incalculable value". Er hatte sich inzwischen überlegt, daß es für diese Patientin nicht förderlich sein würde, wenn sie abermals aus der Sitzung herausliefe, ohne zurückzukommen, daß es für sie hilfreicher sein würde zu erleben: Es ist keine Schande zu flüchten, und es ist möglich, danach wieder in die gefährliche Situation zurückzukehren. So sagte er zu ihr, als sie wieder einmal signalisierte, unbedingt hinausgehen zu müssen, spürbar mitfühlend etwa folgendes:

> „Wenn es nicht anders geht, können Sie ruhig rausgehen – ich kenne solche Tendenzen auch – nur, wenn es irgendwie möglich ist, bitte kommen Sie wieder rein in unseren Kreis. Jedem kann es in gewissen Situationen mal zuviel werden, so daß man rausgehen möchte; man kann dann ja wiederkommen." –

Zuvor hatte der Therapeut in seiner Interaktion mit der Patientin Angst um sie und d. h.

letztlich um ihrer beider Beziehung erlebt, was ihn bewog, ihr den Rückzug aus der Gruppe anzubieten, aber auch die Möglichkeit, wiederzukommen.

Das war mitfühlend gesagt, und Mitgefühl resultiert häufig aus dem Erleben von Schicksalsanteiligkeit. Der Therapeut war im Zusammenhang dieser Gruppensitzungen entschlossen, sich vor Abwertung, mit der von seiten der schwer gestörten Patienten durchaus zu rechnen war, aktiv zu schützen und ihr mit Selbstbeurteilung zu begegnen, um den Gruppenteilnehmern auf diese Weise zu vermitteln, wie mit Blamage- und Entwertungsangst umgegangen werden könnte.

Während der Sitzungspause sprach die genannte Patientin den Gruppenleiter vor der Tür des Sitzungsraumes darauf an, daß sie wegen ihrer momentan gerade sehr großen Angst nicht eintreten könne. Darauf der Therapeut, deutlich Mitgefühl zeigend:

> „Ach, versuchen wir's gemeinsam. Ich glaube schon, daß das gehen wird … Wenn nicht, können Sie ja immer noch rausgehen und dann wieder reinkommen."

Hier sollte gezeigt werden, daß ein Erleben starken Entwertetseins in einer Therapiegruppe bei dem betroffenen Mitglied therapeutisch beeinflußbar werden kann, so daß die Entwertung gemildert und im Ansatz vorsichtiges Vertrauen und vorsichtige Kontaktaufnahme möglich wird.

Das schamauslösende Erleben von Entwertung, einerlei, ob sie primär vom anderen her erfolgt oder sich primär im eigenen Inneren abspielt, drängt dazu, sich zu verbergen, zu verhüllen, die anderen zu fliehen und so Distanz zu ihnen zu schaffen. Eine solche Distanzierung, sich nicht zur Gemeinschaft gehörend, sich von den anderen abgewiesen zu fühlen, kann das Entwertungserleben, kann die Scham noch mehr verstärken. Hier ist von seiten des Therapeuten die Toleranzgrenze für Distanz (sich abgewiesen fühlen) ebenso wie die Toleranzgrenze für Nähe zu beachten. Größere Nähe bedeutet auch, von anderen genauer gesehen zu werden und infolgedessen möglicherweise noch mehr entwertet zu werden; das geschieht besonders dann, wenn die Fähigkeit zur reflektierten Selbstbeurteilung zu wenig verfügbar ist.

3. Beispiel:

In diesem Beispiel wird eine durch antwortende Intervention des Therapeuten bewirkte Veränderung von Struktur und Prozeß einer Gruppe beschrieben (s. a. HEIGL-EVERS und HEIGL, 1979 f, S. 855 f.).

Es handelt sich um eine Gruppensitzung mit zehn Patienten, die auf der gleichen Station einer psychotherapeutischen Klinik untergebracht sind, fünf Frauen und fünf Männer mit strukturellen oder basalen dyadischen Beziehungsstörungen.

In der vorangegangenen Sitzung war aufgefallen, wie übervorsichtig die Gruppenmitglieder miteinander umgingen, vor allem auch hinsichtlich der Äußerung von Kritik aneinander. Sie hielten sich offenbar an eine unausgesprochene Norm, die man etwa so formulieren könnte: Du sollst mit Deinen Mitpatienten besonders behutsam umgehen oder, verneinend ausgedrückt: Du sollst Deine Mitpatienten nicht kritisieren!

Zu Beginn dieser Sitzung berichtet ein 40jähriger Patient, der wegen depressiver Verstimmungen und Alkoholabhängigkeit zur Behandlung gekommen war, von seinen Erfahrungen mit einem Arzt, der durch ein Gutachten seine Entlassung aus dem Dienst erzwungen habe. Der Patient läßt sich des langen und breiten darüber aus, wie er „gerechte Rache" an diesem Arzt üben könnte. Alle anderen Gruppenmitglieder gehen auf dieses Thema ein, wobei es sich im wesentlichen um die Frage dreht: Soll man sich an denen, die einem Unrecht zugefügt haben, rächen, oder soll man Unrecht hinnehmen und erdulden?

Der Gruppentherapeut, der sich durch erwartungsvolle Blicke von seiten mehrerer Teilnehmer zu einer Stellungnahme aufgefordert fühlt, bringt sich dadurch ein, daß er bekennt, auch schon Rachegefühle erlebt zu haben, daß er solche Tendenzen im allgemeinen jedoch nicht in die Tat umsetze, weil sie seiner Ansicht nach immer unproduktiv

seien und zu einem Zirkel von Rache und Gegenrache führten.

In Abhebung von einer analytisch deutenden Interventionstechnik gibt der Therapeut, bezogen auf den aktuellen interaktionellen Prozeß, ein Urteil ab: Rache ist zwischenmenschlich unproduktiv – damit empfiehlt er indirekt eine entsprechende Gruppennorm, die Norm des Racheverzichts. Damit macht er eine eigene Wertorientierung kenntlich; er wird persönlich wahrnehmbar.

Wenn es sich um eine analytische Gruppe handelte, dann würde sich der Therapeut fragen, ob erlittenes Unrecht und Rache nicht mit ihm zu tun hätten; er würde die Entwicklung einer entsprechenden Übertragung verfolgen und fördern und würde anstreben, die dazugehörigen Phantasien der Gruppenteilnehmer im Zusammenhang des Gruppengeschehens sowie in ihren individual-spezifischen Anteilen zu deuten.

Die Mitglieder der interaktionellen Gruppe unterhielten sich danach längere Zeit über Unrecht-Erleiden und zwar anhand von Berichten über gruppenexterne Situationen. Empörung machte sich breit, auf Menschen gerichtet, die dem einen oder anderen Teilnehmer Unrecht zugefügt hatten. Jeder Teilnehmer konnte dazu Beispiele liefern.

Der Therapeut ging auch auf dieses Gruppenthema wieder in der Weise ein, daß er seine eigene Meinung dazu beisteuerte: Aufgrund seiner Erfahrung könne man nicht durchs Leben gehen, ohne Unrecht zu erleiden, noch ohne Unrecht zu tun.

Die Gruppenmitglieder beschäftigten sich jedoch weiterhin nur mit dem Unrecht-Erleiden und übergingen völlig den anderen vom Therapeuten genannten Aspekt: Unrecht-Tun.

Der Therapeut zog in einer diagnostischen, d. h. nicht mitgeteilten Interpretation einen Schluß ex omissione (s. d. S. 118 in d. Bd.): Wenn die Gruppenteilnehmer sich nur mit dem Thema des Unrecht-Erleidens beschäftigen und das Unrecht-Tun auslassen, dann muß gerade die letztere Gefühlskonstellation entscheidend für die aktuelle interaktionelle Problematik und für die z. Z. wirksame Verhaltensregulierung in der

Gruppe sein. Freilich teilte der Therapeut diese Interpretation nicht mit, wie er es in einer psychoanalytischen Gruppe vielleicht getan hätte; er stellte sich vielmehr darauf ein, eine interaktionelle Antwort zu geben, um weiter direkter Interaktionspartner zu bleiben und nicht, wie es bei einer psychoanalytischen Vorgehensweise angezeigt gewesen wäre, Übertragungsobjekt zu werden oder zu bleiben. Er sagte also:

> „Ich wundere mich, daß man hier nur von Unrecht-Erleiden spricht und nicht vom Unrecht-Tun. Ich selbst kenne das zweite auch. So hab' ich neulich einen Kollegen von mir in einer Konferenz etwas lächerlich gemacht und nicht ohne Lust. Es hat mir richtig so etwas Spaß gemacht, den Mann elegant zu blamieren. Freilich – als ich dann sah: Der kann sich gar nicht wehren, da hat's mir etwas leidgetan, und ich hab' mich hinterher bei ihm unter vier Augen dafür entschuldigt."

Jetzt ging die Gruppe auf das Thema ein. Gleich mehrere brachten zum Ausdruck, wieviel schlimmer es doch sei, Unrecht zu tun, als Unrecht zu erleiden. Außerdem wurde von der Mehrheit wieder herausgestellt: Wer offenkundig von jemandem gekränkt oder kritisiert werde, dem würden die anderen beispringen und helfen. Das gelte auch für das Zusammenleben auf der Station, wie einer der Teilnehmer meinte:

> „Wenn mich einer in Gegenwart anderer wegen irgendeiner Sache angreift und mir damit Unrecht tut, dann halte ich still, ich lasse es über mich ergehen, und ich kann ganz sicher sein: Die andern helfen mir und verbünden sich gegen den."

Eine Minderheit, der auch der Initiant dieser Sitzung angehörte, vertrat im übrigen den Standpunkt: Unrecht tun, das kennten sie gar nicht; dergleichen gäbe es bei ihnen nicht. Wenn er als Offizier, so äußerte sich der Initiant, beim Exerzieren darauf bestanden hatte, daß sich die Mannschaft auf den Boden und dabei vielleicht mitten in eine Pfütze warf, so war das für ihn keinerlei Unrecht-Tun: Das war vielmehr ganz in Ordnung, denn die Betreffenden sollten ja auf den Ernstfall vorbereitet werden. Fast alle

Gruppenmitglieder lachten darüber; sie signalisierten, daß sie diese Art der Gewissensentlastung nur all zu gut kannten. Dem Initianten der Sitzung war es dagegen ganz ernst mit seiner Meinung gewesen: Nur einmal huschte dabei ein unfreiwilliges Lächeln über seine Züge.

Der Therapeut überlegte an dieser Stelle, ob das Thema – Unrecht-Erleiden und Unrecht-Tun – vielleicht auch mit dem übervorsichtigen Umgang der Gruppenmitglieder miteinander, sowohl in der Gruppe wie auf der Station, etwas zu tun haben könnte. Er äußerte sich darauf wie folgt:

> „Da fällt mir ein, Sie gingen ja die letzten Male und auch heute so vorsichtig miteinander um. Ob das damit zusammenhängt, daß Sie auf keinen Fall Unrecht tun wollten?"

Nahezu alle Patienten bestätigten dies; sie hätten in der Tat eine Heidenangst, sich ins Unrecht zu setzen. Anschließend kamen sie auf die zur Zeit geltende Verhaltensregulierung in der Gruppe und auf der Station zu sprechen: Du sollst lieber Unrecht erleiden als Unrecht tun. Es war dann weiter die Rede von der Macht der Schwachen und der „Hackordnung" in der Gruppe und auf der Station, wo nämlich die Schwachen die Starken seien. Einer sagte: „Hier muß man darauf achten, schwach zu sein; dann hat man die Mehrheit für sich."

Die zitierte Äußerung des Gruppentherapeuten veranlaßte die Teilnehmer dazu, die von ihnen indirekt vertretene Norm „lieber Unrecht erleiden als Unrecht tun" und deren Wirkung auf alle zu bedenken. Es hatte sich bei dieser Intervention nicht um eine Interpretation im Sinne einer Deutung unbewußter, also dem Patienten völlig unbekannter Bewußtseinsinhalte gehandelt, vielmehr um einen als Einfall gebrachten Hinweis auf eine den Teilnehmern bislang schon halbbewußte, aber von ihnen nicht reflektierte Vorstellung von dem in der Gruppe und auf der Station gewünschtes Verhalten.

Daß sich die Mitglieder schließlich doch die Wirksamkeit ihrer impliziten Verhaltensregulierung bewußt machten, ist sicher auch darauf zurückzuführen, daß der Therapeut mit seinem Beispiel über Unrecht-Tun eine mit seiner Person verbundene Verhaltensmöglichkeit anbot, wonach man sich für begangenes Unrecht entschuldigen, die betreffende Beziehung dadurch entlasten und negativen Reaktionen entgegenwirken kann. Durch eine ansatzweise Identifizierung mit dem Verhalten des Gruppentherapeuten wurde eine etwas veränderte Einstellung gegenüber dem unvermeidbaren Unrecht-Tun möglich, so auch gegenüber einer am Anderen zu Unrecht geübten Kritik.

–⌐–

9 Abschließendes

Zusammenfassend und abschließend sei gesagt: Wir haben auf der Linie einer dichotomischen Betrachtungsweise psychischer Pathologie, die den Erscheinungsbildern seelisch bedingten und seelisch mitbedingten Krankseins zugrundeliegt, folgende differentialdiagnostische Trennung beschrieben: Wir unterscheiden Konfliktneurosen, die mit Ganzobjekt-Beziehungen und triangulärer Orientierung verbunden sind, und strukturelle Störungen, charakterisiert durch Teilobjekt-Beziehungen, die pseudo-dyadisch, monadisch getönt sind. Es werden aus der Psychoanalyse abgeleitete Behandlungsmethoden dargestellt, die gleichfalls durch eine Gabelung bestimmt sind. Es handelt sich um therapeutische Vorgehensweisen, die vornehmlich am Prinzip Deutung orientiert sind, und um solche, die vorwiegend durch das interaktionelle Prinzip Antwort reguliert werden.

Dem liegen Überlegungen zugrunde, wonach eine Deutung, soll sie wirksam werden, die Verfügung über ein drittes Objekt, über einen Referenzpunkt außerhalb der ursprünglichen Dyade voraussetzt, während das therapeutische Vorgehen gemäß dem Prinzip Antwort dazu dient, ein solches – drittes – Objekt und in der Folge die Fähigkeit zu triangulären (Ganzobjekt-)Beziehungen erst entstehen zu lassen.

Neben der traditionellen psychoanalytischen Methode wird eine modifizierte, die tiefenpsychologisch fundierte Methode erörtert, die auf weniger schwere konfliktneurotische Störungen ausgerichtet ist, bei denen eine Fokussierung und eine Begrenzung des Behandlungsziels möglich erscheinen.

Die von uns beschriebenen Methoden sind sowohl im dualen wie im pluralen Setting einsetzbar.

9.1 Ethik in der Psychotherapie

Die Darlegung und Erörterung der an der Psychoanalyse orientierten Psychotherapie soll abgeschlossen werden durch Überlegungen zur medizinischen Ethik, zur Moral therapeutischen Handelns speziell in der Psychotherapie.

Die Fragestellungen im Zusammenhang mit Moral und Ethik im Bereich therapeutischen Handelns haben bei Ärzten und Psychologen sowie auch bei auf anderen Wegen zur Psychotherapie gelangten Therapeuten zunehmend Interesse gefunden (CHASSEGUET-SMIRGEL, 1988; McDOUGALL, 1988; HEIGL-EVERS und HEIGL, 1989; KOTTJE-BIRNBACHER und BIRNBACHER, 1995; BIRNBACHER und KOTTJE-BIRNBACHER, 1996; HUTTERER-KRISCH, 1996). Die Bezeichnungen Moral und Ethik sind umgangssprachlich bedeutungsäquivalent. Dennoch ist es vernünftig, sie begrifflich voneinander abzugrenzen. So wird unter *Moral* der Inbegriff moralischer Normen, Werte und Institutionen verstanden, unter *Ethik* dagegen die philosophische Disziplin, die Fragen der Moral zum Gegenstand hat, wobei es z. B. um die Frage gehen könnte, ob es ein allgemeines Kriterium moralisch richtigen Verhaltens gibt (PATZIG, 1993). In der Psychotherapie hat die Thematik von Moral und Ethik speziell dadurch die Aufmerksamkeit der Fachleute geweckt, daß häufiger sexuelle Übergriffe im Verlauf von Therapie gegenüber Patientinnen oder Patienten bekannt werden (BECKER-FISCHER und FISCHER, 1995).

In der somatischen Medizin sind es Themen wie Versuche mit Menschen, Tierversuche und medizinische Ethik, Wertvorstellungen als Leitbilder ärztlichen Handelns, die zunehmend die in der Praxis damit Befaßten beschäftigen ebenso wie die Philosophen und natürlich auch die Patienten als Adressaten therapeutischer Hilfsbemühungen.

Die somatische Medizin ist in der Regel eine im engeren Wortsinn handelnde Medizin, die heute mehr denn je auf Effizienz ausgerichtet sein soll, wobei effizient heißt, daß pathologisch veränderte Strukturen beseitigt und evtl. ersetzt werden, daß pathologisch veränderte Funktionen in Richtung auf die Norm des Gesunden hin beeinflußt, daß dabei insbesondere ausgefallene körpereigene Wirkstoffe substituiert werden. In der Psychotherapie als einer vorwiegend sprechenden Therapie geht es um die Einwirkung auf Strukturen des Erlebens und Verhaltens, die entweder durch innere, dem Bewußtsein nicht zugängliche Konfliktspannungen eingeschränkt und durch Symptombildung stabilisiert werden, oder um innere wie interpersonelle Unverträglichkeiten, die nicht über die Herstellung von Konfliktspannungen zu einer kompromißhaften Verarbeitung u. a. in Form von umschriebenen Symptomen gebracht werden können; sie haben vielmehr zu Veränderungen der Strukturen von Ich, Überich und Es geführt, die eine ausreichende Anpassung an die innere und äußere Realität erheblich behindern. Auch hier geht es um die Beeinflussung von Strukturen und Minderung von pathologischen Einschränkungen, es geht speziell um Verbesserung synthetisch-integrativer Leistungen des Ich und insbesondere um eine Veränderung der Objektbeziehungen durch Aufhebung von Übertragungsverzerrungen, auch durch Einbeziehung eines „Dritten Objekts" und um die Akzeptanz von Andersartigkeit, von Alterität in der Kommunikation. Eingefügt sei eine Definition von Psychotherapie, die 1975 von STROTZKA formuliert wurde:

> „Psychotherapie ist ein bewußter und geplanter interaktioneller Prozeß zur Beeinflussung von Verhaltensstörungen und Leidenszuständen, die in einem Konsensus (möglichst zwischen Patient, Therapeut und Bezugsgruppe) für behandlungsbedürftig gehalten werden, mit psychologischen Mitteln (durch Kommunikation) meist verbal oder auch averbal, in Richtung auf ein definiertes, nach Möglichkeit gemeinsam erarbeitetes Ziel (Symptomminimalisierung und/oder Strukturveränderung der Persönlichkeit) mittels lehrbarer Techniken auf der Basis einer Theorie des normalen und pathologischen Verhaltens. In der Regel ist dazu eine tragfähige emotionale Bindung notwendig" (STROTZKA, 1975, S. 4).

Auch in der modernen Psychotherapie wird die Forderung nach Kontrolle von Effizienz, nach Überprüfung therapeutischer Qualität dezidiert erhoben. In der handelnden wie in der sprechenden Medizin stellen sich die Fragen: Wie erfolgt die Einschätzung therapeutischer Kompetenz durch ihren Träger selbst und wie wird sie kontrolliert? Ferner stellt sich die Frage, wie wird diese Kompetenz auf die für den einzelnen Psychotherapeuten verbindlichen Werte und Normen abgestimmt? Welchen Einfluß auf sein durch Effizienzstreben bestimmtes kompetentes Handeln räumt der Arzt, und auch der Psychotherapeut, jenen Normen und Werten ein, die für die Ausübung der Medizin, durch rationale Begründungen abgestützt, eine gewisse allgemeine Verbindlichkeit erlangt haben?

Zunächst sei die letztgenannte Frage aufgegriffen: Die der Orientierung an allgemein verbindlichen moralisch-ethischen Kriterien. Als generell gültige, leitende Gesichtspunkte für die moralische Diskussion ärztlichen Handelns sowohl im Bereich der handelnden wie auch der sprechenden (zuwendungsorientierten) Medizin schlagen BEAUCHAMP und CHILDRESS (1983) die folgenden vor:
1. Respekt für die Autonomie des Menschen (informed consent),
2. das Gebot der Schadensvermeidung (primum non nocere),
3. die Verpflichtung zur Hilfe (auch im Sinne von Paternalismus),
4. das Prinzip der Gerechtigkeit (Ressourcen-Verteilung, Mikro- und Makro-Ethik).

Diese Prinzipien können im Einzelfall in Konflikt miteinander treten, und d.h., Abwägungsentscheidungen notwendig machen, wie PATZIG (1994) schreibt. Er führt den Gedanken aus, daß der Arzt immer wieder einen gewissen Spannungsbogen in seiner Tätigkeit aufzufangen und Gegensätze miteinander zu versöhnen hat, so
• zwischen der Autonomie des Patienten und seinem Wohl (z.B. wenn ein Angehöriger einer religiösen Sekte, etwa der Zeugen Jehovas, eine für seine Lebensrettung notwendige Bluttransfusion ablehnt),
• zwischen der Erhaltung des Lebens und der Erhaltung der Menschenwürde (z.B. dann,

wenn es um die Wiederbelebung eines Menschen geht, der nachweislich einen Bilanz-Selbstmordversuch unternommen hatte),

• zwischen der Verpflichtung zur Aufrichtigkeit und der zur Fürsorge (etwa wenn es sich um die Aufklärung bei einer Erkrankung mit hochinfauster Prognose handelt),

• zwischen mikro-ethischen und makro-ethischen Aspekten seiner Entscheidung (z. B. beim Führen von Wartelisten für Organtransplantationen oder Operationen am offenen Herzen). Nach welchen Kriterien werden hier Prioritäten gesetzt?

Das Leben des Arztes, und das gilt auch für den Psychotherapeuten, bestehe aus einer Kette von Abwägungsentscheidungen, klinisch wie moralisch-ethisch. Es gäbe klare Leitlinien, aber sie könnten den Einzelfall in seiner Komplexität nicht erfassen; gerade der Einzelfall verlange oft eine längere Abwägung zwischen technisch-therapeutischen Leitlinien und ethischen Prinzipien (PATZIG 1994). All diese Probleme lassen verständlich werden, warum die Diskussion moralisch-ethischer Gesichtspunkte in der Medizin sich so stark belebt hat.

Für die Psychotherapie folgt aus dem Prinzip des *informed consent*, daß mit dem Patienten ausreichend einvernehmlich die Psychogenese erörtert wird. Hier können sich bei der Bemühung um die Erfüllung der Aufklärungspflicht Schwierigkeiten ergeben. Zwar gibt es Patienten, die mit einer bereits entwickelten Krankheitseinsicht in die Praxis des Therapeuten kommen. Jedoch ist es wahrscheinlich häufiger der Fall, daß eine solche Einsicht nicht oder nicht ausreichend besteht, daß z. B. die Psychotherapie zu einer Art ultima ratio geworden ist, zur Endstation des mühselig erklommenen Kalvarienberges einer Patientenkarriere, die zur Enttäuschung an den Ärzten, aber nicht zur Einsicht in die Zusammenhänge der eigenen Krankheit führte, wie es z. B. für viele Schmerzpatienten zutrifft. Oder es geschieht, daß der Patient auf der Linie seiner subjektiven Krankheitstheorie, um eine dazugehörige „Strategie" der Bewältigung innerer und äußerer Bedrohungen nicht zu gefährden, die Ursachen für seine Störungen in die Außenwelt verlagert, sie aus der subjektiven organismischen und speziell psychi-

schen Innenwelt verweist und sie statt dessen der „Welt der Objekte" zuordnet. Gelegentlich sind es dann Repräsentanzen dieser sozialen Bezugswelt des Patienten, Partner oder Partnerinnen oder auch sonstige Angehörige, die ihm auch zwecks eigener Entlastung das Aufsuchen eines Psychotherapeuten nahegelegt haben, wobei er selbst diesen Weg dann oft nur widerwillig, à contre-cœur, beschreitet. Gar nicht selten sind es auch drängende Initiativen von seiten zuvor konsultierter Kollegen anderer Disziplinen, die sich durch einen Patienten frustriert fühlten und aus diesem Grunde, wiederum auch zur eigenen Entlastung, eine Kontaktaufnahme mit der Psychotherapie veranlaßten. Krankheitseinsicht ist in solchen Fällen zumeist wenig vorhanden. Die ethische Richtlinie der beiden angelsächsischen Autoren legt die Vorgehensweise u. E. hier jedoch ganz klar fest: Es erscheint moralisch-ethisch nicht begründbar, eine Psychotherapie einzuleiten, ehe nicht eine aus Krankheitseinsicht resultierende Behandlungsmotivation, eine Motivation zur therapeutischen Kooperation, vom Patienten entwickelt werden konnte. – Das ist auch erforderlich, wenn ein Patient die Verursachung seines Leidens in sozialen Bedingungen sieht (etwa in Arbeitslosigkeit) oder wenn er die Ursache in der Erduldung eines sogenannten „mobbing" an seiner Arbeitsstelle vermutet. Die Indikation für eine Psychotherapie und damit auch für die Übernahme von Eigenverantwortung muß geklärt sein. Eine nicht ausreichende Klärung dieser Fragen wäre im übrigen nicht nur moralisch-ethisch unzulässig, weil das Selbstbestimmungsrecht des Patienten vernachlässigt würde, sondern auch prognostisch wenig erfolgversprechend; denn wie soll bei der Behandlung psychischer Bedingtheit oder Mitbedingtheit von Störung oder Krankheit ein ausreichend stabiles Therapieresultat zustandekommen, wenn nicht beide Partner der psychotherapeutischen Kooperation ihre Aufmerksamkeit auf die Entstehenszusammenhänge der Symptome oder Syndrome richten? Hier decken sich technisch-therapeutische Leitlinie und ethisches Prinzip. – Eine an der Psychoanalyse orientierte Psychotherapie hat immer auch eine Erweiterung der Autonomie des Patienten zum Ziel; der hier diskutierte moralisch-ethische Anspruch an therapeutisches Handeln aber richtet sich auf die Respektierung eben dieser Autonomie![1] Außerdem wird speziell bei der Anwendung der psychoanalytisch-interaktionellen Methode eine therapeutische Grundeinstellung gefordert, die Respekt vor dem Schicksal des Patienten, vor seinen Strukturen und dem dazugehörigen Weltbewältigungsmodus beinhaltet.

Um das Ziel des informed consent nicht zu verfehlen, müßte in solchen Fällen dem Beginn der Therapie im engeren Sinne eine Phase vorgeschaltet werden, in der die Thematik der Krankheitseinsicht behandelt wird. Eine solche Einsicht ist die Voraussetzung der Entstehung einer Therapiemotivation und damit auch des „informed consent". Damit diese nicht zu Lasten des (zunächst zu erreichenden) Ziels, eben der Behandlungsmotivation, verfehlt wird, ist auf beiden Seiten Geduld vonnöten. Das gilt besonders für Kranke mit basalen oder strukturellen Störungen. Dieser Störungsgruppe angehörende Patienten fühlen sich – häufiger als Kranke mit Konfliktneurosen – von Außenobjekten, von bestimmten Personen oder von allgemeinen Verhältnissen, etwa von der Gesellschaft insgesamt – geschädigt und krankgemacht. Eine solche Externalisierung von Schädigungsverursachung und Schuld dient dann häufig wichtigen inneren und interpersonellen Abwehrregulierungen des Patienten; sie bedeuten einen Teil seiner Verarbeitungen pathogener Spannungen und innerer Unvereinbarkeiten und werden, soweit sie bewußt sind, von ihm als ich-synton, also in Übereinstimmung mit dem eigenen Ich, als nicht weiter zu hinterfragende Gegebenheiten erlebt.

Respekt vor der Autonomie des Patienten beinhaltet folgendes: Der Patient sollte ausführlich informiert werden über die bei ihm ermittelte Diagnose einschließlich der Prognose und der Therapieplanung und eine entsprechende Beratung erhalten. Dem kommt in der psychoanalytisch orientierten Psychotherapie entgegen, daß hier (wie vielleicht in der therapeutischen Versorgung überhaupt) Diagnose und Prognose z. T. kooperativ zwischen Patienten und Therapeuten erarbeitet werden, also eine Art Partnerschaft in diesem Bereich entstehen lassen. Die Kooperation ist hier besonders wichtig, da der Gegenstand von Diagnostik und Therapie hier die Person, die Persönlichkeit des Patienten ist, ihr Erleben, ihr Verhalten in einem umfassenden Sinne. Da eine psychologische Diagnose vom Patienten verstanden und akzeptiert sein muß, um wirksam gehandhabt werden zu können, ist hier bereits in der Vorlaufphase, eine geduldige Bemühung unverzichtbar, um die genannte Kooperation herzustellen. Dabei ist auch zu berücksichtigen, daß das Krankheitsverständnis des Patienten und das des Therapeuten sich sehr unterscheiden können, was vom Therapeuten auch auf jeden Fall zu respektieren ist, ohne daß er seine Position aufgeben müßte. Auch dieses Krankheitsverständnis, das subjektive Verständnis des Patienten ist in der analytisch orientierten Psychotherapie ein Gegenstand von Klärung und therapeutischer Bearbeitung.

In die Information des Patienten sollte immer auch das bei der geplanten Therapie zu erwartende Risiko einbezogen werden, ebenso wie eventuelle Beeinträchtigungen und Schwierigkeiten. Auch hier bedarf es der Aufklärung des Patienten, um ihm eine Entscheidung zu ermöglichen. Zu diesen Risiken gehört einmal ein vorzeitiger Behandlungsabbruch, ausgelöst durch schwere Enttäuschung und deswegen verbunden mit der Gefahr, auf psychotherapeutische Behandlungschancen überhaupt zu verzichten. Ein weiteres Risiko besteht in Veränderungen von Einstellungen, die sich auf die Lebensplanung verändernd auswirken, sowohl im beruflichen als auch im Bereich persönlicher Bindungen. Zu solchen Bindungen, die durch eine psychoanalytische Behandlung in Frage gestellt werden, können auch Bindungen an eine geistig-geistliche Kommunität, z.B. an einen Orden, gehören. Wenn etwa ein Ordenspater von seinem Konvent, von Abt und Prior beurlaubt wurde, um an einer Universität Psychologie zu studieren und auch eine Psychoanalyse zu absolvieren, dann sollte es ihm möglich werden, die genannten Verantwortlichen darauf hinzuweisen, daß damit auch eine Entwicklung eingeleitet wer-

---

[1] Falls es zunächst nicht gelingt, beim Patienten Einsicht in sein Leiden im Sinne einer Akzeptanz der Psychogenese zu erreichen, wie es sehr häufig bei psychosomatisch Kranken der Fall ist, empfiehlt sich folgendes kompromißhafte Vorgehen (Kompromiß als Resultat einer Abwägungsentscheidung): Es könnte dem Patienten vorgeschlagen werden, an einer analytisch orientierten Gruppentherapie teilzunehmen, um in einem solchen Prozeß zu überprüfen, ob seine These (kein seelisch bedingtes Leiden) sich bestätigt oder ob die diagnostische Vermutung des Therapeuten Anhaltspunkte findet, wonach eine solche Bedingtheit oder Mitbedingtheit doch in Betracht zu ziehen ist.

den könnte, die ihn zu einer Trennung von der Kongregation veranlaßt. Ähnliche Risiken können in bezug auf eingegangene persönliche Bindungen, etwa Eheschließungen, entstehen. Dazu folgendes Beispiel: Eine neurotisch schwerkranke Patientin, deren Symptome nicht nur sie selbst stark einschränkten, sondern auch den Ehemann und die Familie, vermied es in auffälliger Weise, in der Psychoanalyse ihre Ehe, die Person ihres Ehemannes, ihre Beziehung zu ihm zu thematisieren, während sie ansonsten mit großem Eifer bemüht war, der Grundregel der Psychoanalyse, der Regel der freien Assoziation, zu folgen. In der Therapie darauf angesprochen, vertrat sie mit Nachdruck, daß diese Themen nicht in die Psychoanalyse hineingehörten. Es wurde deutlich, daß sie ihre Ehe um keinen Preis der Welt durch kritische Betrachtungen labilisieren oder gar in Frage stellen wollte. Von der Therapeutin befragt, wie sie sich entscheiden würde, wenn sie die Wahl hätte zwischen der Möglichkeit, freimütig über Ehemann und Ehe zu sprechen und auf diese Weise vielleicht einen Zugang zu einer Besserung oder gar Heilung ihrer Symptome zu finden und der Möglichkeit, weiterhin die genannten Themenbereiche auszusparen und ihre seelisch bedingten Symptome beizubehalten, erklärte sie nach kurzem Überlegen, daß sie sich dann auf jeden Fall für die zweite Alternative entscheiden würde. Die Therapeutin meinte daraufhin, daß unter diesen Voraussetzungen eine Weiterführung einer psychoanalytischen Therapie eigentlich keinen Sinn ergeben könnte und daß zu überlegen sei, ob sie dann die Behandlung nicht besser beende. Bei der nächsten therapeutischen Begegnung hatten dann auffälligerweise beide Partner der therapeutischen Kooperation denselben Gedanken gehabt, daß nämlich der Ehemann in die Behandlung insofern einbezogen werden könnte, als er zunächst zu einem Zweiergespräch mit der Therapeutin einzuladen wäre und daß sich daraus vielleicht weiteres ergeben könnte. Das geschah dann auch, wobei sich der Ehemann äußerst skeptisch in bezug auf die Psychoanalyse zeigte. Dennoch kam es zu einer zusätzlichen Paartherapie bei fortlaufender Einzelanalyse. Danach wurde eine Kombination der Einzeltherapie mit einer Gruppenbehandlung verabredet, die schlußendlich zu einem sehr befriedigenden Ergebnis führte.

Der Patient ist darauf hinzuweisen, daß durch eine gründlichere Psychoanalyse sich innere Umstellungen mit entsprechenden Auswirkungen in der psychosozialen und sozialen Realität ergeben können, die schwer vorhersehbar sind und die deswegen die Empfehlung nahelegen, lebenswichtige Entscheidungen erst zu realisieren, nachdem sie in der Behandlung gründlich bearbeitet wurden. Auch auf das Risiko eines Behandlungsabbruchs ist hinzuweisen, ferner auf kurze oder länger anhaltende passagere Symptomintensivierungen, auch Symptomwechsel und das Erscheinen bis dahin nicht erlebter Symptome.

Zu einem ärztlichen und somit auch zu einem psychotherapeutischen Verhalten, das den geltenden ethisch-moralischen Normen des „informed consent", entspricht, gehört auch die differentialindikatorische Begründung des Therapeuten für die von ihm vorgeschlagene therapeutische Vorgehensweise in Abgrenzung gegen andere bestehende therapeutische Methoden, unabhängig davon, ob der Therapeut diese selbst verfügbar hat und anbieten kann oder ob er für deren Durchführung die Einbeziehung eines Kollegen oder die Überweisung an einen solchen als den zuständigen Fachmann vorschlagen müßte. Dazu bedarf es entsprechender Abwägungen von seiten des Therapeuten, über die der Patient informiert werden sollte, so Abwägungen hinsichtlich des Settings (Einzeltherapie, Gruppentherapie, Familientherapie, ambulante Behandlung, Behandlung in einem voll- oder teilstationären Rahmen), Abwägungen auch hinsichtlich des Mediums, wodurch die Therapie vermittelt wird (weitgehend dominierende Sprache, eingesetzt nach bestimmten Regeln, Vermittlung über mit Sprache verbundenem Handeln wie im Psychodrama, das Medium des Körpererlebens, das der Musik, das der kreativen Gestaltung). Abwägungen sind auch vorzunehmen hinsichtlich der methodischen Ausrichtung und der dazugehörigen theoretischen Orientierung hinsichtlich Krankheitslehre und der Therapie (Orientierung an der Psychoanalyse, an der Lerntheorie, an der systemischen Theorie).

Das zweite Gebot, das nach BEAUCHAMP und CHILDRESS bei ärztlicher und entsprechend auch therapeutischer Tätigkeit Beachtung und Befolgung verdient, ist das der *Schadensvermeidung* (primum non nocere). Das Prinzip, dem Patienten zu helfen und ihm nicht zu schaden, ist schon im hippokratischen Eid der Ärzte formuliert, wobei

„Helfen" und „Nichtschaden" zunächst als gleichberechtigte Verpflichtungen des Arztes galten und eine Priorität für die Schadensvermeidung sich erst später entwickelt hat (PATZIG 1994). Tatsächlich ist die der Schadensvermeidung zugewiesene Priorität im Hippokratischen Corpus nicht klar auszumachen und beruht möglicherweise auf einer nicht optimal gelungenen Übersetzung der Passage dieses Textwerkes (BEAUCHAMP und CHILDRESS 1983, S. 106). BEAUCHAMP und CHILDRESS möchten an einer Unterscheidung zwischen den Geboten der Schadensvermeidung und der Hilfeleistung festhalten, ebenso wie an dem „Primum non nocere".

Es mag auf den ersten Blick so scheinen, als sei das Gebot der Schadensvermeidung für die Psychotherapie von geringerem Gewicht als etwa für die operativen Fächer, für die notwendigerweise invasiv vorgehende, den Organismus manipulierende Medizin mit all ihren Risiken, als sei die Intervention per Sprache, um die es sich bei der Psychotherapie überwiegend handelt, für den Patienten weniger gefährlich. Ist dem wirklich so? Der Schaden, der hier vom Therapeuten angerichtet werden kann, mag weniger deutlich in Erscheinung treten, er mag für den betroffenen Patienten wie auch für den Therapeuten weniger gut wahrnehmbar sein, als es die Folgen eines Kunstfehlers oder einer Fahrlässigkeit in der somatischen Medizin sind. Vielleicht stellen sich Defekte medizinisch-technischer Geräte oder ein etwa aus Gründen der Übermüdung unkonzentriert handelnder Chirurg in ihren schädigenden Wirkungen auf den Patienten drastischer dar. Entsprechende Phänomene, wenngleich in ihrer Erscheinungsform viel diskreter, viel leichter zu übersehen und eventuell auch zu leugnen, gibt es jedoch auch in der „sprechenden Therapie", der Psychotherapie. Außerdem ist der Patient bei der Planung einer Therapie, sei diese nun somatischer oder psychotherapeutischer Art, darauf hinzuweisen, daß es auch bei bestmöglicher Behandlung zu nicht vorhersehbaren Schäden kommen kann.

Zu den wohl häufigsten Mängeln der therapeutischen Technik gehört die Nichtbeachtung der jeweiligen Toleranzgrenzen eines Patienten, der Grenzen, die der individuellen Erträglichkeit für Angst, Scham, Schuld, Nähe und Distanz gesetzt sind. Eine solche Nichtbeachtung kann aus einem Konflikt zwischen den folgenden Tendenzen resultieren: Dem – oft narzißtisch getönten – Bedürfnis, schnell und gründlich eine therapeutische Wirkung zu erzielen, und der Forderung, die inneren Strukturen des Patienten und vor allem auch die von ihm in der Therapie entwickelten Widerstände als Ausdruck von Weltbewältigung und Selbstbehauptung zu respektieren, die ja immer auch wichtige Regulatoren des Spannungsausgleichs sind. So hatte eine basal schwer gestörte Patientin immer wieder stationäre Behandlungen in renommierten psychosomatischen Kliniken deswegen abgebrochen, weil ihr die mit einem Klinikaufenthalt verbundene große räumliche und interpersonelle Nähe zu anderen bereits eine Überforderung bedeutete; dieser Überforderung konnte sie nur dadurch begegnen, daß sie bestimmten Therapien, die der für sie vorgesehene Behandlungsplan vorschrieb, fernblieb. Reagierte der zuständige Therapeut dann mit kritisch getönten Ermahnungen und drängenden Aufforderungen, die Therapieangebote doch auf jeden Fall regelmäßig wahrzunehmen, versuchte sie zunächst, ihm die Not ihrer sehr geringen Nähetoleranz nahezubringen. Wenn sie sich darin nicht verstanden fühlte, verließ sie zum eigenen Schutz brüsk die Klinik. Hier war die therapeutische Technik des Umgangs mit Nähetoleranz bzw. -intoleranz nicht korrekt gehandhabt worden; der daraus resultierende Schaden eines Behandlungsabbruchs und einer entsprechenden therapeutischen Entmutigung der Patientin war nicht vorhergesehen worden. Dazu ist zu vermerken, daß hier die Differentialindikation für die therapeutischen Rahmenbedingungen, für das Setting nicht bedacht wurden. Offenbar stellte für diese Patientin eine stationäre Therapie eine zu große Nähe-Belastung dar. Es hätte eine teilstationäre (Tagesklinik-) Behandlung diskutiert werden müssen.

Nicht selten geschieht es, daß ein Psychotherapeut mit einer Neigung zur Selbstüberschätzung, die durch idealisierende Tendenzen auf seiten des Patienten oft noch verstärkt wird, die Möglichkeit einer Mitbehandlung nicht in Anspruch nimmt, z. B. im Fall eines depressiv gestörten Patienten nicht einen mit Psychopharmaka behandelnden Psychiater einbezieht; oder es geschieht, daß er eine sich als Verdacht signalisierende somatische Erkrankung in ihrer Bedeutung verkennt und zu eigenem Kränkungsschutz – zum Schutz vor der in solchen Fällen gelegentlich kränkenden Einsicht, auf kollegiale Hilfe angewiesen zu sein – eine notwendige differentialdiagnostische Klärung mit konsiliarischer Unterstützung eines anderen Kollegen unterläßt. Hier geht es um die sachliche Notwendigkeit und gleichzeitig um das moralische Gebot, das eigene therapeutische Instrumentarium, um Schaden zu vermeiden, intaktzuhalten, z.B. durch Herstellung einer ausreichenden eigenen Kränkungstoleranz. In diesen Zusammenhängen ist auch an die Indikation zu einem Wechsel des Settings zu denken, etwa aus Gründen einer stärkeren Suizidalität. Auch hier kann eine Überschätzung eigener Kompetenzen eine Rolle spielen ebenso wie bei der von den psychiatrischen Institutionen letztlich zu entscheidende Frage, ob jemand in einer offenen oder geschlossenen Situation versorgt werden soll. Hier ist auch an die Gefährdung Dritter zu denken.

In den Bereich der Schadensvermeidung gehört auch die immer wieder notwendige Überlegung, wie weit sich eine Psychotherapie auf die Beziehungspersonen des Patienten auswirken kann, insbesondere auf Partner oder auch auf Kinder. So wäre in solchen Situationen die Einbeziehung wichtiger Bezugspersonen in die Therapie zu erwägen, nicht nur um diese nicht zu gefährden, sondern vor allem im Interesse des Patienten, der auf solche Weise gleichfalls gefährdet werden könnte.

In diesem Zusammenhang ist zu überlegen, welche Auswirkungen die Psychotherapie auf denjenigen haben kann, der sie ausübt. Heigl und Ibenthal schrieben 1984 dazu:

> „Im Bereich der apparativen Medizin ist es eine Selbstverständlichkeit, daß Instrumente, Geräte und Apparate instandgehalten und gepflegt werden, um Schaden zu vermeiden. Genauso selbstverständlich sollte es eigentlich in der psychologischen Medizin sein, den ,psychischen Apparat' des Psychotherapeuten instandzuhalten und zu pflegen, um dessen therapeutische Kompetenz zu erhalten und zu verbessern. Dazu dienen Fort- und Weiterbildung und die Supervision bzw. Intervision, doch wenig hört und liest man von der Selbstanalyse als einem Mittel solcher psychischen Wartung" (Heigl u. Ibenthal, 1984, S. 87).

In diesem Sinne wäre es im Patienteninteresse und im eigenen Interesse des Psychotherapeuten sehr hilfreich, wenn dieser nach jeder Behandlungs-

stunde sich selbstkritisch befragte, was er möglicherweise übersehen, unterlassen oder schlicht falsch gemacht hat, und wie sich dieses Verhalten auf den Patienten und auf die weitere Therapie vermutungsweise auswirken wird. Es ist in der Psychotherapie, gerade auch in der analytisch orientierten, oft nicht leicht, sich auf eine solch regelmäßige, kritische Selbstbesinnung hin zu disziplinieren. Viele Patienten neigen dazu, ihren Therapeuten zu idealisieren (in der Anfangsphase einer Psychoanalyse geschieht es regelmäßig) und ihn damit eventuell zu einer Verminderung seiner Kritikbereitschaft sich selbst gegenüber zu verführen. Diese Patienten tendieren auch dahin, sich eine „unendliche Analyse" zu wünschen, um eine Trennung aus einer als ideal erlebten Dyade gar nicht erst in Betracht ziehen zu müssen. Auch solche Patienten pflegen die Selbstkritik des Therapeuten nicht gerade zu stimulieren. Seitdem die sogenannte Gegenübertragung des Therapeuten als dessen Übertragung definiert wird, welche die Gesamtheit der unbewußten Reaktionen des Analytikers auf die Person des Analysanden und ganz besonders eben dessen Übertragung umfaßt (Laplanche und Pontalis 1972, S. 164), ist eine regelmäßige Reflexion dieser Phänomene und eine Art selbstanalytischer „Wartung" der eigenen inneren Strukturen erforderlich: sie entspricht der therapeutischen Sorgfaltspflicht und steht im Dienst der Schadensvermeidung. Eine Indikation dazu stellt sich besonders dann, wenn im Zusammenhang mit der Behandlung eines Patienten beim Therapeuten Mikrosymptome wie Schläfrigkeit, Kopfschmerzen, depressive oder mürrische Gestimmtheiten etc. auftreten (Hartkamp und Heigl-Evers, 1995).

Auch der Umgang mit der Behandlungsdauer, nachdem eine Therapie einmal eingeleitet wurde, kann Züge von Fahrlässigkeit mit entsprechenden schädigenden Folgen für den Patienten annehmen. So ist es fahrlässig, wenn der Therapeut nicht bedenkt, daß Zeit für den Patienten immer auch Begrenzung bedeutet, Begrenzung von Daseinserwartungen und -chancen und letztlich des Lebens überhaupt. Gerade in psychoanalytisch beeinflußten Therapieprozessen besteht die Gefahr, daß der Patient und nicht nur dieser, sondern auch der Therapeut, den Faktor der „vergehenden" Zeit nicht genügend gewichtet deswegen, weil in einer mit passagerer Regressionsförderung arbeitenden Therapie Primärvorgänge immer wieder dominieren und damit das Bewußtsein des Vergehens, das dem realistischen Zeiterleben eigentümlich ist, schwächen. Freud hat bekanntlich davon gesprochen, daß im Wirkungsbereich des Primärprozesses Zeitlosigkeit herrsche (Freud, GW XV, S. 80, 1933). Natürlich ist es auch die Angst vor Trennung, Trennung und Neubeginn, die Patienten wie Therapeuten dazu motivieren können, die Realität des Faktors Zeit – zum Schaden des Patienten – zu leugnen.

Es muß darauf hingewiesen werden, daß es auch im Bereich der von der methodischen Vorgehensweise her sprechenden Therapie Verhaltensweisen von Therapeuten geben kann, die eindeutig schädigend auf den Patienten wirken und auch unter den Aspekten von Kunstfehler und Fahrlässigkeit gesehen werden sollten. Es handelt sich um sexuelle Übergriffe während einer Psychotherapie, über die in der zurückliegenden Zeit immer wieder einmal berichtet wurde (s.d. Becker-Fischer u. Fischer, 1995; Hirsch, 1993; Krutzenbichler, 1993, 1997; Krutzenbichler und Esser, 1991). Hierbei geht es um aktive Verführungen, die u.U. auch von dem Patienten oder der Patientin initiiert werden können, auf die der Therapeut oder die Therapeutin nicht im Sinne der von ihnen eingesetzten Methode, sondern agierend, aktiv handelnd im Dienste der Befriedigung eigener Bedürfnisse und Wünsche reagieren. Auf diese Weise werden in jedem Fall zwei der von der psychoanalytischen Psychotherapie geforderten Einstellungen nicht eingehalten, nämlich die der Abstinenz und die der Neutralität. Diese beiden Einstellungen, insbesondere die der Abstinenz, sind direkt am Gebot der Schadensvermeidung, am nil nocere orientiert, so daß auch unter diesem Aspekt ein Kunstfehler begangen wird, wenn stattdessen Befriedigung von Triebwünschen auf beiden Seiten, auf der des Patienten und der des Therapeuten erfolgt. Außerdem können, besonders beim Vorliegen traumatisierender pathogenetischer Faktoren, auf solche Weise Retraumatisierungen mit den entsprechenden schädigenden Folgen zustandekommen (s.d. Becker-Fischer, 1995; Fischer und Fischer-Becker, 1997). Sollte im Verlauf einer Therapie ein stärkeres und anhaltendes emotionales Engagement von seiten der beiden Beteiligten entstehen, verbunden mit den Vorstellungen einer längerdauernden

oder evtl. einer auf Dauer intendierten Beziehung, dann sollte die so entstehende Situation besprochen und die Therapie beendet werden, weil die Voraussetzungen für ihre Durchführung nicht mehr gegeben sind. Nach Absprache einer gewissen Karenzphase bleibt es dann den Beteiligten überlassen, ihre Beziehungswünsche zu realisieren.

Die Hippokratische Tradition fordert, daß Ärzte ihren Patienten ebenso Hilfe angedeihen lassen, wie sie Schaden von ihnen fernzuhalten suchen; zu den wichtigsten Rechtfertigungen biomedizinischer Forschung gehört, daß sie zu einem Mehr an Wohlbefinden, an Gesundheit in der Gesamtgesellschaft führen wird (wie etwa durch die Prävention von Gelbfieber und Kuhpocken) (Beauchamp und Childress 1983, S. 149). Nach vorliegenden epidemiologischen Befunden zu seelisch bedingten Erkrankungen (s. Schepank, 1987, 1990; Reister et al., 1989) würde es sich für die Psychotherapie darum handeln, die offensichtlich wachsende Zahl von Kranken in diesem Bereich durch Prävention, durch Früherkennung und durch rechtzeitige Behandlung zu reduzieren.

Auch das Prinzip der Verpflichtung zur Hilfe stellt den Psychotherapeuten vor besondere Probleme. Die von ihm angebotene Hilfe sollte, so ist zu fordern, in Richtung auf Kooperation hin entfaltet werden, damit der Patient nicht ein passiver und abhängiger Hilfsempfänger bleibt, wozu er zunächst oft tendiert. Hier bedeutet Hilfe in der Regel die Reduzierung von irrationalen Hilfsbedürfnissen. Bei der Hilfe zu vermehrter Selbsthilfe, eine Bemühung, die sowohl technisch-therapeutischen wie damit korrespondierenden moralisch-ethischen Leitlinien folgt, spielen die Konzepte des Arbeitsbündnisses (Greenson, 1973) oder – in Gruppen – der Arbeitsbeziehungen (König, 1974) wie auch die therapeutische Ich-Spaltung (Sterba, 1934) eine Rolle.

Die Pflicht zur Hilfeleistung, u.U. auch in paternalistischer Form, stellt sich dem Psychotherapeuten besonders auffällig bei der Behandlung von Patienten mit selbstdestruktiven Handlungen (z.B. Schneiden u.ä.) dar. Hier geht es darum, sich im Sinne medizinischer Hilfeleistung aktiv zu verhalten, die Wunden zu verbinden usw. Die paternalistische Form der Hilfeleistung erscheint dann als moralisch begründet, wenn der Patient dazu neigt, so oder so sich selbst Schaden zuzufügen und nicht bereit oder nicht in der Lage ist, demgegenüber eine Position zu beziehen, die ihn selbst ausreichend schützt. Hier muß der Therapeut immer wieder Abwägungsentscheidungen treffen zwischen der Verpflichtung, den Patienten durch vorübergehende Übernahme von Verantwortung vor Schaden zu bewahren und dem Respekt vor dessen Autonomie.

Auch wenn ein psychotherapeutisch Behandelter wegen akuter Suizidgefahr in eine geschlossene Abteilung verlegt werden muß, ist ihm dies als Hilfeleistung zu erläutern. Es sollte ihm auf der einen Seite klargemacht werden, daß er mit einem Suizid einen radikalen Beziehungsabbruch intendiert und gegebenenfalls vollziehen würde, daß der Therapeut jetzt im Sinne der *Sorgfaltspflicht* gehalten ist, ihn zunächst in eine schützende Situation zu bringen, der er sich jedoch erfahrungsgemäß wieder entziehen kann, wenn er es will. Es ist ihm anzubieten, daß der Therapeut ihn in der geschlossenen Abteilung aufsucht, damit auf jeden Fall jederzeit die passager unterbrochenen Gespräche wieder aufgenommen werden können.

Es wurde schon gesagt, daß die Verpflichtungen zur Schadensvermeidung und die zur Hilfeleistung sich teilweise überschneiden können. So ist auch in diesem Zusammenhang darauf hinzuweisen, daß Hilfeleistung in der Psychotherapie sich nicht nur auf Minderung oder Aufhebung bestimmter Störungen und Symptome richtet, sondern auf die Gesamtheit der Lebenssituation des betreffenden Patienten. Es geht darum, den Patienten in seiner Gesamtsituation, in bezug auf die bestmögliche Progression seiner Entwicklung zu fördern und ihn zu unterstützen, die ihm verfügbaren Ressourcen zu erhalten und auszuschöpfen (s.d. auch FÜRSTENAU, 1992; SACHSSE, 1996). Eine übermäßige Zentrierung auf die therapeutische Situation im engeren Sinne, etwa auf die Dyade einer Einzelanalyse mit Blickverstellung in bezug auf das soziale Umfeld und auf die Zukunft könnten sich hier als wenig hilfreich erweisen.

Hilfeleistung bedeutet für den Psychotherapeuten auch, daß er den Patienten nicht nur über das gesamte Spektrum vorliegender Hilfsangebote (Methoden unterschiedlicher Schulrichtungen, Methodenkombinationen, institutionelle Rahmenbedingungen, Art des Settings) informiert, sondern ihm, bei entsprechender Differentialindi-

kation, solche Möglichkeiten zugänglich macht, auch wenn sie nicht in seinem eigenen Verfügungsbereich liegen, und er den Patienten an einen anderen Kollegen oder an andere Institutionen überweisen müßte. Das wurde im Zusammenhang mit der Leitlinie des „informed consent" bereits dargelegt. Hilfreich kann es auch sein, wenn der Therapeut Irrtümer oder Fehler, die ihm dem Patienten gegenüber in Diagnostik oder Therapie unterlaufen sind, freimütig bekennt und bedauert.

Im folgenden soll die vierte der von BEAUCHAMP und CHILDRESS vorgelegten medizin-ethischen Leitlinien dargestellt werden: das *Prinzip der Gerechtigkeit* mit seinen Problemkreisen der Ressourcenverteilung, der Mikro- und Makroethik. Hier stellt sich die Frage, ob die in der Psychotherapie oft verwandte selektive Indikation (ZIELKE 1979), orientiert an der Überlegung – welcher Patient ist für das von mir angebotene Therapierepertoire, für die von mir geschaffenen Rahmenbedingungen der Therapie (sowie für das von mir benötigte Maß an „Seelenfrieden") am besten geeignet –, moralisch immer vertretbar ist. Es muß nicht darauf hinauslaufen, daß es der sympathische Patient ist, der bevorzugt eine Psychotherapie vermittelt bekommt; doch kann eine überzogene selektive Indikation dazu beitragen, daß in manchen Praxen niedergelassener Psychotherapeuten angenehme Patienten, angenehm durch den Finanzierungsmodus etwa über die Beihilfe, angenehm wegen der Flexibilität, mit der sie sich auf Behandlungstermine einstellen können, angenehm nicht zuletzt auch wegen ihrer Mentalität, bevorzugt werden. Ein hinsichtlich der Schwere seiner Störungen nicht allzu fordernder Patient wird dann nicht gerade gesucht, aber doch bevorzugt, ein Patient, bei dem man Krisen durch suizidale Gestimmtheit und Suizidversuche, durch psychotische Reaktionen und ähnliches weniger zu erwarten hat. Diese Art von überzogener selektiver Indikation führt dann in Verbindung mit unnötig prolongierten Behandlungszeiten und entsprechend langen Wartelisten dazu, daß in manchen Praxen Krisenintervention nicht durchgeführt, prognostisch schwierige Fälle gar nicht erst in Behandlung genommen werden. Auch eine adaptive Indikation (HEIGL, 1981, 1987c; ZIELKE, 1979), die durch Einsatz modifizierter Methoden die Behandlung von Patienten ermöglicht, für die eine der traditionellen therapeutischen Vorgehensweisen nicht geeignet wäre, wird oft nicht erwogen. Wenn sich der Therapeut auch den schwierigen Behandlungsaufgaben bei entsprechend schwerer gestörter Patienten stellt, sollte er, entsprechend dem Gebot der Schadensvermeidung, natürlich die Grenzen seiner therapeutischen Möglichkeiten im Auge behalten und Abwägungsentscheidungen zwischen dem Maß an Herausforderung, dem er sich stellen will, und den Grenzen seiner Kompetenz treffen.

Dem moralisch-ethischen Gebot der gerechten Ressourcenverteilung wird auch dann nicht entsprochen, wenn in der Psychotherapie mit Hilfe von Kontraindikationen, deren Kriterien nicht selten Rationalisierungen für Gegenübertragungsprobleme der Therapeuten darstellen, bestimmte Patienten aus der Therapie ausgeschlossen werden. Das galt lange Zeit z.B. für Abhängigkeits- und Suchtkranke sowie für andere Manifestationen entwicklungsbedingter und traumatogener Psychopathologien. Gegenüber Abhängigkeits- und Suchtkranken wurde dem Prinzip der gerechten Ressourcenverteilung im Jahre 1968 durch ein Urteil des Bundessozialgerichts Rechnung getragen, wodurch dem süchtigen Verhalten die Dignität einer Krankheit im Sinne der RVO mit allen daraus folgenden Konsequenzen zuerkannt wurde. Abhängigkeits- und Suchtkranke rufen beim Therapeuten ebenso wie auch andere Personen mit Frühstörungen häufig entweder aversive und aggressive Reaktionen hervor oder – nach primärer Reaktion im Sinne einer Überzuwendung – eine aus rasch eingetretener Enttäuschung resultierende sekundär abgewehrte Ablehnung. Für viele Therapeuten ist es deswegen schwierig, solche aversiven und aggressiven Reaktionen bewußt zu registrieren und sodann reflektierend damit umzugehen, weil sie solche Reaktionen nicht mit ihrer professionellen und persönlichen Identität vereinbaren können. Es tritt dann leicht ein Mechanismus in Kraft, den Anna Freud (1946) als „Identifizierung mit dem Angreifer" (s.d. HEIGL-EVERS u. OTT, 1992, S. 216) beschrieben hat: Es kommt zur Schuldverschiebung auf den Patienten, der durch eigene aversive Einstellungen gegenüber dem Therapeuten, häufig entwertender Art, bei diesem latente aggressive Reaktionen wachgerufen hat. Der Patient wird zum Verursacher, zum Schuldigen dafür, daß eine

Behandlungsvereinbarung nicht zustandekommt. Die Identifizierung mit dem zunächst als kritischen Angreifer erlebten Patienten führt zu dessen Ablehnung, die nicht selten rationalisierend durch eine klinische Kontraindikation verdeckt wird.

Man kann den Eindruck gewinnen, daß die gesamte Gruppe der strukturell Gestörten mit den dazugehörigen Partialobjektbeziehungen, mit den damit verbundenen primitiven Abwehrmechanismen und den z.T. schweren Verhaltensstörungen bei der Verteilung der Ressourcen von Psychotherapie aus diesen Gründen schlecht abschneidet. Diese Patienten ermöglichen es dem Therapeuten häufig nicht, eine primär mild-positive Gegenübertragung, gekennzeichnet durch ein distanziert-wohlwollendes, neugieriges Interesse, zu entwickeln und damit eine verläßliche Basis für Abstinenz und Neutralität, wie sie gegenüber den höherstrukturierten Neurosekranken leichter entsteht. Sie werden zum Ärgernis dadurch, daß sie keine oder nur geringe Sympathie zu erwecken vermögen und es den Therapeuten damit erschweren, sich als wohlwollende Menschenfreunde, als humane Helfer zu erleben.

Die beschriebene Abweisung bestimmter Patienten ist natürlich in erster Linie in der ambulanten Therapie anzutreffen. In stationären Einrichtungen werden Patienten der genannten Störungsgruppen in weitaus größerer Zahl aufgenommen und behandelt, wenngleich auch hier bei Entscheidungen zur Frage der Aufnahme gelegentlich zu hören ist: „Dieser Patient ist für unsere Klinik nicht geeignet." Bei dieser Formulierung fällt auf, daß hier die Attribuierung der Nichteignung dem Patienten zugewiesen wird und nicht der Klinik, denn sonst würde es heißen: „Leider sind wir hier nicht in der Lage, Ihnen zu helfen. Wir werden natürlich versuchen, eine für Sie geeignete Institution zu finden."

Moralische Verhaltensregeln und ihre ethische Begründung sind überall da unerläßlich, wo Menschen handelnd aufeinander einwirken. Das gilt auch für den Bereich professionellen Handelns von Ärzten und Psychotherapeuten. Es geht dabei vor allem um den Schutz vor bewußter oder fahrlässiger Willkür, durch die ein Patient gefährdet werden kann; eines Schutzes vor eigenen Fehlhandlungen solcher Art bedarf auch der Therapeut.

Literatur

Literatur Sigmund Freud

Entwurf einer Psychologie (1895). In: A. Richards und I. Grubrich-Simitis (Hrsg.): Sigmund Freud, Gesammelte Werke, Nachtragsband: Texte aus den Jahren 1885 bis 1938. Frankfurt a. M.: S. Fischer, 1987.

Studien über Hysterie (1894). GW I, 75–312.

Über die Berechtigung von der Neurasthenie einen bestimmten Symptomenkomplex als „Angst-Neurose" abzutrennen (1895). GW I, 313–342.

Weitere Bemerkungen über die Abwehr-Neuropsychosen (1896). GW I, 377–403.

Die Traumdeutung (1900). GW II/III, 1–642.

Über den Traum (1901). GW II/III, 643–700.

Die Freudsche Psychoanalytische Methode (1904). GW V, 1–10.

Drei Abhandlungen zur Sexualtheorie (1905). GW V, 27–145.

Bruchstück einer Hysterie-Analyse (1905). GW V, 161–286.

Über Psychoanalyse (1910). GW VIII, 1–60.

Beiträge zur Psychologie des Liebeslebens (1910). GW VIII, 65–91.

Die psychogene Sehstörung in psychoanalytischer Auffassung (1910). GW VIII, 94–102.

Eine Kindheitserinnerung des Leonardo da Vinci (1910). GW VIII, 127–211.

Die zukünftigen Chancen der psychoanalytischen Therapie (1911). GW VIII, 103–115.

Formulierungen über die zwei Prinzipien des psychischen Geschehens (1911). GW VIII, 229–238.

Psychoanalytische Bemerkungen über einen autobiographisch beschriebenen Fall von Paranoia (Dementia paranoides) (1911). GW VIII, 239–320.

Die Handhabung der Traumdeutung in der Psychoanalyse (1912). GW VIII, 349–357.

Zur Dynamik der Übertragung (1912). GW VIII, 363–374.

Ratschläge für den Arzt bei der psychoanalytischen Behandlung (1912). GW VIII, 375–387.

Totem und Tabu (1912/13). GW IX, 1–194.

Die Disposition zur Zwangsneurose (1913). GW VIII, 441–452.

Zur Einleitung der Behandlung (1913). GW VIII, 453–478.

Zur Geschichte der psychoanalytischen Bewegung (1914). GW X, 43–113.

Erinnern, Wiederholen und Durcharbeiten (1914). GW X, 125–136.

Zur Einführung des Narzißmus (1914). GW X, 137–170.

Triebe und Triebschicksale (1915): GW X, 209–232.

Die Verdrängung (1915): GW X, 247–261.

Das Unbewußte (1915): GW X, 263–303.

Einige Charaktertypen aus der psychoanalytischen Arbeit (1915): GW X, 363–391.

Metapsychologische Ergänzung zur Traumlehre (1916): GW X, 412–426.

Trauer und Melancholie (1916): GW X, 427–446.

Vorlesungen zur Einführung in die Psychoanalyse (1916/17): GW XI, 1–482.

Aus der Geschichte einer infantilen Neurose (1918): GW XII, 27–157.

Wege der psychoanalytischen Therapie (1918): GW XII, 181–194.

Jenseits des Lustprinzips (1920): GW XIII, 1–69.

Massenpsychologie und Ich-Analyse (1921): GW XIII, 71–161.

„Psychoanalyse" und „Libidotheorie" (1923): GW XIII, 209–233.

Das Ich und das Es (1923): GW XIII, 235–289.

Neurose und Psychose (1924): GW XIII, 385–391.

Der Untergang des Ödipuskomplexes (1924): GW XIII, 393–402.

Hemmung, Symptom und Angst (1926): GW XIV, 111–205.

Die Frage der Laienanalyse (1926): GW XIV, 207–296.

Das Unbehagen in der Kultur (1930): GW XIV, 419–506.

Über die weibliche Sexualität (1931): GW XIV, 515–537.

Neue Folge der Vorlesungen zur Einführung in die Psychoanalyse (1933): GW XV, 1–197.

Konstruktionen in der Analyse (1937): GW XVI, 41–56.

Die endliche und die unendliche Analyse (1937): GW XVI, 57–99.

Abriß der Psychoanalyse (1938): GW XVII, 63–138.

FREUD, S. (1950): Aus den Anfängen der Psychoanalyse. Briefe an Wilhelm Fliess, Abhandlungen und Notizen aus den Jahren 1887–1902. London: Imago.

Allgemeine Literatur

ABELIN, E. L. (1975): Some further observations and comments on the earliest role of the father. International Journal of Psychoanalysis 56, 293–302.

ABELIN, E. L. (1986): Die Theorie der frühkindlichen Triangulation. Von der Psychologie zur Psychoanalyse. In: STORK, J. (Hrsg.): Das Vaterbild in Kontinuität und Wandel. Stuttgart: Frommann-Holzboog.

ADLER, R. (1981): Anamneseerhebung in der psychosomatischen Medizin. In: UEXKÜLL, T. VON (Hrsg.): Lehrbuch der psychosomatischen Medizin. München: Urban & Schwarzenberg.

ADLER, R. und HEMMELER, W. (1989): Praxis und Theorie der Anamnese. Stuttgart, New York: Fischer.

AINSWORTH, M. D. (1982): Attachment retrospect and prospect. In: PARKES, C. M. und STEPHENSON-HINDE, J. (Hrsg.): The place of attachment in human behaviour. London: Tavistock.

AINSWORTH, M. D., BLEHAR, M. C., WATERS, E. und WALL, S. (1978): Patterns of attachment: a psychological study of the strange situation. New York: Earlbaum.

AINSWORTH, M. D. und EICHBERG, C. G. (1991): Effects on infant-mother attachment of mothers unresolved loss of an attachment figure, or other traumatic experience. In: PARKES, C. M., STEVENSON-HINDE, J. und MARRIS, P. (Hrsg.): Attachment across the life cycle. London, New York: Routledge.

ALEXANDER, F. (1948): Studies in psychosomatic medicine. New York: Ronald. (Dt.: Psychosomatische Medizin. Berlin: de Gruyter, 1971.)

ALTMAN, J. (1975): The environment and social behavior. Belmont.

Arbeitskreis OPD (Hrsg. 1996): Operationalisierte Psychodynamische Diagnostik. Grundlagen und Manual. Bern: Huber.

ARENDT, H. (1978): Vita activa oder vom tätigen Leben. München: Piper.

ARGELANDER, H. (1963/64): Die Analyse psychischer Prozesse in der Gruppe. Psyche 17, 450–470 und 481–515.

ARGELANDER, H. (1966): Zur Psychodynamik des Erstinterviews. Psyche 20, 40–53.

ARGELANDER, H. (1967): Das Erstinterview in der Psychotherapie. Psyche 21, 341–368, 429–467, 473–512.

ARGELANDER, H. (1968): Gruppenanalyse unter Anwendung des Strukturmodells. Psyche 22, 913–933.

ARGELANDER, H. (1970): Das Erstinterview in der Psychotherapie. Darmstadt: Wissenschaftliche Buchgesellschaft.

ARGELANDER, H. (1972 a): Der Flieger: Eine charakteristische Fallstudie. Frankfurt: Suhrkamp.

ARGELANDER, H. (1972 b): Gruppenprozesse: Wege zur Anwendung der Psychoanalyse in Behandlung, Lehre und Forschung. Reinbek: Rowohlt.

ARGELANDER, H. (1974): Die psychoanalytische Situation einer Gruppe im Vergleich zur Einzeltherapie. Psyche 28, 310–327.

ARGELANDER, H. (1976): Im Sprechstunden-Interview bei Freud. Psyche 30, 665–702.

ARGELANDER, H. (1978): Das psychoanalytische Erstinterview und seine Methode. Ein Nachtrag zu Freuds Fall „Katharina". Psyche 32, 1089–1098.

ARISTOTELES. Poetik, Kapitel 13, S. 1453 a 2–12. Interpretiert bei: G. E. LESSING, Hamburgische Dramaturgie, 74.–79. Stück. Gesammelte Werke II. München: Hanser, 1959.

ARLOW, J. A. (1963): Konflikt, Regression und Symptombildung. Psyche 17, 23–43.

ARLOW, J. A. (1977): Die Affekte und die psychoanalytische Situation. Psyche 31, 637–659.

ARLOW, J. A. und BRENNER, C. (1976): Grundbegriffe der Psychoanalyse. Die Entwicklung von der topographischen zur strukturellen Theorie des psychischen Systems. Hamburg: Rowohlt.

BACAL, H. und NEWMAN, K. M. (1994): Objekt-beziehungstheorien – Brücken zur Selbstpsychologie. Stuttgart-Bad-Cannstatt: Frommann-Holzboog.

BALINT, M. (1935): Zur Kritik der Lehre von den prägenitalen Libidoorganisationen. In: BALINT, M. (1966): Die Urformen der Liebe und die Technik der Psychoanalyse. Stuttgart: Klett.

BALINT, M. (1937): Frühe Entwicklungsstadien des Ichs. Primäre Objektliebe. In: BALINT, M. (1966): Die Urformen der Liebe und die Technik der Psychoanalyse. Stuttgart: Klett.

BALINT, M. (1957): The doctor, his patient and the illness. London: Pitman. (Dt.: Der Arzt, sein Patient und die Krankheit. Stuttgart: Klett, 1965.)

BALINT, M. (1960): Primärer Narzißmus und primäre Liebe. Jahrbuch der Psychoanalyse 1, 3–34.

BALINT, M. (1965): Primary love and psychoanalytic technique. Neue, erw. Auflage. London: Tavistock. 1. Auflage London: Hogarth, 1952. (Dt.: Die Urformen der Liebe und die Technik der Psychoanalyse. Stuttgart/Bern: Klett/Huber, 1966.)

BALINT, M. (1968): The basic fault. Therapeutic aspects of regression. London: Tavistock. (Dt.: Therapeutische Aspekte der Regression. Die Theorie der Grundstörung. Stuttgart: Klett, 1970.)

BALINT, M. (1970): Trauma und Objektbeziehung. Psyche 24, 346–358.

BALINT, M. und BALINT, E. (1961): Psychotherapeutic techniques in medicine. London: Tavistock. (Dt.: Psychotherapeutische Techniken in der Medizin. Bern/Stuttgart: Huber/Klett, 1963.)

BATTEGAY, R. (1975): Defective developments of therapeutic groups. In: UCHTENHAGEN, A., BATTEGAY, R. und FRIEDMANN, A. (Hrsg.): Gruppentherapie und soziale Umwelt. Stuttgart: Huber.

BATTEGAY, R. (1979): Der Mensch in der Gruppe, Bände 1–3. Bern: Huber, 3. Auflage.

BATTEGAY, R. (1988): Psychoanalytische Neurosenlehre. Bern: Huber.

BATTEGAY, R. (1992): Kollusion: Die verschiedenen Formen des unbewußten Rapprochements in der Gruppenpsychotherapie. Gruppenpsychotherapie und Gruppendynamik 28, 2–16.

BAUMGART, M. (1991): Psychoanalyse und Säuglingsforschung: Versuch einer Integration unter Berücksichtigung methodischer Unterschiede. Psyche 45, 780–806.

BEAUCHAMP, T. L. und CHILDRESS, J. F. (1983): Principles of Biomedical Ethics. New York, Oxford: Univ. Press.

BECK, T. A. und FREEMAN, A. (1993): Kognitive Therapie der Persönlichkeitsstörungen. Weinheim: Psychologie Verlags-Union.

BECKER, H. und SENF, W. (1988): Praxis der stationären Psychotherapie. Stuttgart: Thieme.

BECKER-FISCHER, M. (1995): Psychodynamische Aspekte bei sexuellem Mißbrauch in der Psychotherapie. In: SCHMIDT-LELLEK, C. J. und HEIMANNSBERG, B. (Hrsg.): Macht und Machtmißbrauch in der Psychotherapie. Köln: Humanistische Psychologie.

BECKER-FISCHER, M. und FISCHER, G. (1995): Sexuelle Übergriffe in Psychotherapie und Psychiatrie. Forschungsbericht für das Bundesministerium für Familie, Senioren, Frauen und Jugend, Bonn. Stuttgart: Kohlhammer.

BELLAK, L., HURVICH, M. und GEDIMAN, H. K. (1973): Ego functions in schizophrenics, neurotics, and normals. New York: Wiley.

BENEDETTI, G. (1978): Psychodynamik der Zwangsneurose. Darmstadt: Wissenschaftliche Buchgesellschaft.

BENEDETTI, G. (1984): Der psychisch Leidende und seine Welt. Frankfurt: Fischer.

BENEDETTI, G. (1987): Todeslandschaften der Seele. Göttingen: Vandenhoeck & Ruprecht.

BENJAMIN, L. S. (1993): Interpersonal diagnosis and treatment of personality disorder. New York: Guilford.

BILITZA, K. W. und HEIGL-EVERS, A. (1993): Suchtmittel als Objekt-Substitut. Zur Objektbeziehungs-Theorie der Sucht. In: BILITZA, K. W. (Hrsg.): Suchttherapie und Sozialtherapie. Göttingen: Vandenhoeck & Ruprecht.

BION, W. R. (1961): Experiences in groups and other papers. London: Tavistock. (Dt.: Erfahrungen in Gruppen und andere Schriften. Stuttgart: Klett, 1974.)

BIRNBACHER, D. und KOTTJE-BIRNBACHER, L. (1996): Ethik in der Psychotherapie und der Psychotherapeutenausbildung. In: SENF, W.

und BRODA, M. (Hrsg.): Praxis der Psychotherapie. Ein integratives Lehrbuch für Psychoanalyse und Verhaltenstherapie. Stuttgart, New York: Thieme.

BLANCK, G. und BLANCK, R. (1981): Angewandte Ich-Psychologie. Stuttgart: Klett.

BLANCK, G. und BLANCK, R. (1989): Jenseits der Ich-Psychologie. Stuttgart: Klett.

BOCHENSKI, I. M. (1965): Die zeitgenössischen Denkmethoden. Bern: Francke.

BÖHLE, A. und VATTES, H. (1993): Stationäre Gruppenpsychotherapie mit Alkoholkranken. In: BILITZA, K. W. (Hrsg.): Suchttherapie und Sozialtherapie. Göttingen: Vandenhoeck & Ruprecht.

BOHLEBER, W. (1989): Neuere Ergebnisse der empirischen Säuglingsforschung und ihre Bedeutung für die Psychoanalyse. Psyche 43, 564–571.

BOHLEBER, W. (1992): Identität und Selbst. Psyche 46, 336–365.

BOOTHE-WEIDENHAMMER, B. (1989): Zur psychoanalytischen Konfliktdiagnostik. Entwicklung eines hermeneutischen Verfahrens zur diagnostischen Auswertung von Erstinterview- und Therapie-Kontrollen. Bern: Europäische Hochschulschriften, Reihe 6, Psychologie, Band 282.

BOWLBY, J. (1970): Attachment. London: Hogarth. (Dt.: Bindung. München: Kindler, 1975.)

BOWLBY, J. (1973): Separation. Anxiety and anger. London: Hogarth. (Dt.: Trennung. München: Kindler, 1976.)

BOWLBY, J. (1988): A secure base. Clinical applications of attachement theory. London: Routledge.

BRAZELTON, T. B. und CRAMER, B. G. (1991): Die frühe Bindung. Die erste Beziehung zwischen dem Baby und seinen Eltern. Stuttgart: Klett.

BRÄUTIGAM, W. und CHRISTIAN, P. (1986): Psychosomatische Medizin. Stuttgart: Thieme.

BRENNER, C. (1974): On the nature and development of affects: A unified theory. Psychoanalytic Quarterly 43, 532–556.

BRENNER, C. (1975): Affects and psychic conflict. Psychoanalytic Quarterly 44, 5–28.

BRENNER, C. (1986): Elemente des seelischen Konflikts. Theorie und Praxis der modernen Psychoanalyse. Frankfurt: S. Fischer.

BRENNER, C. (1987): Working through: 1914–1984. Psychoanalytic Quarterly 56, 88–108.

BROCHER, T. (1967): Gruppendynamik und Erwachsenenbildung. Braunschweig: Westermann.

BUCHHEIM, P., CIERPKA, M. und SCHEIBE, G. (1988): Das Verhältnis von Psychoanalyse und Psychiatrie – dargestellt am Beispiel von Konzepten für das psychiatrisch-psychodynamische Erstinterview. In: KLUSSMANN, R., MERTENS, W. und SCHWARZ, F. (Hrsg.): Aktuelle Themen des Psychoanalyse. Berlin: Springer.

BUCHHEIM, P., CIERPKA, M. und SEIFERT, TH. (1991). Psychotherapie im Wandel. Abhängigkeit. Berlin: Springer.

BUCHHOLZ, M. B. (1990): Die Rotation der Triade. Forum der Psychoanalyse 6, 116–134.

BUIE, D. H. (1981): Empathy: Its nature and limitations. Journal of the American Psycho- analytic Association 29, 381–307.

CHASSEGUET-SMIRGEL, J. (1987): Das Ichideal. Frankfurt: Suhrkamp.

CHASSEGUET-SMIRGEL, J. (1988): Die Haltung des Psychoanalytikers zur Ethik. In: KUTTER, P., PARAMO-ORTEGA, R. und ZAGERMANN, P. (Hrsg.): Die psychoanalytische Haltung. Auf der Suche nach dem Selbstbild der Psychoanalyse. München, Wien: Internationale Psychoanalyse.

COLBY, K. M. (1960): An introduction to psychoanalytic research. New York: Basic Books.

CREMERIUS, J. (1978): Einige Überlegungen über die kritische Funktion des Durcharbeitens in der Geschichte der Psychoanalyse. In: DREWS, S. und KLÜWER, R. (Hrsg.): Alexander Mitscherlich zu Ehren. Frankfurt: Suhrkamp.

CREMERIUS, J. (1979): Gibt es zwei psychoanalytische Techniken? Psyche 33, 577–599.

DEUTSCH, F. (1939): The associative anamnesis. Psychoanalytic Quarterly 8, 354–381.

DEUTSCH, F. und MURPHY, W. F. (1955): The clinical interview. New York: International Universities Press.

DORNES, M. (1993): Der kompetente Säugling. Frankfurt am Main: Fischer.

DREWS, S. und BRECHT, K. (1982): Psychoanalytische Ich-Psychologie. Grundlagen und Entwicklung. Frankfurt: Suhrkamp.

DÜHRSSEN, A. (1972): Analytische Psychotherapie in Theorie, Praxis und Ergebnissen. Göttingen: Vandenhoeck & Ruprecht.

DÜHRSSEN, A. (1986): Die biographische Anamnese unter tiefenpsychologischem Aspekt. Göttingen: Vandenhoeck & Ruprecht.

DÜHRSSEN, A. (1988): Dynamische Psychotherapie. Berlin: Springer.

DULZ, B. und SCHNEIDER, A. (1995): Borderline-Störungen. Stuttgart: Schattauer.

EAGLE, M. N. (1988): Neuere Entwicklungen in der Psychoanalyse. Wien: Verlag Internationale Psychoanalyse.

EGLE, U. T., HOFFMANN, S. O. und JORASCHKY, P. (1997): Sexueller Mißbrauch, Mißhandlung, Vernachlässigung. Stuttgart, New York: Schattauer.

EMDE, R. N. (1981): Changing models of infancy and the nature of early development. Remodeling the foundation. Journal of the American Psychoanalytic Association 29, 179–219.

EMDE, R. N. (1991): Die endliche und die unendliche Entwicklung. Psyche 9, 745–779 und 10, 890–913.

ENKE, H. (1989): Das Dilemma mit den Affekten. Psychotherapie und Psychosomatik 34, 1–6.

ERIKSON, E. H. (1950 a): Childhood and society. New York: Norton. (Dt.: Kindheit und Gesellschaft. Stuttgart: Klett, 1957.)

ERIKSON, E. H. (1950 b): Growth and crises of the healthy personality. In: SENN, M. J. E. (ed.): Symposium on the healthy personality. New York: Josiah Macy Jr. Foundation, 91–146. (Dt.: Wachstum und Krisen der gesunden Persönlichkeit. Stuttgart: Klett, 1953.)

ERIKSON, E. H. (1959): Identity and the life cycle. New York: International Universities Press. (Dt.: Identität und Lebenszyklus. Frankfurt a. M.: Suhrkamp, 1973.)

ERMANN, M. (1980): Das psychoanalytisch-diagnostische Interview. Grundlagen, Technik und Gefahren. Internistische Praxis 20, 501–510.

ERMANN, M. (1985): Die Fixierung in der frühen Triangulierung. Forum der Psychoanalyse 1, 93–110.

ERMANN, M. (1989): Das Dreieck als Beziehungsform. Zur Entwicklungsdynamik der Triangulierungsprozesse. Praxis der Psychotherapie und Psychosomatik 34, 261–269.

ERMANN, M. (1991): Psychoanalytische Diagnostik und das psychoanalyische Erstinterview. Praxis der Psychotherapie und Psychosomatik 36, 97–103.

EZRIEL, H. (1950): A psychoanalytic approach to group treatment. British Journal of Medical Psychology 23, 59–74.

EZRIEL, H. (1956): Experimentation within the psychoanalytic session. British Journal of Philosophy of Science 7, 29–48.

EZRIEL, H. (1960/61): Übertragung und psychoanalytische Deutung in der Einzel- und Gruppenpsychotherapie. Psyche 14, 496–523.

FABER, F. R. und HAARSTRICK, R. (1994): Kommentar Psychotherapie-Richtlinien. Neckarsulm, München: Jungjohann, 3. Aufl.

FAIRBAIRN, W. R. D. (1944): An object-relations theory of the personality. New York: Basic Books.

FAIRBAIRN, W. R. D. (1946): Objektbeziehungen und dynamische Struktur. In: KUTTER, P. (Hrsg.) (1982): Psychologie der zwischenmenschlichen Beziehungen. Darmstadt: Wissenschaftliche Buchgesellschaft.

FENICHEL, O. (1930): Statistischer Bericht über die therapeutische Tätigkeit 1920–1930. In: Deutsche Psychoanalytische Gesellschaft (Hrsg.): 10 Jahre Berliner Psychoanalytisches Institut. Wien: Verlag Internationale Psychoanalyse.

FENICHEL, O. (1937): Der Begriff Trauma in der heutigen psychoanalytischen Neurosenlehre. Internationale Zeitschrift für Psychoanalyse 23, 339–359.

FENICHEL, O. (1974): Psychoanalytische Neurosenlehre. Freiburg: Walter.

FERENCZI, S. (1909): Introjektion und Übertragung. In: FERENCZI, S. (1984): Bausteine zur Psychoanalyse. Bd. 1. Bern: Huber.

FERENCZI, S. (1929): Das unwillkommene Kind und sein Todestrieb. In: FERENCZI, S. (1972): Schriften zur Psychoanalyse. Bd. 2. Frankfurt: Fischer.

FERENCZI, S. (1932): Sprachverwirrung zwischen den Erwachsenen und dem Kind. In: FERENCZI, S. (1972): Schriften zur Psychoanalyse, Bd. 2. Frankfurt: Fischer.

FETSCHER, R. (1981): Das Selbst und das Ich. Psyche 36, 616–641.

FETSCHER, R. (1983): Selbst und Identität. Psyche 37, 385–411.

FEUERLEIN, W. (1981): Sozialstörungen und Sucht – Psychoanalytische Aspekte in Sozialstörungen und Sucht. Wiesbaden: Akademische Verlagsgesellschaft.

FIEDLER, P. (1994): Persönlichkeitsstörungen. 2. Aufl. Weinheim: Psychologie Verlags-Union.

FINGER-TRESCHER, U. (1985): Die primärnarzißtische Repräsentanzenwelt in der Gruppe. In: KUTTER, P. (Hrsg.): Methoden und Theorien der Gruppenpsychotherapie. Stuttgart: Frommann-Holzboog.

FINGER-TRESCHER, U. (1991): Wirkfaktoren der Einzel- und Gruppenanalyse. Stuttgart: Frommann-Holzboog.

FISCHER, G. und FISCHER-BECKER, M. (1997): Folgetherapie nach sexuellem Mißbrauch in Psychotherapie und Psychiatrie. In: EGLE, U. T., HOFFMANN, S. O. und JORASCHKY, P. (Hrsg.): Sexueller Mißbrauch, Mißhandlung, Vernachlässigung. Stuttgart, New York: Schattauer.

FLIESS, R. (1942): The metapsychology of the analyst. Psychoanalytic Quarterly 11, 211–227.

FOULKES, S. H. (1957) Group analytic dynamics with specific reference to psychoanalytic process. International Journal of Group Psychotherapy 7, 40–52.

FOULKES, S. H. (1964): Therapeutic group analysis. London: Allen & Unwin. (Dt.: Gruppenanalytische Psychotherapie. München: Kindler, 1974.)

FOULKES, S. H. (1990): Selected papers. Psychoanalysis and group analysis. London: Karnac Books.

FOULKES, S. H. und ANTHONY, E. J. (1965): Group Psychotherapy. London: Penguin Books, 2. Auflage.

FRENCH, T. M. (1952): The integration of behavior. Chicago: Chicago University Press.

FREUD, A. (1926): Zur Theorie der Kinderanalyse. Internationale Zeitschrift für Psychoanalyse 14.

FREUD, A. (1936): Das Ich und die Abwehrmechanismen. Wien: Internationaler Psychoanalytischer Verlag. In: Die Schriften der Anna Freud, Bd. 1, 191–355. München: Kindler, 1980.

FREUD, A. (1965): Wege und Irrwege in der Kinderentwicklung. Stuttgart: Klett.

FREUD, A. (1978): Die Hauptfrage der Kinderanalyse. In: Die Schriften der Anna Freud, Band 10. München: Kindler, 1989.

FREUD, A., NAGERA, A. H. und FREUD, W. E. (1965). Metapsychological assessment of the adult personality. The adult profile. Psychoanalytic Study of the Child 20, 9–14.

FROMM-REICHMANN, F. (1950): Intensive Psychotherapie. Stuttgart: Hippokrates.

FÜRSTENAU, P. (1977): Die beiden Dimensionen des psychoanalytischen Umgangs mit strukturell Ich-gestörten Patienten. Psyche 31, 197–207.

FÜRSTENAU, P. (1992): Progressionsorientierte psychoanalytisch-systemische Therapie. Zur Revision des Therapiekonzepts der Psychoanalyse. In: FÜRSTENAU, P.: Entwicklungsförderung durch Therapie. Grundlage psychoanalytisch-systemischer Psychotherapie. München: Pfeiffer.

FÜRSTENAU, P. (1992): Entwicklungsförderung durch Therapie. Grundlagen psychoanalytisch-systemischer Therapie. München: Pfeiffer.

GAST, L. (1992): Libido und Narzißmus. Vom Verlust des Sexuellen im psychoanalytischen Diskurs. Eine Spurensicherung. Tübingen: Edition Diskord.

GAST, L. (1997): Zur psychoanalytischen Ideen- und Begriffsgeschichte des Narzißmus. Psyche 51, 46–75.

GAST, U. (1997): Borderline-Persönlichkeitsstörungen. In: EGLE, U. T., HOFFMANN, S. O. und JORASCHKY, P. (Hrsg.): Sexueller Mißbrauch, Mißhandlung, Vernachlässigung. Stuttgart, New York: Schattauer.

GEDO, J. E. (1979): Beyond interpretation. New York: International Universities Press.

GILL, M. M. (1982): Analysis of transference. Vol. I: Theory and technique. New York: International Universities Press.

GILL, M. M., NEWMAN, R. und REDLICH, F. C. (1954): The initial interview in psychiatric practice. New York: International Universities Press.

GLOVER, E. (1955): The technique of psychoanalysis. New York: International Universities Press.

GOODALL, J. (1986): The Chimpanzees of Gombe. Patterns of Behavior. Cambridge (Mass).

GREEN, A. (1979): Psychoanalytische Theorie über den Affekt. Psyche 33, 681–732.

GREENSON, R. R. (1960): Empathy and its vicissitudes. International Journal of Psychoanalysis 41, 418–424.

GREENSON, R. R. (1975): Die Technik und Praxis der Psychoanalyse. Stuttgart: Klett.

GREENSON, R. R. (1982): Das Problem des Durcharbeitens. In: GREENSON, R. R. (Hrsg.): Psychoanalytische Erkundungen. Stuttgart: Klett-Cotta.

GRINBERG, L. (1973): Projective identification and projective counter-identification in the dynamics of groups. In: WOLBERG, L. R. und SCHWARTZ, E. K. (Hrsg.): Group Therapy, An Overview. New York: International Medical Book Corporation.

GRINBERG, L. M., LANGER, M. und RODRIGUÉ, E. (1960). Psychoanalytische Gruppentherapie. Praxis und theoretische Grundlagen. Stuttgart: Klett.

GRUNBERGER, B. (1976): Vom Narzißmus zum Objekt. Frankfurt: Suhrkamp.

HAESLER, L. (1979): Zur Technik des Interviews bei „unergiebigen Patienten". Psyche 33, 157–182.

HAHN, P. (1983): Psychosomatik. Weinheim: Beltz.

HARTKAMP, N. und HEIGL-EVERS, A. (1995): Feinstrukturen einer analytischen Supervision. Zeitschr. Psychosom. Med. Psychoanal. 41, 253–267.

HARTMANN, H. (1939): Ich-Psychologie und Anpassungsproblem. Internationale Zeitschrift für Psychoanalyse 24, 62–135, und Stuttgart: Klett, 1960, 3. Auflage 1975.

HARTMANN, H. (1950): Comments on the psychoanalytic theory of the ego. Psychoanalytic Study of the Child 5, 74–96. (Dt.: Bemerkungen zur psychoanalytischen Theorie des Ichs. Psyche 18, 1964, 330–353; und in: HARTMANN, H. (1972): Ich-Psychologie. Studien zur psychoanalytischen Theorie. Stuttgart: Klett.)

HARTMANN, H. (1951): Technical implications of ego psychology. Psychoanalytic Quarterly 20, 31–43.

HARTMANN, H. (1952): The mutual influences in the development of the ego and id. Psychoanalytic Study of the Child 7, 9–30. (Dt.: Die gegenseitige Beeinflussung von Ich und Es in der psychoanalytischen Theoriebildung. Psyche 9, 1955, 1–22.)

HARTMANN, H. (1972): Ich-Psychologie. Studien zur psychoanalytischen Theorie. Stuttgart: Klett.

HARTMANN, H., KRIS, E. und LOEWENSTEIN, R. M. (1946). Comments on the formation of psychic structure. Psychoanalytic Study of the Child 2, 11–38. (Dt. in: KUTTER, P. und ROSKAMP, H. (Hrsg.): Psychologie des Ich. Darmstadt: Wissenschaftliche Buchgesellschaft, 1974.)

HARTMANN, H., KRIS, E. und LOEWENSTEIN, R. M. (1949). Notes on the theory of aggression. Psychoanalytic Study of the Child 3/4, 9–36.

HARTMANN, H., KRIS, E. und LOEWENSTEIN, R. M. (1953): The function of theory in psychoanalysis. In: LOEWENSTEIN, R. M. (Hrsg.): Drives, affects, behavior. New York: International Universities Press 1, 13–37.

HARTMANN, H. und LOEWENSTEIN, R. M. (1962): Notes on the superego. Psychoanalytic Study of the Child 17, 42–81.

HEIGL, F. (1959): Die Handhabung der Gegenübertragung in der analytischen Psychotherapie. Zeitschrift für psychosomatische Medizin 5, 189–191.

HEIGL, F. (1960 a): Die Gegenübertragungsangst und ihre Bedeutung. Zeitschrift für psychosomatische Medizin 6, 29–35.

HEIGL, F. (1960 b): Über die Bedeutung und Handhabung der Gegenübertragung. Zeitschrift für psychosomatische Medizin 6, 110–123.

HEIGL, F. (1966): Zur Handhabung der Gegenübertragung. Fortschritte der Psychoanalyse 2, 124–140.

HEIGL, F. (1969): Zum strukturellen Denken in der Psychoanalyse. In: SCHELKOPF, A. und ELHARDT S. (Hrsg.): Aspekte der Psychoanalyse. Göttingen: Vandenhoeck & Ruprecht.

HEIGL, F. (1972): Indikation und Prognose in Psychoanalyse und Psychotherapie. Göttingen: Vandenhoeck & Ruprecht, 3. Auflage 1987.

HEIGL, F. (1981): Psychotherapeutischer Gesamtbehandlungsplan. In: BAUMANN, U. (Hrsg.): Indikation zur Psychotherapie. München: Urban & Schwarzenberg.

HEIGL, F. und HEIGL-EVERS, A. (1984): Die Wertprüfung in der Psychoanalyse – Überlegungen zu einem von Heinz Hartmann geprägten ichpsychologischen Begriff. Zeitschrift für psychosomatische Medizin 30, 72–82.

HEIGL, F. und HEIGL-EVERS, A. (1991): Basale Störungen bei Abhängigkeit und Sucht und ihre Therapie. In: HEIGL-EVERS, A., HELAS, I. und VOLLMER, H. C. (Hrsg.): Suchttherapie. Göttingen: Vandenhoeck & Ruprecht.

HEIGL, F. S. und IBENTHAL, M. (1984): Der Umgang des Psychotherapeuten mit sich selbst. Prax. Psychother. Psychosom. 29, 87–97.

HEIGL, F. und NEUN, H. (1981): Psychotherapie im Krankenhaus. Göttingen: Vandenhoeck & Ruprecht.

HEIGL, F. S. und REISTER, G. (1994): Die Indikation zur psychoanalytisch-interaktionellen Psychotherapie. In: HEIGL-EVERS, A. und OTT, J. (Hrsg.): Die psychoanalytisch-interaktionelle Methode. Göttingen: Vandenhoeck & Ruprecht.

HEIGL-EVERS, A. (1965): Aggressivität als Abwehrmechanismus. Die Identifizierung mit dem Angreifer. Zeitschrift für psychosomatische Medizin 11, 81–104.

HEIGL-EVERS, A. (1967 a): Gruppendynamik und die Position des Therapeuten. Zeitschrift für psychosomatische Medizin 13, 31–38.

HEIGL-EVERS, A. (1967 b): Zur Behandlungstechnik in der analytischen Gruppentherapie. Zeitschrift für psychosomatische Medizin 13, 266–276.

HEIGL-EVERS, A. (1968 a): Prägruppale Bezogenheiten in der analytischen Gruppenpsychotherapie. Gruppenpsychotherapie und Gruppendynamik 1, 9–27.

HEIGL-EVERS, A. (1968 b): Rache als Gekränktheitsaggression. In: SALZMANN, L. (Hrsg.): Fortschritte der Psychoanalyse. Internationales Jahrbuch zur Weiterentwicklung der Psychoanalyse. Bd. 3. Göttingen: Hogrefe.

HEIGL-EVERS, A. (1970): Analytische Gruppenpsychotherapie. In: SCHRAML, W. (Hrsg.): Klinische Psychotherapie. Bern: Huber.

HEIGL-EVERS, A. (1978): Konzepte der analytischen Gruppenpsychotherapie. Göttingen: Vandenhoeck & Ruprecht.

HEIGL-EVERS, A. (1993): Die psychoanalytisch-interaktionelle Methode zur Behandlung strukturell gestörter Patienten, expliziert am Vergleich der psychoanalytisch-deutenden und der psychoanalytisch-anwortenden Vorgehensweise. In: HEIGL-EVERS, A. und GÜNTHER, P. (Hrsg.): Blick und Widerblick. Göttingen: Vandenhoeck & Ruprecht.

HEIGL-EVERS, A. und GFÄLLER, G. R. (1993): Gruppenpsychotherapie – eine Psychotherapie sui generis? Gruppenpsychotherapie und Gruppendynamik 29, 333–358.

HEIGL-EVERS, A. und GÜNTHER, P. (Hrsg.) (1993): Blick und Widerblick. Göttingen: Vandenhoeck & Ruprecht.

HEIGL-EVERS, A. und HEIGL, F. (1968): Analytische Einzel- und Gruppenpsychotherapie: Differentia specifica. Gruppenpsychotherapie und Gruppendynamik 2, 21–52.

HEIGL-EVERS, A. und HEIGL, F. (1970 a): Gesichtspunkte zur Indikationsstellung für die analytische Gruppenpsychotherapie. Gruppenpsychotherapie und Gruppendynamik 3, 179–198.

HEIGL-EVERS, A. und HEIGL, F. (1970 b): Gesichtspunkte zur Indikationsstellung für die kombinierte Einzel- und Gruppenpsychotherapie. Gruppenpsychotherapie und Gruppendynamik 4, 82–99.

HEIGL-EVERS, A. und HEIGL, F. (1971): Für wen ist die Gruppenpsychotherapie geeignet? In: HEIGL-EVERS, A. (Hrsg.): Psychoanalyse und Gruppe. Göttingen: Vandenhoeck & Ruprecht.

HEIGL-EVERS, A. und HEIGL, F. (1972): Rolle und Interventionsstil des Gruppentherapeuten. Gruppenpsychotherapie und Gruppendynamik 5, 152–171.

HEIGL-EVERS, A. und HEIGL, F. (1973): Gruppentherapie: interaktionell – tiefenpsychologisch fundiert (analytisch orientiert) – psychoanalytisch. Gruppenpsychotherapie und Gruppendynamik 7, 132–157.

HEIGL-EVERS, A. und HEIGL, F. (1975 a): Zur

tiefenpsychologisch fundierten oder analytisch orientierten Gruppenpsychotherapie des Göttinger Modells. Gruppenpsychotherapie und Gruppendynamik 9, 237–266.

HEIGL-EVERS, A. und HEIGL, F. (1975 b): Ausbildung in individueller und Gruppenpsychotherapie auf psychoanalytischer Grundlage. In: KISKER, H. P., MEYER, F.-E., MÜLLER, C. und STRÖMGREN, E. (Hrsg.): Psychiatrie der Gegenwart. Band 3. Berlin: Springer.

HEIGL-EVERS, A. und HEIGL, F. (1976): Zum Konzept der unbewußten Phantasie in der psychoanalytischen Gruppentherapie des Göttinger Modells. Gruppenpsychotherapie und Gruppendynamik 11, 6–22.

HEIGL-EVERS, A. und HEIGL, F. (1979 a): Die psychosozialen Kompromißbildungen als Umschaltstellen innerseelischer und zwischenmenschlicher Beziehungen. Gruppenpsychotherapie und Gruppendynamik 14, 310–325.

HEIGL-EVERS, A. und HEIGL, F. (1979 b): Prinzipien und Methoden der Gruppenpsychotherapie. In: HEIGL-EVERS, A. und STREECK, U. (Hrsg.): Die Psychologie des 20. Jahrhunderts, Bd. 8: Lewin und die Folgen. Zürich: Kindler.

HEIGL-EVERS, A. und HEIGL, F. (1979 c): Konzepte der analytischen Gruppenpsychotherapie. In: HEIGL-EVERS, A. und STREECK, U. (Hrsg.): Die Psychologie des 20. Jahrhunderts, Bd. 8: Lewin und die Folgen. Zürich: Kindler.

HEIGL-EVERS, A. und HEIGL, F. (1979 d): Struktur und Prozeß in der analytischen Gruppenpsychotherapie. In: HEIGL-EVERS, A. und STREECK, U. (Hrsg.): Die Psychologie des 20. Jahrhunderts, Bd. 8: Lewin und die Folgen. Zürich: Kindler.

HEIGL-EVERS, A. und HEIGL, F. (1979 e): Die tiefenpsychologisch fundierte (analytisch orientierte) Gruppenpsychotherapie. In: HEIGL-EVERS, A. und STREECK, U. (Hrsg.): Die Psychologie des 20. Jahrhunderts, Bd. 8: Lewin und die Folgen. Zürich: Kindler.

HEIGL-EVERS, A. und HEIGL, F. (1979 f): Interaktionelle Gruppenpsychotherapie. In: HEIGL-EVERS, A. und STREECK, U. (Hrsg.): Die Psychologie des 20. Jahrhunderts, Bd. 8: Lewin und die Folgen. Zürich: Kindler.

HEIGL-EVERS, A. und HEIGL, F. (1979 g): Die Initialphase in der Arbeit mit Gruppen. Gruppenpsychotherapie und Gruppendynamik 14, 105–116.

HEIGL-EVERS, A. und HEIGL, F. (1980 a): Zum interaktionellen Prinzip in der Psychoanalyse. Schleswig-Holsteinisches Ärzteblatt 33, 234–238.

HEIGL-EVERS, A. und HEIGL, F. (1980 b): Zur Bedeutung des therapeutischen Prinzips der Interaktion. In: HAASE, H.-J. (Hrsg.): Psychotherapie im Wirkungsbereich des psychiatrischen Krankenhauses. Erlangen: Perimed.

HEIGL-EVERS, A. und HEIGL, F. (1982 a): Angst – Trauma und Signal. Praxis der Psychotherapie und Psychosomatik 27, 83–96.

HEIGL-EVERS, A. und HEIGL, F. (1982 b). Tiefenpsychologisch fundierte Psychotherapie – Eigenart und Interventionsstil. Zeitschrift für psychosomatische Medizin 28, 160–175

HEIGL-EVERS, A. und HEIGL, F. (1983 a): Was ist tiefenpsychologisch fundierte Psychotherapie? Zeitschrift für Psychotherapie, Psychosomatik und medizinische Psychologie 33, 63–112.

HEIGL-EVERS, A. und HEIGL, F. (1983 b): Das interaktionelle Prinzip in der Einzel- und Gruppenpsychotherapie. Zeitschrift für psychosomatische Medizin 29, 1–14.

HEIGL-EVERS, A. und HEIGL, F. (1983 c): Die projektive Identifizierung – einer der Entstehungsmechanismen psychosozialer Kompromißbildungen in Gruppen. Gruppenpsychotherapie und Gruppendynamik 18, 316–327.

HEIGL-EVERS, A. und HEIGL, F. (1983 d): Zum Interventionsstil in der analytischen Gruppenpsychotherapie. Gruppenpsychotherapie und Gruppendynamik 19, 2–18.

HEIGL-EVERS, A. und HEIGL, F. (1984): Was ist tiefenpsychologisch fundierte Psychotherapie? Praxis der Psychotherapie und Psychosomatik 29, 234–244.

HEIGL-EVERS, A. und HEIGL, F. (1985): Das Göttinger Modell der Gruppenpsychotherapie. In: KUTTER, P. (Hrsg.): Methoden und Theorien der Gruppenpsychotherapie. Stuttgart: Fromman-Holzboog.

HEIGL-EVERS, A. und HEIGL, F. (1987): Die psychoanalytisch-interaktionelle Therapie. – Eine Methode zur Behandlung prädipaler Störungen. In: RUDOLF, G., RÜGER, U. und STUDT, H. (Hrsg.): Psychoanalyse der Gegenwart. Göttingen: Vandenhoeck & Ruprecht.

HEIGL-EVERS, A. und HEIGL, F. (1988 a): Zum Prinzip ‚Antwort‘ in der psychoanalytischen Therapie. In: KLUSSMANN, R., MERTENS, W. und SCHWARZ, F. (Hrsg.): Aktuelle Themen der Psychoanalyse. Berlin: Springer.

HEIGL-EVERS, A. und HEIGL, F. S. (1988 b): Die Behandlungstechnik Schultz-Henckes bei prägenitalen Störungen. In: RUDOLF, G. und RÜGER, U. (Hrsg.): Die Psychoanalyse Schultz-Henckes. Stuttgart: Thieme.

HEIGL-EVERS, A. und HEIGL, F. S. (1988): Die Therapie Suchtkranker im Lichte medizinethischer Grundsätze. In: HEIGL-EVERS, A., VOLLMER, H., HELAS, I. und KNISCHEWSKI, E. (Hrsg.): Psychoanalyse und Verhaltenstherapie in der Behandlung von Abhängigkeitskranken – Wege zur Kooperation? Kassel: Nicol.

HEIGL-EVERS, A. und Heigl, F. S. (1989): Ethik in der Psychotherapie. Zeitschrift für Psychotherapie, Psychosomatik und medizinische Psychologie 39, 68–74.

HEIGL-EVERS, A. und HEIGL, F. (1990): Psychotherapie in Klinik und Praxis: Methoden-Monismus – Methoden-Pluralismus? Methoden-Purismus – Methoden-Pragmatismus? Gruppenpsychotherapie und Gruppendynamik 26, 145–154.

HEIGL-EVERS, A. und HEIGL, F. (1991): Basale Störungen bei Abhängigkeit und Sucht. In: HEIGL-EVERS, A., HELAS, I. und VOLLMER, H. C. (Hrsg.): Suchttherapie. Göttingen: Vandenhoeck & Ruprecht.

HEIGL-EVERS, A. und HEIGL, F. S. (1994): Das Göttinger Modell der Anwendung der Psychoanalyse in Gruppen unter besonderer Berücksichtigung der psychoanalytisch-interaktionellen Methode. Gruppenpsychotherapie und Gruppendynamik 30, 1–29.

HEIGL-EVERS, A. und HEIGL, F. S. (1995): Die Gruppentherapie und ihr Rahmen. Gruppenpsychotherapie und Gruppendynamik 31, 91–109.

HEIGL-EVERS, A., HEIGL, F. und BECK, W. (1985). Psychoanalytisch-interaktionelle Therapie bei Patienten mit präödipalen Störungsanteilen. Praxis der Kinderpsychologie und Kinderpsychiatrie 34, 288–296.

HEIGL-EVERS, A., HEIGL, F. und IBENTHAL, M. (1987). Zur Strukturdiagnose in der Psychotherapie. Zeitschrift für Psychotherapie und medizinische Psychologie 37, 225–232.

HEIGL-EVERS, A., HEIGL, F. und KÖNIG, K. (1979). Analytische Gruppenpsychotherapie. Verarbeitung von Umweltreizen in einem regressiven Prozeß. Publikationen zum Wissenschaftlichen Film, Sektion Medizin. Serie 5, 20. Göttingen: Institut für wissenschaftlichen Film.

HEIGL-EVERS, A.; HEIGL, F. S. und OTT, J. (1994): Zur Theorie und Praxis der psychoanalytisch-interaktionellen Gruppentherapie. In: HEIGL-EVERS, A. und OTT, J. (Hrsg.): Die psychoanalytisch-interaktionelle Methode. Göttingen: Vandenhoeck & Ruprecht.

HEIGL-EVERS, A., HELAS, I. und VOLLMER, H. C. (1991): Suchttherapie. Göttingen: Vandenhoeck & Ruprecht.

HEIGL-EVERS, A. und HENNEBERG-MÖNCH, U. (1985). Psychoanalytisch-interaktionelle Psychotherapie bei präödipal gestörten Patienten mit Borderline-Strukturen. Praxis der Psychotherapie und Psychosomatik 30, 227–235.

HEIGL-EVERS, A. und HENNEBERG-MÖNCH, U. (1986). Objektbeziehungsstörungen in einer sich wandelnden Umwelt und ihre Behandlung in der psychoanalytischen Gruppe. Gruppenpsychotherapie und Gruppendynamik 22, 313–323.

HEIGL-EVERS, A. und HENNEBERG-MÖNCH, U. (1990 a): Die Bedeutung der Affekte für Diagnose, Prognose und Therapie. Psychotherapie, Psychosomatik, Medizinische Psychologie 40, 39–47.

HEIGL-EVERS, A. und HENNEBERG-MÖNCH, U. (1990 b). Arbeitsbeziehung in der psychoanalytisch-interaktionellen Gruppenpsychotherapie. Gruppenpsychotherapie und Gruppendynamik 25, 217–229.

HEIGL-EVERS, A., HENNEBERG-MÖNCH, U., ODAG, C. und STANDKE, G. (1986): Die Vierzigstundenwoche für Patienten. Überlegungen zu Konzept und Praxis teilstationärer Psychotherapie. Göttingen: Vandenhoeck & Ruprecht.

HEIGL-EVERS, A. und NEUZNER, B. (1983): Der Umgang des Psychotherapeuten mit der konkreten und phantasierten Familie des Patienten. Praxis der Psychotherapie und Psychosomatik 28, 267–276.

HEIGL-EVERS, A. und NITZSCHKE, B. (1991): Das Prinzip ‚Deutung‘ und das Prinzip ‚Antwort‘ in der psychoanalytischen Therapie. Zeitschrift für psychosomatische Medizin 37, 115–127.

HEIGL-EVERS, A. und NITZSCHKE, B. (1994): Das analytische Prinzip „Deutung" und das interaktionelle Prinzip „Antwort" . In: HEIGL-EVERS, A. und OTT, J. (HRSG.): Die psychoanalytisch-interaktionelle Methode. Göttingen: Vandenhoeck & Ruprecht.

HEIGL-EVERS, A. und OTT, J. (1990): Begegnung und Entfremdung in Therapiegruppen mit schwer gestörten Patienten. Gruppenpsychotherapie und Gruppendynamik 25, 61–67.

HEIGL-EVERS, A. und OTT, J. (Hrsg.): Die psychoanalytisch-interaktionelle Methode. Göttingen: Vandenhoeck & Ruprecht, 1994.

HEIGL-EVERS, A. und OTT, J. (1994a): Zur Einführung in die psychoanalytisch-interaktionelle Therapie. In: HEIGL-EVERS, A. und OTT, J. (Hrsg.): Die psychoanalytisch-interaktionelle Methode. Göttingen: Vandenhoeck & Ruprecht.

HEIGL-EVERS, A. und OTT, J. (1994b): Prinzipien psychoanalytisch-interaktionellen Antwortens – Therapie strukturell schwer gestörter Patienten. In: STREECK, U. und BELL, K. (Hrsg.): Die Psychoanalyse schwerer psychischer Erkrankungen. München: Pfeiffer.

HEIGL-EVERS, A. und OTT, J. (1996): Die psychoanalytisch-interaktionelle Methode. Psychotherapeut 41, 77–89.

HEIGL-EVERS, A. und OTT, J. (1997a): Gruppenpsychotherapie. In: EGLE, U. T., HOFFMAN, S. O. und JORASCHKY, P. (Hrsg.): Sexueller Mißbrauch, Mißhandlung, Vernachlässigung. Stuttgart, New York: Schattauer.

HEIGL-EVERS, A. und OTT, J. (1997b): Die Bedeutung der psychoanalytisch-interaktionellen Grundeinstellungen für die Gruppentherapie. Gruppenpsychotherapie und Gruppendynamik (im Druck).

HEIGL-EVERS, A. und OTT, J. (1997c): Zum Menschenbild der psychoanalytisch-interaktionellen Methode. In: HEIGL-EVERS, A., HELAS, I. und VOLLMER, H. C.: Die Person des Therapeuten. Göttingen: Vandenhoeck & Ruprecht.

HEIGL-EVERS, A. und ROSIN, U. (1984): Steuerung regressiver Prozesse in Therapiegruppen.

In: HEINRICH, K. (Hrsg.): Psychopathologie der Regression. Stuttgart: Schattauer.

HEIGL-EVERS, A. und ROSIN, U. (1988): Früh- und Vorformen der Angst – Phämomene, Funktionen, Strukturen. In: HEINRICH, K. und BOGERTS, B. (Hrsg.): Angstsyndrome, Ursachen, Erscheinungsformen, Therapie. Stuttgart: Schattauer.

HEIGL-EVERS, A. und ROSIN, U. (1989): Durcharbeiten in der analytischen Gruppentherapie. Gruppenpsychotherapie und Gruppendynamik 25, 40–58.

HEIGL-EVERS, A., ROSIN, U. und HEIGL, F. S. (1994). Psychoanalytisch-interaktionelle Annäherung an Patienten mit strukturellen Störungen. In: HEIGL-EVERS, A. und OTT, J. (Hrsg.): Die psychoanalytisch-interaktionelle Methode. Göttingen: Vandenhoeck & Ruprecht.

HEIGL-EVERS, A. und SCHEPANK, H. (1980): Ursprünge seelisch bedingter Krankheiten. Bd. 1 und 2. Göttingen: Vandenhoeck & Ruprecht

HEIGL-EVERS, A., SCHULTZE-DIERBACH, E. und STANDKE, G. (1991): Grundstörungen bei Abhängigkeit und Sucht aus tiefenpsychologischer Sicht. In: WANKE, K. und BÜHRINGER, G. (Hrsg.): Grundstörungen der Sucht. Berlin: Springer.

HEIGL-EVERS, A. und SCHULTE-HERBRÜGGEN, O. W. (1977): Zur normativen Verhaltensregulierung in Gruppen. Gruppenpsychotherapie und Gruppendynamik 12, 226–241.

HEIGL-EVERS und SEIDLER, G. H. (1993): Die Alterität des Suchtkranken. In: HEIGL-EVERS, A., HELAS, I. und VOLLMER, H. C. (Hrsg.): Eingrenzung und Ausgrenzung. Zur Indikation und Kontraindikation für Suchttherapien. Göttingen: Vandenhoeck & Ruprecht.

HEIGL-EVERS, A. und STANDKE, G. (1991): Die Beziehungsdynamik Patient-Therapeut in der psychoanalytisch-orientierten Diagnostik. In: HEIGL-EVERS, A., HELAS, I. und VOLLMER, H. C. (Hrsg.): Suchttherapie. Göttingen: Vandenhoeck & Ruprecht.

HEIGL-EVERS, A., STANDKE, G. und WIENEN, G. (1981). Sozialisationsstörungen und Sucht – Psychoanalytische Aspekte. In: FEUERLEIN, W. (Hrsg.): Sozialisationsstörungen und Sucht – Entstehungsbedingungen, Folgen, therapeutische Konsequenzen. Wiesbaden: Akademische Verlagsgesellschaft.

HEIGL-EVERS, A. und STREECK, U. (1978): Analytische Gruppenpsychotherapie. Zum psychoanalytischen Prozeß in therapeutischen Gruppen. In: PONGRATZ, L. J. (Hrsg.): Handbuch der Psychologie, Bd. 8/2. Göttingen: Hogrefe.

HEIGL-EVERS, A. und STREECK, U. (1983): Theorie der psychoanalytisch-interaktionellen Therapie. In: KNISCHEWSKI, E. (Hrsg.): Sozialtherapie in der Praxis. Kassel: Nicol.

HEIGL-EVERS, A. und STREECK. U. (1985). Psychoanalytisch-interaktionelle Therapie. Zeitschrift für Psychotherapie und medizinische Psychologie 35, 176–182.

HEIGL-EVERS, A., VOLLMER, H., HELAS, I. und KNISCHEWSKI, E. (1988): Psychoanalyse und Verhaltenstherapie in der Behandlung von Abhängigkeitskranken – Wege zur Kooperation? Kassel: Nicol.

HEIGL-EVERS, A. und WEIDENHAMMER, B. (1988): Der Körper als Bedeutungslandschaft. Bern: Huber.

HEIM, E. und WILLI, J. (1986): Psychosoziale Medizin. Band 2: Klinik und Praxis, Berlin: Springer.

HEIMANN, P. (1950): On countertransference. International Journal of Psychoanalysis 31, 81–84.

HEIMANN, P. (1959/60): Bemerkungen zur Gegenübertragung. Psyche 18, 483–493.

HIGITT, A. und FONAGY, P. (1992): Psychotherapy in borderline and narcissistic personality disorder. British Journal of Psychiatry 161, 23–43.

HILGERS, M. (1995): Zur Bedeutung von Schamaffekten bei der Behandlung schwerer Störungen. Psychotherapeut 40, 33–38.

HILGERS, M. (1996): Scham. Gesichter eines Affektes. Göttingen: Vandenhoeck & Ruprecht.

HIRSCH, M. (1997): Vernachlässigung, Mißhandlung, Mißbrauch im Rahmen einer psychoanalytischen Traumatologie. In: EGLE, U. T., HOFFMANN, S. O. und JORASCHKY, P. (Hrsg.): Sexueller Mißbrauch, Mißhandlung, Vernachlässigung. Stuttgart, New York: Schattauer.

HIRSCH, M. (1993): Inzest und Psychoanalyse. In: RAMIN, G. (Hrsg.): Inzest und seelischer Mißbrauch. Beratung und Therapie. Paderborn: Junfermann.

HOFFMANN, S. O. (1979): Charakter und Neurose. Frankfurt: Suhrkamp.

HOFFMANN, S. O. (1980): Die Zwangsneurose. In: Psychologie des 20. Jahrhunderts. Band 10. München: Kindler.

HOFFMANN, S. O. (1986): Psychoneurosen und Charakterneurosen. In: KISKER, K. P. (Hrsg.): Psychiatrie der Gegenwart. Bd. 1. Berlin: Springer.

HOFFMANN, S. O. und HOCHAPFEL, G. (1991): Einführung in die Neurosenlehre und pychosomatische Medizin. Stuttgart: Schattauer, 4. Auflage.

HUFNAGEL, H., KRAUSE, R. und STEIMER-KRAUSE, E. (1991). Mimisches Verhalten und Erleben bei schizophrenen Patienten und bei Gesunden. Zeitschrift für klinische Psychologie 20, 356–370.

HUTTERER-KRISCH, R. (1996): Fragen der Ethik in der Psychotherapie. Wien, New York: Springer.

JACOBS, T. J. (1973): Posture, gesture, and movement in the analyst: cues to interpretation and counter-transference. Journal of the American Psychoanalytic Association 21, 77–92.

JACOBSON, E. (1937): Wege der weiblichen Über-Ich-Bildung. Internationale Zeitschrift für Psychoanalyse 23, 402–412.

JACOBSON, E. (1953): The affects and their pleasure-unpleasure qualities in relation to the psychic discharge processes. In: LOEWENSTEIN, R. M. (Hrsg.): Drives, affects, behavior. New York: International Universities Press.

JACOBSON, E. (1954): The self and the object world: Vicissitudes of their infantile cathexes and their influence on ideational and affective development. Psychoanalytic Study of the Child 9, 75–127.

JACOBSON, E. (1964): The self and the object world. New York: International Universities Press. (Dt.: Das Selbst und die Welt der Objekte. Frankfurt a. M.: Suhrkamp, 1973.)

JACOBSON, E. (1971): Depression. New York: International Universities Press. (Dt.: Depression. Frankfurt a. M.: Suhrkamp, 1977.)

JANSSEN, P. L. (1987): Psychoanalytische Therapie in der Klinik. Stuttgart: Klett.

JANSSEN, P. (1990): Psychoanalytische Therapie der Borderlinestörungen. Berlin: Springer.

JOFFE, W. G. und SANDLER, J. (1967 a): Über einige begriffliche Probleme im Zusammenhang mit dem Studium narzißtischer Störungen. Psyche 21, 152–165.

JOFFE, W. G. und SANDLER, J. (1967 b): Kommentare zur psychoanalytischen Anpassungspsychologie mit besonderem Bezug zur Rolle der Affekte und der Repräsentanzenwelt. Psyche 21, 728–744.

KAPFHAMMER, H. P. (1995): Entwicklung der Emotionalität. Stuttgart: Kohlhammer.

KERNBERG, O. F. (1969): Critique of the Kleinian school. In: GIOVACCHINI, P. L. (ed.): Tactics and techniques in psychoanalytic therapy. London: Hogarth.

KERNBERG, O. F. (1975): Narzißtische Persönlichkeitsstörung. Psyche 29, 890–905.

KERNBERG, O. F. (1978): Borderline-Störungen und pathologischer Narzißmus. Frankfurt: Suhrkamp.

KERNBERG, O. F. (1981): Zur Theorie der psychoanalytischen Psychotherapie. Psyche 35, 673–704.

KERNBERG, O. F. (1985): Objektbeziehungen und Praxis der Psychoanalyse. Stuttgart: Klett.

KERNBERG, O. F. (1988 a): Schwere Persönlichkeitsstörungen. Theorie, Diagnose, Behandlungsstrategien. Stuttgart: Klett.

KERNBERG, O. F. (1988 b): Innere Welt und äußere Realität. Anwendungen der Objektbeziehungstheorie. München: Verlag Internationale Psychoanalyse.

KERNBERG, O. (1997): Wut und Haß. Über die Bedeutung von Aggression bei Persönlichkeitsstörungen und Sexuellen Perversionen. Stuttgart: Klett-Cotta.

KERNBERG, O. F., SELZER, M. A., KÖNIGSBERG, H. W., CARR, A. C., APPELBAUM, A. H. (1993): Psychodynamische Therapie bei Borderline-Patienten. Bern: Huber.

KHAN, M. (1963): Das kumulative Trauma. In: KHAN, M. (1977): Selbsterfahrung in der Therapie. München: Kindler.

KLEIN, M. (1930): Die Bedeutung der Symbolbildung für die Ichentwicklung. In: KLEIN, M. (1972): Das Seelenleben des Kleinkindes und andere Beiträge zur Psychoanalyse. Hamburg: Rowohlt.

KLEIN, M. (1933): The early development of conscience in the child. In: LORAND, S. (Hrsg.): Psychoanalysis today. New York: Covici.

KLEIN, M. (1935): A contribution to the psychogenesis of manic-depressive states. In: KLEIN, M. (1972): Das Seelenleben des Kleinkindes und andere Beiträge zur Psychoanalyse. Hamburg: Rowohlt.

KLEIN, M. (1940): Die Trauer und ihre Beziehung zu manisch-depressiven Zuständen. In: KLEIN, M. (1972): Das Seelenleben des Kleinkindes und andere Beiträge zur Psychoanalyse. Hamburg: Rowohlt.

KLEIN, M. (1946): Notes on some schizoid mechanisms. In: Envy and gratitude and other works 1946–1963 (The writings of Melanie Klein, Vol. 3): London: Hogarth.

KLEIN, M. (1972): Das Seelenleben des Kleinkindes und andere Beiträge zur Psychoanalyse. Hamburg: Rowohlt.

KLEIN, M., HEIMANN, P. und MONEY-KYRLE, R. E. (1955): New directions in psychoanalysis. London: Tavistock.

KLÜWER, R. (1983): Agieren und Mitagieren. In: HOFFMANN, S. O. (Hrsg.): Deutung und Beziehung. Kritische Beiträge zur Behandlungskonzeption und Technik in der Psychoanalyse. Frankfurt: Fischer.

KLUSSMANN, R. (1992): Psychosomatische Medizin. Berlin: Springer.

KOHLBERG, L. (1995): Die Psychologie der Moralentwicklung. Frankfurt: Suhrkamp.

KÖHLER, L. (1978): Theorie und Therapie narzißtischer Persönlichkeitsstörungen. Psyche 32, 1001–1058.

KÖHLER, L. (1990): Neuere Ergebnisse der Kleinkindforschung. Ihre Bedeutung für die Psychoanalyse. Forum der Psychoanalyse 6, 32–51.

KÖHLER, L. (1992): Formen und Folgen früher Bindungserfahrungen. Forum der Psychoanalyse 8, 263–280.

KÖHLER, L. (1995): Bindungsforschung und Bindungstheorie aus der Sicht der Psychoanalyse. In: Spangler, G. und Zimmermann, P. (Hrsg.): Die Bindungstheorie. Grundlagen, Forschung und Anwendung. Stuttgart: Klett-Cotta.

KÖNIG, K. (1973): Theoretisches Konzept und Interventionstechnik des Gruppentherapeuten unter Berücksichtigung seiner gruppendynamischen Position. Gruppenpsychotherapie und Gruppendynamik 7, 158–179.

König, K. (1974): Arbeitsbeziehungen in der Gruppenpsychotherapie – Konzept und Technik. Gruppenpsychotherapie und Gruppendynamik 8, 152–166.

König, K. (1975): Der Gebrauch von Rekonstruktionen in der analytischen Gruppenpsychotherapie. Gruppenpsychotherapie und Gruppendynamik 9, 26–31.

König, K. (1976): Übertragungsauslöser – Übertragung – Regression in der analytischen Gruppe. Gruppenpsychotherapie und Gruppendynamik 10, 220–232.

König, K. (1981): Angst und Persönlichkeit. Das Konzept vom steuernden Objekt und seine Anwendungen. Göttingen: Vandenhoeck & Ruprecht. 3. Aufl. 1991.

König, K. (1982): Der interaktionelle Anteil der Übertragung in Einzelanalyse und analytischer Gruppenpsychotherapie. Gruppenpsychotherapie und Gruppendynamik 18, 76–83.

König, K. (1991): Praxis der psychoanalytischen Therapie. Göttingen: Vandenhoeck & Ruprecht.

König, K. (1992): Projektive Identifizierung. Gruppenpsychotherapie und Gruppendynamik 28, 17–28.

König, K. (1993a): Einzeltherapie außerhalb des klassischen Settings. Göttingen: Vandenhoeck & Ruprecht.

König, K. (1993b): Gegenübertragungsanalyse. Göttingen: Vandenhoeck & Ruprecht.

König, K. und Lindner, W.-V. (1991): Psychoanalytische Gruppentherapie. Göttingen: Vandenhoeck & Ruprecht.

Körner, J. (1989): Arbeit an der Übertragung? Arbeit in der Übertragung! Forum der Psychoanalyse 5, 209–223.

Körner, J. (1990): Übertragung und Gegenübertragung, eine Einheit im Widerspruch. Forum der Psychoanalyse 6, 87–104.

Körner, J. und Rosin, U. (1985): Das Problem der Abstinenz in der Psychoanalyse. Forum der Psychoanalyse 1, 25–47.

Körner, J. und Rosin, U. (1992): Über Regression. Forum der Psychoanalyse 8, 1–16.

Kohut, H. (1973): Narzißmus. Frankfurt: Suhrkamp.

Kohut, H. (1979): Die Heilung des Selbst. Frankfurt: Suhrkamp.

Kortlandt, A. (1972): New perspectives on ape and human evolution. Amsterdam.

Kottje-Birnbacher, L. und Birnbacher, D. (1995): Ethische Aspekte der Psychotherapie und Konsequenzen für die Therapeutenausbildung. Psychotherapeut 40, 59–68.

Krause, R. (1983): Zur Onto- und Phylogenese des Affektsystems und ihrer Beziehungen zu psychischen Störungen. Psyche 37, 1016–1043.

Krause, R. (1988): Eine Taxonomie der Affekte und ihre Anwendung auf das Verständnis der „frühen" Störungen. Zeitschrift für Psychotherapie, Psychosomatik und medizinische Psychologie 38, 77–86.

Krause, R. (1990): Zur Psychodynamik der Emotionsstörungen. In: Krause, R. (1996): Emotion als Mittler zwischen Individuum und Umwelt. In: Scherer, K. (Hrsg.): Psychologie der Emotionen. Enzyklopädie der Psychologie, Bd. C/IV/3. Göttingen: Hogrefe.

Krause, R. (1991): Mimisches Verhalten und Erleben. In: Neuser, J. und Kriebel, R. (Hrsg.): Projektion – Grenzprobleme zwischen innerer und äußerer Realität. Göttingen: Hogrefe. 173–186.

Krause, R., Steimer-Krause, E. und Ullrich, B. (1992): Use of affect research in dynamic psychotherapy. In: Leutzinger-Bohleber, M., Schneider, H. und Pfeifer, R. (eds.): Two butterflies on my head. Berlin: Springer.

Kretzschmer, E. (1958). Hysterie, Reflex und Instinkt. Stuttgart: Thieme.

Kretzschmer, E. (1971): Medizinische Psychologie. 13. Aufl., Stuttgart: Thieme.

Kris, E. (1935): Psychoanalytic explorations in art. New York: International Universities Press.

Kris, E. (1950): On preconscious mental processes. (Dt.: Vorbewußte Geistesvorgänge. In: Kris, E. (1977): Die ästhetische Illusion. Phänomene der Kunst in der Sicht der Psychoanalyse. Frankfurt a. M.: Suhrkamp.)

Kris, E. (1951): Ego psychology and interpretation in psychoanalytic therapy. Psychoanalytic Quarterly 20, 15–30.

Krutzenbichler, S. (1993): Begehrliche Berührungen und Abstinenz. Zur Notwendigkeit von Grenzüberschreitungen, um schützende Grenzen wahren zu können. In: Grenzüberschreitungen in der Psychoanalyse. Göttingen: Kongreßband der DPG. 97–107.

KRUTZENBICHLER, S. (1997): Sexueller Mißbrauch als Thema der Psychoanalyse von Freud bis zur Gegenwart. In: EGLE, U. T., HOFFMANN, S. O. und JORASCHKY, P. (1996): Sexueller Mißbrauch, Mißhandlung, Vernachlässigung. Stuttgart, New York: Schattauer. 93–102.

KRUTZENBICHLER, S. und ESSERS, H. (1991): Muß denn Liebe Sünde sein? Über das Begehren des Analytikers. Freiburg: Kore.

KRYSTAL, H. und RASKIN, H.A. (1983): Drogensucht. Göttingen: Vandenhoeck & Ruprecht.

KUHN, T. S. (1962): The structure of scientific revolutions. Chicago: Chicago University Press. (2. erw. Auflage 1970): (Dt.: Die Struktur wissenschaftlicher Revolutionen. Frankfurt a. M.: Suhrkamp, 2. Auflage 1976.)

KUIPER, P.C. (1973): Die seelischen Krankheiten des Menschen. Psychoanalytische Neurosenlehre. Stuttgart: Klett.

KUTTER, P. (1971): Übertragung und Prozeß in der psychoanalytischen Gruppentherapie. Psyche 25, 856–873.

KUTTER, P. (1973): Arbeitsbeziehungen in der Gruppenpsychotherapie. Konzept und Technik. Gruppenpsychotherapie und Gruppendynamik 8, 152–166.

KUTTER, P. (1976): Elemente der Gruppentherapie. Göttingen: Vandenhoeck & Ruprecht.

KUTTER, P. (1982): Psychologie der zwischenmenschlichen Beziehungen. Psychoanalytische Beiträge zu einer Objektbeziehungs-Psychologie. Darmstadt: Wissenschaftliche Buchgesellschaft.

KUTTER, P. (1985): Methoden und Theorien der Gruppenpsychotherapie. Stuttgart: Frommann-Holzboog.

KUTTER, P. und ROSKAMP, H. (1974): Psychoanalytische Ich-Psychologie und ihre Anwendungen. Darmstadt: Wissenschaftliche Buchgesellschaft.

KUTTER, P., PAROMA-ORTEGA, R. und ZAGERMANN, P. (1988): Die psychoanalytische Haltung. Wien: Verlag Internationale Psychoanalyse.

LAMPL-DE GROOT, J. (1947): On the development of the ego and superego. International Journal of Psychoanalysis 28, 7–11.

LAMPL-DE GROOT, J. (1963): Ich-Ideal und Über-Ich. Psyche 17, 321–332.

LAPLANCHE, J. und PONTALIS, J. B. (1972): Das Vokabular der Psychoanalyse. Frankfurt: Suhrkamp.

LEBOVICI, S. (1990): Der Säugling, die Mutter und der Psychoanalytiker. Die frühen Formen der Kommunikation. Stuttgart: Klett.

LICHTENBERG, J.D. (1987): Die Bedeutung der Säuglingsbeobachtung für die klinische Arbeit mit Erwachsenen. Zeitschrift für Psychoanalyse und therapeutische Praxis 2, 123–147.

LICHTENBERG, J.D. (1990) Klinische Relevanz der Säuglingsbeobachtung für die Behandlung von narzißtischen und Borderline-Störungen. Psyche 44, 871–901.

LICHTENBERG, J.D. (1991): Psychoanalyse und Säuglingsforschung. Berlin: Springer.

LICHTENBERG, J.D. und GALLER, F.B. (1987): The fundamental rule. A study of current usage. Journal of the American Psychoanalytic Association 35, 47–76.

LICHTENSTEIN, H. (1961): Identity and sexuality: A study of their interrelationship in man. Journal of the American Psychoanalytic Association 9, 179–260.

LIEBERMAN, M. A., LAKIN, M. und STOCK-WHITAKER, D. (1969): Probleme und Perspektiven psychoanaytischer und gruppendynamischer Theorien für die Gruppenpsychotherapie. In: HORN, K. (Hrsg.): Gruppendynamik und der „subjektive Faktor". Repressive Entsublimierung oder politisierende Praxis. Frankfurt: Suhrkamp, 1972.

LINDNER, W. V. (1988): Von der Inszenierung innerseelischer Konflikte in der Gruppe. In: RITTER-RÖHR, D. VON (Hrsg.): Gruppenanalytische Exkurse. Berlin: Springer.

LOCH, W. (1966): Studien zur Dynamik, Genese und Therapie der frühen Objektbeziehungen. Michael Balints Beitrag zur Theorie und Praxis der Psychoanalyse. Psyche 20, 881–903.

LOCH, W. (1979): Tiefenpsychologisch fundierte Psychotherapie. – Analytische Psychotherapie. Ziele, Methoden, Grenzen. Wege zum Menschen 31, 177–193.

LOCH, W. (1989): Die Krankheitslehre der Psychoanalyse. Stuttgart: Hirzel, 5. Auflage.

LOCKE, N. (1961): Group psychoanalysis. New York: International Universities Press.

LORENZER, A. (1970): Sprachzerstörung und Rekonstruktion. Frankfurt: Suhrkamp.

LORENZER, A. (1974): Die Wahrheit der psychoanalytischen Erkenntnis. Ein historisch-materialistischer Entwurf. Frankfurt: Suhrkamp.

LORENZER, A. (1983): Sprache, Lebenspraxis und szenisches Verstehen in der psychoanalytischen Therapie. Psyche 37, 97–115.

LUBORSKY, L. (1984): Principles of psychoanalytic psychotherapy. New York: Basic Books. (Dt.: Einführung in die analytische Psychotherapie. Berlin: Springer, 1988.)

LÜHRSSEN, E. (1976).): Das Suchtproblem in neuerer psychoanalytischer Sicht. In: EICKE, D. (Hrsg.): Die Psychologie des 20. Jahrhunderts. Bd. 2, Freud und die Folgen (1): München: Kindler.

MAHLER, M. S. (1968): On human symbiosis and the vicissitudes of individuation, Volume I: Infantile psychosis. New York: International Universities Press. (Dt.: Symbiose und Individuation, Bd. I: Psychosen im frühen Kindesalter. Stuttgart: Klett, 1972.)

MAHLER, M. S. (1975): Symbiose und Individuation. Die psychische Geburt des Menschenkindes. Psyche 29, 609–625.

MAHLER, M. S. (1985): Studien über die ersten drei Lebensjahre. Stuttgart: Klett.

MAHLER, M. S., PINE, F. und BERGMAN, A. (1975): The psychological birth of the human infant. New York: Basic Books. (Dt.: Die psychische Geburt des Menschen – Symbiose und Individuation. Frankfurt a. M.: Fischer, 1978.)

MALAN, D. H. (1965): Psychoanalytische Kurztherapie. Stuttgart: Klett.

MASTERSON, J. F. (1980): Psychotherapie bei Borderline-Patienten. Stuttgart: Klett.

McDOUGALL, J. (1993): Über psychoanalytische Wertvorstellungen. In: KUTTER, P., PARAMO-ORTEGA, R. und ZAGERMANN, P. (Hrsg.): Die psychoanalytische Haltung. Auf der Suche nach dem Selbstbild der Psychoanalyse. München, Wien: Internationale Psychoanalyse.

MEERWEIN, F. (1986): Die Grundlagen des ärztlichen Gesprächs. Bern: Huber.

MENNINGER, K. A. und HOLZMANN, P. S. (1973): Theory of psychoanalytic technique. New York: Basic Books. (Dt.: Theorie der psycho-analytischen Technik. Stuttgart: Frommann-Holzboog, 1977.)

MENTZOS, S. (1980): Hysterie. München: Kindler.

MENTZOS, S. (1982): Neurotische Konfliktverarbeitung. München: Kindler.

MENTZOS, S. (1984): Angstneurose. Frankfurt: Fischer.

MENTZOS, S. (1988): Interpersonale und institutionalisierte Abwehr. Frankfurt: Suhrkamp.

MERTENS, W. (1981): Psychoanalyse. Stuttgart: Kohlhammer.

MERTENS, W. (1990): Einführung in die psychoanalytische Therapie. Band 1 und 2. Stuttgart: Kohlhammer.

MERTENS, W. (1991): Einführung in die psychoanalytische Therapie. Band 3. Stuttgart: Kohlhammer.

MILCH, W. E. und HARTMANN, H.-P. (1996): Zum gegenwärtigen Stand der psychoanalytischen Selbstpsychologie. Psychotherapeut 41, 1–12.

MODELL, A. H. (1958): The theoretical implications of hallucinatory experiences in schizophrenia. Journal of the American Psychoanalytic Association 6, 442–480.

MODELL, A. H. (1975): The ego and the id: 50 years later. International Journal of Psychoanalysis 56, 459–543.

MORGAN, W. L. und ENGEL, G. L. (1977): Der klinische Zugang zum Patienten. Anamnese und Körperuntersuchung. Bern: Huber.

MOSER, U. (1978): Affektsignale und aggressives Verhalten. Psyche 32, 229–258.

MOSER, U. (1983): Beiträge zu einer psychoanalytischen Theorie der Affekte. Teil I.

MOSER, U. (1985): Beiträge zu einer psychoanalytischen Theorie der Affekte, Teil II. Berichte aus der interdisziplinären Konfliktforschungsstelle. Zürich.

NAGERA, H. (1989): Psychoanalytische Grundbegriffe. Frankfurt: Fischer.

NEDELMANN, C. und FERSTL, H. (1989): Die Methode der Balint-Gruppe. Stuttgart: Klett.

NERENZ, K. (1985): Zur Theorie der Gegenübertragung bei Freud. Psyche 39, 501–518.

NITZSCHKE, B. (1994): Die entwicklungsbedingt strukturelle Ich-Störung. Anmerkungen zum Begriff und zum Konzept. In: HEIGL-EVERS,

A. und Ott, J. (Hrsg.): Die psychoanalytisch-interaktionelle Methode. Göttingen: Vandenhoeck & Ruprecht.

Nunberg, H. (1959): Allgemeine Neurosenlehre. Bern: Huber.

Ogden, T. H. (1979): On Projective Identification. International Journal of Psychoanalysis 60, 357–373. (Dt.: Die projektive Identifikation. Forum der Psychoanalyse 4, 1–21, 1988.)

Ogden, T. H. (1982) Projective identification and psychotherapeutic technique. London: Aronson.

Ohlmeier, D. (1975): Gruppenpsychotherapie und psychoanalytische Theorie. In: Uchtenhagen, A., Battegay, R. und Friedemann, A. (Hrsg.): Gruppenpsychotherapie und soziale Umwelt. Bern: Huber.

Ohlmeier, D. (1976): Gruppeneigenschaften des psychischen Apparates. In: Eicke, D. (Hrsg.): Die Psychologie des 20. Jahrhunderts. Bd. 2: Freud und die Folgen (1): Zürich: Kindler.

Ohlmeier, D. (1987): Indikation und Kontraindikation der analytischen und tiefenpsychologisch fundierten Gruppenbehandlung. In: Koechel, R. und Ohlmeier, D. (Hrsg.): Psychiatrie Plenum I. Berlin: Springer.

Olinick, S. L. (1969): On empathy and regression in service of the other. British Journal of Medical Psychology 42, 41–49.

Ott, J. (1997): Die Möglichkeiten der Gruppentherapie in der Behandlung depressiv Kranker. In: Kruse, G. und Gunkel, S. (Hrsg.): Diagnostik und Psychotherapie depressiver Erkrankungen. Hannover: Ärzte-Verlags-Union.

Palmowski, B. (1992): Zur Bedeutung von Scham und Selbsterleben für Indikation und Verlauf in der analytischen Gruppenpsychotherapie. Forum der Psychoanalyse 8, 134–146.

Panofski, E. (1932): Zum Problem der Beschreibung und Inhaltsdeutung von Werken der bildenden Kunst. Logos 21, 103–119.

Parens, H. (1993): Neuformulierungen der psychoanalytischen Aggressionstheorie und Folgerungen für die klinische Situation. Forum der Psychoanalyse 9, 107–121.

Patzig, G. (1971): Ethik ohne Metaphysik. Göttingen: Vandenhoeck & Ruprecht.

Patzig, G. (1987): Wertvorstellungen als Leitbilder ärztlichen Handelns: Philosophische Aspekte. Allgemeine Medizin 16, 9–16.

Patzig, G. (1993): Gesammelte Schriften I: Angewandte Ethik. Göttingen: Wallstein, 54–72.

Patzig, G. (1994): Gesammelte Schriften II: Grundlagen der Ethik. Göttingen: Wallstein.

Petri, H. (1996): Lieblose Zeiten. Psychoanalytische Essays über Tötungstrieb und Hoffnung. Göttingen: Vandenhoeck & Ruprecht.

Piaget, J. (1936): La construction du réel chez l'enfant. Neuchâtel: Delachaux & Niestlé. (Dt.: Der Aufbau der Wirklichkeit beim Kinde. Stuttgart: Klett, 1974.)

Ploog, D. (1995): Aggression – ein Trieb? In: Nissen, G. (Hrsg.): Aggressivität und Gewalt. Prävention und Therapie. Bern: Huber.

Pulver, S. E. (1972): Narzißmus: Begriff und metapsychologische Konzeption. Psyche 26, 36–57.

Quint, H. (1971): Über die Zwangsneurose. Göttingen: Vandenhoeck & Ruprecht.

Racker, H. (1957): Meanings and uses of countertransference. Psychoanalytic Quarterly 26, 303–357.

Racker, H. (1968): Transference and countertransference. In: Sutherland, J. D. (ed.): The International Psycho-Analytical Library, No. 73. London: Hogarth. (Dt.: Übertragung und Gegenübertragung. Studien zur psychoanalytischen Technik. München: Reinhard, 1978.)

Rapaport, D. (1959): The structure of psychoanalytic theory: A systematizing attempt. In: Koch, S. (ed.): Psychology: A study of a science. New York: McGraw-Hill. (Dt.: Die Struktur der psychoanalytischen Theorie. Stuttgart: Klett, 1970.)

Rauchfleisch, U. (1981): Dissozial. Göttingen: Vandenhoeck & Ruprecht.

Redlich, F. C. und Freedman, D. X. (1970): Theorie und Praxis der Psychiatrie. Frankfurt: Suhrkamp.

Reich, A. (1954): Early identifications as archaic elements in the superego. Journal of the American Psychoanalytic Association 2.

Reister, G. und Heigl, F. S. (1994): Vorbereitung und Einleitung des therapeutischen Prozesses in der interaktionellen Therapie. In:

HEIGL-EVERS, A. und OTT, J. (Hrsg.): Die psychoanalytisch-interaktionelle Methode. Göttingen: Vandenhoeck & Ruprecht.

REISTER, G., TRESS, W., SCHEPANK, H., MANZ, R., SOLLORS-MOSSLER, B. (1989). The epidemiology of psychogenic disorders and consequences for prevention. Zeitschrift für Psychotherapie und Psychosomatik 52, 10–20.

RICHTER, H. E. (1963): Eltern, Kind und Neurose. Stuttgart: Klett.

RICHTER, H. E. (1970): Patient Familie. Entstehung, Struktur und Therapie von Konflikten in Ehe und Familie. Hamburg: Rowohlt.

RICHTER, H. E. und BECKMANN, D. (1973): Herzneurose. Stuttgart: Thieme.

ROHDE-DACHSER, C. (1983): Das Borderline-Syndrom. Bern: Huber.

ROHDE-DACHSER, C. (1987): Die ödipale Konstellation bei narzißtischen und Borderline-Störungen. Psyche 41, 773–799.

ROHDE-DACHSER, C. (1991): Expedition in den dunklen Kontinent. Weiblichkeit im Diskurs der Psychoanalyse. Berlin: Springer.

ROHDE-DACHSER, CH. (1994): Im Schatten des Kirschbaums. Psychoanalytische Dialoge. Bern: Huber.

ROSIN, U. (1989): Balint-Gruppen: Konzeption, Forschung, Ergebnisse. Berlin: Springer.

ROSS, N. (1975): Affect as cognition: With observations on the meanings of mystical states. International Review of Psychoanalysis 2, 79–93.

ROST, W. D. (1990): Psychoanalyse des Alkoholismus. Theorie, Diagnostik, Behandlung. Stuttgart: Klett.

ROTMANN, M. (1978): Die „Triangulierung" der frühkindlichen Sozialbeziehung. Psyche 32, 1105–1147.

RUDOLF, G. (1977): Krankheiten im Grenzbereich von Neurose und Psychose. Göttingen: Vandenhoeck & Ruprecht.

RUDOLF, G. (1993): Psychotherapeutische Medizin. Ein einführendes Lehrbuch auf psychodynamischer Grundlage. Stuttgart: Kohlhammer.

RÜGER, U. (1987): Fehldiagnose „Psychosomatische Erkrankung". Praxis der Psychotherapie und Psychosomatik 32, 12–20.

SACHSSE, U. (1994a): Selbstverletzendes Verhalten. Psychodynamik – Psychotherapie. Göttingen: Vandenhoeck & Ruprecht.

SACHSSE, U. (1994b): Klinische Erfahrungen mit verschiedenen Interventionsmodi bei der psychoanalytisch-interaktionellen Therapie. In: HEIGL-EVERS, A. und OTT, J. (HRSG.): Die psychoanalytisch-interaktionelle Methode. Göttingen: Vandenhoeck & Ruprecht.

SACHSSE, U. (1995): Die Psychodynamik der Borderline-Persönlichkeitsstörung als Traumafolge. Forum der Psychoanalyse 11, 50–61.

SACHSSE, U. (1996a): Die traumatisierte therapeutische Beziehung. Gruppenpsychotherapie und Gruppendynamik 32, 350–365.

SACHSSE, U. (1996b): Selbstverletzendes Verhalten. 3. Aufl. Das Trauma, die Dissoziation und ihre Behandlung. Göttingen: Vandenhoeck & Ruprecht.

SANDER, L. W. (1988): The event-structure of regulation in the neonate-caregiver system as a biological background for early organization of psychic structure. In: GOLDBERG, A. (Hrsg.): Frontiers in self psychology. New York: Hillsdale.

SANDLER, J. (1960): The background of safety. International Journal of Psychoanalysis 41, 352–356.

SANDLER, J. (1961): Sicherheitsgefühl und Wahrnehmungsvorgang. Psyche 15, 124–131.

SANDLER, J. (1964/65): Zum Begriff des Über-Ichs. Psyche 18, 721–743 und 812–828.

SANDLER, J. (1972): The role of affects in psychoanalytic theory. In: Physiology, Emotions & Psychosomatic Illness. New York: Elsevier.

SANDLER, J. (1976): Gegenübertragung und Bereitschaft zur Rollenübernahme. Psyche 30, 297–305.

SANDLER, J. (1982): Unbewußte Wünsche und menschliche Beziehungen. Psyche 36, 59–74.

SANDLER, J. (1983): Zum Verhältnis von Therapie und Theorie in der Psychoanalyse. Psyche 37, 577–595.

SANDLER, J., DARE, C. und HOLDER, A. (1979): Die Grundbegriffe der psychoanalytischen Therapie. Stuttgart: Klett. (Engl.: The patient and the analyst. The basis of the psychoanalytic process. London: Allen & Unwin, 1973, 4. Auflage. 1988.)

SANDLER, J. mit FREUD, A. (1989): Die Analyse der Abwehr. Stuttgart: Klett.

SANDLER, J. und NAGERA, H. (1966): Einige Aspekte der Metapsychologie der Phantasie. Psyche 28, 188–221.

SANDLER, J. und ROSENBLATT, B. (1984): Der Begriff der Vorstellungswelt. Psyche 38, 235–253.

SANDLER, J. und SANDLER, A. M. (1985). Vergangenheits-Unbewußtes, Gegenwarts-Unbewußtes und die Deutung der Übertragung. Psyche 39, 800–829.

SANDLER, J. und SANDLER, A. M. (1988): Das frühere Unbewußte, das gegenwärtige Unbewußte und die Schicksale der Schuld: eine technische Perspektive. In: KUTTER, P., PARAMO-ORTEGA, R. und ZAGERMANN, P. (Hrsg.): Die psychoanalytische Haltung, 143–163. Wien: Verlag Internationale Psychoanalyse.

SANDNER, D. (1978): Psychodynamik in Kleingruppen. München: Reinhardt.

SANDNER, D. (1990): Modelle der analytischen Gruppenpsychotherapie. Indikation und Kontraindikation. Gruppenpsychotherapie und Gruppendynamik 26, 87–100.

SCHEPANK, H. (1987): Psychogene Erkrankungen der Stadtbevölkerung. Heidelberg: Springer.

SCHEPANK, H. (1990): Verläufe. Seelische Gesundheit und psychogene Erkrankungen heute. Heidelberg: Springer.

SCHEPANK, H. (1992): Beiträge der Zwillingsforschung und der Epidemiologie zur Neurosenlehre. In: TRESS, W. (Hrsg.): Psychosomatische Medizin und Psychotherapie in Deutschland. Göttingen: Vandenhoeck & Ruprecht.

SCHEPANK, H. und TRESS, W. (1988): Die stationäre Psychotherapie und ihr Rahmen. Berlin: Springer.

SCHILLER, F.: Sämtliche Werke, Band I (Gedichte/Dramen I, 221 ff.): München: Hanser, 7. Auflage 1984.

SCHILLER, F.: Sämtliche Werke, Band II (Dramen II, Don Carlos, 4. Akt 21. Auftritt): München: Hanser, 7. Auflage 1984.

SCHINDLER, R. (1957/58): Grundprinzipien der Psychodynamik in der Gruppe. Psyche 11, 308–314.

SCHINDLER, R. (1960/61): Über den wechselseitigen Einfluß von Gesprächsinhalt, Gruppenposition und Ich-Gestalt in der analytischen Gruppenpsychotherapie. Psyche 14, 382–392.

SCHINDLER, R. (1968): Dynamische Prozesse in der Gruppenpsychotherapie. Gruppenpsychotherapie und Gruppendynamik 2, 9–20.

SCHINDLER, W. (1951): Family pattern in groupformation and therapy. International Journal of Group Psychotherapy 1, 100–105.

SCHINDLER, W. (1955): Übertragung und Gegenübertragung in der „Familien"-Gruppentherapie. Praxis der Kinderpsychologie und Kinderpsychiatrie 4, 101–105.

SCHINDLER, W. (1980): Die analytische Gruppentherapie nach dem Familienmodell. München: Reinhardt.

SCHMIDT, S. und STRAUSS, B. (1996): Die Bindungstheorie und ihre Relevanz für die Psychotherapie. Teil 1: Grundlagen und Methoden der Bindungsforschung. Psychotherapeut 41, 139–150.

SCHMIDT-HELLERAU, C. (1995). Lebenstrieb und Todestrieb-Libido und Lethe. Ein formalisiertes konsistentes Modell der psychoanalytischen Trieb- und Strukturtheorie. München: Verlag Internationale Psychoanalyse.

SCHUBART, W. (1985): Die psychoanalytische Konsultation am Beispiel des unmotivierten (z. B. psychosomatischen) Patienten. Psyche 39, 519–537.

SCHÜSSLER, G. und BERTL-SCHÜSSLER, A. (1992). Psychoanalytische Entwicklungstheorie. I und II, Zeitschrift für Psychosomatische Medizin 38, 101–114.

SCHULTZ, J. H. (1918): Die seelische Krankenbehandlung. Jena: Gustav Fischer.

SCHULTZ-HENCKE, H. (1951): Lehrbuch der analytischen Psychotherapie. Stuttgart: Thieme.

SCHUR, M. (1955): Comments on the metapsychology of somatization. Psychoanalytic Study of the Child 10, 119–164.

SCHWIDDER, W. (1972): Klinik der Neurosen. In: KISKER, K. P. (Hrsg.): Psychiatrie der Gegenwart. Bd. II. Berlin: Springer.

SEGAL, H. (1974): Melanie Klein. Eine Einführung in ihr Werk. München: Kindler.

SEIDLER, G. H. (1990): Rumpelstilzchen auf der Couch – ein Ensemble von Scham-, Identitäts- und Vaterthematik. Praxis der Kinderpsychologie und Kinderpsychiatrie 39, 261–266.

SEIDLER, G. H. (1993a): Scham und Geschlecht. Göttingen: Vandenhoeck & Ruprecht.

SEIDLER, G. H. (1993b): Psychoanalytsche Gruppenpsychotherapie. In: Rudolf, G. (Hrsg.): Psychotherapeutische Medizin. Stuttgart: Enke.

SEIDLER, G. H. (1995a): Die diagnostische und therapeutische Nutzung der Verfügbarkeit des Schamaffektes in der Beziehungsregulierung gruppentherapeutischer Prozesse. Gruppenpsychotherapie und Gruppendynamik 31.

SEIDLER, G. H. (1995b): Der Blick des Anderen. Eine Analyse der Scham. Stuttgart: Verlag Internationale Psychoanalyse.

SHARPE, E. F. (1930): Collected Papers. London: Hogarth, 1950.

SHAZER, S. DE (1985): Wege erfolgreicher Kurztherapie. Stuttgart: Klett, 1989.

SILVER, D. und ROSENBLUTH, M. (1992): Handbook of borderline disorders. Madison: International Univ. Press.

SPANGLER, G. und ZIMMERMANN, P. (1995): Die Bindungstheorie. Grundlagen, Forschung und Anwendung. Stuttgart: Klett-Cotta.

SPITZ, R. (1950): Anxiety in infancy. A study of its manifestations in the first year of life. International Journal of Psychoanalysis 31, 138–143.

SPITZ, R. (1955): The primal cavity. A contribution to the genesis of perception and its role for psychoanalytic theory. Psychoanalytic Study of the Child 10, 215–240.

SPITZ, R. (1957a): Die Entstehung der ersten Objektbeziehungen. Stuttgart: Klett.

SPITZ, R. A. (1957b): No and Yes. On the genesis of human communication. New York: International Universities Press. (Dt.: Nein und Ja. Die Ursprünge der menschlichen Kommunikation. Stuttgart: Klett, 1970.)

SPITZ, R. A. (1960): Zur Entstehung der Überich-Komponenten. Psyche 14, 400–426.

SPITZ, R. A. (1965): The first year of life. A psychoanalytic study of normal and deviant development of object relations. New York: International Universities Press. (Dt.: Vom Säugling zum Kleinkind. Naturgeschichte der Mutter-Kind-Beziehungen im ersten Lebensjahr. Stuttgart: Klett, 1988.)

SPITZ, R. (1972): Bridges: on anticipation, duration, and meaning. Journal of American Psychoanalytic Association 20, 721–735.

SPITZ, R. (1976): Vom Dialog. Studien über den Ursprung der menschlichen Kommunikation und ihre Rolle in der Persönlichkeitsbildung. Stuttgart: Klett.

STAATS, H. (1992a): Rituale in der psychoanalytisch-interaktionellen Therapie. Gruppenpsychotherapie und Gruppendynamik 28, 40–57.

STAATS, H. (1992b): Psychoanalytisch-interaktionelle Gruppentherapie mit manisch-depressiven Kranken. Gruppenpsychotherapie und Gruppendynamik 28, 370.

STEIMER-KRAUSE, E., KRAUSE, R., SÄNGER-ALT, C. und WAGNER, G. (1988): Mimisches Verhalten schizophrener Patienten und ihrer Gesprächspartner. Zeitschrift für klinische Psychologie 17, 132–147.

STEIMER-KRAUSE, E., KRAUSE, R. und WAGNER, G. (1990). Prozesse der Interaktionsregulierung bei Schizophrenen und psychosomatisch erkrankten Patienten – Studien zum mimischen Verhalten in dyadischen Interaktionen. Zeitschrift für klinische Psychologie 19, 32–49.

STEIN, H. (1974): Zur Entwicklung der psychoanalytischen Selbst-Psychologie. Psyche 28, 984–1002.

STEKEL, W. (1938): Technique of analytic psychotherapy. London: Liveright.

STERBA, R. (1929): Zur Dynamik der Bewältigung des Übertragungswiderstandes. Internationale Zeitschrift für Psychoanalyse 15, 456–470.

STERBA, R. (1934): Das Schicksal des Ich im therapeutischen Verfahren. Internationale Zeitschrift für Psychoanalyse 20, 6–73. Psyche 1975, 29, 941–949.

STERN, D. N. (1979): Mutter und Kind, die erste Beziehung. Stuttgart: Klett.

STERN, D. N. (1985): The interpersonal world of the infant. A view from psychoanalysis and developmental psychology. New York: Basic Books.

STOCK-WHITAKER, D. und LIEBERMAN, A. (1965): Psychotherapy through the group process. London: Tavistock.

STORK, J. (1976): Die seelische Entwicklung des Kleinkindes aus psychoanalytischer Sicht. In: EICKE, D (Hrsg.): Die Psychologie des 20. Jahrhunderts. Bd. 2, Freud und die Folgen. München: Kindler.

STORK, J. (1986 a): Das Vaterbild in Kontinuität und Wandel. Stuttgart: Frommann-Holzboog.

STORK, J. (1986 b): Zur Psychologie und Psychopathologie des Säuglings: Neue Ergebnisse in der psychoanalytischen Reflexion. Stuttgart: Frommann-Holzboog.

STRAUSS, B. und SCHMIDT, S. (1997): Die Bindungstheorie und ihre Relevanz für die Psychotherapie. Teil 2: Mögliche Implikationen der Bindungstheorie für die Psychotherapie und Psychosomatik. Psychotherapeut 42, 1–16.

STREECK, U. (1980): „Definition der Situation", soziale Normen und interaktionelle Gruppenpsychotherapie. Gruppenpsychotherapie und Gruppendynamik 16, 209–221.

STREECK, U. (1983): Abweichungen vom „fiktiven Normal-Ich": Zum Dilemma der Diagnostik struktureller Ich-Störungen. Zeitschrift für psychosomatische Medizin 29, 334–349.

STREECK, U. (1984): Das diagnostische Urteil in der Psychoanalyse. Zeitschrift für psychosomatische Medizin 30, 303–313

STREECK, U. (1994): Über eine Art, in therapeutischer Interaktion zu reden. Zum antwortenden Modus in der psychoanalytisch-interaktionellen Therapie. In: HEIGL-EVERS, A. und OTT, J. (Hrsg.): Die psychoanalytisch-interaktionelle Methode. Göttingen: Vandenhoeck & Ruprecht.

STREECK, U. (1995): Strukturelle Störungen, Interaktion und Gruppenpsychotherapie. In: ARDJOMANDI, M. E., BERGHAUS, A. und KNAUSS, W. (Hrsg.): Jahrbuch der Gruppenanalyse, Bd. 1. Heidelberg: Mattes.

STREECK, U. (1997): Persönlichkeitsstörungen und Interaktion. Zur stationären Psychotherapie von Patienten mit schweren Persönlichkeitsstörungen. Psychotherapeut (im Druck).

STROTZKA, H. (1975): Psychotherapie: Grundlagen, Verfahren, Indikation. München, Berlin, Wien: Urban & Schwarzenberg.

STRUPP, H. H. und BINDER, J. L. (1991). Kurzpsychotherapie. Stuttgart: Klett.

STUCKE, W. (1982): Die Balint-Gruppe. Köln: Deutscher Ärzte-Verlag.

STUDT, H. H. (1970): Zur Interpretaion in der stationären analytischen Gruppenpsychotherapie. Gruppenpsychotherapie und Gruppendynamik 3, 207–214.

STUDT, H. H. (1984): Zur Ätiopathogenese der Angstneurose und Phobie. In: RÜGER, U. (Hrsg.): Neurotische und reale Angst. Göttingen: Vandenhoeck & Ruprecht.

SULLIVAN, H. (1954): The psychiatric interview. New York: Norton.

SUTHERLAND, J. D. (1980): The British object relations theorists. Balint, Winnicott, Fairbairn, Guntrip. Journal of the American Psychoanalytic Association 28, 829–860.

THOMÄ, H. (1981): Schriften zur Praxis der Psychoanalyse. Vom spiegelnden zum aktiven Psychoanalytiker. Frankfurt: Suhrkamp.

THOMÄ, H. (1984): Was heißt „Neubeginn" (M. Balint)? Psyche 38, 516–543.

THOMÄ, H. und KÄCHELE, H. (1985): Lehrbuch der psychoanalytischen Therapie. Band 1: Grundlagen. Berlin: Springer.

THOMÄ, H. und KÄCHELE, H. (1988): Lehrbuch der psychoanalytischen Therapie. Band 2: Praxis. Berlin: Springer.

TRESS, W. (1985): Zur Psychoanalyse der Sucht. Eine Studie am objektpsychologischen Modell. Forum der Psychoanalyse 1, 81–92.

TRESS, W. (1992): Psychosomatische Medizin und Psychotherapie in Deutschland. Göttingen: Vandenhoeck & Ruprecht.

UEXKÜLL, T. VON (1981): Lehrbuch der Psychosomatischen Medizin. München: Urban & Schwarzenberg.

VOGEL, CH. (1989): Vom Töten zum Mord. Das wirkliche Böse in der Evolutionsgeschichte. München: Hanser.

VOLKAN, V. (1978): Psychoanalyse der frühen Objektbeziehungen. Stuttgart: Klett.

VOLKAN, V. und AST, G. (1992): Eine Borderline-Therapie. Göttingen: Vandenhoeck & Ruprecht.

VOLKAN, V. und AST, G. (1994): Spektrum des Narzißmus. Göttingen: Vandenhoeck & Ruprecht.

WAELDER, R. (1960): Die Grundlagen der Psychoanalyse. Stuttgart: Klett, 1963.

WALLERSTEIN, R. S. (1986): Forty-two lives in treatment: A study of psychoanalysis and psychotherapy. New York: Guilford Press.

WALLERSTEIN, R. S. (1990): Zum Verhältnis von Psychoanalyse und Psychotherapie. Wiederaufnahme einer Diskussion. Psyche 11, 967–994.

WANKE, K. und BÜHRINGER, G. (1991): Grundstörungen der Sucht. Berlin: Springer.

WEIDENHAMMER, B. (1987): Störungen des diagnostischen Urteilsprozesses bei präödipalen Pathologien. Zeitschrift für psychosomatische Medizin 33, 335–362.

WEIDENHAMMER, B. (1988): Zur Attraktivität der weiblichen Opferrolle. Gruppenpsychotherapie und Gruppendynamik 23, 244–263.

WEISS, J. und SAMPSON, H., The Mount Zion Psychotherapy Research Group (1986): The psychoanalytic process: Theory, clinical observation, and empirical research. New York: Guilford Press.

WESIAK, W. (1984): Grundzüge der psychosomatischen Medizin. Berlin: Springer.

WINNICOTT, D. W. (1953): Transitional objects and transitional phenomena. International Journal of Psychoanalysis 34, 89–97.

WINNICOTT, D. W. (1954): Metapsychological and clinical aspects of regression within the psychoanalytic set-up. International Journal of Psychoanalysis 36, 16–26.

WINNICOTT, D. W. (1956): Primary maternal occupation. In: WINNICOTT, D. W. (1958): Collected papers: Through pediatrics to psychoanalysis. London: Tavistock; New York: Basic Books, 1958.

WINNICOTT, D. W. (1958): Collected Papers: Through pediatrics to psychoanalysis. London: Tavistock; New York: Basic Books. (Gekürzte dt. Ausgabe: Von der Kinderheilkunde zur Psychoanalyse. München: Kindler, 1976.)

WINNICOTT, D. W. (1960): The theory of the parent-infant relationship. International Journal of Psychoanalysis 41, 585–595.

WINNICOTT, D. W. (1965 a): The family and individual development. London: Tavistock. (Dt.: Familie und individuelle Entwicklung. München: Kindler, 1978.)

WINNICOTT, D. W. (1965 b): The maturational processes and the facilitating environment. London: Hogarth Press. (Dt.: Reifungsprozesse und fördernde Umwelt. München: Kindler, 1974.)

WINNICOTT, D. W. (1969): The use of an object and relating through identifications. In: WINNICOTT, D. W.: Playing and reality. London: Tavistock; New York: Basic Books, 1971. (Dt.: Vom Spiel zur Kreativität. Stuttgart: Klett, 1973.)

WINNICOTT, D. W. (1971): Playing and reality. London: Tavistock; New York: Basic Books. (Dt.: Vom Spiel zur Kreativität. Stuttgart: Klett, 1973.)

WINNICOTT, D. W. (1986): Der Anfang ist unsere Heimat. Stuttgart: Klett, 1990.

WOLF, A. (1971): Psychoanalyse in Gruppen. In: DESCHILL, S. (Hrsg.): Psychoanalytische Therapie in Gruppen. Stuttgart: Klett.

WOLF, A. und SCHWARTZ, E. K. (1962): Psychoanalysis in groups. New York: Grune and Stratton.

WOLF, E. S. (1996): Theorie und Praxis der Psychoanalytischen Selbstpsychologie. Frankfurt am Main: Suhrkamp.

WURMSER, L. (1981): The mask of shame. Baltimore: Johns Hopkins University. (Dt.: Die Maske der Scham. Die Psychoanalyse von Schamaffekten und Schamkonflikten. Berlin: Springer, 1990.)

ZANDER, W. (1989): Neurotische Körpersymptomatik. Berlin: Springer.

ZELNICK, L. M. und BUCHHOLZ, E. S. (1991): Der Begriff der inneren Repräsentanz im Lichte der neueren Säuglingsforschung. Psyche 45, 810–846.

ZEPF, S. (1967): Die Sozialisation des psychosomatisch Kranken. Frankfurt: Campus.

ZEPF, S. (1985): Narzißmus, Trieb und die Produktion von Subjektivität. Berlin: Springer.

ZEPF, S. (1986 a): Tatort Körper – Spurensicherung. Berlin: Springer.

ZEPF, S. (1986 b): Klinik der psychosomatischen Erkrankungen. In: KISKER, K. P. (Hrsg.): Psychiatrie der Gegenwart. Bd. 1. Berlin: Springer.

ZEPF, S., WEIDENHAMMER, B. und BAUR-MORLOCK, J. (1986). Realität und Phantasie. Anmerkungen zum Traumabegriff Sigmund Freuds. Psyche 40, 124–144.

ZIELKE, M. (1979): Indikation zur Gesprächspsychotherapie. Stuttgart: Kohlhammer

Psychotherapeutische Richtungen

bearbeitet von U. Rüger

mit Beiträgen von I. Bonstedt-Wilke, M. Cierpka,
G. Heisterkamp, R. Kreische, M. Langenberg, E. Leibing,
J. Peichl, U. Rüger, G. Schüßler, H. M. Wächter

Einleitung

Ulrich Rüger

In den folgenden Kapiteln sollen die heute in der Versorgung eingesetzten nicht primär psychoanalytischen Behandlungsmethoden beschrieben werden. Diese sollen hinsichtlich ihrer Konzeptualisierung, ihrer Indikation und der angestrebten Wirksamkeit dargestellt und insbesondere aus psychoanalytischer Sicht diskutiert werden. Auf den ersten Blick könnte eine solche Vorgehensweise einseitig erscheinen. Sie hat aber trotzdem ihren Sinn:

Die psychoanalytisch orientierten Behandlungsverfahren spielen nach wie vor in der Versorgung die größte Rolle, und eine Reihe der im weiteren genannten Verfahren haben sich aus der Psychoanalyse heraus entwickelt; oft geschah das, um Defizite in der Entwicklung analytischer Psychotherapieformen auszugleichen; vielfach standen die Begründer entsprechender Therapierichtungen der Psychoanalyse nahe oder waren ursprünglich Psychoanalytiker, die in oft sehr kreativer Weise den Versuch unternahmen, einem jeweils aus ihrer Sicht der Psychoanalyse fehlenden Element zur Berücksichtigung zu verhelfen: Körperlichkeit und Körpererleben, künstlerische Kreativität, die Tatsache, daß der Mensch ein soziales Wesen ist usw.

Mit der Entwicklung neuerer therapeutischer Ansätze entfernten sich diese Psychotherapeuten häufig von der Psychoanalyse, und umgekehrt verlor die orthodoxe Psychoanalyse in diesen Menschen oft sehr kreative und innovative Kräfte. Damit wird auch verständlich, daß das theoretische Konzept vieler dieser Verfahren, soweit es explizit vorliegt, psychoanalytisch begründet ist – sieht man von Verhaltenstherapie und (teilweise) Gesprächstherapie ab. Aber auch zwischen Verhaltenstherapie und Psychoanalyse gibt es inzwischen konzeptuelle Berührungspunkte; seitens der Psychoanalyse wird versucht, lerntheoretische und behavioristisch/systemische Konzepte zu integrieren (WACHTEL 1981); entsprechend umgekehrte Bemühungen sind bei einzelnen Vertretern der Verhaltenstherapie zu beobachten (vgl. Kap. 4.1).

Andere Autoren wie z.B. DÜHRSSEN (1985) stellen eine Annäherung zwischen den neueren Entwicklungen in der Verhaltenstherapie („kognitive Wende") und alten psychoanalytischen Ansätzen aus den 20er Jahren (SCHULTZ-HENCKE 1927) fest.

Mit der nachfolgenden Übersicht über aktuelle psychotherapeutische Richtungen stellt sich zwangsläufig die Frage nach der jeweiligen Indikation. Ohne den einzelnen Kapiteln vorzugreifen, muß hier folgender Grundsatz gelten: Nicht der Patient hat sich an eine vorgegebene Behandlungstechnik anzupassen, sondern die jeweilige Behandlung hat die individuelle seelische, körperliche und soziale Situation des einzelnen Patienten zu berücksichtigen (RÜGER 1981). Im Gegensatz zur früher üblichen „selektiven Indikation" wird heute nur noch die „adaptive Indikation" (BAUMANN und WEDEL 1981) als sinnvoll angesehen, auch wenn sie noch nicht allgemein üblich ist.

Gerade aus psychoanalytischer Sicht gilt es dabei jeweils, den psychodynamischen Dreh- und Angelpunkt zu finden, über den eine förderliche Gesamtentwicklung in Gang gesetzt werden kann, und den therapeutischen Ansatzpunkt zu wählen, der am geeignetsten ist, deletäre Zirkelprozesse zu durchbrechen (FÜRSTENAU 1985, 1993).

Viele der Behandlungsverfahren kommen sehr häufig in Kombination mit anderen Verfahren zur Anwendung, insbesondere auch bei schwer gestörten Patienten. Eine gute Integration der einzelnen Behandlungselemente innerhalb eines Gesamtkonzeptes ist allerdings unbedingt notwendig (FÜRSTENAU 1974; HEIGL 1981; RÜGER 1981), um gerade bei schwerer gestörten Patienten nicht deren Desintegrationstendenzen noch zu fördern. Die neuere Entwicklung im Gesundheitswesen von einer ursprünglichen Bedarfs- über eine Versorgungs- zu einer Angebotsmedizin macht dies um so wichtiger (vgl. hierzu HELMCHEN et al. 1982); denn atmosphärisch dürfte durch diese Entwicklung weniger die Integration verschiedener Behandlungsansätze, sondern eher eine sich abgrenzende Konkurrenz gefördert werden.

Im nachfolgenden werden die im klinischen Bereich gängigsten Behandlungsverfahren dargestellt. Es handelt sich dabei um heterogene Verfahren, deren gemeinsamer Nenner der klinische Bezug ist. Ansonsten unterscheiden sie sich nicht unbeträchtlich voneinander. Während die Verhaltenstherapie mit eigener Krankheits- und Persönlichkeitstheorie unbestritten als eigenständige Psychotherapierichtung anzusehen ist, trifft das sicherlich nicht auf alle anderen Verfahren zu. Zum Teil scheinen diese auch nicht den Anspruch auf eine eigene Krankheits- und Persönlichkeitstheorie zu haben. Damit wird der Wert dieser Behandlungsverfahren nicht in Frage gestellt; vielmehr muß ihr Stellenwert innerhalb eines Gesamtbehandlungsplans jeweils erörtert werden.

Jedes der aufgeführten Verfahren hat mehr oder weniger jeweils verfahrensspezifische Grenzen und Möglichkeiten; diese bestimmen im wesentlichen ihre Indikation. Unabhängig davon unterscheiden sich die „großen" Richtungen – Psychoanalytische Verfahren, Verhaltenstherapie, humanistische Psychotherapien – nicht unwesentlich in ihrem jeweiligen Menschenbild. Die „latente Anthropologie" des einzelnen Therapeuten bestimmt aber durchaus sein Behandlungskonzept und seinen Behandlungsstil (DÜHRSSEN 1995). Andererseits scheinen sich Psychotherapeuten unterschiedlicher Richtungen durchaus über den idealen Beziehungsstil in der Interaktion mit ihren Patienten einig zu sein (vgl. ORLINSKY et al. 1996).

Die richtige Behandlungsindikation und die in der jeweiligen therapeutischen Situation möglichst gute Intervention wird aber nicht nur von der Schulrichtung und der Persönlichkeit des Therapeuten bestimmt; ganz wesentlich ist auch die

Art und der Umfang an Erfahrung mit kranken Menschen und mit dem breiten Spektrum psychischer Krankheitsbilder. Insoweit Psychotherapie in der Vergangenheit als Zusatzqualifikation für ansonsten klinisch Erfahrene gedacht war, waren diese Voraussetzungen zumindest vom Grundsatz her erfüllt. Die heute nicht selten übliche „eigenständige" psychotherapeutische Tätigkeit auf dem Erfahrungshintergrund von wenigen selbst behandelten Patienten erfüllt diese früher selbstverständliche Voraussetzung nicht mehr; daraus resultierende Schwierigkeiten bei der Behandlung von Kranken können auch nicht dadurch behoben werden, daß die Betreffenden „über die Bücher" geschickt werden.

 ## Kasuistisches Beispiel

Eine 28jährige Patientin mit einer noch nicht voll remittierten, schweren, depressiven Episode und noch notwendiger hochdosierter antidepressiver Behandlung konsultierte gemeinsam mit ihrem Mann einen „Paartherapeuten"; Anlaß waren partnerschaftliche und familiäre Schwierigkeiten, die sich im Verlauf einer langen Erkrankungsphase mit stationärer psychiatrischer Behandlung entwickelt hatten. Der Ehemann erlebte seine ursprünglich sehr aktive Frau „zu passiv und ohne Schwung"; in seiner angespannten beruflichen Situation konnte sie ihn bei der Versorgung der Kinder noch sehr wenig unterstützen. Der Paartherapeut verstand das als sekundären Krankheitsgewinn und thematisierte dies in der dritten Sitzung. Die junge Frau – bereits in ihrer Depression von schweren Schuldgefühlen geplagt – hatte das Gefühl, total abzustürzen; sie zeigte erneut deutliche Derealisationsphänomene, und nur mit deutlicher Verzögerung setzte sich nach mehreren Wochen der begonnene Remissionsprozeß wieder fort. Erst längere Zeit später konnte sie kritisch konstatieren: „Wahrscheinlich wußte er gar nicht, was eine wirkliche Depression ist!" Die Patientin dürfte mit ihrer Vermutung recht haben.

Durch eine systemisch möglicherweise „richtige", die klinische Situation der Patientin aber nicht berücksichtigende Intervention wurde ein beginnender Stabilisierungsprozeß der Erkrankung hier sicherlich grob gestört. In diesem Fall verhinderte wahrscheinlich nur der noch bestehende medikamentöse Schutz und die sich gerade neu etablierende therapeutische Beziehung bei ihrem ambulanten Psychotherapeuten das Abgleiten in ein psychotisches Zustandsbild.

–☐–

Bei der Frage nach der Wirksamkeit der einzelnen Verfahren zeigt der gegenwärtige Forschungsstand ein uneinheitliches Bild. Insoweit ein Teil der Verfahren überwiegend im Rahmen eines Gesamtbehandlungsplans in Kombination mit anderen Verfahren in Anwendung kommt, waren bisher entsprechenden Standards genügende Forschungsansätze erschwert. Wir haben demzufolge bei den verschiedenen Behandlungsverfahren einen außerordentlich unterschiedlichen evaluativen Forschungsstand zu konstatieren. Mit dieser Thematik wird sich D. CZOGALIK (vgl. S. 497 f.) eingehender auseinandersetzen; aus dem Grunde kann an dieser Stelle ein entsprechender Hinweis genügen.

Literatur

BAUMANN, U. und v. WEDEL, B. (1981): Stellenwert der Indikationsfrage im Psychotherapie-Bereich. In: U. BAUMANN (Hrsg.): Indikation zur Psychotherapie. München, Wien, Baltimore: Urban & Schwarzenberg, 1–36.

DÜHRSSEN, A. (1985): Die „kognitive Wende" in der Verhaltenstherapie – eine Brücke zur Psychoanalyse? Nervenarzt 56, 479–484.

DÜHRSSEN, A. (1995): Die Bedeutung einer latenten Anthropologie für psychotherapeutische Behandlungen. Zsch. Psychosom. Med. 41, 279–283.

FÜRSTENAU, P. (1974): Zur Problematik von Psychotherapie-Kombinationen aus der Sicht der vergleichenden Psychotherapie-Forschung und der Organisations-Soziologie. Gruppenpsychother. Gruppendyn. 8, 131–140.

FÜRSTENAU, P. (1985): Konsequenzen der systemtheoretischen Orientierung für die psychoanalytische Gruppentherapie. In: P. KUTTER: Methoden und Theorien der Gruppenpsychotherapie. Stuttgart-Bad Cannstatt: Fromann-Holzboog, 237–244.

FÜRSTENAU, P. (1993): Freuds „Wege der psychoanalytischen Therapie" – 75 Jahre später. Zsch. Psychosom. Med. 39, 224–229.

HEIGL, F. (1981): Psychotherapeutischer Gesamtbehandlungsplan. In: U. BAUMANN (Hg.): Indikation zur Psychotherapie. München, Wien, Baltimore: Urban & Schwarzenberg, 41–51.

HELMCHEN, H.; LINDEN, M.; RÜGER, U. (1982): Psychotherapie – Bedürfnis, Angebote und Bedarf. In: H. HELMCHEN; M. LINDEN; U. RÜGER (Hg.): Psychotherapie in der Psychiatrie. Berlin, Heidelberg, New York: Springer, 1–10.

ORLINSKY, D. E.; WILLUTZKI, U.; MEYERBERG, J.; CIERPKA, M.; BUCHHEIM, P. (1996): Die Qualität der therapeutischen Beziehung. Psychother. Psychosom. med. Psychol. 46, 102–110.

RÜGER, U. (1981): Die Kombination von aufdeckender und analytischer Psychotherapie mit direktiven und sozialen Maßnahmen – ein Widerspruch? Psychiat. Prax. 8, 125–130.

SCHULTZ-HENCKE, H. (1927): Einführung in die Psychoanalyse. Jena: Gustav Fischer. Unveränderter Nachdruck (1972) Göttingen: Vandenhoeck & Ruprecht.

STROTZKA, H. (Hrsg.) (1975): Psychotherapie: Grundlagen, Verfahren, Indikationen. München: Urban & Schwarzenberg.

WACHTEL, P. (1981): Psychoanalyse und Verhaltenstherapie: Ein Plädoyer für ihre Integration. Stuttgart: Klett-Cotta.

Verhaltenstherapie

Eric Leibing, Ulrich Rüger

1 Theorie

Auch wenn wir dieses Kapitel mit „Verhaltenstherapie" überschrieben haben, so ist das insofern nicht ganz korrekt, da es nicht eine Verhaltenstherapie gibt, sondern eine Vielzahl zum Teil deutlich unterschiedlicher verhaltenstherapeutischer Methoden und Techniken. Eine einzelne Technik an sich stellt selbstverständlich noch keine Therapie dar, sondern bedarf einer konzeptuellen und wissenschaftstheoretischen Einbettung.

Die Wirksamkeit verhaltenstherapeutischer Techniken ist wissenschaftlich eindeutig belegt (MEYER, RICHTER, GRAWE, V.D. SCHULENBURG und SCHULTE 1991, GRAWE 1992, GRAWE, DONATI und BERNAUER 1994). Da es innerhalb der Verhaltenstherapie nicht nur um Verhaltensänderungen geht und um den Verhaltensbegriff nicht überzustrapazieren, wird zunehmend der übergeordnete Begriff „Psychologische Therapie" (FLORIN und FIEGENBAUM 1991, BASLER, FRANZ, KRÖNER-HERWIG, REHFISCH und SEEMANN 1990) oder „an der empirischen Psychologie orientierte Verfahren" (MEYER et al. 1991) verwendet. Auf die Problematik dieser Neubenennungen kann an dieser Stelle nicht eingegangen werden.

Eine einheitliche Definition der Verhaltenstherapie fehlt, es lassen sich jedoch folgende zentrale Bestimmungsstücke zusammenfassen:

- Anwendung von Erkenntnissen aus der empirisch-psychologischen Grundlagenforschung, insbesonder aus der Lern- und Sozialpsychologie,
- Orientierung am Verhalten als einer lern- und verlernbaren psychischen Variablen,
- vorrangig (aber nicht ausschließlich) Konzentration auf gegenwärtige statt auf vergangene Verhaltensdeterminanten,
- Betonung der empirischen Überprüfung theoretischer Erkenntnisse und praktischer Vorgehensweisen,
- starker Einsatz übender Verfahren.

Über die wissenschaftstheoretische Einbettung der Verhaltenstherapie gab es im Laufe der Entwicklung immer wieder konkurrierende Standpunkte innerhalb der Verhaltenstherapie, und dieses ist bis heute der Fall. Hierbei ging es auch um die Auseinandersetzung von Vertretern des „Behaviorismus" mit Vertretern anderer Schulen (etwa die klassische Kontroverse zwischen Gesprächspsychotherapie und Verhaltenstherapie, ROGERS/SKINNER 1956).

Innerhalb der Verhaltenstherapie kann mit MAHONEY (1979) zwischen dem „metaphysischen Behaviorismus", in dessen Rahmen psychische Zustände generell geleugnet werden und die Realität als rein physikalisch aufgefaßt wird sowie dem „methodischen Behaviorismus", der die Beobachtbarkeit zum Hauptkriterium der Wissenschaftlichkeit macht, unterschieden werden. Der „metaphysische Behaviorismus" wird heute von keinem Verhaltenstherapeuten mehr ernsthaft vertreten.

Die in den 70er Jahren entstandenen verhaltenstherapeutischen Ansätze (Stichwort „Kognitive Wende") gingen von internen vermittelnden Prozessen (Kognitionen) und der Bedeutung der Einbeziehung von Emotionen, Motiven und Beziehungen für die Verhaltenstherapie aus und entfernten sich damit auch vom „methodischen Behaviorismus". Der Verhaltensbegriff wird inzwischen weiter gefaßt, außerdem hat sich das Menschenbild weg von eher reduktionistischen Reiz-Reaktionsmodellen hin zu Modellen entwickelt, welche den Menschen als reflexives und aktives Wesen betrachten (vgl. schon MAHONEY 1979).

Auf dieser Basis tauchen neue Probleme der wissenschaftstheoretischen Fundierung auf, da Bestimmungsstücke der Verhaltenstherapie wie Objektivität und Beobachtbarkeit zum Teil nur noch indirekt verwirklicht werden können.

In den 80er Jahren verstärkte sich insbesondere die Hinwendung auf „innere, verdeckte Verhaltensweisen". So verstand (GRAWE 1988) den Therapieprozeß als Äquilibrationsprozeß, was den Fortfall eines vorher genau festgelegten Therapieplanes (nicht jedoch den Fortfall der Therapiezielfestlegung) mit sich bringt.

Weiterhin hat sich die Annahme einer direkten Ableitbarkeit verhaltenstherapeutischer Methoden aus den Gesetzen der Lerntheorie als wissenschaftstheoretisch nicht haltbar erwiesen. Erkenntnisse der Grundlagenforschung lassen sich nicht unmittelbar auf die therapeutische Praxis anwenden (WESTMEYER 1977). Dieses Problem ist allerdings nicht nur auf die Verhaltenstherapie beschränkt und gilt auch für die Psychoanalyse (vgl. THOMÄ und KÄCHELE 1985). Im Sinne von BUNGE (1967) kann das Verhältnis von (Verhaltens-)Therapie und Grundlagenforschung als „Fundierung" verstanden werden.

Für eine ausführliche Darstellung der Verhaltenstherapie sei auf folgende Lehrbücher hingewiesen, auf die sich ein Teil unserer Darstellungen bezieht: CASPAR 1996, DGVT (1986), FLIEGEL, GROEGER, KÜNZEL, SCHULTE und SORGATZ (1994), HOFFMANN (1979), KANFER und PHILLIPS (1975), KANFER, REINECKER und SCHMELZER 1991, LAZARUS 1995, LINDEN und HAUTZINGER (1994), MAHONEY (1979), REINECKER (1994).

1.1 Historische Entwicklung

Im folgenden Kapitel kann nur kurz auf einige wesentliche Aspekte in der Geschichte der Verhaltenstherapie eingegangen werden, für eine ausführliche Darstellung vergleiche etwa GORDON (1984), KRAIKER (1984), SCHORR (1984).

Die Verhaltenstherapie ist eng mit den Grundlagenfächern der akademischen Psychologie, insbesondere mit der Lern-, Gedächtnis-, Motivations-, Emotions- und Sozialpsychologie verknüpft. So „fundieren" (BUNGE 1967) die bekanntesten verhaltenstherapeutischen Techniken

auf experimentell überprüften Lerntheorien. Zumindest historisch ist hier in erster Linie das Konditionierungsparadigma zu nennen, wobei zwischen klassischem und instrumentellem Konditionieren zu unterscheiden ist. Das Konditionierungsparadigma soll als Beispiel für eine Lerntheorie dargestellt werden.

Das „klassische Konditionieren" ist mit dem Namen des sowjetischen Physiologen I. P. PAWLOW (1849–1936) verbunden, welcher sich mit der Physiologie von Verdauungsvorgängen bei Hunden beschäftigte und auf den die Entdeckung des „bedingten Reflexes" zurückgeht. Dies waren die Vorarbeiten, aus denen amerikanische Psychologen später das „klassische Konditionieren" ableiteten. J. B. WATSON (1878–1958) übertrug die Begriffe auf den Bereich des menschlichen Lernens und kann als Begründer des amerikanischen Behaviorismus gesehen werden. Beim klassischen Konditionieren wird davon ausgegangen, daß ein ursprünglich neutraler Reiz durch zeitliche Koppelung mit einem ungelernten reflexauslösenden (unkonditionierten) Reiz zu einem erlernten (konditionierten) Reiz wird. Dieser ist nun ebenfalls und allein in der Lage, den Reflex auszulösen.

Ein weiteres lerntheoretisches Paradigma, das „instrumentelle oder operante Konditionieren", geht auf Arbeiten von E. THORNDIKE (1874–1949) zurück und ist eng mit dem Namen B. F. SKINNER (geb. 1904) verbunden, welcher die gefundenen Gesetzmäßigkeiten auf den Menschen übertrug (SKINNER 1969). Dieses Lernparadigma kann auch als „Lernen am Erfolg" bezeichnet werden, da es sich mit den Möglichkeiten beschäftigt, Verhalten über die Kontrolle der Konsequenzen (Verstärker) dieses Verhaltens zu verändern. Ein Verhalten wird häufiger auftreten, wenn darauf ein positiver Verstärker (Belohnung) oder ein negativer Verstärker (Fortfall einer Bestrafung) fällt.

Beim klassischen Konditionieren wird also betont, daß auch ursprünglich neutrale Reize Reflexe auslösen können, wenn sie zu den ursprünglich reflexauslösenden Reizen in zeitlicher Nähe stehen. Beim instrumentellen Konditionieren wird dagegen betont, daß Verhalten durch Belohnung veränderbar ist.

Zwischen 1950 und 1960 etablierte sich die Verhaltenstherapie – der Begriff erschien 1953 zum ersten Mal – insbesondere im anglo-amerikanischen Sprachraum und ist mit den Namen A. A. Lazarus, J. Wolpe, H. J. Eysenck, S. Rachman und B. F. Skinner verknüpft. Diese Autoren betonten die Bedeutung teilweise unterschiedlicher Lernparadigmen und erarbeiteten verschiedene Schwerpunkte innerhalb der Verhaltenstherapie.

Zwischen 1960 und 1970 wurde die streng behavioristische Ausrichtung der Verhaltenstherapie verstärkt kritisiert und die Bedeutung von Kognitionen, d.h. nicht objektiv beobachtbarem Verhalten, für die Entstehung und Aufrechterhaltung psychischer Störungen mehr und mehr betont. Die Beschränkung auf beobachtbares (offenes) Verhalten wurde letztlich aufgegeben, und auch innere bzw. „verdeckte" Reize und Reaktionen wurden einbezogen (etwa Cautela 1966). Hiermit begann die sogenannte „kognitive Wende", der historisch gesehen innerhalb der Verhaltenstherapie die größte innovative Bedeutung beigemessen wird.

Ein anderer Ansatz, der zur Weiterentwicklung der Verhaltenstherapie geführt hat, ist etwa das „Modellernen" (Bandura 1969). Von Modellernen spricht man, wenn eine Person das Verhalten einer anderen Person aufgrund von Beobachtung des Verhaltens und seiner Konsequenzen nachahmt. Für die hier zugrundeliegenden Prozesse gibt es nun wiederum verschiedene theoretische Erklärungsmodelle, von nativistischen über Verstärkungs- bis hin zu kognitiven Theorien (vgl. DGVT 1986).

In der Folge der „kognitiven Wende" entwickelten sich einerseits durch eine Integration von kognitiven Konstrukten in schon bestehende therapeutische Techniken weiterführende Ansätze der kognitiven Verhaltenstherapie, andererseits auch relativ eigenständige „Kognitive Therapien" in der Tradition der Verhaltenstherapie.

Die Entwicklung kognitiver Therapien stellt eine Entwicklung innerhalb der Verhaltenstherapien dar, obwohl kognitive Therapien mit „klassischen" Verhaltenstherapien wenig gemein haben. Van Quekelberghe (1979) gibt folgende allgemeintypische Beschreibung von kognitiven Therapien:

> „Kognitive oder sogenannte semantische Therapien befassen sich sehr intensiv mit den subjektiven oder individuellen Bedeutungen von Ereignissen. Der Klient wird dazu aufgefordert, möglichst aktiv an der Eruierung und Interpretation der für die Lösung seiner Lebensprobleme relevanten Information mitzuarbeiten. Realistische Neuinterpretationen von Erfahrungen werden angestrebt. Kognitive Therapien erkennen den entscheidenden Einfluß von Umweltfaktoren auf das menschliche Außenverhalten an, sie betonen aber gleichzeitig die menschlichen Kontrollmöglichkeiten über diesen Umwelteinfluß. Folgerichtig werden den Selbstkontrollverfahren wichtige therapeutische Funktionen eingeräumt. Kognitive Therapien betonen im Gegensatz zum Konditionierungslernen komplexe Formen des Regellernens (Hypothesenbildung und -prüfung). Diesbezüglich lassen sich die kognitiven Therapien nur gegenüber der klassischen Verhaltenstherapieauffassung deutlich abgrenzen; was die sogenannte kognitiv orientierte Verhaltenstherapie angeht, sind kaum noch prinzipielle, sondern vorwiegend graduelle Unterschiede nachweisbar.
>
> In den kognitiven Therapien nehmen Klient-Therapeut-Gespräche häufig einen wichtigen Platz ein. Es wird aber für notwendig erachtet, je nach Therapieziel, Klient, Thema etc. unterschiedliche Gesprächsstile zu erarbeiten und anzuwenden. Es können je nach Therapieplan und -ziel Gesprächsformen eingesetzt werden, wie z.B. das informative Gespräch, das explorative Gespräch, das didaktische Gespräch, das persuasive Gespräch, das evozierte Selbstgespräch, das rollenvorgeschriebene Gespräch, das argumentativ-rationale Gespräch etc., etc. Es gibt keinen an sich maximal wirksamen Gesprächsstil, wie etwa den sogenannten ‚GT-Stil'. [Anmerkung der Autoren: Gemeint ist hiermit das in der Gesprächspsychotherapie zu realisierende Gesprächsverhalten.] Erst im Zusammenhang mit der differentiellen Therapieplanung können bestimmte Gesprächsformen wirksamer als andere sein ... Obgleich sich kognitive Therapien in diesem Punkt voneinander erheblich unterscheiden können, stimmen sie doch darin überein, daß dauerhafte Verhaltensänderungen in der Regel nicht nur durch Gespräche erzielt werden können. Die direkte Einübung von Handlungssequenzen in problematischen Situationen – unter simulierten oder realen Bedingungen – wird gefördert und meist als unerläßlich betrachtet (S. 21)".

Hauptvertreter der kognitiven (Verhaltens-)Therapien sind A. T. Beck (1979, Beck, Rush, Shaw und Emery 1992, Beck und Freemann 1993) und A. Ellis (etwa 1977), die beide ursprünglich psychoanalytisch arbeiteten. Dührssen (1985) sieht als verbindendes Element zwischen den

Theorien der „Kognitiven Therapie" nach BECK oder ELLIS und denen der Psychoanalyse das Konzept der Intentionalität, das von SCHULTZ-HENCKE (1927) in die Psychoanalyse eingeführt wurde, bleibt mit dieser Meinung aber nicht unumstritten (etwa HOMRIGHAUSEN 1986).

ELLIS und BECK können als Protagonisten eines Strukturmodells gesehen werden, in dem die Bedeutung von Kognitionen als strukturierende und steuernde Komponenten für emotionale, motivationale, physiologische und motorische Vorgänge hervorgehoben wird. Den Kognitionen wird also per se eine zentrale Bedeutung beigemessen, welche über die Berücksichtigung innerhalb der Konditionierungsparadigma (wie etwa bei CAUTELA 1966) hinausgeht.

Eine Integration von kognitiven und behavioralen Methoden nimmt D. H. MEICHENBAUM (etwa 1979) in seinen Ansätzen zur „Selbstverbalisation" vor und betont dabei die Bedeutung der „inneren Sprache" (LURIA 1959).

Zunehmende Bedeutung innerhalb der Verhaltenstherapie kommt seit den 70er Jahren auch den „Selbstkontrolltechniken" (vgl. KANFER 1977, KANFER, REINECKER und SCHMELZER 1991) zu. Hierbei wird die Selbstkontrolle des Klienten zum einen als Methode (Selbstbeobachtung, Selbstprotokollierung, Verhaltensanalyse des eigenen Verhaltens, Vertragsabschluß), zum anderen als Therapieziel (der Klient soll Kontrolle über Verhalten und Umweltbedingungen erlangen) verstanden (DGVT 1986).

1.2 Aktuelle theoretische Entwicklungen

Wegen der Inhomogenität der verhaltenstheoretischen Ansätze ist es schwierig, einen aktuellen Stand der Theorie zu umreißen. Kennzeichnend ist vielleicht, daß verhaltenstherapeutische Techniken zumeist in ein übergeordnetes theoretisches Modell des therapeutischen Handelns eingebettet werden.

GRAWE und DZIEWAS (1978) können mit ihrer „interaktionellen Verhaltenstherapie" als Vorläufer einer neuen Richtung innerhalb der Verhaltenstherapie gelten, in der der therapeutischen Beziehung eine zentrale Rolle beigemessen wird:

„Für eine erfolgreiche Therapie ist es notwendig, daß der Therapeut mit dem Patienten funktionierende Interaktionsmuster herstellt.

Funktionierende therapeutische Interaktionsmuster sind solche, in denen die interaktionellen Pläne des Patienten und das mit einem bestimmten therapeutischen Vorgehen verbundene interaktionelle Verhalten des Therapeuten komplementär zueinander sind.

Die Installierung eines funktionierenden Interaktionsmusters muß als eine ausdrückliche Aufgabe des Therapeuten verstanden werden. Um dieser Aufgabe gerecht werden zu können, muß der Therapeut im Zuge der Therapievorbereitung u.a. auf jeden Fall auch das Interaktionsverhalten des Patienten im Hinblick auf mögliche Probleme analysieren.

Für die Analyse komplexen zwischenmenschlichen Verhaltens schlagen wir eine Modifikation der herkömmlichen funktionalen Verhaltensanalyse vor, die wir vertikale Verhaltensanalyse nennen. Hauptziel der vertikalen Verhaltensanalyse ist es, die wichtigsten interaktionellen Pläne des Patienten herauszuarbeiten. Wichtige Informationen dafür kann der Therapeut aus seiner eigenen Interaktion mit dem Patienten beziehen, wobei dem nonverbalen Verhalten ein besonderer Stellenwert zukommt. Eine vertikale Analyse des Interaktionsverhaltens erscheint uns nicht nur notwendig, um unnötige Therapieabbrüche und therapeutische Mißerfolge zu vermeiden, sie ist auch ein nützliches Hilfsmittel zur Therapieplanung, insbesondere bei komplexen Störungen des Sozialverhaltens (S. 48)".

Die Autoren entfernen sich hiermit von der Symptomfixierung innerhalb der Verhaltenstherapie und beziehen die sogenannten „interaktionellen Pläne" des Klienten in Diagnostik („vertikale Verhaltensanalyse") und Therapie ein. Mit „interaktionellen Plänen" meinen sie vom Klienten erlerntes und auch in der therapeutischen Beziehung realisiertes Verhalten, welches vom Therapeuten in seiner Entwicklung und Funktionalität verstanden werden muß, damit überhaupt eine therapeutische Beziehung (als Grundlage jeder Veränderung) zustande kommt.

Auch HAND (1988) entwickelte eine „systemisch-strategische Verhaltenstherapie", die systemische und interaktionelle Überlegungen, eine „strukturierte Strategie der Entscheidungsfindung" und eine „funktionale Psychopathologie" beinhaltet.

Die neueste ausgearbeitete Therapie stellt die „Selbst-Management-Therapie" (KANFER, REIN-

ECKER und SCHMELZER 1991) dar, welche von einem „System-Modell" menschlichen Verhaltens und der zentralen Bedeutung der therapeutischen Beziehung ausgeht und in die Aspekte des „Problemlösens" und der „Selbstkontrolle" integriert sind. Das Konzept überschreitet somit deutlich die Grenzen traditioneller psychotherapeutischer Schulen.

Wir halten solch umfassende Modelle von Verhaltenstherapie, welche Beziehungen und Emotionen neben Verhalten und Kognitionen berücksichtigen und für ein anderes als ein rein funktionales Menschenbild stehen, für unabdingbar. Die Vorteile der Verhaltenstherapie gegenüber vielen anderen Therapieformen wie „Fundierung" (BUNGE 1967) in den psychologischen Grundlagenfächern und Effizienzkontrolle können auch bei dieser Umorientierung erhalten bleiben.

Andere neuere Theorien gehen noch weiter und verfolgen einen systemtheoretischen und strukturalistischen Ansatz, in dem der Mensch als „selbstreferentielles, autonomes System" (SCHIEPEK 1988, S. 5) die Veränderung innerhalb einer Psychotherapie als „selbstorganisierender Prozeß" SCHNEIDER (1988) gesehen wird. Auch GRAWE (1988) sieht mit Bezug auf PIAGET solche selbstaktiven „Schemata als grundlegende Organisationseinheiten psychischer Prozesse" (S. 41) und plädiert für ein heuristisches Verständnis von Psychotherapie. Diese Konzeptualisierungen von Verhaltenstherapie werfen eine Vielzahl wissenschaftstheoretischer Fragen auf und stellen selbst bisherige Bestimmungsstücke (etwa exakte vorherige Planung des therapeutischen Vorgehens) der Verhaltenstherapie in Frage. Hiermit steht die Verhaltenstherapie möglicherweise vor einer weitgehenden theoretischen Neuorientierung.

Der Versuch, den Therapieprozeß als Äquilibrationsprozeß zu verstehen, wird auch von tiefenpsychologisch orientierten Autoren gewagt (BROCHER und SIES 1986). Hieraus könnten sich für die Zukunft Ansatzpunkte einer übergreifenden gemeinsamen Metatheorie der Psychotherapie ergeben.

Unter dem Begriff „Verhaltensmedizin" wird die zunehmende Anwendung verhaltenstherapeutischer Konzepte innerhalb der (Somato-)Medizin verstanden (HAND und WITTCHEN 1989, MEERMANN und VANDEREYCKEN 1991, WAHL und HAUTZINGER 1989).

Als Stichworte seien hier nur die Erforschung und Veränderung von Bewältigungsprozessen bei chronisch Kranken genannt, wo bei der Beeinflussung der Krankheitsbewältigung neben anderen auch verhaltenstherapeutische Konzepte genutzt werden (BEUTEL 1990, SCHÜSSLER und LEIBING 1993, RÜGER, BLOMERT und FÖRSTER 1990), oder die Behandlung somato-psychischer und psycho-somatischer Erkrankungen, wie etwa chronischer Schmerzen (BASLER, FRANZ, KRÖNER-HERWIG, REHFISCH und SEEMANN 1990, LEIBING 1992).

Wegen der kaum noch zu übersehenden Fülle der inzwischen vorliegenden Einzelarbeiten zu diesem Gebiet sei an dieser Stelle nur auf die oben zitierten Übersichtsarbeiten zu bestimmten Themen verwiesen.

1.3 Psychoanalytische Konzepte im Rahmen der Verhaltenstherapie

1.3.1 Widerstand

CASPAR und GRAWE (1981) weisen darauf hin, daß sich schon früh in der verhaltenstherapeutischen Literatur Hinweise auf Widerstandsphänomene finden. Widerstand ist damit in der Verhaltenstherapie zwar bekannt, aber im Rahmen verhaltenstheoretischer Theoriebildung und insbesondere auf der Ebene der therapeutischen Techniken bis dahin weder beachtet noch konzeptualisiert worden. Einige Autoren (etwa DEVOGUE und BECK 1978, GOLDFRIED und DAVISON 1976) stellen innerhalb der Verhaltenstherapie Überlegungen für die Therapeut-Klient-Beziehung an, sehen das Phänomen des Widerstandes aber als lästiges und den Therapiefortschritt behinderndes Problem. CASPAR und GRAWE (1981) plädieren dafür, sich intensiver mit dem „Widerstandsverhalten" auseinanderzusetzen, um es letztlich für die therapeutische Situation fruchtbar machen zu können. Sie unterscheiden drei Formen des Widerstandes:

1. Widerstand gegen Veränderung eines erreichten Gleichgewichts

„Wenn das Problemverhalten als Teil eines größeren Problemlösungsversuchs aufzufassen ist, stehen einer Veränderung sinnvollerweise Kräfte entgegen, um eine Destabilisierung zu verhindern. Ein solch begründeter Widerstand darf natürlich nicht auf der Beziehungsebene, sondern muß auf der Inhaltsebene bearbeitet werden. ‚Es müßte ein umfassendes Verständnis der teilweise positiven Funktionen der Problematik des Patienten erarbeitet werden, um daraus evtl. ganz andere Ziele und andere Interventionspunkte abzuleiten'" (a.a.O. S. 199).

2. Widerstand als alltägliches menschliches Verhalten gegen Fremdbeeinflussung

„Die Einschränkung oder Bedrohung der Freiheit, zwischen allen wahrgenommenen Verhaltensalternativen frei wählen zu können, führt zu typischen Effekten, wie Höherbewertung der verbauten Alternative, Aggression gegen die einschränkende Person, vordergründig sinnlose Verhaltensweisen, mit denen sich das Individuum aber beweisen kann, daß es in seinem Verhalten frei ist, usw." (a.a.O. S. 199–200).

Entscheidend für die Bedeutung innerhalb der Therapie ist in diesem Fall die individuelle Lerngeschichte der Person. Hat sie beispielsweise schlechte Erfahrungen mit dem vom Therapeuten gezeigten Verhalten gemacht (z.B. direktives, fast autoritäres Vorgehen, wie etwa das der Eltern oder der Lehrer), so wird sie sich verstärkt gegenüber Beeinflussung wehren. Hat die entsprechende Person außerdem in ihrer Lebensgeschichte gelernt, daß eine „freundlich-submissive" Haltung, verbunden mit einem passiven Widerstand, bisher eine optimale Lösungsstrategie gegen Fremdbeeinflussung darstellte (gerade bei autoritärem Verhalten des anderen), ist es wahrscheinlich, daß sie in einer therapeutischen Situation, in der vom Therapeuten direktiv vorgegangen wird, mit dem gleichen Verhaltensrepertoire (freundlich-submissiv sein) reagiert. Dieses kann nach GRAWE und DZIEWAS (1978) zu einem zirkulären Interaktionsmuster zwischen Therapeut und Klient führen, da vom Klienten jede Veränderung als Beeinflussung durch den Therapeuten (und somit negativ) interpretiert wird. Lösungsversuche für diesen interaktionellen Widerstand müssen dementsprechend auf der Beziehungsebene ansetzen.

3. Widerstand als Unvereinbarkeit der interaktionellen Möglichkeiten des Klienten mit den interaktionellen Anforderungen an ihn

Während auf der Inhaltsebene eine spezielle Technik im Sinne einer differentiellen Indikation angemessen sein kann, kann auf der Beziehungsebene gerade diese Technik eine Überforderung des Klienten darstellen, die dann als Widerstandsverhalten aufgefaßt wird. Gerade bei dieser Form des Widerstands ist eine genaue Analyse des Interaktionsverhaltens des Klienten notwendig.

Zum allgemeinen Umgang mit dem Problem des „Widerstandsverhaltens" schlagen CASPAR und GRAWE (1980) die generelle Berücksichtigung der Therapeut-Klient-Interaktion in Form einer sogenannten „vertikalen Verhaltensanalyse" vor. Vertikale Verhaltensanalysen berücksichtigen die individuelle, biographische Lerngeschichte des Individuums in allen für die Therapie wichtigen Teilen, also nicht nur die Bedingungen und Konsequenzen, die in offensichtlich direkter Verbindung zum Symptom stehen.

Neben diesen diagnostischen Maßnahmen schlagen die Autoren konkrete therapeutische Maßnahmen für den Umgang mit Widerstand (differenziert nach der Form des Widerstandes) vor, wobei der Klient mit seinen individuellen Möglichkeiten den Maßstab darstellt.

Wie auch innerhalb der Psychoanalyse (vgl. etwa SANDLER, DARE und HOLDER 1986) existieren somit auch innerhalb der Verhaltenstherapie differenzierte Überlegungen zu Quellen und Arten des Widerstands und den jeweiligen Umgang damit, auch wenn die Beschäftigung mit diesem Phänomen innerhalb der Verhaltenstherapie noch keine lange Tradition besitzt.

Dem psychoanalytisch orientierten Leser wird deutlich geworden sein, daß der hier gebrauchte Begriff von Widerstand mit dem psychoanalytischen nicht voll übereinstimmt.

1.3.2 Das Unbewußte

Der Begriff des Unbewußten wird innerhalb der Verhaltenstherapie nicht explizit konzeptualisiert. Unbewußte Prozesse werden daher nicht direkt und in dieser Terminologie innerhalb der Therapie berücksichtigt. Das psychoanalytische Konstrukt der „unbewußten Konflikte" ist außerdem mit den Störungsmodellen innerhalb der Verhaltenstherapie nicht vereinbar.

Es wäre jedoch interessant, den in der Psychoanalyse ja weiter gefaßten Begriff des Unbewußten enger zu fassen und die Rolle von „unbewußten" Kognitionen innerhalb der Verhaltenstherapie zu diskutieren. Zum Begriff „Kognition" und seiner Definition meint VAN QUECKELBERGHE (1979),

> „daß solche Ausdrücke zu tun haben mit verdeckten, zu erschließenden Vorgängen und/oder Strukturen, welche sich in der Regel von emotionalen wie von motivationalen konativen Gegebenheiten unterscheiden lassen. Die Frage, ob und inwieweit Wahrnehmungsvorgänge und/oder -strukturen dazugehören, wird je nach Ansatz unterschiedlich beantwortet" (S. 3).

Bei der Bearbeitung von Kognitionen innerhalb der Verhaltenstherapie fällt auf, daß verschiedene Personen verschieden gut Zugang zu den ablaufenden kognitiven Prozessen herstellen können, so daß bis zu ihrer „Bewußtwerdung" ein oft langer und mühsamer Weg zurückzulegen ist. Dieser „Bewußtwerdung" kommt gerade innerhalb der Kognitiven Therapien große Bedeutung zu, in denen ja davon ausgegangen wird, daß kognitive Prozesse quasi automatisiert (und damit dem Bewußtsein zunächst nicht zugänglich) ablaufen und erst „bewußtgemacht" werden müssen.

Allenfalls entspräche dieses jedoch dem Begriff des „Vorbewußten" innerhalb der psychoanalytischen Terminologie. Hierunter werden Gedanken, Erinnerungen etc. gefaßt, die durch eine verstärkte Bemühung der Aufmerksamkeit bewußtgemacht werden können (BRENNER 1968). Somit stellt das Konzept des Unbewußten (mit der Betonung unbewußter Konflikte innerhalb der Psychoanalyse) gerade auch das Trennende zwischen Psychoanalyse und Verhaltenstherapie dar. PLÄNKERS (1986) geht sogar davon aus, daß die „Entfaltung des Unbewußten" durch eine explizite Zielformulierung wie in der Verhaltenstherapie

generell verunmöglicht würde. Aus diesem Grund spricht er sich auch gegen Integrationsversuche zwischen Verhaltenstherapie und Psychoanalyse aus.

1.3.3 Übertragung

Zum Begriff der Übertragung wird innerhalb der verhaltenstherapeutischen Theorien keine Aussage gemacht. In verhaltenstherapeutischen Störungsmodellen spielt Übertragung keine Rolle, braucht dementsprechend auch nicht innerhalb der Therapiemodelle berücksichtigt zu werden. Im Rahmen neuerer Ansätze, etwa der „interaktionellen Verhaltenstherapie" (etwa GRAWE und DZIEWAS 1978) werden Übertragungsphänomene jedoch als Teil der Beziehung zwischen Klient und Therapeut und als Quelle für Widerstand berücksichtigt. Hier läßt sich Übertragung als vom Klienten erlerntes Beziehungsmuster auffassen, welches innerhalb der „vertikalen Verhaltensanalyse" erfaßt und gegebenenfalls bearbeitet werden könnte.

2 Störungsmodell und Diagnostik in der Verhaltenstherapie

Innerhalb der Verhaltenstherapie gibt es kein einheitliches Störungsmodell für verschiedene psychische Störungen (wie etwa das Konfliktmodell innerhalb der Psychoanalyse), sondern (störungs-)spezifische Theorien, die von verschiedenen Gesetzmäßigkeiten der psychologischen Grundlagenfächer (etwa der Lern-, Gedächtnis-, Motivations- und Sozialpsychologie) ausgehen. Gemeinsam ist allen Modellen, daß sie einerseits Bezug nehmen auf empirisch gesicherte Erkenntnisse aus diesen Grundlagenfächern und andererseits Verhalten (und somit auch gestörtes Verhalten) als in jedem Lebensabschnitt erwerbbar und veränderbar annehmen. Sie basieren also auch nicht auf einem entwicklungspsychologischen Modell wie die Psychoanalyse, die bestimmte Störungsformen als in bestimmten Lebensabschnitten erworben ansieht. Es wird allerdings aufgrund empirischer Untersuchungen auch von einer Reihe psychoanalytischer Autoren verstärkt auf die Bedeutung späterer strukturverstärkender Momente in der weiteren Lebensgeschichte hingewiesen (SCHULTZ-HENCKE 1951, ERIKSON 1966).

Das klassische bio-medizinische Krankheitsmodell, welches besagt, daß Verhaltensstörungen als Symptome einer zugrundeliegenden Erkrankung, also innerer Krankheitsursachen bzw. Entitäten verstanden werden, wird abgelehnt und statt dessen das ursprünglich von dem Psychoanalytiker GEORG ENGEL (1977) vorgeschlagene bio-psycho-soziale Krankheitsmodell der Verhaltenstherapie zugrunde liegt. Hier findet sich eine Nähe zu modernen psychodynamisch orientierten Therapievorstellungen (etwa SCHÜSSLER 1995).

Neben diesen allgemeinen Vorstellungen gibt es innerhalb der Verhaltenstherapie eine Vielzahl störungsunspezifischer (etwa SKINNER 1969) und störungsspezifischer Modelle psychischer Störungen (etwa BECK, RUSH, SHAW und EMERY 1981), welche recht inhomogen sind. Auf diese kann hier nicht im einzelnen eingegangen werden (s. dazu DGVT 1986). Diese ursprünglich recht einfachen Modelle sind nicht zuletzt durch die Einbeziehung des „sozialen Lernens" immer komplexer und differenzierter geworden. Innerhalb dieser Entwicklung läßt sich eine Annäherung zwischen psychoanalytischen und verhaltenstherapeutischen Konzeptionen (bei immer noch unterschiedlichen Begrifflichkeiten) finden.

Sowohl beim Verständnis von psychischen Störungen als auch von Diagnostik und Therapie wird das gesamte Verhalten als kontinuierlicher und wechselseitig abhängiger (und damit dynamischer) Prozeß verstanden. Die notwendige Zerlegung in einzelne Elemente wie etwa Reiz (Stimulus, S), Reaktion (R) und Konsequenz (C) dient hierbei der Analyse und so dem Verständnis des gesamten Prozesses.

Ziel der verhaltenstherapeutischen Diagnostik ist allein die individuelle Therapieplanung, wobei die Klassifikation nicht im Vordergrund steht. Vielmehr geht es um die genaue Beschreibung der im Einzelfall vorliegenden Ursache des „Problemverhaltens". Unter Ursachen werden hierbei die verursachenden, auslösenden und aufrechterhaltenden Bedingungen verstanden. Insgesamt wird der diagnostische Prozeß als „Problemanalyse"

(vgl. CASPAR 1996, BARTLING 1992) gesehen, bei dem das Problem definiert, seine Bedingungen analysiert und Planungen für dessen Veränderungen durchgeführt werden. Entgegen der häufig noch vorherrschenden Meinung setzt die Verhaltenstherapie somit nicht allein am Symptom an, verliert das Symptom jedoch nicht aus dem Blickwinkel.

Zentraler Bestandteil im diagnostischen Prozeß ist dabei die funktionale „Bedingungsanalyse", die Suche nach Bedingungen, welche das Problemverhalten verursachen/aufrechterhalten. Das Ziel ist jedoch nicht die Erklärung von Verhalten, sondern im wesentlichen das Ingangsetzen von Veränderungen. Funktional bedeutet, daß Zusammenhänge zwischen Variablen verschiedener Bereiche hergestellt werden.

Ältestes Beispiel für die Bedingungsanalyse ist die klassische Form der Verhaltensanalyse („horizontale Verhaltensanalyse") nach der Verhaltensgleichung S-O-R-K-C (KANFER und PHILLIPS 1975). Dabei bedeuten

Stimulus, Situation (S):	Reize, welche dem Verhalten vorausgehen.
Bsp.: ⇒	Ängste treten in bestimmten Situationen auf, etwa beim Busfahren oder beim Lesen von Todesanzeigen oder Denken an den Tod.
Organismus (O):	Körperliche Voraussetzungen und Bedingungen.
Bsp.: ⇒	Konstitutionelle Hypotonie, Trainingsmangel mit hoher Herzfrequenz bei Belastung.
Reaktion, Verhalten (R):	Reaktion auf den Reiz. Reaktionen auf physiologischer Ebene: Tachykardie, Extrasystolen, Schwitzen und Zittern; kognitive Ebene: Denken an den eigenen Tod und an körperliche Erkrankung; Handlungsebene: Vermeidung von angstauslösenden Situationen, Schonhaltung.
Kontingenz (K):	Beschreibung des regelhaften
Bsp.: ⇒	Zusammenhangs zwischen

dem Verhalten und der Konsequenz.

Die unter C aufgeführten Konsequenzen treten immer dann auf, wenn der Patient über mögliche Krankheiten spricht, nicht wenn er symptomfrei ist.

Consequenz (C):   Konsequenzen, welche auf die
Bsp.:   ⇒   Reaktion folgen.
Soziale Konsequenzen: Zuwendung der Ehefrau bei Klagen. Rücksichtnahme am Arbeitsplatz, ggf. Krankschreibung; Interne Konsequenzen: Vermeidung führt zu Entlastung und Entspannung (Angstreduktion).

Inzwischen gibt es eine Vielzahl von Erweiterungen der klassischen horizontalen (aktueller Querschnitt) Verhaltensanalyse. So nahm die Anzahl der möglichen Bedingungsvariablen zu und umfaßt inzwischen das gesamte Spektrum psychologischer Theoriebildung. Zu nennen sind hier etwa Medikamente, Stressoren, Normen, Affekte, Selbstkonzepte, Veränderungsbereitschaft und andere theoretische Konstrukte. Auch wird heute das Systemmodell der Regulation menschlichen Verhaltens weitgehend als verhaltenstherapeutisches Basismodell zugrunde gelegt (vgl. KANFER und SCHEFFT, 1987). Hierbei werden unter systemischem Gesichtspunkt mehrere Ebenen des Verhaltens (Physiologie, Kognitionen, Emotionen, Verhalten) unterschieden und eine komplexe Interaktion mit wechselseitiger Rückkoppelung angenommen. Bei der Beschreibung und Analyse des Verhaltens, der situativen Bedingung und der Konsequenzen werden im Rahmen dieses Modells drei Ebenen unterschieden:

1. Die Alpha-Ebene bezeichnet alle von außen kommenden bzw. Umwelteinflüsse,
2. die intrapsychischen, jedoch nicht biologischen Prozesse werden in der Beta-Ebene zusammengefaßt, also etwa Gedanken, Gefühle, Einstellungen, Lernerfahrungen, und
3. in der Gamma-Ebene wird der biologische Bereich, also physiologische Strukturen, genetische und aktuelle Reaktionen zusammengefaßt.

Entsprechend der Weiterentwicklung verhaltenstherapeutischer Methoden sind folgende fünf Bereiche für eine umfassende Bedingungsanalyse notwendig.
1. Analyse der äußeren (Lebensumstände) Stressoren und körperlichen (Prädispositionen, Krankheiten) Rahmenbedingungen.
2. Verhaltensanalyse (Verhaltensauslösung, Verhaltensverstärkung, fehlendes Alternativverhalten).
3. Kognitionsanalyse, also Analyse von Vorstellungen und Gedanken, die das Problemverhalten begleiten (dysfunktionale/unlogische Kognition, mangelnde Bewältigungskognitionen).
4. Motivationsanalyse, also Analyse langfristiger Ziele, welche das Handeln beeinflussen.
5. Beziehungsanalyse, also Ausführung und Funktion der Beschwerden für das soziale Umfeld.

3 Behandlungsziele, Behandlungsplanung und Indikation

Die Therapieplanung und die Festlegung der Therapieziele ergeben sich aus der funktionalen Bedingungsanalyse. Daraus ergeben sich verschiedene mögliche Behandlungsansätze für ein und dieselbe Störung. Pragmatisch kann mit SCHULTE (1986) davon ausgegangen werden, daß eine Methode „im Einzelfall dann prinzipiell indiziert" ist, wenn „die Methode (für das Problem, E.L.) nachweislich effektiv ist." (a.a.O., S. 36) Dieses ist bei einer Vielzahl von psychischen Störungen (etwa Angststörungen, affektiven Störungen, somatoformen Störungen) der Fall (MEYER, RICHTER, GRAWE, V. D. SCHULENBURG und SCHULTE 1991, GRAWE 1992, GRAWE, DONATI und BERNAUER 1994). Der Autor betont, daß bei gleichen Störungen also durchaus unterschiedliche Therapieverfahren indiziert sein können.

Die Auswahl der einzelnen Verfahren innerhalb der Verhaltenstherapie ist dabei von der theoretischen Orientierung des Therapeuten, von der Bedeutung (Hierarchie) der Ziele und von der praktischen Kombinierbarkeit abhängig. Die Therapieziele in der Verhaltenstherapie werden individuell festgelegt, wobei besonderer Wert auf die Einbeziehung des Patienten in die Therapiezielbestimmung gelegt wird (Selbstbestimmung). Gerade bei der Durchführung konkreter verhaltenstherapeutischer Techniken kann keine Intervention ohne explizite Festlegung von (zumindest vorläufigen) Zielen erfolgen.

4 Behandlungstechniken

Die Methoden (Techniken) der Verhaltenstherapie lassen sich nach den zugrundeliegenden Lernmechanismen grob in vier Gruppen aufteilen. Für jede Gruppe soll beispielgebend zumindest eine Technik verdeutlicht werden. Die im Kapitel 4.4 beschriebenen Techniken haben sich zu eigenständigen Therapieformen entwickelt; diese können wegen ihrer Komplexität ohne verfälschende Simplifizierung nicht verkürzt dargestellt werden. Für eine ausführlichere Darstellung der Kapitel 4.1, 4.2 und 4.3 sei etwa auf FLIEGEL, GROEGER, KÜNZEL, SCHULTE und SORGATZ (1994), DGVT (1986) und REINECKER (1994) verwiesen.

4.1 Stimuluskontrolle

Bei diesen Techniken werden dem Patienten Bewältigungsstrategien beim Umgang mit schwierigen Situationen, in der Praxis hauptsächlich angstauslösende Situationen (vgl. MARGRAF und SCHNEIDER 1989), vermittelt. Die Aufgabe des Therapeuten besteht darin, den Patienten anzuleiten, die wegen der Angst vermiedenen Situationen (etwa enge Räume bei der Klaustrophobie) wieder aufzusuchen, damit es zu einer Löschung und zur Bewältigung der Angst kommen kann.

Einzelne Techniken sind etwa die Systematische Desensibilisierung, Reizüberflutung, Exposition und Angstbewältigungstraining. Sie lassen sich danach unterscheiden, ob die Situation (Reiz) in der Wirklichkeit (in vivo) oder in Gedanken (in sensu) aufgesucht wird sowie nach der Art der Reizkonfrontation.

Bei der Systematischen Desensibilisierung wird eine genaue Abstufung der angstauslösenden Situationen (Angsthierarchie) erstellt und der Pa-

tient schrittweise an zunehmend schwierige Situationen herangeführt. Zwischen den einzelnen Situationen soll sich der Patient entspannen. Die zuvor gelernte Entspannung (Progressive Muskelentspannung) wird als antagonistisch zur Angstreaktion verstanden und soll diese reduzieren. Die Systematische Desensibilisierung wurde von Wolpe in den 50er Jahren entwickelt und stellt das älteste Verfahren zur Stimuluskontrolle dar.

Bei der Exposition findet eine nicht gestufte Konfrontation mit den angstauslösenden Situationen statt. Die angstauslösenden Situationen werden zunächst zusammen mit dem Patienten aufgesucht, bis das Angstniveau sich in der gefürchteten Situation reduziert hat. Wichtig ist hierbei, daß das übliche Vermeidungsverhalten (weggehen, sich ablenken, „Augen zu und durch") verhindert wird. Hierdurch macht der Patient die Erfahrung, daß die Angst nicht endlos stärker wird und daß er die Fähigkeit hat, die Situation zu bewältigen.

Bei der Reizüberflutung (flooding) beginnt die Therapie mit Situationen, welche starke Angst auslösen. Hierbei findet die Therapie an mehreren Tagen hintereinander und für einige Stunden statt (massierte Übung). Es gibt wissenschaftliche Hinweise darauf, daß unter den ohnehin bei Angststörungen sehr wirksamen Verfahren der Stimuluskontrolle die Reizüberflutungsverfahren mit massierter Übung am wirksamsten sind (FIEGENBAUM 1988).

Entscheidend für die dauerhafte Effektivität aller Verfahren ist, daß die Durchführung der Therapie schrittweise vom Patienten selbst übernommen wird.

4.2 Konsequenzkontrolle

Die Techniken basieren hauptsächlich auf dem instrumentellen Konditionieren. Durch Arrangement der Konsequenzen soll erwünschtes Verhalten (Zielverhalten) aufgebaut (positive Verstärkung), unerwünschtes Verhalten (Problemverhalten) abgebaut (operante Löschung) werden.

Einzelne Techniken sind etwa Reaktionskontingente Verstärkung, Operante Löschung und Münzökonomien (token economy). Theoretisch auch ableitbaren Bestrafungsverfahren kommt in der Praxis keine Bedeutung zu. Unter Token werden Objekte mit Tauschwert (etwa Geld) verstanden, in der Sprache des operanten Konditionierens also generalisierte positive Verstärker, welche kontingent zur Anwendung kommen können und so den Aufbau von Verhalten erleichtern.

In der Praxis kommen diese Verfahren, welche häufig auch kritisch diskutiert werden (Stichwort Dressur), allein eher selten zur Anwendung. Eine größere Rolle in der Praxis spielt die Einbeziehung von (positiven) Verstärkern in Therapieprogramme, auch in Selbstkontrollprogrammen.

4.3 Modellernen

Diese Techniken nehmen eine Mittelstellung zwischen klassischen verhaltenstherapeutischen und kognitiven Methoden ein. Sie spielen in verschiedenen Therapieprogrammen (etwa im Rollenspiel oder im Training von Selbstsicherheit und sozialer Kompetenz) eine entscheidende Rolle.

Das Selbstsicherheitstraining (Assertive Training Program) oder auch Training sozialer Kompetenz stellt ein komplexes therapeutisches Programm dar, bei dem verschiedene Techniken in Kombination zum Einsatz kommen. Ziel ist die Verbesserung der sozialen Interaktion, wobei der Abbau von sozialer Angst und der Aufbau von konkreten sozialen Fertigkeiten im Vordergrund steht. Theoretisch soll soziale Angst gehemmt und durch Modellernen und operante Verstärkung soziales kompetentes Verhalten aufgebaut werden. Konkretes Vorgehen: Ausgangspunkt sind die sozialen Probleme des Patienten, anhand derer geeignete Rollenspielsituationen und realistische Übungsziele herausgearbeitet werden. Der Patient erhält ein Modell für das gewünschte Verhalten, entweder durch den Therapeuten oder durch ein anderes Gruppenmitglied. Anschließend wird das Verhalten in Rollenspielen (Verhaltensübungen) und dann in Realsituationen eingeübt. Neben dem therapeutischen hat das Selbstsicherheitstraining auch einen stark pädagogischen Charakter. Die Durchführung in Gruppen ist hier sehr sinnvoll, wobei es auch Gruppenprogramme mit standardisierten Inhalten (etwa „Nein-Sa-

gen", „Gefühle-Zeigen", „Eigene-Wünsche-Äußern") gibt. Folgende praktische Übungen werden im Selbstsicherheitstraining häufig durchgeführt:

- Jemanden nach dem Weg oder nach der Uhrzeit fragen.
- Auf einem reservierten Platz (Zug, Kino, Theater) bestehen.
- Etwas in einem Geschäft umtauschen (Kleidung, Schuhe).
- Sich ausführlich beraten lassen, ohne etwas zu kaufen.
- Eigene Gefühle (gegenüber Partner, Eltern Freunden) äußern.
- Etwas beanstanden oder kritisieren (Bedienung, Service, Essen).
- Auseinandersetzung mit Vorgesetzten, Vermieter, Eltern wegen berechtigter Interessen.

4.4 Kognitive Verfahren

Die unter dem Begriff „Kognitive Verfahren" zusammengefaßten Techniken basieren auf Modellen des kognitiven Lernens. Kognitionen werden als entscheidende Größe für therapeutische Veränderungen angesehen. Wegen ihrer Komplexität kann die Mehrzahl der Verfahren als eigene Therapieform bezeichnet werden. Hierzu gehören die „Kognitive Therapie" (BECK, RUSH, SHAW und EMERY 1981), die „Rational-Emotive-Therapie" (ELLIS, 1977), die „Multimodale Verhaltenstherapie" (LAZARUS 1978, 1995), das „Streßimpfungstraining" (MEICHENBAUM 1985), das „Problemlösetraining" (GOLDFRIED 1980) sowie Selbstkontrolltechniken (etwa die „Self-Management-Therapie", KANFER, REINECKER und SCHMELZER 1991). Zur umfassenden Darstellung der einzelnen Therapien muß auf die jeweiligen Lehrbücher bzw. Therapiemanuale verwiesen werden.

5 Beziehungen zwischen Verhaltenstherapie und Psychoanalyse

Der schon traditionellen Auseinandersetzung zwischen Verhaltenstherapie und Psychoanalyse gewinnt PONGRATZ (1983) auch positive Elemente ab:

> „Polemik, Auseinandersetzung trennt nicht nur, sie führt auch zusammen. In der Kontroverse sind beide Seiten gezwungen, sich miteinander zu befassen, den Gegner kennenzulernen. Ungenaue Kenntnis der jeweils anderen Position macht es der Gegenpartei leicht zu polemisieren, Argumente und Logik zurückzuweisen, sich „verkannt" zu fühlen. Das Kennenlernen der Auffassung des anderen aber ist bereits eine erste Annäherung, eine Art „Einverleibung" (im Sinne FREUDS). Besser-Kennen bedeutet in der Regel auch Besser-Verstehen und das ist ein Brückenschlag (S. 232–233).

Die Mehrzahl der Autoren sowohl von psychoanalytischer als auch verhaltenstherapeutischer Seite stehen einer Annäherung oder gar Integration beider Psychotherapierichtungen jedoch ablehnend gegenüber. Hauptargument ist hierbei der wissenschafts- und erkenntnistheoretische Unterschied der Therapierichtungen und das Fehlen einer übergeordneten Metatheorie (vgl. KEUPP und KRAIKER 1984).

Teilweise rührt die Ablehnung aber auch von Unkenntnis der jeweiligen „Gegenseite" her. So wie von manchen Analytikern neuere Entwicklungen innerhalb der Verhaltenstherapie ignoriert werden, werden ebenso von manchen Verhaltenstherapeuten modifizierte psychoanalytische Konzepte (etwa DÜHRSSEN 1988, HEIGL-EVERS und STREECK 1985) nicht wahrgenommen.

Integrationsversuche (etwa von WITTMANN 1981, WACHTEL 1981) stoßen zwar nur teilweise auf Sympathie, trotzdem wird in der therapeutischen und klinischen Praxis vermehrt pragmatisch integriert oder zumindest kombiniert. Dieser Widerspruch zwischen hohem theoretischem Anspruch und ausgeübter Praxis steht nach wie vor unaufgelöst im Raum. Wir wollen versuchen, die verschiedenen Standpunkte darzustellen.

PEREZ (1980) steht von verhaltenstherapeutischer Seite einer Methodenintegration generell skeptisch gegenüber und spricht sich statt dessen für eine differentielle Indikation aus. Allein schon Sprachschwierigkeiten, d.h. die Verwendung unterschiedlicher Begrifflichkeiten für ähnliche „Entitäten" bzw. die Verwendung ähnlicher Begriffe für Unterschiedliches, stellen nach seiner Meinung eine nicht zu überwindende Hürde dar. Auch nach WESTMEYER (1978) ist für die Methodenintegration eine einheitliche Sprache für Problemklassifikation, Therapieziele und die psychotherapeutischen Methoden Voraussetzung. Eine häufig auf der Ebene der psychotherapeutischen Praxis durchgeführte Methoden-„Integration" ist nach PEREZ (1980; vgl. auch MINSEL 1981) ebenfalls abzulehnen:

> „Ich nehme an, daß die psychologische Integration in der Kognition der einzelnen Therapeuten ideosynkratischen Charakter hat und zwar unter der Zugrundelegung sehr unterschiedlicher Kriterien und Ansprüche. Vermutlich handelt es sich normalerweise eher um die Verfügbarkeit über ein Konglomerat von Methoden als um eine Methodenintegration, d.h., daß der Therapeut über eine Reihe von Methoden verfügt, die er nach eigenen Kriterien anwendet. In diesem Fall stellt sich das praktische Problem der differentiellen Indikation" (S. 53).

PLÄNKERS (1986) spricht sich von analytischer Seite am entschiedensten gegen eine Integration aus und meint, daß „die klassische Psychoanalyse kein Interesse an einer Integration mit verhaltenstherapeutischen Verfahren haben kann, da diese kein geeignetes methodisches Hilfsmittel für ein Unternehmen darstellt, das auf die Emanzipation des Patienten aus eigener Selbstverborgenheit gerichtet ist" (S. 202). Zur Integration von psychoanalytischen Elementen in die Verhaltenstherapie vertritt der Autor die Meinung, daß es grundsätzlich unmöglich sei, die „Psychoanalyse quasi als Baustein innerhalb einer Verhaltenstherapie zu verwenden, da die geforderte Offenheit der psychoanalytischen Situation stets in Widerspruch zum technischen Ziel therapeutischer Übungen geraten muß" (S. 205). Die „Entfaltung des Unbewußten" würde durch eine explizite Zielformulierung wie in der Verhaltenstherapie verunmöglicht. Auch eine Integration von Psychoanalyse und Verhaltenstherapie, wie sie beispielsweise von WITTMANN (1981) und WACHTEL (1981) vertreten wird, lehnt PLÄNKERS strikt ab. Unter einer solchen Verkettung von Techniken auf psychoanalytischem Boden würde die Psychoanalyse leiden, da ihr zentrales Element, die Entfaltung und Bearbeitung einer Übertragungsneurose, verunmöglicht würde.

Eine Ursache für die deutlich konträren Standpunkte der beiden Therapierichtungen sieht DÜHRSSEN (1988) in der unterschiedlichen Lerngeschichte der beiden „wissenschaftlichen Kollektive".

In der Ablehnung einer Integration bzw. kombinierten Anwendung von Verhaltenstherapie und Psychoanalyse stimmen die von der „Kassenärztlichen Bundesvereinigung" beauftragten psychoanalytischen und verhaltenstherapeutischen Fachgutachter überein:

> „Psychoanalytisch begründete Verfahren und Verhaltenstherapie sind nicht kombinierbar, weil die Kombination der Verfahren zu einer Verfremdung der methodenbezogenen Eigengesetzlichkeit des therapeutischen Prozesses führen kann" (Psychotherapie-Richtlinien 1987, S. 6).

WACHTEL (1981) spricht sich hingegen von analytischer Seite dafür aus, verhaltenstherapeutische Methoden in einen übergeordneten Rahmen psychoanalytischer Theorien zu integrieren. Der Autor legt hierzu eine umfassende Kritik an Psychoanalyse und Verhaltenstherapie vor und entwickelt einen interpersonellen Ansatz, wenn auch ohne übergeordnete Metatheorie.

Eine Annäherung würde jedoch nicht unbedingt zu einer „Einheitspsychotherapie" führen, dafür dürfte einerseits der jeweilige historische und wissenschaftstheoretische Schwerpunkt zu unterschiedlich gesetzt sein und andererseits eine übergeordnete Metatheorie fehlen.

Den Versuch einer solch übergeordneten Metatheorie versucht GRAWE (1995) mit seiner „Allgemeinen Psychotherapie". Die bisherigen therapeutischen Schulen sieht er generell als überholt an, da sie es nicht geschafft hätten, scheinbar widersprüchliche Erkenntnisse aus der Psychotherapieforschung zu erklären. Er plädiert deshalb für Theorien „zweiter Generation", welche auch die aktuellen empirischen Ergebnisse der Psychotherapieforschung integrieren müßten. Als gesicherte Bestandteile einer allgemeinen psychotherapeutischen Veränderungtheorie postuliert Grawe die vier therapeutischen Wirkprinzipien „Ressourcenaktivierung", „Problemaktualisierung", „Aktive Hilfe zur Problembewältigung" und „Klä-

rungsperspektive" und macht diese zu zentralen Bestandteilen einer von ihm entworfenen „Allgemeinen Psychotherapie". Klassifiziert man die bisherigen Therapieschulen nach diesen vier Wirkprinzipien, so hat nach Meinung von GRAWE (a.a.O., S. 141) die klassische Psychoanalyse ihren Schwerpunkt im Überschneidungsbereich der „Klärungsperspektive" und der „Problemaktualisierung", während die klassische Verhaltenstherapie gerade hier einen „blinden Fleck" aufweist.

Auch ORLINSKY (1994) schlägt mit seinem „Generic Model of Psychotherapy" ein konzeptionelles Rahmenmodell für den psychotherapeutischen Prozeß vor, welches ein integratives psychotherapeutisches Arbeiten ermöglichen soll. Der psychotherapeutische Prozeß an sich wird dabei unten folgenden 6 Aspekten betrachtet:

- der formale Aspekt (Therapievertrag),
- der technische Aspekt (therapeutische Maßnahmen),
- der interpersonale Aspekt (therapeutische Beziehung),
- der intrapersonale Aspekt (innere Selbstbezogenheit),
- der klinische Aspekt (unmittelbare Auswirkungen der Therapiesitzung) und
- der zeitliche Aspekt (sequentiell verlaufender Prozeß).

Unter dem Schlagwort „Learning from Many Masters" plädiert ORLINSKY damit eher für eine adaptive therapeutische Vorgehensweise, als für eine Integration verschiedener therapeutischer Schulen. Es bleibt abzuwarten, ob sich die verschiedenen Therapierichtungen weiter annähern werden. Ohne eine übergeordnete Metatheorie, welche außerdem allgemein akzeptiert sein müßte, ist dieses wohl nur dadurch möglich, daß sich beide Seiten jeweils von den Konzepten und Techniken der anderen Seite anregen lassen, die jeweiligen Begriffe in ihr theoretisches Bezugssystem zu übersetzen und so zu integrieren ohne ihr Profil zu verlieren. Die Ansätze von psychoanalytischer (WACHTEL 1981) und verhaltenstherapeutischer Seite (WITTMANN 1981, CASPAR und GRAWE 1980) sind erste Schritte in diese Richtung.

6 Aus-, Fort- und Weiterbildung

Da die Verhaltenstherapie sich aus der akademischen Psychologie heraus entwickelt hat, werden für alle Diplom-Psychologen z.T. schon im Grundstudium des Diplom-Studiengangs Psychologie die wissenschaftstheoretischen, methodischen und grundlagenwissenschaftlichen Kenntnisse zur Verhaltenstherapie vermittelt. Bei der Wahl des Schwerpunktes „Klinische Psychologie" im Hauptstudium ist an den entsprechenden Universitäten darüber hinaus die Vermittlung von genuin verhaltenstherapeutischen Theorien und Methoden gegeben.

Die außeruniversitäre Aus-, Fort- und Weiterbildung findet nicht staatlich, sondern in privaten Ausbildungsorganisationen (Verbänden) statt. Hier ist als größte und älteste Organisation die „Deutsche Gesellschaft für Verhaltenstherapie" (dgvt) zu nennen, zu der vermehrt auch andere Ausbildungsorganisationen hinzukommen.

Die Verbände, welche eine von der „Kassenärztlichen Bundesvereinigung" anerkannte Ausbildung anbieten, sind im „Deutschen Fachverband für Verhaltenstherapie" (DVT) zusammengeschlossen. Einen Überblick über die Vielzahl der Organisationen liefert die Fachzeitschrift „Verhaltenstherapie" mit ihrem „Mitteilungsforum für Verbände". Darüber sind in Kooperation zwischen der „Deutschen Gesellschaft für Psychologie", dem „Berufsverband Deutscher Psychologen" und universitären Einrichtungen Ausbildungsinstitute nicht privater Träger entstanden.

In den sog. „Psychotherapie-Vereinbarungen" zwischen der Kassenärztlichen Bundesvereinigung und den Verbänden der Krankenkassen wurden die Ausbildungsrichtlinien der Verhaltenstherapie an die der psychoanalytisch orientierten Verfahren formal angeglichen.

 # 7 Fallbeispiel

> Zur Demonstration wurde eine Falldarstellung gewählt, welche in Umfang und Inhalt einem üblichen Kassenantrag angepaßt wurde.

7.1 Vorstellungsgrund und Symptomatik

Die 40jährige, seit 10 Jahren verwitwete Büroangestellte kommt wegen einer massiven Schmerzsymptomatik (rezidivierende Rückenschmerzen, Hüft- und Beinschmerzen) bei vorliegender organischer Veränderung (Femur-Trümmerfraktur, Bandscheibenprolaps) und einer ausgeprägten depressiven Symptomatik (Schlafstörungen, Niedergeschlagenheit, Grübeln, Perspektivlosigkeit, sozialer Rückzug) auf Überweisung der Schmerzambulanz zur Therapie. Weiterhin wird eine „harte Haltung" deutlich, durch welche die depressive Symptomatik zunächst überspielt und bagatellisiert wird („Ich kann mir das nicht erlauben!"). Die depressive Symptomatik besteht seit dem Tod des Ehemannes, verstärkt seit der bestehenden Arbeitslosigkeit. Zeitgleich hat auch die Schmerzsymptomatik zugenommen. Durch eine stationäre orthopädische Behandlung und die in der Klinik stattfindenden Gespräche beim Psychologen erkannte die Patient erstmals Zusammenhänge zwischen ihrer Biographie und ihrer Symptomatik. Daraus entwickelte sich eine Motivation für eine ambulante Psychotherapie.

7.2 Lerngeschichtliche Entwicklung

Als älteste von 4 Töchtern wuchs die Patientin in massiv belasteter Familie auf. Der immer wiederkehrende Vorwurf der Mutter an die Patientin war: „Deinetwegen kann ich mein Leben nicht leben." Die Patientin war der „Heiratsgrund" gewesen. Wut und Zorn über die „unglückliche Ehe" ließ die Mutter regelmäßig an der Patientin aus, sie wurde „drangsaliert, schikaniert, ungerecht bestraft und geschlagen". Die Wutausbrüche der Mutter prägten so die familiäre Atmosphäre, gleichzeitig hatte die Patientin Angst vor Zurückweisung durch die Mutter.

Der Ehemann der Patientin sei wie sie ein „Eigenbrötler" gewesen und verstarb sehr früh an Darmkrebs. Das einzige Kind ist inzwischen selbständig, die Patient ist seit 4 Jahren arbeitslos, auch aufgrund der Folgen eines Verkehrsunfalls.

7.3 Verhaltensanalyse

Verhaltensexzesse: „harte Haltung", offenes Schmerzverhalten, depressive Kognitionen und Hilflosigkeit („mir passiert immer das Schlimmste", „was ich anfasse, geht schief", „wer weiß, was als Nächstes passiert").

Verhaltensdefizite: sozialer Rückzug, Nicht-Äußern von Gefühlen, Unfähigkeit, zu entspannen.

Verhaltensaktiva: gute Introspektionsfähigkeit, kämpferische Haltung, Andeutung einer Lebensperspektive (Umschulung).

Die **entwicklungs- und soziale Komponente** (vertikale Verhaltensanalyse) der Symptomatik ist die Lernerfahrung der Patientin bezüglich des Umgangs mit Gefühlen und Konflikten. Insbesondere die „harte Haltung", das Zusammenreißen, war in der Kindheit zum „psychischen Überleben" notwendig. Auch in der Ehe war diese Haltung zunächst nötig (Aufbau einer Firma) und wurde entsprechend operant verstärkt. Gleichzeitig scheint diese Haltung die Trauer um den Verlust des Ehemannes verhindert zu haben. Negative **Kognitionen** (hilflos, ausgeliefert, ungeliebt und überflüssig zu sein) wurden in der Erziehung vermittelt und nach dem Tod des Ehemannes aktiviert.

Antezedente Bedingung für die depressive Symptomatik ist der Tod des Ehemannes, für die Schmerzsymptomatik die organischen Veränderungen nach einem Unfall. Das Scheitern eines Arbeitsversuchs und die Arbeitslosigkeit führte zu einer Zunahme des Gefühls von Insuffizienz, Nicht-Kontrolle und Hilflosigkeit (Stimulus).

Auf **physiologischer Ebene** ist durch den Unfall und die multiplen therapeutischen Interventionen (OP) von einer Senkung der Schmerzschwelle und erhöhten nozizeptiven Reizen auszugehen (Organismus).

Auf der **kognitiven/emotionalen** Seite spielen die Hilflosigkeit, die negativen kognitiven Schemata und die damit verbundene Depressivität und Passivität eine entscheidende Rolle bei der Aufrechterhaltung der Schmerzsymptomatik. Schmerz, Depression und Hilflosigkeit stehen in einem wechselnd-dependenten Zusammenhang und erhalten sich wechselseitig aufrecht. Eine adäquate Auseinandersetzung mit der Erkrankung und vor allem dem Tod des Ehemannes fehlt, der depressive Rückzug fördert die Schmerzsymptomatik. Gefühle der Trauer und Enttäuschung finden ihren Ausdruck im Schmerz (Reaktion, Kognition, Emotion, Verhalten). Entsprechend ist von einem Verstärkerverlust auszugehen.

Deutlich wird die **operante Verstärkung** des Ausdrucks von Schmerzen (offenes Schmerzverhalten) durch die Aufmerksamkeit von Kind und Restfamilie. Zuwendung ist stark an den Ausdruck von Schmerz gekoppelt und führt so zu dessen Verstärkung (Konsequenz).

7.4 Diagnose

anhaltende dysthyme Störung (ICD-10: F34.1)
anhaltende somatoforme Schmerzstörung (ICD-10: F46.4)

7.5 Therapieziel und Behandlungsplan

Ausgehend vom Wunsch der Patientin war zunächst wichtig, auf die Schmerzsymptomatik einzugehen, ohne das Schmerzverhalten weiter (durch Zuwendung) zu verstärken. Zur Durchbrechung des Kreislaufs Schmerz-Hilflosigkeit-Depression-Schmerz wurden daher konkrete Schmerzbewältigungs-Strategien (Entspannung, Imagination, Ablenkung, positive Gedanken) vermittelt, eingeübt und in den Alltag übertragen. Positive Verstärker (soziale Verstärkung den Therapeuten) stabilisieren das neue Verhalten. Ziel war eine aktive und konstruktive Auseinandersetzung mit dem Schmerz und ein Abbau der Hilflosigkeit.

Im Therapieverlauf trat die Auseinandersetzung mit dem Tod des Ehemannes und den damit verbundenen Gefühlen von Trauer und Enttäuschung in den Vordergrund. Dieses zeigte sich schon in der Anamnese-Erhebung. Durch ein entsprechendes Therapeutenverhalten (Herstellen einer tragenden Beziehung) wurde die Grundlage für das Erleben der Gefühle von Trauer und Enttäuschung geschaffen. Gleichzeitig war im Sinne der „Kognitiven Therapie" von Beck eine Bearbeitung der hiermit in Zusammenhang stehenden depressiven Kognitionen nötig. Das Beziehungsverhalten der Patientin, einschließlich der kognitiven Pläne für die Zukunft, wurde hinterfragt und im Rahmen einer kognitiven Umstrukturierung verändert. Insbesondere wurde eine neue berufliche Perspektive erarbeitet. Der direkte Ausdruck von eigenen Wünschen und dessen Umsetzung wurde durch Rollenspielübungen verbessert. Angenehme Tätigkeiten bauten als positive Verstärker das neue Verhalten auf.

7.6 Verlauf

Es fand eine Verhaltenstherapie über 70 Stunden im Zeitraum von 2 Jahren statt.

Die Schmerzsymptomatik konnte dahingehend verändert werden, daß die Patientin aktiv zur Bewältigung beiträgt, die Hilflosigkeit also abgebaut wurde. So führt sie sowohl krankengymnastische Übungen als auch sporttherapeutische Übungen zum Aufbau der Muskulatur regelmäßig durch. Die affektive Beurteilung des Schmerzes hat sich deutlich, die erlebte Schmerzintensität nur mäßig verändert. Das offene Schmerzverhalten ist deutlich reduziert. Wünsche und einige Erwartungen an andere können leichter geäußert werden, die Patientin kann sich gegenüber anderen besser abgrenzen.

Die Depressivität ist nach einem Anstieg zu Beginn der Therapie ganz abgeklungen.

Die Patientin hat für sich eine neue Berufsperspektive entwickelt und ein halbes Jahr vor Abschluß der Therapie eine geförderte Umschulung begonnen. Auch in diesem Rahmen haben sich die sozialen Kontakte deutlich verbessert.

–◻–

Literaturverzeichnis

Bandura, A. (1969): Principles of behavior modification. New York: Holt, Rinehart und Winston.

Bartling, G. (1992): Problemanalyse im therapeutischen Prozeß. Stuttgart: Kohlhammer.

Basler, H.-D.; Franz, C.; Kröner-Herwig, B.; Rehfisch, H. P. und Seemann, H. (1990): Psychologische Schmerztherapie. Berlin: Springer.

Beck, A. T. (1979): Wahrnehmung der Wirklichkeit und Neurose. München: Pfeiffer.

Beck, A. T., Rush, A. J., Shaw, B., Emery, G. (1992): Kognitive Therapie der Depression. Weinheim: PVU.

Beck, A. T. und Freemann, A. (1993): Kognitive Therapie der Persönlichkeitsstörungen. Weinheim: PVU.

Beutel, M. (1988): Bewältigungsprozesse bei chronischen Erkrankungen. Weinheim: VCH.

Brenner, C. (1968): Grundzüge der Psychoanalyse. Frankfurt: S. Fischer. (Originalausgabe: (1955): An elementary textbook of psychoanalysis. International University Press.

Brocher, T. H. und Sies, C. (1986): Psychoanalyse und Neurobiologie. Zum Modell der Autopoiese als Regulationsprinzip. Stuttgart: frommann-holzboog.

Bunge, M. (1967): Scientific research I/II. New York: Springer.

Caspar, F. (Hrsg.) (1996): Psychotherapeutische Problemanalyse. Tübingen: DGVT.

Caspar, F. M. und Grawe, K. (1980): Der Widerspenstigen Zähmung? Eine interaktionelle Betrachtung des Widerstandphänomens in der

Verhaltenstherapie. In: W. Schulz und M. Hautzinger (Hrsg.): Klinische Psychologie und Psychotherapie, Kongreßbericht Berlin, Tübingen/Köln: DGVT/GwG, Band 1, 195–208.

Caspar, F. M. und Grawe, K. (1981): Widerstand in der Verhaltenstherapie. In: H. Petzold (Hrsg.): Widerstand – Ein strittiges Konzept in der Verhaltenstherapie. Paderborn: Junfermann, 349–384.

Cautela, J. R. (1966): Treatment of compulsive behavior by covert sensitization. Psychological Record, 16, 33–41.

DeVogue, J. T. und Beck, S. (1978): The Therapist-Client Relationship in Behavior Therapy. In: M. Hersen, M. Eisler and P. Miller (Eds.): Progress in Behavior Therapy. New York: Academic Press, 204–248.

DGVT (Deutsche Gesellschaft für Verhaltenstherapie, Hrsg.) (1986): Verhaltenstherapie – Theorien und Methoden. Tübingen: DGVT.

Dührssen, A. (1985): Die „kognitive Wende" in der Verhaltenstherapie – Eine Brücke zur Psychoanalyse? Nervenarzt, 56, 479–484.

Dührssen, A. (1988): Dynamische Psychotherapie. Heidelberg: Springer.

Ellis, A. (1977): Die Rational-emotive Therapie. Das innere Selbstgespräch bei seelischen Störungen und seine Veränderung. München: Pfeiffer.

Engel, G. (1977): The need for a new medical model: A challenge for bioscience. Science 196, 129–136.

Erikson, E. (1966): Identität und Lebenszyklus: 3 Aufsätze. Frankfurt: Suhrkamp.

Fiegenbaum, W. (1988): Long-term efficacy of ungraded versus graded exposure in agoraphobia (2). In: I. Hand und H.-U. Wittchen (Eds.): Panic and Phobias Berlin: Springer, 83–88.

Fliegel, S., Groeger, W. M., Künzel, R., Schulte, D. und Sorgatz, H. (1994): Verhaltenstherapeutische Standardmethoden. München: Urban und Schwarzenberg.

Florin, I. und Fiegenbaum, W. (1991): Gestern, heute und morgen. Verhaltenstherapie 1, 149–155.

Goldfried, M. R. (1980): Psychotherapy as coping skills training. In: M.J. Mahoney (Ed.): Psychotherapy process: Current issues and future directions, 89–119. New York: Plenum.

Goldfried, M. R. und Davison, G. (1976): Clinical behavior therapy. New York: Holt, Rinehart and Winston.

Gordon, S. B. (1984): Die Entwicklung der Verhaltenstherapie. In: H. Zeier (Hrsg.): Kindlers „Psychologie des 20. Jahrhunderts". Lernen und Verhalten. Band 2: Verhaltensmodifikation. Weinheim: Beltz, 3–34.

Grawe, K. (1988): Der Weg entsteht beim Gehen. Ein heuristisches Verständnis von Psychotherapie. Verhaltenstherapie und psychosoziale Praxis, 1, 39–49.

Grawe, K. (1992): Psychotherapieforschung zu Beginn der neunziger Jahre. Psychologische Rundschau 43, 132–162.

Grawe, K. (1995): Grundriß einer Allgemeinen Psychotherapie. Psychotherapeut, 40 (3), 130–145.

Grawe, K. und Dziewas, H. (1978): Interaktionelle Verhaltenstherapie. In: DGVT (Hrsg.): Fortschritte in der Verhaltenstherapie, Kongreßbericht Berlin 1977, Sonderheft I der „Mitteilungen der DGVT", Tübingen: DGVT, 27–49.

Grawe, K., Donati, R., Bernauer, F. (1994): Psychotherapie im Wandel. Göttingen: Hogrefe.

Hand, I. (1988): Verhaltenstherapie als Kurzzeit-Psychotherapie. Praxis der Psychotherapie und Psychosomatik, 33, 268–277.

Hand, I. und Wittchen, H.-U. (1989): Verhaltenstherapie in der Medizin. Berlin: Springer.

Heigel-Evers, A. und Streeck, U. (1985): Psychoanalytisch-interaktionelle Therapie. Psychotherapie und medizinische Psychologie, 35, 176–182.

Hoffmann, N. (Hrsg.) (1979a): Grundlagen kognitiver Therapie. Bern: Huber

Homrighausen, W. (1986): Die „kognitive Wende" in der Verhaltenstherapie – Eine Brücke zur Psychoanalyse? Bemerkungen zur Arbeit von A. Dührssen. Nervenarzt, 57, 378.

Kanfer, F. H. (1977): The many faces of self-control, or behavior modification changes its focus. In: R.G. Stuart (Ed.): Behavioral self-management. New York: Brunner/Mazel.

KANFER, F. H. und PHILLIPS, J. S. (1975): Lerntheoretische Grundlagen der Verhaltenstherapie. München: Kindler.

KANFER, F. H., REINECKER, H., SCHMELZER, D. (1991): Selbstmanagement-Therapie. Berlin: Springer.

KANFER, F. H. und SCHEFFT, B. K. (1987): Self-management therapy in clinical practice. In: N. S. JACOBSEN (Ed.), Psychotherapists in clinical practice: Cognitive and behavioral perspectives (10–77). New York: Guilford.

KEUPP, H. und KRAIKER, C. (1984): Die Kontroverse zwischen Verhaltenstherapie und Psychoanalyse. In: H. ZEIER (Hrsg.): Kindlers „Psychologie des 20. Jahrhunderts". Lernen und Verhalten. Band 2: Verhaltensmodifikation. Weinheim: Beltz, 44–90.

KÖNIG, K. (1988): Wie können Psychoanalytiker und Verhaltenstherapeuten kooperieren ? In : H.-G. RECHENBERGER und H.-V. WERTHMANN (Hrsg.): Psychotherapie und innere Medizin. München: Pfeiffer, 251–259.

KRAIKER, C. (1984): Die Entwicklung und Rezeption der Verhaltenstherapie in Deutschland. In: H. ZEIER (Hrsg.): Kindlers „Psychologie des 20. Jahrhunderts". Lernen und Verhalten. Band 2: Verhaltensmodifikation. Weinheim: Beltz, 35–43.

LAZARUS, A. A. (1978): Multimodale Verhaltenstherapie. Frankfurt/M.: Fachbuchhandlung für Psychologie.

LAZARUS, A. A. (1995): Praxis der multimodalen Therapie. Tübingen: dgvt-Verlag.

LEIBING, E. (1992): Krankheitsbewältigung bei Patienten mit rheumatoider Arthritis – Faktoren der Bewältigung, des Verlaufs und der therapeutischen Beeinflussung durch ein psychologisches Schmerzbewältigungsprogramm. Regensburg: Roderer.

LINDEN, M., HAUTZINGER, M. (Hrsg.) (1994): Verhaltenstherapie. Berlin: Springer.

LURIA, A. R. (1959): The directive function of speech in development. Word, 15, 341–352.

MAHONEY, M. J. (1979): Kognitive Verhaltenstherapie. München: Pfeiffer.

MARGRAF, J. und SCHNEIDER, S. (1989): Panik: Angstanfälle und ihre Behandlung. Berlin: Springer.

MEERMANN, R. und VANDEREYCKEN, W. (1991): Verhaltenstherapeutische Psychosomatik in Klinik und Praxis. Stuttgart: Schattauer.

MEICHENBAUM, D. H. (1985): Stress inoculation training. New York: Pergamon Press.

MEICHENBAUM, D. H. (1979): Kognitive Verhaltensmodifikation. München: Urban und Schwarzenberg.

MEYER, A. E.; RICHTER, R.; GRAWE, K.; SCHULENBURG, J. M. GRAF V.D. und SCHULTE, B. (1991): Forschungsgutachten zu Fragen eines Psychotherapeutengesetzes. Hamburg-Eppendorf: Eigenverlag.

MINSEL, W.-R. (1981): Modelle zur Integration von Psychotherapie: Faktum und Fiktion. In: U. BAUMANN, H. BERBALK und G. SEIDENSTÜCKER (Hrsg.): Klinische Psychologie: Trends in Forschung und Praxis 4. Bern, Stuttgart, Wien: Huber, 160–179.

ORLINSKY, D. E. (1994): Learning from Many Masters. Ansätze zu einer wissenschaftlichen Integration psychotherapeutischer Behandlungsmodelle. Psychotherapeut, 39 (1), 2–9.

PEREZ, M. (1980): Methodenintegration oder differentielle Indikation ?. In: W. SCHULZ und M. HAUTZINGER (Hrsg.): Klinische Psychologie und Psychotherapie, Kongreßbericht Berlin, Tübingen/Köln: DGVT/GwG, Band 1, 51–56.

PLÄNKERS, T. (1986): Anmerkungen zu Integrationsversuchen von Psychoanalyse und Verhaltenstherapie. Verhaltenstherapie und Psychosoziale Praxis, 2, S. 199–208.

PONGRATZ, L. J. (1983): Das Verhältnis von Klinischer Psychologie und Psychotherapie. Zeitschrift für Klinische Psychologie Psychopathologie und Psychotherapie, 31 (3), 229–239.

Psychotherapie-Richtlinien (1987): Richtlinien des Bundesausschusses der Ärzte und Krankenkassen über die Durchführung der Psychotherapie in der kassenärztlichen Versorgung. Köln: Deutscher Ärzte Verlag.

QUEKELBERGHE, R. van (1979): Modelle kognitiver Therapien. München: Urban und Schwarzenberg.

REINECKER, H. (1994): Grundlagen der Verhaltenstherapie. München: Urban und Schwarzenberg.

ROGERS, C. R. und SKINNER, B. F. (1956): Some

issues concerning the control of human behavior: A symposium. Science, 124, 1057–1066.

Rüger, U., Blomert, A. F. und Förster, W. (1990): Coping. Theoretische Konzepte, Forschungsansätze, Meßinstrumente zur Krankheitsbewältigung. Göttingen: Vandenhoeck und Ruprecht.

Sandler, J., Dare, C. und Holder, A. (1986): Die Grundbegriffe der psychoanalytischen Theorie. Stuttgart: Klett-Cotta.

Schiepeck, G. (1988): Einführung. Ist Psychotherapie als Technologie rekonstruierbar? Verhaltenstherapie und psychosoziale Praxis, 1, 5–7.

Schneider, H. (1988): Veränderung in der Psychotherapie als selbstorganisierender Prozeß: Ein Modell der Entstehung einer neuen Struktur. Verhaltenstherapie und psychosoziale Praxis, 1, 24–38.

Schorr, A. (1984): Die Verhaltenstherapie. Ihre Geschichte von den Anfängen bis zur Gegenwart. Weinheim: Beltz.

Schüssler, G. und Leibing, E. (1993): Verlaufs- und Therapiestudien zur Krankheitsbewältigung. Göttingen: Hogrefe.

Schüssler, G. (1995): Psychosomatik/Psychotherapie systematisch. Lorch: UNI-MED.

Schulte, D: (1986): Verhaltenstherapeutische Diagnostik. In: DGVT (Deutsche Gesellschaft für Verhaltenstherapie, Hrsg.) (1986): Verhaltenstherapie – Theorien und Methoden. Tübingen: DGVT, 16–42.

Schultz-Hencke (1927): Einführung in die Psychoanalyse. Jena: Fischer. (Unveränderter Nachdruck (1972): Göttingen: Vandenhoeck und Ruprecht.

Schultz-Hencke (1951): Lehrbuch der analytischen Psychotherapie. Stuttgart: Thieme; 4. Aufl. 1985.

Skinner, B. F. (1969): Contingencies of reinforcement. A theoretical analysis. New York: Appleton-Century.

Thomä, H. und Kächele, T. (1985): Lehrbuch der psychoanalytischen Therapie. Band 1. Berlin: Springer.

Wachtel, P. (1981): Psychoanalyse und Verhaltenstherapie: Ein Plädoyer für ihre Integration. Stuttgart: Klett-Cotta.

Wahl, R. und Hautzinger, M. (1989): Verhaltensmedizin. Konzepte, Anwendungsgebiete, Perspektiven. Köln: Deutscher Ärzte Verlag.

Westmeyer, H. (1977): Verhaltenstherapie: Anwendung von Verhaltenstherapien oder kontrollierte Praxis? Möglichkeiten und Probleme einer theoretischen Fundierung der Verhaltenstherapie. In: H. Westmeyer und N. Hoffmann (Hrsg.) (1977): Verhaltenstherapie. Grundlegende Texte. Hamburg: Hoffmann und Campe, 187–203.

Westmeyer, H. (1978): Wissenschaftstheoretische Grundlagen Klinischer Psychologie. In: U. Baumann, H. Berbalk und G. Seidenstücker (Hrsg.): Klinische Psychologie: Trends in Forschung und Praxis 4. Bern, Stuttgart, Wien: Huber, S. 160–179.

Wittmeyer, L. (1981): Verhaltenstherapie und Psychodynamik. Weinheim: Beltz.

Die klienten-zentrierte Gesprächspsychotherapie

Fric Leibing, Ulrich Rüger

1 Theorie

Die „klientenzentrierte Gesprächspsychotherapie" versteht sich als Verfahren der „humanistischen Psychologie", der „dritten Kraft" (Petzold 1984) zwischen Psychoanalyse und Verhaltenstherapie. Sie wurde ab Anfang der 40er Jahre
von Carl R. Rogers in den USA entwickelt und
vertritt ein optimistisches Menschenbild mit der
Betonung der Entscheidungsfreiheit des Menschen. Rogers sieht den Menschen in anthropolo-
gischer Hinsicht als ursprünglich gutes, soziales
und mit sich selbst im Einklang stehendes Wesen
und betont dessen Fähigkeit, unter bestimmten
günstigen Entwicklungsbedingungen sich selbst,
seine Ängste und Konflikte zu verstehen und im
Sinne eines angenommenen Bedürfnisses nach
Selbstaktualisierung zu bewältigen. Bommert
(1979) versucht folgende Definition der Gesprächspsychotherapie:

> „Die Gesprächspsychotherapie ist eine systemati-
> sche, selektive und qualifizierte Form verbaler und
> nonverbaler Kommunikation und sozialer Interak-
> tion zwischen zwei oder mehreren Personen – Psy-
> chotherapeut(en) und Klient(en) – mit dem Ziel ei-
> ner Verminderung der vom Klienten erlebten psy-
> chischen Beeinträchtigung durch eine als Folge dif-
> ferenzierter Selbst- und Umweltwahrnehmung ein-
> tretende Neuorientierung des (der) Klienten im Er-
> leben und Verhalten, auf der Basis grundlegender
> Erkenntnisse der wissenschaftlichen Psychologie,
> insbesondere der Lern- und Sozialpsychologie"
> (a.a.O., S. 11).

Für eine ausführliche Darstellung der Gesprächspsychotherapie wird auf folgende Lehrbücher
und Originalarbeiten von Rogers verwiesen, auf
die sich ein Teil unserer Darstellungen stützt:
(Biermann-Ratjen, Eckert und Schwartz
1995, Bommert 1979/1987, Finke 1994a, Howe
und Minsel 1984, Rogers 1942/72, 1951/73,
1961/73, 1962, 1978, 1983, Sachse 1992, Speierer 1994, Tausch 1975, Tausch und Tausch
1979).

1.1 Historische Entwicklung

Die klientenzentrierte Gesprächspsychotherapie
ist untrennbar mit dem Namen und der Person ihres Begründers Carl R. Rogers (1902–1987)
verbunden und wird trotz einer beständigen Fort-
und Weiterentwicklung am besten auf dem Hintergrund des Lebens dieses Mannes verstehbar.

Rogers beschäftigte sich während seiner Col-
lege-Zeit mit der Erziehungsberatung und setzte
sich mit der Psychoanalyse S. Freuds und später
auch mit der Verhaltenstherapie auseinander. In
der Folge arbeitete er 12 Jahre als Klinischer Psychologe mit delinquenten und unterprivilegierten
Kindern und Jugendlichen in einem multiprofes-
sionellen Team. Eine seiner wesentlichen Erfahrungen aus dieser Zeit war, daß direktives und
autoritäres Verhalten nur oberflächliche und
kurzdauernde therapeutische Effekte zeigt und
die Klienten sich, ihre Probleme und auch Lösungswege am ehesten selbst verstehen, wenn dafür günstige Bedingungen vom Therapeuten geschaffen werden. Bestärkt wurde Rogers in dieser Auffassung auch durch Kontakte mit dem
Psychologen und Psychoanalytiker Otto Rank
(1884–1939). Dieser gehörte ursprünglich über

20 Jahre zu den engsten Mitarbeitern FREUDS, entfernte sich jedoch immer mehr von dessen theoretischen Grundannahmen, insbesondere dem Instanzenmodell und stellte die Bedeutung des „Ichs" als „Träger des schöpferischen Willens" (PFEIFFER 1980, S. 95) in den Vordergrund. Rank kann somit als ein Vorläufer der heutigen „Ich-Psychologie" verstanden werden. In den Mittelpunkt der therapeutischen Bemühungen stellte er das aktuelle Erleben des Patienten und ersetzte das Deuten und Bewußtmachen des Unbewußten durch das Bewußtwerden als einen vom Patienten selbst zu vollziehenden Schritt. Diese Standpunkte übernahm Rogers und machte sie zu Kernstücken der Gesprächspsychotherapie.

Daß ROGERS einen eigenen Ansatz auf dem Gebiet der Psychotherapie entwickelt hat, wird spätestens 1942 mit der Veröffentlichung des Buches „Counseling and Psychotherapy" klar. Die Entwicklung dieser Therapierichtung durch ROGERS läßt sich in drei Phasen einteilen:

Die 1. Phase (etwa ab 1940) kann als „nicht-direktive Psychotherapie" (ROGERS 1942/72) bezeichnet werden. Betont wird hier das nicht-lenkende und permissive Vorgehen des Therapeuten und die Schaffung einer angstfreien Atmosphäre.

In der 2. Phase (etwa ab 1950) tritt die „Klienten-Zentrierung" (ROGERS 1951/73) in den Vordergrund, d. h. die Bedeutung des Einfühlens des Therapeuten in die Gefühls- und Erlebniswelt des Klienten wird betont. Zu dieser Zeit entwickelt Rogers auch seine Persönlichkeitstheorie.
Eine 3. Phase wird durch den Aufsatz „The necessary and sufficient conditions of therapeutic personality change" (ROGERS 1957) eingeleitet. Der Autor betont hier vor allem die Wichtigkeit des Therapeutenverhaltens im Rahmen der Gesprächspsychotherapie, welches weiter systematisiert und operationalisiert wurde. Auch der therapeutische Prozeß wurde systematisch analysiert, HART und TOMLINSON (1970) legten hierzu eine Prozeßskala und empirische Untersuchungen vor.

In der weiteren Entwicklung innerhalb der Gesprächspsychotherapie wird dem aktuellen Erleben (experiencing) größere Bedeutung beigemessen, hierzu entwickelte GENDLIN (1970, 1974) eine eigene phänomenologische Theorie der Persönlichkeitsveränderung.

Die klientenzentrierte Gesprächspsychotherapie wurde von R. TAUSCH ab 1956 in Deutschland eingeführt und gehört zu den am weitesten verbreiteten psychotherapeutischen Verfahren. Die „Gesellschaft für wissenschaftliche Gesprächspsychotherapie" (GwG) ist mit ca. 7500 aktiven Mitgliedern der größte Psychotherapieverband der Bundesrepublik, davon sind 350 Ärzte und 4500 Diplom-Psychologen. Die gesprächspsychotherapeutisch tätigen Ärzte (ca. 600) sind darüber hinaus in der „Ärztlichen Gesellschaft für Gesprächspsychotherapie" (ÄGG) organisiert.

Der klientenzentrierte Ansatz findet nicht nur im Rahmen der Psychotherapie im engeren Sinne, sondern auch auf anderen Anwendungsfeldern seinen Niederschlag. Zu nennen sind hier Nachsorge und Prävention im medizinischen Bereich, Beratung, Seelsorge und Sozialarbeit, aber auch Pädagogik, Strafvollzug und Wirtschaft (Personalführung). In den letzten Jahren vor seinem Tod weitete ROGERS, wie in der Bundesrepublik auch TAUSCH (1980), das übergeordnete klienten-zentrierte Konzept bis hin zu „personzentrierten Lebensformen" aus.

1.2 Darstellung der Theorie

Das theoretische Konzept der klientenzentrierten Gespächspsychotherapie von Rogers umfaßt ein Bündel von Theorien:

- „Theorie der Therapie und der Persönlichkeitsveränderung",
- „Persönlichkeitstheorie",
- „Theorie der voll entwickelten Persönlichkeit (fully-functioning-person)",
- „Theorie der zwischenmenschlichen Beziehungen" und
- „Anwendungstheorien"

Das ursprüngliche Störungs- oder Neurosenmodell ist nicht an Nosologien oder Diagnosen orientiert wie etwa das der Psychoanalyse, sondern am Konzept der Inkongruenz. Der theoretische Schwerpunkt innerhalb der Gesprächspsychotherapie lag so zunächst auf einer überprüfbaren und empirisch gut bestätigten Theorie der therapeutischen Prozesse und der therapeutischen Beziehung. Seit Anfang der 80er Jahre fand jedoch eine theoretische Ausarbeitung einer störungsspezifischen Krankheitslehre auf der Basis des Konzeptes der Inkongruenz innerhalb der Gesprächspsychotherapie statt (s.u., vgl. etwa BIER-MANN-RATJEN, ECKERT und SCHWARZ 1995).

Viele Begriffe innerhalb der gesprächstherapeutischen Theorien sind im Zusammenhang besser verständlich, hier ist die Lektüre der Originalliteratur hilfreich. Besonders hervorzuheben ist die Übersetzung eines von ROGERS (1959/87) veröffentlichten Artikels („A Theory of Therapy, Personality and Interpersonal Relationships, as developed in the Client-Centered Framework"), bei der zentrale Begriffe der Theorie teilweise neu ins Deutsche übertragen wurden.

Im folgenden soll kurz auf die „Persönlichkeitstheorie", auf die „Theorie der Therapie und der Persönlichkeitsveränderung" und auf das Störungsmodell von Rogers eingegangen werden.

1.2.1 Persönlichkeitstheorie

Wahrnehmung, Denken, Fühlen, Erleben und Verhalten eines Menschen werden nach Rogers wesentlich bestimmt durch sein Selbstkonzept. Dieses Selbstkonzept wird definiert als Kondensat oder Verdichtung aller subjektiven Erfahrungen über die eigene Person. Ungünstige Lernprozesse können nun dazu führen, daß neue Erfahrungen nicht mehr (in ein rigide gewordenes) Selbstkonzept integriert werden können und so zu ihm in Widerspruch stehen – die Person vertraut ihren eigenen Wahrnehmungen und Erfahrungen nicht mehr. Diese Widersprüche zwischen Erleben und Selbstkonzept ziehen nun Ängste, Schuldgefühle, Selbstabwertung und das Verleugnen und Verzerren (Abwehr) dieser Erfahrungen nach sich. Im Laufe der Gesprächspsychotherapie soll es dem Klienten durch eine einfühlende, wertschätzende und echte Atmosphäre ermöglicht werden, sein Selbstkonzept so zu reorganisieren, daß bisher nicht akzeptierbare Wahrnehmungen und Gefühle wieder zu einer Gesamtheit integriert werden können. Hierbei wird als theoretisches Axiom eine Tendenz zur Selbstaktualisierung angenommen. Diese läßt sich umschreiben als Streben des Organismus nach größerer Differenziertheit, Unabhängigkeit und Selbstverantwortlichkeit.

In der Gesprächspsychotherapie herrscht also ein optimistisches und positives Menschenbild

mit dem Hervorheben der Entwicklungsfähigkeit des Menschen unter günstigen äußeren Bedingungen (die in der Therapie geschaffen werden) vor.

Die psychoanalytische Persönlichkeitstheorie stellt diese grundsätzliche Entwicklungsfähigkeit des Menschen nicht in Abrede. Sie betont allerdings die Kraft des Wiederholungszwangs, in dem Menschen „immer wieder die gleichen Lebenskrisen und Lebenskonstellationen hinaufbeschwören" (DÜHRSSEN 1972, S. 34) im Sinne eines „Du entfliehst Dir nicht". An anderer Stelle (DÜHRSSEN 1995) weißt die Autorin auf den Einfluß des Menschenbildes der unterschiedlichen Therapierichtungen hin (vgl. Kap. XX).

1.2.2 Störungstheorie und Diagnostik

Ursprünglich hielt ROGERS (1951/73) eine Diagnosestellung innerhalb der Gesprächspsychotherapie für unnötig, ja sogar schädlich für den therapeutischen Prozeß, da hierdurch das vorurteilsfreie Eingehen auf den Klienten behindert werden könnte. Aus diesem Grund entwickelte er auch keine an Diagnosen oder Nosologien orientierte Störungs- oder Neurosentheorie. Zentraler Punkt seiner Störungstheorie ist hingegen eine vom Klienten wahrgenommene Inkongruenz zwischen Selbstkonzept und Erleben/Verhalten. Dieser ursprünglich von Rogers vertretene Standpunkt zur Rolle der Diagnostik innerhalb der Gesprächspsychotherapie wird heute nicht mehr geteilt. So betont schon BOMMERT 1980, daß verantwortungsbewußtes Handeln ohne Diagnostik nicht möglich ist. Auch TAUSCH äußerte schon 1975 die Meinung, daß Diagnostik zum besseren Verständnis des Klienten beitragen kann. Dieser Standpunkt wird inzwischen allgemein akzeptiert; so gehört zur Ausbildung in Gesprächspsychotherapie auch die Auseinandersetzung mit Diagnoseschemata und psychoanalytischen und verhaltenstherapeutischen Neurosemodellen.

Das Konzept der Inkongruenz kann auch als „Ausdruck der Stagnation der Selbstentwicklung und damit als Störung der Erlebnisverarbeitung" (BIERMANN-RATJEN, ECKERT und SCHWARTZ 1995, S. 98) verstanden werden. Innerhalb der inzwischen weiter ausgearbeiteten Störungstheorie innerhalb des klientenzentrierten Konzeptes werden für verschiedene psychische Störungen typische Stagnationen in der Weiterentwicklung des Selbstkonzeptes und damit typische Inkongruenzen beschrieben. Hierzu seien insbesondere Speierer (1994), Biermann-Ratjen, Eckert und Schwartz (1995), Biermann-Ratjen (1993 a, b) sowie Finke und Teusch (1992) genannt. Paradigmatisch sei hier die von Biermann-Ratjen, Eckert und Schwartz (1995) dargestellte Störungstheorie von Borderline-Patienten erwähnt, in der auch von den Autoren zwar einerseits explizit die Nähe zu psychoanalytischen Überlegungen (insbesondere von Rohde-Dachser, 1994) hergestellt wird, andererseits die Besonderheit des klientenzentrierten Ansatzes dieser speziellen Störungstheorie dargestellt wird.

Als Basis dieser Theorien betont Biermann-Ratjen (1993a, b) besonders die Notwendigkeit einer klientenzentrierten Entwicklungstheorie der Persönlichkeit und arbeitet im Rahmen dieser Theorie die Bedeutung des Prozesses der Identifizierung für die Entwicklung des Selbst heraus.

Die Bearbeitungsweise-Skala von Sachse und Maus (1991) ermöglicht eine Diagnose der momentanen dysfunktionalen Verarbeitungsschemata einer Person im Rahmen der „Zielorientierten Gesprächspsychotherapie" (Sachse 1992). Diese Skala, deren klinische und empirische Validität als gesichert gelten kann, ermöglicht Diagnostik und Zielbestimmung zur Erreichung von funkionelleren Erfahrungsverarbeitungsschemata. Erreicht werden soll sie innerhalb der zielorientierten Gesprächspsychotherapie durch differentielle Bearbeitungsangebote des Therapeuten.

Tscheulin und Glossner (1993) sowie Tscheulin (1995) beschäftigen sich mit der Integration der strukturierten Analyse sozialer Beziehungen (SASB), welche von Laura Benjamin entwickelt wurde. Diese Methode dient der Diagnostik der Gesprächspsychotherapie-relevanten Konzepte der intrapsychischen und intrapersonellen Inkongruenz. Hierbei lassen sich nach dem Prinzip der Komplementarität differentielle Therapieangebote planen. Für eine Darstellung der SASB-Methode sei auf Benjamin (1982) verwiesen, für die Anwendung innerhalb der Gesprächpsychotherapie insbesondere auf Tscheulin (1995).

Die von Speierer entwickelte Inkongruenzanalyse (Speierer 1994, 1996) erlaubt es, Äußerungen von Patienten Inkongruenz-theoretisch nach nosologischen („Wie ist die subjektive Störungstheorie des Patienten und inwieweit erscheint sein Leiden oder Problem Inkongruenz-theoretisch verstehbar bzw. mitbestimmt"), ätiologischen („Welche Inkongruenz-Quellen sind erkennbar und welchen relativen Stellenwert haben sie zueinander") und phänomenologischen („Welche symptomatologischen Besonderheiten kennzeichnen die individuelle Inkongruenz-Dynamik") Gesichtspunkten zu klassifizieren. Hiermit ist sowohl die individuelle Inkongruenz-Konstellation als auch Inkongruenz-Dynamik diagnostizierbar. Entsprechend wird eine adaptive Indikation, d.h. eine Modifikation des Verfahrens entsprechend der individuellen Inkongruenz-Dynamik möglich. Erste Daten zur klinischen Validität werden von Speierer (1994, 1996) vorgelegt.

1.2.3 Die Theorie der Therapie

Die „Theorie der Therapie" von Rogers (vgl. 1959/87) wird von Bommert (1979) so knapp und prägnant umschrieben, daß seine Ausführungen hier wörtlich wiedergegeben werden sollen:

> „Rogers geht davon aus, daß das Individuum, das im Moment noch nicht nach therapeutischer Hilfe sucht, eine organisierte Struktur der Wahrnehmungen von seinem Selbst und dem Selbst in Beziehung zur Umwelt hat. Diese Struktur ist in den Einzelelementen zwar fließend, aber grundsätzlich stabil und dem Bewußtsein zugänglich. Diese Selbststruktur wird als ein System von Hypothesen zur Lebensbewältigung betrachtet, wobei diese Hypothesen von einem ‚objektiven' Standpunkt der Realität aus auch ungenau oder falsch sein können. Solange eine Widersprüchlichkeit nicht wahrgenommen wird, kann das Selbst positiv bewertet und akzeptiert werden, das Verhalten stimmt mit den Hypothesen und den Konzepten der Selbststruktur überein, und das Ausmaß einer bewußten Spannung bleibt minimal.
>
> Wenn das Individuum bei Zusammentreffen seiner Bedürfnisse mit der Realitätssituation Widersprüche wahrnimmt oder die Organisation der Selbststruktur dabei nicht mehr wirksam ist, wird eine Therapie für das Individuum bedeutsam. Wahrnehmungen von Erfahrungen, die im Widerspruch zur gegenwärtigen Struktur des Selbst stehen, sind bedrohend und werden daher verzerrt, verleugnet oder unzutreffend symbolisiert.

In der Gesprächspsychotherapie wird einem solchen Individuum nunmehr eine entspannte, einfühlende und akzeptierende Atmosphäre zugänglich gemacht, in der es in der Beziehung zu seinem Psychotherapeuten nach und nach ein Freisein von Bedrohung erfährt, das völlig neu für das Individuum ist. Die harte, fest begrenzte Gestalt der Selbst-Organisation entspannt sich und wird abgelöst durch flexiblere, ungenauere Strukturen. Ein Individuum, das bei diesen situativen Gegebenheiten – die sehr stark vom Psychotherapeuten hergestellt und beeinflußt werden können – sein Wahrnehmungsfeld zu erforschen beginnt, macht Erfahrungen, die ihm zuvor nie deutlich waren, die dem Bild, das es von sich gehabt hat, widersprechen und es bedrohen. Daraufhin wird sich das Individuum für eine gewisse Zeit – für eine Zwischenphase – auf eine vorherige, weniger bedrohliche ‚Gestalt' zurückziehen, dann aber – im Schutze der akzeptierenden, einfühlenden Bedingungen der therapeutischen Interaktion – langsam, Schritt für Schritt, die widersprüchlichen Erfahrungen in eine neue, veränderte „Gestalt" integrieren. Diese neue Konfiguration des Selbst enthält Wahrnehmungen, die bisher geleugnet wurden, sowie eine präzisere Symbolisierung des größeren Erfahrungsspektrums.

Nach einer Phase ohne festes Konzept vom Selbst (Desorganisation) erfolgt eine ‚Reorganisation', die im wesentlichen dadurch ermöglicht wird, daß der Psychotherapeut die vom Klienten zuvor geleugneten Wahrnehmungen des Selbst genauso akzeptiert und sich ihnen entspannt zuwenden kann.

Durch die Symbolisierung und Ausdifferenzierung des so gewonnenen, erweiterten Erfahrungshintergrundes wird die Selbststruktur fester und zu einer verläßlichen Grundlage für das Verhalten, die positiven Selbstgefühle und Einstellungen treten in den Hintergrund und das Individuum empfindet weniger Erfahrungen als bedrohlich, da das neue Selbst mit der Gesamtheit der Erfahrungen wesentlich besser übereinstimmt.

Den Motor dieser gesamten Fortentwicklung sieht Rogers in der grundlegenden Tendenz des Individuums zur Erhaltung und Weiterentwicklung des Organismus und des Selbst" (a.a.O., S. 25–26).

1.2.4 Theoretische Weiterentwicklungen

Über die innerhalb einer klientenzentrierten Therapie ablaufenden Prozesse gibt es neben der Theorie über das Selbstkonzept von ROGERS auch neuere theoretische Erklärungsversuche. JACOBS

hat schon 1983 diese Ansätze zusammengestellt. Hierbei handelt es sich etwa um lerntheoretische (MARTIN 1976), informationstheoretische (WEXLER 1984), phänomenologische (GENDLIN 1970), handlungstheoretische (BENSE 1981) und kommunikationstheoretische (s. WATZLAWIK, BEAVIN und JACKSON 1982) Modelle. JACOBS (1983) betont jedoch die besondere Bedeutung einer ausformulierten Theorie der therapeutischen Beziehung, wie sie schon bei ROGERS (1959/87) und später etwa bei BIERMANN-RATJEN ET AL. (1995) sowie BINDER und BINDER (1982, 1991) dargestellt wird.

Seit Beginn der 90er Jahre hat verstärkt eine theoretische Neuorientierung als auch eine Fortentwicklung bestehender theoretischer Modelle innerhalb der Gesprächspsychotherapie stattgefunden, auf die an dieser Stelle nur begrenzt eingegangen werden kann. Wie bereits oben erwähnt, wurde bezüglich des Störungsmodelles der Gesprächspsychotherapie insbesondere das Inkongruenz-Modell von ROGERS weiter ausgearbeitet. Einen kritischen Überblick zur Definition und Erfassung des Inkongruenzbegriffs liefert HOYER (1996). FINKE (1994a, b) nimmt eine genaue Definition des Inkongruenz-Modells von ROGERS vor und stellt die Parallelen und Unterschiede zum psychoanalytischen Konfliktmodell deutlich dar. SPEIERER (1994) erarbeitet mit seinem differentiellen Inkongruenz-Modell (DIM) die störungsspezifischen und die störungsunspezifischen Kongruenzanteile verschiedener Störungen. Eine ausgearbeitete Weiterentwicklung der Behandlungstechnik stellt die zielorientierte Gesprächspsychotherapie von SACHSE (1992, 1995) dar; im Mittelpunkt steht dabei eine ziel- und handlungsorientierte Position des Therapeuten. Der Ausarbeitung und Verdeutlichung (Explizierung) des inneren Bezugsrahmen des Patienten kommt dabei eine besondere Bedeutung zu. Aufgabe des Therapeuten ist es, auf der Basis der empathischen Beziehung durch spezielle Bearbeitungsangebote, also auch konkrete Interventionen, den Klärungsprozeß des Patienten gerechter zu fördern. Im Rahmen seiner differentiellen Gesprächspsychotherapie hält TSCHEULIN (1992, 1995) ein flexibleres therapeutisches Vorgehen, in dem auf die interaktionellen Erfordernisse und Möglichkeiten des Patienten durch angemessenes Therapeutenverhalten eingegangen werden kann, für wichtig und macht dieses zu Bestimmungsstücken der von ihm beschriebenen Behandlungstechnik. Mit den innerhalb der Gesprächspsychotherapie ablaufenden Prozessen und der differentiellen Anwendung des klientenzentrierten Ansatzes bei der Behandlung psychischer Erkrankungen beschäftigt sich ausführlich SWILDENS (1991) und legt hierzu ein eigenes Lehrbuch vor. Als die profiliertesten Vertreter der „interaktionellen" Orientierung in der Gesprächspsychotherapie gelten VAN KESSEL und VAN DER LINDEN (1993). Die Autoren betonen die Bedeutung der therapeutischen Beziehung und die Einbeziehung für den therapeutischen Prozeß; hier wird eine inhaltliche Nähe zu aktuellen psychoanalytischen Positionen deutlich.

BIERMANN-RATJEN, ECKERT und SCHWARTZ (1995) betonen andererseits – gerade angesichts der vielfältigen theoretischen Neuorientierungen – die Bedeutung des Beziehungsangebotes innerhalb der Gesprächspsychotherapie, welche nicht als „therapeutische Technik" mißzuverstehen ist. Hiermit fokussieren die Autoren auf das zentrale Bestimmungsstück der Gesprächspsychotherapie.

1.3 Gesprächspsychotherapie und psychoanalytische Konzepte

Im folgenden soll dargestellt werden, welche Rolle psychoanalytische Konzepte innerhalb der Gesprächspsychotherapie haben.

1.3.1 Übertragung

Daß Übertragung in therapeutischen Prozessen überhaupt stattfindet, wird von ROGERS nicht geleugnet. Nach Meinung vieler Gesprächspsychotherapeuten wird die starke Betonung der Übertragungsbeziehung innerhalb der Psychoanalyse (zumindest der orthodoxen) dem realen menschlichen Aspekt der Therapie jedoch nicht gerecht (s. ROGERS 1965). MEADOR und ROGERS (1973) sehen in dauerhaften, also nicht nur zu Anfang einer Therapie auftretenden Übertragungsphänomenen innerhalb der Gesprächspsychotherapie

dementsprechend auch eine therapeutische Fehlentwicklung.

Auf der Ebene der therapeutischen Praxis sieht GRAESSNER (1984) ein Hauptproblem in der Entscheidungsfrage, welche Regungen „übertragen" sind und welche der realen Person gelten. Selbst nach dem Fällen dieser schwierigen Entscheidung seien die Probleme nicht beseitigt, denn die bei der Übertragung notwendige Technik des Deutens sei Kernbestandteil der Psychoanalyse und nicht der Gesprächspsychotherapie. Dieses widerstrebe einem Kerngedanken der Gesprächspsychotherapie, nämlich der Akzeptanz des Klienten „im hier und jetzt als genuine Person" (a.a.O., S. 89).

KÖHLER-WEISKER (1978) nimmt aus psychoanalytischer Sicht an, daß Übertragungsphänomene in der Gesprächspsychotherapie eine Rolle spielen (milde positive Übertragung). Es sei jedoch keine wirkliche Übertragung im analytischen Sinne,

> „da man streng genommen davon nur ausgehen kann, wenn die Beziehung zur infantilen Situation hergestellt ist. Es wird vielmehr die manifeste positive Beziehung durchgehalten und erweitert" (a.a.O., S. 845).

Die Gemeinsamkeiten zwischen klassischer Psychoanalyse und klientenzentrierter Gesprächspsychotherapie bezüglich des Übertragungskonzeptes sieht PFEIFFER (1987b) wie folgt:

> „Beide Richtungen erkennen an, daß in der therapeutischen Beziehung reale Aspekte und irreale (Übertragung, Projektion) zusammentreffen, und beide haben das Bestreben, die irrealen abzubauen und so die Verzerrung der Realität zu überwinden. Insofern handelt es sich zunächst nur um Unterschiede der Akzentsetzung. Indem aber die Psychoanalyse ihre Bemühungen auf die Übertragung zentriert (bekanntlich bis zum gezielten Hervorrufen einer ‚Übertragungsneurose'), neigt sie zur Vernachlässigung der Realbeziehung. Andererseits ist die klientenzentrierte Therapie so sehr auf die Realbeziehung ausgerichtet, daß ihr die irrealen Anteile leicht aus dem Blick geraten" (S. 351).

Die Ubiquität der Übertragung wird also von PFEIFFER (1987b) nicht geleugnet, der deutlich unterschiedliche Stellenwert jedoch anhand von vier Gesichtspunkten herausgearbeitet (a.a.O., 348–349):

1. „Unterschiedliche Einstellung zum Thema Übertragung"

Während in der Psychoanalyse zentral auf die Übertragung und die Gegenübertragung geachtet und hiermit gearbeitet wird, steht konzeptionell in der Gesprächspsychotherapie die therapeutische Beziehung zwischen Klient und Therapeut im Vordergrund. Im Vergleich zur Psychoanalyse tritt der Therapeut als reale Person deutlicher in den Vordergrund.

2. „Einfluß des Arrangements"

Begünstigt werden Übertragungs- und regressive Prozesse durch das klassische psychoanalytische Setting (etwa Behandlung im Liegen und Vermeidung des Blickkontaktes), während das Setting der Gesprächspsychotherapie (Behandlung im Sitzen, Blickkontakt mit dem Therapeuten und das Transparentmachen des Denken und Fühlens des Therapeuten für den Klienten) für eine Übertragung nicht förderlich ist.

3. „Auswirkungen der Methodik"

Hiermit meint PFEIFFER therapeutische Techniken und Interventionsformen, wie etwa bei der Psychoanalyse das freie Assoziieren und die Lenkung der Aufmerksamkeit auf frühere Lebensabschnitte. Hingegen ist die Arbeit in der Gesprächspsychotherapie auf das gegenwärtige Erleben konzentriert, auch bei der Bearbeitung von Problemen aus der Vergangenheit.

4. „Die Form der therapeutischen Beziehung"

Innerhalb der Psychoanalyse wird bewußt die Asymmetrie der therapeutischen Beziehung hervorgehoben, in der Gesprächspsychotherapie wird im Gegensatz dazu oft versucht, die gegebene Asymmetrie auszugleichen oder zu leugnen. [Anmerkung der Autoren: Die Gestaltung der therapeutischen Situation in der Psychoanalyse mit der Betonung der Asymmetrie der therapeutischen Beziehung bezeichnet HOFSTÄTTER (1957, S. 169) als „Genieblitz" FREUDS.]

Bei diesem Vergleich geht PFEIFFER (1987b) von der klassischen Psychoanalyse aus; in modifizierten tiefenpsychologischen Verfahren, z. B. der „dynamischen Psychotherapie" nach DÜHRSSEN (1988) oder bei der Therapie der strukturellen Störungen wird auch innerhalb der analytisch orientierten Verfahren der realen Beziehung stärkeres Gewicht beigemessen, auch wenn Übertragungsprozesse und Widerstandsphänomene eine größere Aufmerksamkeit finden, als in der Gesprächspsychotherapie (BECHMANN 1988).

1.3.2 Das Unbewußte

Die Betonung der Freiheit zur Selbstbestimmung des Menschen innerhalb der Gesprächspsychotherapie läßt sich nur sehr schwer mit der Bedeutung des Unbewußten im Rahmen des psychoanalytischen Konzeptes vereinen. In der psychoanalytischen Neurosenlehre (unabhängig von der psychoanalytischen Schule) spielt die Annahme unbewußter Prozesse eine zentrale Rolle, während dieses Konstrukt für die Störungstheorie der Gesprächspsychotherapie keine zentrale Rolle spielt. Daraus folgt stringenterweise auch eine unterschiedliche therapeutische Praxis. So werden von Gesprächstherapeuten unbewußte Prozesse an sich nicht geleugnet, ihnen wird jedoch keine zentrale Bedeutung im Rahmen der Persönlichkeits- und Störungstheorie und des therapeutischen Prozesses beigemessen. SPEIERER (1987) schreibt hierzu:

> „Die Gesprächspsychotherapie kennt das Konzept des Unbewußten nicht. Was von ROGERS mit dem Ausdruck ‚vage bewußt oder am Rande der Gewahrwerdung' gemeint ist, ist ein Zustand des Bewußten, der allenfalls dem Vorbewußten des psychoanalytischen Modells entspricht. Die Gleichsetzung von Unbewußt und am Rande der Gewahrwerdung ist daher sowohl aus gesprächspsychotherapeutischer Sicht als auch aus Sicht der Psychoanalyse abzulehnen" (a.a.O., S. 517).

Auch BIERMANN-RATJEN et al. (1983) betonen, daß das Konzept des Unbewußten innerhalb der Gesprächspsychotherapie nicht konzeptualisiert ist und

> „daß innerhalb einer Therapie das Denken über den Klienten diesen Rahmen auch nicht überschrei-

ten muß. Läßt sich in ihm nicht erfassen, was vom Klienten zu erfassen erforderlich ist, um empathisch auf ihn reagieren zu können, sollte der Therapeut über sich selbst nachdenken.

Dies bedeutet sicher nicht, daß der Erwerb des Wissens der Psychoanalyse über den Menschen als in irgendeiner Weise schädlich für den Gesprächspsychotherapeuten anzusehen ist. Es beinhaltet lediglich, daß es nicht gut ist, sich hinter diesem Wissen zu verschanzen, wenn es das Problem zu bewältigen gilt, daß ich als Therapeut nicht verstehe, warum ich meinen Klienten nicht verstehe" (a.a.O., S. 72–73).

Die Autoren betonen also, daß Konstrukte aus der psychoanalytischen Theorie für eine effektive Gesprächspsychotherapie nicht notwendig sind, wenn auch die umschriebenen Phänomene als solche nicht geleugnet werden. Entscheidend sei vielmehr die Realisierung der therapeutischen Beziehung, wie sie in Kap. 2. beschrieben ist.

1.3.3 Der Widerstand und die Abwehrmechanismen

Der Begriff des Widerstandes findet sich nur selten in gesprächstherapeutischer Literatur, so sieht ROGERS (1942/72) auch im Auftreten von Widerstand ursprünglich einen Hinweis auf Therapeutenfehler im Umgang mit dem Klienten. Innerhalb der therapeutischen Beziehung soll vom Therapeuten ein Klima geschaffen werden, das von Empathie und unbedingter Wertschätzung für den Klienten geprägt ist. Der Klient bestimmt das Thema der Stunde, das Ziel der Therapie und das Tempo, mit dem er vorangehen will. Widerstand wird insofern in wesentlich geringerem Umfang als in eher direktiven Therapien auftreten.

Auftretender Widerstand würde im Rahmen des Konzeptes aufgegriffen und mit dem Ziel des Verstehens der Bedeutung und Funktion, die der Widerstand für den Klienten hat, akzeptiert. Wenn eine Beziehung zwischen Therapeut und Patient hergestellt ist, in der die drei Therapeuten-Basisvariablen Empathie, unbedingte Wertschätzung und Kongruenz (in ausreichendem Maße) realisiert werden, müßte der Widerstand geringer werden und sich der Klient auch bisher abgewehrten Wahrnehmungen öffnen können („fully-functioning-person").

Hier wird deutlich, daß der Begriff „Widerstand" in der Gesprächspsychotherapie ursprünglich anders als in der Psychoanalyse verstanden wurde, nämlich als (berechtigter) Widerstand gegen einen zu forcierten therapeutischen Prozeß und damit gegen ein Vorgehen, das in der frühen Phase der Psychoanalyse fast die Regel war!

Aus der Sicht der Psychoanalyse ist der Widerstand eine Leistung des Ich, das sich mit seinen unbewußten Anteilen gegen den bewußt gewünschten Fortschritt der Therapie zur Wehr setzt (HOFFMANN und HOCHAPFEL 1995). In einer „Widerstandsanalyse" wird insbesondere die **Art** des Widerstandes (zunächst weniger das mit dem Widerstand Abgewehrte) als etwas für die betreffende Person sehr Charakteristisches und die in einer früheren Lebensphase notwendige Form, Konflikte zu bewältigen, herausgearbeitet. Hierbei ist die Widerstandsanalyse kein abgegrenztes Verfahren, sondern Teil des umfassenderen psychoanalytischen Prozesses. Beim Auftreten von Widerstand wird zunächst dieser bearbeitet. Bearbeiten heißt aber vor allem auch, ihn als zunächst sinnvollen Schutz des Klienten zu akzeptieren (GREENSON 1981).

Bezüglich des Umgangs mit Widerstandsphänomenen bestehen zwischen den beiden Therapierichtungen somit durchaus Ähnlichkeiten.

ROGERS (1959/87) beschäftigt sich im Rahmen der Persönlichkeits- und der Störungstheorie ausführlich mit Abwehr und Abwehrmechanismen. Er geht davon aus, daß bei starker Inkongruenz zwischen rigide gewordenem Selbstkonzept und Erleben einer Person Wahrnehmungen und Erfahrungen abgewehrt werden, um das Selbstkonzept nicht zu gefährden. Abwehr führt somit zu verzerrter und selektiver Wahrnehmung.

Als Abwehrmechanismen nimmt ROGERS zwei Grundformen, Verleugnen und Verzerren, an, aus denen die anderen Abwehrmechanismen (Projektion, Rationalisierung etc.) ableitbar sind.

Auch an dieser Stelle wird ein unterschiedliches Verständnis von Abwehrprozessen innerhalb von Gesprächspsychotherapie und Psychoanalyse deutlich. Die von ROGERS angenommenen Abwehrmechanismen richten sich gegen die „Gewahrwerdung" von Erfahrungen, die mit dem Selbstkonzept nicht vereinbar sind. Hierzu können auch Strebungen gehören, die von psychoanalytischer Seite als Triebimpuls bezeichnet würden. Dieses Modell der Abwehr ergibt sich folgerichtig aus dem oben dargestellten Störungsmodell der Gesprächspsychotherapie.

ROGERS' Auffassungen zur Abwehr sind damit auf der einen Seite zwar sehr breit, andererseits jedoch im Vergleich zur Abwehrlehre der Psychoanalyse nur wenig differenziert.

Für eine ausführliche Darstellung der Rolle von Widerstand und Abwehrmechanismen im Rahmen der Gesprächspsychotherapie sei auf die umfassende Darstellung von PFEIFFER (1987a) verwiesen.

2 Behandlungstechnik

Zentral für die Behandlungstechnik der Gesprächspsychotherapie ist das Beziehungsangebot des Therapeuten, welches dem Klienten die Möglichkeit geben soll, auch bisher inkongruente (und somit nicht akzeptierbare) Erfahrungen in das Selbstkonzept zu integrieren. Therapeutische Interventionen (i.S. v. Techniken) müssen auf dieser therapeutischen Grundhaltung basieren.

Unterscheidet man unter Bezug auf kommunikationstheoretische Ansätze (WATZLAWIK, BEAVIN und JACKSON 1982) eine Inhalts- und eine Beziehungsebene, so hat jede therapeutische Technik auf der Inhaltsebene auch Konsequenzen für die Beziehungsebene. Unter der Voraussetzung daß die definierte gesprächstherapeutische Beziehung unverändert bleibt, wäre so eine Integration von theoriefremden Methoden (etwa verhaltenstherapeutischer Techniken) auf der Inhaltsebene möglich (vgl. JACOBS 1983).

2.1 Das Beziehungsangebot

ROGERS formulierte notwendige und hinreichende Bedingungen einer Persönlichkeitsveränderung durch Psychotherapie (1957). Dabei wurde insbesondere im deutschen Sprachraum (etwa TAUSCH und TAUSCH 1956) das Beziehungsangebot über drei Therapeutenvariablen (Basisvariablen) definiert. Auf diese wird im folgenden auch weiter eingegangen werden. Zu den von ROGERS angenommenen notwendigen und hinreichenden Be-

dingungen schreiben BIERMANN-RATJEN ET AL. (1983)

> „Dabei geht es ihm (ROGERS, E. L.) um eine Abstraktion von psychologischen Voraussetzungen klar definierbarer und meßbarer Art, die die notwendigen und hinreichenden Bedingungen für eine konstruktive Persönlichkeitsveränderung durch Psychotherapie enthalten. Hierbei ist das vom Gesprächspsychotherapeuten gemachte Beziehungsangebot durch die Bereiche Empathie, unbedingte Wertschätzung und Kongruenz gekennzeichnet" (S. 9).

Die Realisierung dieses Beziehungsangebotes soll hinreichend und notwendig für den Erfolg jeder Therapie sein. In zahlreichen empirischen Untersuchungen konnte die Bedeutung dieser Variablen für den Therapieerfolg nachgewiesen werden (s. LEVANT und SHILIEN 1984, TAUSCH und TAUSCH 1979, TRUAX und CHARKHUFF 1967). Im Rahmen der Ausbildung wird die Realisierung der Therapeutenvariablen trainiert und ihre Verwirklichung anhand von standardisierten Skalen eingeschätzt und überprüft. BIERMANN-RATJEN et al. (1995) betonen die gegenseitigen funktionellen Zusammenhänge der Bedingungen, die das spezifische Beziehungsangebot des Therapeuten an den Klienten in der Gesprächspsychotherapie machen. Die Autoren betonen, daß es nicht etwa um die Realisierung einzelner Variablen und damit einer „Gesprächstechnik" geht, sondern um das Herstellen einer therapeutischen Beziehung, welche u.a. durch die drei notwendigen und hinreichenden Variablen „Empathie, Selbstkongruenz und unbedingte Wertschätzung" definiert werden können.

2.1.1 Empathie (einfühlendes Verstehen)

Mit Empathie ist eine entscheidende Aktivität des Therapeuten umschrieben, nämlich das Sich-Hineinversetzen in den inneren Bezugsrahmen des Klienten, wobei einerseits eine deutliche Abgrenzung von einer Identifikation mit dem Klienten und andererseits von einer allgemeinen humanen Haltung vorzunehmen ist. BIERMANN-RATJEN ET AL. (1995) betonen, daß Empathie mehr als die „Verbalisierung persönlich-emotionaler Erlebnisinhalte" des Therapeuten meint, nämlich eine generelle Einstellung und Haltung. Ein bestimmtes Gesprächs„verhalten", welches häufig als „Spiegeln" bezeichnet wird, garantiert allein empathisches Verstehen nicht.

2.1.2 Unbedingte Wertschätzung (uneingeschränktes Akzeptieren)

Diese Therapeutenvariable meint die „nicht an Bedingungen geknüpfte Akzeptanz und Wertschätzung" des Klienten durch den Therapeuten, wobei kein unkritisches Hinnehmen unerwünschter Verhaltensweisen des Klienten zu verstehen ist. BIERMANN-RATJEN et al. (1995) umschreiben diese Variable wie folgt:

> „Unbedingte Wertschätzung ist keine überdauernde Haltung des Therapeuten. Ist die therapeutische Beziehung derart, daß der Therapeut ein hohes Ausmaß an Wertschätzung über einen längeren Zeitraum gegenüber seinem Klienten erlebt, so bedeutet das, daß der Klient zu sich selbst genau die Beziehung aufgenommen hat, die ihm der Therapeut angeboten hat, d.h. er interessiert sich für das, was in ihm selbst vor sich geht als in einer Person von Wert. Akzeptieren bedeutet nichts ohne Verstehen. Die unbedingte Wertschätzung des Therapeuten für den Klienten ist abhängig von Inhalten, in denen und von der Art, in der der Klient über sich spricht" (a.a.O., S. 26).

2.1.3 Selbstkongruenz (Echtheit)

Selbstkongruenz bedeutet, daß der Patient keine Rolle vor dem Patienten spielt, also beispielsweise nicht versucht, Empathie zum Ausdruck zu bringen, obwohl er diese nicht empfindet. Rogers (1962) meint dazu:

> „In erster Linie nehme ich an, daß das Wachstum der Persönlichkeit dann gefördert wird, wenn der Therapeut das ist, was er ist, in seiner Beziehung zum Klienten echt ist, ohne Grenzziehung oder Fassaden, wenn er zu den Gefühlen und Einstellungen, die ihn augenblicklich bestimmen, stehen kann. Wir haben den Ausdruck Kongruenz zur Beschreibung dieser Bedingungen benutzt. Wir meinen damit, daß die Gefühle, die den Therapeuten bestimmen, ihm zur Verfügung stehen, daß er sie bewußt werden lassen kann, daß er fähig ist, sie zu leben und zwar in der Beziehung, daß er fähig ist, sie mitzuteilen, wenn das angezeigt ist.

> Das bedeutet, daß er seinem Klienten unmittelbar persönlich begegnen kann, so daß ein ganzer Mensch auf einen anderen Menschen trifft.

> Das bedeutet, daß er er selbst ist, sich nicht verleugnet. Niemand erreicht diesen Zustand vollständig, dennoch je mehr der Therapeut annehmen kann, was er wahrnimmt, wenn er in sich hineinhorcht, und je mehr er seine Gefühle in ihrer ganzen Komplexität ohne Angst leben kann, um so größer ist das Maß seiner Kongruenz" (ROGERS 1962, zitiert nach BIERMANN-RATJEN ET AL. 1995, S. 26-27).

Mit BIERMANN-RATJEN ET AL. (1995) kann man die therapeutischen Beziehung innerhalb der Gesprächspsychotherapie und die Bedeutung der drei Basisvariablen wie folgt zusammenfassen:

> „Einfühlung, Wertschätzung und Kongruenz des Therapeuten in der therapeutischen Beziehung sind nicht als humane Qualitäten konzipiert, sondern als Aspekte der Arbeitshaltung des Therapeuten. Empathie, die vom Erleben einer unbedingten Zugewandtheit zum Klienten begleitet ist, ist nur möglich auf dem Boden von Kongruenz. Sie hat keine andere unmittelbare Auswirkung als die beschriebene Veränderung der Beziehung des Klienten zu sich selbst. Andere denkbare Therapieziele wie Symptomreduktion, die meistens den Inhalt der Erwartung wenigstens der Klienten an die Wirkung einer Therapie ausmachen und häufig Gegenstand von Therapieerfolgsmessungen sind, sind damit nicht ausgeschlossen" (a.a.O., S. 33).

2.1.4 Zusatzvariablen

Neben diesen Basisvariablen wurden von ROGERS, TRUAX und CHARKHUFF (o. J., vgl. etwa BOMMERT 1979) noch weitere Therapeutenvariablen (Zusatzvariablen) definiert, auf die hier im Detail jedoch nicht eingegangen werden kann:

- „Konkretheit und Spezifität des Ausdrucks",
- „Unmittelbarkeit hinsichtlich der zwischenmenschlichen Beziehung",
- „Selbsteinbringung (self-disclosure) des Therapeuten" und
- „Konfrontation des Klienten mit Widersprüchen in seinem Verhalten".

2.1.5 Vergleich des Beziehungsangebots bei Gesprächspsychotherapie und analytischer Psychotherapie

Zum Vergleich des Beziehungsangebotes von Psychoanalyse und Gesprächspsychotherapie untersuchten SCHÖLL-SCHWINGHAMMER und JACOBS (1987) die von Rogers entwickelten therapeutischen Basisvariablen Empathie, Kongruenz und Akzeptanz in Gesprächspsychotherapie und Psychoanalyse. Sie erfaßten 26 Stichproben aus Therapiestunden beider Richtungen und schätzten die Realisierung der oben definierten Basisvariablen mit Hilfe von unabhängigen Ratern ein. (Die Therapietranskripte der analytischen Psychotherapie stammen aus der „Ulmer Textbank", die der Gesprächspsychotherapie aus dem Psychologischen Institut der Universität Göttingen.) Die Autoren kommen zu dem Ergebnis, daß in beiden Therapierichtungen die drei von Rogers postulierten Basisvariablen des Therapeutenverhaltens in gleichem Ausmaß realisiert werden, und interpretieren dies wie folgt:

> „Da beide Therapieformen diese Kriterien in gleich hohem Maße erfüllen, stellen sie nicht das Trennende, sondern ganz im Gegenteil das Verbindende dar. Dieses Ergebnis kann allerdings dann nicht all zu sehr überraschen, wenn man die von Rogers selbst vertretene Auffassung in Betracht zieht, daß es sich bei den therapeutischen Basisvariablen um ubiquitäre Verhaltensmerkmale handelt, die die Vorbedingungen für jeglichen konstruktiven Veränderungsprozeß qua Psychotherapie sind. Während also auf der manifesten Ebene der therapeutischen Praxis von wichtigen Übereinstimmungen ausgegangen werden kann, bestehen im Hinblick auf die theoretischen Modellbildungen recht deutliche Unterschiede" (a.a.O., S. 515–516).

KÖHLER-WEISKER (1978) vergleicht Gesprächspsychotherapie mit der von ihr als „Kanon technischer Regeln" vorgestellten Psychoanalyse und kommt dabei zu dem Schluß, „daß die Gesprächspsychotherapie ein bestimmtes Segment der psychoanalytischen Technik zu einer eigenständigen Technik ausgebaut hat, die offensichtlich auch therapeutisch wirkt" (S. 845–846). Die Autorin behauptet, daß in der Gesprächspsychotherapie nur die „Voraussetzungen des analytischen Prozesses" (a.a.O., 844) erfaßt werden, also die Einstellung des Therapeuten, auf deren Grundlage erst die eigentliche analytische Arbeit beginnt.

Im Widerspruch hierzu heben BIERMANN-RATJEN ET AL. (1995) hervor:

> „Das zentrale Thema des klientenzentrierten Ansatzes ist die Selbstentwicklung. Die Konzepte der Gesprächspsychotherapie sind ursprünglich Konzepte des Prozesses, in dem sich diese Selbstentwicklung vollzieht, und der Bedingung für diesen Prozeß. Aus ihnen lassen sich Konzpete einer Persönlichkeitstheorie im Sinne einer Entwicklungspsychologie ableiten. Diese impliziert, daß die Stagnation der Selbstentwicklung in der Regel ihre Wurzeln auch in kindlichen Erfahrungen hat. Die Stagnation löst sich auf in einer effektiven therapeutischen Beziehung mit der Folge zunehmender Offenheit für die Erfahrung, zunehmender Möglichkeit, deren Bedeutung zu symbolisieren, das heißt auch, sie bewußt werden zu lassen, sie als zur eigenen Person gehörend erleben zu können, sie zu befreien von starren Konstrukten zu ihrer Deutung, die immer auch aus der Vergangenheit des Klienten stammen und sie einzubringen in die Gestaltung der Beziehung zu anderen Menschen und zur eigenen Person" (a.a.O., S. 41).

> „Es ist also einfach nicht richtig, davon auszugehen, daß das Hauptziel der Psychoanalyse die Erforschung des Unbewußten eine untergeordnete Rolle im klientenzentrierten Konzept spiele. Sie Selbstentwicklung im psychotherapeutischen Prozeß ist im klientenzentrierten Konzept konzipiert als ein an bestimmte Bedingungen geknüpfter Prozeß, der eine Lebenskonzeptveränderung beinhaltet. Der Inhalt der Selbstkonzeptveränderung besteht in der Integration bisher u. a. nichtbewußtseinsfähiger Erfahrungen in das Selbstkonzept, und deren Integration ist wiederum die Voraussetzung für das Fortschreiten des Prozesses der Selbstentwicklung" (a.a.O., S. 42).

SPEIERER (1987) arbeitet die Unterschiede zwischen Psychoanalyse und Gesprächspsychotherapie bezüglich der drei erwähnten Basisvariablen heraus. Der Autor sieht die von SCHÖLL-SCHWINGHAMMER und JACOBS gefundene Ähnlichkeit nicht in einer konzeptuellen Ähnlichkeit zwischen orthodoxer Psychoanalyse und Gesprächspsychotherapie begründet, sondern durch die Weiterentwicklungen der Psychoanalyse, „die in der Tat die Elemente der Gesprächspsychotherapie zumeist unter anderer Terminologie in ihrem therapeutischen Wert entdeckt haben" (a.a.O., 518). Der Autor erklärt also die Ähnlichkeit zwischen Gesprächspsychotherapie und Psychoanalyse bezüglich der drei Basisvariablen Empathie, Kongruenz und Akzeptanz als Folge der Fortentwicklung der orthodoxen Psychoanalyse FREUDS. Zu nennen sind hier Autoren wie FERENCZI, RANK und BALINT. Einen detaillierten Vergleich klienten-zentrierter und psychoanalytischer (stationärer) Gruppenpsychotherapie liefern ECKERT und BIERMANN-RATJEN (1985).

MEYER ET AL. (1988) legten die Hamburger Kurz-Psychotherapie-Studie zum Vergleich von analytisch-orientierter Kurztherapie und Gesprächspsychotherapie vor und konnte die Überlegenheit der Gesprächspsychotherapie auch noch in der 12-Jahres-Katamnese belegen. MEYER (1991) sieht zur Erklärung dieser Ergebnisse die Gesprächspsychotherapie als Fokaltherapie mit „invariantem Fokus", welcher auf der Wahrnehmung und dem Ausdruck von Gefühlen sowie der Förderung der Selbstakzeptanz liegt. Dieser Fokus sei für die meisten Patienten in kurzer Zeit erlernbar und führe damit zu guten und stabilen Ergebnissen.

Ob die von MEYER vorgenommene Reduktion der Gesprächspsychotherapie auf eine Fokaltherapie mit „invariantem Fokus" gerechtfertigt ist, muß bezweifelt werden (vgl. BIERMANN-RATJEN, ECKERT und SCHWARTZ 1995). Vielmehr stellt das Herstellen der positiven therapeutischen Beziehung das Kernstück der Gesprächspsychotherapie dar, in deren Rahmen therapeutische Veränderungen überhaupt erst möglich werden.

Allerdings stellt HOFFMANN (1992) den Wert der Studie von MEYER in Frage, da nach seiner Meinung die psychoanalytische Kurztherapie im Gegensatz zur Gesprächspsychotherapie von für das Kurzpsychotherapie-Verfahren nicht ausreichend ausgebildeten Therapeuten durchgeführt worden sei. Wenn diese Einschränkung für die psychoanalytische Kurztherapie richtig zu sein scheint, so bleibt offen, ob nicht darüber hinaus auch für die Gesprächstherapie die Einschränkung gilt, daß auch die Gesprächspsychotherapie kein Kurzzeitverfahren ist (vgl. ECKERT und WUCHNER 1994). Generell ist fraglich, ob der Vergleich von psychotherapeutischen Verfahren mit atypischen Settings zu validen (und damit generalisierbaren) Ergebnissen führt.

2.2 Wirksamkeit, Indikation und Integration

2.2.1 Wirksamkeit

Die Gesprächspsychotherapie zählt neben dem psychoanalytisch begründeten Verfahren und verhaltenstherapeutischen Techniken zu den einzigen drei psychotherapeutischen Richtungen, deren Wirksamkeit als wissenschaftlich nachgewiesen gelten kann (siehe hierzu GRAWE, DONATI und BERNAUER 1994, MEYER ET AL. 1991). Sowohl von psychoanalytischer als auch von gesprächspsychotherapeutischer Seite gibt es inzwischen Vermutungen, daß im Rahmen der Meta-Analyse von Grawe die Wirksamkeit von Gesprächspsychotherapie und Psychoanalyse systematisch unterschätzt wird. Ein Grund hierfür ist beispielsweise bei der Gesprächspsychotherapie, daß die durchschnittliche Dauer der Behandlung der in den Meta-Analysen aufgenommenen Studien „meist unterhalb von 20 Sitzungen" liegt (GRAWE et al., S. 696). Solch kurze Dauer kommt zumeist durch das „quasi-experimentelle" Design mit Eigenwartegruppen bzw. Kontrollgruppen und Randomisierungen zustande. Die Dauer von Gesprächspsychotherapien in der Praxis lag bereits in den 50er Jahren (ROGERS und DYMOND 1954) bei über 31 Sitzungen, ECKERT und WUCHNER (1994) fanden in einer repräsentativen Befragung von 300 erfahrenen Gesprächspsychotherapeuten mit einer mittleren therapeutischen Berufserfahrung von 14 Jahren eine mittlere Behandlungsdauer von 69,2 Stunden, welche in Abhängigkeit vom Störungsbild variierte. Damit kann davon ausgegangen werden, daß die in den Meta-Analysen durchgeführten Gesprächspsychotherapien nicht repräsentativ für übliche gesprächspsychotherapeutische Behandlungen sind. Da zumindest in diesem Bereich der Behandlungsstunden es einen deutlichen Zusammenhang zwischen Therapiedauer und Behandlungserfolg gibt (HOWARD et al. 1986, ORLINSKY und HOWARD 1986), kann mit BIERMANN-RATJEN, ECKERT und SCHWARTZ (1995) vermutet werden, „daß die Wirksamkeit von Gesprächspsychotherapie in den bisher vorliegenden Meta-Analysen systematisch unterschätzt worden ist". Beim direkten Vergleich von Gesprächspsychotherapien und psychoanalytischen Therapien finden sich nach Meinung von GRAWE et al. (1994) keine systematischen Unterschiede in der Wirksamkeit dieser beiden Therapieformen.

Der von GRAWE vorgenommene Vergleich zwischen der Gesprächspsychotherapie und den verhaltenstherapeutisch orientierten Verfahren stützt sich insgesamt auf nur 9 Studien, in denen GRAWE eine Überlegenheit der Verhaltenstherapie gegenüber der Gesprächspsychotherapie gefunden hatte. In neueren meta-analytischen Studien (GREENBERG, ELLIOT und LIETAER 1994; ELLIOT 1996) findet sich diese Überlegenheit der Verhaltenstherapie gegenüber der Gesprächspsychotherapie nicht mehr. Dieses kann an verschiedenen Gründen liegen. Zum einen werden in den neueren Meta-Studien auch Studien berücksichtigt, welche nach 1982/83 publiziert worden sind, zum anderen werden auch Verfahren berücksichtigt, die als Weiterentwicklung der klassische klientenzentrierten Psychotherapie verstanden werden wie etwa die „Process experiental psychotherapy" von RICE und GREENBERG (1984). Darüber hinaus wird in der Meta-Analyse von GRAWE nicht die Langzeitwirkung der untersuchten Therapieformen nur unzureichend gewürdigt.

2.2.2 Indikation

Indikationsfragen wurden innerhalb der Psychotherapie erst im Rahmen der vergleichenden Psychotherapieforschung in Deutschland, bedingt durch die Kostenübernahme für Psychotherapie durch die Krankenkasse ab 1967, sowie im Rahmen der Frage nach der Integration verschiedener therapeutischer Methoden (siehe unten) aktuell. Dieser grobe Überblick macht deutlich, daß bei der Frage nach der Indikation neben wissenschaftlichen auch andere Interessen eine Rolle spielen. Insgesamt kann festgehalten werden, daß es notwendige therapieübergreifende überprüfte Kriterien für die selektive Indikation, d. h. für die Frage, „welcher Patient ist für welche Form von Psychotherapie geeignet" (ZIELKE 1979) oder zumindest einheitliche nosologische und diagnostische Einteilungen bisher trotz einer Vielzahl von Untersuchungen nicht gibt. Somit fällt die Indikation oft auf dem Hintergrund einer theoretischen

Vorbildung, was bei einem Patienten zu mehreren und verschiedenen Entscheidungen führen kann. Die Frage nach der Indikation für eine Gesprächspsychotherapie anhand des klientenzentrierten Konzeptes beantworten BIERMANN-RATJEN ET AL. (1995) folgendermaßen:

„Eine Gesprächspsychotherapie als Heilbehandlung ist dann indiziert, wenn
1. die Störung eine psychische ist und zwar eine Inkongruenz zur Grundlage hat,
2. ein Selbstkonzept und ein gewisses Ausmaß von Beziehungsfähigkeit zu sich selbst beim Klienten gegeben ist,
3. der Klient seine Inkongruenz zumindest im Ansatz als solche wahrnimmt und diese Wahrnehmung mit einem Wunsch nach Veränderung verbunden ist,
4. der Klient das gesprächspsychotherapeutische Beziehungsangebot zumindest in Ansätzen wahrnehmen und annehmen kann und
5. in der Aufhebung der Inkongruenz im Erleben des Klienten wenigstens ein erster Schritt zur Behebung seiner psychischen Störung bzw. zur Lösung seiner Probleme gesehen werden kann und sei es auch nur die Klärung des Problems" (S. 155).

In der Gesprächspsychotherapie wird – ähnlich wie auch in den tiefenpsychologisch orientierten Verfahren – eine positive Indikation allein auf der Grundlage von Klassifikationsschemata als nicht möglich angenommen (vgl. JANSSEN und SCHNEIDER 1994, ECKERT 1994). Trotzdem liegen bei einer Vielzahl psychoneurotischer, psychoreaktiver, psychosomatischer, aber auch psychotischer Störungen positive Erfahrungen vor (ECKERT 1994, BIERMANN-RATJEN, ECKERT und SCHWARZ 1995).

ECKERT (1991) sowie BIERMANN-RATJEN, ECKERT und SCHWARTZ (1995, S. 160–161) sehen als besten Prädiktor für die Vorhersage des Erfolges eine Psychotherapie, die „Ansprechbarkeit des Patienten für das spezifische therapeutische Angebot". Für die Gesprächspsychotherapie legen hierzu ECKERT, BIERMANN-RATJEN (1990) sowie ebenso AMBÜHL und GRAWE (1988) empirische Ergebnisse vor. RUDOLF ET AL. (1988) berichten von vergleichbaren Ergebnissen für die psychoanalytische Therapie.

Die differentielle, d. h. schulenspezifische Indikation stellt eine spezielle Form der selektiven Indikation dar, bei der sich die Frage stellt, welcher

Klient für welche Form der Psychotherapie geeignet ist. Bei der adaptiven Indikation paßt man hingegen das Verfahren an einen Klienten an und modifiziert dieses. ZIELKE (1979) beschäftigt sich ausführlich mit der Frage der Indikation und stellt die Vorzüge der adaptiven Indikation heraus. Gegen ein adaptives Indikationsmodell sprechen sich BIERMANN-RATJEN ET AL. (1995, 169) aus, da sich der

> „Therapeut immer in der gleichen Situation wie der Klient" befindet, „insofern, als ein Handeln auf der Grundlage seiner Einfühlung in das Erleben des Klienten erfolgt und immer erst im konkreten Therapieprozeß entwickelt werden kann".

Einen konträren Ansatz vertritt hier SACHSE (1992, 1995, SACHSE und MAUS 1991) mit seiner zielorientierten Gesprächspsychotherapie, in der spezifische Behandlungsangebote zur Erreichung individueller Ziele des Klienten erreicht werden sollen. BIERMANN-RATJEN et al. (1995) gehen soweit, daß das adaptive Indikationsmodell die wesentlichen Prinzipien des klientenzentrierten Konzeptes verletzen soll. Die Autoren betonen aber gleichzeitig, daß das klientenzentrierte Konzept

> „ein sehr viel differentielleres Handeln des Gesprächstherapeuten zuläßt, als es manche Kritiker, aber auch manche Vertreter der Gesprächspsychotherapie behaupten" (a.a.O., S. 180).

2.2.3 Integration

Zur Frage der Integration verschiedener psychotherapeutischer Richtungen gibt es innerhalb der Gesprächspsychotherapie konträre Standpunkte. So hält es TSCHEULIN (1980) für notwendig,

> „innerhalb einzelner Therapierichtungen an der theoretischen und empirischen Fundierung weiterzuarbeiten, um Präzisierungen in der Beschreibung und Erklärung von Veränderungsprozessen zu erreichen" (S. 64).

So gefundene Wirkfaktoren können jedoch nur mit Hilfe einer gemeinsamen (Meta-)Psychotherapietheorie und nur durch den Verzicht auf orthodoxe Standpunkte verglichen und letztlich integriert werden.

Ähnlich argumentiert NEIDENBACH (1982):

> „Zwischen dem gesprächstherapeutischen und dem psychoanalytischen Konzept besteht in der Tat eine nicht zu übersehende Zäsur. Der Annäherung wegen zu sagen, beide Disziplinen seien sich ähnlich, würde für beide einen Verlust ihres Kerngehaltes bedeuten, was sowohl für die wissenschaftliche Entwicklung als auch für die therapeutische Praxis von Schaden wäre" (S. 86).

Die wenigen Integrationsversuche (etwa WILD-MISSONG 1983) bleiben hingegen oft theorielos und eklektisch.

Den Versuch einer übergeordneten Metatheorie versucht GRAWE (1995) mit seiner „Allgemeinen Psychotherapie". Die bisherigen therapeutischen Schulen sieht er generell als überholt an, da sie es nicht geschafft hätten, scheinbar widersprüchliche Erkenntnisse aus der Psychotherapieforschung zu erklären. Er plädiert deshalb für Theorien „zweiter Generation", welche auch die aktuellen empirischen Ergebnisse der Psychotherapieforschung integrieren müßten. Als gesicherte Bestandteile einer allgemeinen psychotherapeutischen Veränderungtheorie postuliert GRAWE die vier therapeutischen Wirkprinzipien „Ressourcenaktivierung", „Problemaktualisierung", „Aktive Hilfe zur Problembewältigung" und „Klärungsperspektive" und macht diese zu zentralen Bestandteilen einer von ihm entworfenen „Allgemeinen Psychotherapie". Klassifiziert man die bisherigen Therapieschulen nach diesen vier Wirkprinzipien, so hat nach Meinung von GRAWE (a.a.O., S. 141) die klassische Psychoanalyse ihren Schwerpunkt im Überschneidungsbereich der „Klärungsperspektive" und der „Problemaktualisierung" während die klassische Verhaltenstherapie gerade hier einen „blinden Fleck" aufweist.

Auch ORLINSKY (1994) schlägt mit seinem „Generic Model of Psychotherapy" ein konzeptionelles Rahmenmodell für den psychotherapeutischen Prozeß vor, welches ein integratives psychotherapeutisches Arbeiten ermöglichen soll. Der psychotherapeutische Prozeß an sich wird dabei unten folgenden 6 Aspekten betrachtet:
- der formale Aspekt (Therapievertrag),
- der technische Aspekt (therapeutische Maßnahmen),
- der interpersonale Aspekt (therapeutische Beziehung),
- der intrapersonale Aspekt (innere Selbstbezogenheit),

- der klinische Aspekt (unmittelbare Auswirkungen der Therapiesitzung) und
- der zeitliche Aspekt (sequentiell verlaufender Prozeß).

Unter dem Schlagwort „Learning from Many Masters" plädiert ORLINSKY damit eher für eine adaptive therapeutische Vorgehensweise, als für eine Integration verschiedenen therapeutischer Schulen.

Es bleibt abzuwarten, ob sich die verschiedenen Therapierichtungen weiter annähern werden. Ohne eine übergeordnete Metatheorie, welche außerdem allgemein akzeptiert sein müßte, ist dieses wohl nur dadurch möglich, daß sich beide Seiten jeweils von den Konzepten und Techniken der anderen Seite anregen lassen, die jeweiligen Begriffe in ihr theoretisches Bezugssystem zu übersetzen und so zu integrieren, ohne ihr Profil zu verlieren.

Insgesamt stehen die Integrationsversuche jedoch am Anfang und bedürfen noch einer weiteren Ausarbeitung. Fraglich ist auch, ob sie überhaupt gewünscht sind und nicht durch eine Integration etwa innerhalb einer allgemeinen Psychotherapie die charakteristischen Grundlagen einer Therapieschule (dieses ist im Gegensatz zu GRAWE hier nicht ausdrücklich negativ gemeint) verlorengeht.

3 Ausbildung
(Stand 1996, Ausbildungsrichtlinien vom Dezember 1993)

Zur Ausbildung in Gesprächspsychotherapie werden Diplom-Psychologen und Ärzte zugelassen. In der Bundesrepublik Deutschland findet diese Ausbildung innerhalb der GwG (Gesellschaft für wissenschaftliche Gesprächspsychotherapie) statt und gliedert sich in zwei Abschnitte:

Die **Gesprächspsychotherapie-Grundausbildung** erstreckt sich über mindestens 1½ Jahre, umfaßt 300 Ausbildungsstunden in Theorie, Praxis und Selbsterfahrung bei einem anerkannten Ausbilder und schließt mit der sog. „A-Mitgliedschaft" ab.

Die **Gesprächspsychotherapie-Zusatzausbildung** findet berufsbegleitend über mindestens 2 Jahre statt, umfaßt 700 Ausbildungsstunden (150 Std.

Theorie, 150 Std. Selbsterfahrung, 200 Std. therapeutische Praxis und 200 Std. Supervision der therapeutischen Praxis), eine abgeschlossene Eigentherapie sowie den erfolgreichen Abschluß von 5 selbständig durchgeführten und ausführlich dokumentierten Therapien, zu denen eine ausführliche Prä-, Post- und Begleitdiagnostik durchgeführt wird.

Zum **Abschluß der Ausbildung** werden die in der Ausbildung erworbenen Kenntnisse und Fertigkeiten überprüft.

4 Fallbeispiel

Der 28jährige, ledige Student der Landwirtschaft stellte sich mit dem Wunsch nach einer Psychotherapie bei bestehendem atopischem Ekzem vor. Konkreter Anlaß war die Sorge, beim Eingehen einer Beziehung könne das Ekzem wieder stärker werden.

4.1 Symptomatik

Bei dem Pat. ist seit dem 2. Lebensjahr ein allergisches Asthma bronchiale in Verbindung mit einer Rhinitis allergica bekannt, wegen der sich der Patient laufend in fachärztlicher Behandlung befindet. Akute, schwere Asthma-Anfälle traten seit Jahren nicht mehr auf, eine vor allem nachts auftretende leichte Symptomatik ist medikamentös gut beherrschbar.

Seit dem Beginn der ersten festen Partnerschaft vor 7 Jahren kam ein endogenes Ekzem dazu, welches sich bei zu großer Nähe zur Freundin deutlich verschlechterte, bei einer (befristeten) räumlichen Trennung deutlich besserte. Aktuell besteht die Befürchtung, das Ekzem könne in einer aktuell eingegangen Beziehung wieder auftreten, wobei sich der Patient andererseits eine größere Nähe wünscht. Andere Symptome oder Beschwerden bestehen nicht.

Der Patient schildert sich selbst als ruhig und zurückhaltend, könne Gefühle schlecht ausdrücken, sei ansonsten mit sich aber zufrieden.

4.2 Biographie

Der Patient ist der zweite von zwei Söhnen eines leitenden Angestellten (+32) und seiner Ehefrau (+31). Der Vater sei sehr intellektuell und wenig gefühlsbetont, habe feste (fast rigide) Prinzipien und sei immer sehr distanziert zu den Kindern geblieben. In den Pubertät sei es deshalb oft zu Auseinandersetzungen gekommen. Die Mutter wird als eher gefühlsmäßig erlebt, zu ihr bestehe ein gutes Verhältnis, sie vertrete bei Auseinandersetzungen jedoch die Meinung des Vaters. Nach der Ableistung mehrerer Praktika, auch im Ausland, studiert der Patient Landwirtschaft und strebt eine Tätigkeit in der Forschung an. Eine erste feste Beziehung bestand vom 20.–25. Lebensjahr. Damals sei das Ekzem zum ersten Mal in Gesicht, Armbeuge und Hals sehr stark aufgetreten. Während Zeiten räumlicher Trennung (Ausland) war der Patient jeweils symptomfrei. Im letzten Jahr der Beziehung lebte der Patient mit seiner Freundin zusammen, was zu großen Schwierigkeiten führte. Der Patient fühlte sich eingeengt, zog sich deshalb zurück, die Freundin fühlte sich ungeliebt und zurückgewiesen und habe deshalb die Beziehung beendet.

4.3 Diagnose

Psychologische Faktoren (ICD-10: F54) bei atopischer Erkrankung mit Asthma bronchiale und Rhinitis allergica (ICD-10: J45.9) und endogenem Ekzem (ICD-10: L25)

4.4 Situation zu Therapiebeginn

Der Patient wohnt seit 3 Jahren allein in einem kleinen Appartement, seitdem hat er keine feste Beziehung mehr. Das Studium wird von den Eltern finanziert. Vor einigen Wochen lernte der Patient eine 5 Jahre jüngere Kommilitonin kennen, zu der eine momentan lockere Beziehung bestehe. Der Patient fühlt sich unsicher, wieviel Nähe er zulassen will und kann.

4.5 Dynamik der Inkongruenz und therapeutische Implikationen

Es besteht ein **dispositioneller Anteil** durch die genetische Komponente der atopischen Erkrankung. Die **sozial-kommunikativen Anteile** der Inkongruenzentstehung sind: Leistung wird als dominante Quelle der Erfüllung von Bedürfnissen gesehen, hier kann der Vater als Vorbild gesehen werden. Körperkontakte und Zeigen von Gefühlen werden vernachlässigt. Sensibilität und Symbolisierung für Körperreaktion sind eingeschränkt. Als **Auslöser** ist das Erleben der problematischen Beziehung mit der ausgeprägten Nähe-/Distanzproblematik zu sehen. Die **gegenwärtigen Erfahrungen** sind gutes intellektuelles und berufliches Funktionieren, jedoch gehemmtes und als unbefriedigend erlebtes Gefühlsleben sowie eine als emotionale unzureichend erlebte Partnerbeziehung. Die Körpersymptome werden als autonom erlebt, bzw. ihre nicht-steuerbare Autonomie befürchtet. Das gegenwärtige **Selbstkonzept** ist dadurch determiniert, daß durch intellektuelle Anstrengung und Kontrolle der Emotionen Perfektion in allen Bereichen angestrebt wird. Die das Selbst bedrohenden Erfahrungen (**Inkongruenz**) sind das erlebte (aktuelle befürchtete) „Versagen" bei der Kontrolle der Körpersymptome und das Scheitern der Beziehung trotz größter Anstrengung.

Ausgehend von der aktuellen Beziehung sollen im Rahmen der Therapie eigene Bedürfnisse erkannt, Leistung und emotionale Kontrolle als zentrale Quellen der Erfüllung von Grundbedürfnissen relativiert werden. Hierzu ist die Etablierung einer wertschätzenden, kongruenten, nicht an Bedingungen und Leistungen gebundenen therapeutischen Beziehung erforderlich. In der therapeutischen Atmosphäre ohne Leistungsanforderungen sollen neue emotionale Erfahrungen und ihre Integration in das Selbst möglich werden. Zur Erleichterung von gefühlsmäßigen Erfahrungen ist die Integration erlebnisaktivierender Verfahren (etwa Focusing) sinnvoll.

4.6 Therapieverlauf

In einem Zeitraum von 1,5 Jahren fanden insgesamt 53 wöchentliche Stunden statt. Dann wurde die Therapie auf Wunsch des Patienten beendet, da er wesentliche Therapieziele für erreicht hielt und mit den verbleibenden Problemen allein zurecht kommen wollte. Die Inhalte der Stunden sind im folgenden kurz aufgeführt.

Stunde	Inhalt
1–4	Anamnese
5–10	aktuelle Beziehung zur Freundin, Nähe/Distanz
11	Focusing (Erleben von Nähe)
12–17	Konkurrenzsituationen, Bedeutung der Leistung in der Beziehung zum Vater
18–25	Konkurrenzsituationen und Leistung in aktuellen Beziehungen (Studium)
26–31	Gefühle zeigen in Beziehungen
32	Focusing zum Zeigen von Gefühlen
33–34	Bedeutung und Qualität von Beziehungen
35–38	Beziehungsklärung/Beziehung zum Therapeuten
39–47	Beziehung zu den Eltern und Parallelen in aktuellen Beziehungen
48–53	Fortschritte, Veränderungen und Resümee

4.7 Veränderungsmessung und Einschätzung des Verlaufs

In den durchgeführten psychologischen Testverfahren zeigten sich signifikante Verbesserungen. So nahmen Erregbarkeit, Beanspruchung und körperliche Beschwerden ab und lagen zum Therapieende im Normbereich. Die Introversion nahm in Richtung Normbereich ab. Der Patient berichtet darüber, sich besser abgrenzen und durchsetzen zu können, Konkurrenzsituationen kann er besser aushalten, ohne sich unter starkem Leistungsdruck zu fühlen. Nähe kann deutlich besser zugelassen werden. Es besteht zwar weiterhin ein Zusammenhang zwischen Nähe und Aufblühen des Ekzems, diese Symptomatik ist insgesamt jedoch deutlich besser und für den Patienten akzeptierbar (kongruent) geworden. Die Beziehung ist seit 1 Jahr stabil und verläßlich, offene Konflikte bezüglich des Themas Nähe/Distanz sind nicht aufgetreten. Das Studium wurde erfolgreich abgeschlossen.

Das therapeutische Basisverhalten konnte über den Gesamtverlauf gut realisiert und die Zusatzvariablen (Selbsteinbringung, Konfrontation, Beziehungsklärung) adäquat eingesetzt werden. Beim Patienten ergab sich ein deutlicher Prozeß hin zu einer stärkeren Selbstexploration, dem Zulassen von Gefühlen und aktuellem Erleben. Inkongruenzen wurden vom Patienten erkannt, zum Therapieende aufgelöst. Neue Beziehungserfahrungen konnten in das Selbst integriert werden.

–◻–

Literatur

AMBÜHL, H., und GRAWE, K. (1988): Die Wirkung von Psychotherapien als Ergebnis der Wechselwirkung zwischen therapeutischem Angebot und Aufnahmebereitschaft der Klient/inn/en. Zeitschrift Klinische Psychologie, Psychopathologie und Psychotherapie, 36, 308–327.

BECHMANN, R. (1988): Die Verbalisierung der therapeutischen Beziehung in der fokal-psychoanalytischen und in der klientenzentrierten Psychotherapie. GwG-Zeitschrift, 72, 86–87.

BENJAMIN, L. S. (1982): Use of Structural Analysis of Social Behavior (SASB) to guide intervention in psychotherapy. In J. C. ANCHIN und D. J. KIESLER (Eds.): Handbook of Interpersonal Psychotherapy. New York: Pergamon Press, 190–214.

BENSE, A. (1981): Klinische Handlungstheorie. Weinheim: Beltz.

BIERMANN-RATJEN, E.-M. (1993a): Das Modell der psychischen Entwicklung im Rahmen des klientenzentrierten Konzepts. In: J. ECKERT, D. HÖGER und H. LINSTER (Hrsg.): Die Entwicklung der Person und ihre Störung, Bd. 1. Köln: GwG, 77–88.

BIERMANN-RATJEN, E.-M. (1993b): Die Psychogenese der Neurosen. In: J. ECKERT, D. HÖGER und H. LINSTER (Hrsg.): Die Entwicklung der Person und ihre Störung, Bd. 1. Köln: GwG, 99–108.

BIERMANN-RATJEN, E.-M., ECKERT, J. und SCHWARTZ, H. J. (1993): Gesprächspsychotherapie – Verändern durch Verstehen. 3. Auflage, Stuttgart: Kohlhammer.

BIERMANN-RATJEN, E.-M., ECKERT, J. und SCHWARTZ, H. J. (1995): Gesprächspsychotherapie – Verändern durch Verstehen. 7., erweiterte Auflage, Stuttgart: Kohlhammer.

BINDER, J. und BINDER, U. (1991): Schützend Verantwortung übernehmen. Weinheim: Beltz.

BINDER, U. und BINDER, H. J. (1982): Klientenzentrierte Psychotherapie bei schweren psychischen Störungen. Frankfurt: Klotz.

BOMMERT, H. (1979): Grundlagen der Gesprächspsychotherapie. Stuttgart: Kohlhammer.

BOMMERT, H. (1980): Therapieorientierte Diagnostik in der Gesprächspsychotherapie. In: W. SCHULZ und M. HAUTZINGER (Hrsg.): Klinische Psychologie und Psychotherapie, Kongreßbericht Berlin, Tübingen/Köln: DGVT/GwG, Band 2, 177–186.

BOMMERT, H. (1987): Grundlagen der Gesprächspsychotherapie. Theorie – Praxis – Forschung. 4., veränderte und ergänzte Aufl., Stuttgart: Kohlhammer.

DÜHRSSEN, A. (1972): Analytische Psychotherapie in Theorie, Praxis und Ergebnissen. Göttingen: Vandenhoeck und Ruprecht.

DÜHRSSEN, A. (1988): Dynamische Psychotherapie. Heidelberg: Springer.

DÜHRSSEN, A. (1995): Die Bedeutung einer latenten Anthropologie für psychotherapeutische Behandlungen. Z. Psychosomat. Med. Psychoanal. 41(3), S. 279–283.

ECKERT, J. und BIERMANN-RATJEN, E.-M. (1990): Ein heimlicher Wirkfaktor: Die „Theorie" des Psychotherapeuten. In: V. TSCHUSCHKE und D. CZOGALIK (Hrsg.): Was wirkt in der Psychotherapie? Berlin: Springer.

ECKERT, J. und WUCHNER, M. (1994): Frequenz-Dauer-Setting in der Gesprächspsychotherapie heute. Teil 1: Einzeltherapie bei Erwachsenen. GwG Zeitschrift, 95, 17–20.

ECKERT, J. (1991): Gesprächspsychotherapie gleich erfolgreiche Fokaltherapie? GwG-Zeitschrift 81, 41–42.

ECKERT, J. (1994): Diagnostik und Indikation in der Gesprächspsychotherapie. In: P. JANSSEN und W. SCHNEIDER (Hrsg.): Diagnostik in Psychotherapie und Psychosomatik. Stuttgart: Gustav Fischer, 147–164.

ECKERT, J. und BIERMANN-RATJEN, E.-M. (1985): Stationäre Gruppenpsychotherapie. Prozesse – Effekte – Vergleiche. Berlin: Springer.

ELLIOT, R. (1996): Are client-centered/experiental therapies effective? A Meta-Analysis of outcome-research. In: ESSER, U; PAPST, H.; SPEIERER, G.-W. (Hrsg.): The Power of the Person-Centered Approach. GwG-Verlag, Köln. Deutsche Übersetzung: Sind klientenzentrierte Erfahrungstherapien effektiv? Eine Meta-Analyse zur Effektforschung. GwG-Zeitschrift 1001, 29–36.

FINKE, J. und TEUSCH, L. (1992): Krankheitslehre der Gesprächspsychotherapie. Heidelberg: Asanger.

FINKE, J. (1994a): Empathie und Interaktion. Methodik und Praxis der Gesprächspsychotherapie. Stuttgart: Georg Thieme.

FINKE, J. (1994b): Die Krankheitslehre der Gesprächspsychotherapie. In: M. BEHR, U. ESSER, F. PETERMANN, R. SACHSE und R. TAUSCH (Hrsg.): Personzentrierte Psychologie und Psychotherapie. Jahrbuch 1994. Köln: GwG-Verlag, 9–29.

GENDLIN, E. T. (1970): A Theory of Personality Change. In: J. T. HART und T. M. TOMLINSON (Eds.): New Directions in Client-Centered Therapy. Boston: Houghton Mifflin, 129–173.

GENDLIN, E. T. (1974): Client-centered and experiental Psychotherapy. In: D. A. WEXLER und L. N. RICE (Eds.): Innovations in Client-centered Therapy. New York, 211–246.

GRAESSNER, D. (1984): „Übertragung" und klientenzentrierte Psychotherapie. GwG-Info, 57, 87–89.

GRAWE, K. (1995): Grundriß einer Allgemeinen Psychotherapie. Psychotherapeut, 40 (3), 130–145.

GRAWE, K., DONATI, R., BERNAUER, F. (1994): Psychotherapie im Wandel. Göttingen: Hogrefe.

GREENBERG, L., ELLIOT, R. und LIETAER, G. (1994): Research on Experiential Psychotherapies. In: A. E. BERGIN und S. L. GARFIELD (Eds.): Handbook of Psychotherapy and Behavior Change, 4th Edition. New York: Wiley, 509–539.

GREENSON, R. R. (1981): Technik und Praxis der Psychoanalyse. Band 1. Stuttgart: Klett-Cotta.

HART, J. und TOMLISON, T. M. (1970): New Directions in Client-Centered Therapy. Boston.

HOFFMANN, S. O. (1992): Bewunderung, etwas Scham und verbliebene Zweifel. Anmerkungen zu KLAUS GRAWES „Psychotherapieforschung zu Beginn der neunziger Jahre". Psychologische Rundschau 43, 163–167.

HOFFMANN, S. O. und HOCHAPFEL, G. (1987): Einführung in die Neurosenlehre und Psychosomatische Medizin. Stuttgart: Schattauer. 1995

HOFSTÄTTER, P. R. (1957): Gruppendynamik. Hamburg: Rowohlt.

HOWARD, K. I., KOPTA, S. M., KRAUSE, M. S. und ORLINSKY, D. E. (1986), The Dose-Effect Relationship in Psychotherapy. American Psychologist, 41, 159–164.

HOWE, J. und MINSEL, W.-R. (1984): Gesprächspsychotherapie. In: H. PETZOLD (Hrsg.): Wege zum Menschen. Paderborn: Junfermann, 309–386.

HOYER, J. (1996): Incongruence and social cognition. In: ESSER, U; PAPST, H.; SPEIERER, G.-W. (Hrsg.): The Power of the Person-Centered Approach. GwG-Verlag, Köln.

JACOBS, S.(1983): Beziehungsmuster in der klientenzentrierten Psychotherapie mit Delinquenten. Zeitschrift für personenzentrierte Psychologie und Psychotherapie, 4, 173–185.

JANSSEN, P. L. und SCHNEIDER, W. (1994): Diagnostik in der Psychotherapie und Psychosomatik. Stuttgart: Gustav Fischer.

KÖHLER-WEISKER, A. (1978): Freuds Behandlungstechnik und die Technik der klientenzentrierten Gesprächs-Psychotherapie nach Rogers. Psyche, 9, 825–847.

LEVANT R. F. und SHILIEN, J. M. (1984): Client-Centered Therapy and the Person-Centered Approach. New York: Praeger.

MARTIN, D. G. (1976): Gesprächs-Psychotherapie als Lernprozeß. Salzburg: Otto Müller.

MEADOR, B. D. und ROGERS, C. R. (1973): „Client Centered Therapy". In: R. J. CORSINI (Ed.): „Current Psychotherapies". Peacock.

MEYER, A.-E. (1991): Laudatio für Carl Ransom Rogers. GwG-Zeitschrift 81, 53–55.

MEYER, A.-E., RICHTER, R., GRAWE, K., SCHULENBURG, J-M.GRAF V.D. und SCHULTE, B. (1991): Forschungsgutachten zu Fragen eines Psychotherapeutengesetzes. Hamburg-Eppendorf: Eigenverlag.

MEYER, A.-E., STUHR, U., WITH, U. und RÜSTER, P. (1988): 12-year follow-up study of the Hamburg short psychotherapy experiment. Psychosomatics and Psychotherapy, 192–200.

NEIDENBACH, N. (1982): Eine vergleichende Betrachtung von Gesprächspsychotherapie und Psychoanalyse. In: J. HOWE (Hrsg.): Integratives Handeln in der Gesprächspsychotherapie. Weinheim: Beltz, 55–90.

ORLINSKY, D. E. und HOWARD, K. I. (1986): Process and outcome in psychotherapy. In: S. L. GARFIELD und A. E. BERGIN (eds.): Handbook of Psychotherapy and Behavior Change, (3. Aufl.). New York: Wiley.

ORLINSKY, D. E. (1994): Learning from Many Masters. Ansätze zu einer wissenschaftlichen

Integration psychotherapeutischer Behandlungsmodelle. Psychotherapeut, 39 (1), 2–9.

PETZOLD, H. (Hrsg.,1984): Wege zum Menschen. Paderborn: Junfermann.

PFEIFFER, W. M. (1980): Otto Rank – Wegbereiter personenzentrierter Psychotherapie. In: W. SCHULZ und M. HAUTZINGER (Hrsg.): Klinische Psychologie und Psychotherapie, Kongreßbericht Berlin. Tübingen/Köln: DGVT/GwG, Band 5, 93–101.

PFEIFFER, W. M. (1987a): Der Widerstand in der Sicht der klientenzentrierten Psychotherapie. GwG-Zeitschrift, 66, 55–62.

PFEIFFER, W. M. (1987b): Übertragung und Realbeziehung in der Sicht klientenzentrierter Psychotherapie. Zeitschrift für personenzentrierte Psychologie und Psychotherapie, 6 (3), 347–352.

RICE, L. N. und GREENBERG, L. (Eds.) (1984): Patterns of Change. New York: Guilford.

ROGERS, C. R. und DYMOND, R. F. (1954): Psychotherapy and Personality Change. Co-ordinated Research Studies in The Client-Centered Approach. Chicago: The University of Chicago Press.

ROGERS, C. R. (1942): Counseling and Psychotherapy. Boston: Houghton Mifflin. Dt. Ausg. (1972): Die nicht-direktive Beratung. München: Kindler.

ROGERS, C. R. (1951): Client-centered therapy. Boston: Houghton Mifflin. Dt. Ausg. (1973): Die klient-bezogene Gesprächstherapie. München: Kindler.

ROGERS, C. R. (1957): The necessary and sufficient conditions of therapeutic personality change. Journal of Consulting Psychology, 21, 95–103.

ROGERS, C. R. (1959): A theory of therapy, personality and interpersonal relationship as developement in client-centered framework. In: S. KOCH (Ed.): Psychology: A study of a science. Vol. III. New York: McGraw-Hill, 184–256. Dt. Ausg. (1987): Eine Theorie der Psychotherapie, der Persönlichkeit und der zwischenmenschlichen Beziehungen. (Hrsg.: GwG, deutsche Übertragung G. HÖHNER und R. BRÜSEKE), Köln: GwG.

ROGERS, C. R. (1961): On Becoming a Person. A Therapist's View of Psychotherapy. Boston: Houghton Mifflin. Dt. Ausg. (1973): Entwicklung der Persönlichkeit. Stuttgart: Klett.

ROGERS, C. R. (1962): The interpersonal relationship. The core of guidance. Harward Educational Review, 42, 416–429.

ROGERS, C. R. (1965): The therapeutic relationship. Recent theory and research. Australian Journal of Psychology, 17, 95–108.

ROGERS, C. R. (1978): Die Kraft des Guten. München: Kindler.

ROGERS, C. R. (1983): Therapeut und Klient. Grundlagen der Gesprächspsychotherapie. Frankfurt: S. Fischer.

ROGERS, C. R., TRUAX, C. und CHARKHOFF, R. R. (o. J.): Variablen des Therapeutenverhaltens. (Deutsche Bearbeitung von W. M. PFEIFFER), Arbeitsmaterial des Psychologischen Instituts der Universität Göttingen.

ROHDE-DACHSER, CHR. (1994): Warum sind Borderline-Patienten meist weiblich? In: CHRS. ROHDE-DACHSER: Im Schatten des Kirschbaums. Psychoanalytische Dialoge. Bern: Huber, 79–82.

RUDOLF, G., GRANDE, T. und PORSCH, U. (1988): Die initiale Patient-Therapeut-Beziehung als Prädiktor des Behandlungsverlaufs. – Eine empirische Untersuchung prognostischer Faktoren in der Psychotherapie. Zeitschrift für Psychosomatiosche Medizin und Psychoanalyse, 34, 32–49.

SACHSE, R. und MAUS, C. (1991): Zielorientiertes Handeln in der Gesprächspsychotherapie. Stuttgart: Kohlhammer.

SACHSE, R. (1992): Zielorientierte Gesprächspsychotherapie. Göttingen: Hogrefe.

SACHSE, R. (1995): Der psychosomatische Patient in der Praxis. Grundlagen einer effektiven Therapie mit „schwierigen" Klienten. Stuttgart: Kohlhammer.

SCHÖLL-SCHWINGHAMMER, I., JACOBS, S. (1987): Empathie, Kongruenz und Akzeptanz in Psychoanalyse und klientenzentrierter Gesprächspsychotherapie. Zeitschrift für personenzentrierte Psychologie und Psychotherapie, 6 (4), 507–517.

SPEIERER, G.-W. (1994). Das differentielle Inkongruenzmodell (DIM). Handbuch der Gesprächspsychotherapie als Inkongruenzbehandlung. Heidelberg: Asanger.

SPEIERER, G.-W. (1996): The Differential Incongruence Model as a Basis of Specific and Integrative Options in Counseling and Psychotherapy. In: ESSER, U., PAPST, H., SPEIERER, G.-W. (Hrsg.): The Power of the Person-Centered Approach. Köln: GwG-Verlag.

SPEIERER, G.-W. (1987): Kritische Bemerkungen zur Arbeit von Ilona Schöll-Schwinghammer und Stefan Jacobs über „Empathie, Kongruenz und Akzeptanz in Psychoanalyse und klientenzentrierter Gesprächspsychotherapie". Zeitschrift für personenzentrierte Psychologie und Psychotherapie, 6 (4), 517–519.

SWILDENS, H. (1991): Prozeßorientierte Gesprächspsychotherapie. Köln: GwG-Verlag.

TAUSCH, R., und TAUSCH, A. (1956): Kinderpsychotherapie im nicht-direkten Verfahren. Göttingen: Hogrefe.

TAUSCH, R. (1975): Gesprächspsychotherapie. Göttingen: Hogrefe.

TAUSCH, R. (1980): Von der Gesprächspsychotherapie zu personzentrierten Lebensformen. In: W. SCHULZ und M. HAUTZINGER (Hrsg.): Klinische Psychologie und Psychotherapie, Kongreßbericht Berlin. Tübingen/Köln: DGVT/GwG, Band 1, 207–230.

TAUSCH, R. und TAUSCH, A. (1979): Gesprächspsychotherapie. Göttingen: Hogrefe.

TRUAX, C. B. und CHARKHOFF, R. R. (1967): Toward effective Counseling and Psychotherapy: Training and Practice. Chicago.

TSCHEULIN, D. und GLOSSNER, A. (1993): Die deutsche Übertragung der INTREX „Longform Questionaires": Validität und Auswertungsgrundlagen der SASB-Fragebogenmethode. In: W. TRESS (Hrsg.): SASB – Die Strukturale Analyse Sozialen Verhaltens. Heidelberg: Asanger, 123–155.

TSCHEULIN, D. (1980): Für und wider die Methodenintegration in der Psychotherapie. In: W. SCHULZ und M. HAUTZINGER (Hrsg.): Klinische Psychologie und Psychotherapie, Kongreßbericht Berlin. Tübingen/Köln: DGVT/GwG, Band 1, 57–66.

TSCHEULIN, D. (1992). Wirkfaktoren psychotherapeutischer Intervention. Göttingen: Hogrefe.

TSCHEULIN, D. (1995): Grundlagen und Modellvorstellungen für eine personenzentrierte Störungslehre. In: SCHMIDTCHEN, S., SPEIERER, G. W., LINSTER, H. (Hrsg.): Die Entwicklung der Person und ihre Störung. Bd. 2: Theorien und Ergebnisse zur Grundlegung einer klientenzentrierten Krankheitslehre. Köln: GwG-Verlag, 139–179.

van KESSEL, W. und van der LINDEN, P. (1993): Die aktuelle Beziehung in der Klientenzentrierten Psychotherapie: der interaktionelle Aspekt. GwG Zeitschrift, 90, 19–32.

WATZLAWIK, P., BEAVIN, J. H. und JACKSON, D. D. (1982): Menschliche Kommunikation. Bern: Huber.

WEXLER, D. A. (1984): A cognitive theory of experiencing, self-actualisation, and therapeutic process. In: D. A. WEXLER and L. N. RICE (Eds.): Innovations in Client-Centered Therapy. New York: Wiley.

WILD-MISSONG, A. (1983): Neuer Weg zum Unbewußten. Salzburg: Otto Müller.

ZIELKE, M. (1979): Indikation zur Gesprächspsychotherapie. Stuttgart: Kohlhammer.

Hypnose und Autogenes Training

Gerhard Schüßler

1 Theorie der Hypnose und des Autogenen Trainings

Innerhalb der psychotherapeutischen Behandlung haben das Autogene Training und – wieder vermehrt – die Hypnose eine große Bedeutung und finden breite Anwendung. Das Autogene Training von J. H. SCHULTZ, erstmals 1920 aus der Fremdhypnose entwickelt und 1932 in seiner Monographie dargelegt (J. H. SCHULTZ 1979), ist eng mit der Hypnose verbunden oder, wie es LANGEN (1983) ausdrückt, „Autogenes Training ist ein übender Weg zur Autohypnose". Beide Verfahren sollen aufgrund ihrer engen Verwandtschaft im folgenden gemeinsam betrachtet werden.

1.1 Historische Entwicklung

Die Geschichte der Hypnose zu verfolgen ist dadurch erschwert, daß sich die Bezeichnungen für Trance und hypnotische Zustände im Laufe der Geschichte änderten. Suggestion und tranceinduzierende Techniken reichen jedoch bis in die Urgeschichte der Menschheit zurück, und so können z. B. auch der Tempelschlaf des Asklepius oder Formen der Ekstase bei Heilern und Kranken in vielen Kulturen als hypnotische Zustände angesehen werden. Hypnoide Methoden haben ihre Geschichte in fast allen Hochkulturen wie in denen der Ägypter, Inder, Griechen (U. STOCKSMEIER 1984). Die Hypnose kann somit als die Stammmutter aller späteren Psychotherapieentwicklungen bezeichnet werden. Die neuzeitlich dokumentierte Geschichte der Hypnose beginnt mit dem Wiener Arzt ANTON MESSMER, der 1779 seine Theorie des animalischen Magnetismus entwickelte. MESSMER berührte den Körper von Patienten mit Eisenstäben, die er vorher in ein Chemikalienbad getaucht hatte. Diese Berührung löste meist eine sogenannte Krise aus, die man sich als Trancezustand mit konvulsiven Zuständen vorstellen kann. MESSMER glaubte, mit seinen Stäben und später auch nur durch seine Person und Berührung durch seine Person ein Fluidum, die belebte Schwerkraft oder den Magnetismus animalis zu übertragen. Eine Kommission, an der auch BENJAMIN FRANKLIN (damals amerikanischer Botschafter in Paris) 1784 teilnahm, kam zur Ablehnung der Theorie des animalischen Magnetismus und nannte als alternative Erklärungen Imaginationsprozesse („nichts als Einbildung"), und eine weitere Kommission sah den Glauben des Patienten als Erklärungsmodell. MESSMERS Schüler, der Marquis DE PUYSÉGUR, glaubte, Ähnlichkeiten mit dem Schlafwandeln festzustellen, und nannte den Zustand „Somnambulismus" (ELLENBERGER 1973).

Der portugiesische Priester DE FARIA (Anfang des 19. Jahrhunderts) hingegen sprach von einem luciden Schlaf und sah in der Einbildungskraft und der Konzentration des Hypnotisierten das entscheidende Prinzip.

Mitte des 19. Jahrhunderts prägte der englische Augenarzt BRAID das Wort „Hypnose". BRAID ließ viele Personen einen Gegenstand anstarren (Fixationsmethode), bis ein Zustand eintrat, den er als Hypnose bezeichnete. BRAID sah die Hypnose zuerst als physiologischen Prozeß (in cerebralen Zentren begründet), später entwickelte er eine psychologische Theorie, indem er die eingeengte Konzentration und Aufmerksamkeit herausstellte. Schließlich änderte BRAID seine Auffassung dahin, daß der Wille des Hypnotisierten im wesentlichen nicht beeinträchtigt sei. In seinen Arbeiten wies er auch auf die Bedeutung der Suggestion zur Erzeugung eines hypnotischen Zustandes hin und war somit der erste, der sowohl die Autohypnose als auch die Heterohypnose beschrieb. Durch den Anstoß BRAIDS entwickelten verschiedene Autoren unterschiedliche aktivautohypnoide Methoden: Die Progressive Relaxation nach JACOBSON 1929 (1965), 1932 das Autogene Training von SCHULTZ und die Dick-Read-Methode der Geburtsentspannung (G. D. READ 1968).

Die Fluidumtheorie von MESSMER wurde immer mehr durch die Suggestionstheorie der Schule von Nancy verdrängt, die vor allen durch den Landarzt A. LIEBÉAULT und H. BERNHEIM (1910) vertreten wurde. 1889 hospitierte FREUD bei BERNHEIM in Nancy. BERNHEIM vermutete bei allen Menschen eine Empfänglichkeit für Suggestionen.

Der Suggestionsbegriff ist seit seiner Einführung in die medizinische Begriffswelt immer wieder unterschiedlich und neu gefaßt und verstanden worden. Während anfänglich nur die Beeinflussung im hypnotischen Zustand als Suggestion galt, wird heute auch eine Beeinflussung im Wachzustand darunter verstanden. Die nach wie vor klarste Definition der Hypnose wurde von STOKVIS und PFLANZ (1961, S. 6) genannt: „Suggestion ist die affektive Beeinflussung der körperlich-seelischen Ganzheit auf der Grundlage eines zwischenmenschlichen Grundvollzuges, der affektiven Resonanzwirkung." Wenn BERNHEIM die Fähigkeit zur Hypnose als psychologisches Phänomen und Zeichen seelischer Gesundheit verstand, so interpretierte sie der Neurologe CHARCOT als hysterischen und somit psychopathologischen Zustand (ELLENBERGER 1973). SIGMUND FREUD war 1885/86 Schüler bei CHARCOT und arbeitete dann mit BREUER zusammen in Wien. Beide wandten die Hypnosebehandlung vorwiegend bei hysterischen Patienten an (BREUER und FREUD 1895). Als sich die Hypnose und der Gebrauch direkter Suggestionen in ihrer Wirksamkeit immer mehr als unzuverlässig erwiesen, nahm FREUD Abstand von der Hypnose und entwickelte nach und nach die psychoanalytische Technik – unter Beibehaltung der Couch

und der Technik der freien Assoziation. Mit der Entwicklung der Tiefenpsychologie verlor die Hypnose an Bedeutung, während das Autogene Training immer mehr Verbreitung fand und heute insbesondere im Rahmen der allgemeinärztlichen Psychotherapie Anwendung findet (FABER 1984). In den Vereinigten Staaten wurde die Hypnosetherapie vor allen Dingen von MILTON ERICKSON (1967) zu neuer Anerkennung geführt. ERICKSON entwickelte eine Fülle von therapeutischen Hypnosestrategien, die als „indirekte Suggestion" zusammengefaßt werden können, und leitete damit eine Entwicklung ein, die der Hypnose eine neue zunehmende Bedeutung erschloß (Übersichtsarbeiten zur Geschichte ELLENBERGER 1973 u. STOCKSMEIER 1984).

1.2 Aktueller Stand der Forschung

1.2.1 Theorie der Hypnose

Unverändert kann der Aussage von STOCKSMEIER (1984) zugestimmt werden: „Wir wissen noch nicht exakt, was Hypnose eigentlich ist." SPIEGEL (1994) sieht als wesentliches Moment bei der Hypnose eine „fokale Wahrnehmungskonzentration bei nachlassender peripherer Aufmerksamkeit. Jede Hypnose ist im Grunde Selbsthypnose". Dies schließt an die Theorie der zweiten Schule von Nancy (COUÉ, BAUDOUIN u. a., zitiert nach D. LANGEN 1983) an und läßt erkennen, daß die Trennung von Hetero- und Autosuggestion künstlich ist, da jede Heterosuggestion nur durch eine Autosuggestion verwirklicht werden kann. Die Theorie der Suggestion war das Kernstück für die klassische Hypnose: Durch bestimmte Suggestionen wird der Betreffende in einen Zustand der Hypnose (Trance) versetzt, um dann mit weiteren Suggestionen und posthypnotischen Befehlen bestimmte Veränderungen, bis hin zu Symptombeseitigungen, vorzunehmen.

Die Vorstellung, Suggestibilität oder Hypnotisierbarkeit sei ein krankhafter Zustand – wie früher von CHARCOT vertreten – ist eindeutig widerlegt worden. Untersuchungen an Gesunden haben gezeigt, daß Hypnotisierbarkeit die Eigenschaft eines normalen psychischen Apparates ist (HIL-GARD 1965). HILGARD konnte auch zeigen, daß die Suggestibilität ein relativ stabiles Persönlichkeitsmerkmal ist und über die Erwachsenenjahre recht stabil bleibt, jedoch im Alter abnimmt. Die Eigenschaft Suggestibilität ist in großen Kollektiven annähernd normal verteilt (HILGARD 1977). Dies bedeutet, daß die Hypnoseeinleitung weniger von der Fähigkeit des Hypnotiseurs als von der Suggestibilität des zu Hypnotisierenden abhängt. Verschiedene Verfahren wurden entwickelt, um die Hypnosefähigkeit zu messen: Das hypnotische Induktionsprofil von SPIEGEL und SPIEGEL (1978), die Stanford-Skalen (ORNE ET AL. 1979) und die Harvard-Group-Scale of hypnotic susceptibility von SHORE und ORNE (1962), ins Deutsche übersetzt von BONGARTZ (1985).

Die in der Theorie der zweiten Schule von Nancy geforderte Verbindung von Suggestion und Hypnose als einander bedingend gilt heute nicht mehr. Wir sehen ein Kontinuum zwischen normalen Bewußtseinszuständen und hypnotischen Phänomenen, wobei die Hypnose kein klar umschriebener abgrenzbarer Bewußtseinszustand ist, sondern auch „die Versenkung" in einen Roman, in die Arbeit oder in einen Film Ausmaße erreichen kann, daß die Konzentration sich soweit vertieft, daß äußere Stimuli kaum noch wahrnehmbar sind und der Betroffene in einer Welt des Imaginären lebt. ORNE (1959) sieht Hypnose als einen Zustand erhöhter Fähigkeit der Veränderung von Wahrnehmung, Stimmung und Erinnerungsvermögen. Bei der Hypnose handle es sich somit nicht um einen spezifischen Bewußtseinszustand, vielmehr bestehe „ein zeitlich begrenzter Zustand innerer Plastizität, der es ermöglicht, den jeweiligen Bewußtseinszustand zu variieren" (ZINDEL 1988, S. 186). Leider hat ERICKSON, der von klinisch-pragmatischer Seite diese neue Sichtweise der Hypnose wesentlich mitbeeinflußte, keine eigentliche Theorie zur Hypnose entwickelt. ERICKSON sieht jedoch die Hypnose (Trance) als hochmotivierten Zustand, in dem aktives, unbewußtes Lernen auf dem Hintergrund eines Zustandes des veränderten Funktionierens stattfindet (ERICKSON ET AL. 1978).

SPIEGEL (1994) faßt unsere Kenntnisse um den „hypnoiden" Zustand, der sowohl natürlich wie auch durch Hypnose auftreten kann, zusammen:

- Hypnose ist ein Zustand der erhöhten Aufmerksamkeit mit relativer Einschränkung der peripheren Wahrnehmung.
- Dissoziative Erlebnisse treten auf.
- Es besteht eine erhöhte Suggestibilität.

So kann während der Hypnose das Gefühl auftauchen, die Hand gehöre nicht mehr zum Körper, es kann eine Spaltung der Person in eine erlebende und beschreibende Person indiziert werden, es können Wünsche und Gefühle sowie Gedanken, wie auch komplexe Ich-Zustände abgespalten werden (Dissoziation). Ebenso ist die „Umkehrung", also die Verfügbarmachung von dissoziierten Erleben in Hypnose möglich. HILGARD (1977) versucht in seiner Neodissoziationstheorie (ausgehend von der Theorie der Dissoziation von JANET) diese Vorgänge verstehbar zu machen: Er nimmt an, daß in der Hypnose mehrere Systeme unter Neu- und Umverteilung der Ich-Kontrolle parallel zueinander arbeiten – im Gegensatz zum Zustand des Bewußtsein, in dem die Ich-Kontrolle vorherrscht.

Kennzeichen des hypnotischen Zustandes

- Hypnose (griechisch Schlaf) ist kein Schlafzustand
- Hypnose ist keine Schwäche oder Störung, vielmehr ist die Fähigkeit zur fokalen Aufmerksamkeitseinengung Voraussetzung
- Hypnose ist per se weder gefährlich noch therapeutisch
- Hypnose wird nicht mit einem Patienten „gemacht", sie setzt die Mitarbeit des Patienten voraus
- Nicht jeder ist hypnotisierbar

1.2.2 Psychologische und physiologische Befunde im Rahmen der Hypnose

Die elektroenzephalographischen Befunde, abgeleitet während der Hypnose, sind uneinheitlich. Dies hängt sicherlich auch mit der unterschiedlichen Ausgestaltung hypnotischer Zustände zusammen. In der Regel zeigen sich im Trancezustand vorwiegend Alphawellen. Dies entspricht einem Vigilanzzustand der ruhenden Aufmerksamkeit. In der neurophysiologischen Theorie wird die Hypnose als ein Vorgang gesehen, an dem das Zwischen- und Mittelhirn bzw. die subkortikalthalamischen Hirnstrukturen beteiligt sind. Der hypnotische Zustand ist unterschieden vom Schlaf-, aber auch Wachzustand. Auch die elektrodermale Aktivität und andere Reaktionen des vegetativen Nervensystems sind verändert, meist in Richtung einer vagotonen, betont ruhe-ähnlichen Regulationslage (STOCKSMEIER 1984). Es kommt weiterhin zu hormonellen Veränderungen des Plasmacortisols und der Katecholamine sowie auch zu Verschiebungen im Differential-blutbild mit Zunahme von Lymphozyten. Dieses physiologisch-trophotrope Reaktionsmuster findet sich auch beim Autogenen Training und bei verwandten Entspannungsverfahren (EDMONTON 1981). Hierbei ist jedoch zu betonen, daß es durch Hervorrufung eines Zustandes der Unruhe oder Ängstlichkeit während der Hypnose auch zu einer Beschleunigung der Atmung, des Pulses und des Herzschlages kommen kann. Dies unterstreicht noch einmal die Plastizität des Trancezustandes. Hypnotische Zustände und Entspannung sind somit häufig gleichlaufend, jedoch nicht identisch; so waren hypnotische Induktionen z. B. auch beim Fahren eines Fahrradergometers wirksam (KOSSACH 1989).

Subjektiv beschreiben hypnotisierte Menschen ihren Zustand und ihr Erleben als verändert. „Es tritt eine Dissoziation vom gewohnten Ich-Gefühl, zusammen mit einem ungerichteten Schwebezustand auf" (ZINDEL 1988, S. 186). In der Leerhypnose (also einem Zustand ohne spezifische Suggestionen) herrscht das Gefühl der Gelassenheit und Ausgewogenheit vor. Gerade der Gefühlszustand ist jedoch durch spezielle Suggestionen stark veränderbar. Trotz immer wieder gegenteiliger Behauptungen gibt es derzeit keine Hinweise auf eine Steigerung der Gedächtnisfunktionen innerhalb der Hypnose (APPLEBAUM 1984). Eine Verminderung der moralischen Urteilskraft kann eigentlich ausgeschlossen werden (ORNE 1983). Es wird jedoch immer wieder die Frage aufgeworfen, ob hypnotisierte Menschen zu Handlungen gezwungen werden können, die ihren Wertvorstellungen und Idealen widersprechen. Grundsätzlich scheint es diese Möglichkeit – wie Einzelberichte zeigen – zwar zu geben, jedoch ist eine innere Bereitschaft der betroffenen Person in solchen Fällen anzunehmen.

Imaginative Prozesse sind in der Hypnose verbessert und das Gedächtnis eher bildhaft-aseman-tisch. Die Toleranz gegenüber logischen Widersprüchen nimmt zu, und das analytische Denken weicht eher einem primär-prozeßhaften (ORNE 1959). Die Aufmerksamkeit ist eingeengt und die Körperwahrnehmung verändert. Einen umfassenden Überblick über die psycho-physiologischen Wirkungen der Suggestion und des Autogenen Trainings gibt HOFFMANN (1977).

1.2.3 Psychodynamische Aspekte der Hypnose und des Autogenen Trainings

Seit FREUDS Abkehr von der Hypnose sind die Beziehungen zwischen der Psychoanalyse und den Vertretern der Hypnose zwiespältig gewesen. FREUD selbst glaubte jedoch, bei einer breiten Anwendung von Psychotherapie

> „seien wir genötigt, in der Massenanwendung unserer Therapie das reine Gold der Analyse reichlich mit dem Kupfer der direkten Suggestion zu legieren, und auch die hypnotische Beeinflussung könne dort, wie bei der Behandlung der Kriegsneurotiker, wieder eine Stelle finden" (FREUD 1919, S. 193).

GREENSON erkennt die Suggestion auch in der Psychoanalyse: „Suggestion ist bei allen Formen der Psychotherapie vorhanden, weil sie aus der Eltern-Kind-Beziehung stammt" (GREENSON 1981, S. 62). Er sieht jedoch den entscheidenden Unterschied zur Hypnose darin, daß die Suggestion in die analytische Situation hineingebracht und in ihrer Wirkung analysiert werden müsse. FREUD sah zu Beginn als das Wesen der Hypnose eine unbewußte Fixierung der Libido des Subjekts an die Person des Hypnotiseurs durch das Medium der masochistischen Komponente des Sexualtriebes an. Später glaubte er, die Hypnose sei ein Zustand der Verliebtheit. Weiterhin erkannte er regressive Übertragungsmanifestationen im Rahmen der Hypnose (D. GRUENWALD 1982).

FERENCZI (1952) unterschied zwischen einer mütterlichen und einer väterlichen Hypnose. Für FERENCZI war die Hypnose ein Übertragungsphänomen. SCHILDER (1921) sah in der Hypnose eine Regression zur frühen Fixierung, wobei das „zentrale Ich" weiter in Funktion bleibe und den Kontakt aufrechterhalte.

Die differenzierteste Theorie entwickelten GILL und BRENMAN (1959). Sie vermuten, daß die

Hypnose die Kontrolle des Ich über den Ich-Apparat aufhebt, eine Verselbständigung der einzelnen Ich-Funktionen herbeiführt und somit Energien freisetzt, die vorher gebunden waren. Die Autoren nehmen an, daß innerhalb der Trance im Ich ein Subsystem aufgebaut wird, dem Ich jedoch auch in der Trance ein Realitäts-Ich-Kern zur Verfügung bleibt. Die Autoren entwickelten somit eine Theorie der Hypnose als eine Regression im Dienste des Ich. Diese Theorie steht in naher Bindung zu der Neodissoziationsvorstellung von HILGARD und entspricht weitgehend den heutigen Konzepten.

2 Behandlung

2.1 Behandlungstechnik der Hypnose

Die Hypnose ist an sich keine Behandlungsmethode, sondern eine Technik (SPIEGEL 1994). Die Hypnose ist somit keine völlig eigenständige Therapieform, sondern muß eingebunden werden in einen Gesamtplan psychotherapeutischen Handelns oder in spezielle Psychotherapieverfahren. Dies bedeutet, daß alle hypnotherapeutischen Bemühungen eine vorauslaufende gründliche psychosoziale Diagnostik und die Erstellung eines therapeutischen Planes erfordern. So haben hypnotische Techniken Anwendung gefunden sowohl im Rahmen psychoanalytisch orientierter Verfahren, als auch in Kurztherapien und in Verhaltenstherapien. Dies gilt noch mehr für das Autogene Training, das als ergänzendes psychotherapeutisches Verfahren heute von fast allen Psychotherapieschulen eingesetzt wird. Auch hier sollte jedoch die diagnostisch-therapeutische Überlegung voranstehen, wann und zu welchem Zeitpunkt eine Einzel- oder Gruppenbehandlung des Autogenen Trainings sinnvoll ist.

Bisher unterscheiden sich im wesentlichen zwei Behandlungsansätze in der Hypnosetherapie: die klassische direkte suggestive Hypnose und die vorrangig von ERICKSON entwickelte indirekte Hypnose.

Die Technik der klassischen direkten Hypnose wird in den bekannten Lehrbüchern von SCHULTZ (1979) oder STOCKSMEIER (1984) beschrieben. Durch Verbalsuggestion und den Einstieg über Fixation, Farbenkontrast u. ä. wird durch schrittweises Vorgehen der hypnotische Zustand aufgebaut. Hierbei werden direkte Suggestionen wie „Sie sehen ganz unverwandt auf diesen Punkt ..., Sie liegen jetzt bequem und entspannt ..., Ihre Augenlider werden schwer, Arme und Beine werden schwer ..." benutzt.

Bei der indirekten Hypnose nach M. H. ERICKSON wird die besondere Arzt-Patient-Beziehung mit der Einzigartigkeit des Patienten berücksichtigt, um zu vermeiden, einer bestimmten Technik ausschließlich zu folgen. Ziel ist es, autonome Prozesse beim Patienten zur Geltung kommen zu lassen.

> „Sie sitzen hier (Gemeinplatz), und Sie können es sich bequem machen, die Beine entkreuzen und Ihre Hände auf Ihren Oberschenkeln ruhen lassen (indirekte Suggestion). Während Sie mir zuhören (Gemeinplatz), dürfen Ihre Gedanken Ihre eigenen Wege gehen (Nichtstun und indirekte Suggestion)" (zitiert nach B. PETER: Hypnotherapie, S. 352).

ERICKSONS Ziel war es, die Aufmerksamkeit zu reduzieren, Veränderungen in den gewöhnlichen Kontrollmustern zu erreichen und die Aufnahmebereitschaft für eigene innere Prozesse zu heben. Es werden diverse Techniken wie auch die Einführung von Gemeinplätzen im Rahmen der Einstreutechnik u. a. verwandt (ERICKSON et al. 1978). Hierbei ist die Abstinenz des Therapeuten erforderlich, um dem Patienten seine Autonomie und den damit notwendigen Spielraum für persönliche Reaktionen zu belassen.

Die Erweiterungen und Anschauungen von ERICKSON haben der lange verkrusteten klassischen Form der Hypnose, die oft zu Recht in den Verruf geriet, autoritär und plump zu sein, zu einer Neubesinnung und Umformung verholfen. Anstelle der überalterten Form mit starren Induktionen, in der wie zu Zeiten FREUDS der Therapeut mehr Kontrolleur und der Patient mehr Objekt war, orientieren sich heute alle Formen der Hypnose an den gemeinsamen Grundlagen der Psychotherapie: die Interaktion von Therapeut und Patient mit dem Ziel einer partnerschaftlichen Kooperation zum Aufbau einer „hilfreichen Beziehung" steht im Mittelpunkt. Auch wenn die Hypnosetherapie nach ERICKSON und die klassi-

sche Form durchaus unterschiedliche Induktions-
wege gehen, so versuchen sie ähnliche therapeutische Prinzipien und Ziele zu verwirklichen. Diese
Bewegung in Gang gebracht zu haben, ist zwei-
felsohne das große Verdienst von ERICKSON, indem er den Patienten begegnete und die Therapie
individuell auf den Bezugsrahmen des Patienten
und dessen Probleme und Ressourcen bezog. Dieser Ansatz legt großen Wert auf Flexibilität, die
Hypnose war nicht mehr nur länger „Hofnarr in
den heiligen Hallen der Orthodoxie" (WATZLA
WICK 1982, S. 148).

ERICKSONS Werk ist ohne seine persönliche Geschichte nicht zu verstehen: Er erkrankte im Alter
von 17 Jahren an Kinderlähmung und entwickelte ein System der geistigen Konzentration und Beobachtung, Bewältigungstechniken, die er einsetzte, um die Schmerzen und Körperbehinderun-
gen während seines ganzen Lebens zu mildern.
Dieses Ringen führte zu einer einzigartigen Mischung aus Ressourcenreichtum, Flexibilität, Fin-
digkeit und Improvisationsgabe. Dies ist von anderen Therapeuten jedoch nur schwer nachzuvollziehen (ZEIG 1995) und alle Kochbuchrezep-
te, in denen Haltungen und Anekdoten, wohl-
überlegte therapeutische Techniken ERICKSONS,
die auf einen individuellen Fall bezogen waren,
idealisiert nachgeahmt werden, gehen an dem
Verständnis ERICKSONS weit vorbei. Ebenso wie
seine Aussage „man muß dem Unbewußten vertrauen", nicht bedeutet, daß der Therapeut sich
seinem und dem Unbewußten des Patienten gren-
zenlos überlassen kann, vielmehr bedeutet es, sich
sehr wohl gut vorzubereiten, nur eben andere (als
die verbal-rationale) Ebenen mit zuzulassen und
einzubeziehen (HAMMOND 1984).

Im folgenden seien die wesentlichen therapeutischen Muster der ERKIKSONSchen Hypnose dargelegt: Am Anfang steht der Aufbau von Reaktionsbereitschaft, also die Betonung einer flexiblen,
auf das Individuum abgestimmte Handlungswei-
se, um existierende Ressourcen zu identifizieren
und im nächsten Schritt weiter nutzbar zu machen. Dies setzt beim Therapeuten Echtheit, Empathie und positive Zuwendung voraus, der Patient muß eine hinreichende Vertrauensbasis zum
Therapeuten aufbauen können und motiviert
sein. Dieser Ansatz ist kein „Zauberweg". ERICK-
SON hat wohlweislich schwerere seelische Erkrankung, wie z.B. Persönlichkeitsstörungen oft nicht

in Behandlung übernommen (ZEIG 1995). Das
wichtigste therapeutische Werkzeug ist die Kommunikation mit dem Patienten auf allen Wahr-
nehmungs- und Erlebnisebenen. ERICKSON war
davon überzeugt, daß Patienten trotz ihrer Probleme alle nötigen Ressourcen in sich tragen, um
eine Therapie erfolgreich abzuschließen. Das
Grundprinzip der Utilisation beinhaltet, daß dem
Patienten nichts erklärt oder aufgezwungen wird,
was nicht seinem Bezugssystem entspricht, sondern die Fähigkeiten des Patienten zu nutzen und
zu entfalten. ERICKSON zielte nicht auf eine endgültige Heilung hin, sondern versuchte zu helfen,
kurzfristig ein Problem zu überwinden. Die Patienten konnten jeweils zurückkommen, wenn sie
mehr Unterstützung oder Therapie benötigten. Er
verfolgt damit das Modell der „fraktionierten
Kurzzeittherapie", um die Entwicklungsmöglichkeiten auch im realen Raum zu nutzen. Dies setzt
die Fähigkeit beim Therapeuten voraus, den Patienten in seinem persönlichen Bezugsraum aufzusuchen und das psychotherapeutische Angebot
für jeden Patienten maßzuschneidern. Die Konzepte, daß Positives gestärkt und Ungünstiges
auch umgedeutet werden kann (reframing) hat
auch in anderen Schulen Bedeutung erlangt. So
war ERICKSON selbst von Geburt an farbenblind,
anstatt sich jedoch eingeschränkt zu fühlen, betrachtete er es als Ressource, die er in eine reiche
Art des Selbstausdrucks ummünzte (ZEIG 1995).
Möglichkeiten, Assoziationen indirekt zu lenken,
sind in der Literatur im Sinne von Kochbuchre-
zepten zusammengefaßt (Einstreutechnik, Ge-
meinplätze, Verwirrung schaffen, Widersprüche).
Der Einsatz indirekter Suggestionen birgt natürlich auch die Gefahr von Manipulationen in sich.
Wichtiger als die zum Teil ausgefeilten hochspezialisierten manipulativen Techniken ist die Philosophie, die hinter diesen Techniken steht als interpersoneller Zugang zum Patienten mit dem Ziel,
Selbsthilfepotentiale freizusetzen, sei es in Hypnose oder im Wachzustand (ERICKSON und ROSSI,
1978). All dies sollte mit Vorsicht benutzt werden, da „die Reaktion des Menschen wichtiger
ist, als die Cleverness einer Technik" (ZEIG
1991). Weite Bedeutung hat der Einsatz von Metaphern und Anekdoten, die grundsätzlich mehrere Ebenen des Bewußtseins ansprechen.

Die Therapie endete nicht im Sprechzimmer,
sondern wurde durch das Handeln und Lernen

der Patienten im Rahmen von therapeutischen Aufgaben im Alltagsleben fortgesetzt.

Grundmuster der ERICKSONschen Hypnose sind:

- Den Patienten in seinem Bezugssystem aufsuchen
- Fähigkeiten (Ressourcen) verstärken, Positives betonen
- Konstruktive Emotionen aktivieren
- Umdeuten (reframing)
- Assoziationen indirekt lenken
- Dem Patienten folgen (pacing) und langsames Voranschreiten (leading)
- Gebrauch von Metaphern und Anekdoten
- Therapeutische Aufgaben stellen.

2.2 Die Behandlungstechnik des Autogenen Trainings

In der Regel wird das Autogene Training in Gruppen von 6–12 Teilnehmern erlernt, gerade bei sehr ängstlichen Patienten ist ein Einzeltraining sinnvoll, dies kann jedoch bei zunehmenden Fortschritten des Teilnehmers in eine Gruppenbehandlung übergeführt werden. Das Autogene Training wird eingeteilt in eine Unterstufe mit in der Regel 7 Übungen, Übungen, die im Verlauf von 3–4 Monaten erlernt werden: Ruhe, Schwere, Wärme, Atmung, Herz-, Bauch- und zuletzt die Stirnübung. In der wieder 7 Doppelstunden andauernden Oberstufe geht es um die Vertiefung von Farb- und Bilderlebnissen, um im Rahmen der Bilderschau Selbstfindung und Selbstverwirklichung zu nutzen (THOMAS 1983).

2.3 Die Behandlungstechnik der gestuften Aktivhypnose

Eine Mittelstellung zwischen Autogenem Training und Hypnose nimmt die gestufte Aktivhypnose nach LANGEN (1969) ein. Die Grundübung des Autogenen Trainings (Schwere und Wärme) wird heterosuggestiv mit den Formeln Ruhe – Schwere – Wärme verstärkt und der Patient anschließend aber dem autogenen Zustand überlassen. In diesem Zustand werden dann „formelhafte Vorsatzbildungen" bzw. „wandspruchartige Leitsätze" angewandt.

 Fallbeispiel

Die 45jährige Frau A. entwickelte nach einem stationär durchgeführten diagnostischen Eingriff in der Gynäkologie ein Harnverhalten. Nach gynäkologischer und urologischer Abklärung wurde deutlich, daß es sich hierbei um ein psychogenes Harnverhalten handelte. Als Hintergrund ergab sich im Gespräch eine neurotische Persönlichkeitsentwicklung bei Frau A., der aktuelle Konflikt schien zu sein, daß sie aufgrund der Ehekrise große Ängste hatte, sich der Situation zu Hause zu stellen: „Ich will nicht raus." Nach zwei Hypnosebehandlungen setzte die Patientin die Übungen im Sinne des Autogenen Trainings fort, und am 4. Tag konnte auf die Katheterisierung verzichtet werden. Mit der Entlassung wurde eine weitere psychotherapeutische Behandlung in die Wege geleitet.

Herr B., ein selbständiger Architekt, der vor einigen Jahren sein Büro aufgebaut hatte, befand sich aufgrund eines schweren Unfalls auf der Intensivstation. Die Auseinandersetzung mit der eigenen Behinderung sowie das stetige Grübeln über die existentiell-finanzielle Gefährdung brachten Herrn B. in einen Zustand der Unruhe, daß selbst höher dosierte Beruhigungsmedikamente nur geringe Wirkung zeigten. Mit Herrn B. wurde am Krankenbett dreimal eine Sitzung gestufter Aktivhypnose mit 10–15 Minuten Dauer durchgeführt, er setzte dann selbst das Autogene Training fort. Nach 10 Tagen fühlte sich Herr B. deutlich ruhiger, und ein Verzicht auf die Medikation war möglich.

2.4 Behandlungsziele

Insbesondere die Hypnose – zum geringeren Teil auch das Autogene Training – kann mit verschiedenen therapeutischen Zielrichtungen eingesetzt werden:

- symptomorientierter Ansatz,
- unterstützender Einsatz (Ich-stärkend),
- Einsatz im Rahmen von aufdeckenden dynamisch-analytischen Verfahren,

Hypnose und Autogenes Training werden sowohl mit der Indikation der Symptomkontrolle als auch mit der Indikation der unterstützenden Therapie als „Teile einer integrativen Psychotherapie" eingesetzt. Dies um so mehr, als beide keine grundlegende Theorie zur Entstehung seelischer Krankheiten besitzen. Das Autogene Training wird hierbei verstärkt als Mittel zur Selbsthilfe betrachtet und spielt eine wichtige Rolle in der Gesundheitsvorsorge.

Es ist nochmals zu betonen: „Für sich genommen ist die Hypnose keine Behandlungsmethode, sondern eine Technik zur Steigerung der Konzentrationsfähigkeit" (SPIEGEL 1994).

Im Einsatzbereich der Symptomkontrolle hat die Behandlung von Schmerzen und chronischen Schmerzzuständen eine besondere Bedeutung (WENGELE 1988). Hypnose (und Entspannungstechniken wie auch das Autogene Training) wird unspezifisch als therapeutische Grundstrategie oder spezifisch zur Erlernung von Schmerzkontrolle oder zur Veränderung von Schmerzwahrnehmungen eingesetzt. Eine Übersicht über die behandlungstechnischen Aspekte mit Fallbeispiel geben u. a. WENGELE (1988) und HILGARD und HILGARD (1983). Beispielsweise kann der Patient versuchen, als Gegengewicht ein Wohlbefinden aufzubauen, um seinen Schmerzzustand zu lindern, oder es werden spezifische Suggestionen benützt, indem der Schmerz in andere Körperteile verlegt wird und eine andere Qualität gewinnt, indem Wärme durch das betreffende Körpergebiet fließt u. a.

Wichtig ist, daß für die Wirksamkeit von Suggestionen eine oberflächliche Trance genügt. Gerade Entspannungstechniken und auch die Hypnose werden von Schmerzpatienten, die häufig eine sehr organische Krankheitstheorie haben und psychische Faktoren verleugnen oder ableh-

nen, angenommen und können Grundstein werden für weitere psychotherapeutische Bemühungen.

Im Rahmen der Behandlung von neurotischen und psychosomatischen Störungen hat die Hypnosetechnik von M. H. ERICKSON in Zukunft neue Behandlungsmöglichkeiten und -wege eröffnet. Die Hypnose hat ihren Platz bei akuten Kriseninterventionen zur Behandlung von Symptomen, z. B. bei akut-psychogenen Asthmaanfällen, in der Zahnheilkunde, in der Anästhesie, bei akuten Schmerzzuständen u. ä.

Die Hypnose und das Autogene Training im Rahmen der stützenden Psychotherapie sollen vorrangig die innere Entspannung fördern, soweit als möglich Symptome mindern und eine allgemeine Stabilisierung des Gesundheitszustandes herbeiführen (STOCKSMEIER 1984).

Hypnose als aufdeckendes Verfahren oder in Verbindung mit aufdeckenden Psychotherapieverfahren (tiefenpsychologisch orientiert – psychoanalytisch) wird in der Regel angewandt, um einen Zugang zum Unbewußten und zu verdrängten Erinnerungen zu gewinnen. In der Hypnokatharsis ist die Lösung von Gefühlen und Spannungen beabsichtigt. Unter Hypnoanalyse wird die Verbindung von hypnotischem Zustand und analytisch-therapeutischem Herangehen verstanden. Im Rahmen von tiefenpsychologischen Kurzzeittherapien sieht WOLLBERG Vorteile in der Verwendung der Hypnose als einer beschleunigenden Technik (WOLLBERG 1983).

Zur Zeitdauer einer Hypnosetherapie gibt es keine festen Angaben, in günstigen Fällen können wenige Sitzungen zu eindrucksvollen Symptombesserungen führen. Zur Festigung ist aber in der Regel eine über mittlere bis längere Zeitspanne geführte Behandlung notwendig. Die Hypnotherapie nach M. E. ERICKSON, nach pragmatischen Nahzielen ausgerichtet, läßt eine Behandlungsdauer von 10–40 Stunden erwarten. Wenn im Rahmen dieser Therapie Umstrukturierungen der Persönlichkeit angestrebt werden, so können auch hier die Behandlungsprozesse durchaus eine längere Zeitspanne umfassen.

Während die Hypnokatharsis und die Hypnoanalyse – wie bereits SIGMUND FREUD feststellte – aufgrund der Probleme in der Behandlung des Widerstandes und der Übertragung auf größte Schwierigkeiten stoßen, so hat sich durch die

Neufassung der Hypnose von Milton Erickson die Möglichkeit ergeben, mehr Abstinenz zu wahren; Abstinenz, verstanden im Sinne von

> „Abstandnahme von eigenen Machtansprüchen, Therapieerfolgswünschen…, dies nicht nur, um die Reaktionsfreiheit des Patienten nicht zu tangieren, sondern auch, um eine eigene Aktivität herauszufordern" (Zindel 1988).

In einem weiten Sinne können Hypnose und Autogenes Training aufdeckend wirken, indem sie Patienten die Möglichkeit zu einer neuen und verbesserten Selbstwahrnehmung sowohl des körperlichen als auch des emotionalen Erlebens geben. Sie können somit gerade bei schwer motivierbaren Patienten den Zusammenhang zwischen Körper und Seele spürbar und fühlbar machen und somit den psychotherapeutischen Prozeß einleiten und fördern (Schüssler 1995). Gerade mit der Kombination von Autogenem Training und tiefenpsychologischer dynamischer Kurzzeittherapie sind nach unserer Erfahrung sehr gute Erfolge zu erzielen.

Fallbeispiel

Frau C., eine 50jährige Hausfrau, leidet seit 4 Jahren an rezidivierenden Ulcera duodeni et ventriculi, eine Antrektomie sowie eine Vagotomie wurden bereits durchgeführt. Trotz chirurgischer und dauerhafter medikamentöser Therapie trat keinerlei Linderung ein. Frau C. zeigte das Bild einer Ulcus-Persönlichkeit, sie wirkte sehr korrekt-verantwortungsbewußt, mit stark altruistischer Haltung, die sich bereits in ihrer frühen Kindheit als Kompensationshaltung aufgebaut hatte. Die Patientin war erkrankt mit dem Älterwerden der Kinder und einer neuen Arbeitsstelle ihres Mannes – als er ihrer Hilfe nicht mehr bedurfte. Zu Beginn der Therapie litt sie unter stetigem Erbrechen und therapieresistenten Magenschmerzen. Bei Erlernung des Autogenen Trainings wurde auf die eigene Körperwahrnehmung sowie auf die Magen-Darmübungen besonderer Wert gelegt. In insgesamt 8 begleitenden tiefenpsychologisch orientierten Sitzungen wurde versucht, den fokalen Konflikt „wie

nehme ich mir etwas in der Familie, wie wird meine Zukunft?" zu bearbeiten. Nach etwa 10 Monaten waren die Beschwerden der Patientin wesentlich gebessert, obwohl gerade in familiären Spannungssituationen immer wieder Magenbeschwerden auftraten. Die Patientin war dabei, ihr Partnerschaftsverhältnis deutlich zu ändern.

–⌂–

In der Erschließung des körperlichen Erlebens und Spürens hat die psychoanalytische Theorie und Praxis in ihrer Beschränkung auf das Verbale häufig die darunterliegenden präverbalen Körpererfahrungen vernachlässigt. So stellen Johnen und Müller-Braunschweig (1988) fest,

> „daß die Körpersprache nicht von der individuellen Lebensgeschichte zu trennen ist, daß seelische und körperliche Haltung zusammengehören. Es zeigt sich aber auch, daß ein derartiges Symptom auch von der körperlichen Haltung aus behandelt werden kann, um zu einer Veränderung des körperlichen Symptoms zu kommen".

Gerade die Kombination von Autogenem Training oder anderen Entspannungsverfahren mit tiefenpsychologisch-psychodynamischen Verfahren erscheint äußerst fruchtbar. Hierbei können beide Psychotherapieverfahren in ihrer Technik (siehe Behandlungstechnik des Autogenen Trainings) unverändert bestehen bleiben.

2.5 Differentielle Indikation und Ergebnisse der Psychotherapieforschung

Bei Durchsicht der Literatur zum Thema Indikation für das Autogene Training und die Hypnose entsteht der Eindruck, daß diese beiden Verfahren bei fast allen Störungsformen wirksam seien (Universalitätsmythos, Haag und Birbaumer 1984). So führte Langen (1983) bei der Indikation zum Autogenen Training aus, daß es überall eingesetzt werden könne, außer bei endogenen und exogenen Psychosen und malignen Zwangssyndromen. Einer solchen Sicht ist zuzustimmen, sobald es sich nur um eine mehr oder weniger unterstützend-begleitende Behandlung handelt. Selbstverständlich kann jedoch das Autogene Training (oder die Hypnose) nicht bei allen Störungsbildern gleich wirksam sein, sondern wir müssen annehmen, daß das Autogene Training bei einigen Störungsbildern oder spezifischen Persönlichkeitsbedingungen mehr therapeutische Effektivität zeigt als bei anderen. Hierzu sind weiterführende Untersuchungen zu fordern. Kontrollierte Studien liegen hierzu nur wenig vor, differentielle Fragestellungen sind somit kaum beantwortbar. Eine Fülle von Einzelfallergebnissen und anekdotischen Erfahrungsberichten bieten hierfür jedoch keinen Ersatz.

Während noch MEYER et. al. 1991 im Forschungsgutachten zur Frage eines Psychotherapeutengesetzes mit einer Literaturübersicht bis 1989 zur Folgerung kommen, daß die Honorierung des Autogenen Trainings in der ärztlichen Versorgung nicht gerechtfertigt ist, kann dieser Meinung heute klar widersprochen werden: Bereits ROHRMEIER (1982) konnte beim Autogenen Training Studien mit fast 2000 Patienten und Hypnosestudien mit etwa 450 Patienten auswerten, wobei er die eingeschränkte unmittelbare Vergleichbarkeit und die fehlende methodische Sorgfalt der Studien kritisierte. Die Ergebnisse beim Autogenen Training waren mit 70% Besserung und 50% guter Besserung, unter Berücksichtigung der recht einfachen Methode, sehr gut. Die hohe Ausfallquote von Patienten zu Beginn des Trainings wurde jedoch nicht berücksichtigt. Auch katamnestische Untersuchungen zum Autogenen Training zeigen gute Erfolge mit einer Besserung von 65%, die größten Besserungsraten zeigten Patienten mit Kopfschmerzen, Herz-Kreislaufbeschwerden, nervöser Unruhe, Angstzuständen und depressiver Verstimmung (BÜHLER und BIESENECKER-FJORNES 1986). Die Abbruchquote in dieser Untersuchung war mit 15–20% recht gering, auch wenn es sich um eine nicht kontrollierte Studie handelt, so weisen die Ergebnisse auf eine gute Wirksamkeit des Autogenen Trainings hin. Daß Entspannungsverfahren wie das Autogene Training gerade bei psychosomatischen Erkrankungen, in Kombination mit verhaltensmedizinischen Maßnahmen, gute Ergebnisse erzielen, zeigt eine der wenigen kontrollierten Studien in diesem Bereich am Beispiel der

Hypertonie-Behandlung: KALUZA ET AL. (1986) fanden, daß bei 108 Hypertonikern, die ein standardisiertes psychotherapeutisches Behandlungsprogramm erhielten, der Blutdruck trotz gleichzeitig geringerer antihypertensiver Pharmakotherapie und kontinuierlicher Dosisverminderung, im Vergleich zu einer Kontrollgruppe, absank. Bei einer Nachkontrolluntersuchung 6 und 12 Monate nach Therapieende erwies sich diese Blutdrucksenkung als stabil. Bei der Kontrollgruppe zeigten sich keine Veränderungen.

STETTER und MANN (1992) fassen in Erwiderung des Forschungsgutachtens alle seit 1984 erschienenen 15 kontrollierten Wirksamkeitsuntersuchungen zum AT zusammen: Außer einer Studie erwies sich das AT in allen Untersuchungen als effektiv hinsichtlich der Symptomveränderung.

MEYER (persönliche Kommunikation) hat mittlerweile aufgrund der verbesserten Studienbedingungen dem Autogenen Training den Status der Wirksamkeit zuerkannt.

Die Indikationsstellung für das Autogene Training sollte bis zum Vorliegen genauerer differentieller Untersuchungen zunächst unverändert weit gefaßt werden: bei psychosomatischen Erkrankungen, psychoneurotischen Störungen und als Begleittherapie bei organischen Erkrankungen, mit insgesamt begrenzter Zielsetzung. In diesen Fällen ist das Autogene Training als sinnvoller und wenig aufwendiger therapeutischer Versuch anzusehen.

Zur Hypnose berichtet ROHRMEIER (1982) über Studien mit insgesamt 448 Patienten. Als Effektschätzung gibt ROHRMEIER Werte von 53–80% Besserung an, wobei die Dauererfolge eher geringer seien. In einzelnen Bereichen werden außerordentlich gute Behandlungsergebnisse und katamnestische Ergebnisse der Hypnose berichtet, so u. a. von CRASNILECK (1982) in der Behandlung der psychogenen Impotenz: Bei durchschnittlich 5 Behandlungssitzungen zeigten 87 von 100 Männern mit psychogener Impotenz Symptomfreiheit auch nach einem Jahr. GRAWE (1994) konnte in 19 Studien mit insgesamt 1068 Patienten in denen Hypnose zur Anwendung kam, eine gute Wirksamkeit, insbesondere in der Behandlung von Schmerzen, psychosomatischen Störungen und Schlafstörungen feststellen. Die Verbesserung der Symptomatik war in der Regel von Dauer. GRAWE schränkt dies ein – wie oben dargelegt –, indem er der Hypnose mehr den Stellenwert einer psychischen Behandlungstechnik zur Reduktion bestimmter Symptome oder Beschwerden einräumt. So steht die Hypnose grundsätzlich Therapeuten aller Orientierungen im Rahmen umfassender Behandlungspläne offen und

> „ihre gute Wirksamkeit zur Besserung bestimmter Symptome läßt es gerechtfertigt und wünschenswert erscheinen, daß sie in der psychotherapeutischen Alltagspraxis häufiger angewendet wird, als es gegenwärtig geschieht (Grawe, S. 637)".

In der Hypnosebehandlung von Schmerzen werden gute Ergebnisse berichtet. Die hypnotische Analgesie oder Schmerzlinderung wirkt vermutlich über den Mechanismus der körperlichen Entspannung und der Aufmerksamkeitskontrolle (SPIEGEL 1994). Hypnotische Analgesie ist hochwirksam und bereits seit über 100 Jahren medizinisch genutzt, der erste Bericht geht auf einen schottischen Chirurgen zurück, der Amputationen in Hypnose durchführte (SPIEGEL 1994). Die meisten verwandten Techniken bedienen sich entspannender Bilder, um die Aufmerksamkeit des Patienten von seinen Schmerzen abzulenken. Die Patienten können lernen, selbst diese Bilder weiterzubenutzen, wie z. B. das Gefühl des angenehmen Schwebens oder das Erzeugen eines Taubheitsgefühles im Schmerzbereich oder die Verschiebung des Schmerzes in einen anderen Teil des Körpers und ähnliches. SPIEGEL (1994) nennt als weitere Indikationen Angstzustände und Phobien, Posttraumatische Störungen, Konversionssymptome, Verhaltenskontrolle wie z. B. Raucherentwöhnungstraining oder Gewichtskontrolle. Wenn es auch keine absoluten Kontraindikationen für die Hypnose gibt, so sollte gerade hier eine verantwortungsvolle Indikationsstellung und Behandlung durch einen Fachmann erfolgen, da bei sehr ausgeprägt suggestiblen Menschen extreme Reaktionen möglich sind. Es ist notwendig, vor jeder Behandlung das Wesen und die Durchführung der Hypnose kurz zu erklären und bei Weigerung oder Angst des Patienten auf die Durchführung einer Hypnose zu verzichten. Zu warnen ist weiterhin vor der zu vorschnellen Anwendung von Hypnose bei schwerst depressiven, suizidalen Patienten.

Übertragungs- und Gegenübertragungsgesichtspunkte bedürfen gerade bei der Hypnose einer steten Beachtung und Bearbeitung, um magische Erwartungen oder Abhängigkeit von seiten des Patienten oder eigene irrationale Bedürfnisse nach Macht oder Manipulation zu verhindern. Mit der vermehrten Verwendung der indirekten Suggestion, also einem weniger autoritären Vorgehen, scheinen sich auch manche Gefahren zu relativieren. Gerade diese Öffnung der Hypnosetherapie für eine individuelle Interaktion zwischen Hypnosetherapeut und Patient hat neue Bereiche für die Hypnosetherapie erschlossen. Gewarnt sei jedoch vor Vorstellungen, wie sie z. B. beim neurolinguistischen Programmieren vertreten werden, daß es magische schrittweise Formeln gebe, die immer von Heilung begleitet seien (HAMMOND 1984).

Abschließend sei betont, daß die Hypnose (auch die gestufte Aktivhypnose und im geringeren Ausmaß das Autogene Training) jene psychotherapeutische Technik darstellt, welche die rascheste Wirksamkeit und die rascheste Hilfe ermöglichen. Diese Verfahren sollten somit gerade dort zum Einsatz kommen, wo mit wenigen Sitzungen Symptomverbesserungen herbeigeführt werden sollen wie z. B. bei akut-psychogenen Ausnahmezuständen oder bedrohlichen funktionellen Störungen.

📝 Fallbeispiel

Herr D. entwickelte über ein Jahr hinweg ein schweres funktionelles Atemnotsyndrom. Er suchte zuletzt fast täglich Ärzte, Notärzte und Krankenhäuser auf, ein Mißbrauch von Bronchialmedikamenten kam hinzu. Im Rahmen einer gezielten Aktivhypnose ergab sich eine sofortige Beschwerdeminderung und Lösung der ängstlichen Fixierung auf die Atmung. Damit war es erstmals möglich, die zugrunde liegende Konfliktproblematik im Gespräch anzugehen und eine weiterführende Psychotherapie einzuleiten.

–◻–

3 Aus-, Fort- und Weiterbildung

Neben der Deutschen Gesellschaft für Ärztliche Hypnose und Autogenes Training, die von J. H. SCHULTZ mitbegründet wurde, gibt es seit 1981 die Deutsche Gesellschaft für Hypnose, die ebenfalls eine Fortbildung für Hypnose durchführt. Über beide Gesellschaften können die Listen der jeweiligen örtlichen Hypnosetherapeuten und bei der Deutschen Gesellschaft für Ärztliche Hypnose und Autogenes Training auch die der autogenen Trainingskursleiter und Einzeltherapeuten angefordert werden. Hypnose und Autogenes Training befinden sich auch im Leistungskatalog der gesetzlichen Krankenkassen, so daß eine Behandlung durch Ärzte mit psychotherapeutischer Zusatzausbildung möglich ist.

Das Autogene Training kann nur durch eigenes Erfahren und regelmäßiges Üben erlernt werden, eine kompetente Anleitung ist jedoch notwendig. Ein umfassendes aktuelles Lehrbuch von KOSSACK (1989, Erstauflage) gibt Überblick über die wissenschaftlichen und praktischen Aspekte der Hypnose, zum Autogenen Training sind mehrere gute Lehrbücher verfügbar (z.B. KRAFT 1989). Für Ärzte wird zum Erwerb des Zusatztitels „Psychotherapie" ein Grundkurs „Autogenes Training" mit 8 Doppelstunden und ein Fortführungskurs wiederum mit 8 Doppelstunden vorgeschrieben. Auch für das Erlernen der Hypnose wurden 2 × 8 Doppelstunden als Minimum festgesetzt. In Anbetracht der Erweiterung und Veränderung der Hypnose ist dies jedoch nicht mehr ausreichend.

Literatur

APPLEBAUM, P. S. (1984): Hypnosis in the courtroom. Hosp. Commun. Psychiat. 35, 657–658.

BARBER, T. X. und WILSON, S. C. (1978/79): The Barber-Suggestibility Scale and the Creative-Imagination-Scale X: Experimental and clinical applications. Am. J. Clin. Hypn. 21, 84–96.

BERNHEIM, H. (1910): Meine Auffassung der Suggestion. Klinisch-Therapeutische Wochenschrift, 52, Berlin.

BONGARTZ, W. (1985): German norms for the Harvard-Group-Scale of hypnotic susceptibility, Form A. Int. J. Clin. Exp. Hypnos. 33, 131–139.

BREUER, J. und FREUD, S. (1895): Studien über Hysterie. GW I, Frankfurt: S. Fischer.

BÜHLER, K. E. und BIESENECKER-FJORNESS, R. (1986): Behandlungsergebnisse mit dem Autogenen Training. Dt. Ärzteblatt 83, 2679–2684.

CRASNILECK, H. B. (1982): A follow-up study in the use of hypnotherapy in the treatment of psychogenic impotency. Am. J. Clin. Hypnos. 25, 52–61.

EDMONTON, W. E. (1981): Hypnosis and relaxation. New York: Wiley.

ELLENBERGER, H. F. (1973): Die Entdeckung des Unbewußten. Band I und II. Bern: Huber.

ERICKSON, M. H. (1967): Advanced technics of hypnosis and therapy. New York: Grune & Stratton.

ERICKSON, M. H., ROSSI, E. L. und ROSSI, S. L. (1978): Hypnose. München: Pfeifer.

FERENCZI, S. (1952): Introjection and transference. First contribution to psychoanalysis (pp. 35–93). London: Hogarth Press.

FREUD, S. (1919): Wege der psychoanalytischen Therapie. SIGMUND FREUD G. W. Band XII, 3. Auflage (1966). Frankfurt: S. Fischer.

GILL, M. M. und BRENMAN, M. (1959): Hypnosis and related states: Psychoanalytic studies on regression. New York: IUP.

GRAWE K., DONATI R., BERNAUER F. (1994): Psychotherapie im Wandel. Hogrefe. Göttingen.

GREENSON, R. R. (1981): Technik und Praxis der Psychoanalyse. Stuttgart: Klett-Cotta.

GRUENEWALD, D. (1982): The psychoanalytic view of hypnosis. Am. J. Clin. Hypnos. 24, 185–190.

HAAG, G. und BIRBAUMER, N. (1984): Differentielle Psychotherapieindikation bei psychosomatischen Störungen. In: U. BAUMANN, H. BERBALK und G. SEIDENSTÜCKER: Klinische Psychologie, Trends in Forschung und Praxis Bern: Huber, 248–281.

HAMMOND, D. C. (1984): Myths about ERICKSON and ERICKSONIAN Hypnosis. Am. J. Clin. Hypnos. 26, 236–245.

HILGARD, E. R. (1965): Hypnotic and susceptibility. New York: Harcourt Brace and World.

HILGARD, E. R. (1977): Devided contrastness: Multiple controlls in human thought and action. New York: Wiley & Sons.

HILGARD, E. R. und HILGARD, J. R. (1983): Hypnosis in the relief of pain. Los Altos: William Kaufmann.

HOFFMANN, B. (1997): Handbuch des Autogenen Trainings. Frankfurt: dtv.

JACOBSON, E. (1965): Progressive relaxation. 2. Auflage. Chicago: University Press.

JOHNEN, R. und MÜLLER-BRAUNSCHWEIG, H. (1988): Psychoanalyse und funktionelle Entspannung. Prax. Psychother. Psychosom. 33, 134–146.

KALUZA, K. K., LEHNERT, H., LOSSE, H. und DORST, K. (1986): Langzeitwirkungen und prognostische Kriterien eines verhaltenstherapeutischen Programmes bei essentieller Hypertonie. Psychother. Med. Psychol. 36, 179–186.

KOSSACK, H. CH. (1989): Hypnose. München: PVU.

KRAFT, H. (1989): Autogenes Training. Stuttgart: Hippokrates.

KUBIE, L. S. und MARGULIN, S. (1944): The process of hypnotism and the nature of hypnotic state. Am. J. Psychiat., 100, 611–622.

LANGEN, D. (1969): Gestufte Aktivhypnose. 3. Auflage. Stuttgart: Thieme.

LANGEN, D. (1983): Hypnose und Autogenes Training in ihrer Wechselbeziehung. In: U. H. PETERS (Hg.): Kindler's „Psychologie des 20. Jahrhunderts". Psychiatrie, Band II. Weinheim: Beltz.

MEYER, A. E., R. RICHTER, K. GRAWE, N. GRAF v. SCHULENBURG, B. SCHULTE (1991): Forschungsgutachten zur Frage eines Psychotherapeutengesetzes. Hamburg.

ORNE, M. T. (1959): The nature of hypnosis: Artefact and essence. J. Abnorm. Soc. Psychol. 58, 277–299.

ORNE, M. T., HILGARD, E. R., SPIEGEL, H., SPIEGEL, D., CRAWFORD, H. J., EVANS, F. J., ORNE, E. C. und FRISCHHOLZ, E. J. (1979): The relation between the hypnotic induction profile and the Stanford hypnotic susceptibility scales, Formes A and C. Int. J. Clin. Exp. Hypnos. 15, 730.

ORNE, M. T. (1983): Kann man mit Hypnose jemanden dazu zwingen etwas zu tun, was er sonst nicht tun würde? Experimentelle und Klinische Hypnose 1, 19–33.

PETER, B. (1986): Hypnotherapie. In: U. CORSINI und J. RAYMOND (Hg.): Handbuch der Psychotherapie, Band I. Weinheim: Beltz, 336–367.

READ, G. D. (1968): Childbirth without fear. 5. Auflage. New York: Heinemann.

ROHRMEIER, F. (1982): Langzeiterfolge psychosomatischer Therapien. Berlin: Springer.

SCHILDER, P. (1921): Über das Wesen der Hypnose. Berlin: Springer.

SCHULTZ, J. H. (1979): Hypnosetechnik. 7. Auflage. Stuttgart: G. Fischer.

SCHULTZ, J. H. (1979): Das Autogene Training, 16. Auflage. Stuttgart: Thieme.

SCHÜSSLER G. (1995): Psychosomatik/Psychotherapie Systematisch. Lorch: Uni Med.

SHORE, R. E. und ORNE, E. C. (1962): Harvard-Group-Scale of hypnonotic susceptibility, Form A. Paolo Alto: Consulting Psychology Press.

SPIEGEL D. (1994): Hypnosis. In: HALES R., YUDOFSKY S., TALBOTT J., Textbook of Psychiatry 2. Ed. Am. Psychiat Press Washington.

STETTER, F., K. MANN (1992): Autogenes Training. Dt. Ärzteblatt 89, 1427–1428.

STOCKSMEIER, U. (1984): Lehrbuch der Hypnose. Basel: Karger.

STOKVIS, B. (1965): Lehrbuch der Hypnose. 2. Auflage. Basel: Karger.

STOKVIS, B. und PFLANZ, M. (1961): Suggestion in ihrer relativen Begrifflichkeit, medizinisch und sozial-psychologisch betrachtet. Stuttgart: Hippokrates.

THOMAS, K. (1983): Praxis der Selbsthypnose und des Autogenen Trainings. Stuttgart: Thieme.

WATZLAWICK, P. (1982): Ericksons contribution to the interactional view of Psychotherapy. In: J. K. ZEIG: Ericksonian Approaches to Hypnosis. New York: Brunner/Mazel.

WENGELE, H. (1988): Hypnose in der interdisziplinären Therapie des chronischen Schmerzpatienten. Prax. Psychother. Psychosom. 33, 193–199.

WOLLBERG, L. R. (1983): Kurzzeittherapie. Stuttgart: Thieme.

ZEIG, J. K. (1991): Therapeutische Muster in der Ericksonschen Kommunikation der Beeinflussung. In: J. K. ZEIG: Psychotherapie. Tübingen: dgvt.

ZEIG, J. K. (1995): Die Weisheit des Unbewußten. Heidelberg: Auer.

ZINDEL, J. P. (1988): Hypnose und tiefenpsychologische Arbeit. Prax. Psychother. Psychosom. 33, 183–192.

Familientherapie

Manfred Cierpka

1 Die Familie

Jeder hat Erfahrungen in und mit seiner Familie gemacht. Insofern ist Familie nicht etwas, was außerhalb von uns ist, sondern etwas konkret Erlebtes und Wiedererlebbares. Als Familie bezeichnen wir das, was sich im Zusammenleben der Beteiligten als Familie konstituiert und realisiert. Mit dieser familiären Wirklichkeit identifizieren wir uns, so daß wir ein subjektives Bild von Familie mit uns tragen, das uns bei der Gründung der eigenen Familie wiederum leitet (CIERPKA 1992). Aufgrund dieser oder jener schlechten Erfahrung in der eigenen Familie darf die zukünftige Familie im persönlichen Lebensentwurf auf keinen Fall so sein, aufgrund dieser oder jener sehr guten Erfahrung in der Familie wird eine Wiederholung dieser Erfahrung in der eigenen neuen Familie angestrebt.

Die klinischen Phänomene, die in der Familiendiagnostik erfaßt und in der Familientherapie behandelt werden sollen, sind u.a. davon abhängig, was unter Familie verstanden wird. Familie ist weit mehr als eine Sozialisationsinstanz oder eine juristische Einheit. Psychotherapeuten sehen die Familie als intimes Beziehungssystem. Für die Familientherapie ist eine Definition der Familie notwendig, die sich am „Zusammenleben" von Individuen in einer besonderen Kleingruppe – der Familie – orientiert.

Familien sind durch das Miteinander von Generationen charakterisiert. Sie unterscheiden sich dadurch von Paaren. Allerdings leben heute nur noch selten mehr als zwei Generationen in einem Haushalt. KAUFMANN (1994) beschreibt die aktuelle, idealtypische Lebensform als „multilokuläre Mehrgenerationenfamilie". In dieser Definition kommt zum Ausdruck, daß die Familienbeziehungen über mindestens drei Generationen erhalten sind. Die drei Generationen leben aber nicht mehr unter einem Dach zusammen, sondern in der Regel in verschiedenen Häusern an verschiedenen Orten. Neben dem Zusammenleben von – in der Regel Eltern und Kindern –, muß der Schwerpunkt der Definition auf den aktuellen Beziehungen und Interaktionen in der Familie liegen. Ein drittes Kriterium kommt für die Definition der Familie hinzu: ihre Vorstellungen von der Zukunft – die Utopie der Familie. Wenn junge Menschen Kinder haben, möchten sie eine Familie gründen, die man – im Lebensentwurf – getrost als die herkömmliche Familie bezeichnen darf. Die persönlichen Vorstellungen von Familie gehen in die Familiengründung ein. Die Lebensentwürfe der Partner basieren auf gemeinsamen aber eben auch zum Teil sehr unterschiedlichen historischen Folien der eigenen Herkunftsfamilien. In der Realisierung wird ein neuer Rahmen hervorgebracht, unter dem zunächst die Partner und, falls Kinder hinzukommen, die Familie zusammenlebt. Die Diskrepanz zwischen dem was sich die einzelnen Partner als Familie vorgestellt hatten und zwischen dem was tatsächlich realisiert werden konnte, gehört zu dem, was Familie ausmacht.

Da unsere Gesellschaft die Möglichkeit verschiedener Lebensformen bietet, können sich unterschiedliche Rahmenbedingungen konstituieren, die das Zusammenleben in Intimität und Privatheit ermöglichen. Die Pluralität der Lebensformen gilt überwiegend für die kinderlose Zeit (BERTRAM 1993). Betrachtet man die Scheidungsraten, zeigen sich Gipfel nach der Geburt des ersten Kindes und nach der Ablösung des letzten

Kindes. Während der Zeit der Kindersozialisation weist also die traditionelle Kernfamilie die größte Stabilität auf.

Für die unterschiedlichen Lebensformen gilt im besonderen Maße, daß Beziehungsformen gesucht werden, die in der Auseinandersetzung mit den persönlichen Utopien entstehen. Oftmals bieten andere Lebensformen als die traditionelle Familie für die Einzelnen größere Möglichkeiten zum Ausbalancieren der persönlichen Bedürfnisse, zum Beispiel zwischen Autonomie und Abhängigkeit von einem Partner. Obwohl die alternative Lebensform größere Unsicherheiten mit sich bringen kann, verspricht sie doch mehr Befriedigungen in den Beziehungen.

Der Pluralität der Lebensformen werden wir mit einem Familienbegriff gerecht, der möglichst viele Gestaltungsmöglichkeiten von familiären Beziehungen umfaßt:

> „In einer (Ein- oder Zweieltern)Familie leben mehrere, meistens die zwei Generationen der (leiblichen, Adoptiv-, Pflege-, Stief-)Eltern und der (leiblichen, Adoptiv-, Pflege-, Stief-)Kinder, zusammen. Das Zusammenleben in der Familie ist charakterisiert durch gemeinsame Aufgabenstellungen, durch die Suche nach Intimität und Privatheit, und durch die Utopie der Familie. Bei der Familiengründung bringt jeder Partner seine persönliche Utopie von Familie ein, die sich in der Auseinandersetzung mit den Vorstellungen des Partners und der sozialen Wirklichkeit als Lebensform realisiert. Dadurch wird ein Rahmen für das geschaffen, was die Familie oder eine andere Lebensform an Lebens- und Entwicklungsaufgaben erfüllt" (CIERPKA 1996a, S. 3 f.).

Diese Definition der Familie dient als Grundlage für die „Psychotherapie der Familie", die eigentlich eine „Psychotherapie unterschiedlicher Lebensformen" darstellt.

2 Definition der Familientherapie

Die verschiedenen familientherapeutischen Schulen gehen davon aus, daß dysfunktionelle interpersonelle Beziehungen in Dyaden, Triaden und in der Gesamtfamilie an der Entstehung und Aufrechterhaltung von Störungen und Symptomen beteiligt oder sogar ursächlich dafür verantwortlich sind. Familientherapie ist eine psychotherapeutische Methode, die sich darauf konzentriert, die gestörten zwischenmenschlichen Beziehungen zwischen den Familienmitgliedern so zu verändern, daß durch Veränderungen in der Beziehungsdynamik- bzw. Struktur der Familie und ihrer Subsysteme die Beschwerden, Probleme, Symptome von einzelnen Familienmitgliedern oder auch die Funktionalität des Gesamtsystems verbessert wird. Im Unterschied zu den anderen psychotherapeutischen Verfahren, in denen *über* die Beziehungen in der Familie gesprochen wird, verlegt die Familientherapie die Behandlung *in* die reale familiäre Szene.

Familientherapie ist ein effektives psychotherapeutisches Verfahren. Als empirisch gesichert gilt inzwischen, daß Familientherapie im Hinblick auf die Veränderung der individuellen Symptomatik fast ebenso erfolgreich ist wie andere einzeltherapeutische Behandlungsformen (insbesondere Verhaltenstherapie, vgl. HEEKERENS 1990), bei Veränderungen von innerfamiliären Beziehungsproblemen jedoch erfolgreicher (GRAWE ET AL. 1994). Bei neurotischen, psychosomatischen, psychotischen Krankheitsbildern ist der Anteil der Beziehungsprobleme maßgebend für den Erfolg der Familientherapie. Konsequenterweise verspricht man sich gegenüber der Einzeltherapie in der Familientherapie dann bessere Ergebnisse, wenn die familiäre Problematik im interpersonalen Beziehungsfeld überwiegt.

3 Historische Entwicklung und Schulen

Die Paar- und Familientherapien sind im Vergleich mit anderen psychotherapeutischen Verfahren noch relative junge Disziplinen. KREISCHE in diesem Band) beschreibt die historische Entwicklung der beiden Methoden, die sich erst im Laufe der letzten Jahre differenziert haben, sodaß eine getrennte Abhandlung beider Verfahren in einem Lehrbuch der Psychotherapie sinnvoll erscheint. Trotz der relativ kurzen Entwicklungszeit von ca. 50 Jahren bildeten sich verschiedene Schulrichtungen in der Familientherapie heraus, die die Diskussion zwischen den unterschiedlichen theoretischen Ansätzen widerspiegeln (Überblick vgl. CIERPKA 1991). Die vier unterschiedlichen Schulrichtungen, die sich inzwischen herauskristallisiert haben, sind die verhaltenstherapeutischen Schulen, die kommunikationstheoretischen bzw. die systemischen Schulen, die wachstums- bzw. erlebnisorientierten Schulen und die psychodynamisch orientierten Schulen. Gerade die systemischen Therapien zeichnen sich durch Vielgestaltigkeit und Buntheit aus, die die Innovationsfreude und Kreativität widerspiegeln. Eine Unterteilung dieser Hauptrichtungen in Untergruppen ist möglich (vgl. CIERPKA 1991).

Während in den Anfängen die psychoanalytisch orientierten Konzeptionen dominierten, stehen jetzt die systemtheoretischen Richtungen im Mittelpunkt des Interesses (zur Auseinandersetzung zwischen Psychoanalyse und Systemtheorie siehe KREISCHE, in diesem Band; außerdem CIERPKA 1987, S. 6ff.; REICH 1990). Die systemische Sichtweise ist inzwischen nicht mehr auf die Paar- und Familientherapie konzentriert. Systemische Therapie kann auch im einzeltherapeutischen Setting erfolgen oder größere Systeme wie Institutionen, Schulen, etc. ins Blickfeld nehmen. Jedes menschliche System – und damit auch die Familie – besteht aus Individuen, andererseits ist die Familie eben auch mehr als eine Gruppe von Individuen. Um eine Familie verstehen zu können, benötigen wir deshalb eine Theorie, die einerseits die individuelle Psyche beschreiben kann, die Psychoanalyse, und andererseits die Interaktion der Individuen zu erfassen erlaubt, die Systemtheorie.

In Göttingen vertreten wir die psychodynamisch begründete ‚Mehrgenerationen-Therapie‘ (MASSING ET AL. 1994, REICH ET AL. 1996). Wir gehen davon aus, daß das Frühere, insbesondere das unbewußte, konfliktbesetzte, unerledigte Frühere, im Heute weiter wirksam ist und die Muster des Erlebens und Verhaltens entscheidend mitbestimmt. Zusätzlich zur Diagnose der Familienstruktur, die im Querschnitt die Interaktionsmuster einer Familie untersucht, wird in der psychoanalytisch orientierten Familientherapie die lebensgeschichtliche Dimension der Familie eingebracht. Im Längsschnitt werden die bewußt und unbewußt weitergereichten Wertvorstellungen, Normen, Mythen, Phantasien, Ängste der Familie und der dazugehörigen Herkunftsfamilien untersucht.

Diese Theorie geht davon aus, daß sich viele der Interaktionsmuster über die Generationen hinweg tradieren. Ungelöste Konflikte der Großeltern finden sich dementsprechend auch auf der Elternebene. Wenn z.B. ein Vater früher selbst in die ehelichen Konflikte seiner Eltern involviert war und meinte, die Eltern zusammenhalten zu müssen, trägt er wahrscheinlich diesen Anspruch auch an die eigenen Kinder heran. Die frühere Parentifizierung des Vaters (er wurde möglicherweise als Kind von einem der Eltern oder von beiden als Elternfigur behandelt und in dieser Funktion überfordert) würde unbewußt wiederholt werden. Familientherapeuten, die die Mehrgenerationen-Therapie anwenden, bitten manchmal die Familie, die Großeltern mit zum Gespräch zu bringen. Zumindest in den Erstgesprächen können dann solche generationsübergreifenden Interaktionsmuster diagnostiziert und eventuell auch angesprochen werden.

Die vielen familientherapeutischen Ansätze haben den vorhandenen Raum in den letzten vierzig Jahren genutzt und sich differenziert und von einander abgegrenzt. Diese Ansätze bleiben uns jedoch meist noch die Auskunft schuldig, ob und wie die Veränderungen im therapeutischen Prozeß tatsächlich zustandekommen (vgl. auch ALEXANDER ET AL. 1994). Eine adäquate Beschreibung des therapeutischen Prozesses setzt voraus, daß spezifiziert wird, *was* in der Therapie wirkt und *wie* es wirkt (BERGIN und LAMBERT 1978). Im Sinne der ‚problem-treatment-outcome‘-Kongruenz (STRUPP und BINDER 1984) ist für die Familientherapie zu fordern, daß ein familiäres Problem als Beziehungsproblem definiert wird. Dieses Problem sollte anhand charakteristischer Interaktionsmuster in bestimmten Episoden festgemacht werden können. Diejenige Variablen, die zur Beschreibung dieses Problems dienen, sollten auch zum Ansatzpunkt für die therapeutischen Strategien gewählt werden, damit der Kliniker (und eben auch der Forscher) später die Veränderungen der Variablen während des therapeutischen Prozesses und nach der Behandlung konstatieren kann. Das Therapieergebnis läßt sich ebenfalls an diesen Variablen ablesen. Für alle familientherapeutischen Verfahren sind Studien mit einer solchen Konzeption zu fordern, um das Wissen über Veränderungen in der Therapie zu vergrößern.

4 Behandlungstechnik

4.1 Behandlungsziele

Die Ziele (CIERPKA 1996c), die in der Familientherapie verfolgt werden, leiten sich zum Teil aus unseren theoretischen Vorstellungen über die Entstehung von familiären Problemen, Beschwerden und Symptomen und deren Veränderungen ab. Dies trifft insbesondere für unser wichtigstes Ziel zu, das Problem der Familie zu verstehen und über Lösungen nachzudenken. Das „präsentierte Problem" (WYNNE 1988) wird auf der Familienebene als „Lösungsversuch" verstanden, das aus dem Gleichgewicht geratene Familiensystem zu stabilisieren (Weiss und HAERTEL-WEISS, 1991). Die Problemerkennung und -lösung läßt sich in drei Bereiche untergliedern: Zuerst streben die Therapeuten eine möglichst präzise Beschreibung und Erfassung des präsentierten Problems an, dann versuchen sie die Zusammenhänge zwischen dem Problem und der Familiendynamik herauszuarbeiten, und schließlich geht es um die Erkundung von Möglichkeiten zur Problemlösung. Daneben gibt es jedoch weitere Ziele, die als Voraussetzungen für die Problemlösung relevant sind:

- Ein wichtiges Ziel ist die Entwicklung eines therapeutischen ‚Arbeitsbündnisses'.
- Es muß ein gemeinsames Verständnis zwischen der Familie, dem Index-Patienten und den Therapeuten hergestellt werden, *was das bzw. die Probleme der Familie sind* und *wie sich das Leiden des Index-Patienten und die Probleme der Familie wechselseitig beeinflussen oder bedingen*.
- Die individuellen und familiären *Ressourcen* und der ‚*social support*'' müssen eingeschätzt werden, um die Hilfsangebote innerhalb der Familie und aus der weiteren Umwelt in Betracht ziehen zu können.
- Die Therapeuten stellen Überlegungen zur *Indikation* von verschiedenen Therapiemöglichkeiten an.
- Nach einer *Therapievereinbarung* werden zwischen den Therapeuten und der Familie *Therapieziele* am Ende der Erstgespräche bzw. in der ersten therapeutischen Sitzung bestimmt. Im Verlauf der Therapie ändern sich meist diese Ziele, sie sind aber immer wieder im Familien-Therapeuten-System abzustimmen.
- Die Problemlösung wird zum wesentlichsten Ziel in der Behandlung, wenn die vorgenannten Kriterien beachtet wurden.

4.2 Problemidentifikation und Problemverständnis – die Erstgespräche

Die klinische Diagnostik in der Familientherapie umfaßt meistens mehrere Erstgespräche. In der Regel sind 2–3 Familiengespräche notwendig, manchmal aber auch mehr. In einem Interviewleitfaden (CIERPKA und MARTIN 1996) wurden Ziele und Hypothesen, mögliche Fragen sowie Interviewerinstruktionen formuliert. Dieser Leitfaden kann als Richtschnur dienen. Es geht nicht um ein strukturiertes oder semistrukturiertes Interview, sondern darum, durch bestimmte Fragen familiendynamisch relevante Informationen zu erhalten und die einzelnen Phasen zu konkretisieren.

Der klinische Diagnostiker wird – wie in der Einzeltherapie auch – zum teilnehmenden Beobachter. Damit ist gemeint, daß die Diagnostiker den „Gegenstand Familie" beobachten und anhand ihrer theoretisch-klinischen Konstrukte beurteilen können. Gleichzeitig nehmen die Diagnostiker aber auch an der Interaktion teil. Noch genauer formuliert, gestalten sie die Interaktion ganz wesentlich mit. Diagnostiziert wird also von den Diagnostikern ein Beziehungssystem, das von ihnen selbst mitkonstituiert wurde. Die Interaktion zwischen den beteiligten Systemen stellt sich dar als zirkuläres, sich gegenseitig beeinflussendes Geschehen.

Diese Auffassung von Diagnostik betont nicht nur die Untersuchung der kommunikativen bzw. interaktiven Aspekte zwischen Individuen in einem Beziehungssystem, sie basiert auch auf einer konstruktivistischen Auffassung des diagnostischen und therapeutischen Prozesses. Die Diagnostiker sind Familientherapeuten, die neben ihren familientheoretischen Konzeptbildungen mit ihren persönlichen Theorien, Lebens-, Wissenschafts-, und Weltanschauungen auf eine bestimmte Lebensgemeinschaft treffen. Dies bedeutet, daß die diagnostischen Beobachtungen, Beschreibungen und Beurteilungen immer durch die Brille der Familientherapeuten erfolgt. Eine „Objektivität" im naturwissenschaftlichen-medizinischen Sinne kann nicht erreicht werden. Die Diagnostiker stellen der Familie ihre Brille zur Verfügung und damit die Konstruktionen der Therapeuten über die Familiendynamik und die Zusammenhänge mit dem präsentierten Problem. Wenn die diagnostischen Ergebnisse mitsamt den sich daraus ergebenden Schlußfolgerungen an die Familie weitergegeben werden, betrachtet sich die Familie durch diese Brille. Möglicherweise kann sie sich durch die angebotenen Konstrukte zum Problemverständnis anders sehen und dadurch zu neuen Lösungen kommen.

Diagnostiker verwenden Theorien, um klinische Phänomene oder Daten erkennen, verstehen und interpretieren zu können. Ein multimethodaler familiendiagnostischer Ansatz meint, daß mit Hilfe von unterschiedlichen Methoden das präsentierte Problem, der Problemkontext, die Familiendynamik, und das Therapeuten-Familien-System betrachtet werden kann. Der Blick durch unterschiedliche *diagnostische Fenster* (CIERPKA 1996b) zeigt die Phänomene und/oder Daten in immer neuer Gestalt und mit verschiedenen Facetten. Die Wahl des Fensters, durch das der Diagnostiker schaut, entscheidet darüber, welche Daten erhoben werden. Dieser Begrenztheit des Blickwinkels muß sich der Diagnostiker bewußt sein. Die Untersucher müssen sich auch darüber im klaren sein, daß die familientheoretischen Konzeptbildungen und die persönlichen Theorien der Diagnostiker, die Wissenschaftstheorien und der gesellschaftliche Kontext, in denen die Familiendiagnostik stattfindet, ihre Beobachtungen und ihre klinische Urteilsbildung beeinflussen.

Eine umfassendere Familiendiagnostik greift auf mehrere Fenster zurück, um klinische Phänomene beurteilen zu können. Nur so kann der Komplexität von Familien und Lebensgemeinschaften Rechnung getragen werden. Der Blick durch mehrere diagnostische Fenster erlaubt den Familientherapeuten, mehrere Verbindungslinien zwischen dem präsentierten Problem und dysfunktionellen familiären Parametern zu ziehen (CIERPKA 1996b). Manchmal reicht ja bereits die Veränderung eines Parameters aus, um für die Familie ein neues Gleichgewicht zu ermöglichen. Meistens können Veränderungen jedoch nur erreicht werden, wenn mehrere Parameter verändert werden, da diese gemeinsam zur Aufrechterhaltung eines dysfunktionellen Gleichgewichts zusammenwirken. Neben psychodynamisch relevanten Familienkonflikten sind zum Verständnis der Problementstehung und zur Überlegung der Problemlösung z.B. die soziale Lage der Familie und/oder die Erziehungspraxis in der Familie zu bedenken, wenn eine Arbeit mit der Familie Erfolg haben soll.

In der Familiendiagnostik sind die folgenden „diagnostischen Fenster" zu beachten:
- Der Kontext in der familientherapeutischen Behandlungssituation (vgl. BENNINGHOVEN et al. 1996) beschreibt den Rahmen, in dem die Familienerstgespräche stattfinden und die Variablen, die auf die Präsentation der familiären Probleme Einfluß nehmen. Üblicherweise wird in der Familientherapie die Einbettung der Familie in größere Systeme und deren Einflüsse als Kontext der Familie und deren Behandlung bezeichnet. Das soziale Umfeld der Familie bzw. der Lebensgemeinschaft hat Auswirkungen auf den diagnostischen und therapeutischen Prozeß. Die soziale Wirklichkeit von Familien stellen den wesentlichen äußeren Kontext dar, aus dem heraus Interaktionsprozesse und Problemlagen verstanden werden können. Der Aspekt der sozialen Lage hat einen bedeutsamen Einfluß auf Diagnostik und Therapie, z.B. im Hinblick auf die Einschätzung von Symptomen und Konflikten sowie die Bewältigungsmöglichkeiten und Ressourcen.

  Stärker als in den anderen psychotherapeutischen Verfahren wird aber auch der institutionelle Kontext berücksichtigt, in dem die Familientherapie stattfindet. Außerdem achten die Therapeuten auf den Überweisungskontext. Die Therapeuten fragen nach den Vorstellungen und Erwartungen der Familie, mit denen sie zur Behandlung kommen.
- Die innerfamiliäre Dynamik ergibt sich mit aus den individuellen Wachstumsprozessen und den damit verbundenen Anpassungsleistungen im Lebenszyklus der Familie (vgl. FREVERT ET AL. 1996). Familien durchlaufen lebenszyklische Phasen, die den Rahmen und

die Aufgaben, die das Zusammenleben von Familien charakterisieren, ganz wesentlich mitbestimmen. Im allgemeinen gehen Familientherapeuten von einer Einteilung des Familienlebenszyklus in sieben Phasen aus, wie sie von DUVALL (1971) und ALDOUS (1978) eingeführt wurden: Heirat und die Partnerschaft ohne Kinder, Familien mit Kleinkinder, Familien mit Kinder im Schulalter, Familien mit Kinder in der Pubertät und Adoleszenz, Familien im Ablöseprozeß bis alle Kinder das Elternhaus verlassen haben, die Familie in der Lebensmitte nach Auszug der Kinder bis zur Pensionierung, die Familie im Alter bis zum Tod der Eltern. Die Auffassung der Linearität des Entwicklungsgeschehens von Familien, das seinen Beginn in der „Geburt der Familie" durch die Heirat der Partner und die Ankunft des ersten Kindes hat und mit dem Tod der Familienmitglieder einer bestimmten Generation (ein oder beide Elternteile) endet, wurde jedoch zunehmend in Frage gestellt. Im Gegensatz zu den linearen Modellen verstehen neuere Konzepte (SPERLING ET AL. 1982; COMBRINCK-GRAHAM 1985; CARTER & McGOLDRICK 1988) den Lebenszyklus der Familie als einen sich spiralförmig entwickelnden Prozeß, der die Reziprozität phasenspezifischer Entwicklungsaufgaben unterschiedlicher Generationen betont. Die individuellen Lebenszyklen der Familienmitglieder verschiedener Generationen fügen sich so zu einem Lebenszyklus der Familie als Ganzes zusammen.

Für die Familientherapie ist das Konzept des familiären Lebenszyklus insofern zentral als Symptome oder Probleme in der Familie sehr häufig mit Entwicklungshemmungen an Schwellensituationen in Verbindung gebracht werden können. Probleme bzw. Symptome können dann auftreten, wenn die Familie in ihren Möglichkeiten scheitert, die individuellen und familiären Entwicklungsbestrebungen in eine strukturelle Veränderung der Kommunikationsformen, der Rollenverteilung und des affektiven Austauschs zu transformieren. Ungelöste Entwicklungsaufgaben können durch eine Fixierung auf eine lebenszyklische Phase auf der individuellen Ebene die Reifung des Ichs und auf der Ebene der Familie morphogenetische Transformationsprozesse empfindlich stören.

Wenn die Entwicklung der Familie an einem für das Verständnis des präsentierten Problemes wesentlichen Punkt gehemmt wird und die bisherigen Beziehungsmuster keine Weiterentwicklung mehr erlauben, müssen neue Lösungen für die konflikthaften, dysfunktionellen Beziehungen gesucht werden. Die blockierten Entwicklungsschritte sind der Familie nicht bewußt, sie müssen von den Therapeuten benannt und mit der Familie bearbeitet werden.

• Die psychodynamisch orientierte Familientherapie versucht, die präsentierten Probleme im Sinne einer „dynamischen Formulierung" in einen Zusammenhang mit den intrapsychischen und interpersonellen Konflikten in der Familie zu bringen und diese im Verlauf der Behandlung zu bearbeiten. Für diese Dynamik sind das unbewußte und vorbewußte aktuelle intrapsychische und interpersonelle Kräftespiel, die aktuell wirksamen Wünsche, Ängste, und Abwehrmechanismen und die daraus resultierenden transaktionalen Muster der Familie entscheidend. Diese stellen sich im therapeutischen Raum als familiäre Beziehungskonflikte und in der Beziehung zwischen dem Therapeuten- und dem Familiensystem dar.

Eine Brücke zwischen intrapsychischer Entwicklung und der Gestaltung interpersoneller Beziehungen, also der Psychoanalyse und der Familientherapie, bilden die psychoanalytischen Objektbeziehungstheorien. Diese betonen den über die Triebbefriedigung hinausgehenden und unabhängig von dieser bestehenden grundlegenden Wunsch des Menschen nach Beziehungen.

Die Regulierung individueller Bedürfnisse, Ängste und Konflikte auch im Erwachsenenalter können im Rahmen der verinnerlichten frühkindlichen Beziehungserfahrungen mit den Elternfiguren verstanden werden. Verinnerlicht werden vom Kind entscheidend mitgestaltete Interaktionsmuster in Dyaden, Triaden, Tetraden etc. sowie „Familienrepräsentanzen", d. h. Bilder der Gesamtfamilie (CIERPKA 1992), wobei die jeweils erlebte affektive Einfärbung diese Muster entscheidend prägt (KERNBERG 1976). Gemäß ihren inneren Objektbeziehungen und den hieraus resultierenden ‚persönlichen Lebensentwürfen' (CIERPKA 1989) bilden Menschen zentrale Beziehungswünsche und

entsprechende Wunschphantasien heraus (Luborsky und Crits-Cristoph 1990, König
und Kreische 1992, Cierpka 1996d), die mit
den Wünschen, Phantasien und Entwürfen anderer Familienmitglieder oder der gesamten
Familie im Widerspruch stehen können. Diese
Wünsche, Ängste, Phantasien können transge-
nerational von der einen Generation an die andere delegiert (Stierlin 1978) werden. Partner
können sich in Kollusionen verstricken, die
durch diese zentralen Beziehungswünsche determiniert sind (s.d. Kreische, in diesem
Band). Wenn die Konflikte, die aus den unterschiedlichen Beziehungswünschen resultieren,
mit dem ‚präsentierten Problem‘ in Zusammenhang stehen, werden in der psychodynamisch orientierten Therapie Einsichten in die
(oftmals unbewußt gebliebene) Konfliktlage
vermittelt und neue, weniger konflikthafte Beziehungsmöglichkeiten gesucht.

- Der systemisch-strukturelle Befund

Die Familienstruktur wird durch zeitüber-
dauernde repetitive Beziehungsmuster bestimmt. Aus der Wiederkehr bestimmter Interaktionsmuster schließt man auf Regeln, die
dieser Struktur inhärent sind. Struktur ist nicht
starr und unveränderlich, sondern zeigt lebenslange Entwicklungsprozesse. Gleichwohl
ist die Veränderungsgeschwindigkeit dieser
Prozesse so langsam, daß der Eindruck von
Konstanz überwiegt.

In der Familientherapie wird versucht, sym-
ptomatisches Verhalten mit spezifischen Fragen als Teil eines Interaktionszirkels zu verdeutlichen. Um das Problemverständnis der
Familie zu vertiefen, werden die Effekte eines
Problemverhaltens auf andere Familienmitglieder im Beziehungskontext beleuchtet. Die
„Teufelskreise" im interaktiven Beziehungsverhalten können analysiert und mit der Familie durchgesprochen werden. Einsicht in eigenes dysfunktionelles Verhalten reicht meistens
nicht aus, um das Mitwirken im Interaktions-
zirkel zu unterbrechen. Bis hin zu verhaltenstherapeutischen Maßnahmen – formuliert als
„Hausaufgaben" – überlegen sich Familientherapeuten Strategien, wie sie diese festgefah-
renen Beziehungsmuster verändern können.
Die Fragen der Therapeuten an die Familie sollen die Reflexion über Zusammenhänge zwischen Problem und dysfunktionellen Beziehungen erhöhen und Veränderungen, die von
der Familie selbst initiiert werden, anstoßen.

Die beiden letztgenannten Perspektiven fassen jeweils die Informationen aus der lebensge-
schichtlich-longitudinalen und der aktuellen,
gegenwartsbezogenen strukturellen Perspektive zusammen. In der Familientherapie müssen
die zu einem bestimmten Zeitpunkt gefundenen Zusammenhänge zwischen dem präsentierten Problem und der Familiendynamik auf
dem Hintergrund des Ineinandergreifens der
systemisch-strukturellen und der psychodynamischen Faktoren verstanden werden. Der
Schnittpunkt der strukturell-horizontalen mit
den longitudinal-vertikalen Vektoren kennzeichnet die aktuelle Familiendynamik.

Die Struktur der Familie verdeutlicht die transaktionalen Muster, die auf der Ebene des Be-
ziehungsverhaltens Wünsche und Befürchtungen real und manifest regulieren. Der Therapeut kann sich ein Bild von diesem habituellen
Beziehungsverhalten machen, wenn er z.B. die
Struktur der Rollenzuweisungen und -über-
nahmen und die Angemessenheit der Rollen in
bezug auf Bündnisse, Generations- und Ge-
schlechtsgrenzen beobachtet und erfaßt. Er
muß die wechselseitigen Beziehungen zwischen den Subsystemen und der Gesamtfamilie
mit anderen Systemen beobachten und diese in
Relation mit dem gegenwärtigen Entwicklungsstand der einzelnen Familienmitglieder
und den für die Familie aktuellen lebenszykli-
schen Phasen setzen. Außerdem muß der Therapeut die beziehungsdynamisch wirksam
werdenden (im wesentlichen unbewußten)
Wünsche und Befürchtungen der einzelnen Familienmitglieder und die unbewußte Dynamik
der „Familie als Ganzes" erfassen.

Das Wechselspiel zwischen diesen beiden
Ebenen muß beobachtet und beschrieben werden. Der Therapeut muß sich darüber im klaren werden, wie konstruktiv oder destruktiv
die Spannungsverhältnisse zwischen der individuellen, inneren Welt der einzelnen Familienmitglieder und den familiären Beziehungsmustern ist. Die Flexibilität der Familie, also das
Ausmaß an möglicher Veränderung, wird entscheidend von diesen Parametern abhängig
sein.

4.3 Behandlung

Das familienherapeutische Prozeßmodell betrachtet die Interaktion zwischen dem Therapeuten und dem Patienten als Berührungspunkt zweier größerer Systeme: dem Therapeutensystem und dem Patientensystem. Der Therapeut bzw. die Co-Therapeuten bilden mit der Familie ein System, das seine eigenen typischen Interaktionen aufweist, die für die Interpretationen nutzbar gemacht werden können. Angestrebt wird die Veränderungen des Patientensystems durch die Interventionen des Therapeutensystems. Das Therapeutensystem besteht aus dem Therapeuten und aller beteiligten Systeme, die an der Behandlung der Familie teilhaben. Statt vom Familiensystem sprechen wir besser vom Problemsystem. Das Konzept des Problemsystems ermöglicht die Berücksichtigung der psychotherapeutischen Frage, welche Mitglieder des Systems an welchem Punkt der Diagnostik und später der Behandlung auf welche Art einbezogen werden können um spezifische Informationen zu gewinnen oder bestimmte Veränderungsprozesse zu erreichen. Das Problemsystem umfaßt alle Individuen, die zur Aufrechterhaltung oder Lösung des momentanen Problems beitragen. Die Interaktion zwischen den beteiligten Systemen stellt sich dar als zirkuläres, sich gegenseitig beeinflussendes Geschehen bei dem auch Faktoren aus dem Umfeld des Patienten Auswirkungen auf den therapeutischen Prozeß haben.

Das systemische Zusammenspiel des Therapeutensystems mit der Familie wird unter Übertragungs- und Gegenübertragungsgesichtspunkten betrachtet. In Familiengesprächen entwickeln Therapeuten meistens mehr als eine „milde Gegenübertragungsneurose" (BUCHHOLZ 1982). Durch die multiplen Übertragungsauslöser und den transaktionalen Sog der Abwehr besteht in Familientherapien viel stärker die Gefahr der „Wiederansteckung" von Therapeuten mit eigenen ungelösten Familienproblemen (WHITACKER ET AL. 1975). Gemeinsam mit dem von der Familie ausgehenden „interaktiven Druck" kann diese eigene „Bereitschaft zur Rollenübernahme" (SANDLER 1976) dazu führen, daß sich Therapeuten in Familien übermäßig engagieren oder zu starken Abstand zur Familie halten, einseitige Bündnisse schließen und die „vielgerichtete Parteilichkeit" aufgeben (BOSZORMENYI-NAGY und SPARK 1973, REICH 1990). Kollusive Verstrickungen mit Familien sind vielfältig und nicht zu vermeiden. Sie sind keine „Fehler" sondern geben bei sorgfältiger Analyse wichtige diagnostische Hinweise für das funktionelle und dysfunktionelle Beziehungsrepertoire einzelner Familienmitglieder, einzelner Subsysteme oder der Familie als Ganzes.

Jede Familientherapie beginnt mit der Definition des Problems, das von der Familie oder – falls Uneinigkeit besteht – von den einzelnen Familienmitgliedern als Problem präsentiert wird (WYNNE 1988). Eine der grundlegendsten Schwierigkeiten in der Familientherapie besteht darin, daß im Erleben der Familie meistens nur ein Familienmitglied krank ist oder durch sein Verhalten auffällt und stört. Die Therapeuten versuchen die Konstruktionen der Familie zu analysieren und so zu interpretieren, daß das Problem des Index-Patienten auf dem Hintergrund der Struktur und der Psychodynamik der Familie als gemeinsames Problem der Familie ‚umgedeutet' wird. Das Problem des Indexpatienten wird zum Problem der Familie. Wesentlich für die weitere Weichenstellung ist, ob die Familie diese Umformulierung im Ansatz versteht und für sich nutzbar machen kann. Das technische Mittel der Umdeutung (‚reframing') spielt im therapeutischen Prozeß eine herausragende Rolle. Da wir die Umdeutung von der individuumzentrierten zur familiendynamischen Problemstellung als eine der therapeutisch wirksamsten Agentien ansehen, achten wir von Anfang an darauf, daß der Indexpatient in dieser Position nicht mehr gestützt wird. Nur so können die gemeinsamen Ressourcen der Familie zur Problemlösung genutzt werden.

Der Verlauf der eigentlichen Behandlungsphase in der Familientherapie läßt sich in drei Schritte einteilen:

Erster Schritt:

Die Familie wird die Probleme mit ihren Worten darstellen, und die Interviewer werden versuchen, die Sicht des Problems beim Patienten und bei jedem einzelnen Familienmitglied, seine Auswirkung auf die Gesamtfamilie und die Veränderungen für den einzelnen Teilnehmer herauszuarbeiten. Die Therapeuten erkunden die Entstehungsbedingungen und die Auswirkungen des Problems (Störung). Die psychodynamisch relevanten intrafamiliären (Mehrgenerationen)Konflikte werden identifiziert. Verstärkt steht jetzt die Diagnostik familiärer Koalitionen, Bündnisse, Ausschlüsse, Geheimnisse, Familienmythen im Mittelpunkt des Interesses. Informationen über die Funktionalität der Subsysteme, der familiären Außenbeziehungen und der Grenzen müssen gewonnen werden. Die unterschiedliche Wahrnehmung zwischen den Familienmitgliedern und in den Subsystemen wird erfaßt, ebenso die Nähe-Distanzregulierung.

Zweiter Schritt:

Die Erkundung der Möglichkeiten zur Problemlösung rücken in den Vordergrund. Wie geht die Familie mit ihrem Problem um und welche Lösungsmöglichkeiten hat sie bereits selbst gesucht, welche Möglichkeiten zur Problemlösung sind vorstellbar. Wie wurden Krisen früher – in der aktuellen und in der Herkunftsfamilie – bewältigt? Die Wege zum Überwinden der zu erwartenden Widerstände gegen die therapeutisch induzierten Veränderungen werden eruiert.

Dritter Schritt:

Veränderungen werden von der Familie gewünscht. In der Phase des „Durcharbeitens" werden neue Beziehungsmöglichkeiten überprüft und die Widerstände bearbeitet, die diesen neuen Möglichkeiten entgegenstehen.

5 Indikationen und Kontraindikationen

Die Psychotherapeuten stimmen darin überein, daß eine Familientherapie vor allem dann indiziert ist, wenn das präsentierte Problem eines Patienten/Klienten als interpersonales Problem definiert werden kann und die Familienmitglieder motiviert werden können, dieses Problem auch als gemeinsames zu sehen.

Die klinische Indikationsentscheidung zur Familientherapie/beratung kann aus der Perspektive der Therapeuten und aus der Perspektive der Familie auf der Basis von unterschiedlichen Einflußfaktoren getroffen werden (Cierpka 1996c, S. 72 f.):

Aus der Perspektive der Therapeuten spielen die folgenden Überlegungen eine Rolle:
- Der Therapeut nimmt an, daß die Symptome des IP Manifestationen von Familienproblemen/interpersonellen Schwierigkeiten/Systemdysfunktionalitäten der Familie sind.
- Die/der IP ist Kind oder Jugendlicher. Die Unterstützung der Familie für Veränderungen im Verhalten, in den Beziehungen, und im Leben des IP wird vom Therapeuten für notwendig erachtet (Ablösung von zuhause, Berufswechsel, Wegzug vom Wohnort, etc.)
- Die Familie befindet sich in einer aktuellen Krise, die alle Mitglieder betrifft. Der Therapeut arbeitet entsprechend mit der gesamten Familie.
- Mehrere Familienmitglieder weisen Störungen auf bzw. berichten über Probleme (Multiproblemfamilien). Statt mehrerer Einzelbehandlungen ist eine Behandlung der Familie indiziert.
- Die Familientherapie/beratung übernimmt Unterstützungsfunktion bei anderweitig durchgeführten (psycho-)therapeutischen Maßnahmen, zum Beispiel bei einer stationär psychotherapeutischen Behandlung (Reich und Rüger 1994), aber auch z. B. bei medizinischen Eingiffen bei einem Familienmitglied.
- Die Familientherapie/beratung soll eine andere psychotherapeutische Maßnahme vorbereiten (z. B. zu einer Suchtbehandlung motivieren).
- Die Familie mißtraut der Einzelbehandlung des IP und mischt sich ständig ein. Manchmal ist es jedoch besser die ganze Familie temporär zur Behandlung dazu zu bitten, um die Unsicherheiten und die Ängste zu besprechen. Meistens gelingt es dem Therapeuten in solchen Fällen das Einzelsetting aufrechtzuerhalten, selten muß die Behandlung in eine Familientherapie umgewandelt werden.

Für die Familie spielen die folgenden Faktoren eine Rolle:
- Die Familie selbst definiert ihr Problem als Familienproblem und möchte an den Familienbeziehungen arbeiten.

- Das Problem, die Störung, das Symptom eines Familienmitglieds hat Auswirkungen auf die Interaktion und das Zusammenleben in der Familie. Die Familie sucht Rat.
- Die/der IP wünscht eine Therapie/Beratung zusammen mit der Familie, um ihre/seine Probleme in der Familie zu klären.
- Eine Familientherapie/-beratung wird nach einer anderen psychotherapeutischen Maßnahme bei einem Familienmitglied gewünscht, um mit den therapeutisch induzierten Veränderungen in der Familie zurechtzukommen.

Auch mit negativen Effekten muß in bis zu 5 % der Behandlungen gerechnet werden (GURMAN ET AL. 1986). Als Kontraindikationen für eine Familientherapie sind zu nennen:

- Der Therapeut nimmt an, daß die Symptome des IP Manifestationen von überwiegend intrapsychischen Konflikten sind, die am besten und effektivsten im einzelpsychotherapeutischen Setting zu behandeln sind.
- Bestimmte Störungsbilder (z.B. Patienten mit narzißtischen oder antisozialen Persönlichkeitsstörungen) gehen mit der Tendenz beim IP einher, alle Schuld auf die Familie und/oder die Gesellschaft zu projizieren. Eine Familientherapie könnte den IP in dieser Ansicht bestärken.
- Manchmal möchten sich Patienten in einer Einzeltherapie von ihren Schuldgefühlen entlasten, wenn sie spüren, daß die anstehenden Veränderungen zu Schwierigkeiten in der Paar- bzw. den Familienbeziehungen führen werden. In solchen Fällen können sie den Therapeuten drängen, doch die Angehörigen miteinzubestellen. In dieser Situation ist es ratsam, die Spannung in der Einzeltherapie aufrechtzuerhalten und den Wünschen des Patienten nicht nachzugeben (THOMÄ und KÄCHELE 1986).
- Wenn massive Vorwürfe bis hin zu gewaltbereiten Handlungen zwischen Familienmitgliedern zu erwarten sind, besteht keine Aussicht auf eine fruchtbare familientherapeutische Arbeit.

Handlungsleitend werden sowohl klinische Überlegungen im Sinne der differentiellen und adaptiven Indikationsstellung als auch davon unabhängige Parameter, die im Verlauf der Diagnostik relevant werden. Für unsere Entscheidung sind manchmal nicht nur rationale, sondern darüber hinaus auch eine Reihe von anderen Gründen maßgebend, ob ein Patient eine Therapie erhält oder nicht. Einige Gründe, die unbewußt in diesen Entscheidungsprozeß einfließen, wurden von SANDER (1985) angeführt. Der Autor führt historische, kulturelle und ökonomische Gründe an, die verstärkt dazu beitragen, daß bei einem Therapeuten auf eine bestimmte Methode zurückgegriffen wird (vgl. CIERPKA und FREVERT 1995).

Wir empfehlen die Klärung von folgenden Fragen nach einem Familienerstgespräch, die für eine Indikationsentscheidung wichtig sind:

- Lokalisierung des gegenwärtigen Problems: Ist das Problem hauptsächlich entweder in zwischenmenschlichen Systemen (d.h. in der Gesamtfamilie oder in Teilen davon) oder in einem Menschen begründet, dessen Schwierigkeiten auch unabhängig von der Familiensituation bestehen würden? Dies führt zur Frage nach dem Setting der Behandlung.
- Kann das Problem unmittelbar im Zusammenhang mit gestörten zwischenmenschlichen Beziehungen gesehen werden oder handelt es sich um rigide, dysfunktionale Interaktionssequenzen, die sich relativ unabhängig vom Symptom-Kontext des IP verselbständigt haben? Dies führt zur Frage nach der familientherapeutischen Methode.
- Kann angenommen werden (und kann es der Therapeut auch gewährleisten), daß in einem familientherapeutischen Setting nicht nur der IP sondern alle Familienmitglieder durch die Behandlung profitieren? In suizidalen Krisen können in einer Familientherapie alle Familienmitglieder angemessene Unterstützung finden.
- Kann davon ausgegangen werden, daß durch ein bzw. mehrere Familiengespräche eine Einzeltherapie vorbereitet werden kann? Möglicherweise gelingt es z.B. in Familiengesprächen, die schwankende Motivation eines alkoholabhängigen Patienten zu stabilisieren.
- Besteht die Indikation für kombinierte oder sequentielle Therapiemodalitäten? Die kombinierte Therapie ergibt sich aus der positiven Indikation für zwei psychotherapeutische Verfahren. In der sequentiellen Therapie können therapeutische Schritte aufeinander aufbauen.

- Welche Kräfte und Schwächen in der Familie müssen berücksichtigt werden, die eine mögliche Behandlung im Hinblick auf die zu einem bestimmten Zeitpunkt direkt einbezogenen Personen fördern oder modifizieren?

Literatur

ALDOUS, J. (1978): Family careers: developmental change in families. New York: Wiley.

ALEXANDER, J. F., HOLTZWORTH-MUNROE, A., JAMESON, P. (1994): The Process and Outcome of Marital and Family Therapy: Research Review and Evaluation. In: BERGIN, A. E., GARFIELD, S. L. (Hrsg.): Handbook of Psychotherapy and Behavior Change. Fourth edition. New York: Wiley, 595–630.

BENNINGHOVEN, D., KRANNICH, S., BOHLEN, U. (1996): Familiendiagnostik im Kontext. In: CIERPKA, M. (Hrsg.): Handbuch der Familiendiagnostik. Heidelberg Berlin: Springer, 143–62.

BERGIN, A. E., LAMBERT, M. J. (1978): The evaluation of therapeutic outcomes. In: GARFIELD, S. L., BERGIN, A. E. (Hrsg.): Handbook of psychotherapy and behavior change: An empirical analysis, 2nd edn. New York, Chichester, Brisbane: Wiley & Sons, 139–189.

BERTRAM, H., BAYER, H., BAUEREIß, R. (1993): Familien-Atlas. Lebenslagen und Regionen. Opladen: Leske & Budrich.

BOSZORMENYI-NAGY, I., SPARK, G. M. (1973): Unsichtbare Bindungen. Stuttgart: Klett-Cotta.

BUCHHOLZ, M. (1982): Psychoanalytische Methode und Familientherapie. Frankfurt/M.: Verlag der Fachbuchhandlung für Psychologie.

CARTER, B., McGOLDRICK, M. (1988): The changing family life cycle. New York: Gardner Press.

CIERPKA, M. (Hrsg.) (1987): Familiendiagnostik. Heidelberg, Berlin, New York, Tokyo: Springer.

CIERPKA, M. (1989): „Persönliche Lebensentwürfe" und familiärer Kontext. Prax.Psychother. Psychosom 34, 165–173.

CIERPKA, M. (1991): Entwicklungen in der Familientherapie. Prax Psychother Psychosom 36, 32–44.

CIERPKA, M. (1992): Zur Entwicklung des Familiengefühls. Forum der Psychoanalyse 8, 32–46.

CIERPKA, M. (1996a): Familiendiagnostik. In: Cierpka M. (Hrsg.): Handbuch der Familiendiagnostik. Heidelberg, Berlin: Springer, 1–24.

CIERPKA, M. (1996b): Synopsis für die klinische Diagnostik. In: CIERPKA, M. (Hrsg.): Handbuch der Familiendiagnostik. Heidelberg, Berlin: Springer, 25–32.

CIERPKA, M. (1996c): Die Ziele und Indikationsüberlegungen der Therapeuten. In: CIERPKA, M. (Hrsg): Handbuch der Familiendiagnostik. Heidelberg, Berlin: Springer, 59–86.

CIERPKA, M. (1996d): Das Narrativ in der Psychotherapie. In: BUCHHEIM, P., CIERPKA, M., SEIFERT, T. (Hrsg.): Lindauer Texte V – Spielregeln in der Psychotherapie/Erinnern und Entwerfen im psychotherapeutischen Handeln. Heidelberg, Berlin: Springer.

CIERPKA, M., FREVERT, G. (1995b): Die Indikation zur Familientherapie an einer psychotherapeutischen Universitätsambulanz. Prax. Kinderpsychol. Kinderpsychiatr. 44, 250–259.

CIERPKA, M., MARTIN, G. (1996): Die Durchführung des Erstgesprächs. In: CIERPKA, M. (Hrsg): Handbuch der Familiendiagnostik. Heidelberg, Berlin: Springer, 43–58.

COMBRINCK-GRAHAM, L. (1985): A developmental model of family systems. Family Process 24, 139–150

DUVALL, E. M. (Hrsg.) (1971): Family development 4th. New York: Lippicott.

FREVERT, G., CIERPKA, M., JORASCHKY, P. (1996): Familiäre Lebenszyklen. In: CIERPKA, M. (Hrsg.); Handbuch der Familiendiagnostik. Heidelberg, Berlin: Springer, 163–194.

GURMAN, A. S., KNISKERN, D. P., PINSOF, W. M. (1986): Research on the process and outcome of marital and family therapy. In: GARFIELD, S., BERGIN, A. (Hrsg.): Handbook of psychotherapy and behavior change (3rd ed). New York: Wiley, 565–624.

GRAWE, K., DONATI, R., BERNAUER, F. (1994): Psychotherapie im Wandel. Von der Konfession zur Profession. Göttingen: Hogrefe.

HEEKERENS, H.-P. (1990): Familientherapie bei Problemen von Kindern und Jugendlichen: Eine Sekundärevaluation der Effektivitätsstudien. System Familie 3: 1–10.

KAUFMANN, F.-X. (1994): Die ökonomische und soziale Bedeutung der Familie. Referat auf dem Symposium des BmFSFJ „Zukunft der Familie", Bonn.

KERNBERG, O. (1976): Objektbeziehungen und Praxis der Psychoanalyse. Stuttgart: Klett-Cotta.

KÖNIG, K., KREISCHE, R. (1991): Psychotherapeuten und Paare. Göttingen: Vandenhoeck & Ruprecht.

LUBORSKY, L., CRITS-CRISTOPH, P. (1990): Understanding transference. New York: Basic Books.

MASSING, A., REICH, G., SPERLING, E. (1994): Die Mehrgenerationenfamilientherapie. Göttingen: Vandenhoeck & Ruprecht.

REICH, G. (1990): Psychoanalytische und systemische Familientherapie – Integrative Aspekte und Differenzen in Theorie und Praxis. In: MASSING, A. (Hrsg.): Psychoanalytische Wege der Familientherapie. Berlin, Heidelberg, New York: Springer, 97–144.

REICH, G., MASSING, A., CIERPKA, M. (1996) Die Mehrgenerationenperspektive und das Genogramm. In: CIERPKA, M. (Hrsg.): Handbuch der Familiendiagnostik. Heidelberg, Berlin: Springer, 223–258.

REICH, G., RÜGER, U. (1994): Die Einbeziehung der Familie in die stationäre Psychotherapie. Nervenarzt 65, 313–322.

SANDER, F. (1985): Family or individual therapy: The determinants of modality choice. Hillside Hospital Journal of Clinical Psychiatry 7, 63–70.

SANDLER, J. (1976): Gegenübertragung und Bereitschaft zur Rollenübernahme. Psyche 30, 297–305.

SPERLING, E., MASSING, A., REICH, G., GEORGI, H., WÖBBE-MÖNKS, E. (1982): Die Mehrgenerationenfamilientherapie. Göttingen: Vandenhoeck & Ruprecht.

STIERLIN, H. (1978) Delegation und Familie. Frankfurt am Main: Suhrkamp.

STRUPP, H. H., BINDER, J. (1984): Psychotherapy in a new key. A guide to time-limited dynamic psychotherapy. New York: Basic Books.

THOMÄ, H., KÄCHELE, H. (1985): Lehrbuch der psychoanalytischen Therapie, Bd 1: Grundlagen. Berlin, Heidelberg, New York, Paris, London, Tokyo: Springer.

WEISS, T., HAERTEL-WEISS, G. (1991): Familientherapie ohne Familie. München: Piper.

WHITAKER, C., FELDER, R., WARKENTIN, J. (1975): Gegenübertragung bei der Familienbehandlung von Schizophrenie. Reinbek: Rowohlt Tb.

WYNNE, L. (1988): Zum Stand der Forschung in der Familientherapie: Probleme und Trends. System Familie 1, 4–22.

Literaturempfehlungen

CIERPKA, M. (Hrsg. 1996): Handbuch der Familiendiagnostik. Heidelberg, Berlin: Springer.

GURMAN, A. S., KNISKERN, D. P. (Hrsg. 1991): Handbook of Family Therapy. New York: Brunner/Mazel.

MASSING, A., REICH, G., SPERLING, E. (1994): Die Mehrgenerationenfamilientherapie. Göttingen: Vandenhoeck & Ruprecht.

MINUCHIN, S. (1977): Familie und Familientherapie. Freiburg i. Br.: Lambertus.

RICHTER, H. E. (1969): Eltern, Kind und Neurose. Reinbek: Rowohlt.

Paartherapie

Reinhard Kreische

1 Zur Entwicklung der Paartherapie

1.1 Historischer Überblick

Paartherapie ist die psychotherapeutische Behandlung von Patientinnen und Patienten mit psychischen, psychosomatischen und somatopsychischen Erkrankungen im paartherapeutischen Setting. Sie unterscheidet sich von der Ehe- und Partnerberatung, die vor allem der Verbesserung von Paarbeziehungen dient.

Wenn auch in diesem Kapitel die Paartherapie aus psychoanalytischer Sicht beschrieben werden soll, so kann und soll es sich dennoch nicht um eine Darstellung nur der psychoanalytischen Paartherapie handeln. Die Psychoanalyse tat sich ja eher schwer auf dem mühsamen Weg von FREUDS skeptischen Äußerungen von 1912, in denen er seine „völlige Ratlosigkeit", „was die Behandlung der Angehörigen betrifft" eingesteht und „auf deren individuelle Behandlung überhaupt wenig Zutrauen" setzt, bis zur Gegenwart, in der zum Beispiel FÜRSTENAU (1985) „die Wahl des veränderungsoptimalen Systembezugs" als eine „entscheidende strategische Operation des Psychoanalytikers" postuliert.

Die Ursprünge der professionellen Ehe- und Familientherapie reichen in den USA und in Großbritannien bis ins 19. Jahrhundert zurück, wo Sozialarbeiter und Psychiater im Rahmen von karitativen Einrichtungen des „Social Work Movement" mit Familien arbeiteten. Einen Überblick findet man zum Beispiel bei BRODERICK und SCHRADER (1981). OBERNDORF (1938) hat als einer der ersten Ehepaare psychoanalytisch behandelt, allerdings in dem problematischen Setting der Einzeltherapie beider Partner beim selben Therapeuten (vgl. KREISCHE 1986b).

Nach dem Zweiten Weltkrieg begann dann, zunächst in den USA und in Großbritannien, eine rapide Entwicklung mit zunehmendem Interesse der Psychotherapeuten in den westlichen Ländern an der Erforschung von Paarbeziehungen und Familien. Zu den psychoanalytisch orientierten Pionieren in den Vereinigten Staaten zählen ACKERMAN (1958, 1959), BOSZORMENYI-NAGY (1973), BOWEN (1976), FRAMO (1965), LIDZ ET AL. (1957), PAUL (1967), SANDER (1979), SHAPIRO (1968) und STIERLIN (1972a, 1972b), in England Objektbeziehungstheoretiker in der Folge von FAIRBAIRNE und GUNTRIP wie BENTOVIM ET AL. (1982), DICKS (1967) und SKYNNER (1976), in Italien SELVINI PALAZZOLI ET AL. (1975), in Frankreich ANZIEU (1975), LEMAIRE (1979) und RACAMIER (1980) und im deutschsprachigen Bereich BAURIEDL (1980), KAUFMANN (1975), RICHTER (1970), SPERLING ET AL. (1982), wiederum STIERLIN (ET AL. 1977), STROTZKA (1979) und WILLI (1975, 1978). Einige dieser Autoren blieben Psychoanalytiker, andere haben sich später von der Psychoanalyse abgewandt.

Gleichzeitig entstanden paar- und familientherapeutische Arbeitsgruppen, die direkt von systemtheoretischen und kommunikationstheoretischen Ansätzen ausgingen, wie die Palo Alto-Arbeitsgruppe in Kalifornien um BATESON, JACKSON, HALEY und WEAKLAND (1956), die die krankmachende „double-bind"-Kommunikation in Familien entdeckte, die sie zunächst für spezifisch hielt für Familien mit schizophrenen Mitgliedern, die inzwischen jedoch auch bei vielen anderen psychischen Störungen gefunden wurde

(BATESON 1969, BERGER 1978, WATZLAWICK 1968). WATZLAWICK und Mitarbeiter (1967) führten an demselben Institut Untersuchungen zur Kommunikation und Interaktion in Familien durch. In Philadelphia entwarfen MINUCHIN und Mitarbeiter (1978) Strategien zur Behandlung von Familien mit psychosomatisch Kranken und anderen psychischen Störungen.

Zunehmend mehr Paarbeziehungs- und Familienforscher und -therapeuten, auch psychoanalytischer Herkunft, nutzen die in den zwanziger und dreißiger Jahren von dem deutschen Biologen Ludwig von BERTALANFFY (1968) formulierten Ansätze zu einer „Allgemeinen Systemtheorie". Nachdem 1954 die „Gesellschaft für Allgemeine Systemforschung" innerhalb der Association for the Advancement of Science, der amerikanischen wissenschaftlichen Dachorganisation, gegründet worden war, wurde in Biologie, Medizin, Ökologie, Psychologie, Soziologie und Volkswirtschaftslehre der Nutzen des systemtheoretischen Ansatzes in kurzer Zeit erkannt und in diese Wissenschaften integriert. In der Paar- und Familienforschung führte die konsequente Anwendung kybernetischer Modelle manche Therapeuten, zum Teil auch psychoanalytischer Herkunft, zur Entwicklung direktiver Therapiemethoden, die auch durch den Hypnotherapeuten ERICKSON (et al. 1976) beeinflußt sind. Es kam zu gruppendynamisch wohl unvermeidlichen Abgrenzungsvorgängen zwischen „den Psychoanalytikern" und „den Systemikern", die bis in die Gegenwart andauern, wobei „den Systemikern" von psychoanalytischer Seite Manipulation unterstellt wurde, die die Patienten zum hilflosen Objekt therapeutischer Tricks mache, während umgekehrt Systemtherapeuten „den Psychoanalytikern" vorwarfen, daß sie einem rückständigen, mechanistischen, linearen Kausalitäts-Modell anhingen und daß gerade sie durch ihre unnötig langen Therapien ihre Patienten in die Abhängigkeit vom Therapeuten führten.

Inzwischen lassen sich verhaltenstherapeutische, systemisch-strukturelle, wachstums- und erlebnisorientierte sowie psychodynamische Schulrichtungen unterscheiden (CIERPKA 1994). In den 80er Jahren gab es erste Ansätze zur schulenübergreifenden Integration verschiedener Sichtweisen, z.B. durch FÜRSTENAU (1979, 1983, 1984), CIOMPI (1981, 1982), STROTZKA (1982),

BUCHHOLZ (1982), SIMON (1984) und BAURIEDL (1985).

Für die psychoanalytische Beschäftigung mit Paarbeziehungen stellten die objektbeziehungstheoretischen Untersuchungen der ehelichen Beziehung von DICKS (1967) eine wichtige Grundlagenarbeit dar. In der psychoanalytischen Objektbeziehungstheorie wird der Einfluß realer Beziehungen des Menschen zu wichtigen Beziehungspersonen („Beziehungsobjekten") auf die intrapsychisch repräsentierten, im Gedächtnis abgespeicherten Erinnerungsspuren von diesen Beziehungen (die intrapsychischen Repräsentanzen des Individuums) erforscht und umgekehrt der Einfluß dieser intrapsychischen Repräsentanzen auf die Wahrnehmungs-, Affekt- und Verhaltensdispositionen im Umgang mit anderen Menschen. Von DICKS stammt der Begriff der „Kollusion" (lat. colludere = zusammenspielen). Kollusion ist eine Form ehelicher Beziehungen, bei der die Neurosen der Partner zueinander passen wie Schlüssel und Schloß. Im deutschsprachigen Raum wurde das Kollusionskonzept in Zürich von WILLI (1975, 1978) aufgegriffen und unter stärkerer Berücksichtigung triebdynamischer Gesichtspunkte erweitert.

1.2 Aktueller Stand

Der systemtheoretische Ansatz ist aus der Paar- und Familienforschung jedweder Richtung nicht mehr wegzudenken, er wird jedoch inzwischen differenzierter und bescheidener gehandhabt. So weist STIERLIN (1988) darauf hin, daß es

„Gründe für die Dämpfung unseres systemischen Optimismus und unserer Hybris" gibt, „daß Wandel in nicht wenigen Fällen notwendigerweise begrenzt oder unmöglich ist, daß er illusorisch sein kann, daß er nicht wünschenswert – weil zu bedrohlich, zu verwirrend – sein mag und daß er sich letztlich nicht als Wandel zum Besseren, sondern zum Schlechteren herausstellt" (a.a.O., S. 74).

Es bestehen jedoch auch unter Psychoanalytikern Hoffnungen, mit der Systemtheorie ein geeignetes Paradigma gefunden zu haben, das einen Teil der traditionellen metapsychologischen Konstrukte, wie zum Beispiel den Energie-Begriff, „entlehnt aus Modellvorstellungen der Neurophysiologie, der Hydrodynamik und der Mechanik, aber bar jeden Erklärungswertes" (W. H. KÖNIG 1983, S. 27), abzulösen. Primär sei dabei die Ersetzung der quantitativen Größe „psychische Energie" durch den Informationsbegriff. Untersucht würden dann nicht mehr Energieflüsse in einem gedachten „psychischen Apparat", sondern „die Aufnahme, Verarbeitung und Speicherung von Informationen, bzw. die Formen ihres Austausches in der Kommunikation" (W. H. KÖNIG a.a.O.).

> Von anderen Autoren wird besorgt auf „die Eindimensionalität" der zugrundeliegenden Systemtheorie hingewiesen, „die meint, die Wirkungen unbewußter Phantasien und gesellschaftlicher Bedingungen auf das familiale Leben ausklammern, sich ausschließlich auf das Hier und Jetzt konzentrieren zu können" (LÜDERS 1983, S. 466).

Trotz solcher Einwände ist wohl unbestritten, daß die Systemtheorie bei komplexen Fragestellungen in den Natur- und Sozialwissenschaften das lineare Kausaldenken der klassischen Physik (und auch weiter Bereiche der klassischen Psychoanalyse) abgelöst hat, das sich nach von BERTALANFFY sowieso nur zur Untersuchung von Zusammenhängen eignet, wenn eine „unorganisierte Kompliziertheit" vorliegt. Die komplexe Struktur von Lebewesen und sozialen Systemen jedoch ist gekennzeichnet durch ihre „organisierte Kompliziertheit", die durch das systemische Denken besser verstanden werden kann.

Systemische Ansätze in der klassischen Psychoanalyse, wie wir sie zum Beispiel beim zweiten Strukturmodell mit der Homöostase zwischen Ich, Es, Über-Ich und Umwelt finden, mögen eine

Integration systemischer Gedanken in die Psychoanalyse erleichtern.

Zwar beschäftigt sich die Psychoanalyse, unter anderem in der Objektbeziehungstheorie, schwerpunktmäßig mit den intrapsychischen Repräsentanzen (Erinnerungsspuren) kindlicher Interaktionserfahrungen in der Herkunftsfamilie, mit deren innerseelischer Weiterverarbeitung und ihren späteren Auswirkungen, während die Paar- und Familientherapie auf die Bedeutung von früheren und aktuellen Familienbeziehungen für die psychosoziale Entwicklung des Individuums während des ganzen Lebens hinweist (KAUFMANN 1986). Da sich jedoch die intrapsychischen Repräsentanzen als Subsystem des Systems Individuum beschreiben lassen, das wiederum Bestandteil des Suprasystems Familie ist, das in dem umfassenden Suprasystem Gesellschaft aufgehoben ist (KREISCHE 1985), läßt sich die systemtheoretische Betrachtungsweise unschwer mit der psychoanalytischen verbinden. Hierbei richtet sich der Aufmerksamkeitsfokus der systemischen und informationstheoretischen Therapeuten auf die Wechselwirkungen zwischen System Individuum und Suprasystem Familie, während sich die des Psychoanalytikers auf das System Individuum und das Subsystem intrapsychische Repräsentanzen ausrichtet. Eine Integration beider Ansätze führt zu einer komplexen Betrachtungsweise, in der die wechselseitigen Beeinflussungen von Umwelt (Gesellschaft), Herkunfts- und Gegenwartsfamilie, Individuum und intrapsychischen Repräsentanzen berücksichtigt werden kann. Die Aufgabe des Psychotherapeuten bei der Indikations-

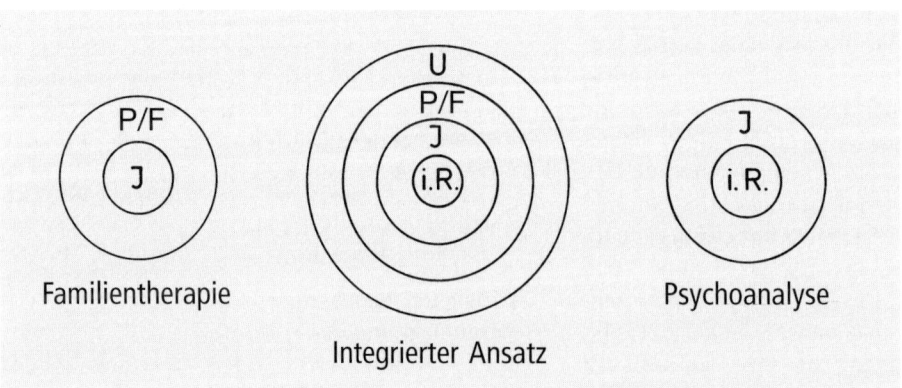

Abb. 1: Aufmerksamkeitsfokus bei Paar- und Familientherapie, Psychoanalyse und integriertem Ansatz

stellung besteht dann in der Wahl des „veränderungsoptimalen Systembezugs" (FÜRSTENAU 1985), den er bei seiner Arbeit mit diesem Patienten zu einem bestimmten Zeitpunkt der Behandlung akzentuiert, während er bei einem anderen Patienten mit einer anderen Störung und zu einem anderen Zeitpunkt der Therapie einen anderen Ausschnitt des Systems stärker berücksichtigt (FÜRSTENAU 1994).

Psychogene Erkrankungen gehen mit Erlebens- und Verhaltensstörungen einher, die oft zu Beziehungsstörungen führen. Sie sind durch sich wiederholende dysfunktionale Verhaltensweisen und Interaktionen gekennzeichnet. Solche Beziehungsstörungen wirken sich in den Gegenwarts- und Herkunftsfamilien der Patienten, in denen meist die engsten und intensivsten sozialen Kontakte gelebt werden, besonders stark aus. Belastungen in der Paarbeziehung und der Familie wirken wiederum auf die psychischen Erkrankungen zurück und können diese verstärken oder stabilisieren. Wahrscheinlich aus diesem Grunde leiden Paare mit neurotischen Partnerproblemen meist unter mittelgradigen bis starken psychischen oder psychosomatischen Symptomen (KREISCHE 1992). SENF (1987) fand heraus, daß Partnerkonflikte die Prognose von Patienten mit psychischen Erkrankungen verschlechtern. Außerdem können neurotische Partnerkonflikte und die mit ihnen zusammenhängenden chronischen Spannungen in Familien zu Neuerkrankungen weiterer Mitglieder des familiären Systems, vor allem auch von bisher nicht erkrankten Kindern, führen.

Persönlichkeitsstörungen (sog. Charakterneurosen) führen nicht direkt zu psychischen oder psychosomatischen Symptomen. Der Weg ist vielmehr ein indirekter. Die charakterneurotischen Veränderungen führen zu Beziehungsstörungen, und die Belastung durch die Beziehungsstörungen führt zu Symptomen (KREISCHE 1992).

Schwellensituationen des Lebens (z.B. Schwangerschaft, Geburt, berufliche Veränderungen, Umzüge, Krankheiten und Todesfälle in der familiären Umgebung) können bei allen Menschen zu Identitätskrisen und zu Irritationen in Partnerbeziehungen führen (KREISCHE 1994). Im allgemeinen kommt es in solchen Phasen bei einigen oder bei allen beteiligten Familienmitgliedern zu Regressionen im Dienste des Ichs, durch die adaptive Umstrukturierungsprozesse und die Progression in ein neues Entwicklungsstadium ermöglicht werden: sowohl bei den Individuen als auch in der Paarbeziehung und der Familie.

Wenn beträchtliche Störungen in der bisherigen Persönlichkeitsentwicklung bereits vorliegen oder wenn aufgrund des Ausmaßes der aktuellen Belastung ein neuer Entwicklungsschritt nicht bewältigt werden kann, kommt es zu pathologischen Regressionen. In diesen Fällen sind adaptive Umstrukturierungen erschwert oder unmöglich. Statt dessen entwickeln die beteiligten Partner typische stereotype, dysfunktionale Erlebens- und Interaktionsmuster, die unbehandelt oft chronifizieren. Mit solchen Störungen von Krankheitswert setzen wir uns in der Paartherapie auseinander.

Bei den Persönlichkeitsstörungen werden die dysfunktionalen stereotypen Erlebens- und Verhaltensmuster vom Individuum durch den Einsatz von individuellen Abwehrmechanismen stabil gehalten. In partnerschaftlichen und anderen zwischenmenschlichen Beziehungen kommt es darüber hinaus zu den Abwehrformen der psychosozialen Kompromißbildungen. Hierbei führen mehrere Personen durch einen wechselseitigen Austausch von verbalen und nonverbalen Zeichen und Signalen eine Form des Umgangs miteinander herbei, die der Abwehr unlustvoller Zustände der einzelnen Mitglieder des familiären oder gruppalen Systems dient und die gleichzeitig den Zusammenhalt des Systems gewährleistet (HEIGL-EVERS 1967, BROCHER 1967, MENTZOS 1976). Kollusionen in Paarbeziehungen sind besonders stabile psychosoziale Kompromißbildungen, die die Interaktionspartner oft in einem jahrelangen Prozeß miteinander entwickelt haben.

WILLI (1975) beschreibt narzißtische, depressive, zwanghafte und hysterische Kollusionen. Hierbei befinden sich beide Partner auf einem ähnlichen Triebfixierungsniveau („direkte Kollusionen"). Die Schlüssel-Schloß-Relation findet sich in diesen Kollusionen aufgrund der Übernahme einer „progressiven" Position durch den einen und einer „regressiven" Position durch den anderen Partner. Bei den häufigen „gekreuzten Kollusionen" (KÖNIG und KREISCHE 1985a, 1985b, 1994) ist das Triebfixierungsniveau verschieden, wie z.B. bei der Kollusion zwischen einer hysterischen Frau mit einer zwanghaften Latenz und einem zwanghaften Mann mit einer hysterischen

Latenz. Hier sind Wünsche und Impulse, die für einen Partner so ängstigend sind, daß sie abgewehrt und unbewußt gehalten werden müssen, beim anderen Partner bewußt und somit an der psychischen Oberfläche, so daß sie von ihm gelebt werden können. Beim anderen Partner ist es umgekehrt. Auf diese Weise kann jeder im anderen das Abgewehrte gleichzeitig bekämpfen und partizipierend genießen.

Auch systemische Therapeuten, die sich darum bemühen, in einer Paarbeziehung die systemimmanenten Regeln zu verändern, um das Symptom, das durch diese Regeln stabilisiert wird, zum Verschwinden zu bringen, arbeiten an solchen psychosozialen Kompromißbildungen. Das Konzept der psychosozialen Kompromißbildungen geht insofern über die systemische Sicht hinaus, als es intrapsychische Repräsentanzen bei der Wahrnehmung und Beschreibung der untersuchten interpersonellen Phänomene berücksichtigt. Systemische Therapeuten richten dagegen ihre Aufmerksamkeit auf manifeste Interaktionsphänomene. Die Sichtweise systemischer Therapeuten ähnelt damit der phänomenologisch-deskriptiven psychiatrischen Sichtweise. Das psychoanalytische Konzept der psychosozialen Kompromißbildung steht zu dieser Betrachtungsweise nicht im Widerspruch, sondern es erweitert sie um die intrapsychische Dimension.

2 Behandlungstechnik

In der Praxis finden wir unter den Paar- und Familientherapeuten viele Eklektiker. So betonen z. B. SPERLING ET AL. (1982, S. 13) in ihrem Buch über die Mehrgenerationen-Familientherapie: „Wir glauben nicht an die Wahrheit einer Theorie, sondern benutzen verschiedene, wo wir sie gebrauchen können". Der Hypnotherapeut ERICKSON, der niemals eine explizite Theorie entworfen hat und der es Systematikern deshalb schwer macht, ihn einzuordnen, wendet sich temperamentvoll gegen die „Gläubigen" und Schulen-Anhänger unter den Psychotherapeuten. „Ich habe schon viele Leiden behandelt und dabei jedes Mal eine neue Behandlungsweise erfunden", erzählt er den Teilnehmern eines seiner berühmten Lehrseminare (ZEIG 1980, S. 133). Und am anderen

Ende des therapeutischen Spektrums kritisiert die Psychoanalytikerin BAURIEDL (1980) jegliche therapeutische „Technik" als manipulativ und postuliert statt dessen eine dialektisch-therapeutische „Einstellung" für den Paar- und Familienanalytiker.

In der verhaltenstherapeutischen Paartherapie werden folgende Behandlungstechniken eingesetzt: Verhaltensanalyse des Systems Paarbeziehung (Umgang mit Problemen, Identifikation von Stärken und Schwächen der Partner), Psychoedukation, Training kommunikativer Fähigkeiten, Problemlösetraining und die Vermittlung spezifischer Verhaltenskompetenzen (BORNSTEIN und BORNSTEIN 1993, FALLOON 1989, 1993). Einzelheiten finden sich im Kapitel über Verhaltenstherapie.

Nach den beiden Hauptherkunftsbereichen (Systemtheorie und Psychoanalyse) werden im folgenden in einer groben Einteilung einige wichtige Konzepte und Behandlungstechniken der Paartherapie dargestellt. Systemtheoretische Konzepte finden sich in allen paartherapeutischen Behandlungstechniken. Eine auch nur annähernd vollständige Übersicht ist hier allerdings nicht möglich. Die zitierte Literatur mag dem interessierten Leser weiterhelfen.

2.1 Konzepte und Behandlungstechniken systemtheoretischer Herkunft

Die Einstellung des systemischen Paartherapeuten ist im Gegensatz zum psychoanalytischen dadurch gekennzeichnet, daß er versucht, sich nicht in das System, mit dem er arbeitet, einbeziehen zu lassen. Er bemüht sich um „Neutralität", worunter „weniger eine innere Haltung" als ein „technischer Schachzug" (SIMON und STIERLIN 1984, S. 256) des Therapeuten verstanden wird, „der es diesem ermöglicht, allen Familienmitgliedern gegenüber gleichbleibend als Autorität aufzutreten". Im Mailänder Team von SELVINI PALAZZOLI wurde diese Form der Neutralität in den Anfangsjahren dadurch unterstützt, daß ein Teil des Teams mit dem Paar oder der Familie arbeitete und ein anderer Teil die Sitzung hinter der Ein-wegscheibe verfolgte, wodurch das Beobachter-team sich vor dem interaktionellen Einfluß des familiären Systems zu schützen versuchte. In psychoanalytischer Terminologie würden wir sagen, daß ein Supervisor oder auch ein Beobachter hinter der Einwegscheibe Gegenübertragungsreaktionen weniger ausgesetzt ist als der Therapeut, wenn wir auch bezweifeln, daß er „neutral" im Sinne von „ohne Gegenübertragung" bleibt.

Diese Form von Neutralität meint jedoch das Mailänder Team auch nicht. SELVINI PALAZZOLI und ihre Mitarbeiter definieren „Neutralität" ausdrücklich nicht als die innerpsychische Verfassung des Therapeuten, sondern als „eine spezifische pragmatische Wirkung, die seine Gesamthaltung während der Sitzung auf die Familie ausübt" (SELVINI PALAZZOLI ET AL. 1980, S. 137). Auch in der Psychoanalyse versteht man unter Neutralität keine innerpsychische Verfassung, sondern ein Verhalten des Therapeuten. Das Gegenübertragungskonzept betont gerade, daß innerpsychische Neutralität eine Fiktion ist. Gegenübertragung ist nicht neutral.

In der systemischen Paartherapie wird Neutralität des Therapeutenverhaltens durch die Anwendung des Prinzips der alternierenden Parteinahme zu erreichen versucht. Solange der Therapeut mit einem Partner spricht und ihn auffordert, sich über den anderen zu äußern, scheint er stets mit diesem Partner verbündet zu sein. Sobald er sich aber dem anderen Partner zuwendet und diesen um seine Meinung bittet, hört das Bündnis mit dem ersten auf, und es entsteht ein neues Bündnis mit dem anderen. „Das Endresultat dieser sukzessiven Bündnisse ist, daß der Therapeut gleichzeitig mit jedem und keinem verbündet ist" (a.a.O., S. 137).

Das therapeutische Team stellt immer wieder Hypothesen über die zirkulären Interaktionsvorgänge im Paar- bzw. Familiensystem auf, die die Therapeuten mit Hilfe der in Mailand entwickelten Methode des „zirkulären Fragens" verifizieren oder falsifizieren (SELVINI PALAZZOLI ET AL. 1980). Auch bei der Arbeit im paartherapeutischen Setting werden nicht anwesende weitere Familienmitglieder mitberücksichtigt.

 Beispiel 1:

Ein Paar lebt seit 5 Jahren zusammen. Die Frau wünscht sich ein Kind, der Mann will keine Kinder, „zumindest jetzt noch nicht". Das Paar trennt sich aber auch nicht. Die Frau leidet an depressiven Verstimmungen, der Mann an Dyspareunie.

Ther. (zum Mann): Was, glauben Sie, vermutet Ihre Frau, wann Sie auch den Wunsch nach einem Kind entwickeln werden?

Mann: Ich glaube, sie hält das gar nicht mehr für möglich.

Ther. (zur Frau): Was, glauben Sie, denkt Ihr Mann darüber, wie Sie reagieren werden, wenn Sie bemerken, daß sich an seiner Einstellung zum Kinderwunsch nichts ändert?

Frau: Er denkt, ich werde trotzdem bei ihm bleiben.

Ther. (zum Mann): Was, denken Sie, würde Ihre Mutter sagen, wenn Sie Vater würden?

Mann: Sie würde aus allen Wolken fallen. Sie weiß doch gar nichts von unserer Beziehung.

Ther.: Nach fünf Jahren? Sie weiß gar nichts davon?

Frau: Seine Mutter ist krank. Depressionen. Sein Vater hat sich von ihr getrennt. Seitdem sagt sie, daß Ehen nur Unglück bringen können.

Vor Beendigung der Therapiesitzung kommt es zu einer Konferenz des gesamten therapeutischen und Beobachterteams, in der eine abschließende Hypothese über die familiäre Interaktion entwickelt wird, die zu einer „Verschreibung" führt. Hierunter verstehen die strukturellen und systemischen Therapeuten eine Intervention, mit deren Hilfe dem Paar eine „Hausaufgabe" verordnet wird, die bis zur nächsten Sitzung zu erledigen ist.

Diese Verordnung schließt im allgemeinen Erläuterungen des Therapeuten über den Zweck dieser Verordnung ein, die eine Umdeutung bestimmter Verhaltensmuster in der Familie bewirken sollen. Eine besondere Form dieser Verschreibung ist die „Symptomverschreibung", mit deren Hilfe der Familie oder einem Familienmitglied verordnet wird, gerade das zu tun, was als „symptomatisch" oder „krank" von der Familie angesehen wird. Das Symptom wird durch diese Intervention in einen anderen Kontext gestellt und erhält hierdurch eine andere Bedeutung.

Die Symptomverschreibung ist schon eine Form der „paradoxen Intervention", die den Widerstand des Patienten gegen die Therapie in Rechnung zieht und ihn in die Situation bringt, daß er Widerstand gegen die Therapie nur dadurch leisten kann, daß er sein Symptom aufgibt und daß er das Symptom nur behalten kann, wenn er seinen Widerstand aufgibt.

 Beispiel 2:

Ein Beispiel hierfür ist WYNNE's Intervention in der Ehepaartherapie mit einer erwachsenen anorektischen Frau, die große Mengen an Nahrungsmitteln, die sie zu sich nahm, wieder erbrach, was von ihrem Mann und ihrem Vater als „Verschwendung" betrachtet wurde. Die Frau hatte starke Schuldgefühle gegenüber ihrem Mann und ihrer Tochter durch den Schaden, den sie ihnen mit dieser „Verschwendung" zufügte. Der Therapeut gab folgende paradoxe Intervention:

„Ich möchte nicht, daß Sie an der Verschwendung der Nahrungsmittel irgend etwas verändern. Statt dessen möchte ich sehr langsam einige geringfügigere Änderungen vornehmen. Ich möchte, daß Sie weiterhin genau die gleiche Menge an Nahrungsmitteln wie vorher zubereiten."

WYNNE berichtet weiter:

„Ich ließ mir eine Liste der Gerichte geben, die sie am Vortag zubereitet hatte. An diesem Tag hatte sie Nahrungsmittel im Wert von etwa 30 Dollar zu sich genommen und wieder erbrochen. Ich trug der Frau auf, ganz genau die

gleiche Menge an Speisen zuzubereiten, sie aber jetzt direkt in die Toilette zu schütten und nicht erst nach dem Umweg über ihren Mund und ihren Magen. – Erstaunlicherweise zeigten sich weder sie selbst noch ihr Mann besonders überrascht von diesem Vorschlag, ihr einziger Einwand war, daß das die Toilette verstopfen würde. Deshalb arbeiteten wir detaillierte Verhaltensregeln aus: Sie sollte das Essen am Tisch in kleine Stücke zerschneiden, damit es leichter hinuntergespült werden könnte. Ihrem Mann war aber bei der ganzen Sache etwas unbehaglich zumute, weil so genau dieselbe Menge an Nahrungsmitteln verschwendet werden sollte wie vorher. Ich entgegnete ihm: ‚Es tut mir leid, aber wir müssen für den Augenblick mit diesem Problem leben, später werden wir dann sehen, ob daran etwas geändert werden kann. Im Augenblick müssen wir erst einmal so vorgehen, daß dieselbe Menge Essen wie vorher verschwendet wird.' Dann arbeiteten wir einen Plan aus, wonach der Mann, der in das Problem seiner Frau bereits stark verstrickt war, dafür sorgen sollte, daß sie weiterhin dieselbe Menge Speisen wie vorher zubereitete. Am Vortag waren das z.B. 7 Portionen Hähnchen gewesen, über 2,5 Liter Kartoffelbrei, ein ganzer Apfelkuchen und ein viertel Liter Eis als Nachspeise. Das alles hatte sie innerhalb von etwa zwanzig Minuten wieder erbrochen. Der Mann sollte seine Frau auch dabei beaufsichtigen, wie sie das Essen in die Toilette schüttete. Zusammen sollten sie eine genaue Aufstellung aller in die Toilette geschütteten Nahrungsmitteln mit Preisangabe erstellen. Nebenbei ließ ich die Bemerkung fallen, daß die Frau, wenn sie diesen Zyklus von Freßanfall/Erbrechen nicht durchspielte, eine kleine Menge von Speisen ihrer Wahl zu sich nehmen dürfe. Damit endete die erste Sitzung."

Das Ergebnis war, daß die Frau, die dreizehn Jahre lang dreimal täglich erbrochen hat, es in den zehn Tagen bis zur nächsten Sitzung kein einziges Mal mehr getan hatte. Es sei die

„erschütterndste Erfahrung ihres Lebens gewesen, ihr seien die Augen aufgegangen wie noch nie" und „dieses Erlebnis (stünde) im krassen Gegensatz zu der Wirkung ..., die die Interpretationen ihres Analytikers jemals auf sie gehabt hätten. Sie habe ihre ‚Einsichten' über diese Interpretationen regelmäßig wieder verdrängt, so daß sie nie wirklich ihr Verhalten beeinflußt hätten. Als sie jedoch das ganze Essen in die Toilette wandern sah, Essen, das sie bewußt und absichtlich da hineingeschüttet hatte und nicht hatte erbrechen ‚müssen', sei ihr zum ersten Male klargeworden, was sie die ganze Zeit getan hatte."

Der Autor resümiert: „Es bedurfte überhaupt keiner Interpretationen von meiner Seite; die gab sie sich alle selbst" (WYNNE 1980, S. 53).

–✄–

Der Begriff der Verschreibung wird inzwischen von manchen Paar- und Familientherapeuten so sehr ausgeweitet, daß er an Klarheit verliert. Selbst eine Interpretation kann jetzt einem Paar (oder der Familie) „verschrieben" werden, nämlich im Sinne einer positiven Symptombewertung, mit deren Hilfe die stabilitätserhaltende Funktion des Symptoms für die ganze Familie deutlich gemacht wird (SIMON und STIERLIN, 1984).

Metapsychologisch liegt diesen therapeutischen Strategien durchgehend die kybernetische Theorie vom „Wandel erster bzw. zweiter Ordnung" (ASHBY 1952, 1956) zugrunde. Bei einem „Wandel erster Ordnung" verändern sich einzelne Parameter eines Systems mit dem Ziel, einen homöostatischen Zustand stabil aufrechtzuerhalten. Beim „Wandel zweiter Ordnung" kommt es zu qualitativen Strukturveränderungen des Systems, wodurch sich derartige Systeme an Umweltveränderungen anpassen können. Der Wandel erster Ordnung wird überwiegend durch negative Regelkreise bewirkt, die Abweichungen von einem Sollwert ausgleichen. Neue Information wird vom System nicht aufgenommen. Lernen findet nicht statt. Wandel zweiter Ordnung wird bewirkt durch positive Regelkreise, die Abweichungen verstärken und somit zur Entwicklung neuer Strukturen führen, meist Strukturen höherer Komplexität. Information wird aufgenommen, Lernen findet statt.

WATZLAWICK ET AL. (1974) erklären die große Wirksamkeit gezielter Interventionen in systemischen Paar- und Familientherapien mit wenigen Sitzungen dadurch, daß hier durch die therapeutischen Interventionen im familiären System ein Wandel zweiter Ordnung in Gang gesetzt wird, der zu familiären Umstrukturierungsvorgängen führt, die im wesentlichen in den mehrwöchigen Pausen zwischen den Therapiesitzungen stattfinden.

Ein solcher Wandel zweiter Ordnung findet bei allen erfolgreichen Therapien und nicht etwa nur in der Paar- und Familientherapie statt. Psychoanalytiker arbeiten mehr, wenn auch nicht ausschließlich, am intrapsychischen Konflikt und wirken somit dem primären Krankheitsgewinn entgegen. Systemtherapeuten arbeiten mehr am interpersonellen Konflikt und am sekundären Krankheitsgewinn, um einen Wandel zweiter Ordnung zu ermöglichen. Dieser Wandel kann in einer Kurztherapie dann stattfinden, wenn das System aufgrund seiner Dysfunktionalität schon stark destabilisiert ist und wenn es dann durch eine „Störung" von außen, zum Beispiel durch eine therapeutische Intervention, noch mehr destabilisiert wird. Ob eine derartige Intervention zu einer stabilen Neustrukturierung oder zum „runaway", d.h., zum „Durchdrehen" des Systems aufgrund fortgesetzter positiver Rückkopplungsmechanismen, führt, hängt von der Stärke und der Qualität der Intervention und von Ausmaß und Art der stabilisierenden Kräfte im System ab. In „chaotischen" Paarbeziehungen und Familien beispielsweise sind paradoxe Interventionen kontraindiziert.

Bemerkenswerterweise ist die paartherapeutische Hypnotherapie von ERICKSON (ET AL. 1979), deren Analyse durch die Palo Alto-Gruppe um Bateson die Kommunikations- und systemtheoretische Paar- und Familienforschung wesentlich angeregt hat, eher weniger direktiv als die bislang beschriebenen Techniken. Nach der Induktion eines Trance-Zustandes bringt der Therapeut einen Suchprozeß bei seinen Patienten in Gang, ohne direkten Einfluß auf den Inhalt der Problemlösung zu nehmen. Der Hypnotherapeut bemüht sich, die positiven Ressourcen im behandelten System zu mobilisieren, indem er bei den beteiligten Individuen einen inneren Dialog anregt zwischen gesunden und kranken Ich-Anteilen, wie ein Psychoanalytiker sagen würde.

Beispiel 3:

Erickson: „Sie werden sehr überrascht sein über die neuen und angenehmen Einsichten, zu denen Sie gelangt sind." (ERICKSON 1979).

–◻–

Erickson's Interventionen zeigen einen außerordentlich empathisches und scharfsinniges Verständnis für die psychodynamische Bedeutung von Symptomen. Er „deutet" diese Symptome jedoch nicht, sondern destabilisiert durch Konfusionstechniken das neurotische intrapsychische und/oder interaktionelle System, wodurch das Individuum oder das Paar veranlaßt wird, eine neue Ordnung in das Durcheinander zu bringen, die häufig weniger dysfunktional ist als die neurotische Ordnung zuvor. ERICKSON nutzt die Tatsache, daß Symptome in der Regel suboptimale Lösungen mit anachronistischem Charakter darstellen. Sie haben in einem bestimmten Lebensabschnitt zum Überleben beigetragen, erweisen sich in späteren Lebenssituationen jedoch als dysfunktional, weil sie die kreativen Ressourcen des Individuums und des Paares lähmen. Gelingt es, diese Ressourcen zu mobilisieren, wird das Symptom überflüssig und kann aufgegeben werden.

ERICKSON arbeitet, wie übrigens auch die „strategischen Therapeuten" (vgl. WATZLAWICK u. COYNE 1979) nicht nur mit Paaren oder Familien, sondern auch mit Individuen, aber immer unter Berücksichtigung system- und kommunikationstheoretischer Aspekte („Familientherapie ohne Familie").

2.2 Konzepte und Behandlungstechniken psychoanalytischer Herkunft

Der psychoanalytische Paartherapeut ist ein teilnehmender Beobachter. Er bemüht sich weniger darum, einen Standort außerhalb des Systems der beiden Partner einzunehmen, als vielmehr Über-

tragungs- und Gegenübertragungsprozesse bei den Partnern und in sich selbst entstehen zu lassen, um sie dann aus einer Metaposition heraus zu diagnostizieren und in therapeutische Interventionen umzusetzen.

 Beispiel 4:

Zu einer Krisenintervention wurden Herr und Frau B. einbestellt, nachdem der Therapeut am Telefon erfahren hatte, daß Frau B. einen Termin für einen Schwangerschaftsabbruch bereits ausgemacht hatte, daß sie und ihr Mann diese Entscheidung aber gerne noch einmal besprechen wollten. In diesem Gespräch, das der Therapeut gleich am kommenden Tag einrichtete, berichteten beide Partner darüber, daß der Termin für eine Interruptio eigentlich feststehe. Ein Jahr zuvor hatten sie bereits einmal einen Schwangerschaftsabbruch herbeigeführt, nach dem die Frau längere Zeit in eine depressive Krise geraten war. Diese Erfahrung war einer der Gründe dafür, daß das Paar zur Beratung kam. Die Partner wollten den Schwangerschaftsabbruch dieses Mal besser vorbereiten, um einer solchen depressiven Entwicklung vorzubeugen.

Die ersten Zweifel im Therapeuten entstanden bereits während des Telefonats: Warum wünschen die beiden eine Beratung, wenn sie so sicher sind? Was heißt, der Termin für den Abbruch steht „eigentlich" fest? – Im Therapiegespräch wirkten beide Partner dann in besonders starkem Maße aufeinander bezogen und abhängig voneinander. Im Therapeuten entstand der Gedanke: Was wünscht jeder von euch eigentlich selbst? – Diesen Gedanken setzte er in eine Intervention um, indem er Herrn und Frau B. bat, sich still zu überlegen, wie sie sich wohl entscheiden würden, wenn sie die Entscheidung ganz alleine zu treffen hätten und den anderen überhaupt nicht berücksichtigen müßten. Als beide zu verstehen gaben, daß sie sich entschieden hätten, bat er sie, diese Entscheidung auszusprechen. Keiner von ihnen wünschte den Schwangerschaftsabbruch.

Im weiteren Verlauf wurde deutlich, daß beide Partner der festen Überzeugung gewesen waren, der andere wolle den Schwangerschaftsabbruch, und daß sie es in dieser Situation für selbstverständlich gehalten hatten, den eigenen Wunsch zurückzustellen. Sie wollten ein Kind nur dann bekommen, wenn beide Eltern dies wollten (Vgl. KÖNIG und KREISCHE 1994).

In der psychoanalytischen Paartherapie geht es mehr darum, das Gespräch zwischen den Partnern über zwar Bewußtes, aber bisher Verschwiegenes anzuregen als Unbewußtes bewußt zu machen. So z.B. in der „kontextuellen Therapie" nach BOSZORMENYI-NAGY (BOSZORMENYI-NAGY u. ULRICH 1981), in der Loyalitäten und Loyalitätsverletzungen in der Ehe und der Familie thematisiert werden, die zu unfairen Überbeanspruchungen einzelner Familienmitglieder führen können, so daß andere ihnen gegenüber auf den innerseelischen „Verdienstkonten" in die roten Zahlen geraten. Hier handelt es sich um eine Über-Ich-zentrierte Therapie, die theoretisch und praktisch der Psychoanalyse nahesteht. BOSZORMENYI-NAGY arbeitet typischerweise in familientherapeutischen Sitzungen mit mehreren Generationen, sein Konzept ist jedoch auch für die Arbeit im paartherapeutischen Setting geeignet.

Beispiel 5:

„Bei einer Ehetherapie gestand der junge Ehemann ein, er fühle sich durch uneinlösbare Dankesschuld fortdauernd an seine Eltern gebunden. Der Grund hierfür sei nicht nur darin zu suchen, daß die Eltern versucht hatten, ihm die beste Erziehung angedeihen zu lassen etc., sondern auch darin, daß er ein rückfälliger Tunichtgut war, dem sein Vater mehrmals vor Gericht, bei der Polizei, in der Schule hatte aus der Patsche helfen müssen. Darauf reagierte die junge Frau: ‚Glaubst du, daß uns unsere Kinder auch so viel zu danken haben werden?' Es sei erwähnt, daß

es sich bei dem Problem dieses Paares um eine Art von Loyalitätskonflikt handelte, wie ihn andere Paare nur allmählich erkennen lassen: Der Mann war hin- und hergerissen zwischen den Verpflichtungen gegenüber den Eltern und denen gegenüber der eigenen Frau. Zudem gab es zwischen den beiden Herkunftsfamilien offene, akute Reibereien. Der Loyalitätskonflikt der Frau äußerte sich auf eine etwas komplexere Weise: Sie schien erpicht, mit den Schwiegereltern Krieg zu führen, gestand aber auch, daß sie Frustrationsgefühle habe wegen der Kontaktarmut in ihrer eigenen Herkunftsfamilie" (BOSZORMENYI-NAGY 1973).

Deutlicher noch wird die Bedeutung unbewußter innerseelischer Prozesse für die Paardynamik im Konzept der projektiven Identifikation. Projektive Identifikation ist nach M. KLEIN (1946) ein Abwehrmechanismus, mit dessen Hilfe das Subjekt in seiner Phantasie sein Selbst in das Innere des Beziehungsobjekts einführt, um ihm zu schaden, es zu besitzen oder zu kontrollieren. In der Weiterverarbeitung dieses Konzeptes durch OGDEN (1979), SANDLER (1976) und K. KÖNIG (1982a, 1982b, 1991) wird ein interaktioneller Anteil der projektiven Identifikation herausgestellt. Das Objekt wird mit Hilfe „unbewußter Manipulation" (K. KÖNIG 1984) dazu gebracht, den übertragenen Selbst-Anteilen des Subjekts wirklich ähnlich zu werden. Projektive Identifikation ist durch den Wunsch nach Konfliktentlastung motiviert oder durch den Wunsch, im Partner Vertrautes wiederzufinden.

Letzteres findet sich bei der projektiven Identifikation vom Übertragungstyp. Hierbei wird der Partner aus einem Bedürfnis nach „Familiarität" (K. KÖNIG 1982a) heraus unbewußt so beeinflußt, daß er oder sie einer vertrauten Beziehungsperson aus der eigenen Primärsozialisation ähnlich wird. In der primären Sozialisation haben wir bestimmte Affekt- und Verhaltensdispositionen entwickelt, mit denen wir uns auskennen, die jedoch begrenzt sind und am besten in Interaktionen mit Personen passen, die den frühkindlichen Sozialisationsobjekten ähnlich sind. Da dies aber nicht auf alle Personen, mit denen wir es später zu tun bekommen, zutrifft, beeinflussen wir diese, und zwar überwiegend unbewußt, in einer Art und Weise, die diese Ähnlichkeit vergrößert.

 Beispiel 6:

> Ein junger Mann behandelte seine aufgeschlossene und tolerante Partnerin über viele Monate mit einer derartigen Willkür im Hinblick auf nicht eingehaltene Verabredungen, nicht eingelöste Versprechungen und ähnliches, daß sie immer stärker kontrollierende und feindselige Züge hervorkehrte, die ihrer eigenen Natur eigentlich zuwider waren, so daß sie „sich selbst nicht mehr kannte". Er war zu diesem Zeitpunkt fest davon überzeugt, daß er einen Fehler gemacht und eine Frau gewählt habe, die seiner Mutter ähnlicher sei als ihm lieb war.

–◻–

In den psychoanalytischen Konzepten von der projektiven Identifikation und der Übertragung wird davon ausgegangen, daß besonders bei neurotischen Entwicklungen die Fähigkeit zur Anpassung an veränderte Umwelteinflüsse beeinträchtigt ist, so daß der Abwehrmechanismus der projektiven Identifikation dazu verhelfen kann, die Umwelt für dieses eingeschränkte Verhaltensrepertoire passend zu machen. Dies dient der inneren Ökonomie des Individuums, führt jedoch zur Störung von Beziehungen (KÖNIG 1991). Sowohl die projektive Identifikation als auch die Übertragung enthalten einen „interaktionellen Anteil", ein beobachtbares Verhalten, das im Interaktionspartner die gewünschten Reaktionen hervorzurufen vermag. Dieser interaktionelle Anteil ist bei Patienten mit entwicklungsbedingt struktureller Ich-Störung ausgeprägter als bei solchen mit reiferen Neurosen. Bei Menschen mit Borderline-Störungen zum Beispiel können wir sehr deutlich beobachten, wie sie mit ihrem Verhalten dazu beitragen, daß andere, auf die sie ein „böses Objekt" übertragen, durch fortgesetzte Provokation wirklich böse werden. Das Bedürfnis

nach Familiarität, hier der Wunsch nach dem vertrauten bösen Objekt, ist in diesen Interaktionen stärker als der Wunsch, mit weniger „bösen" Menschen umgeben zu sein als in der Vorgeschichte. Beim Borderline-Syndrom wird dies dadurch verstärkt, daß die Patienten „gute" und „böse" Seiten im selben Menschen nebeneinander nicht erkennen und nicht tolerieren können.

Der interaktionelle Anteil der Übertragung kommt in den engsten Beziehungen, die wir kennen, in Paar- und Familienbeziehungen, besonders ausgeprägt vor. Und ein Gutteil der therapeutischen Arbeit analytischer Paartherapeuten besteht im Diagnostizieren und Bearbeiten dieses Phänomens. Hierbei bedient sich der Therapeut sowohl der Analyse von Übertragung und Gegenübertragung, also auch von eigenen Gefühlsantworten auf die Partner, mit denen er arbeitet. Er klarifiziert und konfrontiert mit den beobachteten interaktionellen Phänomenen, und er deutet die erschlossenen Zusammenhänge.

Das Verständnis derartiger Zusammenhänge zwischen intrapsychischen und interaktionellen Vorgängen ist ein Vorzug der psychoanalytischen Sichtweise.

2.3 Setting

Paartherapie wird bei direkten Kollusionen am häufigsten in Form der gleichzeitigen Behandlung des Paares durch einen Therapeuten oder eine Therapeutin durchgeführt. Die Behandlung durch ein Therapeutenpaar findet sich überwiegend in Institutionen. In manchen Fällen ist es auch möglich, daß ein Therapeut oder ein Therapeutenpaar mit einer Gruppe von 4 oder 5 Paaren gruppentherapeutisch zusammenarbeitet.

Bei gekreuzten Kollusionen empfiehlt sich die sukzessive Therapie des Paares zunächst im paartherapeutischen Setting mit einer anschließenden Behandlung beider Partner in zwei parallelen analytischen oder psychoanalytisch orientierten Gruppen (KREISCHE 1986a, 1990). Hier wirkt sich schon die Indikationsstellung therapeutisch förderlich aus, die es den beiden Partnern erlaubt, daß jeder etwas für sich tut, was die Kollusion destabilisiert. Außerdem lassen sich die projektiven Identifizierungen und die psychosozialen Kompromißbildungen in den Gruppen in der Beziehung zu Fremden in statu nascendi bearbeiten, wodurch jeder Partner besser als im paartherapeutischen Setting erkennen kann, was er selbst dazu beiträgt, daß dysfunktionale Beziehungsmuster entstehen.

 Beispiel 7:

Frau und Herr E. waren zur Behandlung gekommen, weil Frau E. immer wieder in schwere depressive Krisen geriet, durch die Herr E. sich zunehmend überfordert fühlte. In der Gruppe bemerkte Herr E., daß er sich sehr bald in die Rolle des Helfers gegenüber fast allen anderen Gruppenmitgliedern begeben hatte, die zu der Überzeugung gelangt waren, daß er keine eigenen Probleme habe. Er war verunsichert und überrascht, als er erfuhr, daß er auf andere nicht nur überlegen, sondern auch kühl und distanziert wirkte. – Frau E. hingegen hatte sich nicht nur in der Ehe, sondern bald auch in ihrer Therapiegruppe in eine infantil-regressive Position begeben, was dazu führte, daß die anderen Gruppenteilnehmer ihr nichts zutrauten und sie statt dessen schonten. Der Therapeut war der erste, gefolgt dann allerdings von immer mehr Männern und Frauen in der Gruppe, der ihr etwas zutraute und demzufolge auch zumutete. Jetzt bemerkten alle, auch Frau E. selbst, daß sie mehr leisten konnte als sie selbst glaubte, wenn ihr mehr zugetraut wurde. – So änderte sich nach und nach das Erleben und Verhalten der beiden Partner, zunächst in ihren jeweiligen Gruppen, dann auch außerhalb der Gruppen in Beziehungen zu anderen Menschen, schließlich und zuletzt auch in der ehelichen Beziehung (König und Kreische 1994).

–⌷–

3 Indikation und Kontraindikation zur Paartherapie

Paartherapie ist in den Fällen indiziert, in denen ausgeprägte psychosoziale Abwehrmechanismen in Form der oben beschriebenen Kollusionen die Einzeltherapie eines Partners wenig erfolgreich erscheinen lassen. Ein diagnostisches Paargespräch im Rahmen der Anamnese kann hier Klarheit verschaffen. Paartherapie ist aber auch in manchen Fällen indiziert, in denen der Index-Patient ein Kind ist, nämlich dann, wenn dem Paar deutlich wird, daß ein elterlicher Konflikt maßgeblich an der Erkrankung des Kindes beteiligt ist. Ich verfüge über zahlreiche Beispiele, in denen die ausschließliche Behandlung des Elternpaares, das „symptomfrei" war, zur Gesundung des Symptomträgers Kind geführt hat.

Entsprechend groß ist die prophylaktische Bedeutung von Paartherapie, weil sie verhindern kann, daß die Gesundung eines Familienmitglieds im Rahmen einer Einzeltherapie zur Neuerkrankung anderer Familienmitglieder führen kann.

 Beispiel 8:

In einer Familie erkrankte zuerst die sechsjährige Tochter an einer schweren depressiven Symptomatik. Sie wurde erfolgreich kindertherapeutisch behandelt. Dann erkrankte der Sohn an einem endogenen Ekzem und einer Depression und wurde ebenfalls erfolgreich kindertherapeutisch behandelt. Daraufhin entwickelte der Vater eine schwere Depression, worauf sich das Elternpaar auf Anraten eines Kindertherapeuten in Paartherapie begab, was die Eltern etwas hilflos machte, weil sie in einer „absolut harmonischen Ehe" zusammenlebten, in der es keinerlei Konflikte gab. In der Paartherapie wurde dann schließlich auch die Frau depressiv, bis es nach der Bearbeitung massiver, bislang erfolgreich abgewehrter partnerschaftlicher Konflikte endlich zur Gesundung aller Familienmitglieder kam, die jetzt zwar nicht mehr völlig harmonisch miteinander umgingen, dafür aber aktiver und initiativfreudiger wurden und sich wohler fühlten als vorher (KÖNIG und KREISCHE 1994).

—◻—

Nicht indiziert, weil weniger wirksam, ist Paartherapie bei internalisierten pathologischen Lösungen. Hier kann eine Verringerung des sekundären Krankheitsgewinns durch Paartherapie zwar zur vorübergehenden Symptombesserung führen. Diese ist aber meist nicht ausreichend stabil.

Kontraindiziert ist Paartherapie, wenn befürchtet werden muß, daß ein Partner oder ein weiteres Familienmitglied durch Veränderung geschädigt werden kann, zum Beispiel wenn das soziale Umfeld realistischerweise nicht ausreichend verändert werden kann, so daß die Struktur der Paarbeziehung und der Familie unter Berücksichtigung des sozialen Kontextes bereits den relativ günstigsten Kompromiß darstellt. Hier ist es besser, den Symptomträger zu stabilisieren und ihm dabei behilflich zu sein, in einer belastenden Umgebung besser leben zu können, als vielleicht noch mehr Familienmitglieder zur Dekompensation zu bringen.

4 Behandlungserfolge der Paar- (und Familien-)therapie

Inzwischen liegen zahlreiche Arbeiten zur Ergebnisforschung in der Paar- und Familientherapie vor. Nach KAUFMANN (1986) sind aber Studien, die auf einer methodologisch einwandfreien Nachuntersuchung beruhen, sehr selten, und notwendige Vergleichsuntersuchungen werden über allzu unterschiedliche Erfolgskriterien erschwert. Daran hat sich auch heute noch nicht viel geändert, wenn auch GRAWE ET AL. (1994) für die verhaltenstherapeutischen Ansätze Belege ihrer Effektivität angeben. Interessant ist hierbei, daß umfassendere Behandlungsprogramme wohl wirksamer sind als Therapien, in denen lediglich eine Verbesserung der Kommunikationsfähigkeit trainiert wird. GURMAN und KNISKERN (1981)

kommen in einer Übersicht über mehr als 200 (N ≈ 5000) paar- und familientherapeutische Ergebnisstudien (allerdings recht heterogener Provenienz) zu folgendem Schluß:

Paar- und Familientherapien unterschiedlicher Art sind mindestens ebenso effektiv und häufig effektiver als Einzeltherapien in all den Fällen, in denen die behandelten Probleme und Krankheiten deutlich mit ehelichen oder familiären Konflikten in Zusammenhang stehen. Kurztherapien (bis zu 20 Sitzungen oder vier bis fünf Monaten) sind im allgemeinen nicht weniger wirkungsvoll als längere Paar- und Familientherapien. Für eine bestimmte Gruppe von diagnostischen Kategorien (z.B. psychosomatische Erkrankungen in der Adoleszenz, Anorexia nervosa, bestimmte kindliche Verhaltensstörungen, leichtere Formen von Delinquenz, Drogenabusus, Alkoholismus, sexuelle Dysfunktionen) liegen Ergebnisse vor, die Paar- und Familientherapie als sehr wirksame Verfahren kennzeichnen. Bei anderen psychischen Erkrankungen, zum Beispiel Depressionen, Zwangsneurosen, Angstneurosen, Psychosen, sind die Ergebnisse bescheidener. Es liegen keine eindeutigen Ergebnisse vor über Vorzüge bestimmter therapeutischer Techniken bei bestimmten Familien-Typen. Bislang gibt es keine überzeugenden Hinweise für die Überlegenheit von Paar- und Familientherapie mit zwei Therapeuten (einem Therapeutenpaar) gegenüber der Behandlung durch einen Therapeuten (GURMAN u. KNISKERN, 1981).

5 Weiterbildung in Paartherapie

Weiterbildung in Paartherapie findet in Deutschland meist im Zusammenhang mit familientherapeutischen Weiterbildungen statt. Das Spektrum reicht von Selbsthilfegruppen für Sozialtherapeuten, die mit Familien arbeiten, bis zu mehrjährigen curricularen Weiterbildungsgängen.

Informationen über Weiterbildungsmöglichkeiten sind zum Beispiel zu erhalten im „Schwerpunkt Familientherapie der Abteilung Psychosomatik und Psychotherapie der Universität Göttingen", bei der „Deutschen Arbeitsgemeinschaft für

Familientherapie (DAF) e.V.", Hauptstraße 8, Freiburg, und beim „Deutschen Arbeitskreis für Gruppenpsychotherapie und Gruppendynamik (DAGG)", der eine Sektion Familientherapie eingerichtet hat.

Literaturverzeichnis

ACKERMAN, N. (1958): The psychodynamics of family life. New York: Basic Books.

– (1959): The psychoanalytic approach to the family. In: D. BLOCH, R. SIMON (Hrsg.) (1959): The strength of family therapy. Selected papers of Nathan Ackerman. New York: Brunner/Mazel.

ANZIEU, D. (1975): Le groupe et l'inconscient. Paris: Dunod.

ASHBY, W. R. (1952): Design for a brain. London: Chapman & Hall.

– (1956): Einführung in die Kybernetik. Frankfurt: Suhrkamp, 1974.

BATESON, G. (1969): Double bind. In: Ders. (1972): Ökologie des Geistes. Frankfurt a. M.: Suhrkamp, 353–361.

BATESON, G., JACKSON, D. D., HALEY, J., WEAKLAND, J. H. (1956): Toward a theory of schizophrenia. Behavioral Science, 1, 251–264.

BAURIEDL, T. (1980): Beziehungsanalyse. Frankfurt a. M.: Suhrkamp.

– (1985): Das systemische Verständnis der Familiendynamik in der Psychoanalyse. In: ERMANN, M., SEIFERT, TH. (Hrsg.): Die Familie in der Psychotherapie. Berlin, Heidelberg, New York, Tokyo: Springer.

BENTOVIM, A., BARNES, G., COOKLIN, A. (Hrsg.) (1982): Family the rapy: Complementary frameworks of theory and practice. 2 Bd. New York, London: Academic Press.

BERGER, M. (Hrsg.) (1978): Beyond the double bind. New York; Brunner/Mazel.

BERTALANFFY, L. von (1968): General system theory. New York: Braziller.

BORNSTEIN, P. H., BORNSTEIN, M. T. (1993): Psychotherapie mit Ehepaaren. Bern: Huber.

BOSZORMENYI-NAGY, I., SPARK, G. M. (1973): Invisible loyalties. New York: Harper & Row.

BOSZORMENYI-NAGY, I., ULRICH, D. (1981): Contextual family the rapy. In: A. S. GUR-MAN, D. P. KNISKERN (Eds.) (1981): Hand book of family therapy. New York: Brunner/Mazel, 159–186.

BOWEN, M. (1976): Family therapy and family group therapy. In: D. H. OLSON (Ed.) (1976): Treating relationships. Lake Mills, Iowa: Graphic Publ. Co.

BROCHER T. (1967): Gruppendynamik und Erwachsenenbildung. Braunschweig: Westermann.

BRODERICK, C. B., SCHRADER, S. S. (1981): The history of professional marriage and family therapy. In: A. S. GURMAN, D. P. KNISKERN (Eds.) (1981): Handbook of family therapy. New York: Brunner/Mazel.

BUCHHOLZ, M. (1982): Psychoanalytische Methode und Familientherapie. Frankfurt a. M.: Verlag der psychologischen Fachbuchhandlung.

CIERPKA M. (1994): Familientherapie. In: Ahrens, S. (Hrsg.): Lehrbuch der psychotherapeutischen Medizin. Psychoanalytisch orientierte Psychotherapie. Stuttgart, New York: Schattauer.

CIOMPI, L. (1981): Psychoanalyse und Systemtheorie – ein Widerspruch? Ein Ansatz zu einer „Psychoanalytischen Systemtheorie". Psyche, 35, 66–86.

– (1982): Affektlogik. Über die Struktur der Psyche und ihre Entwicklung. Ein Beitrag zur Schizophrenieforschung. Stuttgart: Klett-Cotta.

DICKS, H. V. (1967): Marital tensions. London: Routledge & Kegan Paul.

ERICKSON, M., ROSSI, E., ROSSI, S. (1976): Hypnose. Induktion – Psychotherapeutische Anwendung – Beispiele. München: Pfeiffer 1978.

ERICKSON, M., ROSSI, E. (1979): Hypnotherapie. Aufbau – Beispiele – Forschungen. München: Pfeiffer, 3. Aufl. 1993.

FALLOON, I. R. H. (1989): Verhaltenstherapeutisch orientierte Familientherapie bei Schizophrenie. In: HAND, I., WITTCHEN, H. U. (Hrsg.): Verhaltenstherapie in der Medizin. Berlin: Springer, 97–105.

FALLOON, I. R. H. (1993): Behavioral family therapy for schizophrenic and affective disorders. In: BELLACK, A. S., HERSEN, M. (Hrsg.):

Handbook of behavior therapy in the psychiatric setting. New York: Plenum Press, 595–611.

FRAMO. J. L. (1965): Beweggründe und Techniken der intensiven Familientherapie. In: I. BOSZORMENYI-NAGY, J. L. FRAMO (Hrsg.) (1965): Familientherapie. I. Reinbek: Rowohlt 1975, 169–243.

FREUD, S. (1912): Ratschläge für den Arzt bei der psychoanalytischen Behandlung. Gesammelte Werke. Bd. VIII. Frankfurt: Fischer, 1973.

FÜRSTENAU, P. (1979): Zur Theorie psychoanalytischer Praxis. Stuttgart: Klett.

– (1983): Paradigmawechsel in der Psychoanalyse (angesichts der strukturellen Ich-Störungen). In: H. STUDT (Hrsg.) (1983): Psychosomatik in Forschung und Praxis. München: Urban & Schwarzenberg.

– (1984): Der Psychoanalytiker als systematisch arbeitender Therapeut. Familiendynamik, 9, 166–176.

– (1985): Konsequenzen der systemtheoretischen Orientierung für die psychoanalytische Gruppentherapie. In: P. KUTTER (1985): Methoden und Theorien der Gruppenpsychotherapie. Stuttgart-Bad Cannstatt: Frommann-Holzboog, 237–244.

– (1994): Chancen der Professionalisierung durch den „Facharzt für psychotherapeutische Medizin". In: GRÖNINGER, S., FÜRSTENAU, P. (Hrsg.): Weiterbildungsführer Psychotherapeutische Medizin. München: Pfeiffer 39–53.

GRAWE, K., DONATI, R., BERNAUER, F. (1994): Psychotherapie im Wandel. Göttingen: Hogrefe.

GURMAN, A. S., KNISKERN, D. P. (1981): Family therapy outcome research: knowns and unknowns. In: A. S. GURMAN, D. P. KNISKERN (Eds.) (1981): Handbook of family therapy. New York: Brunner & Mazel.

HEIGL-EVERS, A. (1967): Zur Behandlungstechnik in der analytischen Gruppenpsychotherapie. Zschr. Psychosom. Med. 13, 266–276.

KAUFMANN, L. (1975): Familientherapie. In: K. P. KISKER, J.-E. MEYER, C. MÜLLER, E. STRÖMGREN (Hrsg.) (1975): Psychiatrie der Gegenwart. Bd. III. Berlin: Springer, 669–710.

– (1986): Familientherapie. In: C. MÜLLER

(Hrsg.) (1986): Lexikon der Psychiatrie. Berlin: Springer, 288–291.

KLEIN, M. (1946): Notes on some schizoid mechanisms. Int. J. Psycho-Anal., 27, 99–110.

KÖNIG, K. (1982a): Der interaktionelle Anteil der Übertragung in Einzelanalyse und analytischer Gruppenpsychotherapie. Gruppenpsychother. Gruppendyn., 18, 76–83.

– (1982b): Interaktioneller Anteil der Übertragung und phobische Persönlichkeitsstruktur. Prax. Psychother. Psychosom., 27, 25–32.

– (1984): Unbewußte Manipulation in der Psychotherapie und im Alltag. Georgia Augusta, 40, 10–16.

– (1991): Praxis der psychoanalytischen Therapie. Göttingen: Vandenhoeck & Ruprecht.

KÖNIG, K., KREISCHE, R. (1985a): Partnerwahl und Übertragung. Familiendynamik, 10, 341–352.

– (1985b): Zum Verständnis von Paarbeziehungen aus psychoanalytischer Sicht. Forum Psychoanal., 1, 239–249.

– (1994): Psychotherapeuten und Paare. Was Psychotherapeuten über Paarbeziehungen wissen sollten. 1. Auflage 1991. Göttingen: Vandenhoeck & Ruprecht.

KÖNIG, W. H. (1983): Psychoanalyse und Systemtheorie. In: W. MERTENS (Hrsg.): Psychoanalyse. Ein Handbuch in Schlüsselbegriffen. München: Urban & Schwarzenberg, 26–33.

KREISCHE, R. (1985): Familie als Mittlerin zwischen Individuum und Gesellschaft. In: A. LEBER, H.-G. TRESCHER, C. BÜTTNER (Hrsg.): Die Bedeutung der Gruppe für die Sozialisation. Teil I: Kindheit und Familie. Göttingen: Verlag für Medizinische Psychologie im Verlag Vandenhoek & Ruprecht, 39–51.

– (1986a): Die Behandlung von neurotischen Paarkonflikten mit paralleler analytischer Gruppentherapie für beide Partner. Gruppenpsychother. Gruppendyn., 21, 337–349.

– (1986b): Zu den Auswirkungen von Charakterstruktur, Übertragung und Gegenübertragung bei der Behandlung neurotischer Paarkonflikte. Gruppenpsychother. Gruppendyn., 22, 22–35.

– (1990): Die besseren Hälften. Paartherapie in zwei Systemen: die Kombination von Paar- und Gruppentherapie. In: MASSING, A.

(Hrsg.): Psychoanalytische Wege der Familientherapie. Berlin, Heidelberg: Springer.

– (1992): Gestörte Paarbeziehungen bei neurotischen Erkrankungen und ihre psychotherapeutische Behandlung mit Paar- und Gruppentherapie. Ein Vergleich zwischen Frauen und Männern. Habilitationsschrift. Göttingen.

– (1994): Paare in Krisen. Reinbek: Rowohlt.

LEMAIRE, J. G. (1979): La couple: sa vie, sa mort. La structuration du couple humain. Paris: Payot. (Dt.: Leben als Paar, 1980. Olten, Freiburg/Breisgau: Walter.)

LIDZ, T., CORNELISON, A. FLECK, S, TERRY, D. (1957): The intrafamilial environment of schizophrenic patients: II marital schism and marital skew. Am. J. Psychiatry, 114, 241–248.

LÜDERS, W. (1983): Psychoanalyse versus Familientherapie. Psyche, 37, 462–469.

MASSING, A. (Hrsg.) (1990): Psychoanalytische Wege der Familientherapie. Berlin, Heidelberg: Springer.

MENTZOS, S. (1976): Interpersonale und institutionalisierte Abwehr. Frankfurt/M.: Suhrkamp.

MINUCHIN, S., ROSMAN, B. L., BAKER, L. (1978): Psychosomatische Krankheiten in der Familie. Stuttgart: Klett, 1981.

OBERNDORF, C. P. (1938): Psychoanalysis of married couples. Psych. anal. Review, 25, 453–475.

OGDEN, T. H. (1979): On projective identification. Int. J. Psycho-Anal., 60, 357–373.

PAUL, N. (1967): The role of mourning and empathy in conjoint marital therapy. In: H. ZUK, I. BOSZORMENYI-NAGY (Hrsg.) (1967): Family therapy and disturbed families. Palo Alto: Science and Behavior Books, 186–205.

RACAMIER, P. C. (1980): Die Schizophrenen. Eine psychoanalytische Interpretation. Berlin: Springer.

RICHTER, H.-E. (1970): Patient Familie. Reinbek: Rowohlt, 1972.

SANDER, F. (1979): Individual and family therapy. Toward an integration. New York: Aronson.

SANDLER, J. (1976): Countertransference and role responsiveness. Int. Rev. Psycho-Anal., 3, 43–47.

SELVINI PALAZZOLI, M., BOSCOLO, L., CECCHIN, G., PRATA, G. (1975): Paradosso e controparadosso. Mailand: Feltrinelli.

– (1980): Hypothetisieren – Zirkularität – Neutralität: drei Richtlinien für den Leiter der Sitzung. Familiendynamik, 6, 1981, 123–139.

SENF W. (1987): Behandlungsergebnisse bei stationärer Psychotherapie. Eine empirische Nachuntersuchung von 116 Patienten zur differentiellen Wirksamkeit stationär-ambulanter Psychotherapie. Habilitationsschrift. Heidelberg.

SHAPIRO, R. (1968): Action and family interaction in adolescence. In: Marmor, J. (ed.) (1968): Modern Psychoanalysis. New York: Basic Books.

SIMON, F. B. (1984): Der Prozeß der Individuation. Über den Zusammenhang von Vernunft und Gefühlen. Göttingen: Vandenhoeck & Ruprecht.

SIMON, F. B., STIERLIN, H. (1984): Die Sprache der Familientherapie. Ein Vokabular. Stuttgart: Klett.

SKYNNER, R. (1976): Die Familie – Schicksal und Chance. Handbuch der Familientherapie. Olten: Walter, 1978.

SPERLING, E., MASSING, A., REICH, G., GEORGI, H., WÖBBE-MÖNKS, E. (1982): Die Mehrgenerationen-Familientherapie. Göttingen: Verlag für Medizinische Psychologie im Verlag Vandenhoeck & Ruprecht.

STIERLIN, H. (1972a): Family dynamics and separation patterns of potential schizophrenics. In: Proceedings of the 4th Int. Symposium on Psychotherapy of Schizophrenia. Amsterdam: Excerpta Medica, 156–166.

– (1972b): A family perspective on adolescent runaways. Arch. Gen. Psychiatry, 29, 56–62.

STIERLIN, H. (1988): Systemischer Optimismus – systemischer Pessimismus. Familiendynamik, 13, 69–75.

STIERLIN, H., RÜCKER-EMBDEN, I., WETZEL, N., WIRSCHING, M. (1977): Das erste Familiengespräch. Stuttgart: Klett.

STROTZKA, H. (1979): Ist Familientherapie auf psychoanalytischer Basis möglich? In: Theorie und Praxis der Psychoanalyse. Fellbach: Bonz.

– (1982): Tiefenpsychologie und Psychotherapie. Wien: Springer 1984.

WATZLAWICK, P. (1968): A review of the double bind. In: D. D. JACKSON (Hrsg.) (1968): Communication, family, and marriage. Palo Alto: Science and Behavior Books, 63–86.

WATZLAWICK, P., BEAVIN, J. H., JACKSON, D. D. (1967): Menschliche Kommunikation. Bern: Huber, 4. Aufl. 1974.

WATZLAWICK, P., WEAKLAND, J. H., FISCH, R. (1974): Lösungen – Zur Theorie und Praxis menschlichen Wandels. Bern: Huber, 1974.

WATZLAWICK, P., COYNE, J. (1979): Problemzentrierte Kurzbehandlung einer Depression. Familiendynamik, 4, 148–157.

WILLI, J. (1975): Die Zweierbeziehung. Reinbek: Rowohlt, 1978.

– (1978): Therapie der Zweierbeziehung. Reinbek: Rowohlt.

WYNNE, L. C. (1980): Paradoxe Interventionen: eine Technik zur therapeutischen Veränderung von individuellen und familiären Systemen. Familiendynamik, 5, 42–56.

ZEIG, J. K. (Hrsg.) (1980): Meine Stimme begleitet Sie überallhin. Stuttgart: Klett, 1986.

Psychodrama

Jochen Peichl, Ulrich Rüger

1 Theorie

1.1 Historische Entwicklung

„Das Psychodrama ist eine Methode der Klinischen Psychologie, der Soziotherapie und der experimentellen Pädagogik, in der Situationen, Konflikte, Phantasien über die Verbalisation hinaus in Handlung, in dramatisches Spiel umgesetzt werden, um emotionales Erleben, rationale Einsicht und körperlich vollzogene Aktion zu Erfahrungen von ‚vitaler Evidenz' zu verdichten, durch die Änderung von Haltungen und Verhalten möglich wird" (PETZOLD 1978, S. 2751).

Die Entwicklung des Psychodramas als eine Methode der Psychotherapie ist mit seinem Begründer, JACOB LEVI MORENO (geb. am 18. 5. 1889 in Bukarest – gest. am 14. 5. 1974 in Beacon, New York) aufs engste verbunden.

Schon im Jahre 1897 findet der Begriff „Psychodrama" in der 5. Auflage von MEYERS großem Konversationslexikon erste Erwähnung – er bezeichnet hier eine Form des Dramas, in der von einem einzigen Sprecher die ganze Handlung eines Bühnenwerkes mit allen darin vorkommenden Personen dargestellt wird.

„Eine Neuerung, die auf so wesentliche Reize des szenischen Spiels wie die Mannigfaltigkeit der mitwirkenden Künstler und die szenische Ausgestaltung, auf den künstlerischen Genuß von Auge zu Ohr verzichten will, um die ganze dramatische Handlung zu einem Vorgang in der Seele des Zuschauers zu verflüchtigen" (zitiert nach: MEYERS großem Konversationslexikon, 6. Auflage).

Beschreibungen dramatischer Darstellung zwischenmenschlichen Verhaltens reichen bis weit in die Antike zurück und finden ihren Höhepunkt in den Stücken der griechischen Dramatiker wie Aischylos, Euripides und Sophokles. In der Kulturgeschichte der Medizin finden wir immer wieder Hinweise auf die Verwendung psychodramatischer Mittel oder auch die Anwendung von Rollenspielen bei der Behandlung von Geisteskranken. Für den Bereich der Psychiatrie seien die Namen SAUVAGE (um 1760) und REIL (um 1800) erwähnt, für den Bereich Pädagogik sei an die Verwendung der psychodramatischen Inszenierung innerhalb der russischen Theaterexperimente von STANISLAVSKIJ und ILJINE (um 1910) erinnert (weiterführende Literatur bei PETZOLD 1975, 1978). Besonders hinweisen möchten wir auf die Theaterinszenierungen des MARQUIS DE SADE während seiner Internierung in der Psychiatrischen Klinik von Charenton mit den geisteskranken Patienten dieser Klinik und der eindrucksvollen literarischen Bearbeitung dieses historischen Ereignisses von PETER WEISS (1968).

Das Psychodrama in der heutigen Form wurde von MORENO vor allem nach seiner Auswanderung von Wien nach Amerika als eine Methode der Psychotherapie zur Behandlung psychischer Störungen konzipiert und gelehrt. Schon während seiner Studienzeit in Wien und seiner Ausbildung zum Psychiater interessierte er sich sehr für Theater, Philosophie und Religionswissenschaften. MORENO war stark durch das Judentum beeinflußt; er selbst bezeichnet als seine geistigen Väter vor allem KIERKEGAARD, NIETZSCHE, BERGSON und SHAKESPEARE (RIED 1979; SCHACHT 1991; SCHMITZ 1991).

In den frühen zwanziger Jahren dieses Jahrhunderts war Wien ein Zentrum wichtiger intellektueller Begegnungen vor allem auf dem Gebiet der Künste, der Literatur und des Theaters. In der turbulenten Zeit der inneren und äußeren Reorganisation nach Ende des Ersten Weltkrieges und dem Untergang der Donaumonarchie war hier ein Ort vieler Innovationen. Die eigentliche Keimzelle der Idee des Psychodramas findet sich schon in den Spielen und Märcheninszenierungen des jungen Medizinstudenten MORENO (Studium zwischen 1910 und 1917) mit Kindern in Wiener Parkanlagen und später in den Jahren 1913/14 als Leiter von Diskussionsgruppen mit Prostituierten und sozial Unterprivilegierten an sozialen Brennpunkten der Stadt Wien. Gerade in der Beobachtung des kindlichen Spiels fand er Elemente spontaner Improvisation und unverstellter, kreativer szenischer Darstellung und entwickelte später daraus seine Konzepte des Rollentausches und der psychodramatischen Inszenierung.

1922 gründete MORENO ein Stegreiftheater in der Maysedergasse in Wien. Hier ermutigte er Schauspieler, aber auch Bühnenunerfahrene, aus dem Stegreif heraus aktuelle Tagesereignisse aus der Zeitung oder eigene Lebenskonflikte frei zu inszenieren (MORENO 1924).

Nach seiner Auswanderung nach Amerika (1925) entwickelte er das Psychodrama als therapeutische Methode kontinuierlich weiter und gründete 1934 in Beacon, New York, sein erstes Psychodramatisches Institut (eine Privatklinik mit schwerst psychotischen Patienten), dem dann eine Institutgründung mit psychiatrischer Praxis 1942 in New York folgte. Der Gedanke des Psychodramas – der Philosophie der Begegnung von MARTIN BUBER nahestehend – wurde als eine Einheit von Soziometrie, Gruppentherapie und Psychodrama weiterentwickelt und fand in Amerika rasch großen Anklang. MORENO darf mit Recht für sich in Anspruch nehmen, 1931 erstmalig den Begriff der Gruppentherapie und Gruppenpsychotherapie in die wissenschaftliche Literatur eingeführt und so viele Anregungen für die sich später entwickelnde Encounterbewegung und Gestalttherapie gegeben zu haben.

Das vollständige Werk MORENOS umfaßt 410 Publikationen, die größtenteils in englischer Sprache verfaßt und in amerikanischen Fachzeitschriften erschienen sind. Die frühen Schriften aus seiner Zeit in Wien sind heute kaum noch greifbar, bis auf das Buch „Stegreiftheater" (1923), das seine Erfahrungen mit dem Theater in der Maysedergasse beschreibt und 1970 vom Beaconhouse Verlag noch einmal herausgegeben wurde. In Deutschland erschienen sind lediglich sein „Gruppenpsychotherapie und Psychodrama" (1959/1973) und die Übersetzung von „Who shall survive?" (1934) im Jahre 1954 (weiteres s. Literaturliste).

Die beiden deutschsprachigen Publikationen geben nur ein unvollkommenes Bild von der großen Fülle des geistigen Schaffens MORENOS, der sich leider in sehr verstreuten und schwer zugänglichen Publikationen zu vielen literarischen, zeitgeschichtlichen und psychotherapeutischen Problemen und Fragestellungen geäußert hat (siehe dazu LEUTZ, 1974, Anhang 2). Darüber hinaus macht seine weit ausladende und nicht gerade um wissenschaftliche Präzision bemühte Schreibweise ihn auch für Psychodramatiker zu einem noch weitgehend unentdeckten Autor. Demgegenüber bemüht sich das Buch von GRETE LEUTZ (1974) um Präzisierung, aber auch Abgrenzung des Psychodramas von der Psychoanalyse und die kenntnisreichen Publikationen von FERDINAND BUER (siehe Literaturliste), der sich darin sehr um die Wahrung des philosophischen Reichtums MORENO'scher Interaktionshermeneutik bemüht.

MORENO selbst hat das Psychodrama immer als Kontrapunkt zur Psychoanalyse gesehen und kaum eine Gelegenheit ausgelassen, sich von ihr scharf, aber auch ironisch, abzugrenzen. Beide Persönlichkeiten, MORENO und FREUD, markieren ihre Unterschiedlichkeit durch konträre Standpunkte hinsichtlich ihrer Lebensphilosophie, der Auffassung vom Status eines Therapeuten und der Form wissenschaftlicher Arbeit: auf der einen Seite das charismatische, überschäumend kreative Sendungsbewußtsein MORENOS mit Neigung zur Selbstinszenierung, auf der anderen Seite der eher karge, auf wissenschaftliche Genauigkeit und persönliche Distanz achtende FREUD mit seinen multiplen phobischen Lebenseinschränkungen. PINES (1986) sieht im Psychodrama und der Psychoanalyse das Dionysische und Apollinische sich begegnen: das Prinzip der linken und der rechten Hirnhälfte. Er schreibt:

> „By contrast to FREUD, MORENOS world is not classic, not academic, not the world of the consulting room, the couch, of free association, self-analysis, of obedience to the canons of positivistic nineteenth-century science ... His is the world of Futur-

ism, Surrealism, of experiments in theatre and literature, of a fragmenting and fragmented society that has to find new forms of social and artistic containment to meet the needs of the twentieth-century man" (S. 106).

1.2 Aktueller Stand

Die überspannende Idee des Psychodramas ist der Gedanke der Begegnung – des wahrhaft gelebten Augenblicks (im Sinne des „Kairos", vgl. M. BUBER 1973) und des „Locus nascendi" für etwas Neues, über den Augenblick Hinausgehendes. Das Konzept der Begegnung beinhaltet zwei wesentliche Dimensionen:
1. Das Individuum wird als ganzheitlich, als Individuum, als Nicht-trennbares betrachtet, und es erlebt sich in der Begegnung als Einheit von Erkennen, Empfinden und Handeln. Nach MORENO weichen in der Begegnung Projektionen und Übertragungen den bisher abgewehrten Motiven und Inhalten der eigenen Psyche, und der Mensch kann sich in seinen Handlungsmotiven als wahr erleben.
2. Eine weitere Dimension der Begegnung bezieht die innerpsychischen Prozesse jedes einzelnen auf sein Gegenüber. In der wahren Begegnung ist jeder einzelne in der Lage, sein Gegenüber in dessen Gesamtheit zu erkennen, zu erleben und sich ihm gegenüber spontan, authentisch zu verhalten. Erkenntnis des Gegenübers und Erkenntnis der eigenen Person bedingen sich gegenseitig, sie wirken ineinander und finden Ausdruck in Handlung (BUER 1987).

Nach dem 2. Weltkrieg fand die Idee des Psychodramas in Frankreich bald großes Interesse, nachdem einige Psychoanalytiker und Psychiater (DELANEY, MONOD, SCHÜTZENBERGER, LEBOVICI) nach ihrem persönlichen Kontakt mit MORENO begannen, die Methode in Frankreich zu verbreiten. Aus dieser Begegnung ging eine besondere Form des Psychodramas, das analytische Psychodrama, hervor.

Im deutschsprachigen Raum wuchs das Interesse an den Schriften MORENOS. Dies wurde auch dadurch gefördert, daß 1968 ein internationaler Kongreß für Psychodrama in Baden bei Wien stattfand und für viel Aufmerksamkeit sorgte.

1970 wurde die Sektion Psychodrama im DAGG gegründet.

Nach der Ausbildung der ersten und zweiten Generation von Psychodramatikern in Deutschland konnte die Methode in Erziehungsberatungsstellen, Suchtambulanzen, in der psychotherapeutischen Praxis, insbesondere auch an psychotherapeutischen Kliniken, immer mehr Fuß fassen.

Vom jetzigen Standpunkt aus könnte man sagen, daß das Psychodrama seit seiner Gründung sich in drei verschiedene Richtungen, drei Schulen hin entwickelt hat:
1. Das **klassische amerikanische Psychodrama,** welches versucht, die Ideen MORENOS „pur" weiterzuführen, ohne sie durch veränderte Technik oder Theoriekonzepte, z. B. aus der Metapsychologie, der Psychoanalyse, zu „verwässern" (siehe dazu die Originalarbeiten MORENOS und dazu eine kritische Glosse bei PLÖGER 1983).
2. Das **analytische Psychodrama** in Frankreich (S. LEBOVICI 1956, 1969, 1971; D. ANZIEU 1956, 1969/70; D. WIDLÖCHER 1974), wie es sich vor allem aus der psychodramatischen Behandlung von Kindern entwickelt hatte. Das besondere Augenmerk bei dieser Form des Psychodramas gilt der Übertragung, die sich im Spiel des Kindes mit seinen Mitspielern (in der Regel mehrere analytisch ausgebildete Psychodramatherapeuten) darstellt und so einer verbalen Interpretation direkt zugänglich wird. Nach LEBOVICI (1971) wird durch diese analytische Interpretation die Bedeutung des psychodramatischen Spieles über ein bloßes Ausagieren oder eine symbolische Wunschbefriedigung hinausgehoben.
3. Das **triadische Psychodrama**
Diese Form des Psychodramas verbindet die von MORENO inaugurierte Trias von Gruppenpsychotherapie, Soziometrie und Psychodrama zu einem gemeinsamen psychotherapeutischen Verfahren, welches sich in der pädagogischen Arbeit, in der Supervision oder in der Psychotherapie mit neurotisch-gestörten Klienten gleichermaßen gut einsetzen läßt. „Individuum und Gesellschaft werden unter dem Blickwinkel dieses triadischen Systems in ihrem sich gegenseitig bedingenden und beeinflussenden Wechselspiel untersucht, gesehen

und behandelt, und zwar nicht nur vom Therapeuten, sondern von und durch sich selbst" (Leutz 1974, S. 1).

In den letzten Jahren fanden sich immer mehr psychodramatisch ausgebildete Therapeuten, die auf dem Hintergrund der Konzepte Morenos eigene Vorstellungen und theoretische Überlegungen in ihre Auffassung vom Psychodrama mit einbrachten und so die Idee des Psychodramas präzisierten und weiterentwickelten.

Das Psychodrama hat sowohl von seiten der Familientherapie (vgl. dazu Boszormenyi-Nagy 1973), der Körpertherapie (vgl. dazu Petzold 1977), der analytischen Gruppenpsychotherapie (vgl. dazu Krüger 1980, Peichl 1988, 1989) und der Gestalttherapie (vgl. dazu Walter 1977) wichtige Anregungen erfahren, ohne sich aber von seinem Fundament, der „Philosophie der Begegnung", zu entfernen.

In der Supervision, speziell der Teamsupervision und Organisationsberatung haben psychodramtische und soziometrische Techniken ihren anerkannten Platz gefunden und sich bewährt (Gellert und Heinz, 1993; Jensen, 1990 und die weiteren Beiträge in Psychodrama, 1990, 3, Heft 2; Kasper, 1993; Schreyögg, 1992, 337 ff.; Schwinger, 1984, 1986; Weiss, 1991).

Im Bereich der klinischen Psychotherapie und Psychosomatik eröffnet die Technik der Familienskulptur und die Verwendung des sozialen Atoms (s. Psychodrama, 1991, 4, Heft 2) und ihre psychodramatische Bearbeitung für viele psychosomatisch gestörte Patienten einen schnellen Zugang zu interaktionellen familiären Verstrickungen, die einer Erinnerung und verbalen Bearbeitung kaum zugänglich wären (s. dazu Seeger, 1991). Dessen Rekonstellierung in der Gruppentherapie wird durch soziometrische Wahlen deutlich und im Psychodrama mitaufgenommen (Seeger, 1993). Die Verwendung kreativer, imaginationsfördernder Methoden als Vorbereitung auf aufdeckende Psychotherapie und speziell das Psychodrama bei alexithymen Patienten erlaubt psychodramatische Arbeit mit Symbolisationen der Krankheit, die verglichen mit rein verbalen Methoden gute Effekte zeigen (Klingelhöfer, 1993). In der Behandlung Suchtkranker ist es diesen gerade im szenischen Spiel möglich, neue Beziehungsformen zu erfahren und einzugehen, und

so Nachreifungen in der Entwicklung der Differenzierung anstelle von Polarisierungen von Beziehungen zu erleben (Leutz, 1973; Psychodrama, 1993, 6, Heft 2).

Die Entwicklungsgeschichte des Psychodramas in Deutschland ist auch eine Geschichte der Anfeindungen, der Mißverständnisse und der Widerstände gegen diese Methode (siehe dazu Kreitler und Elbinger 1961). Inwieweit Teile der Moreno'schen Rollentheorie der genetischen Entwicklung sich mit moderneren Erkenntnissen der Säuglings- und Affektforschung vertragen, oder ob Teile der Psychodramatheorie revidiert werden müssen, wird sicher Inhalt theoretischer Diskussionen in den nächsten Jahren werden. Ebenfalls ist zu erwarten, daß einige der Theoriekonzepte Morenos zur Psychopathologie der Neurosenentstehung in den nächsten Jahren eine Neuformulierung erfahren, da das Psychodrama bestrebt ist, aus einer alternativen psychotherapeutischen Nische herauszutreten, um sich größere Resonanz im klinischen Bereich zu verschaffen.

Obwohl Moreno das Verdienst zukommt, die Soziometrie in ihren Grundzügen konzeptualisiert zu haben, so muß man doch Rene König beipflichten, wenn dieser schon 1956 kritisch feststellte, daß innerhalb der Soziologie sich die Theorie der Soziometrie weit über Moreno hinaus entwickelt hat.

In jüngster Zeit gibt es Versuche, soziometrische Methoden mit modernen formalen Modellen zur Abbildung von soziodynamischen Prozessen zu verbinden (Carlson-Sabelli, Sabelli und Hale, 1994).

1.3 Psychoanalytische Konzepte im Rahmen des Psychodramas

Pines (1986) versucht, die Welt der Psychoanalyse und die des Psychodramas mit dem Unterschied der beiden cerebralen Hemisphären zu vergleichen, und er sagt:

„The left brain attemps to maintain clarity, differentiation, logical thought, all needed to create and grasp Freuds metapsychology. The right brain knows the world through intuition, feeling, myth, fable. Tele, knowledge at a distance, is no problem for the right hemisphere" (M. PINE 1986, S. 111).

Diese Vorstellungen wirken zwar in ihrer Bildhaftigkeit sehr griffig (vor allem wenn er das Psychodrama und die Psychoanalyse mit dem Dionysischen und dem Apollinischen vergleicht), induzieren aber eine Polarisierung, wie sie heute sowohl in modernen Auffassungen des Psychodramas als auch der Psychoanalyse nicht mehr existieren. Gerade moderne Konzepte der Objektbeziehungstheorie, des szenischen Verstehens (ARGELANDER 1970, LOCH 1972, LORENZER 1970) unter besonderer Einbeziehung der Übertragung im Hier und Jetzt zwischen Klienten und Therapeuten haben die Psychoanalyse an Auffassungen herangeführt, wie sie im Psychodrama schon vor langer Zeit Teil der therapeutischen Arbeitsbeziehungen waren. Auf der anderen Seite haben wiederum genau diese Erkenntnisse der o. g. Autoren das Verständnis für den psychodramatischen Prozeß vertieft, und die metapsychologischen Reflexionen der Psychoanalyse haben geholfen, in das psychodramatische Geschehen Struktur und verläßliche Reproduzierbarkeit zu bringen (vgl. dazu EIBACH 1980, ROHDE-DACHSER 1980, PLOEGER 1983, KRÜGER 1997). Für MORENO befindet sich das Individuum in einem ständigen Zustand von Bewegung und Veränderung, der durch dynamische Bewegungen in einem Netzwerk komplexer Beziehungen hervorgerufen wird. Somit ist die Vorstellung eines isolierten Menschen für MORENO abstrakt und völlig sinnlos. **Unbewußtes** kann so von MORENO nicht auf einen einzelnen Menschen beschränkt gedacht werden (wie das individuelle, dynamische Unbewußte bei FREUD), sondern existiert nur als ein „gemeinsames Unbewußtes" interindividuell. Diesem interpersonalen Ansatz entsprechend bilden sich unbewußte Zustände als Niederschläge gemeinsamer Erfahrungen, Erlebnisse und Bewertungen **zwischen** zwei oder mehreren Personen als eine Art gemeinsamer Schnittmenge. MORENO meint damit „solche Zustände, welche die Partner zusammen erfahren oder hervorgerufen haben, und die deshalb auch nur zusammen reproduzierbar oder nachvollzogen werden können" (MORENO 1959, S. 67). Dieses sogenannte „Zusammen unbewußte System" ist von ihm später auch als „Inter-Psyche" be-

zeichnet worden, und er meint damit ein unbewußtes Beziehungsregulationssystem, welches durch gemeinsame Kenntnis, Erfahrung und Beziehung zwischen Individuen als ein gemeinsam unbewußtes Projekt sich herausbildet und dessen Regeln vom einzelnen kaum expliziert werden können, sobald man ihn danach fragt. Zusammenfassend kann man sagen: Der Begriff des Unbewußten, wie er in der Psychoanalyse gebraucht wird, ist für das Psychodrama nach MORENO nicht existent – das Individuum wird nicht als Monade gedacht, sondern immer als ein soziales Wesen mit anderen. Die kleinste Analyseeinheit ist nicht das Individuum sondern das „soziale Atom": das Individuum zusammen mit seinem Netzwerk wichtiger Beziehungen (MORENO, 1981). Die Darstellung des eigenen sozialen Atomas ist deshalb ein Mittel der Diagnose und der Therapieplanung: welche Beziehungen beschäftigen den Patienten, welche möchte er ändern, welche Muster sind in diesen Beziehungen enthalten.

MORENO grenzt sich aber auch von C. G. JUNGS Begriff des „Kollektiven Unbewußten" ab, wenn er schreibt: „Es handelt sich bei diesem Problem (das kollektive Ubw, die Autoren) nicht um kollektive Ideen einer gemeinsamen Kultur oder der ganzen Menschheit, sondern um die konkreten Beziehungen und die Verbundenheit einer Reihe von Individuen innerhalb einer Gruppe oder innerhalb einer Subkultur" (MORENO 1959, S. 51). Auf das Postulat der Existenz „gemeinsam unbewußter Zustände" innerhalb einer Gruppe gründet MORENO die Annahme der Wirksamkeit der Psychodrametechniken (Rollentausch, Doppelgänger, Spiegeln). Sie sind die Werkzeuge, um die „gemeinsamen unbewußten Zustände zu erforschen" (MORENO, 1959, S. 51). Das kann am Beispiel des Rollentauschs erläutert werden (KRÜGER, 1989): Im Rollentausch, der Übernahme der Perspektive des anderen auf die eigene Person wird ein interpersonales Konfliktfeld konkret gestaltet und erlebt. Projektionen als unbewußter Rollentausch und Verleugnungen als Verweigerung der Perspektivenübernahme werden dadurch auflösbar. Der Konflikt kann durch die Einnahme beider Rollen integriert werden (s. auch KELLERMANN, 1994).

Dem Begriff der **Übertragung** stellt MORENO den Begriff der **Begegnung** gegenüber und meint damit, daß sich zwei Menschen nicht nur treffen, sondern einander erleben, sich erfassen, jeder mit seinem ganzen Wesen.

> „Die Personen treffen sich mit allen ihren Kräften und Schwächen, erfüllt von Spontaneität und Kreativität, die Begegnung lebt im Hier und Jetzt. Begegnung ist daher wesentlich verschieden von dem, was die Psychoanalytiker ‚Übertragung‘ nennen. Sie ist auch verschieden von dem, was die Pschologen unter ‚Einfühlung‘ verstehen, sie bewegt sich vom Ich zum Du und vom Du zum Ich. Sie ist ‚Zweifühlung‘, Tele“ (MORENO 1959, S. 54).

Tele meint in der Definition nach LEUTZ die beidseitig voll entfaltete gesunde zwischenmenschliche Beziehung, und sie nennt als ihr hervorgendstes Merkmal die gegenseitige, realitätsgerechte Beurteilung zweier Individuen und ihre entsprechende realitätsbezogene zwischenmenschliche Beziehung. Übertragung wäre also in der Definition MORENOS eine pathologische Form zwischenmenschlicher Beziehung, und sie stört oder verunmöglicht Telebeziehungen, weil sie die Möglichkeit einer wahren Begegnung, d. h. die Fähigkeit zur realistischen Sicht des anderen zerstört. Zweifellos finden überall im Leben, so auch im Psychodrama, Übertragungen vom Gruppenteilnehmer auf den Therapeuten und/oder untereinander statt, nur ist die Handhabung dieser Übertragung, die Auflösung ihrer entwicklungshemmenden Manifestation eine andere. Auf dem Hintergrund der Rollentheorie des Psychodramas manifestiert sich Übertragung als ein starres, unflexibles Festhalten am Rollenschema, die aufgrund von kindlichen Entwicklungsschicksalen dem Individuum von außen her aufgedrängt wurden und ihm so wenig Spielraum, Entfaltungsmöglichkeit der Kreativität und Möglichkeiten zur schöpferischen Spontaneität ermöglichen. Gerade im psychodramatischen Rollenspiel werden nun in der Wahl und Ausgestaltung der einzelnen Rollen und ihrer Präsentation durch gewählte Mitspieler diese Übertragungsdispositionen szenisch sichtbar gemacht und entfalten sich vor dem Auge des Beobachters – was PONTALIS (1968) trotz aller Kritik am Psychodrama zu der Bemerkung veranlaßt:

> „Es ist wirklich erstaunlich zu beobachten, wie die Kranken MORENOS in einigen raschen Szenen die großen Züge ihrer Neurose enthüllen und zeigen, welchen Anteil ihre Umgebung an ihnen hat“ (S. 194).

Zur Frage der Übertragungs-, Arbeits- und Realbeziehung im Psychodrama sei auf GERSTENBERG (1986) verwiesen.

Auch der Begriff des **Widerstandes** hat im Psychodrama seinen Platz, aber hier seine besondere Bedeutung.

Nach MORENO zeigt sich dort Widerstand, wo das spontane szenische Handeln des Protagonisten (derjenige, der sein Problem in Szene setzt) durch innere oder äußere Ursachen gehemmt wird. Mit **inneren** Ursachen sind – vergleichbar der psychoanalytischen Theorie – Widerstände gemeint, die im Patienten selbst als innerpsychische Konflikte ablaufen und sich z. B. als plötzlich aufsteigende Angst, ein Gefühl von Leere und in der Unfähigkeit äußern, sich an Vergangenes zu erinnern. **Äußere** Ursachen sind scheinbar von außen kommende „Hindernisse“, die den Spielfluß des Protagonisten hemmen und häufig zum Spielabbruch führen. Bei näherem Hinsehen entpuppen sie sich als unbewußte Arrangements des Protagonisten in der Interaktion mit den Mitspielern oder dem Therapeuten. Als Beispiele seien genannt: Mitspieler werden so ausgesucht, daß sie die Rollenerwartung aufgrund ihrer Primärpersönlichkeit nicht erfüllen können; wichtige Personen des Spiels werden nicht besetzt, oder es wird ein Spielleiter gewählt, der dem Problem nicht gewachsen ist und den Widerstand des Protagonisten unbewußt verstärkt.

Widerstand ist in diesem Sinne also Spielwiderstand, d. h. Widerstand im Erinnern und im rollenbezogenen Handeln (s. dazu KRÜGER 1980). Ein Vorwurf der Psychoanalyse gegenüber dem Psychodrama liegt nun gerade darin, daß sie meint, das Psychodrama unterlaufe die Widerstände des Klienten durch Anwendung manipulativer Techniken. Sicher ist es nicht Ziel der Psychodramatherapie, die inszenierten Widerstände durch Deutung bewußt zu machen, sondern dem Protagonisten die Möglichkeit zu geben, sie bewußt und damit be-greifbar zu erleben. Widerstand in Psychodramagruppen erscheint in Form von Schweigen, Unproduktivität oder intellektualisierender Abwehr gegenüber gefährlichen Themenbereichen, aber auch Erinnerungsblockaden, Gefühlsblockaden beim einzelnen Protagonisten oder der gesamten Gruppe. Gerade durch die psychodramatische Technik der Inszenierung kann der Widerstand als etwas sehr Leibnahes, Affektives erlebbar gemacht und bearbeitet werden, ohne daß es dabei zu der befürchteten therapeutischen Manipulation von außen kommt (s. dazu BINSWANGER 1980).

Dabei macht sich das Psychodrama die Erkenntnis zunutze, daß jeder Widerstand auch einen somato-affektiven Anteil besitzt, der sich als Körpergefühl aufspüren und inszenieren läßt (z. B. erzeugt das **gedanklich** Blockiert-Sein auch ein **Körper**gefühl von Bewegungslosigkeit, Versteinerung usw.).

2 Behandlungstechnik

2.1 Allgemeine Darstellung

Abgesehen vom Monodrama, der Anwendung psychodramatischer Techniken in der Einzeltherapie, ist das Psychodrama eine exquisit gruppentherapeutische Methode. In der Psychodramatherapie kommen MORENOS Konzepte der Gruppenpsychotherapie, der Soziometrie und des Psychodramas zur Anwendung, wie sie von ihm im triadischen System des Psychodramas zusammengefaßt wurden. **Gruppenpsychotherapie** ist auf die Beziehung zwischen den einzelnen gerichtet, mit dem Ziel der Förderung der Integration des einzelnen gegenüber seiner Umwelt als auch der Förderung der Integration der gesamten Gruppe. „Gruppenpsychotherapie behandelt nicht nur das einzelne Individuum, das wegen Schwierigkeiten der Anpassung und Einordnung im Brennpunkt der Aufmerksamkeit steht, sondern die ganze Gruppe und alle Individuen, die mit ihm in Beziehung stehen" (MORENO 1953). Mittel dazu ist die spontane, freie Interaktion, vor allem im therapeutischen Spiel, wobei jeder für jeden als therapeutisches Agens fungiert. Die **Soziometrie** ist MORENOS Lehre von den Netzwerken sozialer Beziehungen mit ihren Kräften der Anziehung und Abstoßung in Gruppen. Diese lebenswichtigen Netzwerke können mittels soziometrischer Tests in ihrer Struktur visuell sichtbar gemacht werden (s. dazu RIEGELS 1981).

Psychodrama bedeutet, daß ein Mitglied der Gruppe (der sogenannte Protagonist) seine Problematik oder einen Teil seiner Lebensgeschichte handelnd auf der Bühne mit Hilfe anderer Grup-

penmitglieder inszeniert. Der Psychodramatherapeut ist sowohl Leiter des Spieles als auch Therapeut, Beobachter und Teilnehmer. Wird das psychodramatische Spiel mehr gruppenorientiert eingesetzt, so ermöglicht ein Stegreifspiel, eine Inszenierung eines Tagtraumes oder eines Märchens die Einbeziehung aller Gruppenmitglieder zu einem gemeinsam gewählten Thema. „Das psychodramatische Spiel zielt auf die handelnde Auseinandersetzung im Hier und Jetzt – die besondere Realität des Spieles ermöglicht dies in Gegenwart, Vergangenheit und Zukunft" (SCHWINGER 1986, S. 42).

Wie verläuft nun eine psychodramatische Gruppensitzung? Die Gruppe besteht aus 8 bis 10 Teilnehmern, die sich mit ihrem Therapeuten (meist auch Co-Therapeuten) zu einer gemeinsamen Sitzung in einem Stuhlkreis zusammenfinden. In der ersten, der **Erwärmungsphase,** sollen die Mitglieder untereinander vertraut gemacht werden und sich allmählich auf ein Thema einschwingen, welches die Gruppe oder einen einzelnen besonders beschäftigt und welches dann in einem zweiten Schritt, der psychodramatischen Inszenierung auf der Bühne, bearbeitet werden soll. Nach dieser Erwärmungsphase, einer Art Begegnung des Individuums mit sich selbst und mit der Gruppe, folgt die Phase der psychodramatischen Bühnenarbeit (**Spielphase**). Gemeinsam mit dem Therapeuten begibt sich der Protagonist auf die Erkundung seiner inneren Erlebniswelt, die er mit Hilfe gewählter Mitspieler aus der Gruppe versucht, vor aller Augen zu inszenieren. Durch die Techniken des Rollentausches, des Spiegelns, des Doppelns usw. ist es möglich, den Protagonisten zu einem vertieften Verständnis seiner unbewußten Motive, seiner immer wiederkehrenden Rollenfixierungen oder seiner heimlichen Wünsche oder Ängste zu führen. Im Rollentausch, dem Kernstück der Psychodramatechnik, erlebt er sowohl seine als auch in der Rolle des Gegenübers dessen Anteile an geglückter oder mißglückter Interaktion. Er lernt sich selbst durch die Augen des anderen sehen und so besser begreifen. Der Leiter steht ihm dabei beratend, aber auch einfühlend zur Seite; die Gruppenmitglieder übernehmen die ihnen zugewiesenen Rollen und können so aus nächster Nähe an der Handlungskatharsis des einzelnen teilnehmen.

In der dritten Phase, der Phase der verbalen Interaktion (**Nachbesprechung**), hört der Protagonist die Rückmeldungen der einzelnen Gruppenteilnehmer aus den ihnen zugewiesenen Rollen (Rollen-Feedback) und Mitteilungen eigener Betroffenheit oder Schilderung ähnlicher Lebenssituationen (Sharing). Diese Phase dient der Reintegration des Protagonisten in die Gruppe und der Erweiterung seines Bewußtseinsspielraumes durch die Rückmeldung der Gruppenteilnehmer und des Therapeuten.

Diese mehr protagonistzentrierte Form des Psychodramas kann, wenn nötig, von einer mehr gruppentherapeutisch zentrierten Form abgelöst werden, wobei hier die gemeinsame Arbeit aller Teilnehmer an einem Stegreifspiel, einem Märchenspiel oder einer Trauminszenierung einem gemeinsam gewählten Thema gilt. Auch eine gemeinsam erarbeitete soziometrische Analyse der einzelnen Beziehungsstrukturen in der Gruppe durch Sichtbarmachung des Netzwerkes in der Gruppenskulptur kann Teil der Psychodramasitzung werden. In der Regel umfaßt eine Sitzung einen Zeitraum von ca. 3 Stunden, kann aber auch auf 1½ Stunden bis 2 Stunden verkürzt werden.

 Beispiel: In der 4. Sitzung einer Psychodramagruppe teilt Frau A. ihren Entschluß mit, die Gruppe zu verlassen, falls diese in Zukunft nicht „mit mehr Anteilnahme" bereit wäre, auf ihre Probleme einzugehen. Während der sich entwickelnden Diskussion beginnt Frau B., die die ganze Zeit über still und zurückgezogen dagesessen hatte, plötzlich zu weinen. Auf die Ermunterung durch den Therapeuten, mitzuteilen, was sie im Moment fühle, sagt sie: „Ich fühle mich wie versteinert – gleichzeitig völlig gefühllos und aufgeregt." Nach Aufforderung des Therapeuten, die Augen zu schließen und alle Bilder, die in ihr aufsteigen, vorbeiziehen zu lassen, beschreibt sie folgende Erinnerung: „Ich erinnere mich wieder an ein Gespräch mit meinem Mann vorgestern am Frühstückstisch, nachdem wir am Vorabend einen heftigen Ehestreit hatten." Frau B. beginnt wieder zu weinen und vergräbt ihr Gesicht in ihren Händen. Der Therapeut ermutigt Frau B., mit ihm zusammen auf die Bühne zu kommen, um die Szene, die sie erinnerte, zu spie-

len. Die Küche, die Atmosphäre wird noch einmal genau rekonstruiert, und die Rolle der Kinder, 7 und 12 Jahre, sowie des Ehemannes werden durch Gruppenteilnehmer „besetzt". Frau B. stellt sich hinter jeden der Mitspieler und beschreibt in Rollenidentifikation die Gefühle und Gedanken, die den einzelnen an diesem Morgen bewegt haben könnten. Dadurch gelingt es den Rollenträgern, sich in die zugeordnete Rolle einzufühlen.

Frau B. rekonstruiert den Dialog am Frühstückstisch, spricht aus ihrer Rolle und wechselt dann im Dialog in die Rolle des Gegenübers (beide Seiten des Konfliktes im Rollentausch). Deutlich wird, daß ihr Mann nach einem Ehestreit am Vorabend gedroht hatte, die Familie zu verlassen, falls sie, Frau B., nicht bereit wäre, ihre beruflichen Ambitionen „zurückzuschrauben" und sich mehr um Haus und Kinder zu kümmern. Auf die Frage des Therapeuten, woran sie sich durch die aktuelle Inszenierung erinnert fühle, spricht sie von Verlassenheitsängsten ihrer Kindheit und einem Gefühl, es allen durch Wohlverhalten recht machen zu müssen (wieder beginnt Frau B. zu weinen).

In mehreren aufeinander folgenden Spielszenen gelingt es, die Kindheitssituation, vor allem die Scheidung der Eltern und ihre Trennung vom Vater zu reaktivieren und sich der traumatischen Situation bewußt zu werden. Sie kann der Mutter gegenüber erstmalig ihre Verzweiflung bezüglich der Trennung vom Vater äußern, etwas, was sie bis dato nie gewagt und als heimlichen Groll immer in sich getragen hatte.

In der dritten Phase, dem Rollen-Feedback und Sharing, erlebt Frau B. große Anteilnahme durch die Gruppenteilnehmer, die sowohl aus ihren Rollen als auch durch eigene Erlebnisse zum Verständnis der Psychodramatik beitragen. Auch Frau A. äußert sich selbst, bewegt und angerührt durch das Spiel, zu eigenen Erlebnissen der Kindheit, überdenkt jetzt noch einmal ihre eigene Haltung der Gruppe gegenüber und erkennt ihren Wunsch nach mehr Aufmerksamkeit, der mit ihrer Drohung, die Gruppe zu verlassen, verbunden war.

–◻–

2.2 Beziehungen zur psychoanalytischen Technik

Eine Integration von psychoanalytischer Technik und Psychodrama ist je nach „persönlicher Gleichung" (THOMÄ und KÄCHELE 1986) mehr oder weniger intensiv angestrebt worden. Vielen gruppenpsychotherapeutisch orientierten Psychodramatikern fiel es in letzter Zeit leicht, Modelle der analytischen Gruppenpsychotherapie in die Technik des Psychodramas zu integrieren (s. dazu KRÜGER 1980, PLÖGER 1983, GNEIST 1987, PEICHL 1988, 1989).

Diese Entwicklung innerhalb des Psychodramas muß auf dem Hintergrund einer breiteren Entwicklung in der (psychoanalytisch orientierten) Psychotherapie insgesamt gesehen werden: Mit der Hinwendung zur Objektbeziehungstheorie scheint das Interesse an interaktionellen Prozessen in der Psychoanalyse zu wachsen, bis hin zur Entwicklung einer „psychoanalytisch-interaktionellen Therapie" (HEIGL-EVERS und STREECK 1985). Damit ist ein wesentliches Element wieder in die Psychoanalyse hereingenommen worden, dessen Vernachlässigung einst ein Anstoß zur eigenständigen Entwicklung des Psychodramas gewesen ist. Die psychoanalytische Beziehung als Ort der Begegnung zwischen zwei Protagonisten auf einer gemeinsamen Bühne, die Verteilung der Rollen (SANDLER 1976, THOMÄ 1974, KÖRNER 1989, 1990) bei der Inszenierung der Abwehr (z. B. projektive Identifizierung) und die verstärkte Aufmerksamkeit für die interaktionellen Prozesse bei der Reinszenierung der Kindheitsneurose des Patienten, haben in den letzten Jahren die Perspektive der Psychoanalyse um Dimensionen erweitert, die in der Interaktionshermeneutik des Psychodramas immer schon einen tragenden Wert besaßen. Dabei darf allerdings wiederum nicht übersehen werden, daß das Psychodrama mit der Technik der psychodramatischen Inszenierung über die rein verbale Interaktion hinausgeht.

Darüber hinaus verdanken wir der Anwendung der Objektbeziehungstheorie auf den psychodramatischen Prozeß ein vertieftes Verständnis der Vorgänge während eines psychodramatischen Spieles (s. dazu POWELL 1986).

In der Handhabung der Übertragungen in der Gruppe, nicht notwendig in ihrer Konzeptualisierung, unterscheidet sich die klassische psychodramatische von der psychoanalytischen Gruppentherapie. Das wird einmal am Netzwerk der aktuell wichtigen Beziehungen eines Patienten deutlich, seinem „sozialen Atom" (s. o.): In der symbolischen Darstellung signifikanter Beziehungen und zentrale Konflikte notwendig erhalten, die sich in der Therapiegruppe rekonstellieren. Diese Ebene der Symbolisierung ist auch weiter kennzeichnend. Die Wechselwirkung dieser Rekonstellierungen äußeren sich in wechselseitigen Übertragungen. Die Wirkungen der inneren Beziehungswelten jedes einzelnen werden darin sichtbar (HOLMES 1992). Diese Wirkungen sind aber nicht der Ansatzpunkt, sondern ein Medium des Psychodramas: Die soziometrische Wahl des Protagonisten verdichtet solche Übertragungen und macht sie in der „symbolischen" Interaktion des Spiels der Durcharbeitung zugänglich (SEEGER, 1993). Die Wahl von Mitspielern in Rollen fußt auf diesen Übertragungen und projektiven Identifikationen. Im Psychodrama werden sie als Ressourcen der Inszenierung innerer Konflikte verwendet (HOLMES, 1992). Durch das Spiel können diese Zustände dargestellt und speziell im Rollentausch verändert werden, Konflikte intrapersonal integriert und in der Nachbesprechung von realen Beziehungen differenziert werden (s. auch SCHWINGER, 1992; SCHWINGER und BURMEISTER, 1996).

Dabei unverzichtbar bleibt für den Psychodramatiker der von MORENO geprägte Satz, daß als Psychodrama diejenige Methode zu bezeichnen sei, welche die Wahrheit der Seele durch Handeln begründet. Die Katharsis, die sie hervorruft, ist daher eine „Handlungskatharsis" (MORENO 1959), d. h. das Psychodrama geht durch die Handlung über rein sprachliche Behandlungsformen (wie auch psychoanalytische Gruppenpsychotherapie) hinaus.

Handlungskatharsis meint aus dieser Sichtweise nicht Abreaktion sondern Integration von Konflikten – wie dies weiter oben am Beispiel des Rollentauschs gezeigt wurde. Dies Vorgehen ist theoretisch gesehen nur sinnvoll, wenn von einem Modell der Interpsyche ausgegangen wird (s. o.), in dem das Potential gemeinsam unbewußter Zustände die Matrix aktueller Interaktionen darstellt und eben diese als Gegenstand der Gruppen-

psychotherapie verstanden werden (zu Gemein-
samkeiten der Konzeptionen von Foulkes und
Moreno s. BRANDES, 1993; HOLMES, 1992). Ein
Psychodramatherapeut vertraut auf die in der
Handlungskatharsis sich entfaltenden Kräfte im
Individuum, auf die spontanen Einfälle durch die
Gruppenmitglieder während der therapeutischen
Sitzung. Ein eher deutendes Vorgehen tritt hierbei
in den Hintergrund, ohne daß auf eine an das Verstehen gerichtete integrierende Zusammenschau
oder eine personenspezifische Bewußtmachung
eines Konfliktinhaltes durch den Therapeuten
verzichtet werden müßte. Sie ergeben in der
Nachbesprechung aus der Konfrontation der Erlebnisse in der Szene mit den realen Beziehungen
in der Gruppe.

2.3 Differentielle Indikation

Prinzipiell gelten für die Psychodramagruppen-
therapie wie für die analytische Gruppentherapie
gleiche Indikatoren. Das Psychodrama ermöglicht mit seinem Wechsel zwischen Einzelfallthe-
rapie und Gruppentherapie eine gute Kombination zwischen einzelpsychotherapeutischer Nähe
und Unterstützung (der Therapeut als Hilfs-Ich)
während einer Protagonistensitzung bei gleichzeitiger Pluralität der Gesamtgruppe mit ihren ent-
wicklungsfördernden Anreizen.

Nach einer vergleichenden Umfrage unter 169
Psychodrama-Analytikern der beiden MORENO-
Institute Überlingen und Stuttgart werden als Indikation für eine Psychodrama-Behandlung an erster Stelle neurotische Beeinträchtigungen mit
Störungen im Kontaktbereich und im Sozialverhalten genannt (71% der Befragten), an zweiter
Stelle Arbeits- und Leistungsstörungen (56,2%)
und an dritter Stelle psychosomatische Erkrankungen (40,7%).

In der Arbeit mit Alkohol- und/oder Drogen-
süchtigen wurde das Psychodrama in den letzten
Jahren in mehreren Fachkliniken und Praxen niedergelassener Nervenärzte mit gutem Erfolg eingesetzt. Die Methode ist besonders geeignet, jenseits von Rationalisierung und Bagatellisierung
die Konfliktproblematik schnell und gezielt auf
den Punkt zu bringen und in der Solidarität des
Gruppenerlebens neue Lebens- und Lösungswege

auszuprobieren (s. dazu LEUTZ 1973, GNEIST und
STIMMER 1987, GMÜR 1980).

Eine besondere Indikation liegt in der Behandlung von Patienten mit der Unfähigkeit zur differenzierten Verbalisierung emotionaler Erlebnisinhalte und Konfliktsituationen, wie sie bei psychosomatischen Patienten häufig gegeben ist. Darüber läßt die spielerische Darstellung des Konfliktes vorhandene Scheu leichter vergessen, und tief
verschüttete Gefühle von Trauer, Einsamkeit und
Verzweiflung werden leibnahe erlebbar (s. dazu
EIBACH 1980).

Ob das Psychodrama bei psychotischen Patienten eine wirkliche Verbesserung der Lebensbewäl-
tigungsstrategien bringt, ist zweifelhaft. Wahrscheinlich ist hier das konventionelle Rollenspiel
mit seinen besser strukturierten Vorgaben hilfreicher (RÜGER 1986). Gerade Patienten mit struktureller Ich-Störung können von Psychodramagruppen dann profitieren, wenn es der Gruppe
und dem Therapeuten gelingt, durch gemeinsame
Aktionen, z. B. durch ein gemeinsames Rollenspiel oder eine intensiv erlebte Körperübung, neues Vertrauen und Zuversicht zu fördern.

3 Erfolgsüberprüfung

Empirische Untersuchungen über die Wirkung
des Psychodramas sind wenig zahlreich. Ein Teil
bezieht sich auf studentische Populationen (SHEA-
RON, 1975; SCHÖNKE, 1975; SCHMIDT, 1978)
Untersuchungen von BENDER ET AL. (1979, 1981)
behandeln die Wirksamkeit des Psychodramas
bei neurotischen und psychotischen Störungen.
Hier zeigten sich als Effekte geringere emotionale
Gereiztheit, Abnahme paranoider und schizoider
Tendenzen, höhere soziale Anpassung. Neuroti-
ker profitierten mehr von der Psychodramatherapie als Psychotiker, Protagonisten deutlich mehr
als andere Gruppenmitglieder. Aus dem anglo-
amerikanischen Sprachraum gibt es weitere Untersuchungen über die spezifischen Wirkungen
des Psychodramas bei Schizophrenen (HARROW,
1951; O'CONNEL, 1963, PETERS und JONES,
1951), in denen sich Verbesserungen im Sozialverhalten und in Leistungstests zeigten – Ergebnisse, die auch durch Vergleiche mit Kontrollgruppen gesichert sind. Schließlich liegt eine Stu-

die zur Wirkung des Psychodramas bei Alkoholabhängigen vor (WOOD ET AL., 1979) – in verschiedenen Befindlichkeitsmaßen ergaben sich Verbesserungen, die teils stärker waren als in Kontrollgruppen. Katamnestische Studien zur Effizienz des Psychodramas fehlen leider bis heute gänzlich.

> „Die Gründe dafür mögen einerseits darin zu suchen sein, daß die Psychodramatiker aus der Erfahrung mit ihrer praktischen Arbeit heraus überzeugt sind, daß das Psychodrama eine nachhaltige positive Wirkung hat, und daß sie im allgemeinen mehr an ihrer praktischen Tätigkeit interessiert sind als an zeitraubenden wissenschaftlichen Arbeiten (MORENO würde vielleicht sagen: daß sie mehr am schöpferischen Prozeß interessiert sind als an der Herstellung einer ‚Kulturkonserve‘); andererseits laufen im Psychodrama aufgrund seiner großen Anzahl von Einflußfaktoren enorm komplexe Prozesse ab, deren Erfassung große methodische Probleme schafft" (ZEINTLINGER 1981, S. 169).

Wenn dem so ist, wäre eine wissenschaftliche Konzeptualisierung und auf Eindeutigkeit abzielende Ordnung dieser „komplexen Prozesse" von größter Wichtigkeit für das Psychodrama, um als therapeutische Methode Anerkennung zu finden.

Auch das „Forschungsgutachten zur Frage eines Psychotherapeutengesetzes" (A.-E. MEYER ET AL. 1991) gelangt zu dem Ergebnis, daß für das Psychodrama bisher hinreichende Wirksamkeitsnachweise bei der Patientenbehandlung fehlen (vgl. hierzu auch GRAWE 1992). Hier sind vermehrte Anstrengungen in Form von Erfolgsüberprüfungen und Katamnese-Studien notwendig; solche Bemühungen sind nicht durch sehr überzeugende Beschreibungen abgelaufener Prozesse zu ersetzen, insbesondere nicht durch ein subjektives Evidenz-Gefühl des jeweiligen Therapeuten.

4 Aus-, Fort- und Weiterbildung

Neben den beiden 1975 in Deutschland gegründeten Instituten (Überlingen, unter der Leitung von G. A. LEUTZ, und Stuttgart, unter der Leitung von H. STRAUB) wurden in den letzten Jahren weitere Institute, in Köln, Münster, München/ Bad Salzuflen, Wuppertal und Zwesten gegründet. Sie kooperieren in der Föderation der deutschen Psychodrama-Weiterbildungs-Institute. An ihnen ist eine Ausbildung zum Psychodramaleiter oder Psychodramatherapeuten (dies nur für Psychologen und Ärzte) in einer ca. 4 Jahre dauernden Ausbildung möglich. Das Psychodrama ist ein fakultatives Zusatzverfahren gemäß den Bestimmungen der Bundesärztekammer über die Weiterbildung zu den ärztlichen Berufsbezeichnungen „Psychotherapie" und „Psychoanalyse". Für diese Zusatztitel müssen mindestens 100 therapeutische Doppelstunden Psychodrama nachgewiesen werden.

Seit 1970 ist das Psychodrama in der Deutschen Arbeitsgemeinschaft für Gruppenpsychotherapie und Gruppendynamik aktiv und veranstaltet zweimal jährlich Seminarveranstaltungen, seit 1991 in der Arbeitsgemeinschaft psychotherapeutischer Fachverbände. Darüber hinaus bieten die Institute eine breite Palette von Ausbildungs- und Sonderseminaren an, die aufgrund der unterschiedlichen Persönlichkeitsstrukturen der einzelnen Psychodramatiker ein weites Spektrum von psychotherapeutischen Themenbereichen, aber auch zeitgeschichtlichen Konfliktbereichen, umfassen.

Seit 1988 versucht die neugegründete Zeitschrift „Psychodrama. Zeitschrift für Theorie und Praxis von Psychodrama, Soziometrie und Rollenspiel" ein Forum wissenschaftlichen Austausches und theoretischer Konzeptualisierung zu sein, um so das Psychodrama breiterer Öffentlichkeit bekannt zu machen.

Seit 1992 wird das „Jahrbuch für Psychodrama, psychosoziale Praxis und Gesellschaftspolitik" herausgegeben, in dem vor allem durch theoretische Beiträge der Dialog von Wissenschaftlern verschiedener Disziplinen und Psychodramatikern unterschiedlicher Praxisfelder gepflegt wird. Dem gleichen Zweck dienen die seit 1993 an Hochschulen stattfindenden MORENO-Symposien.

Literatur

ANZIEN, D. (1956): Le psychodrama analytique chez l'enfant. Paris: Presses Universitaires de France.

ANZIEN, D. (1969/70): Le psychodrama analytique collectif et la formation clinique des étudiants en psychologie. Bull. Psychol. 23, 13–16 No. 285, 908–914.

ARGELANDER, H. (1970): Die szenische Funktion des Ich und der Anteile an der Symptom- und Charakterbildung. Psyche 24, 325–345.

BENDER, W., DETTER, G., EIBL-EIBLSFELD, B., ENGEL-SITTENFELD, P., GMELIN, B. und WOLF, R. (1979): Psychodrama vs. Freizeitgruppe: Effekte einer 25stündigen Gruppenpsychotherapie bei psychiatrischen Patienten. Fortschritte der Neurologie und Psychiatrie, 47, 641–658.

BENDER, W., EIBL-EIBLSFELD, B., LERCHL-WANIE, G. und ZANDER, K. J. (1981): Psychodramatherapie mit Neurose- und Psychosepatienten unter Einsatz von Videofeedback Psychotherapie und Medizinische Psychologie, 31, 125–131.

BRANDES, H. (1993): Szene und Matrix. Die gruppentherapeutischen Konzeptionen von J. L. Moreno und S. H. Foulkes. In: F. BUER (Hrsg.): Jahrbuch für Psychodrama, psychosoziale Praxis und Gesellschaftspolitik. Opladen: Leske & Budrich, 19–42.

BINSWANGER, R. (1980): Widerstand und Übertragung im Psychodrama. In: Psychodrama, Gruppenpsychother. Gruppendyn. 15, Heft 3/4, 222–242.

BOSZORMENYI-NAGY, I. und SPARK, G. (1973): Unsichtbare Bindungen. Deutsch: 1983; Stuttgart: Klett-Cotta.

BUBER, M. (1973): Das dialogische Prinzip. Ich und Du. Heidelberg: Schneider.

BUER, F. (Hrsg.) (1989a): Morenos therapeutische Philosophie. Zu den Grundideen von Psychodrama und Soziometrie. Opladen.

BUER, F. (1989): Die Philosophie des J. L. Moreno – die Grundlage des Psychodrama. Int. Ther. 15, 2, 121–140.

BUER, F. (1990): Begegnung bei Moreno – Entfremdung bei Marx. Zwei unversöhnliche Konzepte zwischenmenschlicher Beziehungen? Psychodrama 3, 1, 85–103.

BUER, F. (1991): Morenos therapeutische Philosophie. Eine Einführung in ihre kultur- und ideengeschichtlichen Kontexte. In: BUER, F. (Hrsg.): Morenos therapeutische Philosophie. Opladen, 9–42.

BUER, F. (1991): Morenos Philosophie und der Marxismus. In: BUER, F. (Hrsg.): Morenos therapeutische Philosophie. Opladen, 159–178.

BUER, F. (1991): Morenos Philosophie und der Anarchismus. In: BUER, F. (Hrsg.): Morenos therapeutische Philosophie. Opladen, 181–189.

BUER, F. (1992): Der Prozeß menschlichen Lebens zwischen Kreation und Konserve. Über Gesundheit und Krankheit aus psychodramatischer Sicht. In: H. PRIZ und H. PETZOLD (Hrsg.): Der Krankheitsbegriff in der modernen Psychotherapie. Paderborn (im Druck).

BUER, F. (1992): Morenos Projekt der Gesundung. Therapeutik zwischen Diätetik und Politik. In: BUER, F. (Hrsg.): Jahrbuch für Psychodrama, psychosoziale Praxis und Gesellschaftspolitik 1992. Opladen.

BUER, F. und SCHMITZ, U. (1991): Psychodrama und Psychoanalyse. In: F. BUER (Hrsg.): Morenos therapeutische Philosophie. Opladen, 111–157.

BUER, F. (1992): Über die Wahrheit der psychodramatischen Erkenntnis. Zum wissenschaftlichen Status des Moreno'schen Ansatzes. Gruppenpsychotherapie und Gruppendynamik 28, 181–203.

CARLSON-SABELLI, L., SABELLI, H. und HALE, A. E. (1994): The measurement of human interactions. In: P. HOLMES, M. KARP und M. WESTON (Eds.): Psychodrama since Moreno. London: Routledge, 147–187.

EIBACH, H. (1980): Der Einsatz des Psychodramas bei Psychosomatikern in bezug auf Kriterien der analytischen Kurzpsychotherapie. Gruppenpsychother. Gruppendyn. 15, Heft 3/4, 315–329.

GELLERT, M. und HEINZ, W. (1993): Psychodrama und Soziometrie in der Supervision und Fortbildung von AIDS- und Drogenberatern.

In: R. Bosselmann, E. Lüffe-Leonhart und M. Gellert (Hrsg.): Variationen des Psychodramas. Meezen: Limmer, 273–285.

Gerstenberg, W. (1986): Die Übertragungs-, Arbeits- und Realbeziehung aus psychodramatischer Sicht. Gruppenpsychother. Gruppendynamik 22, 234–329.

Gneist, J. und Stimmer, F. (1987): Psychodrama in Beratung und Therapie Alkoholabhängiger. Gruppenpsychother. Gruppendynamik 23, Heft 2, 154–182.

Gombert, K. (1979): Anwendung und Indikation des Psychodramas. Integrative Therapie 1/2, 38–50.

Grawe, K. (1992): Psychotherapieforschung zu Beginn der neunziger Jahre. Psychologische Rundschau 43, 132–162.

Harrow, G. (1951): The effect of psychodrama group therapy on role behavior of schizophrenic patients. Group Psychother. 4, 316–320.

Heigl-Evers, A. und Streeck, U. (1985): Psychoanalytisch-interaktionelle Therapie. Psychother. med. Psychol. 35, 176–182.

Holmes, P. (1992): The inner world outside. Object relations theory and psychodrama. London: Routledge.

Jensen, K. (1990): „Was sollen wir denn noch tun?" Zur Supervision in einem Lehrerkollegium. Psychodrama, 3, 225–234.

Kasper, G. (1993): Erst Feuer und Flamme – dann ausgebrannt. Beispiele aus der Lehrersupervision. In: R. Bosselmann, E. Lüffe-Leonhardt und M. Gellert (Hrsg.): Variationen des Psychodramas. Meezen: Limmer, 263–272.

Kellermann, P. F. (1994): Role reversal in psychodrama. In: P. Holmes, M. Karp und M. Weston (Eds.): Psychodrama since Moreno. London: Routledge, 263–280.

Klingelhöfer, J. (1993): Strukturierte Verunsicherung. Psychodrama, 6, 39–52.

König, R. (1956): Einige Bemerkungen zur Übersetzung von Jacob L. Moreno, die Grundlagen der Soziometrie. Psyche 9, 905–911.

Körner, J. (1989): Arbeit an der Übertragung? Arbeit in der Übertragung! Forum der Psychoanalyse Bd. 5, Heft 3, 209–223.

Körner, J. (1990): Übertragung und Gegenübertragung, eine Einheit im Widerspruch. Forum der Psychoanalyse Bd. 6, Heft 2, 87–104.

Kreitler, H. und Elbinger, S. (1961): Psychiatrische und kulturelle Aspekte des Widerstandes gegen das Psychodrama. Psyche 15, 155–161.

Krüger, R. T. (1980): Gruppendynamik und Widerstandsarbeiten im Psychodrama. Gruppenpsychother. Gruppendyn. 15, Heft 3/4, 243–270.

Krüger, R. T. (1989). Die tiefenpsychologischen Funktionen des Rollentauschs, Psychodrama, 1, 45–67.

Krüger, R. T. (1997): Kreative Interaktion. Göttingen: Vandenhoeck & Ruprecht.

Lebovici, S. (1956): Psychoanalytical applications of Psychodrama. J. Soc. Ther. 2, 280–291.

Lebovici, S. (1969): Das Psychodrama mit Kindern und Jugendlichen. In: G. Biermann (Hg.): Handbuch der Kinderpsychotherapie, Bd. II, 771–777.

Lebovici, S. (1971): Eine Verbindung von Psychodrama und Gruppenpsychotherapie. In: S. Schill (Hg.): Psychoanalytische Therapie in Gruppen. Stuttgart: Thieme, 312–339.

Lebovici, S., Diatkine, R. und Kerstemberg, E. (1958): Bilan de dix ans de therapeutique par le psychodrama chez l'enfant et l'adolescent. Psychiatrie de l'enfant 1, 63.

Leutz, G. A. (1973): Die Bedeutung des Psychodramas in der Arbeit mit Süchtigen. In: Hoffmann, J. (Hrsg.): Zur Therapie Süchtiger. Freiburg: Lambertus.

Leutz, G. (1974): Psychodrama. Theorie und Praxis. Berlin: Springer.

Loch, W. (1972): Übertragung – Gegenübertragung. Zur Theorie, Technik und Therapie der Psychoanalyse. Frankfurt: Fischer.

Lorenzer, A. (1970): Sprachzerstörung und Rekonstruktion. Frankfurt: Suhrkamp.

Meyers Großes Konversationslexikon (1907): 6. Auflage, Bd. 16, 423.

Meyer, A.-E. et al. (1991): Forschungsgutachten zu Fragen eines Psychotherapeuten-Gesetzes. Bundesministerium für Jugend, Familie, Frauen und Gesundheit.

MORENO, J. L. (1918): Einladung zu einer Begegnung. Wien: Anzengruber.

MORENO, J. L. (1918+1922): Der Daimon (1918); Der Neue Daimon. Die Gefährten 1920/21. Faksimile Druck, Lichtenstein 1968: Thompson Limited.

MORENO, J. L. (1918): Die Gottheit als Autor. Wien: Anzengruber.

MORENO, J. L. (1923): Das Stegreiftheater. Potsdam: Kiepenheuer, New York: Beacon 1970.

MORENO, J. L. (1949): Psychodrama Vol. I, 5. Auflage 1977, Vol. II (1959), Vol. III (1969). New York: Beacon.

MORENO, J. L. (1959): Gruppenpsychotherapie und Psychodrama. (2. Auflage 1973). Stuttgart: Thieme.

MORENO, J. L. (1981): Die Organisation des sozialen Atoms. In: J. L. MORENO: Soziometrie als experimentelle Methode. Paderborn: Junfermann, 85–92.

O'CONNEL, W. (1963): Adlerian psychodrama with chronic schizophrenic patients. J. Indiv. Psychol. 19, 69–76.

PEICHL, J. (1988): Wie lassen sich das Psychodrama und Konzepte der psychoanalytisch orientierten Gruppentherapie sinnvoll verbinden? Gruppenpsychother. Gruppendyn. 23, Heft 3, 223–237.

PEICHL, J. (1989): Die Gruppe als ein zusammen handelndes Ganzes betrachtet – Die Bedeutung des Protagonistenspiels für den Gruppenprozeß im Psychodrama. Gruppenpsychother. Gruppendyn. 24, 311–321.

PETERS, H. N. und JONES, F. D. (1951): Evaluation of group psychotherapy by means of performance tests. Journal of Consulting Psychology, 15, 363–367.

PETZOLD, H. (1975): Das „therapeutische Theater" Iljines. Gruppendyn. 2, 117–126.

PETZOLD, H. (1977): Die neuen Körperpartien. Paderborn: Junfermann.

PETZOLD, H. (1978): Das Psychodrama als Methode der klinischen Psychotherapie. In: K. GOTTSCHALDT (Hg.): Handbuch der Psychologie, Bd. 8/II. Göttingen: Hogrefe, 2751–2795.

PINES, M. (1986): Psychoanalysis, Psychodrama and Group-Psycho-therapy: Stepchildren of Vienna. Group. Anal., Vol 19/2, June.

PLOEGER, A. (1983): Tiefenpsychologisch fundierte Psychodramatherapie. Stuttgart: Kohlhammer.

PONTALIS, J. B. (1968): Nach Freud. Frankfurt: Suhrkamp.

POWELL, A. (1986): Object relations in the psychodramatic group. Group Anal. 19, 125–138.

RIED, H. (1979): Das Menschenbild im Psychodrama (Dissertation). Würzburg.

RIEGELS, V. und SCHMITZ-HAMBRECHT, A. (1981): Soziometrie – Eine Einführung. In: E. ENGELKE (Hg.): Psychodrama in der Praxis. München: Pfeiffer.

RÜGER, U. (1986): Rollenspiel. In: C. MÜLLER (Hg.): Lexikon der Psychiatrie, 585–586. Heidelberg: Springer.

ROHDE-DACHSER, CH. (1980): Loslösungs- und Individuationsprozesse in der psychoanalytisch-orientierten Psychodrama-Therapie. Gruppenpsychother. Gruppendyn. 15, Heft 3/4, 271–306.

SANDLER, J. (1976): Gegenübertragung und Bereitschaft zur Rollenübernahme. Psyche 30, 297–305.

SCHACHT, M. (1991): Morenos Philosophie und Mystik. In F. BUER (Hrsg.): Morenos therapeutische Philosophie (S. 199–217). Opladen.

SCHMIDT, B. (1978): Selbsterfahrung im Psychodrama als Methode der Sozialtherapie für Studenten. (Inaugural-Dissertation) Julius-Maximilians-Universität Würzburg.

SCHMITZ, U. (1991): Moreno und Bergson. Therapeutische Philosophie und induktive Metaphysik. In: F. BUER (Hrsg.): Morenos therapeutische Philosophie. Opladen, 69–88.

SCHÖNKE, M. (1975): Psychodrama in Schule und Hochschule – Eine empirische Untersuchung. Gruppendynamik 2, 109–116.

SCHREYÖGG, A. (1992): Supervision. Ein integratives Modell. Paderborn: Junfermann.

SCHÜTZENBERGER, A. (1966): Precis de Psychodrama. Paris. Deutsch: Psychodrama, Stuttgart 1979.

SCHWINGER, TH. (1984): Zur Funktion von Supervision für Mitarbeiter psychosozialer Einrichtungen – am Beispiel therapeutischer Wohngemeinschaften. Gruppenpsychother. Gruppendyn. 19, 334–344.

SCHWINGER, TH. (1986): Psychodrama als Supervisionsmethode. Ztschr. für personenzentrierte Psychol. und Psychother. 5 (3), 297–316.

SCHWINGER, T. (1992): Psychodrama als Methode der Gruppendiagnose. In: L. M. ALISCH (Hrsg.): Empirische Pädagogik III. Gruppendiagnostik – Experiment – Qualitative Verfahren. Braunschweig: Braunschweiger Studien zur Erziehungs- und Sozialarbeitswissenschaft, 175–194.

SCHWINGER, T. und BURMEISTER, J. (1996): Psychodrama und konstruktivistische Erkenntnistheorie. In: F. BUER (Hrsg.): Jahrbuch für Psychodrama, psychosoziale Praxis und Gesellschaftspolitik. Opladen: Leske & Budruch (im Druck).

SHEARON, E. (1975): The effects of psychodrama treatment on professed and unferred self concepts of selected fourth graders in elementary school. Thesis paper. MORENO Inst., New York: Beacon.

SEEGER, U. (1991): Der Drachentöter in seinem sozialen Atom. Psychodrama, 4, 229–254.

SEEGER, U. (1993): Der soziogenetische Prozeß klinischer Psychodrama-Therapie, Psychodrama, 6, 5–38.

THOMÄ, H. (1984): Der Beitrag des Psychoanalytikers zur Übertragung. Psyche 38, 29–62.

THOMÄ, H. und KÄCHELE, H. (1986): Lehrbuch der psychoanalytischen Therapie, Bd. I. Berlin: Springer.

WALTER, H. J. (1977): Gestalttherapie und Gruppenpsychotherapie. Darmstadt: Steinkopff.

WEISS, K. (1991): Psychodrama – Soziometrie – Ein Supervisionskonzept. Supervision 19, 38–52.

WEISS, P. (1968): Die Verfolgung und Ermordung des Jean Paul Marats, dargestellt durch die Schauspielgruppe des Hospizes zu Charenton, unter der Anleitung des Herrn de Sade. Frankfurt: Suhrkamp.

WIDLÖCHER, D. (1974): Psychodrama mit Jugendlichen. Olten: Walter.

WOOD, D., DEL NUOVO, A., BUCKY, S. F., SCHEIN, S. und MICHALIK, M. (1979): Psychodrama with an alcohol abuser population. Group Psychotherapy, Psychodrama and Sociometry, 32, 75–88.

ZEINTLINGER, K. (1981): Analyse, Präzisierung und Reformulierung der Aussagen zur psychodramatischen Therapie nach J. L. MORENO. (Dissertation), Universität Salzburg.

Die Katathym-imaginative Psychotherapie

Hans Martin Wächter, Ulrich Rüger

Die Katathym-imaginative Psychotherapie (früher Katathymes Bilderleben) ist eine von dem Psychoanalytiker H. LEUNER seit Ende der 40er Jahre entwickelte psychotherapeutische Methode, die mit Tagtraumtechniken arbeitet.

Der Name des Verfahrens geht auf den Begriff „katathym" zurück, der bereits in der Antike bekannt, am Anfang unseres Jahrhunderts dann von H. MAIER (1912) verwendet wurde, um die Abhängigkeit imaginativer Vorgänge von Affekten und Emotionen zu kennzeichnen (griech.: kata = gemäß, thymos = Seele, d. h. Emotionalität). In der Praxis wird auch der Name „Symboldrama" verwendet, im englischsprachigen Raum wurde die Bezeichnung „Guided Affective Imagery" geprägt. Der frühere Begriff „Katathymes Bilderleben" charakterisiert den für das Verfahren zentralen Vorgang in der gefühlsgetragenen Imagination, der heute verwendete Begriff „Katathymimaginative Psychotherapie" bezeichnet den psychotherapeutischen Prozeß in seiner Gesamtheit.

Die Katathym-imaginative Psychotherapie (K.i.P.) ist ein System gestaffelter Methoden und Regieprinzipien zur Handhabung des Tagtraumes in der Psychotherapie, deren Konzeptualisierung in der europäischen Tradition der Psychoanalyse begründet ist. Sie gilt als das „gegenwärtig am besten organisierte und systematisierte Verfahren der imaginativen Psychotherapie" (SINGER 1978) und ist durch zwei hauptsächliche Wirkungskomponenten gekennzeichnet: Die Erlebnisaktivierung durch symbolgetragene Imaginationen unter dem Schutz des Therapeuten und die nachfolgende kognitive Bearbeitung nach dem Konzept der Tiefenpsychologie. Die Bezeichnung „Tagtraum"

bezieht sich hierbei nicht auf jene vorwiegend der Wunscherfüllung dienenden Tagträumereien, die man auch als „selbsterhöhende Phantasien" bezeichnet. Die im gelenkten Tagtraum auftretenden Phänomene sind vielmehr optische Projektionen, die auf der ursprünglichen Fähigkeit des Menschen beruhen, seinen unbewußten oder vorbewußten innerseelischen Zustand in symbolischbildhafter Form spontan darzustellen. Die K.i.P. geht also in ihrem Konzept davon aus, daß die Imaginationen unbewußte Konflikte widerspiegeln, die dann im Kontext mit der Vorgeschichte des Patienten therapeutisch entschlüsselt und bearbeitet werden können.

1 Theoretisches Konzept

1.1 Kurzer historischer Rückblick

Introspektive Techniken und reflektierende Kontemplation sind dem Menschen seit vielen Jahrhunderten als Mittel erhöhter Selbstwahrnehmung und vertiefter Selbsterkenntnis bekannt gewesen.

Unsystematische Voruntersuchungen über den vom Therapeuten angeregten Tagtraum gehen bis auf FREUD (1895) zurück, der von 1882−1888 eine imaginative Technik anwandte und „von den ausgezeichneten Leistungen dieses technischen Verfahrens" (S. 273) beeindruckt war. Erste Erfahrungen mit Imaginationen vermittelte das von der Patientin Anna O. in einem spontanen hypnoiden Zustand entwickelte „Privattheater", welches zur Entdeckung des „kathartischen Verfahrens" führte (Breuer und Freud 1895). Ausgehend von diesen Erfahrungen entwickelte der Schweizer Psychotherapeut Frank (1913) seine „kathartische Methode". Freud verlor bekanntlich das Interesse an den von ihm beobachteten imaginativen Vorgängen zugunsten der freien Assoziation. Der Psychoanalytiker Silberer (1909, 1912) erkannte, daß die im Schwellenerleben des Einschlafens auftretenden Imaginationen, die er auch „rudimentäre Träume" nannte, Symbole für unbewußte und vorbewußte Bereiche des Gefühlslebens darstellen (Autosymbolismus). Seine Methode, „gewisse symbolische Halluzinationserscheinungen hervorzurufen und zu beobachten", wurde jedoch nie wieder aufgegriffen.

Die von C. G. Jung (1916) eingeführte „aktive Imagination" ist ein meditatives Verfahren, das als „eigentliche Denk- und Vorstellungsleistung" (Ammann 1978) vom Patienten zu Hause selbsttätig durchgeführt wird. 1922 zeigte Kretschmer anhand des von ihm beschriebenen „Bildstreifendenkens", daß die spontanen imaginativen Phänomene den Gesetzlichkeiten der Freudschen Traumsymbolik und Traumarbeit folgen. J. H. Schultz beschrieb (zuerst 1932) auf der Oberstufe des Autogenen Trainings Übungen zur Imagination von Farben und Bildern, um dadurch Informationen über innere Fehlleistungen zu gewinnen.

Der Internist Happich verwendete 1932 Imaginationen im Rahmen klinischer Psychotherapie im Sinne einer meditativen Kontemplation, benutzte jedoch bald die Methode dann vorwiegend zu Zwecken der religiösen Meditation.

In Frankreich entwickelte Desoille (1945) mit seiner Methode des „rêve éveillé dirigé" eine gewisse Analogie zum KB, das therapeutische Ziel ist jedoch dort pragmatisch, das zugrunde liegende Konzept ist an der Pawlowschen Lehre orientiert und massiv suggestiv (Leuner 1985).

Seit 1948 erarbeitete Leuner weiterführende Konzepte in der klinischen Anwendung der hypnagogen Imaginationen, die er „katathyme Bilder" nannte. Ursprünglich als Methode der Verifikation tiefenpsychologischer Symbolik konzipiert, entwickelte sich das Katathyme Bilderleben zu einem System gestaffelter therapeutischer

Techniken und Regieprinzipien zur Handhabung des Tagtraumes und schließlich zu einer eigenständigen psychotherapeutischen Methode, der Katathym-imaginativen Psychotherapie (K.i.P.). Im Gegensatz zu den nach Ansicht Leuners „autistischen Methoden" von Silberer, Jung, und Schultz ist die K.i.P. ein ausgesprochen „dialogisches Verfahren". Sein Ziel ist die Exploration des Unbewußten auf pathogene Konfliktkerne hin und die Freisetzung positiver Erlebniskerne (Leuner 1983). Nach Publikation der Grundlagen der Methode (Leuner 1954, 1957) waren der ergänzenden Techniken der „Symbolkonfrontation" (Leuner 1955, 1985) und das „assoziative Vorgehen" (Leuner 1964) weitere wichtige Entwicklungsschritte.

1.2 Aktueller Stand der theoretischen Fundierung

Das theoretische Konzept der Katathym-imaginativen Psychotherapie steht in der Tradition der Psychoanalyse. Das therapeutische Verfahren geht von der Existenz unbewußter Motivationen und Abwehrvorgänge aus, von der Bedeutung symbolischer Vorgänge sowie der Freisetzung affektiver Impulse und berücksichtigt die Phänomene der Übertragung – Gegenübertragung. Neben den klassischen Konzeptualisierungen der Psychoanalyse haben gerade die jüngeren Erkenntnisse von den präödipalen Entwicklungsphasen, den „primären Objektbeziehungen" (Bowlby 1969, 1973, Volkan 1978), das neue Narzißmuskonzept (Kohut 1973, Grunberger 1977, Kernberg 1981) und die Regressionstheorie von Balint (1970) Eingang in die Methode gefunden (vgl. Leuner 1983, 1985; Leuner und Lang 1982).

Das Katathyme Bilderleben aktiviert psychische Funktionen, die überwiegend dem Primärprozeß im Sinne Freuds entsprechen. Es geht von der Prämisse aus, daß spontane oder vom Therapeuten induzierte Imaginationen unbewußte Konflikte widerspiegeln, und zwar in Form der tiefenpsychologischen Traumsymbole. Diese Imaginationen, die sogenannten Bilder, sind eine „Form der Selbstdarstellung der Psyche auf regressivem Niveau" (Leuner 1983b) und daher bedeutungshaltig: Zwischen dem imaginierten Inhalt einerseits und den Gefühlen, Affekten sowie der intrapsychischen dynamischen Konfliktstruktur der Person andererseits besteht eine enge Beziehung wechselseitiger Beeinflußbarkeit. Der Tagtraum gehorcht den gleichen Gesetzmäßigkeiten wie der Nachttraum, stellt aber gegenüber dessen unerschöpflichem Ausdrucksreichtum eine freiwillige Beschränkung auf wesentliche neurotische Inhalte dar: Durch eine Reihe noch zu diskutierender *Standardmotive* werden symbolhafte Projektionen in den zentralen menschlichen Konfliktbereichen angeregt. Die hierbei angeschnittene Bewußtseinsebene wurde auch als „Bildbewußtsein" bezeichnet (HEISS 1956), gewissermaßen eine zwischen dem Bewußtsein und dem Unbewußten angesiedelte Zone der phantastischen und märchenhaften Produktionen, der Mythen, des Genialen und des Schöpferischen.

Die Katathym-imaginative Psychotherapie vollzieht sich unter dem Schutz des Therapeuten im Rahmen einer von LEUNER (1970, 1985) so bezeichneten *kontrollierten Regression*. Sie ist gewissermaßen die Operationsbasis der Tagtraumtechnik, ergibt sich aus dem Erleben von Entspannung, Ruhe und konzentrativer Hingegebenheit und stellt eine Regression in die Phase vor dem Konflikt, auf alte befriedigende Positionen des Ich dar (ALEXANDER 1955, SPITZ 1956, LEUNER 1983). Eingebettet in diese anaklitische Regression kommt es während der Imagination oft auch zu sogenannten Altersregressionen (BAROLIN 1961, BAROLIN ET AL. 1983), wobei konfliktbeladene Szenen durchlebt, durchlitten und unter dem Schutz des Therapeuten überwunden werden können. Die kontrollierte Regression im KB ermöglicht also den therapeutischen Prozeß, sie ist jederzeit reversibel und gehört zur Kategorie der Regression im Dienste des Ich (KRIS 1952, LEUNER 1970).

Für die tiefenpsychologische Bearbeitung der Tagtrauminhalte verfügt das Verfahren neben den schon erwähnten Standardmotiven über ein System spezifischer *Interventionstechniken* und *Regieprinzipien,* die unten noch dargestellt werden. Die Katathym-imaginative Psychotherpie wurde frühzeitig unter didaktischen Gesichtspunkten aufgebaut. Das Verfahren hat eine klare Struktur mit Gliederung in *Grund-, Mittel- und Oberstufe* unter sorgfältiger Beachtung der Belastungsfähig-

keit des Patienten und der Dosierung des affektgetragenen Materials.

Die Katathym-imaginative Psychotherapie nimmt eine Mittelstellung zwischen den aufdeckenden psychotherapeutischen Verfahren einerseits und den supportiven Verfahren andererseits ein; seine aufdeckende Komponente besteht in der dosierten Selbstkonfrontation, seine Ich-stützende und -stabilisierende liegt im Beziehungsgefüge, das überwiegend eine anaklitische Übertragungssituation induziert. Diese wirkt zugleich Ich-strukturbildend und bietet einen Ansatz zur kreativen Ich-Ausweitung (LEUNER 1980, 1985; WÄCHTER 1984, 1986; BARTL 1984).

Derzeitige Entwicklungen der Katathym-imaginativen Psychotherapie und Zukunftsperspektiven betreffen ihre Einführung in die Gruppenpsychotherapie (LEUNER, KOTTJE-BIRNBACHER, SACHSSE, WÄCHTER 1986, FIKENTSCHER 1992, ROSENDAHL 1992) und in die Paar- und Familientherapie (KLESSMANN 1982, KOTTJE-BIRNBACHER 1981, 1982). Es gibt inzwischen auch Erfahrungen über die Anwendung der K. i. P. bei der Betreuung von Patienten mit zum Tode führenden Erkrankungen (EIBACH 1979). Ein neuer Indikationsschwerpunkt zeichnet sich ab durch ermutigende Ergebnisse und Erfahrungen bei der Behandlung psychosomatischer Krankheitsbilder (WILKE und LEUNER 1990, vgl. auch Indikationen).

1.3 Gemeinsamkeiten und Abgrenzungen zur psychoanalytischen Therapie

Beiden Verfahren gemeinsam ist die Anwendung des Grundkonzeptes der Psychoanalyse bzw. Tiefenpsychologie mit dem Ziel, dem Patienten Einsichten zu vermitteln in unbewußte, konflikthafte Objektbeziehungen, deren infantile Wurzeln und aktuelle Auswirkungen und dadurch korrigierende emotionale Neuerfahrungen sowie Änderungen im Denken und Verhalten zu ermöglichen.

Die entscheidende Besonderheit der Katathym-imaginativen Psychotherapie liegt in der Einführung eines neuen Parameters, der Tagtraumphantasie, als hauptsächlichem Träger unbewußten Materials, wobei am ehesten Parallelen zur analytischen Spieltherapie bestehen. Daraus ergeben sich Modifikationen in der Handhabung der bekannten analytischen Grundkonzepte, der Regression, der Übertragung und Gegenübertragung, des Widerstandes und der Arbeitsbeziehungen, die im folgenden kurz erläutert werden sollen.

Das Konzept der *Regression* im Tagtraum wurde im vorhergehenden Abschnitt bereits erläutert. Ergänzend dazu kann festgestellt werden, daß beide Verfahren, die Psychoanalyse und die Katathym-imaginative Psychotherapie mit unterschiedlichen Techniken eine Regression in frühe, konfliktfreie Phasen induzieren (SPITZ 1954/1955, LEUNER 1980). Dabei kommt es in beiden Techniken zu einer Dissoziation des Integrationsniveaus des Ich. In der Psychoanalyse wird gefordert, Konflikte zu verbalisieren und reifere Einsichten zu entwickeln, was einen hohen Grad an Spaltung und Flexibilität des Ich erfordert und daher nur von einer bestimmten Gruppe von Patienten vollzogen werden kann. Beim Tagträumen besteht diese Einschränkung nicht, worauf auch schon FREUD (1921) hingewiesen hatte. Es gelingt auch sehr schlichten, einfach strukturierten Menschen und Kindern, ohne Schwierigkeiten das kontinuierliche autonome Szenarium der Imaginationen einzustellen, zu beobachten und zu beschreiben (LEUNER 1980).

Im Unterschied zur überwiegenden Verbalisation in der Psychoanalyse findet in der Katathym-imaginativen Psychotherapie eine *Verlagerung des therapeutischen Prozesses* auf eine präverbale, imaginative Ebene statt. Beide Verfahren sehen Phantasie und Symbolik als Spiegel unbewußter und vorbewußter Impulse, im Traum wie im Tagtraum geschieht die Symbolisation vorwiegend im archaischen, primär orientierten Milieu. Im gelenkten Tagtraum wird nun eine strukturelle Neuordnung im regressiven Milieu durch Verschiebung der energetischen Besetzungen ermöglicht (LEUNER 1980). Dabei kommt dem Symbol eine Transferfunktion zu zwischen der primitiv-archaischen Primär- und der maturen Sekundärorganisation des Ich (LORENZER 1970), was einem Entwicklungsprozeß von unreifen neurotischen zu maturen Ich-Anteilen entspricht. Hier scheint eine Erklärung für die therapeutische Wirksamkeit der Katathym-imaginativen Psychotherapie zu liegen, die über entscheidende Strecken auf präverbaler, imaginativer Ebene geführt werden kann (LEUNER 1980, 1985).

Die Analyse der *Übertragungsbeziehungen* spielt in der Katathym-imaginativen Psychotherapie keine so zentrale Rolle wie in der Psychoanalyse, da es in der Regel nicht zur Entwicklung einer Übertragungsneurose kommt. Dies hat folgende Gründe:

a) Die Strukturierung der Therapie, insbesondere auf der Grundstufe, mit Hervorhebung supportiver Motive und Interventionen.

b) Die Entwicklung einer sogenannten „zweidimensionalen Übertragung" (LEUNER 1985) mit den Komponenten der regressiv-anaklitischen und der progressiven Peer-Position. In der kontrollierten Regression unter dem Schutz des Therapeuten befindet sich der Patient in einer Beziehung vom Hingabetypus (anaklitische Situation) und kann dabei Ich-Funktionen (etwa der Realitätsprüfung) an den Therapeuten delegieren. Aufgrund der Ich-Spaltung besteht parallel dazu ein *Arbeitsbündnis* zwischen dem Therapeuten und den reifen Ich-Anteilen des Patienten, wodurch die infantil-anaklitische Gefühlsbeziehung begrenzt wird. Das Nebeneinander dieser beiden Beziehungsebenen hat LEUNER (1980, 1985) an einem Tauchermodell illustriert.

c) Im Symboldrama kommt es zu einer den Therapeuten entlastenden Projektion der genetischen Übertragung auf die imaginative Ebene, was als „Projektionsneurose" bezeichnet wurde (LEUNER 1980, 1981). Erst spät und in kleinen Quanten kommt es zu einer Projektion relevanter Übertragungsgefühle auf den Therapeuten.

d) Auch die kurze Behandlungsdauer (in 2/3 der Fälle weniger als 30 Sitzungen) wirkt der Entstehung einer Übertragungsneurose entgegen, was auch aus analytischen Fokal- und Kurztherapien bekannt ist (MALAN 1965, LOCH 1967). Wie in der psychoanalytischen Kurztherapie wird auch in kurzdauernden KB-Therapien eine negative Übertragung vermieden bzw. sofort analysiert, wenn sie zum Widerstand wird (DÜHRSSEN 1972, LEUNER 1967, LOCH 1967).

Zur Bearbeitung des *Widerstandes* in der Katathym-imaginativen Psychotherapie vgl. Abschnitt über therapeutische Techniken. Der Therapeut lernt in seiner Weiterbildung, auf die Erfassung von Übertragung – Gegenübertragung zu achten, wobei sich subtilere Übertragungsphänomene in den KB-Szenen mehr oder weniger deutlich „mitlesen" lassen. Ein aktives Aufgreifen der Übertragungsgefühle durch den Therapeuten ist aber, wie gesagt, über lange Strecken der Therapie nicht erforderlich.

2 Methodik und Behandlungstechnik

2.1 Die Methode in der Einzelpsychotherapie

Die Anwendung der Katathym-imaginativen Psychotherapie ist eingebettet in das Routinevorgehen im Rahmen der tiefenpsychologisch fundierten Psychotherapie. Dies impliziert eine sorgfältige Erhebung der tiefenpsychologischen Anamnese zur Klärung der Indikation und der Behandlungsprognose, ferner das Arbeitsbündnis mit dem Patienten und die Festlegung der vorläufigen Behandlungsdauer. Ergänzend wird die Protokollführung und ggf. gestalterische Darstellung (z. B. Malen) einzelner KB-Szenen zwischen den Stunden vereinbart.

Nach einer angemessenen Erklärung über die Arbeit mit Imaginationen wird ein initialer „Blumentest" durchgeführt, um den Patienten zwanglos an die ihm unbekannte imaginative Ebene heranzuführen. Häufig tauchen dabei reale Vorstellungen von Blumen (Margerite, Sonnenblume, Rose, Gerbera) auf. Patienten, die unter starkem aktuellen Konfliktdruck stehen, projizieren schon in dieses Blumenmotiv Inhalte, die diese aktuelle Konfliktthematik widerspiegeln; beispielsweise imaginierte ein depressiver Patient das bedrückende Bild einer schwarzen Rose, die schnell verwelkte und Ausdruck einer Stimmungslage war. Durch den Blumentest kann der Therapeut die individuell unterschiedliche Imaginationsfähigkeit prüfen und einschätzen, was für Anfänger besonders wichtig ist. Ausgehend vom Blumentest kann dann zu regelmäßigen Tagtraumsitzungen übergegangen werden (Brückenfunktion).

Die Dauer einer katathymen Imagination liegt zwischen 15 und 35 Minuten, im Rahmen einer üblichen Behandlungssitzung von 50 Minuten. In der verbleibenden Zeit der Therapiestunde erfolgt eine tiefenpsychologische Aufarbeitung des imaginativen Materials. Diese kann, je nach strukturellem Niveau und Konfliktlage des Patienten entweder aufdeckend oder in tiefenpsychologisch-psychotherapeutischem Sinne ressourcenorientiert durchgeführt werden. Es sei nochmal auf die eigenständige Wirksamkeit, die die Imaginationen zu entfalten vermögen, hingewiesen. Unser Unbewußtes kann die eigenen kreativen Schöpfungen sowohl konfliktmindernd als auch strukturbildend nutzen.

Die Entwicklung und Förderung der Kreativität stellt einen bedeutsamen Wirkfaktor in der katathym-imaginativen Psychotherapie dar. So wird der Patient, neben der vereinbarten Protokollführung über den Verlauf der Sitzungen gern auch zu gestalterischen Darstellungen (z. B. Malen) außerhalb der Therapiesitzungen ermuntert. Diese Bilder oder auch Tongestaltungen können zur nächsten Therapiestunde mitgebracht und zur weiteren Bearbeitung oder auch zu neuen Imaginationen anregen.

Die Frequenz beträgt 1–3 Therapiesitzungen pro Woche und wird idealerweise der individuellen Situation des Patienten angepaßt.

Setting und Führung: Die Einleitung der KB-Sitzung erfolgt durch den Therapeuten nach einer einleitenden Entspannungsphase: Diese kann durch Übungen des Autogenen Trainings erfolgen, einfacher durch ganz kurze Hinweise zur Selbstentspannung ohne suggestiven Beiklang. Die Anregung der Tagtraumimaginationen selbst erfolgt, indem der Therapeut den Patienten bittet, sich ein von ihm angebotenes Motiv beispielsweise eine Wiese (vgl. Standardmotive) vorzustellen. Vor dem „inneren Auge" des Patienten entwickeln sich dann die katathymen Bilder, die annähernd den Charakter einer Wahrnehmung haben und von korrespondierenden Gefühlen oder Affekten begleitet sind. Der Patient kann diese Imaginationen sowohl beobachtend verfolgen als auch sich in der entstehenden neuen Wahrnehmungswelt quasi handelnd erleben (Probehandeln). Dabei liegt der Patient auf der Couch oder sitzt in einem bequemen Sessel und berichtet dem neben ihm sitzenden Therapeuten über die Geschehnisse im Tagtraum. Der Therapeut geht in geeigneter Weise darauf ein und versucht, die detaillierte Wahrnehmung sowohl der „Bilder" als auch des emotionalen Begleittones anzuleiten (dialogische Situation).

Strukturierung und Stufeneinteilung: Der Tagtraum kann vom Therapeuten nach bestimmten Regieprinzipien gelenkt und durch Interventionstechniken sowie vorgegebene Standardmotive strukturiert werden. Die katathym-imaginative Psychotherapie ist in ihrer Methodik in Stufen gegliedert (Grund-, Mittel- und Oberstufe), den Stufen sind unterschiedliche Motivvorgaben zugeordnet, wodurch innerseelische Problemfelder in ihrer affektiven Besetzung angesprochen werden sollen (vgl. Standardmotive).

In der Grundstufe des Verfahrens stellen allgemeinere Landschaftsmotive Projektionsflächen dar, die dem Patienten breiten Raum bieten für die symbolische Darstellung seiner Befindlichkeit, der aktuellen Konfliktlage, wobei sich aber auch strukturelle Merkmale (z.B. Abwehrmechanismen) und entwicklungsgeschichtliche Bezüge abzeichnen. Dem Therapeuten wird ein überschaubares Raster an die Hand gegeben, den Tagtraum anhand der Motive zu strukturieren, wobei jedoch ausreichend Raum zur kreativen Entfaltung der Imaginationen zur Verfügung steht. Im Rahmen des übenden Vorgehens der Grundstufe lernt der Patient die Wahrnehmung und Verbalisierung von Gefühlen (später auch von konflikthaftem Erleben), wobei der Therapeut eine supportiv-protektive Haltung einnimmt, teilweise Hilfs-Ich-Funktionen übernimmt und „Übersetzungshilfen" bereitstellt.

Der in der K.i.P. eingeübte Patient und der fortgeschrittene Therapeut erhalten in der Mittelstufe die Möglichkeit der freien assoziativen Entfaltung des Tagtraumes (assoziatives Vorgehen), was andere Interventionstechniken und Regieprinzipien impliziert. Die Motive der Mittelstufe dienen als Kristallisationskerne für aggressive und libidinöse Antriebsbereiche sowie für Selbst- und Objektvorstellungen. Diese Verlaufsform überläßt dem Patienten die Eigensteuerung weitgehend, ist für ihn anspruchsvoller und setzt ihn auch stärkerer emotionaler Betroffenheit und Beunruhigung aus. Gegebenenfalls kann der The-

rapeut aber auch schützend und strukturierend eingreifen. Dieses zweiphasige Vorgehen bietet mehr Sicherheit bei der „Dosierung" des imaginierten Konfliktmaterials und hat sich in der Behandlung neurotischer und psychosomatischer Krankheitsbilder bewährt.

Die Oberstufe (für den voll ausgebildeten, erfahrenen Therapeuten) hat vorwiegend Motive, die stark verdrängtes archaisches Material fördern und die symbolische Bearbeitung unbewußter tiefer Konfliktbereiche und deren Bewußtwerdung ermöglicht.

In Tabelle 1 sind die therapeutischen Techniken, Standardmotive und Regieprinzipien des KB in ihrer Zuordnung zu den entsprechenden Stufen aufgeführt.

2.2 Tagtraum-Symbolik: die Standardmotive

Leuner (1970, 1985) hat eine Reihe wiederholbarer Bildmotive entwickelt, die klinisch erprobt und geeignet sind, symbolhafte Projektionen in den zentralen menschlichen Konfliktbereichen anzuregen. Es wird dabei von einer allgemein anerkannten tiefenpsychologischen Symbolik ausgegangen, wobei die Bedeutungsinhalte der Bildsymbole im einzelnen mit der Biographie des Individuums korreliert und dessen spezifische Symbolik erfaßt werden müssen (vgl. Lehrbuch des Katathymen Bilderlebens, Leuner 1985, Kapitel 4).

Bei der nachfolgenden kurzen Beschreibung sind die Standardmotive und die durch sie zur Darstellung kommenden tiefenpsychologischen Konfliktkerne in aufsteigender Reihe (nach dem Grad ihrer möglichen Affekt- und Angstbesetzung bzw. der ausgelösten Regression) aufgeführt:

1. Die aktuellen andrängenden Konflikte und gegenwärtige Gestimmtheit kommen bei dem Motiv der *Wiese* zur Darstellung. Sie ist die Bühne der Symbolgestalten, repräsentiert eine relativ neutrale unstrukturierte Situation und kann als Symbol des Ursprungs sowie des Neuanfangs gesehen werden. Wegen der überwiegend angenehmen Qualitäten eignet sie sich als Eingangsmotiv.

Tabelle 1:
Die Instrumente der Katathym-imaginativen Psychotherapie

	Standardmotive	therapeutische Techniken	Regieprinzipien (Operation am Symbol)
Grundstufe	1. Wiese 2. Bachlauf 3. Berg 4. Haus 5. Waldrand	I. übendes Vorgehen II. Entfaltung kreativer Imaginationen	a. Versöhnen b. Nähren
Mittelstufe	6. Beziehungspers. 7. Sexualität (Rosenbusch) (Autostop) 8. Aggressivität (Löwe) 9. Ich-Ideal	III. Assoziatives Vorgehen IV. Nachttraum V. Fokussierung akuter Konflikte Inspektion d. Körperinneren VI. Befriedigung archaischer Bedürf- VII. nisse VIII. Durcharbeiten IX. Übertragungsanalyse	c. innerer Schrittmacher d. Symbolkonfrontation
Oberstufe	10a. Höhle 10b. Sumpfloch 11. Vulkan 12. Folianten	X. Kombination mit konventioneller Psychoanalyse XI. Malen imaginativer Inhalte	e. Erschöpfen und Mindern f. Magische Flüssigkeiten
musikalisches KB (mKB)	(Fokussierung 1.–8. möglich)	III. Assoziatives Vorgehen	
KB in Gruppen (GKB)	(Fokussierung 1.–8. möglich)	Typ 1: Individuelle Phantasien Typ 2: Gruppenphantasien	Feedbacktechniken

2. Orale Beziehung zur mütterlichen Welt: Motiv der *Quelle*, einer *Kuh*, der *Küche* in einem imaginierten Haus.

3. Prüfung von Problemen der Durchsetzung, Expansivität und Aggressivität:
   a) allgemeine expansive Entfaltung und Entwicklung: Motiv eines *Bachlaufes*,
   b) oral-aggressive Durchsetzung am Motiv des Verhaltens eines *Löwen*,
   c) anal-aggressive Thematik in archaischer Form am Motiv eines *Sumpfloches* oder eines *Vulkans*.

4. Leistungsthematik (Anspruchsniveau, Verhalten bei der Bewältigung einer Aufgabe), aber auch Auseinandersetzung oder Identifikation mit der meist väterlich-männlichen Welt: Motiv des *Berges*, dessen Besteigung mit Rundblick.

5. Sexuelle und ödipale Thematik: Motiv eines *Rosenbusches* für den Mann, des *Mitgenommenwerdens durch ein Auto für die Frau*; für beide das Motiv eines *Apfelbaumes*, von dem eine Frucht gepflückt wird. Besonders regressives Material mobilisiert das Motiv eines *Sumpfloches*.

6. Prüfung der Selbsteinschätzung:
   a) der eigenen Person bezüglich Kontakt- und Impulsbereitschaft (oral, anal, sexuell) sowie des Selbstwerterlebens: Motiv der *Besichtigung eines Hauses*,
   b) Prüfung verdrängter Verhaltenstendenzen und Freisetzen von introjizierten Beziehungsimagines: Motiv des *Waldrandes*, der *Höhle*, des *Sumpfloches* zur Darstellung von Symbolgestalten.

7. Prüfung des *Ich-Ideals* bzw. der Identität: im

Motiv einer *Person mit gleichgeschlechtlichem Vornamen,* die der Patient imaginiert, kommt es zur symbolischen Darstellung eines Vorbildes und zur Klärung von Problemen der Identitätsfindung.

8. Begegnung mit *Beziehungspersonen* (Introjekten) oder Personen der aktuellen Lebenssituation: symbolisch eingekleidet in Landschaftsmotive (Pflanzen, Baumgruppen), Tiere *(Tierfamilie)* oder als reale Personen.

9. *Exploration psychosomatischer Symptome:*
   a) *Inspektion des Körperinneren,* indem der Betreffende sich in einen Däumeling verwandelt und eine Reise in den Körper unternimmt.
   b) *Inspektion erkrankter Körperteile* von außen.

10. Kontrollmotiv für die Prüfung des Therapieverlaufes: Motiv eines *Neubaus.*

2.3 Therapeutische Techniken

In der Katathym-imaginativen Psychotherapie stehen therapeutisch-effiziente Interventionen zur Verfügung, mit deren Hilfe es gelingen kann, in die symbolischen Abläufe des Tagtraumes einzugreifen und zentrale Konflikte des Patienten zu fokussieren, wodurch das spätere Durcharbeiten erleichtert wird. Aus dem vielgestaltigen Repertoire von therapeutischen Techniken und Regieprinzipien (vgl. Tabelle 1) werden nachfolgend lediglich die Bedeutsamsten kurz erläutert, ausführliche Darstellungen finden sich bei Leuner (1983, 1985).

(1) *Die kreative Entfaltung eines Tagtraumes:* Die kreative Breite der imaginativen Inhalte nimmt von Sitzung zu Sitzung zu und kann als Maßstab des Fortschrittes der Therapie mit der K.i.P. gelten, worauf Landau und Leuner (1978) hingewiesen haben. Die kreative Anreicherung des Bildmaterials kann vom Therapeuten gefördert werden.

(2) *Das assoziative Vorgehen* (Leuner 1964, 1985) entspricht einer lockeren, minimalen Strukturierung des Tagtraumes. Der Therapeut gibt seine protektive Einstellung auf, die Interventionen beschränken sich auf die Förderung des assoziativen Flusses der Imagina-

tionen. In Analogie zu den freien Assoziationen der klassischen Psychoanalyse wird hier statt in Worten auf der imaginativen Ebene assoziiert. Dabei tritt häufig eine Altersregression dergestalt auf, daß der Patient konfliktbesetzte oder auch harmonische Kindheitsszenen intensiv durchlebt. Außer diesen regressiven Einstellungen im Sinne genetischer Einfälle kann durch die Anregung von Einfällen aus seiner Alltagswelt beim Patienten ein Bezug zwischen konfliktzentrierten Imaginationen und analogen Konstellationen der derzeitigen Realität hergestellt werden. Diese Technik wird wesentlich zur Durcharbeitung charakterlicher Fehlanpassungen eingesetzt.

(3) *Einstellung des Nachttraumes:* Nächtliche, vor allem nicht abgeschlossene Träume können wieder eingestellt und als Tagtraum fortgesetzt werden; dies führt zur Erarbeitung kreativer Lösungen und erleichtert die tiefenpsychologische Bearbeitung des Traumes.

(4) *Spezifische Regieprinzipien* werden in wichtigen Situationen des therapeutischen Prozesses teils zur Klärung, teils zur Affektneutralisierung eingesetzt. Sie dienen der Bearbeitung infantiler Objektbeziehungen. So kann es beispielsweise durch die Technik des *„Nährens und Anreicherns"* (Leuner 1957) zu einer Versöhnung mit einem abgespaltenen Introjekt kommen, das von einer feindseligen Symbolgestalt verkörpert wird (Grundstufe). In der Mittelstufe ermöglicht die Technik der *„Symbolkonfrontation"* (Leuner 1955) die Beziehungsklärung zu einer als feindselig erlebten Symbolgestalt. Durch diese und andere Techniken kommt es zu Wandlungen der Tagtraumszene, die ihren Ursprung in einer Lösung unbewußter Konflikte und einer veränderten aktuellen Stimmung des Patienten haben. Auch hier muß auf die spezifische Literatur verwiesen werden (Leuner 1955, 1982, 1985).

(5) *Das Durcharbeiten in der K.i.P.* bezieht sich auf Widerstände und den neurotisch bedingten Wiederholungszwang. Die komplizierte Technik ähnelt der Psychoanalyse, gebraucht jedoch in stärkerem Maße die Imagination, deren Inhalte oft eine Tendenz haben, sich auch selbst zu entschlüsseln. Schlagwortartig wird beim Durcharbeiten in folgenden Schritten vorgegangen:

- Klarifizieren (etwa der Gefühle),
- Assoziieren, Spiegeln und Konfrontieren mit den imaginierten Inhalten, Assoziieren szenischer Bilder,
- Durchleben und Durchleiden negativer Affekte,
- Verhaltensbeobachtung und Förderung expansiven Handelns und
- Selbstinterpretation der imaginierten Inhalte, spontan oder vom Therapeuten gefördert.
- Erst am Ende dieser Reihe stehen in der Regel die deutenden Hilfen des Therapeuten, deren Angebot auf die Reflexionsfähigkeit des Patienten abgestimmt werden muß.

Alle bisher geschilderten Techniken dienen der Konfliktbearbeitung (i. S. der Psychoanalyse) und sind der *ersten Dimension* der K. i. P. zugeordnet, die eine Therapie auf der konflikthaft-neurotischen Ebene möglich macht.

(6) Die Therapie im Rahmen der *„zweiten Dimension des Katathymen Bilderlebens"* ermöglicht im Rahmen des anaklitischen Settings eine Regression auf die Phase der Grundstörung (BALINT 1970, LEUNER 1978 a) in den primär-narzißtischen und frühen oralen Bereich. Es kommt dabei zur Befriedigung archaischer Bedürfnisse, beispielsweise in oral- oder analzentrierten Szenen. Auch primär-narzißtisches Erleben, etwa des Eins-Seins mit der Natur, kann unter ekstatischer Überhöhung zu einem „narzißtischen Ausgleich" im Sinne von KOHUT (1973) führen. Dieser regressive Nachvollzug gestörter emotionaler Entwicklungsphasen führt zu einer Ich-Stärkung, bildet eine relativ stabile Basis für die Auseinandersetzung mit der frühen Konfliktwelt und hat sich bei der Behandlung von Grundstörungen und psychosomatischen Zuständen als bedeutsam erwiesen (LEUNER 1981, 1985, PAHL 1980, WÄCHTER 1982, 1984, WILKE 1983, 1990).

Die folgenden sehr kurzen Fallbeispiele sollen die praktische Anwendung der Katathym-imaginativen Psychotherapie illustrieren:

Fall I:

Bei einem 35jährigen Werkmeister war es nach einem mit einer Schrecksituation verbundenen banalen Arbeitsunfall zu einer ausgeprägten Herzphobie gekommen, die zur Arbeitsunfähigkeit führte. Später kamen andere phobische Symptome und ein reaktives depressives Syndrom hinzu. Die Anamnese ergab nur einige oberflächliche Daten; der Patient war eine schlichte, wenig introspektionsfähige Persönlichkeit.

Die Therapie begann etwa ein Jahr nach Auslösung der Symptomatik und nahm 26 Einzelsitzungen (einmal wöchentlich) in Anspruch. Der Patient durchlief die wesentlichen Phasen einer typischen Behandlung auf der Grundstufe und war nach 6 Monaten weitgehend beschwerdefrei und arbeitsfähig.

Kommentar: Obwohl der Patient nicht in der Lage war, Einfälle zu den Tagtrauminhalten zu bringen, konnte er im Rahmen des übenden Vorgehens der Grundstufe seine Gefühle wahrnehmen und Probehandlungen vollziehen, die Rückwirkungen auf sein Verhalten hatten. Er gab seine passive Erwartungshaltung auf und konnte sich am Arbeitsplatz besser durchsetzen. So wurde neben Symptomheilung auch eine gewisse Verhaltensänderung mit Rückfallfreiheit über 8 Jahre erzielt (LEUNER 1985).

Fall II:

Eine 27jährige Krankenschwester litt an einer neurotischen Depression mit Suizidalität, die 2 Monate vor der Konsultation in typischer Weise durch einen Trennungskonflikt (Objektverlust, narzißtische Kränkung) ausgelöst worden war. Die Anamnese bestätigte den ersten klinischen Eindruck einer vorwiegend depressiv strukturierten Persönlichkeit mit narzißtischen Anteilen. Darüber hinaus wurde eine ödipale Fixierung deutlich, die alle Partnerbeziehungen beeinflußt hatte.

Die Therapie umfaßte 28 Sitzungen (zweimal wöchentlich), dauerte knapp 4 Monate und zeigte im Symboldrama einen bemerkenswert schlüssigen Behandlungsverlauf. Zunächst standen die Bearbeitung der narzißtischen Kränkung und des Themas „Alleingelassensein" sowie die Verdeutlichung der ödipalen Fixierung im Vordergrund. Im Rahmen der kontrollierten Regression erfuhr die Patientin Stützung und Ermutigung; später auftretende narzißtisch-symbiotische Szenen trugen zu einer weiteren Ich-Stärkung bei. Bei der dann folgenden Auseinandersetzung mit archaischer Aggressivität und dem idealisierten Objekt (Vater, Ehemann, Freund) kam es zur Rückwendung der auf das Selbst gelenkten Aggression nach außen und zu einem stufenweisen Probehandeln der „Ablösung vom Vater". Schließlich waren intensive Trauerarbeit mit Antizipation der Trennung und damit verbunden eine korrigierende emotionale Neuerfahrung möglich.

Nach Abschluß der Therapie war die Depression, einschließlich der körperlichen Symptomatik, verschwunden, die Patientin konnte sich von ihrem Freund trennen und ihr Leben neu gestalten.

Kommentar: Das Beispiel zeigt die Anwendung der Katathym-imaginativen Psychotherapie im Rahmen der fortgeschrittenen Mittelstufe (und Oberstufentechniken) bei einer akut aufgetretenen Symptomatik. Die Zulassung der kontrollierten Regression fördert archaisches Konfliktmaterial, dessen fortlaufende Durcharbeitung ermöglicht, daß die Patientin ihre Depression überwinden kann. Neben Symptomheilung kam es hier in begrenztem Umfang auch zu charakterwandelnden Wirkungen, etwa der Änderung von Verhaltensweisen. Die Patientin wurde so weit gefördert, daß sie mit ihren Problemen selbst fertig werden konnte, und hat sich aufgrund der gewonnenen Einsichten zu der notwendigen analytischen Psychotherapie entscheiden können, zu der sie zunächst nicht motiviert war (WÄCHTER 1982).

–⧄–

3 Indikationen und Kontraindikationen

Die Katathym-imaginative Psychotherapie hat einen relativ breiten Anwendungsbereich (vgl. theoretische Fundierung). Indikationen sind alle Formen von Psychoneurosen und Charakterneurosen, wobei die K.i.P. auch bei Patienten Anwendung findet, die mit klassischen tiefenpsychologischen Verfahren sonst nicht erreicht werden: Patienten mit festgefügten Abwehrstrukturen (i. S. von Charakterpathologie), Patienten mit gestörtem Zugang zur eigenen Gefühlsbefindlichkeit, sehr einfach strukturierte und in Introspektion und therapeutischer Ich-Spaltung ungeübte Patienten.

Ein Schwerpunkt der K.i.P. ist die Krisenintervention und die Kurztherapie (bis maximal 30 Sitzungen). Das Verfahren ermöglicht bei einer längeren Behandlungsdauer auch die Regression bis auf den Grundkonflikt und kommt damit auch als Behandlungsmethode bei Patienten in Frage, bei denen eine tiefere Regression notwendig ist. Seine Wirksamkeit wurde durch wissenschaftlich-fundierte Arbeiten überprüft, die ihren Niederschlag in über 100 Publikationen fanden. Es handelt sich dabei um statistische Effizienzkontrollen (KULESSA und JUNG 1983, WÄCHTER und PUDEL 1980, WILKE 1982, ROTH 1983), spezielle Anwendungsbereiche sowie Einzelfallanalysen, die in zwei Bänden über Ergebnisse mit dem KB niedergelegt sind (LEUNER 1983, LEUNER und LANG 1982), um nur einige zu erwähnen. In den letzten Jahren wurden Möglichkeiten und spezifische Behandlungsstrategien zur Therapie psychosomatischer Erkrankungen erarbeitet (WILKE 1982, KLESSMANN 1978, WÄCHTER 1984, SACHSSE und WILKE 1987) und in einem Ergebnisband zusammengefaßt (WILKE und LEUNER 1990). Das Verfahren läßt sich auch bei Kindern und Jugendlichen, z. T. mit kleinen Modifikationen, gut anwenden (LEUNER ET AL. 1978).

Spezielle Erfahrungen mit günstigen Ergebnissen liegen für folgende Indikationen vor:

- Krisenintervention (LEUNER, Sammelkasuistik 1982; BAGDY 1992),
- Kurztherapie, auch depressiver Neurosen und Phobien (WÄCHTER, Einzelkasuistik 1982;

WÄCHTER und PUDEL, kontrollierte Studie 1980; SOYKA, Einzelkasuistik 1990),
- charakterneurotische Anpassungsstörungen (HORN, Einzelkasuistik 1978; LEUNER, Sammelkasuistik 1982 und 1985),
- Zwangsneurosen (KOCH, Einzelkasuistik 1969; SALVISBERG, Sammelkasuistik 1982; SCHENDL, Einzelkasuistik 1989),
- Herzneurosen (EIBACH, Einzelkasuistik 1982; STEINER, Einzelkasuistik 1982; WILKE, Einzelkasuistik 1990),
- Colitis ulcerosa (WILKE, kontrollierte Studie 1979, Einzelkasuistik 1982; Sammelkasuistik 1990),
- Anorexia nervosa (KLESSMANN und KLESSMANN, Sammelkasuistik 1978; SEITHE, Einzelkasuistik 1982; SACHSSE, Einzelkasuistik 1990;
- Asthma bronchiale (WILKE, Sammelkasuistik 1984, 1990),
- psychogene funktionelle Organstörungen (WÄCHTER und PUDEL, kontrollierte Studie 1980; KULESSA und JUNG, Reihenuntersuchung 1983; WILKE und LEUNER 1990),
- psychogene Genitalstörungen bei Mann und Frau (ROTH, Sammelkasuistik 1983, 1990),
- Paartherapie (HENLE, Einzelkasuistik 1982; KOTTJE-BIRNBACHER, Einzelkasuistik 1981, 1982),
- Familientherapie (KLESSMANN, Sammelkasuistik 1982),
- sehr begrenzte Indikation bei Konversionssymptomatik und monosymptomatischen Organsymptomen etwa „Reizblase", Stottern (LEUNER 1985, WILKE und LEUNER 1990).

Eine Indikation zur Anwendung der K.i.P. ist auch dort gegeben, wo der Widerstand gegen eine Psychotherapie durch das somatische Symptom geäußert wird und deswegen vom Patienten auch nicht als Konflikt erlebt werden kann.

Gefahren der Katathym-imaginativen Psychotherapie: Das Verfahren ist eine z. T. sehr intensiv wirkende, die Regression fördernde Methode. Die Gefahren liegen in:
a) der unkritischen, weil leichten Anwendbarkeit,
b) der erheblichen therapeutischen Wirksamkeit, wodurch, besonders bei psychisch Schwergestörten, Konflikte aktualisiert werden, die den

Charakter einer existentiellen Bedrohung annehmen können.

Daher ist eine fundierte Ausbildung erforderlich (vgl. Abschnitt 4). Bei erfahrenen Therapeuten wurden ernsthafte Zwischenfälle nicht bekannt. Gefahren entstehen vor allem dort, wo brüchige Ich-Abwehren durch Anwendung der K.i.P. geschwächt werden können, so daß das Ich durch die Fülle andrängender Impulse plötzlich überschwemmt zu werden droht: Dies ist der Fall etwa bei extrem depressiven Zuständen, extrem hysterisch strukturierten Persönlichkeiten und Borderline-Strukturen. Solche Ich-schwachen Patienten tendieren dazu, die kontrollierte Regression während der Behandlungssitzung zu fixieren, und sollten daher wie üblich tunlichst im Sitzen und unter Vermeidung von Regression behandelt werden.

Kontraindikationen

- Mangelnde Intelligenz (IQ unter 85) stellt eine Begrenzung dar wie bei allen psychotherapeutischen Einzelverfahren.
- Akute und chronische Psychosen wegen der destabilisierenden Wirkung (vgl. oben),
- Patienten mit ausgeprägten Charakterneurosen, besonders mit einseitiger schizoider, hysterischer oder depressiver Struktur, die eine langdauernde Charakteranalyse erfordern,
- schwere soziale Anpassungsstörungen,
- schwere affektive Störungen auf dem Boden einer cerebral-organisch bedingten Enthemmung,
- fehlende Motivation zur Psychotherapie.

Relative Kontraindikationen

sind Formen ausgeprägter Ich-Schwäche, bei denen die Gefahr einer Destabilisierung durch Schwächung der brüchigen Ich-Abwehr besteht (vgl. weiter oben):
- schwere depressive Neurosen,
- ausgeprägte hysterische Persönlichkeitsstörungen,
- Borderline-Störungen,
- z. T. narzißtische Störungen.

Ausgewählte Fälle dieser Krankheitsbilder können jedoch von erfahrenen und speziell geschulten Therapeuten, teilweise mit Modifikationen, behandelt werden (Pahl 1980, Lang 1982, Wächter 1982, 1989, Rust 1989, Sachsse 1987).

4 Ausbildung

Die Ausbildung (Weiterbildung) in der Katathym-imaginativen Psychotherapie ist berufsbegleitend, nimmt in der Regel durchschnittlich 3 – 4 Jahre in Anspruch, wobei die Dauer individuell gestaltet werden kann.

Zur Weiterbildung Zugelassene sind Ärzte, die den Zusatz „Psychotherapie" oder „Psychoanalyse" oder die Gebietsbezeichnung „Psychotherapeutische Medizin" anstreben, klinische Diplom-Psychologen und Therapeuten für Kinder und Jugendliche.

Die curriculare Weiterbildung umfaßt folgende Hauptschwerpunkte:
- allgemeine tiefenpsychologische Grundlagen,
- spezielle Weiterbildung in der K.i.P.
- Selbsterfahrung,
- praktische Krankenbehandlung unter Supervision.

Die curriculare Weiterbildung erfolgt in überregionalen und regionalen Weiterbildungsseminaren von jeweils 10 Doppelstunden, Selbsterfahrungs- und Fallsupervisionsgruppen. In der Bundesrepublik werden insgesamt jährlich 10 Übungsseminare angeboten, die vom Göttinger Institut für Katathymes Bilderleben der AGKB* und seinen Dozenten organisiert und durchgeführt werden. Darüber hinaus wird eine gründliche tiefenpsychologisch fundierte Weiterbildung zum Zusatztitel „Psychotherapie" gefordert; die Weiterbildung im Verfahren der K.i.P. allein erfüllt nicht die curricularen Voraussetzungen zum Erwerb des Zusatztitels „Psychotherapie" für Ärzte oder die Voraussetzungen für Psychologen, an der kassenärztlichen Versorgung teilzuneh

men. Das Curriculum endet mit einem Therapeutenkolloquium.

Die Katathym-imaginative Psychotherapie kann in der kassenärztlichen Versorgung „im Rahmen eines übergreifenden tiefenpsychologischen fundierten Psychotherapie-Konzeptes" (Faber u. Haarstrick 1991, S. 74) durchgeführt werden, wenn dem Patienten aufgrund seiner Struktur oder der Art seiner Störung der Zugang zu nicht-rationalen, innerseelischen Vorgängen erschwert ist (S. 48). Aufgrund der angenommenen Verdichtung des therapeutischen Geschehens sehen die Psychotherapie-Richtlinien die Anwendung der K.i.P. nur in begrenzter Sitzungszahl (in der Regel 30 – 40 Sitzungen) im tiefenpsychologisch fundierten Therapie-Kontingent vor. Danach steht die verbale konfliktzentrierte Durcharbeitung im Vordergrund.

Literatur

Alexander, F. (1956): Zwei Formen der Regression und ihre Bedeutung für die Therapie. Psyche 9, 668 – 683.

Ammann, A. N. (1978): Aktive Imagination. Freiburg: Walter.

Bagdy, E. (1992): Zum Standpunkt der Imaginationstherapie in der Krisenbearbeitung. In: H: Hennig, E. Fikentscher und W. Rosendahl (Hg.): Tiefenpsychologisch fundierte Psychotherapie mit dem Katathymen Bilderleben Martin Luther Universität Halle-Wittenberg, Halle (Saale): Wissenschaftliche Beiträge 1992/2 (R 120), 72 – 77.

Balint, M. (1970): Therapeutische Aspekte der Regression: Die Theorie der Grundstörung. Stuttgart: Klett.

Barolin, G. (1961): Spontane Altersregression im Symboldrama und ihre klinische Bedeutung. Psychother. Med. Psychol. 11, 77 – 84.

Barolin, G., Bartl, G. und Krapf, G. (1983): Spontane kontrollierte Altersregression im Katathymen Bilderleben. Psychother. Med. Psychol. 32, 111 – 117.

Bartl, G. (1984): Der Umgang mit der Grundstörung im katathymen Bilderleben. In: J. W. Roth (Hg.): Konkrete Phantasie. Bern, Stuttgart, Wien: Huber, 117 – 129.

* Arbeitsgemeinschaft für Katathymes Bilderleben und imaginative Verfahren in der Psychotherapie (AGKB) e.V., Göttingen, Friedländer Weg 30

BOWLBY, J. (1973): Attachment and loss, Vol. 2, Separation: Anxiety and anger. New York: Basic Books.

DESSOILLE, R. (1945): Introduction à une psychotherapy rationelle. Paris: P. U. F.

DÜHRSSEN, A. (1972): Analytische Psychotherapie in Theorie, Praxis und Ergebnissen. Göttingen: Vandenhoeck und Ruprecht.

EIBACH, H. (1979): Sterbehilfe in der Klinik unter Einsatz des KB. Psychother. Med. Psychol. 29, 96–103.

EIBACH, H. (1982): Die Psychodynamik einer chronischen Herzneurose im Lichte des Katathymen Bilderlebens – Behandlung und zugleich ein Beitrag zur „endlichen Analyse“. In: H. LEUNER und O. LANG (Hg.): Psychotherapie mit dem Tagtraum, Katathymes Bilderleben, Ergebnisse II, Fallanalysen, Theorie. Bern, Stuttgart, Wien: Huber, 203–228.

FABER, F. R. und HAARSTRICK, R. (1991): Kommentar Psychotherapie-Richtlinien. 2. Auflage. Neckarsulm: Jungjohann.

FIKENTSCHER, E. (1992): KB als Gruppenerleben und seine bildnerische Umsetzung. In: H. HENNIG, E. FIKENTSCHER und W. ROSENDAHL (Hg.): Tiefenpsychologisch fundierte Psychotherapie mit dem Katathymen Bilderleben. Martin Luther Universität Halle-Wittenberg, Halle (Saale): Wissenschaftliche Beiträge 1992/2 (R 120), 132–139.

FRANK, L. (1913): Affektstörungen. Berlin: Springer.

FREUD, S. und BREUER, J. (1885): Studien über Hysterie. Fischer-Bücherei. Frankfurt: S. Fischer 1970.

FREUD, S. (1895): Studien über Hysterie, GW I. London: Imago 1952, 81–251.

GRUNBERGER, B. (1977): Vom Narzißmus zum Objekt. Frankfurt: Suhrkamp.

HEISS, R. (1956): Allgemeine Tiefenpsychologie. Bern, Stuttgart: Huber.

HENLE, I. (1982): Die Anwendung des Katathymen Bilderlebens bei der Therapie ehelicher Virginität. In: H. LEUNER und O. LANG (Hg.): Psychotherapie mit dem Tagtraum, Katathymes Bilderleben, Ergebnisse II, Fallanalysen, Theorie. Bern, Stuttgart, Wien: Huber, 173–188.

HORN, G. (1978): Therapie eines schwergestörten Jugendlichen mit dem Katathymen Bilderleben. In: H. LEUNER, G. HORN und E. A. KLESSMANN (Hg.): Katathymes Bilderleben mit Kindern und Jugendlichen. München, Basel: Reinhardt, 101–121.

JUNG, C. G. (1916): Die transzendente Funktion. Zitiert nach AMMANN (1978).

KERNBERG, O. F. (1981): Objektbeziehungen und Praxis der Psychoanalyse. Stuttgart: Klett-Cotta.

KLESSMANN, E. und KLESSMANN, H.-A. (1978): Ambulante Psychotherapie der Anorexia Nervosa unter Anwendung des Katathymen Bilderlebens. In: H. LEUNER, G. HORN und E. A. KLESSMANN (Hg.): Katathymes Bilderleben mit Kindern und Jugendlichen. München, Basel: Reinhardt, 62–75.

KLESSMANN, E. (1982): Symbolisierung von Beziehungen im Katathymen Bilderleben – Frühe Objektbeziehungen und spätere Familienbeziehungsstörungen. In: H. LEUNER und O. LANG (Hg.): Psychotherapie mit dem Tagtraum, Katathymes Bilderleben, Ergebnisse II, Fallanalysen, Theorie. Bern, Stuttgart, Wien: Huber, 56–72.

KOCH, W. (1969): Kurztherapie einer zwangsstrukturierten Neurose mit dem Katathymen Bilderleben. Psychother. Med. Psychol. 19, 187–196.

KOHUT, H. (1973): Narzißmus. Frankfurt: Suhrkamp.

KOTTJE-BIRNBACHER, L. (1981): Paartherapie mit dem Katathymen Bilderleben – Eine Falldarstellung. Familiendyn. 3, 260–274.

KOTTJE-BIRNBACHER, L. (1982): Das Katathyme Bilderleben (KB) der Dyade als Spiegel von Paarbeziehungen. In: H. LEUNER und O. LANG (Hg.): Psychotherapie mit dem Tagtraum, Katathymes Bilderleben, Ergebnisse II, Fallanalysen, Theorie. Bern, Stuttgart, Wien: Huber, 270–290.

KRIS, E. (1952): Psychoanalytic exploration in Art. New York: Int. Univ. Press.

KULESSA, CH. und JUNG, F. G. (1983): Effizienz einer 20stündigen Kurzpsychotherapie mit dem Katathymen Bilderleben im testpsychologischen Prae/Post-Vergleich. In: H. LEUNER (Hg.): Katathymes Bilderleben – Ergebnisse in

Theorie und Praxis. Bern, Stuttgart, Wien: Huber, 148–169.

LEUNER, H. (1957): Symboldrama, ein aktives, nicht analytisches Verfahren in der Psychotherapie. Psychother. Med. Psychol. 7, 221–238.

LEUNER, H. (1967): Kurzpsychotherapie – ihre Problematik und ihre Notwendigkeit. Psychother. Med. Psychol. 17, 125–131.

LEUNER, H. (1970): Katathymes Bilderleben – Grundstufe, 3. Auflage (1982). Stuttgart: Thieme.

LEUNER, H., HORN, G. und KLESSMANN, E. (1978 b): Katathymes Bilderleben mit Kindern und Jugendlichen. München, Basel: Reinhardt.

LEUNER, H. (Hg.) (1980): Katathymes Bilderleben, Ergebnisse in Theorie und Praxis, 2. Auflage (1983). Bern, Stuttgart, Wien: Huber.

LEUNER, H. und LANG, O. (Hg.) (1982): Psychotherapie mit dem Tagtraum, Katathymes Bilderleben, Ergebnisse II, Fallanalysen, Theorie. Bern, Stuttgart, Wien: Huber.

LEUNER, H. (1983): Zur psychoanalytischen Theorie des Katathymen Bilderlebens (KB), 2. Auflage. In: H. LEUNER (Hg.): Katathymes Bilderleben – Ergebnisse in Theorie und Praxis. Bern, Stuttgart, Wien: Huber, 74–91.

LEUNER, H. (1983): Katathymes Bilderleben. In: R. J. CORSINI (Hg.): Handbuch der Psychotherapie. (S. 451–468). Weinheim, Basel: Beltz.

LEUNER, H. (1985): Lehrbuch des Katathymen Bilderlebens. Bern, Stuttgart, Toronto: Huber.

LEUNER, H., KOTTJE-BIRNBACHER, L., SACHSSE, U. und WÄCHTER, H.-M. (1986): Gruppenimagination. Gruppentherapie mit dem Katathymen Bilderleben. Bern, Stuttgart, Toronto: Huber.

LOCH, W. (1967): Über theoretische Voraussetzungen einer psychoanalytischen Kurztherapie. In: Jahrbuch Psychoanal. 4, 82–104. Bern: Huber.

LORENZER, A. (1970): Kritik des psychoanalytischen Symbolbegriffes. Frankfurt: Suhrkamp.

MAIER, H. W. (1912): Über katathyme Wahnbildung und Paranoia. Ges. Neurol. Psychiat. 13, 555–610. Berlin: Springer.

MALAN, D. H. (1965): Psychoanalytische Kurzpsychotherapie. Bern, Stuttgart: Huber/Klett.

PAHL, J. (1983): Über narzißtische Entwicklungslinien während des Katathymen Bilderlebens. In: H. LEUNER (Hg.): Katathymes Bilderleben, Ergebnisse in Theorie und Praxis, 2. Auflage. (S. 93–104). Bern, Stuttgart, Wien: Huber.

ROSENDAHL, W. (1992): Das KB in der Gruppe – diagnostische und therapeutische Aspekte im Rahmen einer stationären Jugendgruppe. In: H. HENNIG, E. FIKENTSCHER, W. ROSENDAHL (Hg.): Tiefenpsychologisch fundierte Psychotherapie mit dem Katathymen Bilderleben. Martin Luther Universität Halle-Wittenberg, Halle (Saale): Wissenschaftliche Beiträge 1992/2 (R 120), 139–147.

ROTH, J. W. (1983): Das Katathyme Bilderleben bei psychosomatischen Frauenkrankheiten und Sexualstörungen beiderlei Geschlechts. In: H. LEUNER (Hg.): Katathymes Bilderleben, Ergebnisse in Theorie und Praxis, 2. Auflage. Bern, Stuttgart, Wien: Huber, 209–214.

ROTH, J. W. (1984): Konkrete Phantasie, neue Erfahrungen mit dem Katathymen Bilderleben. Bern, Stuttgart, Wien: Huber.

ROTH, J. W. (1990): Das KB in der Behandlung von Sexualstörungen und gynäkologisch-psychosomatischen Symptomen. In: E. WILKE und H. LEUNER (Hg.): Das Katathyme Bilderleben in der psychosomatischen Medizin. Bern, Stuttgart, Toronto: Huber, 266–273.

RUST, M. (1989): Zur Diagnostik struktureller Ich-Störungen in katathymen Bildern. In: G. BARTL und F. PESENDORFER (Hg.): Strukturbildung im therapeutischen Prozeß. Wien: LITERAS-Universitätsverlag, 71–84.

RUST, M. (1993): Die Kunst des Hörens. Zur psychotherapeutischen Wahrnehmung. In: M. RUST (Hg.): Katathyme Symbolik und die Kunst des Hörens. Wahrnehmungseinstellung in Psychotherapie und Psychiatrie. Bonn: Neuzeit.

SACHSSE, U. (1987): Psychotherapie mit dem Katathymen Bilderleben bei Borderline-Patienten. Indikation oder Kontraindikation? Vortrag auf dem 28. Weiterbildungsseminar der AGKB, Bad Lauterberg.

SACHSSE, U. (1990): Von der psychosomatischen Reaktion zum emotionalen Erleben. Die Therapie einer jungen Frau mit einer anorektischen Reaktion. In: E. WILKE und H. LEUNER

(Hg.): Das Katathyme Bilderleben in der psychosomatischen Medizin. Bern, Stuttgart, Toronto: Huber, 249–257.

SACHSSE, U. und WILKE, E. (1987): Die Anwendung des Katathymen Bilderlebens bei psychosomatischen Erkrankungen. Prax. Psychother. Psychosom. 32, 46–54.

SALVISBERG, H. (1982): Therapie von Zwangsneurosen mit dem Katathymen Bilderleben – Ein Beitrag zur Kasuistik und Theorie. In: H. LEUNER und O. LANG (Hg.): Psychotherapie mit dem Tagtraum, Katathymes Bilderleben, Ergebnisse II. Bern, Stuttgart, Wien: Huber, 94–111.

SCHENDL, M. (1989): Strukturveränderung einer ausgeprägten Zwangsneurose. In: G. BARTL und F. PESENDORFER (Hg.): Strukturbildung im therapeutischen Prozeß. Wien: LITERAS-Universitätsverlag, 133–158.

SCHULTZ, J. H. (1970): Das Autogene Training, 13. Auflage. (Erste Auflage 1932). Stuttgart: Thieme.

SEITHE, A. (1982): Psychotherapie des Falles einer chronischen Anorexia nervosa mit dem Katathymen Bilderleben. In: H. LEUNER und O. LANG (Hg.): Psychotherapie mit dem Tagtraum, Katathymes Bilderleben, Ergebnisse II. (S. 229–254). Bern, Stuttgart, Wien: Huber.

SINGER, J. L. (1971): Phantasie und Tagtraum: Imaginative Methoden in der Psychotherapie. München: Pfeiffer.

SOYKA, H. (1990): Die Kurztherapie mit dem Katathymen Bilderleben in einem Fall von Panik-Syndrom mit Sehstörungen. In: E. WILKE und H. LEUNER (Hg.): Das Katathyme Bilderleben der psychosomatischen Medizin. Bern, Stuttgart, Toronto: Huber, 274–278.

SPITZ, R. (1956): Die Urhöhle. Zur Genese der Wahrnehmung und ihrer Rolle in der psychoanalytischen Theorie. Psyche 9, 641–686.

STEINER, E. (1982): Pragmatische Kurztherapie von zwei Herzneurosen (Herzphobien) mit dem Katathymen Bilderleben. In: H. LEUNER und O. LANG (Hg.): Psychotherapie mit dem Tagtraum, Katathymes Bilderleben, Ergebnisse II. Bern, Stuttgart, Wien: Huber, 190–202.

VOLKAN, V. D. (1976): Psychoanalytische Objektbeziehungen. Stuttgart: Klett-Cotta.

WÄCHTER, H.-M. (1982): Kurztherapie einer neurotischen Depression mit narzißtischen Persönlichkeitsanteilen. In: H. LEUNER und O. LANG (Hg.): Psychotherapie mit dem Tagtraum, Katathymes Bilderleben, Ergebnisse II. Bern, Stuttgart, Wien: Huber, 112–132.

WÄCHTER, H.-M. (1984): Möglichkeiten des Katathymen Bilderlebens in der Behandlung psychosomatischer Krankheiten. In: J. W. ROTH (Hg.): Konkrete Phantasie, neue Erfahrungen mit dem Katathymen Bilderleben. Bern, Stuttgart, Wien: Huber, 89–102.

WÄCHTER, H.-M. (1986): Grenzen – Übergänge zwischen supportiver und aufdeckender Psychotherapie mit dem Katathymen Bilderleben. Vortrag auf dem 3. Internationalen Kongreß der IGKB, Interlaken.

WÄCHTER, H.-M. (1989): Von der Strukturbildung zur Strukturänderung. Entwicklungslinien KB-Therapie bei Ich-strukturell-gestörten Patienten. In: G. BARTL und F. PESENDORFER (Hg.): Strukturbildung im therapeutischen Prozeß. Wien: LITERAS-Universitätsverlag, 117–123.

WÄCHTER, H. M. (1995): Das Konzept der katathym-imaginativen Kurzzeittherapie, Möglichkeiten und Grenzen. Vortrag auf dem Int. Kongreß „Kurzzeitbehandlung und Krisenintervention in der Psychotherapie und Psychosomatik", Halle/Saale, 1995.

WÄCHTER, H.-M., PUDEL, V. (1980): Kontrollierte Untersuchung einer extremen Kurzpsychotherapie (15 Stunden) mit dem Katathymen Bilderleben. Psychother. Med. Psychol. 30, 193–205.

WILKE, E. (1979): Katathymes Bilderleben in der Behandlung der Colitis ulcerosa. Göttingen, Schriftenreihe der AGKB, Band II.

WILKE, E. (1982): Eine psychotherapeutische Behandlung von Colitis ulcerosa mit dem Katathymen Bilderleben. In: H. LEUNER und O. LANG (Hg.): Psychotherapie mit dem Tagtraum, Katathymes Bilderleben, Ergebnisse II. Bern, Stuttgart, Wien: Huber, 255–268.

WILKE, E. (1984): Möglichkeiten und Grenzen des Katathymen Bilderlebens in der Therapie des Asthma bronchiale. In: J. W. ROTH (Hg.): Konkrete Phantasie, neue Erfahrungen mit dem Katathymen Bilderleben. Bern, Stuttgart, Wien: Huber, 103–116.

WILKE, E. (1990): Colitis ulcerosa (Behandlung mit dem KB). In: E. WILKE und H. LEUNER (Hg.): Das Katathyme Bilderleben in der psychosomatischen Medizin. Bern, Stuttgart, Toronto: Huber, 78–98.

WILKE, E. und LEUNER, H. (Hg.) (1990): Das Katathyme Bilderleben in der psychosomatischen Medizin. Bern, Stuttgart, Toronto: Huber.

Kunst- und Gestaltungstherapie

Irmgard Bonstedt-Wilke, Ulrich Rüger

1 Übersicht

Kunst- und Gestaltungstherapie ist Psychotherapie mit gestalterischen Mitteln. Dabei wird nach FRANZKE (1983, S. 9) versucht,

> „kreatives (bildnerisches und darstellerisches) Tun für Behandlungszwecke fruchtbar zu machen. Das Gestaltungserleben soll den Zugang zur Emotionalität erleichtern und in der weiteren Folge Wegbereiter und Mittel indizierter Psychotherapie sein."

Nach CZERNY (1985, S. 37) verfolgt die Gestaltungstherapie „das Ziel, dem Patienten bei der Wiedergestaltung seiner gestörten oder zerstörten Persönlichkeit beizustehen", indem schöpferische Impulse im Patienten verstärkt werden; dabei spielt nach JANSSEN (1981)

> „der produzierende Akt als Ich-Leistung eine ebenso große Rolle wie das entstandene Produkt …. Gestaltungstherapie kann dazu verhelfen, kreative Ich-Funktionen wiederzubeleben oder neu zu entwickeln".

Die bildhafte Gestaltung entsteht grundsätzlich in einem therapeutischen Beziehungsraum, (KRAFT 1993). Ihr Entstehungsprozeß, ihre Form und Struktur ist Ausdrucksträger der psychischen Innenwelt des Patienten. Diese wird durch das Medium der bildhaften Gestaltung sichtbar und einer therapeutischen Bearbeitung zugänglich gemacht. Der gestalterische Prozeß wird dabei als ein Vorgang der seelischen Strukturierung und Selbstorganisation verstanden.

Der Begriff „Gestaltungstherapie" wurde 1960 von CLAUSER eingeführt. Ausgehend von der englischen Bezeichnung „art-therapy" hat sich im deutschsprachigen Bereich auch die Bezeichnung „Kunsttherapie" etabliert, beide Bezeichnungen werden aber weitgehend übereinstimmend angewandt. FRANZKE (1983) rät allerdings von der Bezeichnung „Kunsttherapie" ab, weil damit einmal beim Patienten sofort zu hohe künstlerische Ansprüche verbunden wären und zum anderen mit einer solchen Bezeichnung das Interesse zu wenig auf den gesamten Gestaltungsprozeß und statt dessen nur auf das Resultat bzw. Produkt gelenkt würde. Die Bezeichnung „Kunsttherapie" grenzt andererseits die „Gestaltungstherapie" deutlicher von der Ergotherapie („Beschäftigungstherapie") ab, in der Farben und Ton seit jeher eine wichtige Rolle spielen. Allerdings geht es in letzterer vornehmlich um die Förderung von Funktionslust, Einhaltung eines Spannungsbogens bei der Erstellung eines Produktes und die Förderung der Konzentrationsfähigkeit, während die Selbstdarstellung, insbesondere konflikthafter psychischer Aspekte, in den Hintergrund tritt.

FRANZKE (1983) faßte unter „Gestaltungstherapie" Bildnereien, Modellieren, Musiktherapie, Tanzgestaltung und Pantomime, Psychogymnastik, das Katathyme Bilderleben u. a. zusammen. Er hat sicherlich insofern recht, als bei den genannten Verfahren immer auch gestaltende Elemente zum Tragen kommen. In den letzten Jahren hat sich durch die Ausweitung der Arbeit mit „Nicht-verbalen" Ausdrucksformen aber immer klarer eine Spezialisierung und damit begriffliche Differenzierung ergeben. Danach entsprechen die Bezeichnungen der Therapieformen den benutzten Ausdrucksformen, also „Musiktherapie", „Bewegungstherapie", „Tanztherapie", und mit „Kunst- oder Gestaltungstherapie" ist bildnerisches und plastisches Gestalten i. e. S. gemeint.

Diese Differenzierung scheint auch deshalb notwendig zu sein, weil die genannten Verfahren

– auch wenn sie jeweils eine tiefenpsychologisch orientierte, konzeptuelle Basis haben – sich doch therapeutisch durch jeweils andere Wirk-Ansätze unterscheiden. So weist Janssen (1981) sicherlich zu recht auf einen bedeutsamen Unterschied zwischen Musik- und Gestaltungserleben hin. Danach wird im „Musikerleben eher eine regressive Wiederbelebung ungetrennter Mutter-Kind-Beziehungen und von Verschmelzungswünschen" aktualisiert. Dagegen steht die Ausbildung eines gestaltenden Ich „in enger Beziehung zur motorischen Entwicklung und fällt demnach in die Subphasen der Individuation, der Differenzierung von Selbst und Objekt und der Entwicklung der Selbstrepräsentanten und Objektkonstanz". Damit fördert bildnerisches Gestalten eher Individuationsprozesse, während das Musikerleben insbesondere symbiotische Tendenzen fördern und problematisieren kann.

2 Historische Anmerkungen

Kunst und Therapie haben nach Biniek (1982) ihre frühe gemeinsame Wurzel im Kult. Dies gilt nicht nur für Musik, Tanz und Schauspiel, sondern auch für bildnerische Darstellungen, wie sie uns z. B. in den franco-kantabrischen Höhlenmalereien der Steinzeit (30 000 v. Chr.) entgegentreten, als „der Beginn einer kritisch-kontemplativen Existenz des Menschen" (Narr, 1973; zitiert nach Biniek, 1982, S. 9).

Gestaltungstherapeutische Ansätze gehen in der modernen Zeit insbesondere auf Psychoanalytiker und Psychotherapeuten zurück, die bei der Behandlung ihrer Patienten die Grenzen einer rein verbalen Psychotherapie feststellten und jeweils ein bestimmtes Medium in den Vordergrund ihrer Technik stellten: Moreno – die psychodramatische Darstellung, Priestley – die Musik; bildnerisches Gestalten wurde im deutschsprachigen Bereich bereits in den 20er Jahren von Heyer (1929) therapeutisch genutzt und von den 60er Jahren an in zunehmend breiterem Rahmen in seiner Bedeutung erkannt (vgl. Franzke 1977; Biniek 1982; Janssen 1982). Im anglo-amerikanischen Bereich gingen wesentliche Anstöße insbesondere von der dynamisch orientierten Kunsttherapie M. Naumburgs (1947) aus.

In Deutschland hat seit Mitte der siebziger Jahre die Gestaltungstherapie immer mehr an Bedeutung gewonnen. Nach sehr intensiv geführten methodischen Diskussionen zwischen den mehr tiefenpsychologisch-therapeutisch und den mehr künstlerisch orientierten Richtungen sind beide Richtungen jetzt in einem gemeinsamen Berufsverband der Kunst- und Gestaltungstherapeuten zusammengefaßt.

3 Zum theoretischen Konzept der Gestaltungstherapie: Bildnerische Darstellung und Gestaltungstherapie aus psychoanalytischer Sicht

Die bildnerischen Darstellungen Geisteskranker (Prinzhorn 1923 und Navratil 1965) wurden zunächst als ein möglicher Zugang zum Unbewußten verstanden. Hier wurden u. a. die diagnostische Funktion der Darstellungen und die Möglichkeit, Entwicklung und Verlauf festzuhalten, genutzt.

Eine solche Auffassung läßt allerdings nach Janssen (1982) die therapeutische Konstellation „Gestalter – Gestaltetes – Gestaltungstherapeut" außer acht. Diesen Aspekt berücksichtigte als eine der ersten dagegen die amerikanische Kunsttherapeutin Naumburg (1966); sie versteht Bildnereien als „symbolische Kommunikation" und stellt das in den Mittelpunkt ihrer Wahrnehmungseinstellung als Therapeutin. Dagegen hält Kramer (1975) die Betonung der gelungenen Form des Produktes besonders geeignet für die Ich-Stützung und Förderung von Identitäts- und Reifungsprozessen.

Insgesamt stellt nach Kraft (1993) die Gestaltungstherapie einen Raum zur Verfügung, dessen Inhalt eine Atmosphäre von Sinnlichkeit, Reizen und Handlungsimpulsen schafft und in dem sich ein Spielraum für Spüren, Schauen, Bewegen, Entfalten und Begegnung anbietet.

Dieser innere Spielraum ist es, der als Kreativität erlebt und verstanden werden kann. Diese entfaltet sich in der lebenslangen Auseinandersetzung zwischen Loslösung, Selbstverwirklichung und Anpassung. Bei einem psychisch Kranken dagegen wird die für Kreativität notwendige freie Energie durch innere pathogene Prozesse beansprucht. Damit fehlt die Möglichkeit, spielerisch mit Kräften, die aus dem Inneren kommen, umzugehen und damit eine kreative Beziehung zwischen diesen inneren Kräften und den Anregungen von außen herzustellen.

Durch den kreativen bildnerischen Prozeß wird die Fähigkeit zur Selbstregulation gefördert oder wieder erlernbar. Über den gestalterischen Ausdruck und die an der Wahrnehmung orientierte Methode werden besonders vorsprachliche Lebensphasen symbolisiert. Neue Erfahrungen können so bildhaft ausgedrückt, verarbeitet und assimiliert werden. Die Projektion auf die Ebene des Bildes erlaubt durch die Distanz, unbewußte und/oder konflikthafte Inhalte auszudrücken und extern zu bearbeiten. So bearbeitet, werden diese schließlich wieder verändert introjiziert. Dadurch wird abgespaltenes und verdrängtes Material in die Persönlichkeit integriert, das vorher unter Umständen in seiner unverarbeiteten Form selbstregulative Prozesse behindert hat.

4 Durchführung der Behandlung

Jede Form von Psychotherapie spielt sich im Rahmen einer professionell gestalteten Beziehungssituation ab (RUDOLF 1993). Diese erfordert jeweils unterschiedliche Rahmenbedingungen und therapeutische Haltungen, um den jeweils verfahrensspezifischen Prozeß ingang zu setzen. In diesem Sinne sind nach SCHRODE (1995, S. 17) Grundvoraussetzungen für gestaltungstherapeutische Prozesse „Materie, die bearbeitet wird, und ein Ort, an dem dies ungestört stattfinden kann". Dabei muß der Therapieraum bestimmte Kriterien erfüllen. Er muß das spontane Gestalten ermöglichen und fördern. Auf die Ängste und Widerstände des Patienten mit der Wahl des Raumes und seiner Ausstattung muß Rücksicht genommen werden. Hinreichende Anregung auf der einen Seite und gleichzeitiger Schutz vor Überforderung kennzeichnen das Spannungsfeld der Gestaltungstherapie.

Außerordentlich wichtig ist der „spielerische Zugang" (FRANZKE, 1977) zur Gestaltungstherapie – zumindest als Grundsatz – läßt sich doch Kreativität als „therapeutische" Pflichtübung kaum verwirklichen. Der Patient soll eher zum Gestalten „verführt" werden (JANSSEN, 1982). Hier betont SCHRODE (1995, S. 20) die besondere Bedeutung des ausgewählten Materials, „das die erwünschten Prozesse in besonderer Weise fördern und das einen appellativen Charakter besitzen soll. In technischer Hinsicht muß es ohne weitere Vorbereitung, ohne Werkzeug und ohne besondere Übung manuell verformbar oder zu bildhafter Gestaltung geeignet sein. Die Auswahl soll motorische, taktile und optische Materialreize berücksichtigen. Die Vielfalt dient als Anreiz, und eine Beschränkung in der Zahl gewährt den nötigen Schutz."

In diesem äußeren Rahmen hat der Gestaltungstherapeut „vorwiegend Züge eines ichnahen, ermutigenden, verstehenden und beschützenden Gegenübers" und damit vorwiegend die Rolle eines narzißtisch-begleitenden Objektes; damit gewährleistet er den für den kreativen Prozeß nötigen Schutzraum und sichert zugleich eine Atmosphäre kreativer Regression.

SCHRODE unterscheidet gestalterisches Handeln von einer nur in der Phantasie erlebten Befriedigung dieser Bedürfnisse dadurch, daß im Bild, in der plastischen Form ein vorher nicht dagewesenes Stück Wirklichkeit entstanden ist, das gesehen und betastet werden kann und eine Synthese zwischen Unbewußtem und Bewußtem darstellt.

Dabei spielt der Handlungsaspekt in der Gestaltungstherapie eine bedeutsame Rolle, zum einen weil Patienten, die keine sichere Identität erwerben konnten, auf konkretes Wahrnehmen und Handeln und die sich daraus ergebende Resonanz angewiesen sind, zum anderen werden die verdrängten, also gefährlich erlebten Impulse probehandelnd in ein optisches Bild umgesetzt. Da Materialien wie Wasser, Farbe, Sand, Kleister und Ton Substanzen in einem vorobjektalen Stadium sind, können sie deshalb nicht zerbrochen oder völlig zerstört werden, wie bereits strukturierte Objekte. So können beispielsweise Patienten, die Angst vor ihren Aggressionen haben, weil sie einen Kontrollverlust fürchten, ihre Energien in neuen Umformungen des Materials erleben, wobei sie sich mit den Grenzen, die ihnen das Material setzt, auseinandersetzen müssen.

Für den Umgang mit der Gestaltung ist das verstehende Annehmen des Patienten mit seiner Gestaltung die allererste Aufgabe des Therapeuten.

> „Nicht der Therapeut, sondern der Patient ist es, der durch seine Bilder führt. Auf diese Weise, den Bild-Gestaltungen, Worten und Gesten des Patienten folgend, ist es dem Therapeuten im Lauf der Zeit möglich, gewisse Bild-Strukturen den psychischen und Ich-Strukturen zuzuordnen" (SCHMEER, 1992, S. 110).

Dabei spielen formale Kriterien durchaus eine wichtige Rolle: die Berücksichtigung und Nutzung des zur Verfügung stehenden Raumes, z. B. Einengung oder Grenzüberschreitung, Art und Weise der Plazierung der Bildobjekte auf dem Blatt, Art der Beziehung der einzelnen Bildelemente, Gebrauch individueller Farben und Symbole.

Im Unterschied zur Sprache hat nach JANSSEN (1981) das gestalterische Produkt eine präsentative Symbolik, die Verschiedenes und Konträres gleichzeitig und nebeneinander anbieten kann. Dadurch lassen sich Zusammenhänge und Verknüpfungen unterschiedlicher Erlebnis- und Gefühlsinhalte miteinander in Beziehung setzen, die für den Patienten bisher unverbunden waren und denen er sich dadurch oft ausgeliefert fühlte. Dabei kann durch

> „langsame Konfrontation mit seinen Gestaltungen ... der Patient sich erfahren, kennenlernen und, mit Hilfe der Beziehung zum Therapeuten, seine Probleme anders als früher lösen lernen" (KRAFT, S. 77).

Das Wechselspiel der psychischen Kräfte und Gegenkräfte, regressive und progressive Dynamik, spaltende und zentrierende Bewegung – all das wird nach SCHMEER (1992) im Bild sichtbar, fühlbar und nachvollziehbar. Das Bild wird zum Helfer, zum Dritten, der auf bisher Übersehenes hinweist, Ressourcen und Lösungen anbietet. Der endgültige Integrationsprozeß muß dann auf der sprachlichen Ebene abgeschlossen werden.

Denn die Sprache zwingt den Patienten, zwischen prälogischem und logischem Denken Verbindungen herzustellen. Ohne diesen Schritt bliebe es im Allgemeinen bei einer entlastenden Funktion des kreativen Prozesses, ohne daß daraus ein therapeutischer Nutzen erwachsen würde. Mit dem Nachvollziehen der Entstehungsgeschichte des Bildes oder mit dessen Beschreibung beginnt der Patient, das außen Dargestellte im Akt des Betrachtens, des sprachlichen Nachschaffens wieder nach innen zu nehmen und mit den dort vorhandenen Strukturen neu und bewußter zu verbinden. Erst dadurch kann aus einem kreativen ein therapeutischer Erkenntnis-Prozeß werden.

1. Fallbeispiel (vgl. Abb. 1 und 2):

Die Möglichkeiten der Gestaltungstherapie sollen an einem kurzen Fallbeispiel skizziert werden. Es handelt sich um eine 19jährige Schülerin, die mit einem Alkohol- und Drogenmißbrauch sowie starken Autoaggressionshandlungen in unsere stationäre psychotherapeutische Behandlung kam.

Immer dann, wenn für sie wichtige Menschen ihr nicht zur Verfügung standen, erlebte die Patientin einen ängstlich-depressiv gefärbten Gefühlszustand, den sie nur diffus als „mir geht es schlecht" kennzeichnen konnte. In solchen Situationen suchte sie entweder durch Alkohol- oder Drogengenuß Entlastung; oder sie suchte Hilfe bei etwas älteren und mütterlichen Frauen, die sie dann sehr rasch idealisierte. Die so erlebte Abhängigkeitsbedürftigkeit schlug bei kleinen Enttäuschungen in Haßgefühle um, die die Patientin selbst aber nur als Selbsthaß wahrnahm, was sie wiederum in Isolation führte. Eine Unterbrechung dieses Circulus vitiosus gelang ihr immer nur durch „Schneiden", wobei der Haß direkt per Aktion gegen das körperliche Selbst gerichtet wurde und somit zu kurzzeitigen Entlastungen mit narzißtischem Hochgefühl führte.

Bei ihrem **ersten Bild** handelt es sich um ein vorgegebenes Thema, das sich aus der Gesprächssituation zwischen Gestaltungstherapeutin und Patientin entwickelte. Die Patientin erhielt die Aufforderung: „Malen Sie doch einmal etwas, was Ihnen zum Thema ‚Fenster‘ einfällt." Mit Hilfe des Themas „Fenster" sollte bei dieser Patientin der Konfliktbereich innen/außen, Rückzug und Isolation/Beziehungsaufnahme sowie Rückschau/Vorausschau angesprochen werden. In dem Bild zeigte die Patientin deutlich, wie

Abb. 1

Abb. 2

gefährlich sie diese Grenze erlebt. Wie ein Vogel, der gegen ein für ihn unsichtbares Glasfenster fliegt, verletzt sie sich an dieser Grenze schwer. Im Gespräch wird deutlich, daß das Fenster für sie nur „Vortäuschung von Freiheit" ist, eine Mauer auf dem Weg zu anderen Menschen, die sie nicht durchbrechen kann; umgekehrt bietet das Fenster auch keine Rückzugsmöglichkeit, innerhalb derer sie im Blick nach außen Zukunftsmöglichkeiten antizipieren könnte. Die Ent Täuschung ist von einem starken Schmerz begleitet, der erst durch das „Schneiden" unterbrochen wird. Ausschließlich während des unter Schmerzen fließenden Blutes erlebt sie sich lebendig.

Das **zweite Bild**, gemalt etwa 3 Wochen nach der stationären Aufnahme, ist Ausdruck einer „freien Gestaltung" (es werden keine thematischen Vorgaben gemacht). Aus einem Mund kommen unkontrolliert widerlich-quallig, blubbernde Blasen, die Gift versprühen (in Wirklichkeit spricht die Patientin äußerst kontrolliert und unter Vermeidung von Affekten!). Das dem Mund auch optisch übergeordnete und viel größere Auge sucht diesen zu kontrollieren und läßt nur noch eingefrorene (drei- und viereckige) Tränen frei. Mit bösem, kaltem Blick beobachtet das Auge den Mund! (Kommentierungen der Patientin).

Sehr deutlich wird die durch das Auge repräsentierte strenge Verurteilung unkontrollierter (oraler) Impulse.

Die Therapeutin kann im Gespräch behutsam die zu Eis gefrorenen Tränen, die Weigerung, sich trösten zu lassen, ansprechen; sehr vorsichtig läßt sich für die Patientin über den „Gift und Galle versprühenden Mund" ihre archaische Enttäuschungswut andeuten.

An beiden Bildern, insbesondere an dem zweiten, freigestalteten Bild, werden die Ausdrucksmöglichkeiten der Gestaltungstherapie deutlich. Ermöglicht wird ein bemerkenswert rascher Zugang zu unbewußten Phantasien und abgewehrten Impulsen, wobei die Kunst der Therapeutin darin liegt, viel wahrzunehmen, auch an eigenen mitschwingenden Impulsen und Phantasien,

und zugleich sehr zurückhaltend bei der verbalen Übersetzung zu bleiben. Das, was das Bild an Assoziationen und Gefühlen bei der Therapeutin auslöst, das, was sie sieht, erkennt und wahrnimmt, wird vorrangig auf der Bildebene angesprochen. Damit erhält das Bild einen von beiden unabhängigen Stellenwert, und es bleibt der Patientin freigestellt, ob und wieweit sie die Aussagen der Therapeutin zu dem Bild mit sich selbst in Verbindung bringt und in ihre eigenen Empfindungen und Vorstellungen integrieren kann.

2. Fallbeispiel

An dem zweiten Beispiel soll erläutert werden, welche Bedeutung dem Entstehungsprozeß einer Gestaltung zukommt und welche Möglichkeiten das Ansprechen von Bildinhalten eröffnet:

Es handelt sich dabei um einen 30jährigen Krankenpfleger mit einer komplexen Persönlichkeitsstörung, der wegen einer starken depressiven Verstimmung mit massivem sozialen Rückzug im Rahmen einer posttraumatischen Belastungsstörung in stationäre psychotherapeutische Behandlung kam.

In einer der ersten Therapiestunden wird der Patient von der Gestaltungstherapeutin ermuntert, einen ‚Baum' zu gestalten. Er malt zuerst die Wiese und den Himmel, läßt dabei den Raum für den Baum frei. Den Baum selbst malt er in den freien Raum von außen nach innen, zuerst die Krone und dann den Stamm, und zwar mit Hunderten von einzelnen kleinen Strichen, die von oben nach unten gehen. Es gibt in dem ganzen Baum keine einzige Linie, die durchgehend von unten nach oben, also in der natürlichen Wachstumsrichtung eines Baumes, führt.

Dann scheint der Baum in der Wahrnehmung der Therapeutin fertig zu sein, in den Farben allerdings sehr zart, als der Patient beginnt, die Linien alle noch einmal nachzuziehen und zu verstärken.

Diese Beobachtung wird bei der Besprechung des Bildes von der Therapeutin angesprochen, worauf der Patient meint:

„Das geht mir immer so, ich kann hundertmal was hin- und herdrehen, nichts stehen lassen, und am Schluß ist nichts mehr da, weil sich alles gegenseitig aufhebt."

Für die Gestaltungstherapeutin wird in dieser Situation verständlich und gefühlsmäßig erlebbar, wie enorm viel Energie dieser Patient aufwenden muß, um ein Bild von sich herzustellen, daß nach außen eine Wirkung, eine Ausstrahlung hat, er selbst fühlt sich aber ohne Bezug dazu und zusätzlich total ausgelaugt. Im Kontakt zu ihm entsteht ebenfalls immer wieder der Eindruck von etwas Unfaßbarem, Verwaschenem, was nach anfänglicher Sympathie bald zu freundlicher Distanz und Interesselosigkeit führt. Indem dieses Erleben angesprochen wird, kann der Patient auf einmal viele Situationen, denen er bis dahin hilflos und ohnmächtig gegenüber stand, emotional nachvollziehen und verstehen.

–✂–

5 Indikation

Die Domäne der Kunst- und Gestaltungstherapie ist die klinische Psychotherapie. Sie stellt dort in der Regel eines unter mehreren therapeutischen Angeboten dar. Dies bedarf der Integration unter einem einheitlichen Behandlungskonzept; da die Gestaltungstherapie selbst überwiegend tiefenpsychologisch orientiert konzipiert ist, kommt sie hauptsächlich in Behandlungseinrichtungen mit psychoanalytisch orientiertem Konzept im Rahmen eines Gesamtbehandlungsplanes zur Anwendung.

Als Indikationsbereiche für eine Gestaltungstherapie werden bereits von FRANZKE (1977) folgende angegeben:

- Vorbereitung einer tiefenpsychologisch orientierten oder analytischen Therapie bei Patienten mit ungenügender oder schlechter Behandlungsmotivation,
- Patienen mit sogenannten „initialen Widerständen" in analytischen oder tiefenpsychologisch orientierten Behandlungen,
- verbale Einzel- und Gruppentherapien, bei denen es zu einer Stagnation gekommen ist,

- Veranschaulichung der inneren und äußeren Situation für Patient und Therapeut bei Krisen und vor Beendigung der Behandlung.

Besonders bei Patienten mit ich-strukturellen Störungen kann eine gestaltungstherapeutische (Mit-)Behandlung erfolgreich sein, da eine bei diesen Patienten erwünschte Übertragungsspaltung ermöglicht wird, in der die wachstumsfördernden Haltungen auf den Therapeuten übertragen und die ansonsten vorhandenen hoch-ambivalenten Objekterfahrungen auf der Gestaltungsebene materialisiert, symbolisiert, belebt und bearbeitet werden können.

Vermittels der Gestaltungstherapie werden Patienten einer psychotherapeutischen Behandlung zugänglich, die auf Grund ihrer weniger entwikkelten Verbalisierungs- und Introspektionsfähigkeit für eine rein verbale Therapie noch nicht geeignet sind. Daneben kann die Gestaltungstherapie in der Behandlung von psychosomatisch erkrankten Patienten die wichtige Funktion haben, das körperliche Symptom in einen intrapsychischen Symbolisierungsprozeß überzuleiten. So können Patienten, deren Abwehr vor allen Dingen in der Intellektualisierung liegt, im Erleben des Gestaltungsprozesses zu einer emotionalen Erfahrung gelangen und damit ihre Affekte kennenlernen. Schließlich bekommt auch der sprachlich nicht gewandte und behinderte Patient durch konkretes kreatives Handeln und das Gespräch darüber Zeit und Gelegenheit sich auszudrücken, sich im Ausdruck selbst zu finden und sich mitzuteilen. Von der Organisation her kann die Gestaltungstherapie, je nach Zielsetzung, in Kombination mit einer anderen Behandlung oder als vorgeschaltete Therapie durchgeführt werden.

Darüber hinaus gewinnt Kunst- und Gestaltungstherapie zunehmend in der ambulanten psychiatrischen und psychotherapeutischen Versorgung an Bedeutung, überwiegend in Fortführung einer vorangegangenen stationären Psychotherapie, aber zunehmend auch als eigenständigeres psychotherapeutisches Angebot; auf die dafür notwendigen fachlichen Voraussetzungen, insbesondere die notwendige klinische Erfahrung auf seiten des Therapeuten war bereits im Einleitungskapitel hingewiesen worden.

6 Behandlungserfolge der Kunst- und Gestaltungstherapie

Die Gestaltungstherapie wird bei Patienten mit psychischen Störungen bei stationärer Therapie in der Regel immer im Rahmen eines Gesamtbehandlungsplanes eingesetzt, so daß ihre isolierten Effekte schwer zu überprüfen sind. In zunehmendem Maße sind in den letzten Jahren Einzelfallstudien auch ambulanter Gestaltungstherapie entstanden, die nicht nur den Verlauf der Behandlung dokumentieren, sondern auf dem Hintergrund der jeweiligen methodischen Orientierung Zusammenhänge und Wirkungsweisen von Gestaltungstherapie beschreiben (vgl. Übersicht bei PETERSEN 1990). Bis vor etwa 10 Jahren war der Stand der Forschung durch oft schlecht vergleichbare Einzelfallstudien und Sammelkasuistiken zu charakterisieren (vgl. AISSEN-CREWETT, 1986). Demzufolge kamen MEYER et al. (1990) bei ihrem Forschungsgutachten zu Fragen eines Psychotherapeutengesetzes auch zu der Feststellung, daß die Kunsttherapie noch nicht als wissenschaftlich fundiertes Therapieverfahren angesehen werden könne und die empirische Forschung hier noch ganz in den Anfängen stecke.

Für die Gestaltungstherapie gilt es auf der einen Seite deshalb, verfahrensangemessene Behandlungsinstrumente zu entwickeln. Hier ist die Diskussion in den letzten 10 Jahren weiter fortgeschritten (vgl. TÜPKER, 1990). Auf der anderen Seite erscheint die Feststellung von PETERSEN „nicht der Erfolg (im Sinne der Symptombeseitigung) ist der Gegenstand kunsttherapeutischer Forschung, sondern der Prozeß" zwar den gegenwärtigen Diskussionsstand zu präsentieren, insoweit aber ein Anspruch auf einen Stellenwert in der Krankenbehandlung besteht, ist ein Nachweis ihrer Wirksamkeit und ihrer Effektivität bei der Behebung krankheitswertiger Zustände notwendig.

Andererseits ist zu wiederholen: Die Gestaltungstherapie wurde bisher bei Patienten mit psychischen Erkrankungen in der Regel immer im Rahmen eines Gesamtbehandlungsplans eingesetzt, so daß ihre isolierten Effekte und ihr Anteil an Behandlungserfolgen oft schwer zu überprüfen

sind. Hier können Einzelfallstudien – allerdings mit entsprechendem methodischen Standard – sinnvoll sein (vgl. PETERSEN, 1990 S. 9).

7 Aus- und Weiterbildung

Die Kunst- und Gestaltungstherapie kann in einer 4jährigen berufsbegleitenden Weiterbildung vermittelt werden oder an einigen Universitäten als eigenständiger Studiengang (Ausbildung). Dabei geht es sowohl um theoretische, methodisch-praktische als auch „personenbezogene" Fähigkeiten und Fertigkeiten.

Das bedeutet insbesondere:

- Eigenselbsterfahrung,
- Wahrnehmungs- und Verstehenstraining für intrapsychisches Geschehen und für Gruppenprozesse
- Grundinformationen über Tiefenpsychologie und das psychodynamische Krankheitsverständnis
- Kenntnisse über verschiedene psychotherapeutische Behandlungsmethoden
- Erfahren und Erlernen spezieller Methoden und Techniken der Gestaltungstherapie
- Reflexion der eigenen Praxis in Supervision.

Literatur

AISSEN-CREWETT, M. (1986): Kunsttherapie. Zusammenfassungen von internationalen Zeitschriftenaufsätzen 1972–1984. Köln: Richter.

BINIEK, E. (1982): Psychotherapie mit gestalterischen Mitteln. Darmstadt: Wissenschaftliche Buchgesellschaft.

CLAUSER, G. (1960): Gestaltungstherapie. Prax. Psychother. 5, 268–275.

CZERNY, M. (1985): Gestaltungstherapie und stationäre Psychotherapie. Stuttgart: Verlag Deutscher Arbeitskreis Gestaltungstherapie.

FRANZKE, E. (1977): Der Mensch und sein Gestaltungserleben. 2. Auflage 1983. Bern, Stuttgart, Wien: Huber.

HEYER, G. R. (1929): Klinische Analyse von Handzeichnungen Analysierter (i. S. von Jung). In: W. Zimbal (Hg.): Berichte über den 4. Allgemeinen Ärztlichen Kongreß für Psychotherapie in Bad Nauheim 1929. Leipzig.

JAKAB, I. (Hg.) (1969): Psychiatry and art. Vol. II. Art Interpretation and Art Therapy. Basel: Karger.

JANSSEN, P. L. (1981): Was ist Gestaltungstherapie? Musiktherapie 15, 33–40.

JANSSEN, P. L. (1982): Psychoanalytisch orientierte Mal- und Musiktherapie im Rahmen stationärer Psychotherapie. Psyche 36, 541–570.

KRAFT, CH.-B. u.a. (1993): Worte können nicht der Seele Bilder malen. Stuttgart: Verlag Deutscher Arbeitskreis Gestaltungstherapie.

Kramer, E. (1975): Kunst als Therapie mit Kindern. München, Basel: Reinhardt.

NARR, K. J. (1973): Beiträge der Urgeschichte zur Kenntnis der Menschennatur. In: H. J. GARDAMER und P. VOGLER (Hg.): Neue Anthropologie, Band IV, Kulturanthropologie. Stuttgart.

NAUMBURG, M. (1947): Studies of the „free" art expression of behaviour problem children and adolescents as a means of diagnosis and therapy. Ment. Dis. Monogram., 71. 2. Ed. 1973: An introduction to art therapy. New York.

NAUMBURG, M. (1966): Dynamically oriented Art Therapy: Its principles and practices. New York, London: Grune und Stratton.

NAVRATIL, L. (1965): Schizophrenie und Kunst. Ein Beitrag zur Psychologie des Gestaltens. München: Deutscher Taschenbuch-Verlag.

PETERSEN, P. (Hg.) (1990): Ansätze kunsttherapeutischer Forschung. Berlin: Springer.

Prinzhorn, H. (1923): Bildnerei der Geisteskranken. Berlin: Springer.

RUDOLF, G. (1993): Psychotherapeutische Medizin. Stuttgart: Enke.

SCHMEER, G. (1992): Das Ich im Bild. München: Pfeiffer.

SCHRODE, H. (1995): Klinische Kunst- und Gestaltungstherapie. Stuttgart: Klett-Cotta.

TÜPKER, R. (1995): Auf der Suche nach angemessenen Formen wissenschaftlichen Vorgehens in kunsttherapeutischer Forschung. In: P. PETERSEN (Hg.): Ansätze kunsttherapeutischer Forschung. Berlin: Springer, 71–86.

WINNICOTT, D. W. (1971): Vom Spiel zur Kreativität. Stuttgart: Klett-Cotta.

Musiktherapie

Mechtild Langenberg

1 Definition und historische Einführung in das Behandlungsverfahren

Historisch gesehen geht die Musiktherapie auf jahrhundertealte rezeptive Formen zurück und wurde schon sehr früh in ihrer Bedeutung als Heilkunde erkannt. Die harmonisierende Wirkung von Musik, ihre Ordnung stiftenden und ausgleichenden Kräfte setzten die Heiler als therapeutisches Mittel gezielt ein (SIMON 1980).

Im ostdeutschen Raum kommt seit den sechziger Jahren CHRISTOPH SCHWABE das Verdienst zu, ein *Methodensystem der Musiktherapie* entwickelt zu haben, dessen Ziel es ist, für spezifische Aufgabenstellungen Handlungsmodelle zu entwickeln (SCHWABE 1978). Dabei wird unterteilt in *Verfahren der aktiven und rezeptiven Einzel- und Gruppenmusiktherapie* mit ausdifferenzierten Methodenvarianten. Die regulative Musiktherapie dieses einheitlichen, theoretischen Systems wurde in der psychotherapeutischen Praxis die bekannteste rezeptive Methode (SCHWABE 1979).

Im Kausalitätsprinzip wird die Vieldimensionalität musiktherapeutischer Prozeße als System charakterisiert.

> „Musiktherapie ereignet sich als Handlungsvorgang, der von spezifischen Handlungsansätzen ausgeht, sich auf Handlungsziele richtet, diese mit bestimmten Handlungsprinzipien umsetzt und dafür spezifische Handlungsmittel verwendet" (SCHWABE 1995).

Neben dem Methodensystem Schwabes findet sich unter den rezeptiven Verfahren auch die *funktionelle Musiktherapie*, die vor allem im medizinischen Bereich z.B. in der *Schmerztherapie* und *Anästhesie* angewendet wird (SPINTGE & DROH 1992).

Die in USA von HELEN BONNY entwickelte rezeptive Methode der Guided Imagery And Music (GIM) setzt die Musik in der Phantasiereise als projektives Medium ein. Dieses Verfahren findet international starke Verbreitung und Weiterentwicklung (BONNY 1980, GOLDBERG 1991, SUMMER 1988). Als rezeptive Musikpsychotherapie arbeitet die GIM mit *Tagtraumtechniken* und befördert veränderte Bewußtseinszustände, die eine enge Verbindung zum *katathymen Bilderleben* aufweisen (LEUNER 1969).

In den letzten Jahren werden in Deutschland unter dem Begriff Klangtherapie spirituelle Richtungen der Musiktherapie gefaßt, wobei außereuropäische Traditionen von Trance wiederentdeckt werden (DGMT, Themenheft „Klang und Trance" 1993).

Die Deutsche Gesellschaft für Musiktherapie (DGMT), der zur Zeit zahlenmäßig stärkste Interessenverband für MusiktherapeutInnen in Deutschland gibt folgende Definition:

> „Musiktherapie ist die gezielte Anwendung der Musik oder musikalischer Elemente, um therapeutische Ziele zu erreichen: Wiederherstellung, Erhaltung und Förderung seelischer und körperlicher Gesundheit. Durch Musiktherapie soll dem Patienten Gelegenheit gegeben werden, sich selbst und seine Umwelt besser zu verstehen, sich in ihr freier und effektiver zu bewegen und eine bessere psychische und physische Stabilität zu entwickeln. Um dies zu erreichen, verfolgt der geschulte Musiktherapeut die Behandlungsziele, die er mit dem therapeutischen Team oder dem behandelnden Arzt zusammen mit dem Patienten entwickelt hat" (DGMT 1991).

Eine begriffliche Fassung von Musiktherapie bedarf der subjektiven Annäherung nach der jeweils wissenschaftlichen Perspektive und kann allgemein gültig wegen der Vielfalt und auch Ungenauigkeit des Begriffes nicht gegeben werden.

Einzelne Teilgebiete dagegen sind differenzierter zu fassen, was im Folgenden aus der Perspektive der Musikpsychotherapie als psychoanalytisch begründetem Verfahren geschehen soll.

2 Zur Situation der Musiktherapie in Praxis, Forschung und Lehre

Musiktherapie als klinisch/künstlerisch/wissenschaftliches Fach ist auf dem Wege, sich als Hochschuldisziplin zu einem akademischen Berufsstand zu entwickeln. Als Therapiedisziplin mit Hochschulrang stellt sie ein staatliches Ergänzungs- und Weiterbildungsstudium für MusikerInnen, PädagogInnen, PsychologInnen, Sozial-GeisteswissenschaftlerInnen und MedizinerInnen zur Verfügung mit dem Abschluß eines Hochschuldiploms. An der Hochschule für Musik und Theater Hamburg, der Hochschule der Künste Berlin, der Universität Witten/Herdecke und der Universität Münster werden Aufbau-, Ergänzungs-, Zusatzstudiengänge berufsbegleitend und als Vollzeitstudium angeboten. Das grundständige Studium an der Fachhochschule Heidelberg bildet ebenfalls staatlich mit Diplomabschluß aus.

Weiterhin bieten verschiedene sonder- und sozialpädagogische Studiengänge den Schwerpunkt Musiktherapie innerhalb ihres Faches an. Neben den staatlichen existieren einige privatrechtliche Ausbildungen, die berufsbegleitend zur MusiktherapeutIn weiterbilden.

Die Vielfalt musiktherapeutischer Praxisfelder sucht Bezugssysteme verschiedener Theorien wie z.B. bei *psychoanalytischen Konzepten*, der *humanistischen Psychologie*, dem *Behaviourismus*, *kommunikationstheoretischen Konzepten* etc.

Eine Darstellung musiktherapeutischer Konzepte findet sich bei TIMMERMANN (1990). Der Autor schließt an den Wissensstand der Gründerjahre dieses Faches an, zusammengestellt von STROBEL und HUPPMANN (1978, 1991).

Den Versuch einer Meta-Musiktherapie im internationalen Vergleich unternahmen RUUD UND MAHNS (1992), eine Klassifikation der verschiedenen Psychotherapiemethoden in der Musiktherapie SMEIJSTERS (1994, 1995). Dabei werden die Behandlungsformen vier Paradigmen zugeordnet: dem magischen, dem mathematischen, dem medizinischen und dem psychologischen.

Die naturwissenschaftliche Betrachtungsweise des Gegenstandes Musiktherapie findet sich in einigen neueren nomologischen Studien, die nach gesetzeshaft wiederkehrenden Zusammenhängen suchen. Exemplarisch für die Beschäftigung mit der Wirkung von Musik in rezeptiven Verfahren sei eine Untersuchung von MÖCKEL genannt, bei der die streßreduzierende Funktion von Musik im kardiovaskulären, hormonellen und mentalen Bereich nachgewiesen wurde (MÖCKEL ET AL. 1995). Auch die Studie über emotionale Reaktionen von Musik, dargestellt in EEG – Veränderungen weist auf das vor allem aus medizinischer Sicht auftauchende Interesse an den psycho – physischen Veränderungen auf das Musikhören hin. Mit statistischen Analysen wird versucht, die biologische Wirkung von Musik nachzuweisen (BRÜGGENWERTH ET AL. 1994).

Neben interessanten Einzelergebnissen bleibt bei dieser Forschung zu bemerken, daß die Bedeutung der Faktoren für die spezifische Person oder Therapie aus seinem Kontext gelöst wird. Die Interaktion, also die therapeutische Dyade tritt auf Kosten des individuellen Gegenstandes Patient zurück. Innerhalb der Psychotherapieforschung wird zunehmend die Inszenierung subjektiv erlebter internalisierter zwischenmenschlicher Konflikte aus früheren Entwicklungsphasen in der Übertragungsbeziehung betrachtet. Das wirft methodische Probleme auf und die Notwendigkeit gegenstandsangemessener Forschungsstrategien.

(LANGENBERG ET AL. 1992, 1994, 1995). Die vergleichende Messung von Therapieeffekten mit den verwandten methodischen Instrumenten ist zu grob, um differenziert zu erfassen, was in der therapeutischen Interaktion tatsächlich stattfindet. Zahlreiche Forscher vertreten die Auffassung, daß Kennzahlen von Verteilungen auf der Grundlage statistischer Gruppenanalysen eher die Wirklichkeit vernebeln und schlagen statt dessen eine Rückkehr zu möglichst differenzierten Analysen von Einzelfällen vor (TRESS 1988, 1990, GRAWE 1988, 1992).

Aus der Vielzahl der Praxisfelder in der Musiktherapie zeichnen sich zunehmend einheitlichere Behandlungslehren ab, die didaktische Modelle und Curricula entwickeln und aus dem genuin interdisziplinären Fach die Zusammenarbeit mit universitären Forschungseinrichtungen und Korrespondenzfächern finden. Dort gilt es, eine den Standards der Psychotherapieforschung anschlußfähige Forschungskultur zu entwickeln, die im Zusammenspiel mit dem klinischen Erfahrungswissen die theoretische Konzeptualisierung des klinisch/künstlerisch/wissenschaftlichen Faches vorantreibt.

An drei deutschen Universitäten ist die Forschung zur Musiktherapie in die Forschungsprojekte der Medizin, Psychosomatischen Medizin und Psychotherapie integriert.

Die klinische Grundlage der „Kreativen Musiktherapie" in der Forschungsgruppe Witten/Herdecke bildet das Behandlungskonzept NORDOFF/ROBBINS (1977), welches die künstlerischen Kommunikationsmöglichkeiten improvisierter Musik zu Behandlungszwecken benutzt. Die musikalische Wirkung auf den Patienten bildet in der Regel ohne verbale Aufarbeitung des Erlebten das methodische Zentrum. Das Forschungsinteresse bezieht sich auf die biologische und musikalische Form umschließenden Faktoren Zeit, Phrasierung, Tonhöhe, Rhythmus und melodische Kontur. Eingeordnet in medizinische Denkzusammenhänge werden z.B. physiologische Veränderungen beim Spielen improvisierter Musik untersucht.

Die antroposophische, auf die Ganzheit der Person gerichtete Betrachtungsweise deutet auf qualitative Bedeutungshorizonte hin. Grammatikalische Strukturen in der Analyse von physiologischen Parametern wie Veränderungen des Blutdrucks oder der Herzfrquenz beim Spielprozeß werden auf Analogien in der Beziehung der Teile untereinander als Paralelle zwischen musikalischem und physiologischen Prozeß gesehen (ALDRIDGE 1992).

In Kooperation mit der Stuttgarter Forschungsstelle für Psychotherapie und der Abteilung für Psychotherapie der Universität Ulm wurde das Heidelberger Institut für Musiktherapieforschung (HEIM) gegründet. Als „Verbundforschung" geplant ist das Anliegen, den Forschungsprozeß mit der klinischen Versorgung und der Ausbildung zusammenzubringen, wozu ein Integratives Musiktherapie-Dokumentationssystem (IMDos) entwickelt wird, um der wissenschaftlichen Evaluierung zu dienen (CZOGALIK ET AL. 1995). Aus der Ulmer Forschungsgruppe hervorgegangen (KÄCHELE ET AL. 1990) werden quasi naturwissenschaftliche Betrachtungsweisen an musiktherapeutische Phänomene herangetragen. Die Entwicklung von Beschreibungssystemen, die die Identifizierung typischer Spielmuster diagnosespezifisch erlauben, Veränderungen darstellbar und reproduzierbar machen intendieren eine objektive Rekonstruktion (TIMMERMANN 1990, 1991 ET AL.).

Der in Düsseldorf entwickelte Ansatz wurde in die Forschungsstelle für qualitative Methoden in der Psychotherapie integriert (FROMMER ET AL. 1992). Entsprechend dem Postulat der Gegenstandsangemessenheit, welches sich den spezifischen Bedingungen des Anwendungsfeldes anzupassen versucht, findet eine enge Verzahnung von Gegenstand und Methode also auch dem Klinischen Alltag und der Beforschung der therapeutischen Situation statt (LANGENBERG ET AL. 1992).

Die – seit 1995 – Berliner Arbeitsgruppe qualitative Musiktherapieforschung entwickelt Kooperationen zwischen dem Ergänzungs- und Weiterbildungsstudium Musiktherapie an der Hochschule der Künste Berlin, der klinisch psychotherapeutischen Praxis und universitären Abteilungen für psychotherapeutische Medizin und Psychosomatik, sowie der Psychologie (SMEIJSTERS et al. 1995, LANGENBERG 1996).

Zwei interessante Richtungen der musiktherapeutischen Konzeptualisierung außerhalb der Universitäten seien noch genannt.

Die *Morphologische Forschungsgruppe* wendet das von SALBER (1969) entwickelte hermeneutische Beschreibungs- und Rekonstruktionsverfahren auf die Phänomene musiktherapeutischen Handelns an (TÜPKER 1988, WEYMANN 1989).

Die Integration musiktherapeutischer Handlungsmöglichkeiten in die psychoanalytisch-psychotherapeutische Kompetenz ohne eine weitere eigenständige Therapieform zu etablieren verfolgt unter anderem NIEDECKEN (1988, 1989).

Die Notwendigkeit zur Kombination psychotherapeutischer Verfahren stellte sich zunehmend aus den Bedingungen des klinischen Alltags, da die Vielfalt der behandlungsbedürftigen Störungen zu differenzierteren Indikationsüberlegungen und der Entwicklung von Gesamtbehandlungsplänen herausforderte. Im stationären, teilstationären und auch ambulanten Setting erschien durch die Hereinnahme erlebnis- und handlungsorientierter Methoden die Psychotherapie erfolgversprechender, zum Teil bilden sie im Prozeß der Behandlung den entscheidenden Zugang zum Patienten.

Die Musiktherapie als psychotherapeutisches Verfahren im Bereich der psychogenen Erkrankungen hat das Ziel, sich als eigenständige, anerkannte Behandlungsmethode im Gesundheitswesen zu etablieren.

Auf dem Wege der Professionalisierung und der Entwicklung von klinischen Standards dieses interdisziplinären Faches wird von der Musiktherapie ebenfalls der Nachweis eines wissenschaftlich und empirisch evaluierten Verfahrens gefordert (GRAWE 1994).

Neben den institutionellen Entwicklungen einer Integration von Musiktherapie in Behandlungspläne (HEIGL-EVERS 1986, JANSSEN 1982) wird im weiteren eine Klinik und Forschung dargestellt, die unter Bezug auf die Notwendigkeiten und Tätigkeitsmerkmale einschlägiger medizinischer Institutionen entstanden ist (LANGENBERG, FROMMER, TRESS 1992, 1994, 1995, 1996).

MusiktherapeutIn, ÄrztIn, Behandlerteam entwickeln Diagnose-Indikations- und Modifikationskriterien der Behandlungslehre für den spezifischen Fall, so daß individuum- und verlaufsorientiert der Prozeß der Gesamtbehandlung gestaltet werden kann (LANGENBERG 1986).

3 Musiktherapie als psychoanalytisch begründete Methode

Musiktherapie wird als eine Modifikation der analytischen Psychotherapie verstanden, die im Zuge institutioneller Entwicklungen zum Beispiel an der Klinik für Psychosomatische Medizin und Psychotherapie Düsseldorf entstanden ist. Die Behandlungsmethode leitet ihre Wurzeln aus der analytischen Musiktherapie MARY PRIESTLEYS

(1975, 1983) und JOHANNES ESCHENS (1982, 1983) sowie dem Musikverständnis der neuen Musik. Durch zunehmende Professionalisierung konnte die psychoanalytisch begründete Musiktherapie (LANGENBERG 1988) im Rahmen eines integrierten Gesamtbehandlungsplans (HEIGL-EVERS ET AL. 1986) im klinischen Setting Funktionen eines eigenständigen Psychotherapieverfahrens einnehmen.

Ein Spezifikum der aktiven Musikpsychotherapie ist die handelnde Beziehung von PatientIn und TherapeutIn. Begegnung findet im Spielraum der gemeinsamen musikalischen Improvisation und im vor und nach dem Spiel stattfindenden Gespräch statt. Dabei geschieht ein Be-greifen, ein zur Sprache bringen der im Spielprozeß und in den auftauchenden intrapsychischen und interpersonellen Phänomenen gemachten Erfahrungen.

In der Trias Begegnen – Herstellen – Bewerkstelligen vollzieht sich der Behandlungsprozeß, der das interaktive Geschehen der Improvisation als Reinszenierung versteht.

Die Grundregel der Begegnung in der musiktherapeutischen Situation lautet: „Wir spielen, was uns einfällt, lassen uns von dem in uns bestimmen, was nach Ausdruck drängt, auch wenn es uns unsinnig oder absurd erscheint!"

Dies ist die erweiterte analytische Grundregel, erweitert um die Möglichkeiten in und mit Musik zu spielen. Hergestellt wird über die Methode der freien Improvisation ein gemeinsames musikalisches Produkt, das Behandlungswerk. Im Herstellen dieses Werkes und im Be-greifen des Erfahrenen in der Sprache be-werkstelligen die Beteiligten ihren Behandlungsauftrag. Zum Setting gehört ein Raum mit Instrumenten, das Klavier der Therapeutin, welches von seiner Verkleidung befreit ist, so daß es auch im Innenraum bespielt werden kann. Weiterhin steht ein ausdrucksbreites Instrumentarium zur Verfügung, welches Aufforderungscharakter hat und zum Berühren und Entdecken einlädt. Da ist ein zweites Klavier, eine Geige, ein Cello, ein Psalter, Percussionsinstrumente, chromatische Xylophone und Metallophone, außereuropäische Instrumente, Flöten usw. Musikalische Vorkenntnisse sind nicht erforderlich, aber die Bereitschaft, den eigenen spontanen Spielimpulsen nachzugehen, wieder so neugierig auf das, was klingt und die eigenen Einfälle zu werden, wie Kinder sein können.

Der lebendige *Begegnungs- und Beziehungs-vorgang* stiftet zu Gefühlen, Phantasien und Bildern an, welche Anzeichen für die Inszenierung subjektiv erlebter internalisierter zwischenmenschlicher Beziehungserfahrungen und Konflikte aus früheren Entwicklungsphasen sind. In der *Übertragungsbeziehung* der therapeutischen Situation stellt sich eine eigene Qualität dadurch her, daß die direkte Resonanz über die Töne und das gemeinsame Spielen sinnlich wahrnehmbar ist. Ein Raum zum Hörbarwerden von unbewußten Phantasien und einem psychodynamischen Verständnis der spezifischen Begegnungssituation entsteht.

Die Wahrnehmungseinstellung dieser psychoanalytisch begründeten Musikpsychotherapie im Sinne eines personalen Instrumentes des Beziehens und Verstehens wurde in einer früheren Arbeit als Resonanzkörperfunktion (LANGENBERG 1988) bezeichnet. Neben der Fähigkeit mitzuschwingen, hör- und fühlbar im Begegnungsprozeß zu sein, ist in diesem Begriff der Instrumentengedanke mitenthalten, sodaß die andere Qualität der Übertragungsbeziehung in der Musiktherapie deutlich wird. Klang- und Beziehungsgestaltung innerhalb der Musik geschieht in der Zeit, wobei die sich begegnenden Spielenden in ein sinnlich wahrnehmbares, hörendes und fühlendes Verhältnis treten (LANGENBERG 1994). Im sicherheitgebenden Spielraum sind Bindungs- und Trennungszeiten erlebbar.

Das Behandlungsinstrument der Resonanzkörperfunktion impliziert physische und psychische Antworten im Behandlungsprozeß, die Bedeutung des Tagtraumerlebens, einem Oszillieren zwischen Primär- und Sekundärprozeß beim Improvisieren, das In Beziehung Setzen von Innen und Außen, Jetzt – Gleich – Morgen, also der Zeitbewegung in der Musik, dem Ich und Du, dem Materiellen und dem Ideellen.

Die Spezifika der Musiktherapie sind neben dem Raum zum Spielen und Sprechen Techniken der Hantierung des Improvisationsvorgangs sowie des psychotherapeutischen Prozeßes. Wichtige Anregungen erhielt die psychoanalytisch begründete Musiktherapie von der psychoanalytisch interaktionellen Methode (HEIGL-EVERS 1994). Im Prinzip Antwort finden sich unter anderem Parallelen zur Haltung der selektiv authentischen, spürbaren und im Mitspielen handelnden Musiktherapeutin.

4 Anwendung einer Musikpsychotherapie – Fallvignette

Die Patientin war zum Zeitpunkt der Behandlung eine 30jährige berufstätige und verheiratete Frau ohne Kinder. Im Kontakt mit ihr fiel auf, daß sie immer dann lachte, wenn unerfreuliche oder ärgerliche Dinge zur Sprache kamen. Diese wurden schnell übergangen und Gefühle oft abgewertet. Sie litt an einer Colitis Ulcerosa, woraus Depressionen erwachsen waren. Schleichend hatte sich ihre Stimmung verschlechtert, Auslöser für die verstärkte Symptomatik und Anlaß zur Psychotherapie war eine schlechte dienstliche Beurteilung. Persönlichkeitsstrukturell dominierten depressiv-hysterische Anteile. Zur Pschodynamik der Erkrankung läßt sich die starke Identifikation der Patientin mit ihrer Mutter hervorheben, die allgegenwärtig zu sein schien und sie ständig kontrollierte. Bei einem starken Harmoniebedürfnis durften Ambivalenzgefühle nicht thematisiert werden. In ihrer ödipalen Vaterliebe fühlte sich die Patientin abgelehnt und abgewertet. In ihrer ersten Beziehung, in der die Colitis Ulcerosa erstmals auftrat, kämpfte sie um Anerkennung und erlebte Ablehnung. Durch ihre Biographie zieht sich der Kampf um Anerkennung, Erlebnisse des Entwertens und Abgelehnt werdens, dabei die Verleugnung aggressiver und ambivalenter Gefühle.

Die Patientin wurde von mir zunächst im Rahmen des Gesamtbehandlungsplanes der psychotherapeutischen Tagesklinik (HEIGL-EVERS 1986) mit Musiktherapie als Einzelpsychotherapie über ein halbes Jahr, 45 Sitzungen (à 30 Minuten) zweimal wöchentlich behandelt. Im Anschluß an die tagesklinische Behandlung nahm die Patientin ihre Berufstätigkeit wieder auf und wurde von mir ambulant mit 50 Sitzungen Musikpsychotherapie (à 50 Minuten) im Einzelsetting behandelt. Die Indikation für dieses Verfahren wurde nach spezifischen Überlegungen im Therapeutenteam sowie nach einigen Probesitzungen mit der Patientin gestellt. Auf Grund der Problematik sollte ihr ein Raum zur Verfügung gestellt werden, der aus dem künstlerischen Gegenstand der Musik selbst wie der Handhabung der beziehungsorientierten Improvisation ein Spannungsfeld zur Verfügung stellte. Die Bewegung in diesem spezifischen Spielraum lebt aus dem spannungerzeugenden Wechsel von Bindungs- und Trennungsprozessen, die elementar dem Medium eigen sind. Zwischen regressiven und aggressiv progressiven Zuständen oszilliert das Behandlungsgeschehen und stellt identitätsherausfordernde Qualitäten bereit (LANGENBERG 1988, 1994).

In der Klang- und Beziehungsgestaltung innerhalb der Musik treten die sich begegnenden Spielenden in ein sinnlich wahrnehmbares, hörendes und fühlendes Verhältnis, welches durch die Zeitgestaltung beim Herstellen eines gemeinsamen Produktes in Bewegung und Veränderung erlebt wird. Der Behandlungsauftrag der Patientin, erarbeitet in den initialen Sitzungen via Improvisation und dem Verstehen der Behandlungswerke als Inszenierung und Abbild des spezifischen Beziehungsgeschehens, deutete sich als Wunsch an, eigene Konturen zu entwickeln. Sich bemerkbar machen, offene Auseinandersetzungen wagen, sich am anderen Reiben, war durch die Töne, die Polarität induzieren, und das Ordnungsprinzip der Zeitgestaltung in der Musik gefahrloser möglich.

Das Derivat des Spiels (WINNICOTT 1979) stellte einen Erfahrungs- und Verstehensraum zur Verfügung, in dem an einem stimmigeren Verhältnis zueinander gearbeitet werden konnte. Bisher schien die Patientin als Ausdrucksformen nur Extreme von burschikos sich zeigenden und weich zerfließenden, kaum hörbaren musikalischen Gestaltungen und verbalen Äußerungen zu kennen. Erlebnisse von ohnmächtigem Ausgeliefert Seins wechselten mit archaischen Aggressionsausbrüchen, die sich konturlos in der Musik und in einer groben Sprache zeigten. Die Inszenierung wiederholte die bei diesen Patientinnen häufig zu beobachtenden anaklitischen Beziehungsmuster, zeigte jedoch schon in den ersten Sitzungen auch Signalanteile der Affekte, die es zu verstehen

galt (KRAUSE 1988). Als Hinweisfunktionen tauchten affektive Äußerungen im improvisatorischen Spiel häufig früher auf, als sie im Gesprächsteil der Behandlung auf den Begriff, also ins bewußte Begreifen gebracht werden konnten.

Die Arbeit an der Affektwahrnehmung, Klarifizierung und Feinabstimmung in der Beziehung zur mitspielenden, erlebenden und sich unterscheidenden Therapeutin bildete das Hauptziel der Musikpsychotherapie.

Der Behandlungsprozeß integrierte sich mit diesem erlebnisorientierten, im Spielraum des musikalischen Handelns arbeitenden Schwerpunkt in den Gesamtbehandlungsplan der psychotherapeutischen Tagesklinik. Abgrenzungs- und Durchsetzungsfähigkeit waren von der Patientin vor allem in der psychoanalytisch-interaktionellen Gruppe, der Gestaltungs- und Sozialtherapie gefordert, wobei libidinöse und aggressive Impulse belebt wurden. Diese konnten differenziert im Sinne von Probehandeln im gemeinsamen Spiel mit der Musikpsychotherapeutin gefunden, gestaltet und zum Ausdruck gebracht werden.

–□–

Bevor erste wichtige Befunde aus dem Behandlungsprozeß abschließend dargestellt werden, einige Gedanken zur Musiktherapieforschung, die im Rahmen der klinischen Arbeit begleitend stattfand.

5 Ein qualitativer Ansatz in der musiktherapeutischen Einzelfallforschung

Die Arbeitsgruppe *Qualitative Musiktherapieforschung* begann 1991 basierend auf eigenen Vorarbeiten (LANGENBERG 1983, 1986, 1988), die sich mit der Beschreibung und Auswertung therapeutischer Produkte und der Herausarbeitung der Spezifika musiktherapeutischen Handelns als psychoanalytisch begründete Methode beschäftigten. Der mit den musiktherapeutischen Improvisationen einhergehende affektive und interaktive Erlebnis- und Beziehungsprozeß forderte die Entwicklung einer gegenstandsangemessenen Beschreibungs- und Interpretationsmethode heraus. Obwohl der Vorgang des Musikmachens flüchtig zu sein scheint, kann der Erlebnisprozeß bei entsprechender Bereitschaft durch Anhören des Werkes wiedererlebbar gemacht werden. Die Wahrnehmungseinstellung der Resonanzkörperfunktion (LANGENBERG 1988), das personale Instrument des Beziehens und Behandelns bezeichnet neben der Fähigkeit mitzuschwingen und dem Wahrnehmen innerer Bilder den musikalischen Instrumentengedanken. Dies machen wir uns zunutze für die Beforschung der Situation, indem unabhängige am Herstellungsprozeß nicht beteiligte Personen die Improvisation anhören und anschließend ihre Eindrücke notieren. Die Instruktion lautet: „Beschreiben Sie so freimütig wie möglich Ihre Eindrücke zur entstandenen Improvisation; Gefühle, Gedanken, Bilder, Geschichten – auch wenn Sie Ihnen noch so ungeordnet erscheinen – können berichtet werden!"

In den Beschreibungen finden sich subjektive, durch die Persönlichkeit des Hörers bestimmte Anteile, ebenso aber Hinweise auf gemeinsame Motive, was darauf schließen läßt, daß sich über das Instrument der Resonanzkörperfunktion erneut einstellt, was im Prozeß der therapeutischen Spielbegegnung behandelt wurde. Im Sinne der Perspektiventriangulierung (DENZIN 1970, FLICK 1991) fertigen ebenso nach der Sitzung Patientin und Therapeutin ein spontanes Protokoll an, sodann wird die Improvisation aus der Perspektive der Musiker/Komponisten einer musikalischen Analyse, einer Formbeschreibung, unterzogen. In einem diskursiv-dialogischen Forschungsprozeß werden induktiv aus dem Material Motive entnommen und auf die Kasuistik bezogen. Über das motivrekonstruierende Verstehen werteten wir die Behandlungswerke einer Patientin im Abstand eines Jahres aus.

Sie litt seit 10 Jahren unter häufig rezidivierenden migräneartigen Kopfschmerzen bei depressiv-zwanghafter Persönlichkeit mit erheblicher Selbstwertproblematik. Ihre anfängliche Isolierung und affektive Kälte konnte sich im musiktherapeutischen Behandlungsprozeß zu Bin-

dungsfähigkeit entwickeln, welches über die Resonanzmethode abgebildet wird (LANGENBERG et al. 1992, 1995).

Ebenso wie in dieser Behandlung brachte der dialektische Prozeß zwischen Verschmelzungs- und Trennungszuständen in einer anderen Arbeit am Ambivalenzkonflikt mit einem narzißtischen Patienten neben den Widerspruchserfahrungen (FISCHER 1989) das typische Beziehungsmuster heraus. Die Verlaufsgestalten der Hauptmotive, gewonnen über die Resonanz auf die Improvisation konnten zeigen, daß Gegensätze zwar einerseits nebeneinander bestehen bleiben, andererseits aber Bewegung, Gestaltung und Neuordnung erlebt und integriert wird, wenn der resonanzgebende Raum des musiktherapeutischen Verfahrens genutzt wird (LANGENBERG 1994).

6 Einige Ergebnisse aus dem Projekt Psychosomatik

Unsere Methodik des Verstehens musiktherapeutischer Behandlungswerke verfolgt *grundsätzlich nicht erkenntnissichernde Ziele* im Sinne der Verifizierung deduktiv aus Vorannahmen abgeleiteten Hypothesen *im Sinne nomologischer Forschung, sondern erkenntniserweiternden Charakter* (JÜTTEMANN 1992).

Durch vergleichende Analyse empirisch-hermeneutisch gewonnener Daten tragen wir zur Aufklärung innerer Sinnzusammenhänge bei. Das beforschte Material sind die subjektiven und intersubjektiven Prozesse, welche musiktherapeutische Improvisationen begleiten. Im Falle der Patientin mit Colitis Ulcerosa findet eine Verlaufsuntersuchung der teilstationären im Vergleich zur ambulanten Behandlung statt. Dabei arbeiten im Projekt Diplomanden und Doktoranden mit unterschiedlicher Methodik und Fragestellung am selben Fall.

Im Vergleich der 3., 17. und 45. Sitzung zeigt die Charakteristik der Motivübersicht den Veränderungsprozeß der Patientin von anklammernder, unsicherer Diffussität im Beziehungsverhalten hin zu klarerer Konturbildung im Differenzieren eigener Ausdrucksformen. Motive der 3. Sitzung sind Vermeidung, Verborgenheit, Gerüst, Verweigerung, Öffnung und Endlosigkeit. Motive der 17.

Sitzung heißen Stärke, Widerstand, Einheit/Differenzierung, Abgrenzung, Gemeinschaft, Vergnügen, Abschluß. Die 45. und letzte Sitzung der tagesklinischen Behandlung bringt folgende Motive heraus: Laufen Lernen, Erinnerung, Risiko, Orientierung und Rückhalt. Die Improvisationen des Anfangs klingen sehr verhalten und diffus, die Patientin am chromatischen Xylophon ist neben der behutsam vom Klavier aus Raum gebenden Therapeutin kaum zu hören. Zitat aus einem Beschreibungsprotokoll: „Zwei, die ganz behutsam miteinander umgehen" oder aus einem anderen „da ist einer, aber das spür' ich nicht". Im Protokoll der Patientin taucht als Phantasie das eigene Zimmer in der Zeit der Pubertät als Rückzugsgebiet auf, wo sie sich beim Gitarre spielen ungestört fühlte. Die 17. Sitzung zeigt deutlich eine Stabilisierung des eigenen Tones im Sich Zeigen und Konturen Herausbilden, die Etablierung einer vertrauensvollen Arbeitsbeziehung zwischen Patientin und Therapeutin findet statt. Die über den Fall uninformierten Beschreiber der Improvisation erleben Entschlossenheit und Kraft, aber auch Symbiose der beiden Spielenden, die vorwärts drängen und Raum gewinnen. Zitat aus einem Protokoll: „Spüren, da ist Eine".

Im Rahmen einer Sprachanalyse dieses Forschungsprojektes wird eine deutlich differenziertere Affektsprache nach den Improvisationen als vorher gefunden. Das heißt nach dem Durchleben einer emotionalen Erfahrung im musikalischen Spiel, der verstärkten Affektebene im Sinne der Beziehung der Patientin zu sich und der Therapeutin kann auch im Gespräch über das Erlebte die Verbindung zum Begrifflichen hergestellt werden. Die Änderung der Beziehungsverhältnisse zeigt eine spannende Regulierungsarbeit zwischen den beiden, abgebildet über die Resonanz auf die Musik und im Gesprächsteil. Von der Patientin wird das bearbeitete Problem auf diesen Begriff gebracht: „Ich brauch' Sie jetzt anders als vorher!" (DAHL unveröffentlichtes Manuskript). Nach der 45. Sitzung, deren Motive oben bereits genannt sind, schreibt die Patientin in ihrem Protokoll: „Die Musik scheint mir wie eine Kurzfassung der vergangenen sechs Monate zu sein – Erst Suchen nach Rollenverteilung, dann Melodie und Begleitung."

7 Abschließende Überlegungen zur Indikation und wissenschaftlicher Ausblick

Auf dem Wege zur theoretischen Konzeptualisierung und Professionalisierung werden aus der Klinik heraus zunehmend differenziertere Indikationen entwickelt vor allem auch in der Spezifität und Abgrenzung zu anderen kreativen Verfahren.

Die Anwendungsbereiche der Musiktherapie sind sowohl im aktiven wie rezeptiven Bereich vielfältig. Empirische Untersuchungen im Bezug auf ihre Wirksamkeit sind gefordert, um das Fach nach wissenschaftlichen Standards weiterzuentwickeln. Im Rahmen von Gesamtbehandlungsplänen als Mitbehandlung oder – wie in der Kasuistik dargestellt – als eigenständige Psychotherapiemethode – erfordert auch der Einsatz dieses Behandlungsverfahrens eine diagnostische Phase. In Probesitzungen versuchen MusiktherapeutIn und PatientIn ins gemeinsame Spiel zu kommen, wobei der Behandlungsauftrag im Verstehen des entstandenen Behandlungswerkes besteht. Dieses kunstanaloge Erarbeiten von Therapiezielen vollzieht sich im Oszillieren von Spielen und Sprechen, im Austausch der beim Improvisationsprozeß auftauchenden Einfälle, Bilder und Gefühle, dem Erleben und dem auf den Begriff Bringen der intrapsychischen und interpersonellen Phänomene.

Als psychoanalytisch begründetes Verfahren arbeitet die Musiktherapie bei Psychoneurosen und Charakterneurosen und dem besonderen Anwendungsgebiet der Psychosomatosen, wo die Wahrnehmung und Differenzierung der Affektivität durch und in der Musik wirksam wird. Als häufig einziger präverbaler Zugang zum Patienten kann die Musiktherapie eine weitere Behandlung einleiten oder begleiten. Der Schwerpunkt ihres Einsatzes liegt bei den Möglichkeiten der Beziehungsstiftung im frühen Dialog.

Erfahrungsgemäß erfolgt eine exaktere Indikationsstellung in den Probesitzungen durch die dann im Spiel- und Erlebensraum das Problem deutlich hör- und fühlbar wird, ebenso wie die Akzeptanz des Verfahrens durch die PatientInnen. Die weitere Beforschung dieser Erstbegegnungen erscheint ein wichtiger Gegenstand der Psychotherapie und ist unter anderem mit der oben dargestellten qualitativen Methodik vorstellbar.

Auf dem Wege zur theoretischen Konzeptualisierung und Professionalisierung der Musiktherapie finden seit 1994 internationale Kontakte über die qualitative Forschung statt. Nach dem 1. International Symposium for Qualitative Research in Music Therapy 1994 in Düsseldorf und dem 2. Symposium 1996 in Berlin/Sauen stellt sich der Diskussionsstand innerhalb der Musiktherapieforschung im Austausch mit den Standards der internationalen Psychotherapieforschung (WHEELER 1995, LANGENBERG et al. 1996) dar.

Literatur

ALDRIDGE, D. (1992): Physiologische Veränderungen beim Spielen improvisierter Musik – Einige Vorschläge für Forschungsarbeiten. Musiktherapeutische Umschau 13, 174–186.

BONNY, H. (1980): G. I. M. Therapy, Past, Present and Future Implications. GIM Monograph = 3. Baltimore, MD: ICM Books.

BRÜGGENWERTH, G., GUTJAHR, L., KULKA, TH., MACHLEIDT, W. (1994): EEG-Veränderungen emotionaler Reaktionen auf Musik. Z.EEG-EMG 25, 117–125.

CZOGALIK, D., BOLAY, H. V., BOLLER, R., OTTO, H. (1995): Das Integrative Musiktherapie-Dokumentationssystem IMDoS: Zum Verbund von Forschung, Lehre und Behandlung im Berufsfeld Musiktherapie. Musiktherapeutische Umschau 17, 108–125.

DAHL, M. (1997): Zur Rolle sprachlicher Phänomene in der Musiktherapie. Unveröffentlichtes Manuskript.

DENZIN, N. K. (1970): The research act. New York: Mc Graw-Hill

Deutsche Gesellschaft für Musiktherapie, DGMT (1991).

DGMT (1993): Klang und Trance, Neue Wege der rezeptiven Musiktherapie. Musiktherapeutische Umschau 14.

ESCHEN, J. TH. (1982): Mentorenkurs Musiktherapie Herdecke. Ausbildung von Ausbildern. Musiktherapeutische Umschau 3, 255–282.

ESCHEN, J. TH. (1983): Assoziative Improvisation. In: DECKER-VOIGT, H. H. (Hrsg): Handbuch der Musiktherapie. Bremen: Eres.

FISCHER, G. (1989): Dialektik der Veränderung in Psychoanalyse und Psychotherapie. Heidelberg: Asanger.

FLICK, U., v. KARDOFF, E., KEUPP, H., v. ROSENSTIEL, L., WOLFF, S. (Hg.) (1991): Handbuch Qualitative Sozialforschung. München: Psychologie Verlags Union.

FROMMER, J., HEMPFLING, F., TRESS, W. (1992): Qualitative Ansätze als Chance für die Psychotherapieforschung. Journal für Psychologie 1, 43–47.

GOLDBERG, F. S. (1991): The Bonny Method of Guided Imagery and Music. In T. WIGRAM, R. WEST & B.SAPERSTON, (Ed): Music and the Healing Process: A Handbook for Music Therapy. Chichester, West Sussex, U. K.: Carden Publications.

GRAWE, K. (1988): Zurück zur psychotherapeutischen Einzelfallforschung. Zeitschrift f. Klin. Psychologie 17, 1–7.

GRAWE, K. (1992): Psychotherapieforschung zu Beginn der 90er Jahre. Psychologische Umschau 43, 132–162.

GRAWE, K., DONATI, R., BERNAUER, F. (1994): Psychotherapie im Wandel – Von der Konfession zur Profession. Göttingen: Hogrefe.

HEIGL-EVERS, A., HENNEBERG-MÖNCH, U., ODAG, C., STANDTKE, G. (1986): Die Vierzigstundenwoche für Patienten – Konzept und Praxis teilstationärer Psychotherapie. Göttingen: Vandenhoeck & Ruprecht.

HEIGL-EVERS, A. und OTT, J. (Hg.) (1994): Die psychoanalytisch-interaktionelle Methode – Theorie und Praxis. Göttingen: Vandenhoeck & Ruprecht.

JANSSEN, P. L. (1982): Psychoanalytisch orientierte Mal- und Musiktherapie im Rahmen stationärer Psychotherapie. Psyche 36, 541–570.

JÜTTEMANN, G. (1992): Psyche und Subjekt. Reinbek: Rowohlt.

KÄCHELE, H. und SCHEYTT-HÖLZER, N. (1990): Sprechen und Spielen – Verbale und nonverbale Aspekte des musiktherapeutischen Prozesses. Musiktherapeutische Umschau, 11, 286–295.

KRAUSE, R. (1988): Eine Taxonomie der Affekte und ihre Anwendung auf das Verständnis der „frühen" Störungen. PPmP 38, 77–86.

LANGENBERG, M. (1983): Grenzenlosigkeit als Verführung. Musiktherapeutische Umschau 4, 117–134.

LANGENBERG, M. (1986): Musiktherapie – Spielraum, Übergangsraum, Zwischenraum – Überlegungen zur Funktion einer künstlerischen Therapie. In: HEIGL-EVERS, A., HENNEBERG-MÖNCH, U., ODAG, C., STANDTKE, G.. Die Vierzigstundenwoche für Patienten. Göttingen: Vandenhoek & Ruprecht, 176–192.

LANGENBERG, M. (1988): Vom Handeln zum Behandeln – Darstellung besonderer Merkmale der musiktherapeutischen Behandlungssituation im Zusammenhang mit der freien Improvisation. Stuttgart: Gustav Fischer.

LANGENBERG, M., FROMMER, J., TRESS, W. (1992): Qualitative Methodik zur Beschreibung und Interpretation musiktherapeutischer Behandlungswerke. Musiktherapeutische Umschau 13, 258–278.

LANGENBERG, M., FROMMER, J., SEIZINGER, F., RESSEL, T. (1994): Verschmelzung und Trennung – Musiktherapeutische Einzelfallforschung am Beispiel einer narzißtischen Persönlichkeitsstörung. In: FALLER, H. und FROMMER, J. (Hg.): Qualitative Psychotherapieforschung – Grundlagen und Methoden. Heidelberg: Asanger, 108–127.

LANGENBERG, M., FROMMER, J., TRESS, W., (1995): Musiktherapeutische Einzelfallforschung – ein qualitativer Ansatz. PPmP 12, 418–426.

LANGENBERG, M., AIGEN, K., FROMMER, J. (1996): Qualitative Research in Music Therapy – Beginning Dialogues. Phoenixville: Barcelona Publishers.

LANGENBERG, M. (1996): New Directions in Qualitative Research in Music Therapy. Music Therapy International Report. AAMT 10, 16–19.

LEUNER, H. (1969): Guided Affective Imagery: A Method of Intensive Psychotherapy. American Journal of Psychotherapy 23, 4–22.

MÖCKEL, M. et al. (1995): Streßreduktion als therapeutisches Ziel auf internistischen Intensivstationen: Ist rezeptive Musiktherapie ein geeignetes Mittel? Intensivmedizin und Notfallmedizin 2, 124–128.

NIEDECKEN, D. (1988): Einsätze – Material und Beziehungsfigur im musikalischen Produzieren. Hamburg: VSA.

NIEDECKEN, D. (1989): Namenlos – Geistig Behinderte verstehen. München: Piper.

NORDOFF, P., ROBBINS, C. (1977): Creative Music Therapy. New York: The John Day Company.

PRIESTLEY, M. (1975): Music Therapy in Action. London: Constable

PRIESTLEY, M. (1983): Analytische Musiktherapie. Stuttgart: Klett-Cotta.

RÜGER, U. (1994): Musiktherapie. In: HEIGL-EVERS, A., HEIGL., F., OTT., J.: Lehrbuch der Psychotherapie. Stuttgart: Gustav Fischer, 428–434.

RUUD, E., MAHNS, W. (1992): Metamusiktherapie- Wege zu einer Theorie der Musiktherapie. Stuttgart: Gustav Fischer.

SALBER, W. (1969): Wirkungseinheiten. Ratingen: Henn.

SCHWABE, C. (1978): Methodik der Musiktherapie und deren theoretische Grundlagen. Leipzig: Barth.

SCHWABE, C. (1979): Regulative Musiktherapie. Stuttgart: Gustav Fischer.

SCHWABE, C. (1996): Methodensystem (d.MT). In: Lexikon Musiktherapie. DECKER-VOIGT, H. H., KNILL, P., WEYMANN, E. (Hg.). Göttingen: Hogrefe, 208–217.

SIMON, W. (1982): Abriß einer Geschichte der Musiktherapie. In: Harrer, G. (Hg.): Grundlagen der Musiktherapie und Musikpsychologie. 2. Aufl. Stuttgart: Gustav Fischer, 165–171.

SMEIJSTERS, H. (1994): Musiktherapie als Psychotherapie. Stuttgart: Gustav Fischer.

SMEIJSTERS, H., et al. (1995): European Music Therapy Research Register – Volume two. Den Haag: Koningklijke Bibliotheek.

SMEIJSTERS, H. (1996): Geschichtlicher Hintergrund zu musiktherapeutischen Methoden der Gegenwart. In: Lexikon Musiktherapie. DECKER-VOIGT, H.H., KNILL, P., WEYMANN, E. (Hrsg.). Göttingen: Hogrefe, 109–113.

SPINTGE, R., DROH, R. (1992): Musik-Medizin. Physiologische Grundlagen und praktische Anwendungen. Stuttgart: Gustav Fischer.

STROBEL, W., HUPPMANN, G. (1978, 1991): Musiktherapie, 2. Aufl. Göttingen: Hogrefe.

SUMMER, L. (1988): Guided Imagery and Music in the Institutional Setting. St. Louis: MMB Music.

TIMMERMANN, T. (1990): Der musikalische Dialog – Beziehungsmuster im Spiegel bedeutsamer Momente im Therapieprozeß – eine musiktherapeutische Einzelfallstudie. Ulm: Diss., Universität.

TIMMERMANN, T., SCHEYTT-HÖLZER, N., BAUER, N., KÄCHELE, H. (1991): Musiktherapeutische Einzelfallforschung – Entwicklung und Aufbau eines Forschungsfeldes. PPmP 41, 385–391.

TRESS, W. (1988): Ein Blick auf die Konturen des Elefanten. Z. Psychosom. Med. 35, 175–186.

TRESS, W. (1990): Psychodynamische Wirkfaktoren psychotherapeutischer Verläufe. In: TSCHUSCHKE, V. und CZOGALIK, D. (Hg.) Psychotherapie – Welche Effekte verändern? Berlin: Springer.

TÜPKER, R. (1988): Ich singe, was ich nicht sagen kann. Zu einer morphologischen Grundlegung der Musiktherapie. Regensburg: Bosse.

WEYMANN, E. (1989): Anzeichen des Neuen – Improvisieren als Erkenntnismittel und als Gegenstand der Forschung – dargestellt an einem Fallbeispiel aus der Musiktherapie. Musiktherapeutische Umschau 10, 275–290.

WINNICOTT, D. W. (1979): Vom Spiel zur Kreativität. Stuttgart: Klett-Cotta.

Die leibliche Dimension im psychoanalytischen Dialog

Günter Heisterkamp

1 Ziel

NIETZSCHE hat sich vehement gegen die Vernachlässigung des Körpers in der christlich-abendländischen Tradition gewandt. Mementi wie „Es ist mehr Vernunft in deinem Leibe als in deiner besten Weisheit" (1898, 1980, S. 301) und „man soll ... keinem Gedanken Glauben schenken, der nicht im Freien geboren ist und bei freier Bewegung" (1898, 1980, S. 1084) können als Motto einer Einführung in die leibfundierte analytische Psychotherapie vorangestellt werden. Sie setzt sich nämlich zum Ziel, *die leibliche Dimension des Wirkungsgeschehens zwischen Patient und Therapeut psychologisch und psychotherapeutisch zu erschließen.* Wenn die leiblichen Selbstbewegungen als ebenso bedeutsame Momente des Gesamtseelischen wie die mentalen aufgefaßt werden und wenn jenen die gleiche Chance geboten wird, sich im therapeutischen Rahmen herauszubilden, erweitert sich der psychoanalytische „Möglichkeitsraum" (KHAN 1991) in vielfacher Hinsicht. Im folgenden werden die praxeologischen Konsequenzen aus zwei Perspektiven beschrieben: zum einen für Therapeuten, die im tradierten Setting arbeiten, und zum anderen für Therapeuten, die auch bewegungs- und leibtherapeutische Verfahren in ihre Arbeit einbeziehen.

2 Rahmen

Es erübrigt sich fast zu betonen, daß auch die leibfundierte analytische Psychotherapie im definierten *Rahmen* einer aus der unmittelbaren Tagesrealität herausgehobenen Situation geschieht. Diese Rahmung bringt, trotz allen Ernstes und aller Intensität, einen Als-ob-Charakter, etwas Modellhaftes oder etwas Spielerisches in das therapeutische Geschehen. Wie in der Familie bleibt das „ödipale Berührungstabu" auch in der analytischen Körper- und Bewegungstherapie konstitutiv (SCHARFF 1994, S. 175).

Die Regeln des therapeutischen Zusammenspiels von Patient und Therapeut werden im *Arbeitsbündnis* herausgestellt. Das gilt auch für eine analytische Bewegungs- und Körperpsychotherapie. Darüber hinaus kommen einige Modifikationen ins Spiel, die das Wesen der therapeutischen Situation mit ihren ausdrücklichen Regelungen noch unterstreichen, und zwar in mehrfacher Hinsicht. *Es werden ausdrücklich auch die leiblichen Wahrnehmungen in die analytische Regel der freien Assoziation einbezogen.* Hier folge ich den Analytikern, die dafür plädieren,

> „den Abkömmlingen präsymbolischer Erfahrungen auch schon bei der Formulierung der Grundregel gebührende Aufmerksamkeit zu widmen, d. h. den Patienten darum zu bitten, auch auf Selbstzustände, Stimmungen, Körperwahrnehmungen, leibliche Reize zu achten" (MERTENS 1990, S. 29).

Bei der leibfundierten analytischen Psychotherapie kann der Patient, analog zur vorbereitenden Aufklärung über die analytische Regel und das

Arbeitsbündnis, auch *auf mögliche bewegungs- und körperpsychotherapeutische Verfahren vorbereitet werden.* Dazu wird er gefragt, ob er damit einverstanden ist, daß zur Vertiefung des Verstehens seiner Probleme auch Bewegungsspiele und/oder körperliche Berührungen in die psychotherapeutische Arbeit einbezogen werden können. Er wird darüber informiert, daß dieser Einsatz immer erläutert und vorbereitet wird. Ferner kann der Therapeut den Patienten darauf hinweisen, daß selbst vermeintliche Schwierigkeiten bei der Durchführung oder auch die Ablehnung eines solchen Angebotes oft das Verstehen gerade vertiefen und Bewegungs- und Berührungsproben nicht um ihrer selbst willen, sondern nur als Hilfsmittel genutzt werden. *Sie bieten dem Seelischen einen Spielraum, um sich möglichst umfassend zu artikulieren, und sie ermöglichen dem Patienten, sich tiefer zu erleben und grundlegend zu verstehen.* Dieses Vorgehen erfordert eine dauernde Erneuerung des Arbeitsbündnisses. Weiterhin fokussiert es das Wechselspiel zwischen Imagination und Reflexion. Beides zusammen dient einem vertieften Einlassen auf den therapeutischen Dialog und fördert die Eigenverantwortung des Patienten für seinen Heilungsprozeß. Hieraus folgt auch eine erweiterte Auffassung vom Setting. Die psychotherapeutische Situation wird ausdrücklich über die zwei Quadratmeter der Couch bzw. über den Beziehungsraum zwischen Couch und Sessel hinaus auf den gesamten Praxisraum ausgedehnt.

Darin liegt ein von der Geschichte der Tiefenpsychologie wenig beachteter, aber wesentlicher Unterschied zwischen der FREUDschen und der ADLERschen Position. Adler erschien es unerheblich, besondere klinische Vorkehrungen dafür zu treffen, daß eine Übertragungsneurose entsteht. Er war vom Anfang seines Wirkens an davon überzeugt, daß der Patient gar nicht anders kann, als seine lebensstiltypische Wirklichkeit auch im „Ordinationszimmer" auszuformen. So plädierte er für einen größeren Bewegungsspielraum und warnte davor, zu starre Regeln („etwa einen bestimmten Platz anzuweisen, einen Diwan") einzuführen, weil dem Therapeuten dadurch vieles entginge: „Ich sehe einen Vorteil darin, die Bewegungen eines Patienten nicht zu unterbrechen. Es wird sich demnach jeder in seinem Bewegungsgesetz vorstellen" (ADLER 1933, 1973, S. 173f.).

Bei dieser geradezu bewegungstherapeutischen Einstellung wundert es nicht, daß er bereits sehr für auf den „Organdialekt" und die „Sprache des Körpers" (z.B. 1912, 1973 oder 1931, 1979) hinwies:

> „Recht wertvoll erweist sich mir auch der Kunstgriff, mich wie bei einer Pantomime zu verhalten, auf die Worte des Patienten eine Weile nicht zu achten und aus seiner Haltung und aus seinen Bewegungen innerhalb seiner Situation seine tiefere Absicht herauszulesen. Man wird dabei den Widerspruch zwischen Gesehenem und Gehörtem scharf empfinden und den Sinn des Symptoms deutlich erkennen" (ADLER 1920, 1974. S. 63).

3 Wirkung

Mit einer systematischen Berücksichtigung leibhaftiger und leibnaher Auffassungs- und Behandlungsformen würde nach Meinung der in Bewegungs- und Körperarbeit erfahrenen Psychoanalytiker (BECKER 1986, 1989; HEISTERKAMP 1994, 1996a und b; MOSER 1989, 1993, 1994; Peter 1989, 1994; REINERT 1995; ROTH 1986, 1991; SCHARFF 1994; STOLZE 1978, 1992; WARE 1984; WORM 1990, 1992, 1994), die psychoanalytische Neurosen- und Behandlungslehre wesentlich erweitert und würden alle einschlägigen Begriffe ein vertieftes Verständnis erfahren. Diese Bereicherung, die ich in einer Monographie ausführlich begründet und durch viele Therapiebeispiele erläutert habe (HEISTERKAMP 1993), läßt sich folgendermaßen skizzieren:

Erweiterung der Erlebensdimension: Bei der Körperarbeit werden zu den mentalen Ausdrucksbewegungen – systematisch und ausdrücklich – auch die leiblichen Ausdrucksbewegungen als gleichbedeutsame Momente des therapeutischen Gesamtprozesses berücksichtigt. Damit erweitert sich der psychische Raum des Wahrnehmens, Verstehens und Behandelns.

Orientierung im seelischen Gesamtgeschehen: Wenn die organismischen Momente der Selbstbewegung systematisch in das Spektrum der gleichschwebenden Aufmerksamkeit gerückt werden, behält der sich der Führung des Patienten überlassende Therapeut eine fundierte Orientierung im multidimensionalen seelischen Geschehen. Er paßt sich der dem Seelischen eigenen Aktualgenese an und findet auch noch Leitlinien der Mit-Bewegung in verödeten Seelenlandschaften, in denen die Quellen der Sprache bereits versiegt sind.

Durchgliederung des Erlebensstromes: Über die Mit-Bewegung mit den leibnahen und leibhaftigen Momenten der Selbstbewegung durchgliedert sich das seelische Gesamtsystem gemäß einer durchgängigen Sinngestalt. Die Fixstellen notgeborener Selbstbehinderungen rücken ins leibhaftige Bewußtsein. Die Fuge zwischen „Mit" und „Bewegung" kennzeichnet die intersubjektive Kompetenz des Therapeuten, sich sowohl in den Patienten einzufühlen als auch sein eigenes Erleben nicht zu verlieren, was auch bedeutet, klar zwischen beidem unterscheiden zu können (Heisterkamp 1993, 1996b).

Mit-Bewegung: Durch die auch um seine organismische Mit-Bewegung erweiterte Aufmerksamkeit gewinnt der Therapeut einen natürlichen Zugang zu den sonst unausdrücklichen Momenten der Selbstbewegung des Patienten.. Insbesondere der respiratorische Dialog (s. u.) bietet in seinen charakteristischen Ausformungen eine anschauliche, spürbare und bedeutsame Interpunktion des seelischen Gesamtgeschehens.

Vertiefung des aktuellen Erlebens: Im Rahmen bewegungs- und leiborientierter Probehandlungen werden bereits bekannte Kindheitserinnerungen tiefer erfaßt, weitere und oft noch frühere Schlüsselerlebnisse („Modellsituationen") wiederbelebt und prototypische Beziehungsgestalten in Szene gesetzt.

Verlebendigung des Widerstehens und der Selbstbewegung: Der Umgang mit organismischen Widerständen und Sicherungen in einer leiborientierten analytischen Psychotherapie eröffnet eine neue Dimension des Durcharbeitens und der Widerstandsanalyse. Wenn der Patient leibhaftig versteht, wie er sich „aktuell" und „manifest" in charakteristischer Weise verkörpert, wenn seine individuelle Form des Widerstehens und des Sicherstellens leibhaftig begreifbar wird, gewinnt er Bewegungsspielraum, um seine Konfliktspannungen neu zu regulieren und sein Bewegungsmuster kreativ umzuwandeln.

Nacherfassung primärer Erfahrungsniederschläge: Durch Bereitstellung bewegungs- und leiborientierter Probehandlungen lassen sich auch präverbale Erfahrungsniederschläge aus der langen Entwicklungsphase vorsprachlichen Erlebens, deren Neuaufzeichnung in symbolischer Form frühen organismischen Sicherungen zum Opfer gefallen sind, wiederbeleben, sprachlich nacherfassen, nachträglich verstehen und integrieren. Auf diese Weise erreichen wir Patienten auf der Ebene der Kommunikation, bis zu der die aktuellen Störungen als notdürftige und notreife Selbstheilungsversuche zurückreichen.

Vereindeutigung des Beziehungsgeschehens: Wie die leiblichen Ausdrucksbewegungen, so vermittelt auch der leiborientierte und/oder leibliche Kontakt eine vereindeutigende und in hohem Maße entschlüsselnde Wirkung. In der leibnahen bzw. leibhaftigen Berührung bilden sich prototypische Beziehungsgestalten heraus, die den Therapeuten für Wiederholungen der frühen Manipulation und/oder der frühen Vernachlässigung in der therapeutischen Beziehung sensibilisieren.

Unterstützung der Selbstheilungstendenzen beim Patienten: Bei Patienten, deren originäre Selbstbewegungen massiv behindert worden sind und deren verkümmerte Ausdrucksbewegungen einen letzten Zugang bilden, kann die stellvertretende Übernahme von Entwicklungs- und Ich-Funktionen (annehmen, halten, antworten, ordnen, bestätigen, versorgen) oft nur noch leibhaftig erfolgen. Dann werden *körpersymbolische Formen des Annehmens, Verstehens, Begreifens und Behandelns notwendig.* Sie erweitern nicht nur das herkömmliche Inventar sprachsymbolischer Formen der Unterstützung, sondern betonen auch in fundierter Weise die Wachstumstendenzen des Patienten. Die Körperpsychotherapie bietet eine Fülle von Hilfestellungen bei der Unterstützung, Formung, Weiterführung und Umwandlung behinderterer Selbstbewegungen an.

Belebung der Lebensfreude: Durch körper- und bewegungstherapeutische Arbeit kann der Analytiker auch im täglichen Umgang mit weitgehend in ihrer Lebendigkeit erstorbenen Patienten ein bekömmliches Maß an interaktiver Bezogenheit für sich und den Patienten bewahren. Die freudige Anteilnahme des Therapeuten an der wiedererwachenden Lebendigkeit des Patienten erweist sich als wichtiger Wirkfaktor der Psychotherapie (Heisterkamp 1990, 1991).

4 Der Köper in der analytischen Psychotherapie

Die des öfteren von Körpertherapeuten aufgestellte Behauptung, die Psychoanalyse vernachlässige den Körper, trifft so nicht zu, insbesondere neuerdings nicht mehr, seitdem sich einige Psychoanalytiker zunehmend durch die Veröffentlichungen ihrer Kollegen und Kolleginnnen, die auch bewegungs- und leibtherapeutische Erfahrungen in ihre Behandlungen einbeziehen, herausgefordert fühlen, und nun ihrerseits die Bedeutung des Körpers, des Körper-Ichs, der Körperbilder, der Körperbildstörungen, der subjektiven Vorstellungen über den Körper und seine Krankheiten, der inkorporierten Erinnerungen, der Dissoziationen zwischen Körper und Seele usw. in der psychoanalytischen Praxis und Theorie hervorheben (BITTNER 1986, 1988, 1989; HIRSCH 1989, 1994; KAFKA 1992; LEHMKUHL 1992; PLASSMANN 1993, 1994; THOMÄ 1992). Trotzdem erscheinen mir vor meinem auch leib- und bewegungstherapeutischen Erfahrungshintergrund die in diesen Publikationen angesprochenen Konzepte ergänzungsbedürftig. Wenn auch die Psychoanalyse den Körper nicht vernachlässigt und auch das Erleben des Körpers zuweilen erwähnt, *so bleibt doch der Bereich des körperlichen bzw. des leiblichen Erlebens noch weitgehend unerschlossen.*

Die Psychoanalyse steht hier an einer weiteren Schwellensituation ihrer Entwicklung. Sie muß den berühmten Satz FREUDS (GW VIII, S. 374), nach dem ja schließlich niemand in Abwesenheit erschlagen werden kann, auch auf die körperlichen Ausformungen der individuellen Abwehr und Sicherung übertragen. Ohne daß der Patient merkt, wie er sich versteift, verspannt, verkrampft, abwürgt, zurückhält, d.h. die Verkörperungen seines Widerstehens leibhaftig wahrnimmt, verbleiben diese organismischen Widerstände bzw. Sicherungen außerhalb des analytischen Durcharbeitens. *Zum tiefen psychologischen Verstehen gehört ein organismisches Durcharbeiten:* Was wir abstrakt als „Widerstände" und „Sicherungen" benennen, sind prozessuale Akte leibhaftigen Sich-Formens. Indem der Patient wahrnimmt, wie er sich im aktuellen Wirkungsgeschehen verkörpert, wird ihm seine leib-

liche Existenz wieder zugänglich und für kreative Umbildungen verfügbar. Der Patient *begreift*, wie er seine individuellen „Störungen" formt und wozu sie ihm dienen.

Ich habe einen solchen Prozeß bei einer psychosomatisch erkrankten Patientin, die sich selbst als Kopffüßler bezeichnete, beschrieben (HEISTERKAMP 1994, 1996a). Der entscheidende Wendepunkt der Therapie ereignete sich, als sie leibhaftig merken konnte, wie sie ihre eigenen Lebensbewegungen im Dienste einer notgeborenen Selbstsicherung immer wieder selbst abwürgte, wie und wozu sie sich also als Kopffüßler verkörperte. Als Erkenntnis war diese Psychodynamik bereits in der ersten Phase der Therapie differenziert besprechbar. Aber erst über ein leiblich fundiertes Erleben, das sich über vielfältige Zwischenschritte entwickelte, konnte sie ihre Abwehrmaßnahmen erfassen und als verkörperte Abwehrmechanismen verstehen.

Der langwierige Prozeß, über den der Patient allmählich seine Abwehr und Sicherung erspürt, taucht in der psychoanalytischen Literatur kaum auf. Diese *praxeologische Leerstelle organismischen Durcharbeitens* wird in allen mir bekannten Publikationen zum Thema des Körpers in der Psychoanalyse evident, wenn jeweils ein Körperausdruck mit einer Deutung verbunden wird: ein Körperbild mit sozialen Ängsten, eine Körperbildstörung mit verdrängter Aggression, eine gebeugte Haltung mit Depression, ein erstarrter Körperausdruck mit ungelebten Affekten, eine Gähnstellung des Mundes mit Angst, eine starre Unterarmhaltung mit einem früheren Gefesseltwordensein im Kinderbett usw. Es ist klar, daß keiner der Autoren sich in seinen Analysen therapeutisch so verhät, also Ausdrucksbewegungen mit derart kurzschlüssigen Deutungen belegt. Da dieser aber praxeologisch gerade relevante Zwischenbereich der Verkörperung und Entkörperung des Seelischen nicht thematisiert wird, bleibt die Kunst der Behandlung dieser Phänomene aus dem wissenschaftlichen Diskurs sowie aus der psychoanalytischen Theorie und Lehre weitgehend ausgeschlossen. In dieser Situation erhöht sich die Wahrscheinlichkeit, daß die Kluft zwischen Körperausdruck und Verstehen mit kognitiven Kurzschlüssen oder abstrakten Verbalanalysen übersprungen wird. LICHTENBERG (1991) und HIRSCH (1994) gehen beide auf ein entsprechendes Beispiel ein, das von Keiser (1977) stammt:

> „Er beschreibt eine seltsame Erscheinung bei einer Analysandin: Sie hielt ihre Hände auf besonders starre Weise. Keiser schloß daraus, daß der Patientin im Säuglingsalter die Hände gefesselt worden waren. Die Patientin konnte sich an dieses Ereignis nicht erinnern, konnte es aber durch direkte Befragung bestätigen. Dieses Wissen spielte eine nützliche Rolle in der Analyse." Lichtenberg vermutet, daß die Erlebnisse von dieser Patientin „nur im perzeptuell-affektiven Handlungsmodus enkodiert und später nicht zu symbolischen Repräsentanzen rekodiert wurden. Sie können also nur analytisch erfaßt werden, wenn sich der Analytiker (so weit wie möglich) empathisch auf die Art einläßt, in der Körperzustände, Handlungen und Affekte vom Säugling erlebt werden." (LICHTENBERG 1991, S. 182)

In diesem Beispiel wird die Lücke zwischen Körperausdruck und Bedeutung besonders deutlich. Ich möchte es deswegen einmal nutzen, um diese mit meinen bewegungs- und körpertherapeutischen Erfahrungen aus entsprechenden Behandlungssituationen zu füllen. Wenn ich bei einem meiner Patienten eine solche Beobachtung mache, frage ich ihn, ob er eine entsprechende Probehandlung (z. B. die Hände einmal sprechen zu lassen oder die Verspannung langsam zu maximieren und zu minimieren oder im Zeitlupentempo die Arme zu heben und zu senken) machen wolle, um auf diese Weise die Sprache der Hände und der Arme zu entschlüsseln. In diesem Möglichkeitsraum für leibliche Assoziationen bzw. Imaginationen tauchen dann in ähnlich gelagerten Fällen oft frühe Erinnerungen und Bilder auf, die von heftigen Wutaffekten und verzweifelten Ohnmachtsgefühlen begleitet werden. Darüber lockern sich auch die Verspannungen, die meistens über den ganzen Körper verteilt sind. Sie dienten dem Patienten bisher gerade dazu, sich vor der ungeheuren Gewalt dieser Emotionen, von denen er sich bedroht fühlt, zu schützen. Vor dem Hintergrund meiner leibtherapeutischen Erfahrungen befürchte ich, daß von Beispielen wie dem obigen, das typisch ist für Publikationen zum Thema Psychoanalyse und Körper, eine suggestive Wirkung ausgeht, als sei die therapeutische Arbeit geleistet, wenn man die richtige Deutung gefunden habe, als könne man mit der zutreffenden Deutung

nicht auch den Widerstand stützen. Wenn in dem obigen Beispiel der oft sehr langwierige transformative Prozeß zwischen körperlicher Erstarrung und leiblichem Verstehen nicht genügend berücksichtigt worden ist, was ich nicht beurteilen kann, dann wäre die betreffende Patientin in subtiler Form noch einmal sediert worden.

Letztlich hängen Unklarheiten, wie sie oben beschrieben wurden, damit zusammen, *daß die Psychoanalyse die Ausdrucksbewegungen noch als objektale Phänomene ansieht. Der Umgang mit ihnen ist überlicherweise durch das Prinzip „Ansprechen und Deuten" gekennzeichnet.* Bei diesem Vorgehen bleiben die nonverbalen Äußerungen jedoch in einem Objektstatus. Sie werden als subjektale Formen der Artikulation und Manifestation übergangen. Der körpersprachliche Dialog wird dann, noch ehe er sich weiter entfalten konnte, durch eine verbalisierende Intervention unterbrochen. Die subjektale Äußerung des Patienten wird in eine objektale Position gebracht, die nunmehr aus einer diagnostisch abständigen Haltung heraus betrachtet und analysiert werden kann. Es besteht die Gefahr, daß die für viele Patienten so typischen Selbstentfremdungen durch die Art und Weise der Intervention eher festgeschrieben als geheilt werden. Statt mit dem Patienten einen körpersprachlichen Dialog zu führen, wird reflektiert, was der Körperausdruck bedeutet. Von der Bewegungs- und Körperpsychotherapie könnte der Analytiker übernehmen, mehr auf die leiblichen „Andeutungen" zu achten, sie aufzugreifen und ihnen einen Spielraum zu bieten, sich zu artikulieren, bis sich eine bedeutsame Szene erlebensimmanent erschließt. Es gibt neben dem für die Psychoanalyse typischen hermeneutischen Verstehen, das der mittelbaren oder *vorstellenden* Vergegenwärtigung bedarf (repräsentierendes Verstehen), noch eine basale Form des Verstehens – besser: Innewerdens – in der sich Sinn unmittelbar und affektiv ereignet. *Diese Form präsentischer Sinnerfassung begründet die Form hermeneutischen Verstehens.* Die letztere ist ohne die erste überhaupt nicht denkbar und sollte deshalb in der psychoanalytischen Theorie und Praxis mehr berücksichtigt werden.

5 Der körpersprachliche Dialog im tradierten Setting

Wie läßt sich der körpersprachliche Dialog zwischen Patient und Therapeut wahrnehmen und wie läßt er sich therapeutisch führen? Die Antwort erfordert eine Reihe differenzierter Überlegungen, die ich an einem konkreten Therapieausschnitt erläutern will. Zunächst stelle ich das Beispiel aus der Perspektive des Therapeuten als eines teilhabenden Beobachters dar und zeige, wie die Wahrnehmung des leiblichen, insbesondere des respiratorischen Dialogs, zu einer prototypischen Strukturierung des seelischen Gesamtgeschehens führt:

Ein etwa 30jähriger, sehr kontrollierter und distanzierter Mann, zu dessen Beschwerden auch eine chronische Gastritis gehörte, kommt nach etwa 150 Analysestunden in einer Sitzung auf eine Reihe von vagen und abstrakten Themen, zwischen denen ich keinen rechten Zusammenhnag erkenne, zu sprechen. Ich weiß nicht, worauf er eigentlich hinaus will und werde ungeduldig. Mir fällt für meinen Gefühlszustand der im Rheinland gebräuchliche Ausdruck „fickerig" ein. Er sitzt mir mit übergeschlagenen Beinen und angestrengtem Gesichtsausdruck und mich ständig beobachtend gegenüber. Je länger er redet, um so mehr nimmt mein Kopfdruck zu. Ich spüre eine deutliche Entspannung, als er auf eine konkrete Situation im Badezimmer zu sprechen kommt. Es war am Freitagabend, als seine Freundin und er sich im Badezimmer aufhielten: „Wir waren beide ..." Er stockt und hält den Atem an. Das Wort „nackt", das ich für mich ergänzend hinzufüge, kommt ihm offenbar nicht über die Lippen. Nach kurzem Räuspern setzt er neu an: „Meine Freundin wusch sich am Waschbecken und ich hatte mich gerade auch gewaschen. Wir hatten nichts an." Er schlägt sein übergelegtes Bein zurück, beugt sich etwas vor, seine Unterarme zucken andeutungsweise kurz nach vorne: „Sie stand so ... als ich sie so sah ..., ich

wollte ..., ich hatte ..." Er schluckt zwischendurch, seine Atmung wird tiefer, in seine Augen tritt ein kurzes Leuchten ... ich wollte sie so ..., eh ... anfassen, so um den ... Unterleib herum".

Ich merkte, wie er den nackten Körper seiner Freundin am liebsten von hinten umschlungen und sich vermutlich am liebsten an sie geschmiegt hätte. Während er stokkend erzählt, wie er sie von hinten umarmen wollte, kippt sein Körper nach vorne, zukken seine Arme zurück, klemmt er seinen Bauch ein und hält seine Hand davor, wie wenn er einen Tiefschlag in die Magengegend bekommen hätte. Sein Atem stockt. Für einen kurzen Moment erstarrt er wie zu einer Salzsäule. Ich selbst habe unmerklich mit seiner Bewegung mitgeschwungen, merke wie ich mich ebenfalls ansatzweise krümme und spüre auch dumpf eine Einwirkung in der Magengegend. Seine Freundin sei bei der plötzlichen Berührung heftig erschrokken und völlig erstarrt. Sie habe ihm Vorwürfe wegen dieses „hinterhältigen Angriffs" gemacht. Ich ahne das Entsetzen eines gehemmt Liebenden, unter dessen behinderten sehnsuchtsvollen Annäherungen das Liebesobjekt versteinert. Mir fällt als „Modellsituation" (LICHTENBERG 1987) ein Kind ein, das in freudiger Erregung auf Mama oder Papa zuläuft und vor eine Wand unerbittlicher Nichtresonanz prallt.

Während ich erlebnismäßig noch in dieser Schrecksituation verweile, weicht er für mich abrupt in einen quälenden kognitiven Zirkel wechselseitiger Schuldzuschreibungen und Rechtfertigungen aus. Diese gehen schließlich in kognitive Rekonstruktionsversuche über, in denen er auch einige Kindheitserinnerungen seiner Frau bemüht. Währenddessen spüre ich, wie sich mein Kopfdruck erhöht.

— ◻ —

Meine stellvertretende Mit-Bewegung an der Stelle seiner leibhaftigen Abweisung, meine Tendenzen, am Punkt seiner unmerklichen Verletzung zu verharren, sowie meine Verspannungen während seiner Intellektualisierungen und Psychologisierungen zeigen mir, daß der Patient hier eine Szene schildert, in der sich ein frühes bis in die aktuelle Beziehungsgestaltung hinein nachwirkendes Bewegungsmuster in Szene setzt, ohne daß er es für die Bewältigung hinreichend in Worte fassen kann. Wenn man das ganze Spektrum seiner seelischer Ausdrucksbewegungen einbezieht, läßt sich deutlich eine Selbstbewegung beobachten, die in die Sackgasse einer nicht mehr beweglichen Gegensatzeinheit aus Hin und Weg, Liebe und Haß, Sehnsucht und Enttäuschung, Passivität und Aktivität, Erleiden und Zufügen geraten ist. Der Bewegungsmodus der verhinderten und behinderten Annäherung tritt in mehreren Modifikationen auf: in der Art, wie der Patient sein Problem einleitet; inhaltlich in der berichteten Szene; intrapsychisch in der Schwierigkeit, sich auf sein eigenes Erleben einzulassen; interpsychisch in der eingeschränkten Form der Kontaktaufnahme zu mir.

Indem der Therapeut auf die leiblichen und leibnahen Momente der Selbst- und der Mit-Bewegung achtet, strukturiert sich das gesamte Wirkungsgeschehen in sinnfälliger Weise. Durch die organismischen Bewegungsanteile werden die Steigerung zum unglücklichen Höhepunkt, der seelische Engpaß sowie der notdürftige Umweg besonders deutlich. *Der Gesamtprozeß gewinnt durch die Ausdrucksbewegungen eine deutliche Durchgliederung.* Das ist um so wichtiger, wenn die emotionalen Züge stark verkümmert sind und die verbalen Äußerungen einer intellektualisierenden und psychologisierenden Abwehr dienen. Auch die Gegenübertragung strukturiert sich klarer, wenn der Therapeut für die organismische Resonanz offen ist. Meine Impulse, ihn drängen zu wollen, mein erschrockenes Atemanhalten, die Empfindung eines Tiefschlags in der Magengegend und mein Verharren in dieser miterlebten Verletzung, während er sich mit seinen Abwehrformen entzieht, sowie das Quälwerk von Intellektualisierungen spiegeln den inneren Prozeß einer verunglückten Annäherung wider.

Die Stelle der Blockierung im Prozeß der Selbstbewegung markiert auch den Punkt einer sinnvollen Intervention. Sein verbaler Bericht enthält in seinen nonverbalen Mitteilungen eine evidente Dramaturgie. Der leibdramatische Höhepunkt seines Handlungsdialoges – im Badezimmer wie auch im Therapiezimmer – ist genau die Stelle, an

der die gehemmte Selbstbewegung weiter und wieder blockiert wird und bei der auch der Wendepunkt im Formenwandel seines Lebensstils liegen könnte. Im Herunterfallen der Unterarme, im Schließen und Verkleinern der Augen, im Anhalten des Atems, in seiner Schluckbewegung, im Zusammenziehen des Körpers, in der Verspannung des Magens verkörpert er sein individuelles Bewegungsgesetz, demzufolge er sich immer wieder zur Annäherung an seine unerledigte Not- und Konfliktlage gezwungen fühlt, aber gleichzeitig vor den damit verbundenen psychologischen Konsequenzen zurückschreckt und seine Lebensbewegungen abwürgt. Der *furchtbare* Höhepunkt des Beziehungsproblems ist gerade der *fruchtbare* Moment im Therapieprozeß, insofern sich hier der mögliche Wendepunkt für Veränderungen herausbildet.

Das Beispiel zeigt, wie die leiblichen Lebensbewegungen systematisch in die freischwebende Aufmerksamkeit einbezogen werden und wie sich das Wirkungsgeschehen zwischen Patient und Therapeut in prototypischer Weise strukturiert. So hat sich mir die Psychodynamik meines Patienten in basaler Weise erschlossen. Aber von meinem tiefen psychologischen Verstehen hat der Patient noch gar nichts, wenn er aufgrund seiner Selbstentfremdung für empathische Deutungen nicht zugänglich ist. Der Therapeut stößt dann mit noch so einfühlsamen Interventionen ebensowenig auf Resonanz, wie der Patient in seiner Kindheit auf Resonanz traf. Obwohl es sich hier um eine hochbedeutsame therapeutische Entwicklungsstelle handelt, können hier die besten Verständigungsbemühungen die Tragik der Nicht-Bezogenheit wiederholen. Der Therapeut kann sie – um es in Worten FREUDS (GW XIII, S. 253) zu formulieren – allenfalls auf die „äußere" Wahrnehmung des Patienten beziehen, der verbale Bezug auf die „inneren" Wahrnehmungen prallt oft ungehört an den Verhärtungen und Verspannungen leiblicher Abwehrmaßnahmen ab, die den mentalen Abwehrmechanismen in der Entwicklung vorausgehen und diese begründen (DORNES 1992, 1993; LICHTENBERG 1991). Je weniger dem Patienten das leibliche und das emotionale Erleben zugänglich sind, um so mehr droht dem therapeutischen Dialog der verbale Leerlauf.

Wenn das leibliche Erleben kontinuierlich berücksichtigt wird, läßt sich eher vermeiden, daß sich Prozesse der Erstarrung und Lähmung chronifizieren. Deswegen werde ich im folgenden sechs *typisierte Interventionen* herausstellen, in denen das Ausmaß, in dem die leiblichen Lebensbewegungen beachtet werden, zunimmt und in denen sich ein Übergang von der objektalen zur subjektalen Sichtweise abzeichnet.

1. Der Therapeut nimmt die organismische Übertragungskonstellation wahr und teilt dem Patienten mit, was er beobachtet. An dessen Reaktion zeigt sich, ob er durch die Intervention erreicht wurde. Erfahrungsgemäß wird das bei Patienten, die sich ihrer selbst stark entfremdet haben, nur selten der Fall sein.

2. Der Therapeut verbindet seine Beobachtungen damit, daß er sich in seinen Patienten einfühlt (z.B. in seine Angst vor Zurückweisungen oder Verletzungen). Wenn der Patient davon berührt wird, kann er einen wichtigen Schritt tun, seine notgeborene Selbstunterdrückung zu lockern. Wir treffen heute allerdings auf viele Patienten, die zunächst auch durch empathische Verständigungsbemühungen des Therapeuten nicht erreichbar sind.

3. Der Therapeut bringt seine Wahrnehmungen in ein Entwicklungsbild. Bei meinem Patienten hatte ich das Bild eines freudig erregten Kindes, das begeistert zu einer primären Bezugsperson läuft, um ihr eine glückliche Stimmung mitzuteilen, dabei aber mit seiner emotionalen Vehemenz gegen die Wand einer unerbittlichen Gefühllosigkeit prallt. Entsprechende Deutungsbilder entschlüsseln oft Modellsituationen der Kindheit sowie aktuelle Beziehungen, insbesondere die zum Therapeuten. Sie erreichen den Patienten in einer Tiefenschicht bzw. auf einer Regressionsebene, die jenseits erwachsener Sprachsymbole liegt. Die ganzheitliche und operative Anschauungslogik dieser Bilder ermöglicht dem Patienten ein Verstehen auf einer der sprachsymbolischen Aufzeichnung vorangehenden Lebensphase. Auch in diesen Fällen muß der Therapeut an den Auswirkungen seiner Interventionen überprüfen, ob er die dem Patienten angemessene Ebene gefunden hat oder ob dieser nur so darauf reagiert, als habe er wieder ein neues Interpretationsmuster erhalten, das er nun assoziativ zu verifizieren oder zu falsifizieren hat. Bleiben Verspannung und Lähmung zwischen Patient und Therapeut bestehen, ist es nach meinen Erfahrungen angezeigt, systematisch auf den Organdialekt und die Körpersprache zu achten und dem Patienten Hilfen bereitzustellen, seinen körpersprachlichen Dialog mit sich wieder aufzunehmen, statt die offensichtliche Selbstentfremdung durch eine Steigerung der Analysebemühungen noch zu stabilisieren. Der Therapeut arbeitet dann unmittelbar an der unterdrückten Lebendigkeit, psychoanalytisch gesprochen an der leiblichen Selbstbesetzung des Patienten.

4. Der Therapeut beschreibt seine Beobachtungen und schlägt dem Patienten vor, noch einmal an die Engstelle seines Erlebens zurückzukehren und sich, möglichst ohne zu sprechen, darauf zu konzentrieren, was er in diesem Moment spüren kann. Durch die Zerdehnung dieses bedeutsamen Augenblicks im Therapieprozeß wird das Prinzip der freien Assoziation ausdrücklich auf die leibliche Dimension ausgeweitet. Das ist eine *er-lebens*wichtige Hilfe, insofern der Patient lernt, auf sich zu achten, sich zu erspüren, sich vor sich selber zu ver*antworten*.

5. Die „Wiederbelebungsmaßnahmen" können im Notfall weiter intensiviert werden. So kann der Patient darauf aufmerksam gemacht werden, wie er die Luft anhält, und angeregt werden, tiefer zu atmen, evtl. in den Bereich des Körpers hinein, den er gerade mit seiner Hand bedeckt. Wenn den Patienten verbale Empathie noch nicht erreicht, so kann er meistens auf dieser organismischen Ebene noch berührt werden, weil hier, trotz aller Selbstunterdrückung, noch verkümmerte Lebensimpulse erhalten geblieben sind.

6. Besonders eindrucksvolle Szenen können Patienten herausbilden, wenn ihre leiblichen Bewegungsansätze aufgegriffen und sie angeregt werden, ihren Impulsen einmal nachzugehen. So macht der Therapeut auf zaghafte Impulse der Zehen, Beine, Finger, Hände, Arme, Schultern, des Mundes, der Zunge, des Kiefers, des Beckens, des Kopfes, des Nackens, der Augen usw. aufmerksam und fragt den Patienten, ob er einmal seinen Körper selbst „sprechen" lassen wolle. Ebenso richtet er die Aufmerksamkeiten auf Situationen, in denen der Patient einen körpersprachlichen Dialog mit sich selber

führt: z.B. wenn der eine Fuß gegen den anderen drückt, die eine Hand die andere streichelt, wenn er seine Hände aufs Gesicht legt oder sich selber im Nacken unterstützt usw. So greift er Atemtöne oder Modulationen der Stimme auf und bietet dem Patienten einen nonverbalen Spielraum für seine akustischen Lautmalereien. Es ist oft beeindruckend mitzuerleben, wenn im therapeutischen Prozeß einer sich ballenden Faust, einem zuckenden Bein oder anklingenden Atemlauten ein Spielraum bereitgestellt wird, um sich zu artikulieren. Die sich dabei offenbarenden Sinngestalten strukturieren auch immer wieder die aktuellen Wirkungszusammenhänge, insbesondere die zwischen Patient und Therapeut.

Um die letzten Überlegungen noch mehr zu veranschaulichen, bringe ich im folgenden eine Reihe verdichteter Beispiele zur Körpersprache und zum Organdialekt:
- wenn Kiefer- und Mundbewegungen Erfahrungen des Gestillt- und Abgestilltwerdens sowie der Umstellung auf feste Nahrung wachrufen und sich dabei die aktuelle „Beißhemmung" und Trennungsangst wie die verhaltene Wut aufschlüsseln;
- wenn die rhythmischen Schaukelbewegungen von Patienten, die wie das Bild eines hospitalisierten Kindes anmuten, frühe Gefühle der Verlorenheit wiederbeleben und derzeitige Sicherungen unmittelbar verständlich werden lassen;
- wenn sich im Wegsehen und Hinsehen, im Abwenden und Hinwenden, im Einschlafen und Wachwerden die unerledigten Probleme der Phase der Wiederannäherung reinszenieren;
- wenn sich im Ausreichen und Zurückhalten, im Ausdehnen und Zusammenziehen, im Ausatmen und Einatmen das typische Bezogensein herausbildet;
- wenn sich in den leiblichen Imaginationen bedeutsame Situationen auf dem Wickeltisch herausgestalten, welche momentane Beziehungsstörungen schlagartig einsichtig werden lassen;

- wenn sich im Zucken der Arme und Beine aggressive und expansive Tendenzen andeuten und ausgestalten wollen;
- wenn sich der Patient krümmt und windet, als müsse er sich von äußeren und/ oder inneren Fesseln befreien;
- wenn er sich mit seinen Fingern, Händen oder Füßen selber berührt, als würden sie die zärtlichen oder strafenden Gesten der Bezugspersonen nachbilden;
- wenn er mit verspanntem Nacken den Kopf hebt, als müsse er sich mühsam über Wasser halten oder dem Fall ins Bodenlose entgegenwirken;
- wenn er seine Knie durchdrückt, um die Unsicherheiten seines eigenen Standpunktes zu kompensieren; usw.

Wenn dem Therapeuten Bewegungsbilder ein- und auffallen, leiten ihn insbesondere organismische Gegenübertragungsreaktionen wie:
- wenn er merkt, wie sich seine Atmung immer mehr verflacht und er an der Selbsteinschränkung des Patienten unmittelbar teilhat;
- wenn sich sein Kopfdruck erhöht und er feststellt, wie er in ein „Migränewerk" hineingezogen werden soll;
- wenn er müde und schläfrig wird;
- wenn sich seine Kehle verschließt und er Würgereize verspürt,
- wenn sich sein Magen verkrampft oder er etwas wie einen Schlag in die Magengegend verspürt;
- wenn er heftige Impulse zu schreien, aufzuspringen, zu schlagen oder zu treten verspürt;
- wenn sein Herz lauter zu pochen, zu rasen oder zu schmerzen beginnt;
- wenn er sich genital erregt fühlt oder nichts dergleichen spürt, wo es zu erwarten wäre;
- wenn sich sein Rücken verspannt oder zu schmerzen beginnt;
- wenn er auf die unbewußten Vokalisationen seines Patienten reagiert oder reagieren will, als wenn er sich zu einem Dialog auf einer anderen Ebene angesprochen fühlt;

- wenn sich seine Stimme verändert und er sich sozusagen in einen neuen Beziehungsmodus zu seinem Patienten bewegt oder bewegt hat;
- wenn er nach seinem Patienten schaut oder von ihm wegschaut und die Augen schließt und er damit unausdrücklich einen besonderen Kontakt herstellt oder unterbricht usw.

–◻–

Wenn der Therapeut dem Patienten hilft, seiner emotionalen und leiblichen Selbstbewegungen stärker innezuwerden, kann er sich an folgenden Leitlinien orientieren:

1. Das Prinzip der „freien Assoziation" wird systematisch auf die leibliche Dimension seelischer Selbstartikulation ausgeweitet.
2. Der Therapeut greift, wenn der gesamtseelische Prozeß zu erstarren oder zu verschwimmen droht, die verbliebenen Rudimente von Lebendigkeit, die sich am längsten im körperlichen Bereich halten, auf.
3. Nachdem er diese Situation mit dem Patienten fokussiert und klarifiziert hat, bietet er diesem an, seinen Leib sprechen bzw. machen zu lassen, was dieser im Moment gerade *andeutet*.
4. Der Therapeut sorgt dafür, daß die sich artikulierenden Impulse eine Möglichkeit erhalten, sich bedeutsam herauszubilden. Dazu brauchen die sich formierenden Handlungseinheiten eine ihnen gemäße Zeit und einen schützenden Rahmen, der durch höher organisierte Funktionen wie das Sprechen beeinträchtigt werden kann.
5. Da der Patient seine Lebensbewegungen mit seiner erwachsenen Vernunft begleitet, wird er, wenn er eine charakteristische Szene herausgestaltet hat, auf die Sprache zurückgreifen, um sein Verhalten und Erleben zu beschreiben und einzuordnen. In dem sich anschließenden Dialog zwischen Patient und Therapeut verschiebt sich allerdings der Akzent von der Verständigung über angemessene Deutungen zu einer Verständigung über bedeutungsvollen Erfahrungen.

6. Oft schlüsseln die im therapeutischen Raum herausgestalteten Bilder auch das Übertragungsgeschehen unmittelbar auf. Manchmal braucht der Patient hierzu die Hilfe des Therapeuten, um seine Erfahrungen als prototypisch für seine gesamte *Wirk*lichkeit zu verstehen.

6 Der körpersprachliche Dialog im erweiterten Setting

Beim Übergang vom tradierten zum erweiterten Setting gibt der Therapeut seinen festen Platz (hinter der Couch oder dem Patienten gegenüber) auf und bezieht Bewegung und Berührung in seine psychoanalytische Arbeit ein. Dieser Wechsel läßt sich gut an einem Beispiel von Hirsch erläutern, der in seinem Aufsatz über den Körper in der psychoanalytischen Psychotherapie auch auf einen gesellschaftlich erlaubten und sogar gewünschten Körperkontakt zwischen Patient und Therapeut eingeht, nämlich den Händedruck vor und nach der Sitzung. An diesem jedem Analytiker vertrauten Berührungsbeispiel zeigt HIRSCH in differenzierter Weise, daß Handgeben oder Händeschütteln „oft ein treffender Hinweis für den inneren Zustand eines Menschen" (1994, S. 156) sind:

> „Er kann von weich, gummiartig, schlaff und kraftlos bis hin zu forsch, kräftig und schmerzhaft aggressiv reichen. Hände können auch kalt oder heiß, trocken oder feucht, hart oder weich sein. Das fehlende Zueinanderfinden zweier Menschen kann auch durch das Verfehlen der beiden aufeinanderzustrebenden Hände ausgedrückt werden. Im Handgeben können auch wieder aversive Tendenzen erscheinen, man denke an extreme Schweißhände oder ekzematöse Hände, so daß die Berührung auch von daher einen gewissen Vorbehalt, eine Abgrenzung enthält. Ambivalenzen entstehen auch, wenn einer der sich Begrüßenden an einem Infekt leidet, den zu übernehmen der andere durch das Handgeben fürchten muß.
> Auf eine besondere Eigenart mancher Menschen, und eben auch mancher Patienten bin ich nicht zuletzt durch meine ärgerlichen Reaktionen aufmerksam geworden. Ich meine das eigenmächtige Intensivieren und Verlängern des doch meist harmonischen, selbstverständlichen Kontaktes im Händedruck, der in gegenseitiger Übereinstimmung ge-

staltet wird. In solchen Fällen wird die Hand des anderen deutlich länger festgehalten, teilweise geradezu zwischen Daumen und Finger geklemmt, die Handinnenfläche des ‚Opfers‘ geradezu ausgewischt, als ob es da noch etwas zu holen gäbe. Sicher handelt es sich bei diesem Phänomen um ein Zeichen von Bedürftigkeit und ist dem ‚Täter‘ auch nicht bewußt, vielleicht vorbewußt, aber die ärgerliche Reaktion gibt doch den Charakter der Grenzüberschreitung exakt wieder. Dieses Symptom kann im Laufe der Therapie auftreten und wieder verschwinden, immer zeigt es wohl Phasen der erhöhten Bedürftigkeit an. Auch das Gegenteil kann man finden, daß nämlich im Händedruck eine Kontaktverweigerung ausgedrückt wird, indem er flüchtig gestattet oder abgebrochen wird" (HIRSCH 1994, S. 156f.).

An diesem prägnanten Beispiel läßt sich zunächst noch einmal exemplarisch der Umgang mit dem Körper in der Psychoanalyse erläutern. „Handgeben" und „innerer Zustand" werden unmittelbar verknüpft, ohne daß das leibliche Erleben selbst als Brücke über die Leib-Seele-Kluft wichtig würde. Der Körper und sein Ausdruck verbleiben in einer objektalen Position. Was würde ein Psychoanalytiker, der körper- oder bewegungstherapeutische Verfahren in seine Arbeit integriert, anders machen? Der wesentliche Unterschied bestünde darin, daß er dem Patienten, nachdem er ihm seine Beobachtungen mitgeteilt hat, vorschlagen würde, das Handgeben mit in die Analysestunde hineinzunehmen und einmal auszuprobieren, was für ein nonverbaler Handlungsdialog sich dabei ergäbe. An dieser Stelle könnte sich ein Analytiker, der in diesen Handlungs- und Berührungsproben unerfahren ist, fragen, wieso eine solche nötig sei, da er und der Patient die entsprechenden Berührungserfahrungen doch schon viele Male vor und nach der Stunde gemacht hätten. Eine angemessene Antwort auf diese Frage könnte eigentlich nur die faktische Erprobung selber bieten. Dabei könnte er „am eigenen Leibe erfahren", wie sich trotz aller formalen Ähnlichkeiten das Wirkungsgeschehen ändern würde.

Der/die Leser/in kann sich einer solchen Erfahrung ebenfalls annähern, und zwar durch eine phantasierte Handlung, über die sich der wesentliche Unterschied zwischen der gesellschaftlichen Geste und dem therapeutischen Handkontakt erahnen und erspüren läßt. Selbst wenn das Handgeben schon vielfach praktiziert wurde, so

wird eine völlig andere Situation daraus, wenn diese Handlung im psychotherapeutischen Kontext, in dem es immer um ausdrückliche Beziehungsklärung geht, geschieht. Der/die Leser/in stelle sich einmal vor, wie es wohl wäre, wenn er/sie die Berührungsprobe mit einem/r Patient/in oder mit einem/r Kollegen/in aus der Intervisionsgruppe oder mit seinem/r Partner/in durchspielen würde. Dabei wird er/sie wohl, obwohl die Handlung in beiden Fällen sehr ähnlich ist, schon deutliche Unterschiede zwischen dem gesellschaftlichen und dem therapeutischen Kontakt erleben. Allein auf meinen Vorschlag sind schon viele personcharakteristische Reaktionen denkbar: Skepsis, Neugier, Spaß, Unsicherheit, Angst, Ärger, Widerwillen usw. Hinsichtlich potentieller Mitspieler tauchen vermutlich spontane Sympathie- oder Antipathiegefühle auf. Wahrscheinlich werden in diesem Zusammenhang auch viele frühere Berührungserlebnisse erinnert. Mit den Einfällen zu einem solchen Vorschlag wird eine Handlungsprobe auch im therapeutischen Prozeß meistens eingeleitet, manchmal auch ohne daß sie dann tatsächlich ausgeführt wird. Zu von mir durchgeführten Einführungskursen in die leibfundierte analytische Psychotherapie gehört auch das Experiment, die Hand eines anderen zu umfassen. Regelmäßig machen Teilnehmer bei dieser so simpel erscheinenden Probehandlung bewegende neue Selbsterfahrungen bzw. sie können dabei bisherigen Einsichten über sich mit leibhaftiger Gewißheit nachspüren. Ich erinnere mich an einen Patienten, der erstmalig merkte, wie eine starke aggressive Energie in seine Faust floß, als sie von mir umfaßt wurde, sowie an eine Patientin, die wahrnahm, wie sehr sie sich unscheinbar zu machen versuchte, als sie leibhaftig und gegen alle Vernunft *begriff*, wie sich ihre Faust in meinen Händen zu verkleinern und aufzulösen schien.

Aus meiner leibtherapeutischen Erfahrung möchte ich noch auf einen weiteren Unterschied hinweisen. Noch so sorgfältige diagnostische Vorerwägungen können nicht näherungsweise den Spielraum möglicher Selbstbewegungen abstecken, der durch eine oft einfach anmutende Erprobung eröffnet werden kann. Meine therapeutische Arbeit hat sich dadurch immer mehr von der Aufdeckung hin zur Entdeckung verändert. Dies setzt beim Therapeuten die Bereitschaft voraus, sich zu einer Expedition in einen unerforschten Kontinent aufzumachen, bei der er sich auf die unsichere Führung des Patienten einläßt und seiner eigenen analytischen Kompetenz als Kompaß vertraut. Schließlich – und darin liegt ein fundamentaler Unterschied – werden damit *die leiblichen Äußerungen als originäre Manifestation des Ich* (Kühn 1994), *als Selbstbewegungen beantwortet*. Damit gibt der leiborientierte Psychotherapeut seine objektale Sichtweise auch bezüglich der leiblichen Selbstbewegungen auf. *Patient und Therapeut lassen in diesem Falle tatsächlich ihre Hände in dem ihnen gemäßen Organdialekt miteinander reden.* Wer sich darauf einläßt, wird sich basaler Formen unmittelbaren Verstehens bewußt.

Der zeitweise Verzicht auf den verbalen Austausch bedeutet nicht, das für die Psychoanalyse typische hermeneutische Verstehen aufzugeben. Das sprachsymbolische Verstehen läuft gewissermaßen parallel zum Handlungsgeschehen, aber es läuft nicht leer mit, sondern es begleitet die originären Selbstaffektionen im leiblichen Dialog, ist also ständig durch Leben und Erleben erfüllt. Indem das Sprechen zeitweise ausgeklammert wird, werden die primären Erlebensprozesse fokussiert. Wenn Patient und Therapeut sich nicht vorschnell in Abstrahierungen hinein verlieren und und sich beide auf den Organdialekt einlassen, entwickelt sich ein körpersprachlicher Dialog, in dem der Patient auf basaler Ebene seinen charakteristischen Bewegungsspielraum auslotet. Indem der Therapeut den Ausdrucksbewegungen eine subjektale Rolle zubilligt, überwindet er auch hinsichtlich der leiblichen Dimension das Stadium der Ein-Person-Psychologie.

In der oben erläuterten Weise *können Patient und Therapeut vielfältige körpersprachliche Dialoge führen und das präsentische Verstehen für den grundlegenden Heilungsprozeß des Patienten nutzen*. Sie können z. B. einmal nur die Augen sprechen lassen und in einen visuellen Austausch treten, sie können einen respiratorischen oder vokalen Dialog führen oder einmal handlungsassoziativ „einfach nonverbal etwas miteinander machen". Diese Handlungsprobe zeigt sich besonders wirksam, wenn z. B. verbal verstrickte Gruppenmitglieder oder Paare auf diese Weise die unbewußten Verwicklungen ihrer Beziehung evident und leibhaftig herausbilden. Angesichts dieser

Beispiele wird verständlich, daß der Bewegungs- und Körperpsychotherapeut in besonderem Maße in seiner Hingabe- und Abgrenzungsfähigkeit, wobei diese Dialektik in der Psychoanalyse etwas distanzlastig als Abstinenz gekennzeichnet ist, gefordert wird. Da dieses Prinzip in seinem heutigen psychoanalytischen Verständnis auch nicht durch einen physikalisch meßbaren Abstand definiert werden kann, habe ich die damit gemeinte therapeutische Verfassung als eine Form der Mit-Bewegung (HEISTERKAMP 1993, 1996) herausgearbeitet.

Abschließend möchte ich ein Beispiel anführen, wie in einer psychoanalytisch fundierten Bewegungs- und Körperpsychotherapie an der notgeborenen Selbstbehinderung des Patienten gearbeitet und darauf geachtet wird, daß das reflexive Verstehen auf einer selbstaffektiven Basis geschieht. So können das repräsentierende und das präsentische Verstehen fruchtbar zusammenwirken.

Das Beispiel handelt von einer Kollegin, die im Verlauf eines Trennungsprozesses, der frühe Traumatisierungen wachrief, noch einmal ihre Analyse aufnahm und dazu in wöchentlichen Abständen zu mir kam. Nach etwa zwei Jahren nahm sie an einem von mir durchgeführten Kurs zur Einführung in die leibfundierte analytische Psychotherapie teil. In einer der Einzelstunden nach der Gruppe sprach nun die Analysandin folgendes Problem an:

Sie war auf dem Weg zu einem Geburtstagsfest, als sie merkte, wie ihr Begehren nach einem Partner wieder aufzukeimen begann und sie sich vorstellte, wie sie dort einem Mann, der ihr gefiele, begegnen würde. Diese Regungen wurden aber gleichzeitig zum Anlaß, sich lächerlich zu finden, sich zu schämen und sich zurückzuhalten. Ihr und mir kamen eine Reihe von Einfällen, die ihre Schamgefühle und ihre Zurückhaltung erklärten. Wir kamen auf ihre Angst zu sprechen, intime Bedürfnisse zu offenbaren und dann beschämt werden zu können. Sie stellte Vermutungen an, wann sie sich im Elternhaus und in der Analyse beschämt gefühlt haben könnte, woher ihre Angst stammen könnte, zu ihren authentischen Regungen zu stehen. Schließlich konnten wir in ihrer Scham auch das unbefriedigte kindliche Bedürfnis wiederfinden, bedingungslos angenommen zu werden, das dann bei der erwachsenen Frau zu einer Angst geführt hatte, Erwartungen und Beurteilungen gegenüber eine eigene Position zu vertreten. Allmählich spürte ich, wie es immer mühsamer wurde, wie sich die analytischen Überlegungen vom Erleben abhoben, wie sich mein Kopfdruck erhöhte und ich mich zunehmend verspannte.

Als hätte die Analysandin etwas Ähnliches gespürt, kam sie darauf zu sprechen, wie sich ihr Problem leiblich artikulierte: Im Sessel sitzend merkte sie, wie sich ihre Bewegungen auf dem Fest anfühlten:

> „Wenn ich ging und stand, hatte ich immer das Gefühl, ich drücke mich in meinen Körper nach hinten. Auch wenn ich vorwärts ging, drückte ich mich wie hinter eine Scheibe und schaffte so Distanz. Im Institut, auf Tagungen und in meiner therapeutischen Arbeit fühle ich mich wohl, ist dieses Distanziertsein nicht da, sondern kann ich frei schauen und frei nach vorne gehen."

Um einer verbalisierenden Verschiebung vorzubeugen, griff ich den Bewegungsaspekt auf und fragte sie, ob sie einmal in den beiden von ihr geschilderten Weisen durch den Behandlungsraum gehen wollte. Sie könnte sich ja einzelne Szenen ausdenken, in denen sie zum einen in der gehemmten und ein anderes Mal in der befreiten Form ginge. Sie griff meinen Vorschlag interessiert auf. Ihr fiel sofort eine Tagungsszene ein, bei der sie sich im Gegensatz zur Fete richtig frei gefühlt hatte. Während sie das noch sagte, merkte ich, wie sie auflebte. Sie richtete sich auf, hob ihren Kopf, nahm die Schultern zurück, atmete tief, streckte ihre Brust vor und ging beschwingt und mit strahlenden Augen durch den Raum. Ich erlebte sie sehr anmutig und fühlte mich von ihr angesprochen. Ich war beeindruckt, wie lebendig sie wirkte. Ich spürte deutlich die erotische Attraktivität, die von ihr in diesem Moment ausging.

Beim Wechsel in die andere Verfassung traten ihr schon Tränen in die Augen. Sie offenbarte sofort eine ganz andere Befindlichkeit und erschien nun sehr gehemmt und zurückgenommen. Es schien ihr alles (z. B. die Bilder an der Wand) entrückt. Ihr Gang veränderte sich sehr deutlich. Sie bewegte sich unsicher und stockend, fiel fast in sich zusammen, das Becken war arretiert, die Schultern fielen wieder nach vorne. Sie wurde traurig, blieb stehen und begann zu weinen. Sie erlebte sich niedergeschlagen und bedrückt. Auch zwischendurch brach sie immer wieder in ein Weinen aus. Dann hielt sie sich an einem Regal fest und war selber entsetzt zu erleben, wie verhalten, wie unsicher und wie ängstlich sie sich in dieser zweiten Verfassung fühlte. Auch ich erlebte mich diesmal ganz anders. Ich fühlte mich in eine väterliche Position versetzt und merkte Impulse, sie zu unterstützen, sie an die Hand zu nehmen, sie nicht allein zu lassen.

Sie hat die entscheidenden Erfahrungen dieser Stunde in einem Erlebnisprotokoll folgendermaßen beschrieben:

> „Ich stehe auf und gehe. Diese beiden Arten zu gehen und zu sein erlebe ich völlig unterschiedlich. Das Sein auf der Fete fühlt sich gedämpft an, mein Atem ist gehemmt, gestockt, ich fühle mich grau an, Traurigkeit entsteht, mein ganzes Sein ist gehemmt, unfrei, meine Schritte sind kleiner, wenn ich vorwärts gehe, scheint mich etwas zurückzuhalten. Ich fühle mich ängstlich, taste mit meinen Blicken nach vorne, was denn da ist, kritisch, skeptisch, tastend, etwas schüchtern. Ich gehe leise, so als ob ich gar nicht gehen sollte. Der Wechsel zum Gehen im beruflichen Raum ist eklatant spürbar für mich. Es fühlt sich frei an, ich kann atmen, meine Schritte sind frei, die Beine gehen wie von selbst, ohne daß in den Gelenken so etwas wie eine Bremse ist. Ich sehe ein Bild an der Wand und kann frei und offen auf das Bild zugehen, es ist hell und strahlend, mein Atem fließt, überhaupt scheint etwas in mir zu fließen. Ich fühle Freude, das Gefühl einfach da sein zu können. Wenn ich wechsele auf das Feten-Gehen, wechselt auch die Stimmung in mir. Düsterkeit, Traurigkeit, ja irgendwie Schrecknisse, Schreckliches ist dann in mir. Hin und wieder kommt auch ein Schwall von Tränen. Dieses Gehen kann ich nicht lange

aushalten in dieser Prägnanz und Klarheit. Lieber gehe ich und bin ich in dem anderen – ja wie in dem anderen Körper, in dem anderen Leib. Ich fühle mich so völlig verschieden, daß ich es kaum begreifen kann, daß das beides ich bin. Noch nie habe ich diese beiden Seinsempfindungen so klar in mir nebeneinander gespürt."

–⌂–

Die Analysandin rückte in dieser Stunde leiblich-szenisch ihr grundlegendes Strukturierungsproblem ins Bild. Sie erspürte mit leibhaftiger Gewißheit zwei fundamentale Bedürfnisse. Das eine drängte sie in eine regressive Richtung (sich anzulehnen, die schmerzlich vermißte Unterstützung doch noch zu erhalten) und das andere in eine progressive Richtung (sich selber zu vertreten, sie selbst zu werden). Indem sie beide Tendenzen, die sie bisher unbewußt und getrennt halten mußte, intensiv nebeneinander erlebte, vollzog sie in der Bewegungsprobe einen wesentlichen Schritt zu ihrer Integration. Unter biographischer Perspektive fielen ihr eine Reihe traumatisierender Trennungserlebnisse ein, die sie bereits in ihrer Lehranalyse bearbeitet hatte und die nun noch eimal erlebnismäßig neu gewichtet wurden. Sie reagierte betroffen auf ein in dieser Phase der Analyse erstmals festgestelltes, obwohl schon lange zugängliches Faktum, nämlich daß ihre Mutter ein Tagebuch geführt hatte, in dem die Entwicklungen ihrer drei älteren Schwestern detailliert beschrieben wurden, und das die Mutter unmittelbar nach ihrer Geburt abgebrochen hatte. An dieser Beobachtung belebten sich ihre bisher unbewußten Zweifel daran, überhaupt willkommen gewesen zu sein. Kompensatorisch zu den tiefen Selbstzweifeln übernahm sie die Delegierung der Eltern und wurde zum ausdrücklichen „Sonnenschein der Familie". Dementsprechend verstärkte sich ihr Bedürfnis nach Bezugspersonen, die sie auch mit ihren „Schattenseiten" wahr- und angenommen hätten.

In Handlungsproben offenbart sich das Übertragungsgeschehen besonders deutlich. Auf mehreren Regressionsebenen fühlte ich mich von der Analysandin berührt. Einmal als Vater des verbliebenen präödipalen Kindes in ihr, das noch ge-

halten und unterstützt werden möchte und nach dem schmerzlich vermißten Selbstobjekt sucht. Wir fanden auch das ödipale Mädchen wieder, das das sexuelle Begehren noch mit kindlichen Versorgungsbedürfnissen zu verbinden sucht. Über diese unbewußten Tendenzen war sie in früheren Partnerbeziehungen noch in Verstrickungen geraten, die sich typischerweise zwischen Partnern herausbilden, die sich wechselseitig als stabilisierendes Selbstobjekt *benötigen*. Die damit verbundene Selbstunsicherheit erlebte sie in beruflichen Kontakten nicht, da sie im Leistungsbereich immer „geglänzt" und Anerkennung gefunden hatte und ihr darüber hinaus die präformierten Bewegungsmuster des beruflichen Feldes genügend kommunikative Sicherheit boten. Ich fühlte mich auch als Vater einer adoleszenten Tochter angesprochen, die im sicheren familiären/therapeutischen Rahmen ihre Attraktion auf den Vater erleben möchte und darüber glücklich ist, wenn sich dieser an ihrer emanzipativen Entwicklung freuen kann.

7 Methode

Analytische Bewegungs- und Körpertherapie findet im Rahmen einer durch die analytischen Vereinbarungen eingerichteten Situation statt. Das therapeutische Feld ist über die Couch hinaus auf den ganzen Praxisraum ausgedehnt. Die analytischen Regeln werden ergänzt durch Vereinbarungen und Informationen über den Sinn und die Form möglicher Körperarbeit.

Das Angebot zu einer Handlungsprobe ist auf die sich ausformende Selbstbewegung des Patienten sowie auf die Fixstellen seiner notgeborenen Selbstbehinderung bezogen. Es greift die für den Patienten erfahrbaren Bewegungsansätze auf.

Über die Mit-Bewegung des Therapeuten mit den leiblichen Lebensbewegungen des Patienten setzen sich unbewältigte Entwicklungsschritte in Szene. Dieses Bild strukturiert die Vielfalt der aktuellen Lebensprobleme des Patienten nach einem durchgängigen Bewegungsmuster.

Wenn der Patient die vorgeschlagene Erprobung in Gedanken durchspielt, wird bereits eine Fülle personbedeutsamer Phantasien und Gefühle wachgerufen, mit denen das noch vage Deutungsbild in individueller Weise ausgestaltet wird. Die Besprechung dieser Vorstellungen bietet eine weitere Klärung, ob und wie der Patient die imaginierte Szene aktiv umsetzen will und ob dieser Versuch für ihn bekömmlich sein wird.

Wenn die so vorbereitete und durchgearbeitete Probehandlung ausgeführt wird, modelliert sie der Patient ein weiteres Mal im Sinne seines unbewußten Bewegungsgesetzes. Patienten können hier mit großer intuitiver Sicherheit dem Therapeuten die für sie notwendige Rolle im Handlungsdialog zuweisen.

Nachdem die Erprobung beendet ist, schauen sich Patient und Therpeut die eingerichtete Szene noch einmal an. Die Ergebnisse des präsentischen Verstehens und der begleitenden Reflexion regen oft Zusammenfassungen an. Die neuen leiblich fundierten Einsichten werden dabei mit früheren verknüpft. Angedeutete Komplexe können vom Patienten wieder aufgegriffen und weiter bearbeitet werden.

Literatur

ADLER, A. (1912): Organdialekt. In: ADLER, A.: Heilen und Bilden. Frankfurt a. M.: S. Fischer 1973, 114–122.

ADLER, A. (1920): Praxis und Theorie der Individualpsychologie: Vorträge zur Einführung in die Psychotherapie für Ärzte, Psychologen und Lehrer, Frankfurt a. M.: S. Fischer, 1974.

ADLER, A. (1931): Wozu leben wir? Frankfurt a. M.: S. Fischer, 1979.

ADLER, A. (1933): Der Sinn des Lebens. Frankfurt a. M.: S. Fischer, 1973.

BECKER, H. (1986): Körpererleben und Entfremdung – Psychoanalytisch orientierte konzentrative Bewegungstherapie als Therapieeinstieg für psychosomatische Patienten. In: BRÄHLER, E. (Hrsg.): Körpererleben. Berlin, Heidelberg, New York, Tokyo: Springer, 77–89

BECKER, H. (1989): Konzentrative Bewegungstherapie. Stuttgart New York: Thieme.

BITTNER, G. (1986): Vernachlässigt die Psychoanalyse den Körper? Psyche 40, 709–734.

BITTNER, G. (1988): Heilende „Körpererfahrung"? In: RECHENBERGER, H. G. u. WERTHMANN, H. V. (Hrsg.): Psychotherapie und innere Medizin. München: Pfeiffer, 135–144.

BITTNER, G. (1989): Psychoanalyse und Körper. In: WERTHMANN, H. V. (Hrsg.): Unbewußte Phantasien. München: Pfeiffer, 285–300.

DORNES, M. (1992): Der kompetente Säugling. Frankfurt a. M.: S. Fischer.

DORNES, M. (1993): Psychoanalyse und Kleinkindforschung. Einige Grundthemen der Debatte. Psyche 47, 1116–1152.

FREUD, S. (1912): Zur Dynamik der Übertragung. GW Band VIII, Frankfurt a. M.: S. Fischer, 1943, 363–374.

FREUD, S. (1923): Das Ich und das Es. GW Band XIII. Frankfurt a. M.: S. Fischer, 1940, 235–289.

HEISTERKAMP, G. (1990): Konturen einer tiefenpsychologischen Analyse originärer Lebensbewegungen. Teil I und II. Zeitschrift für Individualpsychologie, S. 83–85 und 163–176.

HEISTERKAMP, G. (1991): Freude und Leid frühkindlicher Lebensbewegungen. Empirische Säuglingsforschung und tiefenpsychologische Entwicklungstheorien. In: T. AHRENS u. U. LEHMKUHL (Hrsg.): Beiträge zur Individualpsychologie. München, Basel: Reinhardt, 24–41.

HEISTERKAMP, G. (1993): Heilsame Berührungen. Praxis leibfundierter analytischer Psychotherapie. München: Pfeiffer.

HEISTERKAMP, G. (1994): Zur Basierung psychoanalytischen Verstehens auf Grundformen des Wahr-Nehmens und Be-Greifens. In: K. STREECK u. K. BELL (Hrsg.): Die Psychoanalyse schwerer Erkrankungen. München: Pfeiffer, 351–364.

HEISTERKAMP, G. (1996a): Analytische Körperpsychotherapie. In: M. BÜHRING und F. H. KEMPER (Hrsg.): Naturheilverfahren Band 2. Berlin, Heidelberg, New York: Springer, Sektion 09.

HEISTERKAMP, G. (1996b): Psychotherapie aus der Mit-Bewegung. Formen „der" Empathie. Erweiterte Fassung eines Vortrages auf den 15. Delmenhorster Fortbildungstagen für Individualpsychologie 1995. In: T. AHRENS, E. FUCHS-BRÜNINGHOFF, U. LEHMKUHL (Hrsg.):

Beiträge zur Individualpsychologie. München, Basel: Reinhardt, 1996, 101–119.

HIRSCH, M. (Hrsg., 1981): Der eigene Körper als Objekt. Berlin: Springer.

HIRSCH, M. (1994): Der Körper des Patienten in der psychoanalytischen Psychotherapie. Zeitschrift Psychotherapeut 3/94, 153–157

KHAN, M. M. R. (1991): Erfahrungen im Möglichkeitsraum. Frankfurt a. M.: Suhrkamp.

KAFKA, J. S. (1992): Körperphantasien. Praxis der Psychotherapie und Psychosomatik 37, 81–91.

KÜHN, R. (1994): Existenz und Selbstaffektion in Therapie und Phänomenologie. Wien: Passagen Verlag.

LEHMKUHL, G. (1992): Körperarbeit in der analytischen Psychotherapie: Integration oder reine Lehre? In: U. LEHMKUHL (Hrsg.): Beiträge zur Individualpsychologie 15. München: Reinhardt, 199–213.

LICHTENBERG, J. D. (1987): Die Bedeutung der Säuglingsbeobachtung für die klinische Arbeit mit Erwachsenen. Zeitschrift für psychoanalytische Theorie und Praxis 2, 123–147.

LICHTENBERG, J. D. (1991): Psychoanalyse und Säuglingsforschung. Berlin: Springer.

MERTENS, W. (1990): Einführung in die psychoanalytische Therapie. Bd. 2. Stuttgart, Berlin, Köln: Kohlhammer.

MOSER, T. (1989): Körpertherapeutische Phantasien. Frankfurt a. M.: Suhrkamp.

MOSER, T. (1993): Der Erlöser der Mutter auf dem Weg zu sich selbst. Frankfurt a. M.: Suhrkamp.

MOSER, T. (1994): Ödipus in Panik und Triumph. Frankfurt a. M.: Suhrkamp.

NIETZSCHE, F. (1898): Also sprach Zarathustra. Werke Bd. III, München-Wien: Carl Hanser, 1980, 275–561.

NIETZSCHE, F. (1898): Ecce Homo. Werke Bd. IV, München-Wien: Carl Hanser, 1980, 1063–1159.

PETER, H. (1989): Integration von Psychoanalyse und Bioenergetik in der Person und Rolle des Therapeuten. In: Schweizerische Ges. für Bioenergetische Analyse und Therapie, Körper und Seele. Dortmund: Alternativ-Verlag, 11–23.

PETER, H. (1994): Vom Sein zum Werden – bioenergetisches Arbeiten an Übergängen. In: D. HOFFMANN-AXTHELM (Hrsg.): Schock und Berührung. Oldenburg: Transform, 46–59.

PLASSMANN, R. (1993): Grundrisse einer analytischen Körperpsychologie. Psyche 1993, 261–282.

PLASSMANN, R. (1994): Deutungsstrategien bei Patienten mit Körperselbststörungen. In: V. FRIEDRICH und H. PETERS (Hrsg.): Wege und Irrwege zur Psychoanalyse. Hamburg: Kellner, 145–155.

REINERT, T. (1995): Das Problem der Gewalt in der Therapie von Ich-Struktur-Gestörten, insbesondere Borderline-Patienten. In: U. LEHMKUHL (Hrsg.): Gewalt in der Gesellschaft. Beiträge zur Individualpsychologie. München: Reinhardt, 69–86.

ROTH, N. (1986): Nachwort in: T. MOSER, Das erste Jahr. Frankfurt a. M.: Suhrkamp, 149–190.

ROTH, N. (1991): Erfüllung und Begrenzung. In: D. HOFFMANN-AXTHELM (Hrsg.): Der Körper in der Psychotherapie. Oldenburg: Transform, 130–155.

SCHARFF, J. M. (1994): Therapeutische Interventionen mit szenischem Einbezug des Körpers. In: V. FRIEDRICH, H. PETERS (Hrsg.): Wege und Irrwege zur Psychoanalyse Standpunkte und Streitpunkte der Gegenwart. Hamburg: Kellner Verlag, 157–184.

STOLZE, H. (1978): Konzentrative Bewegungstherapie. In: D. EICKE (Hrsg.): Die Psychologie des 20. Jahrhunderts, Bd. III, München: Kindler, 1250–1273.

STOLZE, H. (1992): Der Körper in der Psychotherapie. In: P. BUCHHEIM, M. CIERPKA, TH. SEIFERT, (Hrsg.). Lindauer Texte 1991: Liebe und Psychotherapie. Der Körper in der Psychotherapie. Weiterbildungsforschung. Berlin, Heidelberg: Springer, 106–108.

THOMÄ, H. (1992): Der Körper in der Psychoanalyse. In: P. BUCHHEIM, M. CIERPKA, TH. SEIFERT, (Hrsg.): Lindauer Texte 1991: Liebe und Psychotherapie. Der Körper in der Psychotherapie. Weiterbildungsforschung. Berlin, Heidelberg: Springer, 123–145.

WARE, R. C. (1984): C. G. JUNG und der Körper: Vernachlässigte Möglichkeiten der Therapie? In: U. SOLLMANN (Hrsg.), Bioenergetische Analyse. Essen: Synthesis, 225–251.

WORM, G. (1990a): Psychoanalyse und Körperarbeit. In: U. STREECK, H.-V. WERTHMANN: Herausforderungen für die Psychoanalyse. München: Pfeiffer, 142–149.

WORM, G. (1992): Über die Schwierigkeit therapeutischer Beziehung anhand des Schicksals der „Verführungstheorie". In: D. HOFFMANN-AXTHELM (Hrsg.), Verführung in Kindheit und Psychotherapie. Oldenburg: Transform-Verlag, 64–78.

WORM, G. (1994): Körperzentrierte Interaktion – neue Wege zum Verstehen im psychoanalytischen Prozeß. In: V. FRIEDRICH, H. PETERS (Hrsg.): Wege und Irrwege zur Psychoanalyse Standpunkte und Streitpunkte der Gegenwart. Hamburg: Kellner Verlag, 185–195.

Gruppenpsychotherapeutische Methoden

Ulrich Rüger, Hermann Staats

1 Grundlagen

Bei der Gruppenpsychotherapie handelt es sich nach HEIGL-EVERS (1972) um „eine Psychotherapie, d. h. um eine Heilmethode, die sich unter Anwendung psychologischer Mittel auf die Psyche richtet". Gruppenpsychotherapie ist gleichzeitig Gruppentherapie: „Sie wird im Bezugsrahmen einer Pluralität angewandt". Psychotherapie bleibt aber immer Behandlung eines einzelnen im Hinblick auf dessen individuelle Beschwerden. Damit ist Gegenstand der Gruppenpsychotherapie nach wie vor der einzelne; er erhält aber in der Pluralität der Gruppe die Möglichkeit, eine wesentliche Seite seines Mensch-Seins kennenzulernen: „als Glied einer Vielheit einzigartig sein" (HEIGL-EVERS 1967), und wird damit konfrontiert, daß Pluralität und Autonomie sich dialektisch gegenüberstehen.

Gruppenpsychotherapie unterscheidet sich damit von Einzelpsychotherapie durch die Situation der Pluralität, sie unterscheidet sich von gruppendynamischen Ansätzen in der Berücksichtigung des einzelnen im Hinblick auf seine individuelle psychotherapeutische Zielsetzung (vgl. FENGLER und RÜGER 1978). Innerhalb dieser Begriffsbestimmung haben unterschiedliche gruppenpsychotherapeutische Konzepte Raum.

YALOM (1985, deutsch 1989, S. 13) beschreibt die Vielfalt der „Gruppentherapien":

> „Nachsorgegruppen für chronisch Kranke, Krebshilfegruppen, Gruppen für Menschen mit Eßstörungen, Aussprachegruppe für Veteranen des Vietnam-Krieges, Gruppen für Herzinfarkt-Patienten, Patienten mit Paraplegie (beiderseitiger Lähmung), diabetischer Erblindung, Nierenversagen – dies alles sind Ansprechpartner der Gruppentherapie. Auch chronisch oder akut hospitalisierten Psychiatriepatienten gilt die Gruppentherapie, ebenso relativ gut angepaßten Menschen, die neurotisch oder charakterlich gestört sind und die Praxis eines Psychotherapeuten aufsuchen."

1.1 Historische Entwicklung

Bereits in vielen alten Kulturen – darauf weisen HEIGL-EVERS und SCHULTZE-DIERBACH (1985) in einer historischen Übersicht hin – wurden kranke Menschen in Gruppen behandelt, wobei der Priester oder Schamane als Träger der gemeinsamen Heilserwartung der Gruppe führende und leitende Funktion zugleich hatte. Dabei werden Phänomene, die besonders in Gruppen auftreten, intuitiv genutzt worden sein, zum Beispiel ein vertieftes Erleben von Affekten oder die Aufhebung und Neubildung von Normen.

Der Beginn der modernen Gruppenpsychotherapie wird meist übereinstimmend (vgl. HEIGL-EVERS 1972) auf den Anfang unseres Jahrhunderts verlegt, wo PRATT (1906) Tuberkulose-Kranke in einem Sanatorium gruppenpsychotherapeutisch behandelte. Er versuchte dabei ein für den Genesungsprozeß günstiges Verhalten zu fördern, indem er sich als idealisiertes Vaterbild anbot und darüber die Großgruppe (80–100 Patienten) im Hinblick auf ein gemeinsames Behandlungsziel hin zusammenschmolz.

Als Zweiter ist hier MARSH (1931) zu nennen, der im Gegensatz zu den leiterzentrierten Gruppen PRATTS bruderschafts-strukturierte Gruppen bei Psychose-Kranken durchführte und damit eine Gruppenstruktur entwarf, die noch heute Bedeutung hat und z. B. gruppendynamische Grundstruktur der „Anonymen Alkoholiker" ist (Gründung dieser Bewegung 1935 in den USA). Schließlich ist SCHILDER (1928) zu erwähnen, der der erste Psychoanalytiker war, der Gruppenbehandlungen durchführte, vornehmlich bei Psychose-Kranken.

Nach HEIGL-EVERS und SCHULTZE-DIERBACH (1985) ist das Gemeinsame dieser ersten Gruppenverfahren eine Mischung aus Didaktik und Diskussion, wobei allerdings sehr unterschiedliche Gruppenstrukturen genutzt werden, vergleicht man nur die verschiedenartigen Rollen des Gruppenleiters: Bei PRATT ein idealisierter Führer vom Gott-Vater-Typ, bei MARSH dagegen wird die Funktion des Gruppenleiters fast abgeschafft.

Damit zeigt diese Früh-Phase der modernen Gruppenpsychotherapie, wie eine Art Vorentwurf, bereits die gesamte Breite der späteren Entwicklung auf.

Als einer der eigentlichen Väter der Gruppenpsychotherapie wird MORENO angesehen (vgl. Kapitel 4.6), der nach seiner Auswanderung in die USA 1925 seine Wiener Erfahrungen mit einem Stegreiftheater in eine therapeutische Methode umsetzte. Bedeutung hat MORENO nicht nur als Begründer des Psychodramas gewonnen, sondern auch für die Gruppendynamik und Sozialpsychologie durch das von ihm eingeführte theoretische Konzept der Soziometrie.

Zum Teil unter dem Versorgungsdruck des Krieges und der Nachkriegszeit, zum Teil unabhängig davon wandten sich in den 40er Jahren eine Reihe Psychiater und Psychoanalytiker der Gruppenpsychotherapie zu und verbanden in meist unterschiedlicher Weise psychoanalytische und soziodynamische Konzepte miteinander (vgl. Übersicht von HEIGL-EVERS 1972). Diese Entwicklung verbindet sich unter anderem mit den Namen von FOULKES (1957) und BION (1961) in England, WHITAKER und LIEBERMAN (1965) in den USA; im deutschsprachigen Bereich sind im Hinblick auf eigene psychoanalytische Gruppenkonzeptionen insbesondere ARGELANDER (1968), SCHINDLER (1957) und HEIGL-EVERS und HEIGL zu nennen.

Das vor allem von den beiden letzteren Autoren entwickelte Göttinger Modell verbindet analytische und sozialpsychologische Überlegungen. Es ist mit dem FOULKESSCHEN Modell kompatibel (KÖNIG 1992). Beide Modelle haben sich durchgesetzt und bieten in Deutschland Ausbildungsgänge an (vgl. HEIGL-EVERS und HEIGL 1994, FOULKES 1992).

Die Konzeptualisierung der analytisch orientierten Gruppenpsychotherapie ist damit insgesamt zu einem gewissen Abschluß gekommen, was auch für die nicht-analytischen seriösen Gruppenverfahren zuzutreffen scheint (z. B. FIEDLER 1996).

Nach einer bis in die 60er Jahre hinein relativ ruhigen Weiterentwicklung kam es in den 70er Jahren und beginnenden 80er Jahren im Rahmen des allgemeinen „Psycho-Booms" zu einem im Verhältnis dazu noch größeren „Gruppen-Boom", der inzwischen wieder rückläufig ist (nach einer Auszählung von HEIGL gab es Mitte der 70er Jahre im deutschsprachigen Bereich über 100 Verfahren mit dem Prä- oder Suffix „Gruppe"). Inzwischen scheint sich Beständiges von Vorläufigem und Kurzlebigem zu trennen – unter anderem auf dem Hintergrund einer kritischen Verlaufs- und Erfolgsüberprüfung von Gruppenverfahren. Vorerst vor allem in Amerika wird unter Hinweis auf Kosteneinsparungen im Gesundheitswesen wieder vermehrt auf die Möglichkeiten der Gruppentherapie hingewiesen (z. B. ROSENBER und ZIMET 1995; für Auswirkungen auf die Ausbildung von Therapeuten: GANS, RUTAN und WILCOX 1995).

1.2 Besonderheiten bei der Behandlung in Gruppen im Vergleich zu Einzelbehandlungen

Auch wenn die verschiedenen Gruppenpsychotherapie-Verfahren sich in ihrem theoretischen Konzept und deren Folgen für die Behandlungspraxis sehr unterscheiden, haben sie doch gegenüber der Einzelbehandlung eine Reihe von gemeinsamen Besonderheiten. Darauf soll nun eingegangen werden; dabei werden folgende Punkte besondere Berücksichtigung finden:

- die spezifischen Unterschiede zwischen Einzel- und Gruppenpsychotherapie am Beispiel der analytisch-orientierten Gruppenpsychotherapie,
- die Interdependenz individueller intrapsychischer und interaktionell-gruppendynamischer Prozesse,
- die soziodynamische Funktionsverteilung in Gruppen,
- die Rolle des Therapeuten,
- die Steuerung der Regression in Gruppen,
- spezifische Wirkfaktoren in Gruppenbehandlungen und schließlich
- die Indikationskriterien für eine psychotherapeutische Behandlung im Gruppen-Setting.

1.3 Spezifische Unterschiede zwischen Einzel- und Gruppenpsychotherapie – am Beispiel der analytisch orientierten Gruppenpsychotherapie abgehandelt

Die spezifischen Unterschiede zwischen analytischer Gruppenpsychotherapie und Einzelpsychotherapie wurden bereits von FOULKES (1958), GROTJAHN (1958), KUBIE (1958) und SAGER (1959) deutlich gemacht und fanden schließlich 1968 durch HEIGL-EVERS und HEIGL eine eingehende Darstellung. Wesentliches Merkmal der Gruppe ist Pluralität; d. h. „unter mehreren sein"; d. h. auch „als Glied einer Vielheit einzigartig sein"; d. h. weiterhin „nicht souverän sein", und das bedeutet schließlich in Anlehnung an H. ARENDT (1960) eine „relative Unabsehbarkeit der Folgen des eigenen Tuns", da sich diese nicht aus der Tat selber, sondern aus dem „Bezugsgewebe" ergibt, in welches jeder Mensch fällt (vgl. HEIGL-EVERS und HEIGL 1968, S. 22).

Die beiden Autoren untersuchten, welche Folgen die Situation der Pluralität in Gruppen hat, und prüften in dieser Hinsicht Introspektion und Interaktion, Realität und Regression, Übertragung und Abwehrmechanismen und schließlich die Übertragung, die der Therapeut in der Gruppe erfährt.

„In dem Maße, in dem die analytische Einzeltherapie durch ihre Privatheit (als einem ihrer Wirkfaktoren) die **Introspektion** begünstigt, hindert sie die **Interaktion** als die gegenseitige interpersonelle Stimulierung zu Erlebens- und Verhaltensreaktionen. Umgekehrt gilt für die analytische Gruppentherapie, daß sie durch das gegenseitige Einandersehen und -hören in eben dem Maße zur Interaktion stimuliert, wie sie die Introspektion zurücktreten läßt." (S. 30).

Interaktionelle Möglichkeiten werden durch die Anwesenheit heterogener Aktionsobjekte begünstigt, wobei die Gruppe als Ganzes als Mikro-Sozietät die soziale Seite eines jeden Menschen anspricht. Die Stärken der Gruppenpsychotherapie liegen damit mehr in der Förderung interaktioneller Fähigkeiten und weniger in der Unterstützung introspektiver Möglichkeiten; im Hinblick auf die Indikation zu einer Gruppenpsychotherapie können damit nach ROGGEMANN (1978) gerade auch Patienten sehr gefördert werden, deren introspektives Potential für eine Einzelpsychotherapie nicht ausreicht (vgl. RÜGER 1981, S. 5).

Gruppen ermöglichen rasche und tiefe Regression, die oft weniger bedrohlich als in einer Einzeltherapie empfunden wird, da sich die Gruppe nach Beendigung der Sitzung auflöst und dann erst zum nächsten Termin wieder trifft. Ein Wechsel zwischen regressivem und progressivem Erleben ist so selbstverständlicher als in einer Einzeltherapie. Der Therapeut hat die Möglichkeit, in der Gruppe unterschiedliche Ebenen zu betonen, auf denen die Gruppe arbeitet: die rationale, bewußte Ebene, die Ebene ödipaler Übertragungen und präödipale Übertragungen (HORWITZ 1994). Manche Patienten profitieren vor allem von der geringeren Intensität der Übertragung auf der rationalen oder ödipalen Ebene, in der multilaterale Übertragungen stattfinden. Andere profitieren von der tieferen Regression und intensiveren Übertragungen auf präödipale Aspekte.

Bei mäßiger Regression findet man in der Gruppentherapie häufig multilaterale Übertragungen, in der die Gruppe als Abbild der Familie gesehen wird. Ödipale Konflikte können so bearbeitet werden. In tieferer Regression wird die Gruppe eher als Gesamtheit erlebt, an der man teilhat. Oft wird die Gruppe dann als ein mütterliches Objekt der frühen Kindheit wahrgenommen, so daß präödipale Verhaltensmuster bearbeitet werden können. Multilaterale Übertragungen in Gruppen ermöglichen recht stabile Spaltungen in gute und böse Objekte. Manche Patienten, die solche Spaltungen für den Erhalt ihrer guten Objekte notwendig brauchen, können Wünsche und Phantasien daher in einer Gruppe vielfach mit geringerer Angst entwickeln und äußern als in der Einzelsituation.

Geschlossene Gruppen zeigen oft, wenn sie vom Therapeuten nicht zu stark strukturiert werden, eine Entwicklung von tieferer Regression zu Beginn, der durch wenig Information über das Geschehen einer Gruppentherapie und viel Angst gekennzeichnet ist, hin zu ödipalen Mustern am Ende einer Behandlung. In gewisser Hinsicht kann der Verlauf einer geschlossenen Gruppe so wie eine individuelle menschliche Entwicklung erlebt werden – von symbiotischen Erlebensweisen mit der Gruppe hin zu oraler Abhängigkeit von ihr, der Suche nach Autonomie und zu einer Beschäftigung mit den Geschlechtsunterschieden in der Gruppe.

Die Gruppe bietet sich zugleich als „Probierfeld für versuchsweise Änderungen im Denken und vor allem in der Vorstellung und im Handeln" an (HEIGL-EVERS und HEIGL 1968, S. 40). Ein Transfer der gemachten Erfahrungen auf die Situation außerhalb der Therapie ist dann aus Erfahrungen in der Gruppe heraus leichter möglich als aus der Situation in einer Einzeltherapie, wo es dazu kommen kann, daß reifere Interaktionsmöglichkeiten in sozialen Gruppen erst sehr viel später möglich werden, als es den (therapeutisch bewirkten) veränderten Objektrepräsentanzen entsprechen würde.

Die vorangegangenen Feststellungen treffen selbstverständlich nicht für diejenigen psychoanalytischen Gruppenkonzepte zu, die mit Absicht eine multilaterale Übertragung verhindern, die Gruppe ausschließlich als Ganzes sehen und Deutungen und Interventionen immer auf diese Ganzheit beziehen (vgl. z. B. ARGELANDER 1969, 1972). Bei diesem Konzept wird allerdings aus den Mehr-Personen-Beziehungen der Gruppe eine Zwei-Personen-Beziehung gemacht und die Gruppenpsychotherapie um einen spezifischen Ansatz verkürzt.

1.4 Die Interdependenz individueller intrapsychischer und interaktionell-gruppendynamischer Prozesse

Die Abwehrmechanismen, die in Einzelbehandlungen beobachtet werden, finden sich auch in Gruppen. Es kommt aber eine wesentliche und gruppenspezifische Abwehr-Ebene hinzu, auf die insbesondere HEIGL-EVERS und HEIGL mehrfach hingewiesen haben (1973, 1975, 1979b): Die „psychosozialen Abwehrmanöver" oder die „psychosoziale Kompromißbildung". Darunter ist folgendes zu verstehen: Unbewußte intrapsychische pathogene Konflikte verursachen in der Gruppeninteraktion interpersonelle oder psychosoziale Konflikte; bei den psychosozialen Kompromißbildungen geht es nun darum, die Gefahren zu bewältigen, „die sich in Auswirkung unbewußter intrapsychischer Konflikte in den Interaktionen mit den anderen darstellen können" (HEIGL-EVERS und HEIGL 1975, S. 244), und ohne deren Bewältigung der betroffene einzelne Gefahr liefe, aus der Gruppe ausgestoßen zu werden, und die Gruppe auf die Dauer ihren Zusammenhalt verlieren würde:

> „Psychosoziale Kompromißbildungen schützen den einzelnen vor Zugehörigkeitsverlust und die Gesamtheit der Gruppenteilnehmer vor der Auflösung der Gruppe oder vor dem Verlust von Mitgliedern; sie verstärken also die Gruppenkohäsion" (HEIGL-EVERS und HEIGL 1979b, S. 322).

Während die klassischen Abwehrmechanismen als Leistungen des Ich intrapsychische Kompromißbildungen darstellen, die der individuellen Homöostase dienen, stellen die psychosozialen Kompromißbildungen interindividuelle Gruppenleistungen dar, die den Erhalt der Gruppenkohäsion gewährleisten.

So wandelte sich Ärger und starke Ablehnung gegenüber einem besonders anspruchsvollen Gruppenmitglied in der Gruppe schließlich in eine konfrontierende, aber Zuneigung vermittelnde Ironie gegen-

über „unserem Gruppen-Baby", das dadurch in seiner Haltung für die Gruppe aktuell erträglich wird; umgekehrt gelingt es
dem „Baby", sich durch diesen liebevollen
Spott der Gruppe hinreichend gehalten zu
fühlen – trotz ursprünglich und eigentlich
viel größerer Erwartungen an die Gruppe!

–◻–

Die Bedeutung des Konzeptes der psychosozialen
Kompromißbildung kann nicht hoch genug eingeschätzt werden – auch für die nicht-psychoana-
lytisch orientierten Gruppenpsychotherapien;
denn mit Hilfe dieses Konzeptes läßt sich die Interdependenz von individuellen intrapsychischen
Prozessen auf der einen Seite und psychosozialen
auf der anderen Seite am besten erfassen. Diesem
Konzept liegen also psychoanalytische Beschrei-
bungs-Modelle zugrunde, die auf den psychosozialen Bereich ausgeweitet werden. Umgekehrt
verhält es sich mit dem Konzept der Entwicklung
der soziodynamischen Funktionsverteilung
(HEIGL-EVERS 1972), auf das im folgenden näher
eingegangen werden soll.

1.5 Die soziodynamische Funktionsverteilung in Gruppen

Ausgehend von soziometrischen Untersuchungen
in Gruppen hat SCHINDLER (1957) das Konzept
der „soziodynamischen Rangstruktur" in Gruppen entworfen. Auf der Grundlage dieses Modells
entwickelte HEIGL-EVERS (1972) die Konzeption
der „aktionszentrierten Gruppe mit soziodynamischer Funktionsverteilung"; damit können die jeweiligen Positionen der Gruppenmitglieder über
„Art der Partizipation an der Gesamtaktivität"
der Gruppe erfaßt werden. Danach lassen sich
folgende Positionen unterscheiden:
- Der Alpha als Repräsentant der Gruppenaktion und des Gruppenwillens (Führer bzw. An-
führer),
- der Gamma mit den drei Möglichkeiten der
identifikatorisch-partizipierenden Rolle (Adju-
tant), der komplementär-partizipierenden Rol-

le („die Bereitschaft und Tendenz, eine vorgegebene Teilaktivität zu einem sozial-sinnvollen
Ganzen zu vervollständigen im Sinne eines
Mitgliedes oder Mitläufers") und der kritisch-
überwachend partizipierende Gamma im Sinne des Inquisitors oder Normenhüters (Über-
Ich-Position).
- Der Beta läßt sich charakterisieren durch „Beteiligung mit Einschränkung" („ja, aber...").
- Der Omega ist „Repräsentant des Gegners
oder Gegen-Alpha, wobei der Omega in der
Regel seine Gegenposition nicht erfolgreich,
sondern in der Position des ‚Sündenbocks', des
Außenseiters usw. vertritt. Setzt er sich kraft-
voll durch, entthront er den Alpha, an dessen
Stelle er sich setzt und dann die Alpha-Position
einnimmt".

Dabei muß berücksichtigt werden, daß „Majorität und Minorität an der gleichen konflikthaften
Thematik Anteil haben" (HEIGL-EVERS 1972,
S. 77) und oft wechselseitig im manifesten Verhalten der Majorität die in einer Untergruppe latenten eigenen Tendenzen bekämpft werden und umgekehrt (Reziproke Latenzrepräsentanzen). Damit wird das Rangordnungs-Modell SCHINDLERS
um die Dimension des Unbewußten, des Latenten, des Abgewehrten erweitert. Zugleich wird
deutlich, daß in der jeweiligen Gruppenaktion
sich Individuell-Intrapsychisches in seinen unterschiedlichen Facetten in den Positionen der einzelnen Gruppenmitglieder wiederfindet und daran
verdeutlicht werden kann.
   Damit sind wir bei der Rolle des Therapeuten
in der Gruppenpsychotherapie.

1.6 Die Rolle des Therapeuten in der Gruppen-psychotherapie

Nach HEIGL-EVERS und HEIGL (1972) geht eine
(analytisch-orientierte) Gruppenpsychotherapie
von zwei Grundvoraussetzungen aus: einmal der
gruppenzentrierten Denk- und Beobachtungswei-
se des Gruppentherapeuten und zum anderen den
beiden Regeln der freien Interaktion der einzelnen
Gruppenmitglieder untereinander und der (relativen) Minimalstrukturierung der therapeutischen

Gruppe. Die teilnehmende Beobachtung des Therapeuten ist auf die Erfassung der Gruppenprozesse und der jeweiligen eigenen Gefühlsreaktionen gerichtet, wobei diese Gefühle jedoch nicht unreflektiert mitgeteilt werden („selektive Authentizität", R. COHN 1970). Von den soziodynamischen Positionen her nimmt der Therapeut in der Regel die Beta-Rolle ein (die Rolle des therapeutischen Fachmanns und eher distanzierten Beobachters). Die Alpha-Position des Therapeuten würde mehr direktiv und erzieherisch wirken. Die identifikatorische Teilnahme an einem Lösungsversuch der Gruppe (Gamma-Position) kann nach HEIGL-EVERS und HEIGL das Sicherheitsgefühl der Gruppe stärken, wohingegen die Einnahme der Omega-Position hilft, die Latenz der Majorität zu verdeutlichen; sie kann durch Infragestellung der Therapie überhaupt auch kohäsive Gruppenkräfte mobilisieren.

Bifokale Interpretationen sind von herausragender therapeutischer Wichtigkeit in Gruppen. Diese vom Therapeuten aus der Beta-Position herausgegebenen „Sowohl-Als-auch-Interpretationen" erreichen beide Subgruppen in gleicher Weise und können nicht nur die jeweils abgewehrten Latenzen verdeutlichen, sondern wirken auch günstig auf den Gruppenzusammenhalt und fördern zugleich die introspektiven Möglichkeiten des einzelnen, da er sich selbst im anderen erkennen lernt.

Der Therapeut hat in der Gruppenpsychotherapie eine zweifache Aufgabe: Er muß die Gruppe zusammenhalten und muß zugleich den gruppendynamischen Prozeß in der Gruppe gewährleisten (Erhalt der **Gruppe** und der Gruppen**dynamik**). Beide Ziele können miteinander in Konkurrenz treten, und der Therapeut muß den richtigen Weg zwischen zwei Extremen wählen. Auf der einen Seite muß er ein Erstarren der soziodynamischen Rollenverteilung in der Gruppe verhindern und die Möglichkeit der freien Interaktion zwischen allen Gruppen-Mitgliedern erhalten. Ansonsten würden mögliche Aktionen und Konflikte in der Gruppe nicht mehr gruppendynamisch, sondern hierarchisch bearbeitet. Diese Gefahr soll durch eine **Minimal**-Strukturierung der Gruppe verhindert werden, wo über die Festlegungen des äußeren Settings hinaus keine Vereinbarungen getroffen werden und damit „die alltäglich gültigen Normen und Situationsdefinitionen für interper-

sonelle Beziehungen ausdrücklich außer Kraft gesetzt" werden (HEIGL-EVERS und HEIGL 1979b, S. 781).

Neben dieser geschilderten Funktion hat der Therapeut aber auf der anderen Seite auch die Aufgabe, die Gruppe als therapeutische Matrix zu erhalten. Hier ist sowohl die Vorstrukturierung vor Beginn der Gruppe als auch die Haltung des Therapeuten in der Gruppe selbst von Bedeutung.

Die Vorstrukturierung beginnt schon mit der Zusammensetzung der Gruppe; hier gilt es z. B. zu berücksichtigen, von der Struktur her etwa gleich belastbare Patienten in einer Gruppe zusammenzufassen. Wichtiges Element der Vorstrukturierung ist aber auch das Vorgespräch. Hier erhält der Patient Hinweise auf die Arbeitsweise der Gruppe; zugleich bespricht der Therapeut vorbereitend mit ihm die Situation, zu mehreren Patienten innerhalb einer Gruppe zu sein. Schließlich ist es auch nicht unwichtig, daß der Therapeut im Vorgespräch „zu erkennen gibt, daß ihm die Belastungsfähigkeit des Patienten und seine schwachen Stellen nicht gleichgültig sind" (KÖNIG 1974, S. 159). Damit zeigt er die Bereitschaft, den Patienten in der Gruppe, notfalls auch vor Überforderungen, zu schützen.

Während der Gesamtheit Gruppe gegenüber eher Erfahrungen gemacht werden, die einer Übertragung von Aspekten der Mutter entsprechen, werden auf den Therapeuten in der Gruppe meist „väterliche" Aspekte übertragen. Er begrenzt das Erleben der Gruppe zeitlich und in der Regression und vertritt oft äußere Realitäten, die auf das Leben der Gruppe Einfluß haben. Es ist möglich, daß ein Patient in einer Gruppe so – in Anwesenheit des „Vaters" – das Erleben einer symbiotischen Übertragungsbeziehung zur „Mutter" wiedererproben kann. In tiefen Stadien der Regression kommt es allerdings auch vor, daß der Therapeut wie ein Teil der „Mutter Gruppe" erlebt wird (KÖNIG 1992, S. 67).

Mit dem Beginn einer Gruppe entwickelt sich (DIES und DIES 1993) in der Regel zunächst eine Phase der Verhandlungen, in der Erwartungen und Ängste der Gruppenmitglieder im Vordergrund stehen. Mit der Erarbeitung oder Verdeutlichung von Therapiezielen wird eine therapeutische Beziehung begründet oder über das in den Vorgesprächen schon erreichte hinaus gefestigt.

Die dann folgende Phase des Haltens umfaßt die Motivation der Gruppenteilnehmer für die Arbeit miteinander. Hier geht es darum, frühzeitig Abbruchstendenzen einzelner Mitglieder zu erkennen und zu bearbeiten. Mit der Etablierung festerer Beziehungen untereinander, entwickelt sich eine Phase der Vertiefung und Verbreiterung, in der die Gruppe an Konflikten arbeitet und die Gruppenmitglieder erste Erfolge ihrer Arbeit feststellen. Rückblick und Beurteilung der Behandlung kennzeichnen die Schlußphase des Verlaufs. Therapeuten können hier berücksichtigen, daß katamnestisch bei konfliktmobilisierenden Gruppenbehandlungen oft in der Zeit nach Beendigung der Gruppentherapie der stärkste Rückgang der Symptomatik zu sehen ist (STRAUSS und BURGMEISTER-LOHSE 1994, KREISCHE 1992).

1.7 Die Steuerung der Regression in Gruppen

Alle Psychotherapieverfahren lassen sich auch durch ihre jeweils unterschiedliche Berücksichtigung regressiver Prozesse charakterisieren. Die Möglichkeit, eine angestrebte Regression zu fördern oder ungünstige regressive Prozesse zu verhindern, besteht auch in Gruppen. Der Therapeut kann mehr oder weniger Informationen geben, bewußte Ebenen der Kommunikation ansprechen, Unterschiede zwischen den Gruppenmitgliedern betonen oder gemeinsame Gruppenthemen benennen. Da für unterschiedliche Patienten ein unterschiedliches Regressionsniveau optimale Arbeitsbedingungen bietet, entwickelten HEIGL-EVERS und HEIGL (1973, 1994) mit dem „Göttinger Modell" ein konsequent differenziertes gruppentherapeutisches Angebot. Dieses Modell bietet drei gruppenpsychotherapeutische Behandlungsmethoden an, die sich u. a. durch die Steuerung der Regression voneinander unterscheiden und damit eine differenzierte Indikationsstellung für Patienten mit unterschiedlich schweren Störungen erlauben. Wegen der sehr prägnanten Darstellung wird im folgenden aus der entsprechenden Zusammenfassung von HEIGL-EVERS und SCHULTZE-DIERBACH (1985, S. 182/183) zitiert.

In der *psychoanalytisch-interaktionellen* Gruppenpsychotherapie ist die

„Aufmerksamkeit des Therapeuten ... auf die sich (in der Gruppe) ... darstellenden Objektbeziehungen gerichtet, also auf die interpersonelle Störungsmanifestation innerer Behinderungen mit dem Ziel, sie einer Nachreifung zuzuführen. Der Therapeut folgt dabei in mütterlicher Schutzschildfunktion (WINNICOTT 1958) dem Prinzip ‚Antwort', d. h., er ist im Sinne selektiver Expressivität emotional-authentisch, übernimmt Hilfs-Ich-Funktionen und ist dabei eventuell auch stellvertretend normativ. Er fördert keine Entwicklung in Richtung Regression und vermeidet Deutungen von unbewußten Erlebnisanteilen".

Diese Behandlung ist insbesondere bei Patienten mit strukturellen Ich-Störungen indiziert (STREECK 1980).

Die *tiefenpsychologisch* fundierte Methode „arbeitet auf einer Ebene mittlerer Regressionstiefe". Die Interventionen des Therapeuten sind

„auf die sich in Untergruppenbildung mit jeweils unterschiedlichen Affekttönungen konstellierenden Arten der Teilhaber am konfliktbildenden Kompromiß und auf die dazugehörigen Veränderungen der Außen- und Binnenwahrnehmungen" gerichtet. „Ziel dieser Methode ist es, reifere Formen von psychosozialen und ... inneren Kompromißbildungen zu ermöglichen und so Konfliktspannungen sowie die damit zusammenhängenden Symptome zu mindern."

Tiefenpsychologisch fundierte Gruppentherapie ist damit besonders geeignet, unglückliche Kompromißbildungen, die sich als Charakterzüge zeigen, zu bearbeiten.

In der *analytischen* Gruppenpsychotherapie des „Göttinger Modells"

„steht neben den genannten psychosozialen Kompromißbildungen das gemeinsame Tagträumen als Ausdruck Ich-modifizierter Abkömmlinge unbewußter Phantasien im Mittelpunkt der therapeutischen Aufmerksamkeit".

Dabei geht es

„um ein Erfassen jener Homogenisierungsphasen, die BION (1981), ARGELANDER (1963/64, 1968, 1972) und OHLMEIER (1975) dazu veranlaßten, die Gruppe als eine Quasi-Person zu verstehen. Diese Gruppenmethode ist nur bei Patienten mit relativ ausgereiftem Ich anwendbar, die mit den Auswirkungen eines regressiven Gruppenprozesses Ich-gesteuert umgehen und die Frustration des durch Anonymität, Abstinenz und Neutralität gekennzeichneten Therapeutenverhaltens ertragen können".

Die geplante Dauer einer Gruppentherapie sollte Einfluß auf die Art der Deutungen und die Steuerung der Regression haben. Insbesondere bei kurzen Behandlungen schwerer gestörter Patienten führen Deutungen der Übertragung – die ja eine Verbindung zum Therapeuten oder zur Gruppe hervorheben – zu Angriffen auf diese Verbindungen (Karpur 1993) und einer Verstärkung der Abwehr. Heigl und Heigl-Evers (1994) bieten ein Modell für therapeutisches Verhalten auf verschiedenen Ebenen der Regression an; die Tiefe der Regression in Gruppen hängt jedoch wesentlich auch von den Vorlieben und Erfahrungen des Therapeuten und von seiner „Schulrichtung" ab (Horwitz 1994).

1.8 Wirkfaktoren der Gruppenpsychotherapie

Yalom (1970, 1995) suchte nach Gemeinsamkeiten in sehr unterschiedlichen Konzepten der Gruppenpsychotherapie und erfaßte „therapeutische Faktoren", die er empirisch überprüfte.

Er unterscheidet 11 therapeutische Faktoren einer Gruppentherapie: Das Einflößen von Hoffnung; das Erleben der Universalität des Leidens; ein Mitteilen von Informationen, zum Beispiel durch den Therapeuten, aber auch durch andere Gruppenmitglieder; das Erleben von Altruismus und dessen Nutzen; eine korrigierende Rekapitulation der primären Familiengruppe; die Entwicklung von Techniken des mitmenschlichen Umgangs; nachahmendes Verhalten; interpersonales Lernen; das Erleben von Gruppenkohäsion, das heißt von Beziehung in der Gruppe; Kartharsis und als letzten Faktor sogenannte „existentielle Faktoren", z. B. Erfahrungen, daß das Leben manchmal unfair und ungerecht ist, daß man sterben und dem Leben allein gegenübertreten muß, daß die letzte Verantwortung für die Art, wie das eigene Leben gelebt wird, von einem selbst übernommen werden muß.

Die Bedeutung dieser einzelnen Wirkfaktoren

in verschiedenen Formen von Gruppentherapie ist schwer abschätzbar. Die Ergebnisse von Befragungen der Patienten, was für sie in einer Psychotherapie wichtig war, differieren mit Fremdbeurteilungen und mit den Ergebnissen komplexer empirischer Untersuchungen (Tschuschke 1990). Wie soll ein Mensch angesichts des vielschichtigen und komplexen Erlebens einer Gruppentherapie beurteilen können, welche dieser überlappenden Faktoren tatsächlich zu einer Besserung seiner Symptome beigetragen hat?

Empirische Untersuchungen zu Zusammenhängen zwischen den in Gruppenpsychotherapien als wirksam erwarteten Faktoren (Stone, Lewis und Beck, 1994) führten zu einer Isolierung von drei grundlegenden Elementen. Klinisch wichtige Faktoren wie „Feedback", „Katharsis" und das „Erleben existentieller Faktoren" kamen jedoch in zwei oder allen drei dieser Elemente vor. Offensichtlich suchen sich Patienten aus dem breiten Angebot von Wirkvariablen „ihre Heilfaktoren" aus (Rüger 1981, S. 91). Auch hier stimmen Beurteilungen durch Patienten und Therapeuten zwar teilweise miteinander (Vostanis und Sullivan 1992), nicht aber mit anderen empirisch erfaßten Kriterien überein. So fanden Soldz, Budman, Demby und Feldstein (1990) keinen Zusammenhang zwischen Sprechaktivität und therapeutischem Erfolg. Sowohl in den Einschätzungen der Patienten, als auch in den Einschätzungen der Therapeuten war dagegen ein solcher Zusammenhang gesehen worden.

Von Tschuschke (1992) liegen inzwischen sprachanalytische Untersuchungen vor, in denen einzelne Prozeßvariablen innerhalb der Gruppenpsychotherapie im Hinblick auf ihre Wirksamkeit und ihren Erfolg untersucht wurden (1989, 1992).

Soweit sinnvoll, wird die Bedeutung der einzelnen Wirkfaktoren für die jeweiligen gruppenpsychotherapeutischen Behandlungsverfahren bei deren Darstellung in der folgenden Übersicht erläutert.

1.9 Indikationskriterien für eine Gruppenpsychotherapie

Gruppentherapie eignet sich vor allem für solche Patienten, deren innere Konflikte sich in interpersonellen Konflikten äußern; sie eignet sich aber auch zur Behandlung von Psychoneurosen, bei denen dies nicht der Fall ist oder zu sein scheint (KÖNIG 1992, S. 203). Indikationen für psychoanalytische Einzel- und Gruppentherapie überlappen sich. Spezifische Wirkungen einer Gruppenpsychotherapie in Gegenüberstellung zur Einzelbehandlung sind durch die Situation der Pluralität gegeben. Daraus lassen sich die meisten Kriterien ableiten, die im konkreten Fall eher für eine Gruppen- als für eine Einzelbehandlung sprechen.

Pluralität bedeutet

> „eine strukturspezifische und, zu gegebener Zeit, therapeutisch notwendige Frustration für alle Patienten mit dem an die anderen gerichteten illusionären narzißtischen Anspruch: Egocentrum sum" (HEIGL 1978, S. 155).

Damit können gerade narzißtische Haltungen oft besser in der Gruppensituation als in der Einzelsituation verdeutlicht und bearbeitet werden. Die fehlende intentionale Aktivität von schizoiden Patienten kann im Gruppen-Setting eher angestoßen werden als in der therapeutischen Einzelsituation, wo oft ein intentionales „Versacken" nicht zu verhindern ist. Für depressive Patienten stellt die Gruppe „eine Frustration ihrer Entgrenzungs- und Verschmelzungstendenzen und einen Anreiz für Selbstabgrenzung und Identitätsfindung dar" (HEIGL 1978, S. 159).

Immer dann, wenn bei einem Patienten auch „unvorhergesehenes" Feedback notwendig ist, wie z. B. bei Zwangsneurotikern, ist dies fast nur im Gruppen-Setting möglich, denn gerade das Einzel-Setting begünstigt nach HEIGL die Immobilisierungstendenzen aufgrund der durch die Behandlungstechnik eingegrenzten Reaktionsmöglichkeiten des Therapeuten. Aus der Fassung gebracht werden können Zwangsneurotiker oft besser im Gruppen-Setting.

Viele Konflikte, die nicht in dyadischen Frühbeziehungen ihren Ursprung haben, lassen sich gut in einer Mehrpersonensituation behandeln, in der Rivalitäts- und Autoritätskonflikte beobach-

tet und erprobt werden können. Gruppentherapie eignet sich aber auch für Patienten mit Angst vor einer dyadischen Beziehung. Tiefe Regression tritt rasch ein, weil die gesamte Gruppe einen potenten Übertragungsauslöser darstellt, besonders einen Übertragungsauslöser für Frühbeziehungen, ist aber am Ende der Gruppensitzung rascher reversibel als in der Einzeltherapie, weil der Übertragungsauslöser Gesamtgruppe sich am Ende der Gruppensitzungen in Einzelindividuen auflöst.

Persönlichkeitsstörungen (LECZCS 1989) oder ausgesprochene Haltungsstrukturen im Sinne von SCHULTZ-HENCKE (1951) und SCHWIDDER (1959) sind in Gruppen häufig besser behandelbar als im Einzelsetting. Haltungen sind Ich-synton und manifestieren sich eher in der sozialen Situation der Gruppe, wo sie gut in ihren interpersonellen Auswirkungen deutlich gemacht und bearbeitet werden können.

Über eine Differenzierung des Gruppenangebotes kann die Indikation erweitert werden. Das breite Spektrum der Indikation bei psychoanalytisch-interaktioneller Gruppentherapie umfaßt schizoide Patienten, Borderline-Patienten und psychosomatische Patienten mit mangelnder Affektdifferenzierung, die hier besonders profitieren.

Die Indikation hängt auch vom Umfeld ab, in dem die Gruppe stattfindet. So ist die Aufnahme von ein bis zwei Borderline-Patienten in eine therapeutische Gruppe, die ambulant geleitet wird, durchaus möglich. Gruppentherapie mit zahlreichen strukturell gestörten Patienten braucht aber in der Regel einen stationären oder teilstationären Rahmen. In einer ambulanten Gruppe, die nur aus Borderline-Patienten bestünde, wäre der Therapeut laufend mit Kriseninterventionen beschäftigt und käme nicht dazu, an längerfristigen Zielen zu arbeiten (KÖNIG 1992).

Während im stationären oder teilstationären Rahmen mit psychoanalytisch interaktioneller Gruppenpsychotherapie auch Patienten mit niedrigem Strukturniveau gruppenpsychotherapeutisch zu behandeln sind, verlangt dagegen eine analytische Gruppenpsychotherapie mit nur einem Treffen in der Woche ein hohes Maß an der Fähigkeit, die äußere Realität selbständig zu bewältigen, eigene Bedürfnisse aufschieben zu können, antizipieren und synthetisieren zu können. Diese Ich-Funktionen stehen in der Regel nur bei einem hohen Strukturniveau ausreichend verläßlich zur Verfügung.

Gruppen, die eine deutliche Verbindung über ein gemeinsames Problem haben, zum Beispiel ein Symptom (Weight-Watchers, Gruppen mit Angstpatienten) oder ein besonders belastendes Erlebnis (Verlust von Angehörigen, sexueller Mißbrauch) arbeiten mit einem niedrigeren Anspruch als langfristige analytische Gruppenpsychotherapien. Aufgrund einiger rasch gegebener Wirkfaktoren (z.B. der „Universalität des Leidens", der Gruppenkohäsion, die sich rasch bildet und dem Austausch von Informationen) sind hier Erfolge mit kurzen Behandlungen in Gruppen möglich (z.B. McCallum und Piper 1990, Rosenberg und Zimet 1995).

2 Gruppenpsychotherapeutische Behandlungsmethoden

Die theoretischen Konzepte, die den einzelnen Gruppenverfahren in der folgenden Übersicht zugrunde liegen, sind in den vorangegangenen Kapiteln dargestellt worden. Wir wollen uns darum im folgenden mit notwendigen theoretischen Ergänzungen, speziell des Gruppenaspektes dieser Behandlungen, befassen und tun dies zugleich aus dem Blickwinkel des mit Abstand differenziertesten Gruppenkonzeptes, des psychoanalytischen. Zugleich wollen wir versuchen, die bei den einzelnen Verfahren jeweils wirksamen Heilfaktoren herauszuarbeiten.

2.1 Psychoanalytische Gruppenpsychotherapie-Verfahren

Die Grundzüge psychoanalytisch orientierter Gruppenpsychotherapie-Verfahren wurden bereits dargestellt. Als wesentliche **Heilfaktoren** im Sinne Yaloms sind Gruppenkohäsion, interpersonales Lernen sowie Katharsis und Einsicht zu nennen (vgl. hierzu auch Rüger 1981).

Die Ausbildung zum analytisch orientierten Gruppentherapeuten wird oft in Ergänzung zur Ausbildung als Psychoanalytiker und Psychotherapeut absolviert und umfaßt wie die Einzelausbildung eine theoretische Weiterbildung, kontrollierte eigene Gruppenbehandlungen und eine Selbsterfahrung in Gruppen. Sie kann auch unabhängig von einer Einzeltherapieausbildung erfolgen; dies geschieht häufig in der Ausbildung in psychoanalytisch-interaktioneller Gruppentherapie, die sich besonders für die Arbeit im stationären Rahmen eignet.

In Deutschland haben sich vor allem das an anderer Stelle in diesem Buch dargestellte Göttinger Modell und die Gruppenanalyse nach Foulkes durchgesetzt. Beide Schulrichtungen bieten eigene Ausbildungsgänge an und arbeiten zusammen im Deutschen Arbeitskreis für Gruppenpsychotherapie und Gruppendynamik (DAGG). Im Gebiet der ehemaligen DDR ist die Intendierte Dynamische Gruppenpsychotherapie verbreitet.

2.2 Die Intendierte Dynamische Gruppenpsychotherapie

Die Intendierte dynamische Gruppenpsychotherapie ist *die* originäre Psychotherapieform der ehemaligen DDR, die von Kurt Höck und seinen Mitarbeitern seit den 60er Jahren in Ostberlin vorwiegend für die Behandlung von Neurotikern mit psychischen Fehlentwicklungen entwickelt wurde (Seidler, 1997).

Nach ersten gruppentherapeutischen Ansätzen in den Jahren 1956/57 wurde ein Durchbruch in der ehemaligen DDR durch das Internationale Symposium über Gruppenpsychotherapie 1966 in Berlin erzielt. In den folgenden Jahren wurde die Sektion Gruppenpsychotherapie zum Wegbereiter einer dynamischen, d.h. psychoanalytisch orientierten Gruppenpsychotherapie in Versorgung, Ausbildung und Forschung. Mit ,unterschiedlichen Akzentuierungen knüpfte diese Entwicklung an die international sich durchsetzenden Auffassungen an, die Gruppenpsychotherapie als „Psychotherapie durch den Gruppenprozeß" zu konzeptualisieren, d.h. psychoanalytische Grundannahmen mit Konstrukten aus der sozialpsychologischen und gruppendynamischen Theorie der Kleingruppe zu verbinden.

Die Bezeichnungen „intendiert" und „dynamisch" kennzeichnen die spezifischen Aspekte der Einheit und Wechselwirkung von Inhalt und Struktur, von Therapeut und Gruppe sowie von Gruppe und Individuum. Zugleich dienen beide Bezeichnungen auch zur Abgrenzung gegenüber anderen gruppentherapeutischen Methoden.

Intendiert, im Sinne von angezielt, angestrebt, hinführend, beinhaltet in Abgrenzung gegenüber psychoanalytischen Konzepten der dynamischen Gruppenpsychotherapie den gesellschaftlichen Bezug der Normen, Wertsetzungen usw., der gemeinsamen Zielstellung, die weitgehend vom Therapeuten intendiert und aufrechterhalten wird (Höck, 1981 S. 21). Später wurde mit diesem Begriff das „Eröffnen von Möglichkeitsräumen" beschrieben „damit werden unbewußte Wünsche und Bedürfnisse deutlicher, bewußter oder überhaupt erkennbar" (Seidler. 1997).

Durch die Bezeichnung *dynamisch* erfolgt eine Abgrenzung gegenüber den fest strukturierten, direkten, leiterzentrierten Formen der Gruppenbehandlung, indem die Gruppendynamik, also die Art und Weise der Gruppenbildung, -funktion und -struktur in ihrer Bedeutung für den therapeutischen Prozeß akzentuiert wird (Höck, 1981 S. 21).

In diesem Gruppenprozeßmodell werden fünf spezifische Phasen oder Interaktionsebenen unterschieden, die sich inhaltlich und strukturell weitgehend abgrenzen lassen. Die folgende Darstellung als phasenhafter Verlauf einer geschlossenen Gruppe stellt eine stark vereinfachte Orientierungshilfe dar, denn in der Realität handelt es sich um einen „komplizierten Wechselwirkungsprozeß, der zugleich kreisförmig oder besser etwa in Form einer Spirale rückwirkend einflußnehmend und beeinflußt abläuft" (Höck, 1981 S. 27).

2.2.1 Anwärm- oder Orientierungsphase

Nachdem der diagnostische Prozeß abgeschlossen, die Vorgespräche geführt und die Behandlungsvereinbarung geschlossen worden sind, beginnt die *erste Phase* (Anwärm- oder Orientierungsphase) mit dem Ziel, das Warmwerden jedes einzelnen Gruppenmitgliedes mit der Gruppensituation, dem Therapeuten und den anderen, zunächst fremden Mitgliedern zu fördern und zu unterstützen. Inhaltlich überwiegen Themen wie Organisation, Ablauf, soziale Daten der Teilnehmer u. a. Der Interaktionsstil ist fragend-antwortend. Strukturell handelt es sich um ein Nebeneinander ohne Ansätze einer Binnengliederung.

2.2.2 Abhängigkeitsphase

Die *zweite Phase* (Abhängigkeitsphase) ist von erheblicher Bedeutung für den weiteren Verlauf. Das angestrebte Ziel der Gruppe besteht darin, die durch das Fehlen einer festen sozialen Struktur hervorgerufene und verstärkte Unsicherheit und Beängstigung durch die bisher gewohnten und verwendeten Verhaltensmuster und Arrangements (habituelle Einstellungen) zu bewältigen. Inhaltlich überwiegen Themen von allgemeinem Interesse und allgemeine Gruppenthemen. Der Interaktionsstil ist meist konventionell, oft von ratlosem, unsicherem, erwartungsvollem, abwartendem Schweigen begleitet. Strukturell finden sich situativ stark wechselnde Gruppierungen, meist jedoch eine einseitige Ausrichtung auf den Therapeuten oder eine Ersatzperson. Wegen der fehlenden Binnengliederung scheitern alle Lösungsversuche, während zugleich Spannung, Unsicherheit, Unbehagen und das Bedürfnis nach Gruppenzugehörigkeit verstärkt werden, was von den Teilnehmern als Hilflosigkeit und Abhängigkeit erlebt wird. In dieser Phase der Unreife, Unsicherheit und Angst und des fehlenden Zusammenhaltes der Gruppe erhält der Therapeut eine herausragende Stellung; auf ihn sind in dieser Zeit fast ausschließlich die Erwartungen, Wünsche und Befürchtungen gerichtet. Statt diesen Erwartungen zu entsprechen und damit das pathogene Verhaltensmuster der neurotisch Kranken zu bestätigen, soll der Therapeut diese Erwartungen frustrieren, die dadurch mobilisierten Aggressionen und negativen Affekte auf sich kanalisieren und dadurch veranlassen, daß die Gruppenmitglieder gemeinsame aktive Lösungen zur Bewältigung dieser Situation finden.

2.2.3 Aktivierungs- oder Durchsetzungsphase

In der *dritten Phase* (Aktivierungs- oder Durchsetzungsphase) erfolgt der entscheidende Schritt des Integrationsprozesses der Gruppe. Das zunehmend gemeinsam angestrebte Ziel besteht jetzt darin, mit der anwachsenden Mißstimmung und dem Unbehagen aktiv z. B. dadurch fertig zu werden, daß die Ursachen nach außen verlagert werden, auf Außenseiter in der Gruppe oder den Therapeuten.

Inhaltlich treten das Thema „Gruppe", das Verhalten einzelner Teilnehmer zur Gruppe, die Beziehungen zwischen den Teilnehmern, insbesondere aber das Verhalten des Therapeuten und die Beziehungen zu ihm in den Vordergrund. Strukturell finden sich jetzt gehäufte Ansätze zur Ausbildung einer Rangordnung, vorwiegend unter dem Leistungsaspekt, und eine stärkere Vereinheitlichung in bezug auf Ablehnungen. Damit geht zugleich ein Anwachsen des Binnenkontraktes und der Außendistanz einher. Der Therapeut soll durch abwartendes, tolerantes, zuweilen sogar indirekt provozierendes Verhalten ermöglichen, die angestauten Spannungszustände mit ihm auszutragen, wodurch sich die Gruppe strukturiert. In diesem Prozeß kristallisiert sich zunehmend ein aktiver Kern heraus, der zunehmend die Führung in diesem Ablösungsprozeß übernimmt. Der Abschluß dieser Phase leitet eine neue höhere Qualität der Gruppentätigkeit ein, wird oft mit einer gewissen Euphorie erlebt und wird von Höck als *Kippvorgang* bezeichnet. Mit diesem Kippvorgang von den prägruppalen Phasen in die gruppalen Phasen erreicht die Gruppe eine neue Qualität der interpersonellen Beziehungen und der gemeinsamen therapeutischen Bemühungen.

2.2.4 Arbeitsphase

Erst in der *vierten Phase* (therapeutische oder Arbeitsphase) stellt die Gruppe einen sozialen Organismus dar, dessen Mitglieder durch ein gemeinsames Ziel und koordiniertes, kooperatives Handeln verbunden sind. Erst jetzt können in der Gruppe die unterschiedlichen Probleme, Konflikte und Ängste auf eine qualitativ neue Weise bearbeitet werden. Das angestrebte Ziel der Gruppe besteht in dieser Phase darin, die individuellen Bedürfnisse, insbesondere nach Kontakt, Einfluß, Sicherheit und emotionaler Nähe zu befriedigen, die die Grundlage für Selbstsicherheit, Eigenständigkeit und Umweltbezogenheit bilden, und zugleich den als existentiell notwendig erlebten Zusammenhang der Gruppe zu verstärken. Diese interpersonellen Vorgänge sind zugleich Ursache und Wirkung entsprechender intrapsychischer Prozesse im Sinne der Einstellungsänderung und -bildung. Inhaltlich beschäftigt sich die Gruppe mit vielfältigen Fragen und Problemen, vor allem mit den individuellen Konflikten und den Beziehungen zu sich und den bedeutsamen anderen. Meist befaßt sich die Gruppe über mehrere Sitzungen mit den Problemen eines Mitglieds, die dann von den anderen aufgegriffen und von der Gruppe bearbeitet werden. Als Interaktionsstil überwiegen problemorientierte Interaktionen, bei denen ein Mitglied die Rolle des Patienten und andere die Rolle von Therapeuten übernehmen, während es aber auch zu echten Konfrontationen kommt. Strukturell hat sich eine relativ stabile Rangordnung und Binnenstruktur mit einem festen Kern ausgebildet, wobei die Führungsfunktionen oft längere Zeit von den gleichen Mitgliedern eingenommen werden, jedoch beim Themenwechsel auch auf andere Gruppenmitglieder übergehen.

2.2.5 Abschlußphase

Mit der *fünften Phase* (Abschlußphase) findet die Behandlung ihren Abschluß. Das angestrebte Ziel wird zumindest vom Kern der Gruppe als weitgehend erreicht betrachtet; Umfang und Bedeutung der Außenkontakte und -interessen und damit gruppenauflösende Tendenzen erreichen ein zunehmendes Übergewicht. Inhaltlich stehen die Gruppenthematik sowie allgemeine Themen im Vordergrund. Der Interaktionsstil ist vorwiegend sachlich, intellektuell-psychologisierend und wird zunehmend konventionell. Strukturell hat sich die Binnengliederung und Rangordnung quasi institutionalisiert, zuweilen tritt der Therapeut wieder stärker in Erscheinung.

Mit diesem Konzept legte Höck eine *Modellvorstellung* der Intendierten Dynamischen Gruppenpsychotherapie vor, die sich aufgrund der klinischen Erfahrungen für die Erfüllung der folgenden Aufgaben bewährt hatte:

1. Für die Behandlung von Patienten mit sog. primären psychischen Fehlentwicklungen (Neurosen) stand in dem inzwischen entwickelten System der Diagnostik und Therapie neurotisch-funktioneller Störungen (Höck 1977) eine breit anwendbare Behandlungsmethode zur Verfügung, die in über 20 psychotherapeutischen Spezialeinrichtungen angewendet wurde.
2. Für die Ausbildung von psychologischen und ärztlichen Psychotherapeuten lag hiermit eine lehr- und lernbare gruppenpsychotherapeutische Methode vor, die in den von Höck und Ott seit 1974 entwickelten 3jährigen Ausbildungskommunitäten vermittelt wurde (Höck und Hess, 1981; Ott, 1981). Gegenwärtig wird diese Ausbildung vom Deutschen Arbeitskreis für Intendierte Dynamische Gruppentherapie e. V. durchgeführt.
3. Hiermit stand ein Forschungsparadigma zur Verfügung, das für die folgenden Jahre die Voraussetzung bot, offene Fragen der Gruppenpsychotherapie unter verschiedenen Aspekten zu untersuchen.

Ein wichtiges Ergebnis war die Konzipierung eines idealtypischen Gruppenverlaufs für erfolgreiche Therapiegruppen mit der Manualisierung eines idealtypischen Therapeutenverhaltens in den einzelnen Phasen (Hess, 1985).

Die Anwendung dieses Gruppenmodells unter anderen Rahmenbedingungen (geschlossene und offene Gruppen unter ambulanten, tagesklinischen und stationären Bedingungen, Kombinationsbehandlungen, Paartherapie) und mit anderen Patientengruppen (Psychosen, Eßstörungen, psychosomatische Erkrankungen, Abhängigkeitserkrankungen, psychogene Störungen im Kindes- und Jugendalter, homogene Frauengruppe) stellte eine theoretische und behandlungspraktische Herausforderung dar, die zu vielfältigen Modifizierungen der Zielstellungen, Wahrnehmungseinstellungen, Schlußbildungen und der therapeutischen Interventionen in den verschiedenen Phasen des Behandlungsverlaufs geführt haben (s. Ehle und Ott, 1983, Geyer, 1981; Hess, 1983; Kulawik, 1984; Maaz 1988, 1989; Ott, Wahlstab

und Ehle 1983; Seidler, 1983; Ecke, 1993; Höck, 1988; Kirchner, 1983; Röder, 1988; Venner, 1986, Venner und Daniel, 1988).

Die gesellschaftlichen Veränderungen nach der „Wende" wirkten und wirken sich auch auf die Anwendung und theoretische Weiterentwicklung der Intendierten Dynamischen Gruppenphsychotherapie aus. Einerseits ist diese Methode innerhalb der Richtlinien-Psychotherapie als anerkanntes Gruppenpsychotherapieverfahren in den neuen Bundesländern verankert, andererseits ist sie herausgefordert, sich in einer völlig veränderten Versorgungs- und Ausbildungslandschaft in der Konkurrenz mit einer Vielzahl von Einzel- und Gruppenpsychotherapieangeboten zu behaupten (Benkenstein, 1995, Froese und Seidler, 1993; Hess, 1991; Maaz, 1995 Seidler, 1997).

2.3 Verhaltenstherapeutisch orientierte Gruppenpsychotherapie-Methoden

Erste verhaltenstherapeutisch orientierte Gruppenbehandlungen wurden von Lazarus (1961) durchgeführt; hier wurden mit klassischen verhaltenstherapeutischen Methoden homogene (auf die Symptomatik bezogene) Gruppen behandelt, also z. B. Phobiker, Raucher usw. Die Interaktion zwischen den einzelnen Gruppenmitgliedern blieb vernachlässigt, und die Gruppe wurde quasi zu einem Patienten gemacht. Die Pluralität der Gruppe wurde bei den vom gleichen Autor (Lazarus 1968) entwickelten Assertive-Trainings-Gruppen (Selbstsicherheitstrainings-Gruppen) als verstärkender Hintergrund für das Selbstsicherheitstraining der einzelnen eingesetzt. Eine freie Interaktion im vorhin beschriebenen Sinn (s. Kapitel 1.3 dieses Beitrags) war in diesen Gruppen noch nicht möglich; denn bis zu Beginn der 80er Jahre gab es in der Verhaltenstherapie keine zieloffenen Gruppen. Erst mit der 1980 durch Lazarus eingeführten multimodalen Verhaltenstherapie wird die freie Interaktion zwischen den Gruppenmitgliedern (z. T. allerdings über Anleihen an andere Techniken wie Psychodrama und Gestalttherapie) zugelassen. Die „verhaltenstherapeutisch konsequenteste Gruppenmethode" stellt nach HEIGL-EVERS und SCHULTZE-DIERBACH die von GRAWE, DZIEWAS und v. WEDEL (1980) entwickelte „interaktionelle Problemlösungsgruppe" dar, die verhaltenstherapeutisches Vorgehen mit gruppendynamischen Konzepten verbindet und die Pluralität der Gruppensituation therapeutisch weitgehend berücksichtigt. FIEDLER (1986) spricht in einem Überblick über Verhaltenstherapie in Gruppen von einem „ganz wesentlichen Impuls" der Verhaltenstherapie für die „Gruppenkultur". Zieloffene Problemlösegruppen (KÄMMERER 1986) ermöglichen es, verhaltenstherapeutische Gruppen auch als Selbsterfahrungsgruppen in der Ausbildung zum Verhaltenstherapeuten einzusetzen. Inzwischen kann etwa die Hälfte der Selbsterfahrung in der verhaltenstherapeutischen Ausbildung in verhaltenstherapeutischen Gruppen absolviert werden. Dabei werden „mittelschwere" Probleme der einzelnen Gruppenmitglieder exemplarisch verhaltenstherapeutisch behandelt. Eine gruppenpsychotherapeutische Weiterbildung ist für Verhaltenstherapeuten im Rahmen des Erwerbs einzelner Weiterbildungsbausteine möglich.

„Die verhaltenstherapeutischen bzw. kognitiven Behandlungsmethoden in Gruppen vernachlässigen" allerdings nach HEIGL-EVERS und SCHULTZE-DIERBACH (1985, S. 162) „bewußt die Dimension des latenten Erlebens, arbeiten nicht mit dem Konzept der unbewußten Reinszenierung infantiler Konflikte im Hier und Jetzt der Gruppeninteraktion (Übertragung), sie konzentrieren sich in ihren therapeutischen Bemühungen auf die Erfassung und Veränderung bewußten bzw. bewußtseinsnahen Materials, das in einem Kausalzusammenhang mit einer unter Umständen einzigen diagnostisch erfaßten Störung steht".

Eine Beschreibung des breit gewordenen Spektrums der Gruppenverhaltenstherapie findet sich bei FIEDLER (1995, 1996), der präventive Gruppenverhaltenstherapie, störungsspezifische Gruppenverhaltenstherapie und die zieloffene Verhaltenstherapie in und mit Gruppen unterscheidet und in ihren Entwicklungen darstellt. Übersichtsarbeiten zu klassischen Indikationen der Verhaltenstherapie finden sich bei FALS-STEWARD und LUCENTE (1994, Gruppentherapie mit Zwangspatienten), und bei BELFER et al (1995, Gruppentherapie bei Agoraphobie und Panikstörung).

2.4 Gesprächs-psychotherapeutisch orientierte Gruppenverfahren

Die Gesprächspsychotherapie war ursprünglich als Einzelpsychotherapie konzipiert. Über die Entwicklung von Encounter-Gruppen (ROGERS 1970) sind die Grundsätze der Gesprächspsychotherapie (siehe dort) auf das Gruppen-Setting übertragen worden. Der Gruppenablauf wird strukturiert durch eine Forderung nach unmittelbarem Gefühlsausdruck im Hier und Jetzt und nach aufrichtigem Feedback, „die freilich die Toleranzschwelle der Gruppenmitglieder und auch der Therapeuten häufig überschreitet und die ein als authentisches Verhalten deklariertes unreflektiertes Agieren zur Folge haben kann" (HEIGL-EVERS und SCHULTZE-DIERBACH 1985, S. 177). Dabei wirkt sich zusätzlich erschwerend der von ROGERS geforderte Rückzug aus der therapeutischen Verantwortung im Glauben an ein gesundes Selbstverwirklichungspotential in jedem Menschen aus. Demzufolge ist nach einem Bericht von YALOM in solchen Gruppen „die Zahl der Schädigungen bemerkenswert" (1974, S. 188). Diese problematischen Erfahrungen haben gezeigt, daß in Einzeltherapien sinnvolle therapeutische Grundprinzipien („Offenheit, Echtheit usw.") nicht ohne weiteres auf Gruppen übertragen werden können.

YALOM beschreibt (1989) die Entwicklung der Encountergruppen, die nach einer anfänglich begeisterten Aufnahme und hohen Erwartungen an ihre weitere Entwicklung nahezu in Vergessenheit geraten sind.

Inzwischen wurden Unterschiede zwischen Encounter-Gruppen für Gesunde und Therapiegruppen (YALOM 1989, S. 482 ff.) deutlicher herausgearbeitet. Berührungs-und Austauschpunkte ergeben sich aus der Untersuchung von LIEBERMANN, YALOM und MILES (1973), die das Verhalten von Therapeuten unterschiedlicher Ausbildung in Encountergruppen faktorenanalytisch untersuchte. Dabei wiesen die Anteilnahme des Therapeuten und seine Fähigkeit, zu erklären, Sinn zu geben, einen direkten Zusammenhang mit positiven Ergebnissen auf. Emotionale Anregung und Strukturierung (Grenzen, Regeln, Normen) standen nicht in einem linearen Verhältnis zum Erfolg. In diesen Bereichen erwies sich ein mittleres Maß therapeutischer Aktivität als besonders erfolgreich. Die Häufigkeit negativer Auswirkungen lag bei starker emotionaler Stimulation am höchsten.

Diese Ergebnisse wurden an kurzen Selbsterfahrungsgruppen mit Studenten gewonnnen. Ergebnisse der Gesprächspsychotherapie in Gruppen mit Patienten haben ECKERT et al (1985) dargestellt. Dabei zeigte eine Gesprächspsychotherapie in Gruppen gegenüber einer im ansonsten gleichen (stationären) Setting durchgeführten analytisch-orientierten Gruppenpsychotherapie durchaus vergleichbare Ergebnisse; und die Unterschiede liegen eher „in dem Bezugsrahmen, aus dem heraus die Patienten nach der Therapie sich und ihre Umwelt beurteilen". Der Bezugsrahmen der psychoanalytisch behandelten Patienten ist danach stärker von der inneren und äußeren Autonomie bestimmt, die die Patienten bei sich wahrnehmen; der Bezugsrahmen der gesprächspsychotherapeutisch behandelten Patienten beachtet die Kontakt- und Bindungsfähigkeit deutlicher.

Wie in der Einzeltherapie zeigt sich auch in gesprächspsychotherapeutischen Gruppen eine Entwicklung hin zu störungsspezifischen Behandlungsansätzen, für die Zusatzannahmen (z. B. ähnlich der psychoanalytisch-interaktionellen Gruppentherapie ein Mitteilen der Gefühle des Therapeuten bei schwerer gestörten Patienten) und Indikationskriterien entwickelt werden. Erfolge scheinen dann ähnlich denen anderer Verfahren. Gute Ergebnisse werden aus Behandlungen von Paaren berichtet (ELLIOT 1995).

Häufiger werden gesprächspsychotherapeutische Selbsterfahrungsgruppen in Ausbildungen für nichtklinische Beratertätigkeiten zum Erlernen der „Gesprächsführung" eingesetzt und, in den USA, auch in der Ausbildung von Psychiatern (GANS, RUTAN und WILCOX 1995). Dabei werden Kenntnisse und Erfahrung in der Behandlung der jeweiligen Krankheiten vorausgesetzt.

2.5 Rollenspiel

„Unter Rollenspiel verstehen wir die spontane szenische Darstellung von erinnerten oder antizipierten Situationen" (RÜGER 1986, S. 585). Dabei handelt es sich um eine „szenische Gegenwärtigsetzung", in der der einzelne Mensch nicht über Beziehungen und über Konflikte spricht, „sondern sich mit seinen Bezugspersonen unmittelbar handelnd auseinandersetzt" (LEUTZ 1982, S. 74). Die handelnde Auseinandersetzung ist damit ein wesentliches Merkmal des Rollenspiels und unterscheidet dieses grundlegend von den meisten anderen Psychotherapieverfahren, in denen ein „ausagierendes Handeln" meist als störend für die Behandlung angesehen wird. Rollenspiel ist spielerisches Handeln und läßt damit Spontaneität, Phantasie und eine Mischung von Möglichem und Unmöglichem zu, darüber hinaus Rollenwiederholung und Rollentausch. Es erlaubt schließlich eine antizipatorische Vorwegnahme von Lebensproblemen, Aufgaben, inneren und äußeren Konflikten, genauso wie die nachträglich erinnernde Durcharbeitung vorangegangener Konflikte.

Das Rollenspiel kann im Rahmen einer Reihe von Psychotherapieverfahren mit jeweils sehr unterschiedlichem theoretischem Konzept durchgeführt werden. Dabei ermöglicht das therapeutische Rollenspiel nach CORSINI (1960) ein ganzheitliches Erfassen des Patienten, da sowohl kognitive Aspekte als auch die Gefühls- und Verhaltensebene gleichzeitig berücksichtigt werden können. Trotzdem ist es im Hinblick auf unterschiedliche Krankheitsmodelle und Behandlungsziele sinnvoll, zwischen einem psychodynamisch orientierten Rollenspiel (z. B. beim Psychodrama) und verhaltenstherapeutisch orientierten Rollenspielen (z. B. Assertive-Training) zu unterscheiden.

Rollenspiel und Psychodrama sind von Anfang an als gruppenpsychotherapeutische Verfahren konzeptualisiert worden und nicht, wie viele andere Gruppenpsychotherapieverfahren, eine Anwendung von Erfahrungen aus der Einzeltherapie auf ein anderes Setting. Im Zusammenhang damit ist die besondere Betonung der „Rolle" im Psychodrama und die Verbindung zur Soziologie und zur Sozialpsychologie zu sehen. Rolle wird dabei verstanden als das charakteristische Verhalten einer Person in einem Zusammenhang, es wird davon ausgegangen, daß Rollen dem Selbst vorangehen und daß das Selbst aus seinen Rollen entsteht. Es geht also um eine „Rollenanalyse", in der das Spiel eine Identifizierung mit der dargestellten Rolle erleichtert. Finden sich in einem solchen Spiel Aspekte, die auf analytischem Hintergrund als Übertragungen aufgefaßt werden, werden sie als eine Konfusion verschiedener Rollen aufgefaßt und beschrieben.

Klinisches Rollenspiel kann je nach therapeutischer Ausrichtung des Therapeuten unterschiedlich ausgewertet und bearbeitet werden (KIPPER 1992). Auf eine eingehendere Darstellung wird an dieser Stelle verzichtet und auf das Kapitel Psychodrama verwiesen.

In der *Verhaltenstherapie* wurden Rollenspieltechniken bereits von WOLPE (1958) einbezogen. Elemente des Psychodramas können verwendet werden, um bestimmte Fähigkeiten gezielt zu trainieren. So werden Rollenspiele in der präventiven Gruppenverhaltenstherapie eingesetzt, um soziale Kompetenz in verschiedenen Altersgruppen und Aufgabenbereichen zu fördern und aufzubauen. Soziale Ängste können durch Übung im Rollenspiel, das gleichzeitig Exposition und Gelegenheit zum Erwerben von Kompetenz bietet, gemildert werden. Auch in der störungsspezifischen Verhaltenstherapie werden Rollenspiele eingesetzt (FIEDLER 1996), z.B. bei der Behandlung von Persönlichkeitsstörungen oder zur Verbesserung der sozialen Integration psychotischer Patienten.

Verhaltenstherapeutisches Rollenspiel findet wie alle Rollenspiele im Gruppen-Setting statt und meist im Wechsel von Spiel und Feedback. Die Ziele des Spiels müssen dabei Möglichkeiten und Notwendigkeiten des betreffenden Patienten berücksichtigen; die gespielten Situationen entsprechen in der Regel der aktuellen Realität. Das Feedback soll objektiv sein, da nach MACNEILAGE und ADAMS (1979) es durchaus die Selbstsicherheit fördert, ein negatives Feedback auszuhalten, richtig einzuschätzen und es zu lernen, ohne Überreaktion zu antworten. Dabei hat es sich, ähnlich wie in der psychoanalytisch-interaktionellen Gruppentherapie, als günstig erwiesen, das Feedback zunächst mit Aspekten zu beginnen, die sich auf etwas beziehen, was der Patient erfolgreich geleistet hat, und danach erst Verbesserungswürdiges anzusprechen (GEBHARDT 1982).

Zur Verstärkung kann eine Videokonfrontation mit dem vorangegangenen Rollenspiel vorgenommen werden. Die dadurch hervorgerufenen Gefühlsreaktionen, insbesondere Verunsicherung und Kränkung, müssen hinreichend berücksichtigt und aufgefangen werden.

2.6 Körperorientierte Gruppenpsychotherapie-Verfahren

Körpertherapeutische Verfahren können sowohl in Einzelbehandlung als auch in Gruppen angewendet werden.

Entspannungsverfahren, wie das Autogene Training, werden individuell geübt, sind aber in ihrer Vermittlung auf Gruppen angewiesen. Zwar läßt sich das Autogene Training auch im Einzelverfahren lehren; Wirkfaktoren, die für die Gruppe charakteristisch sind, erleichtern aber das Erlernen und fördern das Erleben der verschiedenen Aspekte des Trainings. Der Austausch von – gemeinsamen oder auch individuellen – Erfahrungen, das gemeinsame regressive Erleben, das Lernen von anderen Gruppenmitgliedern und das Verbalisieren eigener körperlicher „Gefühle" führen dabei über das reine Erlernen eines Entspannungsverfahrens hinaus. Das breite Indikationsspektrum des Autogenen Trainings (Übersicht bei LINDEN 1994) dürfte eine Ursache in den gruppentherapeutischen Elementen der Vermittlung haben.

Elemente der Hypnose werden als „Traumreisen" in therapeutischen Gruppen, aber auch in Trainings zur Sozialen Kompetenz und Konfliktbewältigung eingesetzt.

Die Konzentrative Bewegungstherapie zeigt im Gruppen-Setting ein gegenüber der Einzeltherapie erweitertes Wirkungsspektrum. Das veränderte Körperraumbild und die gesteigerte Aktionsbereitschaft bei den Übungen der Konzentrativen Bewegungstherapie konfrontieren mit den eigenen Körpergrenzen, aber auch mit

> „Einssein und Getrenntsein, Abgegrenztsein von der Umwelt, Geben und Nehmen, Beherrschen, beherrscht werden, Eindringen in den Raum, erforschen, durchdrungen werden usw." (BECKER 1981, S. 12).

Dies wirkt sich im Gruppen-Setting auf die Beziehung zu den anderen Gruppenmitgliedern aus und fördert präverbale Fähigkeiten im Spüren komplementärer eigener und fremder Bedürfnisse, z. B. Tragen und Getragen-Werden, Fühlen und Gefühlt-werden usw. (siehe hierzu auch Kapitel „Die leibliche Dimension im psychoanalytischen Dialog" in diesem Band, S. 410 ff).

2.7 Sozial-kommunikative Gruppen-Methoden

Gruppentherapeutische Elemente fließen in eine Reihe konzeptuell unterschiedlicher Verfahren ein, mit denen soziales Verhalten, Kommunikation und kreative Fähigkeiten entwickelt und trainiert werden. Gestaltungs- und Musiktherapie (vgl. die entsprechenden Kapitel in diesem Band) werden meist im Gruppensetting angewendet und ermöglichen so einen präverbalen Einstieg in eine Gruppenkommunikation, die auf unterschiedlichem theoretischem Hintergrund ausgewertet und genutzt werden kann.

In Organisationen, die sich nach dem Modell einer „therapeutischen Gemeinschaft" (JONES 1967) organisieren, werden Patienten

> „als Träger sozialer Rollen gefordert, an Entscheidungsprozessen beteiligt und in gemeinsame Aktivitäten einbezogen in einem therapeutischen Klima, in dem auf Affektneutralität verzichtet wird und das von der Vorstellung geprägt ist, daß in jedem Menschen ein therapeutisches Potential vertreten ist und entwickelt werden kann" (HEIGL-EVERS und SCHULTZE-DIERBACH 1985, S. 166).

Stark modifiziert kommen die Grundsätze der therapeutischen Gemeinschaft auch bei der Behandlung von Drogenabhängigen zur Anwendung (CASRIEL 1979, YABLONSKI 1975).

2.8 Problem- oder störungsspezifische Aufklärungsgruppen und Gesprächskreise für Betroffene

Belastende Ereignisse (wie z. B. der Tod Angehöriger oder eine Scheidung), zeitlich andauernde Schwierigkeiten (z. B. durch eine Behinderung oder einen alkoholkranken Partner) oder auch Enwicklungsanforderungen in bestimmten Lebenssituationen (Pubertät, Lebensmitte, Berentung) führen oft zu dem Wunsch, andere Menschen, die ähnliches erleben oder erlebt haben, kennenzulernen. Solche Gruppen bilden sich vielfach informell und spontan. Sie werden auch als strukturierte geleitete Gruppen angeboten und bieten dann ein breites Spektrum der von YALOM aufgeführten therapeutisch wirksamen Faktoren: Gruppenkohäsion, Katharsis, interpersonales Lernen, nachahmendes Verhalten, Mitteilen von Informationen, Universalität des Leidens und teilweise auch das Einflößen von Hoffnung und die Auseinandersetzung mit existentiellen Faktoren.

Ohne Anspruch auf Vollständigkeit seien hier einige Arbeitsfelder genannt. KLEINBERG (1995) beschreibt die Behandlung von Erwachsenen in der Lebensmitte, SCHEIBE et al. (1993) die stützende Gruppenbehandlung von Patienten mit Angst, PRESSMANN und SCHEPS (1994) die Behandlung von gewalttätigen Männern, McCALLUM, PIPER und MORIN (1993) Gruppentherapie mit Menschen, die Angehörige durch Tod oder Scheidung verloren haben, GRUEN (1993) Gruppenpsychotherapie für Frauen mit Depression nach Geburt eines Kindes. Im stationären Bereich bewähren sich Gruppen für Patienten, die mit dem Ereignis einer Transplantation umgehen (STEWART et al 1995). Verbindungen zum Coping (z. B. RÜGER ET AL. 1990) sind hier deutlich.

2.9 Selbsthilfegruppen

Selbsthilfegruppen verzichten ausdrücklich auf professionelle Hilfe. Für eine große Zahl von Erkrankungen und Problembereichen haben sich

Gruppen gebildet, in denen mit einer einfachen Struktur gegenseitige Hilfe angeboten und geleistet wird.

> „Regelmäßig an einem Abend der Woche sprechen mindestens 6 Personen ohne Mitwirken eines therapeutischen Experten über ihre persönlichen Probleme. Eine Gruppen-Sitzung dauert etwa 2 Stunden. Als äußere Ausstattung benötigt die Gruppe nicht mehr als einen neutralen Raum an einem Abend in der Woche. Jeder nimmt solange an der Gruppe teil, wie er es selbst für nötig hält" (MÖLLER 1978, S. 75–76).

Dabei basieren nach HEIGL-EVERS und SCHULTZE-DIERBACH Selbsthilfegruppen

> „wie therapeutische Gemeinschaften auf dem Prinzip der Schicksalanteiligkeit (Krankheit als gemeinsames Schicksal). Sie nutzen das ‚Expertentum der Selbstbetroffenheit' in der Weise, daß die Teilnehmer sich ausschließlich über Selbstindikation zusammenfinden und auf professionelle Hilfe ausdrücklich verzichten" (HEIGL-EVERS und SCHULTZE-DIERBACH 1985, S. 167).

Selbsthilfegruppen nutzen dabei gruppentherapeutische Elemente. THIEL (1993, S. 12) beschreibt sie als „Identitätswerkstätten", in denen als Ziel eine „funktionsfähige und befriedigende personale und soziale Identität (wieder) zu gewinnen" sei. Eine verbesserte Krankheitsbewältigung, die Mobilisierung eigner Ressourcen und praktische Hilfen beim Ungang mit krankheitsbedingten Behinderungen sind weitere Ziele.

Bundesweite Selbsthilfevereinigungen und lokale Selbsthilfegruppen arbeiten in einer Nationalen Kontakt- und Informationsstelle (NAKOS) in Berlin zusammen, an die man sich mit Fragen wenden kann.

3 Gruppenpsychotherapie in der Klinik

Stationäre Psychotherapie umfaßt immer Aspekte der Gruppenpsychotherapie, da die Patienten einen großen Teil ihrer Zeit mit anderen Patienten verbringen und in dieser Zeit vielfach über ihre Erlebnisse und Erfahrungen innerhalb und außerhalb der Therapie miteinander sprechen. In je nach Klinik und Konzept unterschiedlichem Maß

wird auf diese Aspekte Einfluß genommen; sie werden begrüßt und therapeutisch genutzt oder als störend angesehen und durch Regeln eingeschränkt.

Gruppentherapie innerhalb einer Klinik nimmt daher auch Einfuß darauf, wie Patienten in informellen Gruppen in ihrer freien Zeit miteinander umgehen. Auf diesem Hintergrund haben sich zwei Modelle stationärer Psychotherapie entwickelt, die als Pole eines Kontinuums (KÖNIG 1995) aufgefaßt werden können: das bipolare Modell mit einer Unterscheidung von „Therapieraum" und „Realraum" (ENKE 1965, 1988) und ein beide Bereiche integrierendes Modell (JANSSEN 1987).

Das bipolare Modell bietet einen „Therapieraum", in dem „therapeutische" Normen gelten, die sich von denen des Alltags unterscheiden. So ist beispielsweise ein offenes Mitteilen des eigenen Erlebens in der therapeutischen Kleingruppe erwünscht und wird gefördert.

Im „Realraum" der Klinik machen Patienten mit ihren Mitpatienten, Schwestern und Pflegern, der Verwaltung und der Hausordnung Erfahrungen, die stärker der Realität entsprechen, wie sie in ihrem Alltag vorgefunden wird. So bieten sich Beobachtungsmöglichkeiten für Störungen der zwischenmenschlichen Beziehungen innerhalb des Klinikalltags und innerhalb der Kleingruppe. Diagnostisch können Beobachtungen aus beiden Bereichen verwendet werden. Therapeutisch können Erfahrungen aus dem „Realraum", z. B. mit Folgen einer ähnlich offenen Mitteilung wie in einer Kleingruppe, dann wiederum im geschützteren Raum der Therapie bearbeitet werden. Dies fördert das Durcharbeiten und erleichtert den Transfer der neu entwickelten Möglichkeiten in das soziale Umfeld, Familie und Beruf.

Das integrative Modell faßt Therapieraum und Realraum zusammen. Ziel des Vorgehens ist es, die häufig bei strukturell gestörten Patienten zu beobachtenden Spaltungsvorgänge und Übertragungsspaltungen innerhalb einer Station sichtbar zu machen und zu bearbeiten. Dies läßt sich nach JANSSEN (1987, S. 74) nur erreichen „durch die Einbeziehung aller Berufsgruppen in die Therapie" und eine „Gleichwertigkeit jeder Beziehungssituation des Patienten". Die Anwendung diese Modells erfordert daher eine Ausbildung und Supervision aller Mitarbeiter. Allerdings besteht die Gefahr, daß Bedürfnisse der Patienten nach Intimität und Abgrenzung nicht ausreichend berücksichtigt werden und sie sich in allem, was sie tun, beobachtet und gedeutet fühlen („therapeutische Einkreisung" i. S. von TRIMBORN 1983).

Das integrative Modell ist nicht zu verwechseln mit dem Konzept der „therapeutischen Gemeinschaft (JONES *1953*), das sich der veröffentlichten Literatur nach nicht durchgesetzt zu haben scheint.

Die in den vorangegangenen Kapiteln beschriebenen Gruppenverfahren können stationär innerhalb eines Gesamtbehandlungsplans miteinander kombiniert werden, zum Beispiel verbale Gruppenpsychotherapie mit einer Gestaltungsgruppe und einem körperzentrierten Gruppenverfahren.

In Deutschland ist stationäre Psychotherapie weiter verbreitet als in anderen Ländern. Ein großer Teil der Behandlungen findet in Rehabilitations- und Kurkliniken statt, in denen auch Patienten, die zunächst nicht an eine psychotherapeutische Behandlung ihrer Beschwerden gedacht haben, für eine solche Behandlung motiviert werden können. Bis in die 80er Jahre ergab sich eine wichtige Indikation für stationäre Psychotherapie aus der ambulanten Versorgungssituation – in vielen Gegenden gab es keine qualifizierten Psychotherapeuten. Unter diesen Umständen wurden Patienten sechs bis acht Wochen stationär behandelt und dann nach einem Intervall von ein bis zwei Jahren erneut aufgenommen. Die Indikation für eine solche „Intervalltherapie" ist durch die Verbesserung der ambulanten Versorgungssituation seltener geworden. Heute werden Patienten häufiger stationär oder teilstationär behandelt, wenn sie ambulant aufgrund ihrer Lebenssituation oder der Art ihrer Erkrankung nicht oder nur schlecht zu behandeln sind. Das Indikationsspektrum für psychotherapeutische Behandlungen erweitert sich unter stationären Bedingungen.

Ein Kennzeichen stationärer Psychotherapie ist ihre zeitliche Begrenzung. Bei stationärer konfliktzentrierter Therapie findet sich oft in dem Jahr nach Abschluß der – Konflikte ja mobilisierenden – Behandlung eine weitere Besserung der Symptomatik und der Beziehungsstörungen (SCHMIDT et al. 1989, STRAUSS und HESS 1993). Nicht selten ist aber auch eine rückläufige Entwicklung, nachdem zunächst stationär eine be-

friedigende Besserung erreicht werden konnte. Um solche Entwicklungen zu verhindern, wurden Nachbehandlungsmodelle erarbeitet, deren tragendes Element die Weiterführung der Gruppenpsychotherapie in derselben Gruppenzusammensetzung wie in der stationären Zeit ist. Die Bedeutung dieses Behandlungsmodells wird noch dadurch unterstrichen, daß es unabhängig voneinander an verschiedenen Orten etwa gleichzeitig entwickelt wurde (QUINT 1972, BRÄUTIGAM 1974, v. RAD und RÜPPEL 1975, v. RAD und WERNER 1981, JANSSEN und QUINT 1977, RÜGER 1980, 1981). Dieses Behandlungsmodell wurde inzwischen auch im Blick auf seine Wirksamkeit durch Nachuntersuchungen hinreichend überprüft (v. RAD und WERNER 1981, RÜGER 1981, 1986, 1992, SENF 1995).

4 Ergebnisse der Gruppenpsychotherapie

Empirische Forschung über Gruppenpsychotherapie befindet sich in einer besonderen Situation. Es liegt eine nicht mehr zu überblickende Fülle von Untersuchungen vor, die belegen, daß Gruppenpsychotherapie unter sehr unterschiedlichen Bedingungen und mit sehr verschiedenen Patienten „wirkt", das heißt effektiver ist als keine Behandlung, unspezifische Behandlungen oder auch – zumindest manchmal – als andere anerkannte psychotherapeutische Verfahren (BEDNAR und KAUL 1994). Gleichzeitig ist weitgehend unklar, warum das so ist. Zwar sind therapeutische Faktoren beschrieben, doch zu deren Erfassung fehlen sorgfältige Beobachtungen, Beschreibungen und Messungen. Gruppenpsychotherapieforschung wird von den Autoren im „Handbook of Psychotherapy and Behavior Change" als eine Wissenschaft am Anfang ihrer Entwicklung angesehen, in der es auf Beobachten, Beschreiben und Messen ankommt, um zentrale Konzepte (wie z.B. die therapeutischen Faktoren YALOMS) und Instrumente zu deren Erfassung entwickeln zu können. Ohne eine solche Entwicklung seien empirische Untersuchungen zur Überprüfung von Hypothesen verfrüht (BEDNAR und KAUL, 1994). Schritte in dieser Richtung erfolgen zum Beispiel in der Untersuchung stationärer Gruppentherapie

(TSCHUSCHKE 1993) oder mit der Entwicklung eines Handbuchs der empirischen Gruppenpsychotherapieforschung (STRAUSS, ECKERT und TSCHUSCHKE, 1996).

Methodische Schwierigkeiten in der Ergebnis- und Prozeßforschung der Gruppenpsychotherapie sind höher als die in der Einzelpsychotherapie (RÜGER 1981, S. 23). Die untersuchten Verfahren sind ausgesprochen heterogen. Theoretische Konzepte, nach denen Gruppen geleitet werden, spiegeln nur einen kleinen Teil von dem wieder, wie sich Therapeuten tatsächlich in Gruppen verhalten (LIEBERMANN, YALOM und MILES, 1973, DAVIES-OSTERKAMP ET AL. 1987). Auf diesem Hintergrund beurteilen BEDNAR und KAUL die Fortschritte gruppenpsychotherapeutischer Forschung in den letzten Jahrzehnten trotz vieler Arbeiten als eher gering.

Auf Ergebnisse von Untersuchungen zur Effektivität der Gruppenpsychotherapie kann hier nur beispielhaft eingegangen werden. Auswirkungen von Gruppentherapie zeigten sich in einer Reduktion von Arztbesuchen, Krankenhaustagen, Krankschreibungen und der Einnahme von Medikamenten nach ambulanter (z. B. HEINZEL und BREYER 1995, WEINER 1992) und stationärer (z. B. SCHMIDT et al. 1989) Behandlung. Mit Selbstbeurteilungsbögen werden Effekte von Gruppentherapien in einem weiten Anwendungsbereich und unter sehr unterschiedlichen Bedingungen nachgewiesen. Manche Patienten in konfliktmobilisierenden Therapien zeigen dabei erst in der Zeit nach dem Ende der Behandlung deutliche Besserungen (vgl. KREISCHE 1992, STRAUSS und HESS 1993). Geschlechtsunterschiede finden sich im Verlauf der Symptomatik (KREISCHE 1995) und in dem, was Männer und Frauen erzählen (STAATS 1996).

Unterschiedliche Vorgehensweisen, mit denen der Erfolg einer Behandlung erfaßt werden soll, führen dabei zu unterschiedlichen Ergebnissen: Die Beurteilung des Erfolgs einer stationären Gruppentherapie durch Patienten am Ende der Behandlung stimmt beispielsweise nicht mit katamnestischen Untersuchungen nach 5 Jahren (LEWANDOWSKI, BUCHKREMER und STARK 1994) überein; Einschätzungen der Therapeuten über das, was in ambulanter zwei- bis dreijähriger Gruppentherapie erreicht wurde, zeigten lediglich tendenziell eine Übereinstimmung mit den Ergeb-

nissen einer sorgfältigen katamnestischen Untersuchung 13 Jahre nach Therapieende (SIGRELL 1992. Weitere empirische Unterschungen zu Aspekten der Gruppentherapie finden sich bei POHLEN 1972, v. RAD und WERNER 1981, RÜGER 1976, 1981, 1986, 1992, ECKERT und BIERMANN-RATJEN 1985, JANSSEN 1987, SENF 1987, TSCHUSCHKE 1989, KREISCHE 1992).

Literatur

ARENDT, H. (1960): Vita Activa oder „vom tätigen Leben". Stuttgart: Kohlhammer.

ARGELANDER, H. (1963/64): Die Analyse psychischer Prozesse in der Gruppe. Psyche 17, 450–470 und 481–515.

ARGELANDER, H. (1968): Gruppenanalyse unter Anwendung des Strukturmodells. Psyche 22, 913–933.

ARGELANDER, H. (1972): Wege zur Anwendung der Psychoanalyse in Behandlung, Lehre und Forschung. Reinbek: Rowohlt.

BECKER, H. (1981): Konzentrative Bewegungstherapie. Stuttgart, New York: Thieme.

BEDNAR, R. L. und KAUL, T. J. (1994): Experimental group research: Can the canon fire? In: BERGIN, A. E. und GARFIELD, S.L. (ed.): Handbook of psychotherapy and behavior change. New York: Wiley, 4. Aufl.

BELFER, P. L.; MUNOZ, L. S.; SCHACHTER, J. und LEVEDUSKY, P. G. (1995): Cognitive-behavioral group psychotherapy for agoraphobia and panic disorder. Int. J. Group Psychother. 45, 185–206.

BENKENSTEIN, H. (1995): Wende in Deutschland: geringe Einflüsse auf Selbsterfahrungsgruppen. In: BENKENSTEIN, H., KIRCHNER, R., SEIDLER, CH. (Hrsg.) Die Gruppe – eine verlorene Utopie? Lengerich: Pabst, 39–45.

BERGIN, A. E. u. GARFIELD, S. L. (1994): Handbook of psychotherapy and behavior change. New York: Wiley, 4. Aufl.

BION, W. R. (1961): Experiences in groups and other papers. London: Tavistock Public. Lim. Deutsch: Erfahrungen in Gruppen und andere Schriften. Stuttgart: Klett 1971.

BRÄUTIGAM, W. (1974): Pathogenetische Theorien und Wege der Behandlung in der Psychosomatik. Nervenarzt 45, 354–363.

CASRIEL, D. H. (1979): Gemeinschaften von Drogenabhängigen. In: A. HEIGL-EVERS, U. STREECK (Hg.): Die Psychologie des 20. Jahrhunderts. Bd. VIII: Lewin und die Folgen. Zürich: Kindler, 1030–1037.

COHN, R. (1975): Von der Psychoanalyse zur themenzentrierten Interaktion. Stuttgart: Klett-Cotta.

CORSINI, R. (1966): Roleplaying in psychotherapy. Chicago: Aldine.

DAVIES-OSTERKAMP S., HEIGL-EVERS A., BOSSE-STEUERNAGEL G. und ALBERTI L. (1987): Zur Interventionstechnik in der psychoanalytisch-interaktionellen und tiefenpsychologisch fundierten Gruppentherapie – eine empirische Untersuchung. Gruppenpsychother. Gruppendyn. 23, 22–35.

DIES, R. R. und DIES, K. R. (1993): The role of evaluation in clinical practice: Overview and group treatment illustration. Int. J. Group Psychother. 43, 77–105.

ECKE, CH. (1993): Frauen in der Gruppe. Psychologische Beiträge, Bd. 35, 286–292. Lengerich: Pabst.

ECKERT, J. und BIERMANN-RATJEN, E.-M. (1985): Stationäre Gruppenpsychotherapie. Berlin, Heidelberg, New York, Tokyo: Springer.

ECKERT, J., BIERMANN-RATJEN, E. M., TÖNNIS, S. und WAGNER, W. (1981): Heilfaktoren in der Gruppenpsychotherapie. Gruppenpsychother. Gruppendyn. 17, 142–162.

ECKERT, J. und BIERMANN-RATJEN, E. M. (1985): Stationäre Gruppenpsychotherapie. Berlin, Heidelberg, New York, Tokio: Springer.

EHLE, G., OTT, J. (1983): Zur Psychodynamik und Gruppenpsychotherapie der Anorexia nervosa. In: HÖCK, K., OTT, J., VORWERG, M. (Hrsg.): Praxis der dynamischen Gruppenpsychotherapie. Psychotherapie und Grenzgebiete 4, 70–84. Leipzig: Barth.

ELLIOT R. (1996): Sind klientenzentrierte Erfahrungstherapien effektiv? Eine Meta-Analyse zur Effektforschung. GwG Zeitschrift 101, 29–36.

ENKE, H. (1965): Bipolare Gruppenpsychotherapie als Möglichkeit psychoanalytischer Arbeit in der stationären Psychotherapie. Psychother. Med. Psychol. 15, 116–121.

FALS-STEWART, W. und LUCENTE, S. (1994): Behavioral group therapy with obsessive-compulsives: An overview. Int. J. Group Psychother. 44, 35–51.

FENGLER, J. und RÜGER, U. (1978): Was ist Gruppenpsychotherapie? Dialog zur Abgrenzung. Prax. Psychother. 23, 41–47.

FIEDLER, P. (1986): Verhaltenstherapie in Gruppen: Überblick und Perspektiven. Gruppendynamik 17, 341–360.

FIEDLER, P. (1995): Verhaltenstherapie in Gruppen. Psychotherapeut 40, 43–50.

FIEDLER, P. (1996): Verhaltenstherapie in und mit Gruppen. Psychologische Psychotherapie in der Praxis. Weinheim: Psychologie Verlags Union.

FOULKES, S. H. (1992): Gruppenanalytische Psychotherapie. München: Pfeiffer

FOULKES, S. H. (1958): Discussion to S. L. Kubie: Some theoretical concepts underlying the relationship between individual and group psychotherapy. Int. J. Group Psychother. 8, 20–25.

FROESE, M., SEIDLER, CH. (1993): Das Unbewußte in der Intendierten Dynamischen Gruppenpsychotherapie. Psychologische Beiträge, Bd. 35, 350–355. Lengerich: Pabst.

GANS, J. S.; RUTAN, J. S. u. WILCOX, N. (1995): T-groups (training groups) in psychiatric residency programs: facts and possible implications. Int. J. Group Psychother. 45, 169–183.

GEBHARDT, R. (1982): Videorückmeldung im Selbstsicherheitstraining mit schizophrenen Patienten. In: D. STILLE und P. HARTWICH (Hg.): Video in der klinischen Arbeit von Psychiatern und Psychotherapeuten. 6. und 7. Jahrestagung des Internationalen Arbeitskreises Audiovision in Psychiatrie und Psychotherapie (IAAPP), 136–145. Berlin: Eigendruck.

GEYER, M. (1981): Zum Problem der Ko-Therapie in dynamischen Gesprächstherapiegruppen. In: HÖCK, K., OTT, J., VORWERG, M. (Hrsg.) Theoretische Probleme der Gruppenpsychotherapie. Psychotherapie und Grenzgebiete 1, 57–63. Leipzig: Barth.

GRAWE, K., DZIEWAS, H. und v. WEDEL, S. (1980): Interaktionelle Problemlösungsgruppen – ein verhaltenstherapeutisches Konzept. In: K. GRAWE (Hg.): Verhaltenstherapie in Gruppen 266–338. München, Wien, Baltimore: Urban & Schwarzenberg.

GROTJAHN, M. (1958): Discussion to S. L. Kubie: Some theoretical concepts underlying the relationship between individual and group psychotherapy. Int. J. Group Psychother. 8, 25–30.

GRUEN, D. S. (1993): A group psychotherapy approach to postpartum depression. Int. J. Group Psychother. 43, 191–203.

HEIGL, F. (1978): Indikation und Prognose in Psychoanalyse und Psychotherapie. 3. Auflage. Göttingen: Vandenhoeck & Ruprecht.

HEIGL-EVERS, A. (1967): Gruppendynamik und die Position des Therapeuten. Psychosom. Med. Psychoanal. 13, 31–38.

HEIGL-EVERS, A. und HEIGL, F. (1968): Analytische Einzel- und Gruppenpsychotherapie: Differentia specifica. Gruppenpsychother. Gruppendyn. 2, 21–52.

HEIGL-EVERS, A. (1972): Konzepte der analytischen Gruppenpsychotherapie. Göttingen: Vandenhoeck & Ruprecht.

HEIGL-EVERS, A. und HEIGL, F. (1972): Rolle und Interventionsstil des Gruppenpsychotherapeuten. Gruppenpsychother. Gruppendyn. 5, 152–171.

HEIGL-EVERS, A. und HEIGL, F. (1973): Gruppenpsychotherapie: Interaktionell-tiefenpsychologisch fundiert – psychoanalytisch. Gruppenpsychother. Gruppendyn. 7, 137–157.

HEIGL-EVERS, A. und HEIGL, F. (1975): Zur tiefenpsychologisch fundierten oder analytisch orientierten Gruppenpsychotherapie des Göttinger Modells. Gruppenpsychother. Gruppendyn. 9, 237–266.

HEIGL-EVERS, A. und HEIGL, F. (1979 a): Struktur und Prozeß in der analytischen Gruppenpsychotherapie. In: A. HEIGL-EVERS und U. STREECK (Hg.): Die Psychologie des 20. Jahrhunderts. Bd. VIII: Lewin und die Folgen, 778–789. Zürich: Kindler.

HEIGL-EVERS, A. und HEIGL, F. (1979 b): Die psychosozialen Kompromißbildungen als Umschaltstellen innerseelischer und zwischenmenschlicher Beziehungen. Gruppenpsychother. Gruppendyn. 14, 310–325.

HEIGL-EVERS, A., HEIGL, F. (1994): Das Göttinger Modell der Anwendung der Psychoanalyse in Gruppen unter besonderer Berücksichtigung der psychoanalytisch-interaktionellen Methode. Gruppenpsychother. Gruppendyn. 30, 1–29.

HEIGL-EVERS, A. und SCHULTZE-DIERBACH, E. (1985): Gruppenpsychotherapie. In: W. TOMAN und R. EGG (Hg.): Psychotherapie. Ein Handbuch II. (154–189). Stuttgart, Berlin, Köln, Mainz: Kohlhammer.

HEINZEL, R. u. BREYER, F. (1995): Analytische Gruppentherapie – stabile Besserung. Deutsches Ärzteblatt 92, 554.

HESS, H. (1980): Gruppenpsychotherapie als Behandlungsform psychischer Fehlentwicklungen – psychologische Gesichtspunkte und empirische Untersuchungen. In: HESS, H., KÖNIG, W. und OTT, J. (Hrsg.): Psychotherapie – Integration und Spezialisierung. Leipzig: Thieme.

HESS, H. (1983): Zur Problematik und zum charakteristischen Verlauf einer geschlechtshomogenen Frauengruppe. In: HÖCK, K., OTT, J., VORWEG, M. (Hrsg.): Praxis der dynamischen Gruppenpsychotherapie. Psychotherapie und Grenzgebiete 4, 25–53. Leipzig: Barth.

HESS, H. (1985): Untersuchungen zur Abbildung des Prozeßgeschehens und der Effektivität in der intendierten dynamischen Gruppenpsychotherapie. Psychotherapie-Berichte HdG Berlin, 32 und 33.

HESS, H. (1991): Die Überwindung von Abhängigkeit in der Konzeption der intendierten dynamischen Gruppenpsychotherapie als Reflexion auf die gesellschaftliche Verhältnisse. Gruppenpsychother. Gruppendynamik 27, 9–16.

HÖCK, K. (1977): Die intendierte dynamische Gruppenpsychotherapie innerhalb des abgestuften Systems der Diagnostik und Therapie neurotisch-funktioneller Störungen. Diss. zur Prom. B, Berlin.

HÖCK, K. (1981): Konzeption der intendierten dynamischen Gruppenpsychotherapie. In: HÖCK, K., OTT, J., VORWERG, M. (Hrsg.): Theoretische Probleme der Gruppenpsychotherapie. Psychotherapie und Grenzgebiete, 1, 13–34. Leipzig: Barth.

HÖCK, K. (1988): (Gruppen-)Psychotherapie in der Bewährung. In: Zum Problem der Emotion und des affektiven Geschehens im Gruppenprozeß sowie seiner Erfassung. Psychotherapie-Berichte HdG Berlin, 39, 7–15.

HÖCK, K., HESS, H. (1981): Ausbildung in Gruppenpsychotherapie durch Selbsterfahrungsgruppen. In: HÖCK, K., OTT, J., VORWERG, M. (Hrsg.) Theoretische Probleme der Gruppenpsychologie. Psychotherapie und Grenzgebiete 1, 72–96. Leipzig: Barth.

HORWITZ, L. (1994): Depth of transference in groups. Int. J. Group Psychother. 44, 271–290.

JANSSEN, P. L. (1987): Psychoanalytische Therapie in der Klinik. Stuttgart: Klett-Cotta.

JANSSEN, P. L. und QUINT, H. (1977): Stationäre analytische Gruppenpsychotherapie im Rahmen einer neuropsychiatrischen Klinik. Gruppenpsychother. Gruppendyn. 11, 221–243.

JONES, M. (1953): The therapeutic community: A new treatment method in Psychiatry. New York: Basic Books.

JONES, M. (1967): Traditionelle Psychiatrie, Sozialpsychiatrie und die therapeutische Gemeinschaft. In: K. HÖCK (Hg.): Gruppenpsychotherapie in Klinik und Praxis. (S. 187–195). Jena: VEB Fischer.

KÄMMERER, A. (1986): Die Rolle der Gruppe beim therapeutischen Problemlösen. Gruppendynamik 17, 373–383.

KAPUR, R. (1993): Measuring the effects of group interpretations with the severe mentally ill. Group Analysis 26, 411–432.

KIPPER, D. A. (1992): Psychodrama: Group psychotherapy through role playing. Int. J. Group Psychother. 42, 495–521.

KIRCHNER, R. (1983): Zur Behandlung der neurotischen Paarbeziehungen mit intendierter dynamischer Gruppenpsychotherapie. In: HÖCK, K., OTT, J., VORWERG, M. (Hrsg.): Psychotherapie in der Psychiatrie. Psychotherapie und Grenzgebiete 5, 70–79. Leipzig: Barth.

KLEINBERG, J. L. (1995): Group treatment of adults in midlife. Int. J. Group Psychother. 45, 207–222.

KÖNIG, K. (1974): Arbeitsbeziehungen in der Gruppenpsychotherapie – Konzept und Technik. Gruppenpsychother. Gruppendyn. 8, 152–166.

KÖNIG, K. (1995): Einführung in die stationäre Psychotherapie. Göttingen: Vandenhoeck & Ruprecht.

KÖNIG, K., LINDNER, W.-V. (2. Aufl. 1992): Psychoanalytische Gruppentherapie. Göttingen: Vandenhoeck & Ruprecht.

KOVEL, J. (1979): Kritischer Leitfaden der Psychotherapie. Frankfurt/M., New York: Campus.

KREISCHE, R. (1992): Gestörte Paarbeziehungen bei neurotischen Erkrankungen und ihre psychotherapeutische Behandlung mit Paar- und Gruppentherapie. Habilitationsschrift, Göttingen.

KREISCHE, (1995): Gestörte Paarbeziehungen bei neurotischen Erkrankungen und ihre psychotherapeutische Behandlung. Zsch. psychosom. Med. 41, 108–126.

KUBIE, S. L. (1958): Some theoretical concepts underlying the relationship between individual and group psychotherapy. Int. J. Group Psychother. 8, 3–43.

KULAWIK, H. (1984): Psychotherapie bei somatischen Erkrankungen und Funktionsstörungen. Jena: Fischer.

LAZARUS, A. (1961): Group therapy of phobic disorders by systematic desensitization. J. Abnorm. Soc. Psychol. 63, 504–510.

LAZARUS, A. (1968): Behavior therapy in groups. In: G. M. GAZDA (Ed.): Basic Approaches to Group Psychotherapy and Group Counseling. Springfield, Ill.: Charles C. Thomas.

LAZARUS, A. (1980): Multimodale Verhaltenstherapie in Gruppen. In: K. GRAWE (Hg.): Verhaltenstherapie in Gruppen (S. 235–254). München, Wien, Baltimore: Urban & Schwarzenberg. Orig.: Multimodal Behavior Therapy in Groups. In: G. M. GAZDA (Hg.): Basic Approaches to the Group Psychotherapy and Group Counseling. Springfield, Ill.: Charles C. Thomas.

LESZCZ, M. (1989): Group psychotherapy of the characterologically difficult patient. Int. J. Group Psychother. 39, 311–335.

LEUTZ, G. A. (1982): Was ist Psychodrama? Prax. Psychother. Psychosom. 27, 73–81.

LEWANDOWSKY, L., BUCHKREMER, G. und STARK, M. (1994): Das Gruppenklima und die Therapeut-Patient-Beziehung bei zwei Gruppentherapiestrategien für schizophrene Patienten – Ein Beitrag zur Klärung differentieller Therapieeffekte. Psychother. Psychosom. med. Psychol. 44, 115–121.

LIEBERMAN, M. A., YALOM, I. D. und MILES, M. B. (1973): Encounter-Groups: First Facts. New York: Basic Books.

LINDEN W. (1994): Autogenic Training: A Narrative and Quantitative Review of Clinical Outcome. Biofeedback and Self-Regulation, 19, 227–264.

MAAZ, H.-J. (1988): Gruppendynamischer und intrapsychischer „Kippvorgang". In: HÖCK, K. und HESS, H. (Hrsg.): Erweiterte Berichte der 7. Jahrestagung der Sektion Gruppenpsychotherapie. Psychotherapie-Berichte HdG Berlin 40/1988.

MAAZ, H.-J. (1989): Zum Konzept der körperorientierten dynamischen Gruppenpsychotherapie. Wissenschaftl. Z.d. Humboldt-Univ. Berlin. Reihe Medizin 39, 1, 35–39.

MAAZ, H.-J. (1995): Analytische Psychotherapie in Ostdeutschland – vor und nach der Wende. In: BELL, K., HÖHFELD, K. (Hrsg.): Psychoanalyse im Wandel. Giessen: Psychosozial-Verl., 278–292.

MACNEILAGE, L. A. und ADAMS, K. A. (1979): The method of contrasted Role-Plays. An insight-oriented model for Role-Playing assertiveness training groups psychotherapy. Theory Research and Practice 16, 158–170.

MARSH, L. C. (1931): Group treatment of the psychoses by the psychological equivalent of revival. Ment. Hyg. (NY) 15, 328–340.

McCALLUM, M. u. PIPER, W. E. (1990): A controlled study of effectiveness and patient suitability for short-term group psychotherapy. Int. J. Group Psychother. 40, 431–452.

McCALLUM, M., PIPER, W. E. und MORIN, H. (1993): Affect and outcome in short-term group therapy for loss. Int. J. Group Psychother. 43, 303–319.

MOELLER, M. L. (1978): Selbsthilfegruppen. Reinbek: Rowohlt.

OHLMEIER, D. (1975): Gruppenpsychotherapie und psychoanalytische Theorie. In: A. UCHTENHAGEN, R. BATTEGAY und A. FRIEDMANN (Hg.): Gruppenpsychotherapie und soziale Umwelt. Bern, Stuttgart, Wien: Huber.

OTT, J., WAHLSTAB, A., EHLE, G. (1983): Möglichkeiten und Probleme der Gruppenpsychotherapie in der Komplextherapie schizophrener Patienten. In: HÖCK, K., OTT, J., VORWERG, M. (Hrsg.): Praxis der dynamischen Gruppenpsychotherapie. Psychotherapie und Grenzgebiete 4, Leipzig: Barth, 85–94.

PFEIFFER, W. M., HANNICH, H.-J. (1979): Klientenzentrierte Therapie- und Selbsterfahrungsgruppen. Encounter. In: A. HEIGL-EVERS und U. STREECK (Hg.): Die Psychologie des 20. Jahrhunderts. Bd. VIII: Lewin und die Folgen. München: Kindler, 850–867.

POHLEN, M. (1972): Gruppenanalyse. Göttingen: Vandenhoeck & Ruprecht.

PRATT, J. H. (1906): The home sanatorium. Treatment of consumption. John Hopk. Hosp. Bull.

PRESSMAN, B. u. SHEPS, A. (1994): Treating wife abuse: An integrated model. Int. J. Group Psychother. 44, 477–498.

QUINT, H. (1972): Psychoanalytische Aspekte klinischer Gruppenpsychotherapie. In: H. KÖSTER (Hg.): Sozialpsychiatrie und Psychopharmakologie in ihrer Verflechtung (Symposium 18. 3. 1972), Bd. 10. Düsseldorf: Janssen, 71–82.

VON RAD, M. und RÜPPEL, A. (1975): Combined inpatient and outpatient group psychotherapy: Therapeutic model for psychosomatics. Psychother. Psychosom. 26, 237–243.

VON RAD, M. und WERNER, K. H. (1981): Kombinierte analytische Gruppentherapie bei psychoneurotischen Patienten – eine Nachuntersuchung. Gruppenpsychother. Gruppendyn. 16, 321–334.

RÖDER, H. K. (1988): Modifikation der persönlichkeitszentrierten Intendierten Dynamischen Gruppenpsychotherapie für psychosomatisch Erkrankte im Unterschied zu Patienten mit neurotischen Erkrankungen. Psychotherapie-Berichte HdG Berlin, 41, 40–44.

ROGERS, C. (1970): Carl Rogers on Encounter-Groups. New York. Deutsch: Encounter-Gruppen. Das Erlebnis der menschlichen Begegnung. München: Kindler 1974.

ROGGEMANN, W. (1978): Diskussionsbeitrag auf der Arbeitssitzung der Arbeitsgruppe Berlin der Deutschen Psychoanalytischen Gesellschaft (gegründet 1910) 26. 4. 1978. Zitiert nach U. RÜGER (1981): Stationär-ambulante Gruppenpsychotherapie. Berlin, Heidelberg, New York: Springer, 5.

ROSENBERG, S. A. und ZIMET, C. N. (1995): Brief group treatment and managed mental health care. Int. J. Group Psychother. 45, 367–379.

RÜGER, U. (1976): Ergebnisse einer katamnestischen Nachuntersuchung an 21 Patienten fünf Jahre nach Abschluß einer ambulanten Gruppentherapie. Gruppenpsychother. Gruppendyn. 10, 313–330.

RÜGER, U. (1979): Die Verschmelzung zweier Gruppen: Beobachtungen nach der Zusammenlegung zweier Therapie-Gruppen. Gruppenpsychother. Gruppendyn. 14, 12–31.

RÜGER, U. (1980): Various regressive processes in stationary group psychotherapy and their prognostic value. Int. J. Group Psychother. 30, 95–105.

RÜGER, U. (1981): Indikationsmöglichkeiten für eine stationär-ambulante Gruppenpsychotherapie. In: K. KÖNIG und W. V. LINDNER (Hg.): Festschrift für FRANZ HEIGL zum 60. Geburtstag. Gruppenpsychother. Gruppendyn. 16, 335–343.

RÜGER, U. (1981): Stationär-ambulante Gruppenpsychotherapie. Berlin, Heidelberg, New York: Springer.

RÜGER, U. (1986): Rollenspiel. In: CH. MÜLLER (Hg.): Lexikon der Psychiatrie. Berlin, Heidelberg, New York: Springer, 585–586.

RÜGER, U. (1991): 7-Jahres-Katamnese nach Abschluß analytischer Gruppenpsychotherapie. Z. Psychosom. med. 37, 361–374.

SAGER, C. J. (1959): The effect of group psychotherapy and individual psychoanalysis. Int. J. Group Psychother. 9, 403–419.

SCHEIBE, G., ALBUS, M., WALTHER, A.-U. und SCHMAUSS, M. (1993): Gruppenpsychotherapie bei Patienten mit Panikstörung und Agoraphobie. Psychother. Psychosom. med. Psychol. 43, 238–244.

SCHILDER, P. (1928): Introduction to a psychoanalytic Psychiatry. New York, Washington: NMD Publisher Co.

SCHINDLER, R. (1957/58): Grundprinzipien der Psychodynamik in der Gruppe. Psyche 11, 308–314.

SCHMIDT, J., LAMPRECHT, F., BERNHARD, P. und NÜBLING, R. (1989): Zur Nachgeschichte stationär psychosomatisch behandelter Patienten. Erste Ergebnisse einer Dreijahreskatamnese. In: SPEIDEL, H. U. STRAUSS, B. (Hrsg.): Zukunftsaufgaben der psychosomatischen Medizin. Berlin: Springer.

SCHULTZ-HENCKE, H. (1951): Lehrbuch der analytischen Psychotherapie. Stuttgart: Thieme.

SCHWIDDER, W. (1959): Grundsätzliches zur Entstehung psychosomatischer Krankheitssymptome. Psychosom. Med. 5, 238–245.

SEIDLER, CH. (1983): Gruppenpsychotherapie mit Adoleszenten. In: HÖCK, K., OTT, J., VORWERG, M., (Hrsg.): Praxis der dynamischen Gruppenpsychotherapie. Psychotherapie und Grenzgebiete, 4, 55–69. Leipzig: Barth.

SEIDLER, CH. (1997): Die Geschichte der Intendierten Dynamischen Gruppenpsychotherapie. Gruppenpsychother. Gruppendynamik (im Druck)

SENF, W. (1987): Behandlungsergebnisse bei stationärer Psychotherapie. Habilitationsschrift Med. Fak. Heidelberg.

SENF, W. (1995): Stationär-ambulante psychoanalytische Gruppentherapie. Zsch. psychosomat. Med. 41, 293–305.

SIGRELL, B. (1992): The long-term effects of group psychotherapy: A thirteen-year follow-up study. Group analysis 25, 333–352.

SOLDZ, S., BUDMAN, S., DEMBY, M. S. W. und FELDSTEIN, M. (1990): Patient activity and outcome in group psychotherapy: New findings. Int. J. Group Psychother. 40, 53–62.

STAATS, H. (1996): Geschlechtsunterschiede in Erzählungen von Patientinnen und Patienten zu Beginn einer Paartherapie. Gruppenpsychother. Gruppendynamik 32, 366–377.

STEWART, A. M., KELLY, B., ROBINSON, J. D. und u. CALLENDER, C. O. (1995): The Howard University Hospital transplant and dialysis support group: Twenty years and going strong. Int. J. Group Psychother. 45, 471–488.

STONE, M. H., LEWIS, C. M. und BECK, A. P. (1994): The structure of Yalom's curative factors scale. Int. J. Group Psychother. 44, 239–245.

STRAUSS, B. und HESS, H. (1993): Interpersonale Probleme, interpersonale Orientierung und Behandlungserfolg nach stationärer Gruppenpsychotherapie. Psychother. Psychosom. med. Psychol. 43, 82–92.

STRAUSS, B. und BURGMEIER-LOHSE, M. (1994): Evaluation einer stationären Langzeitgruppenpsychotherapie – Ein Beitrag zur differentiellen Psychotherapieforschung im stationären Feld. Psychother. Psychosom. med. Psychol. 44, 184–192.

STRAUSS B., ECKERT J., TSCHUSCHKE, V. (Hrsg.) (1996): Methoden der empirischen Gruppenpsychotherapieforschung – ein Handbuch. Opladen: Westdeutscher Verlag.

STREECK, U. (1980): „Definition der Situation". Soziale Normen und Interaktionelle Gruppenpsychotherapie. Gruppenpsychother. Gruppendyn. 16, 209–221.

THIEL, W. (1993): Fachliche Grundlagen der Selbsthilfegruppen-Unterstützungsarbeit. Herausgegeben von NAKOS, Albrecht-Achilles Straße 65, 10709 Berlin.

TRIMBORN, W. (1983): Probleme bei der stationären Behandlung von Borderline-Patienten. Psyche 3, 204.

TSCHUSCHKE, V. (1989): Wirksamkeit und Erfolg in der Gruppenpsychotherapie. Gruppenther. Gruppendyn. 25, 60–78.

TSCHUSCHKE, V., CATINA, A., BECKH, TH. und SALVINI, D. (1992): Wirkfaktoren in stationärer analytischer Gruppenpsychotherapie. Psychother. Psychosom. med. Psychol. 42, 91–101.

TSCHUSCHKE, V. (1990): Zum therapeutischen Stellenwert der Interaktionsprozesse in der Gruppnepsychotherapie. In: TSCHUSCHKE V., CZOGALIK D. (Hrsg.) (1990): Psychotherapie – welche Effekte verändern? Berlin u. a.: Springer.

TSCHUSCHKE V., CZOGALIK D. (Hrsg.) (1990): Psychotherapie – welche Effekte verändern? Berlin u. a.: Springer.

TSCHUSCHKE, V. (1993): Wirkfaktoren stationärer Gruppenpsychotherapie. Göttingen: Vandenhoeck & Ruprecht.

VENNER, M. (1986): Therapie psychosomatischer Erkrankungen. In: HÖCK, K., VORWERG, M. (Hrsg.): Psychosomatik I. Psychotherapie und Grenzgebiete 7, 36–44. Leipzig: Barth.

VENNER, M., DANIEL, E. (1988): Die Anwärmphase in der Gruppenpsychotherapie psychosomatisch Kranker. Psychotherapie-Berichte HdG Berlin, 4, 40–44.

VOSTANIS, P. und O'SULLIVAN, D. (1992): Evaluation of therapeutic factors in group psychotherapy by therapists in training. Group analysis 25, 325–332.

WEINER, M. F. (1992): Group psychotherapy reduces medical and psychiatric hospitalization. Int. J. Group Psychother. 42, 267–275.

WHITEAKER, D. St. und LIEBERMAN, M. (1965): Psychotherapy through the Group-Process. London: Tavistock.

WINNICOTT, D. W. (1958): Mind and its relation to Psyche-Soma (1949). In: Collected Papers. New York: Basic Books.

WOLPE, J. (1958): Psychotherapy by reciprocal inhibition. Stanford: Stanford University Press.

YABLONSKI, L. (1975): Synanon. Selbsthilfe der Süchtigen und Kriminellen. Stuttgart: Klett. Orig.: The Tunnel Back: Synanon, 6. Auflage. New York: The Macmillan Comp. 1970.

YALOM, I. D. (1974): Gruppenpsychotherapie. Grundlagen und Methoden. München: Kindler.

YALOM, I. D. (1995, erste Auflage 1970): The Theory and Practice of Group Psychotherapy. New York: Basic Books. Dt. (1989): Theorie und Praxis der Gruppenpsychotherapie. München: Pfeiffer.

Interdisziplinäre Aspekte der Psychotherapie

Michael Geyer

In der modernen Medizin stehen immer noch psychologische Medizin und somatische Medizin als alternative Konzepte und Handlungssysteme (v. UEXKÜLL 1980) nebeneinander, z.T. auch konkurrierend gegenüber. Ein gemeinsames theoretisches Bezugssystem – etwa eine medizinische Anthropologie – als Basis einer realistischen und einvernehmlichen Bewertung des Stellenwertes psychologischer Ansätze in der Medizin ist zwar in Ansätzen erkennbar. In der Praxis finden sich jedoch noch kaum jene übergreifende Modelle, die den größeren Teil der Ärzteschaft überzeugen könnten. Trotz der allenthalben spürbaren Zuwendung vieler Ärzte zur Psychotherapie sowie zahlloser Initiativen und durchaus erfolgreicher integrativer Projekte in einigen Medizinbereichen bestehen im Prinzip somatische und psychosoziale Paradigmen weiter nebeneinander. Wer in dieser Situation aus der Sicht der Psychotherapie deren interdisziplinäre Aufgaben skizzieren möchte, stößt rasch auf Grenzen, wenn er damit den Anspruch verbindet, den ärztlichen Praxisraum psychotherapeutisch zu dominieren. Der Verfasser dieses Abschnittes, seit vielen Jahren in der Aus- und Weiterbildung von Ärzten engagiert, sieht seine Aufgabe mehr darin, verständlich zu machen, in welchen Bereichen der Medizin psychotherapeutische Haltungen und Methoden dem Arzt und dem Pflegepersonal eine wesentliche Unterstützung in Diagnostik und Therapie sein können. Dieses komplementäre Verhältnis zur klinischen Medizin ist gemeint, wenn im Titel des Beitrages von interdisziplinären Aspekten der Psychotherapie die Rede ist.

Nach einem medizingeschichtlichen Einblick in dieses Thema (1.) und der Skizzierung der epidemiologischen Situation (2.) sollen im folgenden jene Aufgabenfelder betrachtet werden, in denen der heutige Erkenntnisstand eine angemessene psychotherapeutische Kompetenz des Arztes fordert, d.h. wo psychotherapeutische Inkompetenz mit ärztlicher Inkompetenz gleichzusetzen ist. Es handelt sich um

- die Einordnung des Stellenwertes psychosozialer Faktoren im Prozeß des Diagnostizierens (3.1.),
- die Berücksichtigung des Beziehungsaspektes im ärztlichen Handeln der gesamten Medizin (3.2.–3.6. und 4.) sowie
- die psychosomatische Grundversorgung (5.).

1 Psychotherapie als Querschnittsdisziplin der Medizin – Einführung und geschichtlicher Überblick

Die Psychotherapie ist zweifellos neben Pharmakologie und Chirurgie eine der ältesten therapeutischen Querschnittsdisziplinen der Medizin (LANGEN 1963). Mehr noch als andere Fächer ist sie extrem an jeweilig herrschenden Normen und Menschenbildern ausgerichtet (ENKE 1977, FOUCAULT 1963). Mehr noch als die anderen therapeutischen Querschnittsdisziplinen hatte sie Mühe, ihre methodischen Besonderheiten im Rahmen eines abgrenzbaren Fachs zu entwickeln. Schuld daran war offensichtlich die ihrem Wesen innewohnende Möglichkeit, Wirkungen innerhalb jeder ärztlichen Kommunikation zu entfalten. Während der explizit technisch-handwerkliche Charakter beispielsweise der Chirurgie eine Spezialisierung der Ärzte im Hinblick auf die Handhabung des Skalpells unabwendbar macht, können sich psychotherapeutische Wirkungen aller möglichen Medien interpersoneller Beziehungen bedienen, d.h. nicht nur der Sprache bzw. klar abgrenzbar verbaler Beeinflussungsprozeduren, sondern eben auch medizinisch-handwerklicher Verrichtungen bis hin zu pharmakologischen oder chirurgischen Scheinhandlungen, deren psychotherapeutischer Charakter auch den Ärzten nicht immer unklar gewesen sein dürfte. „Nutze die neuen Medikamente, solange sie noch Kraft zum Heilen haben!", schrieb schon Trousseau, ein Arzt des 19. Jahrhunderts (s. auch PAAR 1979).

Medizingeschichtlich lassen sich mehrere Etappen unterscheiden:

Zunächst eine lange der Integration innerhalb der „Anwendung" magisch-suggestiver Heilungsrituale durch Medizinmänner und -frauen bzw. Schamanen seit mindestens 40 000 Jahren. Die angewandten Praktiken setzten besondere persönliche Eigenschaften, intensive Selbsterfahrung und Ausbildung voraus. „Psychotherapeutische Verfahren", d.h. magische Rituale, waren eng verbunden mit gezielter pharmakologischer Beeinflussung, zunehmend auch mit chirurgischen Spezialkenntnissen (NARR 1978).

Bei den Priesterärzten des alten Ägypten ist diese Integration nicht nur methodisch realisiert, sondern auch theoretisch konzipiert. Im Papyros Ebers heißt es: „Wirksam ist das Heilmittel zusammen mit dem Zauber, wirksam ist der Zauber zusammen mit dem Heilmittel" (WESTENDORF 1978).

Bereits die Babyloner vollzogen den Spezialisierungsschritt einerseits zum Seelenarzt – „asipu" – dem Beschwörer, andererseits zum Arzt, der für die lokalen, handwerklich angehbaren körperlichen Störungen verantwortlich ist, dem „asu" (GOLTZ 1974).

In den assyrisch-babylonischen und jüdisch-alttestamentarischen Hochkulturen dürfte die Gleichsetzung von Krankheit und Sünde (das assyrische Wort für Krankheit „shertu" bedeutet auch Sünde, s. auch SCHIPPERGES 1978) dafür gesorgt haben, daß ein richtiger Arzt nur ein Priester sein konnte. Ärztlich handwerkliche Technik war zu kaum einer Zeit ohne „seelenkundliche" Vorstellung denkbar. Aber die Schwierigkeit, beides in der Person des Arztes zu vereinigen, drückt sich über die Zeit in ganz unterschiedlichen Arztbildern und Mythen aus. Der heilkundlich ausgebildete Asklepios bedurfte zusätzlich zu seiner eigenen göttlichen Abkunft der ständigen Begleitung seiner Tochter Hygieia, der Göttin der Gesundheit. Der sich im Gefolge des Heilers Jesus Christus verstehende priesterliche Arzt der Christen machte „die erbarmende Liebe zu der Gefährtin seiner Kunst" (LAIN ENTRALGO 1969).

Eine Trennung dieser beiden Aspekte des Arztseins, wie bereits sehr früh in Babylonien (s. oben!) zu finden, erfolgte in enger Verbindung mit dem fortschreitenden medizinischen Wissen. Beispielhaft vollzieht sich dieser Prozeß in der griechischen Antike.

In dem Maße, wie der Mensch zunehmend als Erscheinung der Natur begriffen wurde, war er auch naturwissenschaftlicher Betrachtung zugänglich. Aus der Auffassung des Kranken als Sünder wurde eine Sicht, die den Sünder als Kranken sah (LAIN ENTRALGO o. J.). So wurde sowohl der über tausendjährige therapeutische Kult, der in den Tempeln des Heilgottes Asklepios in Form des heilenden Tempelschlafs zelebriert wurde, als auch die psychokartartischen Orgien des Dionysos-Kultes allmählich abgelöst von der physiologischen Medizin der Hippokrates-Schule, die eine allgemeine Naturlehre (Physiologia), die Heilmittelkunde (Pharmakologia) und die Behandlungslehre (Techne therapeutike) umfaßte.

Da sich die allgemeine Krankheitslehre um die Fehlmischung der vier Körpersäfte Blut, Schleim, gelbe und schwarze Galle drehte, gewann die Physis in der Medizin die Oberhand. Die einseitige Bindung der medizinischen Wissenschaft an die Naturwissenschaft – die ihren Höhepunkt in den letzten 150 Jahren erreicht hat – ist also im Ansatz bereits der hippokratischen Medizin eigen.

In der griechischen Antike behandelten zunächst besondere Ärzte eine kleine Schicht sehr Wohlhabender auch psychotherapeutisch. Die Methodik dieser Therapien wurde zunehmend außerhalb der engeren medizinischen Wissenschaft im sozialwissenschaftlich-psychologischen Bereich der Philosophie entwickelt. Es war selbstverständlich, daß nur der wohlhabende und freie Mensch als besonderer, einzigartiger Fall auch psychologische Zuwendung erhielt (bei PLATON „pädagogische Medizin"), während der Sklave mit einer Art Veterinärmedizin (bei PLATON „tyrannische Medizin") und der arme Freie mit Radikalkuren nach dem Motto „Vogel friß oder stirb" wieder arbeitsfähig gemacht wurde (PLATON 1957). Die „schönen Reden des guten Arztes", die PLATON (1957) in den Gesetzen beschreibt, erforderten eine philosophische Ausbildung und Haltung, wie auch die Kunst der Überredung (Persuasion) von den Sophisten – also Philosophen – in die Krankenbehandlung eingeführt wurde.

Die von Sokrates als „Hebammenkunst für Männer" geübte „dialektische" Methode des ärztlichen Gesprächs hat sich als Technik bis in die Gegenwart erhalten. Die Grundprinzipien dieser „Geburtshilfe", die nichts im Patienten erzeugt, sondern lediglich den Strebungen des Patienten ans Tageslicht hilft, haben praktisch allen aktuellen Gesprächstherapiemethoden Pate gestanden.

In der griechischen Medizin entstand durch die Integration volksheilkundlicher, philosophisch-psychotherapeutischer und physiologischer Erkenntnisse ein ärztliches Expertentum auf einem hohen Niveau, das erst wieder in der Neuzeit erreicht wurde.

Noch einmal vollzieht sich der Prozeß der Trennung von Seelen- und Körpermedizin im europäischen Mittelalter. Bis etwa ins 12. Jahrhundert richtete sich Heilung an christlicher Gesinnung, an Barmherzigkeit und Liebe aus. Arzt und Seelensorger waren in der Person des Priesters solange vereint, wie der medizinische Fortschritt es gestattete. Das Verbot der Ausübung des ärztlichen Berufs durch die Geistlichkeit im 12. Jahrhundert folgte der Erkenntnis, daß medizinisch schlecht ausgebildete Priester den Tod von Kranken herbeiführten und sich mit einer Todsünde beladen könnten (FINZEN 1969). Von da ab praktizierten „Laien" die ärztliche Kunst, bis heute unterstützt von Schwestern, den Nachfahren der barmherzigen Nonnen.

Bis zur Ausrufung des Sieges der rein naturwissenschaftlichen Medizin des 19. Jahrhunderts war zwar noch ein weiter Weg, aber in den ärztlichen Ideologien dominierten seitdem die aufklärerischen Ideen vom Menschen, der Natur, Krankheit und Tod beherrscht. Die nicht physiokochemischen Einflüsse auf den Organismus gerieten soweit aus dem Blick, daß ein Medizinhistoriker wie SHAPIRO mit Recht sagen konnte, die Geschichte der Medizin sei über weite Strecken als die Geschichte des Plazebo aufzufassen (SHAPIRO 1963). Dies trifft in besonderer Weise auf die Medizin dieser Epochen zu, wo psychotherapeutisches Handeln in chirurgischen und pharmakologischen Scheinhandlungen versteckt blieb.

Psychotherapeutische Methoden waren in der Mitte des 19. Jahrhunderts in dem Maße in die Nähe der Scharlatanerie geraten, wie sie den gerade gewonnenen Anspruch der Medizin brüskierten, ihre Wirkungen naturwissenschaftlich erklären zu können. So ist es durchaus folgerichtig, wenn die sog. Schulmedizin einer Psychotherapie den Zugang zu den akademischen Lehrstätten verwehrte, der noch die Gerüche archaischer Magie, mittelalterlicher Alchimie und, genauso abwegig, esoterischer Romantik anhaftete. Als sich in der zweiten Hälfte des 19. Jahrhunderts in einem gewaltigen Spezialisierungsschub die heutige disziplinäre Gestalt der Medizin bildete, blieb die Psychotherapie außen vor. Als Spezialdisziplin hatte sie nichts zu bieten, was die Medizin zu ihrem Selbstverständnis benötigte: Einen faßlichen Gegenstand in Form einer klar umrissenen Organpathologie und eine dem wissenschaftlichen Experiment zugängliche therapeutische Strategie.

Trotzdem vollzog sich die Disziplingenese dieses Fachs nicht gänzlich außerhalb der Medizin. In der sog. medizinischen Praxis gab es spätestens seit den 50er Jahren des 19. Jahrhunderts immer wieder Versuche, psychotherapeutische Methoden in schulmedizinisches Vorgehen zu integrieren. Zuerst gelang dies mit der Hypnose, die am ehesten den Ansprüchen an ein wissenschaftlich-experimentelles Vorgehen genügte. Anhand der Hypnose konnte seinerzeit etwas ins Bewußtsein der Ärzte zurückgeholt werden, was in Vergessenheit geraten war, nämlich daß körperliche Symptome über interpersonell vermittelte psychische Prozesse ausgelöst und aufgehoben werden können. Damit war eine psychotherapeutische Methode in der modernen naturwissenschaftlichen Medizin aufgetaucht, die eine gewisse Verträglichkeit von Psychotherapie und Schulmedizin signalisierte.

Die psychotherapeutischen Methoden wurden in jener Zeit in erster Linie in der somatischen Medizin eingesetzt, also nicht in der Psychiatrie, sondern in Chirurgie, Allgemeiner und Innerer Medizin. 1843 führte der Engländer JAMES BRAID (1795–1860), ein Chirurg, den Begriff der „Hypnose" in die Medizin ein. Mit dieser Behandlungsmethode, dem Hypnotismus, wurde der Grundstein für die ärztliche Psychotherapie als eigenständiger Fachrichtung gelegt. Es waren Internisten, Chirurgen und später auch Neurologen, die die Hypnose ausgesprochen pragmatisch zur Behandlung von Schmerzzuständen, von funktionellen Störungen und Sexualstörungen einsetzten (SCHRENCK-NOTZING 1892). Es waren schließlich der praktische Arzt LIEBEAULT (1823–1904) und der Professor für Innere Medizin BERNHEIM (1840–1919), die Gründer der Schule von Nancy, die durch die Transformation des Hypnotismus zur Suggestionslehre und Suggestionstherapie ein Konzept kreierten, das den Durchbruch der Psychotherapie zum eigenen Fach bahnte. Damit war gegen Ende des 19. Jahrhunderts die Psychotherapie eine Sache der Allgemeinen und Inneren Medizin. Psychiater wie der Züricher EUGEN BLEULER, die derartige Methoden in die Therapie psychischer Krankheiten einbezogen, waren keineswegs die Regel.

Trotz aller Bemühungen um akademische Akzeptanz blieben jedoch die in der hausärztlichen Medizin tätigen Hypnotiseure ebenso Außenseiter einer von Erfolg zu Erfolg eilenden Organmedizin wie die Vertreter der Psychoanalyse SIGMUND FREUDS, der ebenfalls über die Hypnose zur psychoanalytischen Methode kam. Die in den 20er Jahren sich weltweit ausbreitende Psychoanalyse konnte zwar eine beträchtliche Resonanz im öffentlichen gesellschaftskritischen Diskurs erregen. Als Wissenschaft etablierte sie sich allmählich in den akademischen Zirkeln der Sozial- und Geisteswissenschaften. Sie blieb jedoch über viele Jahre aus den medizinischen Fakultäten verbannt. Die ebenfalls in diese Zeit fallenden Anfänge der Verhaltenstherapie hielten sich in einzelnen Institutionen der jungen akademischen Psychologie. Obwohl dem naturwissenschaftlichen Denken in der Medizin dieser Zeit viel näher als die Psychoanalyse, fand die Verhaltenstherapie kaum Interesse. Der theoretisch und behandlungspraktisch begründete Anspruch FREUDS, mit der Psychoanalyse eine kausale Methode zur Therapie der Neurose gefunden zu haben, ließ die Psychotherapie zur Domäne der vorwiegend psychiatrisch orientierten Neurosetherapeuten werden. Von da ab wurde die Bedeutung der Psychotherapie in der somatischen Medizin mit Bezeichnungen wie „Kleine Psychotherapie" oder „Symptomzentrierte Psychotherapie" auch im Sprachgebrauch relativiert. Trotzdem entwickelte sich in der ersten Hälfte des 20. Jahrhunderts eine eigenständige, durchaus integrative ärztliche Psychotherapie in der Inneren Medizin. Drei Namen stehen für diese Entwicklung: LUDOLF VON KREHL, der den biologistischen Tendenzen seiner Fachkollegen bereits 1932 den Satz entgegenhielt: „... es gibt keine Krankheit per se, wir kennen nur kranke Menschen"; GUSTAV VON BERGMANN (1878–1955), dessen Einfluß auf das Denken der heutigen Internistengeneration unübersehbar ist, der uns die strukturellen Veränderungen im Körper als Folge und nicht als Ursache physiologischer Vorgänge begreifen ließ; und schließlich VICTOR VON WEIZSÄCKER (1886–1975), der im Gebäude seiner anthropologischen Medizin dem Subjekt wieder einen Platz im ärztlichen Denken einräumte. VICTOR VON WEIZSÄCKER wird als Begründer der modernen Psychosomatischen Medizin angesehen. Der Internist THURE VON UEXKÜLL (geb. 1908) gilt wohl als bedeutendster lebender Psychosomatiker in der deutschen Tradition einer integrativen ärztlichen Psychotherapie.

Während neurotische Störungsformen bis zum Anfang des 20. Jahrhunderts vorwiegend als Modekrankheiten der wohlhabenden Schichten betrachtet und von der Schulmedizin bereitwillig an Außenseiter und Modeärzte abgetreten worden waren, änderte sich diese Haltung eindrucksvoll, als Psychotherapeuten erfolgreich das Rätsel der Kriegsneurosen des 1. Weltkrieges lösten und die epidemisch vorkommenden „Kriegsschüttler" unter den Soldaten wieder kriegsverwendungsfähig machten. Selbstbewußt wird im vorläufigen Programm des I. Allgemeinen Ärztlichen Kongresses für Psychotherapie 1926 der Psychotherapie ihre zukünftige Rolle in der Medizin des 20. Jahrhunderts zugewiesen:

> „Die Psychotherapie der Gegenwart ... hat ihre Existenzberechtigung bewiesen. Trotzdem muß sie noch um ihre Anerkennung ringen. Innerhalb der eigenen Reihen sind Gegensätze auszugleichen, und der gemeinsame Boden der verschiedenen psychotherapeutischen Methoden ist festzustellen. Weiterhin hat die Psychotherapie ihre Beziehung zur Klinik und zu den einzelnen Sonderdisziplinen zu klären ... Endlich ist die Psychotherapie als durchgreifender Gesichtspunkt berufen, die Sonderdisziplinen der Medizin wieder zu vereinigen in der Beziehung auf den leidenden Menschen" (zitiert nach WINKLER 1977).

In diesem beeindruckenden Statement werden die drei Ebenen bereits angedeutet, auf denen jeweils besondere *Beiträge der Psychotherapie für die Medizin* erforderlich werden:
- Als besonderes Fach der Medizin hat sie ihre eigene Theorie auszuarbeiten und damit den „gemeinsamen Boden der verschiedenen psychotherapeutischen Methoden" festzustellen. Dies ist zweifellos die Aufgabe unseres heutigen „Facharztes für Psychotherapeutische Medizin" und des hochspezialisierten psychologischen Psychotherapeuten, die die Psychotherapie zu einer Spezialdisziplin der Medizin mit einer verbindlichen Theorie weiter zu entwickeln haben.
- Sie hat als allen klinischen Fächern bzw. „Sonderdisziplinen" verbundene therapeutische Querschnittsdisziplin die jeweils spezifische Funktion der Psychotherapie für ein spezielles Fach auszuloten und die entsprechende psychotherapeutische Methodik zur Verfügung zu stellen. Sie bereitet das „Technologiewissen",

über das sie als eigene Spezialdisziplin verfügt, für andere Spezialdisziplinen auf. Hier wird also die Ebene der späteren „Bereichs- bzw. Zusatzbezeichnung Psychotherapie" konzipiert.

- Sie hat dafür zu sorgen, daß die integrierende Kraft der psychosozialen Dimension in der gesamten Medizin zum Tragen kommt, indem sie – unabhängig von Spezialverfahren der Psychotherapie – die Rolle der Arzt-Patient-Beziehung im ärztlichen Handeln und die psychosoziale Dimension in ihrer Bedeutung für alle Bereiche der Medizin konzeptualisiert. Diese Ebene gestaltet heute die Psychotherapie im Rahmen der psychosomatischen Grundversorgung, anteilsmäßig auch in den ärztlichen Ausbildungsfächern „Medizinische Psychologie" und „Psychosomatische Medizin und Psychotherapie".

Zweifellos ist die integrative Potenz der Querschnittsdisziplin „Psychotherapie" für die moderne Medizin noch nicht annähernd erschlossen. Dies liegt einerseits an den Schwierigkeiten, die der „Reintegration" der psychosozialen Dimension von seiten der klinischen Medizin entgegenstehen. Andererseits bedarf es wissenschaftlich ausgereifter, tragfähiger integrativer Konzepte, die erst in Ansätzen zur Verfügung stehen. Insofern wird die Wiederherstellung des integrativen Denkens und Handelns in der Medizin und die Bestimmung der Rolle der Psychotherapie in diesem Prozeß noch einige Jahrzehnte des 21. Jahrhunderts in Anspruch nehmen.

2 Interdisziplinäre Anforderungen an die Psychotherapie

2.1 Bedarf und Inanspruchnahme von Psychotherapie

Es liegt in der Natur gerade der Spezialdisziplinen, die in ihren Ansätzen die menschliche Subjektivität negieren (z.B. beim „Management" gestörter Vitalfunktionen im Rahmen der Intensiv-

behandlung), daß früher oder später der Ruf nach komplementärer Unterstützung durch psychosozial ausgerichtete Maßnahmen laut wird. Ein Mehr an Technik in der Medizin erfordere nicht ein Weniger, sondern ein Mehr an Arzt, stellt z.B. AHNEFELD (1984) fest.

Daß Spezialisierung im Rahmen der naturwissenschaftlichen Orientierung der Medizin ohne psychologische Konzepte auf die Dauer nicht auskommt, läßt sich an zahlreichen Beispielen belegen. Transplantationszentren, kardiologische Spezialeinrichtungen, postoperative Überwachungs- und Dialyseeinheiten u.v.a. beanspruchen heute psychosoziale Dienste (siehe Liaison-Dienste), ohne daß damit etwa biologistische Konzepte in Frage gestellt wären (aus Intensiv-„Medizinern" werden dadurch noch nicht Intensiv-„Ärzte", daß beispielsweise ein Psychologe zur besonderen Betreuung von Problempatienten angestellt wird).

Unter dem Stichwort „Psychosoziale Mitbetreuung" wird seit geraumer Zeit versucht, den Kompetenzbereich des Psychotherapie-Spezialisten über die Neurosen-Therapie hinaus auf Patientengruppen praktisch aller klinischen Fächer auszuweiten: Geschwulst-, Rheuma-, Herzkranke, Psychotiker, Dialysepatienten, Herzoperierte, Diabetiker, Übergewichtige, Alkoholiker, Suizidale u.v.a., wobei die Grenzziehung zwischen Medizinischer Psychologie und Psychotherapie nicht immer klar erkennbar wird.

Im prophylaktischen Bereich der Medizin, der traditionell der Lebensweise und sozialen Befindlichkeit der Menschen besondere Aufmerksamkeit schenkt, werden psychotherapeutische Methoden bei vielfältigen Zielstellungen führend eingesetzt. Hier nur einige Anwendungen der Psychoprophylaxe:

- Beeinflussung risikoträchtigen Gesundheitsverhaltens, etwa in Form von Polyphagie oder Bewegungsmangel;
- Verhaltensänderung bei anderen Risikoverhaltensweisen, z.B. dem Typ-A-Verhalten des Herzinfarktgefährdeten;
- Vorbeugung von neurotischen und Verhaltensstörungen von Kindern durch Beeinflussung der familiären Interaktion;
- Verhinderung peri- und postnataler Komplikationen durch Training der Schwangeren in Selbstentspannungstechniken u.v.a..

2.2 Prävalenz psychogener Störungen in der Bevölkerung

Die derzeit methodisch zuverlässigste und aussagekräftigste Studie zur Prävalenz (Punktprävalenz, d. h. „Auftreten in den letzten 7 Tagen") psychogener Störungen in Mitteleuropa stellt die Mannheimer Kohortenstudie (SCHEPANK 1986) dar. In der 25–45jährigen Bevölkerung ermittelte er 7,2% Psychoneurosen (ICD-7, Rev. Nr. 300), 5,7% Persönlichkeitsstörungen (301), 7,8% psychosomatische Störungen (305: organbezogene Syndrome wie Herz-Kreislauf-, Magen-Darm-Störungen) und 3,8% psychosomatische Störungen (306: Schlafstörungen, Eßstörungen, Kopfschmerzen).

Insgesamt lag die Punktprävalenzrate psychogener Symptome immerhin bei 50% (!) der Bevölkerung. (Die lebenslange Prävalenz beträgt dagegen 80–95%, d. h. fast jeder Erwachsene kennt solche Symptome aus eigener Erfahrung.)

2.3 Psychotherapiebedürftigkeit

Hinsichtlich der Psychotherapiebedürftigkeit geht SCHEPANKS vorsichtige Schätzung von 25% (Punktprävalenz) der Erwachsenen im mittleren Lebensalter aus (mindestens 15%, maximal 30%), die durch psychogene Störungen so beeinträchtigt sind, daß sie medizinischer Hilfe bedürfen („echte Fälle"). Die Hälfte dieser Population sei durch ambulante psychotherapeutische Maßnahmen verschiedenster Art und Intensität erreichbar. Ca. 1/6 bedürfe stationärer Psychotherapie, während der Rest, immerhin 1/3, nur medikamentös/palliativ zu behandeln sei.

Wesentlich umfangreicher ist die Literatur über den Anteil psychogener Störungen in Patientenpopulationen aller klinischen Disziplinen. In der internationalen Literatur wird bei 30–60% aller Patienten internistischer Kliniken eine erhebliche oder entscheidende Beteiligung psychosozialer Faktoren am Krankheitsbild angegeben (Übersicht bei KÖHLE und JORASCHKY 1986). Auch in der ambulanten und stationären Klientel der übrigen Fächer werden immer wieder diesbezügliche

Angaben (20–50% psychosozial mitbedingte oder verursachte Störungen) berichtet. In der deutschen Allgemeinpraxis wird derzeit eine Ein-Monats-Prävalenz von 15–20% psychogenen Störungen ohne Alkoholabusus bzw. -abhängigkeit festgestellt (MAIER et al. 1996).

Aus diesen Zahlen wird gern eine entsprechende große „Psychotherapiebedürftigkeit" abgeleitet, obwohl deren fiktiver Charakter unschwer zu erkennen ist.

Selbst wenn Patienten in dieser Größenordnung zu einer Psychotherapie motiviert wären, könnte dieser „Bedarf" nur zu einem geringen Teil abgedeckt werden. STARKE und WINIECKI (1987) haben in einer für die Klientel ambulanter Grundversorgung repräsentativen Stichprobe (n=3000) einer Großstadt (Leipzig) folgende Verhältnisse ermittelt: Von 3000 Patienten boten 1860 (ca. 62%) Merkmale, die für den Einsatz von Psychotherapie sprachen. Diese 1860 Patienten ließen sich in 2 Gruppen teilen: 1395 bedurften einer psychotherapeutischen „Mitbehandlung" durch den betreuenden Arzt selbst. Bei 465 wurde die Indikation für eine Fachpsychotherapie abgeleitet. Tatsächlich erhielten 49 Patienten eine Psychotherapie.

2.3.1 Bedürftigkeit – Bedarf – Inanspruchnahme von Psychotherapie im stationären Bereich

Im stationären Bereich liegen Zahlen vor, die ebenfalls die enormen Diskrepanzen zwischen der (durch die Feststellung psychogener Komponenten in der Pathogenese postulierten) eigentlichen „Psychotherapiebedürftigkeit" und dem von Patienten oder Ärzten bestimmten Bedarf einerseits sowie diesem Bedarf und der tatsächlichen Inanspruchnahme vorhandener Psychotherapieangebote andererseits markieren.

Wesentliche Indizien für die hier vorhandenen Mißverhältnisse stellen die Inanspruchnahmequoten psychosomatischer Konsiliardienste dar. Während dem traditionellen psychiatrischen Konsultationsdienst nur um 1–2% der Patienten allgemeiner Krankenhäuser vorgestellt werden, erhöht sich dieser Prozentsatz im Rahmen des Liaisondienstes auf durchschnittlich 10–20%.

MUTHNY et al. (1987) arbeiteten über 4 Jahre in einem Beratungs-/Psychotherapie-Projekt im Dialyse-/Transplantationsbereich mit chronisch niereninsuffizienten Patienten. Die Ergebnisse ihrer Untersuchungen weisen auf die engen Beziehungen zwischen Arzt-Patient-Beziehung und Inanspruchnahmeverhalten hin: 18 % der einen entsprechenden Fragebogen beantwortenden Patienten hielten ein Psychotherapie-/Beratungsangebot für „notwendig". Während nur 2 % direkt um Psychotherapie nachsuchten, akzeptierten 20 % der Patienten das Angebot eines ihnen (von dessen Arbeit auf Station her) bereits bekannten Therapeuten.

Bei einer Befragung der Mitarbeiter von 49 Dialyse- und Transplantationszentren fanden POMMER und BRODA (1985) die Disproportionen in der Bedarfsbeurteilung durch Ärzte und Personal im Vergleich zu Patienten bestätigt: Ärzte sahen bei 44 % der Dialyse- und 33 % der transplantierten Patienten einen Bedarf an Psychotherapie, das Personal bei 66 % der Dialyse- und 36 % der transplantierten Patienten.

Insgesamt wird durch die zahlreichen empirischen Untersuchungen der Eindruck gestützt, daß die Kriterien des Bedarfs keinesfalls nur in statistischen Angaben über das Vorliegen psychotherapeutisch angehbarer Störungen gesucht werden dürfen. Patienten nehmen ein Therapieangebot nur dann in Anspruch, wenn im Vorfeld und Umfeld Faktoren vorhanden sind, die ihrem Sicherheitsbedürfnis entsprechen: Das Angebot muß mit dem üblichen Krankheits- und Therapieverständnis harmonieren. In Abhängigkeit davon müssen Patienten die zu erwartenden therapeutischen Schritte in etwa antizipieren können. Fehlen diese Möglichkeiten, bedarf es einer besonders tragfähigen und vertrauensvollen Beziehung zu einem Arzt, der gleichsam als Garant der Solidität des Angebotes dienen muß, auch wenn er es nur vermittelt. Angebote vom Rande der traditionellen Medizin her, wie empathisch und missionarisch sie auch vorgebracht werden, erzeugen die größte Abwehr bei den unmittelbar betroffenen Patientenzielgruppen. Ohne aktive Unterstützung der etablierten Mediziner verpufft jegliche Initiative in der Mangelmotivation ängstlicher Patienten.

3 Psychotherapie als Bestandteil komplexer ärztlicher Aufgabenstellungen

3.1 Psychotherapeutische Beiträge für den diagnostischen Prozeß

Elemente des psychotherapeutischen Erstinterviews sind auch in der Breite der klinischen Medizin zur Erhellung des Einflusses psychosozialer Faktoren auf Pathogenese und Pathoplastik wesentlich.

Folgende Faktoren können direkt oder indirekt mit der Symptomatik zusammenhängen, Ursache oder Folge oder beides sein:

* Situative Faktoren entweder im Sinne belastender akuter Lebensereignisse (Verluste, Einschnitte) oder anhaltender Lebenssituationen (Ehe, Studium, Beruf),
* Konflikte in der Beziehung zu Bezugspersonen oder -gruppen (Abhängigkeitsprobleme, Außenseiterposition etc.),
* Einstellungen/Haltungen des Patienten, die als pathogenetisch bedeutsame Dispositionen aufgefaßt werden können (typische neurotische Abwehrformen, überkompensatorische Leistungshaltung usw.),
* Gesundheitsverhalten, Krankheitsverhalten.

Eine stichhaltige Hypothese über den Einfluß psychosozialer Faktoren auf die Krankheitsentstehung und ihren Verlauf kann dann gebildet werden, wenn folgende Datenkategorien zur Verfügung stehen:

* Daten über Ereignisse, Situationen, die ergänzt werden durch
* Daten über die Art und Weise, wie die Person mit derartigen Ereignissen umgeht, also deren Belastungscharakter, ergänzt durch
* Daten über den zeitlichen Zusammenhang dieses Geschehens mit der Krankheitsentstehung und dem Wissen des Arztes über den biosozialen Zusammenhang in der Pathogenese, ergänzt durch
* Daten über das Verhalten des Patienten in der Untersuchungssituation, ergänzt durch Grad und Form der Übereinkunft zwischen Arzt und Patient über die Natur der Störung.

Konkret sollen die Strukturen der Lebenstätigkeit des Patienten erfaßbar werden, die krank machen, gemacht haben evtl. machen werden.

Die Aufmerksamkeit richtet sich somit in erster Linie auf gewisse Grundmuster der Krankheitsgefährdung. Neben und in Verbindung mit genetischen Faktoren, physikalischen und anderen schädlichen äußeren Einflüssen der Natur und Gesellschaft sind dies Hindernisse in der Lebensgestaltung und -bewältigung psychosozialer Natur:

- das Leben in Abhängigkeit von Personen,
- das Leben in Abhängigkeit von inneren Konflikten,
- das Leben unter permanenter Belastung,
- das Leben in Trennung,
- das Leben in Isolation.

3.1.1 Das ärztliche Vorgehen

Die Analyse der psychosozialen Faktoren basiert auf

- anamnestischen Fakten,
- der unmittelbaren Beobachtung des Patienten bei der Behandlung der verschiedenen Gesprächsthemen, also der Verknüpfung der Beobachtungsdaten mit Gesprächsinhalten,
- der Einbeziehung der Beobachtungsdaten bezüglich der aktuellen Form der Arzt-Patient-Beziehung, der Form des Arzt-Patient-Dialoges,
- der Herstellung eines gewissen Konsens über diese Beobachtungen mit dem Patienten im Rahmen des Dialoges, der über Fragen und Mitteilungen des Arztes geführt wird.

Auf sämtlichen Ebenen kann ein Fokus hergestellt werden.

Beispiele zu anamnestischen Fakten:

„Kurz nachdem ich zum Studium nach B. ging, ging ich das erste Mal wegen dieser Beschwerden zum Arzt"; „Merkwürdigerweise kam es an den Wochenenden so richtig zum Vorschein"; „Wissen Sie, früher habe ich mir alles zu Herzen genommen und bei jeder Gelegenheit geheult, am liebsten wäre

ich weggelaufen. Seit ein paar Jahren (Beginn einer Oberbauchsymptomatik) lasse ich viel weniger an mich heran, auch auf die anderen wirke ich richtig stark und stabil".

Beispiele zur Beobachtung des Patienten bei der Behandlung bestimmter Themen: Auftretende Unruhe bei scheinbar neutralem Thema

Patientin: „Mit den Kollegen gibt es überhaupt keine Schwierigkeiten, wir helfen uns gegenseitig und lachen viel zusammen" (wird plötzlich etwas unruhig, rutscht auf dem Stuhl hin und her) „die Frauen halten zusammen." Arzt: „Das ist offenbar notwendig …" Patientin (irritiert): „Wie meinen Sie das?" Arzt: „Daß die Frauen zusammenhalten, scheint notwendig …" Patientin: „Ja, wenn Sie diesen Meister kennen würden" (fleckige Röte im Gesicht) „dieser Kerl bevorzugt alle, die ihm um den Bart gehen …" (Heraus kommt ein massiver Konflikt mit dem Meister, der ihr eine Zeitlang wohl gesonnen war, sie jetzt zurücksetze und gewisse andere bevorzuge. Symptomatik: sthenokardische Beschwerden bereits auf dem Weg zur Arbeit.)

Auffällige Betonung von Verhaltensweisen und Einstellungen

Patient, mitten in einer langen und unerfreulichen Erbauseinandersetzung: „Und wissen Sie, Geld bedeutet mir überhaupt nichts." Patientin: „Und eines kann ich überhaupt nicht ausstehen: Wie sich manche in Szene setzen."

Auslassen wichtiger Personen oder Sachverhalte bei der Anamneseerhebung

Ein Patient redet nur über berufliche Dinge. Frau und Kinder werden nicht erwähnt; auf nachdrückliches Fragen zunächst Ausweichen; später kommt zutage, daß Ehefrau mit Kindern seit geraumer Zeit wieder bei den Schwiegereltern wohnen.

Beispiele zur Einbeziehung der Beobachtungsdaten bezüglich der Arzt-Patient-Beziehung

25jähriger Patient erscheint sehr nervös, macht fahrige Bewegungen, kratzt sich ständig, zupft an sich herum, bezieht sich in seinen Aussagen in keiner Form auf diesen Zustand, redet über Symptome im Magen-Darm-Trakt; angesprochen auf dieses Verhalten, kann er seine Schwierigkeiten im Umgang mit Autoritätspersonen, Ärzten, Lehrern, Vorgesetzten thematisieren und kommt auf einen Konflikt mit einem Abteilungsleiter zu sprechen.

Eine 30jährige Frau mit lebensbedrohlicher Kachexie ignoriert im Gespräch völlig ihren desolaten Zustand, schildert sich als mit der gegenwärtigen Situation zufrieden, hält das Gespräch ständig auf unverbindlich-konventioneller Ebene, wirkt emotional stark distanziert, abweisend. Dieser Eindruck wird mitgeteilt. Daraufhin redet sie über ihr Mißtrauen Ärzten gegenüber, kommt über das Thema „männliche Aggressivität" zum Eheproblem.

Ein ca. 40jähriger Mann fällt durch ängstlich-besorgtes Eingehen auf jede Regung des Arztes auf. Jedes Wort des Arztes wird bekräftigt, wiederholt; jede eigene Bemerkung prüft der Patient sofort hinsichtlich ihrer positiven Wirkung auf den Arzt. Jeglicher Konfrontation wird ausgewichen. Die eigene berufliche und familiäre Situation wird geradezu ideal ausgemalt. Angesprochen auf das beobachtete Verhalten in der Untersuchungssituation, berichtet er spontan über den Mißbrauch seiner Anpassungsbereitschaft durch Frau, Kollegen, Vorgesetzte und die ständigen, damit zusammenhängenden Konflikte.

Herstellung eines Konsens über die Beobachtungen im Dialog mit den Patienten

Das ärztliche Gespräch ist eine gemeinsame Suche nach der Wahrheit. Die Bildung einer Hypothese über psychosoziale Bedingungen einer Krankheit sollte auf einer Gemeinsamkeit der Sichtweisen basieren, falls therapeutische Konsequenzen gezogen werden. Daher sollten folgende Regeln durch den Arzt beachtet werden:

Erste Regel: Äußere keine Vermutung ohne Beachtung der aktuellen Beziehung zum Patienten!

Zweite Regel: Beachte und respektiere die persönlichen Formen der Bewältigung und Abwehr sowie die gegenwärtige Lebenssituation!

Dritte Regel: Finde ein verständliches allgemeines pathogenetisches Modell als Verständigungsgrundlage!

Vierte Regel: Beachte die biologische Eigengesetzlichkeit von Krankheiten mit psychosozialen Ursachen!

Fünfte Regel: Rede so einfach und so kurz wie möglich!

Zur ersten Regel: Der Patient ist mit der Erwartung zum Arzt gekommen, daß dieser seine Krankheit erkennt (eine Diagnose stellt) und diese Erkenntnis dem Patienten in einer Weise übermittelt, die seinen Vorstellungen vom Wesen der Krankheit entspricht. Die Einbeziehung psychosozialer Faktoren in diese Mitteilung entspricht diesen Erwartungen nur sehr begrenzt. Evtl. hört er ganz gern den Arzt von Überbelastung, Überarbeitung reden, die er persönlich nicht steuern kann. Werden Faktoren einbezogen, wie die persönliche Art des Patienten, sich zu kränken, Beziehungen zu gestalten, mit der Realität umzugehen, fühlt sich der Patient evtl. negativ bewertet, mit Schuld und Verantwortung belastet. Dagegen steht die „rein" körperlich bedingte Krankheit moralisch wertfrei im Raum. Je nach Ausbildung solcher Schranken kann es in einem Falle schwer sein, eine einigermaßen zutreffende Beschreibung des Familienlebens zu erhalten („Zu Hause ist alles in Ordnung"; später wird bekannt, der Mann der Patientin sei ein stadtbekannter Trinker und Rumtreiber) oder eine reale Einschätzung der beruflichen Situation zu bekommen („Die Arbeit macht mir Freude"; dabei kommt heraus, daß die Beschwerden im Rahmen eines deprimierenden Disziplinarverfahrens, das zur weitgehenden Isolierung des Patienten geführt hat, aufgetreten sind). Diese Art der Verleugnung belastender Bestandteile der Realität bezieht sich aber auch auf die gefühlsmäßige Bewertung nicht zu leugnender Sachverhalte („Daß mein Mann häufig trinkt, macht mir schon lange nichts mehr aus"). Die Abhängigkeit solcher Aussagen von der jeweiligen Beziehung, in der verleugnet wird, sollte der Arzt spätestens dann begreifen, wenn ihm die nächste Patientin berichtet, Frau X. habe sich vorhin im Wartezimmer einer Bekannten gegenüber über ihren trinkenden Mann beklagt.

Die Einbeziehung psychosozialer Daten in die Diskussion der Krankheitsursachen und -bedingungen wird in der Regel um so komplikationsloser gelingen, je überzeugter der Patient ist, „trotzdem" akzeptiert und als Patient ernstgenommen zu werden. Ohne diese Grundvoraussetzung wird der Arzt mit seinen diesbezüglichen Versuchen auf Widerstand stoßen. Mitunter ist dieser Widerstand durch einfaches Ansprechen (wodurch sich der Patient wieder besser verstanden fühlt) aufzulösen (etwa mit der Bemerkung „Ich habe den Eindruck, Sie möchten mir nichts Problematisches erzählen, weil Sie vielleicht befürchten, abgewertet oder nicht verstanden zu werden").

Umgekehrt ist zu beachten, daß der sich akzeptiert fühlende, vertrauende und sich ganz dem Arzt ausliefernde Patient den abstrusesten Erklärungen und Projektionen des Arztes keinerlei Widerstand und Kritik entgegensetzt und sie auch an Stellen und Details bestätigt, wo sie in schreiendem Gegensatz zur Realität stehen oder einfach unsinnig oder unverständlich sind („Ihre Beschwerden kommen von Ihrem dichotomisierenden Verstandesdenken?" „Jawohl, Herr Doktor.").

Die Erklärung für beide Extreme – hier Widerstand, da Auslieferung – liegt in der unterschiedlichen Stabilisierungskapazität der Beziehung. Im ersten Fall hat der Arzt kein Gegengewicht zur selbstwertstabilisierenden Potenz der Vorstellung, ohne Zutun körperlich krank, damit „normal krank", integriert in die gesellschaftlich sanktionierte Krankenrolle zu sein. Die Beziehung zum Arzt trägt offenbar den damit verbundenen Be-

dürfnissen nicht ausreichend Rechnung (eine Patientin äußerte einmal, diesen Tatbestand reflektierend:

> „Was haben Sie schon zu bieten statt der Kopfschmerzen: die ganze unlösbare Problematik mit meinem Mann, die ich auch noch selbst lösen soll; da ist mir die Vorstellung lieber, ich habe eine Gefäßmißbildung und muß mich mit den Beschwerden abfinden."

Hinzuzufügen ist, daß die Patientin wegen starker, die Berufsfähigkeit erheblich beeinträchtigender „migränoider" Kopfschmerzen angiographisch abgeklärt wurde und durch eine zufällige Entdeckung ohne ätiologische Relevanz restlos zufriedengestellt war). Im zweiten Fall der unkritischen Übernahme aller diagnostischen Hypothesen wirkt die Befriedigung der Bedürfnisse nach Sicherheit, Abhängigkeit, Geborgenheit im Sinne einer selbstwertstabilisierenden Kapazität der Arzt-Patient-Beziehung und bildet unter gewissen Voraussetzungen ein Gegengewicht zur „Somatisierungstheorie" mit all ihren „befriedigenden" Komponenten (wie soziale Akzeptanz, Entlastung, Schonung usw.).

Zur zweiten Regel: Beachte und respektiere die persönlichen Formen der Abwehr und Bewältigung sowie die gegenwärtigen Lebensbedingungen.

Dies betrifft den verantwortlichen Umgang mit Wissen vom Patienten diesem gegenüber. Ein Arzt, der nach kurzer Zeit des Kontaktes bereits intuitiv das Hauptproblem des Patienten (z. B. seine Abwehrform) erfaßt hat, ohne vielleicht sehr viel Faktenmaterial vom Patienten geliefert bekommen zu haben, sollte sich vor Augen halten, daß die jeweiligen Formen der Abwehr ein u. U. zwar pathologisches, aber immerhin in der gerade existierenden Form relativ stabiles Gleichgewicht der Person aufrechterhalten, indem die Konfrontation mit einem subjektiv als bedrohlich definierten Tatbetand der inneren oder äußeren Realität mehr oder weniger unbewußt vermieden wird. Der Widerstand einer Person gegenüber einer unvorbereiteten Wegnahme einer solchen Stützkonktruktion ist also sehr verständlich und auch natürlich und sollte entsprechend respektiert werden.

Zur dritten Regel: Finde ein verständliches, allgemeines pathogenetisches Modell als Verständigungsgrundlage!

Auch diese Regel erfordert die Anpassung des Arztes, diesmal an das Vorstellungsvermögen des Patienten. Der Patient hat im allgemeinen nur sehr vage Vorstellungen über pathologisch-anatomische, biochemische, pathophysiologische, neurophysiologische oder psychophysiologische Zusammenhänge. Er orientiert sich in seinen Vorstellungen über soziopsychosomatische Beziehungen an Alltagserfahrungen (einer hat vor Aufregung einen Herzschlag erlitten; dem ist sein Chef auf den Magen geschlagen; es hat ihr das Herz gebrochen; ihm ist die Galle übergelaufen usw.), an der schöngeistigen Literatur (wo naturgemäß die Lebenswirklichkeit besser erfaßt ist als in Krankenjournalen) oder an einfachen technischen Modellen (Maschinen etc.). Der Arzt sollte sich nicht scheuen, diese Zugangswege mit einer Sprache zu benutzen, die auch der Patient versteht. Dabei sollten die Angebote des Arztes, in die er sein bisheriges Wissen kleidet, anfänglich sehr allgemein sein, damit der Patient eine spezielle, einmalige Ausgestaltung selbst vornehmen kann. Dieser Punkt entscheidet häufig über das Gelingen einer partnerschaftlich orientierten Beziehung. Nur als gemeinsame diagnostische Hypothese, die der Patient eigenständig mit seiner persönlichen Problematik gefüllt hat, erfüllt sie ihren Zweck als Orientierungsrahmen für die Therapie. Es kommt im ersten diagnostischen Gespräch nicht darauf an, daß alles erklärt oder geklärt wird, sondern daß eine tragfähige Basis für ein gemeinsames therapeutisches Anliegen gefunden wird. Diese kann in bestimmten Fällen sehr allgemein, in anderen bereits sehr speziell sein.

Zur vierten Regel: Beachte die biologische Eigengesetzlichkeit von Krankheiten mit psychosozialen ursächlichen oder auslösenden Bedingungen!

Der Umstand, psychosoziale Momente als Ursachen und Bedingungen von Krankheiten identifiziert zu haben (die „Live-event-Forschung" hat derartige Zusammenhänge bei allen Krankheiten gefunden), impliziert nicht notwendigerweise den Einsatz psychosozialer Therapieansätze. Insbesondere bei psychosomatischen und psychiatrischen Krankheitsformen ist häufig in der ersten Therapiephase eine auf den biologischen Prozeß ausgerichtete Behandlung die Therapie der Wahl; umgekehrt gibt es wenige somatische Krankheiten, die nicht auf günstige psychosoziale Einflüsse positiv reagieren. Verzichte demzufolge auf Werturteile in diesem Zusammenhang, wie z.B. „Psychosozial bedingte Störungen bedürfen keiner ärztlichen Therapie" (womit somatisch orientierte Verfahren gemeint sind) oder „Psychotherapie ist etwas für eingebildete, aber nicht für körperlich Kranke".

Zur fünften Regel: Rede so einfach und so kurz wie möglich! Sorge für einen Ausgleich der Gesprächsanteile beim Dialog!

Um sich eine Vorstellung von der Situation eines Patienten machen zu können, dem der Arzt eine umfangreiche Erklärung seiner Beschwerden in zehn bis fünfzehn Sätzen offeriert und ihn danach mit einer detaillierten Vorschrift zur Anwendung bestimmter Medikamente versieht, sollte sich jeder Arzt einmal selbst in diese Situation bringen. Das tritt ein, wenn er probiert, einen sog. kontrollierten Dialog zu gestalten (A erzählt B einen Sachverhalt, B darf erst antworten, wenn er diesen Sachverhalt sinngemäß genau wiederholt hat. B beginnt diese Wiederholung mit den Worten: „Wenn ich Dich richtig verstanden habe, sagtest Du ...". Ist A mit dieser Darstellung zufrieden, trifft sie also wirklich das, was gemeint war, darf B antworten. Jetzt muß A den Text von B wiederholen usw.). Das niederschmetternde Ergebnis dieser Übung ist gewöhnlich die Einsicht, daß bereits zwei bis drei kurze Sätze nicht mehr inhaltlich exakt rekapituliert werden können. Hinzu kommt die Neigung, Teile des Gehörten mit eigenen Bedeutungen zu versehen und dadurch zu entstellen oder gar eigene Inhalte hinzuzufügen.

Einen solchen modifizierten kontrollierten Dialog, der jederzeit absichert, daß man sich wirklich verstanden hat, sollte man in einer wichtigen Gesprächssituation als formale Leitvorstellung vor Augen haben. Hält man sich daran, relativieren sich schnell die ungerechtfertigten Ansprüche an den Patienten, und man versteht einen der Gründe niedriger Compliance und immer wieder festgestellten Informationsdefizits eines großen Prozentsatzes unserer Patienten. Abgesehen davon, verbessert die strikte Gestaltung der Situation als Dialog die Beziehung insgesamt, wirkt sich also direkt positiv auf Widerstandshaltungen aus.

3.1.2 Abschließende Verständigung über die vorläufige Diagnose, weitere Diagnostik und Therapie

Diese Phase basiert unmittelbar auf dem mehr oder weniger differenzierten Konsens mit dem Patienten über die Art der Störung. Man sollte sich jedoch abschließend dieses Konsens' in einer Weise versichern, daß die folgenden Erläuterungen des weiteren diagnostisch-therapeutischen Vorgehens tatsächlich eine tragfähige Basis besitzen, möglichst in einer Kurzfassung aus dem Munde des Patienten („Mein Bluthochdruck wird also vom Übergewicht und meiner Art, mich auf meine derzeitige Lebenssituation einzustellen, beeinflußt"). Alle weiteren diagnostisch-therapeutischen Schritte und auch die Verantwortung des Patienten auf diesem Wege ergeben sich aus dieser grundsätzlichen Übereinstimmung. Von einer solchen Übereinstimmung kann auch dann gesprochen werden, wenn die Unklarheiten über Ursachen und Natur der Störung überwiegen und dieser Umstand ausdrücklich zur Sache kommt („Wir wissen jetzt, in welcher Richtung wir weiter suchen müssen. Nach dem derzeitigen Stande unseres Wissens existieren folgende Möglichkeiten … Trotzdem läßt sich bereits jetzt folgendes therapeutisch tun …").

Nach Beendigung der Ausführungen des Arztes über das weitere Vorgehen sollte der Patient abschließend die Möglichkeit erhalten, Detailfragen zu stellen, sein Einverständnis zu geben oder zu verweigern oder Bedingungen auszuhandeln („Wenn es nicht unbedingt sofort sein muß, möchte ich diese Untersuchung erst in vier Wochen durchführen lassen, weil …"). Die Verordnungen und Termine können gar nicht sicher genug weitergegeben werden (Einnahmeschemata, Terminkärtchen etc.).

In dieser Abschlußphase sollte außerdem die Aufmerksamkeit auf Mitteilungen gerichtet werden, die der Patient nur unter dem Druck der zeitlichen Begrenzung des Gesprächs äußert und die von elementarer Bedeutung sein können, für den nächsten Kontakt registriert werden müssen oder evtl. gleich Maßnahmen erfordern (z.B. Hinweise auf Suizidhandlungen: „Wenn mir hier auch nicht geholfen wird, bleibt nur noch ein Ausweg" oder symptomatische Ereignisse: „Eigentlich habe ich

Ihnen gar nichts über den Unfalll erzählt; da bin ich plötzlich weg gewesen und saß mit dem Auto im Graben"). Mitunter sollte man auch selbst die Fragen stellen, die man als Fragen des Patienten vermutet, die dieser jedoch nicht zu stellen wagt. Das betrifft besonders ungünstige prognostische Vermutungen, Fragen nach der Dauer und Erträglichkeit von Beschwerden, mit der Diagnostik und Therapie verbundene Belastungen und anderes. Patienten haben bessere Compliance (Befolgungsverhalten), wenn der Arzt unaufgefordert informiert.

3.2 Nutzung und Gestaltung sogenannter „unspezifischer" Effekte therapeutischer Beziehungen – die „Droge Arzt"

Ein nicht zu unterschätzender Beitrag der Psychotherapie bezieht sich auf die Erklärung der biotischen Effekte ärztlicher Kommunikation, für die der „Biomediziner" kein Konzept besitzt.

Psychotherapie richtet sich nicht nur auf „Psychisches". Jede Störung im Organismus steht in einem sozial-interaktionellen Kontext. Soziale Vorgänge wirken sich auf biotische Prozesse ebenso aus (sog. soziogene Abwärtseffekte) wie biotische Prozesse das soziale Verhalten beeinflussen (sog. somatogene Aufwärtseffekte) (v. UEXKÜLL 1986). Je nach Störungstyp gibt es folgende Möglichkeiten des Zugangs:

- die soziale Interaktionsform selbst ist die entscheidende Determinante von Störungen (soziogene Abwärtseffekte);
- biotische Prozesse determinieren die soziale Interaktionsform (somatogene Aufwärtseffekte);
- die relative Gleichgewichtigkeit beider Determinationsprinzipien mit entsprechender wechselseitiger Verstärkung.

Unabhängig von der ursprünglichen Entstehungsrichtung sind Störungen unterer Prozeßebenen der Beeinflussung durch höhere zugänglich (z.B. in der Psychotherapie eines somatogenen Schmerzgeschehens) und umgekehrt (z.B. in der pharmakologischen Beeinflussung des Sozialverhaltens). Therapeutische Kommunikation ist durch den Prozeß der Ausbildung spezifisch (im Sinne der Abwärtseffekte) wirksamer Strukturen der Arzt-Patient-Beziehung charakterisiert. Die so verstandenen psychotherapeutischen Effekte sind einerseits in allen Arzt-Patient-Beziehungen meist unreflektiert verborgen („unspezifische Effekte", „Plazebo" s. unten), andererseits werden sie mehr oder weniger systematisch herbeigeführt in den verschiedenen methodischen Varianten der Psychotherapie (s. z.B. „supportive Techniken", s.u.!).

3.2.1 Die „Droge Arzt"

Die in der Sozialisation eines Menschen in unserem Kulturkreis entstehende Beziehung zum Arzt, zur Institution „Medizin", entspricht einer Interaktionsform, in der ein Komplex sozio-psychosomatischer Reaktionen im menschlichen Organismus aktiviert wird, so daß Wirkungen bis in biologische Grundprozesse vermittelt werden. Allgemein ausgedrückt, gewinnt die Struktur der Arzt-Patient-Beziehung eine organismische Analogie über das Erleben des Patienten (z.B. die tief im Bewußtsein gründende Vorstellung: Hier kann ich gesund werden). Die Weiterübersetzung dieses Erlebens in analoge Prozesse auf biotischen Regulationsebenen (z.B. der Harmonisierungseffekt einer solchen Vorstellung auf psychovegetative Regulationen) dürfte die Vielfalt der biologischen „Wirkungen" des Arztes erklären.

Es werden also durch spezifische psychosoziale Konstellationen typische psychoorganische Saiten zum Klingen gebracht. Dreh- und Angelpunkt sind dabei die jeder Interaktionsform zugeordneten bewußten und unbewußten Prozesse. Gewöhnlich genügen für die Auslösung solcher Prozesse bereits Teile vom Ganzen: Symbole (der weiße Kittel), der Anklang eines Verordnungsrituals, ein Wort.

3.2.2 Der Plazebo-Effekt

Als Plazebo (lat.: ich werde gefallen) wird jede therapeutische Prozedur bezeichnet, die wegen eines Symptoms, Syndroms oder einer Krankheit verabfolgt wird, aber ohne spezifische Aktivität, ohne spezifischen Nutzen für die Behandlungsabsicht ist. Der Begriff taucht im 18. Jahrhundert im medizinischen Sprachwortschatz als Bezeichnung für medizinische Anwendung auf, bei denen die psychologischen Wirkungen wesentlicher erscheinen als physikalische und chemische. Auch als Begleiteffekt medikamentöser Wirkung wurde das Plazebo in früheren Zeiten angewendet. Bereits die Art der Verabreichung eines Medikaments erscheint als Determinante der Wirkung: Sehr kleine Tabletten lassen konzentrierte Wirkung erwarten; der schlechte Geschmack (die bittere Pille) verspricht eine gründliche Beeinflussung; eine Injektion ist wirksamer als eine Tablette. Diese Effekte steigern sich bei Anwesenheit medizinischer Autoritäten. Auch die Dosis scheint direkt proportional das Symptom zu beeinflussen. Bei „Schlafmitteln" verdoppelt die doppelte Plazebogabe die schlaffördernde Wirkung. Nebenwirkungen des Plazebos gleichen ebenfalls denen der Wirksubstanzen, besonders in bezug auf zentralnervöse und vegetative Erscheinungen (PAAR 1979). Insgesamt werden mindestens 30% der Wirkungen und Nebenwirkungen eines Medikaments als Plazebo-Effekt veranschlagt werden können, wobei sich bei bestimmten Indikationen (Schmerz-, Beruhigungs-, Schlafmittel) dieser Effekt auf über 80% steigern läßt.

3.2.3 Der „therapeutische Vorschuß" des Arztes

Die dem Arzt bzw. der therapeutischen Situation vom Individuum zugeschriebene wiederherstellende, stützende und ordnende Funktion beinhaltet einen grundlegenden Wirkungsmechanismus, der damit als allgemeiner psychotherapeutischer Aspekt der ärztlichen Tätigkeit gefaßt wird. In der Konfrontation mit „dem Arzt" wird (als Ergebnis der Verinnerlichung kultureller Werte in der Sozialisation) die Basisschicht menschlicher Subjektivität berührt, und damit erklärt sich auch der auf allen Ebenen der biosozialen Organisation des Menschen nachzuweisende Einfluß einer „therapeutischen Beziehung" als Sonderform hilfreicher sozialer Beziehungen (GEYER 1985). Der Arzt verfügt mit dieser unspezifischen soziopsychotherapeutischen Kapazität gleichsam über einen Vorschuß an therapeutischer Wirksamkeit, noch bevor eine konkrete, spezifisch auf eine Krankheitsursache gerichtete Maßnahme überhaupt wirken kann. Er ist gut beraten, diese therapeutische Kapazität, die dem Arzt-Patient-Verhältnis als kultureller Institution eigen ist, zu nutzen und bewußt zu handhaben. Dabei sollte das ärztliche Gespräch eine entscheidende Rolle spielen, da es ein wichtiges und geeignetes Mittel zur Regulierung dieser Beziehung darstellt.

3.3 Supportive (stützende) Psychotherapie als Bestandteil eines methodischen Grundprinzips ärztlicher Hilfe in der Medizin

3.3.1 Formen psychotherapeutischer Hilfe

Auf einem entsprechend hohen Abstraktionsniveau sind drei Formen psychotherapeutischer Hilfe abgrenzbar (GEYER 1988):

● *Hilfe durch Ermöglichung von Einsicht*

Durch die Interaktion werden die selbstreflexiven Funktionen des Patienten ausgeweitet. Er lernt, seine inneren Regulationsprozesse, den Umgang mit eigenen Gefühlen und Erlebnissen zu reflektieren, also seine inneren Konflikte und Ambivalenzspannungen wahrzunehmen und in sein Selbstkonzept zu integrieren. Die therapeutische Kompetenz bezieht sich auf die Fähigkeit, empathisch und anderweitig erworbene Informationen über diese Vorgänge angemessen zu thematisieren und dem Patienten zur Verfügung zu stellen.

● *Hilfe durch „Differenzierung" der Beziehung*

Durch die Interaktion wird die Regulierungskompetenz des Patienten in bezug auf den Aufbau und die Gestaltung einer emotional verbindlichen Be-

ziehung verbessert. Die Beziehung dient gleichsam als Übungsfeld für den Umgang mit bedeutsamen Personen. Dem Patienten wird ermöglicht, sich sowohl in eine verbindliche Beziehung einzulassen, als auch diese entsprechend seinen Bedürfnissen zu verändern. Die therapeutische Kompetenz bezieht sich auf die Fähigkeit einerseits zur Übernahme und andererseits zur sukzessiven Abgabe beziehungssteuernder Funktionen an den Patienten.

● *Hilfe durch Ausgleich von Inkompetenzen der Beziehungsregulierung (eigentliches Prinzip supportiver Psychotherapie)*

Häufig sind Schwerkranke und psychopathologisch stärker gestörte Patienten in der Fähigkeit zur Regulation der Beziehung zu anderen Menschen erheblich beeinträchtigt. In diesem Fall kann sich der helfende Charakter einer Beziehung nur entfalten, wenn der Arzt Basisregulationen des Patienten, wie
– die Steuerung des emotionalen Abstandes zwischen den Interaktanden, der dem Patienten angstfreie Kommunikation ermöglicht („Intimitätsregulation"),
– das Verhindern von Gefühlen der Ohnmacht in der Beziehung („Macht-Ohnmacht-Regulation"),
– die Steuerung des jeweiligen Aktivitätsanteils der Interaktanden, der zur Erfüllung therapeutischer Aufgaben notwendig ist („Aktivitätsregulation"),

aktiv unterstützt, indem er entsprechende Defizite komplementär ausgleicht (KRAUSE 1984; MOSER 1985).

Die „Regulierungskompetenz" des Arztes drückt sich zum einen dadurch aus, daß er die vom Patienten angebotene komplementäre Rolle zumindest vorübergehend übernimmt und damit den Möglichkeiten des Patienten, eine Beziehung zu regulieren, entgegenkommt. Zum anderen zeigt sich diese Kompetenz in einem bestimmten Kommunikationsverhalten. Die Fähigkeit des Arztes, mit ich-schwachen Patienten eine oral-narzißtische Beziehungsform zu gestalten (FREYBERGER et al. 1996, s. unten!), ist ein wesentlicher Aspekt dieser ärztlichen Kompetenz.

3.3.2 Supportive psychotherapeutische Strategien

In der Medizin kommt das Prinzip supportiver und komplementärer Hilfe auf ganz unterschiedlichen Ebenen der biosozialen Organisation des Menschen zur Anwendung: im vorübergehenden oder dauernden Ersatz von Körperteilen, -flüssigkeiten und -funktionen, in der pharmakotherapeutischen Unterstützung der Produktion oder Substitution von Substanzen, die für biologische Regulationsprozesse wichtig sind, aber auch in der Sozialmedizin in der Herstellung sozial stützender Verhältnisse durch Eingriff in den Sozialraum und Milieutherapie.

Unter psychotherapeutischem Aspekt haben supportive (stützende) und komplementäre (etwas Fehlendes ergänzende) Interventionen das Ziel, die aktuelle Selbstregulierungsfähigkeit des Patienten zu verbessern. Diese Maßnahmen begründen eine „helfende Beziehung", in der der Patient auf einem höheren Funktionsniveau handelt als außerhalb dieser Beziehung. Je spezieller sich der Therapeut „komplementär" auf den Ausgleich von Inkompetenzen des Patienten einstellt,

- desto geringer ist die Gefahr maligner regressiver Prozesse, die den Patienten situativ hilflos und abhängig und die Beziehung destruktiv geraten lassen,
- desto größer wird die Chance, daß eine helfende Beziehung entsteht, in der der Patient im Sinne einer therapeutischen Regression sowohl zu seiner Hilfsbedürftigkeit stehen als auch von therapeutischer Hilfe spürbar profitieren kann.

Beispielhaft sei hier das Konzept der helfenden Beziehung („helping alliance") von LUBORSKY et al. (1984, 1985) genannt. LUBORSKY ET AL. bestimmen zwei Typen helfender Beziehung:

- „Helping alliance Typ I", charakterisiert durch eine Beziehung, in der der Patient vom Therapeuten Hilfe erwartet und diese auch als unterstützend und hilfreich erlebt;
- „Helping alliance Typ II", eine Beziehung, in der sich Therapeut und Patient die Verantwortung für das Erreichen selbstgesetzter Ziele teilen.

Von LUBORSKY (1984) stammen eine Reihe von Anweisungen zur Gestaltung einer Beziehung supportiven Charakters in der Psychotherapie, die jedoch auch für die Gesprächskontakte in der psychosomatischen Grundversorgung gelten und im folgenden modifiziert wiedergegeben werden:

Anweisungen zur Stärkung des Erlebens von Hilfe gemäß Typ I (der Therapeut wird als helfend erlebt, und der Patient erlebt sich als Hilfe annehmend)

- Vermittle dem Patienten durch Worte und Verhalten den Eindruck, daß du seinen Wunsch, die Ziele der Therapie zu erreichen, unterstützt. Dabei soll die Betonung darauf liegen, daß es die Ziele des Patienten sind. So sollte besonders am Beginn der Behandlung eine Symptombesserung oder die Entstehung einer Einsicht zum Anlaß genommen werden, dem Patienten dies als Erfolg der bisherigen gemeinsamen Bemühungen zu bestätigen („Sie haben sich vorgenommen, in dieser Hinsicht voranzukommen; Sie sehen, wir sind tatsächlich ein Stück vorangekommen").
- Entwickle ein Gefühl der Sympathie für deinen Patienten!

  Der Therapeut sollte versuchen, Merkmale seines Patienten herauszufinden, die ihn sympathisch, interessant und anziehend machen. Dieser Ratschlag sollte nur dazu dienen, die innere Motivation des Therapeuten für eine persönliche Annäherung an den Patienten zu erhöhen, ohne die das Gefühl, persönlich unterstützt zu werden, beim Patienten nicht aufkommt. Er soll auch dem Therapeuten dazu verhelfen, seine positive wie negative Gegenübertragung zu kontrollieren.

Mitunter mag es schwer sein, am anderen etwas zu entdecken, was Gefühle der Sympathie hervorruft. Es ist auch richtig, daß es so etwas wie „unüberwindliche Abstoßung" gibt, die dann gewöhnlich mit nicht bearbeiteten oder bearbeitbaren biographischen Ereignissen zusammenhängt. Man kann jedoch davon ausgehen, daß jeder Mensch Merkmale hat, die ihn anziehend machen. Der Therapeut sollte sich möglichst früh diese Merkmale vergegenwärtigen, um ein ausreichendes Maß an Bereitschaft für eine persönliche Annäherung aufzubringen.

- Vermittle dem Patienten ein realistisches Gefühl der Hoffnung, daß die Ziele der Therapie erreichbar sind!
- Reflektiere bei jeder Gelegenheit deine Haltung, daß der therapeutische Prozeß durch mehrere Stadien verläuft und daß viele Meilensteine auf diesem Weg passiert werden müssen! Laß dich nicht unter Druck setzen, sondern sage deinem Patienten, was bereits erreicht wurde, wo ihr euch jetzt befindet und wohin es jetzt weitergeht!

Die meisten schwerkranken Patienten, aber auch solche mit negativen Vorerfahrungen in bezug auf medizinische Therapien, konfrontieren zumindest zeitweise ihren Therapeuten mit der Überzeugung, ihnen sei nicht zu helfen. Solche Einstellungen des Patienten erschüttern besonders bei akuten Befindensverschlechterungen während der Therapie oder längerem Stagnieren des Prozesses das Vertrauen des Therapeuten in den eingeschlagenen Kurs.

Luborsky schlägt folgende Methoden des Umgangs mit derartigen Situationen, die hier leicht modifiziert wiedergegeben werden, vor:

- Erinnere dich daran, daß solche Perioden unvermeidlich sind. Fortschritt in der Psychotherapie verläuft nicht geradlinig, sondern mitunter sprunghaft und schließt Rückfälle von Zeit zu Zeit ein.
- Vertraue darauf, daß nach einer Weile die Ursache für Rückfall oder ausbleibenden Fortschritt gefunden wird, wenn Therapeut und Patient beharrlich bleiben. Wenn dann ein neuer Gesichtspunkt auftaucht, kehren Hoffnung und Optimismus auf beiden Seiten wieder.
- Suche bei anhaltender Stagnation einen Kollegen oder deinen Mentor auf und besprich mit ihm die Situation auch dann, wenn du dich für sehr erfahren hältst!
- Kannst du selbst trotz aller Bemühungen deinem Patienten nicht helfen, bedeutet das nicht, daß ihm ein anderer Therapeut nicht helfen kann. Versuche dann, eine andere Form der therapeutischen Hilfe zu organisieren!

Typ-II-Anweisung (Erleichterung des Erlebens einer mehr paritätischen Form der Beziehung)

- Betone den gemeinsamen Charakter der Suche nach Verständnis (z.B. beim Aufbau eines Fokus, bei der Formulierung eines Beziehungsproblems).

Die „Verstehensarbeit" gehört zum Wesen therapeutischer Kooperation. Verstehen in der Psychotherapie bedeutet immer auch, daß sich Bezüge beider Partner einem Gegenstand annähern und ein gemeinsamer Sinn, eine gemeinsame Bedeutung konstituiert wird.

Dieser Vorgang hat eine eminente supportive Funktion. Er ermöglicht, daß sich Therapeut und Patient als Mitgestalter eines kreativen Prozesses fühlen. Das Erleben, durch die gemeinsame Bedeutungszuweisung die Kontrolle über die Realität zunehmend zu gewinnen oder zurückzugewinnen und dabei einen zuverlässigen Verbündeten zu besitzen, stabilisiert das Selbstgefühl und erhöht die Selbststabilisierungsfähigkeit des Patienten. Diese supportive Funktion des Verstehensaktes ist vorübergehend unabhängig von der „Wahrheit" des Verstandenen.

Je mehr der Therapeut auf der Grundlage seiner Empathie den Verstehensprozeß fördert, d.h. sich auf konkrete, in der Beziehung real vorhandene Phänomene bezieht, desto größer ist die Chance, daß der Patient seine Möglichkeiten wahrnimmt, diesen Prozeß mitzugestalten.

- Bekräftige das „Wir-Gefühl" innerhalb der therapeutischen Beziehung!

Häufig registriert der Therapeut früher als der Patient selbst dessen zunehmende Initiative und wachsenden Einfluß bei der Bewältigung der in der Therapie auftauchenden Probleme. Die Rückkopplung dieses Eindruckes bestätigt und ermutigt den Patienten, seine Rolle in der Kooperation aktiver und gleichberechtigter und insbesondere die erreichten Resultate als Produkt gemeinsamer Bemühungen zu verstehen. Prinzipiell ist in jeder Phase der Therapie der Beitrag des Patienten bei der Erreichung eines Teilzieles zu definieren. Die Konzentration auf den kooperativen Charakter der Therapie verhindert übermäßige Abhängigkeit und vermindert die Gefahr einer „malignen Regression".

- Vermittle dem Patienten die Erkenntnis, daß du und er zunehmend mit den gleichen Mitteln arbeiten!

Die therapeutische Kommunikation erweitert die empathischen und expressiven Fähigkeiten des Patienten. Er bildet seine „Dezentrierungskompetenz" aus, d. h. er kann zunehmend eigenes Verhalten aus einer anderen Perspektive betrachten und über die Beziehung „metakommunizieren".

Der Therapeut sollte diese Beobachtungen von Zeit zu Zeit als Hinweise auf den paritätischen Charakter der Arbeitsbeziehung ins Gespräch bringen. Dabei ist von besonderer Bedeutung, die individuelle Art und Weise, wie der Patient diese Fähigkeiten einsetzt, zu respektieren und zu bekräftigen.

- Beziehe dich von Zeit zu Zeit und besonders auch in kritischen Situationen auf bisher gemeinsam durchgestandene problematische Phasen und die dabei gewonnenen Erfahrungen über die Potenz der Arbeitsbeziehung!

„Mit dieser Art von Problem sind wir bereits vertraut. Eine ähnliche Situation haben wir schon einmal gemeinsam bewältigt."

- Vermeide alle Äußerungen, die dem Patienten das Gefühl geben, er würde nicht als Persönlichkeit respektiert!

Hier wird auf „Laster der Gesprächsführung" abgehoben, die grundsätzliche Haltungen des Therapeuten und sein Menschenbild betreffen: Stereotypes Rollenverhalten, autoritäres Verhalten, Gleichgültigkeit, Monologisieren, Dogmatisieren. Es ist außerordentlich eindrucksvoll, wie wenig Therapeuten, die kein Feed-back über ihr konkretes Verhalten (z. B. durch Videoaufnahmen, Tonbandmitschnitte, Fremdbeobachtungen, Verbatimprotokolle u. ä.) in Anspruch nehmen, über ihren Kommunikationsstil Bescheid wissen. Meist wird eigenes, patriarchalisches, onkel-/tantenhaftes Verhalten usw. nicht bemerkt. Die eigene Rededauer wird regelmäßig unterschätzt. Besonders schwer wiegen indirekte Konfrontationen, gegen die sich der Patient kaum abgrenzen kann: feine Ironie und sinnige Scherze auf Kosten des Patienten.

- Halte die allgemein verbindlichen Diskurs- und Kooperationsregeln solange ein, bis über die speziellen Regeln des psychotherapeutischen Dialogs eine Verständigung erreicht wurde!

Der psychotherapeutische Dialog ist keine Gerichtsverhandlung, in der der Patient wie ein Angeklagter alle Informationen geben muß, jedoch keine Information einholen darf. Die allgemein verbindlichen Regeln im Umgang miteinander fordern, daß z. B. auf eine Frage eine Antwort gegeben wird.

3.3.3 Der eigenständige supportiv-psychotherapeutische Ansatz Freybergers et al.

FREYBERGER et al. (1996) haben das Konzept LUBORSKYS in folgender Form auf die Belange der klinischen Medizin übertragen. Sowohl bei ichschwächeren psychosomatischen Patienten wie auch bei „ich-geschwächten" chronisch-körperlich Kranken werden jeweils modifizierte Strategien angewendet. Dabei geht es im ersten Fall zunächst um den Aufbau einer oral-narzißtischen Objektbeziehung, dann um die Förderung der Wahrnehmung von Gefühlen und schließlich die Vermittlung von assoziativen Zusammenhängen und Einsichten. Bei den chronisch körperlich Kranken wird ein siebenstufiges Vorgehen empfohlen.

1. Herstellung einer oral-narzißtischen Objektbeziehung, 2. Thematisierung der krankheitsreaktiven Traumata, 3. Ansprechen der Frustrations-Aggression, 4. Ansprechen von Konflikten, 5. Notfallpsychotherapeutische Präsens, 6. Anregung bei der Suche nach sozialer Unterstützung, 7. Systematische Gespräche (Vergleiche auch die Ausführungen in 3.6.!). Die Autoren belegen die Effektivität dieses Vorgehens bei Patienten des klinisch-psychosomatischen Konsiliardienstes (FREYBERGER und BRINKER 1994).

3.4 Motivierung des Patienten zur Psychotherapie als ärztliche Aufgabe

Die Motivierung eines Patienten zur Psychotherapie ist ausdrücklich als Aufgabe des Arztes im Rahmen der Psychosomatischen Grundversorgung formuliert (siehe auch 5.). Jedoch handelt es sich durchaus um ein allgemeines Problem der Gestaltung der Arzt-Patient-Beziehung im somatischen Sektor der Medizin.

Wie bereits ausgeführt, bestehen in beinahe allen Gebieten der klinischen Medizin deutliche Diskrepanzen zwischen Psychotherapiebedarf (gemessen am Anteil psychosozial determinierter Störungen), der Einschätzung dieses Bedarfs durch Ärzte und Pflegepersonal und der Inanspruchnahme von Psychotherapie durch die betroffenen Patienten selbst. Der überwiegende Teil der Klientel beharrt auf einem somato-therapeutischen Zugang zur Störung unabhängig von sachlichen Indikationsentscheidungen. Dies gilt in zugespitzter Form bei jenen Patienten, die unter der ICD-10 Diagnose der somatoformen Störung eingeordnet werden. Begriffe wie „Alexithymie" oder „emotionales Analphabetentum" deuten die Unfähigkeit dieser Personen an, intrapsychische Vorgänge oder gestörte Interaktionen zu reflektieren und von daher ein Problembewußtsein für die Möglichkeit zu entwickeln, von Psychotherapie überhaupt zu profitieren.

Die Motivation zur Psychotherapie spielt in Bereichen, die traditionell somatotherapeutisch ausgerichtet sind, eine herausragende Rolle. In der eigenen Arbeit hat sich eine Orientierungshilfe in Form eines Motivationsratings (Geyer et al. 1989) bewährt. Es werden dabei 5 Stufen der Therapiemotivation abgegrenzt:

1. Allgemeine Therapiemotivation „Ich brauche Hilfe";
2. Psychotherapiemotivation „Ich brauche spezielle psychotherapeutische Hilfe";
3. Motivation zur Wahrnehmung pathogenetischer Zusammenhänge „Ich bin bereit, Zusammenhänge zwischen Symptomatik und Situation (etc.) wahrzunehmen";
4. Motivation zur aktiven Selbstbeeinflussung und

5. zum Transfer erreichter Möglichkeiten „Ich sehe Möglichkeiten der aktiven Selbstbeeinflussung, erlebe meine Fähigkeiten zur Einflußnahme und möchte dafür sorgen, daß positive Veränderungen unter schwierigen Bedingungen bestehen bleiben" (siehe Tabelle 1!).

Im Falle der „psychosomatischen Klientel" ringt der Arzt entweder darum, die generelle Therapiemotivation zu verbessern (also überhaupt die Stufe 1 zu erklimmen) oder er bemüht sich um den Übergang zur Stufe 2, auf der sich gewöhnlich der Neurosentherapeut am Anfang seiner Therapie bereits befindet.

Andererseits ist die Abhängigkeit der Psychotherapiemotivation vom Charakter der Arzt-Patient-Beziehung offenkundig: Registriert der Patient die Beziehung als hilfreich, bieten sich gewöhnlich Ansätze zur Veränderung der Therapiemotivation.

Der Arzt in ambulanten oder stationären Versorgungseinrichtungen ist somit in besonderem Maße auf (supportive) somato-therapeutische Zugänge angewiesen, will er eine tragfähige Beziehung aufbauen, die als Grundlage der Motivierungsarbeit dienen kann (4. u. 5.!).

3.5 Psychotherapeutische Krisenintervention im ärztlichen Alltag Interventionsschritte beim Vorliegen psychosozialer Krisen

Der Zwang zum Eingreifen in einer Krisen- oder Notfallsituation gehört in die Skala der alltäglichen Anforderungssituationen des Arztes. Im Gegensatz zu berufsmäßigen, nichtärztlichen Beratern oder Helfern ergibt sich in der ärztlichen Praxis in den wenigsten Fällen eine Beschränkung auf das Beratungsgespräch oder eine bestimmte Beratungstechnik. Fast immer handelt es sich um komplexe Maßnahmen, bestehend aus Gespräch/ Beratung, technisch-pharmakologischen und ärztlich-organisatorischen Vorgehensweisen, wie es dem breiten Spektrum der Krisen- und Notfallsituationen entspricht: Suizidalität der verschiedensten Ursachen und Stadien, akute Angst- und Panikzustände in verschiedenen Gewändern, Alkohol- oder Medikamentenintoxikationen und Abhängigkeitsreaktionen, abnorme Erlebnisreaktionen und aggressives oder bizarres psychotisches Verhalten.

Hat der Arzt eine suizidale Gefährdung diagnostiziert, sind mehrere Wege der Verhinderung der Ausführung möglich. Im Falle des Vorliegens einer schweren dynamischen Einengung der Person durch eine psychiatrisch behandlungsbedürftige depressive Erkrankung hat die stationäre Einweisung zu erfolgen. In der überwiegenden Zahl der Fälle wird jedoch eine Beeinflussung der suizidalen Verfassung an Ort und Stelle erfolgen müssen.

Die Einstellung des Arztes selbst zum Tod und Sterben dürfte die Grundlage seiner Intervention sein. Hat er nämlich das Problem tabuisiert, wird er vorschnell mit Abschiebe- und Sicherungsmaßnahmen reagieren, statt mit dem Patienten über dessen Todeswünsche und Probleme zu sprechen. Sicherungsmaßnahmen verstärken jedoch die Tendenzen des Kranken, sein Ausweichen vor der Realität mit Phantasien von einer ewigen Ruhe vor dieser Realität zu motivieren. Denn der Arzt weicht aus und verleiht damit diesen Phantasien Realität.

Der erste und wichtigste Schritt in dieser Situation ist demzufolge die wertfreie Annahme der Bedürfnisse des Patienten nach Ruhe, Aussteigen, Nicht-mehr-da-sein-Wollen, die im Todeswunsch enthalten sind. Erst auf dieser Grundlage gelingt im zweiten Schritt die Identifizierung des eigentlichen Anliegens, das meist sehr konkrete Gestalt hat: „Ich möchte nicht verlassen werden", „Meine Eltern sollen zusammenbleiben", „Die Konfliktlösung soll mir erleichtert werden" etc.. Der Weg vom ersten zum zweiten Schritt geht über die Klage des Patienten, die erst nur sehr schwach zu hören ist und im ersten Kontakt lauter gemacht werden muß. An dieser Stelle versagen Ärzte, die einer solchen leisen Klage sofort mit Werturteilen gegenübertreten, also nicht fähig sind, empathisch zu kommunizieren. Ein Verhalten des Arztes, das das Klagen des Patienten ermöglicht, ist deshalb von entscheidender Bedeutung, weil nur über diesen Weg autoaggressive, also gegen die Person des Patienten gerichtete Tendenzen beeinflußt werden können. Damit wird aus der Klage eine Beschwerde. Erst diese Beschwerde kann dann ein Problem markieren. So ist aus einem Symptom (Suizidalität, Depressivität) ein Problem (der Partnerkonflikt) geworden, über das gesprochen werden kann.

Unter dem Hauptgesichtspunkt einer Aufhebung der dynamischen Einengung der Person durch die therapeutische Intervention hat der Arzt somit folgende Aufgaben:
- die Entschlüsselung der kommunikativen Bedeutung des Suizidversuches und
- die Ermöglichung einer anderen Form des Umgangs mit der konflikthaften Situation, als sie der Suizidversuch darstellt.

Diesen Weg erleichtern folgende Verhaltensweisen des Arztes:
- uneingeschränktes Akzeptieren der Person des Patienten;
- Vermittlung des Eindrucks, das Problem wurde verstanden;
- Vermittlung der Hoffnung, daß die Krise ein Ende haben wird und solange Unterstützung gewährt wird;
- die unmittelbare Realisierung solcher Unterstützung in jeweils angemessener Form (z.B. die Vermittlung fürsorgerischer Unterstützung, die Besprechung therapeutischer Maßnahmen mit konkreter Terminsetzung, die Ermöglichung einer klärenden Aussprache mit den wesentlichen Bezugspersonen, die Einleitung therapeutischer Maßnahmen, z.B. einer medikamentösen Begleitbehandlung usw.).

Jede mit dem Gespräch verbundene Krisenintervention sollte nach Möglichkeit eine Abfolge von Schritten darstellen, die sich in speziellen Kriseninterventionszentren ebenso bewährt hat wie in der ärztlichen Notdienstsituation (AQUILERA und MESSICK 1977):

Erster Schritt: Herstellung einer Gesprächsmöglichkeit

Dazu gehören medizinische Maßnahmen, wie die Entgiftung, die Injektion eines Beruhigungsmittels, aber auch die Überwindung eines Widerstandes gegen ein Gespräch.

Zweiter Schritt: Die Klärung folgender Fragen zur Identifizierung der Krisensituation:

- Warum ist zu diesem Zeitpunkt Hilfe nötig geworden?
- Was ist geschehen, was hat die bisherige Lebenssituation verändert?
- Wann genau hat sie sich verändert?

Dritter Schritt: Die Ermittlung verfügbarer Stützen und Helfer:

- Gibt es Vertraute, die vielleicht nur momentan nicht verfügbar waren, Verwandte, die sich kümmern würden, Kollegen, die bereits einmal geholfen, Nachbarn, die Verständnis gezeigt haben?
- Sind Hilfsquellen vorhanden, die aus Stolz oder Scham nicht bemüht wurden?
- Wird die Person durch das Vorhandensein von Kindern, Personen, die nicht verlassen oder enttäuscht werden sollen, konkrete Ziele und Aufgaben an die Realität, das Leben gebunden?
- Wie können solche Stützen und Helfer mobilisiert werden?

Vierter Schritt: Die Klärung der Frage: Welche Bewältigungs- und Abwehrformen werden oder wurden früher zur Überwindung von Schwierigkeiten bevorzugt?

- Wie wird in der Regel mit Spannungen und Konflikten umgegangen? Wie wurden diese früher bewältigt?
- Warum lassen sie sich momentan nicht in gleicher Weise lösen, wenn es doch früher erfolgreich war?

Fünfter Schritt: Rekapitulation des bisherigen Gesprächsresultates, der Frage, die der Arzt an sich selbst richtet: Stellt der Patient für sich oder andere eine Gefahr dar? Plant er, sich umzubringen oder könnte er für andere gefährlich werden?

Falls sich aus dieser Frage keine unmittelbaren Handlungsnotwendigkeiten ergeben, kommt als

Sechster Schritt: Planung des therapeutischen Vorgehens

Dieser berücksichtigt folgende Umstände: Wie weit hat die Krise bereits Einfluß auf das Leben des Patienten gewonnen? Ist er noch arbeitsfähig, kann er noch die Schule, Hochschule besuchen? Kann er den Haushalt versorgen, andere, sich selbst? Beeinträchtigt er andere durch sein Pro-

blem, seine Spannungen? Was meinen die wesentlichen Bezugspersonen, wie der Patient sich verhalten, sein Problem lösen soll? Sind sie aggressiv, ärgerlich, besorgt, ängstlich etc.? Unter Berücksichtigung dieser Umstände wird ein therapeutischer Ansatz geplant, der möglichst kasual gerichtet sein soll.

Siebenter und weitere Schritte: Spezifische therapeutische Interventionen

Das Problem wird gemeinsam mit dem Patienten definiert und eine Lösungsstrategie aufgebaut, die eine oder mehrere alternative Lösungen anzielt. Dazu werden konkrete Vereinbarungen getroffen, spezifische Anweisungen erteilt, die der Patient befolgen soll, damit eine Veränderung seiner Situation eintritt. Wichtig ist, daß dies bereits beim ersten Kontakt geschieht, beim zweiten Kontakt das Ergebnis kontrolliert, evtl. das Problem und die Lösungsmöglichkeiten neu bestimmt werden.

3.6 Stützende und adaptive Vorgehensweisen bei Schwerkranken, chronisch Kranken und Sterbenden

3.6.1 Stützung unter den Bedingungen der Intensivmedizin und bei Schwerkranken

Eine über die übliche stützende Funktion jeder ärztlichen Maßnahme hinausgehende stabilisierende therapeutische Intervention ist bei allen Störungen angezeigt, die mit einer ausgeprägten „Ich-Schwäche" und / oder regressivem Verhalten (Einschränkung der Selbstkontrolle, Rückfall in unreife Verhaltensmuster und psychotisches Verhalten) verbunden sind. Die weitaus größte stützungsbedürftige Patientengruppe außerhalb der Psychiatrie wird durch Schwerkranke auf Intensivabteilungen, Patienten vor und nach Operationen sowie chronisch und auf den Tod Kranke gebildet. Es handelt sich dabei um Patienten, deren für die Situationsbewältigung erforderlichen psychischen Funktionen durch Krankheitsprozesse mit hirnorganischer Auswirkung, durch das Bewußtsein des Vorliegens einer vitalen Gefährdung, durch das Vorhandensein eines schlechten körperlichen Zustandes, einer seelischen Ausnahmesituation und häufig mehrere dieser Faktoren labilisiert worden sind.

Für das kurzfristige Überleben Schwerkranker erweisen sich somatische Faktoren (Alter, kardiale Funktionsparameter) als entscheidend. Für das längerfristige Überleben und die spätere Rehabilitation sind psychologische Merkmale von sicherer prognostischer Bedeutung. Die schlechteste Prognose haben Patienten, die präoperativ als depressiv und ohne Hoffnung eingestuft worden waren (KIMBALL 1973, 1976; MORGAN 1971). Dieser Zusammenhang zwischen depressiv gefärbter Einschätzung der eigenen Situation (das sog. Giving up, das Aufgeben) und hoher Mortalität findet sich in zahlreichen Untersuchungen (Übersichten ENGEL 1976; SCHMALE 1964). Bei Schwerkranken dürfte also stets ein Geflecht psychoreaktiver Bewältigungs- und Abwehrformen und dekompensatorischer psychischer und somatischer Prozesse die Bedürfnislage bestimmen. Damit kommt einer psychisch stützenden Therapie prinzipiell ein hoher Stellenwert zu. (Tab. 2)

Ziele und Vorgehensweisen stützender Therapie bei Schwerkranken

Allein die Ausrichtung der Aufmerksamkeit des Personals im Rahmen einer täglichen Einschätzung der psychischen Situation, die durch ein kurzes Gespräch erfolgt, hat eine signifikante Senkung psychopathologischer Störungen, z.B. nach operativen Eingriffen, im Gefolge (JORASCHKY et al. 1979; siehe auch KÖHLE et al. 1990). Bereits aus diesem Grunde sollte die Beobachtung der psychischen Situation (es soll dabei keineswegs ein psychiatrischer Status erhoben werden, sondern nur Stimmung, Zufriedenheit, Ängstlichkeit, Realitätsbezug eingeschätzt werden) einen der Blutdruck- oder Temperaturmessung analogen Stellenwert haben.

Die Herstellung sichernder Beziehungen

Die Stabilität einer Person ist entscheidend von Gefühlen der Sicherheit und Vertrautheit in einer belastenden Situation abhängig. Übersichtlichkeit, klare und einfache Strukturierung der räumlichen und zeitlichen Verhältnisse, ausreichende Information und Aufklärung sowie eine gewisse Konstanz persönlichen Kontaktes bilden die Basis für solche Gefühle der Sicherheit und Vertrautheit.

Die Forderung nach einer konstanten, stabilen, emotional stärker positiv getönten Beziehung zu einem Arzt und einer Schwester wird je nach Umständen realisiert werden können. Gewöhnlich hat der Patient in einer existentiellen Notsituation das sichernde Bedürfnis, den Helfer zu idealisieren und sich regressiv abhängig zu verhalten. Daher sollte ein relativ hohes Maß an Idealisierung und die damit verbundene unkritische Überhöhung vorübergehend toleriert werden.

Befriedigung von typischen Bedürfnissen des Schwerkranken

Die landläufige und recht bequeme Auffassung, Schwerkranke sollten in erster Linie in Ruhe gelassen werden, ist zumindest differenzierungsbedürftig. Es darf eindeutig festgestllt werden, daß Schwerkranke gegenüber Leichtkranken und Gesunden stärkere Bedürfnisse nach emotionaler Zuwendung entwickeln.

Verhinderung unnötiger Labilisierung

Der schwerkranke Patient steht unter dem Eindruck einer Reihe erheblich labilisierender Einflüsse und Frustrationen. Sowohl sein allgemeiner körperlicher Zustand, mit Schmerzen, Hilflosigkeit und Kränkung des Selbstgefühls verbunden, als auch spezifische psychische Reaktionen auf die Verletzung oder Entfernung eines besonders affektbesetzten Organs sind der Anlaß für die Aktualisierung persönlichkeitstypischer Konflikte. So gibt es Hinweise für eine Fehlverarbeitung der Narkose im Sinne der Befürchtung todesähnlichen, nicht begrenzten Kontrollverlustes, die Sonderstellung des Herzens im Erleben mit besonderer Disposition zu psychotischen Reaktionen auf einen Eingriff im „Zentrum des Lebens", spezifische abnorme Erlebnisreaktionen auf den Verlust eines Sinnesorgans etc. (ENGEL 1976). Die Tatsache des Ausgeliefertseins an eine nicht kontrollierbare und manipulierbare Instanz ruft bei bestimmten personalen Voraussetzungen des Patienten massive paranoide Ideen auf den Plan, die unter bestimmten krankheitsbedingten Umständen psychotisches Ausmaß annehmen können. Das Erlebnis der Trennung von vertrauten Bezugspersonen, verstärkt durch Phantasien vom Tod als endgültiger Trennung angesichts Krankheit, Operation und Narkose, provoziert entsprechende depressive Verstimmungen und Trennungsängste, hebt neurotische Dispositionen aus der Latenz (MORGAN 1971).

In dieser Situation sollte die Bearbeitung auch offensichtlicher neurotischer Haltungen und Konflikte unterbleiben, da z.B. durch das Zurückverfolgen der Entstehungsgeschichte eine weitere Mobilisierung von Affekten zu erwarten ist, die ohnehin bestehende starke Ich-Schwäche verstärkt würde und die physiologischen Affekt-Korrelate organismischen Dekompensationen Vorschub leisten. Eine psychische Beeinflussung aufdeckender Art ist jedoch im Verlauf der Rehabilitation als Voraussetzung der Reintegration in Einzelfällen notwendig (GAUS und KÖHLE 1979).

3.6.2 Besonderheiten adaptiver Therapie bei chronisch Kranken

Zusätzlich zu den bereits beschriebenen Zielstellungen stützender Therapie sollen als charakteristische Ziele der Beeinflussung chronisch Kranker die Ermöglichung der Anpassung an das chronische Kranksein (HEIM 1981; HEIM et al. 1983) und die Herstellung einer befriedigenden Patienten-Compliance betrachtet werden. (Tab. 3)

Unterstützung bei der Anpassung an das chronische Kranksein

Um die zahlreichen Erscheinungen im Verlauf des Anpassungsprozesses an einen Zustand chronischen Krankseins zu ordnen, empfiehlt sich eine

Orientierung am Ablauf psychischer Abwehr- und Bewältigungsformen angesichts der Konfrontation eines Individuums mit einer nicht zu verändernden, bedrohlichen Lebenssituation, wie sie z.B. von KÜBLER-ROSS (1973) und WEISMANN (1979) bei der Auseinandersetzung mit maligner Erkrankung beschrieben worden sind („psychosocial staging"). Für den Krankbleibenden ohne infauste Prognose erscheinen je nach Art des Leidens und Form der Konfrontation mit der Tatsache chronischen Leidens folgende Stadien der Anpassung wichtig:

- Stadium der Verleugnung nach Konfrontation mit der Tatsache chronischen Krankseins,
- Stadium alternierender aggressiver, depressiv-resignativer und depressiv-hypochondrischer Reaktionen,
- Stadium relativer Akzeptanz des Zustandes und realitätsorientierten, kooperativen Verhaltens.

In Anbetracht des wechselnden, phasen- oder schubartigen oder auch unterschiedlich progredienten Verlaufs chronischer Krankheiten können die angeführten Stadien der Anpassung chronifizieren, sich mehrfach wiederholen, aber auch rückläufig entwickeln. Relativ häufig verliert ein Patient unter dem Eindruck einer akuten Verschlechterung oder aber auch überraschender Besserung sein kooperatives Verhalten, resigniert oder verleugnet und gefährdet die Behandlung. Ebenso ist die Chronifizierung eines subdepressiven hypochondrischen Geschehens bereits bei relativ leichten chronischen Krankheiten eine Crux des ärztlichen Alltags.

Zum Stadium der Verleugnung

Adaptive Therapie in dieser Phase bedeutet, den Patienten sukzessiv an die Realität seiner Erkrankung heranzuführen und ihn an die Belastungen der Therapie zu gewöhnen, ohne dem Patienten die Hoffnung auf ein lebenswertes Leben zu nehmen. Der Arzt sollte also der Versuchung widerstehen, die Verleugnungsstrategie seines Patienten als besonderen Therapieerfolg zu vereinnahmen, weil dadurch gewöhnlich das nächste Stadium der Ernüchterung entspechend problematischer ausfällt: Je überschwenglicher dies erste Stadium, um so ärgerlicher, zorniger und depressiver das nächste. Das Gespräch mit dem Patienten sollte dementsprechend auf die Bewältigung der alltäglich erlebten Krankheitssituation, die damit verbundenen Probleme der Umstellung des Lebens und die für dieses und das nächste Stadium entscheidende Notwendigkeit der Änderung der Wertmaßstäbe (insbesondere die Frage „Was bin ich jetzt als Kranker für mich und andere noch wert?") gerichtet sein. Gerade am Beginn der Auseinandersetzung mit der Krankheit entscheidet sich häufig die Richtung des weiteren Anpassungsprozesses: die mehr offensive, aktive Bewältigung oder die mehr defensive, passive Auslieferung.

Zum Stadium alternierender, aggressiver, depressiv-resignativer und depressiv-hypochondrischer Reaktionen

Mit zunehmender Wahrnehmung des Ausmaßes an Beeinträchtigung des gewohnten Lebens durch die Krankheit, des Umfanges der körperlichen Funktionseinschränkung und der Veränderung des Körperschemas, der Einbuße vielfältiger Möglichkeiten der Bedürfnisbefriedigung sowie der mit all diesen Einschränkungen verbundenen Abhängigkeiten, Beziehungsverlusten und negativen sozialen Veränderungen kommt es zu mehr oder weniger ausgeprägten Reaktionen, die bei jeder Gelegenheit auch in wütendes, ärgerliches Verhalten einmünden können. Die Auflehnung richtet sich dann gegen Angehörige, Ärzte und Schwestern, gegen eine Therapie. Mitunter werden Maßnahmen im vollen Bewußtsein negativer gesundheitlicher Konsequenzen sabotiert, wenn nicht eine andere Form der Auseinandersetzung gelingt (der Diabetiker „sündigt mit Schokolade", der Dialysepatient trinkt zuviel usw.).

Es kann für den Arzt außerordentlich schwierig sein, die aus einem Stadium chronischer Depressivität herausbrechenden Vergehen gegen das Diät- und Verhaltensregime mit u. U. suizidalem Charakter als Ausdruck des Aufbegehrens gegen die Krankheit einzuordnen und nachzuvollziehen. Die Grundhaltung gegenüber derartigen aggressiven Impulsen wäre also zusammenzufassen im Bemühen des Arztes, dem Patienten klarzumachen, daß dadurch die Arzt-Patient-Beziehung

nicht grundsätzlich gefährdet wird. Kommt dies beim Patienten an, ändert sich mitunter schlagartig sein Verhalten.

Bereits bei relativ leichten chronischen Erkrankungen mit geringem Einfluß auf die Lebenserwartung entwickelt sich häufig ein chronisch-subdepressiver Zustand, dessen Begleiterscheinungen in Form hypochondrischer Ideen und Klagen sich mitunter ungünstiger auf die Gesamtsituation des Kranken auswirken als das Grundleiden selbst.

Hat der Arzt im stationären, aber auch im ambulanten Bereich einmal diesen über hypochondrisches Verhalten ausgedrückten Anspruch des Patienten auf Versorgung, Verwöhnung etc. vielleicht aus dem Schuldgefühl heraus, den Beschwerden des Patienten nicht angemessen begegnen zu können, akzeptiert, schließt sich der Teufelskreis einer pathologischen Arzt-Patient-Kommunikation: jede Beschwerde wird mit einer medizinischen Leistung honoriert, die jedoch das Problem des Patienten kaum entschärft. Die Forderungen werden immer unangemessener, die Umgebungsreaktion immer abwehrender; der Patient wird eine „echte Crux". Überstürzte Entlassungen oder Arztwechsel scheinen dann der einzige Ausweg.

Adaptive Therapie in dieser Situation bedeutet also nicht eine unreflektierte Befriedigung aller Formen von Zuwendungsbedürfnissen, sondern die Ermöglichung der direkten Äußerung solcher, meist auf bestimmte Beziehungen ausgerichteten Wünsche, deren Befriedigung in vielen Fällen nicht möglich sein wird, was der Patient jedoch erst ertragen kann, wenn er mit ärztlicher Hilfe gelernt hat, seine Bedürfnisse zu verstehen und zu akzeptieren.

Zum Stadium der relativen Akzeptanz der Krankheit

Die Fähigkeit des Patienten, seine gegenwärtigen Einschränkungen und Behinderungen bis zu einem gewissen Grad zu akzeptieren und seine verbliebenen Möglichkeiten verantwortlich zu nutzen, ist mit der Bereitschaft zu partnerschaftlicher Kooperation verbunden, zu der dann auch der Arzt fähig sein muß. In diesem Stadium sollte der Arzt sich auch einmal von seinem Patienten und dessen oft beträchtlicher Erfahrung im Umgang mit der Erkrankung leiten lassen, alle Maßnahmen mit dem Patienten diskutieren und sich dabei flexibel auf die Individualität seines Patienten einstellen. Es handelt sich in vielen Fällen um einen Balanceakt, der störanfällig bleibt, keineswegs dauerhaft gelingen wird und immer wieder neu versucht werden muß.

3.6.3 Der Umgang mit Patienten mit infauster Prognose

Die psychosoziale Betreuung sterbenskranker Patienten ist ein wichtiger Ausschnitt aus dem Gesamtsystem der Betreuung von Kranken mit infauster Prognose. Die psychosoziale Komponente bekommt jedoch eine herausragende Bedeutung zu drei Zeitpunkten der Erkrankung:
- zum Zeitpunkt der Diagnose,
- zum Zeitpunkt eines Rezidivs oder einer akuten Verschlechterung,
- zum Zeitpunkt des Sterbens.

Trotz teilweise vehementer Ablehnung einer Stadieneinteilung des psychologischen Anpassungsprozesses im Verlauf einer unheilbaren Erkrankung (SIMPSON 1982) spricht die klinische Erfahrung für die Beibehaltung einer Betrachtungsweise, die verschiedene Bewältigungs- bzw. Anpassungsformen und die psychosoziale Situation des Patienten mit dem somatischen Krankheitsgeschehen verbindet. Selbstverständlich sollte sich ärztliches Verhalten jeweils an der Spezifik des *einen* Falles orientieren, wie überhaupt mechanistische Modelle oder technizistische Attitüden vermieden werden müssen. Die Konfrontation des Kranken mit der Natur seines Leidens, die eigene Entdeckung oder die erahnte Gewißheit führen fast immer zur akuten Wahrnehmungsabwehr, entweder über eine Blockierung des gesamten informationsverarbeitenden Systems mit schockartigem Ausfall von Orientierung und sonstiger psychomotorischer Aktivität oder selektiver Wahrnehmung der Realität (Verleugnung).

Die Handhabung des Verhältnisses von Annäherung an die bedrohliche Realität und Distanzierung von dieser orientiert sich an der Bedürfnissituation des Patienten und seiner Belastbarkeit. Unter Umständen oszilliert er über längere Zeit zwischen unterschiedlichen Graden der Wahrneh-

mungsabwehr, und der Arzt muß geduldig und offen diesen Prozeß begleiten und ihn vorsichtig in die Richtung einer realistischeren Wahrnehmung lenken. Das geschieht am günstigsten schrittweise (v. KEREKJARTO 1982). Wenn es möglich ist, sich diesen Themenkreisen in Orientierung auf die Bereitschaft des Patienten, die Wahrheit zu hören, zu nähern, entsteht jene Form der Arzt-Patient-Kommunikation, die als Voraussetzung für eine stabile Beziehung bis zum Ende angesehen wird.

Mit zunehmender Gewißheit über den Ausgang der Krankheit erscheint im Zusammenhang mit der Frage „Warum gerade ich?" eine mehr oder weniger versteckte Aggressivität, die sich allgemein im Hadern mit dem Schicksal und konkret als Wut auf Bezugspersonen mit aktueller Bedeutung, auf Angehörige, Ärzte, medizinisches Personal ausdrückt. Können diese Personen derartige Reaktionen nicht als „normale" Versuche der Bewältigung einer belastenden Situation einordnen, werden sie allzu persönlich genommen, entstehen leicht Kränkungserlebnisse, Verärgerung und Abwehr den Kranken gegenüber.

Als Konsequenz der Beschäftigung mit dem bevorstehenden Abschied wird versucht, das Trennungsthema psychisch zu bearbeiten. Die Palette der Möglichkeiten des Individuums reicht von der Abwehr des Themas in Form einer symptomreichen depressiven Verstimmung mit Isolierungstendenzen, Antriebsstörung, Selbstentwertung und Schuldgefühlen bis zur nachvollziehbaren Trauer über den bevorstehenden Verlust von Welt, von Menschen, geistigem und materiellem Besitz. Diese Trauer, eine unmittelbare Vorstufe der Annäherung an die gewöhnlich stillere Form der Auseinandersetzung, trifft naturgemäß jeden Menschen in seiner Fähigkeit, das eigene Problem der Endlichkeit zu bewältigen, und führt beim Arzt zu entsprechenden Schwierigkeiten, es als prinzipiell unlösbar gemeinsam mit dem Kranken zu tragen, anstatt es wegzuschieben. Falls dies gelingt, ist der Patient eher in der Lage, die verbleibende Zeit zu planen, sie wirklich zu nutzen, aber auch vorsorgende Aktivitäten für später zu unternehmen. Hier kann der Arzt den Patienten ermutigen, auch mit der Familie offen über diese Möglichkeiten zu reden.

Das von KÜBLER-ROSS Verhandeln oder Feilschen genannte Verhalten tritt immer dann auf, wenn Hoffnung geweckt wird, das eigene Verhalten könne den Prozeß aufhalten: „Wenn ich diese Diät tatsächlich durchhalte, komme ich evtl. davon"; zu früheren Zeiten häufiges Muster: „Wenn mir noch ein Jahr geschenkt wird, stifte ich der Kirche, den Armen …".

Leitschnur des Umgangs mit dem Patienten ist die Erkenntnis, daß der Patient verzweifelt nach einer Möglichkeit sucht, auf sein Schicksal Einfluß zu nehmen. Hier wird der Arzt also einerseits versuchen, die realen Möglichkeiten einer Mitarbeit in der Behandlung, bei der Gestaltung der Lebensbedingungen, bei der Planung des folgenden Zeitraumes dem Patienten zu zeigen, andererseits jedoch nicht irreale Heilungserwartungen an diese Aktivitäten zu koppeln.

Die Annahme des nahen Todes, ausgedrückt durch ein gefaßtes, den Realitäten und Notwendigkeiten bis zum Ende entsprechendes Verhalten, setzt einen längeren Zeitraum der Auseinandersetzung mit dem Todesproblem, wie es für das natürliche Altwerden typisch ist, voraus und kann aus verständlichen Gründen bei jüngeren Malignompatienten oder in ihren Bewußtseinsfunktionen frühzeitig beeinträchtigten Personen nicht regelhaft erwartet werden. Zwar besteht in der Literatur weitgehend Übereinstimmung darüber, daß die bewußte Auseinandersetzung mit der tödlichen Bedrohung Bestandteil eines würdigen, menschlichen Sterbens ist. In welchem Ausmaß es jedoch dem Einzelnen möglich ist, den Tod bewußt anzunehmen, ist weithin strittig. KÖHLE et al. (1990) weisen zu Recht darauf hin, daß mit den heroisierenden und optimistischen Darstellungen der Annahme des Todes (z.B. bei KÜBLER-ROSS 1973) unrealistisch übertriebene Erwartungen sowohl an Patienten als auch an den ärztlichen und pflegerischen Dienst gestellt werden. Die Annahme des Todes geschieht im allgemeinen nicht im Rahmen eines vollen bewußten Einverständnisses. Der Begriff des angemessenen Todes („appropriate death"), den WEISMAN 1974 eingeführt hat, und der sowohl eine gewisse Übereinstimmung mit dem eigenen Selbstverständnis einschließt und auf der Grundlage klar umrissener Hilfestellung durch den Arzt angestrebt wird (relative Schmerzfreiheit, Minimalisierung emotionaler und sozialer Beeinträchtigung, Aufrechterhaltung der jeweils möglichen Kontrolle und Mobilität), relativiert solche übermäßigen Ansprüche.

Ist der Arzt zu einem natürlichen, nicht abwehrenden Verhalten in der Lage, kann er also das Problem des Patienten an sich heranlassen und trotzdem weiter mit ihm kommunizieren, z. B. auch über die Möglichkeiten, den letzten Abschnitt den Vorstellungen des Patienten entsprechend zu gestalten (Art des Analgetika-Einsatzes, Abschied von den Angehörigen und Freunden etc.), wird es auch dem Patienten leichter gelingen, eine akzeptierende Einstellung zu finden. Darüber hinaus ist es sehr wahrscheinlich, daß eine Haltung der Annahme gebunden bleibt an eine den körperlichen und geistigen Möglichkeiten des Kranken entsprechende „befriedigende" Kommunikation mit der Umwelt. Hier muß der Arzt u. U. bis zuletzt vermittelnd wirksam werden, Patienten und Angehörige zum Miteinander ermutigen und evtl. auch selbst als Bezugsperson täglich zur Verfügung stehen. In vielen Fällen geht es einfach um einen Beistand ohne Worte, das Dasein eines anderen Menschen angesichts eines nicht abwendbaren Endes jeden Bezuges zur Welt.

3.6.4 Bearbeitung der Probleme des medizinischen Personals

In vielen Einrichtungen, in denen die Beziehung zum unheilbar Kranken zur Alltags-Routine gehört, hat es sich als notwendig erwiesen, dem Pflegepersonal und den Ärzten systematische Hilfestellung bei der Bewältigung der auftretenden emotionalen Reaktionen zu geben (JACOB 1981). Das gelingt am ehesten in Falldiskussionen, in denen im Team solche Problemfälle bearbeitet werden.

Das Gespräch miteinander, das Empfinden, der andere fühlt im Umgang mit Sterbenskranken ähnliche Angst, Traurigkeit oder Aggressivität, stärkt die Fähigkeit zur Bewältigung dieser Gefühle.

4 Veränderungen des klinischen Alltags durch Integration psychotherapeutischer und medizinpsychologischer Ansätze – Stationsarztvisite und Liaison-Dienst

4.1 Voraussetzungen einer die somatische Versorgung begleitenden Psychotherapie

Aus der reichhaltigen psychosomatischen Literatur verschiedenster Medizinbereiche lassen sich folgende generelle Richtlinien für den Einsatz einer begleitenden Psychotherapie innerhalb der somatisch orientierten Fächer gewinnen:

- Die Zielstellung einer solchen Psychotherapie ist immer nur einzelfallbezogen zu bestimmen und richtet sich nach dem Gewicht psychosozialer Faktoren in der Pathogenese. Auch innerhalb der Krankheitsgruppe wechselt dieses Gewicht von Fall zu Fall (z. B. gelingt es in einem Fall von Psoriasis, die Rezidivneigung deutlich zu vermindern [RECHENBERGER 1982], in einem anderen Fall wird das gleiche Ergebnis durch lokale Therapie erreicht).
- Die Orientierung an der konkreten psychischen und sozialen Situation des Patienten bei der Therapiezielbestimmung hat absoluten Vorrang vor theoretisch abgeleiteten, angeblich krankheitsspezifischen Konflikten oder Konstellationen.
- Der Aufbau einer tragfähigen Arzt-Patient-Beziehung erfolgt fast immer in der Phase der „somatischen Orientierung". In dieser Phase stellt sich der Arzt komplementär auf das Bedürfnis des Patienten ein, als körperlich kranker Mensch akzeptiert zu werden. Die diagnostische Abklärung nach den Regeln der medizinischen Wissenschaft und häufig auch die führende Rolle somatisch ausgerichteter Therapiemaßnahmen erleichtern diese Einstellung, da sie auf der psychosozialen Ebene eine supportive Funktion haben (s. d.) und die positive Übertragung erleichtern.

- Die „psychosoziale Orientierung" als Einleitungsphase eines psychotherapeutischen Einstieges bedarf häufig besonderer situativer Voraussetzungen, z. B.:
  - regressionsfördernder Therapieangebote (Unterstützung bei der Bewältigung konkreter Anforderungen, vorübergehende Ermöglichung einer passiven Patientenrolle) oder
  - langfristiger Begleitung des Kranken, um anhand konkreter Ereignisse (Rezidivauslösung durch psychosoziale Momente) die Aufmerksamkeit des Patienten für diesen Bereich zu gewinnen.
- Meist werden psychosoziale Orientierung und somatische Diagnose und Therapie systematisch aufeinander bezogen.
  - So führt die somatische Ausschlußdiagnostik notwendig zu Fragen nach nichtsomatischen Bedingungen, oder
  - positive Ergebnisse der Diagnostik werden in einen größeren funktionalen Zusammenhang gestellt (beispielsweise wenn im Rahmen der endokrinologischen Abklärung einer sekundären Amenorrhoe der GnRH-Test die erwartete schwache LH-Antwort bestätigt, kann dies zur Erklärung zentraler, psychonervaler Bedingungen einer Unterfunktion der Eierstöcke dienen).
- Die Kontinuität ärztlicher Anteilnahme wird im Falle der Feststellung psychosozialer Bedingungen der Störung nicht unterbrochen.

4.2 Die Stationsarztvisite

Der Prozeß der Integration psychotherapeutischer Verständnisansätze in den klinischen Bereich trifft auf zahlreiche Probleme und Widerstände, die im folgenden an den Beispielen der Stationsarztvisite und des Liaison-Dienstes ausgeführt werden: Dabei soll verdeutlicht werden, unter welchen Bedingungen die Kooperation zwischen Fachpsychotherapeuten und ihren Partnern in den jeweiligen Abteilungen gelingen kann. Vor allem vor der Illusion eines Schnell-Transfers psychotherapeutischer Konzepte sei gewarnt. Meist sind einschneidende arbeitsorganisatorische, häufig prinzipielle strukturelle Änderungen in der Klinik die notwendige Voraussetzung eines Vorgehens, das psychotherapeutische Elemente einschließt, wie das Beispiel der Visite mit psychotherapeutischer Funktion im nächsten Abschnitt zeigt.

4.2.1 Zur psychotherapeutischen Funktion der Stationsarztvisite

Probleme der Einbeziehung der psychosozialen Dimension in die traditionelle Stationsarztvisite

Die tägliche Visite des Stationsarztes am Bett eines Kranken dient außerordentlich heterogenen Zielen, z.B.:

- der Kontrolle des Therapieverlaufs, der Behandlungseffekte und des Befolgungsverhaltens;
- der Gewinnung zusätzlicher Informationen durch klinische Untersuchungen, Befragung, sonstige diagnostische Aktivitäten;
- der Anordnung diagnostischer und therapeutischer Maßnahmen;
- der Beratung und Diskussion solcher Maßnahmen mit Fachkollegen, auszubildenden Ärzten etc.;
- der Ausbildung von Studenten und medizinischem Personal;
- dem Erteilen von Ratschlägen und Informationen an den Patienten;
- der Beeinflussung des Erlebens und Verhaltens des Patienten (z.B. der Art und Weise von Krankheits- und Konfliktbewältigung im Hinblick auf die Erhöhung seiner Motivation zur Compliance u.ä.).

Untersucht man die Art und Weise der Zuwendung des Arztes zum Patienten im traditionellen Visitengespräch, zeigen sich Konflikte auf mehreren Ebenen (Übersichten bei KÖHLE und RASPE 1982; FEHLENBERG et al. 1986; SIEGRIST 1978):

Die durch traditionelle Zwänge und arbeitsorganisatorische Notwendigkeiten bedingte Form der Visite kollidiert deutlich mit den Erwartungen und Interessen des Patienten. Während die Bedürfnisse des Patienten darauf gerichtet sind, Selbstkontrolle wiederherzustellen oder zu verbessern, persönlichen Kontakt zum Arzt zu finden und relevante Infomationen über das Krankheitsbild u.ä. zu erhalten, stehen für das Stationsteam arbeitsorganisatorische Aufgaben im Vor-

dergrund. Dieser Interessenkonflikt wird, wie in zahlreichen Untersuchungen belegt, häufig zuungunsten des Patienten gelöst. Hier Ärzte und Personal persönlich verantwortlich zu machen, geht am tatsächlichen Problem vorbei. Innerhalb des traditionellen Settings müssen Ärzte, die sich unvorbereitet und unausgebildet auf emotional verbindlichere, persönlichere Beziehungen mit Patienten einlassen, emotional überfordert werden. Insofern bilden biologistisches Krankheitsverständnis, institutionell-strukturelle Rahmenbedingungen und persönliche Motive der Abwehr von Beziehungen eine Einheit, die sich nicht durch moralische Appelle an den Arzt aufbrechen läßt.

Schon die Struktur der Arzt-Team-Patienteninteraktion ist durch Tendenzen gekennzeichnet, die von vornherein den Patienten aus der Kommunikation ausschließen, da die Kommunikationsabläufe weder ausreichend beobachtbar (z.B. durch Absenkung der Lautstärke bei „kritischen" Passagen) noch durchschaubar (z.B. durch Benutzung medizinischen Jargons) oder absehbar (z.B. durch unvorhersehbare Themenwechsel) sind. Darüber hinaus zeichnet die medizinpsychologische und medizinsoziologische Forschung (Zusammenfassung bei FEHLENBERG et al. 1986 sowie HAFERLACH 1994) folgendes Bild einer durchschnittlichen Stationsvisite:

- Dauer ca. 3,5 Minuten pro Patient;
- max. 30% der Redeaktivität liegt beim Patienten. Allerdings beruht nur ein Fünftel der Äußerungen des Patienten auf dessen Initiative, meist reagiert der Patient auf Fragen des Arztes. Einer Frage des Patienten stehen 6–11 Fragen des Arztes gegenüber;
- je kränker der Patient, desto weniger direkte Antworten erhält er auf seine Fragen, d.h. bei schwerkranken Patienten weicht der Arzt in 92% aller Fragen aus.

Es mag kaum verwundern, daß das Gesundheitsstrukturgesetz 1993 diese Situation festschreibt, indem die Redezeit des Pflegepersonals pro Tag und Patient auf 4,42 Minuten, bei Sterbenden auf 9,35 Minuten begrenzt wird.

4.2.2 Der institutionelle und konzeptionelle Rahmen für eine Visite mit psychotherapeutischer Funktion

Es leuchtet ein, daß innerhalb der oben beschriebenen strukturellen Gegebenheiten die Frage nach gezielten psychotherapeutischen Interventionen in der Visite gar nicht erst aufkommt.

Voraussetzung für eine angemessene Berücksichtigung der psychosozialen Dimension im Visitengespräch ist eine grundlegende Änderung des Charakters der Visite, wie sie die in der Praxis entwickelten Modelle von KÖHLE et al. (1980) und SCHERF (1987) auszeichnet. Dieser strukturelle Umbau ist ohne psychotherapeutisch kompetente Mitarbeiter oder Berater nicht denkbar. Das bekannte „Ulmer Modell" (KÖHLE et al. 1980) berücksichtigt 3 Zielbereiche für derartige Änderungen:

- funktionale Entflechtung der verschiedenen Aufgaben der Visite und Ermöglichung direkter Arzt-Patienten-Dialoge;
- Herstellung von Symmetrie der Arzt-Patient-Kommunikation;
- Bereitstellung spezieller psychotherapeutischer Strategien supportiven (unterstützenden) Charakters.

Die ersten zwei Zielbereiche sind an prinzipielle arbeitsorganisatorische Umstellungen des Stationsablaufes gebunden, die selbstverständlich nur im Rahmen einer ganzheitlichen Sicht von Krankheit und Gesundheit realisiert werden können.

Die funktionale Entflechtung der Visite dürfte eine Grundvoraussetzung aller sonstigen Änderungen darstellen. Es werden der Kern-Visite ausschließlich die Funktionen zugeordnet, die direkt dem Patienten als Person gelten: der Arzt-Patient-Dialog und die körperliche Untersuchung. Alle anderen Aufgaben der traditionellen Visite (Kontrolle der Verordnungen, Supervision, Konzil, „Kurvenvisite" etc.) werden aus dem Krankenzimmer verbannt und vor bzw. nach der Kern-Visite angeordnet. Die Kern-Visite wird vom Arzt durchgeführt, der sich am Krankenbett – möglichst in gleicher Augenhöhe mit dem Patienten sitzend – mit diesem unterhält. Die übrigen Teammitglieder stehen etwas abständig am Fuße des Bettes. Die Kern-Visite wird als zentrale Veranstaltung täglich zu immer gleicher Zeit durch-

geführt und zeitlich so bemessen, daß pro Patient ca. 5 – 6 Minuten vorgesehen werden, aber auch zusätzliche Zeit für Vor- und Nachbesprechungen des Teams zur Verfügung steht. Letztere Teambesprechung dient ausschließlich den Aufgaben der Kern-Visite (Diskussion der Beobachtungen der Teammitglieder über die Interaktionsbesonderheiten während der Visite usw.).

Kommunikative Symmetrie mit den Patienten wird durch eine Haltung des Arztes gefördert, in der sich sein Gesprächsverhalten an den Kommunikationsbedürfnissen des Patienten orientiert. Es wird nicht nur ermuntert zu fragen, sondern es werden auch die in den Aussagen des Patienten enthaltenen Probleme und Fragen ausdrücklich herausgearbeitet. Unbequemen Fragen wird dabei nicht ausgewichen.

Die Bereitstellung psychotherapeutischer Strategien zur Unterstützung des Patienten erfordert Ausbildungs- und Supervisionsaktivitäten, die das gesamte therapeutische Team betreffen. Ein Arzt, der eine ultrakurze Visitenpsychotherapie anwendet, bedarf einer relativ großen psychotherapeutischen Kompetenz. Prinzipiell muß dieser auch das Visitengespräch als Einzelsitzungen weiterführen bzw. im Falle dieser Notwendigkeit mit dem Spezialisten kooperieren können.

Die medizinpsychologisch-psychotherapeutische Basisaus- und fortbildung des Teams, zumindest in Form von Balintgruppen, sollte gewährleistet sein. Insbesondere die Probleme der Rollendivergenzen im Alltag eines Arztes, der gleichzeitig administriert, körperlich untersucht und somatisch behandelt sowie psychotherapeutisch wirksam wird, erfordern systematische Supervision seiner Tätigkeit.

4.2.3 Psychotherapie im Rahmen der Stationsarztvisite

Auf der Grundlage der beschriebenen soziologisch-strukturellen und medizinpsychologischen Voraussetzungen sind nach allen vorliegenden Erfahrungsberichten Visitengespräche trotz ihrer relativ kurzen Dauer von 5 – 7 Minuten im Sinne gezielter psychotherpeutischer Interventionen nutzbar. Zielstellungen der Visitenpsychotherapie sind fokussiert auf die Bereiche

- Verbesserung der Krankheitsbewältigung,
- Verbesserung des Krankheitsverhaltens, insbesondere
- Verbesserung der therapeutischen Kooperation (z.B. Abbau von Ungleichgewichten in der Verteilung von Dominanz, Kontrolle, Aktivität etc.).

Diese Zielstellungen schließen je nach Fall psychotherapeutische Aktivitäten ein, die keineswegs an der Oberfläche des Erlebens verharren, sondern die Integration intensiv abgewehrter und abgespaltener Bereiche des Selbst zumindest dann erzielen, wenn der Patient nur „über die bewußte Erfahrung und Integration seines abgewehrten Erlebens zu realitätsangemesseneren Formen der Bewältigung von Krankheit und Krankheitsfolgen" (FEHLENBERG ET AL. 1986) gelangen kann. Letztere Arbeitsgruppe (siehe auch KÖHLE ET AL. 1980) hat aufgrund der Analyse von Visitengesprächen 4 übergeordnete Interventionsstrategien abgegrenzt, denen insgesamt 12 psychotherapeutische Einzelziele zugeordnet werden können. Unter der Rubrik *explorierende Interventionen* subsummieren sie „Klärung emotionaler Erlebnisinhalte" und „biographisch orientierte Klärung", *stützende Interventionen* werden durch das „Fördern von Krankheitsverständnis", „Ermöglichung differenzierter Leidenswahrnehmung", „Hinwendung zu positiven Aspekten der aktuellen Situation sowie der Biographie" realisiert. *Konfrontierende und interpretierende Interventionen* sind im Rahmen einer vertieften Auseinandersetzung mit den Bereichen „Mitverantwortung des Patienten", „Zusammenhang von somatischer Erkrankung und psychischem Leiden", „Widersprüche innerhalb oder zwischen den Bereichen Erleben, Äußern und Verhalten", „Biographische Dimensionen aktueller Probleme", „Tod und Sterben" sowie „Arzt-Patient-Beziehung" angesiedelt. Als vierte Interventionsstrategie identifizieren die Autoren die direkte *Führung* bei psychischen Problemen.

4.3 Psychotherapie im Rahmen des psychosomatischen Liaisondienstes

4.3.1 Aufgaben und Organisationsformen des Liaisondienstes

Der psychosomatisch-psychotherapeutische Liaisondienst wird angeboten von solide ausgebildeten und klinisch erfahrenen Mitarbeitern psychotherapeutisch/psychosomatischer Abteilungen/Kliniken. Er hat mehrere Funktionen. Neben den traditionellen diagnostischen und therapeutischen bestehen zunehmend auch Anforderungen, Probleme der Beziehung zwischen Patienten und Betreuungsteam zu lösen. Darüber hinaus wird eine Unterstützung bei der medizinpsychologisch-psychotherapeutischen Fortbildung sowie eine Zusammenarbeit in der Forschung offeriert.

Abgesehen von medizintheoretischen Überlegungen zur Integration der psychosozialen Dimension in der klinischen Medizin bezieht der Liaisondienst seine Legitimation aus einem nachweisbaren Praxisbedarf: Nach sorgfältigen Prävalenzstudien bedurften zwischen 30 und 40% der Patienten internistischer, chirurgischer, neurologischer u.a. Stationen des Hochschulklinikums Hannover (KÜNSEBECK et al. 1984) und knapp 40% der Patientenschaft Hamburger Allgemeinkrankenhäuser (STUHR und HAAG 1989) einer vertiefenden psychologisch-medizinischen Diagnostik und auch einer psychotherapeutisch fundierten Intervention.

In Erweiterung des traditionellen psychiatrischen Konsultationsdienstes in der somatischen Medizin bei psychiatrischen Dringlichkeitsanforderungen geht es somit um umfassendere Aufgaben, die eine kontinuierliche Zusammenarbeit zwischen Liaison-Psychiater/Psychosomatiker (bzw. der Liaison-Schwester) und dem Team der betreuten Abteilung erfordern. Es werden mindestens einmal wöchentlich gemeinsame Visiten gemacht und Team- und Fallbesprechungen durchgeführt, für die ein geplanter und festzulegender Anteil der Arbeitszeit zur Verfügung steht.

4.3.2 Therapeutische Ansätze im Liaisondienst

JORASCHKY und KÖHLE (1986) unterscheiden innerhalb des Liaisondienstes den patientenzentrierten, den arztzentrierten und den teamzentrierten Ansatz. Diese Ansätze, die sich gegenseitig zu ergänzen und zu überschneiden vermögen, werden besonders im Hinblick auf Person- und Zeitökonomie sowie ihre integrative Potenz sehr verschieden bewertet.

Der patientzentrierte Ansatz ist dem traditionellen Konsiliardienstmodell am ähnlichsten. Der Konsiliarius selbst diagnostiziert und interveniert im Sinne der „therapeutischen Konsultation" (WEISMAN und HACKETT 1960). Wegen des geringen Weiterbildungseffektes und der kaum vorhandenen „integrativen Effektivität" sollte dieser Ansatz auf Einzelfälle beschränkt bleiben. Darüber hinaus erscheint es auch aus Gründen, die von der Klientel einer „somatischen" Station abzuleiten sind, fragwürdig, die Mehrzahl der Patienten selbst zu behandeln. Unbestreitbar erhöht das Gefühl, zum Spezialisten für psychosoziale Probleme „abgeschoben" zu werden, den Widerstand vieler Kranker. Prinzipiell dürfte der im entsprechenden Fachgebiet tätige Kollege besser gerüstet sein, biotische und psychosoziale Faktoren in einem komplexen Therapieansatz zu integrieren, u. U. mit einer Hilfestellung durch den Liaisondienst. Gerade der patientzentrierte Ansatz impliziert eine Fülle von Problemen und Mißverständnissen, die zu ernsthaften Störungen der interdisziplinären Kooperation anwachsen können.

Der arztzentrierte Ansatz hat die Zielstellung, den anfordernden Kollegen zu befähigen, das diagnostisch/interventive Problem selbst zu lösen. Der Konsiliarius versucht, die Dynamik der Interaktionsprozesse zwischen dem Patienten und dessen Arzt zu verstehen und verständlich zu machen. Er fungiert dann im weiteren Verlauf mehr als Supervisor. Der Weg zur berufsorientierten systematischen Selbsterfahrung, beispielsweise in Form von Balintgruppen, wird u. U. auf diese Weise vorgebahnt. Die Kompetenz des anfordernden Kollegen selbst wird systematisch erhöht. Ein Ausstrahlungseffekt solcher Handlungen ist zu erwarten.

Der teamzentrierte Ansatz schließlich umfaßt alle an der Betreuung des Problempatienten Beteiligten und erfordert meist den Rahmen einer Stationskonferenz bzw. einer Beratung der „operationalen Gruppe" (MEYER und MENDELSON 1961). Wie JORASCHKY und KÖHLE (1986) beschreiben, versucht der Psychotherapeut aus einer distanzierten Position die Probleme zu erfassen. Die durch unterschiedliche Mitglieder des Teams geäußerten Beobachtungen und die entstehenden interaktionellen Muster in der beratenden Gruppe werden mit Bezug zum Patientenproblem interpretiert. Grundsätzlich wird davon ausgegangen, daß Konflikte und Spannungen einer Neuinszenierung der für den Kranken typischen und pathogenetisch bedeutungsvollen Kommunikationsstrukturen entsprechen. Allein das Verständnis der von den Teammitgliedern agierten Rollen in dieser Inszenierung ist häufig ausreichend, veränderte Einstellungen zum Patienten zu entwickeln und die jeweiligen Beziehungen zu entspannen.

Die besondere Stellung des Liaisonpsychotherapeuten außerhalb der Klinikhierarchie läßt auch die Beratung der Teammitglieder in Fällen zu, wo es um persönliche intime Probleme oder Konflikte mit Vorgesetzten geht, die Einfluß auf die Betreuungssituation haben.

Insgesamt wird diesem Ansatz die entscheidende integrative Potenz zugeschrieben, da auf eine direkte Weise das Stationsklima beeinflußt wird.

4.4 Probleme interdisziplinärer Kooperation bei der Integration psychosozialer Ansätze in Diagnostik und Therapie

Vom lateinischen „integrare" (wiederherstellen, zu einem Ganzen machen) abgeleitet, meint unser Terminus „Integration" genau diesen Sachverhalt: Durch Hinzufügen eines eigentlich dazugehörenden, aber bislang fehlenden Teils soll wieder ein Ganzes entstehen. In diesem Sinne wäre es unproblematisch, die Bemühungen um eine Berücksichtigung der psychosozialen Dimension in Diagnostik und Therapie als integrativ oder integrierend zu bezeichnen. In dem Moment allerdings, wo Psychotherapie zur integrativen Medizin schlechthin erhoben wird, beginnen theoretische wie praktische Schwierigkeiten. Meist geschieht dies, weil eine tatsächlich integrative Theorie fehlt. Die unausweichliche Folge ist ein problematischer Reduktionismus mit entsprechend unannehmbaren Positionen für den Rest der Medizin. Dabei gelingt es Psychotherapeuten in der Praxis so gut wie nie, eine theoretisch vertretene integrative praktische Medizin in eigener Person zu gestalten (RIEHL-EMDE et al. 1988).

Aber auch der „somatische" Arzt behauptet in dieser Richtung seinen Anspruch. In den meisten medizinischen Disziplinen scheint man offene Türen einzurennen, wenn eine mehrdimensionale, die biosoziale Dialektik berücksichtigende Betrachtungsweise gefordert wird. Begriffe wie „mehrdimensional" oder „multifaktoriell" sind im Sprachschatz der Mediziner inzwischen so widerspruchslos beheimatet, daß es schwerfällt, damit überhaupt noch einen wissenschaftlichen Standpunkt abzugrenzen. In vielen Fällen dient die Floskel von der Mehrdimensionalität in der Betrachtungsweise menschlichen Krankseins jedoch der Verschleierung alter, gewohnter Denkschablonen. Der Hinweis, daß es außer einer biologischen Ebene noch andere Zugänge zum Verständnis einer Störung gibt, wird dann zum Feigenblatt simplifizierenden, monokausalen, reduktionistischen Denkens, wenn eine solche Feststellung zu keinerlei Konsequenzen bezüglich der Forschungs- und Betreuungspraxis führt. Denn mit der Anerkennung der Eigenständigkeit mehrerer Ebenen der biosozialen Organisation wird immer noch ebenenbezogen partialisiert. Dabei besteht nach wie vor die Gefahr, daß Krankheit dem somatischen Bereich und Kranksein dem psychosozialen zugeordnet wird, womit alle Potenzen eines komplexen Herangehens unterlaufen werden und rasch wieder das Bild vom defekt gewordenen Mechanismus ins Spiel kommt, auf den der Mensch (bzw. sein „Psychisches") lediglich reagiert.

Letztlich beanspruchen die Vertreter traditioneller somatisch orientierter Verständnisansätze (insbesondere der Inneren Medizin) ebenso wie Vertreter einer psychologischen Medizin einen übergeordneten „ganzheitlichen" Standpunkt.

Die gegenseitigen Beschuldigungen eines theoretischen und praktischen Reduktionismus behindern die Zusammenarbeit enorm. Tatsächlich kann nur der gemeinsame Bezug auf eine übergeordnete Modellvorstellung von Gesundheit und Krankheit die Basis interdisziplinärer Kooperation bilden. Innerhalb eines übergeordneten Konzeptes sind Integration und Spezialisierung dialektisch aufeinander bezogen. So richtig es ist, daß die Medizin stets den ganzheitlichen Blick auf den kranken Menschen in seiner biosozialen Einheit zurückgewinnen muß, so notwendig ist es, durch Fokussierung einzelner Aspekte der biosozialen Organisation des Menschen differenzierend zu erkennen und zu handeln. In diesem Spannungsfeld zwischen der Abgrenzung von Teilen und ihrer Verschmelzung zu einem Ganzen wird der eine Pol von den „Somato"- und „Psycho"-Spezialisten und ihren Institutionen, der andere vom wirklich integrativen „Basisarzt" (v. UEXKÜLL 1981) repräsentiert. Zweifellos ist letztere Position nur annähernd erreichbar; am ehesten ist sie noch in der Person des allgemeinmedizinischen Hausarztes zu realisieren.

Wenn „Integration" von der Position des Psychotherapie-Spezialisten aus betrieben wird, kommt es zu zwei miteinander verbundenen Gruppen von Problemen:

- Die Zielgruppe dieser Bemühungen wehrt sich gegen die unterstellte „psychosoziale Inkompetenz" und entwickelt Abwehrstrategien, z.B.
  - Identifikation mit einer biologistischen Position,
  - Herausbildung besonderer Umgangsweisen mit dem Psycho-Spezialisten zwischen den Polen „feindseliger Verfolgung" und „wohlwollender Ignoranz seiner Offerten".
- Die um eine Integration bemühten „Psychospezialisten" verlieren im Rahmen ihrer Annäherungs-/Anpassungsversuche an die Zielgruppe der „Somatiker" die Basis ihrer professionellen Identität und zeigen unangemessene überkompensatorische und defensive Strategien.

Betrachten wir zunächst die Umgangsweisen mit der Offerte des Psychotherapeuten. Je nach Persönlichkeit und „Widerstandsmuster" des „somatischen" Arztes, mit der dieser auf das mehr oder weniger bedrohliche Kooperationsangebot des

Psychotherapeuten oder Psychosomatikers reagiert, können nach ROTMANN und KARSTENS (1974) vier Typen des Umgangs mit der psychosozialen Anforderungssituation abgegrenzt werden:

- Der unsensible und offen ablehnende Arzt, der aus seinen Zweifeln an der Nützlichkeit einer psychologischen Betrachtungsweise keinen Hehl macht und wenig kooperationsbereit ist.
- Der ambivalente Arzt, der zwischen Ablehnung und Interesse schwankt. Hier kommt es zu unterschiedlichen Beziehungsstörungen zwischen Psychotherapeuten und Klinikern. Die Tendenz dieses Arztes, hohe Ansprüche an den Psychosomatiker zu stellen, birgt die Gefahr, daß Rivalitäten mit Bezug zum Patienten ausagiert werden.
- Mit dem motivierten Arzt mit aktivem Interesse an sozialen Prozessen des Patienten gibt es kaum prinzipielle Probleme. Die beiderseits vorhandene Sorge um den Patienten führt u. U. dazu, daß der Berater mit dem zu beratenden Arzt um den Patienten konkurriert.
- Der freundliche, jedoch unerreichbare Arzt verfügt offensichtlich über die wirksamste Art der Vermeidung in Form eines narzißtischen Rückzugs aus der Beziehung. Dieser Kollege hört sich Vorstellungen und Empfehlungen des Psychotherapeuten höflich und freundlich an, ohne diese weiter zu beachten. Auf solcherart subtile Formen der Ignoranz reagiert dann auch der Konsiliarius kaum unwillig oder ärgerlich.

Der Psychotherapeut oder Psychosomatiker selbst, der seine berufliche Identität als „Psycho-Spezialist" vorübergehend aufgibt, um an „der Grenze zwischen zwei Berufen und zwei Verständniskonzepten von menschlicher Krankheit" (JORASCHKY und KÖHLE 1986) zu arbeiten, wird dabei verständlicherweise beträchtlich verunsichert und benötigt eine ausgeprägte Fähigkeit zum Ertragen der damit verbundenen Spannungen. Insbesondere für den Liaison-Psychotherapeuten werden verschiedene Stufen einer Integration in das Setting beschrieben, die von anfänglicher Isolation und Ausgrenzung bis zu Anerkennung und Kooperation führen. LIPOWSKI (1967) fordert daher, daß nur erfahrenste Psychotherapeuten in dieser Weise zum Einsatz kommen soll-

ten, da sie maximale Kooperationsbereitschaft mit rascher Beantwortung jeder konkreten Anforderung verbinden und somit das Angebot eines „optimalen Service" realisieren. PASNAU (1975) veranschlagt einen Zeitraum von 5 Jahren für das Erreichen von Akzeptanz. Letzterer wie auch LIPOWSKI (1967) u. a. betonen die Wichtigkeit einer Phase des „Einschleichens", in der die Anforderungen an den zu beratenden Kollegen bzw. dessen Team relativ nierdrig gehalten werden und der Konsiliarius selbst sich den Erwartungen dieser Gruppe weitgehend anpaßt. Erst nach längerer Zeit der Anpassung würden Aus- und Weiterbildungsanforderungen von seiten des Psychotherapeuten akzeptiert. Psychotherapeuten, die diesen langen, beschwerlichen Weg nicht bereit sind zu gehen, wenden sich enttäuscht und entmutigt ab. In dieser Phase besteht auch die Gefahr, mit missionarischem Eifer immer wieder gegen verschlossene Türen anzurennen und sich in aggressiver Weise über mangelndes Verständnis auszulassen.

5 Ambulante Psychotherapie als Bestandteil komplexer ärztlicher Maßnahmen in der psychosomatischen Grundversorgung

5.1 Entwicklungen in der ärztlichen Praxis

Die Vielfalt psychosozialer Aufgaben in den unterschiedlichen Bereichen der Medizin kann im Rahmen dieser Übersicht nur angedeutet werden. Beratung, Information, fürsorgerische Maßnahmen und psychotherapeutische Interventionen im engeren Sinne sind trotz möglicher Überlappungen und Übergänge grundsätzlich voneinander abzugrenzende Aufgaben. Psychotherapie im Rahmen eines integrativen somatopsychischen Vorgehens hat sich von Beratung und allgemeiner menschlicher Unterstützung ebenso abzugrenzen wie von der spezialistischen Psychotherapie. Ursprünglich aus der allgemeinärztlichen Praxis kommend (WESIACK 1970, GEYER 1988), sollen nunmehr Methoden, die sich im spezialistischen Sektor zu ihrer jetzigen Gestalt entwickelt haben, wieder dieser Praxis zugeführt werden. Die inzwischen in der allgemeinärztlichen Praxis entstandenen spezifischen Zugänge sind bislang nur ungenügend wissenschaftlich aufgearbeitet und in diese Angebote integriert worden (HEIGL-EVERS und ROSIN 1989). Ein Teil der jetzt entstandenen Widersprüche und Mißverständnisse im Umgang mit Psychotherapie in der allgemeinen ärztlichen Praxis dürfte diesen Defiziten geschuldet sein. Trotzdem sind in den letzten Jahren zukunftsträchtige Entwicklungen in Gang gekommen, die gerade für die ambulante Praxis bedeutungsvoll sind und sich mit dem Begriff der psychosomatischen Grundversorgung verbinden.

Insbesondere die Balint-Gruppenarbeit hat sich als Fortbildungsmethode des ambulant tätigen Allgemeinmediziners und Facharztes durchgesetzt (GEYER 1990, LUBAN-PLOZZA et al. 1988, NEDELMANN und FERSTL 1989, ROSIN 1989, SPEIDEL 1996, STUCKE 1991).

5.2 Begriff und Inhalt der psychosomatischen Grundversorgung

Der Begriff der Psychosomatischen Grundversorgung wurde mit der Neufassung der Psychotherapie-Richtlinien des Bundesausschusses der Ärzte und Krankenkassen 1987 eingeführt (ausführliche Kommentierung siehe FABER und HAARSTRICK 1989). Der grundsätzliche programmatische Charakter dieser Maßnahme wird im Kommentar herausgearbeitet: „Die psychosomatische Grundversorgung wurde als ein Aufgabenbereich der Ärzte ergänzend zur Psychotherapie eingeführt, dem sich grundsätzlich Ärzte aller Fachrichtungen widmen sollen, dem aber vor allem im Rahmen der allgemeinen ärztlichen Praxis eine hohe Bedeutung zukommt. Es wird angestrebt, daß sich beim Arzt Verständnis für eine integrierte Diagnostik und Therapie auf der Grundlage einer Pathologie der Gesamtperson entwickelt und auch seelische Faktoren in die Krankenbehandlung einbezogen werden. Die inhaltliche Defini-

tion der psychosomatischen Grundversorgung und deren Einbettung in die Psychotherapie-Richtlinien dienen dem Ziel, die ärztliche Versorgung unter einer ganzheitlichen Sicht des Menschen auf eine breite Basis zu stellen. Die psychosomatische Grundversorgung kommt einer Neuorientierung der Medizin und den Erwartungen des kranken Menschen in der gegenwärtigen Gesellschaft entgegen" (FABER und HAARSTRICK 1989, S. 18).

Die psychosomatische Grundversorgung wird hinsichtlich Diagnosestellung, Indikationsstellung, Zielsetzung und Therapiemotivation definiert.

Zur Diagnosestellung: Es wird eine „Gesamtdiagnose" angestrebt, die die ätiologische Verknüpfung psychischer und somatischer Faktoren in hypothetischer Form vornimmt (z.B. „Ich habe den Verdacht, daß es sich um funktionelle Herzbeschwerden in einer aktuellen beruflichen Konfliktsituation handelt. Das Herz ist organisch gesund").

Zur Indikationsstellung: Gegenstand der psychosomatischen Grundversorgung können 4 Gruppen von Störungen werden:
• Seelische Krankheiten mit psychischer Symptomatik unterschiedlicher Ätiologie (psychoreaktive Depressionen, hirnorganisch begründete Verstimmungen, „larvierte Depressionen" u. a.).
• Neurotische Erkrankungen, die aufgrund ihrer Erscheinungsbilder ihren Träger zuerst zum somatisch orientierten Arzt führen, sollen nicht behandelt, sondern diagnostiziert und an entsprechende Psychotherapeuten weitergeleitet werden, wobei die Motivierung des Patienten zur spezialistischen Psychotherapie ebenfalls in diesen Aufgabenbereich fällt.
• Seelische Krankheiten mit funktioneller Symptomatik und Organbeschwerden ohne organische Verursachung.
• Psychosomatische Erkrankungen, bei denen ätiologisch eine psychische Verursachung oder Teilverursachung anzunehmen ist.

Zur Zielsetzung: Diese ist begrenzt. Sie orientiert sich grundsätzlich an der aktuellen Krankheitssituation und ihren Grundlagen (akute seelische

Krisen oder chronische Krankheiten und Behinderungen).

Zu den Therapiemethoden: Psychosomatische Grundversorgung wird als Bestandteil der „Basistherapie" verstanden, die verbale, übende und suggestive Techniken umfaßt, wobei seelische und somatische Krankenbehandlung (z. B. Pharmakotherapie) als prinzipiell gleichrangige Bestandteile der „Basistherapie" aufgefaßt werden.

Folgende *Methoden* gehören zur psychosomatischen Grundversorgung:
- Verbale Interventionen (mind. 20minütiger Dauer) ausschließlich in Einzelbehandlungen, die nicht mit übenden und suggestiven Techniken kombiniert werden dürfen. Diese Interventionsform setzt „reflektierte Erfahrungen über die therapeutische Bedeutung der Arzt-Patient-Beziehung" voraus und strebt als Ziel die Anregungen der Introspektion des Patienten sowie die Vermittlung psychosomatischer Zusammenhänge und der Bedeutung krankmachender persönlicher Konflikte an. Ausdrücklich wird auf die Notwendigkeit nichtdirigistischer paritätischer Gestaltung der Arzt-Patient-Beziehung hingewiesen.
- Übende und suggestive Techniken können als vollständige Behandlungsmethoden, d. h. mit verbaler Einführung und Instruktionen bei der Anwendung, eingesetzt werden und dürfen nicht untereinander oder mit verbalen Interventionen der oben definierten Art kombiniert werden.

Diese Behandlungsverfahren sollen in der Regel auf 12 Sitzungen beschränkt werden, wobei verbale Interventionen grundsätzlich nicht von vornherein einer Begrenzung und nur der Wirtschaftlichkeitsprüfung durch die Krankenversicherungen unterliegen.

5.2.1 Voraussetzung für die Teilnahme von Ärzten an der psychosomatischen Grundversorgung

Der Vorstand der Kassenärztlichen Bundesvereinigung und die Krankenkassenverbände haben sich auf in § 2 Abs. 6 der Psychotherapievereinba-

rungen neu formulierte Qualifikationsvoraussetzungen geeinigt, die ab 1. Januar 1994 gelten:

... für Maßnahmen der psychosomatischen Grundversorgung nach dem Leistungsinhalt der Nrn. 850 und 851 EBM eine mindestens dreijährige Erfahrung in selbstverantwortlicher ärztlicher Tätigkeit sowie Kenntnisse in einer psychosomatisch orientierten Krankheitslehre, reflektierte Erfahrungen über die Psychodynamik und therapeutische Relevanz der Arzt-Patient-Beziehung und Erfahrungen in verbalen Interventionstechniken als Behandlungsmaßnahme.

Aus entsprechenden Zeugnissen und Bescheinigungen muß hervorgehen, daß entsprechende Kenntnisse und Erfahrungen in einem Umfang von insgesamt mindestens 80 Stunden erworben wurden. Im Rahmen dieser Gesamtdauer müssen gesondert belegt werden:
1. Theorieseminare von mindestens 20stündiger Dauer.
2. Reflexion der Arzt-Patient-Beziehung durch kontinuierliche Arbeit in Balint- oder Selbsterfahrungsgruppen von mindestens 30stündiger Dauer (d.h. bei Balint-Gruppen mindestens 15 Doppelstunden).
3. Vermittlung und Einübung verbaler Interventionstechniken von mindestens 30stündiger Dauer.

5.3 Bürokratische Probleme

Die wesentlichen Probleme, die der Arzt mit der „Psychosomatischen Grundversorgung" hat, beziehen sich auf Reglementierungen in den erwähnten „Richtlinien". Nach vielen Gesprächen und Diskussionen mit betroffenen Kollegen wird neben der prinzipiellen Unterbewertung der nicht an Technik gebundenen ärztlichen Leistungen als besonders einengend die in einigen Paragraphen ausgedrückte Tendenz erlebt, bestimmte Vorschriften der spezialistischen Psychotherapie auf den Praxisraum der Grundversorgung auszudehnen. Im Vordergrund dieser Kritik steht zweifellos das Verbot, das psychotherapeutische Gespräch (die „verbalen Interventionen") mit übenden und suggestiven Verfahren zu verbinden. Damit wird dem Arzt eine bewährte Form der Kombination konflikterhellender Gespräche mit einem Entspannungsverfahren (z. B. dem Autogenen Training) genommen, die gerade im langwierigen Prozeß der Erarbeitung einer psychogenetischen Hypothese geeignet ist, den Widerstand eines somatisierenden Patienten zu reduzieren. Darüber hinaus wird die Möglichkeit unterbunden, Gruppen- und Einzelbehandlung innerhalb einer psychotherapeutischen Zielstellung zu kombinieren. Für alle diese Restriktionen fehlen bislang wissenschaftlich gesicherte Grundlagen.

5.4 Beispiele – Die Umwandlung „körperlicher Beschwerden" in ein „psychosoziales Problem"

Der Arzt ist es gewöhnt, das Symptom bzw. dessen unmittelbare Ursache zu behandeln. Das ist häufig richtig und oft genug falsch. Eine depressive Verstimmung, Teil eines depressiven Zustandes im Rahmen einer endogenen Depression, kann direkt thymoleptisch erfolgreich angegangen werden. Gleiches im Falle eines Liebeskummers zu versuchen, erscheint schon dem gesunden Menschenverstand absurd, denn der Liebeskranke will nicht von der Liebe geheilt werden, er will evtl. eine andere, befriedigendere Möglichkeit finden, seine Liebe auszudrükken und mitunter nicht einmal eine solche Änderung. Häufig fühlen sich Menschen gezwungen, Verzweiflung, Kummer, Resignation, Unbefriedigtsein in einer Form auszudrücken, die wenigstens professionelle Helfer, die Ärzte, auf den Plan ruft. Kommt ein Mensch rechtzeitig an einen Arzt, der seine Hilfeleistung nicht abhängig macht von der Möglichkeit, das Problem seines Patienten als medizinisches Syndrom organisieren zu können, gibt es eine echte Chance: der Patient findet wieder aus der körperlichen Störung zurück in sein Leiden an der Beziehung zu anderen Menschen oder Gruppen und kann, unterstützt vom Arzt, nach Wegen der Neuordnung seiner Bedürfnisse und Verhältnisse suchen.

 Beispiel: „Hypotonie"

Darstellung des Verlaufes einer Arzt-Patient-Beziehung von „symptomzentriert" zu „problemzentriert".

Ausgangssituation: 46jährige Frau athletischer Konstitution, sehr tüchtige Abteilungsleiterin, Lebensgemeinschaft mit gleichaltrigem, vielbeschäftigtem Ingenieur, zwei Kinder aus erster Ehe bereits aus dem Hause.

Symptomangebot: Leistungsinsuffizienz, niedriger Blutdruck, rasche Erschöpfbarkeit, keine vordergründig depressive Verstimmung. Internistisch stationäre Durchuntersuchung veranlaßt: „Hypotone Kreislaufdysregulation, keine wesentlichen sonstigen Befunde". Rücküberweisung zum Hausarzt.

Problem: die bisherige Entwicklung ist gekennzeichnet durch eine Lebenseinstellung, die sich an konkreten äußeren Tatbeständen orientiert und offenbar den frühen Erfahrungen der Patientin entspricht: Von Menschen darf man nichts erwarten, da man ohnehin enttäuscht wird (Eltern, erster Mann). Man kann alles allein regeln, es kümmert sich ohnehin keiner. Demgegenüber war sie selbst jederzeit hilfsbereit und schlug nie eine Bitte ab. Über ihre eigentlichen Bedürfnisse nach Passivität, Versorgtwerden, Zuwendung hat sie nie gesprochen. Auch die Gespräche mit dem jetzigen Lebensgefährten (eine „vernünftige Beziehung") berühren niemals den emotionalen Bereich. Den Bemühungen des Arztes, in ihre „privaten" Beziehungen einzudringen, bringt sie großes Mißtrauen entgegen. Muster: „Wenn ich meine eigentlichen Bedürfnisse zugebe, werde ich nicht als hilfsbedürftig akzeptiert, sondern abgelehnt." Nach drei Kontakten, in denen sich der Arzt um Vertrauen bemüht und schließlich das Mißtrauen selbst angesprochen werden kann, wird dann das Angebot der Patientin wie folgt entschlüsselt: Das Beziehungsangebot der Patientin: „Ich möchte irgendwie – auf akzeptable Art – den anderen signalisieren, daß ich auch etwas emotionale Zuwendung brauche. Der Arzt soll dokumentieren, daß ich bedürftig bin, ohne daß ich mich meiner Bedürfnisse schämen muß."

Das Beziehungsangebot des Arztes: „Ich akzeptiere Deine Schwierigkeit, direkt Deine Bedürfnisse auszudrücken (und behandle Deine Hypotonie als das Symptom einer „richtigen" Krankheit) und erkläre mich bereit, Dir in einigen Gesprächen dabei zu helfen, sie direkter zu formulieren."

Verlauf: In den insgesamt fünf Gesprächen à 20 Minuten unter der o. g. Zielstellung ergab sich folgende Reihenfolge von Erkenntnissen:

- der Arzt ist offenbar nicht nur darauf aus, eine „Krankheit" zu behandeln, sondern er interessiert sich für meine alltäglichen Probleme;
- er sagt, es wäre notwendig, diese Probleme ernst zu nehmen, da sie irgendwie mit dem Wohlbefinden zusammenhängen;
- ich habe trotz meiner schlechten Erfahrungen ein Recht darauf, zumindest ab und zu mich gehen zu lassen und auch einmal andere etwas für mich tun zu lassen;
- ich stelle tatsächlich fest, daß ich mich mit meinem Mann auch darüber unterhalten kann.

Nachdem sich die Patientin „legitimiert" fühlte, sich ihrer Bedürfnisse in der konkreten Beziehung zum Mann und auch am Arbeitsplatz bewußt zu werden, erschien sie deutlich weniger verkrampft und angestrengt. Sie war erstaunt darüber, wie diese geringfügige Änderung ihrer Einstellung die Symptomatik beeinflußte. Als eine Frau, die „immer allein zurechtgekommen war", empfand sie auch die Hilfe des Arztes nur bis zu diesem Punkt als notwendig.

Etwas komplizierter gestaltet sich die Therapie in folgendem Fall.

Beispiel: „Symptome erhalten die Beziehung"

Ausgangssituation: 30jährige Frau, Laborantin, beruflicher Umgang mit gesundheitsschädigenden Substanzen, gleichaltriger Ehemann, Heirat vor einem Jahr, Chemiker, keine Kinder. Seit Monaten wechselnde Beschwerden: Durchfälle, Blasenbeschwerden, Herzbeschwerden, Kopfschmerzen. Jeweilige Durchuntersuchung ohne wesentliches Resultat; Antrag des Ehepaares, die berufliche Exposition als Grundlage eines Verfahrens zur Anerkennung der Beschwerden als Berufskrankheit zu akzeptieren, zunehmende Streitigkeiten am Arbeitsplatz, Weigerung, bestimmte Arbeiten auszuführen. Nach sorgfältiger arbeitsmedizinischer Abklärung des Falles Zurückweisung des Antrages; jetzt auch „nicht-organische" Störungen, ängstliche Unruhe, allgemeine Schwäche.

Problem: Die Vorgeschichte der Patientin bietet Anhaltspunkte für ein wenig bergendes familiäres Milieu in der Kindheit mit sehr früher Selbständigkeit angesichts mangelnder Möglichkeiten, die Freuden der Kindheit auszukosten. Ausschließliche Orientierung auf Leistung und berufliches Vorwärtskommen. Gute Erfolge im Studium und Beruf. Ende 20 erste Intimkontakte mit jetzigem Ehemann, der auf rasche Heirat drängt. Man gestaltet eine Beziehung, die zunehmend charakterisiert wird durch mütterlich versorgende Aktivitäten des Ehemannes, die die Patientin zunehmend einengen und lahmlegen. Andererseits fühlt sie nie erlebte Zuwendung und Sicherheit. Erste Beschwerden werden mit Steigerung dieser Bemühungen des Ehemannes beantwortet.

Gereiztheit ihrerseits und neu auftretende Beschwerden werden auf die Arbeitssituation geschoben. Man vereinigt sich wieder im gemeinsamen Kampf gegen berufliche Zumutungen.

Im ersten Kontakt nach Ablehnung der Möglichkeit einer berufsbedingten Erkrankung bietet die Patientin erstmalig eine allgemeine Unzufriedenheit mit ihrer Situation an. Der Arzt soll ihr dazu verhelfen, die Arbeitsstelle aus gesundheitlichen Gründen zu wechseln, da ihr Mann keine andere Möglichkeit der Gesundung sehe. (Erstes Angebot: „Mache mit meinem Mann gemeinsame Sache und kümmert Euch beide darum, daß ich gesund werde.") Direkt auf diese merkwürdige Formulierung angesprochen, die bereits auf eine Beziehungsform der Abhängigkeit schließen läßt, betont sie das innige Verhältnis und die Aufopferung ihres Mannes. Es ergibt sich jedoch jetzt die Möglichkeit, die Geschichte dieses „innigen Verhältnisses" und die ins Auge fallenden Veränderungen ihrer Person bezüglich Selbständigkeit, Entscheidungsfreiheit, Durchsetzungsvermögen nach Etablierung der ehelichen Beziehungen zu besprechen. Es ist jedoch offensichtlich, daß sie große Schwierigkeiten sieht, irgendetwas am Charakter dieser Beziehung zu verändern, womit sie sofort Trennung und Verlassenwerden assoziiert. Bei diesem Stand entsteht das folgende zweite Beziehungsangebot der Patientin: „Garantiere mir, daß mir der positive Aspekt der Beziehung zu meinem Mann nicht verlorengeht, dann bin ich bereit, wieder mehr zu riskieren." Beziehungsangebot des Arztes: Was sie sich vorläufig ihrem Mann nicht zu sagen getraue, könne sie bei ihm (dem Arzt) loswerden und damit evtl. vorsichtiger verfahren.

Verlauf: Auf der Grundlage dieses Kompromisses beginnt die Patientin in nachfolgenden Gesprächskontakten das Probelm ihrer Partnerschaft zu entfalten. Sie identifiziert allmählich die Muster, mit denen beide Partner verhindern, daß sich auch einmal aggressiv voneinander abgegrenzt wird, daß klar wird, daß man nicht immer einer Meinung ist. Der Abschied von der Phantasie einer ewig harmonischen Herz-und-Seele-Partnerschaft fällt der Patientin sehr schwer, und sie reagiert mehrfach zornig auf diese Art von Behandlung, in der relativ akzeptable körperliche Beschwerden in ganz gewöhnliche Partnerprobleme verwandelt werden. Als sie feststellt, daß nach ersten direkten häuslichen Auseinandersetzungen der Ehemann dieselbe Art von Herzbeschwerden bekommt, die sie vorher hatte, registriert sie das als Erfolg – und ist nicht wenig erschrocken über das in der Partnerschaft ruhende aggressive Potential. Wenig später stellt sie nach einer Verschiebung eines Konsultationstermines fest, daß sie darauf ebenso symptomatisch reagiert habe, wie vorher auf Distanzierungen des Ehemannes. Die letzten Kontakte dienen vorwiegend der Thematisierung dieser Schwierigkeiten im Umgang mit den Bedürfnissen nach Abhängigkeit, die Patientin sucht zumindest keine Patentlösung mehr und ist bereit, die Realität ihrer problematischen Partnerschaft und ihr Leiden an unerfüllbaren Wünschen so gut es geht zu akzeptieren. Körperliche Beschwerden werden nicht mehr geklagt.

–◻–

Tab. 1: Rating zur Erfassung der Therapiemotivation (Geyer und Plöttner)

Bitte kreuzen Sie nur die Stufe an, die momentan für Sie zutrifft!

Ankerbeispiele:

1. Stufe
„Mir geht es nicht gut, ich bin krank, fühle mich hilflos, brauche jemand, der mir irgendwie hilft, mir Tabletten gibt oder andere medizinische Maßnahmen durchführt."

– Ich glaube nicht, daß meine Beschwerden von allein wieder verschwinden.
– Mein Zustand kann durch medizinische Maßnahmen verbessert werden.
– Ich bin zu jeder Art von Therapie bereit, wenn man mir hilft.
( )

2. Stufe
„Ich bin mir bewußt, daß meine Beschwerden vorwiegend seelischer Natur sind und brauche daher ausschließlich oder zusätzlich Psychotherapie."

– Da meine wesentlichen Beschwerden psychische Wurzeln haben, benötige ich auch eine darauf ausgerichtete Therapie.
– Ich brauche eine Behandlung, die mir ermöglicht, bisherige Vorstellungen und Sichtweisen zu ändern.
– Ich brauche Psychotherapie, um wieder besser mit dem Leben zurechtzukommen.
( )

3. Stufe
„Ich erlebe den Zusammenhang zwischen Symptomatik und einer bestimmten Situation, in welcher ich mich befinde (bzw. bestimmtem Verhalten etc.)."

– Für mich sind die Symptome zur Signallampe meines Fehlverhaltens geworden.
– Meistens weiß ich jetzt, was meine Symptome ausdrücken.
– Ich weiß jetzt, daß ich etwas falsch mache, wenn meine Beschwerden sich melden.
( )

4. Stufe
„Für den Abbau meiner Beschwerden sehe ich Möglichkeiten der aktiven Selbstbeeinflussung."

– Ich spüre, daß ich mich verändern kann und dadurch meine Symptomatik kontrolliere.
– Ich erlebe, wie ich selbst Einfluß nehmen kann auf mein Befinden.
– Ich stehe meinen Beschwerden nicht mehr hilflos gegenüber, sondern kann sie aktiv beeinflussen.
( )

5. Stufe
„Ich kann jetzt meine Symptome kontrollieren und möchte dafür sorgen, daß auch unter schwierigen Bedingungen die Veränderungen bestehen bleiben."

– Ich fühle mich durch die Behandlung relativ wohl und muß unbedingt dafür sorgen, daß die Änderungen bestehen bleiben.
– Ich weiß, daß es mich Mühe kosten wird, die erreichten Änderungen aufrecht zu erhalten.
– Ich sehe den Entstehungszusammenhang meiner Beschwerden/Störung deutlich, kann Einfluß darauf nehmen und will es auch weiter tun können.
( )

Tab. 2: Stützende Therapie bei Schwerkranken

Ärztliche Stützungsmöglichkeiten	Ziele
Akzeptierende Zuwendung (Beobachtung) Strukturierung von Raum und Zeit	Herstellung sichernder Beziehungen, Vertrautheit
Anregung der verbliebenen Kommunikationsmöglichkeiten (Übung, Herstellung von sozialen Kontakten), Vermeidung labilisierender Techniken (Provokation früherer konflikthafter Erlebnisse, regressiver Prozesse, Erlebnisse starker Abhängigkeit)	Förderung der Autonomie, des Selbstbewußtseins und der Selbstkontrolle
Konstanz persönlicher Kontakte zu Arzt und Personal, Information über ärztliche Maßnahmen, Medizin-Technik, Verlauf, Prognose	Förderung der Kooperation (Compliance)

Tab. 3: Adaptative Therapie bei chronisch Kranken

Ärztliche Strategien	Ziele
Unterstützung der Bewältigungsprozesse: schrittweise Konfrontation mit der Krankheit und ihren Konsequenzen. Ermöglichung aktiver Auseinandersetzung mit therapeutischen Forderungen. Ermöglichung sukzessiver Anpassung an veränderte Lebensbedingungen durch Vermittlung der Kommunikation mit Leidensgenossen und gesunden Bezugspersonen	Annahme der Krankheit (Reduzierung der Wahrnehmungsabwehr, negativer Formen des Krankheitsverhaltens, kommunikationsmeidender Tendenzen)
Organisation einer konstanten, kontinuierlichen und emotional tragfähigen Arzt-Patient-Beziehung, Informationsangebote, beziehungsförderliche Kommunikationstechniken	Herstellung der Compliance (Bindung an ein therapeutisches Regime; Patienten-Kooperation; Befolgung ärztlicher Anweisungen)

Literatur

AHNEFELD, F. W. (1984): Ansprache zur Eröffnung des Anästhesiekongresses. Zit. bei v. UEXKÜLL, 1986.

AQUILERA, D. C., MESSICK, J. 1977): Grundlagen der Krisenintervention. Freiburg i. Br.: Lambertus.

ENGEL, G.L. (1976): Psychisches Verhalten in Gesundheit und Krankheit. Bern, Stuttgart, Wien: Huber.

ENKE, M. (1977): Werte der Psychotherapie – soziale Lebensform und wissenschaftlicher Standort. Psychother. med. Psychol 27, 85–100.

FABER, F. R., HAARSTRICK, R. (1989): Kommentar Psychotherapie-Richtlinien. Neckarsulm-München: Jungjohann-Verlagsgesellschaft.

FEHLENBERG, D., SIMON, C., KÖHLE, K. (1986): Die Krankenvisite – Probleme der traditionellen Stationsarztvisite und Veränderungen im Rahmen eines psychosomatischen Behandlungskonzepts. In: UEXKÜLL, T. von (Hrsg.): Psychosomatische Medizin. München: Urban und Schwarzenberg, 3. Aufl., 244–267.

FINZEN, A. (1969): Arzt, Patient und Gesellschaft. Stuttgart: Klett, 63.

FOUCAULT, M. (1963): Die Geburt der Klinik. Frankfurt a. M.: S. Fischer.

FREYBERGER et al. (1996): Supportive Psychotherapie. In: MEYER, A.-E. et al. (Hrsg.): Jores Praktische Psychosomatik. Bern, Göttingen, Toronto, Seattle: Huber, 148–160.

FREYBERGER, H., BRINKER, M. (1994): Die supportiv-psychotherapeutische Arbeitsbeziehung bei psychosomatischen Patienten und chronisch körperlich Kranken. In: STRAUSS, B., MEYER, A.-E. (Hrsg.): Psychoanalytische Psychosomatik. Stuttgart: Schattauer, 179.

GAUS, E., KÖHLE, K. (1979): Psychische Anpassungs- und Abwehrprozesse bei lebensbedrohlich Erkrankten. In: UEXKÜLL, T. von (Hrsg.): Lehrbuch der Psychosomatischen Medizin. München: Urban und Schwarzenberg, 745–759.

GEYER, M. (1985): Das ärztliche Gespräch. Berlin: Volk und Gesundheit, 1. Aufl.

GEYER, M. (1988): Fachspezifische Psychotherapie in der Inneren Medizin. Z. gesamte inn. Med. 43: 638–641.

GEYER, M. et al. (1989): Die Schätzskala zur Psychotherapiemotivation als prozeßbegleitendes Verfahren. Z. Klin. Med. 44, 2189–2192.

GEYER, M. (1990): Balintarbeit und psychosomatische Grundversorgung. Therapiewoche 40, 1536–142.

GOLTZ, D. (1974): Studien zur altorientalischen und griechischen Heilkunde. Therapie-Arzneibereitung-Rezeptstruktur. In: Sudhoffs Archiv, Beiheft 16. Wiesbaden.

HAFERLACH, T. (1994): Das Arzt-Patient-Gespräch. Ärztliches Sprechen in Anamnese, Visite und bei der Patientenaufklärung. München: Zuckschwerdt.

HEIGL-EVERS, A., ROSIN, U. (1989): Psychotherapie in der ärztlichen Praxis: In: HEIGL-EVERS, A. ROSIN (Hrsg.): Psychotherapie in der ärztlichen Praxis. Göttingen: Vandenhoeck und Ruprecht, 12 ff.

HEIM, E. (1981): Konsequenzen für die Praxis aus der Psychotherapieforschung der letzten Jahre. Schw. Archiv Neurol. Neurochir. Psychiat. 182, 211–226.

HEIM, E. et al. (1983): Krankheitsbewältigung (Coping) – ein integratives Modell. Psychother. med. Psychol. 33: Sonderheft 35–40.

JACOB, R. (1981): Erfahrungen und Probleme zur psychischen Führung Krebskranker. In: KÖRNER, U., SEIDEL, K., THOM, A.: Grenzsituationen ärztlichen Handelns. Reihe Medizin und Gesellschaft Bd. 13. Jena: Gustav Fischer, 257–265.

JORASCHKY, P. et al. (1979): Maladaptation und Krankheitsmanifestation. Das Streßkonzept in der psychosomatischen Medizin. In: UEXKÜLL, T. VON (Hrsg.): Lehrbuch der Psychosomatischen Medizin. München: Urban und Schwarzenberg, 170–197.

JORASCHKY, P., KÖHLE, K. (1986): Psychosomatische Konsultations- und Liaisondienste. In: UEXKÜLL, T. VON (Hrsg.): Psychosomatische Medizin. München: Urban und Schwarzenberg, 3. Aufl., 423–439.

KEREKJARTO, M. VON (1982): Psychosoziale Faktoren bei der Therapie und Betreuung von Neoplasiepatienten. Med. Klin. 77, 32–35.

KIMBALL, C. P. (1973): The experience of cardiac surgery: V. Psychological patterns and prediction of outcome. Psychother. Psychosom. 22, 310–319.

KIMBALL, C. P. (1976): The experience of cardiac surgery and cardiac transplant. In: HOWELLS (ed.): Modern perspectives in psychiatric aspects of surgery. New York: Brunner & Mazel.

KÖHLE, K. et al. (Hrsg.) (1980): Angewandte Psychosomatik. Die internistisch-psychosomatische Krankenstation – Ein Werkstattbericht. Basel: Rocom.

KÖHLE, K., RASPE, H. H. (Hrsg.) (1982): Das Gespräch während der ärztlichen Visite. München: Urban und Schwarzenberg.

KÖHLE, K., SIMON, C., KUBANEK, B. (1990): Zum Umgang mit unheilbar Kranken. In: UEXKÜLL, T. VON (Hrsg.): Psychosomatische Medizin. München: Urban und Schwarzenberg, 4. Aufl., 1135.

KRAUSE, R. (1984): Emotionalität und Reflexivität. Über die psychoanalytische Affektlehre am Beispiel der Einsicht. In: ECKENBERGER, L., LANTERMANN, E. E. (Hrsg.): Emotionalität und Reflexivität. Göttingen: Hogrefe.

KÜBLER-ROSS, E. (1973): Interviews mit Sterbenden. Stuttgart: Kreuz.

KÜNSEBECK, H. W. et al. (1984): Häufigkeit psychischer Störungen bei nicht-psychiatrischen Klinikpatienten. Dt. Med. Wschr. 109, 1438–1442.

LAIN ENTRALGO, P. (1969): Arzt und Patient. München.

LAIN ENTRALGO, P. (o. J.): Heilkunde in geschichtlicher Entscheidung. Salzburg.

LANGEN, D. (1963): Archaische Ekstase und asiatische Meditation. Stuttgart: Enke-Verlag, 14.

LIPOWSKI, Z. J. (1967): Review of consultation psychiatry and psychosomatic medicine I. and II. Psychosom. Med. 29, 153-171; 201–224.

LUBAN-PLOZZA, B. et al. (1988): Arzt als Arznei: 4. Aufl. Köln: Deutscher Ärzte-Verlag.

LUBORSKY, L. (1984): Principles of Psychoanalytic Psychotherapy – A Manual for Supportive-Expressive Treatment. New York: Basic-Books.

LUBORSKY, L., et al. (1985): Therapist Success and its determinants. Arch. Gen. Psychiatry 42, 602–611.

MAIER, W. ET AL. (1996): Psychische Erkrankungen in der Allgemeinpraxis. Deutsches Ärzteblatt 47, 947–950.

MEYER, E., MENDELSON, M. (1961): Psychiatric consultations with patients on medical and surgical wards: patterns and processes. Psychiatry 24, 197–220.

MORGAN, D. H. (1971): Neuro-Psychiatric problems of surgery. J. Psychosom. Res. 15, 41–46.

MOSER, U. (1985): Beiträge zu einer psychoanalytischen Theorie der Affekte. Ein Interaktionsmodell. Teil II. Berichte der interdisziplinären Konfliktforschungsstelle. Zürich, 1–51.

MYTHNY, F. A. et al. (1987): Erfahrungen aus der Beratung und Psychotherapie mit chronisch niereninsuffizienten Patienten – Bedarf, Ziele, Wirkungen. In: QUINT, H. und JANSSEN, P. L. (Hrsg.): Psychotherapie in der psychosomatischen Medizin. Berlin: Springer, 91–99.

NARR, K. J. (1978): Urgeschichtliche Marginalien. In: Schipperges, H. (Hrsg.): a.a.O.

NEDELMANN, C., FERSTL, H. (Hrsg.) (1989): Die Methode der Balint-Gruppe. Stuttgart: Klett-Cotta.

PAAR, G. (1979): Psychopharmaka in der psychosomatischen Medizin. In: UEXKÜLL, T. VON (Hrsg.): Lehrbuch der Psychosomatischen Medizin. München: Urban und Schwarzenberg, 425–437.

PASNAU (1975): Zit. bei JORASCHKY und KÖHLE 1986.

PLATON (1957): Sämtliche Werke. Reinbek: Rowohlt.

POMMER, W., BRODA, M. (1985): Der Stand der psychosozialen Betreuung chronisch Nierenkranker in der Bundesrepublik Deutschland und West-Berlin. Nieren- und Hochdruckkrankheiten 14, 462–468.

RECHENBERGER, I. (1982): Zur Psychodynamik des Psoriasiskranken. Act. Dermatol. 8, 157–159.

RIEHL-EMDE, A. et al. (1988): Psychosomatik/Psychotherapie im universitären Verbund mit der Inneren Medizin. In: SCHEPANK, H., TRESS, W. (Hrsg.): Die stationäre Psychotherapie und ihr Rahmen. Berlin: Springer, 133–137.

ROSIN, U. (1989): Balint-Gruppen: Konzeption, Forschung, Ergebnisse. Heidelberg: Springer.

ROTMANN, M., KARSTENS, R. (1974): Interaktionsprobleme der psychosomatischen Konsultationspraxis. Psyche 28, 669–684.

SCHEPANK, H. (1986): Epidemiologie psychogener Störungen. In: KISKER, K. P. et al. (Hrsg.): Psychiatrie der Gegenwart. Bd. 1. Neurosen, psychosomatische Erkrankungen, Psychotherapie. Berlin: Springer, 1–28.

SCHIPPERGES, H. (1978): Krankheit, Heilkunst, Heilung. Historische Anthropologie. Bd. 1: Freiburg–München.

SCHMALE, A. (1964): Object Loss, „Giving up" und Disease Onset. Symposium on Med. Aspects oft Stress. Washington D. C.: Walder Read Army Center.

SCHRENCK-NOTZING, A. V. (1892): Die Suggestionstherapie bei krankhaften Erscheinungen des Geschlechtssinnes. Stuttgart: Enke.

SIMPSON, M. A. (1982): Therapeutic use of truth. In: Wilkes, E. (ed.): The Dying Patient. London: MPT, pp. 255–262.

SHAPIRO, A. K. (1963): Psychological Aspects of Medication. In: LIEF, H. J. et al. (ed.): The Psychological Basis of Medical Practice. New York: Harper and Row.

SIEGRIST, J. (1978): Arbeit und Interaktion im Krankenhaus. Stuttgart: Enke.

STARKE, H., WINIECKI, P. (1987): Zum Psychotherapiebedarf in der Allgemeinmedizin. Z. Klin. Med. 42, 977–980.

STUCKE, W. (1991): Die Leitung von Balint-Gruppen. Köln: Deutscher Ärzte-Verlag.

STUHR, U., HAAG, A. (1989): Eine Prävalenzstudie zum Bedarf an psychosomatischer Versorgung in den Allgemeinen Krankenhäusern Hamburgs. Psychother. Med. Psychol. 39, 273–281.

SPEIDEL, H. (1996): Balint-Gruppe und psychosomatische Grundversorgung. In: MEYER, A.-E. et al. (Hrsg.): Jores Praktische Psychosomatik. Bern: Huber, 80–88.

UEXKÜLL, T. VON (1980): Das Problem der Entsprechung von Rollen und Gegenrollen bei Arzt und Patient. In: JAPPE, G., NEDELMANN, C. (Hrsg.): Zur Psychoanalyse der Objektbeziehungen. Problemata. Stuttgart, Bad Cannstatt: Frommann-Holzboog, 37–74.

UEXKÜLL, T. VON (Hrsg.) (1981): Integrierte psychosomatische Medizin. Modelle in Praxis und Klinik. Stuttgart: Schatthauer.

UEXKÜLL, T. VON (1986): Die Einführung der psychosomatischen Betrachtungsweise als wissenschaftstheoretische und berufspolitische Aufgabe – Gedanken zum Problem der ärztlichen Verantwortung. In: UEXKÜLL, T. VON (Hrsg.): Psychosomatische Medizin. München: Urban und Schwarzenberg, 3. Aufl., 1279–1300.

WEISMAN, A. D. (1974): Realization of death. New York: Jason Aronson.

WEISMAN, A. D. (1979): Coping with Cancer. New York: McGraw-Hill.

WEISMAN, A. D., HACKETT, T. P. (1960): Organization and function of a psychiatric consultation service. Int. Rec. Med. 173, 306–311.

WESIACK, W. (1970): Die Bedeutung der Psychoanalyse für die praktische und allgemeine Medizin. Psyche 24, 307–324.

WESTENDORF (1978): In: SCHIPPERGES, H.: Krankheit, Heilkunst, Heilung. Historische Anthropologie. Bd. 1: Freiburg–München, 139 ff.

WINKLER, W. TH. (1977): 50 Jahre AÄGP – ein Rückblick. Psychother. med. Psychol. 27, 74–84.

Allgemeine und spezielle Wirkfaktoren in der Psychotherapie

Dietmar Czogalik, Helmut Enke

1 Einführung

Der vorstehende ‚Überblick über aktuelle psycho-therapeutische Richtungen‘ erschließt eine Problematik, zu der seriöserweise Stellung genommen werden muß. Jede der dort vorgestellten Richtungen verfügt über bestimmte, ausgearbeitete „spezifische" Methoden und geht davon aus, daß eben diese Methoden von besonderer, nämlich für das Verfahren spezifischer Wirksamkeit seien. Wenngleich sich infolge wachsender Bescheidenheit durch Erkenntnis-Mehrung der alte Schulen-Streit, der von Psychotherapie-Skeptikern stets genußvoll-schadenfroh betrachtet worden ist, gemildert hat, so ist es doch dabei geblieben, daß implizit wohl die meisten Adhärenten einer bestimmten Richtung die (stille) Überzeugung hegen, diese ihre Richtung sei auch die ‚beste‘ und therapeutisch wirksamste.

Es hat nicht an Versuchen gefehlt, wissenschaftlich-systematisch differentielle Wirksamkeit unterschiedlicher Psychotherapieverfahren nachzuweisen, und einigen dieser Versuche ist der Nachweis – zumindest für eng umschriebene Krankheitsbilder – auch gelungen (GELDER et al., 1967; SLOANE et al., 1975; GRAWE, 1976; GRAWE et al., 1994; PLOG, 1976; BECK et al., 1981; - MEYER, 1981). Trotzdem führt eine Gewichtung der einschlägigen Forschungsergebnisse zu anderen Schlußfolgerungen. Der naive aber zunächst jedenfalls naheliegende Gedanke, für die große Zahl der einzelnen Methoden gäbe es (vergleichbar unterschiedlichen Medikationen und Techniken in der somatischen Medizin) *differentiell-disjunkte Indikationen für spezielle Krankheitsbilder*, muß aufgrund des derzeitigen Standes der Erkenntnisse im wesentlichen zurückgewiesen werden. Ein globaler oder gar exklusiver Anspruch auf konzeptuell gebundene besondere Wirksamkeit kann jedenfalls nicht aufrecht erhalten werden: Und so geht man bei Vorliegen von Problem A nicht in gleicher Konsequenz beispielsweise zum Verhaltenstherapeuten wie man bei Zahnweh zum Zahnarzt geht.

Daß es mit wenigen Ausnahmen (siehe z.B. BOZOK & BÜHLER, 1988) keine krankheitsbezogenen Indikationen für die speziellen Methoden einzelner Therapie-Richtungen gibt, wird durch die Regelungen im Sozialsystem der Krankenversorgung sanktioniert: In den für den Eintritt der Lei-stungspflicht der Krankenkasse in der Bundesrepublik Deutschland maßgebenden, am 1. Juli 1988 in Kraft getretenen, Richtlinien/Vereinbarungen wird ein gemeinsamer und identischer Indikationskatalog für die analytisch orientierten Verfahren und die Verhaltenstherapie aufgeführt. Das war ein Ergebnis eingehender Experten-Konsultationen. Trotzdem wird unterschieden zwischen „anerkannten" und anderen Verfahren, welche sogar ausdrücklich einem Leistungs-Ausschluß unterliegen. Die Anerkennung wird damit begründet, daß es sich um Verfahren handele, bzw. handeln müsse, ‚denen ein umfassendes Theoriesystem der Krankheitsentstehung zugrundeliegt und deren spezifische Behandlungsmethoden in ihrer therapeutischen Wirksamkeit belegt sind‘. Ein in seiner Kürze zweifellos sehr problematischer Satz.

Es ist nicht zu übersehen, daß beträchtliche Anstrengungen sowohl wissenschaftlicher wie auch berufspolitischer Art darauf verwendet werden, spezifische Wirkung nachzuweisen und zu beschreiben. Dies zeigt sich zum Beispiel an der Entwicklung neuer Therapiekonzeptionen und -manuale, wie der ‚Kognitiven Therapie der Depression‘ (BECK et al., 1981) oder auch der ‚Interpersonellen Psychotherapie‘ (KLERMAN et al., 1984) für eben dieses Krankheitsbild. Diese Entwicklung zielt hin bis zur „Systematic Treatment Selection" (BEUTLER & CLARKIN, 1990), der es darum geht, bei vorliegenden Patienten-, Therapie-, Prozeß- und in rudimentärer Form auch Therapeutenmerkmalen einen spezifischen Behandlungsvorschlag zu formulieren, der nach Maßgabe empirischer Befunde ein optimales Behandlungsergebnis erwarten läßt. Es zeichnet sich zudem ab, daß innerhalb der jeweiligen therapeutischen Konzepte Variationen des Therapieverhaltens (der sogenannten „Technik") krankheitsbezogenen differentiellen Indikationen gerecht werden wollen. Im Kapitel HEIGL-EVERS, HEIGL & OTT wurde dies an Hand der Einführung der analytisch-interaktionellen Psychotherapie innerhalb der tiefenpsychologisch/psychoanalytischen Richtung ausführlich dargestellt. Ähnliche Wege geht die Verhaltenstherapie mit ihrer Ausdifferenzierung der sozial- und kognitionspsychologischen Verfahren, und auch hier zielt zum Teil die Indikationserweiterung – ähnlich wie bei der analytisch-interaktionellen Variante – auf die Behandlung von Patienten mit entwicklungsbedingten frühstrukturellen Ich-Störungen.

Es ist freilich eine der vielen Paradoxien unseres Berufsfeldes, daß – wie gerade bei der „Interpersonellen Psychotherapie" zu beobachten – es offenbar nicht als Widerspruch erlebt wird, auf der einen Seiten spezifische Wirksamkeit („die Therapie für die Depression") zu beanspruchen und auf der anderen Seite globale Applizierbarkeit anzustreben („auch für Eßstörungen und Schizophrenien geeignet"). Wie auch immer: Es gehört nicht viel Weitblick zur Behauptung, daß gerade in einer Zeit der wachsenden Ressourcenverknappung und Ressourcenbewirtschaftung Fragen zur differentiellen Indikation zunehmend bedeutsam werden; und dies besonders dann, wenn sie vor dem Hintergrund eines Aufwand-Ertrag-Kalküls betrachtet werden.

In diesem Zusammenhang gehört nun aber auch die Feststellung, daß jegliche Heilkunde es mit dem Problem des Verhältnisses von ‚unspezifischen' zu ‚spezifischen' Wirkfaktoren zu tun hat. *In aller Medizin pflegen die allgemeinen Wirkfaktoren in ihrer Bedeutsamkeit unterschätzt, die spezifischen überschätzt zu werden.* Die allgemeinen Wirkfaktoren werden vielfach als weniger wissenschaftlich oder gar unwissenschaftlich abgewertet. Darin nimmt die Psychotherapie innerhalb der Heilkunde keine Sonderstellung ein. Schon in der allgemeinen Medizin ist es ethisch und auch wissenschaftsethisch unzulässig, den allgemeinen Wirkfaktoren keine systematische, also „wissenschaftliche", Beachtung zuteil werden zu lassen. Immerhin ist es in der somatischen Medizin möglich – und beispielsweise bei der Arzneimittelprüfung auch nötig –, spezifische Wirkfaktoren zu isolieren, etwa durch den „doppelten Blindversuch". Vergleichbares scheidet in der heute durchweg als Kommunikations-Heilkunde (STROTZKA, 1975; ENKE, 1978) verstandenen Psychotherapie aus.

Trotzdem unterliegt die Psychotherapeutik immer wieder der Versuchung einer der Arzneimittelprüfung vergleichbaren Methoden-Isolation. Man findet das in allen psychotherapeutischen Richtungen. Zum Beispiel gab es in der – älteren, „konservativen" – Verhaltenstherapie die Tendenz zur Konstruktion kommunikationsunabhängiger Verstärker-Maschinen (z.B. LANG et al., 1970). Das VEE-Konzept in der deutschen Adap-

tation der Gesprächspsychotherapie (TAUSCH, 1973) gehört hierher. Und auch der Deutungs-Purismus der – älteren, „orthodoxen" – Psychoanalyse (EISSLER, 1960) ist wohl in erster Linie auf diese Weise zu erklären.

Die Hervorkehrung methodenspezifischer Wirkfaktoren verliert jedoch beträchtlich an Überzeugungskraft, wenn wir sie den Verlautbarungen und Befundberichten aus der empirischen Psychotherapieforschung gegenüberstellen. Dort ist es nun so, daß die verfahrensunspezifischen Faktoren wie beispielsweise Beziehung, Motivation, Involvierung, Erwartung usw. den verfahrensspezifischen wie Interpretation, Hier-und-Jetzt-Fokussierung, Verbalisierung emotionaler Erlebensinhalte usw. in ihrem empirischen Vermögen, therapeutische Wirksamkeit vorherzusagen, regelmäßig den Rang ablaufen. Spezifische Wirkfaktoren finden demgegenüber in den Therapie-Lehrbüchern, den Selbstdarstellungen und Effektattributionen der Therapeuten ihr eigentliches Biotop. Möglicherweise haben wir es hier vorrangig mit Notwendigkeiten der therapeutischen Identitätsfindung zu tun: Eine Therapeutenkarriere kann wohl nicht anders in Gang gebracht werden als auf dem Fundament eines Anspruchs nach spezifischem Handeln, aus dem spezifische Wirkung erwächst. Und dieser Anspruch umfaßt Lehrer, Schüler und Curriculum. In dem von SKOVHOLT und RONNESTAD (1992) empirisch gewonnenen Entwicklungsmodell zur therapeutischen Identität wird ein solches Bedürfnis nach Spezität und Orthodoxie als frühe Entwicklungsstufe ausdrücklich behauptet. Und so entwickelt sich eine Art „laterale Inhibition", die dem Relativen, Allgemeinen, Unspezifischen, Therapieübergreifenden usw. weniger und dem Spezifischen, Markanten und Punktuellen mehr Einfluß auf den therapeutischen Prozeß zuerkennt.

Stellt man die Frage, in welcher der psychotherapeutischen Richtungen die allgemeinen Wirkfaktoren eine besonders elaborierte Berücksichtigung erfahren haben, so wäre in erster Linie die Gesprächspsychotherapie zu nennen. Dies wird z.B. daran deutlich, das für Rogers Psychotherapie lediglich eine von vielen Formen konstruktiver interpersonaler Beziehungen ist. Die Vorstellung, daß geplante und gelernte technische Operationen als Wirkfaktoren anzusehen sind, ist in diesem Konzept Gegenstand kontroverser Diskussionen (Tscheulin, 1983). Bei der Verhaltenstherapie liegen die Gewichte gerade umgekehrt. Der Anspruch, mit spezifischen Interventionen ein umschriebenes Problem psychologisch beschreibbarer Genese funktional zu kurieren, steht im Zentrum dieses Konzeptes, wenngleich es sich seit langem und zunehmend Relativierungen gefallen lassen muß (Breger & McGaugh, 1965; Seiderer-Hartig, 1980; Fiedler & Rogge, 1989). Auch in der Psychoanalyse sind vermehrt „sozialpsychologische" Entwicklungsmomente erkennbar. Entsprechende, die allgemeinen Wirkfaktoren explizit berücksichtigende Subkonzepte findet man bei Luborsky (1988), Thomä & Kächele (1985, 1988) und – als interaktioneller Zugang bei Heigl und Heigl-Evers (in diesem Band). Es dürfte kein Zufall sein, daß jene Subkonzepte innerhalb der Verhaltenstherapie und Psychoanalyse, die die allgemeinen Wirkfaktoren systematisch mit einbeziehen, in der Regel als die „unorthodoxen" und „modernen" gelten.

2 Therapeutisches Verhalten

Wenn wir von der Existenz spezifischer Wirkfaktoren ausgehen, so müssen wir konsequenterweise therapeutische Verhaltensweisen festmachen können, welche sich als spezifisch für die jeweiligen therapeutischen Richtungen ausweisen. Oder anders gewendet: In dem Maße, in dem es mißlingt, für die einzelnen Schulen homogene therapeutische Verhaltensweisen aufzuzeigen, wird es mißlingen, spezifische Wirkfaktoren nachzuweisen. Als Therapeuten bestehen wir natürlich auf dem Unterschied zwischen den verschiedenen therapeutischen Richtungen. Dieser Unterschied imponiert aber zunächst als kleiner Unterschied, wenn man sich beispielsweise Ausschnitte aus Videoprotokollen von Fokaltherapien, Verhaltenstherapien, Gesprächstherapien, interpersonellen Therapien oder kognitiven Therapien usw. anschaut. Die Überraschung des Erstautors war groß, als es in einer Studie zum Interaktionsverhalten ad oculo nicht gelang, die Videoausschnitte den zugrundeliegenden Therapien zuzuordnen. Es dominierte vielmehr der Eindruck, daß sich so etwas wie eine mitteleuropäische Therapiekultur

entwickelt hat, die – vergleichbar der Polster-Garnitur in deutschen Wohnzimmern – das therapeutische Gespräch kennzeichnet und von anderen Gesprächssituationen abhebt. Elemente dieser Kultur sind beispielsweise auf seiten der Therapeuten Displays von Empathie, Souveränität, Problemlösungskompetenz, distanziertem Interesse, emotionaler und motorischer Kontrolliertheit u. a. Bezogen auf die Sprechakte dominierten Rückmeldesignale, thematische Fokussierungen und Argumentationsfiguren, die den Effekt hatten, den Patienten immer wieder an sich selbst zurückzugeben. Das dominante Patientenverhalten zentriert sich um Involviertheit und Selbstöffnung auf der einen sowie Deskription und Narration auf der anderen Seite.

Um systematische Unterschiede zu finden bedarf es dann schon forschungstechnischer Anstrengungen, wobei immer noch fraglich ist, ob die dann gefundenen Spezifika einer Replikation standhalten und für die verschiedenen Therapieschulen stehen, oder ob sie lediglich regionale Eigenheiten abbilden. So konnte Luborsky (1984) beim Vergleich von Drogenberatung, supportiv-expressiver und kognitiv-behavioraler Therapie sowohl konzepteigene wie auch konzeptübergreifende Vorgehensweisen nachweisen. In der Temple-Studie (Sloane et al., 1975) zeigten sich die Verhaltenstherapeuten im Vergleich zu den analytischen Psychotherapeuten als aktiver und direktiver. Sie kontrollierten die Interaktion stärker inhaltlich, z. B. durch Initiieren neuer Themen und brachten mehr Informationen in das Gespräch ein. Sie waren auch informationsoffener hinsichtlich ihrer eigenen Wertesysteme und erhielten höhere Werte auf den Truax-Skalen ‚interpersoneller Kontakt' und ‚Selbstkongruenz'.

Die analytischen Therapeuten spielten demgegenüber eine eher reflektierende Rolle. Sie ermunterten die Patienten, ihre Gedanken und Gefühle auszudrücken und zu explorieren. Dabei waren sie im Vergleich zu den verhaltenstherapeutischen Kollegen zurückhaltend, gaben selten Ratschläge und vermieden es auch, sich persönlich zu öffnen. Das operative Zentrum ihrer Therapiestrategie war ganz eindeutig die therapeutische Beziehung. Neben etlichen anderen konnten Wurm (1982) und Grawe et al. (1994) außerdem zeigen, daß nicht nur das Verhaltensangebot der Therapeuten je nach therapeutischer Zugehörigkeit differierte,

Tabelle 1:
Prototypische Unterschiede zwischen 3 Therapiekonzeptionen

	Psychoanalyse	Gesprächspsychotherapie	Verhaltenstherapie
Rolle	Experte	Gärtner	Trainer
Beziehung	Übertragung	Real	Real
Code	komplex, mythologisch	einfach, romantisch	einfach, technologisch
schemat. Beziehungs-angebot	Kontrolltyp	Empathietyp	Aktionstyp
Basisverhalten	distanzierte Aufmerksamkeit	bedingungsfreie Teilhabe	zielgerichtete Aktivität
methodeninduzierte Lernerfahrung	Herstell. von Situationen u. Konstellationen	Veränderungspotenz des Angenommen werdens	Veränderungspotenz der Aktion
Technik	Umdeutung	Affektfokussierung	Anleitung und Übung
Veränderung	qua Erleben und Einsicht	qua Selbstexploration	qua Übung und Aktion
Logik	metalogisch	psychologisch	alltagslogisch
Setting	systematische Alltagsferne	dialogisch	edukativ
Paradox	Leg dich mir zu Füßen und werde erwachsen	sei wer du bist, dann wirst du was du sollst	Entspanne dich wenn es spannend wird
Mythos	Mythos von der unbewußten Motivation	Wachstumsmythos	Erlernmythos

sondern daß auch die Patienten spezifisch darauf reagierten.

In Tabelle 1 sind für die drei Hauptsäulen der gegenwärtigen Psychotherapiewelt prototypische Unterschiede aufgeführt. Die Tabelle ist am grünen Tisch entstanden und bezieht sich nicht explizit auf empirische Befundlagen. Es liegen ihr vielmehr die herkömmlichen Stereotypien zugrunde, wie sie uns in den Selbstdarstellungen der einzelnen therapeutischen Richtungen entgegentreten. Mit dem Wissen, daß es sich hierbei um Idealisierungen handelt – schon der Begriff „Verhaltenstherapie" überschreibt eine ganze Palette von unterschiedlichen Methoden und Orientierungen – finden wir doch eine Reihe von Merkmalen, in denen sich die Konzepte qua Selbstverständnis voneinander unterscheiden. So ist die Rolle des Psychoanalytikers – und damit auch die Rolle des Patienten – ganz anders adjustiert als die des Gesprächstherapeuten oder des Verhaltenstherapeuten. Wo der Analytiker auf seiner Expertise und damit auf seiner Deutungshoheit beharrt, gibt sie

der Gesprächstherapeut an den Patienten zurück und beansprucht für sich die Hoheit über die Beziehungsatmosphäre. Wo der Verhaltenstherapeut auf Basis der Realbeziehung agiert, erfährt die Beziehung in der Psychoanalyse eine szenische Einkleidung. Und wo der Analytiker aufmerksame Distanz kultiviert, ist dem Gesprächspsychotherapeuten das involvierte Mitschwingen von hohem Wert. Veränderung geschieht in einem Konzept qua Übung und Aktion über die Interventionsmittel ‚Anleitung', ‚Rat geben' oder ‚Techniken zur Selbstkontrolle' und im anderen Konzept qua Affektfokussierung und beziehungsgestützte Intensivierung der Selbstexploration. Wo die Verhaltenstherapie alltagsverständlich bleibt und sich in einem einfach-technologischen Sprachcode verständigt, besteht die Psychoanalyse geradezu auf der prinzipiellen Desavouierung des Naheliegenden.

Auf der anderen Seite sprengt aber das Realverhalten von Therapeuten die Vorgaben der jeweiligen ‚Schulbücher'. So setzten z.B. in der Temple-

Studie die Verhaltenstherapeuten das Mittel der Interpretation häufiger ein als die Psychodynamiker, und auch Gesprächspsychotherapeuten ist dieses Interventionsmittel nicht fremd. HOWE (1980) berichtet über eine Untersuchung von Gesprächstherapien, wonach der Interventionstyp ‚Interpretation‘ im Vergleich zu anderen Interventionskategorien wie Reflektieren, Spezifizieren, Ansprechen innerer Vorgänge, Ansprechen von Beziehungen des Patienten zu anderen usw. einen Anteil zwischen 3% und 25% eingenommen hat. Berücksichtigen wir, daß solchen Ergebnissen kontrollierte Studien zugrundeliegen, die in einer akademischen Umgebung an Therapeuten vollzogen worden sind, die um ihr „Glashaus" wissen: Wie sehr mögen dann Privatismen und Eklektizismen eine Rolle spielen im therapeutischen Alltag fern jeglicher wissenschaftlicher oder kollegialen Öffentlichkeit?

Wir dürfen in diesem Zusammenhang nochmals auf das Entwicklungsmodell zur therapeutischen Identität von SKOVHOLT und RONNESTAD (1992) zurückkommen. Dieses Modell postuliert als Kennzeichen vorangeschrittener Kompetenz die graduelle Abkehr vom Orthodoxen und Bevorschrifteten zu Gunsten einer Haltung, in der Persönliches, Je-Eigenes, Schulenübergreifendes kultiviert und Bestand der therapeutischen Identität wird. Dies wird auch deutlich in den Ergebnissen einer Studie von MUFFLER (1991) zum beruflichen Selbstverständnis von klinisch erfahrenen Psychotherapeuten. In dieser Studie wurden Fragen zur beruflichen Entwicklung, zur Veränderung der therapeutischen Sichtweise und dem therapeutischen Vorgehen über diese Zeit, über den persönlichen Nutzen und die eigenen Grenzen, über die Stellung der Therapieregeln usw. an eine Reihe klinisch sehr erfahrener Psychoanalytiker gestellt. Folgend zitieren wir Ausschnitte aus den Antworten einiger der befragten Therapeuten (alle Zitate aus MUFFLER, 1991).

> (Therapeut Nr. 2) „… ich glaube der Grad an Durchlässigkeit, also den Patienten teilhaben lassen an dem, was man selber denkt und erlebt, der hat deutlich zugenommen … daß in dem Maße, wie die klinische Erfahrung wächst, nimmt die Angst ab, daß der Patient einen zu sehr für sich in Anspruch nehmen könnte …" (S. 53)

> (Therapeut Nr. 5) „… daß ich früher sehr viel mehr wollte. Ich wollte sozusagen den Patienten helfen, daß sie sich verändern (lacht) können, … und heute kann ich mehr warten, dem Patienten mehr Zeit lassen, … auch nicht mehr darauf gucken muß, daß die Symptome verschwinden …" (S. 56)

> (Therapeut Nr. 7) „Ziemliche Änderung ganz klar. Konzept vom Institut nach dem Examen relativ festgelegt … sehr viel Fremdes, was man aufgenommen hat. Und bei mir war's dann so, daß ich von dieser Behandlungsweise sehr stark abgekommen bin … Methode, die man immer schlechter beschreiben kann, weil sie Elemente beider Schulen sehr deutlich enthält und Eigenes, auch philosophische Sicht der Welt und der Menschen, da ist also sehr viel dazugekommen, so daß die Methode sich sicher sehr differenziert hat. Es ist mir heute sehr viel weniger möglich zu beschreiben, was ich mache, als am Anfang …" (S. 58)

> (Therapeut Nr. 9) „Ich habe mich insofern verändert, als ich mich in der Therapie sehr viel mehr zurückhalte, daß ich in der Therapie nicht mehr so viel rede, im Sinne von Interpretationen und Konfrontationen, … daß ich es heute dem Patienten stärker überlasse etwas selber zu finden … im Sinne von: dem Patienten eine vertrauensvolle und warme Atmosphäre zu schaffen, da bin ich überhaupt nicht abstinent …" (S. 61)

> (Therpeut Nr. 10) „Ich gebe heute den Patienten mehr Spielraum. Früher war ich strenger und konsequenter, weil ich meinte, Forderungen stellen zu müssen … ich bin toleranter geworden … ich hab gemerkt, daß man im Seelischen nicht viel machen kann, dieser Macher ist ja eine Größenphantasie unserer Zeit …" (S. 62)

Alle Antworten zugrunde gelegt ergibt sich ein Bild von beträchtlicher Unorthodoxie. Danach fasziniert der Beruf des Psychotherapeuten durch Anteilnahme und Beobachtung und bereichert in beruflicher wie persönlicher Weise, obwohl — oder weil — er an sich als schwierig und herausfordernd erlebt wird. Im Laufe der Berufstätigkeit vergrößert sich der Spielraum für Therapeut und Patient, der Blick für Wesentliches schärft sich, eigene Möglichkeiten nehmen zu bis sich die eigene Methodik immer weniger abgrenzbar beschreiben läßt. Diese Entwicklung geht oft einher mit zunehmender Geduld, Toleranz, und der Bereitschaft, Dinge geschehen zu lassen; schwierige Situationen bringen die Therapeuten nicht so schnell aus der Fassung, auch weil sie sich gestatten, unkonform damit umzugehen: Therapieregeln werden in schöpferischer und kreativer Weise situationsadäquat modifiziert, wobei andere Therapiekonzepte, aber auch Philosophien, Religionen, Lebensstile und -haltungen als Referenzwissen nutzbar gemacht werden. So müssen wir davon ausgehen, daß auch innerhalb eines sehr sozialisierenden Konzeptes wie der Psychoanalyse, die „biographische" Varianz sehr groß ist. Es gehört wenig Prophetie zur Aussage, daß dies in anderen Verfahren ähnlich sein wird.

Aber nicht nur beträchtliche biographische Varianz müssen wir in Rechnung stellen, sondern ebenso die schlichte Tatsache, daß es auch innerhalb eines Therapiekonzeptes gute und schlechte, intuitive oder systematische, analytische oder teilhabende, hilfreiche oder hilflose Therapeuten gibt. Dies konnte LEUZINGER (1980) in einer Studie zu den kognitiven Vorgängen bei Therapeuten während der Indikationsstellung plausibel machen. In der von ihr entworfenen Typologie finden wir den „brillanten Routinier" und den „patientenzentrierten Könner" ebenso wie den „Experten aus Abwehr". Es gibt den „Intuitiven" wie auch den „hilflosen Helfer" oder den „Intellektuellen", den „Versager aus Leistungsangst" und den „Versager aus Betroffenheit". Und alle lassen sich voneinander abgrenzen durch die Art und die Systematik, mit der sie ihre Patienten und deren Probleme beschreiben und verstehen.

Die Autorin findet diese Begriffe über eine Typologie der kognitiven Prozesse und deren Kommentierung während der Indikationsstellung durch Kliniker. So stellt sie z.B. den „patientenzentrierten Könner" wie folgt vor:

> „... kann die Indikation sehr gut stellen. Er reflektiert auch seine eigene Konfliktsituation dabei umfassend. Besonders typisch für ihn ist die Art, wie er auf die spezifische Problematik der Patientin eingehen kann: man spürt ein großes emotionales Interesse an ihr als Individuum, das er differenziert affektiv und kognitiv erfassen möchte. Außer seinem persönlichen Engagement für die Patientin verfügt der Beurteiler über ein breites Fachwissen zur Indikation. Die Differenziertheit und Breite seines Vorgehens zeigt sich z.B. in der großen verbalen Produktivität und dem weiten kognitiven Spektrum ...

eigene kognitive Vorgänge des Beurteilers werden registriert und analysiert ... Allerdings scheint dies keine Routinearbeit zu sein; in den Denkprotokollen ist erkennbar, daß um diese Einsichten, wie auch um das differenzierte Verständnis der Patienten gerungen wird ... Außer den Fachausdrücken verwendet der Beurteiler eine vortheoretische Sprache, die eine stark persönliche Note enthält" (LEUZINGER, 1980, S. 236).

Die Annahme liegt nahe, daß diese Beurteilertypen auch Unterschiede in den therapeutischen „Gleichungen" und Konstruktionen bedingen. So nimmt die Expertise beim brillanten Routinier eine andere Stellung ein als beim Experten aus Abwehr. Wo sie in einem Fall Wissen bereitstellt, um komplexe Situationen zu verstehen und zu strukturieren, dient sie im anderen Fall als Rüstzeug zur Wahrung der persönlichen Distanz und „Unversehrtheit". Der patientenzentrierte Könner oder der Intuitive haben einen anderen „Bedarf" an theoretischen und vorgegebenen Konzepten als der „Intellektuelle": Wo sich die einen auf ad hoc Konzepte verlassen können und eine stark fallbezogene Problemsicht erarbeiten, braucht der andere ein vorgefestigtes Theorie- und Begriffsgebäude. Und wenn man diese Typologie ausdekliniert, so könnte es geschehen, daß von den oben entworfenen Prototypen des spezifischen therapeutischen Verhaltens nur noch wenig übrigbleibt. Die Annahme, daß die Teilhabe an einer therapeutischen Ausbildung und die Zugehörigkeit zu einer bestimmten Schulrichtung ein hinreichend homogenes therapeutisches Verhalten verantwortet, erscheint mit diesem Hintergrund recht schwachbrüstig.

3 Therapeuten und Laien

Die Vorstellung, daß bestimmten therapeutischen Haltungen und Verhaltensweisen in Konkurrenz zu anderen eine erhabene Wirkung zugesprochen werden kann, erscheint uns – um es zu wiederholen – mehr als fragwürdig. Die historische, kulturelle und freizeitmodische Relativität der therapeutischen Gestalten fordert hier Bescheidenheit. Auch die Erfolge von Selbsthilfegruppen weisen in diese Richtung wie auch ganz allgemein die Befunde zur Wirksamkeit von Laientherapie. So konnten Strupp & Hadley (1978) in einer Studie zeigen, daß College-Professoren in einer Therapeutenrolle den Vergleich mit einer Gruppe erfahrener Therapeuten bei ähnlichem ‚Patientengut‘ (Studenten mit Auffälligkeiten in den MMPI-Skalen Depression, Angst und Introversion) nicht scheuen mußten. Der Gruppe der Laien-Therapeuten waren solche Professoren zugehörig, von denen bekannt war, daß sie im Umgang mit Studenten verständnisvolle Beziehungen aufzunehmen in der Lage waren. Das Ergebnis ist trotzdem überraschend, wenn man erfährt, daß die wesentlichen Interventionsmittel der Laientherapeuten die psychotherapeutisch nicht eben geschätzten ‚informelle Konversation‘ und ‚Rat geben‘ waren (Gomes-Schwartz & Schwartz, 1978). Das Anliegen der Studie von Strupp & Hadley war, den Anteil herauszuarbeiten, den *therapeutische Interventionsmittel* auf der einen und *basale Qualitäten einer guten Beziehung* auf der anderen Seite am Therapieergebnis haben. Gomes-Schwartz (1978) hat zur Beantwortung dieser Frage am gleichen Datenmaterial diese Abwägung für die Dimensionen ‚explorativer Prozeß‘, ‚therapeutisches Beziehungsangebot‘ und ‚Involvierung des Patienten‘ empirisch vorgenommen. Sowohl die theoretische Orientierung der Therapeuten wie auch der Status ‚professionell/non-professionell‘ hatte einen Einfluß auf den Prozeß der Therapie, nicht aber auf ihre Effizienz. Die Dimension mit dem höchsten Vorhersagewert für das Therapie-Ergebnis war die *Involvierung der Patienten*. Bis zu 38% der Wirkungs-Varianz konnte durch diese Variable aufgeklärt werden. Dies ist ein erheblicher Wert, besonders wenn man ihn mit den traditionell prognoseschwachen nosologischen und diagnostischen Kategorien vergleicht.

Die Wirksamkeit von Laientherapien muß sich nicht auf wenige und vereinzelte Studien stützen. Neben anderen konnte Durlak (1979) in seiner Meta-Analyse keine Überlegenheit der einschlägig qualifizierten Therapeuten über engagierte Laien berichten. Geht man davon aus, daß das Unbequeme zutrifft, so läge die Erklärung auf der Hand, daß es sich bei Laientherapien um enthusiastische, persönlich sehr engagiert geführte Gelegenheits-Therapien handelt. Im Sprachgebrauch von Skovholt & Ronnestad (1992) entspräche diese therapeutische Haltung dem Entwicklungsabschnitt „Conventional“. Er beschreibt Personen, die im wesentlichen untrainiert sind und eine eher unter der kritischen Grenzen liegende therapeutische Interaktionsfrequenz nachweisen können. Die zentrale therapeutische Aufgabe wird aus dem Fundus des Alltagswissens extrahiert, wobei die eigene Lebenserfahrung und die Schlußfolgerungen und Verallgemeinerungen daraus als normative Referenz dienen. Der dominante therapeutische Affekt ist Mitleid, das Rollenverständnis und der Arbeitsstil haben eine starke freundschaftlich-bündnerische Komponente. Auf viele semiprofessionell arbeitenden Therapiebeflissene trifft diese Beschreibung ganz offenkundig zu. Sie nehmen Klienten nur an, wenn sie Zeit haben, in Form sind und ein „gutes Gefühl“ haben. Dabei therapieren sie mit einem hohen Aufwand an innerem Engagement und geringer persönlich-psychischer Ökonomie. Es stellt sich freilich dann die Frage, ob Laien auch in einem beruflichen Anforderungsformat effizient sein können, wenn es darum geht, täglich 8 Stunden tätig sein zu müssen. Und wir sind sehr davon überzeugt, daß diese Frage zu verneinen ist. Der erfahrene Experte entbirgt sich im Vergleich zum Novizen oder Laien eigentlich erst in der Handhabung schwieriger Situationen und Patienten. Er ist in der Lage, therapeutische Krisen besser – eben therapeutischer – zu handhaben.

Bis hierher ging es uns darum, zu zeigen, daß das therapeutische Verhalten beträchtliche Varianz aufweist, und dies nicht nur – wie ja zu erwarten wäre – zwischen verschiedenen therapeutischen Richtungen, sondern auch innerhalb dieser Richtungen und sogar über den Zeitraum der jeweils individuellen Lebensläufe und Entwicklungen. Hinzu kommt, daß wir offenbar unterschiedliche Ressourcen einsetzen können um therapeutisch effektiv zu sein. Wo der Novize auf Engagement, innere Beteiligung und äußere Unterstützung zurückgreifen wird, vermag der Erfahrene Strukturen erkennen, sich auf Metaebenen bewegen und interessierte Distanz wahren. Immerhin ist therapeutische Wirkung nicht von vorneherein dem langjährig Ausgebildeten vorbehalten. Offenbar können produktive persönliche Entwicklungen mit ganz unterschiedlichen therapeutischen Mitteln auf den Weg gebracht werden. Die Annahme einer zielgenauen Beeinflussung führt in der Psychotherapie wahrscheinlich ebenso in die Irre wie in der Pädagogik: All die Vorstellungen von der punktuellen und spezifischen Wirkung umschriebener Therapeuteninterventionen entwerfen implizit ein mechanistisches Bild vom Patienten, welches mit dem immer wieder gern hochgehaltenen Anspruch auf Ganzheitlichkeit nicht harmoniert. Der Patient tritt uns eben nicht als Werkstück gegenüber, sondern als lebendiger Organismus, der in seinen gesunden Anteilen nach Fortentwicklung und Ganzheitlichkeit strebt. Hier kann ein kleiner Anstoß ein ganzes System ebenso wieder in Bewegung bringen, wie mächtige therapeutische Anstrengungen echolos verpuffen. Und aus einem kleinen Zipfel erlebter Kompetenz kann in autodynamischer Häutung ein neues Selbstkonzept entstehen mit allen sozialen Konsequenzen. Insgesamt sind unsere Vorstellungen von der therapeutischen Wirkung zu instrumentell und selbstattribuierend. Die Vorstellung vom selbstregulierenden Patienten, oder auch von dessen inhibitiver oder unterstützenden sozialen Umgebung und dessen einengenden oder Freiraum bereitstellenden Lebensumständen spielen in unseren psychologischen und noch mehr medizinischen Therapiemodellen eine vernachlässigte Rolle.

Ein medizinisches Psychotherapiemodell beispielsweise, welches die Probleme in den Patienten legt und die Therapie ausschließlich in die technischen Interventionen des Therapeuten, greift zu kurz, in dem es zum Beispiel den Beitrag der Therapeut-Patient-Beziehung unterschätzt. Ein psychologisches Therapiemodell, welches darüber hinaus versucht z.B. einen Wahrnehmungsapparat und ein Motivationsapparat bei Patient und Therapeut zu berücksichtigen, greift zu kurz, beispielsweise um den Anteil, den die spezifischen Interaktionsmuster der Therapiebeteiligten zum Therapiegeschehen beitragen. Ein sozialpsychologisches Modell, welches zudem versucht, Therapeut und Patient in ein Feld wechselseitiger Bezugnahme und Regulierung zu stellen, erbringt möglicherweise weitreichende Erkenntnisse über den psychotherapeutischen Vorgang, erweist sich aber als blind gegenüber der Tatsache, das Psychotherapie zumeist als Beruf ausgeübt wird und in erster Linie zur Existenzsicherung des Psychotherapeuten dient. Psychotherapie kann man von daher „gewinnbringend" auch unter berufssoziologischen Gesichtspunkten sehen. Dann fehlt aber immer noch die gesell-

schaftliche, politische, kulturelle und anthropologische Dimension von Psychotherapie.

Vor diesen Gegebenheiten wird die Mühe verständlich, die wir damit haben, spezifische Faktoren empirisch herauszuarbeiten. Die Varianz im therapeutischen Verhalten zwischen Adhärenten der Therapiekonzepte A und B müßte als vergleichsweise groß vorausgesetzt werden, um spezifische Faktoren gedeihen zu lassen. Diese Varianz – schon nicht so groß wie aus berufs- und identitätspolitischen Bedürfnissen erwünscht – wird noch beträchtlich relativiert durch die *biographische* (Haltungs- und Verhaltensänderungen im Lauf der Zeit), die *typologische* (Unterschiede zwischen verschiedenen Therapeutentypen innerhalb eines Konzeptes), *indikative* (Varianten des Therapeutenverhaltens nach Maßgabe der klinischen Notwendigkeit) und die *Ressourcen-Varianz* (Unterschiede in den technisch-persönlichen Mitteln).

4 Allgemeine Modelle zur psychotherapeutischen Wirkung

Es gibt mehrere Schlußfolgerungen, die man aus dem zuvor dargestellten „Varianzdilemma" ziehen kann. Eine davon führt hin zu Versuchen, eben nicht spezifische sondern allgemeine Modelle der psychotherapeutischen Wirkung zu formulieren. Das bekannteste allgemeine Modell – das sogenannte „generische Modell" – wurde von ORLINSKY & HOWARD (1986) beziehungsweise ORLINSKY et al. (1994) veröffentlicht. Grundlage dieses Modells sind Studien, die der Frage nach dem *Verhältnis von Therapie-Prozeß zu Therapie-Ergebnis* empirisch nachgehen. Über die systematisierende Durchsicht von mehr als 1000 empirischen Arbeiten zu diesem Thema, die zwischen 1950 und 1990 publiziert worden sind, kommen sie zu Aussagen über die Wertigkeit psychotherapeutischer Wirkgrößen. Wenn man die sehr beschränkte „Tiefenschärfe" der Prozeßstudien jener Zeit ins Kalkül zieht, muß man bei einem solchen Vorgehen von vornherein mit sehr weitgehenden Verallgemeinerungen und damit auch Nivellierungen rechnen. Nach ORLINSKY et al. (1994) gestaltet sich Psychotherapie – eingebettet in ein gesellschaftlich vorgegebenes Raster – nicht ausschließlich aber vorrangig aus der Wechselwirkung von Faktoren des therapeutischen Vertrags, des therapeutischen Bündnisses, der therapeutischen Operationen, der Teilhabe des Patienten und seiner Involviertheit in der Therapie. In der Befundzusammenfassung und -gewichtung der Autoren ergab sich erwartungsgemäß eine hervorgehobene Bedeutung von Komponenten der *Therapeut-Patient-Beziehung* für das therapeutische Ergebnis. Therapien, in denen das Therapeut-Patient-Verhältnis getragen ist durch gegenseitige Achtung, durch Respekt, Sympathie, wechselseitiges Verpflichtet-Sein, empathische Resonanz, gegenseitige Bestätigung als Grundakkord, Offenheit usw. haben im allgemeinen eine höhere Erfolgswahrscheinlichkeit. Neben diesem grundlegenden Wirkmoment sprechen sie vor anderen Punkten *therapeutischen Interventionen* wie Strukturieren, Explorieren, Interpretieren, Konfrontieren usw. Wirkung zu, „when done skillfully with suitable patients" (S. 371). Natürlich verbirgt sich in diesem Nebensatz der eigentliche Kern des Problems, und somit verbleibt die Aussage von ORLINSKY & HOWARD etwas im Trivialen.

Zur Effizienz solcher therapeutischen Interventionen formulieren wir etwas spezifischer: *Interventionen stehen dann in einer konstruktiven Beziehung zum psychotherapeutischen Prozeß, wenn sie in der Lage sind, auf dem Fundament einer tragfähigen Therapeut-Patient-Beziehung integrierbare Neuerfahrung und Neubewertung beim Patienten anzustoßen oder zu vertiefen.* In solchen Interventionen verdichtet sich sozusagen die professionelle therapeutische Strategie, den status quo der Selbstpräsentation und des Selbstverständnisses des Patienten zu überschreiten. Dabei gehen wir davon aus, daß unterschiedliche Interventionsklassen funktionell durchaus vergleichbare Konsequenzen haben können. Die Annahme der funktionellen Äquivalenz verschiedener therapeutischer Interventionsformen steht im Hintergrund aller Versuche, *ein konzeptübergreifendes Modell effizienter Psychotherapie* zu formulieren. In der Vorstellung von FRANK (1971) und FRANK et al. (1978) ereignet sich positive therapeutische Einflußnahme vor dem Hintergrund einer vertrauensvollen Beziehung. Das therapeutische setting zeichnet sich dadurch aus, daß es die emotionale Involvierung des Patienten intensiviert. Der Therapeut vermittelt Kompetenz, Orientierung und Bewältigungsansätze über Erklärungsmodelle zu Ursprung und der Natur des Problems. Wesentliche therapeutische Aufgaben sind die Vertiefung von Hoffnung, der Abbau von Demoralisierung, sowie explizite oder implizite Hinweise zur Umwertung und Sinnstiftung. Der Therapeut wird darin unterstützt durch die Tatsache, daß er eine gesellschaftlich anerkannte Institution ausfüllt. Dadurch wird seine ‚Macht' im Sinne von Deutungs- und Erklärungshoheit und im Sinne von Sozialisationskompetenz über das Maß seiner persönlichen Kompetenz und seines alltäglichen Charismas hinausgehoben. Als Therapeuten füllen wir diese gesellschaftlich bereitgestellten Formen aus beispielsweise durch das implizite oder explizite ‚Zur-Schau-Stellen' von Insignien unseres Expertenstatus. Wie weit dies – meist unbemerkt – bis hin in Lebensführung und Lebensstil hineinreicht, mag man bei JANET MALCOLM (1976) nachlesen.

Nach BANDURA (1977) beeinflußt effiziente Psychotherapie vor allem die ‚self-efficacy' – und das ist die erlebte Überzeugung Einfluß nehmen zu können – des Patienten. Sie zu stärken gehört zur zentralen Aufgabe jeglicher Psychotherapie. Dies kann nach Bandura erreicht werden durch nachempfindende, verordnende und gefühlsanregende therapeutische Strategien. In ähnliche Richtung weist KARASU (1986). Er stellt drei therapeutische Wirkkomponenten in den Vordergrund, auf die von allen Therapiemethoden – freilich in unterschiedlicher Gewichtung – zurückgegriffen wird. Es sind die als „change agents" bezeichneten Ereignisklassen ‚affektives Erleben', ‚kognitive Beherrschung' und ‚Verhaltensregulation', denen Karasu je ein spezifisches Wirkungsprofil zuschreibt. Jede Komponente kann durch unterschiedliche therapeutische Vorgehensweisen evoziert werden. So kann affektives Erleben sowohl durch freie Assoziation, durch Verbalisierung emotionaler Erlebnisinhalte, durch Reizüberflutung, durch die Übung ‚heißer Stuhl' und anderes initiiert oder verstärkt werden.

Zusammenfassungen von empirischen Ergebnissen, wie sie von ORLINSKY & HOWARD (1986) oder ORLINSKY et al. (1994) publiziert worden sind, können als Basis dienen für – in der Sprachregelung GRAWES (1996) – Theorien der zweiten Generation. Solche Theorien sollten das vorliegende empirische Wissen schulübergreifend und im Einklang mit der Grundlagenpsychologie nutzen und in einen weitgehend widerspruchsfreien Zusammenhang bringen. Grawe sieht in diesem Sinne vier Aspekte, die hinter den empirisch gefundenen Therapieergebnissen und Prozeß-Ergebnis-Zusammenhängen stehen: *Ressourcenaktivierung, Problemaktualisierung, aktive Hilfe zur Problembewältigung und motivationale Klärung.* Der Wirkfaktor „Ressourcenaktivierung" leitet sich ab aus der Erfahrung, daß Therapien offenbar dort erfolgreicher ablaufen, wo es gelingt – im Gegensatz zur vorrangigen Orientierung an Defiziten und Schwächen – auch persönliche Stärken, Potenzen und Entwicklungsmöglichkeiten ins Zentrum der Therapie zu rücken. Problemaktualisierung bezeichnet ein Wirkbündel, das aus therapeutischen Strategien geknüpft ist, die zum Ziel haben, Probleme aus einer sprachlichen Verpuppung herauszuführen. Aktive Hilfe zur Problembewältigung kann in verschiedenen Formen stattfinden, vom Selbstsicherheitstraining mit gehemmten Patienten über Sexualtherapie nach MASTERS und JOHNSON bis hin zur konkreten Gestaltung des Tagesablaufs bei der kognitiven Therapie von Depressiven. Das vierte Wirkprinzip schließlich betrifft die Klärungsarbeit vorwiegend an Motiven und Werten. Dieses Wirkprinzip kommt nach GRAWE vor allem in psychoanalytisch orientierten Therapieformen zum Zuge (z. B. CASPAR, 1996, S. 23), während die Verhaltenstherapie ihre Bühne in der aktiven Hilfe zur Problembewältigung findet.

5 Zur Passung von Therapeut, Patient und Methode

Insgesamt sind diese allgemeinen Modelle jedoch weit davon entfernt, klinisch brauchbar zu sein. Sie liefern nur ein grobes Ordnungssystem, aus dem Handlungsvorschläge für den jeweiligen Einzelfall kaum abgeleitet werden können. Auch angesichts von Fragen zur differentiellen Indikation bleiben diese Modelle weitgehend sprachlos. Gerade in ihrem Allgemeinheitsanspruch verfehlen sie die jeweils sehr spezifischen dyadischen Gege-

benheiten in einer Therapie. Die differentielle Indikation für spezifische Interventionsmittel ist aber eine Frage der persönlichen und der interaktionellen „Gleichung". Wo in einem Fall Behutsamkeit Wirkung zeigt, erscheint in einem anderen eine fordernde Haltung angebracht; wo sie bei einem Patienten therapeutische Wege ebnet, versperrt sie solche bei einem anderen. Im Kontext der allgemeinen Wirkfaktoren hat natürlich die ‚Variable Therapeut' in Zusammenhang mit der ‚Variable Patient' eine, wenn nicht die zentrale Stellung. In der psychotherapeutischen Praxis, z. B. bei den Lehranalysen, wird dieser Tatsache häufiger Rechnung getragen: Es werden Analysen ausdrücklich bei einer weiblichen oder männlichen, einem älteren oder jüngeren Therapeuten ‚verordnet'. In den Polikliniken und Ambulanzen der psychotherapeutischen Institute kommt es nicht selten vor, daß für einen bestimmten Patienten ein bestimmter Therapeut gesucht oder empfohlen wird. Diese pragmatischen Usancen haben zweifellos ihre *allgemeine* sozialpsychologische und wissenschaftliche Legitimation. Sie nehmen nach Meinung der Autoren sogar die Art der – sodann: systematischen – Indikationsstellung einer ‚Psychotherapie der Zukunft' vorweg. In den offiziellen Handlungsanweisungen der theorieunterlegten Konzepte hat dieses Vorgehen freilich keinen Platz.

Die ‚Passung' von Therapeut und Patient als Katalysator therapeutischer Effektivität hat eine Entsprechung in der Passung von *Therapeuten-Persönlichkeit und Therapiekonzept.* Freud hatte u. a. bekanntlich die Couch-Anordnung der Standard-Methode mit der Bemerkung, er könne es nicht ertragen, von zwei Augen eine Stunde lang ‚angestarrt' zu werden, gerechtfertigt. Die Geschichte der Psychoanalyse zeigt mit aller Deutlichkeit die eigentlichen Motive für Neuentwicklungen oder insbesondere auch Abspaltungen. So unterschiedliche Persönlichkeiten wie MORENO, PERLS, FROMM (u. v. a.) wurden Schulengründer, wie sie selbst bekundeten, weil sie aufgrund ihrer Persönlichkeit, ihrer Eigenschaften und Möglichkeiten mit den Anweisungen der (orthodoxen) Psychoanalyse nicht zurechtkommen konnten. Idealerweise müssen die eingeschlagenen, ausgewählten Methoden zur Persönlichkeit des Therapeuten passen wie der Schlüssel zum Schloß. Und in dieser Sicht bekommen sie die Bedeutung einer wichtigen ‚Therapeuten-Variable'. Hier findet die Forderung von ROGERS (1957) nach Kongruenz im Therapeutenverhalten ihre Bühne. Die Stimmigkeit zwischen Therapeuten-Persönlichkeit und Methode ist gewiß ein wesentlicher positiver Wirkfaktor. Es mag sich von selbst verstehen, daß die Methode auch zum Patienten passen muß.

Noch haben wir wenig Anhaltspunkte, über welche Deskriptoren der Persönlichkeit und Interaktion solche „Passungen" prognostiziert werden können. Noch gehen unsere Ausbildungen völlig an dieser Entwicklung vorbei. Noch fehlen uns hinreichend allgemeine und auch klinisch brauchbare Modelle zur Sozialpsychologie der psychotherapeutischen Situation. Es spricht aber viel dafür, daß wir in Zukunft weniger über einzelne Therapiekonzepte reden werden als über Psychotherapie als komplexes interaktionelles Wechselspiel.

6 Wirkungsmodelle als Ordner-Systeme

Der kritische Leser könnte an dieser Stelle folgendes einwenden: Wenn die Methoden der Therapeuten-Variablen so weitgehend untergeordnet werden, wie dies soeben anscheinend geschah, dann könnte der Therapeut doch eigentlich auf die Methode überhaupt verzichten und frei aus seiner Persönlichkeit heraus therapieren. Der Leser könnte in diesem Zusammenhang auf die immer wieder berichteten Erfolge von Laientherapien bzw. von Therapien im semi-professionellen Bereich verweisen. Die Bedeutung von Theorien, Konzepten und speziellen Methoden erscheint aber in einem anderen Licht, wenn man ausdrücklich davon ausgeht, daß – sich wissenschaftlich zu begründen suchende – Psychotherapie ein *Beruf* ist mit den entsprechenden sozial-ethischen Verpflichtungen. „Die Psychoanalyse ist ein Weg, für den das alltägliche Leben kein Vorbild hat". Wenn auch diese Bekundung von Freud keinen Anspruch auf Totalität erheben kann (denn wichtige Wirkfaktoren sind kommunikative Alltagsvarianten), so schließt doch die Professionalisierung eine zumindest partielle *Demissionierung des Alltags* zwangsläufig ein. Dies betrifft z.B. die Notwendigkeit der Ökonomisierung im repetiti-

ven Prozeß beruflichen Handelns. Im ausdrücklichen Miteinander während der therapeutischen Situation entfallen auf der einen Seite wesentliche Alltagsregulative. Man kann nicht, wie im Alltag, einfach nicht mehr zuhören, man kann keinen Spaziergang einschalten oder eine Schallplatte auflegen, kann den Kontakt nicht wesentlich verkürzen (dringende Termine) oder auf ein paar rituelle Höflichkeitsfloskeln begrenzen. Auf der anderen Seite entsteht daraus die Notwendigkeit, das Ausmaß der persönlichen Involvierung und Betroffenheit des Therapeuten zugunsten einer Haltung der engagierten Distanz zu reduzieren.

Entsprechende Funktionen haben in der Psychotherapie sowohl die „Konzepte" wie auch die „speziellen Methoden". *Die Konzepte stellen ein inneres Ordner-System beim Informationsempfänger (z.B. dem Therapeuten) bereit. Die Methoden bahnen den Informationen mehr und mehr vertraute und überschaubare Wege.* Sie ermöglichen so die Etablierung einer nur-Kommunikation, ohne die üblichen Ablenkungen der Alltagskommunikation einbeziehen zu müssen. Sie liefern eine Erkenntnis- und Verhaltenspragmatik, die diese spezifische Form der Kommunikation ermöglichen und rechtfertigen. Ein weiteres kommt hinzu: Jede Situation in jeder Minute einer Psychotherapie ist eine einmalige. Sie ist als solche durch Dritte, durch Kollegen, Lehrer auch nicht kontrollierbar. *Dies kann sie erst werden in einem sozialen Referenzsystem, in dem eine Verständigungsmöglichkeit durch umfassendere Konzeptualisierungen, durch approximierende Begrifflichkeit und durch Ähnlichkeiten von Handlungsvollzügen hergestellt ist.* Die via regia jeder Therapiekontrolle ist – und das wird von allen Richtungen akzeptiert – das Gespräch mit Kollegen, die selbst nicht in der therapeutischen Situation befangen (oder: gefangen) sind. Es ist dabei gleichgültig, ob man dies Seminar, Kontrolle oder Supervision nennt.

Die Ermöglichung von Kontrolle ist zugleich das ganz entscheidende *ethische Anliegen*, dem sich die Psychotherapie als Teil der gesamten Heilkunde stellen muß. Die subtotale Relativierung der Möglichkeit, einem Psychotherapeuten einen „Kunstfehler" nachzuweisen, ist einer der Hinderungsgründe für die allgemeine Akzeptanz der Psychotherapie durch die Medizin, der (noch) zurecht vorgebracht werden kann. *Es ist klar, daß* für die Psychotherapie als Kommunikationsheilkunde der Ausweg nur in der Erweiterung und Festigung kontrollpotenter Kommunikationssysteme bestehen kann. Diese sind aber auf Verständigungsareale angewiesen (durch Theorien, durch Konzepte, durch Austausch methodischer Erfahrungen) auch dann, wenn sie den therapeutischen Spielraum im Einzelfall vielleicht eingrenzen.

Die Autoren sind sich der Tatsache bewußt, daß sie mit diesen Ausführungen feste Denkgewohnheiten geradezu umgekehrt haben. Wir haben die Gewohnheit zu denken, daß die allgemeinen Wirkfaktoren den „Rahmen" für eine Psychotherapie abgeben, innerhalb dessen dann die spezifischen Methoden ihre Wirkung entfalten können. Dieser naheliegende Gedankengang hält aber einer metaanalytischen Überprüfung der Psychotherapie nicht stand. Die Verhältnisse sind komplizierter und es spricht sehr viel dafür, daß theoretische Plausibilität, (kommunizierbare) Konzeptualisierungen und (kommunizierbare) Handlungsanweisungen weithin den Rang unerläßlicher *Rahmenbedingungen* für die Bewirkungen der Therapie als berufliche und institutionalisierte Tätigkeit selbst haben.

Natürlich und glücklicherweise sind die Theorien und Konzepte, welche die einzelnen Therapie-Richtungen für ihre Grundlegung in Anspruch nehmen, in der Regel alles andere als willkürlich gewählt. „Gute" Theorien ranken sich, wie auch immer sie im einzelnen abgeleitet sein mögen, um globale *Veränderungsmodelle der Persönlichkeit* allgemeinpsychologischer Art. Je vielfältiger diese Modelle für Persönlichkeitsveränderungen historisch, klinisch und auch empirisch-experimentell belegt sind, je umfassender und gewissermaßen „selbstverständlicher" sie sind, um so besser. Solche Modelle sind:

- Veränderung der Persönlichkeit durch (nahe, eingreifende, besondere), *zwischenmenschliche Beziehungen*, und zwar sowohl Zweier-, als auch Gruppen- und Gesellschaftsbeziehungen. Die normative, Orientierung gebende und Sicherheit vermittelnde Potenz sozialer Ressonanz ist hierbei das gewichtigste dynamische Moment. Man erkennt unschwer, daß nahezu alle Therapierichtungen, vielleicht mit Ausnahme des konservativen Segments im Rahmen der Verhaltenstherapie, dieses Modell für sich in Anspruch nehmen.

- Veränderung der Persönlichkeit durch *Interaktion*. Dieses Modell (z.B. STRONG & CLAIBORN, 1982) geht davon aus, daß sich Persönlichkeit über die Perpetuierung spezifischer interaktioneller Konstellationen rekonstruiert und verfestigt. Die Psychotherapie liefert demgegenüber ein Lern- und Erfahrungsfeld, auf dem alte Interaktionsmuster erfahren und hinterfragt und neue Arten der Bezugnahme provoziert und probiert werden können. Dies geschieht z.B. dadurch, daß die spezifische Interaktion des Patienten selbst zum Gegenstand des psychotherapeutischen Diskurses wird, oder kann dadurch geschehen, daß der Therapeut auf interaktionelle Angebote des Patienten nicht komplementär eingeht u.a.m.

- Veränderung der Persönlichkeit durch *Krisen und Einschnitte der Entwicklung*, zumeist verbunden mit Regression (verändernde Entwicklungs-Repetition) und *Perturbationen*. Fixierte Haltungen, Gewohnheiten geraten in Entwicklungskrisen zunächst einmal durcheinander mit den Chancen der Neuformation der Um- bzw. Neu-Bewertung. Dieses Modell war von der Psychoanalyse von vorneherein adoptiert (systematische Alltagsferne des settings, Konfrontation, propositionale Deutung mit Verblüffungseffekt, Regressionsermöglichung) und gewinnt an Bedeutung in der kognitiven Verhaltenstherapie. Es tritt demgegenüber in den Handlungsanweisungen der Gesprächspsychotherapie zurück.

- Das Modell der Veränderung der Persönlichkeit durch *Lernen* ist ein besonders allgemeines und ist bekanntlich Grundlage der Verhaltenstherapie. Lernvorgänge aller Art werden aber auch von nahezu allen therapeutischen Richtungen erkannt und – wenn auch mehr oder weniger reflektiert – systematisch genutzt (für die Psychoanalyse siehe HEIGL & TRIEBEL, 1977).

- Ein weiteres Veränderungsmodell stellen die *somatopsychischen Einflüsse* bereit, welches natürlich für die sogenannten „leiborientierten Verfahren" seine besondere Bedeutung hat. Es wird oft übersehen, daß auch dieses Veränderungsmodell einen hohen Allgemeinheitsgrad hat: Man denke an die vielfältigen Veränderungen der Persönlichkeit durch körperliche Behinderungen oder auch durch das Überstehen einer schweren, bedrohlichen Krankheit.

7 Zusammenfassung

Es war zu zeigen: Die Bezugnahme der psycho-therapeutischen Theorien und Konzepte auf grundlegende Veränderungsmodelle sichert dem einzelnen Therapeuten eine basale Validität und gleichzeitig auch die Wissenschafts-Referenz der von ihm angewandten Methoden. Die Formulierung und Inanspruchnahme spezifischer Wirkfaktoren haben ihre Funktion vor allem für die Entwicklung einer Psychotherapiekultur, ohne die Psychotherapie im Zustand der freischwebenden Beliebigkeit verharrte. Bei aller Spezifität der Interaktionsangebote verschiedener therapeutischer Richtungen dominieren allgemeine und integrative Wirkmodelle, sofern man ihre empirische Präsenz heranzieht. Der Gedanke von der funktionellen Äquivalenz verschiedener Interventionsklassen und Beziehungsformationen erscheint uns sehr tragfähig und hebt das Problem auf eine höhere Ebene: Mit welchen spezifischen Methoden erreicht Psychotherapie welche allgemeinen Effekte? Als Rückversicherung der Autoren für die Zukunft muß aber noch die Anmerkung angebracht werden, daß Forschungskonzepte, die generalisieren (z. B. über den Therapieverlauf, die Therapeut-Patient-Passung, Angemessenheit der therapeutischen Operation usw.) vorzugsweise generelle Effekte entdecken. Spezifische Wirkfaktoren haben es deshalb schwer, sich empirisch bemerkbar zu machen. Dies auch deshalb, weil herkömmliche Vergleichsklassen (z. B. Psychoanalyse vs. Verhaltenstherapie) die in Frage stehenden Spezifitäten nicht homogen abgrenzen können. Unstreitig wird die Beantwortung von Fragen zur differentiellen Indikation eine wichtige Aufgabe der Psychotherapieforschung der nahen Zukunft. Ob die traditionellen diagnostischen, psychologischen und nosologischen Kategorien als Prädikatoren psychotherapeutischer Wirkung hinreichend nahe an das Regelwerk des Systems „Psychotherapie" heranreichen, darf bezweifelt werden. Es ergibt sich nach Meinung der Autoren daraus die Notwendigkeit der Erweiterung persönlichkeitspsychologischer Aspekte um sozialpsychologische Modelle und Kategorien (Enke, 1978; Czogalik, 1989). Vielversprechend erscheinen in dieser Hinsicht besonders Ansätze zur Interaktions-Prozeß-Forschung (z. B.

Smith Benjamin, 1993). Ob man über deren Ergebnisse einst sagen wird, daß sie lediglich viel versprochen haben, hoffen wir nicht. Noch sind sie freilich Programm und an ihren Resultaten nicht zu messen.

Literatur

Bandura, A. (1977): Self-efficacy: Toward a unifying theory of behavior change. Psychol. Rev., 84, 191–215.

Beck, A. T., Rush, A. J., Shaw, B. F. und Emery, G. (1981): Kognitive Therapie der Depression. München, Wien, Baltimore: Urban & Schwarzenberg.

Beutler, L. E. und Clarkin, J. (1990): Systematic treatment selection: Toward targeted psychotherapeutic interventions. New York: Brunner/Mazel.

Bozok, B. und Bühler, K.-E. (1988): Wirkfaktoren der Psychotherapie: spezifische und unspezifische Einflüsse. Fortschr. Neurol. Psychiat., 56, 119–132.

Breger, L. und McGaugh, L. L. (1965): Critique and reformulation of learning theory approaches to psychotherapy and neurosis. Psychol. Bull., 63, 358–388.

Caspar, F. (1996): Forschungsempirie als Eckpfeiler eines zukünftigen Psychotherapieverständnisses. In: Stiftung Rehabilitation (Hrsg.): Grundlagen zur Musiktherapieforschung. Stuttgart: Gustav Fischer.

Czogalik, D. (1988): Das wirkt in der Psychotherapie. In: Ehlers, W., Traue, H. C. und Czogalik, D. (Hrsg.): Bio-psychosoziale Grundlagen für die Medizin. Berlin, Heidelberg, New York, Tokyo: Springer.

Durlak, J. A. (1979): Comparative effectiveness of paraprofessional and professional helpers. Psychol. Bull., 86, 80–92.

Eissler, K. R.(1960): Variationen in der psychoanalytischen Technik. Psyche, 13, 609–625.

Enke, H. (1978): Die Notwendigkeit der Erweiterung persönlichkeitspsychologischer (psychoanalytischer) Aspekte um sozialpsychologische Aspekte bei der Erfassung des psychotherapeutischen Prozesses. Psychother. Psychosom., 29, 153–161.

FIEDLER, P. und ROGGE, K. E. (1989): Veränderung durch Beziehung? Studien über Empathie und Lenkung in der kognitiven Psychotherapie. In: V. Tschuschke und D. Czogalik (Hrsg.): Wirkfaktoren in der Psychotherapie. Berlin, Heidelberg, New York, Tokyo: Springer.

FRANK, J. D. (1971): Therapeutic factors in psychotherapy. Americ. J. of Psychother., 25, 350–361.

FRANK, J. D., HOEHN-SARIC, B., IMBER S., LIBERMAN, B. und STONE, A. (1978): Effective ingredients of successful psychotherapy. New York: Brunner/Mazel.

GARFIELD, S. L. (1982): Psychotherapie: Ein eklektischer Ansatz. Weinheim, Basel: Beltz.

GELDER, M. G., MARKS, I. M. und WOLFF, H. H. (1967): Desensitization and psychotherapy in the treatment of phobic states: A controlled inquiry. Brit. J. of Psychiat., 113, 53–73.

GOMES-SCHWARTZ, B. und SCHWARTZ, J. M. (1978): Psychotherapy process variables distinguishing the ‚inherent helpful‘ person from the professional psychotherapist. J. of Consult. Clinic. Psychol., 46, 1, 196–197.

GOMES-SCHWARTZ, B. (1978): Effective ingredients in psychotherapy: prediction of outcome from process variables. J. of Consult. Clinic. Psychol., 46, 5, 1023–1035.

GRAWE, K. (1976): Differentielle Psychotherapie I. Indikation und spezifische Wirkung von Verhaltenstherapie und Gesprächspsychotherapie. Bern: Huber.

GRAWE, K. (1996): Grundriß einer allgemeinen Psychotherapie. Verhaltensth. u. psychosoz. Prax., 3, 357–370.

HEIGL, F. S. und TRIEBEL, A. (1977): Lernvorgänge in psychoanalytischer Therapie. Die Technik der Bestätigung. Eine empirische Untersuchung. Bern, Stuttgart: Huber.

HOWE, J. (1980): Prozeßgeschehen in der Gesprächspsychotherapie. Frankfurt, Bern, Cirencester: Lang.

KARASU, T. B. (1986): The specifity versus non-specificity dilemma: Toward identifying therapeutic change agents. Americ. J. of Psychiat., 143, 687–695.

KLERMAN, G. L., WEISSMAN, M. M., ROUNSAVILLE, B. J. und CHEVRON, E. S. (1984): Interpersonal psychotherapy of depression. New York: Basic Books.

LANG, P. M., MELAMED, B. C. und HART, J. A. (1970): A psychophysiological analysis of fear modification using an automated desensitization procedure. J. of Abnorm. Psychol., 76, 220–234.

LEUZINGER, M. (1980): Kognitive Prozesse bei der Indikationsstellung psychotherapeutischer Verfahren. Dissertation, Universität Zürich.

LUBORSKY, L. (1984): Principles of psychoanalytic psychotherapy. New York: Basic Books.

MALCOLM, J. (1977): The impossible profession. London, New York: Penguin.

MEYER, A. E. (ed.) (1981): The Hamburg short psychotherapy comparison experiment. Psychother. Psychosomat., 35, 2–3, 81–207.

MUFFLER, S. (1991): Zum beruflichen Selbstverständnis von klinisch erfahrenen Psychotherapeuten. Dissertation, Universität Tübingen.

ORLINSKY, D. und HOWARD, K. I. (1986): Process and outcome in psychotherapy. In: A. E. BERGIN und S. L. GARFIELD (eds.): Handbook of psychotherapy and behavior change. New York: Wiley.

ORLINSKY, D., GRAWE, K. und PARKS, B. K. (1994): Process and outcome in psychotherapy – noch einmal. In: L. GARFIELD und A. E. BERGIN (eds.): Handbook of psychotherapy and behavior change. New York: Wiley.

PLOG, U. (1976): Differentielle Psychotherapie II. Der Zusammenhang zwischen Lebensbedingungen und spezifischen Therapieeffekten im Vergleich von Gesprächspsychotherapie und Verhaltenstherapie. Bern, Stuttgart, Wien: Huber.

ROGERS, C. R. (1957): The necessary and sufficient conditions of therapeutic personality change. J. of Consult. Psychol., 21, 95–103.

SLOANE, R. B., STAPLES, F. R., CRISTOL, A. H., YORKSTON, N. J. und WHIPPLE, K. (1975): Psychotherapy versus behavior therapy. Cambridge: Harvard University Press.

Skovholt, T. M. und Ronnestad, M. (1992): The evoloving professional self. New York: Wiley.

Smith-Benjamin, L. (1993): Interpersonal Diagnosis and treatment of personality disorders. New York: Guilford Press.

Strong, S. R. und Claiborn, C. D. (1982): Change through interaction: Social psychological processes of counseling and psychotherapy. New York: Wiley.

Strotzka, H. (1975): Psychotherapie: Grundlagen, Verfahren, Indikationen. München: Urban & Schwarzenberg.

Strupp, H. H. und Hadley, S. W. (1978): Specific versus non-specific factors in psychotherapy: a controlled study of outcome. Arch. of Gen. Psychiat., 36, 1125–1136.

Tausch, R. (1973): Gesprächspsychotherapie. Göttingen: Hogrefe.

Thomä, H. und Kächele, H. (1985): Lehrbuch der psychoanalytischen Therapie. Grundlagen. Heidelberg: Springer.

Thomä, H. und Kächele, H. (1988): Lehrbuch der psychoanalytischen Therapie. Praxis. Heidelberg: Springer.

Tscheulin, D. (1983): Beziehung und Technik in der klientenzentrierten Therapie. Weinheim, Basel: Beltz.

Wurm, W. (1982): Psychotherapie als soziale Kontrolle. Weinheim, Basel: Beltz.

Medizin im Jahre 2000

Christian von Ferber

1 Medizin – ein Gesellschaftsprozeß im Wandel

Es spiegelt die umfassende Rolle „der Medizin" in der heutigen Gesellschaft wider, wenn dieses auf den ersten Blick so selbstverständliche Wort „Medizin" zumindest drei Bedeutungsdimensionen enthält:

- Medizin als die vorherrschende, aber sich auch wandelnde professionelle Weise des Umgangs mit Krankheit, mit Gesundheit, mit Patienten, mit Ratsuchenden, mit Personen, die eine ärztliche Bescheinigung benötigen, kurz gesagt *ärztliches Handeln.*
- Medizin als ein gesellschaftliches Dienstleistungssystem, das umfassend die Bereitstellung, die Finanzierung, Organisation und Qualität der Leistungen auf Dauer garantiert, die der Erhaltung und Sicherung sowie der Wiederherstellung der Gesundheit der Bevölkerung dienen, kurz gesagt *Medizin als gesellschaftliche Institution* des Gesundheitsschutzes und der Krankenhilfe.
- Medizin als ein wissenschaftsorientiertes Deutungssystem, das unser Verständnis der biologischen, psychologischen und sozialen Grundlagen von subjektiven Befindlichkeiten und objektiven Feststellungen prägt oder zumindest beeinflußt, die sich auf Krankheit und Gesundheit beziehen, kurz gesagt *Medizin als ein soziales Orientierungs- und Deutungsmuster.*

Die schlichte Frage nach der Medizin im Jahre 2000 erwartet daher eine Antwort in den folgenden drei Richtungen:

- Wird sich die Rolle des Arztes wandeln? Wird es zu einer Deprofessionalisierung in der Ausübung der Heilkunde kommen? Wird sich ein Wandel im Grundverständnis ärztlichen Handelns vollziehen?
- Welche Veränderungen im Gesundheitswesen können wir erwarten? Wird der Sozialstaat durch die expansive Entwicklung des Gesundheitswesens überfordert und zieht sich unter der Devise „mehr Markt" zurück?
- Wird der Schulmedizin eine ernste Konkurrenz erwachsen? Ist die Dominanz der wissenschaftlichen Medizin gebrochen? Kommt es zum Paradigmawandel? Gewinnen alternative Heilmethoden an Boden?

Die Beantwortung dieser drei Fragen erfordert zunächst eine Beschäftigung mit den Wandlungsprozessen, von denen wir derzeit zu Recht annehmen können, daß sie die Situation des Arztes, die Struktur des Gesundheitswesens und die Zuversicht in die orientierende, Vertrauen einflößende Macht der Schulmedizin verändern.

Für die drei genannten Bedeutungsdimensionen des Wortes „Medizin" lehrt eine historische Betrachtung, daß sie in den vergangenen 150 Jahren entstanden sind, ihre Geschichte sich also nicht im Dunkel der Vorzeit verliert.

Die Professionalisierung der Ärzte vollzieht sich im 19. Jahrhundert (HUERKAMP 1985). Medizin als ein gesellschaftliches Dienstleistungssystem, das die ambulante und stationäre medizinische Versorgung der Bevölkerung „sicherstellt", das heißt medizinische Dienstleistungen ausreichend und zweckmäßig auf dem Stand des jeweils erreichten medizinischen Forschungsstandes in räumlicher und sozialer Hinsicht zugänglich macht und die Kontrolle der Qualität garantiert, ist gleichsam unter unseren Augen entstanden (Gesundheitsbericht 1971). Schon die differenzierte Aufzählung sozialrechtlicher Verbürgungen zeigt an, welch hohe gesellschaftliche Aufmerksamkeit dem medizinischen Dienstleistungssystem entgegengebracht wird (SGB I und V). Dieser herausragende Sektor der Dienstleistungsgesellschaft ist ein Ergebnis des 20. Jahrhunderts.

Und schließlich die Schulmedizin als Kanon einer sich wissenschaftlich, vornehmlich naturwissenschaftlich begründenden, kontrollierenden und fortentwickelnden Heilkunde hat erst seit dem ersten Drittel des 19. Jahrhunderts sich zu einem kumulierenden, sich ständig selbst verstärkenden Prozeß ausgebildet, den MICHEL FOUCAULT (1976) sehr prägnant als Medikalisierung auf den Begriff gebracht hat. Medizin ist eine soziale Tatsache, die sich erst in den vergangenen 150 Jahren tief in unser Bewußtsein und in unsere Gesellschaftsstruktur eingeprägt hat. Ihre Geschichte ist überschaubar und wird von der sozialhistorischen und soziologischen Forschung in vielen Entwicklungslinien freigelegt.

Als ein vielschichtiger Gesellschaftsprozeß ist „die Medizin" in der beschriebenen Trias von ärztlicher Professionalisierung, gesellschaftlicher Etablierung als Dienstleistungssystem und als ein gesellschaftliches Deutungs- und Orientierungsmuster heute keineswegs abgeschlossen, sondern weiter im Wandel begriffen, der – so können wir aus dem historischen Rückblick schließen – eng mit dem sozialen Wandel verknüpft ist. Denn Professionalisierung als beruflich arbeitsteilige Standardisierung des Umgangs mit Krankheiten und mit Patienten, Medikalisierung als eine spezifische Form der Verwissenschaftlichung der Heilkunde und eine sozialstaatlich organisierte Dienstleistungsproduktion sind keine Sonder- oder gar Ausnahmefälle der gesellschaftlichen Entwicklung, sondern normale gesellschaftliche Prozesse, für die es eine Fülle von Parallelen gibt: Professionalisierung der Arbeitswelt, Säkularisierung, Mechanisierung und Verwissenschaftlichung des Weltbildes, sozialstaatliche Sicherung des Lebensunterhalts, der Sozialstaat als Garant und Ausfallbürge für ein menschenwürdiges Leben – dies alles setzt sich in der Medizin in einer geradezu paradigmatischen Weise durch und spiegelt gerade deswegen den gesellschaftlichen Normalfall. Nun gehört es zu den Paradoxien der öffentlichen, durch soziologische Forschung unterstützten Wahrnehmung gesellschaftlicher Prozesse, daß sie selektiv verfährt und dem Auffälligen, weil den geltenden Normen Widersprechenden, stärkere Aufmerksamkeit zuwendet als dem Normalen, weil Sozial Erwünschten. Auch wir müssen, schon um den Rahmen dieses Essay nicht zu sprengen, im Folgenden auswählen.

1.1 Bedarfsbestimmende Einflüsse

Die Aufmerksamkeit, mit der die Öffentlichkeit und die Wissenschaft die Wandlungstendenzen in der Medizin beobachten, ist allerdings weniger systematisch als interessenbedingt selektiv ausgerichtet. Eine Systematisierung der Einflußgrößen wird allein schon wegen des volkswirtschaftlichen Finanzvolumens, das das Gesundheitswesen beansprucht, von der ökonomischen Unterscheidung von Angebot und Bedarf ausgehend ange-

bots- und bedarfsbestimmende Faktoren unterscheiden.

Zu den bedarfsbestimmenden Einflußgrößen rechnet die *Bevölkerung,* gegliedert nach den soziodemographischen, sozioökonomischen und sozialräumlichen Merkmalen, die den Bedarf quantitativ und qualitativ differenzieren. Junge und alte Menschen, Frauen und Männer, Menschen in unterschiedlicher sozialer Lage sind in ganz verschiedener Weise auf medizinische Hilfe angewiesen bzw. nehmen die Angebote unterschiedlich wahr. Prognosen müssen sich auf die Bevölkerungsstruktur und auf die Bevölkerungsbewegung stützen (Sachverständigenrat 1994, 1996).

Zu den bedarfsbestimmenden Einflußgrößen rechnet ferner die Entwicklung der *Krankheitsbelastung der Bevölkerung.* Die vorherrschenden behandlungsbedürftigen Krankheiten in der Bevölkerung haben sich in diesem Jahrhundert dramatisch verändert, von den übertragbaren und heilbaren zu den nichtübertragbaren, chronisch verlaufenden und überwiegend nicht heilbaren Krankheiten. Da sich im Zuge dieser Entwicklung die Sterblichkeit zunehmend auf die Altersklassen ab 50 Jahre an aufwärts verlagert hat, die mittlere Lebenserwartung, das heißt der Zeitpunkt, zu dem die Hälfte eines Geburtsjahrganges noch am Leben ist, inzwischen im 8. Lebensjahrzehnt liegt, macht die Langzeitbehandlung chronisch kranker Patienten, vor allem der Menschen ab 50 Jahre, einen Schwerpunkt der medizinischen Versorgung aus. Prognosen müssen sich also mit dem Auftreten und der Behandlung chronischer Krankheiten in der Bevölkerung (L. von Ferber 1994), aber auch mit den Chancen einer wirksamen Vorbeugung dieser Krankheiten auseinandersetzen.

Zu den bedarfsbestimmenden Einflüssen ist auch die *Inanspruchnahme von medizinischen Dienstleistungen* zu rechnen. Nach dem Prinzip der Freiheit der Arztwahl entscheidet der Patient, ob und welche Leistungen er wann in Anspruch nimmt und nach dem Sachleistungsprinzip wird er bei seiner Entscheidung durch finanzielle Überlegungen hinsichtlich der Eigenbeteiligung nur in Grenzen (Zahnersatz, Medikamente, Beitragsrückgewähr) beeinflußt; diese Beschränkung der Selbstbeteiligung ist sozialpolitisch gewollt; finanzielle Anreize zur Nicht-Inanspruchnahme werden sich in eng umschriebenen Grenzen halten und vermutlich ökonomisch durch die Werbung für die Inanspruchnahme präventiver Leistungen kompensiert werden. Die wirtschaftlichen Steuerungsmaßnahmen werden eher auf die Umschichtung als auf die Drosselung der Inanspruchnahme gerichtet sein.

Bedarfsbestimmenden Einfluß nimmt sicher auch die *sozialpolitische Gesetzgebung,* einschließlich der Satzungen der Krankenkassen. Die Leistungsansprüche der Sozialversicherten bzw. der Sozialhilfeempfänger werden ihrem Spektrum, ihrem Umfang und zum Teil ihrem Inhalt nach auf gesetzlicher Grundlage fixiert; selbst dort, wo Ärzte oder Einrichtungen des Gesundheitswesens die Leistungen im Einzelfall festlegen, unterliegen diese Entscheidungen der nachträglichen Prüfung, der Bedarf ist normiert und daher auf diesem Wege auch veränderbar, z. B. durch Vorgabe von Budgets für Leistungsarten oder Krankenkassen. Die Zeit seit dem Zweiten Weltkrieg ist durch eine bemerkenswerte gesetzliche Ausweitung des Leistungsrahmens gekennzeichnet. Diese Entwicklung ist einerseits durch das bescheidene Ausgangsniveau der Nachkriegszeit, andererseits durch die kontinuierliche Erhöhung des Realeinkommens bestimmt. Für die Zukunft stellt sich daher die Frage nach den Grenzen des Wachstums und nach den voraussichtlichen gesetzgeberischen Veränderungen des Leistungsrahmens. Da der Gesetzgeber in dieser auch wahlpolitisch sensiblen Frage nicht völlig frei entscheiden kann, wird er seine Eingriffe in den Leistungsrahmen immer daran zu orientieren versuchen, welche Veränderungen durchsetzbar oder gar wahltaktisch erfolgversprechend sind.

1.2 Angebotsbestimmende Einflüsse

Die sozialpolitische Bedarfsnormierung steht für eine ökonomische Unterscheidung zwischen Angebot und Nachfrage bereits auf der Grenzscheide von Bedarf und Angebot, denn Bedarfsnormierung bedeutet stets auch Angebotsbeschränkung bzw. -ausweitung; der sozialpolitische Leistungsrahmen bestimmt mit dem Bedarf auch das Angebot. Zwei Leistungsbereiche, die in den vergangenen zwei Jahrzehnten eine starke Expansion erfahren haben, sind durch Leistungsgesetze, also durch eine sozialpolitische Änderung der Bedarfsnormierung in Bewegung geraten:

- die Krankenhäuser durch die Übernahme der Betriebskosten durch die Krankenversicherung,
- der Zahnersatz. Hier findet derzeit eine Reduzierung sozialstaatlich finanzierter Leistungen statt.

Unter den Einflüssen, die das Angebot an medizinischen Leistungen bestimmen, hat die *Anzahl der Ärzte,* vor allem die zuverlässige Prognostizierbarkeit der Arztzahlentwicklung über einen längeren Zeitraum, besondere Aufmerksamkeit gefunden. Die Bundesrepublik ist seit den 60er Jahren aus einer Situation relativen Ärztemangels in eine Situation hineingewachsen, die eine ausbildungsadäquate Beschäftigung der Ärzte zunehmend zu einem organisatorischen Problem macht; es ist, soziologisch gesprochen, eine aktive Professionalisierung gefordert, die auf Rahmen- und Randbedingungen ärztlicher Berufstätigkeit, wie z. B. auf Weiterbildungsordnungen, Einkommensbildung, Berufsfelddefinitionen und berufliches Selbstverständnis (z. B. Aufwertung des Hausarztes) Einfluß nimmt. Ob diese Maßnahmen in Zukunft ausreichen werden, allen Ärzten eine ausbildungsadäquate Beschäftigung zu sichern, muß allerdings bezweifelt werden. Im Vergleich mit anderen Berufen stellt sich auch die Frage, ob dieses Ziel gesellschaftspolitisch vertretbar ist.

In Verbindung mit der beschriebenen demographischen Entwicklung, die die Nachfrage nach ärztlichen Leistungen bestimmt, hat die Zunahme der berufstätigen Ärzte in eine sich öffnende Schere hineingeführt. Bei einer stagnierenden und – je weiter wir vorausschauen, desto stärker – sich rückläufig entwickelnden Bevölkerungszahl nimmt die Versorgungsdichte zu, wenn über eine aktive Professionalisierung eine ausbildungsadäquate Beschäftigung für möglichst viele der approbierten Ärzte angestrebt wird. In jedem Fall wird eine aktive Professionalisierung vorhersehbar

- zur Erschließung neuer ärztlicher Berufsfelder,
- zur Veränderung der Arzt/Patienten-Beziehungen (es steht mehr ärztliche Zeit für einen Patienten zur Verfügung) und

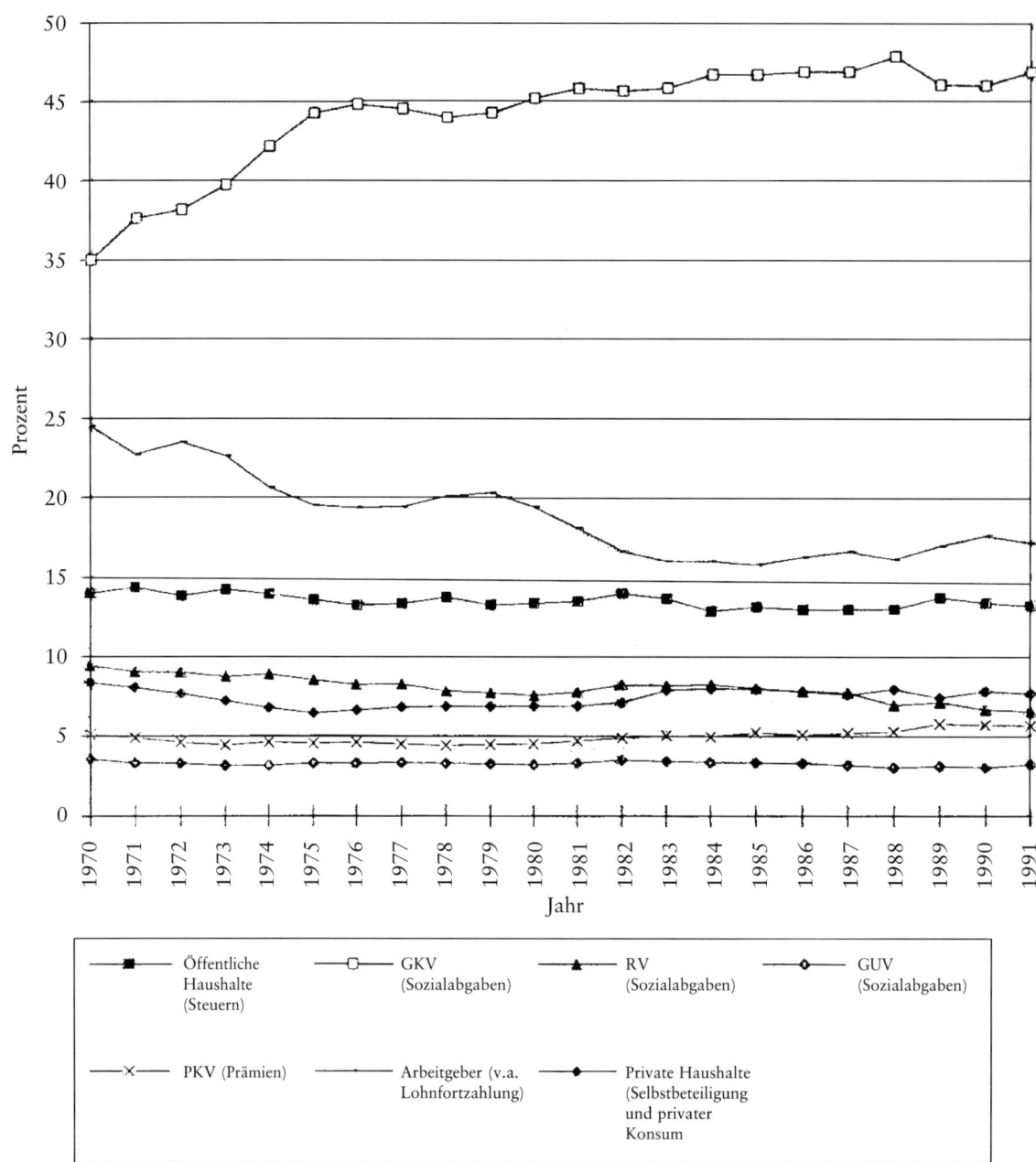

Quelle: Sachverständigenrat für die Konzertierte Aktion im Gesundheitswesen. Sachstandsbericht 1994 a.a.O. S. 54

Die Abb. zeigt die Entwicklung der prozentualen Anteile, mit denen die verschiedenen Kostenträger das Gesundheitsbudget der Bundesrepublik finanzieren. Seit der ersten Gesundheitsreform 1971 ist der Anteil der Gesetzlichen Krankenversicherung von 35% auf über 45% angestiegen. Dieser Anstieg ist ganz wesentlich durch die Übernahme des medizinisch-technischen Fortschritts (Betriebskosten der Krankenhäuser und Arzneimittelverbrauch in der ambulanten Versorgung) bedingt.

- zu einer Aufwertung ärztlicher Kompetenz in Gewichtung zu den medizinisch-technischen Leistungen, auch zur Entwicklung neuer ärztlicher Kompetenzen führen.

Jede Erörterung der mit der stetigen Zunahme an Ärzten zu erwartenden ärztlichen Versorgungsdichte bezieht allerdings unweigerlich drei weitere Einflüsse ein, die das Angebot bestimmen:
- die Finanzierung und damit verknüpft
- die Organisation des Gesundheitswesens sowie
- die zur ärztlichen Tätigkeit teils komplementäre, teils diese substituierende Medizintechnik.

1.3 Die Finanzierung

Die *Sozialversicherung* ist seit der politischen Wende der 60er und 70er Jahre (Lohnfortzahlungs- und Krankenhausfinanzierungsgesetz) zur letztlich beherrschenden Finanzierungsquelle der medizinischen Versorgung geworden (Abb. 1). Diese sozialpolitische Weichenstellung vollzieht eine organisatorische und finanzielle Anpassung an einen sich wandelnden Bedarf oder – wie Pauli es treffend ausgedrückt hat – an die sich verändernden „Gesundheitsversorgungsbedürfnisse" durch eine ständige, auch im sozialpolitischen Sprachgebrauch so bezeichnete „Weiterentwicklung" der Sozialversicherung. Mit der Sozialversicherungslösung geht die Bundesrepublik einen Weg, zu dem es international gesehen durchaus eine Alternative gibt: den nationalen Gesundheitsdienst, der regionalen Körperschaften, insbesondere den Gemeinden eine starke Position für die Bereitstellung und Organisation der medizinischen und der sozialen Dienste zuweist, die gerade bei der umfassenden Betreuung chronisch Kranker untrennbar mit der ärztlichen Behandlung verbunden sind. Für die Finanzierung des Dienstleistungsangebots ergeben sich aus der das Sozialleistungssystem der Bundesrepublik beherrschenden Sozialversicherung – und hieran wird sich bis zum Ende unseres Jahrhunderts voraussichtlich nichts ändern – drei Konsequenzen für die zu erwartende Entwicklung:
a) die politische Selbstbindung des aus der Gesetzlichen Krankenversicherung finanzierten

Gesundheitsbudgets – dies ist der Kern der über die Sozialversicherung erfolgenden Finanzierung – an die „Beitragsstabilität". Sie bedeutet, daß die Ausgaben für Gesundheitsleistungen nur in dem Umfange wachsen können, wie die Beitragseinnahmen in der Gesetzlichen Krankenversicherung mit der Entwicklung der Versicherteneinkommen zunehmen (SGB V §§ 71 + 141 Abs. 2). In der Diskussion ist derzeit sogar eine gesetzliche Fixierung des Beitragssatzes mit der Möglichkeit der Beitragssatzsenkung.

b) Die Teilbudgets der Gesetzlichen Krankenversicherung stehen zu einander in Konkurrenz: „Ersparnisse" in einem Teilbudget, z. B. bei den Arzneimitteln, beim Zahnersatz und bei den Krankenhauskosten können zur Aufstockung in anderen Teilbudgets z. B. für eine intensivere Betreuung der chronisch Kranken in der primärärztlichen Versorgung eingesetzt werden. Dies ist insofern nicht unrealistisch, weil Arzneimittelverordnungen und Krankenhauseinweisungen von den niedergelassenen Kassenärzten zum Teil unmittelbar zu Lasten der Krankenkassen erfolgen.

c) Die in den Kassenärztlichen Vereinigungen „verfaßte Ärzteschaft" ist in die Gesetzliche Krankenversicherung integriert und übt aus dieser Position heraus einen vergleichsweise großen Einfluß auf die Definition der ärztlichen Berufsfelder aus. Die Sozialversicherungshaushalte sind selbständige, aus dem Haushalt der Gebietskörperschaften (Bund, Länder und Gemeinden) ausgegliederte Haushalte, die in der Selbstverwaltung gesellschaftlicher Gruppen (Arbeitgeber, Gewerkschaften) stehen. Diese Soziale Selbstverwaltung beeinflußt die sozialpolitische Gesetzgebung in mehrfacher Hinsicht: bei der Beratung in der Gesetzesvorbereitung, bei der satzungsmäßigen Ausfüllung der rahmengesetzlichen Bestimmungen und bei der Durchführung der Gesetze. In der Sozialen Selbstverwaltung wiederum haben die Ärzte eine herausgehobene starke Position inne: Ihnen ist die Sicherstellung der ambulanten Versorgung hinsichtlich Umfang, konkreten Inhalts, ihrer Organisation und ihrer Qualität übertragen; im Bundesausschuß der Ärzte, der Apotheker und Krankenkassen üben sie zusammen mit anderen Gruppen eine Richtlinienkompetenz aus; dabei sind sie in allen Fragen, die eine medizinische Beurteilung erfordern, sozusagen Sachverständige in eigener Sache (SGB V §§ 91 + 92).

Diese Gesichtspunkte zusammenfassend läßt sich prognostisch aus der für die Bundesrepublik spezifischen Organisation der Finanzierung der Gesundheitsleistungen und aus der hierin angelegten Dynamik folgern:

- Es besteht auch für die Zukunft einige Aussicht, daß die Ausgaben für Gesundheitsleistungen unter dem starken ärztlich/medizinischen Einfluß auf die Finanzierung eine hohe politische Priorität behalten werden.
- Es ist mit Verteilungskämpfen innerhalb des Gesundheitsbudgets zu rechnen, bei denen die Vertragsärzte insofern eine starke Position einnehmen, weil sie anders als die Krankenhausträger und die Krankenhausärzte in die Soziale Selbstverwaltung unmittelbar integriert sind und durch die Verordnung von Krankenhausaufenthalten und Arzneimitteln eine gatekeeper-Rolle spielen können.
- Da die medizinische Versorgung, von der Zahl der Patienten her gesehen, überwiegend ambulante Versorgung ist, wird das Bild der Medizin in den drei eingangs genannten Bedeutungsdimensionen von den niedergelassenen Ärzten und von der verfaßten Ärzteschaft geprägt werden. Hier liegt also der bedeutsamste angebotsbestimmende Einfluß.

Die letzte Schlußfolgerung wird mit Sicherheit bei all denen Widerspruch auslösen, die mit der seit geraumer Zeit geführten Diskussion um die Medizin im Jahre 2000 vertraut sind. Diese Diskussion weist sich ständig wiederholend darauf hin, daß es die Hochleistungsmedizin in den Krankenhäusern sowie die aus der naturwissenschaftlichen Grundlagenforschung fortlaufend sich ergebenden Grenzverschiebungen in den diagnostischen und therapeutischen Möglichkeiten (z. B. derzeit und in den kommenden Jahren Genomanalyse und Gentechnik) sind, die einerseits die finanziellen Ressourcen für sich mobilisieren, anderseits wegen ihrer sensationellen Erfolgsmeldungen über einen leichteren Zugang zu den Massenmedien verfügen und damit ständig für sich werben können. Unter einer gesundheitsöko-

nomischen Betrachtung muß es in der Tat zu denken geben, daß ein gutes Drittel des Budgets der Gesetzlichen Krankenversicherung auf die Krankenhausbehandlung entfällt und daß in der ambulanten Versorgung die Ausgaben für Arzneimittel ebensohoch sind wie die Ausgaben für die Arztpraxen (Betriebskosten und Einkommen der Kassenärzte) und daß diese Ausgabenstruktur vor allem für die älteren Patienten gilt, die einer intensiveren medizinischen Betreuung bedürfen. Rentner, also vornehmlich Personen älter als 60 Jahre, machen fast ein Drittel der Versicherten aus, während über die Hälfte der Krankenhaus- und Arzneimittelkosten auf sie entfällt. Daher ist zu Recht die Frage zu stellen:

Sind es nicht letztlich doch die biomedizinische Technik und die Hochleistungsmedizin in den Krankenhäusern, die das Bild der Medizin prägen werden, zumal der Wachstumstrend dieser Bereiche ungebrochen zu sein scheint?

1.4 Hochleistungsmedizin und Medizintechnik

Dieser naheliegende Einwand macht eine differenziertere Betrachtung der angebotsbestimmenden Einflüsse notwendig; vor allem erfordert er eine Präzisierung der Kriterien, nach denen wir die Stärke solcher Einflüsse bewerten wollen. Die hierfür bisher unbesehen verwendeten Indikatoren: relativer Ausgabenanteil am Budget der Gesetzlichen Krankenversicherung sowie Sichtbarkeit, Selbstdarstellung und positive Bewertung in den Massenmedien – neben den „bahnbrechenden Erfolgen" der Biomedizin steht die ständige Klage über unwirtschaftliche und unwissenschaftliche Behandlung in der ambulanten Versorgung – enthalten eine soziologisch bekannte Verzerrung. Alles das, was außerhalb des normal Erwarteten sich ereignet, erfährt eine intensive Bedeutungszuschreibung, eben weil sich daraus u. U. unmittelbare Handlungskonsequenzen ableiten. Diese Zuschreibung weicht aber in der Regel von ihrer tatsächlichen Bedeutung für ein Verständnis des normalen, typischen Verlaufs ab, vor allem aber lenkt sie von einem solchen ab.

Das Argument der hohen und tendenziell weiter steigenden relativen Kostenanteile für Krankenhäuser und Arzneimittel übersieht, daß bisher ein ökonomischer Zwang, durch veränderte Formen der Leistungserstellung Produktivitätsreserven in den Krankenhäusern und im Einsatz der Arzneimittel zu erschließen, kaum bestand und zum Teil auch heute noch nicht besteht. Die nicht abreißende Folge von Untersuchungen, die „Fehlbelegungen" in Krankenhäusern in beträchtlichem Umfange dokumentieren, die eine fehlende Differenzierung der Krankenpflege nach der jeweils erforderlichen ärztlich/medizinischen Betreuungsintensität beklagen sowie die Untersuchungen zum Gebrauch und zur Verordnung von Arzneimitteln (L. v. FERBER und G. KÖSTER 1994) machen deutlich, daß gerade auf diesen kostenträchtigen Gebieten eine zu den anderen Ausgabenbereichen vergleichbare Transparenz und Rationalität als Grundlage der Wirtschaftlichkeit noch keineswegs erreicht ist. Auch ist gerade bei dem Einsatz der Medizintechnik noch viel zu wenig im Blick, welche kostensparenden Effekte erreicht werden könnten, wenn bei der Konstruktion und Implementation neben der medizinischen Effektivität auch die Effizienz beachtet würde. Hinzu kommt, daß im Unterschied zu anderen Ländern in Deutschland das Leistungsgeschehen hinsichtlich Ergebnis und Effizienz so gut wie intransparent ist (Sachverständigenrat 1994).

Die Bemerkungen zum Einsatz der Hochleistungsmedizin ebenso wie eine gesundheitsökonomische Analyse der absehbaren Entwicklung machen deutlich, in wie starkem Umfange die Entwicklung der Medizin von den Managemententscheidungen der Mediziner selbst abhängt. Denn die ökonomische Grenze der Beitragsstabilität stellt keine absolute, sondern eine relative Knappheitsgrenze dar. Im Gesundheitsbudget der Bundesrepublik liegt der Anteil der Gesetzlichen Krankenversicherung unter 50%! Die Wertschätzung des Gutes Gesundheit in der Vielgestaltigkeit seiner Dienstleistungs- und Sachgüterangebote bestimmt letztlich das Niveau der Gesundheitsausgaben.

Menschliche Entscheidungen im sozialen Kontext – das lehrt uns die soziologische Entscheidungstheorie (CHR. v. FERBER 1997) – fallen überwiegend nicht aus Einsicht oder unter dem Zwang von Sachnotwendigkeiten, auch wenn sie häufig subjektiv so ausgegeben werden, sondern orientieren sich an Deutungsmustern, die die Ent-

scheidungsunsicherheit überall dort reduzieren, wo rationale Entscheidungsgründe nicht zur Verfügung stehen. Wenn wir uns eine Vorstellung von der Medizin im Jahre 2000 machen wollen, müssen wir uns daher mit den Deutungsmustern beschäftigen, an denen Ärzte, Patienten und Bürger ihre Entscheidungen über Art und Inanspruchnahme der für ihre Gesundheit benötigten Hilfen orientieren.

2 Deutungsmuster entscheiden über die Rolle der Medizin in der Gesellschaft

Entscheidungen im sozialen Kontext, d. h. in Situationen, in die auch die Entscheidungen anderer gestaltend eingreifen, sind stets Entscheidungen unter Unsicherheit, ob die zur Verfügung stehenden Informationen vollständig und für die eigene Entscheidung relevant sind, ob die zur Verfügung stehenden Mittel, insbesondere das Handeln, den erwarteten Erfolg vor allem für uns selber bringen werden, ob neben dem erwarteten Erfolg bisher nicht ausreichend bedachte und sogar unerwünschte Nebenfolgen eintreten werden usf. Ausreichender Grund für viele Ärzte, den Patienten als mündigen Patienten für überfordert zu halten und ihm gar Informationen von seiten der Therapeuten vorzuenthalten, z. B. bei schlechter Prognose und sehr belastenden Mitteilungen – entgegen der immer wieder höchstrichterlich eingeforderten Aufklärungspflicht. Entscheidungsunsicherheit – das lehrt die soziologische Forschung – löst das Bestreben aus, sie zu verringern, sie zu reduzieren, denn in der nackten Unsicherheit kann kaum jemand auf Dauer verharren. Entscheidungssicherheit wird jedoch überall dort nachgefragt, wo sie sich anbietet, neben den Sachinformationen der Experten im Gesundheitswesen werden gesellschaftliche Deutungsmuster angeboten (JÜTTE 1996, ACKERKNECHT 1970, 1971).

Auch die Ärzte bewältigen ihre professionelle Entscheidungsunsicherheit (R. K. MERTON ET AL. 1957, Das Arztbild 1995) – und diese ist Wesensmerkmal ihres Berufes – mit Hilfe von Deutungsmustern; derzeit dominiert das biomedizinische Modell. Eine plurale Medizinkultur verfügt über viele Orientierungshilfen; neben der Schulmedizin ist die Vielfalt der sog. unkonventionellen Therapiekonzepte auf dem Wege zur offiziellen Anerkennung (JÜTTE 1996). Patienten bleiben in ihrer Suche nach Entscheidungssicherheit allerdings nicht bei den Ärzten stehen. Sie suchen Rat bei ihren Angehörigen, bei Selbsthilfegruppen, im religiösen Glauben und sie machen von diesen Orientierungshilfen gleichzeitig oder im Wechsel durchaus auch unter Differenzierung ihrer Entscheidungsnöte Gebrauch. Schließlich geht es dabei ja nicht allein um die Auswahl unter biomedizinischen Alternativen, sondern um die Suche nach Hilfen bei der angemessenen Bewältigung der persönlichen und sozialen Folgen der Krankheit (das Handicap im Sinne der Rehabilitation).

Um abzuschätzen, wie sich das Bild der Medizin im Jahre 2000 gestalten wird, müssen wir eine Antwort auf die Frage zu geben versuchen: Welche Chance haben andere Deutungsmuster als das biomedizinische Konzept, auch iatrotechnisches Konzept genannt, für die Entscheidungsfindung von Ärzten und Patienten? Welche Rolle spielen die hierzu „alternativen" Deutungsmuster für das Verständnis von Gesundheit und Krankheit in der Bevölkerung? Doch zunächst, was bezeichnet man als biomedizinisches oder iatrotechnisches Konzept, dessen Ausbreitung und Durchsetzung unter dem Leitbegriff der Medikalisierung diskutiert wird. Wir folgen hier der einleuchtenden Darstellung von KARL E. ROTHSCHUH (1978).

2.1 Erfolge und Grenzen des biomedizinischen Deutungsmusters

Krankheitserklärung und Therapie auf naturwissenschaftliche Grundlagen zu stellen, hat sich als eine ebenso erfolgreiche wie für das Bild der Heilkunde folgenreiche Strategie erwiesen. Ihre Anfänge führen uns in die Mitte des 19. Jahrhunderts. So schrieb bereits vor 150 Jahren DU BOIS-REYMOND: „… wir haben uns verschworen, die Wahrheit geltend zu machen, daß im Organismus keine anderen Kräfte wirksam sind als die genauen physika-

lisch-chemischen" und JAKOB HENLE ergänzte zur gleichen Zeit spöttisch nach einer Durchmusterung ätiologischer Vorstellungen:

> „Folgt nicht fast bei jeder Krankheit auf die Frage nach einer spezifischen Ursache oder nach dem Geständnis, daß eine solche nicht bekannt sei, dasselbe Heer von Schädlichkeiten, schlechte Wohnung und Kleidung, Branntwein und Liebe, Hunger und Kummer? Dies ist gerade so wissenschaftlich, als wenn ein Physiker lehren würde, der Fall der Körper rühre her vom Wegziehen eines Brettes oder eines Balkens, vom Abreißen eines Seils oder Drahtes, von der Existenz einer Öffnung und dgl." (zitiert nach ROTHSCHUH 1978, S. 422).

Das biomedizinische Paradigma hat konkurrierende Konzepte der Heilkunde wie die Gesundheitsselbsthilfe, die Erfahrungsmedizin, auch die alternativen Heilverfahren schrittweise an den Rand gedrängt. Auch die Allgemeinmedizin oder die primärärztliche Versorgung lebt heute ganz im Schatten des biomedizinischen Therapiekonzepts bzw. im Konflikt von klinischen Ansprüchen, die, in der Aus- und Weiterbildung angeeignet, das Selbstbild jedes Arztes prägen, und der ärztlichen Routine, die dem klinischen Vorbild leider nicht entsprechen will. ROTHSCHUH hat die Grundsätze und Ziele der biomedizinischen Therapie sehr treffend systematisiert. Er unterscheidet die folgenden „Grundsätze und Ziele der iatrotechnischen Therapie":

> „1. Ersatz der empirischen Therapie durch eine naturwissenschaftlich begründbare Therapie
> 2. Gezieltes Eingreifen in das pathophysiologische Geschehen
>   a) durch Mittel, die den krankhaften Symptomen zugrundeliegende Prozesse in linderndem Sinne beeinflussen: = kausal-lindernde Therapie
>   b) durch Mittel, welche auf die entscheidenden Glieder des gestörten pathogenetischen Zusammenhangs im Sinne der Normalisierung wirken: = kausal-korrigierende Therapie
> 3. Geziele Ausschaltung der primär die Krankheit auslösenden oder unterhaltenden (patho-kinetischen exogenen) Momente: = kausal-ätiotrope Therapie
> 4. Gezielter Ersatz, Korrektur von defekten Teilen durch Prothesen: = kausal-reparierende Therapie
> 5. Stärkung zu schwacher, Schwächung zu starker Prozesse" (ebda S. 440).

Die Therapie konzentriert und beschränkt sich auf die Beherrschung somatischer Zustände.

Mit der Analyse der Bausteine des menschlichen Lebens schickt sich in unseren Tagen die biologische Grundlagenforschung an, für die derzeit in den entwickelten Industrieländern verbreiteten Krankheiten Therapie und Prävention auf bis dahin in ihrer Funktionsweise unerforschte biologische Grundlagen zu stellen. So heißt es in dem Abschlußbericht des Arbeitskreises „Ethische und soziale Aspekte der Erforschung des menschlichen Genoms" (1990):

> „Die humangenetische Grundlagenforschung bildet für viele Bereiche die Voraussetzung medizinischer Anwendungen, z. B. für die
> * Diagnostik: Identifizierung genetisch (mit)bedingter Krankheiten;
> * Therapie bislang noch nicht behandelbarer genetischer Krankheiten;
> * molekulare Pharmakologie: Entwicklung von Arzneimitteln auf gentechnischer Grundlage;
> * Krebsforschung: Einblicke in die Entstehung unkontrollierten Wachstums von Zellen;
> * Fremdgene: Erkenntnisse zur Entstehung des menschlichen Genoms in der Evolution.
> Die Erforschung des Genoms wird traditionellen Disziplinen, der Biologie und Medizin neue Einsichten vermitteln, die dort grundlegend neue Entwicklungen freisetzen wird."

Die rückblickende Zusammenfassung von ROTHSCHUH,

> „daß es in der ganzen Geschichte kein bisher vergleichbar so erfolgreiches Konzept gegeben hat, wenn man die Bilanz an therapeutischer Ausbeute der verschiedenen Konzepte zieht" (ebenda S. 446),

läßt sich sicher auch als Erwartung in die Zukunft projizieren. Dennoch bleiben wesentliche Erwartungen, die wir an Gesundheit erhaltende Lebensbedingungen richten, in der biomedizinischen Fortschrittsidee uneingelöst. Selbst wenn wir alle die Hoffnungen, die derzeit in die Erforschung des menschlichen Genoms gesetzt werden, wesentliche Bausteine zur Erklärung verbreiteter Krankheiten zu liefern und damit wichtige Fortschritte auch in der Prävention zu ermöglichen, für einlösbar halten, stößt ein rein biomedizinisches Konzept an die unübersehbare, selbstgesetzte Grenze eines auf die biologischen Grundlagen reduzierten Menschenbildes.

2.2 Soziale Funktionen des biomedizinischen Deutungsmusters

Das iatrotechnische Konzept sollte allerdings nicht allein unter seiner instrumentellen Wirksamkeit beurteilt – sie ist unbestritten, auch für die Zukunft –, sondern auch in seiner Funktion als Deutungsmuster gewürdigt werden. Deutungsmuster stehen als symbolische Verdichtungen für komplexe Sachverhalte, die sie handlungsleitend ordnen. Die Entstehungsgeschichte des biomedizinischen Konzepts läßt sehr gut erkennen, welche kulturellen Erwartungen nach Handlungsorientierung es erfüllen sollte:
* Handlungssicherheit in diagnostischer und therapeutischer Hinsicht,
* Identität der ärztlichen Berufes nach innen und in der Abgrenzung nach außen,
* kumulativer Erkenntnis- und therapeutischer Fortschritt,
* Übereinstimmung mit den in der industriellen frühkapitalistischen Gesellschaft vorherrschenden Deutungsmustern der fortschreitenden Zweckrationalität, der „Entzauberung der Welt", der technischen Naturbeherrschung.

Das iatrotechnische oder biomedizinische Deutungsmuster erfüllt also sehr verschiedene, für die Etablierung der Medizin in ihrer Trias als Profession, als Dienstleistungssystem und als gesellschaftliche Autorität für das Verständnis von Krankheit und Gesundheit allerdings wichtige Funktionen.

Darüber hinaus fügte das biomedizinische Paradigma die Medizin in die entstehende arbeitsteilige Wirtschaftsgesellschaft ein. Im 19. Jahrhundert ermöglichte es die erfolgreiche Professionalisierung des ärztlichen Berufes – dieser gewann sogar exemplarische Bedeutung für die gesellschaftliche Rolle qualifizierter Berufe. In unserem Jahrhundert gab die Biomedizin eine ebenso verläßliche wie differenzierungs- und sozialpolitisch ausweitungsfähige Grundlage für vielfältige Arzt-Patienten-Beziehungen ab. Denn ihre instrumentelle Rationalität erleichterte die Kommunikation zwischen dem homogenen Expertenstand der Schulmediziner und einer wirtschaftlich, sozial und kulturell außerordentlich bunten Laienklientel.

Neue, bis dahin arztfern sich versorgende Bevölkerungsschichten, die Landbevölkerung und die Industriearbeiter, wurden Klienten des Arztes.

Auch hier in der Arzt-Patienten-Kommunikation und -Interaktion verdankt das biomedizinische Konzept seine erfolgreiche Ausweitung seiner Übereinstimmung mit grundlegenden gesellschaftlichen Ordnungsvorstellungen. Das biomedizinische Konzept erleichtert die Vergesellschaftung der Gesundheit als gesellschaftlich erwartete Leistungs- und Konsumfähigkeit.

Die arbeitsteilige Wirtschaftsgesellschaft verstand und versteht sich als Leistungsgesellschaft in einem doppelten Sinne; in kollektiver Hinsicht ist sie dem Ziel der Steigerung der Arbeitsproduktivität verpflichtet, in Hinsicht auf jedes einzelne Gesellschaftsmitglied nimmt sie dessen Statusbildung (Einkommen, Sozialprestige) nach dem Verteilungsprinzip der gesellschaftlich anerkannten individuellen Leistung (Markt, Öffentlichkeit) vor. Für den *achieved status*, also die durch eigene Leistung (Schulabschluß, Berufsausbildung, Berufskarriere) erreichte und gesicherte Lebensgrundlage – auch die soziale Sicherheit ist weitgehend dem Leistungsprinzip unterworfen (Alterssicherung, aber auch die Leistungen der Rehabilitation!) – spielt die durch Geburt erworbene, im Heranwachsenden entwickelte, im Leben mehr oder weniger bewußt erhaltene Leistungsfähigkeit (Aktiv im Alter – aktive, von fremder Hilfe unabhängige Lebensjahre) eine Schlüsselrolle. Arbeit und Konsum gründen sich auf die individuelle Leistungs- und Konsumfähigkeit, auf eine allseits verwendbare Gesundheit. Wir können in mehrfacher Hinsicht von einer Vergesellschaftung der Gesundheit sprechen: Vergesellschaftung der Produktion von Gesundheitsgütern durch sozialstaatliche Regulierung, gesellschaftliche Funktionen des Gesundheitsbegriffs, Gesundheit als Deutungsmuster.

3 Die gesellschaftlichen Funktionen des Gesundheitsbegriffs

Gesundheit, ihre Erhaltung und Wiederherstellung ist in unserem Jahrhundert, ja eigentlich erst seit dem Zweiten Weltkrieg, in der Bundesrepublik sogar erst seit dem Ende der 60er Jahre Aufgabe eines wirtschaftlich und sozialpolitisch gleichermaßen bedeutenden Dienstleistungssektors, der Produktion von Gesundheitsgütern, geworden. Gesundheit im Sinne von Leistungsfähigkeit und -bereitschaft ist die Basis der Statusbildung in der auf Steigerung der Arbeitsproduktivität gerichteten Leistungsgesellschaft, folgerichtig erhält der Kranke und Behinderte nicht nur Behandlung, sondern Hilfen zur Eingliederung, um ein Leben so normal wie möglich führen zu können. Das Recht auf ein „selbstbestimmtes Leben", als Konkretisierung des Grundrechtes auf „freie Entfaltung der Persönlichkeit" verstanden, wird durch die Sozialgesetzgebung schrittweise entfaltet. Es führt über die Rehabilitation des in seiner Erwerbsfähigkeit bedrohten (1957 mit dem Grundsatz „Rehabilitation geht vor Rente" – Eingliederung in Arbeit und Beruf) konsequenterweise zur Rehabilitation des von einer Behinderung Bedrohten (1974 mit dem Rehabilitationsangleichungsgesetz und dem Schwerbehindertengesetz – Sicherung eines selbstbestimmten Lebens unter bedingter Gesundheit) weiter zur Rehabilitation und aktivierenden Pflege der alten Menschen („Rehabilitation geht vor Pflege" – Gesundheit im Alter, Absicherung der Pflege durch Pflegekassen).

Mit der Vergesellschaftung von Gesundheit und Fitness, wie sie sich in den entwickelten Industrieländern seit dem Zweiten Weltkrieg vollzogen hat, offenbaren sich zugleich die Grenzen des biomedizinischen Deutungsmusters. Die Biomedizin hat ihre unbestreitbaren Stärken in der Behandlung von Krankheiten und in der Vorbeugung gegen Krankheiten. In der Verfolgung dieses Ziels ist sie an „zweckrationale Handlungsmodelle" gebunden, die die geeigneten Mittel und die angestrebten Erfolge auf ihre spezifischen Verknüpfungen hin reduzieren, um auf eine solche, die komplexe Wirklichkeit vereinfachende Weise

Erfolgssicherheit und Einsatz der Mittel zu optimieren (Das Arztbild 1995).

In diesem Zusammenhang ist es weiterführend, auf die sachliche Übereinstimmung von „biomedizinischem Reduktionismus" und „Zweckrationalität" als Kategorie der soziologischen Theorie (MAX WEBER) hinzuweisen, mit der diese die in der modernen Wirtschaftsgesellschaft vorherrschende Handlungsorientierung charakterisiert: „Zweckrational handelt, wer sein Handeln nach Zweck, Mitteln und Nebenfolgen orientiert und dabei sowohl die Mittel gegen die Zwecke, wie die Zwecke gegen die Nebenfolgen, wie endlich auch die verschiedenen möglichen Zwecke gegeneinander rational abwägt" (MAX WEBER, 1956, S. 13). Das vereinfachende, „irrelevante" Aspekte der Wirklichkeit aussparende und in sich geschlossene Ursache-Wirkungszusammenhänge konstruierende Vorgehen der Biomedizin strebt die Kenntnis spezifischer, von der Persönlichkeit des Patienten möglichst unabhängiger Ursachen an; diese lassen sich mit der für die nachfolgende Intervention geforderten Erfolgssicherheit darstellen – die Subjektivität des Patienten steht dem eher im Wege und ist daher in diesen Handlungsmodellen tunlichst ausgespart.

Zu der Verkürzung der Wirklichkeit mit dem Ziel ihrer zweckrationalen Beherrschung gehört aber auch die Vereinfachung der angestrebten Ziele („rationale Abwägung der möglichen Zwecke gegeneinander"). Der Erfolg wird biomedizinisch zumindest in dreierlei Hinsicht reduziert:

- auf die Behandlung der vom Arzt festgestellten Krankheit. Die Definitionsmacht des Arztes legt fest, welche Zustände als behandlungsbedürftig gelten. Damit verbinden sich allerdings Konflikte mit den Patienten über den Einsatz von Außenseitermethoden oder über „Wunschverordnungen". Der Umfang der Verschreibungen von Medikamenten mit umstrittener oder nicht nachgewiesener Wirksamkeit gibt einen Eindruck von der praktischen Bedeutung dieses Konflikts (L. VON FERBER u. CHR. VON FERBER 1993).
- auf die Vorbeugung gegen Krankheiten. Die biomedizinische Wissenschaft legt fest, gegen welche Krankheiten eine Vorbeugung möglich ist, nämlich für die eine erfolgreiche Behandlung bekannt und mit den zur Verfügung stehenden Mitteln durchführbar ist (SGB V § 25 Abs. 3 mit Bezug auf die international anerkannten Kriterien von Wilson und Jungner), und schließlich

- auf die Definition der Erfolge selbst; sie erfolgt mit der nach biomedizinischen Parametern begründeten Feststellung, ob der erwartete Erfolg eingetreten ist oder nicht. Hier brechen allerdings die erstaunten Fragen vieler Kliniker auf, warum die Patienten trotz gelungener medizinischer Intervention (Operation, gelungene Rekonstruktion von Gefäßen, gelungener Organersatz oder die Organfunktionen erfolgreich substituierende Therapie usf.) „mehr" für sich erwartet hatten, warum sie an dem Verlust „ihrer" Lebensqualität leiden.

Die Vergesellschaftung von Gesundheit und Fitness sprengt zwangsläufig das biomedizinische Verfahrensmodell, indem sie weitergehende Ansprüche unüberhörbar anmeldet. Krankheit oder Behinderung sind zwar die in aller Regel größtmöglichen Einschränkungen der Gesundheit – der Schutz gegen Krankheit und kompetente Hilfe zur Wiederherstellung des Kranken befriedigen daher elementare Bedürfnisse, deren Erfüllung die Integration der Menschen in eine Leistungs- und Konsumgesellschaft sicherstellt. Dies motiviert das hohe sozialstaatliche Engagement am Gesundheitswesen und gibt umgekehrt den Sozialleistungen einen hohen Wert im Bewußtsein der Bürger. Doch Gesundheit und Fitness bedeuten in einer an der individuellen Leistungskonkurrenz ebenso wie an der Konsumfähigkeit der Bürger interessierten Gesellschaft mehr als Freisein von Krankheiten oder Behinderungen, sondern persönliche Zufriedenheit in dieser Situation und das Bewußtsein sozial anerkannt, gesellschaftlich integriert zu sein. Realsoziologisch gesehen, bildet die Vergesellschaftung von Gesundheit und Fitness in den Leistungs- und Konsumgesellschaften den Kern der WHO-Definition von Gesundheit; die damit einhergehende Relativierung des biomedizinischen Modells allerdings macht das Ärgernis der Zunft aus.

Die Relativierung des biomedizinischen Konzepts zeigt sich an allen grundlegenden Vorverständnissen von Gesundheit und Krankheit; konkurrierende Deutungsmuster werden handlungsleitend. In der Prävention wird die Vorbeugung gegen Krankheiten um Strategien der Gesundheitsförderung, die pathogenetische um die salutogenetische Perspektive erweitert. In die Krankheitsbehandlung finden neben somatischen Erfolgskriterien die Zufriedenheit der Patienten, die Erhaltung ihrer Lebensqualität, die Sicherung eines selbstbestimmten Lebens als Ziele Eingang. Zu dem gewandelten Verständnis tragen neben der zunehmenden Bedeutung chronischer Krankheiten, für die eine völlige Wiederherstellung definitionsgemäß ausgeschlossen ist, verschiedene Erfahrungen bei: Die Compliance des Patienten, also die Übernahme seiner Rolle als Co-Therapeut, bildet derzeit das schwächste Glied in der therapeutischen Kette. Die Mitarbeit des Patienten an seiner Therapie wird jedoch nicht allein durch die Kompetenz des Arztes beeinflußt, die Patienten von der Richtigkeit seiner Diagnose und der Erfolgswahrscheinlichkeit seiner Therapie zu überzeugen, sondern auch durch die Widerstände, denen sich ein Patient mit eingeschränkter Gesundheit in seinem Lebensalltag gegenübergestellt sieht. In der Sicht der Patienten verändern diese Widerstände die Wichtigkeit seiner Compliance, deren Bedeutung für den Arzt in seinem zweckrationalen biomedizinischen Verständnis außer Zweifel steht. Alltagsverständnis des Patienten und biomedizinisches Therapiemodell klaffen auseinander.

In der Rehabilitation werden die biomedizinisch erreichbaren Erfolge ohnehin durch sozialpolitische Ziele überlagert: Wiedereingliederung in Arbeit und Beruf (berufliche Rehabilitation), Integration in die Gesellschaft (soziale Rehabilitation), wenngleich in der Praxis der Rehabilitation biomedizinische und sozialpolitische Erfolgskriterien weitgehend unverbunden, ja in einem latenten Konflikt nebeneinander stehen (z.B. BADURA ET AL. 1987). Die immer wieder bestätigte Feststellung, daß Selbständige, Beamte, Angestellte und Arbeiter bei gleichen medizinischen Rehabilitationsergebnissen deutlich unterschiedliche Rückkehrraten in den Beruf aufweisen, hat weder zu vertiefenden Analysen der Ursachen geführt, noch eine notwendige Diskussion über Rehabilitationsziele ausgelöst.

Die bisher beschriebenen Einschränkungen in der Reichweite des biomedizinischen Deutungsmusters könnten allerdings als Ergänzungen verstanden werden, die seinen Kern nicht berühren.

Was macht es schließlich aus, wenn z. B. bei dem Ersatz eines lebenswichtigen Organs oder bei einer eingreifenden medikamentösen Therapie neben den biomedizinischen Erfolgsparametern auch die subjektive Zufriedenheit der Patienten mit in die Erfolgsmessung einbezogen wird (zumal die Schwierigkeiten einer Objektivierung der Lebensqualität der Interpretation ausreichend Spielraum geben), oder da in der Rehabilitation so viele konkurrierende Einflüsse den Erfolg bestimmen, kann man sich letztlich doch leicht auf die zuverlässigen und eindeutigen biomedizinischen Parameter beschränken.

Der Einwand ist ernst zu nehmen, auch ist er aus biomedizinischer Sicht überzeugend. Allerdings unterschätzt er die Selbständigkeit und das gesellschaftlich bedeutsame Eigengewicht der Patientenperspektive.

Leben(müssen) mit den Folgen schwerer Krankheit oder mit Behinderung steht in aller Regel am Ende ärztlich medizinischer Bemühungen, die Einsicht in diesen Zustand bringt eine Rückübertragung der Verantwortung für den verbliebenen Gesundheitszustand, für das eigene Leben. Sie fordert zu dem heraus, was die Soziologie, darin geistiger Erbe der Philosophie des deutschen Idealismus, die Sinngebungsmacht des Menschen genannt hat, nämlich, seine Fähigkeit, einem Zustand, einer Situation, einer Umgebung Bedeutung und Sinn für sich zu verleihen. So wie anthropologisch gesehen der Mensch das Wesen ist, das sich selbst feststellt, sich soziokulturell verortet, so ist auch der einzelne derjenige, der Sinn und Bedeutungen für sich schöpft, um seiner Umgebung, anderen Menschen, Handlungen, Situationen und seinem eigenen Leben Sinn zu verleihen. Er schöpft Sinn und Bedeutungen, um Entscheidungen zu treffen, um zukunftsorientiert zu handeln oder Vergangenes zu verstehen. Diese grundsätzlichen philosophisch anthropologischen Überlegungen, die die verstehende Soziologie wissenschaftstheoretisch begründen (HELMUTH PLESSNER 1983), bilden auch den Leitfaden zum theoretischen Verständnis des medizinsoziologisch empirisch gesicherten Sachverhaltes, daß die Zustände bedingter Gesundheit, in die die biomedizinischen Hilfen den Patienten entlassen, von diesem sinnhaft angeeignet, in ihrer Bedeutung für ihn selbst, für das Selbst- und Fremdverständnis seiner Umgebung aufgearbeitet und

handlungsleitend umgesetzt werden müssen (VON
UEXKÜLL 1995). Eine von Pauli mitgeteilte Patientengeschichte macht exemplarisch den Prozeß
der Selbstveränderung deutlich, der nach einer gelungenen biomedizinischen Wiederherstellung gefordert ist und der in die Verantwortung des Patienten und seiner Umgebung fällt:

„Ein 55jähriger verantwortlicher Leiter eines Kon-
zerns erleidet aus intensivster beruflicher und gesellschaftlicher Belastung heraus einen ausgedehn-
ten Herzinfarkt. Er wird im bewußtlosen Zustand
in die Intensivpflegestation eines Spitals gebracht.
Dort erholt er sich allmählich in körperlicher Hinsicht. Der schließlich erreichte Zustand ist charakterisiert durch eine minimale körperliche Leistungsfähigkeit. Eine Wiederaufnahme der früheren oder
einer vergleichbaren beruflichen Tätigkeit fällt außer Betracht. Die Einnahme des Rentner-Status
stellt schwere Anforderungen an den Patienten und
seine Ehefrau. Er wird im Zustand einer schwersten
Depression in die Hauspflege entlassen.

Die drastische Veränderung der Lebenssituation
des Patienten führt – nach Erreichen eines soma-
tisch-funktionellen Kompensationszustandes auf
reduzierter Leistungsstufe – im Laufe von Monaten
zu einer radikalen Neubesinnung. Der Patient stellt
sich der vorausgehenden Phase seiner Existenz gegenüber kritisch ein und übernimmt allmählich eine
Reihe von vordem verdrängten Normen und Werten. Er baut veränderte und verbesserte Beziehungen zum Familien- und Freundeskreis und sozialen
und politischen Bezugsgruppen auf und analysiert
und bearbeitet intensiv intellektuelle und kulturelle
Themen. Er übt zunehmend für gewisse Kreise und
Institutionen wesentliche Funktionen aus. Er betrachtet schließlich sein Dasein als wesentlich er-
füllter als vor dem akuten Herzinfarkt. Abgesehen
von der eingeschränkten körperlichen Leistungsfähigkeit leidet er seither auch weniger unter alltäglichen Gesundheitsstörungen (Erkältungen, Kopfschmerzen, Schlaflosigkeit, u. ä.)" (H. G. PAULI
1988).

Das „Exemplarische" dieser Patientengeschichte
lebt nicht von den Topoi christlichen Welt- und
Heilsverständnisses (z. B. LUKAS 12,16–21) und
den Ambiguitäten, mit denen herausragende wirt-
schaftliche Tätigkeiten bewertet werden, auch
nicht von dem bilderbuchhaften Ausgang der Geschichte – alle diese Interpretationen sind allerdings naheliegend und berechtigt. Vielmehr liegt
das „Exemplarische" in der deutlichen und un-
bezweifelbaren Grenzziehung zwischen biomedi-

zinischer, ja letztlich professioneller Verantwortung und Selbstverantwortung. Die Deutung des
eigenen Lebens, in der Patientengeschichte dramatisch zugespitzt angesichts radikal gewandelter
persönlicher Ressourcen, ist Sache jedes einzelnen. Die „freie Entfaltung der Persönlichkeit", ein
Grundwert unserer Verfassung und Gesellschafts-
ordnung, wird uns nicht dadurch abgenommen,
daß sozialstaatliche Verbürgungen Barrieren ab-
tragen und instrumentelle Hilfen anbieten, sondern verweist auf einen jedem von uns vorbehal-
tenen Gestaltungsraum, den wir selbst ausfüllen,
und zwar ausdrücklich ohne die Einmischung des
Staates oder im staatlichen Auftrag handelnder
Organisationen und Berufe. So ist es nicht die
Aufgabe des Arztes, seinen Patienten den Sinn ihres Lebens zu erklären oder zu deuten, (wohl
aber, ihnen zum Verständnis für die Grenzen ärztlicher Verantwortung und für die Gestaltungsmöglichkeiten und zur Eigenverantwortung zu
verhelfen).

Prognostisch für die Medizin im Jahre 2000
und hier für die Medizin als soziales Orientie-
rungs- und Deutungsmuster können wir hieraus
schließen, daß wir mit einer sinnhaften Aneignung des biomedizinischen Paradigmas durch die
Bevölkerung rechnen können, die von den Grenzen biomedizinischer Prävention, Behandlung
und Rehabilitation ausgehend weiterfragt und
sich die salutogenetische Perspektive der Gesunderhaltung, die Rolle des mündigen Co-Therapeuten und die Verheißungen des selbstbestimmten
Lebens unter bedingter Gesundheit erschließt.
Mit der auch institutionell anerkannten Unterscheidung von Krankheitsfrüherkennung und
Gesundheitsförderung ist bereits ein wichtiger
Schritt getan, um andere als biomedizinische
Deutungsmuster von Gesunderhaltung nicht nur
zu tolerieren, sondern auch als Zielbestimmung
sozialstaatlicher Hilfen anzuerkennen. Der Begriff der „Lebensqualität" als Ziel medizinischer
Behandlung und Rehabilitation wird sicher zu-
künftig in ähnlicher Weise sozialstaatliche Qualität erhalten. Die Erhaltung der Chancen eines
„selbstbestimmten Lebens" – von den Körperbe-
hinderten in modellhaften Aktionen erarbeitet
und durchgesetzt – wird mit der Ausformulierung
und Konkretisierung des Zieles „Gesundheit im
Alter" allein schon durch die demographische
Entwicklung Breitenwirkung erlangen. Nur, Salu-

togenese, Lebensqualität, selbstbestimmtes Leben sind Zielwerte, z. T. wie die Gesundheitsförderung sogar unbestimmte Rechtsbegriffe, deren Ausfüllung weniger auf die Heilberufe, insbesondere auf den Arzt oder die medizinische Wissenschaft abstellt als auf die Bürger, die Klienten, die Patienten, kurz die Laien. Hier sind es sicher nicht zufällig die kleinen überschaubaren Gruppen, die eine „kommunikative Wirklichkeit" (ELIAS SIBERSKI, 1967, S. 57ff.) kreieren und gemeinsam geteilte, individuell auch in krisenhaft erfahrenen Situationen überzeugende Sinnverständnisse vermitteln. In der Wiederbelebung der Laienkultur in der Heilkunde liegt die Kulturbedeutung der neuen Selbsthilfebewegung (BRAUN ET AL. 1996). Die Relativierung des biomedizinischen Deutungsmusters – zunächst nur an seinen Grenzen erkennbar – wird mit seiner Aneignung als instrumentelle Grundlage des eigenen Sinnverständnisses von einer wiedererwachenden Laienkultur der Heilkunde ins Positive gewendet. An dieser Entwicklung haben natürlich alle die Berufe teil, deren professionelles Selbstverständnis von Zielen wie Hilfe zur Selbsthilfe, Unterstützung der Selbstfindung der Patienten oder Klienten bestimmt gewesen ist und in Zukunft verstärkt sein wird: die Psychotherapeuten und Psychologen (CHR. VON FERBER und A. HEIGL-EVERS 1988), die Sozialarbeiter und Medizinsoziologen und die Hausärzte, die hierin den Schwerpunkt ihrer ärztlichen Aufgabe sehen.

Literatur

ACKERKNECHT, ERWIN H. (1970): Therapie von den Primitiven bis zum 20. Jahrhundert. Stuttgar: Enke.

ACKERKNECHT, ERWIN H., (1971): Medicine and ethnology. Selected Essays. Bern: Huber.

ARBEITSGRUPPE BIELEFELDER SOZIOLOGEN (1973): Alltagswissen, Interaktion und gesellschaftliche Wirklichkeit. Bd. 1: Symbolischer Interaktionismus und Ethnomethodologie. Bd. 2: Ethnotheorie und Ethnographie des Sprechens. Reader Sozialwissenschaft, Reinbek: Rowohlt.

Arbeitskreis „Ethische und soziale Aspekte der Erforschung des menschlichen Genoms"
(1990): Abschlußbericht VDI-Technologiezentrum. Düsseldorf.

Das Arztbild der Zukunft (1995): Arbeitskreis Medizinerausbildung – Murrhardter Kreis. Robert Bosch Stiftung. Beiträge zur Gesundheitsökonomie, Bd. 26, Gerlingen: Bleicher. 3. Aufl.

BADURA, B., KAUFHOLD, G., LEHMANN, H., PFAFF, H., SCHOTT, TH., WALTZ, M. (1987): Leben mit dem Herzinfarkt. Eine sozialepidemiologische Studie. Heidelberg: Springer.

Bestandsaufnahme „Naturmedizin": Dokumentation einer öffentlichen Anhörung des Deutschen Bundestages (1989). In: Natur- und Ganzheitsmedizin. Dokumentation 1989, 1: 249–273, 2: 297–313.

BRAUN, JOACHIM, ULRICH KETTLER u. INGO BECKER (1996): Selbsthilfe und Selbsthilfeunterstützung in der Bundesrepublik Deutschland. ISAB Berichte aus Forschung und Praxis Nr. 50. Köln und Leipzig: ISAB.

DIJKSTERHUIS, E. J. (1956): Die Mechanisierung des Weltbildes. Berlin.

Erfahrungsmedizin (1990): Zum Stand der Forschungsförderung im Bereich unkonventioneller medizinischer Richtungen, Hrsg. von der Projektträgerschaft Forschung im Dienste der Gesundheit DLR. Verlag für Neue Wissenschaft GmbH.

FERBER, C. VON und HEIGL-EVERS, A. (1988): Aspekte der Weiterentwicklung einer psychosozialen Medizin. In: HEIGL-EVERS, A. und ROSIN, U. (Hrsg.): Psychotherapie in der ärztlichen Praxis. Göttingen: Vandenhoeck & Ruprecht.

FERBER, CHRISTIAN VON (1997): Entscheidungsprozeßforschung in der Medizin – ein Thema der Grundlagenforschung? In: PETER HELMICH ET AL. (Hrsg.): Primärärztliche Patientenbetreuung – Lehre, Forschung, Praxis. Stuttgart, New York: Schattauer, 196–206.

FERBER, LISELOTTE VON und CHRISTIAN VON FERBER (1993): From drug utilization research to pharmaceutical anthropology. In: Curare Vol 16 (1993), 275–284.

FERBER, LISELOTTE VON (1994): Häufigkeit und Verteilung von Erkrankungen und ihre ärztliche Behandlung. Epidemiologische Grundlagen eines Qualitätsmonitoring. Köln und Leipzig: ISAB.

FERBER, LISELOTTE VON und INGRID KÖSTER (1994): Qualitätsbewußte Arzneitherapie ist wirtschaftlich. Köln und Leipzig: ISAB.

FOUCAULT, M. (1976): Die Geburt der Klinik. Eine Archäologie des ärztlichen Blicks. Frankfurt.

Gesundheitsbericht 1971. Hrsg. vom Bundesminister für Jugend, Familie und Gesundheit, Stuttgart: Kohlhammer.

HUERKAMP, C. (1985): Die Professionalisierung der Ärzte im 19. Jahrhundert. Göttingen: Vandenhoeck und Ruprecht.

Krankenhausfinanzierung in Selbstverwaltung (1987): Vorschläge zu einer Neuordnung der Organisation und Finanzierung der Krankenhausversorgung. Teil I: Kommissionsbericht. Beiträge zur Gesundheitsökonomie Bd. 20, hrsg. von der Robert Bosch Stiftung. Gerlingen: Bleicher.

JÜTTE, ROBERT (1996): Geschichte der Alternativen Medizin. Von der Volksmedizin zu den unkonventionelles Therapien von heute: Beck.

LOOSE, D. A. u. a. (1982): Rehabilitationserfolg nach gefäßchirurgischen Eingriffen. Reinbek: Einhorn.

MERTON, R. K. et al. (1957): The Student Physician. Boston: Harvard Univ. Press.

PAULI, H. G. (1988): Biopsychosoziales Medizinmodell und Reform der ärztlichen Ausbildung: Von der Tat zur Idee – Von der Idee zur Tat? In: Medizinsoziologische Informationen 3, 7–30. Ludwig Boltzmann-Institut.

PLESSNER, H. (1983): Die Frage nach der Conditio humana. In: Ders., Gesammelte Werke Bd. VIII. Frankfurt: Suhrkamp.

ROTHSCHUH, K. E. (1978): Konzepte der Medizin. Stuttgart: Hippokrates.

Sachverständigenrat für die Konzertierte Aktion im Gesundheitswesen. (Jahresgutachten unter wechselnden Jahrestiteln.) Vorschläge für die Konzertierte Aktion im Gesundheitswesen, Jahresgutachten 1987 ff.
Jahresgutachten 1994: Sachstandsbericht. Gesundheitsversorgung und Krankenversicherung 2000.
Jahresgutachten 1996: Gesundheitswesen in Deutschland. Kostenfaktor und Zukunftsbranche.

SIBERSKI, E. (1967): Untergrund und offene Gesellschaft. Stuttgart: Enke.

TENNSTEDT, F. (1976): Sozialgeschichte der Sozialversicherung. In: Handbuch der Sozialmedizin Bd. III, S. 385–492. Stuttgart: Enke.

VON UEXKÜLL, THURE (1996): Psychosomatische Medizin. Hrsg. von R. H. ADLER, J. M. HERRMANN, K. KÖHLE ET AL. 5. Aufl. München, Wien, Baltimore: Urban und Schwarzenberg.

WEBER, M. (1956): Wirtschaft und Gesellschaft – Grundriß der verstehenden Soziologie. Tübingen: Mohr.

WEDEKIND, R., FRANK, H. und THIMM, W. (1980): Normalization and rehabilitation as objects of socio-political measures concerning the mentally retarded in Denmark and the Federal Republic of Germany. An intercultural comparative study. In: International Journal of Rehabilitation Research 3, 327–338.

WIDO-Schriftenreihe 2 (1978): Das Ärzteangebot bis zum Jahr 2000. Wissenschaftliches Institut der Ortskrankenkassen. Bonn.

Glossar

Abstinenz
Grundhaltung des Analytikers, wonach er Bedürfnisse und Wünsche des Patienten ihm gegenüber nicht befriedigt, um so deren Übersetzung in Sprache zu fördern.

Abwehr
Alle Maßnahmen des Ichs, die darauf abzielen, mit unerträglicher Unlust (Angst, depressivem Affekt) verbundene Konflikte dem bewußten Erleben fernzuhalten (Typ: Verdrängung). Ferner jene Ich-Maßnahmen, die im Fall struktureller Störung die damit verbundenen inneren Unverträglichkeiten mildern, dadurch daß Außenobjekte interaktionell in diesen Prozeß einbezogen werden (Typ: Spaltung)

Abwehrmechanismen
Operationen der Abwehr mit festgelegtem Ablauf, die bestimmten Krankheitsformen zugeordnet sind, sich auf spezielle Konflikte beziehen und bestimmten genetischen Stufen entsprechen.

Adaptative Therapie
Der Begriff bezeichnet als Ziel psychotherapeutischer Bemühungen, chronisch und unheilbar Kranken eine Anpassung an ihr Kranksein zu ermöglichen.

Affekt
Bei Freud eine der beiden Formen, in denen sich der Trieb repräsentiert; zunächst quantitativ (als Affektbetrag des Triebes) definiert, später auch als qualitative Äußerungsform dieser Quantität. Unter sozialpsychologischem Aspekt gehört der Affekt, neben Lohn/Strafe, Trieb und Objektbeziehung zu den heute bekannten Regulationssystemen des Menschen. Die Unterteilung in beziehungsregulierende, informationsverarbeitende und selbstreflexive Affekte hat sich auch unter klinischen Aspekten bewährt.

Affektdifferenzierung
Interventionstechnik, die in der psychoanalytischen Diagnostik und Therapie der Identifizierung der Affekte (nach Qualität, Intensität und Zusammenwirken ihrer Komponenten) und der Klarifizierung des Kontextes ihrer Entstehung sowie ihrer Funktionen im Zusammenhang mit intrapsychischen und interpersonellen Konflikten und Beziehungskonstellationen dient.

Aggressionstrieb
Einer der beiden Antagonisten in der heute klinisch verwandten dualistischen Triebtheorie. Bezeichnet nach Freud die sekundäre Außenwendung eines primär nach innen gerichteten Destruktions- oder Todestriebes, der nunmehr auf die Zerstörung des Objekts abzielt. Von Hartmann als abgegrenzte Triebkategorie verstanden, die sich nach dem Lust/Unlust-Prinzip reguliert.

Akzeptanz
Grundhaltung des Therapeuten beim psychoanalytisch-interaktionellen Vorgehen, wonach er den Patienten in seinem Gewordensein emotional bejaht und sich dabei auf Empathie, auf Schicksalsanteiligkeit mit ihm und auf das daraus entstehende Erbarmen stützt.

Alexithymie
Unvermögen, eigene Gefühle angemessen wahrzunehmen und zu beschreiben. Ein inzwischen umstrittener Faktor in der Pathogenese psychosomatischer Krankheiten.

Anamnese, biographische
Diagnostisches Verfahren, das auf eine gründliche Erhebung objektiver und subjektiver Informationen abzielt, um ein möglichst lückenloses Bild vom gegenwärtigen und vergangenen Leben des Patienten zu gewinnen und auf diese Weise Diagnose, Differentialdiagnose, Indikation, Differen-

tialindikation und Prognose zu klären. Neben der Erfassung der Beschwerden interessieren vor allem die Erkundung der auslösenden Situation und der dazugehörigen Konflikt- und Beziehungskonstellationen.

Angstsignal

Unbewußt mobilisierte Angst von reduzierter Intensität, die eine Abwehrmaßnahme des Ichs auslöst, um die Re-Aktualisierung eines mit unerträglicher Angst verbundenen unbewußten Konflikts zu verhindern.

Arbeitsbündnis

Beziehung zwischen Analytiker und Patient, die als ein Teil der Realbeziehung gegen die Übertragungsbeziehung abzugrenzen ist (GREENSON). Es entsteht aus Leidensgefühl, Bereitschaft zur Mitarbeit und der Annahme der therapeutischen Methode und ihrer Techniken; es entwickelt sich über eine Identifizierung des Patienten mit dem analysierenden Vorgehen des Therapeuten.

Arzt-Patient-Beziehung

Begrifflich unscharfe Bezeichnung für das im konkreten Fall zwischen Arzt und Patient entstehende Interaktionsmuster, das formal und inhaltlich durch die Strukturen der beiden Beteiligten und somit auch durch die von ihnen durchlaufene Sozialisation geprägt ist. Der Arzt wird auf seine Rolle in der Arzt-Patient-Beziehung im Rahmen seiner Ausbildung vorbereitet, der Patient erwirbt seine Erfahrungen im Umgang mit Ärzten, Krankheiten mehr oder weniger zufällig. Darüber hinaus beeinflußt das Umfeld beider Interaktionspartner (Praxis, Klinik, soziale Einbettung und Position) die Arzt-Patient-Beziehung (zum Wirkcharakter siehe auch „Droge Arzt").

Aushandeln von Normen

Die durch Minimalstrukturierung (Suspendierung üblicher sozialer Normen in der Gruppe) entstehende Offenheit der Situation einer Gruppe und die dadurch geringere Vorhersehbarkeit des Verhaltens wird durch explizite oder implizite Vereinbarungen von Normen und Spielregeln wieder erhöht; solche Vereinbarungen erfolgen in Beziehung zu einer gleichzeitigen Definition der Gruppensituation. Die ausgehandelten Normen dienen der Herstellung sozialer Vertrautheit mit der gemeinsam definierten Situation und der Erhöhung der Voraussehbarkeit des Verhaltens;

außerdem enthalten sie Kompromißbildungen zwischen andrängenden angstbesetzten unbewußten Verhaltenselementen und der dagegen gerichteten Abwehr.

Autogenes Training

Autosuggestives Übungsverfahren, dessen Prinzip darin besteht, durch eine Reihe von Übungen eine allgemeine „Umschaltung" des Patienten in einen hypnoiden Zustand herbeizuführen. Die Übungen der Unterstufe zielen über eine Entspannung der Muskulatur und eine Umschaltung des vegetativen Nervensystems auf eine somato-psychische Gesamtharmonisierung und eine Resonanzdämpfung der Affekte. Neben dem ärztlichen Gespräch eine wichtige Methode in der psychosomatischen Grundversorgung.

Basisarzt

In der Primärversorgung tätiger Arzt.

Basisbeziehungsregulation

Die in jeder sozialen Interaktion erforderliche Fähigkeit der Interaktanden zur Steuerung des emotionalen Abstandes (Intimitätsregulation), der Verteilung der Aktivitäten (Aktivitätsregulation) und der Machtverteilung (Macht-Ohnmacht-Regulation). Psychische Störungsformen sind durch Beeinträchtigung der Fähigkeit zur Beziehungsregulierung gekennzeichnet. Potentielle Patienten nötigen ihre Sozialpartner demzufolge zu besonders intensiven Veränderungsbeiträgen beim Aufbau der Beziehung, indem sie, etwa in einer Therapie, auf spezifische therapeutische Unterstützung, beispielsweise bei der Aufrechterhaltung einer bestimmten Distanz, angewiesen sind (KRAUSE).

Charakterneurose

Bezeichnet eine Form der Konfliktneurose, die gegen die Symptomneurose deswegen abgegrenzt wird, weil sich die psychopathologischen Kompromißbildungen in Form von Charakterzügen und Verhaltenshabituationen zeigen, die auch eine psychosoziale Adaptation darstellen.

Compliance

Bezeichnung für ein Verhalten von Patienten, das durch Befolgung ärztlicher Verordnungen und Ratschläge sowie medizinischer Maßnahmen gekennzeichnet ist. Noncompliance bezeichnet demzufolge ein entgegengesetztes Verhalten.

Dezentrierungskompetenz
Von PIAGET geprägter Begriff, der die Fähigkeit bezeichnet, sich selbst und seine Beziehungen aus einem gewissen Abstand zu betrachten, gleichsam in einer Perspektive, die sich von außen auf die Szene richtet, die man selbst gestaltet. Die Dezentrierungskompetenz des Therapeuten ermöglicht einen mehrfachen Perspektivenwechsel und dadurch eine komplexe Vorstellung von der Qualität der therapeutischen Beziehung: Eindrücke von der Zuständlichkeit des anderen und seines therapeutischen Anteils, die eigene Antwort auf die Aktionen und Reaktionen des anderen werden zu einer mehrfacettigen Vorstellung vom Ablauf einer Interaktionssequenz und der zugrundeliegende Übertragungs-Gegenübertragungsgefühle aufgebaut.

Dialogbruch
Plötzliche und für den Partner in der Regel unerwartete Unterbrechungen eines mehr oder weniger durch Austausch regulierten und auf eine gemeinsame Thematik abgestimmten Dialogs, der sich in brüskem Themenwechsel, in motorischem Agieren (z.B. Herumwandern im Raum), in körperlicher Erschlaffung, in Aufmerksamkeitsausrichtung auf andere Gegenstände (z.B. Blick aus dem Fenster, Greifen nach einem in Reichweite liegenden Gegenstand) kundtut. Der Partner reagiert im allgemeinen verdutzt, eventuell auch verärgert, oder er fühlt sich verlassen. Der Dialogbruch signalisiert meist eine durch die Interaktion entstandene innere Gefahr, darin bestehend, daß die subjektiv erlebte Realität mit der äußeren kollidiert (Kollision des idealisierten Bildes vom Dialogpartner mit dessen Realperson oder des idealisierten Bildes vom eigenen Selbst mit dem als entwertet erlebten Realselbst).

Droge Arzt
Von M. BALINT geprägter Begriff, der den „heilenden Charakter" der Arzt-Patient-Beziehung bezeichnet. Die Wirkungen dieser Beziehung entsprechen den soziogenen Abwärtseffekten (s. dort!) und sind durchaus den Effekten anderer therapeutischer Prinzipien (z.B. der Pharmakotherapie) vergleichbar (siehe auch Plazebo-Effekt!).

Durcharbeiten
Analytische Bearbeitung der Widerstände, die verhindern, daß in der Therapie gewonnene Einsichten strukturverändernd wirken.

Empathie
Fähigkeit, sich mit einem anderen Menschen (Patienten) zu identifizieren, sich durch einfühlendes Imaginieren vorzustellen, wie er fühlt, denkt, erlebt, körperlich empfindet, um seine Erlebniswelt besser zu verstehen und deren Entstehung rekonstruieren zu können.

Erstinterview, analytisches
Diagnostisches Verfahren der Psychoanalyse. Ist durch die besondere psychoanalytische Erkenntnishaltung und Technik charakterisiert: Abstinenz und Neutralität, gleichschwebende Aufmerksamkeit, Empathie, Anregung zur Selbstdarstellung, Inszenierung unbewußter Konflikte, Objektbeziehungen und deren Verarbeitungsweisen in Übertragung und Gegenübertragung, analytische Entschlüsselung mittels bestimmter Formen der Schlußbildung.

Es
Eine der drei Instanzen des Strukturmodells (zu verstehen als Konstrukt), ist als eine Art innerer (seelischer) Raum vorzustellen, in dem sowohl die bildhaften Niederschläge der Stammesgeschichte (Phylogenese) wie der Individualgeschichte (Ontogenese) aufgehoben sind; ihrer Qualität nach sind sie unbewußt. Zu den Inhalten des Es gehören auch durch Abwehr unbewußt gewordene Inhalte frühkindlicher, pubertärer und späterer abgeleiteter Konflikte, die für das bewußte Erleben unerträglich geworden sind. Unter dynamischem Aspekt entstehen zwischen Es, Ich und Über-Ich immer wieder konfliktäre Spannungen. Beide, Ich und Über-Ich, werden als Abkömmlinge des Es verstanden, haben ihre Ursprünge in ihm.

Familientherapie
Forschungs- und Therapieverfahren, die auf der Grundlage unterschiedlicher theoretischer Konzepte (Psychoanalyse, Systemtheorie, Kommunikationstheorie) zur Diagnostik und Behandlung von psychischen Störungen angewandt werden, bei denen der pathogene Anteil der familiären Strukturen, Muster und Spielregeln einen wichtigen Stellenwert einnimmt. In der Behandlungstechnik können z.Zt. 3 Hauptrichtungen unterschieden werden: Heilung durch Begegnung, Systemänderung oder aktive Umstrukturierung.

Fixierung

Bezeichnet die Annahme, daß bestimmte Vorstellungsgruppen (Erfahrungen, Phantasien, Imagines), die auf zurückliegenden Entwicklungsstufen basieren und entsprechende Triebwünsche, Beziehungswünsche, Objektbeziehungsmodi samt den dazugehörigen Affekten zum Inhalt haben, entweder aktuell manifest sind oder über regressive Abläufe mobilisiert werden können.

Gegenübertragung

Spezifische oft unbewußte Gefühlsreaktion des Therapeuten auf die spezifische Art und Weise der Übertragung des Patienten auf sich. Sofern sie für den Therapeuten reflektierbar wird, dient sie der klinischen Urteilsbildung; nicht reflektierbar wird sie zum Störungsfaktor, der mit Hilfe von Selbst- oder Fremdanalyse geklärt werden sollte.

Gemeinsames Tagträumen in Gruppen

Unter gemeinsamen Tagträumen der Teilnehmer einer psychoanalytisch-therapeutischen Gruppe wird eine Gruppenleistung verstanden, die sich, bei tieferer Regression, um einen von allen erlebten abgewehrten infantilen Wunsch zentriert und in der sich individuelle Phantasien, Kompromißbildungen aus Wunsch und Abwehr konfluierend miteinander verbinden. Solche Phantasien sind in der Regel als Übertragungen entweder auf den Gruppentherapeuten oder auf die Gruppe als Ganzes, seltener auf einen, dann meist als besonders stark erlebten Teilnehmer zu verstehen.

Gesamtdiagnose

Diagnose, die alle relevanten sozialen, psychischen und körperlichen Befunde zu integrieren versucht.

Gesprächspsychotherapie

Systematische, selektive und qualifizierte Form verbaler und nonverbaler Kommunikation und sozialer Interaktion zwischen zwei oder mehreren Personen mit dem Ziel einer Verminderung der psychischen Beeinträchtigung mittels differenzierter Selbst- und Umweltwahrnehmung zur Neuorientierung des Patienten auf der Basis der Lern- und Sozialpsychologie.

Gestaltungstherapie

Eine Gruppe von therapeutischen Methoden, die über den Prozeß produktiver Gestaltung und deren Produkt auf spielerische Weise einen Zugangsweg zu den unbewußten und vorbewußten Konfliktelementen ermöglichen: Gefühle freisetzen, expressive Fähigkeiten fördern und schließlich im Dialog mit dem Gestaltungstherapeuten, im Zusammenhang des therapeutischen Gesamtprozesses, in sprachlicher Verstehens- und Verständigungsarbeit Einsicht und Veränderung anregen und fördern. Wichtiger Bestandteil in der stationären und teilstationären Psychotherapie.

Gesundheitsverhalten

Bezeichnet den Beitrag des Individuums zur Erhaltung und Förderung seines Gesundheitspotentials. Dazu gehören alle vorbeugenden Maßnahmen und Verhaltensweisen, die zur Früherfassung von Krankheiten beitragen könnten.

Grenzsituation

Kritischer Punkt im Ablauf des analytischen Erstinterviews, an dem die fortschreitende Materialgestaltung, die Dynamik der Szene und die Auswirkungen der abgeleiteten Deutung in Frageform zu einer neuen bedeutsamen Information zusammenfließen.

Gruppenleistungen

Die kompromißhaften Verarbeitungen, die in der Gruppe mobilisiert werden und sich als normative Regulierungen, als psychosoziale Kompromißbildungen wie als gemeinsames Tagträumen (gemeinsames, durch unbewußte Wünsche erzeugtes Phantasieren) darstellen.

Gruppenstruktur

Bezieht sich auf die Beziehungsmuster, die sich im Verlauf eines Gruppenprozesses als relativ stabil und dauerhaft erweisen; sie werden bestimmt durch die den Einzelnen vertrauten Rollen, die sich zu einer interpersonellen Gestalt verknüpfen; ihre Entstehung wird über sprachlich vermittelte Kommunikation mitsamt dem dazugehörigen mimisch-gestischen Ausdrucksverhalten erzeugt und gefördert.

helping alliance

Von LUBORSKY beschriebene operationalisierte Form einer therapeutischen Beziehung, deren Ausprägung durch das Erleben des Patienten bestimmt wird. Typ 1 meint eine Beziehungsform, in der der Patient vom Therapeuten Hilfe erwartet und sie auch erlebt. Typ 2 entspricht einer Beziehung, in der sich Patient und Therapeut die

Verantwortung für das Erreichen selbstgesteckter Ziele teilen.

Hypnose
Verfahren der stützenden Psychotherapie, bei dem der Patient durch bestimmte Suggestionen in einen Zustand veränderten Bewußtseins (fokale Wahrnehmungskonzentration bei nachlassender peripherer Aufmerksamkeit) versetzt wird, um mit weiteren Suggestionen bestimmte Veränderungen zu erreichen. Nach dem Verfahren von ERICKSON wird ein hochmotivierter Zustand herbeigeführt, in dem aktives, unbewußtes Lernen auf dem Hintergrund veränderten Funktionierens stattfindet.

Ich
In der FREUDschen Strukturtheorie eine der drei Instanzen des seelischen Apparats; es vermittelt zwischen innerer Realität (Es) und äußerer Realität vor allem mittels der Funktionen von Wahrnehmung und Motilität und wird in diesem Sinne als Organisator innerer und äußerer Anpassung (HARTMANN) verstanden. Wurde zunächst auch als Träger der Vorstellungen verstanden, die sich das Subjekt von sich selbst bildet, und somit als Adressat libidinöser Besetzung. Diese zum Ich gebildeten Vorstellungen wurden später als Selbst (Selbst-Repräsentanzen) vom apparativ-funktionalen Anteil des Ich abgegrenzt (HARTMANN).

Ich-Ideal
Von FREUD im Rahmen der Strukturtheorie angenommener Niederschlag im Ich, der in der Herstellung der irgendwie miteinander vereinbarten Identifizierungen mit den beiden ödipalen Objekten besteht und sich den anderen Inhalten des Ichs entgegenstellt; wurde von FREUD als Synonym des Über-Ichs benutzt.

Identifizierung mit dem Angreifer
Von ANNA FREUD beschriebener, interaktionell ablaufender Abwehrmechanismus; dadurch gekennzeichnet, daß sich das angegriffene Individuum mit dem Angreifer in dessen kritisch-aggressiver Funktion und/oder in dessen Persönlichkeitsmerkmalen und/oder mit den ihm zugeordneten Machtsymbolen identifiziert und gleichzeitig die kritisierte Schuld externalisiert, sie dem Angreifer selbst oder einem anderen Objekt zuweist. Wurde von A. FREUD als Vorstufe der kindlichen Über-ich-Bildung verstanden.

Identität
Bezeichnet Kohärenz und Konstanz der Repräsentanzen des Selbst, verbunden mit einer Konsolidierung der Ich-Struktur und ihrer Funktionen, ebenso wie eine entsprechende Kohärenz und Konstanz der Objekt-Repräsentanzen.

Inanspruchnahme von Psychotherapie
Bezeichnet die Quantität, den Anteil, mit der sich eine Subgruppe der allgemeinen Population (Inanspruchnahmeklientel) mit dem Anliegen einer psychotherapeutischen Hilfestellung an das allgemeine Gesundheitssystem wendet.

Innerer Notstand
In der therapeutischen Gruppe der durch Minimalstrukturierung, Regel der freien Interaktion, Einhaltung der Einstellungen von Abstinenz und Neutralität des Therapeuten geförderte Zustand emotionaler und kognitiver Verunsicherung der Gruppenteilnehmer, der die Regression einleiten und fördern soll.

Introjektion
Ein von FERENCZI eingeführter, von ihm als symmetrisch zur Projektion verstandener, der Identifizierung nahestehender Begriff; bei diesem Vorgang läßt das Subjekt in der Phantasie Objekte von außen nach innen gelangen.

Kastrationskomplex
Aus dem anatomischen Geschlechtsunterschied und dessen Interpretation durch den Knaben (dem penislosen kleinen Mädchen wurde der Penis fortgenommen) und aus der Angst vor dem überlegenen väterlichen Rivalen, ausgelöst durch das vom Knaben auf die Mutter gerichtete sexuelle Begehren, entwickelt er Bestrafungsphantasien (Kastration als Vergeltung des väterlichen Rivalen). Das kleine Mädchen, das sich als bereits kastriert erlebt, versucht den Mangel zu leugnen, ihn zu kompensieren oder ihn zu reparieren und entwickelt evtl. Phantasien, Männer zu kastrieren und/oder Entschädigungs- und Wiedergutmachungsansprüche an die Mutter, die den Penis verweigerte oder entfernte, zu richten.

Katathymes Bilderleben
Methode der imaginativen Psychotherapie, die unter den Bedingungen kontrollierter Regression mit der Tagtraumtechnik arbeitet. Im gelenkten Tagtraum entstehen optische Projektionen, die

den unbewußten oder vorbewußten innerseelischen Zustand in symbolisch-bildhafter Form spontan darstellen und dann im therapeutischen Dialog bearbeitet werden können.

Kernvisite

Bezeichnet den Teil der ärztlichen Visite, der die Anwesenheit des Patienten erfordert: Das Gespräch mit dem Patienten und die körperliche Untersuchung. Die Beschränkung auf die Kernvisite entspricht einer funktionellen Entflechtung der traditionellen Visite und dient als Voraussetzung ihrer Veränderung zu einer „Visite mit psychotherapeutischer Funktion".

Klarifizieren

Psychoanalytische Interventionstechnik; von GREENSON als Vorstufe der Deutung beschrieben, bei der es um die Bemühung geht, konflikthafte Erlebensinhalte, mit denen der Patient konfrontiert wurde, durch Akzentuierung der wesentlichen Bestandteile und Herausarbeitung ihrer Entstehungszusammenhänge dem Patienten nahezubringen.

Kompromißbildung

Lösung eines psychischen Konflikts, in der sich zwecks Ausschaltung unerträglicher Unlust (Angst und/oder depressiver Affekt) die Elemente eines unbewußten psychischen Konflikts so integrieren, daß sowohl der Abwehr wie auch dem unbewußten Wunsch wie auch den Ansprüchen des Überichs Genüge getan wird. Es werden pathologische Kompromißbildungen mit Symptomcharakter von solchen unterschieden, die auf der Linie einer ungestörten inneren und äußeren Anpassung liegen.

Konfrontieren

Analytische Interventionstechnik; von GREENSON als eine der beiden Vorformen der Deutung beschrieben, durch deren Einsatz die Aufmerksamkeit des Patienten auf bestimmte therapeutisch relevant erscheinende Inhalte seines mitgeteilten Erlebens und Verhaltens gelenkt werden soll, um auf ihre weitere Bearbeitung (durch Klarifizieren und Deuten) vorzubereiten.

Konzentrative Bewegungstherapie

Therapeutisches Verfahren, in dem über ein „Anspüren" des eigenen Körpers und die damit verbundene zentral-nervöse Aktivierung eine veränderte Wahrnehmung und Verbesserung des Körpererlebens erreicht werden kann. Die subjektive Leiblichkeit und die Gesamtheit leib-seelischen Erlebens und Verhaltens werden zum Fokus der Wahrnehmung und Bearbeitung. Neben dem „Anspüren" des Körpers vermittelt die Methode auch ein Raum-Erleben, in das Entspannungsübungen die vier Hauptpositionen (Liegen, Sitzen, Stehen und Gehen) einbeziehen.

Krankheitsbewältigung (Coping)

Bemühen des Patienten, bereits bestehende oder erwartete Belastungen durch die Krankheit innerpsychisch oder durch zielgerichtetes Handeln aufzufangen, auszugleichen, zu meistern oder zu verarbeiten.

Krankheitsverhalten

Bezeichnet einerseits die psychische Reaktion auf empfundene Krankheitssymptome, andererseits alle vom Individuum unternommenen Aktivitäten, die sich darauf richten, die festgestellte Krankheit zu erklären, geeignete Behandlung zu veranlassen und zur Gesundung beizutragen.

Krisenintervention

Maßnahme zur Beherrschung einer akuten Reaktion auf eine psychosoziale Krise. Meist handelt es sich um eine Kombination von psychotherapeutisch stützenden, beratenden und fürsorgerischen Maßnahmen.

Lehranalyse

Kernstück der psychoanalytischen Ausbildung, die den künftigen Psychoanalytiker mit seinen inneren Strukturen und insbesondere deren konfliktären Anteilen vertraut machen und so die Voraussetzung dafür schaffen soll, seine Gegenübertragung wie seine Übertragung auf den Patienten reflektierbar werden zu lassen.

Liaisondienst

Erweiterung des klassischen Konsultationsdienstes um die direkte Form einer kontinuierlichen Zusammenarbeit zwischen Liaison-Psychosomatiker und dem Team einer somatischen Station (z. B. durch täglich oder wöchentlich festgelegte Arbeitszeit des Psychosomatikers auf der Station).

Libido

Von FREUD verstanden als die Kraft (das Verlangen), mit der der Sexualtrieb im Seelenleben auftritt.

Life-event-Forschung (Lebensereignis-Forschung)
Arbeitsrichtung, die den Zusammenhang zwischen biographischen Belastungen (Tod eines Angehörigen, Verlust des Arbeitsplatzes etc., aber auch Heirat, Geburt eines Kindes u. ä.) und dem Auftreten von Krankheiten erforscht. Dabei wird psychosoziale Belastung quantifiziert. In einer Vielzahl von retrospektiven und prospektiven Studien gelang der Nachweis, daß sich Krankheiten zu Zeiten von Lebenskrisen häufen.

Minimalstrukturierung
Eine aus der Gruppendynamik stammende gruppentherapeutische Technik, die beinhaltet, daß die Gruppenteilnehmer für die Dauer der Sitzung von der Befolgung üblicher sozialer Konventionen und Normen von seiten des Therapeuten dispensiert werden. Diese Technik ist die Voraussetzung für die Einführung der Regel der freien Interaktion.

Musiktherapie
Ein therapeutisches Verfahren, in dem das Kommunikationsmedium Musik gezielt zu Heilzwecken eingesetzt wird. Neben den rezeptiv-passiven Formen setzt die gegenwärtige Musiktherapie vornehmlich aktiv-produzierende Formen der freien Improvisation ein. Die therapeutischen Ansätze bestehen im primären Zugang zu Gefühlen, in der starken Symbolisierungsmöglichkeit via Instrument, Tonart und Gleichzeitigkeit widersprüchlicher Strukturen, wie in harmonisierenden Wirkungen, in der Möglichkeit der Katharsis, der Freude am Spiel, und nicht zuletzt in averbaler zwischenmenschlicher Kommunikation. Neben der gezielten Bearbeitung unbewußter Konflikte wird auch die Förderung von Ich-Funktionen und ihr Zusammenspiel sowie die Verbesserung sozialer Interaktion und Kommunikation angestrebt.

Narzißmus
Von FREUD als libidinöse Besetzung des Ichs (Selbstliebe) verstanden. Er unterschied einen primären und einen sekundären Narzißmus, bezeichnete den ersteren als einen frühen Zustand, in dem das Ich mit der gesamten Libido besetzt war, und als sekundär eine Zurücknahme der von ihren Objektbesetzungen abgezogenen Libido ins Ich.

In der Psychoanalyse mit unterschiedlichen Bedeutungen verwandter Begriff: Bezeichnet einmal die libidinöse Besetzung des Selbst, ferner eine Entwicklungsstufe zwischen dem Autoerotismus und der Objektliebe, außerdem ein Regulationssystem zur Aufrechterhaltung von Sicherheit, Kohärenz und Konstanz des Selbst sowie von Selbstvertrauen und von psychophysischem Wohlbefinden.

Narzißtische Bedürftigkeit
Zielt ab auf Sicherheit, Reizschutz, auf Stabilisierung von Selbst und Selbstwertgefühlen, kurz: auf psychophysisches Wohlbefinden.

Neurose
Gruppe psychogener Störungen, die ihren Ursprung in seelischen Konflikten haben, die im Zusammenhang mit Katastrophen oder Kalamitäten der frühen Kindheit (Objektverlust, Liebesverlust, Kastration und Schuld) entstanden sind und ins Unbewußte verwiesen wurden. Diese Konflikte führten zu pathologischen Kompromißbildungen (Kompromiß zwischen Wunsch und Abwehr), die entweder zu Symptomen (als einem symbolischen Ausdruck des Konflikts) führten, oder zu Charakterzügen und Verhaltenshabituationen. Nosographisch werden die depressive Neurose, die Zwangsneurose, die Hysterie und die Phobie unterschieden.

Neutralität
Grundeinstellung des Analytikers, wonach er bemüht ist, zum Es, zum Ich und zum Über-Ich des Patienten einen etwa gleichweiten Abstand einzuhalten, d. h. jede Parteinahme gegenüber der Innenwelt des Patienten zu vermeiden.

Normative Verhaltensregulierung
Eine vornehmlich in psychoanalytisch-interaktionell therapierten Gruppen zu beobachtende Gruppenleistung; dabei wird auf der Ebene manifesten Verhaltens, um dem durch Minimalstrukturierung und Regel der freien Interaktion geschaffenen intraindividuellen und interpersonellen Notstand zu begegnen, die jeweilige Situation ,definiert' und d. h. der definierten Situation gemäße Normen ,ausgehandelt'. Diese Normen tragen der jeweils dominanten pathologischen Objektbeziehung der Patienten und den mit ihr zusammenhängenden defizitären Ich-Funktionen Rechnung.

Objekt

Bedeutet im Trieb-Zusammenhang ein Mittel, in dem und wodurch der Trieb sein Ziel, einen bestimmten Typus von Befriedigung, zu erreichen sucht. Das Objekt kann sowohl eine Person als auch ein Teilobjekt, also ein Tier oder eine Sache, es kann real oder phantasiert sein. Ferner wird das Objekt als Gegenstand von Liebe und Haß verstanden; es handelt sich dann um Ganzobjektbeziehungen.

Objektbeziehungen

Mit Affekten verbundene Vorstellungen und Phantasien von der Beziehung des Subjekts zu seinen Objekten, so zum Objekt einer bestimmten Triebbefriedigung (z. B. orale Objektbeziehung). Darüberhinaus alle inneren Beziehungsmuster, die motivierend auf Orientierung und Handlungssteuerung des Subjekts im Umgang mit der realen ‚Welt der Objekte‘ einwirken.

Objektwahl

Prozeß der Hinwendung des Subjekts zu einem Objekt, wobei zwei Modalitäten unterschieden werden: Die Objektwahl nach dem Anlehnungstyp, bestimmt durch das innere Bild von Fürsorge und Schutz gewährenden Elternfiguren, und die nach dem narzißtischen Typ, bestimmt durch die Beziehung des Subjekts zu sich selbst.

Ödipuskomplex

Nach FREUD phylogenetisch (hereditär) wie ontogenetisch verankerte Entwicklungsphase (3. bis 5. Lebensjahr), die in zwei Versionen auftritt, der positiven, gekennzeichnet durch Liebe und sexuelles Begehren gegenüber dem gegengeschlechtlichen Elternteil bei eifersüchtigem Haß auf den gleichgeschlechtlichen, und der negativen Version, bei der es sich umgekehrt verhält. Beide Formen bilden in unterschiedlicher Ausprägung den sog. vollständigen Ödipuskomplex. Der Ödipuskomplex erfährt mit dem Eintritt in die Latenzperiode seinen Untergang und mit dem Beginn der Pubertät seine Wiederbelebung. Das durch die ödipale Konstellation entstehende trianguläre Beziehungsfeld ist der entscheidende Schauplatz der Neurosenentstehung.

Paradigma

Von KUHN eingeführter wissenschaftstheoretischer Begriff für ein „herrschendes Wissenschaftsmodell“.

Paradigmenwechsel

Nach KUHN findet die Entwicklung von Wissenschaft nicht kontinuierlich, sondern in Sprüngen statt. Eine Umorientierung ergibt sich zwangsläufig dann, wenn ein neues Wissenschaftsmodell oder Paradigma zur Verfügung steht, das bisher widersprüchliche Ergebnisse besser erklärt.

Penisneid

Nach FREUD ein wesentliches Element der weiblichen Sexualität, darin bestehend, daß das kleine Mädchen die eigene Penislosigkeit als Mangel erlebt, als Beleg dafür, daß ihm etwas Wichtiges vorenthalten oder weggenommen worden ist. Die Verarbeitung des Penisneides kann in vielfältigen Formen ungestörter wie auch pathologischer Art erfolgen: Wunsch nach einem Penis im eigenen Körper (als Kinderwunsch oder als Wunsch nach dem koitalen Genuß des Penis), Entwicklung männlich-phallischer Verhaltensweisen, rächende Kastrierung des Mannes, Anklage und Ressentiment gegenüber der Mutter, die für den Penismangel verantwortlich gemacht wird.

Plazebo-Effekt

Als Plazebo (lat. ich werde gefallen) wird diejenige Wirkung eines Medikamentes bezeichnet, die unabhängig von der beabsichtigten Wirkung der chemischen Substanz auftritt. Die Plazebo-Wirkung ist verbunden mit dem Charakter der Arzt-Patient-Beziehung und entspricht einem sozio-psycho-somatischen „Abwärtseffekt“.

Präsenz

Grundhaltung des Therapeuten bei der psychoanalytisch-interaktionellen Behandlung. Es geht um eine so umfassende wie intensive Wahrnehmung sowohl der vom Patienten ausgehenden Reize (Mimik, Gestik, Vokalisation, Verbalisation) als auch der vom Therapeuten registrierten eigenen Innenreize (Körperempfindungen, Phantasien, Erinnerungen, Handlungsimpulse und Affekte).

Prävalenz psychogener Störungen

Die Prävalenzrate ist der prozentuale Anteil der Fälle oder Träger gesundheitsrelevanter Merkmale in einer bestimmten Population zu einer gegebenen Zeit. (Punktprävalenz: Wie viele Merkmalsträger sind zu einem bestimmten Zeitpunkt x zu identifizieren. Periodenprävalenz: Prävalenzrate in einer bestimmten Zeitspanne, z. B. einem

Jahr. Lebenslange Prävalenz: Die Rate der Individuen, die jemals im Leben zum Merkmalsträger werden. Administrative Prävalenz: Quote der institutionell registrierten Merkmalsträger. Wahre Prävalenz: Der wirkliche Bestand an Merkmalsträgern.) Bei den psychogenen Erkrankungen bildet die behandelte/administrative Prävalenz nur einen kleinen, hochgradig selegierten Ausschnitt des wahren Störungsspektrums.

Prinzip der Übernahme von Hilfs-Ich-Funktionen
Therapeutische Intervention beim psychoanalytisch-interaktionellen Vorgehen, bei dem es darauf ankommt, daß der Therapeut dem Patienten seine eigenen emotionalen Reaktionen und Überlegungen in bezug auf einen erkennbar gewordenen Ichfunktions-Mangel in therapeutisch wirksamer Weise vermittelt. Eine solche Mitteilung sollte hinsichtlich ihrer emotionalen Qualität authentisch und gleichzeitig mit einem Hinweis auf die pathologische (Teil-)Objektbeziehung wie auf die damit verbundenen Ichfunktions-Defizite des Patienten versehen sein; dies bedeutet einen Hinweis auf das real Unangemessene der vom Patienten angestrebten (Teil-)Objektbeziehung. Der Therapeut hat dabei die Ich-Funktion der Realitätsprüfung zu übernehmen. Dabei muß dem Patienten spürbar werden, daß der Therapeut sich mit seinem in der Teilobjektbeziehung enthaltenen Bedürfnis, so infantil es sein mag, zumindest passager identifiziert, daß er sich dazu empathisch-verstehend verhält, sich freilich gegen solche Empathie andererseits wieder authentisch abgrenzt. Eine solche Intervention oder ‚Antwort‘ des Therapeuten im Sinne der Übernahme einer Hilfs-Ich-Funktion sollte hinsichtlich ihres emotionalen Gehalts immer eine Legierung von libidinösen und aggressiven Anteilen (mit überwiegend libidinösen) sein, eine Mischung also von Akzeptanz und Kritik (mit einem gewissen Überwiegen des ersteren). Gleichzeitig sollte das Angebot einer neuen Objektbeziehung gemacht werden, die zur Nachentwicklung defizitärer Ich-Funktionen anregt und geeignet ist, im Patienten ein Gefühl der Hoffnung zu wecken und eine Perspektive zu eröffnen.

Prinzip ‚Antwort‘
Interventionsform der psychoanalytisch-interaktionellen Methode. Der Therapeut gibt sich durch emotional-authentische Erwiderungen auf das durch pathologische Objektbeziehungsmuster bestimmte Verhalten des Patienten als ein ‚Anderer‘ zu erkennen; er führt damit das ‚dritte Objekt‘ in eine durch Selbst-Objekt-Verschmelzung und Instrumentalisierung gekennzeichnete (pseudo-dyadische) Beziehung ein. Dabei muß die Expression des authentischen Affekts insofern selektiv sein, als sie den jeweiligen Toleranzgrenzen des Patienten Rechnung trägt.

Prinzip ‚Deutung‘
Interventionstechniken wie Konfrontieren, Klarifizieren, Deuten und Durcharbeiten, die auf die Aufdeckung unbewußter abgewehrter Inhalte und auf die Wiederverknüpfung zerrissener Sinnzusammenhänge ausgerichtet sind; damit soll der unbewußte pathogene Konflikt für das Bewußtsein des Kranken erreichbar und verstehbar werden, um dadurch nicht-pathologische Kompromißbildungen zu ermöglichen.

Projektion
Psychischer Vorgang, bei dem das Subjekt Wünsche, Affekte, Qualitäten, Objektbeziehungen, die es bei sich ablehnt, leugnet oder sie nicht integrieren kann, in ein Außenobjekt personeller oder sächlicher Art verlagert.

Projektive Identifizierung
Bestimmte der Abwehr dienende Interaktionsform zwischen Patient und Therapeut wie auch zwischen Mitgliedern von Gruppen. Einführung des Begriffs durch MELANIE KLEIN, die darunter einen in der Phantasie ablaufenden Prozeß verstand, in dem entweder Anteile der Selbst-Repräsentanz den Objekt-Repräsentanzen zugewiesen werden oder umgekehrt Anteile der Objekt-Repräsentanzen denen des Selbst. Neuere Konzeptualisierungen, z. B. von OGDEN, heben den auf das Objekt, das die Projektion übernehmen soll, interaktionell ausgeübten Druck hervor.

Psychischer Konflikt
Als unbewußter pathogener Konflikt ein zentraler Faktor bei der Entstehung von Neurosen. Entwickelt sich als innere Spannung zwischen Wunsch und Abwehr, zwischen den Instanzen des psychischen Apparats sowie zwischen diesen und der Realität, zwischen Triebbedürfnissen und narzißtischer Bedürftigkeit, zwischen dem Bedürfnis nach Abhängigkeit und dem nach Autonomie. Bei strukturellen Störungen werden innere

Unverträglichkeiten nicht in Konfliktspannungen umgesetzt, vielmehr externalisiert und interaktionell zu verarbeiten versucht.

Psychoanalytisch-interaktionelle Einzeltherapie

Eine Modifikation der Psychoanalyse, die für die Behandlung jener Psychopathologien entwickelt wurde, die als präödipale, als entwicklungsbedingt strukturelle Ich-Störungen, als frühe Störungen oder als vorwiegend entwicklungsbedingte oder traumatogene basale Störungen bezeichnet werden. Diese Modifikation betrifft sowohl die Einstellungen des Therapeuten (Präsenz, Akzeptanz, Respekt), die Inszenierung und Handhabung von Übertragung und Gegenübertragung, die Herstellung des Arbeitsbündnisses als auch die das Prinzip ‹Antwort› realisierenden Interventionstechniken (selektiv-authentische Antwort, Übernahme von Hilfs-Ich-Funktionen, Affektidentifizierung und -klarifizierung).

Psychoanalytisch-interaktionelle Gruppentherapie

Eine gruppentherapeutische Methode, bei der Beobachtung und Schlußbildung an der Objektbeziehungs-Psychologie und -Pathologie, an der Ich-Psychologie und -Pathologie der Psychoanalyse und an Störungen im Affektsystem orientiert sind. Der Interventionsstil ist interaktionell und besteht unter Verzicht auf Anonymität und Neutralität des Therapeuten aus authentischen (selektiv-expressiven) Antworten; sie sollen die Aufmerksamkeit der Patienten auf die ihr Verhalten bestimmenden Objektbeziehungsstörungen, ihre Ichfunktions-Defizite und deren Wirkungen auf die interpersonellen Beziehungen lenken.

Psychodrama

Therapeutische Methode, in der Situationen, Konflikte und Phantasien über die Verbalisation hinaus in Handlung umgesetzt werden, um emotionales Erleben, rationale Einsicht und körperlich vollzogene Aktion zu Erfahrungen von vitaler ‹Evidenz› zu verdichten und Verhaltensänderungen zu erzielen.

Psychogene Störungen

Störungen, die nach allgemeiner Übereinkunft Neurosen, psychosomatische Störungen/Krankheiten, Süchte und Suizidgefährdung zusammenfassen.

Psychoprophylaxe

Will mit Hilfe einer gezielten, biographisch orientierten Anamnese, einem konfliktorientierten ärztlichen Gespräch und einem Entspannungsverfahren (Autogenes Training) psychotherapeutische Wirkungen innerhalb allgemeinärztlicher oder somatisch-spezialistischer Sprechstunde erreichen.

Psychosomatische Grundversorgung

Kassenärztlich abrechnungsfähige Leistungen des Arztes in Form biographischer Anamneseerhebung, der Unterweisung des Patienten in einem Entspannungsverfahren und verbaler Interventionen u. a. zur Beeinflussung neurotischer und psychosomatischer Störungen; vorrangig in der primärärztlichen Versorgung.

Psychosomatischer Konsiliardienst

Angebot psychosomatischer Spezialabteilungen von psychotherapeutisch/psychosomatischen Leistungen, das innerhalb eines Klinikums an therapeutische Teams anderer Fachrichtungen gerichtet wird. Dieses Angebot erfolgt im Sinne des klassischen Konsultationsdienstes wie auch der Consultation liaison (siehe Liaisondienst!) mit langfristiger Kooperation sowie speziellen Fortbildungsleistungen, die auch auf die Verbesserung der Beziehungen im Team und die Psychohygiene der Mitarbeiter zielen.

Psychosoziale Kompromißbildung

Eine der in psychoanalytisch und in tiefenpsychologisch fundiert therapierten Gruppen entstehende Gruppenleistung, bei der sich auf einem Niveau mittlerer Regressionstiefe relativ zeitstabile Interaktionsmuster entwickeln. In diesen Interaktionsmustern repräsentieren die Teilnehmer über Funktions- und Rollenzuteilungen und -übernahmen, die entsprechende Rollendispositionen voraussetzen, die Abwehr einerseits und die Abkömmlinge des Abgewehrten andererseits. Das Zustandekommen solcher psychosozialen Kompromißbildungen geht häufiger vom Mechanismus der projektiven Identifizierung aus.

Psychosoziale Krise

Ereignisse, die eine (subjektiv und/oder objektiv) hohe negative Valenz, eine geringe Kontrollierbarkeit und geringe Voraussagbarkeit aufweisen (typische Beispiele: Verlust der nächsten Bezugspersonen durch Verkehrsunfall, Verlassenwerden durch den Ehepartner u. ä.).

Psychosoziale Mitbetreuung

Gezielter Einsatz medizinpsychologischer und psychotherapeutischer Beratungs- und Beeinflussungsmethoden im Rahmen einer primär somatisch (chirurgisch, pharmakotherapeutisch, strahlentherapeutisch etc.) ausgerichteten Heilbehandlung.

Psychotherapeutische Wirkprinzipien

Wirkfaktoren, die in den therapeutischen Vorgehensweisen mehrerer psychotherapeutischer Schulen (z.T. mit unterschiedlicher theoretischer Begründung) enthalten sind und Grundelemente einer schulübergreifenden Psychotherapietheorie bilden könnten. Beispiel: die helfende Beziehung.

Psychotherapiebedarf

Begriff, der oft in der epidemiologischen Literatur zur Kennzeichnung einer Größenordnung verwendet wird, die sich an der Prävalenz (Punkt- oder lebenslangen Prävalenz) psychogener Störungen orientiert. Bei psychogenen Erkrankungen besteht eine erhebliche Diskrepanz zwischen einzelnen Prävalenzraten (z.B. zwischen Punktprävalenz und wahrer Prävalenz) einerseits sowie zwischen Prävalenz und Inanspruchnahme von Psychotherapie andererseits, so daß der reale Psychotherapiebedarf keine Auskunft über das tatsächlich erforderliche Angebot an Psychotherapie in einer Population geben kann.

Regel der freien Interaktion

Den Teilnehmern an psychoanalytisch orientierten Gruppen zu Beginn der Therapie gegebene Empfehlung, sich während der Gruppensitzung so freimütig und selektionsfrei wie möglich – bei Beschränkung auf sprachliche Kommunikation mitsamt mimisch-gestischem Ausdrucksverhalten – zu äußern. Es geht dabei um die Adaptation der Regel der freien Assoziation (Grundregel der Einzelanalyse) an die Pluralität der Gruppe; sie soll der Einbeziehung von Abkömmlingen abgewehrter unbewußter Inhalte in die Kommunikation der Gruppenteilnehmer bzw. in den Gruppenprozeß dienen.

Regression

Das Wiederauftreten seelischer Funktionsweisen, die für die psychische Tätigkeit des Individuums während früherer Phasen seiner Entwicklung charakteristisch waren. Primitive Formen der seelischen Tätigkeit können neben ihren reiferen For-

men fortbestehen. Viele Formen der Regression treten nur vorübergehend auf und sind reversibel. Ob und in welchem Ausmaß Regression, die stets mit einer Herabsetzung der bewußten Kontrolle einhergeht, pathologisch ist, bestimmt sich durch ihre Irreversibilität. In der Regel ist Regression kein einheitliches Geschehen; sie kann alle Substrukturen des seelischen Apparates erfassen und wirkt sich gewöhnlich unterschiedlich auf einzelne Bereiche der Es-Vorgänge oder der Ich- und Über-Ich-Funktionen aus.

Regulierungskompetenz

Fähigkeit zur Beziehungsregulierung, besonders im Hinblick auf die Basisregulation (siehe Basisbeziehungsregulierung).

Regulierungskompetenz des Therapeuten

Fähigkeit des Therapeuten, eine therapeutische Beziehung auch bei erheblichen Defiziten in der Kompetenz des Patienten zur Regulierung von Nähe/Distanz, Macht/Ohnmacht, Aktivität/Passivität in der aktuellen Beziehung zu ermöglichen; dies geschieht durch Einnahme einer komplementären Rolle und durch supportive Strategien.

Reizschutz

Neben der Reizaufnahme eine wichtige Funktion des Ichs als jenes Teils des Es, der durch die Nähe und den Einfluß der Außenwelt modifiziert wurde. Diese Funktion schützt den Organismus vor Reizen, die aus der Außenwelt kommen und die ihn durch ihre Intensität gefährden könnten.

Rekonstruktion oder Konstruktion

Von Freud in Analogie zur Archäologie so bezeichnete psychoanalytische Arbeitsweise, die eingehender und differenzierter als die eher punktuell ausgerichtete Deutung sei. Freud hielt die Verwendung der Konstruktion für angemessener als die der Deutung; während die Deutung sich auf einzelne Elemente des in der Analyse geförderten Materials bezieht, vermag die Konstruktion dem Analysanden einen Teil seiner vergessenen Lebensgeschichte nahezubringen.

Repräsentanz

Von Freud eingeführter Begriff, der den psychischen Anteil der im Somatischen entstehenden Triebe bezeichnet. Freud sah den Trieb durch Vorstellungen (Vorstellungsrepräsentanz) wie durch Affekte (Affektbetrag, Affektrepräsentanz) psychisch abgebildet. Der Begriff Repräsentanz wurde später von HARTMANN für das Selbst eingeführt, das damit gegen ein apparativ-funktionell verstandenes Ich abgegrenzt wurde; ebenso wurde er den Objekten zugeordnet.

Respekt

Eine Einstellung gegenüber dem Kranken, die seinem lebensgeschichtlichen Gewordensein und vor allem seinen schicksalhaften Verstrickungen, seiner Gesamtpersönlichkeit und seinen Strategien der Krankheits- und Weltbewältigung gilt. Achtung vor der Unantastbarkeit der anderen wie auch der eigenen Person (Unzerstörbarkeit des Therapeuten) ist eine Voraussetzung für die Entwicklung einer therapeutischen Beziehung, insbesondere bei der Behandlung schwer gestörter Patienten.

Somatisierungstheorie

Subjektive Krankheitstheorie (siehe dort!), die eine psychogene Störung als somatogene Krankheit interpretiert.

Somatogene Aufwärtseffekte

Ein durch VON UEXKÜLL eingeführter Begriff, der innerhalb einer systemtheoretischen Betrachtungsweise die Auswirkungen der Prozesse, die auf der systemhierarchisch tieferen somatischen Ebene ablaufen, auf die höheren psychischen und sozialen Systemebenen beschreibt.

Soziodynamische Funktionsverteilung

Ein von RAOUL SCHINDLER beschriebenes Konzept der Rangdynamik in Gruppen, das es ermöglicht, im Prozeß des Aushandelns von Gruppennormen den Teilnehmern verschiedene Positionen, Funktionen und Rollen zuzuordnen; so die des Normensetzers (Alpha), des Normenerfüllers (Gamma), des Normenbeurteilers (Beta) und des Normenbrechers (Omega). Zwischen der Alpha/Gamma-Mehrheit und dem Omega, zwischen Norm und Gegennorm entfaltet sich im allgemeinen die Dynamik der Gruppe.

Soziogene Abwärtseffekte

Ein durch VON UEXKÜLL eingeführter Begriff, der die somatischen Auswirkungen sozialer und psychischer Prozesse innerhalb einer systemtheoretischen Betrachtungsweise der Interaktion hierarchisch geordneter Systemebenen beschreibt.

Standardverfahren

In der klassischen Psychoanalyse (Standardverfahren) ist das therapeutische Bemühen darauf gerichtet, auf einer gleichsam vertikalen Achse, der der Lebensgeschichte, in kleinschrittigem Zurückgehen unbewußt gewordene frühkindliche Konflikte und deren Anteile in Form der Repräsentanzen von Trieben, vom Selbst, von Objekten und Objektbeziehungen sowie in Form von Affekten und Abwehrmechanismen nachvollziehbar werden zu lassen; dies wird durch die Handhabung von Übertragung und Gegenübertragung und durch die Bearbeitung von Widerständen möglich. Der Patient wird sich auf diese Weise, mit Hilfe der Interventionen des Therapeuten, vornehmlich Deutungen und Konstruktionen, seine Persönlichkeitsgeschichte in ihren verborgenen Sinnzusammenhängen allmählich, d. h. über eine Therapie längerer Dauer, zu eigen machen können. Gedeutet werden die dem Kranken zunächst nicht wahrnehmbaren Sinnzusammenhänge des von ihm assoziativ Mitgeteilten, wobei die Annäherung an solche Bedeutungen über vorbereitende Schritte erfolgt, wie sie von GREENSON als Demonstrieren oder Konfrontieren und als Klarifizieren bezeichnet wurden. Die Deutungen werden ergänzt durch Konstruktionen, die nach FREUD therapeutisch dasselbe leisten wie eine wiedergewonnene Erinnerung.

Subjektive Krankheitstheorie

Die Annahmen und Vorstellungen eines Menschen von den Ursachen und Entstehungsweisen seiner Krankheit, teilweise auch von den sich daraus ergebenden therapeutischen Konsequenzen. Diskrepanzen zwischen subjektiver und herrschender ärztlicher Krankheitstheorie sind Ursachen von Noncompliance, mangelnder Therapiemotivation und sonstiger Störungen in der Arzt-Patient-Beziehung.

Supportive Psychotherapie

Durch unterstützende Interventionen gekennzeichnete Psychotherapie. Supportive Maßnahmen (direktive Beratung, fürsorgerische, medikamentöse Unterstützung, Vermeiden regressionsfördernder Maßnahmen u. a.) sollen die aktuelle Fähigkeit des Patienten zur Selbstregulation verbessern.

Therapeutische Beziehung

Begriff, der in allgemeiner Weise die Kooperationsbeziehung zwischen einem Therapeuten und einem Patienten kennzeichnet. Im Unterschied zum Arbeitsbündnis in der Psychoanalyse (GREENSON) wird nicht zwischen Übertragungsbeziehung und Arbeitsbeziehung unterschieden. Essentiell ist lediglich ein „Bekenntnis" beider Interaktionspartner zu einer gemeinsamen therapeutischen Aufgabe; dabei kann dieses Bekenntnis auch auf einer mißverständlichen Gemeinsamkeit mit einem dazugehörigen interaktionellen Beitrag beruhen.

Therapiemotivation

Bezeichnet die Einstellung eines Patienten zur Psychotherapie, insbesondere seine Bereitschaft, die innerhalb einer bestimmten Schulrichtung herrschende Krankheits- und Behandlungstheorie und die damit verbundenen Normen als Bestandteile der Behandlung zu akzeptieren.

Tiefenpsychologisch fundierte Psychotherapie

Eine Modifikation der analytischen Einzel- bzw. Gruppentherapie der Art, daß die Therapieziele begrenzt sind. Die Regression und die durch Übertragung und Gegenübertragung vermittelten Prozesse werden durch die Einstellung und die Interventionstechniken des Therapeuten beschränkt. – In der Einzeltherapie wird auf die verschiedenen Elemente des Fokalkonfliktes fokussiert, wie er sich in der auslösenden und therapeutischen Situation darstellt. – In der Gruppentherapie wird die Einstellung und die gemeinsame therapeutische Bemühung auf die manifesten und latenten Elemente der Abwehr der Gruppenmitglieder in der Form von psychosozialen Kompromißbildungen gerichtet.

Trauma

Umschriebenes einmaliges oder auch wiederholt auftretendes Ereignis im Leben des Individuums, das eine überwältigende Reizüberflutung und im Zusammenhang damit eine passagere Ausschaltung der Realitätsprüfung bedeutet und das zu anhaltenden pathologischen Folgeerscheinungen führt (traumatische Neurose, Reproduktion des Traumas im Sinne des Wiederholungszwangs).

Triangularität

Eintritt des dritten (fremden, andersartigen) Objekts – in der Regel des Vaters – in das Bedürfnis- und Beziehungserleben; dadurch entsteht eine Grenze zum zweiten Objekt, das nun in seiner Andersartigkeit erlebt wird, wodurch eine bisher pseudodyadische (monadische) Beziehung in eine dyadische umgewandelt wird. Die in der Wiederannäherungsphase erfolgende frühe Triangulierung wird in der ödipalen Phase durch die Hereinnahme von sexuellen Triebbedürfnissen in die Beziehungen zu einer speziellen Herausforderung und zu einer Weichenstellung für die Persönlichkeitsentwicklung.

Über-Ich

Nach der Strukturtheorie eine Instanz, die als „Stufe im Ich" aus Identifizierungen mit besetzten oder ehemals besetzten Objekten, und zwar vornehmlich der ödipalen Phase, entsteht. Auf diese Weise bilden sich als seine Inhalte Gebote und Verbote sowie Ideale, die allmählich depersonifiziert werden, aus denen eine autonome, integrierte Struktur entsteht.

Übertragung

Eine in der Behandlungssituation entstehende spezifische Illusion, die sich in der Beziehung zu einer anderen Person einstellt und ohne Wissen des Objekts in einigen ihrer Merkmale eine Wiederholung der Beziehung zu einer bedeutsamen Figur der eigenen Vergangenheit darstellt.

Unbewußtes, unbewußt

Einer der topoi, der Systeme des psychischen Apparats der topographischen Theorie. Es enthält das Verdrängte, dem der Zugang zum Vbw/Bw durch Zensur verwehrt ist. Der Begriff wird seit Einführung der Strukturtheorie nur noch adjektivisch als Bezeichnung einer psychischen Qualität gebraucht, die sowohl dem Es wie Anteilen des Ichs und des Überichs eigen ist.

Widerstand

Bezeichnung aller Hindernisse, die sich von seiten des Kranken der Therapie entgegenstellen. Form und Inhalte des Widerstands geben dem Analytiker wichtige Aufschlüsse über die inneren Strukturen des Patienten. Die von FREUD beschriebenen Widerstandsformen (Übertragungs-W., Verdrängungs-W., Überich-W., Es-W., sekundärer Krankheitsgewinn) wurden in der Folgezeit differenziert und erweitert; so sind z. B. von GILL gegen die Einleitung der Übertragung und gegen deren Auflösung gerichtete Widerstände ins Zentrum der psychoanalytischen Arbeit gerückt worden.

Autorenverzeichnis

Irmgard Bonstedt-Wilke
Georg-August-Universität
Klinik und Poliklinik für
Psychosomatik und Psychotherapie
Von-Siebold-Str. 5
37075 Göttingen

Professor
Dr. Manfred Cierpka
Klinik und Poliklinik für
Psychosomatik und Psychotherapie
Schwerpunkt Familientherapie
Humboldtallee 38
37073 Göttingen

PD Dr. phil. Dietmar Czogalik
Forschungsstelle für Psychotherapie
Christian-Belser-Str. 79a
70597 Stuttgart

Professor
Dr. Helmut Enke
Anna-Peters-Str. 9 B
70597 Stuttgart

Professor
Dr. phil. Christian von Ferber
Auf dem Ufer 7
Urdenbach
40593 Düsseldorf

Professor
Dr. Michael Geyer
Universität Leipzig
Klinik für Psychotherapie und Psychosomatische
Medizin
Karl-Tauchnitz-Str. 25
04107 Leipzig

Professor
Dr. Franz Heigl
Johann-Heinrich-Voss-Weg 6
37085 Göttingen

Professor
Dr. Annelise Heigl-Evers
Johann-Heinrich-Voss-Weg 6
37085 Göttingen

Professor
Dr. Günter Heisterkamp
Stolshaide 5
40883 Ratingen

PD Dr. R. Kreische
Schillerstr. 31
37083 Göttingen

Professor
Dr. phil. Mechtild Langenberg
Hochschule der Künste FB 8
Mierendorffstr. 30
10589 Berlin

Dr. Eric Leibing
Georg-August-Universität
Klinik und Poliklinik für
Psychosomatik und Psychotherapie
Von-Siebold-Str. 5
37075 Göttingen

Dr. Dr. Jürgen Ott
Klinisches Institut und Klinik für
Psychosomatische Medizin und Psychotherapie
der Heinrich-Heine-Universität Düsseldorf
Bergische Landstr. 2
40629 Düsseldorf

Dr. Jochen Peichl
Städt. Klinikum Nürnberg
Psychosomatische Abteilung
Flurstr. 17
90491 Nürnberg

Professor
Dr. Ulrich Rüger
Georg-August-Universität
Klinik und Poliklinik für
Psychosomatik und Psychotherapie
Von-Siebold-Str. 5
37075 Göttingen

Professor
Dr. Gerhard Schüßler
Univ.-Klinik für Medizinische Psychologie und
Psychotherapie

Sonnenburgstr. 9
1. Stock
A-6020 Innsbruck

Dr. Hermann Staats
Georg-August-Universität
Klinik und Poliklinik für
Psychosomatik und Psychotherapie
Von-Siebold-Str. 5
37075 Göttingen

Dr. Hans Martin Wächter
Georg-August-Universität
Klinik und Poliklinik für
Psychosomatik und Psychotherapie
Von-Siebold-Str. 5
37075 Göttingen

Index